FLÁVIO **TARTUCE**

- Doutor em Direito Civil e Graduado pela Faculdade de Direito da USP.
- Mestre em Direito Civil Comparado e Especialista em Direito Contratual pela PUCSP.
- Professor Titular permanente do Programa de Mestrado e Doutorado da Faculdade Autônoma de Direito (FADISP-ALFA).
- Coordenador e Professor dos cursos de pós-graduação *lato sensu* em Direito Civil e Processual Civil, Direito Civil e Direito do Consumidor, Direito Contratual, Direito de Família e das Sucessões da Escola Paulista de Direito (EPD).
- Coordenador-tutor do curso de pós-graduação *lato sensu* em Advocacia do Direito Negocial e Imobiliário da Escola Brasileira de Direito (EBRADI).
- Professor do G7 Jurídico e do CPJUR, em cursos preparatórios para as carreiras jurídicas.
- Professor convidado em outros cursos de pós-graduação *lato sensu* pelo País, em Escolas da Magistratura, na Associação dos Advogados de São Paulo (AASP), na Escola Nacional da Advocacia (ENA) e na Escola Superior da Advocacia da OABSP.
- Membro do Instituto Brasileiro de Direito de Família (IBDFAM), do Instituto Luso-Brasileiro de Direito Comparado, do Instituto dos Advogados de São Paulo (IASP), da Comissão de Direito Civil da OABSP, do Instituto Brasileiro de Política e de Direito do Consumidor (BRASILCON), do Instituto Brasileiro de Direito Civil (IBDCivil), da International Society of Family Law (ISFL) e da Rede Brasileira de Pesquisadores em Direito Internacional (RBPDI).
- Diretor nacional do IBDFAM e Vice-Presidente do IBDFAMSP.
- Parecerista membro do Conselho Editorial da *Revista Brasileira de Direito Civil*, do IBDCivil, da *Revista Brasileira de Direito das Famílias e das Sucessões*, do IBDFAM, e da *Revista Magister de Direito Civil e Processual Civil*.
- Membro avaliador do Conselho Nacional de Pesquisa e Pós-Graduação em Direito (CONPEDI).
- Palestrante em cursos, congressos e seminários jurídicos no Brasil e no exterior.
- Advogado, parecerista, consultor jurídico e árbitro.

Site
www.flaviotartuce.adv.br

Blogs
www.professorflaviotartuce.blogspot.com
http://flaviotartuce.jusbrasil.com.br

Currículo lattes
http://lattes.cnpq.br/7182705988837779

DIREITO CIVIL
DIÁLOGOS
ENTRE A DOUTRINA E A JURISPRUDÊNCIA

O GEN | Grupo Editorial Nacional – maior plataforma editorial brasileira no segmento científico, técnico e profissional – publica conteúdos nas áreas de concursos, ciências jurídicas, humanas, exatas, da saúde e sociais aplicadas, além de prover serviços direcionados à educação continuada.

As editoras que integram o GEN, das mais respeitadas no mercado editorial, construíram catálogos inigualáveis, com obras decisivas para a formação acadêmica e o aperfeiçoamento de várias gerações de profissionais e estudantes, tendo se tornado sinônimo de qualidade e seriedade.

A missão do GEN e dos núcleos de conteúdo que o compõem é prover a melhor informação científica e distribuí-la de maneira flexível e conveniente, a preços justos, gerando benefícios e servindo a autores, docentes, livreiros, funcionários, colaboradores e acionistas.

Nosso comportamento ético incondicional e nossa responsabilidade social e ambiental são reforçados pela natureza educacional de nossa atividade e dão sustentabilidade ao crescimento contínuo e à rentabilidade do grupo.

COORDENAÇÃO
LUIS FELIPE **SALOMÃO**
FLÁVIO **TARTUCE**

DIREITO CIVIL
DIÁLOGOS
ENTRE A DOUTRINA
E A JURISPRUDÊNCIA

gen | atlas

- A EDITORA ATLAS se responsabiliza pelos vícios do produto no que concerne à sua edição (impressão e apresentação a fim de possibilitar ao consumidor bem manuseá-lo e lê-lo). Nem a editora nem o autor assumem qualquer responsabilidade por eventuais danos ou perdas a pessoa ou bens, decorrentes do uso da presente obra.

  Todos os direitos reservados. Nos termos da Lei que resguarda os direitos autorais, é proibida a reprodução total ou parcial de qualquer forma ou por qualquer meio, eletrônico ou mecânico, inclusive através de processos xerográficos, fotocópia e gravação, sem permissão por escrito do autor e do editor.

  Impresso no Brasil – *Printed in Brazil*

- Direitos exclusivos para o Brasil na língua portuguesa
  Copyright © 2018 by
  EDITORA ATLAS LTDA.
  Uma editora integrante do GEN | Grupo Editorial Nacional
  Rua Conselheiro Nébias, 1384 – Campos Elíseos – 01203-904 – São Paulo – SP
  Tel.: (11) 5080-0770 / (21) 3543-0770
  faleconosco@grupogen.com.br / www.grupogen.com.br

- O titular cuja obra seja fraudulentamente reproduzida, divulgada ou de qualquer forma utilizada poderá requerer a apreensão dos exemplares reproduzidos ou a suspensão da divulgação, sem prejuízo da indenização cabível (art. 102 da Lei n. 9.610, de 19.02.1998). Quem vender, expuser à venda, ocultar, adquirir, distribuir, tiver em depósito ou utilizar obra ou fonograma reproduzidos com fraude, com a finalidade de vender, obter ganho, vantagem, proveito, lucro direto ou indireto, para si ou para outrem, será solidariamente responsável com o contrafator, nos termos dos artigos precedentes, respondendo como contrafatores o importador e o distribuidor em caso de reprodução no exterior (art. 104 da Lei n. 9.610/98).

- Capa: Danilo Oliveira

- Fechamento desta edição: 10.11.2017

- CIP-BRASIL. CATALOGAÇÃO NA PUBLICAÇÃO
  SINDICATO NACIONAL DOS EDITORES DE LIVROS, RJ

  D635

  Direito civil: diálogos entre a doutrina e a jurisprudência / Anderson Schreiber... [et. al.]; coord. Luis Felipe Salomão, Flávio Tartuce. – 1. ed. – [2. Reimpr.] – São Paulo : Atlas, 2018.

  Inclui bibliografia
  ISBN 978-85-97-01465-5

  1. Processo civil – Brasil. 2. Direito processual civil – Brasil. I. Schreiber, Anderson. II. Salomão, Luis Felipe. III. Tartuce, Flávio.

  17-46126　　　　　　　　　　　　　　　　　　　　CDU: 347.91./95(81)

APRESENTAÇÃO

Este livro é uma obra coletiva inédita, sem precedentes no meio editorial jurídico brasileiro. O Direito Civil é um dos ramos jurídicos em que os diálogos entre a doutrina e a jurisprudência se fazem de maneira mais intensa, com grandes impactos para toda a sociedade brasileira.

Diante dessa realidade, resolvemos empreender o desafio de lançar uma obra buscando as interações entre doutrinadores e julgadores nacionais em temas centrais para esta disciplina, por meio de artigos científicos compartilhados, em uma *composição cega*, sem que um autor visse antecipadamente o que foi desenvolvido pelo outro.

A obra está estruturada em quinze capítulos, em temas polêmicos que são debatidos por doutrinadores – autores de obras de importância para o Direito Privado nacional – e julgadores – Ministros do Superior Tribunal de Justiça e Desembargadores de Tribunais de Justiça –, em textos separados. Como se pode perceber da organização do livro, muitos dos julgadores também são doutrinadores, pela sua grande contribuição para a ciência jurídica; e vice-versa, pois alguns doutrinadores também desenvolvem a atividade de magistrados.

Como temas contemporâneos de destaque, escolhemos os seguintes, de acordo com a ordem de tratamento no Código Civil: (a) adequação de sexo do transexual; (b) direito ao esquecimento; (c) questões polêmicas sobre a prescrição; (d) boa-fé objetiva nos contratos; (e) função social do contrato; (f) contrato de seguro-saúde; (g) responsabilidade objetiva na atualidade; (h) critérios para a quantificação dos danos morais; (i) novos danos na responsabilidade civil (danos morais coletivos, danos sociais ou difusos e danos por perda de uma chance); (j) função social da posse e da propriedade; (k) questões polêmicas quanto ao condomínio edilício; (l) parentalidade socioafetiva e multiparentalidade; (m) alimentos entre os cônjuges; (n) polêmicas na sucessão do cônjuge; e (o) a inconstitucionalidade do art. 1.790 do Código Civil.

Entre os doutrinadores, foram convidados, em ordem alfabética: Anderson Schreiber, Bruno Miragem, Cláudia Lima Marques, Carlos Roberto Gonçalves, Gustavo Tepedino, Giselda Maria Fernandes Novaes Hironaka, José Fernando Simão, Mário Luiz Delgado, Nelson Rosenvald, Pablo Stolze Gagliano, Paulo Lôbo, Rodolfo Pamplona Filho, Rolf Madaleno, Zeno Veloso; além da participação do segundo coordenador deste livro.

Entre os julgadores, aceitaram o convite, também em ordem alfabética: Desembargador Cláudio Luiz Bueno de Godoy (TJSP), Desembargador Ênio Santarelli Zuliani (TJSP), Desembargador Jones Figueirêdo Alves (TJPE),

Ministro Marco Aurélio Gastaldi Buzzi (STJ), Ministro Marco Aurélio Bellizze (STJ), Desembargador Marco Aurélio Bezerra de Melo (TJRJ), Ministro Paulo de Tarso Sanseverino (STJ), Ministro Paulo Dias de Moura Ribeiro (STJ), Desembargador Ronei Danielli (TJSC), Ministro Ricardo Villas Boas Cueva (STJ), Ministro Ruy Rosado de Aguiar Júnior. (STJ, aposentado), Desembargador Sérgio Cavalieri Filho (TJRJ, aposentado), Ministro Sidnei Beneti (STJ, aposentado) e Desembargador Sílvio Venosa (TJSP, aposentado) – em texto escrito em coautoria com a advogada Cláudia Rodrigues. Também entre os julgadores, há artigo do Ministro Luis Felipe Salomão, em texto escrito com a assessora do Superior Tribunal de Justiça, Ivoney Severina de Melo Pereira do Nascimento, o coordenador do livro.

A obra é indicada para o estudo do Direito Civil em seus mais variados níveis, desde a graduação, passando pela especialização, chegando-se ao mestrado e ao doutorado. Como não poderia ser diferente, pela praticidade dos temas abordados, também serve para a atividade profissional de advogados, procuradores, promotores e juízes.

Como palavras finais desta apresentação, há muito tempo temos destacado a necessidade de uma maior interação entre a doutrina e a jurisprudência, para um aprimoramento do Direito Civil Brasileiro. Muitas vezes, tais diálogos ocorrem em encontros e eventos acadêmicos, como as já consagradas *Jornadas de Direito Civil*, realizadas pelo Conselho da Justiça Federal. É preciso, no entanto, aprimorar essa interação, em obras como este livro. Quem sabe, com esse intuito, a ideia central desta obra não se transforma em uma série bibliográfica. Ficam os nossos agradecimentos finais à Editora Atlas e ao Grupo GEN, por terem acatado a nossa ideia.

Brasília e São Paulo, novembro de 2017.

Os coordenadores.

Ministro Luis Felipe Salomão e Professor Doutor Flávio Tartuce

SOBRE OS AUTORES

ANDERSON SCHREIBER
Professor de Direito Civil da UERJ. Doutor em Direito Privado Comparado pela Università degli studi del Molise (Itália). Mestre em Direito Civil pela UERJ. Procurador do Estado do Rio de Janeiro e Advogado.

BRUNO MIRAGEM
Professor da Faculdade de Direito da UFRGS nos cursos de graduação e no Programa de Pós-Graduação em Direito. Advogado e consultor jurídico.

CARLOS ROBERTO GONÇALVES
Mestre em Direito Civil pela PUC-SP. Desembargador aposentado do Tribunal de Justiça de São Paulo. Membro da Academia Brasileira de Direito Civil e do Corpo de Árbitros da Câmara de Conciliação, Mediação e Arbitragem da Ciesp/Fiesp. Palestrante convidado nos cursos de Direito Civil da Escola Paulista da Magistratura. Partícipe de outras obras coletivas. Autor de diversos livros de Direito Civil.

CLAUDIA LIMA MARQUES
Professora Titular da UFRGS. Mestre pela Universidade de Tübingen (1987). Doutora e Pós-Doutora pela Universidade de Heidelberg. Professora Permanente do Programa de Pós-Graduação em Direito da UFRGS. Relatora-Geral da Comissão de Juristas do Senado Federal para a Atualização do Código de Defesa do Consumidor. Presidente do Comitê de Proteção Internacional do Consumidor da *International Law Association*. Coordenadora da Revista de Direito do Consumidor do Brasilcon. Advogada, consultora jurídica e parecerista.

CLÁUDIA RODRIGUES
Mestre em Direito Negocial pela Universidade Estadual de Londrina. Doutoranda em Direito Comercial pela PUC-SP. Advogada.

CLAUDIO LUIZ BUENO DE GODOY
Desembargador do Tribunal de Justiça do Estado de São Paulo. Professor Livre-docente do Departamento de Direito Civil da Faculdade de Direito da Universidade de São Paulo.

ÊNIO SANTARELLI ZULIANI
Desembargador do Tribunal de Justiça do Estado de São Paulo.

FLÁVIO TARTUCE
Doutor em Direito Civil pela USP. Mestre em Direito Civil Comparado pela PUCSP. Professor Titular do programa de mestrado e doutorado da Faculdade Autônoma de Direito (FADISP). Coordenador e professor dos cursos de pós-graduação *lato sensu* da Escola Paulista de Direito. Professor da ESA-OABSP e da Escola Nacional da Advocacia. Advogado, consultor jurídico e parecerista em São Paulo.

GISELDA MARIA FERNANDES NOVAES HIRONAKA
Professora Titular de Direito Civil da Faculdade de Direito da Universidade de São Paulo (USP). Professora Titular e Coordenadora Titular do Programa de Pós-graduação *stricto sensu*, em Direito, da Faculdade Autônoma de Direito de São Paulo (FADISP). Professora e Coordenadora Titular da área de Direito Civil dos Cursos de Pós-graduação *lato sensu* da Escola Paulista de Direito (EPD). Ex-Procuradora Federal.

GUSTAVO TEPEDINO
Professor Titular de Direito Civil e ex-Diretor da Faculdade de Direito da Universidade do Estado do Rio de Janeiro (UERJ). Sócio fundador do escritório Gustavo Tepedino Advogados.

IVONEY SEVERINA DE MELO PEREIRA DO NASCIMENTO
Assessora de Ministro do Superior Tribunal de Justiça.

JONES FIGUEIRÊDO ALVES
Desembargador Decano do Tribunal de Justiça de Pernambuco. Mestre em Ciências Jurídicas pela Faculdade de Direito da Universidade Clássica de Lisboa. Autor de diversas obras jurídicas.

JOSÉ FERNANDO SIMÃO
Livre-docente, Doutor e Mestre pela Faculdade de Direito da USP – Largo de São Francisco. Professor-Associado do Departamento de Direito Civil da Faculdade de Direito da USP – Largo de São Francisco.

LUIS FELIPE SALOMÃO
Ministro do Superior Tribunal de Justiça. Coordenador-Geral da *I Jornada de Prevenção e Solução Extrajudicial de Litígios*, promovido pelo Conselho da Justiça Federal em 2015. Professor Emérito da Escola da Magistratura do Rio de Janeiro.

MARCO AURÉLIO BELLIZZE OLIVEIRA
Ministro do Superior Tribunal de Justiça. Mestre em Direito pela Universidade Estácio de Sá (UNESA).

MARCO AURÉLIO BEZERRA DE MELO
Desembargador do Tribunal de Justiça do Estado do Rio de Janeiro. Mestre em Direito pela Universidade Estácio de Sá. Professor Emérito da Escola da Magistratura do Estado do Rio de Janeiro. Professor de Direito Civil do IBMEC/RJ.

MARCO AURÉLIO GASTALDI BUZZI
Ministro do Superior Tribunal de Justiça, componente da 4.ª Turma e da 2.ª Seção. Graduação em Direito pela Faculdade de Ciências Jurídicas e Sociais do Vale do Itajaí, no Estado de Santa Catarina. Pós-graduado em Instituições Jurídico--políticas pela Universidade Federal de Santa Catarina (UFSC) e Universidade do Oeste do Estado de Santa Catarina (UNOESC). Mestre em Ciência Jurídica pela Universidade do Vale do Itajaí (UNIVALI) em 2001. Atualmente, cursa mestrado em Sistemas Alternativos de Resolução de Conflitos na Universidade Nacional de Lomas de Zamora, na Argentina.

Mário Luiz Delgado

Doutor em Direito Civil pela Universidade de São Paulo (USP). Mestre em Direito Civil Comparado pela Pontifícia Universidade Católica de São Paulo (PUC-SP). Advogado. Professor da Faculdade Autônoma de Direito de São Paulo (FADISP). Presidente da Comissão de Assuntos Legislativos do – Instituto Brasileiro de Direito de Família (IBDFAM). Diretor de Assuntos Legislativos do Instituto dos Advogados de São Paulo (IASP). Membro da Academia Brasileira de Direito Civil (ABDC) e do Instituto de Direito Comparado Luso-Brasileiro (IDCLB).

Nelson Rosenvald

Pós-Doutor em Direito Civil pela Universidade Roma Tre (IT). Professor Visitante na Universidade de Oxford (UK). Professor Investigador na Universidade de Coimbra (PO). Doutor e Mestre em Direito Civil pela PUC-SP. Procurador de Justiça do Ministério Público de Minas Gerais. Pós-Doutor em Direito Civil na Universidade Roma Tre (IT). Professor Visitante na Universidade de Oxford (UK). Professor Investigador na Universidade de Coimbra (PO). Doutor e Mestre em Direito Civil pela PUC-SP. Procurador de Justiça do Ministério Público de Minas Gerais.

Pablo Stolze Gagliano

Graduado pela Faculdade de Direito da Universidade Federal da Bahia, em 1998, tendo recebido o diploma de honra ao mérito (láurea). Pós-graduado em Direito Civil pela Fundação Faculdade de Direito da Bahia, tendo obtido nota dez em monografia de conclusão. Mestre em Direito Civil pela PUC-SP, tendo obtido nota dez em todos os créditos cursados, nota dez na dissertação, com louvor, e dispensa de todos os créditos para o doutorado. Aprovado em primeiro lugar em concursos para as carreiras de professor substituto e professor do quadro permanente da Faculdade de Direito da Universidade Federal da Bahia, e também em primeiro lugar no concurso para Juiz do Tribunal de Justiça da Bahia (1999). Autor e coautor de várias obras jurídicas. Professor da Universidade Federal da Bahia e da Rede Jurídica LFG. Professor Coordenador Científico convidado da Pós-Graduação em Direito Civil do LFG. Membro da Academia de Letras Jurídicas da Bahia e da Academia Brasileira de Direito Civil.

Paulo de Tarso Vieira Sanseverino

Ministro do Superior Tribunal de Justiça desde 2010 e Professor de Direito Civil. Mestre e Doutor pela Faculdade de Direito da Universidade Federal do Rio Grande do Sul. Autor dos livros jurídicos e de diversos artigos publicados em revistas de Direito.

Paulo Dias de Moura Ribeiro

Ministro do Superior Tribunal de Justiça. Diretor do Curso de Direito da UnG. Professor Titular da FDSBC. Professor do Curso de Direito do UDF.

Paulo Lôbo

Doutor em Direito Civil pela USP. Professor Emérito da UFAL. Advogado e consultor jurídico.

Ricardo Villas Bôas Cueva
Ministro do Superior Tribunal de Justiça. Doutor em Direito pela *Johann Wolfgang Goethe Universität* (Frankfurt am Main, Alemanha). Mestre em Direito pela *Harvard Law School* (Cambridge, Massachusetts, USA).

Rodolfo Pamplona Filho
Juiz Titular da 32.ª Vara do Trabalho de Salvador-BA. Professor Titular de Direito Civil e Direito Processual do Trabalho da Universidade Salvador (UNIFACS). Professor Adjunto de graduação e pós-graduação (Mestrado e Doutorado) em Direito da Universidade Federal da Bahia (UFBA). Coordenador dos Cursos de Especialização em Direito Civil e em Direito e Processo do Trabalho da Faculdade Baiana de Direito. Mestre e Doutor em Direito das Relações Sociais pela Pontifícia Universidade Católica de São Paulo (PUC-SP). Máster em Estudios en Derechos Sociales para Magistrados de Trabajo de Brasil pela Universidad de Castilla (UCLM), La Mancha/Espanha. Especialista em Direito Civil pela Fundação Faculdade de Direito da Bahia. Membro e ex-Presidente da Academia Brasileira de Direito do Trabalho (antiga Academia Nacional de Direito do Trabalho – ANDT). Presidente da Academia de Letras Jurídicas da Bahia. Membro da Academia Brasileira de Direito Civil, do Instituto Brasileiro de Direito de Família (IBDFam) e do Instituto Brasileiro de Direito Civil (IBDCivil).

Rolf Madaleno
Advogado e Professor de Direito de Família na Graduação e Pós-Graduação da PUC-RS. Mestre em Processo Civil pela PUC-RS. Diretor Nacional do IBDFAM. Conselheiro Estadual da OAB-RS. Autor de obras jurídicas.

Ronei Danielli
Desembargador do Tribunal de Justiça de Santa Catarina. Mestre em Direito pela UNIVALI.

Ruy Rosado de Aguiar Júnior.
Graduado em Ciências Jurídicas e Sociais pela Faculdade de Direito da Universidade Federal do Rio Grande do Sul (1961) e Mestre em Direito pela Universidade Federal do Rio Grande do Sul (1990). Professor aposentado de Direito Penal da Faculdade de Direito da UFRGS e de Direito Civil no Curso de Mestrado da instituição até a data da sua aposentadoria. Professor convidado da Escola Superior da Magistratura do Rio Grande do Sul (ESM/AJURIS). Ministro aposentado do Superior Tribunal de Justiça (STJ) desde 2003. Advogado fundador do escritório Ruy Rosado de Aguiar Advogados Associados. Autor de livros e artigos jurídicos, publicados no Brasil e no exterior.

Sergio Cavalieri Filho
Desembargador aposentado do TJRJ. Professor emérito da EMERJ de Responsabilidade Civil e Direito do Consumidor.

Sidnei Beneti
Ministro Aposentado do Superior Tribunal de Justiça. Foi Juiz de Direito, Juiz do Tribunal de Alçada Criminal, Juiz do 1.º Tribunal de Alçada Civil e Desembargador

do Tribunal de Justiça do Estado de São Paulo, Presidente da Seção de Direito Público. Ex-Presidente e Presidente Honorário da União Internacional de Magistrados (Roma). Livre-docente e Doutor pela Faculdade de Direito da USP, em que, como assistente voluntário, lecionou Instituições Judiciárias e Prática Civil. Professor Titular Aposentado de Direito Processual Civil da Faculdade de Direito de São Bernardo do Campo, de que foi Professor Titular de Direito Civil. Nomeado pelo Ministério da Justiça, integrou as Comissões de Reforma do Código de Processo Civil e do Código de Processo Penal, e, nomeado pelo Senado Federal, presidiu a Comissão de Reforma da Lei de Execução Penal. Integrou a Comissão de Revisão do Projeto do Código de Processo Civil do Superior Tribunal de Justiça.

SÍLVIO DE SALVO VENOSA

Desembargador aposentado do Estado de São Paulo. Autor da obra *Direito civil*, em sete volumes, e outros livros nessa área. Foi professor em várias faculdades no Estado de São Paulo.

ZENO VELOSO

Professor de Direito Civil e de Direito Constitucional Aplicado. Doutor *honoris causa* pela Universidade da Amazônia (Unama). *Notório Saber* reconhecido pela Universidade Federal do Pará. Fundador e Diretor Nacional do IBDFAM. Membro da Academia Brasileira de Letras Jurídicas.

SUMÁRIO

ADEQUAÇÃO DE SEXO DO TRANSEXUAL

1 O fato jurídico da transexualidade
Nelson Rosenvald.. 3

2 Alteração de gênero no assento de registro civil de transexual independentemente da realização de cirurgia de transgenitalização
Luis Felipe Salomão e Ivoney Severina de Melo Pereira do Nascimento... 31

DIREITO AO ESQUECIMENTO

3 Direito ao esquecimento
Anderson Schreiber.. 65

4 Evolução do direito ao esquecimento no judiciário
Ricardo Villas Bôas Cueva.. 83

PRESCRIÇÃO. QUESTÕES POLÊMICAS

5 Prescrição e decadência e início dos prazos: doutrina e jurisprudência em harmonia
José Fernando Simão.. 103

6 Questões polêmicas sobre a prescrição
Marco Aurélio Bellizze Oliveira... 123

BOA-FÉ OBJETIVA NOS CONTRATOS

7 Boa-fé objetiva nos contratos
Carlos Roberto Gonçalves.. 169

8 A boa-fé objetiva no direito brasileiro
Paulo de Tarso Vieira Sanseverino... 183

FUNÇÃO SOCIAL DO CONTRATO. EFICÁCIAS INTERNA E EXTERNA

9 Função social do contrato: visão empírica da nova teoria contratual
Claudia Lima Marques... 209

10 Função social do contrato
Sidnei Beneti.. 269

SEGURO-SAÚDE. QUESTÕES ATUAIS

11 Seguro e planos de assistência à saúde: questões atuais
    Bruno Miragem 295

12 Limites da autonomia contratual nos planos de assistência à saúde
    Ronei Danielli 313

RESPONSABILIDADE OBJETIVA NA ATUALIDADE

13 O tratamento da responsabilidade objetiva no código civil e suas repercussões na atualidade
    Flávio Tartuce 329

14 Responsabilidade objetiva na atualidade
    Sergio Cavalieri Filho 355

CRITÉRIOS PARA QUANTIFICAÇÃO DOS DANOS MORAIS

15 A quantificação do dano moral e a incessante busca de critérios
    Pablo Stolze Gagliano 377

16 Quantificação de danos extrapatrimoniais
    Sílvio de Salvo Venosa e Cláudia Rodrigues 395

NOVOS DANOS NA RESPONSABILIDADE CIVIL. DANOS MORAIS COLETIVOS, DANOS SOCIAIS OU DIFUSOS E DANOS POR PERDA DE UMA CHANCE

17 Novos danos na responsabilidade civil. danos morais coletivos, danos sociais ou difusos e danos por perda de uma chance
    Rodolfo Pamplona Filho 417

18 Novos danos na responsabilidade civil. A perda de uma chance
    Ruy Rosado de Aguiar Júnior 439

FUNÇÃO SOCIAL DA POSSE E DA PROPRIEDADE

19 Posse e propriedade na constitucionalização do direito civil: função social, autonomia da posse e bens comuns
    Gustavo Tepedino 477

20 Ensaio sobre a função social da posse e usucapião de bem público a partir de julgado do STJ
    Ênio Santarelli Zuliani 507

QUESTÕES POLÊMICAS QUANTO AO CONDOMÍNIO EDILÍCIO

21 O condomínio edilício na jurisprudência do STJ: estado atual da arte
Mário Luiz Delgado 529

22 Questões polêmicas sobre o condomínio edilício
Marco Aurélio Bezerra de Melo 559

PARENTALIDADE SOCIOAFETIVA E MULTIPARENTALIDADE

23 Parentalidade socioafetiva e multiparentalidade. Questões atuais
Paulo Lôbo 593

24 Atualidades sobre a parentalidade socioafetiva e a multiparentalidade
Claudio Luiz Bueno de Godoy 611

ALIMENTOS ENTRE OS CÔNJUGES

25 Alimentos entre cônjuges
Rolf Madaleno 631

26 Alimentos transitórios: uma obrigação por tempo certo
Marco Aurélio Gastaldi Buzzi 647

POLÊMICAS NA SUCESSÃO DO CÔNJUGE

27 Sucessão do cônjuge
Zeno Veloso 675

28 Polêmicas na sucessão de cônjuge: separação convencional de bens
Paulo Dias de Moura Ribeiro 721

INCONSTITUCIONALIDADE DO ART. 1.790 DO CÓDIGO CIVIL

29 Inconstitucionalidade do art. 1.790 do Código Civil
Giselda Maria Fernandes Novaes Hironaka 737

30 Sucessão de convivente e a inconstitucionalidade do art. 1.790 do Código Civil
Jones Figueirêdo Alves 759

ADEQUAÇÃO DE SEXO DO TRANSEXUAL

1

O FATO JURÍDICO DA TRANSEXUALIDADE

NELSON ROSENVALD

> As making sense of gender cuts across many different areas of our lives and cultures, the closest I have come to an overview of the subject is the image of six blindfolded scientists in white coats trying to describe an elephant. Each of them, touching only one of six parts (trunk, horn, tail, ear, leg, flank), understandably mistakes the part for the whole. I have come to appreciate that any understanding of this subject requires a capacity to "hold complexity" and tolerate the anxiety of uncertainty (Jack Drescher).

SUMÁRIO: 1. Introdução; 2. O direito fundamental à identidade da pessoa trans; 3. Do transexualismo à transexualidade; 4. A transposicão: da ilicitude ao direito da personalidade; 5. O fato jurídico transexualidade e o seu plano de eficácia; 6. Conclusão; Referências bibliográficas.

1. INTRODUÇÃO

As pessoas trans possuem um sexo atribuído no nascimento que difere de sua identidade ou expressão de gênero atual. A sua autopercepção não corresponde ao seu sexo biológico. A diversidade da população trans desafia qualquer caracterização simplória em termos de taxonomia, evidenciando diferenças na expressão de gênero, apresentação, identidades sexuais e comportamentos, além de expressivas distinções étnicas, culturais e geográficas. A linguagem em torno de sua identidade tende a evoluir das primordiais nomenclaturas "transexual" ou "travesti" para "transgênero" ou simplesmente "trans", em uma redação mais contemporânea, talvez um esforço para se criar uma terminologia mais inclusiva, considerando as "pessoas em não conformidade de gênero". O guarda-chuva da abrangente expressão engloba em um sentido amplíssimo desde *drag queens*, transformistas, *crossdressers* (gênero como funcionalidade), a uma concepção mais restrita de transexuais e travestis (gênero como identidade). Nessa multiplicidade de matizes que escapam ao binário, encontramos desde aquelas que anseiam pela adequação do sexo ao gênero e outras pessoas que não se identificam com o *status* de seu gênero, todavia anseiam por se misturar na sociedade, preservando a sua intimidade em uma vida com discrição.[1]

Uma estimativa acurada do número de pessoas transgênero é essencial para lastrear decisões, políticas e financiamentos públicos. Subestimá-las significa reduzir fundos para cuidados com a saúde e serviços sociais. Relatórios históricos nos Estados Unidos estimam variações entre 1 em 4.000 até 1 em 50.000 pessoas. Contudo, estudos mais recentes encontraram aumentos de 10 a 100 vezes na medida dessa população.[2]

---

[1] O termo "transgênero" é abrangente e se aplica a qualquer pessoa cujo comportamento se distancia de maneira significativa das regras aceitas para o gênero indicado pela anatomia dessa pessoa ao nascer. O termo "transexual" normalmente se aplica ao indivíduo que se submeteu a cirurgia ou tomou hormônio para ajustar o corpo a um gênero diverso daquele com que nasceu. O termo "travesti" se refere a alguém que gostar de usar roupas em geral reservadas a pessoas de outro gênero. Embora esses termos todos sejam usados em diversos contextos, "transgênero" e sua abreviatura *trans* são os mais amplamente aceitos pela comunidade trans. Um homem *trans* nasceu mulher e se tornou homem; uma mulher *trans* nasceu homem e se tornou mulher. Intersexual é o termo que se aplica à pessoa nascida com genitália ambígua ou que, de alguma outra forma física, é ao mesmo tempo homem e mulher ao nascer. As pessoas *trans* em geral se referem aos não *trans* como cisgêneros, tomando de empréstimo a distinção entre *cis* e *trans* da química. O prefixo latino *cis* significa do mesmo lado (SOLOMON, Andrew. *Longe da árvore*. São Paulo: Companhia das Letras, 2015. p. 695).

[2] Conforme Madeine B. Deutsch, quanto à devida mensuração da população trans, nos EUA é indicado o método dos dois passos (*two-step method*). Esse método envolve a indagação universal tanto da identidade de gênero como do sexo de nascimento, sendo as pessoas trans identificadas como aquelas em que há distinção entre elas. Na sequência, 16% dos transgêneros se identificavam como homens ou mulheres e 56% se identificavam como andrógenos ou que não se identificavam com homens ou mulheres. Portanto, uma larga percentagem de pessoas trans forma um subgrupo que não procura ou não se encaixa em critérios de intervenções de afirmação de gênero (*Making it count*: improving estimates of the size of transgender and gender nonconforming populations. *Madeline B. Deutsch*: LGBT Health, 2016. p. 181).

Em diversos domínios, essas pessoas vêm recebendo inédita atenção e cuidado. Evidentemente, o sistema jurídico também evoluiu para garantir a sua visibilidade, mediante a proteção e promoção de direitos fundamentais. Entretanto, há muito a ser feito, pois a fluidez e a diversidade da população trans exigem uma interseção entre direito e política, reconhecendo-se parâmetros objetivos de identidade, como pressuposto para a deflagração de consequências jurídicas e políticas públicas que influenciem decisivamente na saúde dessas pessoas.

Pela própria delimitação do tema, centralizaremos o debate na questão do direito fundamental à identidade de gênero no âmbito da transexualidade e a sua intrínseca repercussão no plano eficacial do registro de pessoas naturais, apesar de reconhecermos a importância de outra série de consequências jurídicas da afirmação identitária da pessoa transexual no direito de família, como o casamento, a união estável, o poder familiar, o parentesco, a alienação parental, a procriação e a adoção.

2. O DIREITO FUNDAMENTAL À IDENTIDADE DA PESSOA TRANS

Toda sociedade é por definição "excludente", por deliberadamente selecionar aqueles que se amoldam a um padrão de normalidade. Em um primeiro momento, as religiões cumpriam essa função social, prescindindo das pessoas com deficiência, seja mediante um modelo eugênico (Grécia e Roma) ou de marginalização (Idade Média), no qual a exclusão das pessoas consideradas "diferentes" era a única resposta social aceitável. Posteriormente, com o advento dos iluminismos, esse papel foi paulatinamente delegado à medicina psiquiátrica. Como o ideal da modernidade se amparava no cientificismo e no progresso, fundou-se o modelo da reabilitação, cujo objetivo era normalizar as pessoas que não se adaptavam à sociedade. No sistema privado herdado da matriz europeia das codificações, a pessoa se dilui no indivíduo – abstrato sujeito de direitos e deveres –, polo de relações jurídicas e centro de interesses que se relacionam. A ideia de personalidade se vincula à titularidade. Em cada relação jurídica a atuação do homem é delimitada por um personagem que atua perante um objeto. Não há *gente* – de *carne e osso* –, somente o subjacente *agente*, centro de interesses econômicos: o proprietário, o contratante, o testador, o marido e o pai. Ao sistema neutro do direito clássico não interessavam a singularidade do comportamento e as nuances de cada ser humano. Ao ideal de segurança jurídica só convinha dialogar com aqueles que desempenhassem adequadamente os papéis determinados pela legislação, basicamente relacionados a uma adequada *performance* produtiva. Se, por um lado, a construção do sujeito abstrato teve o mérito de liberar formalmente a pessoa da servidão inata da sociedade estamental, permitindo-a nascer e permanecer formalmente igual em coletividade perante a norma, por outro, revelou ordenamentos jurídicos especialmente intolerantes com a diversidade.

Transpondo a ideologização do sujeito abstrato para o campo da sexualidade, vê-se que o binário (homem-mulher/masculino-feminino) atendia plenamente o conceito de segurança jurídica fundado na lógica da "normalidade", tal como o binômio capaz/incapaz (só agora superado no plano interno pelo Estatuto da Pessoa com Deficiência). A cultura ocidental aprecia a dualidade: a vida parece menos aterrorizadora quando estabelecemos as dicotomias bem/mal, certo/errado – aqui fundadas em um binarismo de gênero –, neutralizando todas as distinções entre sexo, sexualidade e gênero, mediante a compulsória segregação da identificação da pessoa em seu sexo morfológico. A concordância da identidade de gênero do indivíduo com a sua configuração hormonal e genital de nascença não se tratava de uma oscilação entre o cisgênero e transgênero, pois o desvio na identidade de origem era socialmente interditado, condicionando-se de forma vitalícia a expressão do ser à radiografia clínica da anatomia aparente de um recém-nascido, quando sabemos que a real identidade poderá se afirmar na paulatina descoberta do gênero.

Há de diferenciar o sexo da sexualidade: o sexo não tem história, pois se baseia no funcionamento do corpo, sendo o domínio do biológico; a sexualidade, por seu turno, como produção cultural, produto do meio ambiente, possui uma história. Enquanto o sexo é algo ínsito à maior parte das espécies, a sexualidade se refere à categorização desses atos e de quem os pratica. Sempre existiram instintos sexuais dentro do mundo animal (sexo), mas em algum ponto os homens começaram a conceder significado a esses instintos (sexualidade). Quando tratamos de heterossexualidade, homossexualidade ou transexualidade, lidamos com sexualidade. Todavia, as pessoas não interrogam as origens da heterossexualidade, pois isso lhes parece algo natural, que já está posto, como "da natureza das coisas", em função do padrão vigente da heteronormatividade.

Em uma analogia com as gerações (ou dimensões) de direitos fundamentais, a primeira fase de luta pelos direitos de gênero se deu pela igualdade plena de direitos e deveres entre homens e mulheres; uma segunda frente de batalha já estabelecida há algum tempo envolve a questão da orientação sexual, superando a perspectiva da pseudomoralidade da heteronormalidade, tal como se vê no julgamento do STF na AdIn n. 4.277. A essa segunda geração de conquistas na seara da igualdade de gênero segue a terceira, vinculada à identidade de gênero – na qual surgem as figuras da intersexualidade e transexualidade – atrelada ao conceito de pertencimento de cada um, na sua sensação ou percepção pessoal quanto ao qual seja o seu gênero (masculino ou feminino), independentemente de sua constituição física ou genética.[3]

Enquanto o sexo heterossexual é tão antigo quanto a humanidade, o conceito de heterossexualidade como identidade é uma invenção relativamente recente.[4] O divórcio entre o desejo sexual e a reprodução, que em poucos anos propiciou a ressignificação da heterossexualidade de "mórbida" para "normal" e mais recentemente definiu uma identidade homossexual com a consequente afirmação de direitos fundamentais perante o estado e a sociedade, requer um passo a mais, que consiste na compreensão do direito da personalidade à identidade de gênero, desvinculada do direito fundamental à orientação sexual. Apesar de, em sentido *lato*, a construção da identidade sexual conglobar o sexo físico, o gênero, a orientação sexual e o sexo psicológico, mostra-se redutora a mistura entre sexualidade e gênero, pois a orientação sexual concerne ao interesse afetivo-sexual de cada pessoa, ou a "forma pela qual o indivíduo vai viver a sua sexualidade",[5] seja ela heterossexual, homossexual, bissexual ou assexual. Não é a recusa do sexo de atribuição que leva um sujeito a vivenciar a sua sexualidade para além da heterossexualidade. A fluidez sexual comporta múltiplos desejos, que, como todos os nossos desejos, se reorientam em toda a nossa vida.

Contudo, o gênero decorre de uma percepção social e psicológica do indivíduo sobre a sua condição sexual, uma elaboração cultural na qual o par feminino/masculino transcende ao fenotípico ou anatômico. A questão da transexualidade não concerne a um desejo de pertencer a outro sexo, mas da evidência da pessoa de que ela pertence ao outro sexo. A bissexuação psíquica é a regra, pois todos temos traços, gestos e comportamentos que a cultura atribui ao outro sexo e que toleramos razoavelmente. Os transexuais são

---

[3] CUNHA, Leandro Reinaldo da. *Identidade e redesignação de gênero*. Rio de Janeiro: Lumen Juris, 2015. p. 19.

[4] Assim como se produz farta literatura sobre a construção identitária da homossexualidade, poucos sabem que o mesmo o fenômeno despontou com a heterossexualidade no primeiro quartel do século XX. O Dicionário Médico de *Dorland* de 1901 definiu a heterossexualidade como um "apetite anormal ou pervertido em relação ao sexo oposto". Mais de duas décadas depois, em 1923, o dicionário de Merriam Webster definiu-a de forma similar como "paixão sexual mórbida por um do sexo oposto". Apenas em 1934, a heterossexualidade foi agraciada com o significado que conhecemos hoje: "manifestação de paixão sexual por um do sexo oposto; Sexualidade normal".

[5] MALUF, Adriana Caldas do Rego Freitas Dabus. *Curso de bioética e biodireito*, p. 249.

completamente intolerantes nesse âmbito e não se consideram homossexuais quando sentem atração por pessoas do mesmo sexo biológico, dados que este não define para eles a sua identidade: eles são heterossexuais. Apesar de serem variáveis independentes, eventualmente a linha entre gênero e sexualidade conflui – tal como nas relações homo ou bissexuais entre pessoas transexuais –, porém urge demarcar que o gênero é uma construção pertencente à dimensão autobiográfica e a sexualidade é fluida e independente do gênero.[6]

Com efeito, a transexualidade não é um fator condicionante da sexualidade. O gênero se relaciona com quem a pessoa é; a sexualidade com quem ele a exerce. Homossexuais e bissexuais não acreditam pertencer a um gênero distinto do seu sexo físico. Em sentido diverso, não obstante biologicamente perfeito,[7] o indivíduo transexual tem a convicção de pertencer ao sexo oposto, diverso ao sexo morfológico, e deseja afirmar a sua identidade de gênero, como modo de proteger e promover a sua intimidade, integridade psicofísica, enaltecendo o livre desenvolvimento da sua personalidade para além do determinismo biológico do dado cromossômico e físico. O sentimento de pertencimento a determinado gênero sexual é o fator prevalecente na manifestação identitária pessoal, pois é até mesmo objetivamente viável a alteração do sexo biológico. Todavia, é impraticável a modificação do gênero, que é efetivamente a vontade e o reconhecimento mais intersubjetivo que alguém tem e faz de si mesmo, ou seja, o gênero é um efeito da existência.[8]

O sujeito pós-moderno é conceituado como não detentor de uma identidade fixa, essencial ou permanente. A identidade torna-se uma celebração móvel, fazendo com que o indivíduo assuma, em momentos diversos, identidades diferentes, fazendo surgir uma "busca de identidade", que no caso do transexual irrompe como uma adequação entre a identidade estática – surgida no nascimento – e a concepção psicossocial, dinâmica, a partir da interação entre o indivíduo e a sociedade e que pode sofrer modificações.[9]

---

[6] BENTO, Berenice. *O que é transexualidade*. São Paulo: Brasiliense, 2012. p. 58. (Coleção Primeiros passos.)

[7] Fator que diferencia a transexualidade da intersexualidade ou hermafroditismo, na qual o indivíduo apresenta características externas que em alguns aspectos se assemelham às características masculinas e, em outros, às características femininas. O transexual possui consciência de sua perfeita conformação anatômica, porém a identidade sexual psíquica diverge do gênero vinculado ao sexo físico.

[8] SALIH, Sarah. *Judith Butler e a Teoria Queer*, p. 70.

[9] CHOERI, Raul Cléber da Silva. *O conceito de identidade e redesignação sexual*. Rio de Janeiro: Renovar, 2004. p. 25. Aduz o autor que a identidade humana se apresenta sob dois aspectos, "um estático e outro dinâmico. O primeiro reúne

3. DO TRANSEXUALISMO À TRANSEXUALIDADE

É patente a razão pela qual a homossexualidade se tornou mais visível que a transexualidade. A aceitação da homossexualidade não envolve gêneros, apenas a sexualidade, permanecendo no interno do sacrossanto sistema binário. A transexualidade, por seu turno, rompe a causalidade entre sexo, gênero e desejo, violando um sistema desenhado na construção da sexualidade pela natureza do corpo. Evidentemente o trânsito entre gêneros conflita com as normas sociais estabelecidas sobre gênero, sexo morfológico e sexualidade. A reação imediata para comportamentos desviantes é a de considerar a pessoa transexual como doente, tornando-a cativo de seu próprio corpo.

No espaço do direito, o transexualismo é localizado no plano da ilicitude, como uma manifestação de sexualidade antijurídica, desconforme ao ordenamento e, consequentemente, duplamente sancionada: seja pela desconsideração de quaisquer efeitos jurídicos à divergência entre o gênero e o sexo registral, como também pela segregação social da personalidade desviante, o que ao longo da história da civilização se deu pelos mais diferentes métodos.

A passagem do *transexualismo*,[10] entidade patológica, ao "fenômeno transexual", manifestação sexual que seria uma afirmação de identidade, destaca a fabricação do gênero e o apagamento do sexo, exteriorizando a controvérsia entre o inato e o adquirido. Essa tensão entre natureza e cultura procurou extrair a pessoa trans do rótulo da anormalidade.[11]

---

todos os atributos e características não modificáveis do ser humano ou modificáveis sob restritas condições, como genoma (identidade genética), sexo biológico, nome, imagem, impressões digitais, voz, dados pessoais, elementos de objetiva e imediata identificação individual. O segundo aspecto reúne todos os atributos e características psicossociais, a historicidade individual, compreendida pelo patrimônio ideológico e herança cultural da pessoa, como o sexo psicossocial" (Idem, p. 28).

[10] O termo "transexualismo" se desenvolveu em três etapas: inicialmente, Magnus Hirschfeld, um sexólogo alemão a utilizou em 1923 sob a forma de transexualismo da alma ou psíquico, a propósito dos intersexuados. Mais tarde, D.O, Cauldwell, em 1949, deu a um artigo o título "Psychopatia transexualis" e relatou um caso que correspondia ao que se veio denominar transexualismo feminino *versus* masculino. Por fim, Harry Benjamin deu à palavra a forma transexualismo, que se imporia em cerca de dez anos, para definir uma condição bastante particular, diferente do travestismo ou eonismo.

[11] Explica Henry Frignet que: "Importado por John Money em 1955, retomado em patologia por Fisk e Laub em 1973, o uso do conceito de gênero será em seguida consagrado por Stroller. Substituir o sexo pelo gênero permite propor

Com efeito, progressivamente, pesquisadores e juristas se afastam de um modelo médico de doença, eximindo a "disforia de gênero" da condição de psicose, neurose, perversão ou psicossomatização. Não há delírios, alucinações e angústias intensas, apenas o relato de uma profunda infelicidade com o corpo que nasceram ("os transexuais estão entre as pessoas mais infelizes que já encontrei", escreveu Harry Benjamin). Em todos os domínios que não se referem à difusão de sua identidade, o sentido do real se acha intacto na pessoa transexual. A transexualidade é uma problemática do ser, que apenas encontrará guarida em um modelo baseado em identidades plurais, no qual prevalece o exercício da autonomia existencial da pessoa trans no sentido de promover a sua identidade de gênero, tendo doutrina e tribunais a tarefa de demarcar o conteúdo jurídico do direito à autodeterminação sexual.[12]

Um dos erros ao se patologizar e universalizar a transexualidade é o fato de que cada pessoa trans possui uma bagagem cultural, genética e psicológica diferente, não sendo plausível afirmar que a transexualidade é um fenômeno que atinge um indivíduo da mesma forma do que a outro. O ser é único, e justamente por isso o correto seria individualizar e personalizar a transexualidade, despatologizando-a, uma vez que cada transexual reage à sua identidade de forma distinta.[13-14]

---

uma explicação elegante ao transexualismo: haveria de um lado o sexo real, imposto pela natureza, consagrado em geral pela aparência e quase sempre aceito pelo indivíduo; e, de outro, o registro subjetivo do gênero que, na maioria dos indivíduos, concordaria com o sexo, o transexualismo, no entanto, mostrando a possibilidade de uma discordância. Tal hiato, insuportável para o sujeito, levaria o transexual a querer uma modificação de seu sexo para pôr este de acordo com seu gênero. Com efeito, este último, trazido pelo desejo do sujeito, prevaleceria em relação às exigências estritamente reais do sexo" (*O transexualismo*. Trad. Procópio Abreu. Rio de Janeiro: Companhia de Freud, 2002. p. 88).

[12] A fim de reduzir a discriminação que recai sobre as pessoas trans, a Associação Psiquiátrica Americana substituiu a expressão "desordem de identidade de gênero" por "disforia de gênero", apesar da reação de muitos que acreditam que a nova nomenclatura não afasta a indevida conclusão de que ser transgênero seria uma espécie de desordem mental. Quando psiquiatras criam expressões que aproximam a variações de gênero a uma espécie de desordem mental, apenas estigmatizam e causam danos a indivíduos que já se encontram em situação de alta vulnerabilidade.

[13] VEIGA JR., Hélio. *O direito de pertencer a si mesmo*. Rio de Janeiro: Lumen Juris, 2016. p. 32.

[14] Há vinte anos, a maior parte dos transexuais desejava fazer uma mudança total de gênero. Hoje em dia, os limites entre as categorias estão mais borrados. Alguns transexuais vivem em sigilo, ou seja, todos os que os rodeiam acreditam que eles

Busca-se libertar a variação de gênero da narrativa da patologia (o fenômeno recebe um diagnóstico e um código específico), substituindo-a pela narrativa da normalidade (sem diagnóstico e estima ligados ao fenômeno), própria à variabilidade da natureza. O grupo de trabalho na classificação de transtornos sexuais da Organização Mundial de Saúde (OMS) alterou o ICD-11, a fim de representar transexualismo como uma questão de direitos fundamentais, levantando-se os transtornos de identidade de gênero da lista de transtornos mentais e comportamentais, assegurando uma reclassificação não patologizante do fenômeno trans. Com efeito, a combinação entre a estigmatização de ser transgênero e receber um diagnóstico de transtorno mental cria uma dupla opressão para os membros desse grupo, afetando negativamente a sua saúde e a fruição de direitos humanos. Ilustrativamente, as pessoas trans tendem a sofrer privação de cuidados médicos em geral por uma falsa percepção de que necessitam de especialistas em saúde mental, mesmo quando relatam patologias que em nada se relacionam ao fato de ser transgênero. Em uma perspectiva histórica, a classificação do diagnóstico de identidade de gênero como transtorno mental parece acidental, baseado em atitudes sociais prevalentes em meados do século XX, e não em evidências científicas.[15]

Em paralelo com o que vem se edificando no modelo social de deficiência – internalizado no Brasil pela via de convenção internacional com estatura de norma constitucional –, percebe-se que os maiores problemas das pessoas trans resultam basicamente da atitude social com que se deparam. Nessa senda, o desafio do jurista é o de transpor o fato jurídico "trans" dos confins da medicina e da ilicitude do desvio patológico para um viés de difusão de identidade, em uma ordem pluralista que enalteça direitos fundamentais e promova simultaneamente estratégias de acessibilidade,

---

nasceram no gênero que adotaram. Outros vivem as claras como homens ou mulheres trans. Algumas pessoas adotam um gênero ambíguo, não se identificando nem como homens, nem como mulheres. Outros têm gênero flutuante: alguns dias masculino, outros feminino, às vezes nenhum, às vezes ambos. Alguns são exibicionistas, outros são recatados ao extremo" (SOLOMON, Andrew. *Longe da árvore*. São Paulo: Companhia das Letras, 2015. p. 697).

[15] DRESCHER, Jack. *Controversies in Gender Diagnoses*, p. 11. Discorre o autor sobre a tensão entre o estigma e o acesso ao cuidado pela pessoa trans. Por um lado, deseja-se remover o preconceito, afastando-se diagnósticos de disforia de gênero, sem, contudo, olvidar a necessidade de se manter o acesso à rede de saúde, o que requer a existência de um diagnóstico que permita a obtenção de tratamento médico coberto pelo tesouro. "Reconciliar a linguagem" não é uma tarefa simples.

combate à discriminação, insira essa população em um ambiente que permita o desenvolvimento de suas potencialidades.

4. A TRANSPOSICÃO: DA ILICITUDE AO DIREITO DA PERSONALIDADE

É de sabença geral que uma das missões do direito civil contemporâneo é revisitar o ser humano subjacente ao indivíduo. Em Estados plurais e antropocêntricos, não obstante imersa na abstração e no anonimato das massas, cada pessoa é titular de especial dignidade, cláusula geral asseguratória de direitos fundamentais na esfera privada e salvaguarda dos direitos da personalidade que irradiam sobre sua integridade psicofísica. O princípio e cláusula geral da Dignidade da Pessoa Humana (art. 1.º, III, CF) assume dupla dimensão. Primeiramente, uma eficácia negativa, fundada no dever de proteção, pela qual a pessoa será merecedora de respeito e consideração por parte do Estado, sociedade e família. O repaginado direito de proteção recusa a heteronomia e se funda no imperativo categórico, impedindo a instrumentalização da pessoa para fins alheios, pois a dignidade é uma condição inata da pessoa humana, independentemente de seu aporte comunitário. Nada obstante, a dignidade transcende a condição de valor intrínseco do ser humano, revelando-se também como autonomia para a edificação das escolhas existenciais. Aqui, enfatiza-se a eficácia positiva da Dignidade da Pessoa Humana, na qual não está em jogo a tradicional liberdade negativa de distanciamento de uma ordem heterônoma (seja por parte do Estado, sociedade e família), porém o direito fundamental à inserção em sociedade, na qual a diversidade não será um óbice para que as pessoas elejam e promovam as suas escolhas de vida, tornando-se protagonistas de suas biografias.[16]

---

[16] No final de 2015 o STF iniciou julgamento de recurso extraordinário (RE 845779/SC) em que se discute a reparação de danos morais a transexual que teria sido constrangida por funcionário de *shopping center* ao tentar utilizar banheiro feminino. O Relator, Ministro Roberto Barroso, propôs a seguinte tese para efeito de repercussão geral: "Os transexuais têm direito a serem tratados socialmente de acordo com a sua identidade de gênero, inclusive na utilização de banheiro de acesso público". Ressaltou que o princípio da dignidade da pessoa humana incluiria valor intrínseco de todos os seres humanos. Portanto, o transexual teria o direito fundamental de ser reconhecido e de ser tratado pelo seu valor intrínseco, por sua dimensão ontológica. O valor intrínseco geraria um conjunto de direitos entre os quais se destacaria o direito à igualdade. Portanto, toda pessoa teria o mesmo valor intrínseco que a outra e consequentemente teria o mesmo direito ao respeito e à consideração. Sublinhou que a ótica da igualdade, como

Infelizmente, a civilística não introjetou o direito da personalidade à identidade sexual sob um enfoque de direitos humanos, porém apenas efetuou um tímido "lifting" na leitura médica da temática, o que impacta sobremaneira a extração das consequências jurídicas do fenômeno da transexualidade. De fato, o paradigma clássico da pessoa trans, fundado em abordagem exclusivamente clínica, é respaldado no direito privado pelo elastério concedido pela doutrina e tribunais ao art. 13 do CC: "Salvo por exigência médica, é defeso o ato de disposição do próprio corpo, quando importar diminuição permanente da integridade física, ou contrariar os bons costumes".

Apesar de o dispositivo silenciar no tocante à transexualidade, editou-se o Enunciado 276 do Conselho de Justiça Federal, legitimando a redesignação do estado sexual pela pessoa trans na referida norma: "O art. 13 do Código Civil, ao permitir a disposição do próprio corpo por exigência médica, autoriza as cirurgias de transgenitalização, em conformidade com os procedimentos estabelecidos pelo Conselho Federal de Medicina, e a consequente alteração do prenome e do sexo no Registro Civil". Infere-se do exposto que a doutrina encontrou no art. 13 do Código Civil um escoadouro para libertar a pessoa trans das amarras do sexo de origem (o que é justificável) sem se aperceber, contudo, que essa hermenêutica reforça a compreensão da pessoa trans no

---

reconhecimento, visaria justamente combater práticas culturais enraizadas que inferiorizariam e estigmatizariam grupos sociais. Enfatizou que o papel do Estado, da sociedade e de um tribunal constitucional, em nome do princípio da igualdade materializado na Constituição, seria restabelecer ou proporcionar, na maior extensão possível, a igualdade dessas pessoas, atribuindo o mesmo valor intrínseco que todos teriam dentro da sociedade. Destacou que outra dimensão da dignidade da pessoa humana seria a dignidade como autonomia do indivíduo, o que consubstanciaria no livre-arbítrio das pessoas, na autodeterminação, na capacidade de fazer suas escolhas existenciais essenciais e de desenvolver sua personalidade. Assim, deixar de reconhecer a um indivíduo a possibilidade de viver a sua identidade de gênero seria privá-lo de uma das dimensões que dariam sentido a sua existência. Frisou que a mera presença de transexual feminina em áreas comuns de banheiro feminino poderia gerar algum constrangimento a mulheres, porém não seria comparável àquele suportado por um transexual que não teria a sua condição respeitada pela sociedade. Consignou que um Estado democrático teria o dever constitucional de proteger as minorias. Observou que a democracia não teria apenas a dimensão formal de ser o governo das maiorias, mas também uma dimensão substantiva que seria a proteção dos direitos fundamentais das pessoas. Até a conclusão desse artigo (abril de 2017), não obstante o endosso ao voto pelo Ministro Edson Fachin, o julgamento foi interrompido por pedido de vista do Ministro Luiz Fux.

enfoque assistencialista e paternalista da discricionariedade médica, em vez de simplesmente edificar uma interpretação constitucional fundada em seu traço identitário particular.

Esse "estado de coisas" é preocupante, indicando a preferência por um modelo biomédico de "transexualismo", no qual se deseja curar, tratar e eliminar o desvio sexual de um ser humano marcado por uma tragédia pessoal (não mais uma doença), mediante técnicas assépticas que a moldem em certo "padrão". Entretanto, para além de uma prometeica crença na infalibilidade científica, a persistência em uma vertente ideologizada de saúde repercute sobre todo o discurso normativo a ela subjacente. Vale dizer, em um sentido de coerência e integridade, todas as consequências jurídicas deferidas ao fato jurídico da identidade trans demandarão uma prévia escolha entre persistir em enuclear a pessoa "desconforme" em uma variante de um distúrbio psíquico, ou então alforriá-la do padrão médico, para encontrar um sentido ético capaz de legitimar a sua autodeterminação no campo da afirmação de uma identidade sexual. Questões cruciais para a tutela existencial da pessoa trans, tais como a possibilidade de se realizar a alteração do prenome ou sexo mesmo antes da cirurgia de transgenitalização ou, a maior ou menor publicidade dos dados remetidos ao registro de pessoas naturais, demandarão um prévio exame acerca do significado (ou ressignificação) de como o ordenamento qualifica as pessoas que se identificam para além do sexo de nascimento.

Já é hora de uma correção de rota: devemos compreender a passagem do transexualismo para a transexualidade não como fetiche ortográfico, porém como corte de um paradigma médico de reatribuição hormonal--cirúrgico para um modelo promocional dos direitos fundamentais à intimidade, integridade psicofísica e liberdade, lastreado no princípio da dignidade da pessoa humana. O direito da personalidade à identidade de gênero se amolda à cláusula geral de tutela à pessoa humana, cujas abertura e porosidade permitem uma constante atualização do rol aberto e dúctil de direitos da personalidade.

"Dentro de nós há uma coisa que não tem nome, essa coisa é o que somos." O escritor José Saramago demonstra a incongruência de se fraturar o valor unitário da pessoa humana. Tal e qual se vê na recente afirmação do direito da personalidade ao cuidado (decorrente da responsabilidade parental), ao esquecimento (no contexto da intimidade na era do superinformacionismo) e à orientação sexual (não como opção, mas como destino), a atualização da dignidade da pessoa humana permite que venham à tona dimensões até então inomináveis das múltiplas manifestações do ser, entre as quais se afirma a inserção da pessoa em sua identidade pessoal.[17]

Tal como qualquer categoria de pessoas vulnerada por uma configuração social de menos valia (assim como idosos, crianças, deficientes), a compreensão do que ocorre com as pessoas *trans* exorbita o plano de uma igualdade formal – absoluta em termos jurídicos e alheia às circunstâncias pessoais –, atribuindo-se a ela um sentido material, como vedação a tratamento arbitrário pela via de critérios intrinsecamente injustos e ofensivos à dignidade da pessoa humana. A concepção da igualdade como reconhecimento sanciona comportamentos que estigmatizam grupos sociais minoritários de forma a lhes denegar o valor intrínseco reconhecido a outras pessoas. Muito além de uma discussão sobre adequação psicofísica, a trajetória da transexualidade como direito fundamental se inicia pela rejeição da família e de seus pares, passa pelo *bullying* escolar e negativa de acesso a banheiros apropriados, estendendo-se na idade adulta à discriminação ao local de trabalho, incluindo a perda de empregos ou a recusa de contratação. Para além da maior vulnerabilidade psíquica da comunidade trans,[18] no limite do estigma, a exclusão se transmuda em violência física extrema.[19]

A dimensão material da igualdade se amplia no constitucionalismo contemporâneo para forjar uma igualdade social ou, de fato, apta a agasalhar um dever de compensação de desigualdades em prol de determinados grupos de pessoas, versados em cláusulas especiais de igualdade, como a que

---

[17] Nessa linha segue o Anteprojeto do Estatuto de Diversidade Sexual que garante a livre orientação sexual e a identidade de gênero como direitos fundamentais (art. 5.º).

[18] "Mental health problems represent a serious health concern for transgender people. Studies have found higher prevalence of suicide ideation and attempts in transgender people compared to non-transgender people, in addition to high burden of substance use and abuse. Several studies have noted the importance of social and familial networks on the health of transgender people. With respect to HIV services and primary care services, studies have reported negative experiences with providers and healthcare systems, including being denied medical care. Finally, studies have reported extensive transgender-related prejudice, including stigma, discrimination, and transphobia. In: The time is now: Attention increase to transgender health" (MACCARTY Sarah; REISNER,Sari L.; NUNN Amy; PEREZ-BRUMER, Amaya; OPERARIO, Don. *The time is now*: attention increase to transgender health).

[19] Segundo uma pesquisa da organização não governamental "Transgender Europe" (TGEU), rede europeia de organizações que apoiam os direitos da população transgênero, o Brasil é o país onde mais se matam travestis e transexuais no mundo. Entre janeiro de 2008 e março de 2014, foram registradas 604 mortes no País.

se insere no art. 3.º, IV, da CF, demarcando entre os objetivos fundamentais da República Federativa do Brasil o de "promover o bem de todos, sem preconceitos de origem, raça, sexo, cor, idade e quaisquer outras formas de discriminação". Com efeito, políticas de ação afirmativa (ou discriminação inversa) são fundamentais para a promoção do direito à identidade sexual diante de uma discriminação indireta, verificável no momento em que medidas aparentemente neutras do ponto de vista discriminatório acarretam efeitos nocivos e especialmente desproporcionais quando de sua incidência em detrimento de determinadas categorias de pessoas.[20]

Daí o imperativo de um giro transcendente para um modelo de direitos humanos que concilie a autonomia e a vulnerabilidade da pessoa trans. Apesar da aparente contradição dos referidos vocábulos, quer-se afirmar que as pessoas marcadas por uma fragilidade estrutural – seja ela psicológica ou social – não são incapazes e podem viver com autonomia, reivindicando a realização de suas potencialidades inatas, apesar de a vulnerabilidade lhes expor a discriminação. Cabe ao ordenamento garantir o direito à antidiscriminação e promover ações de igualdade positiva capazes de inibir a potencialização de efeitos negativos que se agreguem à loteria natural de Rawls.

5. O FATO JURÍDICO TRANSEXUALIDADE E O SEU PLANO DE EFICÁCIA

Na Classificação Internacional de Doenças – CIM-10, diz-se o transexualismo como "o desejo de viver e ser aceito como pessoa pertencente ao

---

[20] Gabrielle Bezerra Salles e Ingo Wolfgang Sarlet explicam as três fases do princípio da igualdade e dizem que, "desenvolvida no âmbito da jurisprudência norte-americana, a assim chamada teoria do impacto desproporcional, levou à adoção gradativa de políticas de ação afirmativa, de modo especial, na esfera da discriminação racial, ao passo que em outros ambientes, como foi o caso da Europa, se desenvolveu particularmente no campo da discriminação em razão do gênero, passando a ser adotada em outras áreas em que se registra o fenômeno. O que importa ao fim e ao cabo é que, independentemente da demonstração da intenção de discriminar, o impacto real de medidas em si neutras não venha, de modo desproporcional, sob determinados grupos, colocando-os em situação de efetiva desvantagem em relação aos demais segmentos sociais. Pena de tais medidas serem incompatíveis com o princípio da igualdade" (O princípio da igualdade na Constituição Federal de 1988 e sua aplicação à luz da Convenção Internacional e do Estatuto da Pessoa com Deficiência. In: MENEZES, Joyceane Bezerra de (Org.). *Direito das pessoas com deficiência psíquica e intelectual nas relações privadas*. Rio de Janeiro: Processo, 2016. p. 147).

sexo oposto. Esse desejo é habitualmente acompanhado de um sentimento de mal-estar ou de inadaptação ao próprio sexo anatômico e da vontade de submeter-se a uma intervenção cirúrgica ou a um tratamento hormonal a fim de tornar o corpo na maior conformidade possível com o sexo desejado".

Aí reside o pecado original: a indevida sobreposição entre o fato da recusa ao sexo de atribuição e o eventual desejo do transexual de se submeter a uma transição pela via da intervenção cirúrgica e/ou tratamento hormonal. A constatação clínica da identificação intensa e persistente com o outro sexo, evidenciada por uma peremptória recusa do sexo de atribuição, é o fato jurídico *stricto sensu* que desencadeia irreversivelmente o plano eficacial da transexualidade. Todavia, a vontade ou o desejo de experimentar uma readequação hormonal-cirúrgica, com objetivo terapêutico, cuida-se apenas de uma eventual consequência oriunda de um categórico estado de fato de uma pessoa que possui a inabalável convicção de pertencer a outro sexo. Nas palavras de Collete Chiland, não se trata a transexualidade de um mal-estar ou um desconforto, "porém, desde sempre, o sujeito só se sentiu existir como membro do outro sexo. Em seu sexo de atribuição, o sujeito se sentiu a *stranger in one's body*... ele fala de seu corpo como um invólucro estranho que flutua em torno dele e no interior do qual se encerra seu verdadeiro 'self', seu verdadeiro eu".[21]

Com base na aparência dos órgãos genitais externos, a identidade civil situa o sexo macho/fêmea, não obstante equivocamente persista em registrar o gênero masculino/feminino. Ao indevidamente aglutinar o biológico (sexo) e o psicológico (gênero), este acaba se tornando uma consequência natural daquele. Por isso, um diagnóstico superveniente de transexualidade acarreta a ineficácia da identidade sexuada morfológica constante do assento de nascimento, desencadeando uma ruptura com a realidade jurídica de origem, autorizando a repercussão das consequências legais que se relacionem às vicissitudes daquela pessoa. Destarte, uma eficácia variável não apenas pelo fato de que transexuais são muito diferentes uns dos outros (nem sempre se desejará uma adequação de nome e sexo), mas principalmente pelo fato de que ao longo da vida da pessoa a premissa genética e física do sexo de atribuição provavelmente desencadeou uma série de efeitos que repercutiram sobre a órbita de terceiros (*v.g.*, casamento, filiação, parentesco, poder familiar etc.).

O Conselho Federal de Medicina editou a Resolução n.º 1.955/2010, permitindo, independentemente de autorização judicial, a realização de cirurgias

---

[21] CHILAND, Colette. *O transexualismo*. Trad. Maria Stela Gonçalves. São Paulo: Loyola, 2008. p. 43.

de mudança de sexo (transgenitalização), em casos de transexualismo comprovado, fixando rígidos critérios: o paciente deve ser maior de 21 anos, não deve possuir características físicas inapropriadas para a cirurgia e deve ter diagnóstico médico de transgenitalismo, indicando o cabimento da cirurgia, após avaliação realizada por uma equipe multidisciplinar constituída por psiquiatra, cirurgião, endocrinologista, psicólogo e assistente social durante o período mínimo de dois anos. Em qualquer caso, o procedimento cirúrgico independerá de autorização judicial. Nesse particular, há um avanço elogiável: a cirurgia é mutiladora (mesmo que o transexual a considere reparadora), mas o consentimento informado quanto à decisão de reatribuição cirúrgica do sexo jamais pode ser submetida à discricionariedade de um magistrado.

Realizada a cirurgia, não há mais oscilações jurisprudenciais sobre o cabimento da redesignação do estado sexual e do nome nas varas de família, modificando-se o assento público, sem qualquer referência a condição sexual originária da pessoa. Pode-se afirmar que aqui há uma convergência entre os paradigmas médico e social, de direitos fundamentais do transexual, na medida em que a adequação psicofísica reflete o recurso ao princípio da segurança jurídica – consubstanciado na publicidade e veracidade do registro –, pois a sociedade poderá identificar uma harmonia entre o sexo interno e a sexualidade exibida pela pessoa, e, simultaneamente, a pessoa trans será tutelada em sua intimidade, integridade psicofísica, passando a ser tratada socialmente de acordo com a sua identidade de gênero.[22]

---

[22] STJ, Informativo 415, 9 a 13.11.2009. A questão posta no REsp cinge-se à discussão sobre a possibilidade de retificar registro civil no que concerne a prenome e a sexo, tendo em vista a realização de cirurgia de transgenitalização. A Turma entendeu que, no caso, o **transexual** operado, conforme laudo médico anexado aos autos, convicto de pertencer ao sexo feminino, portando-se e vestindo-se como tal, fica exposto a situações vexatórias ao ser chamado em público pelo nome masculino, visto que a intervenção cirúrgica, por si só, não é capaz de evitar constrangimentos. Assim, acentuou que a interpretação conjugada dos arts. 55 e 58 da Lei de Registros Públicos confere amparo legal para que o recorrente obtenha autorização judicial a fim de alterar seu prenome, substituindo-o pelo apelido público e notório pelo qual é conhecido no meio em que vive, ou seja, o pretendido nome feminino. Ressaltou-se que não entender juridicamente possível o pedido formulado na exordial, como fez o Tribunal *a quo*, significa postergar o exercício do direito à identidade pessoal e subtrair do indivíduo a prerrogativa de adequar o registro do sexo à sua nova condição física, impedindo, assim, a sua integração na sociedade. Nesse contexto, tendo em vista os direitos e garantias fundamentais expressos da Constituição de 1988, especialmente os princípios da personalidade e da dignidade da pessoa humana, e levando-se em consideração o disposto nos arts. 4.º e 5.º da Lei de Introdução ao Código Civil, decidiu-se

O Supremo Tribunal Federal reconheceu a Repercussão Geral da questão suscitada no RE n.º 670.422/RS.[23] Trata-se de decidir se a cirurgia de modificação do fenótipo é ou não requisito inafastável para a admissão da alteração do gênero e prenome do transexual.

A resposta tradicional é pela negativa. Em abordagem exclusivamente clínica do transexualismo como disforia de gênero, o ato cirúrgico se coloca como *conditio sine qua non* para a alteração do prenome e gênero. A disposição permanente da integridade física se legitimará por uma exigência médica, tal e qual requer o art. 13 do CC. A transformação morfológica como precedente necessário à redesignação do estado sexual se legitimaria pelo fato de que, mesmo com os avanços da cirurgia, transexuais não seriam capazes de adquirir todas as características do sexo oposto ao que nasceram, não possuindo os órgãos genitais artificialmente constituídos as mesmas características e funcionalidades dos naturais, sendo imutável o aspecto cromossômico. A segurança jurídica não toleraria que alguém do sexo A pudesse procriar como um indivíduo do sexo B. Restaria averbar no registro de nascimento do recorrente sua condição de transexual, admitindo-se tão somente a alteração do prenome, sem prejuízo na identificação da pessoa, haja vista que utiliza documentos de identidade dos quais não consta o gênero do portador.

---

autorizar a mudança de sexo de masculino para feminino, que consta do registro de nascimento, adequando-se documentos, logo facilitando a inserção social e profissional. Destacou-se que os documentos públicos devem ser fiéis aos fatos da vida, além do que deve haver segurança nos registros públicos. Dessa forma, no livro cartorário, à margem do registro das retificações de prenome e de sexo do requerente, deve ficar averbado que as modificações feitas decorreram de sentença judicial em ação de retificação de registro civil. Todavia, tal averbação deve constar apenas do livro de registros, não devendo constar nas certidões do registro público competente, nenhuma referência de que a aludida alteração é oriunda de decisão judicial, tampouco de que ocorreu por motivo de cirurgia de mudança de sexo, evitando, assim, a exposição do recorrente a situações constrangedoras e discriminatórias (REsp 737.993/MG, Rel. Min. João Otávio de Noronha, j. 10.11.2009).

[23] Antes havia a ADI 4275, de relatoria do Ministro Marco Aurélio, protocolada no ano de 2009, pelo qual a Procuradoria-Geral da República pleiteava o reconhecimento do direito de transexuais alterarem seu prenome e sexo jurídico no registro civil, independentemente de cirurgia de transgenitalização. Posteriormente, foi afetado ao regime da repercussão geral o RE 670.422/RS, de relatoria do Ministro Dias Toffoli e que conta com a presença ilustre de Maria Berenice Dias como a advogada da recorrente, bem como de Rodrigo da Cunha Pereira como advogado representante (e presidente) do *amicus curiae* IBDFAM – Instituto Brasileiro de Direito de Direito de Família.

Entretanto, condicionar a afirmação do gênero à prévia mutação do sexo é uma falácia em diversos planos, a começar pela própria impossibilidade científica de alteração do sexo, seja ele físico ou biológico, por via de uma intervenção cirúrgica. Não há como modificar o corpo ou a carga cromossômica. A "cura" é inviável. Se por um lado a mutilação é uma via importante para amenizar o sofrimento de transexuais, não se pode esperar que os progressos da cirurgia transformem por completo um homem em uma mulher ou vice-versa, modificando a morfologia, o código genético e os órgãos internos. Mesmo que isso fosse possível, não se apagaria a história vivida.[24]

Sob o prisma jurídico, a incongruência de se submeter à modificação de prenome e gênero ao ato cirúrgico pode ser justificada no interno da teoria do fato jurídico. Há de se repisar que, antes e acima de tudo, a transexualidade é uma condição humana, inequivocamente uma questão de identidade, completamente divorciada do dado físico. Na linguagem *junguiana*, trata-se de um processo de totalização da personalidade, denominado "individuação", que conduzirá a pessoa fragmentada entre o sexo civil e o gênero a um novo centro psíquico – o *self* –, desfrutando a partir de então de sua completude. "Todo fato, é, pois, mudança no mundo", já sentenciava Pontes de Miranda.[25] Se em um passado não muito distante a constatação clínica da verdade biográfica da pessoa transexual era um fato natural indiferente ao direito, isto é, desprovido de qualquer eficácia jurídica, atualmente não se pode mais afirmar que a aferição do sexo psicossocial em divergência com a identidade estática do assento registral ainda seja reduzido a mero acontecimento neutral do ponto de vista do ordenamento jurídico.

Em uma perspectiva cultural, evidencia Marcos Bernardes de Mello, "o direito valora os fatos e, através das normas jurídicas, erige à categoria de fato jurídico aqueles que têm relevância para o relacionamento inter-humano".[26] A relevância jurídica da tutela da identidade humana traduz-se não apenas

---

[24] Collete Chiland confessa que "alguns pacientes admitem que 'seria necessário que os médicos se tornassem capazes de mudar o que há na cabeça'. Seria um tratamento mais satisfatório, pois pouparia uma mutilação, a transformação de um organismo sadio em um organismo enfermo. O paciente não teria de enfrentar em sua história essa ruptura que cria para ele tantas dificuldades sociais e pessoais. Mas não se pode obter um tratamento desse tipo" (*O transexualismo*. Trad. Maria Stela Gonçalves. São Paulo: Loyola, 2008. p. 62).

[25] PONTES DE MIRANDA. *Tratado de direito privado*. 3. ed. São Paulo: Max Limonad, 1947. v. 1, p. 5.

[26] MELLO, Marcos Bernardes de. *Teoria do fato jurídico*. Plano da existência. 16. ed. São Paulo: Saraiva, 2010. p. 8.

na produção de efeitos do fato jurídico *stricto sensu* do nascimento, mas igualmente na ineficácia superveniente da verdade registral quando o fato jurídico da transexualidade revela uma diversa configuração somático-psíquica do indivíduo – que se traduz em um sentimento do indivíduo quanto à sua identificação como do gênero masculino ou feminino –, tornando digno de proteção o interesse da pessoa de ser fielmente representada na vida de relação com a sua verdadeira identidade, tal e qual a sua personalidade se exterioriza no âmbito comunitário. Afinal, o nome que damos a alguma coisa determina a percepção que temos dela.

Dessarte, condicionar a alteração do prenome e sexo da pessoa trans a um procedimento jurídico significa qualificar essa particular condição humana de plasticidade de gênero como mero fato material ou ajurídico, preservando-se, paradoxalmente, a tutela de uma aparente identidade biológica (genética/anatômica/fisiológica) que não reflete a verdade dos valores do ser humano. A perplexidade surge do fato de que, no período que medeia a constatação da transexualidade e a adequação cirúrgica, o ser humano se situará em um limbo jurídico: subjetiva e oficialmente machos e fêmeas, mas na prática nem homens nem mulheres.

O sistema jurídico constrange uma pessoa a se submeter a um procedimento mutilador, que não tem o condão de modificar o seu sexo genético – mas apenas altera a sua aparência –, como evento subordinante para a adequação entre o seu "eu" e a sua documentação. Atrevo-me a dizer que há uma subversão valorativa no ato de constituir uma intervenção médica como elemento deflagrador de direitos fundamentais, como se os efeitos de uma cirurgia que tornem alguém estéril fossem capazes de ditar a maior ou menor intensidade de proteção e promoção à cidadania. A morte é uma *conditio juris* para a eclosão dos efeitos jurídicos do negócio jurídico testamento (art. 1.784, CC); o casamento é uma *conditio juris* para a eficacização do pacto antenupcial (art. 1.653, CC). Em ambos os casos os eventos subordinantes da alteração de *status* são adequados aos fatos jurídicos que lhe concedem significado. Todavia, qual é a justificativa para converter uma transformação plástico-reconstrutiva da genitália externa e interna e dos caracteres secundários da pessoa trans em fator de eficácia de estabilização identitária? Direitos não se determinam pelo *status* cirúrgico pessoal.

Poder-se-ia aceitar esse raciocínio para os casos de intersexualidade, nas quais o indivíduo ostenta má-formação congênita e desvios de diferenciação genital que originam uma sexualidade ambígua. Assim, tratando-se de uma questão exclusivamente biológica, aceita-se a cirurgia como "reparadora" para fins de posterior alteração do sexo jurídico, na medida em que o procedimento é requisito necessário para reconduzir o indivíduo a um dos dois sexos, fixando-se o sexo do indivíduo em consonância com o seu sexo dominante para que possa ser funcional (aliás, nos intersexuais a intervenção cirúrgica não importará necessariamente em uma redesignação de sexo, pois pode a inscrição no registro civil ter sido feita pelo seu sexo verdadeiro).[27] Contudo, essa narrativa é completamente diversa da do transexual, em cuja perspectiva o sexo jurídico atribuído corresponde ao sexo biológico, porém discrepa do sexo psicossocial. Para ele, a cirurgia não alterará a sua percepção sexual, pois muito antes da intervenção já se considerava como pertencente ao sexo oposto ao dado registral.

Se o transexual se reconhece e é reconhecido como pertencente a determinado gênero, qual seria a necessidade de um "aval" cirúrgico legitimando o seu sexo psicossocial? Se, contudo, optarmos por um critério ético, cambiamos o apelo reducionista à dupla patologia/cura, por um viés pluralista no qual o direito da personalidade à identidade de gênero torna-se incondicionalmente merecedor de tutela, mediante o reconhecimento imediato dos efeitos jurídicos registrais desse relevante fato jurídico. Não custa perguntar: se já superamos a necessidade de um magistrado autorizar a cirurgia de transgenitalização, não seria hora de eliminarmos a própria barreira da cirurgia como pressuposto indeclinável para o enquadramento do transexual em uma pretensa condição de normalidade social? Já é hora de decidirmos se queremos uma "integração" do transexual à sociedade, respeitando os nossos padrões majoritários calcados na segurança jurídica de repelir um homem/mulher que ainda possa reproduzir como macho/fêmea, ou, então, sejamos capazes de promover uma "inserção" da pessoa transexual na vida comunitária simplesmente respeitando o seu direito da personalidade à identidade de gênero.

Com efeito, transpondo a teoria do fato jurídico e migrando para o horizonte mais amplo de uma teoria de direitos fundamentais, deve-se entender a cirurgia de transgenitalização – tal como qualquer procedimento médico – como uma intervenção no corpo alheio que requer o consentimento informado do paciente (art. 15, CC), a fim de que não se vulnere a intangibilidade psicofísica da pessoa transexual. O assentimento consciente refletirá um ato de autodeterminação quanto aos benefícios e riscos da transformação das genitais (art. 6.º, Resolução CFM 1955/2010). Ora, haverá uma transmissão coercitiva de direitos fundamentais quando, em vez de um sereno exercício da esfera de intimidade e liberdade, esse negócio (bio) jurídico surja unilateralmente

---

[27] PERES, Ana Paula Ariston Barion. *Transexualismo*. O direito a uma nova identidade sexual. Rio de Janeiro: Renovar, 2001. p. 159.

da *potestade* de um médico ou única e exclusivamente de uma aquiescência à pressão estatal de entronizar a cirurgia como pré-requisito para mudança do sexo civil e consequente inserção plena na comunidade, em uma espécie de "manipulação do corpo", mesmo que o próprio paciente não sinta a necessidade pessoal da "adequação".[28]

Some-se aos argumentos jurídicos a empírica constatação médica de que a cirurgia não é uma terapia ideal para todos os casos de transexualidade, tratando-se apenas de um dos recursos terapêuticos possíveis em prol da pessoa transexual. Mesmo entre os transexuais a efetivação da redesignação física de sexo é controversa, uma vez que existem aqueles que têm a intervenção hormonocirúrgica como um ato indispensável para o seu reconhecimento pessoal como alguém com identidade de gênero perfeitamente adequada, enquanto outros não vislumbram as mudanças físicas como indispensáveis, bastando um tratamento psiquiátrico e a adequação de sua identidade civil.[29] Pesquisas recentes demonstram que apenas uma pessoa entre cinco ou dez que experimentam extremo desconforto com seu gênero de nascença se dispõe a fazer a cirurgia genital. Não obstante a costumeira rejeição do transexual ao seu corpo, muitas vezes não parte da pessoa a vontade de modificar a sua estrutura genital. Por outro lado, a precariedade financeira impele muitos transexuais a não se submeter a cirurgia, bem como o receio de sofrer dor, riscos e discriminação nos pouquíssimos hospitais preparados para enfrentar a complexidade do procedimento no Sistema Único de Saúde.[30] Enfim, para os transexuais, viver como mulher ou homem parece ser mais importante.

---

[28] Pietro Perlingieri afirma que "a intervenção sobre a pessoa para a mudança de sexo é legítima desde que corresponda ao interesse da pessoa, que assim é não por capricho seu, mas porque constitui o resultado da avaliação objetiva das suas condições. Seria antijurídico o comportamento do medico que interviesse para provocar uma modificação numa pessoa de sexo unívoco completamente sã (*Note introduttive ai problemi giuridici del mutamento di sesso*, p. 43).

[29] CUNHA, Leandro Reinaldo da. *Identidade e redesignação de gênero*. Rio de Janeiro: Lumen Juris, 2015. p. 103.

[30] A Portaria n.º 2.803/2013 estabelece que os transexuais masculinos tenham as cirurgias de retirada das mamas, do útero e dos ovários cobertas pelo sistema público. Eles também têm direito à terapia hormonal para adequação à aparência masculina. Já as transexuais femininas também terão um tratamento adicional coberto pelo SUS: a cirurgia de implante de silicone nas mamas. Desde a Portaria n.º 457/2008, elas também têm direito à terapia hormonal, cirurgia de redesignação sexual – com amputação do pênis e construção de neovagina – e cirurgia para redução do pomo de adão e adequação das cordas vocais para feminilização da voz.

O sexo do corpo não determina a identidade; é o sexo da alma que o faz, embora se reconheça a importância para a maior parte deles de obter uma marca corporal da mudança de identidade, tamanha é a força da pressão da biologia em nossa cultura, à custa da fala e da simbologia.[31]

O direito fundamental dos transexuais a serem tratados socialmente de acordo com a sua identidade de gênero decorre de um amplo horizonte de conquistas civilizatórias que se iniciam no reconhecimento da dignidade como valor intrínseco de todo ser humano; passam pela dignidade como autonomia de todo indivíduo e alcançam o dever constitucional do estado democrático de proteger as minorias. Por essa perspectiva multicêntrica, o ato cirúrgico adquire novo significado. Em vez de pré-requisito clínico para a alteração do registro civil, converte-se em uma fase de um longo processo de conformação de seu sexo ao seu gênero, progressivamente revelada nos gestos, vestes, tratamentos hormonais e na teia de relações afetivas e sociais construídas pelo sujeito à procura de uma vida boa. Seguindo essa linha argumentativa, os documentos serão fiéis à condição humana e a alteração do prenome se justificaria em um momento anterior àquele em que o procedimento de adequação corporal se materialize pelas mãos dos médicos. O direito à identidade perpassa o argumento da imutabilidade cromossômica ou a presença de certo aparelho genital, o que equivaleria a enclausurar o gênero no elemento morfológico.[32]

---

[31] CHILAND, Colette. *O transexualismo*. Trad. Maria Stela Gonçalves. São Paulo: Loyola, 2008. p. 31.

[32] Todos os transexuais, inclusive os que não se submeteram à cirurgia transgenital, têm o direito de mudar o gênero no registro civil. Assim entendeu a 4.ª Turma do Superior Tribunal de Justiça em 09.05.2017, ao reformar decisão do Tribunal de Justiça do Rio Grande do Sul que negou a alteração do sexo e autorizou apenas um novo prenome a uma pessoa que se identifica como mulher. Para o colegiado, a identidade psicossocial prevalece em relação à identidade biológica, não sendo a intervenção médica nos órgãos sexuais um requisito para a alteração de gênero em documentos públicos. O voto vencedor foi do relator do caso, Ministro Luís Felipe Salomão. O julgamento do recurso especial sobre o tema começou a ser julgado pelo colegiado ano passado, mas foi suspenso por pedido de vista do ministro Raul Araújo. Araújo discordou do relator e ficou vencido na sessão desta terça. Na visão de Araújo, é responsabilidade do Judiciário "evitar constrangimento social". "O sujeito vive o gênero ao qual sente pertencer. É indiscutível que referida intervenção cirúrgica não vai além de mudar o aspecto morfológico, sem mudar questões biológicas, genéticas, cromossômicas". Por maioria, a turma deferiu a mudança do registro. Para Salomão, à luz do princípio fundamental da dignidade da pessoa humana, o direito dos transexuais à retificação do sexo no registro civil não pode ficar condicionado à exigência de realização da operação

A fratura entre a norma posta e a realidade é evidenciada pelo respeito cada vez maior ao "nome social", aquele pelo qual a pessoa é "chamada" pela sociedade, em contradição ao nome que lhe foi "declarado", independentemente do câmbio desse nome registral. Se na origem o apelido público notório a que se refere o art. 58 da LRP era circunscrito às hipóteses em que Maria era conhecida como Joana em seu meio social, a referida norma da Lei 6.015/1973 foi plasticizada para promover tratamento antidiscriminatório em prol da pessoa transexual, reconhecendo-se o uso do nome que reflete a sua identidade de gênero em estabelecimentos de ensino, hospitais e repartições públicas, por meio de resoluções, portarias e decretos, sem que em qualquer momento se exija a cirurgia de transgenitalização como premissa para a adoção de um nome que respeite a história de vida do transexual e a sua esfera de intimidade e integridade psíquica.[33]

Acabar com o gênero na certidão de nascimento constituiria um avanço na consagração da pessoa humana emancipada de uma lógica binária do sexo, que não corresponde necessariamente com a vida e o sentir das pessoas. O sexo deixa de ser um dado da ordem pública para se converter numa informação da privacidade (*privacy*) e justamente a *privacy* que se caracteriza pela sua dimensão íntima e subjetiva.[34]

---

de transgenitalização, "para muitos inatingível do ponto de vista financeiro, ou mesmo inviável do ponto de vista médico". Na avaliação dele, o chamado sexo jurídico não pode se dissociar do aspecto psicossocial derivado da identidade de gênero autodefinido por cada indivíduo. "Independentemente da realidade biológica, o registro civil deve retratar a identidade de gênero psicossocial da pessoa transexual, de quem não se pode exigir a cirurgia de transgenitalização para o gozo de um direito" (RE 1.626.739/RS).

O caso envolve uma pessoa que se identifica como transexual mulher e quer a retificação de registro de nascimento – tanto a troca de prenome como da referência ao sexo masculino para o feminino. Ela narrou que, embora nascida com a genitália masculina e tenha sido registrada nesse gênero, sempre demonstrou atitudes de criança do sexo feminino.

Ao acompanhar o voto do relator, a Ministra Isabel Galotti, presidente da Turma, disse que a aparência externa do autor do pedido não pode ser considerada no pedido de mudança do registro. "O rigor do sexo biológico não se prenderia apenas à visão externa. É uma questão genética."

[33] Na Inglaterra, o *Gender Recognition Act* de 2004 impõe que o diagnóstico da transexualidade, por si só, conduzirá a mudança dos documentos, independentemente da realização de prévia intervenção cirúrgica.

[34] Daniel Borrilo e Heloisa Helena Barboza explicam que "a resposta para a pergunta, se é justo (pertinente) classificar as pessoas do gênero humano em dois

O ideal seria reproduzir bons exemplos do direito comparado. Na Alemanha, desde 2013 (PStG, § 22, 3), para além do binário masculino/feminino, há a opção do "indefinido", mas apenas para os casos de hermafroditismo. Austrália e Nova Zelândia vão além, permitindo indiscriminadamente a aposição do "x" na certidão de nascimento. Já na Espanha a Lei 3/2007 permite a alteração de nome e sexo na documentação sem necessidade não apenas do processo, mas também de prévia cirurgia de transgenitalização.[35] A qualificação sexual que "etiquete" a pessoa a uma constatação morfológica de origem não é desnecessária sob o ângulo da segurança jurídica (tal como seria a obrigatória inserção da religião e raça do recém-nascido), pois só interessa a intimidade do indivíduo ou a dimensão da privacidade daqueles que lhe são mais próximos, como inclusive se extrai de enunciado do Conselho de Justiça Federal.[36] Ademais, a supressão dessa informação eliminaria toda uma sorte de problemas para indivíduos intersexuais e transexuais.[37]

---

sexos poderá ser sim ou não, pois depende do objetivo da classificação: não será justa, quando a categoria sexo é imposta pelo Estado para identificar as crianças logo depois do nascimento; será justa, quando o sexo serve como categoria de proteção contra a discriminação e como medida corretiva que favoreça a diversidade, mas com a condição de que seja uma noção geral e abrangente (transexual, hermafrodita, práticas sexuais etc.) e permita ao mesmo tempo proteger e promover todas as dissidências sexuais" (Sexo, gênero e direito: considerações à luz do direito. *Revista Eletrônica Civilística*, ano 5, n. 2, p. 14, 2016).

[35] "Artículo 4. Requisitos para acordar la rectificación : 2. No será necesario para la concesión de la rectificación registral de la mención del sexo de una persona que el tratamiento médico haya incluido cirugía de reasignación sexual."

[36] Enunciado 404 do Conselho de Justiça Federal, aprovado na V Jornada de Direito Civil, em 2012: "A tutela da privacidade da pessoa humana compreende os controles espacial, contextual e temporal dos próprios dados, sendo necessário seu expresso consentimento para tratamento de informações que versem especialmente o estado de saúde, a condição sexual, a origem racial ou étnica, as convicções religiosas, filosóficas e políticas".

[37] No Brasil podemos citar três esforços de promoção da identidade de gênero: a) Anteprojeto do Estatuto da Diversidade Sexual (Projeto de Lei de iniciativa popular) que em seu art. 41 dispõe que "É reconhecido aos transexuais, travestis e intersexuais o direito à retificação do nome e da identidade sexual, para adequá-los à sua identidade psíquica e social, independentemente de realização da cirurgia de transgenitalização"; b) Encaminhado à Comissão de Direitos Humanos e Minorias (CDHM) e pronto para ser debatido, o Projeto de Lei 5.002/2013, denominado "Lei João Nery", dispõe sobre o direito à identidade de gênero. "O PL contribui para a mudança de mentalidade e permite que a pessoa trans seja autônoma para decidir sobre seu prenome e gênero, de acordo com a sua vivência interna e individual; c) em 14.05.2014 foi realizada a I Jornada de Direito à Saúde, do Conselho Nacional

6. CONCLUSÃO

O fenômeno absolutamente natural da desconformidade de uma pessoa ao sexo de nascimento não cabe no percurso da autonomia da vontade pavimentado por Thomas Hobbes, Adam Smith ou mesmo Immanuel Kant. Não obstante o inegável mérito dos pais do conceito moderno de autonomia (respectivamente a política, econômica e ética), libertando o indivíduo da heterônoma submissão à virtude comunitária da *polis* (Grécia antiga) ou da transcendente razão divina (no medievo), fato é que até pouco tempo o conceito de dignidade da pessoa humana se ajustou a um senso estético de perfeição na ordem de mercado que neutralizava narrativas edificadas em estilos diferenciados de *modus vivendi*. Atualmente, prevalece nos Estados Democráticos de Direito uma concepção freudiana de autonomia "afetiva", pelos quais a pessoa se legitima às suas predileções e interesses, deles se apropriando como essenciais à realização em sua história de vida. John Rawls e Ronald Dworkin perseguem idêntica linha individualista, reconhecendo o primado da pessoa em construir para si uma ordem racional em conformidade com as suas preferências, de modo a organizar um projeto de "vida boa" em um ambiente de liberdade de desenvolvimento para ser a si, incluindo-se a aptidão para cultivar preferências sexuais.[38] No âmbito específico da transexualidade, essa lição é percebida pela necessidade de uma educação inclusiva, de consideração e tolerância com as escolhas minoritárias, assim como o definitivo papel da família de encorajar os seus filhos, caso essa seja a sua orientação sexual, a persistir em seu estilo de vida, mesmo que a escolha seja bizarra aos olhos do restante da coletividade.

Respeitáveis intelectuais conservadores como Theodore Dalrymple assumem que, apesar do "triunfo do dionisíaco sobre o apolíneo", a revolução sexual não produziu tranquilidade mental, mas confusão, contradição e conflito. Pela primeira vez na história, testemunha-se uma negação em massa

---

de Justiça, aprovando o Enunciado 42. Quando comprovado o desejo de viver e ser aceito enquanto pessoa do sexo oposto, resultando numa incongruência entre a identidade determinada pela anatomia de nascimento e a identidade sentida, a cirurgia de transgenitalização é dispensável para a retificação de nome no registro civil. Em complemento, o Enunciado n.º 43: É possível a retificação do sexo jurídico sem a realização da cirurgia de transgenitalização.

[38] No particular, indica-se o texto "A capacidade nas democracias contemporâneas", no qual Natércia Sampaio Siqueira aborda várias concepções que se construíram para o homem no decorrer da história do pensamento ocidental, para ao final se fixar no período contemporâneo.

de que as questões sexuais demandam uma reflexão moral, ou que devam ser governadas por restrições morais. Uma manobra retórica seria a da dissolução das fronteiras sexuais, ao argumento de que todo comportamento sexual é, por natureza, um contínuo. A identidade sexual não seria fixada pela biologia, mas socialmente construída, um produto da convenção e do costume. Se o sexo não tem fronteiras naturais, toda proibição legal seria arbitrária e ilegal e, portanto, moralmente insustentável. Abrem-se as portas para o livre-arbítrio em matéria de identidade sexual e das "microditaduras" das minorias. Assim, renovadas exigências por tolerância e compreensão tornam-se cada vez mais estridentes e mandatórias. Segundo o psiquiatra britânico, todos acreditavam que a infelicidade humana era única e exclusivamente o resultado das leis, costumes e tabus. No entanto, quando fracassa a chegada da esperada felicidade, a análise do problema e as soluções propostas são sempre as mesmas: mais licenciosidade, menos autocontrole. O único julgamento permitido na sociedade educada passa a ser aquele que diz que nenhum julgamento é permitido. Em questões difíceis, Dalrymple – em verdade, pseudônimo do médico psiquiatra britânico Anthony Daniels – afirma que, "por experiência, sei que os transexuais exalam uma superioridade moral triunfalista, conscientes de terem forçado o mundo a aceitar o que, anteriormente, era tido como inaceitável".

    O contraponto se faz necessário para que num "caminho do meio" possamos abraçar o pensamento do John Gray. Herdeiro das avançadas concepções de Stuart Mill e Isaiah Berlin, o filósofo inglês enfatiza que o que vale a pena defender nas sociedades liberais não é a sua crença no progresso, mas a prática da tolerância – em outras palavras, a tentativa de alcançar um *modus vivendi* civilizado entre diferentes modos de vida. Como herdeiros desse projeto, precisamos de um ideal que não esteja baseado em um consenso racional sobre o melhor modo de vida, mas no fato de que seres humanos sempre terão razões para viver diferenciadamente e escolhas trágicas não podem ser eliminadas da vida ética. O *modus vivendi*, assentado no pluralismo de valores, expressa a crença de que existem muitas formas de vida nas quais os seres humanos podem desenvolver-se e prosperar. Elas não surgem etiquetadas e não há como circunscrevê-las em um hipotético *numerus clausus*. Entre essas, há algumas cujo mérito não pode ser comparado, pois as necessidades humanas criam exigências conflitantes. Alguns bens que são essenciais para alguns modos de vida estão ausentes em outros. Onde tais modos de vida são rivais, não existe um deles que seja melhor. As pessoas que se engajam em diferentes modos de vida não precisam ter divergências, pois não há uma solução certa para esses conflitos, pelo contrário, há muitas. Não precisamos de valores comuns para vivermos juntos em paz. Precisamos de instituições comuns, nas quais muitas formas de vida possam coexistir.

REFERÊNCIAS BIBLIOGRÁFICAS

BENTO, Berenice. *O que é transexualidade.* São Paulo: Brasiliense, 2012. (Coleção Primeiros passos.)

BORRILO, Daniel; BARBOZA, Heloisa Helena. Sexo, gênero e direito: considerações à luz do direito. *Revista Eletrônica Civilística*, ano 5, n. 2, 2016.

CHILAND, Colette. *O transexualismo.* Trad. Maria Stela Gonçalves. São Paulo: Loyola, 2008.

CHOERI, Raul Cléber da Silva. *O conceito de identidade e redesignação sexual.* Rio de Janeiro: Renovar, 2004.

CUNHA, Leandro Reinaldo da. *Identidade e redesignação de gênero.* Rio de Janeiro: Lumen Juris, 2015.

DALRYMPLE, Theodore. *Nossa cultura ou o que restou dela.* São Paulo: Realizações, 2015.

DEUTSCH, Madeleine. *Making it count: improving estimates of the size of transgender and gender nonconforming populations.* Madeline B. Deutsch: LGBT Health, 2016.

DRESCHER, Jack. *Controversies in Gender Diagnoses.* Disponível em: <https://doi.org/10.1089/lgbt.2013.1500>. Acesso em: 14 nov. 2017.

FRIGNET, Henry. *O transexualismo.* Trad. Procópio Abreu. Rio de Janeiro: Companhia de Freud, 2002.

GRAY, John. *A anatomia de Gray.* São Paulo: Record, 2011.

MACCARTY Sarah; REISNER, Sari L.; NUNN Amy; PEREZ-BRUMER, Amaya; OPERARIO, Don. *The time is now: attention increase to transgender health.* Disponível em: <https://www.ncbi.nlm.nih.gov/pmc/articles/PMC4716649/>. Acesso em: 14 nov. 2017.

MALUF, Adriana Caldas do Rego Freitas Dabus. *Curso de bioética e biodireito.* 2. ed. São Paulo: Atlas, 2013.

MELLO, Marcos Bernardes de. *Teoria do fato jurídico.* Plano da existência. 16. ed. São Paulo: Saraiva, 2010.

PERES, Ana Paula Ariston Barion. *Transexualismo.* O direito a uma nova identidade sexual. Rio de Janeiro: Renovar, 2001.

PERLINGIERI, Pietro. *Note introduttive ai problemi giuridici del mutamento di sesso.* Diritto e Giurisprudenza, 1970.

PONTES DE MIRANDA, Francisco Cavalcanti. *Tratado de direito privado.* 3. ed. São Paulo: Max Limonad, 1947. v. 1.

SALLES, Gabrielle Bezerra; SARLET, Ingo Wolfgang. O princípio da igualdade na Constituição Federal de 1988 e sua aplicação à luz da Convenção Internacional e do Estatuto da Pessoa com Deficiência. In: MENEZES, Joyceane Bezerra de (Org.). *Direito das pessoas com deficiência psíquica e intelectual nas relações privadas*. Rio de Janeiro: Processo, 2016.

SALIH, Sarah. *Judith Butler e a Teoria Queer*. São Paulo: Autêntica, 2012.

SILVA CHOERI, Raul Cleber da. *O conceito de identidade e a redesignação sexual*. Rio de Janeiro: Renovar, 2004.

SIQUEIRA, Natércia Sampaio. A capacidade nas democracias contemporâneas: fundamento axiológico da convenção de Nova York. In: MENEZES, Joyceane Bezerra de (org.). *Direito das pessoas com deficiência psíquica e intelectual nas relações privadas;* convenção sobre os direitos da pessoa com deficiência e Lei brasileira de inclusão. Rio de janeiro: Processo, 2016. v. 1.

SOLOMON, Andrew. *Longe da árvore*. São Paulo: Companhia das Letras, 2015.

VEIGA JR., Hélio. *O direito de pertencer a si mesmo*. Rio de Janeiro: Lumen Juris, 2016.

2

ALTERAÇÃO DE GÊNERO NO ASSENTO DE REGISTRO CIVIL DE TRANSEXUAL INDEPENDENTEMENTE DA REALIZAÇÃO DE CIRURGIA DE TRANSGENITALIZAÇÃO

LUIS FELIPE SALOMÃO
IVONEY SEVERINA DE MELO PEREIRA DO NASCIMENTO

SUMÁRIO: 1. Introdução; 2. Conceitos jurídicos sobre sexo, identidade de gênero, orientação sexual e transexualidade; 3. Cirurgia de transgenitalização; 4. Aspectos jurídicos da questão atinente à alteração do registro civil de nascimento; 5. A alteração do nome e gênero no assento de registro civil do transexual não operado; 6. O direito a alteração do nome e sexo no registro civil do transexual, sem cirurgia, como garantia de proteção à dignidade da pessoa humana; 7. Conclusão; Referências.

1. INTRODUÇÃO

O Superior Tribunal de Justiça – como se sabe – possui a missão constitucional de guardião e intérprete último da legislação federal infraconstitucional, funcionando como verdadeiro "Tribunal da Cidadania".

Nessa perspectiva, é mister considerar, em suas decisões, as modificações dos usos e costumes da sociedade quando do julgamento de questões relevantes, notadamente em relação ao direito de família e direitos da personalidade, especialmente envolvendo minorias e posições contramajoritárias, observada a força normativa dos princípios constitucionais fundamentais que servem como vetores interpretativos e meios integrativos de todo o sistema jurídico nacional.

Sob essa ótica, em 9 de maio de 2017, sobreveio precedente da Quarta Turma importante para superação de preconceitos e estereótipos ainda entranhados na sociedade brasileira, a qual, como tantas outras, adota o sistema binário de gênero, dividindo as pessoas entre mulheres (feminino) e homens (masculino) – cada um com papel social definido e dotado de atributos específicos –, e que, em muitos casos, marginaliza e/ou estigmatiza os indivíduos fora do padrão heteronormativo.

É o acórdão proferido no âmbito do **Recurso Especial 1.626.739/RS**, que acolheu a pretensão deduzida por transexual mulher, autorizando a alteração do gênero no assento de registro civil, independentemente da realização da cirurgia de transgenitalização.

Eis a ementa do referido julgado:

> Recurso especial. Ação de retificação de registro de nascimento para a troca de prenome e do sexo (gênero) masculino para o feminino. Pessoa transexual. Desnecessidade de cirurgia de transgenitalização.
> 1. À luz do disposto nos artigos 55, 57 e 58 da Lei 6.015/73 (Lei de Registros Públicos), infere-se que o princípio da imutabilidade do nome, conquanto de ordem pública, pode ser mitigado quando sobressair o interesse individual ou o benefício social da alteração, o que reclama, em todo caso, autorização judicial, devidamente motivada, após audiência do Ministério Público.
> 2. Nessa perspectiva, observada a necessidade de intervenção do Poder Judiciário, admite-se a mudança do nome ensejador de situação vexatória ou degradação social ao indivíduo, como ocorre com aqueles cujos prenomes são notoriamente enquadrados como pertencentes ao gênero masculino ou ao gênero feminino, mas que possuem aparência física e fenótipo comportamental em total desconformidade com o disposto no ato registral.
> 3. Contudo, em se tratando de pessoas transexuais, a mera alteração do prenome não alcança o escopo protetivo encartado na norma jurídica infralegal, além de descurar da imperiosa exigência de concretização do princípio constitucional da dignidade da pessoa humana, que traduz a máxima antiutilitarista segundo a qual cada ser humano deve ser compreendido como um fim em si mesmo e não como um meio para a realização de finalidades alheias ou de metas coletivas.
> 4. Isso porque, se a mudança do prenome configura alteração de gênero (masculino para feminino ou vice-versa), a manutenção do sexo constante no registro civil preservará a incongruência entre os dados

assentados e a identidade de gênero da pessoa, a qual continuará suscetível a toda sorte de constrangimentos na vida civil, configurando-se flagrante atentado a direito existencial inerente à personalidade.

5. Assim, a segurança jurídica pretendida com a individualização da pessoa perante a família e a sociedade – *ratio essendi* do registro público, norteado pelos princípios da publicidade e da veracidade registral – deve ser compatibilizada com o princípio fundamental da dignidade da pessoa humana, que constitui vetor interpretativo de toda a ordem jurídico-constitucional.

6. Nessa compreensão, o STJ, ao apreciar casos de transexuais submetidos a cirurgias de transgenitalização, já vinha permitindo a alteração do nome e do sexo/gênero no registro civil (REsp 1.008.398/SP, Rel. Min. Nancy Andrighi, 3.ª Turma, j. 15.10.2009, *DJe* 18.11.2009; e REsp 737.993/MG, Rel. Min. João Otávio de Noronha, 4.ª Turma, j. 10.11.2009, *DJe* 18.12.2009).

7. A citada jurisprudência deve evoluir para alcançar também os transexuais não operados, conferindo-se, assim, a máxima efetividade ao princípio constitucional da promoção da dignidade da pessoa humana, cláusula geral de tutela dos direitos existenciais inerentes à personalidade, a qual, hodiernamente, é concebida como valor fundamental do ordenamento jurídico, o que implica o dever inarredável de respeito às diferenças.

8. Tal valor (e princípio normativo) supremo envolve um complexo de direitos e deveres fundamentais de todas as dimensões que protegem o indivíduo de qualquer tratamento degradante ou desumano, garantindo-lhe condições existenciais mínimas para uma vida digna e preservando-lhe a individualidade e a autonomia contra qualquer tipo de interferência estatal ou de terceiros (eficácias vertical e horizontal dos direitos fundamentais).

9. Sob essa ótica, devem ser resguardados os direitos fundamentais das pessoas transexuais não operadas à identidade (tratamento social de acordo com sua identidade de gênero), à liberdade de desenvolvimento e de expressão da personalidade humana (sem indevida intromissão estatal), ao reconhecimento perante a lei (independentemente da realização de procedimentos médicos), à intimidade e à privacidade (proteção das escolhas de vida), à igualdade e à não discriminação (eliminação de desigualdades fáticas que venham a colocá-los em situação de inferioridade), à saúde (garantia do bem-estar biopsicofísico) e à felicidade (bem--estar geral).

10. Consequentemente, à luz dos direitos fundamentais corolários do princípio fundamental da dignidade da pessoa humana, infere-se que o direito dos transexuais à retificação do sexo no registro civil não pode ficar condicionado à exigência de realização da cirurgia de transgenitalização, para muitos inatingível do ponto de vista financeiro (como parece ser o caso em exame) ou mesmo inviável do ponto de vista médico.

11. Ademais, o chamado sexo jurídico (aquele constante no registro civil de nascimento, atribuído, na primeira infância, com base no aspecto morfológico, gonádico ou cromossômico) não pode olvidar o aspecto psicossocial defluente da identidade de gênero autodefinido por cada indivíduo, o qual, tendo em vista a *ratio essendi* dos registros públicos, é o critério que deve, na hipótese, reger as relações do indivíduo perante a sociedade.

12. Exegese contrária revela-se incoerente diante da consagração jurisprudencial do direito de retificação do sexo registral conferido aos transexuais operados, que, nada obstante, continuam vinculados ao sexo biológico/cromossômico repudiado. Ou seja, independentemente da realidade biológica, o registro civil deve retratar a identidade de gênero psicossocial da pessoa transexual, de quem não se pode exigir a cirurgia de transgenitalização para o gozo de um direito.

13. Recurso especial provido a fim de julgar integralmente procedente a pretensão deduzida na inicial, autorizando a retificação do registro civil da autora, no qual deve ser averbado, além do prenome indicado, o sexo/gênero feminino, assinalada a existência de determinação judicial, sem menção à razão ou ao conteúdo das alterações procedidas, resguardando-se a publicidade dos registros e a intimidade da autora (REsp 1.626.739/RS, Rel. Min. Luis Felipe Salomão, 4.ª Turma, j. 09.05.2017).

2. CONCEITOS JURÍDICOS SOBRE SEXO, IDENTIDADE DE GÊNERO, ORIENTAÇÃO SEXUAL E TRANSEXUALIDADE

O exame da questão jurídica reclama, ainda de início, sejam abordados os conceitos doutrinários sobre sexo, identidade de gênero e orientação sexual, distinguindo-se, outrossim, a transexualidade das demais dissidências existenciais de gênero.

No ponto, destaca-se a lição de Maria Berenice Dias (2014, p. 42-44), um dos maiores expoentes sobre o direito de minorais, segundo a qual:

> [...] **sexo** diz com características morfológicas e biológicas, identificadas, externamente, pelos órgãos sexuais femininos e masculinos. O sexo não determina a orientação sexual nem a identidade de gênero. Apenas serve de referência para o seu reconhecimento.
>
> **Gênero** é uma construção social que atribui uma série de características para diferenciar homens e mulheres em razão de seu sexo biológico. **Homens** usam azul, jogam futebol, não choram e precisam ser competitivos e fortes. A eles está mais do que liberado – é até incentivado – o pleno exercício da sexualidade. **Mulheres** se vestem de cor de rosa, precisam ser frágeis e dóceis. Seus qualificativos estão ligados à abstinência sexual e a virgindade ainda é sinônimo de pureza e castidade.
>
> **Identidade de gênero** está ligada ao gênero com o qual a pessoa se reconhece: como homem, como mulher, como ambos ou como nenhum. A identidade de gênero independe dos órgãos genitais e de qualquer outra característica anatômica, já que a anatomia não define gênero.
>
> A **orientação sexual** indica o impulso sexual de cada indivíduo, aponta para a forma como ele vai canalizar sua sexualidade. A orientação sexual tem como referência o gênero pelo qual a pessoa sente atração, desejo afetivo e sexual. Quando for por pessoa que tem identidade de gênero diverso do seu, se diz que a pessoa é **heterossexual**. Se for por alguém do mesmo gênero, a pessoa é rotulada de **homossexual**. E, se a atração for por pessoas de ambos os gêneros, a pessoa é classificada como **bissexual**.
>
> Não se deve falar em **opção sexual**, mas em **orientação sexual**, expressão que significa que o desejo sexual está em direção a determinado gênero. Como afirma Adriana Maluf, a orientação sexual – quer para heterossexuais, quer para homossexuais – não parece ser algo que uma pessoa **escolha**. A única escolha que o homossexual pode tomar é a de viver a sua vida de acordo com sua verdadeira natureza, ou de acordo com o que a sociedade espera dele. Descrever a homossexualidade como um simples caso de escolha é ignorar a dor e a confusão por que passam tantos homossexuais quando descobrem sua orientação sexual. Seria absurdo pensar que esses indivíduos escolheram deliberadamente algo que os deixaria expostos à rejeição por parte da família, dos amigos e da sociedade.

[...]

Transexuais são indivíduos que, via de regra, desde tenra idade, não aceitam o seu gênero. Sentem-se em desconexão psíquico-emocional com o seu sexo biológico e, de um modo geral, buscam todas as formas de adequar-se a seu sexo psicológico.

Já **travestis** são pessoas que, independente de orientação sexual, aceitam o seu sexo biológico, mas se vestem, assumem e se identificam como do gênero oposto. Não sentem repulsa por sua genitália, como ocorre com os transexuais. Por isso não perseguem a redesignação cirúrgica dos órgãos sexuais, até porque encontram gratificação sexual com o seu sexo.

A **transidentidade** abrange uma série de opções em que a pessoa sente, adota – temporária ou permanentemente – o comportamento e os atributos do gênero em contradição com o seu sexo genital. Como explica João Nery, em alguns casos, o travestismo é ocasional. Em outros, a pessoa pode viver alternadamente com duas identidades sociais, masculina e feminina. Pode ou assumir uma posição intermediária, o gênero não marcado, ou viver plenamente no tipo de sexo oposto. Somente aconteceria o amplo reconhecimento das identidades sexuais – e a liberdade sexual seria mais efetiva – se fosse abolido o sistema binário que caracteriza as atuais relações de poder entre os gêneros, isto é, se fossem rejeitadas as representações sobre o sexo que são impostas como naturais pela ideologia dominante e que impõe deveres de comportamento aos interessados.

Transgêneros são indivíduos que, independente da orientação sexual, ultrapassam as fronteiras do gênero esperado e construído culturalmente para um e para outro sexo. Mesclam nas suas formas plurais de feminilidade ou masculinidade, traços, sentimentos, comportamentos e vivências que vão além das questões de gênero como, no geral, são tratadas.

A expressão **transgênero**, nos países de língua inglesa, identifica transexuais. No Brasil, por um tempo se pretendeu englobar travestis e transexuais neste vocábulo. Depois se tentou manter as três expressões, o que acabou se refletindo na sigla LGBTTT. No entanto, houve profundo desconforto tanto de travestis como de transexuais que não gostaram de perder suas identidades. Por isso, a expressão vem sendo abandonada e com isso afastada a multiplicidade do uso da letra "T".

A expressão **trans** acabou sendo utilizada como um grande guarda-chuva, que alberga diferentes identidades: transexual, travesti e transgênero, para quem ainda usa essa expressão. Por ocasião do

Congenid – Congresso Internacional sobre Identidad de Género y Derechos Humanos, realizado em Barcelona, no ano de 2010, foi aprovada a utilização apenas da sigla trans* ou da letra T*, ambas com asteriscos, para abranger todas as manifestações de transgeneridade: qualquer pessoa cuja identidade de gênero não coincide de modo exclusivo e permanente com o sexo designado quando do nascimento.

Quando se diz que homens necessariamente nascem com pênis e mulheres com vagina, estimula-se a discriminação contra aqueles que, apesar de terem nascido com genitália masculina, não se reconhecem como homens e os que nasceram com órgãos sexuais femininos, mas não se identificam como mulheres. **Intersexuais** ou **intersexo** – conhecidos como hermafroditas ou andrógenos – são pessoas que possuem genitais ambíguos, com características de ambos os sexos, e que podem se reconhecer como homem ou como mulher, independente de característica física. O gênero não está necessariamente ligado à anatomia. Daí a inclusão levada a efeito, e já adotada em inúmeros países, deste segmento na sigla LGBTI.

[...]

Já que se está falando em terminologia, crossdresser (*cross* = cruzar, atravessar e *dresser* = vestir-se, trajar-se) identifica quem ocasionalmente gosta de vestir roupas do sexo oposto. Não quer dizer que seja *gay*, podendo ser hétero ou mesmo bissexual. É uma categoria que se poderia identificar como transgênero. O conceito de *crossdresser* não passa necessariamente pela orientação sexual, pois qualquer um pode viver o "conismo", ou seja, a arte de se vestir como mulher (grifos da autora).

Assim, o **sexo** – excluída a concepção de prática de ato sexual – é entendido como parâmetro distintivo dos seres, os quais são identificados como mulheres/fêmeas ou homens/machos, à luz de fatores biológicos, psicológicos e sociais. Como os registros civis de nascimento são, costumeiramente, realizados na infância, os critérios biológicos têm, atualmente, preponderado no Brasil, o que não mais ocorre em países como a Alemanha, onde é possível deixar em branco a lacuna correspondente ao sexo nas certidões dos recém-nascidos.

A amplitude da significação da expressão sexo autoriza sua classificação nas seguintes modalidades: **(i) sexo cromossômico** (ou **genético**); **(ii) sexo endócrino** (ou **gonádico** ou **gonadal**); **(iii) sexo morfológico** (ou **anatômico** ou **fenótipo** ou **aparente**); **(iv) sexo psicológico** (ou **psicossocial**); e **(v) sexo jurídico** (**legal** ou **civil**).

O **sexo cromossômico** é definido pelo par de cromossomos sexuais apresentado pelo indivíduo ("XY" para indivíduo do sexo masculino e "XX" para indivíduo do sexo feminino). O **sexo endócrino** é determinado a partir do exame das glândulas reprodutoras (ovários ou testículos). O **sexo morfológico** refere-se à forma ou aparência de uma pessoa no seu aspecto genital (pênis, escroto e testículos para sexo masculino; vagina e útero para sexo feminino). O **sexo jurídico** diz respeito àquele que consta no registro civil de nascimento, sendo definido o sexo do indivíduo em razão de sua vida civil (relações na sociedade).

Ressalta-se, por último, o significado de **sexo psicológico ou psicossocial**, o qual se vincula à concepção de gênero da pessoa sobre si mesma, em uma perspectiva sociocultural.

Sob esse enfoque, cunhou-se a expressão **identidade de gênero**, que "está atrelada ao conceito de pertencimento de cada um, na sua sensação ou percepção pessoal quanto a qual seja o seu gênero (masculino ou feminino), independentemente de sua constituição física ou genética", sobressaindo o entendimento atual de que

> [...] não existe determinismo biológico quando se fala da construção da identidade sexual, vez que esta se molda além do plano do meramente físico ou anatômico, sendo sexo e gênero elementos distintos, havendo este último de prevalecer sobre aquele no que se refere à formação da identidade da pessoa (CUNHA, 2015, p. 19).

O conceito de **identidade de gênero** é, outrossim, muito bem explicado em guia técnico elaborado por Jaqueline Gomes de Jesus (2012, p. 7-9):

> Relembre da sua formação pessoal: desde criança você foi ensinado(a) a agir e a ter uma determinada aparência, de acordo com o seu sexo biológico. Se havia ultrassonografia, esse sexo foi determinado antes de você nascer. Se não, foi no seu parto.
>
> Crescemos sendo ensinados que "homens são assim e mulheres são *assado*", porque "é da sua natureza", e costumamos realmente observar isso na sociedade.
>
> Entretanto, o fato é que a grande diferença que percebemos entre homens e mulheres é construída socialmente, desde o nascimento, quando meninos e meninas são ensinados a agir de acordo como são identificados, a ter um papel de gênero "adequado".

Como as influências sociais não são totalmente visíveis, parece para nós que as diferenças entre homens e mulheres são "naturais", totalmente biológicas, quando, na verdade, boa parte delas é influenciada pelo convívio social.

Além disso, a sociedade em que vivemos dissemina a crença de que os órgãos genitais definem se uma pessoa é homem ou mulher. Porém, a construção da nossa identificação como homens ou como mulheres não é um fato biológico, é social.

Para a ciência biológica, o que determina o sexo de uma pessoa é o tamanho das suas células reprodutivas (pequenas: espermatozoides, logo, macho; grandes: óvulos, logo, fêmea), e só. Biologicamente, isso não define o comportamento masculino ou feminino das pessoas: o que faz isso é a cultura, a qual define alguém como masculino ou feminino, e isso muda de acordo com a cultura de que falamos.

Mulheres de países nórdicos têm características que, para nossa cultura, são tidas como masculinas. Ser masculino no Brasil é diferente do que é ser masculino no Japão ou mesmo na Argentina. Há culturas para as quais não é o órgão genital que define o sexo. Ser masculino ou feminino, homem ou mulher, é uma questão de gênero. Logo, o conceito básico para entendermos homens e mulheres é o de gênero.

Sexo é biológico, gênero é social, construído pelas diferentes culturas. E o gênero vai além do sexo: O que importa, na definição do que é ser homem ou mulher, não são os cromossomos ou a conformação genital, mas a autopercepção e a forma como a pessoa se expressa socialmente.

Se adotamos ou não determinados modelos e papéis de gênero, isso pode independer de nossos órgãos genitais, dos cromossomos ou de alguns níveis hormonais.

Todos e todas nós vivenciamos, em diferentes situações e momentos, ao longo de nossa vida, inversões temporárias de papéis determinados para o gênero de cada um: somos mais ou menos masculinos, nós nos fantasiamos, interpretamos papeis etc.

Procure exemplos, na História, de que tais limites não são fixos e predeterminados, representados por pessoas como Maria Quitéria, heroína da Guerra da Independência, que se vestiu de homem para poder lutar contra o domínio português.

Ao contrário da crença comum hoje em dia, adotada por algumas vertentes científicas, entende-se que a vivência de um gênero (social, cultural) discordante com o que se esperaria de alguém de um determinado sexo (biológico) é uma questão de identidade, e não um transtorno.

Esse é o caso das pessoas conhecidas como travestis, e das transexuais, que são tratadas, coletivamente, como parte do grupo que alguns chamam de "transgênero", ou, mais popularmente, *trans*.

Em uma abordagem biomédica da **transexualidade**, o Manual Diagnóstico e Estatístico de Transtornos Mentais (também chamado de DSM-5), da Associação Americana de Psiquiatria, utiliza a expressão **disforia de gênero** para definir o descontentamento afetivo/cognitivo de um indivíduo com o gênero designado no nascimento. A disforia de gênero refere-se ao sofrimento que pode acompanhar a percepção de incongruência entre o gênero experimentado ou expresso e o gênero designado de uma pessoa (MANUAL, 2014, p. 451).

A pecha de doença mental, contudo, não deve ser atribuída à transexualidade, que se cinge a uma questão de identidade. Como bem destaca Jaqueline Gomes de Jesus (2012, p. 14), o transexual não pode ser rotulado como pervertido ou portador de doença debilitante ou contagiosa, sendo certo que a identidade de gênero não consubstancia uma escolha ou capricho, nada tendo a ver, ademais, com o conceito de orientação sexual (heterossexualidade, homossexualidade ou bissexualidade).

Sob um enfoque antropológico cultural, os transexuais são indivíduos que repudiam sua identidade sexual genética e morfológica, afirmando a certeza de pertencerem ao gênero oposto àquele designado no nascimento. São pessoas que se rebelam contra a anatomia sexual apresentada, por considerá-la incompatível com a identidade psíquica de gênero que possuem.

O transexual deseja viver e ser aceito como pessoa do gênero oposto. Acredita ter nascido "com o corpo trocado", considerando-o, muitas vezes, disforme ou monstruoso, razão pela qual manifesta imperativo desejo de "adequação do sexo", mediante uso de vestimentas do sexo oposto e a realização de terapia hormonal e/ou de cirurgia de transgenitalização. A forte rejeição do fenótipo sexual apresentado pode levar o transexual à automutilação ou ao suicídio.

3. CIRURGIA DE TRANSGENITALIZAÇÃO

Consoante anteriormente mencionado, uma grande parte dos transexuais anseia pela realização da cirurgia de transgenitalização, também chamada de cirurgia de transgenitalização, redesignação sexual, redesignação de gênero, reconstrução sexual, reconstrução genital, confirmação de gênero ou afirmação de sexo.

Roberto Farina, o primeiro cirurgião brasileiro que realizou, em 1971, tal procedimento cirúrgico em uma transexual mulher, foi condenado, em primeira instância, por crime de lesão corporal de natureza grave por inutilização de membro. Posteriormente, o extinto Tribunal de Alçada Criminal de São Paulo absolveu-o por reconhecer que a cirurgia era a única "solução terapêutica" apta a aplacar o sentimento de angústia existencial manifestado pela transexual operada.

Somente em 1997, o Conselho Federal de Medicina autorizou, a título experimental, a cirurgia de transgenitalização.

Atualmente, encontra-se em vigor a Resolução CFM 1.955/2010, que autoriza a cirurgia do tipo neocolpovulvoplastia (cirurgia para produção de vagina) e/ou procedimentos complementares sobre gônadas e caracteres sexuais secundários para as transexuais mulheres e, ainda a título experimental, a cirurgia do tipo neofaloplastia (cirurgia para produção de pênis) para os transexuais homens.

Após conclusão de batalha judicial travada em ação civil pública, o Ministério da Saúde, em 2008, instituiu o "Processo Transexualizador" no âmbito do Sistema Único de Saúde – SUS (Portaria MS 1.707/2008).

Em 19 de novembro de 2013, sobreveio a Portaria MS 2.803, que redefiniu e ampliou o Processo Transexualizador no SUS, enumerando, entre outros, os seguintes procedimentos cirúrgicos considerados de alta complexidade: **redesignação sexual no sexo masculino** (orquiectomia bilateral com amputação do pênis e neocolpovulvoplastia, isto é, construção de neovagina), **tireoplastia** (cirurgia de redução do Pomo de Adão com vistas à feminilização da voz e/ou alongamento das cordas vocais no processo transexualizador), **mastectomia simples bilateral em usuária sob processo transexualizador** (ressecção de ambas as mamas com reposicionamento do complexo aréolo mamilar), **histerectomia c/ anexectomia bilateral e colpectomia em usuária sob processo transexualizador** (ressecção do útero e ovários, com retirada parcial ou total do segmento da vagina).

No que diz respeito aos transexuais masculinos (pacientes em readequação para o fenótipo masculino), o SUS realiza, em caráter experimental, os procedimentos de vaginectomia e neofaloplastia com implante de próteses penianas e testiculares, clitoroplastia e cirurgia de cordas vocais.

Matéria veiculada em 28.05.2016, no portal eletrônico do jornal *O Estado de S. Paulo*, informa que a cirurgia de transgenitalização demora até doze anos para ser realizada no âmbito do SUS.[1]

---

[1] Disponível em: <http://brasil.estadao.com.br/noticias/geral,mudanca-de-sexo--demora-ate-12-anos-no-brasil,10000053963>.

4. ASPECTOS JURÍDICOS DA QUESTÃO ATINENTE À ALTERAÇÃO DO REGISTRO CIVIL DE NASCIMENTO

Tais definições e informações sobre as características e problemas que atingem as pessoas transexuais são relevantes para contextualizar a questão jurídica que foi apreciada no âmbito do julgamento do **Recurso Especial 1.626.739**: a possibilidade de alteração de gênero no assento de registro civil de transexual independentemente da realização da cirurgia de transgenitalização.

No que diz respeito aos aspectos jurídicos da questão atinente à alteração do registro civil de nascimento, deve-se trazer a lume o conteúdo das normas insertas nos artigos 54, 55, 57 e 58 da Lei 6.015/1973 (Lei de Registros Públicos), que assim dispõem:

> Art. 54. O assento do nascimento deverá conter:
> [...]
> 2.º) **o sexo do registrando**;
> [...]
> 4.º) o nome e o prenome, que forem postos à criança;
> [...]

> Art. 55. Quando o declarante não indicar o nome completo, o oficial lançará adiante do prenome escolhido o nome do pai, e na falta, o da mãe, se forem conhecidos e não o impedir a condição de ilegitimidade, salvo reconhecimento no ato.
>
> Parágrafo único. **Os oficiais do registro civil não registrarão prenomes suscetíveis de expor ao ridículo os seus portadores.** Quando os pais não se conformarem com a recusa do oficial, este submeterá por escrito o caso, independente da cobrança de quaisquer emolumentos, à decisão do Juiz competente.
> [...]

> Art. 57. **A alteração posterior de nome, somente por exceção e motivadamente, após audiência do Ministério Público, será permitida por sentença do juiz a que estiver sujeito o registro**, arquivando-se o mandado e publicando-se a alteração pela imprensa, ressalvada a hipótese do art. 110 desta Lei.
> [...]

> Art. 58. **O prenome será definitivo, admitindo-se, todavia, a sua substituição por apelidos públicos notórios.**
> [...] (grifei).

Infere-se, pois, em interpretação dos dispositivos, que o princípio da imutabilidade do nome, conquanto de ordem pública, pode ser mitigado quando sobressair o interesse individual ou o benefício social da alteração, o que reclamará, em todo caso, autorização judicial, devidamente motivada, após audiência do Ministério Público.

Nessa perspectiva, observada a necessidade de intervenção do Poder Judiciário, admite-se a mudança do nome ensejador de situação vexatória ou degradação social ao indivíduo, como ocorre com aqueles cujos prenomes são notoriamente enquadrados como pertencentes ao gênero masculino ou ao gênero feminino, mas que possuem aparência física e fenótipo comportamental em total desconformidade com o disposto no ato registral. Eis o opróbio vivenciado, diuturnamente, pelos transexuais que, em suas relações pessoais, adotam, invariavelmente, apelidos públicos em harmonia com a identidade de gênero sentida.

A mera alteração do prenome das pessoas transexuais, contudo, não alcança o escopo protetivo encartado na norma jurídica infralegal, além de descurar da imperiosa exigência de concretização do princípio constitucional da dignidade da pessoa humana, que traduz a máxima antiutilitarista segundo a qual cada ser humano deve ser compreendido como um fim em si mesmo, e não como um meio para realização de finalidades alheias ou de metas coletivas.

Isso porque, se a mudança do prenome configura alteração de gênero (masculino para feminino ou vice-versa), a manutenção do sexo constante do registro civil preservará a incongruência entre os dados assentados e a identidade de gênero da pessoa, a qual continuará suscetível a toda sorte de constrangimentos na vida civil, configurando-se flagrante atentado a direito existencial inerente à personalidade.

Assim, a segurança jurídica pretendida com a individualização da pessoa perante a família e a sociedade – *ratio essendi* do registro público, norteado pelos princípios da publicidade e da veracidade registral – deve ser compatibilizada com o princípio fundamental da dignidade da pessoa humana, que constitui vetor interpretativo de toda a ordem jurídico-constitucional.

Nessa compreensão, o Superior Tribunal de Justiça, ao julgar casos nos quais, realizada a cirurgia de transgenitalização, adotou orientação jurisprudencial no sentido de que é possível a alteração do nome e do sexo/gênero das pessoas transexuais no registro civil:

Direito civil. Recurso especial. Transexual submetido à cirurgia de redesignação sexual. Alteração do prenome e designativo de sexo. Princípio da dignidade da pessoa humana.

- Sob a perspectiva dos princípios da Bioética, de beneficência, autonomia e justiça, a dignidade da pessoa humana deve ser resguardada, em um âmbito de tolerância, para que a mitigação do sofrimento humano possa ser o sustentáculo de decisões judiciais, no sentido de salvaguardar o bem supremo e foco principal do Direito: o ser humano em sua integridade física, psicológica, socioambiental e ético-espiritual.

- A afirmação da identidade sexual, compreendida pela identidade humana, encerra a realização da dignidade, no que tange à possibilidade de expressar todos os atributos e características do gênero imanente a cada pessoa. Para o transexual, ter uma vida digna importa em ver reconhecida a sua identidade sexual, sob a ótica psicossocial, a refletir a verdade real por ele vivenciada e que se reflete na sociedade.

- A falta de fôlego do Direito em acompanhar o fato social exige, pois, a invocação dos princípios que funcionam como fontes de oxigenação do ordenamento jurídico, marcadamente a dignidade da pessoa humana, cláusula geral que permite a tutela integral e unitária da pessoa, na solução das questões de interesse existencial humano.

- Em última análise, afirmar a dignidade humana significa para cada um manifestar sua verdadeira identidade, o que inclui o reconhecimento da real identidade sexual, em respeito à pessoa humana como valor absoluto.

- Somos todos filhos agraciados da liberdade do ser, tendo em perspectiva a transformação estrutural por que passa a família, que hoje apresenta molde eudemonista, cujo alvo é a promoção de cada um de seus componentes, em especial da prole, com o insigne propósito instrumental de torná-los aptos de realizar os atributos de sua personalidade e afirmar a sua dignidade como pessoa humana.

- A situação fática experimentada pelo recorrente tem origem em idêntica problemática pela qual passam os transexuais em sua maioria: um ser humano aprisionado à anatomia de homem, com o sexo psicossocial feminino, que, após ser submetido à cirurgia de redesignação sexual, com a adequação dos genitais à imagem que tem de si e perante a sociedade, encontra obstáculos na vida civil, porque sua aparência morfológica não condiz com o registro de nascimento, quanto ao nome e designativo de sexo.

- **Conservar o sexo masculino no assento de nascimento do recorrente, em favor da realidade biológica e em detrimento das realidades psicológica e social, bem como morfológica, pois a aparência do transexual redesignado, em tudo se assemelha ao sexo feminino, equivaleria a manter o recorrente em estado de anomalia, deixando de reconhecer seu direito de viver dignamente.**

- **Assim, tendo o recorrente se submetido à cirurgia de redesignação sexual, nos termos do acórdão recorrido, existindo, portanto, motivo apto a ensejar a alteração para a mudança de sexo no registro civil, e a fim de que os assentos sejam capazes de cumprir sua verdadeira função, qual seja, a de dar publicidade aos fatos relevantes da vida social do indivíduo, forçosa se mostra a admissibilidade da pretensão do recorrente, devendo ser alterado seu assento de nascimento a fim de que nele conste o sexo feminino, pelo qual é socialmente reconhecido.**

- **Vetar a alteração do prenome do transexual redesignado corresponderia a mantê-lo em uma insustentável posição de angústia, incerteza e conflitos, que inegavelmente atinge a dignidade da pessoa humana assegurada pela Constituição Federal. No caso, a possibilidade de uma vida digna para o recorrente depende da alteração solicitada.** E, tendo em vista que o autor vem utilizando o prenome feminino constante da inicial, para se identificar, razoável a sua adoção no assento de nascimento, seguido do sobrenome familiar, conforme dispõe o art. 58 da Lei n.º 6.015/73.

- **Deve, pois, ser facilitada a alteração do estado sexual, de quem já enfrentou tantas dificuldades ao longo da vida, vencendo-se a barreira do preconceito e da intolerância. O Direito não pode fechar os olhos para a realidade social estabelecida, notadamente no que concerne à identidade sexual, cuja realização afeta o mais íntimo aspecto da vida privada da pessoa. E a alteração do designativo de sexo, no registro civil, bem como do prenome do operado, é tão importante quanto a adequação cirúrgica, porquanto é desta um desdobramento, uma decorrência lógica que o Direito deve assegurar.**

- **Assegurar ao transexual o exercício pleno de sua verdadeira identidade sexual consolida, sobretudo, o princípio constitucional da dignidade da pessoa humana, cuja tutela consiste em promover o desenvolvimento do ser humano sob todos os** aspectos, garantindo que ele não seja desrespeitado tampouco violentado em sua integridade psicofísica. Poderá, dessa forma, o redesignado exercer, em amplitude, seus direitos civis, sem restrições de cunho discriminatório ou de intolerância, alçando sua autonomia privada em patamar de igualdade para com os demais integrantes da vida civil. A liberdade se refletirá na seara doméstica, profissional e social do recorrente, que terá, após longos anos de sofrimentos, constrangimentos, frustrações e dissabores, enfim, uma vida plena e digna.

- De posicionamentos herméticos, no sentido de não se tolerar imperfeições como a esterilidade ou uma genitália que não se conforma exatamente com os referenciais científicos, e, consequentemente, negar a pretensão do transexual de ter alterado o designativo de sexo e nome, subjaz o perigo de estímulo a uma nova prática de eugenia social, objeto de combate da Bioética, que deve ser igualmente combatida pelo Direito, não se olvidando os horrores provocados pelo holocausto no século passado.

Recurso especial provido (**REsp 1.008.398/SP**, Rel. Min. Nancy Andrighi, 3.ª Turma, j. 15.10.2009, DJe 18.11.2009).

Registro público. Mudança de sexo. Exame de matéria constitucional. Impossibilidade de exame na via do recurso especial. Ausência de prequestionamento. Sumula n. 211/STJ. Registro civil. Alteração do prenome e do sexo. Decisão judicial. Averbação. Livro cartorário.

[...]

4. A interpretação conjugada dos arts. 55 e 58 da Lei n. 6.015/73 confere amparo legal para que transexual operado obtenha autorização judicial para a alteração de seu prenome, substituindo-o por apelido público e notório pelo qual é conhecido no meio em que vive.

5. Não entender juridicamente possível o pedido formulado na exordial significa postergar o exercício do direito à identidade pessoal e subtrair do indivíduo a prerrogativa de adequar o registro do sexo à sua nova condição física, impedindo, assim, a sua integração na sociedade.

6. No livro cartorário, deve ficar averbado, à margem do registro de prenome e de sexo, que as modificações procedidas decorreram de decisão judicial.

7. Recurso especial conhecido em parte e provido (**REsp 737.993/MG**, Rel. Min. João Otávio de Noronha, 4.ª Turma, j. 10.11.2009, DJe 18.12.2009).

5. A ALTERAÇÃO DO NOME E GÊNERO NO ASSENTO DE REGISTRO CIVIL DO TRANSEXUAL NÃO OPERADO

No âmbito do julgamento do Recurso Especial 1.626.739/RS – já antes mencionado –, a Quarta Turma do Superior Tribunal de Justiça aproveitou valiosa oportunidade para promover significativo avanço jurisprudencial, sob a ótica dos direitos humanos, ao possibilitar a alteração do gênero no assento de registro civil, inclusive do transexual não operado.

O Supremo Tribunal Federal, quando da apreciação da **Ação Direta de Inconstitucionalidade 4.275/DF** (Rel. Min. Marco Aurélio), ajuizada pela Procuradoria-Geral da República, e do **Recurso Extraordinário 670.422/RS** (Rel. Min. Dias Toffolli), cuja repercussão geral já foi reconhecida, também examinará questão similar.

Com efeito, nos autos do **RE 670.422/RS**, representativo da controvérsia, o douto Procurador-Geral da República, Rodrigo Janot Monteiro de Barros, apresentou parecer, assim ementado:

> Recurso extraordinário. Constitucional. Repercussão geral. Tema 761. Alteração de registro civil de transexual. Retificação de nome e do gênero. Inexigência de prévia realização de cirurgia de transgenitalização. Exclusão do termo "transexual" nos assentos do registro civil. Direito à identidade individual e social. Violação da dignidade da pessoa humana e dos direitos da personalidade. Direito das minorias.
>
> **1. Tese de Repercussão Geral – Tema 761**: É possível a alteração de gênero no registro civil de transexual, mesmo sem a realização de procedimento cirúrgico de adequação de sexo, sendo vedada a inclusão, ainda que sigilosa, do termo "transexual" ou do gênero biológico nos respectivos assentos.
>
> 2. Não é possível que uma pessoa seja tratada civilmente como se pertencesse a sexo diverso do qual se identifica e se apresenta publicamente, pois a identidade sexual encontra proteção nos direitos da personalidade e na dignidade da pessoa humana, previstos na Constituição Federal (CF). Tese de Repercussão Geral proposta pela Procuradoria-Geral da República no RE 845.779.
>
> 3. Condicionar a alteração de gênero no assentamento civil de transexual à realização da cirurgia de transgenitalização viola o direito à saúde e à liberdade, e impossibilita que seja retratada a real identidade de gênero da pessoa trans, que é verificável por outros fatores, além do biológico.

4. Não se afigura lógica nem razoável decisão que, de um lado, permite a alteração de antenome do recorrente, averbando antropônimo nitidamente masculino, e, de outro, insiste em manter, no assentamento civil do trans-homem que não se submeteu à neocolpovulvoplastia, a anotação do gênero feminino ou do termo "transexual".

5. A inclusão do termo transexual no registro civil não condiz com o real gênero com o qual se identifica a pessoa trans e viola os direitos à identidade, ao reconhecimento, à saúde, à liberdade, à privacidade, à igualdade e à não discriminação, todos corolários da dignidade da pessoa humana, bem como o direito a recursos jurídicos e medidas corretivas. Tal averbação, ainda que sigilosa, é discriminatória e reforça o estigma sofrido pelo transexual, pois a legislação, para fins de registro, somente reconhece dois sexos: o feminino e o masculino.

6. Parecer pelo provimento do recurso.

Deveras, o reconhecimento do direito do transexual não operado de alterar o nome e o gênero no assento do registro civil traduz, de fato, a efetividade do princípio constitucional da promoção da dignidade da pessoa humana, cláusula geral de tutela dos direitos existenciais inerentes à personalidade, a qual, hodiernamente, é concebida como valor fundamental do ordenamento, o que implica o dever inarredável de respeito às diferenças.

No livro *Diversidade sexual e direito homoafetivo*, Assis Moreira Silva Júnior (2014, p. 75) bem esclarece:

> As minorias sexuais são compostas por pessoas que rompem com o padrão heteronormativo de orientação sexual e de identidade de gênero coincidente com o sexo biológico, estando inseridas no contexto dos grupos minoritários e vulneráveis. Seus integrantes sofrem preconceito, discriminação e intolerância, que se manifesta através da homofobia, materializada em atos de violência física e/ou moral, bem como de forma velada, limitando o gozo de direitos.

Tratando-se das pessoas transexuais, a realidade de violência é ainda mais acentuada, por ser impossível, notadamente à vista da documentação apresentada, ocultar a incongruência entre o sexo biológico e sua identidade de gênero.

A denominada "transfobia" tem crescido no Brasil, país onde mais ocorrem homicídios de pessoas transexuais no mundo (689 mortes entre janeiro de 2008 e dezembro de 2014), segundo noticia a organização Transgender Europe.[2]

É bem de ver que há legislação em muitos países que não condiciona o exercício do direito à realização da cirurgia de adequação sexual, no tocante ao direito de alteração do nome e do sexo dos transexuais no registro civil.

De fato, no Reino Unido, o transexual pode obter a chamada **certidão de reconhecimento de gênero** (*Gender Recognition Certificate*), que altera a certidão de nascimento e atesta legalmente a troca da identidade de gênero, não impondo como condição a realização de tratamento hormonal ou de cirurgia. Para tanto, revela-se suficiente a aprovação de comissão interdisciplinar que avalia o histórico e as circunstâncias de cada requerente.[3]

Na Espanha, desde 2007, os transexuais podem pleitear a retificação do nome e do sexo sem necessidade de cirurgia de transgenitalização, bastando a existência de laudo médico e psicológico atestando a disforia de gênero.[4]

Em Portugal, no ano de 2011, criou-se o procedimento administrativo de mudança de sexo e de nome próprio no registro civil, exigindo-se tão somente um diagnóstico psiquiátrico elaborado por equipe multidisciplinar de sexologia clínica, não se fazendo qualquer alusão à necessidade de cirurgia.[5]

O Governo da Noruega também apresentou projeto de lei para mudança de gênero no registro de nascimento sem a exigência de cirurgia, preceituando que "qualquer pessoa que considere que o gênero difere do que foi designado tem o direito de mudá-lo com base em sua própria percepção".[6]

A Argentina tem uma das leis de identidade de gênero mais avançadas do mundo, que autoriza qualquer pessoa a retificar seu nome, sexo e imagem nos documentos públicos, diretamente no "Registro Nacional de Pessoas",

---

[2] Disponível em: <http://www.cartacapital.com.br/sociedade/um-tapa-na-cara-5322.html>.
[3] Disponível em: <https://sites.google.com/site/brasilftm/brasilinglaterra>.
[4] Disponível em: <http://g1.globo.com/Noticias/Mundo/0,,AA1474388-5602,00.html>.
[5] Disponível em: <https://apidentidade.wordpress.com/2016/03/15/lei-de-identidade-de-genero-o-que-mudou-em-cinco-anos/>.
[6] Disponível em: <http://g1.globo.com/mundo/noticia/noruega-tem-projeto-de--lei-para-mudanca-oficial-de-genero-sem-cirurgia.ghtml>.

sem a necessidade de diagnósticos médicos/psiquiátricos ou da realização de cirurgia de redesignação sexual.[7]

No Congresso Nacional brasileiro, há importante projeto de lei que busca alterar o artigo 58 da Lei de Registros Públicos, regulando o registro civil dos transexuais. É o PL 5.002/2013, dos deputados federais Jean Wyllys e Érika Kokay – baseado na lei de identidade de gênero argentina –, cujos artigos 3.º e 4.º encontram-se assim redigidos:

> **Artigo 3.º** Toda pessoa poderá solicitar a retificação registral de sexo e a mudança do prenome e da imagem registradas na documentação pessoal, sempre que não coincidam com a sua identidade de gênero autopercebida.
>
> **Artigo 4.º** Toda pessoa que solicitar a retificação registral de sexo e a mudança do prenome e da imagem, em virtude da presente lei, deverá observar os seguintes requisitos:
>
> I – ser maior de dezoito (18) anos;
>
> II – apresentar ao cartório que corresponda uma solicitação escrita, na qual deverá manifestar que, de acordo com a presente lei, requer a retificação registral da certidão de nascimento e a emissão de uma nova carteira de identidade, conservando o número original;
>
> III – expressar o/s novo/s prenome/s escolhido/s para que sejam inscritos.
>
> **Parágrafo único.** Em nenhum caso serão requisitos para alteração do prenome:
>
> I – intervenção cirúrgica de transexualização total ou parcial;
>
> II – terapias hormonais;
>
> III – qualquer outro tipo de tratamento ou diagnóstico psicológico ou médico;
>
> IV – autorização judicial.

Malgrado pendente o trâmite do projeto de lei no Brasil, parece claro que a recusa da alteração de gênero de transexual com base na falta de realização de cirurgia de transgenitalização ofende a cláusula geral de proteção à dignidade da pessoa humana, a qual, segundo Ingo W. Sarlet (2011, p. 84), não

---

[7] Disponível em: <http://g1.globo.com/mundo/noticia/2012/05/congresso-da-argentina-aprova-lei-de-identidade-de-genero.html>.

contém apenas declaração de conteúdo ético e moral, mas também "norma jurídico-positiva dotada, em sua plenitude, de *status* constitucional formal e material e, como tal, inequivocadamente carregado de eficácia".

6. O DIREITO A ALTERAÇÃO DO NOME E SEXO NO REGISTRO CIVIL DO TRANSEXUAL, SEM CIRURGIA, COMO GARANTIA DE PROTEÇÃO À DIGNIDADE DA PESSOA HUMANA

Tal valor (e princípio normativo) supremo envolve complexo de direitos e deveres fundamentais de todas as dimensões que protegem o indivíduo de todo e qualquer tratamento degradante ou desumano, garantindo-lhe condições existenciais mínimas para uma vida digna e preservando sua individualidade e autonomia contra qualquer tipo de interferência estatal ou de terceiros (eficácias vertical e horizontal dos direitos fundamentais).

Os direitos fundamentais não se limitam aos expressos no Título II da Constituição da República. Há outros espalhados pelo texto constitucional, além daqueles decorrentes de princípios adotados pelo Poder Constituinte e de tratados internacionais em que o Brasil figurou como partícipe.

Confira-se o § 2.º do artigo 5.º da Constituição da República, *verbis*:

> Art. 5.º [...]
> [...]
> § 2.º Os direitos e garantias expressos nesta Constituição não excluem outros decorrentes do regime e dos princípios por ela adotados, ou dos tratados internacionais em que a República Federativa do Brasil seja parte.
> [...]

É que, para parte relevante da doutrina, os direitos fundamentais derivados diretamente da dignidade da pessoa humana são também chamados de direitos humanos.

Por outro lado, sob a ótica civilista, os direitos fundamentais relacionados com a dimensão existencial da subjetividade humana são também denominados de direitos de personalidade.

A análise da possibilidade de retificação do nome e sexo de transexual no registro civil reclama, obrigatoriamente, a observância de direitos humanos (ou de personalidade) que guardam significativa interdependência, quais sejam: direito à liberdade (de desenvolvimento e de expressão da personalidade humana), direito à identidade, direito ao reconhecimento perante a lei, direito à intimidade e à privacidade, direito à igualdade e à não discriminação, direito à saúde e direito à felicidade (ao bem- estar geral).

O direito à identidade integra o conteúdo mínimo dos direitos de personalidade, e, na presente perspectiva, diz respeito ao direito fundamental dos transexuais de serem tratados socialmente de acordo com sua identidade de gênero. A compreensão de vida digna abrange, assim, o direito de serem identificados, civil e socialmente, de forma coerente com a realidade psicossocial vivenciada, a fim de ser combatida, concretamente, qualquer discriminação ou abuso violadores do exercício de sua personalidade.

Está umbilicalmente vinculado ao direito de liberdade de desenvolvimento e expressão da própria personalidade, consoante se extrai de lição de Patrícia Corrêa Sanches (2014, p. 570-572):

> O direito à identidade é a garantia de reconhecimento da existência da pessoa no seio social, bem como de seus caracteres particulares, como aspectos físicos, pessoais e culturais; é o direito de ser como verdadeiramente é. Extrapola-se, portanto, a visão simplista registral, pois, mesmo sem qualquer registro de identificação, ao sujeito garante-se sua identidade, sua liberdade de expressar-se como é, clamando a si a proteção do Estado contra qualquer discriminação, violação da intimidade, ou limitação da liberdade em todas as suas formas: de expressão, de locomoção e de exercício da própria identidade.
>
> Com o respaldo constitucional do Direito Social ao desenvolvimento, todos os cidadãos possuem a mesma proteção contra qualquer ato que lhe venha a atingir ou que lhe gere óbices ao desenvolvimento pessoal. Ou seja, tudo é permitido desde que não cause mal a terceiros – incluindo a sociedade.
>
> Assim, sendo a identidade a representação do ser humano, e sendo a sociedade o palco de sua representação, não poderá essa mesma sociedade gerar qualquer empecilho ao desempenho dessa identidade na busca pelo projeto de vida e desenvolvimento pessoal, sob pena de estar gerando discriminação. Isso seria, no entanto, totalmente contrário aos princípios básicos de formação da própria sociedade [...].
>
> A identidade forma-se a através de um complexo de caracteres culturais, psicológicos, sociais, morais etc., sendo a expressão sexual um desses aspectos de representação. Diante disso, a identidade de gênero ou identidade sexual é um sentimento íntimo, próprio

da pessoa em relação à sua identificação como homem ou como mulher, e assim vai estruturando todo o seu comportamento e sua vivência social.

[...]

A identidade é o real fator de exteriorização da personalidade, e, sendo esta um elemento psíquico, existem pessoas que, embora sejam transexuais – possuem o sexo registral diferente daquele com o qual se identificam – não possuem uma aversão a sua genitália, convivem bem com ela e não tem como principal problema a sua adequação. A infelicidade desse grupo de pessoas está na falta de recepção social, o que lhe acarreta situações vexatórias e de total discriminação. A sociedade clama um comportamento da pessoa de acordo com o gênero com o qual foi registrada; no entanto, o sentimento interno, sua psique não espelha essa realidade. Esse sim é o principal problema desses indivíduos, não é a adequação da genitália, mas, sim, sua adequação ao mundo externo, à sociedade, a começar pela alteração de seu prenome e a retificação de seu gênero sexual (grifei).

Desse modo, sendo certo que cada pessoa é livre para expressar os atributos e características de gênero que lhe são imanentes, não se revela legítimo ao Estado condicionar a pretensão de mudança do sexo registral dos transexuais à realização da cirurgia de transgenitalização. Tal imposição configura, claramente, indevida intromissão estatal na liberdade de autodeterminação da identidade de gênero alheia.

Por sua vez, o direito ao reconhecimento perante a lei é um dos princípios enumerados na Carta de Yogyakarta, cidade da Indonésia, na qual, em 2006, a Comissão Internacional de Juristas e o Serviço Internacional de Direitos Humanos coordenaram conferência com a participação de diversos organismos internacionais (e a colaboração de especialistas de 29 nações, inclusive do Brasil), a fim de desenvolver um conjunto de cânones e preceitos jurídicos internacionais sobre a aplicação da legislação dos países às violações de direitos humanos baseadas na orientação sexual e na identidade de gênero (real ou percebida).

Na ocasião, o aludido princípio foi assim definido:

Princípio 3. DIREITO AO RECONHECIMENTO PERANTE A LEI.
Toda pessoa tem o direito de ser reconhecida, em qualquer lugar, como pessoa perante a lei. As pessoas de orientações sexuais e

identidades de gênero diversas devem gozar de capacidade jurídica em todos os aspectos da vida. **A orientação sexual e identidade de gênero autodefinidas por cada pessoa constituem parte essencial de sua personalidade e um dos aspectos mais básicos de sua autodeterminação, dignidade e liberdade. Nenhuma pessoa deverá ser forçada a se submeter a procedimentos médicos, inclusive cirurgia de mudança de sexo, esterilização ou terapia hormonal, como requisito para o reconhecimento legal de sua identidade de gênero.** Nenhum *status*, como casamento ou *status* parental, pode ser invocado para evitar o reconhecimento legal da identidade de gênero de uma pessoa. Nenhuma pessoa deve ser submetida a pressões para esconder, reprimir ou negar sua orientação sexual ou identidade de gênero.

Em consequência, foram efetuadas as seguintes recomendações aos Estados partícipes:

b) Tomar todas as medidas legislativas, administrativas e de outros tipos que sejam necessárias para respeitar plenamente e reconhecer legalmente a identidade de gênero autodefinida por cada pessoa;

c) Tomar todas as medidas legislativas, administrativas e de outros tipos que sejam necessárias para que existam procedimentos pelos quais todos os documentos de identidade emitidos pelo Estado que indiquem o sexo/gênero da pessoa – incluindo certificados de nascimento, passaportes, registros eleitorais e outros documentos – reflitam a profunda identidade de gênero autodefinida por cada pessoa.

d) Assegurar que esses procedimentos sejam eficientes, justos e não discriminatórios e que respeitem a dignidade e privacidade das pessoas;

e) Garantir que mudanças em documentos de identidade sejam reconhecidas em todas as situações em que a identificação ou desagregação das pessoas por gênero seja exigida por lei ou por políticas públicas;

[...]

Assim, a exigência de cirurgia de transgenitalização para viabilizar a mudança do sexo registral dos transexuais vai de encontro à defesa dos direitos humanos internacionalmente reconhecidos, por condicionar o exercício do direito à personalidade à realização de mutilação física, extremamente traumática, sujeita a potenciais sequelas (como necrose e incontinência urinária, entre outras) e riscos (inclusive de perda completa da estrutura genital).

Com efeito, somente a vontade livre e consciente da pessoa (sem qualquer imposição estatal) pode legitimar o procedimento cirúrgico, o qual não deve figurar como pressuposto ao exercício pleno da personalidade dos transexuais, no que diz respeito ao direito de obterem a alteração do prenome e do sexo do registro civil compatíveis com o gênero vivenciado.

No tocante ao direito à privacidade e intimidade, impende transcrever o seguinte princípio de Yogyakarta:

Princípio 6. DIREITO À PRIVACIDADE.

> Toda pessoa, independente de sua orientação sexual ou identidade de gênero, tem o direito de desfrutar de privacidade, sem interferência arbitrária ou ilegal, inclusive em relação à sua família, residência e correspondência, assim como o direito à proteção contra ataques ilegais à sua honra e reputação. **O direito à privacidade normalmente inclui a opção de revelar ou não informações relativas à sua orientação sexual ou identidade de gênero, assim como decisões e escolhas relativas a seu próprio corpo e a relações sexuais consensuais e outras relações pessoais.**

A inviolabilidade da vida privada é também objeto do artigo 21 do Código Civil, segundo o qual:

> Art. 21. A vida privada da pessoa natural é inviolável, e o juiz, a requerimento do interessado, adotará as providências necessárias para impedir ou fazer cessar ato contrário a esta norma.

Nesse contexto, a proteção das escolhas de vida dos transexuais consagra a tutela constitucional da intimidade e privacidade que não podem sofrer ingerência do Estado, como bem definido por Marta Cauduro Oppermann e Letícia Zenevich (2014, p. 592-593):

> A intimidade integra os direitos da personalidade, cuja tríplice configuração, direitos privados, não patrimoniais e absolutos fazem de sua tutela uma função inderrogável do Estado. No entanto, na sociedade contemporânea, marcada pela superexposição virtual, o conceito de intimidade não pode ser construído da mesma maneira como o foi no decorrer do século XIX. Assinala Stefano Rodotà:
> "Hoje não consideramos a vida privada como estreitamente vinculada à noção de segredo, mas a examinamos por um ângulo mais

rico, quer dizer, **a vida privada necessita de uma proteção, pois se trata de proteger as escolhas de vida contra o controle público e o estigma social."**

Assim, o direito à intimidade também possibilita que o indivíduo, em prol da construção de sua identidade sexual, disponha até certo ponto de seu próprio corpo, em conformidade com sua intimidade, isto é, a vida que o indivíduo escolheu para si.

Nesse aspecto, os transexuais têm sua sexualidade constitucionalmente tutelada pelo Estado, ao qual incumbe, mais que colocá-la à prova da posse ou não de genitália tida como adequada, protegê-la contra os outros e mesmo contra a sua própria ingerência.

O Estado não pode, portanto, adentrar na esfera da vida íntima da pessoa transexual, impondo-lhe a realização de cirurgia, que poderá trazer incomensuráveis prejuízos ao exercício de uma vida digna e plena. Tal exigência não encontra qualquer justificativa voltada ao bem comum, pois a identidade do ser é algo personalíssimo, não dizendo respeito a mais ninguém, ao passo que a falta de conformação registral com a realidade psicossocial implica flagrante violação ao direito do transexual de não explicitar a sua condição em uma sociedade ainda maculada pelo desrespeito às diferenças.

No que diz respeito ao direito à igualdade e à não discriminação, revela-se imperativa a busca pela eliminação das desigualdades fáticas que venham a colocar os transexuais em situação de inferioridade, expondo-os a constrangimentos fundados meramente em sua discordância com o sistema binário de gênero existente na sociedade.

A propósito, cumpre destacar o conteúdo dos seguintes princípios de Yogyakarta.

Princípio 1. DIREITO AO GOZO UNIVERSAL DOS DIREITOS HUMANOS.
Todos os seres humanos nascem livres e iguais em dignidade e direitos. Os seres humanos de todas as orientações sexuais e identidades de gênero têm o direito de desfrutar plenamente de todos os direitos humanos.

Princípio 2. DIREITO À IGUALDADE E À NÃO DISCRIMINAÇÃO.
Todas as pessoas têm o direito de desfrutar de todos os direitos humanos livres de discriminação por sua orientação sexual ou identidade de gênero. Todos e todas têm direito à igualdade pe-

rante a lei e a proteção da lei sem qualquer discriminação, seja ou não também afetado o gozo de outro direito humano. A lei deve proibir qualquer dessas discriminações e garantir a todas as pessoas proteção igual e eficaz contra qualquer uma dessas discriminações.

A discriminação com base na orientação sexual ou identidade gênero inclui qualquer distinção, exclusão, restrição ou preferência baseada na orientação sexual ou identidade de gênero que tenha o objetivos ou efeito de anular ou prejudicar a igualdade perante a lei ou proteção igual da lei, ou o reconhecimento, gozo ou exercício, em base igualitária, de todos os direitos humanos e das liberdades fundamentais. A discriminação baseada na orientação sexual ou identidade de gênero pode ser, e comumente é, agravada por discriminação decorrente de outras circunstâncias, inclusive aquelas relacionadas ao gênero, raça, idade, religião, necessidades especiais, situação de saúde e *status* econômico.

Nesse mesmo diapasão, a Convenção Interamericana contra Toda Forma de Discriminação (assinada, mas ainda não ratificada pelo Brasil) repudia qualquer distinção, exclusão, restrição ou preferência, em qualquer área da vida pública ou privada, cujo propósito ou efeito seja anular ou restringir o reconhecimento, gozo ou exercício, em condições de igualdade, do direito à identidade e expressão de gênero (artigo 1.º).

Sobre o direito à igualdade aplicado especificamente à pessoa transexual não submetida à cirurgia de transgenitalização, extrai-se a seguinte ponderação de Leandro Reinaldo Cunha (2015, p. 60-61):

> O que se evidencia é que a lei proíbe a existência de formas de discriminação consideradas absurdas, sendo certo que o princípio constitucional apenas restará lesado nas hipóteses em que o elemento discriminador não se mostrar a serviço de uma finalidade albergada pelo ordenamento posto. A perpetuação de uma situação de exclusão fundada em mitos atávicos remete o sujeito a uma situação de marginalidade, privando-o de determinados direitos, o que acarreta o estabelecimento de um estado de impotência capaz de gerar desdobramentos até mesmo trágicos.
> Entende-se por razoáveis diferenciações normativas vinculadas a uma justificativa objetiva, fundada em critérios e juízos valorativos tidos como adequados de forma genérica, demonstrada uma finalidade que se mostre compatível com o fim colimado por aquela diferenciação. Se a imposição distintiva se mostrar arbitrária, "se

ela não se coaduna com a natureza da desigualdade, não leva à igualdade, mas ao privilégio, a uma discriminação. É esta, pois, em síntese, uma diferenciação desarrazoada ou arbitrária".

Assim, **não se pode fomentar um raciocínio em que se separam os iguais, sem qualquer critério efetivamente admissível, pelo simples fato de serem pessoas com uma constituição genital diferente, em decorrência de sua orientação sexual, ou qualquer coisa que o valha. Não é coerente tratar-se de forma desigual apenas fundando-se em preceitos que são socialmente impostos e que não se sustentam por si só, tornando o sistema jurídico um refém de uma visão antiga e desprovida de efetivação social.**

[...]

É de se entender que juntamente com o direito da igualdade nasce como direito fundamental a prerrogativa de ser diferente e ter esta condição respeitada, com o direito de exigir um tratamento igualitário nas circunstâncias em que a existência de diferenças tem força para inferiorizar, ou ainda exigir que se garanta o direito de ser diferente toda vez que a igualdade tiver o poder de descaracterizar quem se é, com uma igualdade que reconheça a existência de diferenças, bem como que essa não venha a produzir ou fomentar desigualdades.

O direito à igualdade não autoriza, portanto, que o Estado perpetre discriminações odiosas entre as pessoas, notadamente quando o discrímen erigido não é sequer algo a ser aferível na grande maioria das relações sociais, pois certo que a genitália humana faz parte da intimidade de cada um.

Por seu turno, o direito fundamental à saúde manifesta-se na necessidade de garantia do bem estar biopsicofísico da pessoa transexual cuja identidade de gênero for devidamente retratada no assentamento civil. Ademais, como dito *supra*, um procedimento cirúrgico (que envolve riscos demasiados) não pode figurar como pressuposto para o exercício de direito voltado ao pleno desenvolvimento da personalidade do indivíduo.

Por fim, cumpre dar o devido enfoque ao direito fundamental à felicidade elencado no inciso IV do artigo 3.º da Constituição da República, *verbis*:

> Art. 3.º Constituem objetivos fundamentais da República Federativa do Brasil:
> [...]

IV – promover o bem de todos, sem preconceitos de origem, raça, sexo, cor, idade e quaisquer outras formas de discriminação.

No que diz respeito aos transexuais não operados, a recusa ao direito de adequação de sua identidade registral à realidade psicossocial vivenciada configura inobservância de sua liberdade de escolha. Traduz flagrante empecilho à realização pessoal do indivíduo, cujas segregação e tensão na esfera social serão mantidas com o autoritarismo estatal.

Nesse passo, extrai-se da doutrina elucidativo exemplo do jurista norte-americano Taylor Flynn (apud OPPERMANN e ZENEVICH, 2014, p. 592):

> Uma mulher transexual, por exemplo, que é legalmente declarada um homem, pode não conseguir alterar seus documentos de identificação (como registro de nascimento, carteira de motorista, ou passaporte) para que eles reflitam o sexo com o qual ela se identifica, um resultado que a expõe à discriminação potencial, perseguição e violência em inúmeras transações que compõem a nossa vida cotidiana. O que deveria ser uma simples tarefa de comprar um item com cartão de crédito (onde identificação pode ser requerida) pode tornar-se um pesadelo: uma pessoa transexual corre risco de ser humilhada, de que alguém se negue a servi-la, de que espectadores da cena façam-lhe mal – agora conscientes de sua variação de gênero por causa da reação do balconista da loja – e que podem segui-la fora da loja. [...] Ela pode ter um empréstimo negado, ter um serviço negado no banco, ou alcançar o emprego dos seus sonhos somente para ser demitida tão logo quanto ela apresente documentos de identificação no seu primeiro dia.

7. CONCLUSÃO

Consequentemente, à luz dos direitos fundamentais – corolários do princípio fundamental da dignidade da pessoa humana –, infere-se que o direito dos transexuais à retificação do sexo no registro civil não pode ficar condicionado à exigência de realização da cirurgia de transgenitalização.

Ademais, o chamado sexo jurídico (aquele constante do registro civil de nascimento, atribuído, na primeira infância, com base no aspecto morfológico, gonádico ou cromossômico) não pode olvidar do aspecto psicossocial defluente da identidade de gênero autodefinida por cada indivíduo, a qual, tendo em vista a *ratio essendi* dos registros públicos, deve ser o critério a reger as relações do indivíduo perante a sociedade.

Exegese contrária revela-se incoerente, especialmente diante da consagração jurisprudencial do direito de retificação do sexo registral conferido aos transexuais operados, que, nada obstante, continuam vinculados ao sexo biológico/cromossômico repudiado. Ou seja, independentemente da realidade biológica, o registro civil deve retratar a identidade de gênero psicossocial da pessoa transexual, de quem não se pode exigir a cirurgia de transgenitalização para o gozo de um direito.

No mesmo sentido, destacam-se os enunciados aprovados, em 2014, pelo Conselho Nacional de Justiça, quando da realização da I Jornada de Direito da Saúde, *verbis*:

> Enunciado 42. Quando comprovado o desejo de viver e ser aceito enquanto pessoa do sexo oposto, resultando numa incongruência entre a identidade determinada pela anatomia de nascimento e a identidade sentida, a cirurgia de transgenitalização é dispensável para a retificação de nome no registro civil.
>
> Enunciado 43. É possível a retificação do sexo jurídico sem a realização da cirurgia de transgenitalização.

Assim, em atenção à cláusula geral de dignidade da pessoa humana, revela-se imperioso o reconhecimento do direito de alteração de gênero no assento de registro civil de transexual independentemente da realização de cirurgia de transgenitalização, vedada a inclusão, ainda que sigilosa, da expressão transexual ou do sexo biológico.

REFERÊNCIAS

BRASIL. Superior Tribunal de Justiça. Recurso Especial n.º 1.626.739/RS. Recorrente: Ministério Público do Estado do Rio Grande do Sul. Interessado: M. D. da R. L. Relator: Ministro Luis Felipe Salomão. Brasília, DF, 9 de maio de 2017.

_____. Superior Tribunal de Justiça. Recurso Especial n.º 1.008.398/SP. Recorrente: Clauderson de Paula Viana. Recorrido: Ministério Público Federal. Relatora: Ministra Nancy Andrighi. Brasília, DF, 15 de outubro de 2009, publicado no *Diário da Justiça Eletrônico da União*, de 18 nov. 2009.

_____. Superior Tribunal de Justiça. Recurso Especial n.º 737.993/MG. Recorrente: R. N. R. Recorrido: Ministério Público do Estado de Minas

Gerais. Relator: Ministro João Otávio de Noronha. Brasília, DF, 10 de novembro de 2009, publicado no *Diário da Justiça Eletrônico da União*, de 18 dez. 2009.

_____. Supremo Tribunal Federal. Repercussão Geral no Recurso Extraordinário n.º 670.422/RS. Recorrente: S. T. C. Recorrido: Oitava Câmara Cível do Tribunal de Justiça do Estado do Rio Grande do Sul. Relator: Ministro Dias Toffolli. Brasília, DF, 11 de setembro de 2014, publicado no *Diário da Justiça Eletrônico da União*, de 20 nov. 2014.

_____. Lei n.º 6.015, de 31 de dezembro de 1973. Dispõe sobre os registros públicos e dá outras providências. Brasília, 31 dez. 1973. Disponível em: <http://www.planalto.gov.br/ccivil_03/leis/L6015compilada.htm>.

CUNHA, Leandro Reinaldo. *Identidade e redesignação de gênero*: aspectos da personalidade, da família e da responsabilidade civil. Rio de Janeiro: Lumen Juris, 2015.

DIAS, Maria Berenice. *Homoafetividade e os direitos LGBTI*. 6. ed. São Paulo: RT, 2014.

JESUS, Jaqueline Gomes de. *Orientações sobre identidade de gênero: conceitos e termos*. 2. ed. Brasília, 2012. Disponível em: <http://www.diversidadesexual.com.br/wp-content/uploads/2013/04/G%C3%8ANERO-CONCEITOS-E-TERMOS.pdf>.

MANUAL Diagnóstico e Estatístico de Transtornos Mentais. DSM V. 5. ed. 2014.

OPPERMANN, Marta Cauduro; ZENEVICH, Letícia. *Diversidade sexual e direito homoafetivo*. Coordenação de Maria Berenice Dias. 2. ed. rev., atual. e ampl. São Paulo: RT, 2014.

SANCHES, Patrícia Corrêa. *Diversidade sexual e direito homoafetivo*. Coordenação de Maria Berenice Dias. 2. ed. rev., atual. e ampl. São Paulo: RT, 2014.

SARLET, Ingo W. *Dignidade da pessoa humana e direitos fundamentais na Constituição Federal de 1988*. 9. ed. rev. e atual. Porto Alegre: Livraria do Advogado, 2011.

SILVA JÚNIOR, Assis Moreira. *Diversidade sexual e direito homoafetivo*. Coordenação de Maria Berenice Dias. 2. ed. rev., atual. e ampl. São Paulo: RT, 2014.

Sites consultados:

<http://brasil.estadao.com.br/noticias/geral,mudanca-de-sexo-demora-ate-12-anos-no-brasil,10000053963>

<http://www.cartacapital.com.br/sociedade/um-tapa-na-cara-5322.html>
<https://sites.google.com/site/brasilftm/brasilinglaterra>
<http://g1.globo.com/Noticias/Mundo/0,,AA1474388-5602,00.html>
<https://apidentidade.wordpress.com/2016/03/15/lei-de-identidade-de-genero-o-que-mudou-em-cinco-anos/>
<http://g1.globo.com/mundo/noticia/noruega-tem-projeto-de-lei-para-mudanca-oficial-de-genero-sem-cirurgia.ghtml>
<http://g1.globo.com/mundo/noticia/2012/05/congresso-da-argentina-aprova-lei-de-identidade-de-genero.html>

DIREITO AO ESQUECIMENTO

3

DIREITO AO ESQUECIMENTO

ANDERSON SCHREIBER
*"Se me esqueceres, só uma coisa,
esquece-me bem devagarinho."*
Mario Quintana

SUMÁRIO: 1. O que é e o que não é o direito ao esquecimento; 2. A colisão entre direito ao esquecimento e liberdade de informação; 3. Parâmetros para ponderação entre direito ao esquecimento e liberdade de informação em casos de programas televisivos de relato e/ou encenação de crimes reais; 4. A questão da autoexposição; 5. A suposta preferência da liberdade de informação e o direito ao esquecimento; 6. Conclusão; Referências.

1. O QUE É E O QUE NÃO É O DIREITO AO ESQUECIMENTO

As mudanças tecnológicas alteraram significativamente a forma como o ser humano vem lidando com suas memórias. Se, antes, o indivíduo tendia naturalmente a esquecer, distanciando-se progressivamente do passado, hoje, computadores e aparelhos eletrônicos permitem a "lembrança de tudo".[1] Como afirma Mayer-Schönberger, na era digital, "o equilíbrio entre lembrar e esquecer começou a se inverter": lembrar tornou-se a regra e "esquecer,

---

[1] COSTA, André Brandão Nery. Direito ao esquecimento: a Scarlet Letter Digital. In: SCHREIBER, Anderson (Org.). *Direito e mídia*. São Paulo: Atlas, 2013. p. 185.

a exceção".[2] Tais mudanças colocaram em evidência o chamado direito ao esquecimento. Nascido no direito europeu continental (*diritto all'oblio*, na Itália; *droit à l'oubli*, na França; e assim por diante), notadamente com vistas aos casos de ex-detentos,[3] o chamado *direito ao esquecimento* passou a ser debatido também na esfera cível, no âmbito das relações entre particulares.

No Brasil, o direito ao esquecimento ganhou um sentido peculiar. O Superior Tribunal de Justiça, no julgamento do Recurso Especial 1.334.097 (Chacina da Candelária), atestou a existência do "direito ao esquecimento", mas o definiu como "um direito de não ser lembrado contra sua vontade, especificamente no tocante a fatos desabonadores, de natureza criminal, nos quais se envolveu, mas de que, posteriormente, fora inocentado".[4]

Essa acepção do direito ao esquecimento como um "direito de não ser lembrado contra sua vontade" incorre no erro de abordar o tema sob a ótica voluntarista, na qual fatos relativos ao indivíduo passam a se subordinar à sua esfera de vontade individual, à semelhança de bens que passam a integrar seu patrimônio, de modo a excluir o acesso de todos os demais indivíduos àquele acontecimento. O direito ao esquecimento ganha, assim, contornos

---

[2] MAYER-SCHÖNBERGER, Viktor. *Delete*: The Virtue of Forgetting in the Digital Age. New Jersey: Princeton, 2009. p. 196: "With our capacity to remember, we are able to compare, to learn, and to experience time as change. Equally important is our ability to forget, to unburden ourselves from the shackles of our past, and to live in the present. For millennia, the relationship between remembering and forgetting remained clear. Remembering was hard and costly, and humans had to choose deliberately what to remember. The default was to forget. In the digital age, in what is perhaps the most fundamental change for humans since our humble beginnings, that balance of remembering and forgetting has become inverted. Committing information to digital memory has become the default, and forgetting the exception".

[3] Para mais detalhes, ver SCHREIBER, Anderson. *Direitos da personalidade*. São Paulo: Atlas, 2011. p. 164-165.

[4] STJ, REsp 1.334.097, j. 28.5.2013. A Corte concluiu, naquela ocasião, que: "A despeito de a Chacina da Candelária ter se tornado – com muita razão – um fato histórico, que expôs as chagas do País ao mundo, tornando-se símbolo da precária proteção estatal conferida aos direitos humanos da criança e do adolescente em situação de risco, o certo é que a fatídica história seria bem contada e de forma fidedigna sem que para isso a imagem e o nome do autor precisassem ser expostos em rede nacional. Nem a liberdade de imprensa seria tolhida nem a honra do autor seria maculada, caso se ocultassem o nome e a fisionomia do recorrido, ponderação de valores que, no caso, seria a melhor solução ao conflito".

proprietários,⁵ incompatíveis com a ordem constitucional brasileira, que tutela a liberdade de informação⁶ e o acesso à informação por toda a sociedade,⁷ não apenas como direitos fundamentais, mas como pressupostos do Estado Democrático de Direito.⁸

---

5   Gustavo Tepedino critica a tutela da privacidade com contornos proprietários e aponta como saída adequada a ponderação concreta de interesses conflitantes: "No panorama brasileiro, torna-se relevante analisar criticamente a visão da privacidade, ainda difusa em doutrina e jurisprudência, como espaço de poder ('proprietário') do indivíduo, que se encastela em seu território intransponível contra ingerências externas. [...] Em perspectiva diversa, deve-se definir em que circunstâncias e em face de quais interesses se torna legítimo o controle pessoal de informações da vida privada, impedindo-se assim o seu acesso pelo Estado, cada dia mais invasivo, ou por terceiros, motivados por pressões mercadológicas. Trata-se de ponderação necessária entre interesses colidentes, não sendo possível sacrificar, em abstrato, direitos fundamentais, máxime se o critério balizador for a pertinência proprietária, que acaba por prevalecer, com constrangedora proeminência, quando se pensa na *privacy* como poder de disposição personalíssimo em relação a 'bens' da personalidade" (Lógica proprietária e tutela da personalidade. *Revista Trimestral de Direito Civil*, Rio de Janeiro: Padma, v. 49, p. vi, 2012).

6   "Art. 220. A manifestação do pensamento, a criação, a expressão e a informação, sob qualquer forma, processo ou veículo não sofrerão qualquer restrição, observado o disposto nesta Constituição. § 1.º Nenhuma lei conterá dispositivo que possa constituir embaraço à plena liberdade de informação jornalística em qualquer veículo de comunicação social, observado o disposto no art. 5.º, IV, V, X, XIII e XIV. § 2.º É vedada toda e qualquer censura de natureza política, ideológica e artística."

7   O acesso à informação é tutelado pela Constituição brasileira, em seu art. 5.o, XIV e XXXIII: "Art. 5.º Todos são iguais perante a lei, sem distinção de qualquer natureza, garantindo-se aos brasileiros e aos estrangeiros residentes no País a inviolabilidade do direito à vida, à liberdade, à igualdade, à segurança e à propriedade, nos termos seguintes: [...] XIV – é assegurado a todos o acesso à informação e resguardado o sigilo da fonte, quando necessário ao exercício profissional; [...] XXXIII – todos têm direito a receber dos órgãos públicos informações de seu interesse particular, ou de interesse coletivo ou geral, que serão prestadas no prazo da lei, sob pena de responsabilidade, ressalvadas aquelas cujo sigilo seja imprescindível à segurança da sociedade e do Estado".

8   BARROSO, Luís Roberto. Liberdade de expressão *versus* direitos da personalidade. Colisão de direitos fundamentais e critérios de ponderação. *Temas de direito constitucional*. Rio de Janeiro: Renovar, 2005. t. III, p. 105: "[...] essas mesmas liberdades [de informação e de expressão] atendem ao inegável interesse público da livre circulação de ideias, corolário e base de funcionamento do regime democrático, tendo, portanto, uma dimensão eminentemente coletiva,

No extremo oposto a essa concepção, situa-se uma vasta gama de autores que nega qualquer valor ao direito ao esquecimento. O direito de todos ao conhecimento da História excluiria qualquer proteção do indivíduo contra a circulação de informações a seu respeito ou a recordação de fatos que o envolvessem, em qualquer circunstância, o que consistiria intolerável restrição à liberdade de expressão. Nessa perspectiva, o direito ao esquecimento seria um *não direito*, na medida em que não encontraria assento na normativa constitucional ou infraconstitucional, nem mesmo por via interpretativa.

Nenhuma das duas abordagens examinadas afigura-se cientificamente adequada, à luz dos estudos especializados sobre o tema, no Brasil e no exterior. De um lado, não se pode acolher uma acepção de direito ao esquecimento que, sob a ótica voluntarista, coloque a recordação de fatos pretéritos ao mero sabor do *querer* de cada indivíduo, o que acabaria por criar *proprietários de passados*. De outro lado, contudo, não se pode ignorar que a ordem constitucional brasileira, ao atribuir primazia à proteção da pessoa humana, assegura-lhe tutela em face de uma vinculação a fatos pretéritos tão intensa que impeça o indivíduo de exercer plenamente a liberdade de construir para si uma nova identidade pessoal, dissociando-se de rótulos e emblemas do passado.

Nesse sentido, o direito ao esquecimento não se associa tanto à proteção da intimidade ou privacidade da pessoa humana, mas sim ao seu direito à identidade pessoal, que consiste, por sua vez, no

> [...] direito de toda pessoa expressar sua verdade pessoal, "quem de fato é", em suas realidades física, moral e intelectual. A tutela da identidade impede que se falseie a "verdade" da pessoa, de forma a

---

sobretudo quando se esteja diante de um meio de comunicação social ou de massa". Também nesse sentido, destaca Daniel Sarmento: "O acesso à informação é essencial para que as pessoas possam participar de modo consciente da vida pública e fiscalizar os governantes e detentores de poder social. Não é exagero afirmar que o controle do poder tem no direito à informação seu instrumento mais poderoso. A transparência proporcionada pelo acesso à informação é o melhor antídoto para a corrupção, para as violações de direitos humanos, para a ineficiência governamental. [...] Não é por outra razão que os regimes autoritários têm ojeriza à divulgação de informações, buscando censurar a imprensa e criar uma redoma de sigilo sobre as suas atividades. Já nas democracias deve ocorrer o oposto" (Liberdades comunicativas e "direito ao esquecimento" na ordem constitucional brasileira. *Revista Brasileira de Direito Civil*, v. 7, p. 194, 2016).

permanecerem intactos os elementos que revelam sua singularidade como unidade existencial no todo social.[9]

Nas palavras do saudoso jurista italiano Stefano Rodotà, o direito ao esquecimento "significa que nem todas as pegadas que deixei na minha vida devem me seguir implacavelmente, em cada momento da minha existência".[10] Nessa mesma direção, a *Cassazione* italiana concluiu, em 2012, que:

> [...] o direito ao esquecimento salvaguarda, na realidade, a projeção de ser tutelado contra a divulgação de informações (potencialmente) lesivas em razão da perda (dado o lapso temporal decorrido desde a ocorrência do fato que constitui seu objeto) da sua própria atualidade, de modo que o seu tratamento resulte não mais justificado e, de fato, suscetível de obstaculizar o sujeito na explicação e na fruição da própria personalidade.[11]

Como se vê, a expressão *direito ao esquecimento* talvez não seja a mais exata. Embora consagrada pelo uso doutrinário e jurisprudencial, tal expressão acaba por induzir em erro o jurista, sugerindo que haveria um direito de fazer esquecer, um direito de apagar os dados do passado ou suprimir referências a acontecimentos pretéritos. Não é disso, todavia, que se trata. O direito ao esquecimento consiste simplesmente no direito da pessoa humana

---

[9] CHOERI, Raul Cleber da Silva. *O direito à identidade na perspectiva civil-constitucional*. Rio de Janeiro: Renovar, 2010. p. 244.

[10] No original: "diritto all'oblio. Il che significa che non tutte le tracce che io ho lasciato nella mia vita mi devono inseguire implacabilmente in ogni momento della mia esistenza" (RODOTÀ, Stefano. Privacy: valore e diritto. Entrevista disponível no *site* da Enciclopledia Multimedilae dele Scienze Filosofiche). Acrescenta, ainda, Rodotà que "il passato non può essere trasformato in una condanna che esclude ogni riscatto". Em tradução livre: "o passado não pode ser transformado em uma condenação que exclui o resgate" (Dai ricordi ai dati l'oblio è un diritto?. Disponível no *site* do Jornal *La Repubblica*).

[11] *Corte Suprema di Cassazione*, julgado 5525/2012, j. 11.1.2012. Tradução livre do original em italiano: "il dirirtto all'oblio salvaguarda in realtá la proiezione di essere tutelato dalla divulgazione di informazione (potenzialmente) lesive in ragione della perdita (stante il lasso di tempo intercorso dall'accadimento del fatto che costituisce l'oggetto) di attualità delle stesse, sicché il relativo tratamento viene a resultare non più giustificato ed anzi suscettibile di ostacolare il soggetto nell'esplicazione e nel godimento della propria personalità".

de se defender contra uma *recordação opressiva de fatos pretéritos*, que se mostre apta a minar a construção e reconstrução da sua identidade pessoal, apresentando-a à sociedade sob falsas luzes (*sotto falsa luce*),[12] de modo a fornecer ao público uma projeção do ser humano que não corresponde à sua realidade atual.

Na perspectiva aqui defendida, o embate usualmente invocado entre, de um lado, a "memória de povo" ou sua "História" e, de outro, o direito ao esquecimento torna-se um *falso embate*. Isso porque o direito ao esquecimento não deve ser compreendido como o direito individual de reescrever a História ou apresentar uma nova versão para os fatos. Não se trata de um direito a efetuar uma projeção qualquer sobre a esfera pública, mas de um direito de defesa contra uma projeção desatualizada e opressora da pessoa humana.[13]

Uma definição tecnicamente correta sobre o que vem sendo chamado direito ao esquecimento afigura-se indispensável para evitar discussões superficiais entre a tutela desse direito e um suposto interesse contrário ao conhecimento do passado e da História, o que apenas contribui para que o tema permaneça em um plano abstrato e esfumaçado. A definição que ora se sustenta é aquela que, com base nas lições já citadas da doutrina especializada no Brasil e no exterior, compreende o direito ao esquecimento como direito de cada pessoa humana de se opor à recordação opressiva de determinados fatos perante a sociedade (recordações públicas nesse sentido), que lhe impeça de desenvolver plenamente sua identidade pessoal, por enfatizar perante terceiros aspectos de sua personalidade que não mais refletem a realidade.

Tecnicamente, o direito ao esquecimento é, portanto, um direito (a) exercido necessariamente por uma pessoa humana; (b) em face de agentes

---

[12] A expressão é de CASSANO, Giuseppe. I diritti della personalità e le aporie logico dogmatiche di dottrina e giurisprudenza – Brevissimi cenni. Disponível em: <www.diritto.it>.

[13] SCHREIBER, Anderson. *Direitos da personalidade* cit., p. 165. Também nesse sentido, ver ALBERS, Marion. A imprensa também tem limites. *Revista PUC-RS*, Rio Grande do Sul: PUC-RS, v. 173, p. 31, 2015: "Há o perigo de apagar algo da história de um país? Isso não acontece porque as informações seguem publicadas, estão sempre acessíveis aos pesquisadores. O que não vai ser possível é que qualquer pessoa encontre certas informações em mecanismos de busca. Até porque são sempre informações selecionadas, incompletas, um retrato distorcido das pessoas que nunca vão se livrar desse estigma. Isso é o que se quer evitar, mas em absoluto tem-se o objetivo de impedir pesquisas sobre as fontes que continuam disponibilizadas. O que se busca é um esquecimento social, mas não que individualmente não se possam acessar as informações".

públicos ou privados que tenham a aptidão fática de promover representações daquela pessoa sobre a esfera pública (opinião social), incluindo veículos de imprensa, emissoras de TV, fornecedores de serviços de busca na internet etc.; (c) em oposição a uma recordação opressiva dos fatos, assim entendida a recordação que se caracteriza, a um só tempo, por ser desatual e recair sobre aspecto sensível da personalidade, comprometendo a plena realização da identidade daquela pessoa humana, ao apresentá-la sob falsas luzes à sociedade.

É emblemático o exemplo da pessoa transexual: tendo mudado de sexo, aquela pessoa não deve ser mais apresentada, quer pelo Estado, em repartições públicas, quer pela mídia privada, em reportagens ou entrevistas, como alguém que nasceu homem e se tornou mulher, ou vice-versa, porque, se esse rótulo for constantemente atrelado àquela pessoa, se esse fato passado, embora verdadeiro e público, for constantemente recordado, a sua apresentação à sociedade será sempre deturpada, por dar excessivo peso a um fato pretérito que obscurece sua identidade atual.

Como se vê, há íntima vinculação entre o direito ao esquecimento e a dignidade da pessoa humana, noção fundante da ordem constitucional brasileira (art. 1º, III, CF). Isso não torna o direito ao esquecimento um direito absoluto. Muito ao contrário, exige delicado sopesamento em caso de colisão com outros direitos fundamentais de mesmo grau hierárquico.

2. A COLISÃO ENTRE DIREITO AO ESQUECIMENTO E LIBERDADE DE INFORMAÇÃO

A liberdade de informação consiste em um direito fundamental expressamente protegido pela ordem jurídica brasileira. Daí não se extrai que a liberdade de informação seja um direito ilimitado,[14] nem mesmo que haja uma prevalência em abstrato do direito à liberdade de informação perante outros direitos fundamentais.[15] Ausente uma preferência apriorística e abs-

---

[14] Nesse sentido: "Pode-se afirmar, pois, que ao constituinte não passou despercebido que a liberdade de informação haveria de se exercer de modo compatível com o direito à imagem, à honra e à vida privada (CF, art. 5.º, X), deixando entrever mesmo a legitimidade de intervenção legislativa com o propósito de compatibilizar os valores constitucionais eventualmente em conflito" (MENDES, Gilmar Ferreira; BRANCO, Paulo Gustavo Gonet. *Curso de direito constitucional*. 7. ed. São Paulo: Saraiva, 2012. p. 309).

[15] Nesse sentido, veja-se a posição do Ministro Luís Roberto Barroso no julgamento da ADI 4815, que tratou sobre o tema das biografias não autorizadas, que, mesmo defendendo uma "primazia *prima facie* da liberdade de expressão",

trata, diante de colisão entre a liberdade de informação e outros direitos fundamentais, incluindo o direito ao esquecimento, como desdobramento da tutela da dignidade humana, cumpre ao intérprete aplicar o método da ponderação.[16]

Toda ponderação, como se sabe, deve ser efetuada à luz da hipótese fática subjacente. Assim, deve-se resistir à tentação de traçar parâmetros supostamente aplicáveis a todos os casos em que se contraponham direito ao esquecimento e liberdade de informação. Cada hipótese fática apresenta circunstâncias relevantes distintas, conforme os diversos interesses que se conjugam concretamente. A título de auxílio ao julgador, contudo, é possível formular parâmetros específicos para certos gêneros mais comuns de situações fáticas que ensejam colisão entre direito ao esquecimento e liberdade de informação. Nesse sentido, por exemplo, seria possível traçar parâmetros com vistas aos frequentes conflitos derivados da forma de indexação de resultados acerca de nomes particulares em *sites* de busca na internet ou, ainda, visando à prolongada conservação de dados de devedores que já quitaram suas dívidas em serviços de proteção ao crédito.

---

destaca a falta de hierarquia entre normas constitucionais: "Este caso que estamos analisando hoje, aqui, envolve uma tensão, uma colisão potencial entre a liberdade de expressão e o direito à informação de um lado; e, de outro lado, os chamados direitos da personalidade, notadamente no tocante ao direito de privacidade, ao direito de imagem e ao direito à honra. Nessas situações em que convivem normas constitucionais que guardam entre si uma tensão, e a característica das Constituições contemporâneas é precisamente esse caráter compromissório e dialético de abrigarem valores diversos, a técnica que o Direito predominantemente adota para a solução dessa tensão ou desse conflito é precisamente a denominada ponderação. E aqui eu gostaria de registrar que um dos princípios que norteiam a interpretação constitucional, e consequentemente a própria ponderação, é o princípio da unidade, que estabelece a inexistência de hierarquia entre as normas constitucionais. Uma norma constitucional não colhe o seu fundamento de validade em outra norma, portanto, elas têm de conviver harmoniosamente e uma não pode ser reconhecida como sendo superior à outra" (STF, ADI 4815, Rel. Min. Cármen Lúcia, j. 10.06.2015).

[16] "La qualità e l'efficacia dell'informazione, nonché le sue stesse modalità di esercizio, non possono non dipendere anche dai contrapposti interessi di natura esistenziale dei suoi destinatari: sí che appare meritevole di consenso il recente indirizzo legislativo e giurisprudenziale vòlto a ravvisare un contegno illecito anche là dove la cronaca e la valutazione dei fatti, pur corrispondendo a verità, lesano inutilmente la dignità altrui" (PERLINGIERI, Pietro. *Manuale di diritto civile*. Napoli: ESI, 2003. p. 156).

A hipótese fática que se enfrenta, a título ilustrativo, no presente estudo é aquela que se consubstancia na veiculação de programas televisivos de relato e/ou encenação de crimes reais. Tais programas, exibidos em diversos países do mundo, desempenham uma função híbrida, situada entre a reportagem jornalística, a análise histórica (documentário) e o entretenimento. Por vezes, agrega-se a isso um propósito investigativo, com a solicitação de informações sobre pessoas foragidas, ou, ainda, o fomento ao debate público, com a requisição de opinião do público sobre soluções dadas pelos tribunais ou dilemas morais que possam ser suscitados pelo episódio relatado. Por retratarem, contudo, fatos reais, tais programas televisivos suscitam, não raro, reações por parte de pessoas ainda vivas que figuram ora como criminosos, ora como vítimas dos delitos revividos, ou, ainda, por parte de seus respectivos familiares. Não sendo possível estabelecer em abstrato qual dos direitos deve prevalecer, a colisão entre liberdade de informação e direito ao esquecimento somente pode se resolver por uma aplicação técnica do método da ponderação à luz das circunstâncias fáticas relevantes.[17]

3. PARÂMETROS PARA PONDERAÇÃO ENTRE DIREITO AO ESQUECIMENTO E LIBERDADE DE INFORMAÇÃO EM CASOS DE PROGRAMAS TELEVISIVOS DE RELATO E/OU ENCENAÇÃO DE CRIMES REAIS

A primeira etapa da aplicação do método ponderativo é o *juízo de adequação*, que testa a adequação entre meio e fim.[18] Trata-se, a rigor, não de ponderação em sentido estrito, mas de controle axiológico-finalístico no exercício da própria situação jurídica subjetiva.[19] Em relação à hipótese de

---

[17] "Para estas colisões, a ciência jurídica não oferece uma solução pronta e acabada. Não há uma norma expressa que determine qual dos dois direitos deve prevalecer; ambos são protegidos com igual intensidade e no mesmo grau hierárquico (direitos fundamentais)" (SCHREIBER, Anderson. Direito e mídia. *Direito e mídia*. São Paulo: Atlas, 2013. p. 15).

[18] ALEXY, Robert. *Teoría de los derechos fundamentales*. Madrid: Centro de Estudios Políticos y Constitucionales, 2002. p. 114-115.

[19] "No âmbito da responsabilidade civil, equivale isso a dizer que a conduta lesiva deve ser adequada à realização do interesse abstratamente tutelado que a autoriza. Caso contrário, o que se tem é o exercício de uma situação jurídica subjetiva em total dissonância com a sua finalidade axiológico-normativa. Em uma tal situação, ocorre abuso de direito, a conduta se torna proibida, e o interesse tutelado não chega a realizar-se, de modo que ponderação, a rigor, não se faz necessária"

programas televisivos de relato e/ou encenação de crimes reais, devem ser formuladas as seguintes indagações:

 a. Sob o prisma da liberdade de informação:

  a.1. Trata-se de um crime de efetiva importância histórica, no sentido de que a repercussão do crime ao seu tempo ou suas consequências na sociedade justificam seu relato e/ou encenação pública?

 b. Sob o prisma do direito ao esquecimento:

  b.1. Trata-se de um crime cujo relato e/ou encenação pública ainda podem efetivamente afetar a identidade pessoal das vítimas, criminosos ou seus familiares vivos, a ponto de interferirem no modo como são identificados pela sociedade?

 Caso uma das respostas seja negativa, há prevalência do direito oposto. É que, em tal caso, o exercício do direito fundamental nem sequer se mostra adequado ao atingimento do fim a que se dirige, na axiologia constitucional. O problema que se verifica, contudo, é que frequentemente ambas as respostas são positivas, ou seja, há interesse da sociedade em recordar o crime, por sua repercussão histórica, e há também risco de abalo à identidade pessoal dos envolvidos pela sua marcante relação com o delito retratado. O juízo de adequação não se mostra suficiente para solucionar a questão, determinando a prevalência de um ou outro dos direitos fundamentais em colisão.

 Passa-se, então, ao *juízo de necessidade* (também chamado juízo de exigibilidade), que consiste essencialmente em examinar se as mútuas interferências sobre o interesse protegido são necessárias ou se, ao contrário, há outros meios menos gravosos para atingir os mesmos fins, sem risco para qualquer dos interesses contrapostos.[20] Aqui, cumpre notar, como já se advertiu em outra sede, que a opção pelo meio menos gravoso possível nem sempre é de fácil visualização na etapa que antecede o dano, nem a *responsabilidade civil* brasileira exige que o agente sempre opte pela via menos gravosa entre todas as possíveis e imagináveis maneiras de realizar um interesse abstratamente

---

(SCHREIBER, Anderson. *Novos paradigmas da responsabilidade civil*. 6. ed. São Paulo: Atlas, 2015. p. 171).

[20] ALEXY, Robert. *Teoría de los derechos fundamentales* cit., p. 114-115.

protegido, senão que empregue o cuidado razoavelmente esperado à luz das circunstâncias.[21]

Na hipótese dos programas televisivos de relato e/ou encenação de crimes reais, cumpre responder às seguintes indagações:

    a. Sob o prisma da liberdade de informação:

        a.2. O modo como o relato e/ou encenação pública do crime ocorreu era necessário ao (*rectius*: razoavelmente exigível para o) atingimento da finalidade informativa, documentarial e histórica? Mais especificamente:

        a.2.1. Para relatar e/ou encenar o crime, em toda sua dimensão histórica e informativa, era necessário identificar nominal ou visualmente a vítima ou seus familiares?

        a.2.2. Para relatar e/ou encenar o crime, em toda sua dimensão histórica e informativa, era necessário detalhar aspectos do episódio esperadamente sensíveis, como excessos de violência, caráter sexual do delito ou repercussão emocional do crime sobre a vítima ou seus familiares?

        a.2.3. Para relatar e/ou encenar o crime, em toda sua dimensão histórica e informativa, era necessário retratar cenas mórbidas (cenas de cadáveres, retratos de enterros, lápides etc.)?

---

[21] Como já afirmado em obra puramente doutrinária, afigura-se "frequentemente difícil determinar o meio menos gravoso de realização de um certo interesse, já que os meios são comparáveis sob muitos aspectos e o gravame que deles deriva para outros interesses muitas vezes só pode ser verificado *a posteriori*, em casos concretos. Além disso, questão extremamente relevante para a aplicação do critério no âmbito da responsabilidade civil deriva do fato de que, a princípio, ninguém é obrigado, nas relações privadas, a empregar o meio que, dentre todos os meios possíveis e imagináveis, seja o menos gravoso. Nem com relação à Administração Pública ou ao Poder Legislativo se tem exigido um tal grau de cuidado. Com maior razão, não se poderia exigi-lo do particular, sobretudo em matéria de responsabilidade civil, em que o parâmetro de julgamento tem sido tradicionalmente o do homem médio – hoje substituído gradativamente por *standards* específicos de comportamento, mas que continuam a requerer um comportamento usual e razoável nas circunstâncias envolvidas, e não uma conduta extraordinariamente cuidadosa" (SCHREIBER, Anderson. *Novos paradigmas da responsabilidade civil* cit., p. 173).

b. Sob o prisma do direito ao esquecimento:

b.2. Trata-se de um crime cujo relato e/ou encenação pública afetam necessariamente (ou razoavelmente) o modo como os envolvidos são identificados pela sociedade? Mais especificamente:

b.2.1. Trata-se de crime que invade a esfera íntima da vítima ou seus familiares, pela natureza (crimes sexuais, por exemplo) ou intensidade (requintes de violência)?

b.2.2. Trata-se de vítima ou familiares que possuem outras projeções sobre a esfera pública ou, ao contrário, de pessoas que somente têm projeção pública pelo envolvimento no crime?

b.2.3. Trata-se de crime vinculado a sentimento de impunidade ou revolta em relação à solução estatal, capaz de ainda afetar a vítima ou seus familiares?

Somente a resposta a essas indagações permite, superado o chamado juízo de necessidade, adentrar-se no exame da proporcionalidade em sentido estrito, a fim de aferir se houve interferência injusta (*rectius:* injustificada) sobre a esfera de proteção jurídica reservada quer à liberdade de informação, quer ao direito ao esquecimento, como espectro do direito à identidade pessoal.

4. A QUESTÃO DA AUTOEXPOSIÇÃO

Avulta em importância em casos envolvendo o direito ao esquecimento o exame de eventual autoexposição promovida pela própria vítima ou seus familiares, a inserir ou reforçar a inclusão do tema no debate público. Tecnicamente, a autoexposição rompe a relação de causalidade entre o exercício da liberdade de informação e a potencial lesão ao direito ao esquecimento, de tal modo que, mesmo diante da existência de culpa e dano, o ato ilícito não se configura. Vale dizer: se o próprio envolvido projeta o acontecimento sobre a esfera pública, apresentando sua versão dos fatos, não pode invocar o direito ao esquecimento.

Nossa ordem jurídica tutela, como já visto, o direito à identidade pessoal, como expressão da dignidade humana, além do direito à privacidade, à intimidade e à reserva, mas não protege um suposto direito a uma versão única dos fatos. O direito ao esquecimento não pode ser invocado por quem, por ato próprio, projeta o acontecimento sobre a esfera pública, pois isso implicaria um domínio proprietário dos fatos e um controle do fluxo de informações na sociedade contra os quais o próprio direito ao esquecimento se insurge. Trata-se, convém repetir, de um direito contra uma recordação opressiva dos fatos, de tal maneira que não pode o próprio direito ao esquecimento ser convertido em um veículo de proteção jurídica a uma dada versão dos acontecimentos, seja de quem for.

A título de exemplo, voltando à hipótese de programas televisivos de relato e encenação de crimes reais, pode ocorrer que a própria vítima ou, em caso de falecimento, seus familiares projetem o acontecimento sobre a esfera pública, narrando por meio de livros, entrevistas e outros instrumentos sua versão dos acontecimentos. Se assim o fazem, ainda que amparados nos mais nobres propósitos de superação da tragédia, não podem pretender impedir que outros entes capazes de efetuar projeções sobre a esfera pública tratem do mesmo episódio.

Isso não se confunde com a situação de pessoas que se arrependem de atos pontuais, como a postagem de mensagens em redes sociais ou vídeos em plataformas de acesso universal. O exercício do direito de arrependimento em tais casos deve ser assegurado, sob pena de se atribuir ao ato diletante e informal, efetuado sem qualquer contrapartida, frequentemente por pessoas menores de idade, uma eficácia vinculante superior àquela que a ordem jurídica reserva aos negócios jurídicos.

5. A SUPOSTA PREFERÊNCIA DA LIBERDADE DE INFORMAÇÃO E O DIREITO AO ESQUECIMENTO

O tema em discussão é, como se vê, repleto de aspectos que pendem ora a favor da liberdade de informação, ora a favor do direito ao esquecimento. O sopesamento desses aspectos, de acordo com os critérios indicados, não é obviamente uma tarefa acadêmica, e sim judicial, em sede de juízo de ponderação. Os tribunais têm, no julgamento dos casos concretos, a oportunidade singular de extrair da ordem jurídica brasileira os critérios que devem pautar a tutela do direito ao esquecimento na esfera privada em relação às suas diferentes hipóteses de colisão com a liberdade de informação.

As vozes contrárias ao direito ao esquecimento argumentam, muitas vezes, que é necessário atribuir preferência à liberdade de informação, resolvendo-se a questão em futura indenização por danos causados. Afirma-se que, sem isso, haveria uma imprevisibilidade quanto à possibilidade jurídica de realização de programas, edição de livros e assim por diante, instaurando-se uma insegurança generalizada que acabaria por prejudicar o exercício da liberdade de informação em detrimento de toda a sociedade.

Tal posicionamento, com a devida vênia dos seus ilustres defensores, não parece ser tecnicamente o melhor. Primeiro, é de notar que o problema da falta de uma previsibilidade absoluta acontece em qualquer hipótese de colisão de direitos fundamentais, não havendo nenhuma razão para que, na situação específica da liberdade de informação, isso seja obstáculo à aplicação da técnica da ponderação, já empregada em tantas matérias pelas nossas cortes.

Segundo, não há dúvida de que os casos de colisão entre liberdade de informação e outros direitos fundamentais têm chegado com frequência cada vez maior aos tribunais, inclusive ao Supremo Tribunal Federal, que tem tido, por isso mesmo, a oportunidade (já algumas vezes perdida) de fixar critérios ou parâmetros, de modo a fornecer para o futuro a cartilha sobre os cuidados que devem ser adotados nas situações limítrofes (por exemplo, não descrever em minúcias a prática de violências sexuais ou não expor imagens da família em enterros, e assim por diante).

Terceiro, a "solução" consubstanciada na oferta de indenização posterior, deixando-se de impedir a conduta lesiva no momento em que ocorre, contraria toda a evolução da responsabilidade civil contemporânea, que pretende prevenir os danos em vez de simplesmente indenizá-los pecuniariamente. A deturpação da projeção do ser humano sobre a esfera pública é, frequentemente, irremediável e a "marca" que lhe é atribuída publicamente não se apaga com o recebimento de qualquer soma de dinheiro. Indenizações pecuniárias são, evidentemente, ineficazes na reparação de um dano que se liga à própria identificação social do indivíduo e que pode acompanhá-lo de modo permanente, por toda a vida.

Quarto, se algum dos interesses em conflito devesse contar com uma preferência apriorística, seria seguramente o interesse do ser humano à sua adequada identificação na esfera pública. O argumento de que o interesse da sociedade pela livre informação prevalece sobre interesses individuais reedita perigosamente uma equação típica das posturas autoritárias, que defendem o coletivo como superior ao individual. Tratando-se de atributos essenciais da personalidade humana, ocorre justamente o oposto: o individual é que há de prevalecer em sintonia com a esfera de autonomia existencial do ser humano que não pode sofrer intervenções fundadas no interesse alheio. O corpo do ser humano é inviolável, ainda que a sociedade possa ser beneficiada por tratamentos médicos compulsórios; a privacidade e a imagem do ser humano não podem ser usurpadas, ainda que um banco de dados universal pudesse dar mais segurança à coletividade contra a prática de crimes; e assim sucessivamente. O utilitarismo social não justifica violações a interesses existenciais do ser humano, que são importante conquista da humanidade.

Quinto, e ainda que nada disso fosse verdadeiro, o caminho fácil da hierarquização prévia simplesmente não se afigura compatível com uma Constituição da República que, como a nossa, tutela tanto a liberdade de informação quanto a privacidade e outros desdobramentos da dignidade humana como direitos fundamentais. Aqui, como em tantos outros campos da ciência jurídica, o caminho intermediário é o melhor caminho. O exercício da ponderação é seguramente mais difícil e delicado que a simples hierarquização prévia ou a construção de preferências entre direitos colidentes. Exige a propositura de parametrizações e uma discussão pública nem sempre breve entre tribunais e intérpretes. Ainda assim, trata-se da única via que efetivamente respeita a ordem constitucional brasileira.

6. CONCLUSÃO

O direito ao esquecimento não é um "direito de não ser lembrado contra sua vontade". Não se trata de um direito de viés voluntarista, capaz de subordinar acontecimentos relativos ao indivíduo à sua esfera de vontade individual, à semelhança de bens que passam a integrar seu patrimônio. A recordação de fatos pretéritos não pode restar condicionada ao mero sabor do *querer* de cada indivíduo, que acabaria por criar *proprietários de passados*. Isso não quer significar, todavia, que não exista um direito ao esquecimento ou que a ordem jurídica não se insurja contra recordações públicas que sejam capazes de oprimir o indivíduo, como ocorreria no caso do transexual constantemente lembrado de seu sexo de origem ou do ex-detento, que já tendo cumprido sua obrigação perante o Estado, fosse rotulado como um condenado por entes públicos ou privados capazes de afetar sua percepção atual pela sociedade.

O direito ao esquecimento consiste justamente no direito de cada pessoa humana de se opor à recordação opressiva de determinados fatos perante a sociedade (recordações públicas nesse sentido), que lhe impeça de desenvolver plenamente sua identidade pessoal, por enfatizar perante terceiros aspectos de sua personalidade que não mais refletem a realidade. Tecnicamente, portanto, o direito ao esquecimento é um direito **(a)** exercido necessariamente por uma pessoa humana; **(b)** em face de agentes públicos ou privados que tenham a aptidão fática de promover representações daquela pessoa sobre a esfera pública (opinião social), incluindo veículos de imprensa, emissoras de TV, fornecedores de serviços de busca na internet etc.; **(c)** em oposição a uma recordação opressiva dos fatos, assim entendida a recordação que se caracteriza, a um só tempo, por ser desatual e recair sobre aspecto sensível da personalidade, comprometendo a plena realização da identidade daquela pessoa humana, ao apresentá-la sob falsas luzes à sociedade.

É nessa acepção que o direito ao esquecimento encontra tutela na ordem jurídica brasileira, exigindo ponderação diante de colisão com outros direitos fundamentais, em especial a liberdade de informação. A aplicação do método ponderativo exige a formulação de parâmetros específicos para certos gêneros mais comuns de situações fáticas que ensejam colisão entre direito ao esquecimento e liberdade de informação. No presente artigo, restou examinada, a título ilustrativo, a veiculação de programas televisivos de relato e/ou encenação de crimes reais. Tais programas, exibidos em diversos países do mundo, desempenham uma função híbrida, situada entre a reportagem jornalística, a análise histórica (documentário) e o entretenimento, mas, por retratarem fatos reais, suscitam, não raro, reações por parte de pessoas ainda vivas que figuram ora como criminosos, ora como vítimas dos delitos revividos, ou, ainda, por parte de seus respectivos familiares. A liberdade de informação e o direito ao esquecimento colidem, exigindo solução do intérprete.

São múltiplos os parâmetros a serem observados em tal gênero de conflitos: **(a)** parâmetro da repercussão histórica do fato;[22] **(b)** parâmetro do risco à identidade pessoal dos envolvidos;[23] **(c)** parâmetro da detalhada identificação dos retratados;[24] **(d)** parâmetro da retratação de aspectos sensíveis;[25] **(e)** parâmetro da reprodução de cenas mórbidas;[26] **(f)** parâmetro da

---

[22] Deve-se analisar se o crime assume dimensão histórica, ou seja, se houve não apenas ampla divulgação, mas também se o crime despertou a atenção da sociedade ao seu tempo.

[23] Deve-se analisar o grau de intensidade com que os envolvidos foram marcados pelo fato retratado, bem como a repercussão esperada sobre sua esfera pessoal pela recordação pública do crime.

[24] Deve-se investigar a forma pela qual o programa televisivo responsável pela reconstrução do crime individua os envolvidos, verificando se há uso de seu nome real, uso de retratos atuais e/ou antigos e divulgação de informações pessoais atualizadas sobre os envolvidos.

[25] Deve-se investigar se o programa retratou elementos da vida íntima dos envolvidos e que não se relacionam com o fato criminoso, como a rotina da vítima ou sua relação íntima e familiar com outras pessoas.

[26] Deve-se investigar a maneira pela qual o programa televisivo abordou o acontecimento criminoso, evitando a reprodução de cenas mórbidas, imagens de cadáveres ou sepultamentos.

violência sexual;[27] **(g)** parâmetro da ausência de fama prévia dos envolvidos;[28] e **(h)** parâmetro da impunidade dos responsáveis.[29]

A aplicação desses parâmetros permite dar um norte à atuação judicial, atribuindo alguma segurança e uniformidade às decisões na matéria. Por mais delicado e difícil que se revele o emprego do método ponderativo, não se deve renunciar à sua utilização em prol de hierarquizações prévias ou preferências substanciais entre os direitos fundamentais em colisão, sob pena de se desrespeitar a Constituição brasileira que atribui igual peso à liberdade de informação e outros direitos fundamentais, como a privacidade e a intimidade. Somente a ponderação é capaz de construir para o problema do direito ao esquecimento uma solução que constitua, sob o prisma técnico-jurídico, uma resposta segura e duradoura, que transcenda o superficialismo das preferências e privilégios aprioristicos, mais dados a disfarçar as questões que propriamente resolvê-las.

REFERÊNCIAS

ALBERS, Marion. A imprensa também tem limites. *Revista PUC-RS*, Rio Grande do Sul: PUC-RS, v. 173, 2015.

ALEXY, Robert. *Teoría de los derechos fundamentales*. Madrid: Centro de Estudios Políticos y Constitucionales, 2002.

BARROSO, Luís Roberto. Liberdade de expressão *versus* direitos da personalidade. Colisão de direitos fundamentais e critérios de ponderação. *Temas de direito constitucional*. Rio de Janeiro: Renovar, 2005. t. III.

---

[27] Deve-se investigar a natureza do crime retratado, levando em consideração, por exemplo, a intensa repercussão que um crime de cunho sexual pode ter sobre a identidade pessoal da vítima e de seus familiares.

[28] Deve-se investigar se se trata de crime praticado por ou contra pessoas que possuem outras projeções sobre a esfera pública ou, ao contrário, pessoas que somente têm projeção pública pelo seu envolvimento no crime, sendo certo, nesse último caso, que a recordação pública do crime assume efeito mais amplo sobre sua identidade pessoal por ser a única projeção pública daquele indivíduo.

[29] Deve-se investigar se o crime retratado é percebido como crime que restou impune, hipótese na qual atribuir a alguém a condição de vítima ou parente de vítima de crime pode associar o envolvido a uma condição de impotência e até de humilhação pública, pela ausência de justiça.

CASSANO, Giuseppe. *I diritti della personalità e le aporie logico dogmatiche di dottrina e giurisprudenza* – Brevissimi cenni. Disponível em: <www.diritto.it>.

CHOERI, Raul Cleber da Silva. *O direito à identidade na perspectiva civil-constitucional*. Rio de Janeiro: Renovar, 2010.

COSTA, André Brandão Nery. Direito ao esquecimento: a Scarlet Letter Digital. In: SCHREIBER, Anderson (Org.). *Direito e mídia*. São Paulo: Atlas, 2013.

MAYER-SCHÖNBERGER, Viktor. *Delete*: The Virtue of Forgetting in the Digital Age. New Jersey: Princeton, 2009.

MENDES, Gilmar Ferreira; BRANCO, Paulo Gustavo Gonet. *Curso de direito constitucional*. 7. ed. São Paulo: Saraiva, 2012.

PERLINGIERI, Pietro. *Manuale di diritto civile*. Napoli: ESI, 2003.

RODOTÀ, Stefano. Dai ricordi ai dati l'oblio è un diritto?. Disponível no *site* do Jornal *La Repubblica*.

_____. Privacy: valore e diritto. Entrevista disponível no *site* da Enciclopledia Multimedilae dele Scienze Filosofiche.

SARMENTO, Daniel. Liberdades comunicativas e "direito ao esquecimento" na ordem constitucional brasileira. *Revista Brasileira de Direito Civil*, v. 7, 2016.

SCHREIBER, Anderson. *Direito e mídia*. São Paulo: Atlas, 2013.

_____. *Direitos da personalidade*. São Paulo: Atlas, 2011.

_____. *Novos paradigmas da responsabilidade civil*. 6. ed. São Paulo: Atlas, 2015.

TEPEDINO, Gustavo. Lógica proprietária e tutela da personalidade. *Revista Trimestral de Direito Civil*, Rio de Janeiro: Padma, v. 49, 2012.

4

EVOLUÇÃO DO DIREITO AO ESQUECIMENTO NO JUDICIÁRIO

RICARDO VILLAS BÔAS CUEVA

SUMÁRIO: 1. Introdução; 2. O direito à privacidade e a proteção de dados pessoais; 3. União Europeia: o apagamento de dados pessoais da internet; 4. Brasil: a remoção da internet de conteúdo ofensivo inserido por terceiros; 5. O direito ao esquecimento na esfera civil; 6. Considerações finais; Referências.

1. INTRODUÇÃO

O direito ao esquecimento, ou o direito a ser esquecido[1], é um desdobramento do direito à privacidade e tem sido entendido em duas acepções: a) como direito ao apagamento de dados pessoais no contexto da internet e b) como direito à não veiculação, pela mídia, de informação desprovida de atualidade e relevância para o público, mas ofensiva ao interessado.

Em sua primeira acepção, o direito ao esquecimento é reconhecido no direito europeu de proteção de dados pessoais, bem como na jurisprudência do Tribunal de Justiça da União Europeia, diferentemente do que ocorre

---

[1] A seguir, a denominação usada nos idiomas inglês e alemão: *right to be forgotten* e *Recht auf Vergessenwerden*, respectivamente, ou, ainda, o nome empregado no art. 17 do novo regulamento geral de proteção dados da União Europeia – Regulamento EU 2016/679.

nos Estados Unidos e em alguns outros países. No Brasil, conquanto ainda não tenha sido editada legislação compreensiva sobre a proteção de dados pessoais, o chamado Marco Civil da Internet, em linha a jurisprudência do Superior Tribunal de Justiça, já disciplina a remoção da rede de conteúdo inserido por terceiros.

Na segunda acepção, há no direito comparado um interessante e por vezes contraditório acervo jurisprudencial que admite o esquecimento em certas situações para as quais, embora não exista previsão legal específica, seja manifesta a violação de direitos fundamentais. Em 2013, o STJ julgou dois casos, com resultados diametralmente opostos, nos quais se discutia se a divulgação televisiva de matérias jornalísticas sobre crimes de grande repercussão, ocorridos há muito tempo, poderia comprometer o direito ao esquecimento dos interessados. Em um desses casos, houve também a interposição de recurso extraordinário, com repercussão geral reconhecida, que levou o Supremo Tribunal Federal a realizar, no dia 12.06.2017, audiência pública para discussão do direito ao esquecimento na esfera civil.

No presente artigo, discutem-se, inicialmente, o direito à privacidade e a proteção de dados pessoais. Em seguida, examina-se o direito ao apagamento de dados pessoais tal como tem evoluído na legislação e na jurisprudência da União Europeia, em contraposição ao direito à remoção de conteúdo inserido por terceiros na rede mundial de computadores, assim como disciplinada no marco civil da internet e na jurisprudência do STJ. Por fim, analisa-se o direito ao esquecimento enquanto proibição de veicular na mídia – não na internet – conteúdo considerado ofensivo em razão de sua irrelevância e falta de atualidade.

2. O DIREITO À PRIVACIDADE E A PROTEÇÃO DE DADOS PESSOAIS

O direito à privacidade foi definido em artigo publicado em 1890 por Samuel Warren e Louis Brandeis, na *Harvard Law Review*, no qual se identificou o direito a ser deixado só (*right to be let alone*), em vista das crescentes ameaças à personalidade humana derivadas da então incipiente massificação da mídia e do abuso da imagem e de informações pessoais.[2] Tal direito foi integrado paulatinamente à maior parte dos ordenamentos jurídicos nacionais e reconhecido na Declaração Universal dos Direitos do Homem (art. 12).

---

[2] WARREN, Samuel; BRANDEIS, Louis, "The right to privacy", Harvard Law Review, vol. IV, nº 5, dezembro de 1890, p. 193 e ss.

A rápida evolução da informática e as crescentes ameaças à intimidade e à vida privada conduzem, a partir da década de 1970, a normas de proteção de dados pessoais de primeira geração, como a lei de dados da Suécia (1973) e a lei federal de proteção de dados da Alemanha (1977). Nos EUA, foi editado, em 1970, o *Fair Credit Reporting Act* e, em 1974, o *Privacy Act*. Em 1976, Portugal foi o primeiro país a prever em sua constituição o direito à proteção de dados pessoais (art. 35). Em 1983, a Corte Constitucional da República Federal da Alemanha, em julgamento de reclamação acerca da inconstitucionalidade da lei do recenseamento (*Volkszählungsgesetz*), reconheceu a existência de um direito fundamental à autodeterminação informativa a partir dos direitos fundamentais à dignidade humana e ao livre desenvolvimento da personalidade.

A Carta dos Direitos Fundamentais da União Europeia, de 2000, definiu, em seu art. 8.º, que "todas as pessoas têm direito à proteção dos dados de caráter pessoal que lhes digam respeito". Antes disso, a tutela dos dados pessoais no âmbito europeu foi consolidada com a Diretiva 95/46, revogada pelo Regulamento Geral de Proteção de Dados, publicado em 04.05.2016, para aplicação a partir de 25.05.2018, que unifica o direito europeu sobre a matéria, aplicando-se diretamente a todos os Estados-membros. Entre várias inovações, o regulamento impõe multas que podem chegar a 4% do faturamento das empresas ou a 20 milhões de euros, e introduz o dever de *accountability*, a realização de análises de impacto sobre a privacidade e a notificação obrigatória às autoridades de proteção de dados em caso de vazamento. O diploma define, ainda, novos direitos, como a portabilidade de dados, o direito ao esquecimento e o direito de se opor à criação de perfil informacional.

Também são relevantes as diretrizes da Organização para a Cooperação e Desenvolvimento Econômico (OCDE), que definem como princípios básicos da proteção de dados pessoais: a) o princípio da limitação da coleta; b) o princípio da qualidade dos dados; c) o princípio da finalidade; d) o princípio da limitação do uso; e) o princípio da segurança; f) o princípio da transparência; g) o princípio da participação individual, que confere ao indivíduo o direito de ser informado sobre a existência de dados a seu respeito, bem como de contestá-los perante o controlador do banco de dados e, sendo tal pretensão acolhida, eliminá-los, retificá-los, completá-los ou emendá-los; e h) o princípio da responsabilidade do controlador do banco de dados pelo respeito aos princípios precedentes.[3]

---

[3] OECD Guidelines on the Protection of Privacy and Transborder Flows of Personal Data. Disponível em: <http:/www.oecd.org>. Acesso em: 16 fev. 2012.

Para Canotilho, o direito ao conhecimento dos dados pessoais informatizados desdobra-se em vários direitos:

> (a) o direito de acesso, ou seja, o direito de conhecer os dados constantes de registros informáticos, quaisquer que eles sejam (públicos ou privados); (b) o direito ao conhecimento da identidade dos responsáveis, bem como o direito aos esclarecimentos sobre a finalidade dos dados; (c) o direito de contestação, ou seja, direito à rectificação dos dados e sobre identidade e endereço do responsável; (d) o direito de actualização (cujo escopo fundamental é a correcção do conteúdo dos dados em caso de desactualização); (e) finalmente, o direito à eliminação dos dados cujo registro é interdito.[4]

Entre nós, a Constituição Federal de 1988 tutela a intimidade e a vida privada, o sigilo da correspondência e das comunicações telegráficas, de dados e das comunicações telefônicas (art. 5.º, X e XII) e assegura a concessão de *habeas data* (art. 5.º, LXIX e LXXII). Além disso, o Código de Defesa do Consumidor contém regras específicas a respeito de bancos de dados e cadastros de consumidores, a Lei 12.414/2011 disciplina o cadastro positivo e a Lei 12.527/2011 regula o acesso a informações públicas. Há, portanto, alguma proteção aos dados pessoais, mas em grau insuficiente. A ausência de legislação específica sobre o tema, contudo, não tem impedido a consolidação de parâmetros estritos para a remoção da internet de conteúdo ofensivo inserido por terceiros.

3. UNIÃO EUROPEIA: O APAGAMENTO DE DADOS PESSOAIS DA INTERNET

Um marco importante para a definição do direito a ser esquecido (ou do direito ao apagamento de dados pessoais) na União Europeia foi o julgamento, em maio de 2014, pelo Tribunal de Justiça da União Europeia, do caso *Google Spain SL, Google inc. v Agencia Española de Protección de Datos, Mario Costeja González*. O caso teve origem na publicação, em 1998, pelo jornal espanhol *La Vanguardia* de dois editais de leilão de propriedade de Mario Costeja González para pagamento de dívida com a seguridade social. Em 2009, o cidadão espanhol requereu ao jornal a supressão dessa

---

[4] CANOTILHO, J.J. Gomes. *Constituição da República Portuguesa anotada*. São Paulo: RT, 2007. v. 1, p. 550 e ss.

informação, ao argumento de que a dívida já havia sido quitada. Em vista da negativa do periódico, fundada no fato de que se tratava de publicação oficial, o interessado solicitou, em 2010, à empresa Google espanhola que excluísse a informação, tendo o pedido sido encaminhado à matriz norte-americana, que negou pedido. Em seguida, a agência espanhola de proteção de dados acolheu o pedido relativamente à Google, embora tenha afastado a responsabilidade do jornal. Em vista de recurso da empresa espanhola e da matriz norte-americana, que sustentaram, em resumo, que o processamento da informação ocorre fora da União Europeia, a Suprema Corte espanhola remeteu o caso ao Tribunal de Justiça da União Europeia, que reconheceu expressamente o direito ao esquecimento.

Em resumo, com fundamento na Diretiva 95/46/CE, a corte europeia asseverou que os provedores de busca na internet praticam atividade que se qualifica como de tratamento de dados e, portanto, são responsáveis por esse tratamento no âmbito de um Estado-membro, sempre que criem, nesse território, uma filial ou sucursal que promova e venda espaços publicitários, incumbindo-lhes, em consequência, de suprimir os *links* que remetam ao interessado, ainda que a divulgação da informação seja em si lícita. O direito ao apagamento da informação deve prevalecer em face de interesses econômicos do provedor e do interesse do público em ter acesso à informação, salvo em situações especiais, como quando se trate de pessoa pública e o interesse preponderante do público seja o acesso a tal informação.

Em consequência desse julgamento, a Google imediatamente pôs à disposição dos consumidores na União Europeia uma ferramenta para que formulassem seus pedidos de apagamento ou remoção de dados. Segundo Peter Fleischer, que advoga para a Google, decorridos três anos desde a decisão da corte europeia, a empresa avaliou 720 mil pedidos e removeu 43% dos mais de 2 milhões de *links* que lhe foram submetidos.[5]

Pouco tempo depois, no entanto, algumas decisões de tribunais franceses obrigaram tanto a Google francesa quanto a matriz norte-americana a desindexar os termos de busca referentes àqueles processos em todos os países de atuação das empresas, mesmo que não integrantes da União Europeia. Como a Google opôs resistência aos efeitos extraterritoriais das decisões judiciais, *a Commission Nationale de l'Informatique et des Libertés* estabeleceu um prazo de quinze dias para que fossem cumpridas, ao fundamento de que o serviço oferecido pela empresa por meio do motor de busca "Google *search*" é

---

[5] Disponível em: <https://www.blog.google/topics/google-europe/three-years-right-to-be-forgotten-balance/>.

processado de modo unificado e que os diferentes nomes de domínio nacional que a empresa começou a disponibilizar depois do lançamento do serviço no sítio www.google.com são apenas meios de acesso ao mesmo processamento que se destinam a facilitar o uso local do serviço.[6]

De todo modo, espera-se que até o final de 2017 o Tribunal de Justiça da União Europeia novamente venha a se manifestar sobre o direito ao esquecimento, no caso C-136/2017. Trata-se de pedido de decisão prejudicial apresentado pelo *Conseil d'État* (França) em 15.03.2017 no caso G. C., A. F., B. H., E. D. contra *Commission nationale de l'informatique et des libertés* (CNIL), que se destina a responder questões atinentes ao conteúdo e ao alcance da norma europeia.

A propósito, como se viu, na União Europeia, o Regulamento UE 2016/679 revogou a Diretiva 95/46/CE. A nova norma disciplina especificamente, em seu art. 17, o direito ao apagamento de dados ou o direito a ser esquecido.

Veja-se o preâmbulo do regulamento:

> Os titulares dos dados deverão ter direito a que os dados que lhes digam respeito sejam retificados e o "direito a serem esquecidos" quando a conservação desses dados violar o presente regulamento ou o direito da União ou dos Estados-Membros aplicável ao responsável pelo tratamento. Em especial, os titulares de dados deverão ter direito a que os seus dados pessoais sejam apagados e deixem de ser objeto de tratamento se deixarem de ser necessários para a finalidade para a qual foram recolhidos ou tratados, se os titulares dos dados retirarem o seu consentimento ou se opuserem ao tratamento de dados pessoais que lhes digam respeito ou se o tratamento dos seus dados pessoais não respeitar o disposto no presente regulamento. Esse direito assume particular importância quando o titular dos dados tiver dado o seu consentimento quando era criança e não estava totalmente ciente dos riscos inerentes ao tratamento, e mais tarde deseje suprimir esses dados pessoais, especialmente na Internet. O titular dos dados deverá ter a possibilidade de exercer esse direito independentemente do facto de já ser adulto. No entanto, o prolongamento da conservação dos dados pessoais deverá ser efetuado de forma lícita quando tal

---

[6] MALDONADO, Viviane Nóbrega. *Direito ao esquecimento*. Barueri: Novo Século Editora, 2017. p. 110.

se revele necessário para o exercício do direito de liberdade de expressão e informação, para o cumprimento de uma obrigação jurídica, para o exercício de funções de interesse público ou o exercício da autoridade pública de que está investido o responsável pelo tratamento, por razões de interesse público no domínio da saúde pública, para fins de arquivo de interesse público, para fins de investigação científica ou histórica ou para fins estatísticos, ou para efeitos de declaração, exercício ou defesa de um direito num processo judicial (item 65).

E continua:

Para reforçar o direito a ser esquecido no ambiente por via eletrónica, o âmbito do direito ao apagamento deverá ser alargado através da imposição ao responsável pelo tratamento que tenha tornado públicos os dados pessoais da adoção de medidas razoáveis, incluindo a aplicação de medidas técnicas, para informar os responsáveis que estejam a tratar esses dados pessoais de que os titulares dos dados solicitaram a supressão de quaisquer ligações para esses dados pessoais ou de cópias ou reproduções dos mesmos. Ao fazê-lo, esse responsável pelo tratamento deverá adotar as medidas que se afigurarem razoáveis, tendo em conta a tecnologia disponível e os meios ao seu dispor, incluindo medidas técnicas, para informar do pedido do titular dos dados pessoais os responsáveis que estejam a tratar os dados (item 66).

Desse modo, o novo regulamento europeu ao mesmo tempo delimita e reforça o direito ao apagamento de dados pessoais. As hipóteses de remoção de dados pessoais da internet passam a ser fundamentalmente as seguintes: a) cessação da finalidade que motivou a coleta ou o tratamento dos dados; b) retirada do consentimento, se não houver outro fundamento para o tratamento dos dados pessoais; c) oposição ao tratamento de dados, ressalvada a existência de interesses legítimos prevalecentes; e d) que os dados sejam tratados ilicitamente. Tais hipóteses não são aplicadas se o tratamento dos dados for necessário: (i) ao exercício da liberdade de expressão e informação; (ii) ao cumprimento de obrigação legal; (iii) por motivos de interesse público na área da saúde pública; (iv) a arquivo de interesse público, a investigação científica ou histórica ou para fins estatísticos; e (v) para efeitos de declaração, exercício ou defesa num processo judicial.

4. BRASIL: A REMOÇÃO DA INTERNET DE CONTEÚDO OFENSIVO INSERIDO POR TERCEIROS

No Brasil, no que tange à remoção de dados pessoais, o chamado Marco Civil da Internet (Lei 12.965/2014) estabelece, como regra geral, que o provedor de conexão à internet não pode ser civilmente responsabilizado por conteúdo gerado por terceiros (art. 18). Para garantir a liberdade de expressão e impedir a censura, o provedor de aplicações na internet só poderá ser responsabilizado civilmente por danos decorrentes de conteúdo gerado por terceiros se, em descumprimento da ordem judicial específica, deixar de tornar indisponível o conteúdo apontado como ofensivo (art. 19). Em se Tratando-se de cenas de nudez ou de atos sexuais de caráter privado, o provedor pode ser responsabilizado subsidiariamente pela violação da intimidade se deixar de atender a notificação que contenha indicação precisa do conteúdo a ser removido (art. 21).

Quanto à possibilidade de remoção do conteúdo da internet, o STJ já havia decidido que os provedores de pesquisa não respondem pelo conteúdo inserido por terceiros e não podem ser obrigados a exercer controle prévio das buscas efetuadas por usuários. No REsp 1.407.271, de relatoria da Ministra Nancy Andrighi, ficou assentado que:

> [...] não se pode, sob o pretexto de dificultar a propagação de conteúdo ilícito ou ofensivo na web, reprimir o direito da coletividade à informação. Sopesados os direitos envolvidos e o risco potencial de violação de cada um deles, o fiel da balança deve pender para a garantia da liberdade de informação assegurada pelo art. 220, § 1.º, da CF/88, sobretudo considerando que a Internet representa, hoje, importante veículo de comunicação social de massa.

Mais recentemente, no REsp 1.342.640/SP, também de relatoria da Ministra Nancy Andrighi, julgado em 07.02.2017, a Terceira Turma assentou que:

> (i) não respondem objetivamente pela inserção no *site*, por terceiros, de informações ilegais; (ii) não podem ser obrigados a exercer um controle prévio do conteúdo das informações postadas no *site* por seus usuários; (iii) devem, assim que tiverem conhecimento inequívoco da existência de dados ilegais no *site*, removê-los imediatamente, sob pena de responderem pelos danos respectivos; (iv) devem manter um sistema minimamente eficaz de identificação de seus usuários, cuja efetividade será avaliada caso a caso.

5. O DIREITO AO ESQUECIMENTO NA ESFERA CIVIL

No direito comparado, doutrina e jurisprudência reconhecem o direito ao esquecimento em situações excepcionais. François Ost, por exemplo, acentua que o direito ao esquecimento é uma das formas de proteção da vida privada, ao desligar o passado e permitir que em certas circunstâncias o perdão se sobreponha ao dever de memória, citando a propósito decisão do tribunal de última instância de Paris, de 20.04.1983, no sentido de que

> [...] qualquer pessoa que se tenha envolvido em acontecimentos públicos pode, com o passar do tempo, reivindicar o direito ao esquecimento; a lembrança destes acontecimentos e o papel que ela possa ter desempenhado é ilegítima se não for fundada nas necessidades da história ou se for de natureza a ferir sua sensibilidade; visto que o direito ao esquecimento que se impõe a todos, inclusive aos jornalistas, deve igualmente beneficiar a todos, inclusive aos condenados que pagaram sua dívida para com a sociedade e tentam reinserir-se nela.[7]

Sempre lembrados são também os casos Irniger e Lebach, julgados por volta da mesma época na Suíça e na Alemanha, respectivamente. No primeiro,

> [...] o filho do famoso criminoso suíço Paul Irniger ajuizou ação perante a Corte Federal contra a Rádio Suíça e SRG Corporação de Televisões, na qual se discutiu a divulgação jornalística, em 1980, de fatos envolvendo a sua vida de crimes (havia cometido homicídios e outro delitos na década de 1930) que culminou na sua execução, por guilhotina. Ele teria sido o penúltimo homem a ser executado naquele país.

Em 1981, a Corte Distrital proibiu a divulgação do documentário, tendo a decisão sido mantida pelo Supremo Tribunal do Cantão de Zurique, em 1982, e, em seguida, pelo Tribunal Federal.[8]

---

[7] OST, François. *O tempo do direito*. Bauru: Edusc, 2005. p. 161, que remete à decisão TGI Paris, 20.04.1983.
[8] CONSALTER, Zilda Maria. *Direito ao esquecimento*: proteção da intimidade e ambiente virtual. Curitiba: Juruá, 2017. p. 196.

Já o caso Lebach diz respeito ao latrocínio de quatro soldados alemães que guardavam arsenal na cidadezinha homônima, em 1969. Dois dos participantes foram apenados com prisão perpétua, enquanto o terceiro, às vésperas de sua soltura, soube que uma emissora de televisão, ZDF, transmitiria documentário sobre o crime e propôs ação inibitória, ao argumento de que o programa violaria direitos de personalidade e dificultaria sua ressocialização. O Tribunal Constitucional alemão, revertendo decisões de tribunais locais, proibiu a transmissão do programa se a pessoa do requerente fosse mostrada ou nominalmente mencionada.[9]

Como todos esses casos, de um modo ou de outro, remetem aos efeitos civis de processos penais, é preciso deixar claro que o direito ao esquecimento é reconhecido na área penal. Assim a jurisprudência do Superior Tribunal de Justiça reconhece o direito ao esquecimento relativamente àqueles que foram absolvidos ou àqueles que já cumpriram pena, nos termos dos arts. 93 do Código Penal e 748 do Código de Processo Penal. No mesmo sentido tem decidido o Supremo Tribunal Federal. No HC 128.080/SP, de relatoria do Ministro Marco Aurélio, relator para o acórdão Ministro Edson Fachin, decidiu a Primeira Turma que não há falar "em direito ao esquecimento para fins de avaliação do pleito de progressão de regime quando em análise a ocorrência de faltas disciplinares praticadas há mais de cinco anos", pois tal demandaria revolvimento do quadro fático-probatório, inadmissível em sede de *habeas corpus*. Já no HC 126.315/SP, de relatoria do Ministro Gilmar Mendes, entendeu a Segunda Turma que o direito ao esquecimento

> [...] também encontra respaldo na seara penal, enquadrando-se como direito fundamental implícito, corolário da vedação à adoção de pena de caráter perpétuo e dos princípios da dignidade da pessoa humana, da igualdade, da proporcionalidade e da razoabilidade.

Anteriormente, no RHC 118.977/SP, de relatoria do Ministro Dias Toffolli, a Primeira Turma já havia reconhecido o direito ao esquecimento, diante da impossibilidade de perdurarem "indefinidamente os efeitos nefastos de uma condenação anterior, já extinta".

Na área civil, a discussão acerca do direito ao esquecimento tampouco é estranha entre nós. Da VI Jornada de Direito Civil, realizada em 2013 no

---

[9] CONSALTER, Zilda Maria. *Direito ao esquecimento*: proteção da intimidade e ambiente virtual. Curitiba: Juruá, 2017. p. 194. V. também BVerfGE 35,202 no sítio <http://www.bundesverfassungsgericht.de>.

Conselho da Justiça Federal, resultou o Enunciado 531: "A tutela da dignidade da pessoa humana na sociedade da informação inclui o direito ao esquecimento". A justificativa então apresentada ressalta que o direito ao esquecimento "não atribui a ninguém o direito de apagar fatos ou reescrever a própria história, mas apenas assegura a possibilidade de discutir o uso que é dado aos fatos pretéritos, mais especificamente o modo e a finalidade com que são lembrados".

No STJ, o direito ao esquecimento foi objeto de dois importantes julgados, ambos relatados pelo Ministro Luis Felipe Salomão, na Quarta Turma, em 2013. No REsp 1.334.097/RJ, cuidou-se da sequência de homicídios ocorridos no Rio de Janeiro, em 1993, conhecidos com Chacina da Candelária, bem como do direito de um dos acusados de ter sua privacidade respeitada. O acusado, apesar de absolvido, foi apontado, muitos anos depois, como um dos envolvidos na chacina em programa de televisão que expôs sua imagem e seu nome. Entendendo ilícita tal divulgação, requereu à emissora indenização pelo abalo moral sofrido. A demanda foi inicialmente julgada improcedente, mas a apelação foi provida para condenar a ré ao pagamento de R$ 50 mil a título de indenização. O tribunal de origem entendeu constituir "abuso do direito de informar e violação da imagem do cidadão a edição de programa jornalístico contra a vontade expressamente manifestada de quem deseja prosseguir no esquecimento". O recurso especial não foi provido, pois

> [...] permitir nova veiculação do fato, com a indicação precisa do nome e imagem do autor, significaria a permissão de uma segunda ofensa à sua dignidade, só porque a primeira já ocorrera no passado, uma vez que, como bem reconheceu o acórdão recorrido, além do crime em si, o inquérito policial consubstanciou uma reconhecida "vergonha" nacional à parte.

Já o REsp 1.335.153/RJ focou o célebre caso Aída Curi, vítima de homicídio em 1958, cujos irmãos sentiram-se ofendidos por programa televisivo veiculado muitos anos depois do crime, que teria feito reviverem a dor do passado. A ação indenizatória foi julgada improcedente, tendo sido a sentença mantida em segundo grau. Como se lê na ementa do acórdão recorrido,

> [...] os fatos expostos no programa eram do conhecimento público e, no passado, foram amplamente divulgados pela imprensa. A matéria foi, é discutida e noticiada ao longo dos últimos cinquenta anos, inclusive, nos meios acadêmicos. A ré cumpriu com sua função social de informar, alertar e abrir o debate sobre o controvertido

caso. Os meios de comunicação também têm este dever, que se sobrepõe ao interesse individual de alguns que querem e desejam esquecer o passado. O esquecimento não é o caminho salvador para tudo. Muitas vezes é necessário reviver o passado para que as novas gerações fiquem alertas e repensem alguns procedimentos da conduta do presente.

Ao negar provimento ao recurso especial, o relator concluiu que, tendo sido a reportagem veiculada cinquenta anos após a morte da vítima, não houve abalo moral apto a gerar responsabilidade civil, tendo em vista que, em juízo de ponderação, "o acolhimento do direito ao esquecimento, no caso, com a consequente indenização, consubstancia desproporcional corte à liberdade de imprensa, se comparado ao desconforto gerado pela lembrança".

Nos dois recursos especiais, julgados em conjunto, reconheceu-se, em tese, o direito ao esquecimento, aplicado com as nuances necessárias aos casos concretos. De um lado, reconheceu-se o direito a manter no esquecimento acusação de que o interessado fora absolvido, como proteção à sua dignidade. De outro, não se entendeu por ilícita a divulgação de fato histórico, ainda que isso possa ter causado algum sofrimento aos irmãos da vítima de crime, levados a reviver a dor do passado, já que a liberdade de imprensa revelou-se o valor preponderante, em face da clara prevalência, no caso, do interesse público sobre o particular. Para isso, em ambos os recursos, foi de início analisada a possibilidade de jurisdição constitucional no âmbito do STJ, sobretudo em questões que reclamam "soluções apoiadas transversalmente em diversos setores do direito". O relator foi muito claro quanto ao objeto dos dois recursos, centrado na análise da

> [...] possível adequação (ou inadequação) do mencionado direito ao esquecimento ao ordenamento jurídico brasileiro, especificamente para o caso de publicações na mídia televisiva, porquanto o mesmo debate ganha contornos bem diferenciados quando transposto para a internet, que desafia soluções de índole técnica.

Do mesmo modo, foi transparente ao reconhecer a existência de ponderáveis objeções ao direito ao esquecimento.

Para Cíntia Rosa Pereira Lima, o direito ao esquecimento pressupõe que: a) o fato tenha ocorrido em tempo remoto; b) tal fato não tenha mais utilidade pública ou social; c) não se pretenda alterar a verdade factual; e d) não sejam produzidos efeitos em relação às instituições de cunho jornalístico, literário ou científico. Assim, um jornal não pode ser condenado a suprimir notícia veiculada no passado, mas um provedor de busca na internet pode ser levado a remover conteúdo ofensivo, desde que presentes os pressupostos supraelencados.[10]

O direito ao esquecimento não pode ser entendido como um direito absoluto. Algumas das limitações à sua aplicação são o interesse público, o direito e a liberdade de informação, o direito à memória e a vedação da censura e a liberdade de expressão. Tais limites foram discutidos na audiência pública realizada pelo Supremo Tribunal Federal no dia 12.07.2017, que teve por objeto o direito ao esquecimento na esfera civil, tema versado no Recurso Extraordinário 1.010.606/RJ, de relatoria do Ministro Dias Toffoli, com repercussão geral reconhecida, que impugna o acórdão do TJRJ no caso Aída Curi e já foi debatido pelo STJ no REsp 1.335.153/RJ.

O interesse público deve preponderar sempre que se trate de fato genuinamente histórico, ou seja, que tenha preservado sua atualidade a despeito do decurso do tempo. Como ressaltado no voto condutor do aludido REsp 1.334.097/RJ, a historicidade deve ser analisada em concreto e o interesse público e social dever ter sobrevivido à passagem do tempo. Em outras palavras,

> [...] se não houver atualidade no interesse pela notícia, fato ou ato pretérito, o interessado poderá exercer o seu direito ao esquecimento, pleiteando que seja impedida veiculação de notícias sobre aqueles, que deverão ser mantidos no passado e não ser retomados sem uma justificativa plausível. Parte-se da premissa que o decurso do tempo dilui, ou pode diluir, o interesse público.[11]

Na audiência pública, a professora Cíntia Rosa Pereira de Lima, da Faculdade de Direito de Ribeirão Preto da Universidade de São Paulo, alertou para o risco de uma decisão vaga com repercussão geral, pois o direito ao esquecimento deve ser apreciado caso a caso, não podendo ser trivializado, sob pena de se "reescrever a história ou alterar a verdade dos fatos". O direito ao esquecimento deve ser reconhecido apenas para "não ter a identidade de

---

[10] LIMA, Cíntia Rosa Pereira de. Direito ao esquecimento e internet: o fundamento legal no direito comunitário europeu, no direito italiano e no direito brasileiro. *Revista dos Tribunais*, São Paulo, v. 103, n. 946, p. 77-109 (p. 106), ago. 2014.

[11] CONSALTER, Zilda Maria. *Direito ao esquecimento*: proteção da intimidade e ambiente virtual. Curitiba: Juruá, 2017. p. 297.

um determinado indivíduo estigmatizada por fatos ocorridos no passado e que deixaram de ter uma relevância pública".[12] De igual modo, o representante do Instituto Brasileiro de Direito Civil (IBDCivil), Anderson Schreiber, lembrou que o direito ao esquecimento é um desdobramento do direito fundamental à privacidade e corresponde ao direito de não ser atormentado por fatos pretéritos que não mais refletem a identidade atual da pessoa, impedindo-a de ser reconhecida pelo que é. Para que não se confunda com um inadmissível direito a apagar os fatos e reescrever a história, o direito ao esquecimento deve ser aplicado de forma criteriosa, tendo em vista não a vontade do sujeito retratado, mas sua situação objetiva.[13]

Interesse público, por outro lado, não se confunde com interesse do público. Este pode ser entendido como a soma de preferências subjetivas dos destinatários da informação, ao passo que aquele reflete valores que transcendem interesses individuais. A alegação de existência de interesse do público pode muitas vezes mascarar interesses meramente econômicos na divulgação de fatos desprovidos de atualidade ou relevância. Assim, é importante averiguar em cada caso se o direito à privacidade se contrapõe efetivamente a interesse público.[14]

O direito de informação contém vários elementos incindíveis, abarcando os atos de buscar, receber e difundir informações, que correspondem aos direitos de se informar, de ser informado e de informar. Tais direitos são assegurados na Constituição Federal (arts. 5.º, IV, IX e XIV, e 220) na forma das liberdades públicas de pensamento, de expressão e de informação. Daí por que o ônus argumentativo para sua relativização é muito alto, impondo a verificação, no caso concreto, de várias circunstâncias, tais como "a ausência de contemporaneidade/atualidade e exatidão da informação, a sua veracidade, a manutenção presente do interesse público na divulgação da mesma, a pertinência na divulgação e a completa ausência de abuso no seu uso".[15]

Para o representante da Google Brasil, Marcel Leonardi, ouvido na mencionada audiência pública, o direito ao esquecimento é desnecessário,

---

[12] Disponível em: <http://www.stf.jus.br/portal/cms/verNoticiaDetalhe.asp?idConteudo=346385>.
[13] Disponível em: <http://www.stf.jus.br/portal/cms/verNoticiaDetalhe.asp?idConteudo=346401>.
[14] CONSALTER, Zilda Maria. *Direito ao esquecimento*: proteção da intimidade e ambiente virtual. Curitiba: Juruá, 2017. p. 301.
[15] CONSALTER, Zilda Maria. *Direito ao esquecimento*: proteção da intimidade e ambiente virtual. Curitiba: Juruá, 2017. p. 303.

uma vez que o ordenamento já contém os parâmetros para que o Judiciário proceda, caso a caso, ao sopesamento dos direitos à privacidade e à informação sempre que a colisão entre eles o imponha. Não se pode aceitar uma preponderância presumida do direito à privacidade, de modo genérico. Segundo ele, a decisão do Tribunal de Justiça da União Europeia em 2014, no contexto da internet, alargou indevidamente a interpretação do direito europeu de proteção de dados pessoais e não pode servir de paradigma ao direito brasileiro.[16]

Vê-se que o direito à memória é difuso e envolve a preservação da identidade cultural de um povo, nação ou Estado. Tal identidade é plasmada pela tradição, que permite a transmissão de um quadro de referências a interligar fatos que de outro modo seriam desconexos e não permitiriam o reconhecimento de traços comuns de união de coletividades expressivas.[17] É preciso muito cuidado ao sopesar o direito à privacidade e o direito à memória, pois nem sempre é fácil distinguir o essencial do acessório.

Na audiência pública, a representante da Associação Brasileira de Jornalismo Investigativo (Abraji), Taís Gasparian, sustentou inexistir conceito preciso de direito ao esquecimento, que pode se referir tanto à remoção de conteúdo da internet como à proibição de veiculação futura, como no caso. Isso poderia ser comparado à censura e violaria a liberdade de informação, em prejuízo da memória coletiva. Ressaltou, ainda, que "os acervos servem para estabelecer uma identidade coletiva e de prova de fatos que muitas vezes são deliberadamente esquecidos pela versão oficial da história".[18]

Do mesmo modo, o representante da Associação Nacional de Jornais (ANJ) e da Associação Nacional de Editores de Revistas (Aner), Daniel Sarmento, afirmou que "o reconhecimento do direito ao esquecimento é um limite à liberdade de expressão, de informação e de imprensa", que não se justifica, pois "o direito ao esquecimento é antônimo da história" e não poderia ser "invocado para impedir divulgação e discussão de fatos verídicos, apenas porque acontecidos no passado".[19]

---

[16] Disponível em: <http://www.stf.jus.br/portal/cms/verNoticiaDetalhe.asp?idConteudo=346410>.
[17] CONSALTER, Zilda Maria. *Direito ao esquecimento*: proteção da intimidade e ambiente virtual. Curitiba: Juruá, 2017. p. 310.
[18] Disponível em: <http://www.stf.jus.br/portal/cms/verNoticiaDetalhe.asp?idConteudo=346377>.
[19] Disponível em: <http://www.stf.jus.br/portal/cms/verNoticiaDetalhe.asp?idConteudo=346380>.

A proibição da censura é outra importante limitação ao reconhecimento indiscriminado do direito ao esquecimento. A pretexto de se proteger a vida privada, não se admite restrição indevida à liberdade de expressão. O Supremo Tribunal Federal, na ADI 4815/DF, de relatoria da Ministra Carmen Lúcia, em interpretação conforme à Constituição aos arts. 20 e 21 do Código Civil, declarou "inexigível o consentimento de pessoa biografada relativamente a obras biográficas literárias ou audiovisuais, sendo por igual desnecessária autorização de pessoas retratadas como coadjuvantes (ou de seus familiares, em caso de pessoas falecidas)".

6. CONSIDERAÇÕES FINAIS

O direito a ser esquecido ou ao apagamento de dados pessoais da internet tem tido significativa evolução legislativa, doutrinária e jurisprudencial, a despeito de algumas dificuldades, como a pretensão de extraterritorialidade das legislações de proteção de dados pessoais, problema agudamente verificado na União Europeia em relação a países que não reconhecem o direito a ser esquecido. Além disso, a imposição às provedoras de serviço de busca na internet de que mantenham ferramenta própria para a remoção de conteúdo pode ser questionada em casos difíceis, notadamente quando se trate de dados sensíveis. A ponderação de valores ou princípios colidentes é quase sempre mais bem exercida pelo Judiciário, e não pelo ente privado, que justificadamente teme confundir sua atividade com a censura. Nesse sentido, nossa legislação – o art. 19 da Lei 12.965/2014 – é mais adequada à tutela do direito à privacidade, ao assegurar, em prol da liberdade de expressão, a primazia do Judiciário, inclusive dos juizados especiais, para determinar a remoção do conteúdo apontado como ofensivo.

Por outro lado, o direito ao esquecimento, tal como postulado no recurso extraordinário que foi objeto de audiência pública e será decidido pelo Supremo Trinunal Federal, tem um contorno mais indefinido, visto que se funda em noções vagas, como atualidade e relevância da notícia, e apresenta riscos maiores de lesão a direitos e liberdades individuais. Em nenhuma circunstância pode o direito ao esquecimento ser entendido como direito absoluto, pois ele deve necessariamente ser limitado pela liberdade de expressão e informação, pela proibição à censura e pelo interesse público que, quase sempre, deve preponderar sobre a tutela da privacidade.

REFERÊNCIAS

BVerfGE 35,202 no sítio <http://www.bundesverfassungsgericht.de>.

CANOTILHO, J.J. Gomes. *Constituição da República Portuguesa anotada.* São Paulo: RT, 2007. v. 1.

CONSALTER, Zilda Maria. *Direito ao esquecimento*: proteção da intimidade e ambiente virtual. Curitiba: Juruá, 2017. p. 196.

LIMA, Cíntia Rosa Pereira de. Direito ao esquecimento e internet: o fundamento legal no direito comunitário europeu, no direito italiano e no direito brasileiro. *Revista dos Tribunais*, São Paulo, v. 103, nº 946, p. 77-109 (p. 106), ago. 2014.

MALDONADO, Viviane Nóbrega. *Direito ao esquecimento*. Barueri: Novo Século, 2017.

OECD Guidelines on the protection of privacy and transborder flows of personal data. Disponível em: <http:/www.oecd.org>. Acesso em: 16 fev. 2012.

OST, François. *O tempo do direito*. Bauru: Edusc, 2005.

WARREN, Samuel; BRANDEIS, Louis, The right to privacy, *Harvard Law Review*, v. IV, nº 5, dez. 1890. Disponível em: <http://www.jstor.org/stable/1321160?seq=1#page_scan_tab_contents>. Acesso em: 8 nov. 2017.

PRESCRIÇÃO.
QUESTÕES POLÊMICAS

5

PRESCRIÇÃO E DECADÊNCIA E INÍCIO DOS PRAZOS: DOUTRINA E JURISPRUDÊNCIA EM HARMONIA

José Fernando Simão

O tempo é o juiz que marca a cadência das coisas, para permitir o navegar, o não soçobrar; o levar a nave da vida para o porto certo, na hora certa, na medida certa, ainda que o fogo consuma a balsa, faça o mar efervescer e comprometa a estabilidade da vida; ainda que o vento sopre com força demais e retire a serenidade da água; ainda que o homem esteja constantemente em perigo. Porque quem permanece em casa não corre tantos riscos, mas quem peregrina precisa chegar (Rosa Maria de Andrade Nery. *Vínculo obrigacional:* relação jurídica de razão-técnica e ciência de proporção).

SUMÁRIO: I. Introdução; II. Tempo para o Direito; III. Prescrição e decadência. Definindo institutos: 1. Fundamentos; 2. Conceitos; IV. Início dos prazos. A jurisprudência que lê a doutrina: 1. Prescrição; 2. Decadência; V. Conclusão; Bibliografia.

I. INTRODUÇÃO

Escrever sobre o tempo é escrever sobre angústia. Angústia por uma simples razão. O tempo é finito, pois termina com a vida dos seres, tenham eles consciência ou não de tal fato. O tempo gera mudanças inevitáveis e irreversíveis, ainda que a personagem Dorian Gray, na interessante obra de Oscar Wilde, tenha conseguido por expedientes escusos que seu retrato envelhecesse.

Se a vida acaba, devem ser eternas as relações jurídicas?

O tempo faz com que esqueçamos o passado, como se ele não tivesse existido. É exatamente da função de fixação de memória, de ordenação do passado, de compreensão do presente e previsão do futuro que decorre outra: a necessária finitude das relações jurídicas como forma de pacificação dos conflitos. Prescrição e decadência refletem os efeitos do tempo nas relações jurídicas.

Contudo, fazem-no de maneiras distintas, e singelamente pode-se então afirmar que a prescrição torna ineficaz a pretensão, e a decadência extingue o próprio direito potestativo. E não é só essa a questão. Tratando-se da própria decadência, verifica-se que, em certos momentos, esta tem início quando determinado fato jurídico ocorre. Já em outras situações o início dos prazos se dá quando se tem ciência de um fato.

Algumas questões podem servir de exemplo na introdução da presente reflexão. Iniciam-se os prazos decadenciais para anulação do casamento quando de sua celebração (CC, art. 1.560). Em certas situações, todavia, prazos igualmente de natureza decadencial ficam impedidos de correr por força de lei.

Essa "contradição"[1] se torna nítida na análise da coação. O prazo para se anular um negócio jurídico por coação é de quatro anos, contados do dia em que ela cessar (CC, art. 178, I). Curiosamente, o prazo para anular o casamento por coação começa no momento da celebração do casamento, e não quando da cessação da ameaça ou violência (CC, art. 1.550, IV).

De qualquer forma, tratando-se de prescrição e decadência, os prazos estão previstos em lei, o que permite ao aplicador do direito conhecê-los e contá-los, verificando, então, se a prescrição ou a decadência efetivamente ocorreram no caso concreto. Há uma preservação da segurança jurídica.

A preservação da segurança gera também angústia. Exemplifica-se. Certa pessoa se casa e, quatro anos após o casamento, descobre que seu cônjuge, antes do matrimônio, era traficante de drogas. O cônjuge enganado não poderá anular o ato, pois, de acordo com o art. 1.560 do CC, o prazo para a anulação por erro essencial é de três anos, contados a partir da celebração (CC, art. 1.560, III). E daí a questão que se coloca é de como a decadência ocorre se a pessoa não foi desidiosa no exercício de seu direito potestativo. Contrariamente, não exerceu o direito porque desconhecia o fato que permitiria tal exercício. Há segurança, mas não justiça.

---

[1] Usamos o termo entre aspas, pois, ao final, entendemos que há razão para o CC dar tratamento distinto a situações diferentes.

Esses poucos exemplos demonstram a disparidade de tratamentos dos efeitos do tempo sobre as relações jurídicas, tratando-se de decadência.

É isso o que pretendemos analisar: as disparidades e a possível harmonia que o sistema deve ter.

II. TEMPO PARA O DIREITO

O tempo tem por efeito a valoração de certos institutos e de determinadas regras. Conceitos aparentemente imutáveis em alguma época histórica são revisitados pela doutrina e assumem novas feições. É, portanto, sob a ótica do efeito transformador do tempo que se analisarão alguns institutos jurídicos e se proporá a nova leitura sobre o início dos prazos.

A proteção ao direito adquirido, ao ato jurídico perfeito e à coisa julgada está presente no art. 5.º, XXXVI, da Constituição Federal e já estava prevista no art. 150, § 3.º, da Constituição de 1967. Sobre o tema, afirma Rubens Limongi França que a Constituição da República erigiu à norma constitucional, relativa à inviolabilidade da segurança individual e da propriedade, a manutenção dos direitos adquiridos, tanto de brasileiros como de estrangeiros, de acordo com as leis em vigor. Inclusive, o autor pontua que a manutenção dos direitos adquiridos decorreu da evolução do princípio da irretroatividade: "Portanto, dúvida inexiste de que o princípio em foco, através dos tempos e dos povos, efetivamente, envolveu no sentido de amadurecer a ideia de que, em suma, o que se visa é impedir que as leis novas atinjam o direito adquirido nos termos das leis que se tenham revogado"[2].

Não obstante toda a proteção em nome da segurança jurídica ao direito adquirido, ao ato jurídico perfeito e à coisa julgada, percebe-se que, em determinadas hipóteses, rompe-se com a estabilidade ou perenidade de certas situações jurídicas em homenagem à justiça.

Nesses meandros, inclusive, surge a teoria da relativização da coisa julgada, como bem explanam Antônio Carlos de Araújo Cintra, Ada Pellegrini Grinover e Cândido Rangel Dinamarco[3]:

> [...] segundo parte da doutrina, mesmo as sentenças de mérito cobertas pela autoridade da coisa julgada material podem ser revistas

---

[2] LIMONGI FRANÇA, Rubens. *Direito intertemporal brasileiro*: doutrina da irretroatividade das leis e do direito adquirido. 2. ed. São Paulo: RT, 1968. p. 383-384 e 399.

[3] *Teoria geral do processo*. 23. ed. São Paulo: Malheiros, 2007. p. 327-328.

em casos excepcionalíssimos, nos quais se relativiza a coisa julgada a bem da prevalência de valores humanos, políticos e morais etc. de envergadura maior do que aqueles que tiverem sido objeto da decisão.

Exemplo disso se dá no que tange à ação investigatória de paternidade. Algumas decisões proferidas antes da existência do exame de DNA concluíam pela improcedência da demanda, em decorrência da falta de provas, uma vez que o exame de sangue não tinha resultado conclusivo. Com a nova técnica, demandas foram propostas pelos mesmos autores, em face dos mesmos réus, com pedido idêntico àquele anteriormente decidido e cuja decisão foi acobertada pelo manto da coisa julgada. Em 02.07.2011, em decisão histórica, o STF decidiu pela possibilidade dessa relativização. No julgamento do Recurso Extraordinário 363889 entendeu-se que a verdade biológica e o direito a se conhecer a parentalidade se sobrepõem à coisa julgada. Em suma, a decisão confirma que é direito do ser humano conhecer sua história e suas origens, havendo um direito fundamental à informação genética. Entre o princípio da segurança jurídica e o princípio da dignidade da pessoa humana optou-se pelo segundo.

Outro tema que reflete uma releitura de institutos tradicionais permitida pelo tempo diz respeito aos efeitos da declaração de inconstitucionalidade. Também, na atualidade, quando o Supremo Tribunal Federal, em suas decisões em controle abstrato de inconstitucionalidade de certa norma, proclama se há ou não retroatividade da decisão, os efeitos desta repercutirão de maneira diferente no tempo.

Em maio de 2017, o STF reconheceu a inconstitucionalidade do art. 1.790 do Código Civil, que cuidava da sucessão do companheiro. Na Repercussão Geral 809, o STF entendeu que as regras do artigo 1.829 do CC, que cuidam da sucessão do cônjuge, se aplicam também à sucessão do companheiro. Contudo, os efeitos foram modulados: conforme orientação do Ministro Barroso,

> [...] é importante observar que o tema possui enorme repercussão na sociedade, em virtude da multiplicidade de sucessões de companheiros ocorridas desde o advento do CC/2002. Assim, levando-se em consideração o fato de que as partilhas judiciais e extrajudiciais que versam sobre as referidas sucessões encontram-se em diferentes estágios de desenvolvimento (muitas já finalizadas sob as regras antigas), entendo ser recomendável modular os efeitos da aplicação do entendimento ora afirmado. Assim, com o intuito de reduzir a insegurança jurídica, entendo que a solução ora alcançada deve ser aplicada apenas aos processos judiciais em que ainda não tenha havido trânsito em julgado da sentença de partilha, assim como

às partilhas extrajudiciais em que ainda não tenha sido lavrada escritura pública" (STF, Recurso Extraordinário 878.694/MG, Rel. Min. Luís Roberto Barroso)[4].

A partir dessa constatação, abandona-se a noção tradicional de que os efeitos do reconhecimento da inconstitucionalidade são necessariamente retroativos (*ex tunc*) para se admitir a sua modulação.

Ainda refletindo sobre o poder transformador do tempo sobre o direito, têm-se as normas do estado de exceção, que apenas têm vigência enquanto a exceção durar. Cessado certo estado de fato, as antigas leis voltam a produzir efeitos[5]. Há, ainda, as normas excepcionais e, por isso, provisórias, mas que passam a integrar permanentemente o sistema.

Apesar do poder transformador do tempo, importante considerar a lição de Humberto Ávila no tocante à segurança jurídica. Quanto às mudanças do Direito e à referência a normas existentes antes da modificação, há, igualmente, duas acepções possíveis. De um lado, pode-se entender que a segurança jurídica envolve a busca do ideal de imutabilidade de determinadas normas. De outro lado, no entanto, pode-se compreender a segurança jurídica como exigência de estabilidade na mudança, isto é, como proteção de situações subjetivas já garantidas individualmente e exigência de continuidade do ordenamento jurídico por meio de regras de transição e cláusulas de equidade. Nessa segunda significação, a segurança jurídica apenas estabelece exigências relativas à transição do Direito passado ao Direito futuro. Não estabelece uma imutabilidade, portanto, nem uma estabilidade ou racionalidade na mudança que evite alterações violentas[6].

É a partir de uma tensão constante e de um conflito entre segurança jurídica e Justiça que pretendemos explicar a prescrição e a decadência e o início dos prazos.

---

[4] TARTUCE, Flávio. Disponível em: <http://www.migalhas.com.br/FamiliaeSucessoes/104,MI259678,31047-STF+encerra+o+julgamento+sobre+a+inconstitucionalidade+do+art+1790+do>. Acesso em: 31 maio 2017.

[5] É sabido que, na Roma republicana, em períodos de caos e calamidade, o poder passava das mãos dos cônsules para as de um ditador. Contudo, este ficaria no poder por apenas seis meses, renováveis por mais seis e, depois, teria que entregá-lo aos cônsules. Na História recente do Brasil, o AI-5 impôs verdadeiro estado de exceção.

[6] ÁVILA, Humberto. *Segurança jurídica no direito tributário. 2009.* Tese (Professor Titular de Direito Tributário) – Faculdade de Direito da Universidade de São Paulo, São Paulo, p. 131-132.

III. PRESCRIÇÃO E DECADÊNCIA. DEFININDO INSTITUTOS

1. Fundamentos

Não são poucos os autores que tratam a prescrição e a decadência como decorrência da segurança jurídica[7]. Manuel Domingues de Andrade, por exemplo, afirma que um dos fundamentos da prescrição é uma consideração de certeza ou segurança jurídica, a qual exige que as situações de fato que se constituíram e se prolongaram por muito tempo sobre a base delas, criando expectativas e organizando planos de vida, se mantenham, não podendo ser atacadas por situações antijurídicas[8].

Seguindo essa linha de entendimento, Antônio Luís da Câmara Leal aponta diversos autores estrangeiros que indicam o fundamento da prescrição como o interesse social pela estabilidade das relações jurídicas[9].

A prescrição e a decadência geram uma tranquilidade social em decorrência da certeza de que o tempo resolve todos os problemas, ainda que não haja qualquer ação humana para resolvê-los[10].

Trata-se de um tempo linear aquele da prescrição e da decadência. Ainda que as relações jurídicas sejam motivo de angústia ou espera, o tempo jurídico (frise-se, aquele sujeito à prescrição ou à decadência) é o da finitude, o do encerramento. É aquele que, à semelhança da morte, tudo resolve. Prescrição e decadência decorrem dessa importante noção.

Nesse sentido, a sensação atual de que há muito a ser feito, mas pouco tempo para tanto, porque o tempo logo se esvai, justifica-se na compreensão da

---

[7] Savigny afirma que a característica essencial da prescrição das ações e sua grande vantagem consistem precisamente em resolver a quase sempre indecisão se a dívida tinha sido quitada. Ela não faz senão suprir a prova ou promover uma mudança no estado do direito. Nesse sentido, claro está que entende o autor que a prescrição é decorrência da segurança jurídica. *Traité de droit romain*, p. 288.
[8] ANDRADE, Manuel Domingues de. *Teoria geral da relação jurídica*, p. 446.
[9] CÂMARA LEAL, Antônio Luís da. *Da prescrição e da decadência*, p. 27-28.
[10] Nas palavras de José Rogério Cruz e Tucci, certo é que a prescrição também não extermina qualquer direito material, embora, sob o ponto de vista ontológico, visando a conferir segurança jurídica, os lapsos prescricionais atendem à conveniência de que não perdure por tempo muito longo a possibilidade de exercer-se pretensão perante órgão investido de jurisdição (*Tempo e processo: uma análise empírica das repercussões do tempo na fenomenologia processual (civil e penal)*. São Paulo: RT, 1997. p. 57).

prescrição e da decadência. A cada hora que passa, a pessoa natural está mais perto da morte; a cada dia que passa, a pretensão ou o direito potestativo se aproximam de sua extinção ou ineficácia. Se a máxima do Arcadismo, *carpe diem*, é reflexo dessa noção de finitude, também o é a máxima jurídica pela qual o direito não socorre os que dormem (*dormientibus non succurrit jus*).

Ao lado desses fundamentos há outro importante: a negligência do titular de um direito. Savigny explica que, desde o direito romano, podia-se perceber que um terceiro motivo da prescrição das ações é a punição da negligência, e esse motivo é claramente indicado nas fontes. No entanto, não se deve tomar essa expressão em seu sentido comum de pena, pois a negligência que não prejudica terceiros, em geral, não é passível de punição. A expressão deve ser considerada não como um motivo positivo da prescrição, mas como uma resposta à censura de duração e injustiça[11].

A Súmula 106 do STJ demonstra que a negligência é mesmo um dos fundamentos dos institutos, pois, se a demora não se dá por culpa do titular do direito, a prescrição não se verifica[12].

Aubry e Rau, segundo José Dias Marques, sustentam que a prescrição se funda na ideia de que a prolongada inatividade do titular que não exerce os seus direitos faz presumir a intenção de renunciá-los; em contrapartida, a perda desses direitos não exercidos funciona como uma pena infringida ao respectivo titular, como sanção à sua negligência[13].

---

[11] SAVIGNY, Friedrich Carl. *Traité de droit romain*, p. 289. Esse fundamento também é transcrito por Antônio Luís da Câmara Leal (*Da prescrição e da decadência*, p. 27). Também Dunod de Charnage afirma que a prescrição serve para punir a negligência daqueles que, tendo adquirido direitos, tardam em fazê-los conhecidos e em exercê-los (*Traité des prescriptions de l'aliénation des biens d'Eglise e de dixmes suivant les droits Civil e Canon, la jurisprudence du Royaume e les usage du Comté de Bourgogne*, p. 3).

[12] Proposta a ação no prazo fixado para o seu exercício, a demora na citação, por motivos inerentes ao mecanismo da Justiça não justifica o acolhimento da arguição de prescrição ou decadência.

[13] MARQUES, José Dias. *Prescrição extintiva*, p. 15. Efetivamente, Aubry e Rau afirmam que a prescrição é uma exceção, por meio da qual pode-se rechaçar uma ação pela qual seu titular, durante certo lapso de tempo, negligenciou intentar ou exercer de fato o direito que dela decorre. Do ponto de vista da equidade, a prescrição se justifica por uma dupla consideração: a inação prolongada faz presumir a sua intenção de renunciar a seus direitos, e a exceção concedida contra sua inação tardia é uma pena infligida à sua negligência (AUBRY, Charles; RAU, Charles Frédéric. *Cours de droit civil Français d'aprés la méthode de Zachariae*. 4. ed. Paris: Marchal e Billard, 1879. t. 8, p. 423-424).

Quando Antônio Luís da Câmara Leal fala em ação destruidora do tempo, com base em Coviello, não se pode dizer que este é um fundamento da prescrição. Trata-se de um efeito: o tempo não conserva; destrói[14].

Em suma, podemos compilar os seguintes fundamentos para a existência da prescrição e da decadência: segurança jurídica, paz social, interesse geral, fim da angústia daquele contra quem o direito é exercido, presunção de renúncia, negligência do titular do direito.

Assim, conclui-se que os fundamentos basilares da prescrição são realmente dois: segurança jurídica e negligência do titular do direito. Vê-se, então, que, de um lado, tem-se o princípio da segurança jurídica (o tempo precisa aniquilar de maneira inexorável pretensões e direitos potestativos) e, de outro, o valor da justiça (o tempo não pode extinguir direitos ou pretensões se o titular não foi negligente ao não exercê-los). Ambos os valores fundamentam a prescrição e a decadência e precisam de conciliação, sob pena de se deixar o intérprete em situação de perplexidade quanto à forma de iniciar o cômputo dos prazos decadenciais e prescricionais.

Exatamente na conciliação desses valores quanto ao início de contagem dos prazos prescricionais e decadenciais consiste o presente artigo. O que se demonstrará é que o Código Civil não pode ser aplicado de maneira literal quanto ao início da contagem de certos prazos, sob pena de se sacrificar a justiça. Em outros casos, a literalidade é a regra, para fins de não comprometer a segurança jurídica.

2. Conceitos

De início, a etimologia das palavras.

Na literalidade, *praescriptio* significa aquilo que vem escrito antes (*prae* = antes; *scriptio* = ação de escrever), pois, no processo formulário romano, a *praescriptio* vinha antes da *demonstratio* e da *intentio*[15].

Contudo, assevera Antônio Luís da Câmara Leal que o termo *praescriptio* nenhuma relação direta tinha com o conteúdo da determinação do pretor, e

---

[14] Nesse sentido a frase de Jean Claude Carrière: "Tudo é levado pelo tempo, tudo 'envelhece'. Estar submetido ao tempo significa que há transformação, evolução. Tudo o que o tempo toca se gasta, se aniquila". O tempo aniquila a juventude, o vigor, a vida e as relações jurídicas.

[15] Explicação de José Carlos Moreira Alves. *Intentio* é a parte da fórmula em que o autor expõe sua pretensão, enquanto *demonstratio* é o elemento fornecido na fórmula que, em caso de *intentio* incerta, possibilita ao juiz popular determinar a condenação do réu (*Direito romano*, v. 1, p. 264).

sim derivava do caráter introdutório dessa determinação, porque era escrita antes ou no começo da fórmula. Por uma evolução conceitual, passou o termo a significar, extensivamente, a matéria contida nessa parte preliminar da fórmula, e daí sua nova acepção de perda da ação pelo decurso do prazo de sua duração[16].

Dois eram os exemplos de *praescriptio*: *praescriptio pro atore* (em favor do demandante), que tem por objetivo precisar sua qualificação para agir em juízo ou impedir que seu direito não seja reconhecido em juízo, indicando a finalidade exata que ele persegue (Gaius, Insti., IV, 131, a); e *praescriptio pro reo* (em favor do demandado), em que o demandado traz uma questão que deve ser julgada antes de qualquer debate quanto ao fundo da demanda.

Decadência é vocábulo de formação vernácula, tendo, porém, como étimo remoto o verbo latino *cadere*, cair. É formado pelo prefixo latino *de-* (de cima de), pela forma verbal *cado*, de *cadere*, e pelo sufixo *-ência*, do latim *entia*, que denota ação ou estado. Literalmente, pois, *decadência* é a ação de cair o ou o estado daquilo que caiu[17]. Aplicado à linguagem jurídica, foi introduzido em sua terminologia para indicar a queda ou perecimento do direito pelo decurso do prazo fixado ao seu exercício, sem que seu titular o tivesse exercido.

Depois de Agnelo Amorim Filho e sua obra de referência, nada de novo sob o sol para fins de conceituar prescrição e decadência. A partir das diversas lições doutrinárias e da fragilidade das distinções sugeridas, a solução da questão, que inclusive foi adotada pelo CDC, em 1990, e pelo atual Código Civil, foi a decorrente de trabalho de Agnelo Amorim Filho publicado na *Revista dos Tribunais*, n. 300, denominado "Critério científico para distinguir a prescrição da decadência e para identificar as ações imprescritíveis", que data de 1960.

---

[16] CÂMARA LEAL, Antônio Luís da. *Da prescrição e da decadência*, p. 17-22.

[17] Pontes de Miranda afirma que o termo decadência não é adequado, seguindo o entendimento de A. von Tuhr. "Tem-se dado largo uso à expressão *decadência*, em vez de preclusão. A cada momento, fala-se de prazo de decadência para se nomear prazo de preclusão. O *terminus technicus* é prazo preclusivo, *Präklusivfrist* (cf. C. Reuter, *Über die Berechtigung des Gegensatzes 'Verjährung und gesetzliche Befristung'*, 40 s. O direito cai, não decai" (PONTES DE MIRANDA, F. C. *Tratado de direito privado* – Parte geral – Eficácia jurídica. Determinações inexas e anexas. Direitos. Pretensões. Ações, p. 135). Paulo Torminn Borges critica a concepção de Pontes de Miranda sobre o tema e afirma que este não tem razão quando profliga a expressão *decadência*, pois o seu étimo não designa a ação de decair, mas a de cair mesmo (prefixo latino *de* – de cima de –, *cado* – de *cadere*). Literalmente, decadência é a ação de cair ou o estado daquilo que caiu (Paulo Torminn Borges *Decadência e prescrição*, p. 25).

A distinção entre prescrição e decadência passa pela distinção entre direito potestativo e direito a uma prestação, sendo que este pode ser denominado direito colaborativo, porque há uma conduta do sujeito passivo[18].

Agnelo Amorim Filho conceitua direito potestativo e dá exemplos de situações em que este se verifica. Uma das principais características do direito potestativo é o estado de sujeição que o seu exercício cria para outra ou outras pessoas, independentemente da vontade destas últimas ou mesmo contra sua vontade. Assim, por exemplo, o mandatário, o donatário e os outros condôminos sofrem os efeitos da extinção do mandato, da doação[19] e da comunhão, sem que possam se opor à realização do ato que produziu aqueles efeitos. No máximo, a pessoa que sofre a sujeição pode, em algumas hipóteses, se opor a que o ato seja realizado de determinada forma, mas, nesse caso, o titular do direito pode exercê-lo de outra maneira. Isso se verifica quando da necessidade de divisão judicial se os demais condôminos não concordam com a divisão amigável[20].

Os direitos potestativos não são passíveis de violação e a eles não corresponde uma prestação[21].

É a partir da noção de direito potestativo que se chegará ao conceito de decadência. Quando a lei ou o contrato conceder um prazo para o exercício de um direito potestativo, ele será de natureza decadencial. Se existir um direito potestativo (que coloca a outra parte em estado de sujeição) que não seja passível de violação e houver um prazo para seu exercício, este é decadencial. A ação referente a tal direito terá natureza constitutiva ou desconstitutiva e o objetivo de criar, modificar ou extinguir determinada situação jurídica.

Em contrapartida, a noção de prescrição se refere aos direitos colaborativos, ou seja, àqueles em que pode ocorrer uma violação por descumprimento de uma prestação. Nas palavras de Agnelo Amorim Filho, só as ações condenatórias podem prescrever, pois são elas as únicas ações por meio das quais se protegem os direitos suscetíveis de lesão, isto é, os da primeira categoria

---

[18] Para esses conceitos, Agnelo Amorim Filho se vale da obra de Giuseppe Chiovenda. Para a tese, contribuem os estudos de Pontes de Miranda e Vicente Ráo.

[19] O autor refere-se à revogação por ingratidão, em que o doador terá o direito potestativo de revogar a doação se o donatário praticar determinados atos (art. 1.181 do CC/2016: "Além dos casos comuns a todos os contratos, a doação também se revoga por ingratidão do donatário"; e art. 555 do CC/2002: "A doação pode ser revogada por ingratidão do donatário, ou por inexecução do encargo").

[20] AMORIM FILHO, Agnelo. Critério científico para distinguir a prescrição da decadência e para identificar as ações imprescritíveis, p. 12.

[21] AMORIM FILHO, Agnelo. Critério científico para distinguir a prescrição da decadência e para identificar as ações imprescritíveis, p. 12.

da classificação de Chiovenda (direito a uma prestação)[22]. Note-se que, ainda com base na teoria imanentista, afirma o autor que ocorre a prescrição da ação, enquanto atualmente afirma-se que o que prescreve é a pretensão. Isso porque o direito de ação, atualmente, é compreendido como o direito de se buscar uma decisão judicial, ou seja, trata-se de direito incondicionado de buscar no Poder Judiciário, via de regra, a solução de um litígio[23].

Superada atualmente a teoria imanentista da ação, é possível conceituar o direito de ação como *direito público subjetivo*, *autônomo* (pois não se confunde com o direito material, de cuja existência independe) e *instrumental* (já que sua finalidade é o julgamento de uma pretensão de direito material), dirigido *contra o Estado* (e não contra o adversário), a fim de que este preste a tutela jurisdicional exigida pelo autor, ainda que o provimento final lhe seja desfavorável[24].

Pela teoria abstrata, resta claro que a prescrição não tem o condão de extinguir a ação (possibilidade de o Estado apreciar o pedido), e sim a pretensão do direito subjetivo material.

Exatamente em razão dessa nova visão do instituto da prescrição, o Código Civil afirma que a prescrição extingue[25] a pretensão que surge após a violação de um direito (art. 189 do CC). Cabe, então, verificar o conceito de pretensão para, por fim, concluir exatamente o que é a prescrição. Gustavo Tepedino, Heloisa Helena Barboza e Maria Celina Bodin de Moraes elogiam a redação do dispositivo: o reconhecimento de que a prescrição atua sobre a pretensão é louvável e revela tendência a se decompor a noção de direito subjetivo, dando autonomia ao seu aspecto de centro de exigibilidade[26].

A prescrição atinge a pretensão (art. 189 do CC). Nas palavras de Francisco Amaral, a pretensão nasce no momento em que o credor pode exigir a prestação e esta não é cumprida, causando lesão no direito subjetivo, e pressupõe, assim, a existência de um crédito, com o qual não se confunde[27]. Essa é a noção de pretensão em sentido estrito à qual se refere a prescrição.

---

[22] AMORIM FILHO, Agnelo. Critério científico para distinguir a prescrição da decadência e para identificar as ações imprescritíveis, p. 20.
[23] É verdade que, em procedimentos de jurisdição voluntária, não se busca a solução de um conflito.
[24] MARCATO, Antonio Carlos. *Procedimentos especiais*, p. 10-11.
[25] A questão da extinção ou da ineficácia será abordada a seguir.
[26] TEPEDINO, Gustavo; BARBOZA, Heloisa Helena; MORAES, Maria Celina Bodin de. *Código Civil interpretado conforme a Constituição da República*, p. 350.
[27] Exatamente em razão da noção de pretensão em sentido estrito, afirma o autor que ela não afeta por isso os direitos de personalidade, os direitos de estado e os direitos de família, que são irrenunciáveis e indisponíveis. Os direitos ou as

Mas será que a prescrição extingue ou apenas torna ineficaz a pretensão? A questão é pertinente porque o próprio Código Civil admite a renúncia à prescrição consumada (art. 191). Podendo o devedor renunciar à prescrição, é incorreto afirmar que esta extinguiu a pretensão[28]. São concludentes as palavras de Pontes de Miranda: a prescrição atinge a pretensão, cobrindo a eficácia desta[29]. Há encobrimento da pretensão, o que se verifica efetivamente no plano da eficácia, e não da existência[30].

Em suma, prescrição é um fenômeno que torna ineficaz a pretensão, ou seja, a possibilidade de o credor exigir do devedor o cumprimento de uma prestação de dar, fazer e não fazer. A pretensão, em juízo, é exigível por uma ação condenatória.

A decadência é o fenômeno extintivo de direitos potestativos aos quais se fixou um prazo para seu exercício[31]. Tais direitos se exercem em juízo,

---

relações jurídicas afetadas pela prescrição são objeto de ações condenatórias, que visam compelir o devedor a cumprir sua obrigação ou a puni-lo no caso de inadimplemento (AMARAL, Francisco. *Direito civil*, p. 563-567).

[28] Pela impossibilidade de o consumidor renunciar à prescrição, confira-se Suzana Catta Petra Federighi, para quem, ainda que possível no diploma de direito privado, parece ser incompatível com a sistemática do CDC, seja pela vulnerabilidade do consumidor, assim reconhecida no diploma legal, seja por todos os princípios que informam o sistema e limitam a autonomia da vontade. Portanto, seria ela ainda impossível pela via contratual – por constituir cláusula abusiva, nos termos do art. 51 –, nada impedindo, entretanto, o fornecedor de renunciar a ela depois de sua consumação, se demandado extemporaneamente pelo consumidor, uma vez que as previsões protetivas da legislação de consumo a ele não seriam aplicadas (FEDERIGHI, Suzana Catta Petra. A prescrição e a decadência no CDC. In: CIANCI, Mirna (Org.). *Prescrição no Código Civil*: uma análise interdisciplinar. 2. ed. São Paulo, Saraiva, 2006. p. 510)

[29] PONTES DE MIRANDA, F. C. *Tratado de direito privado* – Parte geral – Eficácia jurídica. Determinações inexas e anexas. Direitos. Pretensões. Ações, t. 5, p. 102.

[30] A questão se repete na impropriedade do Código Civil ao enumerar a confusão como forma de extinção da obrigação. Isso porque o art. 384 prevê que, cessada a confusão a dívida, se restabelece com todos os seus acessórios. Assim, Judith Martins-Costa, com base nas lições de Pontes de Miranda, explica que não há "ressurreição do crédito" que foi extinto e ressurge, mas, sim, pós-eficácia da obrigação. Ocorre verdadeira neutralização da obrigação (MARTINS-COSTA, Judith. *Comentários ao novo Código Civil*. Coordenação de Sálvio de Figueiredo Teixeira. Rio de Janeiro: Forense, 2003. v. V, t. I, p. 647).

[31] Ainda que se trate de decadência convencional, que nasce do acordo de vontades, esta extingue um direito potestativo e, portanto, não comporta renúncia. Exemplo disso se dá quando o consumidor contrata a garantia estendida, ou

por meio de ações constitutivas ou desconstitutivas, que podem criar (ação renovatória da locação do imóvel urbano), modificar (ação estimatória ou *quanti minoris*) ou extinguir (ação para reconhecimento de dolo como vício do consentimento) uma relação jurídica.

IV. INÍCIO DOS PRAZOS. A JURISPRUDÊNCIA QUE LÊ A DOUTRINA

É patente a dificuldade para se fazer uma interpretação justa e adequada quanto ao início dos prazos, buscando-se conciliar o justo e o seguro.

Como afirma Serge-Christophe Kolm, a justiça é simples, mas o mundo é complicado; por isso, a aplicação da justiça no mundo encerra algumas dificuldades. Isso não significa que deva prevalecer na interpretação a forma injusta de se aplicar a regra[32]. Se se preferisse a segurança jurídica à justiça, pela passagem inexorável do tempo linear, concluir-se-ia que todo e qualquer prazo decadencial ou prescricional se inicia imediatamente após a formação do negócio ou a ocorrência de um fato. Em contrapartida, se se preferisse a justiça à segurança, os prazos se iniciariam quando da ciência de um fato ou de um negócio jurídico.

1. Prescrição

Atualmente, o texto de lei fala da violação do direito para que nasça a pretensão (art. 189 do CC)[33]. O art. 205 do CC não menciona o início do prazo prescricional[34], enquanto o art. 206 o faz em raríssimas situações e, em sua maioria, nas hipóteses referentes ao direito empresarial, e não civil.

Deve-se separar a responsabilidade contratual da extracontratual para a compreensão do início do prazo prescricional.

Na obrigação contratual, o valor segurança se revela evidente. Os prazos se iniciam com a violação, tenha o credor ciência ou não do inadimplemento.

---

seja, o fornecedor concede uma garantia por período superior à prevista pelo CDC. Nessa hipótese, se a garantia expira e o fornecedor atende ao pleito do consumidor, não há renúncia à decadência, mas uma liberalidade do fornecedor. Não se pode renunciar a algo que se extinguiu.

[32] KOLM, Serge-Christophe. *Teorias modernas da justiça*, p. 37

[33] Art. 189. Violado o direito, nasce para o titular a pretensão, a qual se extingue, pela prescrição, nos prazos a que aludem os arts. 205 e 206.

[34] Art. 205. A prescrição ocorre em dez anos, quando a lei não lhe haja fixado prazo menor.

Alegar que não sabia que o descumprimento ocorrera significa, em última análise, que o credor não se preocupou com a execução do contrato, ou seja, que foi descuidado. A noção de Savigny pela qual a *actio nata* surge com a violação e independe do conhecimento do surgimento da pretensão revela-se absolutamente adequada. Conforme frisou-se anteriormente, todo o estudo da *actio nata* por Savigny passa pelo inadimplemento de obrigações contratuais, e não extracontratuais[35].

Tratando-se de responsabilidade civil extracontratual, ou seja, quando o dano advier de causa que não o prévio vínculo obrigacional entre as partes, a questão se modifica[36].

Diferentemente do descumprimento do contrato, em que o credor, por presunção legal, deve saber que o contrato foi inadimplido, nessa hipótese, a vítima não pode ser punida, como se negligente fosse, se sequer tinha ciência

---

[35] A assertiva se confirma pela própria lição de Savigny: "Entre os romanos, todas as ações resultavam de estipulações simples, que não eram limitadas a nenhuma condição ou prazo. Entre nós, como entre os romanos, todas as ações são baseadas em um contrato e tendo por objeto uma prestação única, se o credor não tem nada a oferecer, ou caso tenha cumprido sua obrigação. Assim, por exemplo, todas as ações dos comerciantes e dos trabalhadores em pagamento de mercadorias que foram entregues. Com efeito, em todos estes casos, o credor deve contar com um pagamento imediato e há negligência evidente de sua parte em não intentar sua ação, se o devedor não paga voluntariamente. Em circunstância semelhante, querer que depois de 30 anos o demandado prove uma interpelação feita e uma recusa de pagamento, será quase aniquilar, na prática, a vantagem da prescrição, pois, se a recusa tiver sido assim expressa, a ação quase sempre se segue, e os outros casos são os únicos importantes para a prescrição" (*Traité de droit romain*, p. 308).

[36] Menezes Cordeiro enfatiza a distinção entre a responsabilidade contratual (por ele chamada de obrigacional) e a extracontratual. A responsabilidade obrigacional está a serviço do "valor contrato", de que é um lógico prolongamento. Já a responsabilidade aquiliana não deriva de prévias obrigações específicas com conteúdo complexo e seus deveres. Enquanto a última surge em decorrência da inobservância de deveres genéricos de respeito, estruturalmente distintos e variáveis, em função das circunstâncias e do relacionamento específico entre os envolvidos, apenas com o fato ilícito e com os demais pressupostos da responsabilidade civil, na primeira é o prévio vínculo o motivo do surgimento da responsabilidade (*Tratado de direito civil português*, II. Direito das obrigações. Lisboa: Almedina, 2010. t. III, p. 390). Em suma, na responsabilidade contratual sabe o credor exatamente a vantagem que deverá ser imputada em sua esfera jurídica. Na responsabilidade aquiliana, só quando da ciência do dano-prejuízo que efetivamente se saberá.

do dano sofrido. Aqui o seguro é injusto[37]. Não se pode, nessa espécie de direito subjetivo, punir o titular que não promoveu sua pretensão, por ignorá-la.

A pretensão não poderia se iniciar com o dano-evento, pois este pode não causar dano-prejuízo[38]. E é o dano-prejuízo que se indeniza e é a ele que se referem os arts. 186 e 944 do Código Civil[39]. Também ocorrendo o dano-evento, não necessariamente será conhecido ou percebido o dano-prejuízo pela vítima.

Em matéria de acidente do trabalho, essa é a orientação do STJ:

> Súmula 278. O termo inicial do prazo prescricional, na ação de indenização, é a data em que o segurado teve ciência inequívoca da incapacidade laboral.

Também em matéria de DPVAT:

> Súmula 573 do STJ: Nas ações de indenização decorrente de seguro DPVAT, a ciência inequívoca do caráter permanente da invalidez, para fins de contagem do prazo prescricional, depende de laudo médico, exceto nos casos de invalidez permanente notória ou naqueles em que o conhecimento anterior resulte comprovado na fase de instrução.

---

[37] Nesse sentido já se decidiu: "Na acepção jurídica, 'prescrição' exprime o modo pelo qual o direito se extingue, em vista do seu não exercício, em razão do fator tempo. Pressupõe a existência de um direito anterior, bem como a inércia da parte revelada na negligência ou inércia na defesa desse direito, dentro de um prazo fixado em lei, cuja defesa é necessária para o seu não perecimento. Haverá situações em que a parte se verá impossibilitada de agir, sem que isso se afigure inércia ou negligência, daí os casos legais de imprescritibilidade. Mas há outras situações em que a parte pode se valer da tutela jurisdicional competente, mas se mantêm inerte e negligente, daí os casos de decretação da prescrição, conforme autorização legislativa" (REsp 1191977/MG, Rel. Min. Benedito Gonçalves, 1.ª Turma, j. 05.04.2011, *DJe* 14.04.2011). Em que pese o equívoco de se mencionar extinção do direito, o julgado deixa claro que a prescrição pressupõe negligência da parte.

[38] Isso não significa que a vítima discutirá negligência ou não quanto ao conhecimento do dano-prejuízo. Seu ônus será o de provar a data em que teve o conhecimento desse dano.

[39] "Art. 186. Aquele que, por ação ou omissão voluntária, negligência ou imprudência, violar direito e causar dano a outrem, ainda que exclusivamente moral, comete ato ilícito."
"Art. 944. A indenização mede-se pela extensão do dano."

Mesmo em termos de danos causados pelo Estado, essa é a orientação do STJ:

> 1. Consoante jurisprudência deste Superior Tribunal de Justiça, nas ações que visam a discutir a responsabilidade civil do Estado **o termo inicial do prazo prescricional dá-se no momento em que constatada a lesão e seus efeitos**. A propósito: AgRg nos EDcl no AREsp. 446.496/DF, Rel. Min. Benedito Gonçalves, *DJe* 14.02.2017; e AgInt no AREsp 950.407/GO, Rel. Min. Herman Benjamin, *DJe* 08.11.2016 (AgInt no AREsp 157.500/PA, Rel. Min. Napoleão Nunes Maia Filho, 1.ª Turma, j. 28.03.2017, *DJe* 05.04.2017).

Duas consequências surgirão dessa conclusão pela qual o prazo prescricional, em caso de responsabilidade extracontratual, só se inicia com o dano-prejuízo e sua ciência pela vítima. A primeira é a de que caberá à vítima fazer a prova do momento exato da ciência para que se permita o cômputo do prazo prescricional. Será fato constitutivo de seu direito. Se não provar quando teve a ciência, quer por prova documental, testemunhal, ou qualquer outra pelo direito admitida, o juiz aplicará o texto frio da lei para, utilizando-se do momento do dano-evento, decidir se a pretensão prescreveu ou não.

A segunda consequência é a de que a noção de conhecimento, de ciência, se dará necessariamente de acordo com o *standard* do homem médio[40], ou seja, de acordo com a conduta que se espera da pessoa comum. Em outras palavras, se, no caso concreto, o homem médio teria conhecimento do fato a ensejar o início da prescrição, mas aquele credor especificamente não o teve, o prazo se iniciará de acordo com esse padrão[41].

Assim já decidiu o TJSP em rumoroso caso de danos causados por administradores ao Banco Santos:

> No caso concreto, razoável que o prazo trienal conte a partir da intervenção, ou, na interpretação mais generosa do Eminente Desembargador Revisor, da data em que o relatório da equipe de auditoria das contas do Banco Santos foi juntada aos autos da liquidação extrajudicial, e se abriu a oportunidade de a comunidade

---

[40] Conforme explica Rubens Limongi França, o *standard* jurídico consiste em critério básico de avaliação de certos conceitos jurídicos indefinidos variáveis no tempo e no espaço (LIMONGI FRANÇA, Rubens. *Manual de direito civil*. 4. ed. São Paulo: RT, 1980. v. 1, p. 23).

[41] Se o desconhecimento se deu em razão da força maior ou do caso fortuito, como a análise se dá com relação ao homem médio, o prazo também não se iniciará.

de credores, presentada pelo liquidante, conhecer a fraude. Não faria sentido postergar o termo inicial do prazo prescricional por tempo indeterminado, sujeito a situação subjetiva e não demonstrada nos autos, qual seja, o momento exato em que o liquidante tomou conhecimento da fraude. Se assim fosse, nasceria intolerável contradição em termos: quanto mais negligente o liquidante, mais elástico seria o prazo prescricional. Quanto mais diligente fosse, antes se iniciaria a fluência do prazo (Rel. Francisco Loureiro, São Paulo, 1.ª Câmara Reservada de Direito Empresarial, j. 31.08.2016, registro 02.09.2016, outros números: 1935090920088260100500000).

2. Decadência

Quanto ao início do prazo decadencial, para a conciliação dos valores da justiça e da segurança, isto é, para que a segurança seja fonte de justiça, e não desculpa para injustiças, temos o seguinte: tratando-se de direitos patrimoniais, o prazo decadencial se inicia com a ciência da realização do negócio ou do fato que permite o exercício do direito potestativo[42]-[43]. Contudo, tratando-se de norma que cuida de direito indisponível, em que a segurança jurídica se revela fundamental, efetivamente os prazos se iniciam a partir da conclusão do ato ou negócio.

---

[42] Tratando-se de direito que recaia sobre imóvel, é o registro que dá publicidade ao ato e com ele se iniciam os prazos decadenciais. A tese não foi acolhida pelo TJSP que admitiu o início da prescrição/decadência, na doação de pai para filho com a morte do genitor, e não com as datas dos registros dos títulos no RI: "nem se alegue que o registro das transferências imobiliárias, diante do caráter público, afastaria o reconhecimento de que a ciência dos interessados deu-se apenas com o óbito e abertura da sucessão [...] não seria razoável exigir, e sequer possível, que os filhos do alienante, afastados de seu convívio familiar, acompanhassem os registros referentes ao patrimônio do pai, como forma de administrar a regularidade de disponibilização patrimonial. Não há que se falar, assim, em inércia dos autores, seja contada da data da formalização dos negócios jurídicos, seja com termo inicial com o advento da capacidade civil relativa (16 anos)" (Rel. Egidio Giacoia, Descalvado, 3.ª Câmara de Direito Privado, j. 14.03.2017, registro 14.03.2017).

[43] Nelson Nery Junior e Rosa Maria Andrade Nery afirmam que o prazo se inicia com a conclusão do ato para os próprios partícipes, e para terceiro quando este tomar ciência do ato anulando. Se o ato estiver registrado (registro civil, de imóveis ou pessoa jurídica), é a partir do dia do registro que se iniciam os prazos (*Código Civil anotado*, p. 236).

Como exemplo de casos em que o prazo decadencial diz respeito a negócios jurídicos de conteúdo patrimonial – e que, portanto, só se inicia com a ciência do negócio ou de certo fato –, podem-se mencionar as hipóteses de anulação dos negócios jurídicos de conteúdo patrimonial por erro, dolo, coação[44], lesão, estado de perigo ou fraude contra credores (art. 178); a anulação da venda de ascendente para descendente sem a concordância dos demais descendentes e do cônjuge (arts. 179 e 496); o prazo para a reclamação decorrente dos vícios redibitórios[45] (art. 445) etc.

Se se tratar de direitos indisponíveis, em que o valor da segurança é fundamental para a sociedade, os prazos efetivamente se iniciam conforme determina a lei. Ainda que haja um fato que se deva saber ou conhecer para permitir o exercício do direito potestativo, em razão do interesse coletivo pela segurança jurídica, o justo será o seguro.

É o caso da anulação do casamento que, além de causar problemas de natureza patrimonial em razão do regime de bens (direito disponível, portanto), gera, ainda, dificuldades quanto ao estado civil da pessoa natural (que de casado volta a ser solteiro), bem como efeitos retroativos que gerariam insegurança evidente[46].

---

[44] Essa premissa não se aplica ao casamento, conforme se explicará.

[45] A flexibilização do prazo decadencial previsto em lei não representa novidade para a jurisprudência brasileira. Wilson Bussada (*Prescrição civil nos tribunais*. São Paulo: Brasiliense, [s.d.]. v. 4, p. 99-100) transcreve interessante julgado da década de 1960 a esse respeito: "1. A hipótese dos autos é de típico vício redibitório. Trata-se da venda de gado leiteiro, feita sem qualquer ressalva quanto ao prazo de verificação das condições sanitárias que aparentava, no momento da venda. O prazo para reclamar defeito oculto, *verbi gratia*, a doença do gado, é o do art. 178, § 2.º, prazo de decadência, preclusivo no dizer de Pontes de Miranda (*Tratado* 6/329, n. 2), e se conta da tradição da coisa. Segundo a inicial, funda-se a ação no vício oculto, consistente em a moléstia posteriormente verificada no gado; e, ao que afirma o autor em seu depoimento pessoal, a tradição do gado ocorreu cerca de seis dias após a compra. Ora, esta se deu aos 16-5-64 (fls.); e assim, entre essa data e a da propositura da ação, decorridos eram os quinze dias previstos na lei. Certo que doutrina e jurisprudência têm admitido, em aplicando o art. 178, § 2.º, que o prazo de quinze dias tenha início, em se tratando de máquina, após a experimentação das mesmas; e também não aplicando esse prazo de decadência quando não se trata de vício redibitório, e sim da ação de adimplemento não satisfatório (Pontes de Miranda, ob. cit., 6/330)" (TJSP, 6.ª Câmara Cível, Apelação 140.871, Rel. Des. Dimas R. de Almeida, v.u. 11.03.1965, *RT* 356/218).

[46] Por exemplo, a declaração de putatividade pode gerar a seguinte situação: o cônjuge de boa-fé recebe todos os efeitos do casamento válido, e o de má-fé, não.

V. CONCLUSÃO

A leitura da doutrina pelo julgador é imprescindível para que as decisões tenham base e sejam consideradas justas por vencedores e vencidos. É função da doutrina aprofundar suas reflexões de maneira responsável para permitir ao julgador aplicar os estudos ao caso concreto.

É por essa razão que a longa e produtiva construção doutrinária a respeito de prescrição e decadência se consolida no texto da lei (Código Civil e Código de Defesa do Consumidor) e passa a ser considerada pela orientação jurisprudencial. A tese de Agnelo Amorim Filho venceu é foi acolhida pela jurisprudência.

O que se percebe, no atual momento histórico, é que a tese defendida no presente artigo sobre o início dos prazos prescricionais começa a ter ampla adoção pelo Superior Tribunal de Justiça. Quanto à decadência, a tese precisa de maior experimentação para ser adotada.

BIBLIOGRAFIA

AMARAL, Francisco. *Direito civil*.

AMORIM FILHO, Agnelo. *Critério científico para distinguir a prescrição da decadência e para identificar as ações imprescritíveis*.

ANDRADE, Manuel Domingues de. *Teoria geral da relação jurídica*.

AUBRY, Charles; RAU, Charles Frédéric. *Cours de droit civil Français d'aprés la méthode de Zachariae*. 4. ed. Paris: Marchal e Billard, 1879. t. 8.

ÁVILA, Humberto. *Segurança jurídica no direito tributário*. 2009. Tese (Professor Titular de Direito Tributário) – Faculdade de Direito da Universidade de São Paulo, São Paulo.

BORGES. Paulo Torminn. *Decadência e prescrição*.

BUSSADA, Wilson. *Prescrição civil nos tribunais*. São Paulo: Brasiliense, [s.d.]. v. 4.

CÂMARA LEAL, Antônio Luís da. *Da prescrição e da decadência*.

CHARNAGE, Dunod de. *Traité des prescriptions de l'aliénation des biens d'Eglise e de dixmes suivant les droits Civil e Canon, la jurisprudence du Royaume e les usage du Comté de Bourgogne*.

CINTRA, Antônio Carlos de Araújo; GRINOVER, Ada Pellegrini; DINAMARCO, Cândido Rangel. *Teoria geral do processo*. 23. ed. São Paulo: Malheiros, 2007.

CRUZ E TUCCI, José Rogério. *Tempo e processo*: uma análise empírica das repercussões do tempo na fenomenologia processual (civil e penal). São Paulo: RT, 1997.

FEDERIGHI, Suzana Catta Petra. A prescrição e a decadência no CDC. In: CIANCI, Mirna (Org.). *Prescrição no Código Civil*: uma análise interdisciplinar. 2. ed. São Paulo, Saraiva, 2006.

KOLM, Serge-Christophe. *Teorias modernas da justiça*.

LIMONGI FRANÇA, Rubens. *Direito intertemporal brasileiro:* doutrina da irretroatividade das leis e do direito adquirido. 2. ed. São Paulo: RT, 1968.

_____. *Manual de direito civil*. 4. ed. São Paulo: RT, 1980. v. 1.

MARCATO, Antonio Carlos. *Procedimentos especiais*.

MARQUES, José Dias. *Prescrição extintiva*.

MARTINS-COSTA, Judith. *Comentários ao novo Código Civil*. Coordenação de Sálvio de Figueiredo Teixeira. Rio de Janeiro: Forense, 2003. v. V, t. I.

MENEZES CORDEIRO. *Tratado de direito civil português*, II. Direito das obrigações. Lisboa: Almedina, 2010. t. III.

MOREIRA ALVES, José Carlos. *Direito romano*. v. 1.

NERY JUNIOR, Nelson; NERY, Rosa Maria Andrade. *Código Civil anotado*.

PONTES DE MIRANDA, F. C. *Tratado de direito privado* – Parte geral – Eficácia jurídica. Determinações inexas e anexas. Direitos. Pretensões. Ações.

SAVIGNY, Friedrich Carl. *Traité de droit romain*.

TARTUCE, Flávio. Disponível em: <http://www.migalhas.com.br/Familiae Sucessoes/104,MI259678,31047-STF+encerra+o+julgamento+sobre+a +inconstitucionalidade+do+art+1790+do>. Acesso em: 31 maio 2017.

TEPEDINO, Gustavo; BARBOZA, Heloisa Helena; MORAES, Maria Celina Bodin de. *Código Civil interpretado conforme a Constituição da República*.

6

QUESTÕES POLÊMICAS SOBRE A PRESCRIÇÃO

Marco Aurélio Bellizze Oliveira

Sumário: 1. Introdução. Prescrição no Código Civil de 2002. Operabilidade e segurança jurídica. Redução dos prazos prescricionais. Delimitação dos temas; 2. Pretensão de anular/revisar cláusula contratual. Submissão a prazo decadencial; 2.1. Termo inicial. Contrato de execução imediata ou contrato de trato sucessivo (se extinto ou em vigor). Relevância; 2.2. Usual (e quase inerente) cumulação com a pretensão de repetição do indébito. Submissão a prazo prescricional. Ação fundada em enriquecimento sem causa. Embasamento teórico. Prazo prescricional trienal; 2.3. Unificação do prazo prescricional para ações condenatórias, fundadas em ilícito contratual, extracontratual ou enriquecimento sem causa. Eloquência do legislador para situações absolutamente símeis; 3. Aplicação indevida do prazo residual decenário, a pretexto de alegada ausência de prazo prescricional específico, para a pretensão de ressarcimento decorrente de enriquecimento sem causa. Outras situações; 4. Reconhecimento de ofício da prescrição. Incompatibilidade, em princípio, com a natureza do instituto. Viabilização do (imprescindível) contraditório pelo novo CPC, inclusive na hipótese do parágrafo único do art. 487 do CPC/2015; 5. Prescrição intercorrente sob a vigência do CPC/1973; 6. Referências.

1. INTRODUÇÃO. PRESCRIÇÃO NO CÓDIGO CIVIL DE 2002. OPERABILIDADE E SEGURANÇA JURÍDICA. REDUÇÃO DOS PRAZOS PRESCRICIONAIS. DELIMITAÇÃO DOS TEMAS

Com o claro propósito de estancar a intranquilidade social, no bojo das relações jurídicas, gerada pelo potencial (e indefinido) exercício de uma ação destinada à realização de uma prestação fundada na lesão ou ameaça a um direito do autor, ou pelo potencial (e incerto) exercício de um direito potestativo a sujeitar outrem, independentemente de sua vontade, os institutos da prescrição e da decadência delimitam um termo, suficiente em si, para a concretização da pretensão em juízo ou do direito, respectivamente.

Para o fim a que se destina – segurança jurídica advinda da estabilização das relações sociais –, a mensuração desse prazo (prescricional e decadencial), pelo legislador, deve observar parâmetros de razoabilidade bem definidos.

Há que se estipular, assim, um espaço temporal idôneo para que o titular do direito violado ou ameaçado, no caso da prescrição, promova a correspondente ação condenatória. De igual modo, no caso da decadência, deve-se conferir ao titular do direito potestativo um período suficientemente razoável para exercê-lo (que pode ou não ser efetivado mediante ação judicial). Esses prazos, por outro lado, não podem ser demasiadamente alongados, sob pena de frustrar, inarredavelmente, a própria finalidade dos institutos, em manifesto prejuízo do sistema jurídico como um todo.

Com esse norte, o Código Civil de 2002 – que primou pela operabilidade de seus termos, notadamente ao tratar dos institutos da prescrição e da decadência, com substrato no insuperável critério científico proposto pelo Professor Agnelo Amorim Filho[1], declaradamente reconhecido na exposição de motivos do Códex, conforme bem acentua Flávio Tartuce[2] –, reduziu substancialmente os correlatos prazos.

Efetivamente, a substancial redução dos prazos prescricionais operada pelo Código Civil de 2002, em cotejo com o diploma de 1916, não representou, como açodadamente poderia se supor num primeiro momento, menor proteção ao direito ameaçado ou lesado, de modo a limitar o exercício da cidadania, na defesa dos direitos.

Aliás, como efeitos reversos, a estipulação de prazos demasiadamente longos impede a desejada estabilização das relações jurídicas consolidadas no tempo; dificulta a produção de prova, tornando-a dispersa ou ainda mais perecível; posterga o exercício dos direitos e, com isso, diminui a sua efetividade; agrava o passivo das condenações; obstrui o sistema judiciário mediante a propositura tardia de milhares de demandas de massa (*e.g.*,

---

[1] Critério científico para distinguir a prescrição da decadência e para identificar as ações imprescritíveis. *Revista de Direito Contemporâneo*, São Paulo, ano 3, v. 7, p. 343-375, abr.-jun. 2016.

[2] *Manual de direito civil*. 5. ed. Rio de Janeiro: Forense; São Paulo: Método, 2015. volume único, p. 276-277.

expurgos inflacionários de cadernetas de poupança ou de FGTS; subscrição de ações de telefonia), prejudicando, assim, a consolidação desses direitos por meio de tutela coletiva; entre outros efeitos deletérios do tempo.

Por conseguinte, a eleição de prazo razoável e suficiente, condizente, inclusive, com a revolução tecnológica produzida nos meios de comunicação e de informação, tal como proposto pelo Código Civil de 2002, em sua base empírica e científica, corrobora, indiscutivelmente, para a efetivação dos direitos.

Assim, com a percepção de que o legislador estabeleceu um prazo idôneo ao exercício de ação destinada a reparar a lesão ou ameaça do direito do autor, não cabe ao aplicador do direito, uma vez exaurido esse termo (o qual não comporta dilação), valer-se de interpretações que se afastem dos critérios efetivamente adotados pelo Código Civil de 2002, inclusive, com a eleição do prazo residual decenário, em detrimento dos prazos específicos previstos em lei especial ou no art. 206, em mesmo de outras fontes legislativas não aplicáveis à hipótese para esse fim (aplicação indevida da teoria do diálogo das fontes), tudo para, em última análise, salvar a pretensão já prescrita.

A fulminação da pretensão reparatória a ser postulada em juízo, pela fluência do prazo prescricional, ainda que pesarosa, é circunstância que deve ser atribuída única e exclusivamente à inércia do demandante. Não há, pois, como comprometer o sistema jurídico, globalmente considerado, a segurança jurídica que dele se espera e o tratamento isonômico às pessoas, de assento constitucional, para, em determinadas situações, ampliar, indevidamente, o prazo da ação indenizatória, a pretexto de melhor salvaguardar o direito violado.

Todavia, passados mais de quatorze anos da vigência do Código Civil de 2002, em que pese a destacada operabilidade de seus termos, especialmente na disciplina da prescrição e decadência, constata-se, ainda hoje, para a solução de conflitos pertinentes ao tema, a indevida utilização de critérios então adotados pelo Código Civil de 1916 (tal como a distinção entre direitos reais e pessoais, a incidir, nesse último caso, o prazo geral), há muito hostilizados pela doutrina especializada e, por conseguinte, não reproduzidos pelo Código Civil de 2002.

Sob a sistemática do Código Civil de 1916, em que os prazos decadenciais e prescricionais foram inadvertidamente alocados sob uma mesma denominação e no mesmo capítulo, conferindo-lhes tratamento único, estabeleceu-se, no caso de não haver prazo prescricional específico, que a pretensão deveria ser exercida no prazo de 20 anos para as ações pessoais, e de 10 ou de 15 anos, para as ações reais (art. 177). Diante da ausência de aporte técnico e científico, coerente com tais institutos, causador, por conseguinte, de inúmeras dúvidas em sua aplicação prática, tal critério não foi reproduzido no Código Civil de 2002.

Como já anotado, o Código Civil de 2002, com esteio no critério científico proposto pelo Prof. Agnelo Amorim Filho[3], correlacionou a natureza do provimento judicial perseguido, em paralelo aos direitos subjacentes (classificados em meramente facultativos/subjetivos e potestativos), com os institutos da prescrição e da decadência.

Em síntese, para as ações condenatórias, em que se pretende a realização de uma prestação por parte do demandado, em razão da violação do direito do autor, no que se insere, indistintamente, toda a gama de direitos pessoais e reais, reconheceu-se a sua prescritibilidade (e somente destas), atribuindo-lhes prazos específicos para inúmeras hipóteses (muitas delas não previstas no CC/1916), constantes do art. 206, e um prazo geral, decenário, constante do art. 205, aplicável apenas residualmente. Já se pode antever que o prazo prescricional tangencia interesse adstrito às partes, o que deve ser levado em consideração por ocasião da análise acerca da possibilidade (ou não) de seu reconhecimento de ofício pelo juiz, com reflexos, inclusive, para a incidência da denominada prescrição intercorrente – questões a serem analisadas em tópico próprio. Para as ações constitutivas, nas quais se buscam a criação, a modificação ou a extinção de um estado jurídico, em razão do exercício de um direito potestativo (que, por definição, não comporta violação, apenas sujeição pela parte adversa), estipularam-se prazos decadenciais esparsos no Código Civil. Ainda para essa categoria, se não houver prazo específico na lei para o exercício do direito potestativo, este é exercitável a qualquer tempo, conferindo-se-lhe o caráter de perpetuidade (v.g., "ação de divisão, várias ações de estado, inclusive a investigatória de paternidade; de demarcação, e de quase todas as ações de nulidade"[4]). Por fim, para as ações declaratórias (puras), nas quais se pretende, tão somente, a obtenção de uma certeza jurídica, atribuiu-se a elas o caráter de imprescritibilidade (ou melhor, de perpetuidade), já que não relacionadas à reparação/proteção de um direito subjetivo, nem ao exercício de um direito potestativo.

Como se verifica, o Código Civil atual, além de preceituar novas pretensões com prazo de exercício específico (anteriormente não contempladas),

---

[3] AMORIM FILHO, Agnelo. *Critério científico para distinguir a prescrição da decadência e para identificar as ações imprescritíveis* cit., p. 2.

[4] AMORIM FILHO, Agnelo. *Critério científico para distinguir a prescrição da decadência e para identificar as ações imprescritíveis* cit., p. 2.

não mais adota a distinção entre ações pessoais e reais, para a fixação do prazo residual, agora de dez anos.

Não obstante, para situações já reguladas pelo Código Civil de 2002, é possível identificar, na jurisprudência dos Tribunais pátrios, inclusive do Superior Tribunal de Justiça, a adoção de tal critério previsto na legislação anterior, como visto, *in totum* superado, para regular as pretensões advindas de uma relação contratual. Na verdade, o único fundamento utilizado em tais decisões, a fim de justificar a aplicação do prazo residual decenal, previsto no art. 205, para pretensões oriundas de relações contratuais, é o fato de a correlata ação versar sobre um direito pessoal.

Não há, todavia, mais suporte legal a autorizar a aplicação do prazo geral, tal como se verificava no sistema anterior, simplesmente porque a demanda versa sobre direito pessoal. Afinal, as ações (condenatórias) sujeitas à prescrição referem-se à pretensão de obter uma prestação, decorrente da violação do direito do autor, no que se inserem, indistintamente, todos os direitos pessoais e reais. No atual sistema, há que analisar, inicialmente, se a pretensão está especificada no rol do art. 206 ou, ainda, nas demais leis especiais, para, apenas subsidiariamente, ter incidência o prazo decenário, constante do art. 205.

Pode-se, nessas linhas gerais, assentar que, tratando-se de ação de reparação civil, seja ela por responsabilidade contratual (inadimplemento) ou extracontratual (risco ou dano), a correlata pretensão deve ficar adstrita ao marco prescricional trienal disposto no art. 206, § 3.º, V, do Código Civil, tema que será pontualmente retomado.

Ainda vinculado às premissas superadas pela legislação civil anterior, verifica-se, também, uma verdadeira dispersão de conclusões quanto ao prazo prescricional a ser aplicado, a depender simplesmente da nomenclatura atribuída à ação no momento de seu ajuizamento, de todo irrelevante para o fim em comento.

A evidenciar o despropósito de tal parâmetro, o prazo prescricional das pretensões deduzidas em Juízo estaria sujeito a variações de um a dez anos simplesmente pelo fato de o autor denominar a ação ora de enriquecimento sem causa (ou locupletamento ilícito), ora de responsabilidade ou reparação civil, ora de repetição do indébito (ou devolução de valores cobrados indevidamente, ou ressarcimento por cobrança indevida), ora de revisional de contrato, ora de cobrança.

Por evidente, tal critério, de manifesta atecnia, deve ser prontamente rechaçado do sistema, porquanto catalisador de profunda insegurança jurídica, com tratamento claramente anti-isonômico, na medida em que, para situações de mesmo substrato fático, adota prazos prescricionais díspares, com esteio unicamente no *nomen juris* atribuído à petição inicial, ao talante do demandante, de absoluta irrelevância jurídica.

É preciso, pois, às questões afetas à prescrição conferir tratamento consonante com a sistemática adotada pelo Código Civil, atentando-se, necessariamente, à natureza do instituto.

Assim, a partir dessas considerações, tomando-se por base os critérios efetivamente adotados pelo Código Civil de 2002 e em atenção à natureza dos institutos, passa-se, pontualmente, a tratar de questões correlatas que têm suscitado interpretações divergentes, sem a pretensão, todavia, de esgotar o tema. Entre elas, a controvérsia existente quanto (à decadência e) à prescrição das ações anulatórias/revisionais de cláusula contratual, cumulada com repetição do indébito; quanto à abrangência das ações fundadas em enriquecimento sem causa, para efeito de prescrição; quanto à (im)possibilidade de reconhecimento de ofício da prescrição e quanto à prescrição intercorrente, sob a sistemática do CPC/1973.

2. PRETENSÃO DE ANULAR/REVISAR CLÁUSULA CONTRATUAL. SUBMISSÃO A PRAZO DECADENCIAL

Ponto de intensas controvérsias, no âmbito doutrinário e jurisprudencial, está em definir a que tipo de prazo, se decadencial ou prescricional, submete-se a ação destinada a anular (ou revisar) cláusula contratual, comumente cumulada com a devolução da cobrança indevida – ou seja, com o pedido condenatório relacionado à repercussão financeira decorrente da pretendida anulação –, e qual seria esse prazo. Além de a demanda possuir objetos distintos, cujo tratamento deve ser necessariamente individualizado, o enfrentamento da questão deve considerar as suas nuances, observadas, ainda, as circunstâncias de ser o contrato de execução imediato ou de trato sucessivo e, neste último caso, encontrar-se extinto ou em vigor.

Em relação ao direito de anular cláusula contratual (isoladamente considerado), de sua análise extrai-se a inicial constatação de que o autor da correspondente ação não tem por propósito fulminar a relação contratual globalmente considerada, com a restauração do *status quo ante*, reputando-a nula, mas, sim, o reconhecimento judicial da abusividade/ilicitude de determinada estipulação contratual e, consequente e necessária, desconstituição ou adequação aos termos reputados lícitos.

É comum, aliás, que, mesmo à parte demandante a quem aproveite a anulação de determinada cláusula contratual, também seja de seu interesse a manutenção da avença, como ocorre, por exemplo, em contratos de prestação de serviço de saúde, de prestação de serviços educacionais, de empréstimos bancários, entre outros. Cuida-se, como se constata, de invalidação parcial do negócio jurídico, consoante dicção do art. 184 do Código Civil:

> Respeitada a intenção das partes, a invalidade parcial de um negócio jurídico não o prejudicará na parte válida, se esta for separável; a invalidade da obrigação principal implica a das obrigações acessórias, mas a destas não induz a da obrigação principal.

Logo, eventual declaração de nulidade da cláusula inquinada abusiva – **e aqui reside discussão quanto ao momento final em que este direito poderia ser exercido, caso se trate de uma nulidade absoluta ou relativa** – não teria o condão de invalidar a relação contratual por inteira, pois, em atenção ao princípio da conservação dos atos e negócios jurídicos, somente a cláusula viciada seria extirpada ou readequada nos termos propostos.

A discussão relatada *supra* refere-se à compreensão de que a ação de nulidade envolveria uma nulidade absoluta, não passível de convalidação no tempo ante o interesse público subjacente, e de que a ação de anulação, por sua vez, trataria de uma nulidade relativa, passível de convalidação no tempo por se referir a interesse exclusivamente adstrito às partes.

A invalidade de determinado ato jurídico, seja ela absoluta ou relativa, decorre da inarredável conclusão de que tal ato não se conforma com o direito. À guisa de exemplo, pode-se afirmar que a constatação, em si, de que uma cláusula contratual, inserida numa relação jurídica consumerista, é abusiva e, portanto, contrária à lei, não é suficiente para se afirmar que se está diante de uma nulidade absoluta, arguível a qualquer tempo, se ela não tiver o condão de fulminar a própria relação contratual, com esteio em uma das causas previstas no art. 166 do Código Civil.

Tal distinção remonta a antigo e relevante debate doutrinário quanto à natureza das chamadas ações de nulidade, em contrapartida às ações de anulação, cabendo inferir se o provimento judicial ali perseguido, isoladamente considerado, ostentaria, puramente, carga declaratória ou constitutiva negativa. Afinal, como assinalado na introdução deste trabalho, essa definição afigura-se relevante para identificar se tal ação seria imprescritível, reconhecido seu viés exclusivamente declaratório, ou decadencial, verificado seu caráter constitutivo (negativo).

Já se pode antever, de plano, que a ação de nulidade, assim como a ação de anulação não se submetem à prescrição, pois, por não envolverem nenhuma violação a direito subjetivo do autor, com elas, sob esse exclusivo objeto, não se pretende a obtenção de uma prestação/condenação em face do réu.

Parece-nos que a pretensão de nulificar ou anular um negócio jurídico, ainda que objetive um pronunciamento judicial declaratório, encerra, também, a inerente finalidade de modificar o estado fático e jurídico das coisas, a evidenciar seu viés constitutivo. Não se busca, tão somente, obter uma certeza jurídica sobre determinado fato (no caso, sua invalidade), pretende-se, necessariamente, a restauração do *status quo ante* ou a adequação do negócio jurídico aos termos reputados lícitos.

Atendo-se, pois, à específica pretensão de nulificar ou de anular um negócio jurídico (sem considerar, nesse momento, as possíveis repercussões financeiras daí decorrentes, que dependem de pedido nesse sentido e da demonstração da violação do direito alegado), é possível concluir que a correlata ação encerra um direito potestativo da parte contratante que com ela se beneficie. Efetivamente, a pretensão, em si, de nulificar ou anular um negócio jurídico que se apresente eivado de vício é direito que assiste à parte contratante que, com sua extirpação, se beneficie, independentemente da concordância da parte adversa. Esse direito, isoladamente considerado, por conseguinte, não é passível de nenhuma violação.

Tratando-se, pois, de ações constitutivas, nas quais se pretendem a criação, a modificação ou a extinção de um estado fático e jurídico (o que se dá, indistintamente, tanto na ação de nulidade como na ação de anulação de negócio jurídico), em razão do exercício de um direito potestativo (o qual, por definição, não comporta violação, apenas sujeição pela parte adversa), seu exercício submete-se aos prazos decadenciais previstos, de modo esparso, no Código Civil e em leis especiais. Se não houver prazo específico na lei para o exercício do direito potestativo, este é exercitável a qualquer tempo, conferindo-se-lhe o caráter de perpetuidade, como se dá em quase todas as ações de nulidade.

Não se olvida, no ponto, a existência de respeitável corrente doutrinária que, diversamente, imprime às ações de nulidade um caráter unicamente declaratório, a fim de justificar a sua imprescritibilidade. *Permissa venia*, sem descurar da correta e pertinente distinção acerca da natureza do vício que inquina determinado ato jurídico – nulidade absoluta, que, por tangenciar o próprio interesse público, não comporta convalidação no tempo; e nulidade relativa, que, por se referir a interesse adstrito às partes, poderia convalidar-se no tempo –, o provimento judicial perseguido nas ações de nulidade e de anulação ocasiona, inarredavelmente, a alteração do estado fático e jurídico das coisas, seja pela restauração do *status quo ante,* seja pela extirpação ou readequação do ato jurídico nos termos pretendidos, respectivamente. De fato, como bem destaca o Prof. Agnelo Amorim Filho[5], em referência à advertência tecida por Pontes de Miranda, não se haveria de equiparar atos nulos, que produzem efeitos no mundo jurídico, a despeito de sua desconformidade com o direito, com atos inexistentes, pois somente a declaração judicial de nulidade do ato, por si, não teria o condão de retirá-lo do mundo jurídico.

A par da divergência doutrinária supradestacada, para efeitos práticos, a ação de nulidade é exercitável a qualquer tempo, atribua-se a ela o caráter meramente declaratório e, como tal, imprescritível, ou, como se entende corretamente, o viés constitutivo, em que, não havendo prazo decadencial fixado em lei para o exercício do correlato direito potestativo, como se dá comumente nos casos de nulidade absoluta, assume o caráter de perpetuidade.

O Código Civil de 2002, de modo a ceifar qualquer discussão a respeito de tal conclusão, especificamente aos negócios jurídicos (no que importa ao presente trabalho), preceituou, em seu art. 169, que "o negócio jurídico nulo não é suscetível de confirmação, nem convalesce pelo decurso do tempo". No art. 166, por sua vez, explicitou, taxativamente, as circunstâncias em que o negócio jurídico revela-se nulo de pleno direito. Tratando-se de negócio jurídico anulável, por sua vez, o direito de anulá-lo deve ser exercido no prazo decadencial de quatro anos, nos casos de coação, erro, dolo, fraude contra credores, estado de perigo, lesão, ou de ato de (relativamente) incapaz; ou de dois anos, "quando a lei dispuser que determinado ato é anulável, sem estabelecer prazo para pleitear-se a anulação", a contar da conclusão do ato, consoante dispõem os arts. 178 e 179 do diploma civil.

Se o direito de nulificar um negócio jurídico é exercitável a qualquer tempo, ao passo que o direito de anulá-lo o é no prazo decadencial previsto em lei, remanesce ao intérprete a incumbência de identificar qual a espécie de nulidade que inquina o negócio jurídico. Como já adiantado, a invalidade de determinado negócio jurídico, seja ela absoluta ou relativa, provém de sua não conformidade com o direito, não se afigurando (a ilicitude), em si, critério idôneo para esse propósito.

Para esse escopo, o art. 166 do Código Civil, taxativamente, apontou as circunstâncias em que o negócio jurídico revela-se nulo de pleno direito. De tais hipóteses é possível verificar que os vícios ali identificados, se presentes, têm o condão de fulminar o negócio jurídico como um todo, necessariamente, não comportando a subsistência do negócio jurídico em nenhum de seus aspectos, ainda que houvesse confirmação pelas partes.

---

[5] AMORIM FILHO, Agnelo. *Critério científico para distinguir a prescrição da decadência e para identificar as ações imprescritíveis* cit., p. 2.

Aliás, a ratificar essa regra, o próprio Código Civil, nos arts. 167 e 170, previu as únicas situações em que poderá haver a subsistência do que se dissimulou (e não do negócio jurídico propriamente realizado), se válido na substância e na forma; ou, possuindo os requisitos próprios de outro negócio jurídico, a subsistência deste (outro), quando o fim a que visavam as partes permitir supor que o teriam pretendido, se houvessem previsto a nulidade. Portanto, em regra, o negócio nulo não comporta a permanência de nenhum de seus termos.

Não se ignora tampouco se deixa de reconhecer que a anulação de um negócio jurídico, nos casos de coação, erro, dolo, fraude contra credores, estado de perigo, lesão, de ato de (relativamente) incapaz, ou em outros casos em que a lei o considere anulável, também pode importar em sua completa fulminação. Afinal, como dispõe o art. 182 do Código Civil, "anulado o negócio jurídico, restituir-se-ão as partes ao estado em que antes dele se achavam, e não, sendo possível restituí-las, serão indenizadas com o equivalente". Todavia, tratando-se de negócio jurídico anulável, justamente por ser passível de convalidação no tempo, às partes é dada a possibilidade de confirmar seus termos integralmente ou na extensão em que reputarem adequados, segundo seus interesses (o que não se dá quando o negócio jurídico é nulo, segundo o art. 166 do Código Civil).

Assim, não verificado nenhum dos vícios previstos no art. 166 do Código, a inquinar o negócio jurídico de nulidade, cujo reconhecimento, necessariamente, importará na fulminação do negócio jurídico como um todo e na restauração do *status quo ante*, qualquer outra causa de invalidade, prevista no Código Civil ou em lei que a reconheça, será caso de anulabilidade, submetendo-se o exercício do direito de anulá-la ao prazo decadencial de quatro ou dois anos, necessariamente.

A bem ilustrar a situação ora em comento, pode-se citar a cláusula inserida em contrato de mútuo bancário, que preveja a cobrança de juros remuneratórios abusivos. Não se têm dúvidas de que, ante a citada abusividade, essa estipulação contratual não encontra guarida no direito e, portanto, revela-se inválida. Como visto, a invalidade, seja ela absoluta ou relativa, decorre de sua contrariedade ao direito. Tampouco se afigura razoável atribuir o caráter absoluto à nulidade sob comento pelo simples fato de a norma violada estar inserida, por exemplo, no Código de Defesa do Consumidor, sendo comum, nesse caso, o argumento de que a proteção ao consumidor foi introduzida na Constituição Federal como garantia fundamental do indivíduo. *Permissa venia* aos que assim compreendem, essa circunstância também não a distingue. Toda lei encontra seu fundamento de validade na Constituição Federal. Não há, pois, prevalência da legislação consumerista sobre qualquer outra lei federal; o que existe, sim, é campo próprio de atuação e incidência de tal microssistema. Uma cláusula contratual que viole um de seus preceitos não é mais grave ou menos grave do que aquela que afronta outra lei federal. Será, em um ou em outro caso, igualmente inválida, sob esse aspecto.

Há que se inferir, para tal propósito, se a nulidade apontada encontra esteio em uma das hipóteses previstas no art. 166 do Código Civil, que, se presente, terá o condão de fulminar o negócio jurídico como um todo, com a restauração do *status quo ante*. Já se pode antever que, com o declarado propósito de revisar apenas uma das cláusulas contratuais, com a manutenção da avença em todos os seus termos, de nulidade absoluta não se cuida. Entretanto, como assinalado, sua análise deve ser exaurida, necessariamente, com olhos no art. 166 do Código Civil.

O objeto do contrato de mútuo bancário (empréstimo de dinheiro por instituição financeira em contrapartida à cobrança de juros), celebrado por partes capazes, é lícito, possível e determinado. A eventual invalidade do índice cobrado não infirma o objeto da avença, que remanesce lícito. O objeto do contrato é absolutamente permitido pelo direito, ou seja, lícito em si. A eventual desproporção ou irrazoabilidade da obrigação contratada consubstancia, indiscutivelmente, uma invalidade, já que contrária ao direito e, portanto, passível de anulação, mas não torna o objeto da avença nulo. A hipótese ora retratada em nada se assemelha à situação do empréstimo de dinheiro, realizado por particular, a juros usurários (acima de 1%), em que se tem, aí sim, um negócio jurídico nulo, não suscetível de confirmação pelas partes, nem convalescimento no tempo, justamente em razão da ilicitude de seu objeto. Afinal, a prática de agiotagem – objeto do contrato – é proibida por lei.

O motivo determinante, comum a ambas as partes, também é lícito (o móvel – em relação à instituição financeira, o desenvolvimento de sua atividade empresarial; em relação ao mutuário, a aquisição de um bem, por exemplo). Observou-se, por suposição, a forma prevista em lei, sem preterição de nenhuma solenidade que a lei repute indispensável. Com o negócio jurídico não se pretende conferir aparência de legalidade, sendo certo, ainda, que a lei expressamente autoriza a realização desse negócio jurídico.

Nesse contexto, não verificada nenhuma das hipóteses previstas no art. 166 do Código Civil, que possuem o condão de inquinar o negócio jurídico de nulidade, arguível a qualquer tempo, a invalidade da cláusula contratual apontada no exemplo dado afigura-se relativa, e o direito potestativo da parte contratante de anulá-la deve ser exercido no prazo decadencial de dois anos, a contar da data da conclusão do ato, com esteio no art. 179 do Código Civil.

A partir das considerações levadas a efeito, chega-se às seguintes conclusões:

(i) Por expressa determinação legal, o negócio jurídico nulo não é suscetível de confirmação pelas partes, tampouco convalesce pelo decurso do tempo. Assim, atribua-se à ação de nulidade o caráter meramente declaratório (e, como tal, imprescritível), ou, como se entende corretamente, o viés constitutivo (em que, não havendo prazo decadencial fixado em lei para o exercício do correlato direito potestativo – como se dá comumente nos casos de nulidade absoluta –, assume o caráter de perpetuidade), ela poderá ser exercida a qualquer tempo.

(ii) A invalidade, seja ela absoluta ou relativa, decorre de sua contrariedade com o direito. Especificamente em relação à invalidade dos negócios jurídicos, objeto do presente estudo, a identificação da nulidade absoluta perpassa por sua subsunção a uma das hipóteses previstas no art. 166 do Código Civil. Seu reconhecimento, necessariamente, importará na fulminação do negócio jurídico e na restauração do *status quo ante*. O negócio jurídico nulo não comporta a subsistência de nenhum de seus termos. Somente seria possível admitir a invalidade parcial do negócio jurídico nos casos em que este for anulável. Logo, a invalidade de uma cláusula contratual, que, em si, não tem o condão de tornar o negócio jurídico nulo como um todo é necessariamente relativa. Qualquer outra causa de invalidade do negócio jurídico (que não aquelas constantes do art. 166), prevista no Código Civil ou em lei que a reconheça, será relativa e o exercício do direito (potestativo) de anulá-la submete-se ao prazo decadencial de quatro ou dois anos, necessariamente.

(iii) A ação de anulação/revisão de cláusula contratual, considerada a delimitação de objeto, guarda, em si, o direito de o contratante extirpar ou readequar determinada estipulação contratual aos termos reputados lícitos, com a necessária subsistência do negócio jurídico, submetendo-se, pois, aos prazos decadenciais previstos em lei.

2.1. Termo inicial. Contrato de execução imediata ou contrato de trato sucessivo (se extinto ou em vigor). Relevância

A partir dessas conclusões, afigura-se relevante, nesse passo, bem identificar qual seria o início do prazo decadencial para que o contratante, por meio da ação anulatória, exerça seu direito de extirpar ou readequar determinada estipulação contratual aos termos considerados lícitos, cuja análise, necessariamente, deverá levar em conta a circunstância de ser o contrato de execução imediata ou continuada e encontrar-se, neste último caso, extinto ou em vigor.

Como já assinalado, não se está, no presente momento, a analisar o prazo (prescricional) para o exercício da pretensão (condenatória) relativa à repercussão financeira decorrente da anulação, que se afigura dependente de pedido expresso e de demonstração da violação de direito do autor (como o pagamento de um valor indevido, a realização de uma obrigação descabida etc.).

Dispõe o art. 179 do Código Civil: "Quando a lei dispuser que determinado ato é anulável, sem estabelecer prazo para pleitear-se a anulação, será este de dois anos, a contar da data da conclusão do ato".

Afigura-se claro que, tratando-se de um contrato instantâneo ou de execução imediata (em que seu cumprimento se dá de maneira imediata) ou mesmo de execução diferida (em que o cumprimento é postergado para o futuro, mas realizado de uma única vez), a conclusão do ato, ou seja, do negócio jurídico, dá-se no instante da assinatura do contrato, encontrando-se, nesse momento, perfectibilizado. Eventual invalidade de determinada cláusula contratual seria passível de constatação desde a assinatura do contrato, partindo-se daí, indiscutivelmente, o prazo decadencial para anulá-la.

Outro tratamento, entretanto, há de ser conferido aos contratos denominados de execução continuada ou de trato sucessivo, nos quais o cumprimento da avença dá-se sucessivamente ou em periodicidades no decorrer do tempo. Isso porque, em contratos dessa natureza, os termos contratados são renovados a cada período, conferindo-se aos contratantes o ressurgimento, também em cada período, do direito de anular a cláusula contratual que considere inválida.

Essa constatação leva à conclusão de que, durante a vigência do contrato, no âmbito de relação de trato sucessivo, quando não estiver sendo negado o próprio fundo de direito, o prazo decadencial para o contratante exercer, por meio de ação anulatória, o direito de anular a cláusula contratual reputada abusiva, extirpando-a ou adequando-a aos termos reputados lícitos, renova-se a cada período. Em termos práticos, pode-se afirmar que o aludido prazo decadencial, durante a vigência do contrato de trato sucessivo, não tem seu curso iniciado. Ou seja, se não foi concluído, o direito de pleitear a anulação de cláusula nele inserida permanece potencialmente disponível ao contratante, latente, de modo que o prazo decadencial, nessas hipóteses, não tem início enquanto em curso a relação contratual.

Logo, se a ação de anulação de cláusula contratual é proposta durante a vigência da relação contratual de trato sucessivo, ressai evidenciado que o prazo para o seu ajuizamento não se iniciou, tornando-se absolutamente infrutífera qualquer discussão quanto à natureza do provimento perseguido (se declaratório e, portanto, imprescritível; ou se constitutivo e, não havendo prazo em lei, exercível a qualquer tempo), ou em relação à natureza da invalidade (se absoluta ou relativa). Afinal, durante a vigência da relação contratual, a ação anulatória pode ser promovida a qualquer tempo.

No entanto, uma vez extinto o contrato, tais considerações assumem destacada relevância, tal como se deixou assente na oportunidade.

Com a extinção do contrato de trato sucessivo, o direito de postular a anulação de cláusula contratual fica sujeito, a partir desse termo, ao prazo decadencial de dois anos previstos nos art. 179 do Código Civil. Conforme se buscará demonstrar no tópico seguinte, já a pretensão condenatória, comumente cumulada nesse tipo de ação (que com ela não se confunde), consistente na repetição do indébito, prescreve em três anos, compreendido no interregno anterior ao ajuizamento da ação (art. 206, § 3.º, do CC/2002).

Ainda no caso de extinção do contrato de trato sucessivo, por seu turno, o direito de nulificar o negócio jurídico como um todo, com a restauração do *status quo ante*, que, como visto, deve encontrar, necessariamente, lastro em uma das hipóteses do art. 166 do Código Civil, pode ser exercido a qualquer tempo, conforme dispõe o art. 169 do Código Civil (atribua-se a ela o viés puramente declaratório e, portanto, imprescritível; ou o caráter constitutivo, em que, não havendo prazo específico na lei para o exercício do direito, revela-se perpétuo). Nesse caso, de igual modo, a repercussão financeira decorrente da nulidade submete-se ao prazo prescricional trienal, também compreendido no interregno anterior ao ajuizamento da ação (art. 206, § 3.º, do CC/2002) – questão a receber, adiante, maior aprofundamento.

2.2. Usual (e quase inerente) cumulação com a pretensão de repetição do indébito. Submissão a prazo prescricional. Ação fundada em enriquecimento sem causa. Embasamento teórico. Prazo prescricional trienal

Ressai evidenciado, pelo até aqui exposto, que a extensão do provimento jurisdicional perseguido na ação de anulação ou de nulidade não se confunde com a repercussão financeira dela decorrente, que depende de expresso pedido e demonstração de violação ao direito subjetivo da parte contratante (por exemplo, a efetiva ocorrência de pagamento de valores que se demonstraram indevidos, a realização de uma obrigação considerada indevida etc.), submetendo-se, como tal, a prazo prescricional.

Já se acentuou que o provimento judicial perseguido nas ações de nulidade e de anulação de negócio jurídico ocasiona, inarredavelmente, a alteração do estado fático e jurídico das coisas, seja pela restauração do *status quo ante*, seja pela extirpação ou readequação do ato jurídico aos termos reputados lícitos, respectivamente.

A confirmar tal conclusão, oportuno fazer menção ao art. 182 do Código Civil, que assim dispõe: "Anulado o negócio jurídico, restituir-se-ão as partes ao estado que antes dele se achavam, e, não sendo possível restituí-las, serão indenizadas com o equivalente".

Note-se, no ponto, que a reparação em perdas e danos decorrente da impossibilidade de recomposição das partes ao estado anterior ao negócio jurídico anulado, prevista no citado dispositivo legal, não se confunde com a repercussão financeira, em si, decorrente da anulação. A título de exemplo, pode-se mencionar o contrato de compra e venda de imóvel que venha a ser anulado. Ao vendedor restitui-se o imóvel; ao comprador, os valores então despendidos. Se, por alguma razão, não se afigurar possível a devolução do imóvel ao vendedor, resolve-se em perdas e danos. Nisso – e tão somente nisso – reside a restauração do *status quo ante* proveniente da anulação do negócio jurídico. No mesmo exemplo dado, caso o comprador tenha efetuado inúmeras benfeitorias úteis e necessárias, a invalidação do negócio jurídico, com o retorno do *status quo ante,* importa em inegável enriquecimento sem causa ao vendedor e, por conseguinte, em violação ao direito subjetivo do comprador. Observe-se, porém, que ação destinada a anular o negócio jurídico, isoladamente considerada, tem o condão de apenas retornar as partes ao estado a ele anterior. A pretensão de obter a reparação pelos prejuízos suportados pela realização das apontadas benfeitorias – com claro substrato na vedação ao enriquecimento sem justa causa – deve ser exercida por ação própria (ainda que cumulativamente àquela), submetendo-se a prazo prescricional, necessariamente.

Esse raciocínio aplica-se, integralmente, às ações que objetivam a anulação/revisão de cláusulas contratuais, mesmo que sua visualização não se afigure tão límpida como no singelo exemplo suprarreferido.

A ação de anulação ou revisão de cláusula contratual guarda, em si, o direito (potestativo) do contratante de extirpar ou readequar a impugnada estipulação contratual aos termos reputados lícitos. O provimento judicial perseguido, além da declaração de invalidade, proporciona, necessariamente, a alteração do estado fático e jurídico das coisas, com a supressão ou readequação da cláusula contratual considerada ilícita/abusiva. Reconhecida a invalidade de determinada estipulação, esta passa a ser tida como não estabelecida (extirpada) ou adaptada aos termos razoáveis e lícitos. Nisso reside a propalada restauração do *status quo ante* das partes contratantes. Ressalta-se, todavia, não ser consequência automática desse provimento judicial o ressarcimento de valores eventualmente pagos indevidamente, com base na cláusula então anulada. Essa pretensão de reparação pela violação do direito subjetivo da parte contratante pressupõe a realização de pedido específico e de demonstração da efetivação de pagamentos superiores ao realmente devido, com substrato na vedação ao enriquecimento sem justa causa, sujeitando-se, por conseguinte, a prazo prescricional.

Para bem ilustrar a distinção de objetos de tais ações, absolutamente possível ao contratante, que, antevendo a abusividade dos juros contratados no bojo de mútuo bancário, promova ação revisional da correlata cláusula contratual e consigne em juízo, desde logo, os valores que, a esse título, entenda devidos. Na eventual procedência dessa ação anulatória, ressai clara a inexistência de qualquer repercussão financeira decorrente da invalidação da aludida cláusula, dado que o contratante não sofreu nenhuma violação a seu direito subjetivo.

Bem evidenciado, assim, que a extensão do provimento jurisdicional perseguido na ação de anulação/revisional de cláusula contratual não se confunde com a repercussão financeira dela decorrente (usualmente àquela cumulada), em que se pretende a devolução dos valores cobrados indevidamente (a repetição do indébito, portanto). Essa ação, de nítido cunho condenatório, submete-se, como tal, a prazo prescricional, indiscutivelmente.

Já se adiantou, no decorrer do presente trabalho, que essa pretensão, qual seja, a de obter a devolução dos valores pagos indevidamente – afinal, a cláusula contratual que justificava a sua cobrança foi reputada inválida –, encontra lastro na vedação do enriquecimento sem causa, cujo ressarcimento submete-se ao prazo prescricional trienal, com esteio no art. 206, § 3.º, IV, do Código Civil.

Curial, assim, bem desenvolver o embasamento teórico para se chegar à conclusão de que a ação de repetição do indébito em virtude da anulação de cláusula contratual consubstancia pretensão de ressarcimento fundada no enriquecimento sem causa.

Sobre a questão, não se olvida a existência de autorizada doutrina[6] que considera compreendida, na restauração do *status quo ante,* prevista no art. 182 do Código Civil, decorrente da anulação do negócio jurídico, a devolução dos valores pagos indevidamente. A partir de tal delimitação, reconhece a influência do princípio que veda o enriquecimento injusto, o que, todavia, não corresponde, propriamente, ao uso da ação de enriquecimento sem causa, a qual, por expressa determinação legal (art. 886 do mesmo diploma legal), apresenta caráter de subsidiariedade.

---

[6] NANNI, Giovanni Ettore. *Enriquecimento sem causa.* 3. ed. São Paulo: Saraiva, 2012. p. 390-394.

Contrariamente a esse entendimento, já se teceram considerações quanto à exata abrangência da restauração das partes ao estado anterior ao negócio, em ações de anulação de cláusula contratual, em cotejo com a tutela jurisdicional ali perseguida. E, como então assinalado, uma vez reconhecida a invalidade de determinada estipulação contratual, esta passa a ser tida como não estabelecida (extirpada) ou adaptada aos termos reputados razoáveis e lícitos. Nisso reside a propalada restauração do *status quo ante* das partes contratantes. Ressaltou-se, na oportunidade, não ser consequência automática desse provimento judicial constitutivo o ressarcimento de valores eventualmente pagos indevidamente com esteio na cláusula anulada, no que reside, propriamente, a violação do direito do contratante, objeto de ação (condenatória) específica para esse efeito.

Tampouco subsiste o argumento de que a denominada *acio in rem verso*, fundada na vedação do enriquecimento sem causa, por ter como pressuposto a ausência de causa jurídica para o enriquecimento alheio, não poderia ter lastro em anterior relação contratual estabelecida entre as partes, pendente, para tal propósito, de prévia declaração de nulidade de seus termos.

Diversamente de tal linha argumentativa, há que se atribuir ao termo "causa" a amplitude conferida – segundo se compreende – pela sistemática adotada pelo Código Civil de 2002, ao introduzir o instituto do enriquecimento sem causa, na esteira da compreensão perfilhada por seu introdutor, bem como de também autorizada doutrina.

O instituto do "enriquecimento sem causa" pressupõe a existência de um enriquecimento patrimonial a favor de alguém, às custas de outrem (deslocamento patrimonial), encontrando-se ausente, para tanto, causa justificadora para tal enriquecimento. O enriquecimento sem causa pode, sim, decorrer de uma prestação realizada em favor de alguém – fundada, por exemplo, em anterior acordo de vontade (causa negocial, portanto) –, cuja finalidade, entretanto, tenha se frustrado ("ausência de causa jurídica" para o destinatário da prestação recebê-la).

Como bem acentua Caio Mário[7]:

> O sistema jurídico não admite [...] que alguém obtenha um proveito econômico às custas de outrem, sem que esse proveito decorra de uma causa juridicamente reconhecida. A causa para todo e qualquer enriquecimento não só deve existir originariamente, como também

---

[7] *Instituições de direito civil.* 11. ed. Rio de Janeiro: Forense, 2004. v. III, p. 537-538.

deve subsistir, já que o desaparecimento superveniente da causa do enriquecimento de uma pessoa, às custas de outra, também repugna ao sistema (Código Civil, art. 885).

Desse modo, ainda que a prestação efetivada inicialmente tenha respaldo em cláusula contratual estabelecida entre as partes – com lastro, portanto, em causa jurídica –, a invalidação superveniente desta torna insubsistente a causa jurídica para o enriquecimento percebido pela outra parte contratante, a atrair a aplicação do instituto sob comento. Não prospera, por conseguinte, a tese de que o pagamento (indevido) encontra sua causa jurídica em cláusula contratual, se esta, *a posteriori,* vem a ser invalidada, tornando-a insubsistente, a ensejar o inquestionável enriquecimento sem causa (mesmo que superveniente) daquele que o recebeu.

A discussão a respeito do enriquecimento sem causa, ora apresentado como princípio (norteador inclusive do exame da eficácia nos casos de anulação do negócio jurídico e da resolução dos contratos), ora como instituto jurídico (art. 884 e ss. do Código Civil de 2002), como se constata, merece maiores reflexões.

A doutrina moderna aponta pelo menos três teorias para explicar o enriquecimento sem causa: a) a teoria unitária da deslocação patrimonial; b) a teoria da ilicitude; e, c) a teoria da divisão do instituto. Luís Manuel Teles de Menezes Leitão[8], eminente civilista, professor da Universidade de Lisboa, explica os principais fundamentos de cada uma delas, em artigo publicado pela *Revista do Centro de Estudos Judiciários do Conselho da Justiça Federal.*

Pela leitura do estudo supradestacado percebe-se que a teorização do instituto, na moderna doutrina alemã, foi desenvolvida gradativamente, evoluindo à medida que se aprofundava o conceito de causa.

Em primeiro plano, partindo-se da **teoria de Savigny** (1849), não se fazia distinção alguma (por isso chamada **unitária**), tendo causa uma conotação de **fato natural** (causa no sentido de causa de atribuição patrimonial), simples deslocamento de patrimônio.

Sucedeu-lhe a **teoria da ilicitude** de Schulz (1909), em que o instituto do enriquecimento sem causa pareceu ganhar uma feição de **princípio jurídico geral**, por meio do qual se sancionava a atuação contrária ao direito (causa no sentido de causa lícita, legal ou conforme o direito).

---

[8] LEITÃO, Luís Manuel Teles de Menezes. O enriquecimento sem causa no novo Código Civil brasileiro. *Revista CEJ*, Brasília, n. 25, p. 25-27, abr.-jun. 2004.

Seguiu-se a **teoria da divisão**, na qual, basicamente, reconhecidas as origens distintas das anteriores, a estruturação do instituto é apresentada de maneira mais bem elaborada, abarcando o termo causa de forma ampla, subdividido, porém, em categorias mais comuns (não exaustivas), a partir dos variados significados que o vocábulo poderia fornecer.

Inicialmente, na proposta de Wilburg (1934), numa subdivisão mais abrangente, em que o enriquecimento sem causa poderia ter origem em uma prestação (como dever anexo dos contratos) ou numa não prestação do empobrecido (como anexo do direito de propriedade).

Posteriormente, desenvolvida por Caemmerer (1954), em quatro categorias ainda mais específicas (enriquecimento por prestação, enriquecimento por intervenção, enriquecimento resultante de despesas efetuadas por outrem, enriquecimento por desconsideração de patrimônio), num sistema aberto em que pretensões outras poderiam surgir a partir das diversas abordagens (de objeto, conteúdo e extensão) realizadas no universo do enriquecimento sem causa.

No Brasil, o instituto foi introduzido no projeto do Código Civil por obra do Prof. Agostinho Alvim, sistematizador do Livro das Obrigações e, por isso, responsável pela alteração substancial do título pertinente aos atos unilaterais, nele fazendo incluir o enriquecimento sem causa, o pagamento indevido e a gestão de negócios como fontes originárias de obrigações decorrentes da declaração unilateral da vontade (cf. Exposição de Motivos do Projeto de Código Civil, itens 21 e 22, *r*).

Em artigo doutrinário de referência sobre o instituto, publicado em maio de 1957, o Prof. Agostinho Alvim[9] destaca as diferenças centrais entre o **sistema clássico**, adotado pelo Código de 1916, e o **moderno**, defendido no seu Anteprojeto de Código de Obrigações (arts. 143 e ss.), que viria a ser o precursor dos atos unilaterais assim como dispostos no Código Civil de 2002.

Influenciado não só pelo direito alemão, como também pelas doutrinas suíça, francesa e italiana, para ele o conceito de causa, na teoria do enriquecimento, estaria vinculado à noção de **contrapartida**, **contraprestação**, ou seja, aquilo que pode explicar o enriquecimento.

Foi nesse contexto, seguindo os parâmetros traçados para o sistema moderno, que o **Projeto de Código das Obrigações** de **Agostinho Alvim** veio dar origem ao enriquecimento sem causa como **fonte primária de obrigações** no nosso atual Código Civil, especialmente pelo fato de ter sido expresso

---

[9] Do enriquecimento sem causa. *Revista dos Tribunais*, São Paulo, ano 46, v. 259, p. 25, maio 1957.

como preceito de ordem genérica, não exaustivo, em franca substituição ao modelo clássico anteriormente adotado pelo Código Civil de 1916.

A propósito, inegável a influência do art. 812 do Código Civil alemão no nosso Código Civil de 2002, especialmente na redação dos arts. 884 e 885, cujos textos podem ser adiante cotejados:

> **BGP:**
> Art. 812. Quem quer que, em virtude de prestação feita por **outra pessoa** ou de qualquer outro modo, faz uma **aquisição sem causa jurídica à custa desta outra pessoa**, fica **obrigado a restituir**. Esta obrigação existe, igualmente, quando **a causa jurídica desaparece ulteriormente**, ou quando o resultado visado no momento da prestação, tal como ele resulta do conteúdo do ato jurídico, não se realiza. Considera-se, igualmente, prestação o reconhecimento contratual da existência, ou não, de uma relação obrigacional.
>
> **CC/2002:**
> Art. 884. Aquele que, **sem justa causa**, se enriquecer **à custa de outrem**, será **obrigado a restituir** o **indevidamente auferido**, feita a atualização dos valores monetários.
>
> Parágrafo único. Se o enriquecimento tiver por objeto coisa determinada, quem a recebeu é obrigado a restituí-la, e, se a coisa não mais subsistir, a restituição se fará pelo valor do bem na época em que foi exigido.
>
> Art. 885. A restituição é devida, não só quando não tenha havido causa que justifique o enriquecimento, **mas também se esta deixou de existir.**

Nota-se que a locução "indevidamente auferido", constante do art. 884, admite interpretação ampla, no sentido de albergar não só o termo causa como **atribuição patrimonial** (simples deslocamento patrimonial), mas também no sentido de **causa negocial** (de origem contratual, por exemplo), cuja ausência, na modalidade de **enriquecimento por prestação**, demandaria um **exame subjetivo**, a partir da não obtenção da finalidade almejada com a prestação, hipótese que nos parece mais adequada à prestação decorrente de cláusula indigitada nula (ausência de causa jurídica lícita).

Percebe-se que a polissemia do termo causa, para a **doutrina da divisão do instituto**, permite uma acomodação maior dos casos concretos dentro das quatro categorias que exemplificativamente enuncia, a partir da vagueza e amplitude com que o **enriquecimento sem causa** veio a ser disposto no texto do novo Código Civil.

Segundo Luís Manuel Teles de Menezes Leitão[10], essa foi a teoria albergada pela novel codificação brasileira, consoante se observa a seguir:

> 4. POSIÇÃO ADOTADA
>
> Entendemos, portanto, que a cláusula do enriquecimento sem causa, constante do art. 884 do Código Civil brasileiro, ao referir que aquele que, sem justa causa, se enriquecer à custa de outrem, será obrigado a restituir o indevidamente auferido, feita a atualização dos valores monetários, apresenta-se como demasiado genérica, não permitindo o tratamento dogmático unitário do enriquecimento sem causa uma adequada subsunção aos casos concretos. Haverá de estabelecer uma tipologia de categorias que efetue, pela integração do caso em uma delas, a referida subsunção. Defendemos, por isso, a doutrina da divisão do instituto. Por esse motivo, distinguimos no âmbito do enriquecimento sem causa as seguintes situações: o enriquecimento por prestação; o enriquecimento por intervenção; o enriquecimento por despesas realizadas em benefício doutrem; e o enriquecimento por desconsideração de um patrimônio intermédio.

Quanto ao enriquecimento por prestação, que aqui nos interessa em particular, esclarece o aludido autor:

> 4.1 ENRIQUECIMENTO POR PRESTAÇÃO
>
> O enriquecimento por prestação respeita as situações em que alguém efetua uma prestação a outrem, mas se verifica uma ausência de causa jurídica para que possa ocorrer, por parte desse, a recepção dessa prestação. Nessa categoria, o requisito fundamental do enriquecimento sem causa é a realização de uma prestação, que se deve entender como uma atribuição finalisticamente orientada, sendo, por isso, referida a uma determinada causa jurídica, ou na definição corrente na doutrina alemã dominante como o incremento consciente e finalisticamente orientado de um patrimônio alheio.
>
> Verifica-se, nesta sede, uma situação de enriquecimento sem causa se ocorre a ausência de causa jurídica para a recepção da prestação que foi realizada. A ausência de causa jurídica deve ser definida em sentido

---

[10] *O enriquecimento sem causa no novo Código Civil brasileiro* cit., p. 20.

subjetivo, como a não obtenção do fim visado com a prestação. Haverá, assim, lugar à restituição da prestação, quando for realizada com vista à obtenção de determinado fim, e tal fim não vier a ser obtido.

Apesar da reconhecida dificuldade para uma definição unívoca do termo, a versão do enriquecimento sem causa, pelo menos para o introdutor do instituto no Código Civil de 2002, referendada pela doutrina do Prof. Menezes Leitão, teve preponderante influência do conceito mais **amplo**, ligado à corrente mais moderna, baseada na **doutrina da divisão do instituto em categorias autônomas e distintas entre si,** especialmente mediante a adoção de preceito genérico apto a contemplar as hipóteses não previstas especificamente no ordenamento jurídico, mas que nem por isso deixam de ostentar a natureza de locupletamento.

Aliás, é de reconhecer que o caráter subsidiário da ação de enriquecimento sem causa estabelecido pelo art. 886 do Código Civil (*in verbis:* "Não caberá a restituição por enriquecimento, se a lei conferir ao lesado outros meios para se ressarcir do prejuízo sofrido") em nada infirma a conclusão ora adotada, mas, antes, a confirma. Afinal, conforme já assentado, não se considera efeito automático da invalidação da cláusula contratual a reparação pelos prejuízos suportados em razão dos pagamentos de valores considerados indevidos, afigurando-se a *acio in rem verso* absolutamente idônea para esse fim.

Deve ser respeitada, pois, a opção do demandante por esse caminho processual, para o qual deverá arcar com o ônus da prova dos seus requisitos (i – existência de um enriquecimento; ii – obtenção desse enriquecimento à custa de outrem; iii – ausência de causa justificadora para o enriquecimento).

Com essas considerações, mais aprofundadas, pelo menos do ponto de vista teórico, há que se aderir à doutrina **mais ampla do conceito de causa (teoria da divisão do instituto)**, consonante com a sistemática adotada pelo Código Civil de 2002, reconhecendo-se, com isso, o interesse para o ajuizamento de demanda fundada no enriquecimento sem causa (lícita; enriquecimento por prestação), ainda que entre as partes tenha havido acordo de vontades anterior (causa negocial).

Exitosa a ação de anulação que objetiva o reconhecimento do caráter abusivo de cláusula contratual, com sua extirpação ou adequação aos termos reputados ilícitos, desaparece a causa lícita do pagamento efetuado a tal título, caracterizando, assim, o enriquecimento indevido daquele que o recebeu (e a lesão de direito subjetivo do que pagou). Estar-se-á, nessas hipóteses, diante de enriquecimento sem causa derivado de pagamento indevido, tendo em vista que, por superveniente invalidação, no todo ou em parte, do negócio jurídico que o embasava, o pagamento perdeu a causa que o autorizava.

Diante de todas essas ponderações, conclui-se que, cuidando-se de pretensão de anulação/revisão de cláusula contratual, com a consequente repetição do indébito, esta última pretensão está fundada no enriquecimento sem causa e, por isso, o prazo prescricional aplicável é o trienal, previsto no art. 206, § 3.º, IV, do Código Civil de 2002.

A propósito, a Segunda Seção do Superior Tribunal de Justiça, após aprofundada discussão sobre a natureza do instituto, em recente julgamento, sob o rito do recurso especial representativo da controvérsia definiu a tese de que, "na vigência dos contratos de plano ou de seguro de assistência à saúde, a pretensão condenatória decorrente da declaração de nulidade de cláusula de reajuste nele prevista prescreve em 20 anos (art. 177 do CC/1916) ou em três anos (art. 206, § 3.º, IV, do CC/2002), observada a regra de transição do art. 2.028 do CC/2002" (*ut* REsp 1.361.182/RS, Rel. Min. Marco Buzzi, Relator p/ acórdão Ministro Marco Aurélio Bellizze, 2.ª Seção, *DJe* 19.09.2016).

Sem descurar da hipótese de incidência da tese ali firmada (pretensão condenatória decorrente da nulidade de cláusula em contrato de plano ou de seguro de assistência à saúde em vigor), espera-se que a compreensão então adotada sirva de parâmetro para outras ações que, de igual modo, objetivem a anulação/revisão de cláusula contratual cumulada com a pretensão de ressarcimento dos valores cobrados indevidamente (isto é, com esteio na cláusula anulada), submetendo-se esta última ao prazo prescricional trienal, previsto no art. 206, § 3.º, IV, do Código Civil de 2002, já que fundadas na vedação de enriquecimento sem causa, inarredavelmente.

2.3. Unificação do prazo prescricional para ações condenatórias, fundadas em ilícito contratual, extracontratual ou enriquecimento sem causa. Eloquência do legislador para situações absolutamente símeis

Elogiável a mudança de eixo operada na reparação civil pelo novo paradigma do Código Civil de 2002. Passa-se do anterior sistema de **responsabilidade sancionatória**, cujo foco estava voltado para a figura do **causador do dano**, ao novo paradigma de **responsabilidade reparatória**, em que o ponto central é a **proteção da vítima**. Nas palavras de Teresa Ancona Lopez, "substitui-se a ideia de sanção pelo ilícito pela de reparação pelo dano injusto"[11].

---

[11] Princípios do Novo Código Civil brasileiro e outros temas – homenagem a Tullio Ascarelli. *Principais linhas da responsabilidade civil no direito brasileiro contemporâneo.* 2. ed. São Paulo: Quartier Latin, 2010. p. 676.

Nesse passo, mesmo que o enriquecimento sem causa, na visão mais purista propagada pela teoria unitária, não possa servir de fundamento para a ação que visa o ressarcimento pelo pagamento indevido decorrente de cláusula dita não amparada pelo direito (arts. 884 e ss.) – o que se faz apenas para argumentar –, em última análise, **a questão ainda assim estaria submetida à prescrição trienal** (art. 206, § 3.º, V), porque daí então teria que se resolver em perdas e danos (reparação do dano injusto), pretensão típica de **reparação civil** (arts. 186, 187, 389 e 927).

Assim como para o enriquecimento sem causa, não havia, no regime do Código Civil de 1916, fixação de prazo prescricional específico para as pretensões decorrentes de reparação civil. Logo, tinha incidência a regra geral de prescrição para as ações pessoais, de 20 anos, estabelecida no art. 177 do diploma revogado.

Essa nova perspectiva do Código Civil/2002 – de equivalência do prazo prescricional da pretensão relativa ao ressarcimento por enriquecimento sem causa com aquele referente à reparação civil (seja ela contratual ou extracontratual, inclusive a decorrente de dano moral) – conduz à uniformidade de aplicação do lapso temporal prescricional trienal, impedindo que esse critério de fixação possa ficar ao talante exclusivo do autor. Não se pode olvidar a eloquência do legislador, que, para situações absolutamente símeis, estabeleceu, de modo coerente, o prazo trienal para o exercício das correlatas pretensões.

Portanto, a par das disposições legais especiais (*v.g.*, o acidente de consumo, cuja pretensão estará sujeita ao prazo quinquenal do art. 27 do CDC), qualquer outra hipótese de reparação civil inespecificamente considerada, seja ela decorrente de responsabilidade contratual (inadimplemento) ou extracontratual (risco ou dano, inclusive moral), deverá observar como regra o prazo prescricional trienal da pretensão a ela relativa (art. 206, § 3.º, V, do CC/2002).

A propósito, trazem-se à colação os comentários do Prof. Gustavo Tepedino[12], a respeito da novel pretensão de reparação civil, prevista no art. 206, § 3.º, V, do CC/2002:

> Inova o CC ao dispor, nos prazos especiais de prescrição, sobre a pretensão de reparação civil. Na ausência de prazo específico no CC1916, o prazo prescricional para a pretensão por perdas e danos decorrente de responsabilidade civil era vintenária, salvo lei

---

[12] *Código Civil interpretado conforme a Constituição da República*. 3. ed. Rio de Janeiro: Renovar. 2014. v. I, p. 411.

especial dispondo sobre a matéria, consoante disposto no art. 177 do CC1916. Verifica-se, com isso, uma redução brutal do prazo prescricional que antes era de vinte anos e agora passa a ser de apenas três anos. **Importante notar que o dispositivo tem incidência tanto na responsabilidade civil contratual como extracontratual, haja vista a dicção ampla do preceito.**

Nesse compasso, seja a reparação civil decorrente da responsabilidade contratual (arts. 389 a 405) ou extracontratual (arts. 927 a 954), ainda que exclusivamente moral (art. 186, parte final) ou consequente de abuso de direito (art. 187), a prescrição das pretensões dessa natureza originadas sob a égide do novo paradigma do Código Civil de 2002 deve observar o prazo comum de três anos, mercê do art. 206, § 3.º, V.

Esse tema, aliás, foi objeto de debate na V Jornada de Direito Civil, do Conselho da Justiça Federal e do Superior Tribunal de Justiça, realizada em novembro de 2011, ocasião em que foi editado o Enunciado n. 419, segundo o qual **"o prazo prescricional de três anos para a pretensão de reparação civil aplica-se tanto à responsabilidade contratual quanto à responsabilidade extracontratual".**

É importante perceber que a sistemática adotada pelo Código Civil de 2002 foi a de redução dos prazos prescricionais, visando sobretudo a garantir a segurança jurídica e a estabilização das relações jurídicas em lapso temporal mais condizente com a dinâmica natural das situações contemporâneas.

Seguindo essa linha de raciocínio, não parece coerente com a lógica estabelecida pelo Código Civil de 2002 deixar prevalecer, como se regra fosse, o prazo prescricional decenal (art. 205), de caráter tão alongado, para as reparações civis decorrentes de contrato, e somente entender aplicável o lapso temporal trienal para a parte veicular judicialmente as pretensões de reparação civil no âmbito extracontratual ou de enriquecimento sem causa (art. 206, § 3.º, IV e V).

É de se notar, ademais, que nem mesmo o Código de Defesa do Consumidor, editado no idos de 1990 – o qual tem como objetivo maior a tutela dos direitos de vulneráveis postos no mercado de consumo, primando, assim, pela assimetria inerente às relações jurídicas estabelecidas entre o consumidor e o fornecedor –, concede tanta elasticidade ao prazo prescricional para que o interessado busque sua pretensão de reparação de danos causados por fato do produto ou do serviço, que, ao final, também é derivada de relação contratual. O art. 27 estabelece o lapso de cinco anos para o ajuizamento de demanda fundada em acidente de consumo, o qual é exatamente a metade do prazo previsto no art. 205 do Código Civil de 2002.

Então, por que o Código Civil de 2002 – editado mais de uma década após o CDC –, que trouxe a tônica de prazos prescricionais reduzidos e que, em regra, regula relações jurídicas em que há paridade entre os sujeitos, admitiria interpretação no sentido de fazer preponderar o prazo prescricional de dez anos para reparação de danos atinentes a contratos que nem sequer envolvem parte vulnerável?

Nesse contexto, tem-se que a melhor interpretação é, pois, aquela que, observando a lógica e a coerência do sistema estabelecido pelo Código Civil de 2002 para as relações civis, dá tratamento unitário ao prazo prescricional, quer se trate de reparação civil fundada em responsabilidade civil contratual ou extracontratual ou em enriquecimento sem causa, reconhecendo, assim, em caráter uniforme o prazo prescricional trienal para todas essas espécies de pretensões.

Digno de nota que pretensões de reparação civil especificamente disciplinadas devem, naturalmente, observar o prazo prescricional especial que lhes foi designado. Por exemplo, aquelas decorrentes da cobrança de dívidas líquidas constantes de instrumento público ou particular – também fruto de inadimplemento contratual, porém com prazo prescricional específico de cinco anos, consoante art. 206, § 5.º, I, do Código Civil, que, é certo, em nada se confunde com a hipótese em comento (afinal, de dívida líquida não se trata). Na obra do Prof. Tepedino[13], são apresentados mais dois exemplos (p. 412): cinco anos para a pretensão reparatória decorrente de danos causados ao direito de propriedade industrial (art. 225 da Lei 9.279/1996) e dez anos para a pretensão de indenização por responsabilidade civil em virtude de danos nucleares (art. 12 da Lei 6.453/1977).

3. APLICAÇÃO INDEVIDA DO PRAZO RESIDUAL DECENÁRIO, A PRETEXTO DE ALEGADA AUSÊNCIA DE PRAZO PRESCRICIONAL ESPECÍFICO, PARA A PRETENSÃO DE RESSARCIMENTO DECORRENTE DE ENRIQUECIMENTO SEM CAUSA. OUTRAS SITUAÇÕES

A partir de todo o embasamento teórico expendido acerca do instituto do enriquecimento sem causa, assim como da ação que, com base nele, objetive o ressarcimento (*actio in rem verso*), releva assentar – ainda que intuitivo – que a interpretação que ora se propõe, de modo algum, encerra tratamento extensivo ou analógico, absolutamente descabido e temerário em matéria de prescrição.

---

[13] *Código Civil interpretado conforme a Constituição da República* cit.

Pretende-se, diversamente, bem identificar as hipóteses de subsunção das pretensões de ressarcimento fundadas em enriquecimento sem causa, cujo prazo prescricional é de três anos, nos termos do art. 206, § 3.º, IV, do Código Civil, afigurando-se, para esse escopo, irrelevante o *nomen juris* da ação eleito pelo demandante, ou inidôneos outros critérios não mais adotados pela sistemática do referido diploma legal. Afinal, conforme se buscará demonstrar, nas exatas hipóteses em que se pretende o ressarcimento decorrente de enriquecimento sem causa, é comum a aplicação – em nossa compreensão, indevida – do prazo residual decenário, ao argumento de que inexiste prazo específico no art. 206 do Códex ou em lei especial.

Não se pode deixar de reconhecer, todavia, um movimento – ainda que pendular, e não unidirecional, como conviria ser – da jurisprudência dos Tribunais pátrios, em especial da do Superior Tribunal de Justiça, no sentido de conferir maior aplicabilidade ao art. 206, § 3.º, IV, bem identificando as pretensões de ressarcimento fundadas em enriquecimento indevido, com desapego aos critérios superados, então adotados pelo Código Civil de 1916, e ao *nomen juris* da ação.

Com esse norte, já se referiu ao recente julgado da Segunda Seção, em que se definiu a tese de que, "na vigência dos contratos de plano ou de seguro de assistência à saúde, a pretensão condenatória decorrente da declaração de nulidade de cláusula de reajuste nele prevista prescreve em 20 anos (art. 177 do CC/1916) ou em três anos (art. 206, § 3.º, IV, do CC/2002), observada a regra de transição do art. 2.028 do CC/2002" (*ut* REsp 1.361.182/RS).

Como assentado, a compreensão ali adotada, sem descurar da hipótese de incidência da tese vinculativa, afigura-se aplicável a outras ações que, de igual modo, objetivem a anulação/revisão de cláusula contratual cumulada com a pretensão de ressarcimento dos valores cobrados indevidamente, já que também fundadas na vedação de enriquecimento sem causa.

Há, para tanto, que se aguardar como a jurisprudência pátria vai se comportar a partir de então. O registro afigura-se relevante, pois, antes do aludido julgado, é possível identificar precedentes, inclusive do Superior Tribunal de Justiça, em que, no bojo de ação revisional de contratos bancários em geral (por exemplo, cédula de crédito rural) cumulada com repetição do indébito, reconheceu-se devida a aplicação dos prazos residuais previstos no art. 177 do Código Civil de 1916 (vintenário) e no art. 205 do Código Civil de 2002 (decenário), respeitada a norma de transição do art. 2.028 deste último diploma legal, sob o exclusivo argumento de que as ações revisionais de contrato bancário são fundadas em direito pessoal (*v.g.* AgRg no AResp 613.323/RS; AgRg no AResp 124.786/RS; AgRg no REsp 1.019.495/MT; REsp 1.326.445/PR).

Não há, todavia, mais suporte legal a autorizar a aplicação do prazo geral, tal como se verificava no sistema anterior, simplesmente porque a demanda versa sobre direito pessoal. Afinal, como já assentado, segundo a sistemática adotada pelo Código Civil de 2002, as ações (condenatórias) sujeitas à prescrição referem-se à pretensão de obter uma prestação decorrente da violação do direito do autor, no que se insere, indistintamente, toda a gama de direitos pessoais e reais.

Com o norte ora propugnado, em que se reconhece estar a pretensão de ressarcimento fundada no enriquecimento sem causa, merece alusão relevante julgado da Segunda Seção do Superior Tribunal de Justiça, também sob o rito dos recursos repetitivos, em que se definiu a seguinte tese: "nas ações em que se pleiteia o ressarcimento dos valores pagos a título de participação financeira do consumidor no custeio de construção de rede elétrica", se houver previsão contratual acerca da indenização vindicada, a pretensão "prescreve em 20 (vinte) anos, na vigência do Código Civil de 1916, e em 5 (cinco) anos, na vigência do Código Civil de 2002", com fulcro no art. 206, § 5.º, I (cobrança de dívidas líquidas constantes de instrumentos público ou particular); se não houver previsão contratual acerca da indenização vindicada, a pretensão "prescreve em 20 (vinte) anos, na vigência do Código Civil de 1916, e em 3 (três) anos, na vigência do Código Civil de 2002, por se tratar de demanda fundada em enriquecimento sem causa (art. 206, § 3.º, inciso IV)" (*ut* REsp 1.249.321/RS, Rel. Min. Luis Felipe Salomão, 2.ª Seção, *DJe* 16.04.2013).

Cita-se, ainda, importante julgado da Terceira Turma do STJ em que se reconheceu, no bojo de relação consumerista, que "a cobrança de valores indevidos por parte do fornecedor se insere no âmbito de aplicação do art. 206, § 3.º, IV, que prevê a prescrição trienal para a pretensão de ressarcimento de enriquecimento sem causa", deixando-se consignado, ainda, que, "havendo regra específica, não há que se falar na aplicação do prazo geral decenal previsto no art. 205 do Código Civil" (*ut* STJ. REsp 1.238.737/SC, Rel. Min. Nancy Andrighi, 3.ª Turma, *DJe* 17.11.2011).

Por outro lado, é possível identificar, na jurisprudência pátria, situações outras nas quais, não obstante a pretensão ressarcitória encontrar-se – em nossa compreensão – lastreada em enriquecimento sem causa, a ela tem se aplicado o prazo prescricional decenal, ao argumento de não existir regramento específico a reger a hipótese.

É exatamente o que se verifica nas ações em que se veicula pedido de repetição do indébito relativo a valores indevidamente cobrados por serviço de telefonia, ou por fornecimento de água e energia elétrica.

Como assinalado, o enriquecimento sem causa exige o enriquecimento patrimonial a favor de alguém, às custas de outrem, encontrando-se ausente, para tanto, causa lídima e jurídica a justificá-lo. A configuração do enriquecimento sem causa pode decorrer de uma prestação realizada em favor de alguém, cuja finalidade, todavia, tenha se frustrado, inexistindo, assim, causa jurídica para o destinatário da prestação vir a recebê-la. Consignou-se, inclusive, que a ausência da causa jurídica pode revelar-se originária ou supervenientemente à realização da prestação indevida (ou que se tornou indevida).

Afigura-se, nesses termos, caracterizado o enriquecimento sem causa por parte do fornecedor que, sem prestar o serviço contratado, ou realizando-o em extensão menor daquela efetivamente contratada, recebe, a esse título (portanto, sem causa jurídica subsistente), valores indevidos. Por conseguinte, a pretensão de ressarcimento de tais importâncias (repetição do indébito) encontra esteio no enriquecimento sem causa percebido pelo fornecedor, submetendo-se ao prazo prescricional trienal previsto no art. 206, § 3.º, IV, do Código Civil.

Sobre a questão, a Primeira Seção do Superior Tribunal de Justiça, também em julgamento sob o rito dos recursos repetitivos, definiu a tese de que "ação de repetição de indébito de tarifas de água e esgoto sujeita-se ao prazo estabelecido no Código Civil" (*ut* REsp 1.113.403/RJ, Rel. Min. Teori Zavascki, 1.ª Seção, *DJe* 15.09.2009). A tese, tal como firmada, não comporta nenhuma censura, afinal absolutamente inaplicável o art. 27 do Código de Defesa do Consumidor, que preceitua o prazo prescricional de cinco anos para a ação de reparação fundada no fato do produto ou serviço, situação de que não se cuida; ou o prazo quinquenal previsto no Código Tribunal Nacional, já que de tributo não se trata (mas sim de tarifa, regida pelo direito privado). Por conseguinte, a pretensão de restituir os valores pagos indevidamente a título de serviço de água submete-se, sim, ao prazo prescricional estabelecido no Código Civil. Entendimento, aliás, cristalizado no Enunciado 412 da Súmula do STJ.

Interessante notar que o voto condutor, a fim de corroborar suas conclusões quanto à inaplicabilidade do Código de Defesa do Consumidor, fez expressa menção a julgado da Terceira Turma do Superior Tribunal de Justiça (REsp 1.032.952/SP), inclusive com reprodução de seu excerto, no qual, ao definir o prazo prescricional ali aplicável, pontuou que, "sob a égide do CC/16, era de 20 (vinte) anos o prazo para as ações pessoais, ao passo que, de acordo com o art. 206, § 3.º, IV, do CC02, o prazo prescricional para o exercício da pretensão de ressarcimento de enriquecimento sem causa passou a ser de 3 (três) anos".

Todavia, a Primeira Seção, por ocasião do julgamento do mencionado recurso representativo da controvérsia, ao inferir propriamente qual o prazo prescricional constante do Código Civil a disciplinar a ação de repetição do indébito relativa a cobrança de tarifa de água, adotou a compreensão de que: "não havendo norma específica a reger a hipótese, aplica-se o prazo prescricional estabelecido pela regra geral do Código Civil, ou seja: de 20 anos, previsto no art. 177 do Código Civil de 1916, ou de 10 anos, previsto no art. 205 do Código Civil de 2002".

Posicionando-se contrariamente a essa compreensão, as Turmas de Direito Privado, integrantes da Segunda Seção do Superior Tribunal de Justiça, em ações que tinham por objeto a repetição do indébito decorrente da cobrança indevida por serviços de telefonia, passaram a aplicar o prazo prescricional trienal, previsto no art. 206, § 3.º, IV, do Código Civil, em atenção ao fato de que a aludida pretensão encontrar-se-ia fundada no enriquecimento sem causa percebido pela empresa de telefonia (*ut* AgRg no REsp 1.518.442/RS, 3.ª Turma, *DJe* 31.08.2015; AgRg no AResp 672.536/RS, 4.ª Turma, *DJe* 16.06.2015; REsp 1.238.737/SC, 3.ª Turma, *DJe* 17.11.2011, entre outros).

Como se constata, ante a inequívoca identidade de objetos das ações supradelineadas, instaurou-se, no âmbito do Superior Tribunal de Justiça, manifesta divergência entre as Turmas de Direito Público e de Direito Privado, que veio a ser dirimida pela Corte Especial, por ocasião do julgamento dos Embargos de Divergência em Recurso Especial 1.515.546/RS, que entendeu por bem conferir prevalência à compreensão então adotada pela Primeira Seção.

Com as ressalvas naturais de entendimento diverso devidamente explanado, mas atento à função uniformizadora da legislação infraconstitucional do Superior Tribunal de Justiça, a orientação da Corte Especial há que ser seguida.

Não se pode perder de vista, por outro lado, que a consolidação do instituto do enriquecimento sem causa, com o manejo da correlata ação de ressarcimento, não mais compreendido como mero princípio informador do direito, sem paralelo na legislação civil anterior (mas que, de algum modo, continua a influenciar as interpretações afetas ao tema da prescrição) demanda natural tempo de maturação, sendo certo, como já demonstrado, que a interpretação que confere maior aplicabilidade ao art. 206, § 3.º, IV, do Código Civil começa a paulatinamente deitar suas raízes na jurisprudência pátria.

Outra situação em que é possível identificar a utilização do prazo geral decenário, sob o fundamento de inexistir prazo específico a reger a hipótese, embora se pudesse vislumbrar uma pretensão de ressarcimento fundada em enriquecimento sem causa (a atrair a incidência do art. 206, § 3.º, IV, do Código Civil), deu-se na análise do prazo prescricional de ação de cobrança por sobre-estadia de contêineres (*demurrage*), no bojo de contrato de transporte unimodal firmado sob a vigência do Código Civil de 2002, pela Segunda Seção do Superior Tribunal de Justiça.

Não se pode olvidar que o foco principal da discussão estava em saber se, diante da revogação de parte do Código Comercial pelo Código Civil de 2002, em especial do art. 449, 3 (que estabelecia o prazo prescricional de um ano para "as ações de frete e primagem, estadia e sobre-estadia, e as de avaria simples, a contar do dia da entrega da carga"), seria possível aplicar ao contrato de transporte unimodal, analogicamente, o art. 22 da Lei 9.611/1998, que previa o prazo de um ano para as ações judiciais oriundas de não cumprimento das responsabilidades de transporte multimodal.

Com base em sólida fundamentação, reconheceu-se a impossibilidade de, em matéria afeta à prescrição, adotar interpretação analógica ou extensiva. Além disso, delinearam-se as diferenças dos contratos cotejados (de transporte unimodal e multimodal), para se concluir, diante da ausência de lei que assim autorizasse, pela impossibilidade de aplicar o prazo ânuo, previsto no art. 22 da Lei 9.611/1988 (que rege o transporte multimodal), às pretensões oriundas de contrato de transporte unimodal.

Sem descurar da lacuna legislativa deixada após a revogação do Código Comercial, a Segunda Seção do Superior Tribunal de Justiça remeteu o inteiro teor do acórdão prolatado, bem como das notas taquigráficas produzidas no julgamento, ao Poder Legislativo para que pudesse servir de subsídio à elaboração de projeto de lei que estabeleça prazo prescricional específico para pretensões advindas de contrato de transporte unimodal.

Reconhecida a impossibilidade de se aplicar analogicamente o prazo ânuo, estabelecido no art. 22 da Lei 9.611/1988 (que rege o transporte multimodal), às pretensões oriundas de contrato de transporte unimodal, passou-se a inferir qual seria o prazo prescricional previsto no Código Civil aplicável à espécie. E, assim procedendo, concluiu-se que,

> [...] em se tratando de transporte unimodal de cargas, quando a taxa de sobre-estadia objeto da cobrança for oriunda de disposição contratual que estabeleça os dados e os critérios necessários ao cálculo dos valores devidos a título de ressarcimento pelos prejuízos causados em virtude do retorno tardio do contêiner, será quinquenal o prazo prescricional (art. 206, § 5.º, inciso I, do Código Civil). Caso contrário, ou seja, nas hipóteses em que inexistente prévia estipulação contratual, aplica-se a regra geral do art. 205 do Código Civil, ocorrendo a prescrição no prazo de dez anos.

Diversamente do entendimento adotado, tem-se que a pretensão de ressarcimento dos prejuízos causados em virtude do retorno tardio do contêiner, no bojo de contrato de transporte unimodal de cargas, quando a taxa de sobre-estadia objeto da cobrança não tiver sido estabelecida em disposição contratual (com a especificação dos dados e critérios necessários ao cálculo dos valores devidos) submete-se ao prazo prescricional trienal, previsto no art. 206, § 3.º, IV, do Código Civil, já que fundada em enriquecimento sem causa.

Explica-se. No contrato de transporte unimodal (modal marítimo), como bem conceitua Daniel de Souza Arci[14], a responsabilidade do transportador é restrita ao percurso marítimo que inicia após o recebimento da carga a bordo do navio no porto de origem e cessa imediatamente após o içamento das cargas e consequente desembarque no porto de destino; demais serviços e atos correlatos, tais como desembaraço aduaneiro, transporte e desunitização dos contêineres, entre outras, são de exclusiva responsabilidade dos exportadores e importadores.

Assim, a eventual demora na realização desses procedimentos não abrangidos no contrato de transporte unimodal (sobre-estadia) resulta demasiado atraso na devolução dos contêineres utilizados no transporte da carga ao transportador, causando-lhe prejuízos. Já se afirmou em linhas anteriores que a pretensão de reparação civil, seja ela advinda de um ilícito contratual ou extracontratual, deve ser exercida no prazo trienal, prevista no art. 206, § 3.º, V, do Código Civil. Inexiste, como visto, razão jurídica idônea, segundo a sistemática do diploma civil em vigor, de se conferir prazo prescricional distinto ao exercício da pretensão indenizatório, com base na origem, se contratual ou extracontratual.

Ainda que a questão seja analisada sob outro enfoque, não se pode deixar de reconhecer que o transportador, enquanto não ultimadas todas as providências não abrangidas pelo contrato de transporte unimodal (demais serviços e atos correlatos, tais como desembaraço aduaneiro, transporte, desunitização dos contêineres etc.), permanece com a guarda da carga, realizando uma prestação ao importador ou exportador, cuja causa jurídica não mais subsiste, a caracterizar, em favor destes, inequívoco enriquecimento sem causa. Para situações absolutamente símeis, como se constata, o legislador foi eloquente (e coerente) em fixar para a pretensão ressarcitória fundada em enriquecimento sem causa também o prazo prescricional trienal, o qual se reputa adequado para a situação ora descrita.

Caracterizado, assim, o enriquecimento sem causa, a pretensão ao ressarcimento daí decorrente submete-se ao prazo prescricional trienal previsto no art. 206, § 3.º, IV, do Código Civil.

---

[14] Pontos controversos da sobre-estadia de contêineres. *Informativo Jurídico Consulex*, ano XXVII, n. 45.

Não obstante, propugna-se, com as considerações tecidas ao longo do presente estudo, uma interpretação que confira maior aplicabilidade ao citado dispositivo legal, a fim de promover a efetivação do instituto do enriquecimento sem causa, com o manejo da correlata ação de ressarcimento, não mais compreendido como mero princípio informador do direito, consentânea com a sistemática concebida pelo Código Civil em matéria de prescrição.

4. RECONHECIMENTO DE OFÍCIO DA PRESCRIÇÃO. INCOMPATIBILIDADE, EM PRINCÍPIO, COM A NATUREZA DO INSTITUTO. VIABILIZAÇÃO DO (IMPRESCINDÍVEL) CONTRADITÓRIO PELO NOVO CPC, INCLUSIVE NA HIPÓTESE DO PARÁGRAFO ÚNICO DO ART. 487 DO CPC/2015

O instituto da prescrição, considerado o fim a que se destina – conferir segurança jurídica advinda da estabilização das relações sociais –, guarda, em si (ainda que reflexamente), um interesse público. Sua previsão legal, é certo, tem por escopo extirpar a intranquilidade social, no bojo das relações jurídicas, gerada pelo potencial e indefinido exercício de uma ação destinada à realização de prestação, fundada na lesão ou ameaça a um direito do autor, no que reside o aludido interesse público.

Não se deve perder de vista, todavia, que a prescrição, compreendida como a perda da pretensão de exigir de alguém a realização de uma prestação, em virtude da fluência de prazo fixado em lei, tangencia, diretamente, como se pode perceber de sua definição, interesses adstritos exclusivamente às partes envolvidas. Isso porque a prescrição refere-se a direitos subjetivos patrimoniais e relativos, na medida em que a correlata ação condenatória tem por finalidade obter, por meio da realização de uma prestação pelo demandado, a reparação dos prejuízos percebidos pela violação do direito do autor. Não é por outra razão, aliás, que a prescrição, desde que consumada, comporta, à parte que a favoreça, sua renúncia, expressa ou tácita (diversamente do que se dá com a decadência, que, diretamente, guarda em si um interesse público).

Evidenciada, assim, a adstrição da prescrição aos interesses das partes, considerada a natureza dos direitos a que se refere, a possibilidade de o juiz conhecê-la de ofício, tal como dispõe a lei adjetiva civil (atual, bem como a de 1973), refoge, em princípio, da lógica, e somente poderia ser justificada em nome da celeridade, efetividade e economia processual. Ainda que sob essas motivações, a decretação da prescrição, de ofício, sem a oitiva da outra parte, mesmo que com ela se beneficie, encerra óbices insanáveis, em absoluta inadequação com a natureza do instituto.

Não se afigura possível ao juiz, em substituição à parte que com a prescrição venha a se beneficiar, supor que esta não se valeria do direito de renunciar à prescrição consumada ou, de outro modo, a ela não se objetaria quando tiver, por exemplo, o interesse que se reconheça a cobrança indevida de dívida, decorrente de pagamento já realizado, a gerar a repetição em dobro do indébito, nos termos do art. 940 do Código Civil.

À vista de tal incongruência, o Código de Processo Civil de 2015 teve o mérito de, a par da possibilidade de reconhecimento de ofício da prescrição pelo magistrado, impor a este, antes, a viabilização do indispensável contraditório. Seu art. 10 é claro ao dispor: "o juiz não pode decidir, em grau algum de jurisdição, com base em fundamento a respeito do qual não se tenha dado às partes oportunidade de se manifestar, ainda que se trate de matéria sobre a qual deva decidir de ofício".

Especificamente sobre a prescrição (e a decadência), o art. 487 do novo Código de Processo Civil preceitua que: "Haverá resolução de mérito quando o juiz: [...] II – decidir de ofício ou a requerimento, sobre a ocorrência de decadência ou prescrição". E, em seu parágrafo único, assentou-se que: "Ressalvada a hipótese do § 1.º do art. 332 [improcedência liminar do pedido], a prescrição e a decadência não serão reconhecidas sem que antes seja dada às partes oportunidade de se manifestar-se".

Sem descurar do avanço da disposição legal sob comento (que, como visto, viabiliza o imprescindível contraditório), a ressalva contida no preceito legal, em nossa compreensão, não se compatibiliza com a natureza do instituto. Assim, mesmo tratando-se de reconhecimento liminar da improcedência do pedido com base na prescrição consumada, imprescindível que se confira às partes, inclusive a que com ela venha a se beneficiar, a oportunidade de sobre ela se manifestar, necessariamente.

A exceção legal, como se constata, parte da errônea presunção de que a improcedência liminar do pedido com base na prescrição – decisão de mérito que é – somente prejudicaria ou diria respeito ao demandante, ao qual, para se opor a tal decisão, seria conferida a via recursal. Mais uma vez, não caberia (agora) à lei supor que a parte demandada (a quem, em tese, o reconhecimento da prescrição beneficiaria) não se valeria do direito de renunciá-la ou de objetá-la, para, no curso do próprio processo, por exemplo, buscar a repetição em dobro do indébito, em razão de anterior pagamento, com esteio no art. 940 do Código Civil.

Tem-se, por conseguinte, que, mesmo na hipótese de improcedência liminar do pedido, com fulcro no reconhecimento da prescrição da pretensão, há que se conferir às partes, antes, oportunidade de se manifestarem sobre a matéria, com base no art. 10 do CPC/2015, consentâneo com o instituto em comento, em que pese a expressa ressalva contida no parágrafo único do art. 487 do referido diploma legal.

5. PRESCRIÇÃO INTERCORRENTE SOB A VIGÊNCIA DO CPC/1973

Ainda sob o signo da pacificação dos conflitos de interesse, o instituto da prescrição irradia seus efeitos no âmbito do processo, mesmo que a pretensão de reparação do direito lesado tenha sido exercida dentro do prazo prescricional. Assim, uma vez exercida a pretensão de reparação do direito lesado em juízo dentro do prazo prescricional, a satisfação do direito reconhecido judicialmente, de igual modo, não pode ser eternizada.

É preciso que o credor/exequente promova todas as medidas necessárias para a satisfação de seu crédito e, consequente, conclusão do processo executivo. Atende aos seus interesses, indiscutivelmente, a tempestiva realização do direito reconhecido judicialmente. Sob o enfoque do executado, também é certo que a sujeição de seus bens à satisfação do crédito, como inerente consequência da instauração do processo executivo, não pode perdurar indefinidamente. Não se afigura razoável, pois, que o devedor fique eternamente sujeito aos efeitos da litispendência, com todas as consequências negativas daí decorrentes (tais como restrições de crédito advindo do registro do processo etc.).

É, portanto, com esteio na almejada segurança jurídica advinda da estabilização dos conflitos de interesse que se reconhece a necessidade de se impor um limite temporal não apenas para o exercício da pretensão da reparação ao direito violado, mas também para o exercício da pretensão executiva.

Por coerência, o mesmo prazo prescricional para o exercício da pretensão ressarcitória deve ser conferido para o exercício da pretensão executiva, nos termos do Enunciado 150 da Súmula do STF, *in verbis*: "Prescreve a execução no mesmo prazo da prescrição da ação".

Ainda traçando um paralelo entre a prescrição da pretensão ressarcitória e a prescrição da pretensão executiva, interessante notar que ambas são passíveis de interrupção.

O art. 202 do Código Civil explicita, taxativamente, as causas de interrupção da prescrição da pretensão reparatória (causas extrajudiciais, que são o protesto cambial e reconhecimento de dívida; causas judiciais, que são as demais hipóteses ali mencionadas), que, segundo consta, somente poderá ocorrer uma vez. Ou seja, exercida a pretensão reparatória dentro do prazo prescricional, as situações descritas no dispositivo legal em comento, se verificadas, têm o condão de interromper o prazo prescricional, fazendo com que este se reinicie por inteiro. Em seu parágrafo único preceitua-se que: "A prescrição interrompida recomeça a correr da data do ato que a interrompeu, ou do último ato do processo para a interromper".

O preceito exige um esclarecimento.

A aplicação da regra de que a interrupção da prescrição somente se dará uma única vez a todas as causas interruptivas da prescrição geraria inadequações aberrantes, devendo incidir tão somente nas causas extrajudiciais (protesto cambial e reconhecimento de dívida).

A confirmar essa proposição, a título de exemplo, pode-se imaginar a seguinte situação: Promovida a ação, o réu é citado, caso em que há a interrupção da prescrição. Nos termos legais, o prazo volta a correr a partir do ato que a interrompeu ou do último ato em que se forma a coisa julgada. Extinto o processo sem julgamento de mérito, o demandante promove nova ação. Se se compreendermos que a prescrição não é novamente interrompida pela citação ali efetivada, chancelaríamos a esdrúxula situação de se reconhecer a superveniência da prescrição (perda da pretensão) durante a tramitação da ação, em que se está discutindo a existência do direito alegado, o que, por óbvio, refoge à lógica do direito processual civil. Portanto, a regra de que a prescrição somente pode ser interrompida uma única vez aplica-se exclusivamente às causas extrajudiciais (protesto cambial e reconhecimento de dívida), não podendo o credor interromper novamente o prazo prescricional pelo mesmo ato. Para as demais hipóteses interruptivas da prescrição, correspondentes a atos judiciais, a interrupção dar-se-á tantas vezes quantas permita a legislação processual (isto, é três vezes).

Em relação à prescrição da pretensão executiva, o raciocínio expendido há que se ater às suas particularidades, especialmente no tocante à regra de que o prazo prescricional volta a correr (por inteiro) a partir do ato judicial que a interrompeu (parágrafo único do art. 202 do Código Civil).

Transitada em julgado a sentença, nasce para o credor/exequente a pretensão de executá-la, que, como assinalado, deve ser exercida no mesmo prazo prescricional da pretensão ressarcitória. Pois bem, promovida a execução dentro do prazo prescricional, este pode vir a ser interrompido. Naturalmente, como estamos tratando de pretensão executória, somente uma causa judicial (verificada no âmbito do próprio processo, por decisão judicial) é que tem o condão de interromper a prescrição executiva.

Com redação mais clara do que aquela então adotada pela lei adjetiva civil de 1973 (art. 617), o CPC/2015, no art. 802, reproduz a regra de que, "na execução, o despacho que ordena a citação, desde que realizada em observância ao disposto no § 2.º do art. 240, interrompe a prescrição, ainda que proferido por juízo incompetente". Em seu parágrafo único, dispôs-se que: "A interrupção da prescrição retroagirá à data de propositura da ação".

Outra situação que gera a interrupção do prazo de prescrição da pretensão executiva – que propriamente interessa ao presente estudo – é a decisão judicial que determina a suspensão do processo executivo em razão da ausência de bens penhoráveis. No ponto, é importante não confundir suspensão do processo executivo com interrupção do prazo prescricional da pretensão executiva.

O Código de Processo Civil de 2015, assim como o de 1973, apontou os casos nos quais o processo executivo deve ser suspenso, entre eles, a ausência de bens penhoráveis do devedor. Assim, é comum, após a efetivação de diligências no sentido de encontrar bens do devedor para a satisfação do crédito exequendo, caso se mostrem infrutíferas, o próprio exequente requerer a suspensão do processo executivo (muitas vezes, inclusive, com sugestão de prazo), para, individualmente, prosseguir na investigação sobre a existência de bens de propriedade do executado. Deferido o pedido de suspensão, com ou sem fixação de prazo (de suspensão) pelo Juízo, certo é que, nesse interregno, o prazo prescricional na pretensão executiva não flui. Exaurido o ato judicial de suspensão do processo executivo, que se dá com o esgotamento do prazo (fixado ou, no silêncio, de um ano – período máximo em que a legislação processual civil admite a suspensão do processo), o prazo prescricional da pretensão executiva volta a correr por inteiro, conforme estipula o parágrafo único do art. 202 do Código Civil. Já se pode antever que se trata de causa interruptiva do prazo da prescrição executiva, e não suspensiva, como sugere o § 1.º do art. 921 do CPC/2015.

Retomado, por inteiro, o prazo prescricional da pretensão executiva, cabe ao exequente promover o regular andamento do feito executivo. A inércia, durante esse prazo, do principal (se não único) interessado em promover atos destinados à satisfação do crédito, sem conferir regular andamento do processo executivo, encaminhando-o ao seu fim colimado, não é nem pode ser tolerada pelo direito, a incidir, nesse caso, na chamada prescrição intercorrente.

A grande controvérsia que reside sobre a questão está em saber se a retomada, por inteiro, do curso do prazo prescricional da pretensão executiva exige, necessariamente, a intimação do executado para conferir andamento ao processo executivo.

Embora a discussão se encontre, para os casos vindouros, superada pelo advento do Código de Processo Civil de 2015 (*ut* art. 921), que normatizou a questão, tal como previa o art. 40 da Lei de Execução Fiscal (Lei 6.830/1980), reconhecendo, portanto, a absoluta prescindibilidade da intimação do executado para esse escopo, a controvérsia remanesce latente para os casos ainda regidos pelo Código de Processo Civil de 1973.

Sobre a questão, em relação às execuções fiscais, dúvidas inexistiam diante dos termos da lei que as disciplina. No âmbito das execuções civis, entretanto, ante a ausência de disposição legal (verdadeira lacuna na lei), o tema afeto à prescrição intercorrente, especificamente quanto à necessidade de intimação do executado para dar andamento ao feito executivo, após a suspensão do processo por falta de bens penhoráveis, sempre ensejou controvérsias.

Até 2015, as Turmas de Direito Privado do Superior Tribunal de Justiça – portanto, em período anterior à vigência do NCPC, cuja vigência iniciou-se em março de 2016 – tinham posicionamento uniforme no sentido de reconhecer, uma vez suspenso o feito executivo por ausência de bens penhoráveis, a necessidade de intimação do executado para o início do prazo da prescrição intercorrente.

Os primeiros julgamentos no âmbito do Superior Tribunal de Justiça sobre a matéria teceram discussões aprofundadas, cuja análise nos permite bem identificar qual teria sido o fundamento adotado para subsidiar tal entendimento, providência que se afigura de suma relevância, a considerar o fato de que os julgados que se seguiram cingiram-se a, simplesmente, reproduzir a conclusão ali adotada.

E, ao assim proceder, constata-se que a compreensão de que o início do prazo da prescrição intercorrente encontrar-se-ia condicionada à intimação do devedor para conferir andamento ao feito executivo tinha por fundamento a aplicação analógica do § 1.º do art. 267 do Código de Processo Civil de 1973, então vigente, que tratava da extinção do processo, sem julgamento de mérito, em virtude de abandono da causa, que assim dispunha:

> O juiz ordenará, nos casos dos ns. II [quando o processo ficar parado por mais de um ano por negligência das partes] e III [quando, por não promover os atos e diligências que lhes competir, o autor abandonar a causa por mais de trinta dias], o arquivamento dos autos, declarando a extinção do processo, se a parte, intimada pessoalmente, não suprir a falta em 48 (quarenta e oito horas)".

Com essa linha interpretativa, posicionou-se, expressamente, a Terceira Turma do STJ, por ocasião do julgamento do REsp 5.910/SC (*DJ* 17.12.1990); e do REsp 16.558/MG (*DJ* 18.05.1992).

Em sentido diametralmente contrário, reconhecendo a impropriedade da apontada interpretação analógica, a Terceira Turma do Superior Tribunal de Justiça, ao julgar o REsp 15.261/SP (*DJ* 21.09.1992), reputou inadequada a exigência de intimação pessoal do executado para o início da fluência do prazo da prescrição intercorrente.

Do voto condutor, da lavra do eminente Ministro Eduardo Ribeiro, extrai-se a consideração – em nossa compreensão, irretorquível – de que:

> [...] a prescrição é instituto de direito material, tendo prazo e consequências próprias que de nenhum modo se confundem com a extinção do processo regulada no artigo 267 do CPC. A paralisação do processo, decorrente do abandono da causa pelo autor, durante o curto prazo de trinta dias, é o suficiente para levar a sua extinção. Necessário, no entanto, que preceda intimação. A prescrição, diferentemente, começa a fluir do momento em que o autor deixou de movimentar o processo, quando isso lhe cabia. Consumada, a declaração de que ocorreu não está a depender de mais nada que do requerimento da parte a quem aproveita.

Não obstante, a Turma julgadora, de modo a uniformizar sua posição, entendeu por bem refluir, retomando a anterior compreensão de que a intimação do executado seria indispensável para o início da fluência do prazo da prescrição intercorrente, com substrato, como visto, na interpretação analógica do art. 267, § 1.º, do CPC/1973, o que se verificou a partir do julgamento do REsp 33.373/PR (*DJ* 21.02.1994). A Quarta Turma, por sua vez, com referência aos julgados supracitados, de igual modo, também passou a referendar o entendimento ali sufragado (REsp 38.399/PR, *DJ* 02.05.1994; REsp 93.250/PR, *DJ* 04.11.1996). Como já assinalado, a partir de então, os precedentes que se seguiram no âmbito do Superior Tribunal de Justiça cingiram-se a reproduzir a conclusão então adotada, sem maiores aprofundamentos.

Oportuno destacar que autorizada doutrina, na ocasião, já advertia sobre a descabida hipótese de o processo executivo vir a se eternizar, manifestando-se pela necessidade de se conferir às execuções civis o mesmo tratamento então ofertado às execuções fiscais. Por todos, Cândido Rangel Dinamarco[15] assim propugnava:

> Não há no Código de Processo Civil um *limite temporal* de duração desse estado de estagnação, donde a possibilidade, pelo ponto de vista exclusivamente processual, de o processo ficar paralisado *ad eternum* sempre que não se encontrem bens. [...] É por isso muito razoável o entendimento de que, perdurando mais de um ano a paralisação por falta de bens, a partir de então comece a fluir o prazo para uma *prescrição intercorrente* se o executado nada diligenciar com o objetivo

---

[15] *Instituições de direito processual civil*. São Paulo: Malheiros, 2005. v. IV, p. 784.

de localizar o que penhorar. Essa é a solução adotada nos executivos fiscais, onde por imposição do art. 174 do Código Tributário Nacional, após passado um ano sem se encontrarem bens, começa a fluir o prazo para a prescrição intercorrente; o Superior Tribunal de Justiça vem dando atenção a esse dispositivo quando se trata de execuções fiscais, afirmando a possibilidade da prescrição; mas, em relação às execuções ordinárias, insiste na impossibilidade desta.

Efetivamente, a partir da compreensão já externada, tem-se que a aplicação analógica do art. 267, § 1.º, do CPC/1973, que trata da extinção do processo sem julgamento de mérito por abandono da causa, à prescrição intercorrente, além de se afastar da natureza jurídica dos institutos em cotejo, não encontra respaldo na lei adjetiva e substancial, à época regente.

A aplicação da analogia, como meio prioritário de integração do direito, exige que a situação não regulada por lei se apresente absolutamente similar à outra, devidamente disciplinada por lei, inexistindo razão jurídica idônea para se conferir a ambas as situações tratamento díspar.

O abandono da causa, como instituto de direito processual que é, atua exclusivamente no âmbito do processo, sem irradiar qualquer efeito à pretensão de direito material nele discutida. Tanto assim que seu reconhecimento, condicionado à prévia intimação das partes, enseja a extinção do processo sem julgamento de mérito. Diversamente, a prescrição, uma vez reconhecida, enseja a perda da pretensão, reparatória ou executiva, a propiciar a extinção do feito, com julgamento de mérito. Repercute, como se constata, na própria pretensão de direito material perseguida no processo.

A exigência de intimação, sucedida da inércia da parte, como condição à extinção do processo sem julgamento de mérito por abandono da causa, encontra-se inserida na incumbência do Juízo de conferir impulso oficial ao processo. Já o exercício da pretensão, seja ela reparatória, ou executiva, depende da atuação exclusiva da parte interessada, inclusive por expressa disposição legal (art. 475-J, CPC/1973), como se dá no cumprimento de sentença de quantia certa (com exceção do cumprimento de sentença de obrigação de fazer ou não fazer ou de dar; arts. 461 e 461-A, CPC/1973), sem qualquer ingerência da jurisdição que deve se manter necessariamente inerte, como corolário do princípio do dispositivo.

Inexiste, assim, espaço para a aplicação analógica do art. 267, § 1.º, do CPC/1973 à prescrição intercorrente.

Tratando-se de questão afeta ao direito material, como o é a prescrição da pretensão (inclusive, a executiva), há que se observar, necessariamente, o tratamento ofertado pelo Código Civil. Naturalmente, porque produz efeitos no âmbito do processo executivo, salutar a correlata regulação também por parte da lei adjetiva civil, que, por óbvio, guarde com aquela consonância. Não havendo tratamento específico, como se dava no Código de Processo Civil de 1973, a interpretação a ser conferida ao instituto, com mais razão, não pode se distanciar da lei civil, observadas, naturalmente, as particularidades da prescrição da pretensão executiva.

Conforme dispõe o parágrafo único do art. 202 do Código Civil, uma vez paralisada a prescrição, o prazo retoma o seu curso, por inteiro, a partir do ato judicial que a interrompeu. Exaurido o ato judicial de suspensão do processo executivo, que se dá com o esgotamento do período em que o processo ficou suspenso, o prazo prescricional da pretensão executiva volta a correr por inteiro, automaticamente.

Se o deferimento do pedido de suspensão, efetuado pelo exequente, contiver termo fixo, não há razão jurídica idônea, inclusive do ponto de vista lógico, para que o Juízo promova, ao seu término, a intimação do exequente para dar regular andamento ao feito executivo. Sua ciência é, pois, inequívoca. Caso a decisão suspensiva do feito executivo não fixe um termo determinado, haverá de se observar o prazo máximo em que a legislação processual civil admite a suspensão do processo (qual seja, um ano, nos termos do art. 265 do CPC/1973), sem que se promova, de igual modo, qualquer intimação do exequente. Como visto, em atenção ao princípio do dispositivo que norteia a Jurisdição, não cabe ao Juízo instar o credor a promover sua pretensão executiva, pois se trata de providência que incumbe exclusivamente à parte interessada, sob pena de se subverter, *permissa venia,* o sistema processual.

Evidenciado, assim, que a exigência de intimação do executado para dar andamento ao feito executivo, como condição ao início do prazo da prescrição intercorrente, refoge sobremaneira da natureza do instituto, na ausência de lei específica, absolutamente possível e recomendável a aplicação analógica do art. 40 da Lei de Execuções Fiscais, afigurando-se inequívoca a identidade de situações, a autorizar, aí sim, a utilização desse meio prioritário de integração do direito. Afinal, a lei até pode apresentar lacunas; o ordenamento jurídico, nunca.

Ainda que sem a brevidade ideal, é certo que a Terceira Turma do Superior Tribunal de Justiça, no final de 2015 (antes, portanto, da vigência do CPC/2015), modificou seu entendimento sobre a matéria, para concluir, finalmente, pela desnecessidade da intimação do executado a fim de dar regular andamento ao feito executivo, como condição ao início do prazo da prescrição intercorrente. Foi o desfecho conferido ao REsp 1.622.092/MS, *DJe* 13.10.2015. Em julgamento complementar sobre a questão, a Terceira

Turma, em atenção à natureza da prescrição – devidamente delineada no tópico anterior, em relação ao seu reconhecimento de ofício –, reconheceu a necessidade de viabilizar o contraditório não para dar andamento ao feito (afinal, em tese, o prazo da prescrição intercorrente já teria fluído), mas, sim, para opor eventual fato impeditivo à incidência da prescrição. É o que se verificou por ocasião do julgamento do REsp 1.589.753/PR, *DJe* 31.05.2016.

Em contrariedade a esse posicionamento, a Quarta Turma do Superior Tribunal de Justiça reputou por bem manter o entendimento até então adotado, trazendo para o debate relevantes questionamentos (*ut* REsp 1.620.919/PR, *DJe* 14.12.2016). Nesse julgado, entendeu-se impróprio antecipar, para situações pretéritas, as disposições do novo CPC, que, sobre a questão, inclusive, trouxe regra própria de transição. Reconheceu-se, ainda, que o entendimento consolidado dos Tribunais pátrios, em especial do Superior Tribunal de Justiça, como fonte de direito, gera inevitável expectativa de comportamento, a pautar a conduta do jurisdicionado, o que, aliás, é reforçado na sistemática do CPC/2015. Assim, a abrupta modificação de entendimento jurisprudencial, às vésperas da entrada do NCPC, que regulou especificamente a questão, viria de encontro à segurança jurídica, o que não se poderia permitir.

Ante a robustez dos argumentos, necessário tecer as últimas considerações em conclusão ao que até aqui se expôs.

A alteração de entendimento jurisprudencial propugnada pela Terceira Turma do STJ não promove a aplicação do novo Código de Processo Civil a situações pretéritas. Definitivamente, não. O CPC/1973 nem sequer regulou a prescrição intercorrente e, como consectário lógico de sua imprevisão, em momento algum dispôs que o início do prazo da prescrição intercorrente estaria condicionado à intimação da parte exequente. Tratava-se de uma interpretação analógica, atrelada ao instituto do abandono da causa, que, conforme demonstrado, em nada tangencia a prescrição, a evidenciar a inadequação do entendimento então adotado. Desse modo, não se pode afirmar que o NCPC modificou o tratamento a ser dado à matéria, ao expressamente preceituar – aliás, em absoluta consonância com o instituto – a desnecessidade de intimação do exequente, para efeito de início do prazo da prescrição intercorrente.

Tampouco se afigura adequado concluir que o CPC/2015, ao assim dispor, inovou, propriamente, sobre a questão. Na verdade, o novo Código de Processo Civil normatizou a prescrição intercorrente, a ela conferindo exatamente o mesmo tratamento então ofertado pela Lei de Execução Fiscal. Anteriormente à vigência do CPC/2015 – diante da existência de uma lacuna na lei para regular uma situação absolutamente similar a outra que, por sua vez, encontra-se devidamente disciplinada por lei –, de todo recomendável, se não de rigor, a aplicação analógica, como forma primeira de integração do direito.

Logo, a interpretação conferida à prescrição intercorrente que ora se propõe observa detidamente a natureza do instituto, considerado, ainda, o correlato tratamento das leis substantiva e adjetiva à época vigentes (Código Civil, Código de Processo Civil de 1973 e Lei de Execuções Fiscais).

A existência de regra de transição não infirma tal conclusão, devendo-se, naturalmente, bem explicitar a sua hipótese de incidência, coerente com a compreensão até aqui externada. Dispõe o art. 1.056 do NCPC: "Considerar-se-á como termo inicial do prazo da prescrição prevista no art. 924, inciso V, inclusive para as execuções em curso, a data de vigência deste Código".

Conforme anotado, exaurido o ato judicial de suspensão do processo executivo, que se dá com o esgotamento do período em que o processo ficou suspenso (por no máximo um ano), o prazo prescricional da pretensão executiva volta a correr por inteiro, automaticamente.

Apesar da impropriedade do termo "inclusive" constante do dispositivo legal em comento, certo é que a regra de transição somente poderia ter incidência nas execuções em curso; nunca naquelas em que o prazo prescricional intercorrente, nos termos ora propugnados, já tenha se consumado, ou mesmo se iniciado, dado que não se afiguraria adequado simplesmente renovar o prazo prescricional intercorrente sem qualquer razão legal que o justifique.

Por conseguinte, a regra de transição tem aplicação, exclusivamente, aos processos executivos em tramitação, que se encontrem suspensos, por ausência de bens penhoráveis, por ocasião da entrada em vigor do Código de Processo Civil de 2015. Assim, encontrando-se suspenso o processo executivo, o prazo da prescrição intercorrente começa a fluir um ano contado da entrada em vigor do NCPC, em interpretação conjunta dos arts. 1.056 e 921, §§ 1.º e 4.º, do mesmo diploma legal.

Efetivamente, não faz nenhum sentido aplicar a regra de transição aos casos em que o prazo prescricional intercorrente já se encontra integralmente consumado, conferindo-se, inadvertidamente, novo prazo ao exequente inerte.

Do contrário, permitir-se-á que a pretensão executiva seja exercida por mais de dez, quinze ou mais anos, em absoluto descompasso com o propósito de estabilização das relações jurídicas e, por consequência, de pacificação social, bem como do próprio Enunciado 150 da súmula do STF, segundo o qual a pretensão executiva prescreve no mesmo prazo da pretensão da reparação.

Sob essa perspectiva, sem olvidar a relevância dos entendimentos jurisprudenciais, como fonte do direito, notadamente robustecida pelo CPC/2015, tem-se que a mudança de entendimento jurisprudencial, salutar ao aprimoramento da prestação jurisdicional, não abala a segurança jurídica, especialmente em matéria de prescrição. Não é razoável supor que a pessoa que detenha uma pretensão não a exerça imediatamente ou dentro de um prazo razoável que a lei repute adequado, sugestionada ou pré-condicionada a alguma orientação jurisprudencial. Ao contrário, é o comportamento inerte agregado a um prazo indefinido ou demasiadamente dilatado por imprópria interpretação para o exercício da pretensão em juízo que gera intranquilidade social, passível de mera constatação.

Seja como for, diante da manifesta divergência, incumbirá à Segunda Seção do Superior Tribunal de Justiça dirimi-la, providência viabilizada pelo Incidente de Assunção de Competência no REsp 1.604.412/SC, a ensejar, obrigatoriamente, sua observância.

6. REFERÊNCIAS

ALVIM, Agostinho. Do enriquecimento sem causa. *Revista dos Tribunais*, São Paulo, ano 46, v. 259, p. 25, maio 1957.

AMORIM FILHO, Agnelo. Critério científico para distinguir a prescrição da decadência e para identificar as ações imprescritíveis. *Revista de Direito Contemporâneo*, São Paulo, ano 3, v. 7, p. 343-375, abr.-jun. 2016.

ARCI, Daniel de Souza. Pontos controversos da sobre-estadia de contêineres. *Informativo Jurídico Consulex*, ano XXVII, n. 45.

DINAMARCO, Cândido Rangel. *Instituições de direito processual civil*. São Paulo: Malheiros, 2005. v. IV.

LEITÃO, Luís Manuel Teles de Menezes. O enriquecimento sem causa no novo Código Civil brasileiro. *Revista CEJ*, Brasília, n. 25, abr.-jun. 2004.

LOPEZ, Teresa Ancona. Princípios do Novo Código Civil brasileiro e outros temas – homenagem a Tullio Ascarelli. *Principais linhas da responsabilidade civil no direito brasileiro contemporâneo*. 2. ed. São Paulo: Quartier Latin, 2010.

NANNI, Giovanni Ettore. *Enriquecimento sem causa*. 3. ed. São Paulo: Saraiva, 2012.

PEREIRA, Caio Mario da Silva. *Instituições de direito civil*. 11. ed. Rio de Janeiro: Forense, 2004. v. III.

TARTUCE, Flávio. *Manual de direito civil*. 5. ed. Rio de Janeiro: Forense; São Paulo: Método, 2015. volume único.

TEPEDINO, Gustavo. *Código Civil interpretado conforme a Constituição da República*. 3. ed. Rio de Janeiro: Renovar. 2014. v. I.

BOA-FÉ OBJETIVA NOS CONTRATOS

7

BOA-FÉ OBJETIVA NOS CONTRATOS

CARLOS ROBERTO GONÇALVES

SUMÁRIO: 1. Noções preliminares; 2. Breve histórico; 3. Boa-fé subjetiva e boa-fé objetiva; 4. A boa-fé como modelo no Código Civil de 2002; 5. Violação positiva do contrato; 6. Proibição de *venire contra factum proprium*; 7. *Suppressio, surrectio e tu quoque*; 8. *Duty to mitigate the loss* e *Nachfrist*; 9. Bibliografia.

1. NOÇÕES PRELIMINARES

Segundo Larenz[1], a boa-fé é o "princípio supremo do Direito Civil", com ampla incidência no direito obrigacional e de especial importância para o exame dos requisitos e efeitos da resolução do contrato. Malgrado o referido princípio tenha aplicação em todas as relações jurídicas, sejam elas de direito de família, das coisas, das sucessões etc., é no campo do direito obrigacional que se destaca.

O princípio em tela exige que as partes se comportem de forma correta não só durante as tratativas, como também ao longo da formação e do cumprimento do contrato. No decurso das tratativas preliminares, o princípio da boa-fé é fonte de deveres de esclarecimento, situação que surge seguidamente

---

[1] LARENZ, Karl. *Derecho de obligaciones*. Trad. esp. de Jaime Santos Briz. Madrid: Revista de Derecho Privado, 1958. t. I.

quando uma das partes dispõe de superioridade de informações ou de conhecimentos técnicos, que devem ser repassados amplamente e de forma compreensível à contraparte, para que esta possa decidir com suficiente conhecimento de causa.

A falta de esclarecimentos que não tenha gravidade para deslocar a questão para o âmbito da invalidade, por vício de vontade, pode ensejar a aplicação do princípio da boa-fé, seja para a exclusão de cláusulas ou o reconhecimento de deveres. Também surgem, nas tratativas, deveres de lealdade, decorrentes da simples aproximação pré-contratual. Assim, a censura é feita a quem abandona inesperadamente as negociações já em adiantado estágio, depois de criar na outra parte a expectativa da celebração de um contrato para o qual se preparou e efetuou despesas, ou em função do qual perdeu outras oportunidades. A violação desse dever secundário pode ensejar indenização por existir uma relação obrigacional, independentemente de contrato fundada na boa-fé[2].

O princípio da boa-fé guarda relação com o princípio de direito segundo o qual ninguém pode beneficiar-se da própria torpeza. Recomenda ao juiz que presuma a boa-fé, devendo a má-fé, ao contrário, ser provada por quem a alega. Deve este, ao julgar demanda na qual se discuta a relação contratual, dar por pressuposta a boa-fé objetiva, que impõe ao contratante um padrão de conduta, de agir com retidão, ou seja, com probidade, honestidade e lealdade, nos moldes do homem comum, atendidos as peculiaridades dos usos e os costumes do lugar.

Enfim, a boa-fé é um arquétipo ou modelo de comportamento social que nos aproxima de um conceito ético de proceder de forma correta. Toda pessoa deverá ajustar o seu agir negocial a esse padrão objetivo. A conduta esperada é a conduta devida, de acordo com parâmetros sociais[3].

A regra da boa-fé, segundo pacífico entendimento, é uma *cláusula geral* para a aplicação do direito obrigacional, que permite a solução do caso levando em consideração fatores metajurídicos e princípios jurídicos gerais. A reformulação operada pelo atual Código Civil com base nos princípios da socialidade, eticidade e operabilidade deu nova feição aos princípios fundamentais dos contratos, como se extrai dos novos institutos nele incorporados, *verbi gratia*: o estado de perigo, a lesão, a onerosidade excessiva, a

---

[2] AGUIAR JÚNIOR, Ruy Rosado de. *Extinção dos contratos por incumprimento do devedor*. 2. ed. Rio de Janeiro: Aide, 2003. p. 250.
[3] FARIAS, Cristiano Chaves de; ROSENVALD, Nelson. *Curso de direito civil*. 4. ed. Salvador: JusPodium, 2014. v. 4, p. 164.

função social dos contratos como preceito de ordem pública (CC, art. 2.035, parágrafo único) e, especialmente, a **boa-fé** e a **probidade**. De tal sorte que se pode hoje dizer, sinteticamente, que as cláusulas gerais que o juiz deve rigorosamente aplicar no julgamento das relações obrigacionais são: a boa-fé objetiva, o fim social do contrato e a ordem pública[4].

2. BREVE HISTÓRICO

A noção de boa-fé (*bona fides*) remonta ao direito romano, em que surgem os *iudicia bonae fidei* como procedimentos perante o juiz, nos quais se sentenciava, como arrimo na boa-fé, no campo dos negócios jurídicos, nas hipóteses em que não havia texto expresso em lei, conferindo-se ao magistrado um especial mandato para decidir o caso de acordo com as circunstâncias concretas.

Com o incremento do *jus gentium*, aplicável a romanos e estrangeiros em razão das necessidades de comércio, o princípio da boa-fé se desenvolveu, dando-se ênfase à *lealdade* da palavra empenhada[5]. No direito francês, a boa-fé ressurge no Código de Napoleão, sem, no entanto, desenvolver-se ao que atualmente entendemos por boa-fé objetiva. Já no direito alemão a noção de boa-fé traduzia-se na fórmula do *Treu und Glauben* (lealdade e confiança), regra objetiva que deveria ser observada nas relações jurídicas em geral. Somente após a Primeira Guerra Mundial, todavia, o princípio da boa-fé se liberta da concepção axiomática originária, sendo preenchido e sistematizado pela criativa atuação dos tribunais, traduzidos em juízos de valor e fonte autônoma de direitos e obrigações. Os Códigos europeus, na sua quase totalidade, "incorporaram o princípio da boa-fé, mesmo que nem em todos a sua aplicação prática possua o mesmo papel fundamental do § 242, BGB"[6].

No direito brasileiro, até a edição do Código de Defesa do Consumidor e do atual Código Civil, tínhamos regras esparsas que concretizavam o princípio da boa-fé, por exemplo, as disposições sobre a litigância de má-fé

---

[4] AGUIAR JÚNIOR, Ruy Rosado de. *Extinção dos contratos por incumprimento do devedor* cit., p. 232.
[5] MARTINS-COSTA, Judith. *A boa-fé no direito privado*. São Paulo: RT, 1999. p. 122; MOREIRA ALVES, José Carlos. *A parte geral do projeto de Código Civil brasileiro*. São Paulo: Saraiva, 1986. p. 120-121.
[6] FARIAS, Cristiano Chaves de; ROSENVALD, Nelson. *Curso de direito civil* cit., p. 158.

inseridas no Código de Processo Civil de 1973 (arts. 14, 17 e 630) e a norma interpretativa do art. 131, I, do Código Comercial[7], *verbis*: "A inteligência simples e adequada que for mais conforme a boa-fé e ao verdadeiro espírito e natureza do contrato deverá sempre prevalecer à rigorosa e restrita significação das palavras". Tais disposições não tiveram, na prática, entretanto, a devida aplicação.

A partir do mencionado Código de Defesa do Consumidor, a boa-fé passou a ser considerada um dos princípios fundamentais das relações de consumo e como cláusula geral para controle das cláusulas abusivas. No aludido diploma a boa-fé é tratada como princípio a ser seguido para a harmonização dos interesses dos participantes da relação de consumo (art. 4.º, III) e como critério para definição da abusividade das cláusulas (art. 51, IV).

Por sua vez, no atual Código Civil o princípio da boa-fé foi expressamente contemplado, sendo o da *objetiva* tratado nos arts. 422, 113 e 187. Passamos a contar, então, com norma inserta na lei civil sobre a boa-fé.

Oportuna a observação de Flávio Tartuce[8] de que a boa-fé objetiva também foi valorizada de maneira considerável no Código de Processo Civil de 2015, consolidando-se na norma a *boa-fé objetiva processual*. Nos termos do seu art. 5.º, aquele que de qualquer forma participa do processo deve comportar-se de acordo com a boa-fé. Em reforço, todos os sujeitos do processo devem cooperar entre si para que se obtenha, em tempo razoável, decisão de mérito justa e efetiva (art. 6.º, consagrador do dever de colaboração processual). Merece ser mencionada, ainda, a regra do art. 489, § 3.º, pela qual a decisão judicial deve ser interpretada a partir da conjugação de todos os seus elementos e em conformidade com o princípio da boa-fé.

3. BOA-FÉ SUBJETIVA E BOA-FÉ OBJETIVA

O princípio da boa-fé se biparte, como já dito, em boa-fé *subjetiva*, também chamada de concepção **psicológica** da boa-fé, e boa-fé *objetiva*, também denominada concepção **ética** da boa-fé.

A expressão "boa fé subjetiva" denota estado de consciência, ou convencimento individual da parte ao agir em conformidade ao direito, sendo aplicável, em regra, ao campo dos direitos reais, especialmente em matéria

---

[7] AGUIAR JÚNIOR, Ruy Rosado de. *Extinção dos contratos por incumprimento do devedor* cit., p. 245.
[8] TARTUCE, Flávio. *Direito civil*. 12. ed. São Paulo: Forense, 2017. p. 92.

possessória. Diz-se "subjetiva" justamente porque, para a sua aplicação, deve o intérprete considerar a intenção do sujeito da relação jurídica, o seu estado psicológico ou íntima convicção. Sempre se baseia numa crença ou numa ignorância. O Código Civil do Paraguai, por exemplo, afirma ser a boa-fé *ad usucapionem* "a crença, sem dúvida alguma, de que o possuidor seja titular legítimo do direito"[9].

Todavia, a boa-fé que constitui inovação do Código de 2002 e acarretou profunda alteração no direito obrigacional clássico é a *objetiva*, que se constitui em uma norma jurídica fundada em um princípio geral do direito, segundo o qual todos devem se comportar de boa-fé nas suas relações recíprocas. Classifica-se, assim, como **regra de conduta**. Incluída no direito positivo de grande parte dos países ocidentais, deixa de ser princípio geral de direito para transformar-se em cláusula geral de boa-fé objetiva. É, portanto, fonte de direito e de obrigações[10].

4. A BOA-FÉ COMO MODELO NO CÓDIGO CIVIL DE 2002

A cláusula geral da *boa-fé objetiva* é tratada no Código Civil em três dispositivos, sendo de maior repercussão o art. 422 ("Os contratantes são obrigados a guardar, assim na conclusão do contrato, como em sua execução, os princípios da probidade e boa-fé").

Os demais são: o art. 113 ("Os negócios devem ser interpretados conforme a boa-fé e os usos do lugar de sua celebração") e o art. 187 ("Também comete ato ilícito o titular de um direito que, ao exercê-lo, excede manifestamente os limites impostos pelo seu fim econômico ou social, pela boa-fé ou pelos bons costumes").

Os mencionados dispositivos legais contemplam funções relevantes da boa-fé objetiva. O primeiro (art. 422) cuida da *função de integração do contrato*. Dispõe, a propósito, o Enunciado 25 da I Jornada do Conselho da Justiça Federal: "O art. 422 do Código Civil não inviabiliza a aplicação, pelo julgador, do princípio da boa-fé nas fases pré e pós-contratual".

---

[9] MARTINS-COSTA, Judith. *A boa-fé no direito privado* cit., p. 411; NERY JUNIOR, Nelson. Contratos no Código Civil – Apontamentos gerais. In: NETTO, Domingos Franciulli; MENDES, Gilmar Ferreira; MARTINS FILHO, Ives Gandra da Silva (Coord.). *O novo Código Civil*: estudos em homenagem ao Professor Miguel Reale. São Paulo: LTr, 2003. p. 429.

[10] NERY JUNIOR, Nelson. *Contratos no Código Civil – Apontamentos gerais* cit., p. 430-431.

Durante as tratativas, portanto, o princípio da boa-fé também é fonte de esclarecimento, surgindo igualmente, nessa fase, deveres de lealdade, decorrentes da simples aproximação pré-contratual. Assim, "a censura feita a quem abandona inesperadamente as negociações já em adiantado estágio, depois de criar na outra parte a expectativa da celebração de um contrato para o qual se preparou e efetuou despesas, ou em função do qual perdeu outras oportunidades. A violação a esse dever secundário pode ensejar indenização"[11].

O segundo dispositivo (art. 113) trata da função de interpretação do negócio jurídico, ao mencionar que "os negócios devem ser interpretados conforme a boa-fé e os usos do lugar de sua celebração". Em seu conteúdo vislumbra-se não somente a *boa-fé objetiva,* como também a *função social do contrato* e a complementação do art. 112, segundo o qual "nas declarações de vontade se atenderá mais à intenção nelas consubstanciada do que ao sentido literal da linguagem".

Por fim, o art. 187 retromencionado estabelece a denominada "função de controle ou de limite", ao proclamar que comete *ato ilícito* quem, ao exercer o seu direito, exceder manifestamente os *limites impostos pela boa-fé*. Cogita, assim, do chamado *abuso de direito*.

Destaca-se, a propósito, a síntese de Larenz[12] no sentido de que o princípio da boa-fé se consagra em três direções: a) dirige-se ao devedor, a fim de que cumpra a sua obrigação sem se restringir à letra da relação jurídica, mas também ao seu espírito, especialmente ao sentido e à ideia fundamental do contrato – de forma a satisfazer o que o credor dele razoavelmente espera; b) dirige-se ao credor, com a obrigação de exercer o seu direito em correspondência à confiança depositada pela outra parte e à consideração altruísta que ela possa pretender; c) dirige-se a todos os participantes da relação, a fim de que se conduzam de forma a atender ao sentido e à finalidade da relação, com uma consciência honrada.

A incidência da regra da boa-fé pode ocorrer em várias situações, não só para se reclamar do contratante o cumprimento da obrigação, mas também para exonerá-lo, por exemplo, "quando vem em auxílio do devedor a circunstância de o credor ser usurário; de um credor que pretende desconhecer a modificação das circunstâncias das bases do negócio jurídico; de um credor que pretende ignorar o estado de necessidade que aflige seu devedor; de um credor que pretende exercitar seu direito de maneira abusiva, seja

---

[11] AGUIAR JÚNIOR, Ruy Rosado de. *Extinção dos contratos por incumprimento do devedor* cit., p. 250.
[12] LARENZ, Karl. *Derecho de obligaciones* cit., p. 148.

com intenção de causar dano a seu devedor, seja sem proveito algum para si, seja contrariando os fins que a lei teve em mira ao reconhecer seu direito subjetivo"[13].

Entre os diversos deveres de conduta, destacam-se os da *lealdade* e de *informar ou esclarecer*. O primeiro se mostra também relevante na responsabilidade pós-contratual. Mesmo depois de extinto o contrato, perdurarão certos deveres de conduta em uma etapa posterior no processo contratual, como deveres de segredo e de reserva. Veja-se o oportuno exemplo de Luiz Guilherme Loureiro[14]: "Recentemente uma joalheria fabricou uma joia única para que a cantora Madonna usasse na festa de seu casamento. Após, produziu joias idênticas e colocou-as no mercado. Patente, portanto, a falta de boa-fé *post pactum finitum*".

O dever de *informar ou esclarecer* é correlato à relação obrigacional desde a sua origem até o seu ocaso, envolvendo as conversações preliminares e a fase pós-contratual. Normalmente quem oferta é quem tem o ônus de informar, porque é quem pode transmitir uma informação que já possui[15].

5. VIOLAÇÃO POSITIVA DO CONTRATO

A boa-fé objetiva enseja, também, a caracterização de inadimplemento mesmo quando não haja mora ou inadimplemento absoluto do contrato. É o que a doutrina moderna denomina *violação positiva* da obrigação ou do contrato. Desse modo, quando o contratante deixa de cumprir alguns *deveres anexos*, por exemplo, esse comportamento ofende a boa-fé objetiva e, por

---

[13] ITURRASPE, Jorge Mosset. *Contratos*. Buenos Aires: Rubinzal Culzoni, 1992. p. 264.
"Alienação fiduciária. Busca e apreensão. O cumprimento do contrato de financiamento, com a falta apenas da última prestação, não autoriza o credor a lançar mão de ação de busca e apreensão, em lugar da cobrança da parcela faltante. Não atende à exigência da boa-fé objetiva a atitude do credor que desconhece esses fatos e promove a busca e apreensão, com pedido liminar de reintegração de posse" (STJ, REsp 272.739-MG, 4.ª T., Rel. Min. Rosado de Aguiar, *DJU* 02.04.2001).
[14] LOUREIRO, Luiz Guilherme. *Teoria geral dos contratos no novo Código Civil*. São Paulo: Método, 2002. p. 76.
[15] FARIAS, Cristiano Chaves de; ROSENVALD, Nelson. *Curso de direito civil* cit., p. 173-174.

isso, caracteriza inadimplemento do contrato[16]. Nesse sentido, a Conclusão 24 da I Jornada de Direito Civil (STJ-CJF): "Em virtude do princípio da boa-fé, positivado no art. 422 do novo Código Civil, a violação dos deveres anexos constitui espécie de inadimplemento, independentemente de culpa".

Esses *deveres anexos* ou *secundários* excedem o dever de prestação e derivam diretamente do princípio da boa-fé objetiva, tais como os deveres laterais de *esclarecimento* (informações sobre o uso do bem alienado, capacitações e limites), de *proteção* (como evitar situações de perigo), de *conservação* (coisa recebida para experiência), de *lealdade* (não exigir cumprimento de contrato com insuportável perda de equivalência entre as prestações), de *cooperação* (prática dos atos necessários à realização plena dos fins visados pela outra parte) etc.[17] Contrapõem eles a direitos em favor da outra parte.

Entre os deveres anexos podem ser citados, como assinala Judith-Martins Costa: a) o dever de cuidado em relação à outra parte negocial; b) o dever de respeito; c) o dever de informar a outra parte quanto ao conteúdo do negócio; d) o dever de agir conforme a confiança depositada; e) o dever de lealdade e probidade; f) o dever de colaboração ou cooperação; g) o dever de agir conforme a razoabilidade, a equidade e a boa razão.

A propósito, decidiu a Quarta Turma do Superior Tribunal de Justiça, em acórdão relatado pela Min. Maria Isabel Gallotti (AREsp 262.823, j. 29.04.2015), que "Da boa-fé objetiva contratual derivam os chamados deveres anexos ou laterais, entre os quais o dever de informação, colaboração e cooperação. A inobservância desses deveres gera a violação positiva do contrato e sua consequente reparação civil, independente de culpa".

6. PROIBIÇÃO DE *VENIRE CONTRA FACTUM PROPRIUM*

Uma das principais funções do princípio da boa-fé é limitadora: veda ou pune o exercício de direito subjetivo quando se caracterizar *abuso da posição jurídica*. É no âmbito dessa função limitadora do princípio da boa-fé objetiva que são estudadas as situações de *venire contra factum proprium, suppressio, surrectio, tu quoque*.

---

[16] NERY JUNIOR, Nelson. *Contratos no Código Civil – Apontamentos gerais* cit., p. 435.
[17] AGUIAR JÚNIOR, Ruy Rosado de. *Extinção dos contratos por incumprimento do devedor* cit., p. 251-252.

Pela máxima *venire contra factum proprium non potest* é vedado ao contratante exercer um direito próprio contrariando um comportamento anterior, devendo ser mantidos a confiança e o dever de lealdade decorrentes da boa-fé objetiva, depositada quando da formação do contrato. Depois de criar certa expectativa, em razão de conduta seguramente indicativa de determinado comportamento futuro, há quebra dos princípios de lealdade e de confiança se vier a ser praticado ato contrário ao previsto, com surpresa e prejuízo à contraparte[18].

A referida máxima latina traduz, com efeito, o exercício de uma posição jurídica em contradição com o comportamento assumido anteriormente. O fundamento jurídico alicerça-se na proteção da confiança, lesada por um comportamento contraditório da contraparte, contrário à sua expectativa de benefício gerada pela conduta inicial do outro contratante.

A Súmula 370 do Superior Tribunal de Justiça, *verbi gratia*, proclama que "caracteriza dano moral a apresentação antecipada de cheque pré-datado". E o Tribunal Superior do Trabalho considerou violação ao princípio da boa-fé objetiva e da máxima *nemo potest venire contra factum proprium* a despedida do empregado poucos dias antes do prazo marcado para a adesão ao PDV, caracterizada como manifestamente obstativa ao direito de optar pela demissão incentivada, com o objetivo de minorar os prejuízos decorrentes da inafastável situação de desemprego. Acrescentou a mencionada Corte que o art. 487, § 1.º, da CLT garante a integração do aviso prévio no tempo de serviço, donde se conclui que o contrato de trabalho permanece em vigor, para todos os fins, até a data final do período respectivo. Logo, se a empresa, no curso do aviso prévio indenizado, institui programa de demissão voluntária, nada obsta que o empregado em tal situação efetue a sua adesão ao referido plano (TST, RR 23.145.920.125.020.472, *DJ* 13.03.2015).

Anderson Schreiber[19] aponta quatro pressupostos para aplicação da máxima em apreço: "(I) um *factum proprium*, isto é, uma conduta inicial: (II) a legítima confiança de outrem na conservação do sentido objetivo desta conduta; (III) um comportamento contraditório com este sentido objetivo (e por isto mesmo violador da legítima confiança); e (IV) um dano ou, no mínimo, um potencial de dano a partir da contradição".

---

[18] TARTUCE, Flávio. *Direito civil* cit., p. 111; AGUIAR JÚNIOR, Ruy Rosado de. *Extinção dos contratos por incumprimento do devedor* cit., p. 58.

[19] SCHREIBER, Anderson. *A proibição de comportamento contraditório, tutela de confiança e* venire contra factum proprium. Rio de Janeiro: Renovar, 2005. p. 271.

Na IV Jornada de Direito Civil promovida pelo Conselho da Justiça Federal foi aprovado o Enunciado 362, que assim dispõe: "A vedação do comportamento contraditório (*venire contra factum proprium*) funda-se na proteção da confiança, tal como se extrai dos artigos 187 e 422 do Código Civil". Assim, por exemplo, o credor que concordou, durante a execução do contrato de prestações periódicas, com o pagamento em lugar ou tempo diverso do convencionado não pode surpreender o devedor com a exigência literal do contrato.

Em recente decisão, a Terceira Turma do Superior Tribunal de Justiça, com acórdão relatado pelo Min. Paulo de Tarso Sanseverino no julgamento de recurso (REsp 1.192.678) referente a ação declaratória de título de crédito, proclamou que a assinatura irregular escaneada em um nota promissória, aposta pelo próprio emitente, constitui vício que não pode ser invocado por quem lhe deu causa. O emitente sustentava que, para a validade do título, a assinatura deveria ser de próprio punho, conforme o que determina a legislação. Frisou o v. acórdão que se tratava de ofensa ao princípio da boa-fé objetiva, devendo ser aplicada, *in casu*, a teoria dos atos próprios sintetizados nos brocardos latinos *tu quoque* e *venire contra factum proprium*.

7. *SUPPRESSIO, SURRECTIO* E *TU QUOQUE*

Suppressio, surrectio e *tu quoque* são conceitos correlatos à boa-fé objetiva, oriundos do direito comparado. Devem ser utilizados como função integrativa, suprindo lacunas do contrato e trazendo deveres implícitos às partes contratuais. *Suppressio* significa a supressão, por renúncia tácita, de um direito ou de uma posição jurídica, pelo seu não exercício com o passar dos tempos[20].

A *suppressio* é, assim, a situação do direito que deixou de ser exercitado em determinada circunstância e não mais poderá sê-lo por, de outra forma, contrariar a boa-fé. Em suma, funda-se na tutela da confiança da contraparte e na situação de aparência que a iludiu perante o não exercício do direito. Malgrado se aproxime da figura do *venire contra factum proprium*, dele se diferencia basicamente, pois, enquanto no *venire* a confiança em determinado comportamento é delimitada no cotejo com a conduta antecedente, na *suppressio* as expectativas são projetadas apenas pela injustificada inércia do

---

[20] TARTUCE, Flávio. *Direito civil* cit., p. 107.

titular por considerável decurso do tempo, somando-se a isso a existência de indícios objetivos de que o direito não mais seria exercido[21].

Pode ser apontada como exemplo da *suppressio* a situação descrita no art. 330 do Código Civil, referente ao local do pagamento: "O pagamento reiteradamente feito em outro local faz presumir renúncia do credor relativamente ao previsto no contrato".

O Superior Tribunal de Justiça, em acórdão relatado pela Min. Nancy Andrighi (REsp 1.202.514/RS, j. 21.06.2011), reconheceu na hipótese a incidência da *suppressio* para a hipótese de cobrança de correção monetária em contrato de mandato judicial, concluindo que "o princípio da boa-fé objetiva torna inviável a pretensão de exigir retroativamente a correção monetária dos valores que era regularmente dispensada, pleito que, se acolhido, frustraria uma expectativa legítima construída e mantida ao longo de toda a relação processual – daí se reconhecer presente o instituto da *supressio*".

A *surrectio* é a outra face da *suppressio*, pois consiste no nascimento de um direito, sendo nova fonte de direito subjetivo, consequente à continuada prática de certos atos. A duradoura distribuição de lucros da sociedade comercial em desacordo com os estatutos pode gerar o direito de recebê-los do mesmo modo, para o futuro[22].

Suppressio e *surrectio* são dois lados de uma mesma moeda: naquela ocorre a liberação do beneficiário; nesta, a aquisição de um direito subjetivo em razão do comportamento continuado. Em ambas preside a confiança, seja pela fé no não exercício superveniente do direito da contraparte, seja pela convicção da excelência do seu próprio direito.

No tocante à figura do *tu quoque*, verifica-se que aquele que descumpriu norma legal ou contratual, atingindo com isso determinada posição jurídica, não pode exigir do outro comportamento obediente ao preceito. Faz-se aqui a aplicação do mesmo princípio inspirador da *exceptio non adimpleti contractus*: quem não cumpriu o contratado, ou a lei, não pode exigir o cumprimento de um ou de outro. Ou seja, o *tu quoque* veda que alguém faça contra o outro o que não faria contra si mesmo[23].

---

[21] FARIAS, Cristiano Chaves de; ROSENVALD, Nelson. *Curso de direito civil* cit., p. 188.
[22] AGUIAR JÚNIOR, Ruy Rosado de. *Extinção dos contratos por incumprimento do devedor* cit., p. 254-255.
[23] AGUIAR JÚNIOR, Ruy Rosado de. *Extinção dos contratos por incumprimento do devedor* cit., p. 254-255.

Nessa linha, reconheceu o Tribunal de Justiça de São Paulo, em acórdão relatado pelo Des. Luís Eduardo Scarabelli (Ap. 7.161.983-5), a impossibilidade de a parte invocar proteção por regra contratual que havia infringido ou, ao menos, colaborado para infringir (*tu quoque*).

8. *DUTY TO MITIGATE THE LOSS* E *NACHFRIST*

A expressão *duty to mitigate the loss* ou "mitigação do prejuízo" constitui uma inovação verificada primeiramente no direito anglo-saxão (*doctrine of mitigation* ou *duty to mitigate the loss*), relacionada diretamente com a boa-fé objetiva e aprovada no Enunciado 169 da III Jornada de Direito Civil (STJ-CJF), nestes termos: "O princípio da boa-fé objetiva deve levar o credor a evitar o agravamento do próprio prejuízo".

Informa Antunes Varela[24] que o direito português assegura que a vítima do inadimplemento, mesmo quando não contribui para o evento danoso, tem não apenas o dever de proceder de sorte que o dano não se agrave, mas também o de tentar reduzi-lo na medida possível. Diez-Picazo[25], por sua vez, afirma que o dever de mitigar os danos sofridos decorre do princípio da boa-fé e, quando descumprido, é um fato que "rompe la relación de causalidad, pues el aumento de los daños no es ya consecuencia directa e inmediata del incumplimiento, sino de la inacción o de la pasividade del acreedor". Na Itália, Francesco Galgano[26] opina que o recíproco comportamento do credor e do devedor conforme o princípio da correção e da boa-fé é uma "obrigação geral acessória" cujo conteúdo não é predeterminável.

A mencionada máxima tem sido aplicada especialmente aos contratos bancários, em casos de inadimplência dos devedores, em que a instituição financeira, em vez de tomar as providências para a rescisão do contrato, permanece inerte, na expectativa de que a dívida atinja valores elevados, em razão da alta de juros convencionada no contrato (confira-se acórdão nesse sentido do TJSP, na Ap. 0003643-11.2012.8.26.0627, de 15.05.2015).

Essa conduta incorreta tem sido reprimida pelos nossos Tribunais, especialmente pelo Superior Tribunal de Justiça, para o qual "Os contratantes devem tomar as medidas necessárias e possíveis para que o dano não seja

---

[24] ANTUNES VARELA, João de Deus Matos. *Das obrigações em geral*. 2. ed. Coimbra: Almedina, 1973. v. I, p. 917.
[25] DIEZ-PICAZO, *Fundamentos del derecho civil patrimonial*. 5. ed. Madrid: Civitas, 1996. v. 2, p. 689.
[26] GALGANO, Francesco. *Diritto privato*. 4. ed. Padova: Cedam, 1987. p. 184.

agravado. A parte a que a perda aproveita não pode permanecer deliberadamente inerte diante do dano. Agravamento do prejuízo, em razão da inércia do credor. Infringência dos deveres de cooperação e lealdade. [...] O fato de ter deixado o devedor na posse do imóvel por quase 7 (sete) anos, sem que este cumprisse com o seu dever contratual (pagamento das prestações relativas ao contrato de compra e venda), evidencia a ausência de zelo com o patrimônio do credor, com o consequente agravamento das perdas, uma vez que a realização mais célere dos atos de defesa possessória diminuiriam a extensão do dano. Violação ao princípio da boa-fé objetiva"[27].

A referida tese foi adotada no atual Código Civil, no capítulo concernente aos contratos de seguro. Dispõe, com efeito, o art. 769 do aludido diploma que "O segurado é obrigado a comunicar ao segurador, logo que saiba, todo incidente suscetível de agravar consideravelmente o risco coberto, sob pena de perder o direito à garantia, se provar que silenciou de má-fé". Na mesma linha, proclama o art. 771: "Sob pena de perder o direito à indenização, o segurado participará o sinistro ao segurador, logo que o saiba, e tomará as providências imediatas para minorar-lhe as consequências".

No tocante à expressão *Nachfrist*, afirmam Paulo Nalin e Renata Steiner[28] que o seu conceito é desconhecido na experiência nacional e que não há no direito brasileiro algo próximo. Aduzem que a referida expressão designa a possibilidade de concessão de prazo suplementar para cumprimento da obrigação, findo o qual também se poderá utilizar o remédio resolutório, independentemente da configuração do descumprimento fundamental.

Como esclarece Flávio Tartuce[29], o instituto em apreço, de origem alemã, "constitui a concessão de um prazo adicional ou período de carência pelo comprador para que o vendedor cumpra a obrigação, o que tem o intuito de conservar a avença... Nos termos do dispositivo citado, (1) o comprador poderá conceder ao vendedor prazo suplementar razoável para o cumprimento de suas obrigações. (2) Salvo se tiver recebido a comunicação do vendedor de que não cumprirá suas obrigações no prazo fixado conforme o parágrafo anterior, o comprador não poderá exercer qualquer ação por descumprimento do contrato, durante o prazo suplementar. Todavia, o

---

[27] STJ, REsp 758.518/PR, 3.ª T., Rel. Des. Conv. Vasco Della Giustina, j. 17.06.2010.
[28] NALIN, Paulo; STEINER, Renata C. Atraso na obrigação de entrega e essencialidade do tempo do cumprimento na CISG. *Compra e venda internacional de mercadorias*. Curitiba: Juruá, 2014. p. 327-328.
[29] TARTUCE, Flávio. *Direito civil* cit., p. 118.

comprador não perderá, por este fato, o direito de exigir indenização das perdas e danos decorrentes do atraso no cumprimento do contrato".

9. BIBLIOGRAFIA

AGUIAR JÚNIOR, Ruy Rosado de. *Extinção dos contratos por incumprimento do devedor*. 2. ed. Rio de Janeiro: Aide, 2003.

ANTUNES VARELA, João de Deus Matos. *Das obrigações em geral*. 2. ed. Coimbra: Almedina, 1973. v. I.

DIEZ-PICAZO, *Fundamentos del derecho civil patrimonial*. 5. ed. Madrid: Civitas, 1996. v. 2.

FARIAS, Cristiano Chaves de; ROSENVALD, Nelson. *Curso de direito civil*. 4. ed. Salvador: JusPodium, 2014. v. 4.

GALGANO, Francesco. *Diritto privato*. 4. ed. Padova: Cedam, 1987.

ITURRASPE, Jorge Mosset. *Contratos*. Buenos Aires: Rubinzal Culzoni, 1992.

LARENZ, Karl. *Derecho de obligaciones*. Trad. esp. de Jaime Santos Briz. Madrid: Revista de Derecho Privado, 1958. t. I.

LOUREIRO, Luiz Guilherme. *Teoria geral dos contratos no novo Código Civil*. São Paulo: Método, 2002.

MARTINS-COSTA, Judith. *A boa-fé no direito privado*. São Paulo: RT, 1999.

MOREIRA ALVES, José Carlos. *A parte geral do projeto de Código Civil brasileiro*. São Paulo: Saraiva, 1986.

NALIN, Paulo; STEINER, Renata C. Atraso na obrigação de entrega e essencialidade do tempo do cumprimento na CISG. *Compra e venda internacional de mercadorias*. Curitiba: Juruá, 2014.

NERY JUNIOR, Nelson. Contratos no Código Civil – Apontamentos gerais. In: NETTO, Domingos Franciulli; MENDES, Gilmar Ferreira; MARTINS FILHO, Ives Gandra da Silva (Coord.). *O novo Código Civil*: estudos em homenagem ao Professor Miguel Reale. São Paulo: LTr, 2003.

SCHREIBER, Anderson. *A proibição de comportamento contraditório, tutela de confiança e venire contra factum proprium*. Rio de Janeiro: Renovar, 2005.

TARTUCE, Flávio. *Direito civil*. 12. ed. São Paulo: GEN-Forense, 2017.

8

A BOA-FÉ OBJETIVA NO DIREITO BRASILEIRO

PAULO DE TARSO VIEIRA SANSEVERINO

SUMÁRIO: Introdução; 1. Configuração do princípio da boa-fé objetiva; 2. Funções do princípio da boa-fé objetiva: 2.1. Função interpretativa: a boa-fé objetiva como cânone hermenêutico; 2.2. Função integrativa: a boa-fé como geradora de novos deveres; 2.3. Função de controle: a boa-fé como instrumento de controle do abuso de direito; Conclusão; Referências.

INTRODUÇÃO

A compreensão do princípio da boa-fé no direito brasileiro exige a sua contextualização em face dos demais princípios reitores do sistema de direito privado: a autonomia privada; a função social do contrato; o dirigismo estatal.

O princípio da autonomia privada, também conhecido por princípio da autonomia da vontade, constitui a diretriz fundamental do sistema de direito privado, consubstanciando a ideia de liberdade contratual e representando o poder assegurado pela ordem jurídica a cada pessoa de dispor acerca dos negócios e dos seus bens.

Apesar de ser o princípio mais importante, não é absoluto, sendo restringido pelos demais princípios fundamentais do direito privado, especialmente a função social do contrato (art. 421) e a boa-fé objetiva (art. 422).

O próprio Código Civil de 2002 abre a parte geral dos contratos enfatizando, em seu art. 421, a importância da liberdade contratual, mas estabelecendo imediatamente uma restrição ao estatuir que ela será exercida em razão e nos limites da função social do contrato.

A função social do contrato, concretizando a ideia de solidariedade social, relativiza a liberdade contratual para estabelecer que o contrato, além de instrumento para consecução dos interesses individuais das partes contratantes, deve garantir também trocas justas e úteis que atendam e respeitem o interesse coletivo (bem comum).

A noção de bem comum é a pedra de toque para compreensão tanto da função social da propriedade como da função social do contrato, tendo sido magnificamente sintetizada por Miguel Reale como o "bem social ideal", consistindo em servir o coletivo respeitando a personalidade de cada um.

Na sequência, o legislador brasileiro do Código Civil, no art. 422, estabelece a segunda grande restrição à liberdade contratual, preocupando-se com o aspecto ético das relações contratuais ao positivar o princípio da boa-fé objetiva, que é o tema da presente exposição.

Outro princípio que também restringe a liberdade contratual é o dirigismo estatal, correspondendo aos limites estabelecidos pela ordem pública nas relações de direito privado, surgindo tanto no Código Civil (art. 2.035) como em leis especiais (CDC, Lei de Locações, Estatuto da Terra) para tutelar a vulnerabilidade de determinados contratantes (consumidor, locatário, arrendatário) mediante a estatuição de normas cogentes para reger certos negócios jurídicos.

A colocação desse elenco de normas principiológicas no pórtico do capítulo dedicado à parte geral dos contratos não foi casual, tendo clara influência de Miguel Reale, que, em vários momentos de sua obra monumental como jurista e filósofo, manifestou a sua preocupação com as diretrizes da socialidade e da eticidade nas relações de direito privado.

Nesse contexto, insere-se o princípio da boa-fé objetiva no sistema de direito privado, objeto da presente exposição, que será desenvolvida em duas partes:

a) a configuração do princípio da boa-fé objetiva;
b) as funções da boa-fé no sistema jurídico brasileiro.

1. CONFIGURAÇÃO DO PRINCÍPIO DA BOA-FÉ OBJETIVA

A boa-fé objetiva constitui um modelo de conduta social ou um padrão ético de comportamento, impondo, concretamente, a todo cidadão que, na sua vida de relação, atue com honestidade, lealdade e probidade.

Não deve ser confundida com a boa-fé subjetiva (*guten Glauben*), que é o estado de consciência ou a crença do sujeito de estar agindo em conformidade com as normas do ordenamento jurídico (*v.g.*, posse de boa-fé, adquirente de boa-fé, cônjuge de boa-fé no casamento nulo).

O princípio da boa-fé objetiva (*Treu und Glauben*) foi consagrado pelo BGB (Código Civil alemão), estatuindo simplesmente, em seu § 242, que "o devedor deve cumprir a prestação tal como exige a boa-fé e os costumes do tráfego social"[1].

A partir dessa cláusula geral de boa-fé, a doutrina alemã esculpiu o princípio no sistema de direito privado[2].

A boa-fé objetiva (*Treu und Glauben*) apresenta-se, especialmente, como um modelo ideal de conduta, exigido de todos os integrantes da relação obrigacional (devedor e credor) na busca do correto adimplemento da obrigação, que é a sua finalidade essencial[3].

Almeida Costa, após afirmar que a boa-fé objetiva constitui um *standard* de conduta ou um padrão ético-jurídico, esclarece que ela estabelece que

---

[1] "§ 242. (Leistung nach Treu und Glauben) Der Schuldner ist verpflichter die Leistung so zu bewirken, wie Treu und Glauben mit Rücksicht auf die Verkehsitte es erfordern."

[2] LARENZ, Karl. *Derecho civil* (Parte General). Madrid: Editorial Revista de Direito Privado, 1978. p. 55-56; WIEACKER, Franz. *El principio general de la buena fe*. Madrid: Civitas, 1986; MENEZES CORDEIRO, António Manuel da Rocha e. *Da boa-fé no direito civil*. Coimbra: Almedina, 1984; Idem, 1986. p. 27; COUTO E SILVA, Clóvis. *A obrigação como processo*. São Paulo: José Bushatsky Editor, 1976. p. 27; ALMEIDA COSTA, M. J., 1990. p. 93-94; MARTINS-COSTA, Judith. *A boa-fé no direito privado*. São Paulo: RT, 1999. p. 381 e ss.; COUTO E SILVA, Clóvis. O princípio da boa-fé no direito brasileiro e português. *Estudos de direito civil brasileiro e português*. São Paulo: RT, 1980; AGUIAR JR., Ruy Rosado. Cláusulas abusivas no Código do Consumidor. *Estudos sobre a proteção do consumidor no Brasil e no Mercosul*. Porto Alegre: Livraria do Advogado, 1994. p. 13-32 e 18; _____. *Extinção dos contratos por incumprimento do devedor* (Resolução). Rio de Janeiro: Aide, 1991. p. 238; AZEVEDO, Antônio Junqueira de. Da boa-fé na formação dos contratos. *Revista de Direito do Consumidor*, São Paulo, n. 3, p. 78-87, set.-dez. 1992; NERY JUNIOR, Nelson. Da proteção contratual. In: GRINOVER, Ada Pellegrini et al. *Código brasileiro de Defesa do Consumidor comentado pelos autores do anteprojeto*. 5. ed. Rio de Janeiro: Forense Universitária, 1998. p. 342-459. p. 350; NORONHA, Fernando. *O direito dos contratos e seus princípios fundamentais*. São Paulo: Saraiva, 1994. p. 151.

[3] COUTO E SILVA, Clóvis. *A obrigação como processo* cit., p. 30.

[...] os membros de uma comunidade jurídica devem agir de acordo com a boa-fé, consubstanciando uma exigência de adotarem uma linha de correção e probidade, tanto na constituição das relações entre eles como no desempenho das relações constituídas. E com o duplo sentido dos direitos e dos deveres em que as relações jurídicas se analisam: importa que sejam aqueles exercidos e estes cumpridos de boa-fé. Mais ainda: tanto sob o ângulo positivo de se agir com lealdade como sob o ângulo negativo de não se agir com deslealdade[4].

Menezes Cordeiro, autor de obra clássica acerca do tema (*Da boa-fé no direito civil*), buscando explicar a ampla consagração da boa-fé no Código Civil português de 1966, traça a trajetória do instituto desde o direito romano (*fides* romana), passando pelo direito canônico, direito germânico antigo, jusracionalismo, Código Napoleônico, até chegar ao Código Civil alemão (BGB), fazendo uma análise histórica, sistemática e institucional[5].

No Brasil, a inexistência, em nosso Código Civil, de cláusula geral semelhante ao § 242 do BGB ou a do art. 227, n. 1, do Código Civil português[6] não impediu que a boa-fé fosse reconhecida em nosso sistema jurídico, pois constitui um dos princípios fundamentais do sistema de direito privado[7].

A construção do princípio pela doutrina brasileira partiu do enunciado normativo do art. 1.443 do CC/2016[8] (atual art. 765), estatuindo a incidência da boa-fé nos contratos de seguro, e do art. 131, n. 1, do Código Comercial de 1850, recomendando a utilização da boa-fé na interpretação dos contratos mercantis[9].

---

[4] ALMEIDA COSTA, M. J., 1990. p. 93-94.
[5] MENEZES CORDEIRO, António Manuel da Rocha e. *Da boa-fé no direito civil* cit.
[6] No Código Civil português, a boa-fé objetiva é referida nos arts. 227 (n. 1), 239 e 762 (n. 2).
[7] COUTO E SILVA, Clóvis. *A obrigação como processo* cit., p. 30.
[8] CC/1916, art. 1.443: "O segurado e o segurador são obrigados a guardar no contrato a mais estrita boa-fé e veracidade, assim a respeito do objeto, como das circunstâncias e declarações a ele concernentes".
[9] CCom/1850, art. 131: "Sendo necessário interpretar as cláusulas do contrato, a interpretação, além das regras sobreditas, será regulada sobre as seguintes bases:

A primeira obra a versar acerca do tema, no Brasil, em perspectiva semelhante a do direito alemão, foi a *Obrigação como processo*, editada em 1966, autoria de Clóvis Couto e Silva[10].

Mais tarde, a jurisprudência, particularmente do Tribunal de Justiça do Rio Grande do Sul, passou a esgrimir com o princípio da boa-fé objetiva para solução de casos concretos[11], com destaque para o trabalho desenvolvido pelo então Desembargador Ruy Rosado de Aguiar Júnior, merecendo referência dois casos julgados em 1989[12] e 1991[13].

Posteriormente, no Superior Tribunal de Justiça, coube ao Ministro Ruy Rosado de Aguiar Júnior a primazia de ser o relator dos primeiros julgados com aplicação do princípio da boa-fé objetiva na Corte, com destaque para os casos de furtos de veículos em estacionamentos de supermercados, *shopping centers* e bancos, reconhecendo um dever de proteção derivado do princípio da boa-fé objetiva[14]. Essa orientação jurisprudencial consolidou-se, redundando na edição do Enunciado sumular 130 do STJ[15].

No Brasil, até 1990, a dificuldade enfrentada pelos operadores do direito para aplicação do princípio da boa-fé objetiva era a ausência de uma cláusula

---

1 – a inteligência simples e adequada, que for mais conforme à boa-fé, e ao verdadeiro espírito e natureza do contrato, que deverá sempre prevalecer à rigorosa e restrita significação das palavras".

[10] COUTO E SILVA, Clóvis. *A obrigação como processo* cit.
[11] MARTINS-COSTA, Judith. Princípio da boa-fé. *Ajuris*, Porto Alegre, v. 17, n. 50, p. 207-227, nov. 1990. Comenta três acórdãos do TJRS que utilizam a boa-fé como fundamento da decisão.
[12] TJRS, AC 589073956, Rel. Ruy Rosado de Aguiar Júnior, j. 19.12.1989, *RJTJRS* 145/320. Caso de *Venire contra factum proprium*.
[13] TJRS, AC 591028295, Rel. Ruy Rosado de Aguiar Júnior, j. 06.06.1991, *RJTJRS* 154/378. Caso dos Tomates (Responsabilidade pré-contratual).
[14] STJ, 4.ª T., AgRg no Ag 47.901/SP, Rel. Min. Ruy Rosado De Aguiar, j. 12.09.1994, *DJ* 31.10.1994, p. 29.505): "Responsabilidade civil. Estacionamento. Relação contratual de fato. Dever de proteção derivado da boa-fé. Furto de veículo. O estabelecimento bancário que pode à disposição dos seus clientes uma área para estacionamento dos veículos assume o dever, derivado do principio da boa-fé objetiva, de proteger os bens e a pessoa do usuário. O vínculo tem sua fonte na relação contratual de fato assim estabelecida, que serve de fundamento a responsabilidade civil pelo dano decorrente do descumprimento do dever. Agravo improvido".
[15] "A empresa responde, perante o cliente, pela reparação de dano ou furto de veículo ocorridos em seu estacionamento" (Súmula 130, 2.ª Seção, j. 29.03.1995, *DJ* 04.04.1995, p. 8294).

geral, como a existente no direito alemão, o que exigia um grande esforço interpretativo para sua identificação no nosso sistema de direito privado.

A partir do CDC (Lei 8.078/1990), o óbice legislativo foi superado, pois a boa-fé objetiva foi consagrada, em um plano abstrato, como um dos princípios fundamentais das relações de consumo (art. 4.º, III) e, em um plano concreto, como cláusula geral para controle das cláusulas abusivas (art. 51, IV)[16].

Assim, a partir de 1990, estando o princípio da boa-fé expressamente positivado no sistema jurídico brasileiro, passou ser aplicado, com fundamento no art. 4.º da Lei de Introdução ao Código Civil (LICC), atualmente LINDB, a todos os demais setores do direito privado.

A doutrina e a jurisprudência brasileira aproveitaram os princípios positivados no CDC para modernização do sistema de direito privado brasileiro, centrado no CC/1916, considerando-se o CDC como "instrumento de oxigenação do Direito Privado".

Merece especial destaque, na década de 1990, a tese de doutorado de Judith Martins-Costa, perante a Faculdade da Universidade de São Paulo, acerca da boa-fé objetiva, redundando na melhor obra do direito brasileiro acerca do tema (*A boa-fé no direito privado*) publicada em 1999[17].

No Código Civil de 2002[18], o princípio da boa-fé foi expressamente contemplado em três grandes momentos (art. 422, art. 113 e art. 187), inserindo-se como expressão, conforme Miguel Reale, de sua diretriz ética, lembrando que a exigência ética fez com que, mediante um modelo aberto, fosse entregue à hermenêutica declarar o significado concreto da boa-fé, cujos ditames devem ser seguidos desde a estipulação de um contrato até o término de sua execução[19].

As múltiplas funções exercidas pela boa-fé no curso da relação obrigacional, desde a fase anterior à formação do vínculo, passando pela sua execução, até a fase posterior ao adimplemento da obrigação, serão analisadas na segunda parte da presente exposição.

---

[16] AZEVEDO, Antônio Junqueira de. *Da boa-fé na formação dos contratos* cit., p. 78-87; NERY JUNIOR, Nelson. *Da proteção contratual* cit., p. 350.

[17] MARTINS-COSTA, Judith. *A boa-fé no direito privado* cit. A obra foi recentemente revista e ampliada: MARTINS-COSTA, Judith. *A boa-fé no direito privado*: critérios para sua aplicação. São Paulo: Marcial Pons, 2015.

[18] Código Civil de 2002, arts. 113 (boa-fé na interpretação dos contratos) e 421 (boa-fé e probidade na conclusão e na execução dos negócios jurídicos).

[19] REALE, 1986. p. 8.

2. FUNÇÕES DO PRINCÍPIO DA BOA-FÉ OBJETIVA

A boa-fé exerce múltiplas funções na relação obrigacional, desde a fase anterior à formação do vínculo (fase pré-contratual), passando pela sua execução, até a fase posterior ao adimplemento da obrigação (fase pós-contratual), podendo ser vislumbradas em três grandes perspectivas, devidamente positivadas pelo Código Civil de 2002: (a) diretriz para interpretação dos negócios jurídicos (função interpretativa – art. 113); (b) criação de novos deveres na relação obrigacional (função integrativa – art. 422); (c) limitação dos direitos subjetivos (função de controle contra o abuso de direito – art. 187)[20].

Cada uma das funções do princípio da boa-fé objetiva em nosso sistema jurídico merece uma análise individualizada.

2.1. Função interpretativa: a boa-fé objetiva como cânone hermenêutico

A boa-fé, em sua função interpretativa, constitui diretiva para interpretação dos negócios jurídicos em geral (*art. 113 do CC*), significando que se deve buscar uma interpretação objetiva das cláusulas contratuais e, havendo mais de um significado possível, deve-se optar por aquele que a boa-fé aponte como o mais razoável.

Judith Martins-Costa, após observar, com base em lição de Clóvis Couto e Silva[21], que a boa-fé objetiva atua como cânone hermenêutico-integrativo[22], anota que não se trata de um mero reclamo à ética:

> [...] a boa-fé objetiva é mais do que apelo à ética, é noção técnico-operativa que se especifica, no campo da função ora examinado, como o *dever do juiz de tornar concreto o mandamento de respeito à recíproca confiança incumbente às partes contratantes,* por forma a não permitir que atinja finalidade oposta ou divergente daquela para o qual foi criado[23].

---

[20] WIEACKER, Franz. *El principio general de la buena fe* cit., p. 53; COUTO E SILVA, Clóvis. *O princípio da boa-fé no direito brasileiro e português* cit., p. 53; MARTINS-COSTA, Judith. *A boa-fé no direito privado* cit., p. 427; AGUIAR JR., Ruy Rosado. *Extinção dos contratos por incumprimento do devedor* cit., p. 243; NORONHA, Fernando. *O direito dos contratos e seus princípios fundamentais* cit., p. 151.
[21] COUTO E SILVA, Clóvis. *A obrigação como processo* cit., p. 32.
[22] MARTINS-COSTA, Judith. *A boa-fé no direito privado* cit., p. 428.
[23] MARTINS-COSTA, Judith. *A boa-fé no direito privado* cit., p. 437.

Portanto, a boa-fé objetiva constitui cânone hermenêutico fundamental a permitir uma interpretação integradora do juiz atento à dinâmica da relação contratual.

Questão interessante tem sido tentar estabelecer, também na interpretação dos contratos, a relação entre os princípios da autonomia privada (vontade dos contratantes) e da boa-fé.

Na doutrina italiana, tentou-se estabelecer uma conciliação entre a intenção comum dos contratantes e a boa-fé, o que foi qualificado por Giordano como um *sviluppo integrativo* do preceito criado pela autonomia dos contratantes com uma interpretação típica. Explica que se deve avaliar a intenção comum dos contratantes em conformidade com a diligência ordinária que uma pessoa normal poderia e deveria ter para entendê-la, considerando-se não apenas as regras comuns da linguagem, mas também os usos do tráfico e o seu espírito objetivo. Deve-se, assim, interpretar as cláusulas, atendendo a um modelo de contratante que se porta em conformidade com a boa-fé[24].

Na doutrina brasileira, Fernando Noronha buscou compatibilizar essa regra da interpretação conforme a boa-fé com o disposto no art. 85 do CC/1916, que, com pequenas alterações de redação, corresponde ao atual art. 112 do CC/2002[25].

Essa regra da interpretação em conformidade com a boa-fé tem plena aplicação aos contratos estandardizados (contratos de adesão).

No direito alemão, Erich Danz extrai a regra da *interpretatio contra stipulatorem* nos contratos bilaterais do princípio da boa-fé. Na dúvida, quando a interpretação com base nas circunstâncias ou no fim do contrato não conduzir a nenhum resultado, dever-se-á interpretar em prejuízo de quem tenha formulado a expressão duvidosa, pois é contrário ao proceder de um homem honrado lucrar às custas de expressões duvidosas, e, se isso fosse admitido, violaria a legítima crença da outra parte. Exemplifica com o contrato de seguro, cujas condições obscuras devem ser interpretadas contra o segurador[26].

---

[24] GIORDANO, Alessandro. *I Contratti per Adesione.* Milano: Giuffrè, 1951. p. 94-96.

[25] NORONHA, Fernando. *O direito dos contratos e seus princípios fundamentais* cit., p. 153.

[26] DANZ, Erich. *La intepretación de los negocios jurídicos.* Madrid: Editorial Revista de Derecho Privado, 1955. p. 203.

Aplicada essa lição aos contratos de adesão, chega-se à regra da interpretação contra o proferente prevista no art. 423 do CC e no art. 47 do CDC.

No direito alemão, antes da edição da *AGB Gesetz* de 1976, o fundamento jurídico para o controle das condições gerais dos negócios eram as cláusulas gerais do BGB, sendo, inicialmente, a proibição de agir contra os bons costumes (§ 138) e após a cláusula geral de boa-fé (§ 242)[27].

Clóvis do Couto e Silva observa que tanto no direito alemão como no português, antes da edição, respectivamente, da *AGB Gesetz* de 1976 e do Decreto-lei 446/1985, o dever de informação ou de prévia comunicação ao aderente das cláusulas abusivas era extraído do princípio da boa-fé, ressalvando-se apenas se a situação de ignorância em relação às condições contratuais gerais fosse causada por sua negligência[28].

Efetivamente, Almeida Costa e Menezes Cordeiro, quando analisam o art. 11 (cláusulas ambíguas) do Decreto-lei 446/1985, apontam a vinculação da regra da interpretação mais favorável ao aderente com "os deveres de clareza, agora reforçados pelo princípio da boa-fé, que, segundo a doutrina moderna, dispensa uma proteção especial ao contratante fraco ou em posição desfavorecida"[29].

Portanto, o princípio da boa-fé, ao ensejar uma interpretação objetiva dos negócios jurídicos, amolda-se perfeitamente aos contratos de adesão (estandardizados).

Serve de exemplo, no direito brasileiro, o caso das ações das companhias telefônicas, que, após a privatização do sistema de telefonia, a partir de 1994, redundou em milhares de demandas judiciais em todo o País. Até então, as ações das companhias telefônicas eram vendidas com a linha telefônica, assumindo o compromisso de, no prazo de um ano, adquiri-las dela própria. Parte da jurisprudência analisou a questão à luz do direito societário, desacolhendo a pretensão do adquirente da linha telefônica de complementação das ações. Entretanto, parte igualmente expressiva da jurisprudência passou a examinar a pretensão dos adquirentes à luz de outra perspectiva, procedendo

---

[27] SCHWAB, Dieter. Validade e controle das condições gerais dos negócios. *Ajuris*, n. 41, p. 10, nov. 1987; RIBEIRO, Joaquim de Sousa. *Cláusulas contratuais gerais e o paradigma do contrato*. Coimbra: [s.n.], 1990. p. 123. Suplemento ao Boletim da Faculdade de Direito de Coimbra. Separata do volume XXXV; COUTO E SILVA, 1988, p. 34.

[28] COUTO E SILVA, 1988, p. 34.

[29] ALMEIDA COSTA, Mário Júlio; MENEZES CORDEIRO, António Manuel da Rocha e. *Da boa-fé no direito civil*. Coimbra: Almedina, 1990. p. 32.

à interpretação da cláusula-mandato inserida no contrato de adesão com base na regra da *intepretatio contra proferentem* ou da boa-fé[30]. O Superior Tribunal de Justiça descaracterizou a questão como de direito societário, entendendo aplicáveis as normas de direito do consumidor[31].

Em outro caso, o STJ utilizou o princípio da boa-fé, em sua função interpretativa, no caso de uma mulher casada que prestou fiança, omitindo o seu estado civil e o nome do marido. Anotou o acórdão que "a regra de nulidade integral da fiança prestada pelo cônjuge sem outorga do outro cônjuge não incide no caso de informação inverídica por este de estado de solteira, assinando, no caso, a fiadora, mulher casada, com omissão do nome do marido". E concluiu que:

---

[30] TJRS, 6.ª Câmara Cível, Apelação Cível 70005804067, Rel. Des. Carlos Alberto Alvaro de Oliveira, j. 18.06.2003: "Ações da CRT. Demanda visando a complementação de títulos subscritos. Possibilidade jurídica do pedido, visto que em tese não vedado pelo sistema jurídico brasileiro. Percepção reforçada porque a subscrição decorreu de lançamento público de ações, tratando-se ademais de companhia de capital autorizado. Legitimidade passiva da CRT. O figurante do negócio jurídico responde, em tese, pelas consequências e o alcance do compromisso nele assumido. Exceção de prescrição rejeitada. Não incidência do art. 286 da Lei 6.404/76, pertinente apenas a ação para anular as deliberações tomadas em assembleia geral ou especial. Demanda tendo por objeto a condenação da companhia à entrega de determinado número de ações. Intepretação em favor do aderente do contrato de adesão. Cláusula-mandato. Alcance do ato administrativo. Portaria 1.361/76. Inaplicabilidade por conflito com a Lei das Sociedades Anônimas. A atualização monetária do investimento nada tem a ver com a fixação do valor patrimonial da ação, apurado com base em critérios totalmente distintos. Incidência ainda do princípio da boa-fé objetiva. Apelo a que se nega provimento, rejeitadas as preliminares".

[31] STJ, 3.ª Turma, AgREsp 471226/RS, Min. Nancy Andrighi, DJ 23.06.2003, p. 360: "Direito econômico e processual civil. Contrato denominado de participação financeira celebrado para obtenção de serviços de telefonia. Relação de consumo. Ação proposta com o objetivo de obter subscrição de ações ou correspondente indenização. Prescrição. Inaplicabilidade do art. 286 da Lei 6.404/76. Recurso especial. Necessidade de interpretação de cláusulas contratuais. Observado que o contrato denominado de participação financeira foi celebrado entre as partes para fins de celebração de contrato de prestação de serviços de telefonia, evidencia-se a existência de relação de consumo entre a agravante, fornecedora, e os agravados, consumidores. Inaplicável o prazo prescricional previsto no art. 286 da Lei 6.404/76 se os autores não pretenderam anular deliberações tomadas em assembleia geral ou especial. Não se conhece de recurso especial quanto a ponto em que se mostra necessária a interpretação de cláusulas contratuais".

[...] a boa-fé objetiva que preside os negócios jurídicos (CC/2002, art. 113) e a vedação de interpretação que prestigie a malícia nas declarações de vontade na prática de atos jurídicos (CC/2002, art. 180) vem em detrimento de quem preste fiança com inserção de dados inverídicos no documento[32].

2.2. Função integrativa: a boa-fé como geradora de novos deveres

A função integrativa da boa-fé permite a identificação concreta, em face das peculiaridades próprias de cada relação obrigacional, de novos deveres, além daqueles que nascem diretamente da vontade das partes (art. 422). Ao lado dos deveres primários da prestação, surgem os deveres secundários ou acidentais da prestação e, até mesmo, deveres laterais ou acessórios de conduta.

Enquanto os deveres secundários vinculam-se ao correto cumprimento dos deveres principais (*v.g.*, dever de conservação da coisa até a tradição), os deveres acessórios ligam-se diretamente ao correto processamento da relação obrigacional (*v.g.*, deveres de cooperação, de informação, de sigilo, de cuidado).

Localizam-se na jurisprudência do STJ diversos precedentes em que foram identificados esses deveres anexos, tendo sua matriz na boa-fé objetiva.

---

[32] STJ, 3.ª Turma, REsp 1.328.235/RJ, Rel. Min. Sidnei Beneti, j. 04.06.2013, *DJe* 28.06.2013: "Processual civil e civil. Recurso especial. Ofensa ao art. 535 do CPC inexistente. Fiança sem autorização marital. Prestação pela mulher declarando estado de solteira. Boa-fé objetiva em prol do credor. Improvimento. 1. Alegada violação do art. 535 do Código de Processo Civil inexistente. 2. A regra de nulidade integral da fiança prestada pelo cônjuge sem outorga do outro cônjuge não incide no caso de informação inverídica por este de estado de solteira, assinando, no caso, a fiadora, mulher casada, com omissão do nome do marido. 3. A boa-fé objetiva que preside os negócios jurídicos (CC/2002, art. 113) e a vedação de interpretação que prestigie a malícia nas declarações de vontade na prática de atos jurídicos (CC/2002, art. 180) vem em detrimento de quem preste fiança com inserção de dados inverídicos no documento. 4. Quadro fático fixado pelo Tribunal de origem e inalterável no âmbito da competência desta Corte, que vem em prol do reconhecimento da inveracidade e da malícia na prestação da fiança (Súmula 7/STJ). 5. Inocorrência de ofensa à Súmula 332/STJ, validade da fiança, no tocante à fiadora, a comprometer-lhe a meação, sem atingir, contudo, a meação do marido. 6. Recurso especial improvido".

Por exemplo, o dever de lealdade em:

> [...] contrato de seguro de vida é renovado ano a ano, por longo período, não pode a seguradora modificar subitamente as condições da avença nem deixar de renová-las em razão do fator de idade, sem que ofenda os princípios da boa-fé objetiva, da cooperação, da confiança e da lealdade[33].

O dever de informação, no plano do direito do consumidor, acerca do uso de sabão em pó para limpeza do chão dos cômodos da casa, além da lavagem do vestuário, tendo sido reconhecida como insuficiente:

> [...] a mera anotação pela (fabricante) recorrente, em letras minúsculas e discretas na embalagem do produto, fazendo constar que deve ser evitado o "contato prolongado com a pele" e que "depois de utilizar" o produto, o usuário deve lavar, e secar as mãos, não basta, como de fato no caso não bastou, para alertar de forma eficiente a autora, na condição de consumidora do produto, quanto aos riscos.

Ressaltou-se que a "informação é direito básico do consumidor (art. 6.º, III, do CDC), tendo sua matriz no princípio da boa-fé objetiva, devendo,

---

[33] STJ, 3.ª Turma, AgRg no AREsp 218.712/RS, Rel. Min. João Otávio de Noronha, j. 03.10.2013, *DJe* 10.10.2013: "Processo civil. Agravo regimental. Agravo em recurso especial. Civil. Plano de saúde. Não renovação. Fator de idade. Ofensa aos princípios da boa-fé objetiva, da cooperação, da confiança e da lealdade. Aumento. Equilíbrio contratual. Cientificação prévia do segurado. Dispositivos constitucionais. Impossibilidade de análise em recurso especial. Divergência jurisprudencial. Não comprovação. 1. Na hipótese em que o contrato de seguro de vida é renovado ano a ano, por longo período, não pode a seguradora modificar subitamente as condições da avença nem deixar de renová-las em razão do fator de idade, sem que ofenda os princípios da boa-fé objetiva, da cooperação, da confiança e da lealdade. 2. A alteração no contrato de plano de saúde consistente na majoração das prestações para o equilíbrio contratual é viável desde que efetuada de maneira gradual e com a prévia cientificação do segurado. 3. Não cabe ao Superior Tribunal de Justiça intervir em matéria de competência do STF, ainda que para prequestionar matéria constitucional, sob pena de violar a rígida distribuição de competência recursal disposta na Lei Maior. 4. A comprovação do dissídio jurisprudencial viabilizador do recurso especial requer bases fáticas e contextos jurídicos semelhantes com desfechos jurídicos diversos. 5. Agravo regimental desprovido".

por isso, ser prestada de forma inequívoca, ostensiva e de fácil compreensão, principalmente no tocante às situações de perigo"[34].

O dever de cooperação do credor de, "após receber diretamente o valor da dívida, fornecer ao devedor os documentos necessários para a baixa do protesto"[35].

---

[34] STJ, 4.ª Turma, REsp 1.358.615/SP, Rel. Min. Luis Felipe Salomão, j. 02.05.2013, DJe 1.º.07.2013: "Direito do consumidor. Recurso especial. Fato do produto. Dermatite de contato. Mau uso do produto. Culpa exclusiva da vítima. Inocorrência. Alergia. Condição individual e específica de hipersensibilidade ao produto. Defeito intrínseco do produto. Inocorrência. Defeito de informação. Defeito extrínseco do produto. Falta de informação clara e suficiente. Violação do dever geral de segurança que legitimamente e razoavelmente se esperava do produto. Matéria fático probatória. Súmula 7/STJ. Súmula 283/STF. 1. [...] 2. O uso do sabão em pó para limpeza do chão dos cômodos da casa, além da lavagem do vestuário, por si só, não representou conduta descuidada apta a colocar a consumidora em risco, uma vez que não se trata de uso negligente ou anormal do produto. 3. A informação é direito básico do consumidor (art. 6.º, III, do CDC), tendo sua matriz no princípio da boa-fé objetiva, devendo, por isso, ser prestada de forma inequívoca, ostensiva e de fácil compreensão, principalmente no tocante às situações de perigo. 4. O consumidor pode vir a sofrer dano por defeito (não necessariamente do produto), mas da informação inadequada ou insuficiente que o acompanhe, seja por ter informações deficientes sobre a sua correta utilização, seja pela falta de advertência sobre os riscos por ele ensejados. 5. Na hipótese, como constatado pelo Juízo *a quo*, mera anotação pela recorrente, em letras minúsculas e discretas na embalagem do produto, fazendo constar que deve ser evitado o 'contato prolongado com a pele' e que 'depois de utilizar' o produto, o usuário deve lavar, e secar as mãos, não basta, como de fato no caso não bastou, para alertar de forma eficiente a autora, na condição de consumidora do produto, quanto aos riscos desse. Chegar à conclusão diversa quanto ao defeito do produto pela falta de informação suficiente e adequada demandaria o reexame do contexto fático--probatório dos autos, o que encontra óbice na Súmula 07 do STJ. 6. É inadmissível o recurso extraordinário quando a decisão recorrida assenta em mais de um fundamento suficiente e o recurso não abrange todos eles, nos termos da Súmula 283 do STF. 7. A admissibilidade do recurso especial, na hipótese da alínea 'c' do permissivo constitucional, exige a indicação das circunstâncias que identifiquem ou assemelhem os casos confrontados, mediante o cotejo dos fundamentos da decisão recorrida com o acórdão paradigma, a fim de demonstrar a divergência jurisprudencial existente (arts. 541 do CPC e 255 do RISTJ). 8. Recurso especial a que se nega provimento".

[35] STJ, 3.ª Turma, REsp 1.346.428/GO, Rel. Min. Paulo de Tarso Sanseverino, j. 09.04.2013, DJe 16.04.2013: "Recurso especial. Civil e processual civil. Responsabilidade civil. Julgamento *extra petita*. Não ocorrência. Protesto legítimo.

O dever de reciprocidade, em contratos de consumo, da cláusula que estabelece o pagamento de honorários de advogado. Ressaltou o acórdão que, "além da existência de cláusula expressa para a responsabilização do consumidor, deve haver reciprocidade, garantindo-se igual direito ao consumidor na hipótese de inadimplemento do fornecedor". E concluiu que "a liberdade contratual integrada pela boa-fé objetiva acrescenta ao contrato deveres anexos, entre os quais, o ônus do credor de minorar seu prejuízo buscando soluções amigáveis antes da contratação de serviço especializado"[36].

Finalmente, o dever de mitigação pelo ofendido dos próprios prejuízos ("duty to mitigate the loss"), tendo por fundamento central a boa-fé objetiva[37].

Superveniência de pagamento. Entrega da carta de anuência. Não comprovação. Óbice da Súmula 7/STJ. Inércia do credor. Conduta incompatível com a boa-fé objetiva. Indenização por danos morais. Cabimento. 1. Inocorrência de julgamento *extra petita*. 2. Constitui ônus do próprio devedor a baixa do protesto de título representativo de dívida legítima. Precedentes desta Corte. 3. Dever do credor, porém, após receber diretamente o valor da dívida, de fornecer ao devedor os documentos necessários para a baixa do protesto. 4. Desnecessidade de requerimento formal do devedor. 5. Concreção do princípio da boa-fé objetiva. Doutrina sobre o tema. 6. Inércia do credor que configurou, no caso, ato ilícito, reconhecido pelas instâncias ordinárias, gerando obrigação de indenizar. 7. 'A pretensão de simples reexame de prova não enseja recurso especial' (Súmula 7/STJ). 8. Recurso especial desprovido".

[36] STJ, 3.ª Turma, REsp 1274629/AP, Rel. Min. Nancy Andrighi, j. 16.05.2013, *DJe* 20.06.2013: "Direito do consumidor. Recurso especial. Ação civil pública. Cláusula que prevê responsabilidade do consumidor quanto aos honorários advocatícios contratuais decorrentes de inadimplemento contratual. Reciprocidade. Limites. Abusividade. Não ocorrência. 1. Os honorários contratuais decorrentes de contratação de serviços advocatícios extrajudiciais são passíveis de ressarcimento, nos termos do art. 395 do CC/2002. 2. Em contratos de consumo, além da existência de cláusula expressa para a responsabilização do consumidor, deve haver reciprocidade, garantindo-se igual direito ao consumidor na hipótese de inadimplemento do fornecedor. 3. A liberdade contratual integrada pela boa-fé objetiva acrescenta ao contrato deveres anexos, entre os quais, o ônus do credor de minorar seu prejuízo buscando soluções amigáveis antes da contratação de serviço especializado. 4. O exercício regular do direito de ressarcimento aos honorários advocatícios, portanto depende da demonstração de sua imprescindibilidade para solução extrajudicial de impasse entre as partes contratantes ou para adoção de medidas preparatórias ao processo judicial, bem como da prestação efetiva de serviços privativos de advogado e da razoabilidade do valor dos honorários convencionados. 5. Recurso especial provido".

[37] STJ, 3.ª Turma, REsp 758.518/PR, Rel. Min. Vasco Della Giustina (Desembargador convocado do TJRS), j. 17.06.2010, *REPDJe* 1.º.07.2010, *DJe* 28.06.2010: "Direito

2.3. Função de controle: a boa-fé como instrumento de controle do abuso de direito

A boa-fé objetiva, na sua função de controle, limita o exercício dos direitos subjetivos, estabelecendo para o credor, ao exercer o seu direito, o dever de se ater aos limites por ela traçados, sob pena de uma atuação antijurídica.

Evita-se, assim, o abuso de direito em todas as fases da relação jurídica obrigacional, orientando a sua exigibilidade (pretensão) ou o seu exercício coativo (ação).

No Código Civil de 2002, o legislador brasileiro, ao positivar o instituto do abuso de direito como ato ilícito, esposando uma concepção objetiva, estatuiu expressamente a sua ligação com os princípios fundamentais do direito privado, inclusive a boa-fé objetiva (art. 187).

Menezes Cordeiro, a partir do art. 334 do Código Civil português, prevendo a figura do abuso de direito associado à boa-fé objetiva, analisa o exercício inadmissível de posições jurídicas ou direitos subjetivos, desenvolvendo fórmulas, sintetizadas em brocardos latinos, como a *venire contra factum proprium,* a *supressio,* a *surrectio* e a *tuo quoque.*

---

civil. Contratos. Boa-fé objetiva. *Standard* ético-jurídico. Observância pelas partes contratantes. Deveres anexos. *Duty to mitigate the loss.* Dever de mitigar o próprio prejuízo. Inércia do credor. Agravamento do dano. Inadimplemento contratual. Recurso improvido. 1. Boa-fé objetiva. *Standard* ético-jurídico. Observância pelos contratantes em todas as fases. Condutas pautadas pela probidade, cooperação e lealdade. 2. Relações obrigacionais. Atuação das partes. Preservação dos direitos dos contratantes na consecução dos fins. Impossibilidade de violação aos preceitos éticos insertos no ordenamento jurídico. 3. Preceito decorrente da boa-fé objetiva. *Duty to mitigate the loss*: o dever de mitigar o próprio prejuízo. Os contratantes devem tomar as medidas necessárias e possíveis para que o dano não seja agravado. A parte a que a perda aproveita não pode permanecer deliberadamente inerte diante do dano. Agravamento do prejuízo, em razão da inércia do credor. Infringência aos deveres de cooperação e lealdade. 4. Lição da doutrinadora Véra Maria Jacob de Fradera. Descuido com o dever de mitigar o prejuízo sofrido. O fato de ter deixado o devedor na posse do imóvel por quase sete anos, sem que este cumprisse com o seu dever contratual (pagamento das prestações relativas ao contrato de compra e venda), evidencia a ausência de zelo com o patrimônio do credor, com o consequente agravamento significativo das perdas, uma vez que a realização mais célere dos atos de defesa possessória diminuiria a extensão do dano. 5. Violação ao princípio da boa-fé objetiva. Caracterização de inadimplemento contratual a justificar a penalidade imposta pela Corte originária, (exclusão de um ano de ressarcimento). 6. Recurso improvido".

A *supressio* significa que o não exercício de um direito durante longo tempo poderá ensejar a sua limitação ou, até mesmo, a sua extinção. A *tuo quoque*, por sua vez, estabelece que aquele que infringiu uma regra de conduta não pode postular que se recrimine em outrem o mesmo comportamento. A *venire contra factum proprium* é o exercício de uma posição jurídica em contradição com o comportamento anterior do exercente.

Servem de exemplo dois julgados do STJ em que se fez a aplicação conjugada desses institutos derivados da boa-fé objetiva na sua função de controle.

Em um deles, discutia-se a validade da aposição de uma assinatura escaneada em uma nota promissória, concluindo-se que, apesar da inexistência de lei no direito brasileiro, dispondo acerca da validade da assinatura escaneada, no caso concreto, a assinatura irregular escaneada foi aposta pelo próprio emitente. Com isso, o vício não poderia ser invocado por quem lhe deu causa, aplicando-se a "teoria dos atos próprios", como concreção do princípio da boa-fé objetiva, sintetizada nos brocardos latinos *tu quoque* e *venire contra factum proprium*, segundo a qual a ninguém é lícito fazer valer um direito em contradição com a sua conduta anterior ou posterior interpretada objetivamente, segundo a lei, os bons costumes e a boa-fé[38].

No outro julgamento, discutia-se um caso em que o imóvel não estava na posse da locatária, tendo as partes pactuado o distrato e redigido o respectivo instrumento. A locadora demandada, porém, se recusou a assiná-lo, alegando a nulidade da avença (distrato) e buscando manter o contrato rompido para obstar a devolução dos valores desembolsados pela locatária ao argumento de que a lei exige forma especial para conferir validade à avença. Essa conduta foi reconhecida

---

[38] STJ, 3.ª Turma, REsp 1.192.678/PR, Rel. Min. Paulo de Tarso Sanseverino, j. 13.11.2012, *DJe* 26.11.2012: "Recurso especial. Direito cambiário. Ação declaratória de nulidade de título de crédito. Nota promissória. Assinatura escaneada. Descabimento. Invocação do vício por quem o deu causa. Ofensa ao princípio da boa-fé objetiva. Aplicação da teoria dos atos próprios sintetizada nos brocardos latinos *tu quoque* e *venire contra factum proprium*. 1. A assinatura de próprio punho do emitente é requisito de existência e validade de nota promissória. 2. Possibilidade de criação, mediante lei, de outras formas de assinatura, conforme ressalva do Brasil à Lei Uniforme de Genebra. 3. Inexistência de lei dispondo sobre a validade da assinatura escaneada no Direito brasileiro. 4. Caso concreto, porém, em que a assinatura irregular escaneada foi aposta pelo próprio emitente. 5. Vício que não pode ser invocado por quem lhe deu causa. 6. Aplicação da 'teoria dos atos próprios', como concreção do princípio da boa-fé objetiva, sintetizada nos brocardos latinos *tu quoque* e *venire contra factum proprium*, segundo a qual ninguém é lícito fazer valer um direito em contradição com a sua conduta anterior ou posterior interpretada objetivamente, segundo a lei, os bons costumes e a boa-fé. 7. Doutrina e jurisprudência acerca do tema. 8. Recurso especial desprovido".

como contrária aos preceitos da boa-fé objetiva, notadamente a proibição do *venire contra factum proprium*, a *supressio*, a *surrectio* e o *tu quoque*[39].

Outro instituto derivado da boa-fé objetiva na sua função de controle é o adimplemento substancial.

Relembre-se que o adimplemento substancial, conforme lição de Clóvis Couto e Silva:

> [...] constitui um adimplemento tão próximo ao resultado final, que, tendo-se em vista a conduta das partes, exclui-se o direito de resolução, permitindo-se tão somente o pedido de indenização e/ou adimplemento, de vez que a primeira pretensão viria a ferir o princípio da boa-fé (objetiva)[40].

A origem é o direito inglês, quando as Cortes da Equity, a partir do século XVIII, desenvolveram o instituto da *substantial performance* para superar os exageros do formalismo exacerbado na execução dos contratos em geral.[41]

O instituto foi posteriormente recepcionado pelos ordenamentos jurídicos dos países continentais da Europa, com destaque para o Código Civil italiano (art. 1.455) e para o Código Civil português (art. 802, n. 2).

Na jurisprudência do STJ, existem diversos julgados em que foi feita a análise do instituto do adimplemento substancial em diferentes perspectivas,

---

[39] STJ, 3.ª Turma, REsp 1.040.606/ES, Rel. Min. Luis Felipe Salomão, j. 24.04.2012, *DJe* 16.05.2012: "Direito civil. Recurso especial. Pactuação, por acordo de vontades, de distrato. Recalcitrância da devedora em assinar o instrumento contratual. Arguição de vício de forma pela parte que deu causa ao vício. Impossibilidade. Auferimento de vantagem ignorando a extinção do contrato. Descabimento. 1. É incontroverso que o imóvel não estava na posse da locatária e as partes pactuaram distrato, tendo sido redigido o instrumento, todavia a ré locadora se recusou a assiná-lo, não podendo suscitar depois a inobservância ao paralelismo das formas para a extinção contratual. É que os institutos ligados à boa-fé objetiva, notadamente a proibição do *venire contra factum proprium*, a *supressio*, a *surrectio* e o *tu quoque*, repelem atos que atentem contra a boa-fé objetiva. 2. Destarte, não pode a locadora alegar nulidade da avença (distrato), buscando manter o contrato rompido, e ainda obstar a devolução dos valores desembolsados pela locatária, ao argumento de que a lei exige forma para conferir validade à avença. 3. Recurso especial não provido".

[40] COUTO E SILVA, Clóvis. O princípio da boa-fé no direito brasileiro e português. *Estudos de direito civil brasileiro e português*. São Paulo: RT, 1980. p. 56.

[41] BECKER, Anelise. A doutrina do adimplemento substancial no direito brasileiro e em perspectiva comparativista. *Revista da Faculdade de Direito da Universidade Federal do Rio Grande do Sul*, v. 9, n. 1, p. 60-77, nov. 1993.

seja para vetar a utilização direta da ação de busca e apreensão na falta de pagamento da última prestação do contrato de financiamento pelo devedor[42], seja para proibir, em caso de arrendamento mercantil (*leasing*), a reintegração de posse, tendo o devedor efetuado o pagamento de 31 das 36 parcelas de contrato de financiamento[43] ou de 30 de 36 parcelas ajustadas no contrato de *leasing*[44].

---

[42] STJ, 4.ª Turma, REsp 272739/MG, Rel. Min. Ruy Rosado de Aguiar, j. 1.º.03.2001, *DJ* 02.04.2001, p. 299): "Alienação fiduciária. Busca e apreensão. Falta da última prestação. Adimplemento substancial. O cumprimento do contrato de financiamento, com a falta apenas da última prestação, não autoriza o credor a lançar mão da ação de busca e apreensão, em lugar da cobrança da parcela faltante. O adimplemento substancial do contrato pelo devedor não autoriza ao credor a propositura de ação para a extinção do contrato, salvo se demonstrada a perda do interesse na continuidade da execução, que não é o caso. Na espécie, ainda houve a consignação judicial do valor da última parcela. Não atende à exigência da boa-fé objetiva a atitude do credor que desconhece esses fatos e promove a busca e apreensão, com pedido liminar de reintegração de posse. Recurso não conhecido".

[43] STJ, 4.ª Turma, REsp 1051270/RS, Rel. Min. Luis Felipe Salomão, j. 04.08.2011, *DJe* 05.09.2011: "Direito civil. Contrato de arrendamento mercantil para aquisição de veículo (*leasing*). Pagamento de trinta e uma das trinta e seis parcelas devidas. Resolução do contrato. Ação de reintegração de posse. Descabimento. Medidas desproporcionais diante do débito remanescente. Aplicação da teoria do adimplemento substancial. 1. É pela lente das cláusulas gerais previstas no Código Civil de 2002, sobretudo a da boa-fé objetiva e da função social, que deve ser lido o art. 475, segundo o qual '[a] parte lesada pelo inadimplemento pode pedir a resolução do contrato, se não preferir exigir-lhe o cumprimento, cabendo, em qualquer dos casos, indenização por perdas e danos'. 2. Nessa linha de entendimento, a teoria do substancial adimplemento visa a impedir o uso desequilibrado do direito de resolução por parte do credor, preterindo desfazimentos desnecessários em prol da preservação da avença, com vistas à realização dos princípios da boa-fé e da função social do contrato. 3. No caso em apreço, é de se aplicar a da teoria do adimplemento substancial dos contratos, porquanto o réu pagou: '31 das 36 prestações contratadas, 86% da obrigação total (contraprestação e VRG parcelado) e mais R$ 10.500,44 de valor residual garantido'. O mencionado descumprimento contratual é inapto a ensejar a reintegração de posse pretendida e, consequentemente, a resolução do contrato de arrendamento mercantil, medidas desproporcionais diante do substancial adimplemento da avença. 4. Não se está a afirmar que a dívida não paga desaparece, o que seria um convite a toda sorte de fraudes. Apenas se afirma que o meio de realização do crédito por que optou a instituição financeira não se mostra consentâneo com a extensão do inadimplemento e, de resto, com os ventos do Código Civil de 2002. Pode, certamente, o credor valer-se de meios menos gravosos e proporcionalmente mais adequados à persecução do crédito remanescente, como, por exemplo, a execução do título. 5. Recurso especial não conhecido".

[44] STJ, 3.ª Turma, REsp 1.200.105/AM, Rel. Min. Paulo de Tarso Sanseverino, j. 19.06.2012, *DJe* 27.06.2012: "Recurso especial. *Leasing*. Ação de reintegração de

Finalmente, devem ser lembrados, ainda, julgados do STJ em que se fez a aplicação da boa-fé objetiva em casos de *responsabilidade pré-contratual*[45] e *pós-contratual*[46].

---

[45] posse. Carretas. Embargos infringentes. Tempestividade. Manejo anterior de mandado de segurança contra a decisão. Correto o conhecimento dos embargos infringentes. Inocorrência de afronta ao princípio da unirrecorribilidade. Aplicação da teoria do adimplemento substancial e da exceção de inadimplemento contratual. Ação de reintegração de posse de 135 carretas, objeto de contrato de *leasing*, após o pagamento de 30 das 36 parcelas ajustadas. Processo extinto pelo juízo de primeiro grau, sendo provida a apelação pelo Tribunal de Justiça, julgando procedente a demanda. Interposição de embargos declaratórios, que foram rejeitados, com um voto vencido que mantinha a sentença, com determinação de imediato cumprimento do julgado. [...] Correta a decisão do tribunal de origem, com aplicação da teoria do adimplemento substancial. Doutrina e jurisprudência acerca do tema. O reexame de matéria fática e contratual esbarra nos óbices das súmulas 05 e 07/STJ. Recurso especial desprovido".

[45] STJ, 3.ª Turma, REsp 1051065/AM, Rel. Min. Ricardo Villas Bôas Cueva, j. 21.02.2013, *DJe* 27.02.2013: "Recurso especial. Civil e processual civil. Violação do art. 535 do Código de Processo Civil. Ausência. Declaratórios procrastinatórios. Multa. Cabimento. Contrato. Fase de tratativas. Violação do princípio da boa-fé. Danos materiais. Súmula 7/STJ. [...] 3. A responsabilidade pré-contratual não decorre do fato de a tratativa ter sido rompida e o contrato não ter sido concluído, mas do fato de uma das partes ter gerado à outra, além da expectativa legítima de que o contrato seria concluído, efetivo prejuízo material. 4. As instâncias de origem, soberanas na análise das circunstâncias fáticas da causa, reconheceram que houve o consentimento prévio mútuo, a afronta à boa-fé objetiva com o rompimento ilegítimo das tratativas, o prejuízo e a relação de causalidade entre a ruptura das tratativas e o dano sofrido. A desconstituição do acórdão, como pretendido pela recorrente, ensejaria incursão no acervo fático da causa, o que, como consabido, é vedado nesta instância especial (Súmula 7/STJ). 5. Recurso especial não provido".

[46] STJ, 3.ª Turma, REsp 1.255.315/SP, Rel. Min. Nancy Andrighi, j. 13.09.2011, *DJe* 27.09.2011: "Civil e processo civil. Contratos. Distribuição. Celebração verbal. Possibilidade. Limites. Rescisão imotivada. Boa-fé objetiva, função social do contrato e responsabilidade pós-contratual. Violação. Indenização. Cabimento. Danos morais e honorários advocatícios. Revisão. Possibilidade, desde que fixados em valor irrisório ou exorbitante. Sucumbência. Distribuição. Critérios. 1. De acordo com os arts. 124 do CCom e 129 do CC/1916 (cuja essência foi mantida pelo art. 107 do CC/2002), não havendo exigência legal quanto à forma, o contrato pode ser verbal ou escrito. 2. Até o advento do CC/2002, o contrato de distribuição era atípico, ou seja, sem regulamentação específica em lei, de sorte que sua formalização seguia a regra geral, caracterizando-se, em princípio, como um negócio não solene, podendo a sua existência ser provada por qualquer meio previsto em lei. 3. A complexidade da relação de distribuição torna, via de

CONCLUSÃO

Grant Gilmore, em sua obra clássica denominada *A morte do contrato* (*Death of contract*), encerra o livro com uma reflexão: "O contrato está morto, mas será que o vento da primavera não pode inopinadamente ensejar a sua ressurreição?"[47].

Na realidade, a noção de contrato está em permanente renovação ao longo do tempo, com sua capacidade de permanente adaptação às novas exigências socioeconômicas.

Assim, o reconhecimento da ressurreição do contrato requer apenas que se aceite a sua nova concepção em nosso sistema jurídico contemporâneo, iluminada pela impressionante interação entre os princípios reitores do sistema de direito privado (autonomia privada, boa-fé objetiva, função social do contrato, ordem pública), que, com sua elevada carga axiológica, são os grandes fundamentos do direito contratual.

Nesse contexto, avulta a boa-fé objetiva, como diretriz ética, atuando ao longo de toda a relação negocial, como cânone hermenêutico, como fonte de novos deveres e como instrumento de controle do abuso de direito, coibindo eventuais excessos praticados pelos contratantes.

Enfim, o contrato, como instituto jurídico e econômico, nunca esteve tão vivo e a sua beleza situa-se exatamente na sua extraordinária capacidade de adaptação aos novos fatos, embora a compreensão desse fenômeno exija um permanente esforço hermenêutico de todos os operadores do direito à luz dos princípios fundamentais do direito privado!

---

regra, impraticável a sua contratação verbal. Todavia, sendo possível, a partir das provas carreadas aos autos, extrair todos os elementos necessários à análise da relação comercial estabelecida entre as partes, nada impede que se reconheça a existência do contrato verbal de distribuição. 4. A rescisão imotivada do contrato, em especial quando efetivada por meio de conduta desleal e abusiva – violadora dos princípios da boa-fé objetiva, da função social do contrato e da responsabilidade pós-contratual – confere à parte prejudicada o direito à indenização por danos materiais e morais. 5. Os valores fixados a título de danos morais e de honorários advocatícios somente comportam revisão em sede de recurso especial nas hipóteses em que se mostrarem exagerados ou irrisórios. Precedentes. 6. A distribuição dos ônus sucumbenciais deve ser pautada pelo exame do número de pedidos formulados e da proporcionalidade do decaimento das partes em relação a esses pleitos. Precedentes. 7. Recurso especial não provido".

[47] GILMORE, Grant. *The Death of Contract*. Ohio: Ohio State University Press, 1995.

REFERÊNCIAS

AGUIAR JR., Ruy Rosado. Cláusulas abusivas no Código do Consumidor. *Estudos sobre a proteção do consumidor no Brasil e no Mercosul.* Porto Alegre: Livraria do Advogado, 1994. p. 13-32.

_____. *Extinção dos contratos por incumprimento do devedor* (Resolução). Rio de Janeiro: Aide, 1991.

_____. Projeto do Código Civil – as obrigações e os contratos. *Revista dos Tribunais*, ano 89, v. 775, p. 18-31, maio 2000.

ALMEIDA COSTA, Mário Júlio; MENEZES CORDEIRO, António Manuel da Rocha e. *Da boa-fé no direito civil.* Coimbra: Almedina, 1990.

ALPA, Guido; RAPISARDA, Cristina. Il Controllo dei Contratti per Adesione. *Rivista del Diritto Commerciale*, ano LXXXVII, p. 531-565, 1989.

AMARAL NETO, Francisco dos Santos. As cláusulas contratuais gerais, a proteção do consumidor e a lei portuguesa sobre a matéria. *Revista de Informação Legislativa*, n. 98, p. 235-256, abr.-jun. 1988.

AZEVEDO, Antônio Junqueira de. Da boa-fé na formação dos contratos. *Revista de Direito do Consumidor*, São Paulo, n. 3, p. 78-87, set.-dez. 1992.

BECKER, Anelise. A doutrina do adimplemento substancial no direito brasileiro e em perspectiva comparativista. *Revista da Faculdade de Direito da Universidade Federal do Rio Grande do Sul*, v. 9, n. 1, nov. 1993.

BETTI, Emilio. *Interpretazione della legge e degli atti giuridici.* Milano: Giuffrè, 1949.

_____. *Teoria generale del negozio giuridico.* Napoli: Edizione Schientifiche Italiane, 1994.

BIERWAGEN, Mônica Yoshizato. *Princípios e regras de interpretação dos contratos no novo Código Civil.* São Paulo: Saraiva, 1995.

BITTAR, Carlos Alberto; GARCIA JÚNIOR, Ary Barbosa; FERNANDES NETO, Guilherme. *Os contratos de adesão e o controle das cláusulas abusivas.* São Paulo: Saraiva, 1991.

CASTRO Y BRAVO, Frederico de. *Las condiciones generales de los contratos y la eficacia das leyes.* Madrid: Civitas, 1975.

COUTO E SILVA, Clóvis. *A obrigação como processo.* São Paulo: José Bushatsky Editor, 1976.

_____. O princípio da boa-fé e as condições gerais dos negócios. *Simpósio sobre as Condições Gerais dos Contratos Bancários e a Ordem Pública.* Curitiba: Juruá, 1988. p. 29-41.

_____. O princípio da boa-fé no direito brasileiro e português. *Estudos de direito civil brasileiro e português*. São Paulo: RT, 1980.

DANZ, Erich. *La intepretación de los negocios jurídicos*. Madrid: Editorial Revista de Derecho Privado, 1955.

DEREUX, L. De la Nature Juridique des Contrats d'Adhesion. *Revue Trimestrielle de Droit Civil*, v. 9, p. 503.

FONSECA, João Bosco Leopoldino da. *Cláusulas abusivas nos contratos*. Rio de Janeiro: Forense, 1995.

FRANSWORTH, E. Allan. *Fransworth on Contracts*. Boston: Little, Brown and Company, 1990.

GENOVESE, Anteo. Contratto di Adesione. *Enciclopedia del Diritto*. Milano: Giuffrè, t. X, p. 1-3.

GILMORE, Grant. *The Death of Contract*. Ohio: Ohio State University Press, 1995.

GIORDANO, Alessandro. *I Contratti per Adesione*. Milano: Giuffrè, 1951.

GOMES, Orlando. *Contrato de adesão*. São Paulo: RT, 1972.

LAMBERTERIE, Isabelle de; WALLAERT, Catherine. Les Clauses Abusives e le Consommateur. *Revue Internationale de Droit Comparé*, Paris, ano 34, v. 3, p. 673-808, 1982.

LARENZ, Karl. *Derecho civil* (Parte General). Madrid: Editorial Revista de Direito Privado, 1978.

_____. *Derecho de obligaciones*. Madrid: Editorial Revista de Direito Privado, 1958.

_____. *Metodologia da ciência do direito*. Lisboa: Fundação Calouste Gulbenkian, 1983.

MALINVAUD, Philippe. Les Conditions Generales des Contrats. *Boletim da Faculdade de Direito da Universidade de Coimbra*, v. 54, p. 25-43, 1978.

MARQUES, Claudia Lima. *Contratos no Código de Defesa do Consumidor*. São Paulo: RT, 1995.

MARTINS-COSTA, Judith. *A boa-fé no direito privado*: critérios para sua aplicação. São Paulo: Marcial Pons, 2015.

_____. *A boa-fé no direito privado*. São Paulo: RT, 1999.

_____. Princípio da boa-fé. *Ajuris*, Porto Alegre, v. 17, n. 50, p. 207-227, nov. 1990.

MENEZES CORDEIRO, António Manuel da Rocha e. *Da boa-fé no direito civil*. Coimbra: Almedina, 1984.

MIRANDA, Custódio da Piedade Ubaldino. *Contrato de adesão*. São Paulo: Atlas, 2002.

MOTA PINTO, Carlos Alberto da. *Contratos de Adesão*. Revista Forense 375, p. 33-43.

NERY JUNIOR, Nelson. Da proteção contratual. In: GRINOVER, Ada Pellegrini et al. *Código brasileiro de Defesa do Consumidor comentado pelos autores do anteprojeto*. 5. ed. Rio de Janeiro: Forense Universitária, 1998.

NORONHA, Fernando. *O direito dos contratos e seus princípios fundamentais*. São Paulo: Saraiva, 1994.

PONTES DE MIRANDA, Francisco Cavalcanti. *Tratado de direito privado*. Rio de Janeiro: Borsói, 1966. t. XXXVIII.

RAKOFF, Todd. Contracts of Adhesion: an Essay in Reconstruction. *Harvard Law Review*, v. 96, p. 1173-1284.

RIBEIRO, Joaquim de Sousa. *Cláusulas contratuais gerais e o paradigma do contrato*. Coimbra: [s.n.], 1990. Suplemento ao Boletim da Faculdade de Direito de Coimbra. Separata do volume XXXV.

RIEG, Alfred. Republique Fédérale d'Allemagne. *Revue Internationale de Droit Comparé*, Paris, ano 34, v. 3, p. 905-958, 1982.

ROPPO, Enzo. *Contratti Standard*. Milano: Giuffrè, 1989.

_____. *O contrato*. Coimbra: Almedina, 1988.

ROSA, Josimar Santos. *Contrato de adesão*. São Paulo: Atlas, 1994.

SALEILLES, Raymond. *De la Déclaration de Volonté* (Contribution a l'Étude de l'acte juridique dans lê Code Civil Allemand). Paris: LGDJ, 1929.

SCHWAB, Dieter. Validade e controle das condições gerais dos negócios. *Ajuris*, n. 41, p. 7-20, nov. 1987.

SILVA, Luís Renato Ferreira. *Do Código Civil ao Código do Consumidor*. Rio de Janeiro: Forense, 1999.

SLAWSON, W. David. Standard Form Contracts and Democratic Control of Lawmaking Power. *Harvard Law Review*, v. 84, p. 529-566.

STIGLITZ, Ruben S.; STIGLITZ, Gabriel A. *Contratos por adhesión, cláusulas abusivas y protección al consumidor*. Buenos Aires: Depalma, 1985.

WIEACKER, Franz. *El principio general de la buena fe*. Madrid: Civitas, 1986.

WILL, Michael. Le condizioni generali di contratto secondo la nuova legislazione tedesca: la loro disciplina nei raporti interni e internazionali. *Rivista Del Diritto Commerciale e Del Diritto Generale delle Obbligazioni*, v. 77, p. 77-100, 1979.

FUNÇÃO SOCIAL DO CONTRATO. EFICÁCIAS INTERNA E EXTERNA

9

FUNÇÃO SOCIAL DO CONTRATO: VISÃO EMPÍRICA DA NOVA TEORIA CONTRATUAL

CLAUDIA LIMA MARQUES

[...] o fenômeno da contratação passa por uma crise que causou a modificação da função do contrato: deixou de ser mero instrumento do poder de autodeterminação privada, para se tornar um instrumento que deve realizar também interesses da coletividade. Numa palavra: o contrato passa a ter função social (GOMES, Orlando. *Novos temas de direito civil*. Rio de Janeiro: Forense, 1983. p. 109).

SUMÁRIO: Introdução; I. Função social do contrato como fator de consolidação da nova teoria contratual na proteção dos vulneráveis: A) Função social atuando na conformação (positiva e negativa) da autonomia privada contratual: função interna?: 1. Acesso, interpretação e manutenção do contrato de consumo; 2. Cláusulas penais e de retenção, revisão e frustração do fim do contrato com vulneráveis; B) Função social atuando na determinação do conteúdo da liberdade de contratar e seus impactos transubjetivos; II. Função social do contrato em contratos entre iguais: a procura de trocas justas?: A) Eficácia interna da função social entre iguais; B) Eficácia externa ou transubjetiva da função social entre iguais; Observações finais; Referências.

INTRODUÇÃO

O contrato obriga (parafraseando a famosa expressão da Constituição de Weimar: *Eigentum verpflicht* – A propriedade obriga);[1] "obriga" *inter partes*

---

[1] Assim também SALOMÃO FILHO, Calixto. Função social do contrato: primeiras anotações. *Revista dos Tribunais*, v. 83, p. 71, maio 2004.

e ainda "obriga" em relação a terceiros e/ou a coletividade, pois tem função social, neste que denominamos de Direito Privado Solidário.[2]

Um dos pontos mais inovadores[3] e, ao mesmo tempo, um dos mais herméticos[4] do novo Código Civil é o seu art. 421, que abre o título dos "Contratos em geral" e suas "Disposições gerais", segundo o qual a "liberdade de contratar será exercida em razão e nos limites da função social do contrato".[5]

No Brasil, muito, e bem, já se escreveu sobre a função social dos contratos,[6] em especial focando sobre sua origem,[7] influências doutrinárias,[8] seu

---

[2] MARQUES, Claudia Lima; MIRAGEM, Bruno. *O novo direito privado e a proteção dos vulneráveis*. 2. ed. São Paulo: RT, 2004. p. 11.

[3] LÔBO, Paulo Luiz Netto. Princípios sociais dos contratos no CDC e no novo Código Civil. *Revista de Direito do Consumidor*, v. 42, p. 191, abr.-jun. 2002: "O princípio da função social é a mais importante inovação do Direito contratual comum brasileiro e, talvez, a de todo o novo Código Civil. Os contratos que não são protegidos pelo Direito do Consumidor devem ser interpretados no sentido que melhor contemple o interesse social, que inclui a tutela da parte mais fraca no contrato, ainda que não configure contrato de adesão. Segundo o modelo do Direito constitucional, o contrato deve ser interpretado em conformidade com o princípio da função social".

[4] Veja, na Alemanha, considerando que não haveria "modelo legislativo direto" ("kein unmittelbares Vorbild") para a criação de Miguel Reale no art. 421 do Código Civil de 2002, SCHMIDT, Jan Peter. *Zivilrechtskodifikation in Brasilien*. Tübingen: Mohr, 2009. p. 471.

[5] Destaque-se a poética tradução para o inglês realizada por BARROSO, Lucas Abreu. *Contemporary Legal Theory in Brazilian Civil Law*. Curitiba: Juruá, 2014. p. 48: "The freedom to contract shall be exercised by virtue, and within the limits, of the social function of contracts".

[6] Veja excelente obra sobre a "nova teoria contratual" e os efeitos da constitucionalização do direito privado, RULLI NETO, Antonio. *Função social do contrato*. São Paulo: Saraiva, 2011. p. 17 e ss.

[7] HIRONAKA, Giselda M. F. Novaes. A função social do contrato. *Revista de Direito Civil*, n. 45/141 jul.-set. 1988, reproduzida *Doutrinas Essenciais Obrigações e Contratos*, v. 3, p. 739-754, jun. 2011.

[8] Veja BRANCO, Gerson Luiz Carlos. *Função social dos contratos*: interpretação à luz do Código Civil. São Paulo: Saraiva, 2009. p. 40 e ss., mencionando Jhering, Duguit, Cimbali, Renner, Betti, e p. 151 e ss., a influência teórica de Miguel Reale sobre o significado da função social dos contratos. Veja também a obra de TEIZEN JÚNIOR, Augusto Geraldo. *A função social no Código Civil*. São Paulo: RT, 2004.

significado,[9] sentido e extensão,[10] sua relação com a constitucionalização do direito contratual,[11] a pós-modernidade,[12] com a solidariedade,[13] com a boa-

---

[9] Veja, por todos, MIRAGEM, Bruno. Diretrizes interpretativas da função social do contrato. *Revista de Direito de Consumidor*, v. 56, p. 24, out.-dez. 2005: "Ao referir-se à *função social do contrato*, de uma primeira interpretação do próprio texto da norma do art. 421 já se retiram dois aspectos característicos do seu significado. Primeiro, de que configura um limite à liberdade de contratar; segundo, que apresenta um vínculo orgânico entre o exercício da liberdade/ direito subjetivo de contratar e a finalidade social desta prerrogativa. Determina ao direito de contratar, pois, a natureza de um direito-função. Neste segundo caso, a previsão de uma finalidade social do direito de contratar assume então diferentes possibilidades de interpretação, que podem abranger tanto uma espécie de garantia de acesso ao contrato quanto o direito de sua manutenção, bem como um controle de mérito e conteúdo do objeto contratado, de modo a adequá-lo ao que se considere sob certos padrões sociais vigentes, o justo em matéria contratual (do que se poderá, por exemplo, identificar o fundamento do equilíbrio das prestações em determinados contratos)".

[10] Veja, por todos, MARIGHETTO, Andrea. *O acesso ao contrato*: sentido e extensão da função social do contrato. São Paulo: Quartier Latin, 2012. p. 158, que resume: "a função social do contrato exprime a necessária harmonização dos interesses privados das partes com os interesses de toda a coletividade. Em outras palavras, concretiza o ponto de encontro entre o individualismo garantido pelo princípio da liberdade contratual com o da igualdade, entendida como forma de desenvolvimento da inteira coletividade em conjunto. A forma de liberdade compatível com a igualdade é a própria igualdade na liberdade".

[11] Veja, por todos, o comentário de TEPEDINO, Gustavo. Art. 421. In: _____; BARBOZA, Heloisa Helena; MORES, Maria Celina Bodin de. *Código Civil interpretado conforme a Constituição da República*. Rio de Janeiro: Renovar, 2006. p. 5 e ss.
Na Alemanha, veja sobre como Miguel Reale estebeleceu a relação com os princípios da Constituição de 1988, HERZOG, Benjamin. *Anwendung und Auslegung von Recht in Portugal und Brasilien*. Mohr: Tübingen, 2014. p. 701.

[12] NALIN, Paulo. *Do contrato*: conceito pós-moderno – em busca de sua formulação na perspectiva civil constitucional. 2. ed. Curitiba: Juruá, 2007. p. 253.

[13] FERREIRA DA SILVA, Luis Renato. A função social do contrato no novo Código Civil e sua conexão com a solidariedade social. In: SARLET, Ingo Wolfgang (Org.). *O novo Código civil e a Constituição*. Porto Alegre: Livraria dos Advogados, 2003. p. 127-150.

-fé,[14] com a função econômica[15] e sua operatividade.[16] O Código de Defesa do Consumidor (CDC) é uma lei de proteção de um grupo, os consumidores. O CDC é lei de função social, que humaniza o Direito Privado e o abre para os interesses coletivos.[17] O art. 1.º do CDC, depois de citar a origem constitucional do Código ou explicitar o mandamento constitucional de proteção dos consumidores, afirma que suas normas são de ordem pública e interesse social, bem explicitando que os contratos de consumo têm função social e não só interessam às partes contratantes, mas a toda a sociedade.[18]

Assim, sem necessidade de repetir essa boa doutrina de Direito Privado, quero neste artigo contribuir ao debate com uma visão empírica, analisando a função social do contrato, fundamentada na jurisprudência desses quase 15 anos de Código Civil de 2002, seja como fator de consolidação da nova teoria contratual imposta pela Constituição Federal de 1988 e pelo Código de Defesa do Consumidor, na proteção dos vulneráveis (Parte I), seja como fator de ruptura da teoria contratual brasileira clássica e abertura de novos caminhos da interpretação dos contratos entre iguais no Brasil (Parte II).

Neste artigo, analisarei decisões dos últimos cinco anos (2017 a 2013)[19] do Superior Tribunal de Justiça, a saber 50 decisões, que utilizam a expressão função social do contrato na argumentação da ementa e 70 acórdãos que citam o art. 421 do CC/2002, além de 15 acórdãos que fazem referência ao parágrafo único do art. 2.035, como fonte de decisão.

---

[14] Veja, por todos, a obra de GOMES, Rogério Zuel. *Teoria contratual contemporânea*: função social do contrato e boa-fé. Rio de Janeiro: Forense, 2004.

[15] THEODORO JÚNIOR, Humberto. *O contrato e sua função social*. Rio de Janeiro: Forense, 2003. p. 99 e ss.

[16] Veja, por todos, GODOY, Claudio Luiz Bueno de. *Função social do contrato*. São Paulo: Saraiva, 2004. p. 153 e ss.

[17] MARQUES, Claudia Lima. *Contratos no Código de Defesa do Consumidor*. São Paulo: RT, 2016. p. 216 e ss.

[18] MARQUES, Claudia Lima; MIRAGEM, Bruno. *Comentários ao Código de Defesa do Consumidor*. São Paulo: RT, 2016.

[19] Escolhi os últimos cinco anos, pois há belo artigo de TOMASEVICIUS, Eduardo Filho. Uma década de aplicação da função social do contrato – Análise da doutrina e da jurisprudência brasileiras. *Revista dos Tribunais*, v. 920, p. 49 e ss., fev. 2014. O referido autor analisa julgados estaduais e do e. STJ, em trabalho de grande fôlego. Particularmente, por questões de tempo, vou me restringir a analisar do e. STJ de 2017 a 2013, coincidindo, pois, com a análise dos julgados publicados em 2013 pelo e. STJ.

A divisão que realizarei, entre utilizações da função social do contrato para a proteção dos vulneráveis e entre contratos entre iguais, vem de minha hipótese de trabalho neste texto. Parto da ideia de que o princípio da função social se aplica a todos os contratos no mercado brasileiro. Ciente de que parte da doutrina considera que a função social diferencia-se em contratos existenciais ou em contratos empresariais,[20] quero propor outra divisão, pelos sujeitos presentes no contrato. Quero testar a hipótese se há grande diferença na aplicação (ou no "brilho" do mandamento constitucional do art. 170 da CF/1988) pelos magistrados, seja na concreção da cláusula geral do art. 421 do CC/2002, seja na interpretação dos ditames de ordem pública e interesse social do art. 1.º do CDC e do parágrafo único do art. 2.035 do CC/2002, tratando-se de relações de consumo ou com a presença de uma parte mais fraca ou vulnerável.[21]

Assim, na procura do sentido e efeito e das potenciais aplicações desse princípio, não custa analisar, científica e empiricamente, se a função social do contrato tem direta relação com o princípio da confiança,[22] sendo mais uma válvula de escape do sistema do direito privado brasileiro para assegurar o *acesso* ao contrato dos vulneráveis, a *manutenção* e/ou a *revisão* desses contratos, assim como para evitar a *frustração do fim do contrato* com vulneráveis no tempo e nos diferentes mercados (art. 170 da CF/1988).

Anima-me o enunciado Enunciado 167 da III Jornada de Direito Civil, segundo o qual, "Com o advento do Código Civil de 2002, houve forte aproximação principiológica entre esse Código e o Código de Defesa do Consumidor no que respeita à regulação contratual, uma vez que ambos são incorporadores de uma nova teoria geral dos contratos". Como muito escrevi sobre a nova teoria contratual[23] e sobre a confiança,[24] mas pouco sobre o

---

[20] Esta é a conclusão de TOMASEVICIUS, Eduardo Filho. Uma década de aplicação da função social do contrato – Análise da doutrina e da jurisprudência brasileiras. *Revista dos Tribunais*, v. 920, p. 49 e ss., fev. 2014.

[21] Assim também ARRUDA ALVIM, José Manoel Netto. A função social dos contratos no novo Código Civil. *Revista dos Tribunais*, v. 815, p. 30, set. 2003.

[22] Relembre-se aqui a lição de VASCONCELOS, Pedro Pais de. *Contratos atípicos*. Coimbra: Almedina, 1995. p. 417, que a utilidade social dos contratos "engloba a protecção do tráfico jurídico, da confiança e da aparência".

[23] MARQUES, Claudia Lima. *Contratos no Código de Defesa do Consumidor*. São Paulo: RT, 2016.

[24] MARQUES, Claudia Lima. *Confiança no comércio eletrônico e a proteção do consumidor*: um estudo dos negócios jurídicos de consumo no comércio eletrônico. São Paulo: RT, 2004.

princípio da função social dos contratos, parece-me um bom momento para essa análise.[25] Segundo ensina Flávio Tartuce, a função social dos contratos é "um princípio, de ordem pública, pelo qual o contrato deve ser, necessariamente, visualizado e interpretado de acordo com o contexto da sociedade".[26] A doutrina é unânime quanto a tratar-se de princípio[27] e a jurisprudência do e. Superior Tribunal de Justiça denomina inclusive de princípio de sobredireito ao lado da boa-fé.[28]

No Código Civil de 2002 vem positivado como cláusula geral, necessitando, pois, de um esforço de concreção do intérprete. Alguns doutrinadores criticam o texto do art. 421 quanto à forma, preferindo a ementa proposta por Ricardo Fiuza,[29] outros quanto à alegada vagueza[30] e insegurança[31] que criaria. Neste texto, quero apenas destacar sua potencialidade para transformar o direito privado brasileiro, como fator de consolidação da nova teoria contratual e da aplicação – indireta ou pela lei posta – de direitos fundamentais assegurados na

---

[25] Veja MARQUES, Claudia Lima. A chamada nova crise do contrato e o modelo de direito privado brasileiro: crise da confiança ou do crescimento do contrato? In: _____ (Coord.). *A nova crise do contrato*: estudos sobre a nova teoria contratual. São Paulo: RT, 2007. p. 17-86.

[26] TARTUCE, Flávio. *Função social dos contratos*. Do Código de Defesa do Consumidor ao novo Código Civil. São Paulo: Método, 2007. p. 415.

[27] GODOY, Claudio Luiz Bueno de. *Função social do contrato*. São Paulo: Saraiva, 2004. p. 99. Veja também ODY, Lisiane Wingert. *Einführung in das brasilianische Recht*. München: Beck, 2017. p. 110 (Rdn. 176). E, denominando de "sobreprincípio da justiça social dos contratos", MANCEBO, Rafael. *A função social dos contratos*. São Paulo: Quartier Latin, 2005. p. 44.

[28] Assim a ementa: "[...] o atual Código Civil positivou dois princípios de sobredireito regentes das relações jurídicas privadas, quais sejam, a função social do contrato (art. 421) e a boa-fé objetiva (art. 422)" (STJ, 4.ª Turma, REsp 1123342/SP, Rel. Min. Luis Felipe Salomão, j. 08.10.2013, *DJe* 06.11.2013).

[29] Sobre a ementa formulada por Antonio Junqueira de Azevedo e Álvaro Villaça Azevedo, veja TARTUCE, Flávio. *Direito civil*: teoria geral dos contratos e contratos em espécie. 12. ed. Rio de Janeiro: GEN/Forense, 2017. p. 59-60.

[30] Veja-se BLANCHET, Jeanne. O novo Código Civil e a função social. In: NALIN, Paulo (Org.). *Princípios de direito contratual*. Curitiba: Juruá, 2004. p. 70-71.

[31] Assim SZTAJN, Raquel. Propriedade, contrato, empresa e função social. *Revista de Direito Recuperacional e Empresa*, v. 1, p. 4, jul.-set. 2016: "Função social: separando os termos da expressão, que são ambos polissêmicos, sua associação amplifica a dificuldade interpretativa e, quando aplicada à propriedade, a contratos e à empresa, dependendo de como se o faça, cria-se insegurança dados os impactos no uso da propriedade, na autonomia privada (liberdade de contratar), e na modelagem de empresas, com reflexos sobre a criação de bem-estar".

Constituição Federal de 1988 no novo Direito Privado. Vejamos, inicialmente, a função social do contrato como fator de consolidação da nova teoria contratual na proteção dos vulneráveis e depois sua utilização entre iguais.

I. FUNÇÃO SOCIAL DO CONTRATO COMO FATOR DE CONSOLIDAÇÃO DA NOVA TEORIA CONTRATUAL NA PROTEÇÃO DOS VULNERÁVEIS

Inicie-se citando os ensinamentos de Paulo Luiz Netto Lôbo:

> No Código a função social não é simples limite externo ou negativo, mas limite positivo, além de determinação do conteúdo da liberdade de contratar. Esse é o sentido que decorre dos termos "exercida em razão e nos limites da função social do contrato" (art. 421, CC/2002).[32]

Duas são as lições do mestre das Alagoas, primeiro que, na literalidade do texto do art. 421 do CC/2002, a função social é um "limite", tanto um limite aqui chamado de "negativo" ou de atuação quanto um limite "positivo". Comparando novamente com a cláusula-geral da boa-fé, os doutrinadores alemães assim o dizem da boa-fé, que se trata sempre de medida de decisão (*Entscheidungsmasstab*): ou se está de acordo com a boa-fé ou contra, logo se determino a (conduta de) boa-fé, já decidi o caso: violou ou não a boa-fé objetiva! Parece ser o mesmo com a função social, ou ela está presente e exige cumprimento (eficácia interna, entre as partes, ou externa, na sociedade e terceiros em relação ao contrato ou transubjetiva) ou não.

Aqui a segunda lição de Paulo Lôbo: com a concreção da cláusula geral do art. 421, há ao mesmo tempo a "determinação do conteúdo da liberdade de contratar" naquele caso decidido. Nesse sentido, relembre-se que o parágrafo único do art. 2.035 do CC/2002 esclarece ser a função social do contrato princípio de ordem pública. E considerando que tem ligação com a confiança, merece citação o Enunciado 363 da IV Jornada de Direito Civil, que afirma essa natureza de ordem pública ou de decisão das cláusulas gerais, mencionando: "Os princípios da probidade e da confiança são de ordem pública, sendo obrigação da parte lesada apenas demonstrar a existência da violação".

---

[32] LÔBO, Paulo Luiz Netto. Princípios sociais dos contratos no CDC e no novo Código Civil. *Revista de Direito do Consumidor*, v. 42, p. 191, abr.-jun. 2002.

Quanto a essa posição hierárquico-sistemática da função social do contrato, mister frisar que está ligada fortemente à ordem pública (de direção), uma ordem pública de origem constitucional, como especificam o art. 1.º do CDC, sobre a função social dos contratos de consumo, e o parágrafo único do art. 2.035 do CC/2002, que cuida dos conflitos de leis no tempo. Também o Enunciado 23 da I Jornada de Direito civil reforça essa ideia de ligação da função social do contrato com os direitos fundamentais, direitos sociais (moradia, educação, saúde e outros) e direitos coletivos *stricto sensu* (função ambiental dos contratos), asseverando: "A função social do contrato, prevista no art. 421 do novo Código Civil, não elimina o princípio da autonomia contratual, mas atenua ou reduz o alcance desse princípio quando presentes interesses metaindividuais ou interesse individual relativo à dignidade da pessoa humana".

Por fim, concordando com Flávio Tartuce, quando sustenta existir uma eficácia interna e uma eficácia externa da função social, assim dividirei a análise dos julgados. A eficácia externa da função social, para lá das partes, é posição majoritária, e há enunciado do CEJ sobre a função interna. O Enunciado 360 da IV Jornada de Direito Civil sobre o art. 421 do CC/2002 diz "O princípio da função social dos contratos também pode ter eficácia interna entre as partes contratantes". Vejamos os dados empíricos.

A) FUNÇÃO SOCIAL ATUANDO NA CONFORMAÇÃO (POSITIVA E NEGATIVA) DA AUTONOMIA PRIVADA CONTRATUAL: FUNÇÃO INTERNA?

Segundo Miguel Reale, a função social do contrato trata-se de "princípio condicionador de todo o processo hermenêutico",[33] oriunda da diretriz da "socialidade". A socialidade é o

---

[33] Veja Justificativa ao Anteprojeto, reproduzida por HIRONAKA, Giselda M. F. Novaes. A função social do contrato. *Doutrinas Essenciais Obrigações e Contratos*, v. 3, p. 749, jun. 2011, com as palavras de Miguel Reale: "Neste contexto, bastará, por conseguinte, lembrar alguns outros pontos fundamentais, a saber: [...] c) Tornar explícito, como princípio condicionador de todo o processo hermenêutico, que a *liberdade de contratar* só pode ser exercida em consonância com os fins sociais do contrato, implicando os valores primordiais da boa-fé e da probidade. Trata-se de preceito fundamental, dispensável talvez sob o enfoque de uma estreita compreensão positivista do Direito, mas essencial à adequação das normas particulares à concreção ética da experiência jurídica" (REALE, Miguel. *O projeto de Código Civil*. São Paulo: Saraiva, 1999. p. 71).

[...] objetivo do novo Código no sentido de superar o manifesto caráter individualista da lei vigente [CC/1916], feita para um país eminentemente agrícola, com cerca de 80% da população no campo. Hoje em dia, vive o povo brasileiro nas cidades, na mesma proporção de 80% [...]. Daí o predomínio do social sobre o individual.[34]

Impõe o Código Civil de 2002, assim, a função social do contrato (art. 421),[35] a interpretação a favor do aderente nos contratos de adesão (art. 423), a natureza social da posse, a facilitação da usucapião para moradias (arts. 1.238, 1.239, 1.240 e 1.242), e regulamenta a função social da propriedade (art. 1.228).[36] A "socialidade" deve, segundo Miguel Reale, refletir "a prevalência dos valores coletivos sobre os individuais, sem perda, porém, do valor fundamental da pessoa humana".[37]

1. ACESSO, INTERPRETAÇÃO E MANUTENÇÃO DO CONTRATO DE CONSUMO

Segundo alerta a doutrina,[38] a função primeira do contrato é econômica,[39] qual seja de retribuição de interesses econômicos na troca do inútil pelo útil

---

[34] REALE, Miguel. Visão geral do novo Código Civil. *Revista de Direito Privado*, n. 9, p. 9, jan.-mar. 2002.

[35] Veja, por todos, THEODORO JÚNIOR, Humberto. *O contrato e sua função social*. Rio de Janeiro: Forense, 2003. p. 1 e ss. Assim também SANTOS, Eduardo Sens dos. O novo Código Civil e as cláusulas gerais: exame da função social do contrato. *Revista Forense* 364, p. 99, nov.-dez. 2002: "O direito de contratar deve ser exercido de acordo com o que determina a atual conjuntura da sociedade: visando à coletividade, aos interesses difusos, ao bem-estar e ao desenvolvimento". Veja, ainda críticos, WALD, Arnoldo. A função social e ética do contrato como instrumento jurídico de parcerias e o novo Código Civil de 2002. *Revista Forense*, n. 364, p. 29 e ss., nov.-dez. 2002. E THEODORO DE MELLO, Adriana Mandim. A função social do contrato e o princípio da boa-fé no novo Código Civil brasileiro. *Revista Forense*, n. 364, p. 3-19, nov.-dez. 2002.

[36] Exemplos dados por REALE, Miguel. Visão geral do novo Código Civil. *Revista de Direito Privado*, n. 9, p. 13, jan.-mar. 2002.

[37] Assim ensina GONÇALVES, Carlos Roberto. *Principais inovações no Código Civil de 2002*. São Paulo: Saraiva, 2002. p. 5.

[38] FERREIRA DA SILVA, Luis Renato. A função social do contrato no novo Código Civil e sua conexão com a solidariedade social. In: SARLET, Ingo Wolfgang (Org.). *O novo Código civil e a Constituição*. Porto Alegre: Livraria dos Advogados, 2003. p. 136.

[39] Veja defendendo a análise econômica do direito, SZTAJN, Raquel. Propriedade e contrato: função social. *Revista de Direito Empresarial*, v. 9, p. 453-459, maio-jun. 2015.

e *inter partes*, é sua eficácia (princípio da vinculação). Aqui o tema é também o acesso e a manutenção deste contrato com as finalidades das partes e da sociedade para esse tipo de contrato, em especial se de consumo.

Em interessante caso sobre utilização de emergência hospitalar, em instituição privada que não atende o SUS, o princípio da função social do contrato foi um dos que embasou a decisão sobre a necessidade de pagamento do hospital pelo consumidor:

> Os princípios da função social do contrato, boa-fé objetiva, equivalência material e moderação impõem, por um lado, seja reconhecido o direito à retribuição pecuniária pelos serviços prestados e, por outro lado, constituem instrumentário que proporcionará ao julgador o adequado arbitramento do valor a que faz jus o hospital.[40]

---

[40] A ementa completa é: "Consumidor e processual civil. Recurso especial. Pressupostos de admissibilidade do recurso especial. Existência. Atendimento médico emergencial, por hospital que não atende pelo SUS. Relação de consumo. Necessidade de harmonização dos interesses resguardando o equilíbrio e a boa-fé. Princípios contratuais que se extraem do CDC. Instrumentário hábil a solucionar a lide. 1. O legislador ordinário, em observância ao disposto no artigo 48 do Ato das Disposições Constitucionais Transitórias e, sobretudo, aos princípios e valores que a Carta Magna alberga, editou o Código de Defesa do Consumidor (Lei 8.078/90). Com efeito, o artigo 4.º, inciso III, do Código de Defesa do Consumidor esclarece os objetivos e princípios da Política Nacional das Relações de Consumo, que contempla a harmonização dos interesses dos participantes das relações de consumo, compatibilizando a proteção ao consumidor com a necessidade de desenvolvimento econômico, viabilizando os princípios nos quais se funda a ordem econômica, e resguardando o equilíbrio e a boa-fé. 2. Trata-se de uma relação contratual de direito privado, em que a parte ré invoca a inusitada tese de nada ter de pagar, embora seja incontroverso que tenha mesmo ocasionado custos ao hospital privado – que não atende pelo SUS. Com efeito, evidentemente, não pode ser imposto pelo Estado – ainda que em sua função jurisdicional – que a sociedade empresária assuma as despesas decorrentes da prestação do serviço emergencial, cuja prestação, como expressamente reconhece a Corte local, nem mesmo poderia ser recusada pelo nosocômio – ensejando enriquecimento sem causa para o consumidor. 3. A defesa do consumidor carece de não serem gerados novos ou mais significativos atritos, observando-se os critérios de reciprocidade. Paciência, moderação, capacidade de influir pacificamente para solução dos conflitos e compreensão exata dos limites dos direitos são os melhores instrumentos da boa ética de conduta da autoridade estatal (GAMA, Helio Zaghetto. *Curso de direito do consumidor*. 3 ed. Rio de Janeiro: Forense, 2006. p. 24-27). 4. Os princípios da função social do contrato, boa-fé objetiva, equivalência material e moderação impõem, por um

Em última análise, o princípio também condiciona à retribuição econômica, se oneroso o contrato de consumo (e não o administrativo), mesmo se envolve direitos fundamentais, como o da saúde.

A função de diretriz interpretativa da função social dos contratos é mais usada na jurisprudência do STJ. Consumidor que teve seu carro roubado e falhou na comunicação imediata à seguradora, pois foi ameaçado de morte, mesmo estando de boa-fé, o e. STJ afirmou que a função social pode ajudar na interpretação sistemática da norma do art. 771 do CC/2002:

> A pena de perda do direito à indenização securitária inscrita no art. 771 do CC, ao fundamento de que o segurado não participou o sinistro ao segurador logo que teve ciência, deve ser interpretada de forma sistemática com as cláusulas gerais da função social do contrato e de probidade, lealdade e boa-fé previstas nos arts. 113, 421, 422 e 765 do CC, devendo a punição recair primordialmente em posturas de má-fé ou culpa grave, que lesionem legítimos interesses da seguradora.[41]

Aqui as cláusulas gerais do CC/2002 substituem o CDC, pois, apesar de ser um caso de consumo, o e. STJ em nenhum momento recorreu ao art. 47 do CDC ou a qualquer outro artigo do CDC.[42] Nesse sentido, a condição

---

lado, seja reconhecido o direito à retribuição pecuniária pelos serviços prestados e, por outro lado, constituem instrumentário que proporcionará ao julgador o adequado arbitramento do valor a que faz jus o hospital (REsp 1256703/SP, Rel. Min. Luis Felipe Salomão, 4.ª Turma, j. 06.09.2011, DJe 27.09.2011). 5. Agravo interno não provido" (STJ, 4.ª Turma, AgInt no REsp 1278178/MG, Rel. Min. Luis Felipe Salomão, j. 18.05.2017, DJe 23.05.2017).

[41] A ementa ainda ensina: "4. A sanção de perda da indenização securitária não incide de forma automática na hipótese de inexistir pronta notificação do sinistro, visto que deve ser imputada ao segurado uma omissão dolosa, injustificada, que beire a má-fé, ou culpa grave, que prejudique, de forma desproporcional, a atuação da seguradora, que não poderá se beneficiar, concretamente, da redução dos prejuízos indenizáveis com possíveis medidas de salvamento, de preservação e de minimização das consequências" (REsp 1546178/SP, Rel. Min. Ricardo Villas Bôas Cueva, 3.ª Turma, j. 13.09.2016, DJe 19.09.2016).

[42] Chama a atenção a decisão não ter usado o CDC, pois em virtude da vitória dos consumidores na decisão da ADIn 2591 (conhecida como ADIn dos bancos) esta impôs a aplicação do CDC aos casos securitários, logo, a ausência de análise do aspecto consumerista deste seguro de carro, constituiria motivo de reclamação ao e. STF, não tivesse o resultado final positivo para o consumidor-segurado.

de vulnerável do consumidor desse caso sequer foi mencionada, tendo sido a argumentação toda fundamentada em sua boa-fé subjetiva, presente no caso, e a inexigibilidade de atuação diversa.[43]

O Enunciado 22 da I Jornada de Direito Civil sobre o art. 421 do CC/2002 destaca a sua vinculação com a confiança das partes na manutenção do contrato no tempo, afirmando: "A função social do contrato, prevista no art. 421 do novo Código Civil, constitui cláusula geral que reforça o princípio de conservação do contrato, assegurando trocas úteis e justas". O princípio da conservação do contrato é um dos mais importantes do direito do consumidor e foi consolidado no art. 52, § 2.º, do CDC, assim como no art. 54, § 4.º, exigindo que a decisão sobre a continuação ou não do vínculo contratual seja do consumidor, parte vulnerável (art. 4.º, I, do CDC).

No direito do consumidor, cunhei a expressão contratos cativos de longa duração justamente para frisar a importância da continuidade do vínculo, especialmente nos contratos de serviços, como serviços bancários, de crédito, securitários. No Brasil, também a jurisprudência começa a ser confrontada com esta nova visão, já não mais absoluta da autonomia da vontade, do direito (= poder) de liberar-se de um vínculo contratual, por exemplo de um seguro de vida anual. Para que o contrato possa cumprir sua função social, para que possa efetivamente ser um instrumento de segurança no mercado, sua interpretação não pode desconhecer a existência de deveres anexos a essa relação contratual, especialmente tratando-se de relações de longa duração, os

---

[43] A ementa assim ensina: "5. Na hipótese dos autos, fatos relevantes impediram o segurado de promover a imediata comunicação de sinistro: temor real de represálias em razão de ameaças de morte feitas pelo criminoso quando da subtração do bem à mão armada no interior da residência da própria vítima. Assim, não poderia ser exigido comportamento diverso, que poderia lhe causar efeitos lesivos ou a outrem, o que afasta a aplicação da drástica pena de perda do direito à indenização, especialmente considerando a presença da boa-fé objetiva, princípio-chave que permeia todas as relações contratuais, incluídas as de natureza securitária. 6. É imperioso o pagamento da indenização securitária, haja vista a dinâmica dos fatos ocorridos durante e após o sinistro e a interpretação sistemática que deve ser dada ao art. 771 do CC, ressaltando-se que não houve nenhum conluio entre os agentes ativo e passivo do episódio criminoso, tampouco vontade deliberada de fraudar o contrato de seguro ou de piorar os efeitos decorrentes do sinistro, em detrimento dos interesses da seguradora. Longe disso, visto que o salvado foi recuperado, inexistindo consequências negativas à seguradora com o ato omissivo de entrega tardia do aviso de sinistro. 7. Recurso especial não provido" (REsp 1546178/SP, Rel. Min. Ricardo Villas Bôas Cueva, 3.ª Turma, j. 13.09.2016, *DJe* 19.09.2016).

contratos cativos. Assim, em caso de seguros e planos de saúde, a Lei 9.656/98 e o CDC atuam em diálogo para manter o vínculo.

Em interessante caso decidido em 2016 sobre serviços de assistência pré-natal e obstétrica, o STJ afirmou que a portabilidade especial das carências cumpridas sob um contrato para o outro tem como base não apenas o art. 30 da lei especial e a norma regulatória, mas o art. 421 do CC/2002, bem ao sentido do diálogo das fontes para assegurar direitos aos consumidores previstos no art. 7.º do CDC, impedindo assim qualquer "eficácia" da cláusula de carência:

> Nos termos do art. 7.º-C da RN n.º 186/2009 da ANS, o ex-empregado demitido ou exonerado sem justa causa ou aposentado ou seus dependentes vinculados ao plano ficam dispensados do cumprimento de novos períodos de carência na contratação de novo plano individual ou familiar ou coletivo por adesão, seja na mesma operadora seja em outra, desde que peçam a transferência durante o período de manutenção da condição de beneficiário garantida pelos arts. 30 e 31 da Lei n.º 9.656/1998.[44]

---

[44] A ementa completa é: "Recurso especial. Civil. Plano de saúde. Titular. Demissão sem justa causa. Plano coletivo empresarial. Extinção. Dependente. Novo plano. Titularidade. Coletivo por adesão. Prazo de carência. Exigência. Ilegalidade. Portabilidade especial de carências. Configuração. Transferência ao tempo do direito de prorrogação temporária. Efeitos. Serviços de assistência pré-natal e obstétrica. Cobertura imediata. 1. Cinge-se a controvérsia a saber se é lícita a exigência de cumprimento de carência de ex-dependente de plano coletivo empresarial, extinto em razão da demissão sem justa causa do titular, ao contratar novo plano de saúde, na mesma operadora, mas em categoria diversa (coletivo por adesão). 2. Quando há a demissão imotivada do trabalhador, a operadora de plano de saúde deve lhe facultar e aos dependentes a prorrogação temporária do plano coletivo ao qual haviam aderido, contanto que arquem integralmente com os custos das mensalidades, não podendo superar o prazo estabelecido em lei: período mínimo de 6 (seis) meses e máximo de 24 (vinte e quatro) meses. Incidência do art. 30, *caput* e §§ 1.º e 2.º, da Lei n.º 9.656/1998. Precedentes. 3. A carência é o período ininterrupto, contado a partir da data de início da vigência do contrato do plano privado de assistência à saúde, durante o qual o contratante paga as mensalidades, mas ainda não tem acesso a determinadas coberturas previstas no contrato (art. 2.º, III, da RN n.º 186/2009 da ANS). A finalidade é assegurar a fidelização do usuário e o equilíbrio financeiro da negociação, permitindo a manutenção do saldo positivo do fundo comum para o custeio dos serviços médico-hospitalares, ou seja, visa a conservação do próprio plano de saúde. 4. Não há nenhuma ilegalidade ou abusividade na fixação de prazo

Assim ensina o STJ:

> Os contratos de seguro e assistência à saúde são pactos de cooperação e solidariedade, cativos e de longa duração, informados pelos princípios consumeristas da boa-fé objetiva e função social, tendo o objetivo precípuo de assegurar ao consumidor, no que tange aos riscos inerentes à saúde, tratamento e segurança para amparo necessário de seu parceiro contratual.[45]

Aqui o tempo é que assegura o bom fim do contrato. Em caso de seguro de vida, a renovação é perante idosos impedida pelo grande aumento ou reajuste de preços, como cláusula barreira à continuidade da relação no tempo.[46] Quanto ao tempo sob a visão da função social dos contratos cativos de longa

---

de carência no contrato de plano de saúde, contanto que sejam observados os limites e as restrições legais (arts. 12, V, 13, I, e 16, III, da Lei n.º 9.656/1998 e 6.º e 11 da RN n.º 195/2009 da ANS). 5. Há hipóteses em que o prazo de carência já cumprido em um dado contrato pode ser aproveitado em outro, como geralmente ocorre na migração e na portabilidade de plano de saúde, para a mesma ou para outra operadora. Tais institutos possibilitam a mobilidade do consumidor, sendo essenciais para a estimulação da livre concorrência no mercado de saúde suplementar. 6. Quanto ao ex-empregado demitido e seus dependentes, para não ficarem totalmente desprotegidos, e atendendo à função social do contrato de plano de saúde (art. 421 do Código Civil), foi assegurada, pela Agência Nacional de Saúde Suplementar (ANS), a portabilidade especial de carências. 7. Nos termos do art. 7.º-C da RN n.º 186/2009 da ANS, o ex-empregado demitido ou exonerado sem justa causa ou aposentado ou seus dependentes vinculados ao plano ficam dispensados do cumprimento de novos períodos de carência na contratação de novo plano individual ou familiar ou coletivo por adesão, seja na mesma operadora seja em outra, desde que peçam a transferência durante o período de manutenção da condição de beneficiário garantida pelos arts. 30 e 31 da Lei n.º 9.656/1998. Aplicação, no caso dos autos, a permitir a cobertura imediata dos serviços de assistência pré-natal e obstétrica. 8. Recurso especial não provido" (REsp 1525109/SP, Rel. Min. Ricardo Villas Bôas Cueva, 3.ª Turma, j. 04.10.2016, *DJe* 18.10.2016).

[45] Assim a ementa do REsp 962.980/SP, 4.ª Turma, j. 13.03.2012, Rel. Min. Luis Felipe Salomão, *DJe* 15.05.2012.

[46] Assim surpreende a nova decisão do STJ, que exige dez anos de relação contratual para a proteção do idoso, quando o diálogo entre o CDC e o Estatuto do Idoso poderia chegar a outro resultado, e afirma: "que a existência de cláusula prevendo o reajuste do prêmio do seguro de vida, em decorrência da faixa etária, só se mostra abusiva na hipótese de o segurado completar 60 anos de idade e

duração, o tempo evita a frustração do contrato. No entanto, observa-se também, oriundo do princípio da boa-fé, que a cooperação entre os contratantes, em especial havendo perigo de ruína, impõe deveres de renegociação e de adaptação do contrato às novas circunstâncias. Aqui encontramos a base do combate ao superendividamento dos consumidores. Também é interessante a proteção do acesso ao contrato bancário. Assim, em recente caso, o STJ reiterou a importância da conta bancária para o consumidor e sua manutenção. O voto-vista do e. Min. Sanseverino ensina que o diálogo entre o CDC e o CC/2002 deve levar ao mesmo resultado de manutenção do contrato, afirmando:

> Configura abuso de direito por parte da entidade bancária a rescisão unilateral de contrato de conta-corrente mantido há anos, sem que haja problema cadastral ou de inadimplemento com os clientes. É que o contrato bancário constitui típica relação de consumo, consoante o entendimento firmado no STJ e no STF. Assim, o encerramento abrupto das contas sem qualquer justificativa razoável representa prática abusiva, conforme previsão inserta no artigo 39, II e IX, da Lei 8.078/1990. Mesmo analisando sob a ótica do direito contratual, tem-se configurado o abuso de direito pela rescisão unilateral no caso, haja vista que a liberdade contratual, segundo o Código Civil vigente, deve ser exercida em razão e nos limites da função social do contrato, respeitando-se os ditames éticos da boa-fé objetiva. A entidade bancária ao rescindir unilateralmente o contrato sem apresentar justificativa para tanto excedeu-se no exercício de seu direito, cometendo ato ilícito, em desacordo com os princípios positivados no Código Civil vigente da liberdade contratual, da função social do contrato e da boa-fé objetiva.[47]

---

sua relação contratual tiver mais de 10 anos" (AgInt no AREsp 1019733/RS, Rel. Min. Marco Aurélio Bellizze, 3.ª Turma, j. 13.06.2017, *DJe* 23.06.2017).

[47] A ementa do caso é: "Direito do consumidor. Contrato de conta-corrente em instituição financeira. Encerramento unilateral e imotivado da conta. Impossibilidade. 1. Não pode o banco, por simples notificação unilateral imotivada, sem apresentar motivo justo, encerrar conta-corrente antiga de longo tempo, ativa e em que mantida movimentação financeira razoável. 2. Configurando contrato relacional ou cativo, o contrato de conta-corrente bancária de longo tempo não pode ser encerrado unilateralmente pelo banco, ainda que após notificação, sem motivação razoável, por contrariar o preceituado no art. 39, IX, do Cód. de Defesa do Consumidor. 3. Condenação do banco à manutenção das contas-correntes dos autores. 4. Dano moral configurado, visto que atingida a honra

Na posição de catividade e vulnerabilidade do consumidor no tempo, também encontramos o fundamento da necessidade de contratos de longa duração se adaptarem às novas circunstâncias, como evitar da ruína do patrocinador de seguro-saúde coletivo, para empregados da ativa e aposentados. O art. 51, § 2.º, do CDC é norma interessante, pois, em pleno Código de Defesa do Consumidor, assegura a continuidade do contrato, apenas se os esforços de integração não forem excessivamente onerosos a qualquer das partes dos contratos, enquanto em outras passagens do art. 51 protege apenas os consumidores da vantagem excessiva por cláusulas impostas pelos fornecedores.

A jurisprudência acolheu a expressão contratos cativos de longa duração, e em caso de planos de saúde beneficiando grupo de empregados, havendo necessidade de migração de planos, inclusive para os aposentados, para manter a benesse para todos e o bom fim desse contrato coletivo, ponderou a função social do contrato de plano de saúde, sustentando:

> 5. Nos contratos cativos de longa duração, também chamados de relacionais, baseados na confiança, o rigorismo e a perenidade do vínculo existente entre as partes pode sofrer, excepcionalmente, algumas flexibilizações, a fim de evitar a ruína do sistema e da empresa, devendo ser respeitados, em qualquer caso, a boa-fé, que é bilateral, e os deveres de lealdade, de solidariedade (interna e externa) e de cooperação recíprocos. 6. Não há ilegalidade na migração de inativo de plano de saúde se a recomposição da base de usuários (trabalhadores ativos, aposentados e demitidos sem justa causa) em um modelo único, na modalidade pré-pagamento por faixas etárias, foi medida necessária para se evitar a inexequibilidade do modelo antigo, ante os prejuízos crescentes, solucionando o problema do desequilíbrio contratual, observadas as mesmas condições de cobertura assistencial. Vedação da onerosidade excessiva tanto para o consumidor quanto para o fornecedor (art. 51, § 2.º, do CDC). Função social do contrato e solidariedade intergeracional, trazendo o dever de todos para a viabilização do próprio contrato de assistência médica. 7. Não há como preservar indefinidamente a sistemática contratual original se verificada a exceção da ruína, sobretudo se comprovadas a ausência de má-fé, a razoabilidade das adaptações e a inexistência de vantagem exagerada de uma

---

dos correntistas, deixando-os em situação vexatória, causadora de padecimento moral indenizável. 5. Recurso especial provido" (REsp 1277762/SP, Rel. Min. Sidnei Beneti, 3.ª Turma, j. 04.06.2013, *DJe* 13.08.2013).

das partes em detrimento da outra, sendo premente a alteração do modelo de custeio do plano de saúde para manter o equilíbrio econômico-contratual e a sua continuidade, garantidas as mesmas condições de cobertura assistencial, nos termos dos arts. 30 e 31 da Lei n.º 9.656/1998 (REsp 1479420/SP, Rel. Min. Ricardo Villas Bôas Cueva, 3.ª Turma, j. 1.º.09.2015, *DJe* 11.09.2015).

A função social do contrato é muito utilizada para manter os contratos essenciais para os consumidores, como os referentes a direitos sociais e à saúde. Em caso envolvendo idosos, o e. STJ considerou importante a manutenção e a renovação de contratos de seguros de vida:

> A jurisprudência desta Corte já se posicionou no sentido de que "a rescisão imotivada do contrato, em especial quando efetivada por meio de conduta desleal e abusiva – violadora dos princípios da boa-fé objetiva, da função social do contrato e da responsabilidade pós-contratual – confere à parte prejudicada o direito à indenização por danos materiais e morais".[48]

---

[48] A ementa é: "Agravo regimental no agravo em recurso especial. Seguro de vida. Idosos. Rescisão unilateral imotivada após anos de renovação. Danos morais. Cabimento. Juros de mora. Termo inicial. Precedentes. 1. A jurisprudência desta Corte já se posicionou no sentido de que 'a rescisão imotivada do contrato, em especial quando efetivada por meio de conduta desleal e abusiva – violadora dos princípios da boa-fé objetiva, da função social do contrato e da responsabilidade pós-contratual – confere à parte prejudicada o direito à indenização por danos materiais e morais' (REsp 1255315/SP, Rel. Min. Nancy Andrighi). 2. A egrégia Segunda Seção firmou o entendimento de que, 'no caso de dano moral puro, a quantificação do valor da indenização, objeto da condenação judicial, só se dará após o pronunciamento judicial, em nada altera a existência da mora do devedor, configurada desde o evento danoso. A adoção de orientação diversa, ademais, ou seja, de que o início da fluência dos juros moratórios se iniciasse a partir do trânsito em julgado, incentivaria o recorrismo por parte do devedor e tornaria o lesado, cujo dano sofrido já tinha o devedor obrigação de reparar desde a data do ato ilícito, obrigado a suportar delongas decorrentes do andamento do processo e, mesmo de eventuais manobras processuais protelatórias, no sentido de adiar a incidência de juros moratórios' (REsp 1.132.866/SP, Rel. p/ Acórdão Min. Sidnei Beneti). 3. Agravo regimental não provido" (AgRg no AREsp 193.379/RS, Rel. Min. Ricardo Bôas Cueva, 3.ª Turma, j. 02.05.2013, *DJe* 09.05.2013).

E, em caso de revisão de cláusulas contratuais, assentou o voto do e. Min. Raul Araújo:

> No que atine à possibilidade de revisão das cláusulas contratuais, a jurisprudência do STJ pacificou-se no sentido de que, sendo aplicável o Código de Defesa do Consumidor, é permitida a revisão das cláusulas contratuais pactuadas, tendo em conta que o princípio do *pacta sunt servanda* vem sofrendo mitigações, mormente ante os princípios da boa-fé objetiva, da função social dos contratos e do dirigismo contratual.[49]

Assim, interessante caso de contrato coletivo de plano de saúde que beneficiava apenas a família do sócio, em verdadeiro "falso-coletivo", mas foi mantido, proibindo-se a rescisão unilateral do contrato por ofensa, entre outros, ao princípio da função social do contrato.[50] Também em contrato de

---

[49] A ementa é: "Agravo regimental no agravo em recurso especial. Revisão contratual. Possibilidade. Violação do ato jurídico perfeito. Matéria constitucional. Princípio do pacta sunt servanda. Mitigação. Tabela Price. Legalidade. Agravo regimental não provido. 1. A matéria do art. 6.º, *caput* e § 1.º, da LICC, possui índole constitucional, motivo pelo qual é vedada sua análise em sede de recurso especial. Precedentes. 2. É permitida a revisão das cláusulas contratuais pactuadas, diante do fato de que o princípio do *pacta sunt servanda* vem sofrendo mitigações, mormente ante os princípios da boa-fé objetiva, da função social dos contratos e do dirigismo contratual. 3. Já tendo sido reconhecida pelo Tribunal de origem a legalidade da utilização do sistema *Price*, não há que se falar em interesse de agir quanto a este ponto. 4. Agravo regimental a que se nega provimento" (AgRg no AREsp 649.895/MS, Rel. Min. Raul Araújo, 4.ª Turma, j. 05.05.2015, *DJe* 25.05.2015). Veja também nesse sentido o AgRg no AREsp 433.536/RS, Rel. Min. Raul Araújo, 4.ª Turma, j. 28.04.2015, *DJe* 18.05.2015.

[50] A ementa é: "Agravo interno no recurso especial. Plano de saúde. Contrato coletivo que beneficia apenas família do sócio. Código de Defesa do Consumidor. Aplicabilidade. Beneficiários acometidos de doenças graves. Rescisão unilateral do contrato. Impossibilidade. Quebra da boa-fé objetiva, ofensa à função social do contrato e ao princípio da razoabilidade. Agravo não provido. 1. O STJ excepcionalmente admite a incidência do CDC nos contratos celebrados entre pessoas jurídicas, quando evidente que uma delas, embora não seja tecnicamente a destinatária final do produto ou serviço, apresenta-se em situação de vulnerabilidade em relação à outra. 2. No caso dos autos, embora se trate de contrato firmado por pessoa jurídica, o contrato coletivo de plano de saúde possui como beneficiários apenas três pessoas, familiares do sócio, estando demonstrada sua hipossuficiência, que justifica seu enquadramento na figura de consumidor. 3.

seguro de vida, renovado por muitos anos, a função social do contrato leva à renovação deste e impede a eficácia da cláusula de não renovação:

> [...] desatende a função social do contrato de seguro, que, por anos e anos é renovado, a boa-fé objetiva e o dever de cooperação, a estipulação, especialmente em contrato de adesão, de cláusula que permita à seguradora, em qualquer hipótese, proceder à não renovação imotivada do seguro, reiteradamente renovado, omitindo-se, ainda, em estabelecer alternativas legítimas em casos especiais como o presente.[51]

Contudo, se a renovação ocorresse em pequeno período de menos de cinco anos, tal cláusula não seria abusiva, apesar do imposto previsto no art. 54, § 4.º, do CDC.[52]

Outro tema muito tratado é a "teoria do adimplemento substancial, que visa a impedir o uso desequilibrado do direito de resolução por parte

---

A ausência de impugnação dos fundamentos do aresto recorrido enseja o não conhecimento do recurso, incidindo, por analogia, o enunciado das Súmulas 283 e 284 do Supremo Tribunal Federal. 4. 'É inadmissível recurso especial, quando o acórdão recorrido assenta em fundamentos constitucional e infraconstitucional, qualquer deles suficiente, por si só, para mantê-lo, e a parte vencida não manifesta recurso extraordinário' (Súmula 126/STJ). 5. Agravo interno não provido" (AgRg no REsp 1541849/DF, Rel. Min. Raul Araújo, 4.ª Turma, j. 15.10.2015, DJe 09.11.2015).

[51] A ementa é: "Agravo regimental no recurso especial. Seguro de vida em grupo. Denúncia imotivada do contrato renovado por mais de trinta anos. Pedido indenizatório. Prescrição trienal. Ilicitude e dano moral. Diretriz da eticidade. Ilicitude verificada na espécie ante as nuanças do caso concreto. Agravo regimental desprovido" (AgRg no REsp 1422191/SP, Rel. Min. Paulo de Tarso Sanseverino, 3.ª Turma, j. 06.08.2015, DJe 24.08.2015). Veja também caso de 20 anos de renovação, no AgRg no REsp 1230665/SP, Rel. Min. Paulo de Tarso Sanseverino, 3.ª Turma, j. 05.03.2013, DJe 03.04.2013.

[52] Assim a ementa do REsp 1294093/RJ, Rel. Min. Nancy Andrighi, 3.ª Turma, j. 08.04.2014, DJe 24.04.2014: "na hipótese, a peculiaridade é a de que o contrato de seguro de vida celebrado entre as partes só foi renovado automaticamente por 5 (cinco) vezes, não podendo ser aplicados os precedentes desta Corte, os quais tratam de relações muito mais duradouras – 20, 30 anos – em que se estabeleceu um vínculo de dependência e confiança do segurado em relação seguradora, ficando aquele em situação de desvantagem excessiva em relação a essa, além de se encontrar totalmente desamparado após longos anos de mútua colaboração".

do credor, em prol da preservação da avença, com vistas à realização dos princípios da boa-fé e da função social do contrato",[53] como afirma a jurisprudência. O assunto é versado no Enunciado 361 da IV Jornada de Direito Civil, que menciona: "O adimplemento substancial decorre dos princípios gerais contratuais, de modo a fazer preponderar a função social do contrato e o princípio da boa-fé objetiva, balizando a aplicação do art. 475".

Em caso de alienação fiduciária em 2015, o e. STJ reafirma utilizar a teoria, mas, apesar de o consumidor ter falhado o pagamento apenas de uma parcela, não a utilizou para assegurar danos morais pelo uso da busca e apreensão, considerando exercício regular de direito. O voto vencido, porém, do e. Min. Moura Ribeiro sustenta:

> O credor fiduciário deve pagar indenização por danos morais na hipótese em que foi ajuizada busca e apreensão do veículo baseada em premissa falsa de que não houve o pagamento de várias parcelas do contrato de financiamento, quando na verdade houve a falta de pagamento de apenas uma parcela e o pagamento de todas as outras, que foram recebidas pelo credor. Isso porque se aplica a Teoria do Adimplemento Substancial, que permite a relativização dos efeitos dos contratos quando a resolução do pacto não atender aos princípios da boa-fé objetiva e função social do contrato. Além disso, o banco poderia ter se valido de simples cobrança ou execução da nota promissória representativa da parcela não paga para reaver seu crédito.[54]

---

[53] Assim ementa do REsp 877.965/SP, Rel. Min. Luis Felipe Salomão, 4.ª T., j. 22.11.2011, DJe 1.º.02.2012.

[54] A ementa do REsp 1255179/RJ, Rel. Min. Ricardo Villas Bôas Cueva, 3.ª Turma, j. 25.08.2015, DJe 18.11.2015, é contra a ação de perdas e danos, concluindo pelo exercício regular de direito: "4. A teor do que expressamente dispõem os arts. 2.º e 3.º do Decreto-lei n.º 911/1969, é assegurado ao credor fiduciário, em virtude da comprovação da mora ou do inadimplemento das obrigações assumidas pelo devedor fiduciante, pretender, em juízo, a busca e apreensão do bem alienado fiduciariamente. O ajuizamento de ação de busca e apreensão, nesse cenário, constitui exercício regular de direito do credor, o que afasta sua responsabilidade pela reparação de danos morais resultantes do constrangimento alegadamente suportado pelo devedor quando do cumprimento da medida ali liminarmente deferida. 5. O fato de ter sido ajuizada a ação de busca e apreensão pelo inadimplemento de apenas 1 (uma) das 24 (vinte e quatro) parcelas avençadas pelos contratantes não é capaz de, por si só, tornar ilícita a conduta do credor fiduciário, pois não há na legislação de regência nenhuma restrição à utilização da

Outro tema importante é a conexão entre contratos de consumo, principais e acessórios (como o de crédito), que fica clara com o exame da função social desses contratos. O e. STJ no REsp 1127403/SP discutiu o tema e no voto vencido do e. Min. Luis Felipe Salomão afirmou:

> Há responsabilidade solidária de instituição financeira pelo descumprimento, por parte do vendedor, de contrato de compra e venda na hipótese em que participa no financiamento da compra, atuando em parceria com o fornecedor da mercadoria no intuito de fomentar a atividade principal de venda. Isso porque os contratos de compra e venda e financiamento estão coligados, existindo um elo direto nas obrigações pactuadas. A responsabilidade do financiador independe da prática direta do ato que lesou o interesse do consumidor, devendo ser mitigado o princípio da relatividade contratual e preservados o da transparência, da boa-fé, da equidade e da função social dos contratos. Além disso, a solidariedade para a reparação do dano vem do fato de o agente financeiro ter se inserido na cadeia de fornecimento, devendo responder com os demais fornecedores nos termos dos artigos 7.º, parágrafo único, 25, § 1.º, 28, § 3.º, e 34 do CDC.[55]

---

referida medida judicial em hipóteses de inadimplemento meramente parcial da obrigação. 6. Segundo a teoria do adimplemento substancial, que atualmente tem sua aplicação admitida doutrinária e jurisprudencialmente, não se deve acolher a pretensão do credor de extinguir o negócio em razão de inadimplemento que se refira a parcela de menos importância do conjunto de obrigações assumidas e já adimplidas pelo devedor. 7. A aplicação do referido instituto, porém, não tem o condão de fazer desaparecer a dívida não paga, pelo que permanece possibilitado o credor fiduciário de perseguir seu crédito remanescente (ainda que considerado de menor importância quando comparado à totalidade da obrigação contratual pelo devedor assumida) pelos meios em direito admitidos, dentre os quais se encontra a própria ação de busca e apreensão de que trata o Decreto-lei n.º 911/1969, que não se confunde com a ação de rescisão contratual – esta, sim, potencialmente indevida em virtude do adimplemento substancial da obrigação. 8. Recurso especial provido para, restabelecendo a sentença de primeiro grau, julgar improcedente o pedido indenizatório autoral". Veja também outro caso em que o STJ nega a utilização da teoria em alienação fiduciária em 48 parcelas, pois atrasou as quatro últimas, REsp 1622555/MG, Rel. Min. Marco Buzzi, Rel. p/ Acórdão Min. Marco Aurélio Bellizze, 2.ª Seção, j. 22.02.2017, DJe 16.03.2017.

[55] A ementa do voto vencedor estabeleceu o fim do financiamento, mas não a responsabilidade solidária do banco, afirmando: "3. Em que pese a alegação da casa bancária de que teria formulado contrato de crédito direto ao consumidor,

tal assertiva não se depreende do acervo fático delineado pelas instâncias ordinárias, denotando-se a existência de contrato coligado (compra e venda de cozinhas com pagamento parcelado na relação consumidor-lojista) amparado em cessão de crédito operada entre o banco e o fornecedor dos bens em virtude de financiamento, por meio da qual passou a casa bancária a figurar como efetiva credora dos valores remanescentes a serem pagos pelos consumidores (prestações). 3.1 O contrato coligado não constitui um único negócio jurídico com diversos instrumentos, mas sim uma pluralidade de negócios jurídicos, ainda que celebrados em um único documento, pois é a substância do negócio jurídico que lhe dá amparo, não a forma. 3.2 Em razão da força da conexão contratual e dos preceitos consumeristas incidentes na espécie – tanto na relação jurídica firmada com o fornecedor das cozinhas quanto no vínculo mantido com a casa bancária –, o vício determinante do desfazimento da compra e venda atinge igualmente o financiamento, por se tratar de relações jurídicas trianguladas, cada uma estipulada com o fim precípuo de garantir a relação jurídica antecedente da qual é inteiramente dependente, motivo pelo qual possível a arguição da exceção de contrato não cumprido, uma vez que a posição jurídica ativa conferida ao consumidor de um produto financiado/parcelado relativamente à oponibilidade do inadimplemento do lojista perante o agente financiador constitui efeito não de um ou outro negócio isoladamente considerado, mas da vinculação jurídica entre a compra e venda e o mútuo/parcelamento. 3.3 Entretanto, a ineficácia superveniente de um dos negócios não tem o condão de unificar os efeitos da responsabilização civil, porquanto, ainda que interdependentes entre si, parcial ou totalmente, os ajustes coligados constituem negócios jurídicos com características próprias, a ensejar interpretação e análise singular, sem, contudo, deixar à margem o vínculo unitário dos limites da coligação. 3.4 Assim, a interpretação contratual constitui premissa necessária para o reconhecimento da existência e para a determinação da intensidade da coligação contratual, o que no caso concreto se dá mediante a verificação do *animus* da casa bancária na construção da coligação e o proveito econômico por ela obtido, pois, não obstante o nexo funcional característico da coligação contratual, cada um dos negócios jurídicos entabulados produz efeitos que lhe são típicos nos estritos limites dos intentos dos participantes. 3.5 Inviável responsabilizar solidariamente a financeira pelos valores despendidos pelos consumidores, uma vez que, ao manter o contrato coligado, não se comprometeu a fornecer garantia irrestrita para a transação, mas sim balizada pelos benefícios dela advindos, ou seja, no caso, nos termos da cessão de crédito operada, que não abarca os valores pagos à título de entrada diretamente ao lojista. 3.6 A circunstância de o contrato de financiamento sucumbir diante do inadimplemento do lojista não transforma a casa bancária em garante universal de todos os valores despendidos pelos autores, principalmente porque a repetição do indébito limita-se àquilo que efetivamente foi desembolsado – seja dos consumidores para com a financeira, seja desta para com a lojista. A responsabilidade do banco fica limitada, portanto, à devolução das quantias que percebeu, pois a solidariedade não se presume, decorre da lei ou da vontade das partes. 4. Recurso especial conhecido

2. CLÁUSULAS PENAIS E DE RETENÇÃO, REVISÃO E FRUSTRAÇÃO DO FIM DO CONTRATO COM VULNERÁVEIS

Por vezes, na jurisprudência do e. STJ, o princípio da função social do contrato, mesmo em contratos de crédito ao consumidor, é insuficiente para permitir a revisão dos contratos, exigindo-se fato novo e imprevisível que altere a base (econômica) do contrato. Em caso envolvendo o financiamento habitacional (da casa própria), a ação revisional foi negada, mesmo tratando-se de caso de diminuição de renda ou de possível endividamento do consumidor.[56] Com função semelhante a uma cláusula de retenção, estabeleceu-se que não seria cabível a devolução ao arrendatário do valor residual garantido pago antecipadamente quando, em razão de ação de reintegração de posse ajuizada pelo arrendante por inadimplemento ao contrato de arrendamento mercantil, há a retomada da posse direta do bem objeto de *leasing*.[57] O voto vencido do e. Min. Massami Ueda argumentava que "extingue-se a possibilidade de o arrendatário adquirir o bem, devendo-se reconhecer, pois, o direito à devolução do valor residual antecipado em observância ao princípio da vedação ao enriquecimento ilícito...".

---

em parte e, na extensão, parcialmente provido, para afastar a responsabilidade solidária da casa bancária pela repetição integral dos valores despendidos pelos consumidores, abarcando aquele pago a título de entrada no negócio de compra das cozinhas planejadas, remanescendo a responsabilidade do banco na devolução atualizada dos valores recebidos por meio dos boletos bancários, em razão da cessão do crédito restante (crédito cedido pela lojista não abrangendo o valor recebido por esta última a título de entrada no negócio), pois as vicissitudes de um contrato repercutiram no outro, condicionando-lhe a validade e a eficácia" (REsp 1127403/SP, Rel. Min. Luis Felipe Salomão, Rel. p/ Acórdão Min. Marco Buzzi, 4.ª Turma, j. 04.02.2014, DJe 15.08.2014).

[56] A ementa ensina: "2. A teoria da imprevisão – corolário dos princípios da boa-fé e da função social do contrato –, a qual autoriza a revisão das obrigações contratuais, apenas se configura quando há onerosidade excessiva decorrente da superveniência de um evento imprevisível, alterador da base econômica objetiva do contrato, hipótese inocorrente no caso. 3. A teoria da base objetiva difere da teoria da imprevisão por prescindir da previsibilidade, no entanto ambas as teorias demandam fato novo superveniente que seja extraordinário e afete diretamente a base objetiva do contrato, circunstâncias não verificadas nesta demanda" (AgInt no REsp 1514093/CE, Rel. Min. Marco Buzzi, 4.ª Turma, j. 25.10.2016, DJe 07.11.2016).

[57] REsp 1099212/RJ, Rel. Min. Massami Uyeda, Rel. p/ Acórdão Min. Ricardo Villas Bôas Cueva, 2.ª Seção, j. 27.02.2013, DJe 04.04.2013.

Quanto à aplicação no tempo do CDC e do CC/2002, observa-se uma grande diferença. A multa contratual no CDC de 1990 foi somente reduzida ao percentual de 2% pela vigência da Lei 9.298/1996, e assim o e. STJ impunha tal limite intertemporal, aplicando a multa de 2% só a partir da vigência da nova norma, em 1996. Tratando-se do CC/2002, o art. 2.035 traz outra lógica, mais protetiva, em face do princípio da função social dos contratos:

> Interpretação conjunta dos enunciados normativos do art. 924 do CC/16 e do art. 413 do CC/2002 à luz da regra de transição do art. 2.035 e seu parágrafo único do CC/2002, recomendando a concreção do princípio da função social do contrato mesmo para pactos celebrados na vigência da anterior codificação civil.[58]

Note-se que em matéria de contratos de serviços educacionais, regulados por leis especiais (Lei 9.870/1999), pelo CDC e pelo CC/2002 em diálogo, a função social desses contratos pode impor a revisão de seus termos, principalmente quando a vantagem for excessiva.[59] Veja-se que, em certos casos de crédito educativo, o e. STJ utilizou os arts. 421 e 422 do CC/2002 como instrumento para a proteção do estudante, vulnerável, apesar de não o considerar consumidor e aplicar o CDC diretamente, reduzindo a multa para 2%. A ementa do caso ensina:

> O Contrato de Crédito Educativo, dada a elevada finalidade nitidamente social da sua instituição, não deve ser interpretado sem levar-se em conta a sua especificidade, como se fosse uma relação financeira comum, por isso que a sua compreensão assimila as regras que servem de padrão ao sistema de proteção ao equilíbrio das relações de crédito, em proveito da preservação de sua teleologia. 4. Embora a jurisprudência desta Corte Superior seja no sentido da não aplicação do CDC aos Contratos de Crédito Educativo, não se deve olvidar a ideologia do Código Consumerista consubstanciada no equilíbrio da relação contratual, partindo-se da premissa da maior vulnerabilidade de uma das partes. O CDC, mesmo não regendo diretamente a espécie sob exame, projeta luz na sua compreensão.

---

[58] Ementa do REsp 887.946/MT, Rel. Min. Paulo de Tarso Sanseverino, 3.ª Turma, j. 10.05.2011, *DJe* 18.05.2011.

[59] Veja sobre a aplicação do art. 52, § 2.º, do CDC e redução da multa para 2%, o REsp 476.649, Rel. Min. Nancy Andrighi, j. 20.11.2003, *DJU* 25.02.2004.

Neste caso, o CDC foi referido apenas como ilustração da orientação jurídica moderna, que valoriza o equilíbrio entre as partes da relação contratual, porquanto essa diretriz está posta hoje em dia no próprio Código Civil. 5. Vale dar destaque às normas insertas nos arts. 421 e 422 do CC, as quais tratam, respectivamente, da função social do contrato e da boa-fé objetiva. A função social apresenta-se hodiernamente como um dos pilares da teoria contratual. É um princípio determinante e fundamental que, tendo origem na valoração da dignidade humana (art. 1.º da CF), deve determinar a ordem econômica e jurídica, permitindo uma visão mais humanista dos contratos que deixou de ser apenas um meio para obtenção de lucro. 6. Da mesma forma, a conduta das partes contratantes deve ser fundada na boa-fé objetiva, que, independentemente do subjetivismo do agente, as partes contratuais devem agir conforme o modelo de conduta social, geralmente aceito (consenso social), sempre respeitando a confiança e o interesse do outro contratante. 7. Tratando-se no caso dos autos de Contrato de Crédito Educativo e levando-se em conta a elevada finalidade social da sua instituição, mostra-se desarrazoada uma multa contratual no valor de 10%.[60]

---

[60] Ementa do AgRg no REsp 1270314/RS, Rel. Min. Napoleão Nunes Maia Filho, 1.ª Turma, j. 25.02.2014, *DJe* 13.03.2014. Também no mesmo sentido: "A redução do percentual da multa contratual efetivada pela decisão reduzida teve por fundamento a elevada finalidade social do crédito educativo, bem como o CDC foi referido apenas como ilustração da orientação jurídica moderna, porquanto essa diretriz está posta hoje em dia, no próprio Código Civil, arts. 421 e 422" (AgRg no REsp 1183388/RS, Rel. Min. Napoleão Nunes Maia Filho, 1.ª Turma, j. 12.05.2015, *DJe* 21.05.2015). Em sentido contrário, AgRg no REsp 1335536/RS, Rel. Min. Napoleão Nunes Maia Filho, Rel. p/ Acórdão Min. Benedito Gonçalves, 1.ª Turma, j. 22.04.2014, *DJe* 13.05.2014, mas o voto vencido afirma: "É excessiva a multa de dez por cento no caso de inadimplemento em contrato de Crédito Educativo. Isso porque, dada a elevada finalidade social desse contrato, não deve ser interpretado como se fosse uma relação financeira comum. Assimila as regras de proteção e equilíbrio das relações de crédito, que vedam a uma das partes valer-se de sua posição dominante para obter ganho injusto ou excessivo, em detrimento da outra. Embora a jurisprudência do Superior Tribunal de Justiça seja no sentido de não aplicar o CDC aos contratos de Crédito Educativo, a ideologia do código consumerista, a qual parte da premissa da maior vulnerabilidade de uma das partes, auxilia a interpretação desses contratos. E o CDC limita o valor da multa por inadimplemento a dois por cento do valor da prestação".

Em matéria de previdência privada, o STJ considera que não sejam relações de consumo, mas que uma das partes é vulnerável, afirmando que:

> Há diferenças sensíveis e marcantes entre as entidades de previdência privada aberta e fechada. Embora ambas exerçam atividade econômica, apenas as abertas operam em regime de mercado, podem auferir lucro das contribuições vertidas pelos participantes (proveito econômico), não havendo também nenhuma imposição legal de participação de participantes e assistidos, seja no tocante à gestão dos planos de benefícios, seja ainda da própria entidade. Não há intuito exclusivamente protetivo-previdenciário. 3. Nesse passo, conforme disposto no art. 36 da Lei Complementar n. 109/2001, as entidades abertas de previdência complementar, equiparadas por lei às instituições financeiras, são constituídas unicamente sob a forma de sociedade anônima. Elas, salvo as instituídas antes da mencionada lei, têm, pois, necessariamente, finalidade lucrativa e são formadas por instituições financeiras e seguradoras, autorizadas e fiscalizadas pela Superintendência de Seguros Privados – Susep, vinculada ao Ministério da Fazenda, tendo por órgão regulador o Conselho Nacional de Seguros Privados – CNSP. 4. É nítido que as relações contratuais entre as entidades abertas de previdência complementar e participantes e assistidos de seus planos de benefícios – claramente vulneráveis – são relações de mercado, com existência de legítimo auferimento de proveito econômico por parte da administradora do plano de benefícios, caracterizando-se genuína relação de consumo. 5. No tocante às entidades fechadas, o artigo 34, I, da Lei Complementar n. 109/2001 deixa límpido que "apenas" administram os planos, havendo, conforme dispõe o art. 35 da Lei Complementar n. 109/2001, gestão compartilhada entre representantes dos participantes e assistidos e dos patrocinadores nos conselhos deliberativo (órgão máximo da estrutura organizacional) e fiscal (órgão de controle interno). Ademais, os valores alocados ao fundo comum obtido, na verdade, pertencem aos participantes e beneficiários do plano, existindo explícito mecanismo de solidariedade, de modo que todo excedente do fundo de pensão é aproveitado em favor de seus próprios integrantes.[61]

---

[61] Extrato da ementa do REsp 1536786/MG, Rel. Min. Luis Felipe Salomão, 2.ª Seção, j. 26.08.2015, *DJe* 20.10.2015.

Assim interpretou a Súmula 321 do STJ como aplicável apenas para as entidades de previdência aberta e mesmo assim considerou o foro do "civil--trabalhador-contratante" (agora não mais consumidor) como possível, desde que seja o foro onde "labora":

> À luz da legislação de regência do contrato previdenciário, é possível ao participante e/ou assistido de plano de benefícios patrocinado ajuizar ação em face da entidade de previdência privada no foro de domicílio da ré, no eventual foro de eleição ou mesmo no foro onde labora(ou) para a patrocinadora.[62]

A doutrina e jurisprudência majoritária não consideram os contratos advocatícios como relação de consumo, mas não há como negar tratar-se de contrato com pessoa vulnerável, o cliente, diante de um *expert* profissional, o advogado. Em interessante um caso de 2016, em que o e. STJ interveio em contrato de honorários, que resultava que 2/3 do valor obtido na demanda ficasse como honorários a serem pagos aos advogados.[63] No entanto, o voto

---

[62] Extrato da ementa do REsp 1536786/MG, Rel. Min. Luis Felipe Salomão, 2.ª Seção, j. 26.08.2015, *DJe* 20.10.2015.

[63] A ementa é: "Recurso especial. Embargos à execução de título extrajudicial. Omissão do acórdão recorrido. Inexistência. Contrato de honorários advocatícios cuja cobrança foi estipulada em percentual sobre o valor das causas. Possibilidade de redução no caso concreto. Recurso parcialmente provido. 1. Embora rejeitados os embargos de declaração, a matéria controvertida foi devidamente enfrentada pelo Colegiado de origem, que sobre ela emitiu pronunciamento de forma fundamentada, com enfoque suficiente a autorizar o conhecimento do recurso especial, não havendo que se falar em ofensa ao art. 535, II, do CPC. 2. Cuida-se de ação de execução por título extrajudicial consubstanciado em contrato de prestação de serviços advocatícios no qual as partes estipularam, a esse título, os percentuais de 10% 'sobre o valor do contrato objeto da ação ordinária de rescisão contratual', 20% 'sobre o valor pleiteado na execução' e 10% 'para defesa na ação de embargos de terceiro'. 3. Em princípio, porque decorrentes de avença estritamente particular, o advogado e o contratante estão livres para estabelecer o valor que considerarem adequado e justo como remuneração pelos serviços prestados, não havendo óbice legal à contratação dos honorários convencionais com base no valor do causa, até porque, em inúmeras situações, não existirá distinção entre o pedido e a condenação, ou seja, entre o montante que foi atribuído à pretensão inicial e o proveito econômico alcançado com o julgamento da demanda. Desse modo, o controle pelo Judiciário do *quantum* avençado ocorrerá apenas de forma excepcional, nas hipóteses em que se verificar algum vício de vontade ou forem inobservados os princípios da razoabilidade

vencido considerou que, não se tratando de contrato de consumo, a intervenção não ganhava base no princípio da função social, não havendo fato novo e imprevisível que levasse a essa possibilidade, afirmando que socialmente a manutenção do pactuado era mais útil que a sua mudança. Eis os argumentos do voto vencido do e. Min. Paulo de Tarso Sanseverino no REsp 1454777/MG:

> [...] a existência de limites à autonomia privada não enseja a possibilidade de sua relativização com base em critério de razoabilidade, quando ausentes elementos que levem à conclusão de que há nulidade do contrato ou necessidade de sua revisão. A teoria da imprevisão – corolário dos princípios da boa-fé e da função social do contrato –, que autoriza a revisão das obrigações previstas em contrato, apenas se configura quando há onerosidade excessiva decorrente da superveniência de um evento imprevisível, que gera a alteração da base econômica objetiva do contrato, o que não ocorreu no caso. Não se mostra possível, portanto, a redução do valor relativo a honorários advocatícios contratuais apenas pelo fato de o valor previsto contratualmente divergir do que se verifica na praxe, sem que esteja ausente qualquer outro elemento a denotar vício de consentimento ou a possibilidade de aplicação da teoria da imprevisão.

Quanto à cláusula de retenção, interessante o caso de 2015 sobre contratos de *time-sharing* com consumidores, em que houve uma ação civil pública, proposta pelo Ministério Público estadual, julgada de forma definitiva no sentido de declarar nula cláusula contratual, que permitia a retenção de 35% dos valores pagos na hipótese de resilição unilateral de contrato. Mais tarde

---

e da boa-fé contratual. 4. O caso em análise, todavia, é singular, na medida em que o conteúdo econômico atribuído à causa, após sofrer atualização monetária e incidência de juros, veio a superar, de maneira expressiva, o *quantum* da condenação, o que permitiria ao advogado obter a título de honorários contratuais mais de 2/3 (dois terços) do benefício patrimonial reconhecido em prol de seu cliente, gerando um indesejável desequilíbrio na relação, por produzir um resultado que se distancia da própria finalidade desse tipo de contratação. 5. Recurso especial parcialmente provido, para acolher em parte os embargos do devedor, determinando que na apuração do valor dos honorários advocatícios contratados seja observado o proveito econômico efetivamente obtido pelos contratantes, ora recorridos" (REsp 1454777/MG, Rel. Min. Paulo de Tarso Sanseverino, Rel. p/ Acórdão Min. Marco Aurélio Bellizze, 3.ª Turma, j. 17.11.2015, *DJe* 10.12.2015).

houve um TAC em que se fixou o percentual de 10% para a retenção. O e. STJ considerou que, no caso, a decisão inicial da nulidade deveria ser mantida, mas o TAC poderia regular os casos futuros e ponderou: "A contratação de percentual razoável para cobertura de eventuais despesas decorrentes da extinção anômala do contrato incentiva a manutenção das relações estabelecidas e o cumprimento do quanto acordado, concretizando assim a função social dos contratos".[64]

Outro tema importante é a frustração do fim do contrato, bem tratado em enunciado do CEJ. O Enunciado 166 da III Jornada de Direito Civil afirma: "A frustração do fim do contrato, como hipótese que não se confunde com a impossibilidade da prestação ou com a excessiva onerosidade, tem guarida no Direito brasileiro pela aplicação do art. 421 do Código Civil". Em caso jurisprudencial, para evitar a frustração do fim do contrato principal, houve pedido de contratação de negócio secundário, mas foi negado.[65] Nesse caso, em erudito voto vencido o e. Min. Paulo de Tarso Sanseverino afirma:

> Há obrigatoriedade da CEF celebrar contrato de arrendamento imobiliário especial com opção de compra previsto no artigo 38 da Lei 10.150/2000 quando preenchidos os requisitos legais. Isso porque tal dispositivo legal deve ser interpretado à luz do princípio da função social do contrato. O princípio da autonomia privada, que consubstancia a ideia de liberdade contratual, embora primordial no plano do Direito Privado, não é absoluto, sendo restringido por outros princípios, especialmente a função social do contrato e a boa-fé objetiva.

---

[64] Ementa do REsp 1548246/RJ, Rel. Min. Marco Aurélio Bellizze, 3.ª Turma, j. 1.º.12.2015, DJe 11.12.2015.

[65] A ementa do recurso repetitivo é: "Recurso especial. Ex-mutuário. Pretensão à celebração de contrato de arrendamento imobiliário especial. Art. 38 da lei 10.150/2000. Faculdade da instituição financeira. 1. Prescreve o art. 38 da Lei n.º 10.150/2000 que as instituições financeiras captadoras de depósitos à vista e que operem crédito imobiliário estão autorizadas, e não obrigadas, a promover contrato de Arrendamento Imobiliário Especial com Opção de Compra, dos imóveis que tenham arrematado, adjudicado ou recebido em dação em pagamento por força de financiamentos habitacionais por elas concedidos. 2. Julgamento afetado à Segunda Seção com base no procedimento estabelecido pela Lei n.º 11.672/2008 (Lei dos Recursos Repetitivos) e pela Resolução STJ n.º 8/2008. 3. Recurso especial a que se nega provimento" (REsp 1161522/AL, Rel. Min. Maria Isabel Gallotti, 2.ª Seção, j. 12.12.2012, DJe 21.11.2013).

Se função social do contrato tem de receber um conteúdo específico, diferente da boa-fé e da probidade, que seria o da proteção da confiança, a jurisprudência costuma utilizar juntos os dois princípios, como demonstra uma bela decisão sobre o direito à informação:

> O direito à informação, no Código de Defesa do Consumidor, é corolário das normas intervencionistas ligadas à função social e à boa-fé, em razão das quais a liberdade de contratar assume novel feição, impondo a necessidade de transparência em todas as fases da contratação: o momento pré-contratual, o de formação e o de execução do contrato e até mesmo o momento pós-contratual (REsp 1.188.442/RJ, Rel. Min. Luis Felipe Salomão, 4.ª T., j. 06.11.2012, DJe 05.02.2013).

Caberá, pois, à doutrina o esforço de individuação dos dois princípios.

B) FUNÇÃO SOCIAL ATUANDO NA DETERMINAÇÃO DO CONTEÚDO DA LIBERDADE DE CONTRATAR E SEUS IMPACTOS TRANSUBJETIVOS

O Enunciado 21 do CEJ reforça a ideia de que há uma eficácia externa do art. 421 do CC/2002, afirmando: "A função social do contrato, prevista no art. 421 do novo Código Civil, constitui cláusula geral a impor a revisão do princípio da relatividade dos efeitos do contrato em relação a terceiros, implicando a tutela externa do crédito". A visão do contrato impactando para lá das partes está bastante presente no Código Civil de 2002, a pensar na estipulação em favor de terceiros (arts. 436 a 438 do CC/2002, na promessa de fato de terceiro (arts. 439 a 440 do CC/2002), no contrato com pessoa a declarar (arts. 467 a 471 do CC/2002), na figura do aliciamento (art. 608 do CC/2002) e no Código de Defesa do Consumidor, a começar pela definição aberta de consumidor e fornecedor e impondo a solidariedade entre os agentes econômicos da cadeia de fornecimento,[66] praticamente extinguindo, nas relações de consumo, a figura do terceiro.[67]

---

[66] Assim destaca RODRIGUES JR., Otávio Luiz. A doutrina do terceiro cúmplice: autonomia da vontade, o princípio *res inter alios acta*, função social do contrato e a interferência alheia na execução dos negócios jurídicos. *Revista dos Tribunais*, v. 821, p. 80-98, mar. 2004.

[67] Assim defendi, MARQUES, Claudia Lima. *Contratos no Código de Defesa do Consumidor*. São Paulo: RT, 2016. p. 389 e ss.

No exame dos casos judiciais, encontramos essa eficácia externa. Em interessante caso de consórcio, decidido em 2017, o STJ reconheceu a eficácia externa do contrato de seguro conexo feito pela administradora em face do grupo familiar da consorciada falecida decidindo que:

> [...] à luz da cláusula geral da função social do contrato (artigo 421 do Código Civil), deve ser observada a dimensão social do consórcio, conciliando-se o bem comum pretendido (aquisição de bens ou serviços por todos os consorciados) e a dignidade humana de cada integrante do núcleo familiar atingido pela morte da consorciada, que teve suas obrigações financeiras (perante o grupo consorcial) absorvidas pela seguradora, consoante estipulação da própria administradora.

Nesse caso, em diálogo das fontes, além do CC/2002, a cláusula em contrário foi anulada com base no art. 51 do CDC e o princípio da boa-fé, reconhecendo a legitimidade dos herdeiros (processual e material) para receber a carta de crédito do consórcio.[68] Trata-se de exemplar caso em

---

[68] A ementa completa é: "Recurso especial. Contrato de participação em grupo de consórcio. Consorciado falecido antes do encerramento do grupo. Existência de seguro prestamista contratado pela administradora (estipulante). Preliminares de ilegitimidade passiva *ad causam* dos herdeiros e de impossibilidade jurídica do pedido. Rejeição. Dever de quitação das prestações faltantes quando do óbito. Liberação imediata da carta de crédito aos herdeiros. Cabimento. 1. Os herdeiros de consorciado falecido antes do encerramento do grupo consorcial detêm legitimidade para pleitear a liberação, pela administradora, do montante constante da carta de crédito, quando ocorrido o sinistro coberto por seguro prestamista. Isso porque, mediante a contratação da referida espécie de seguro de vida em grupo (adjeto ao consórcio imobiliário), a estipulante/administradora assegura a quitação do saldo devedor relativo à cota do consorciado falecido, o que representa proveito econômico não só ao grupo (cuja continuidade será preservada), mas também aos herdeiros do *de cujus*, que, em razão da cobertura do sinistro, passam a ter direito à liberação da carta de crédito. Em tal hipótese, o direito de crédito constitui direito próprio dos herdeiros e não direito hereditário, motivo pelo qual não há falar em legitimidade ativa *ad causam* do espólio. 2. A preliminar de impossibilidade jurídica do pedido deve ser afastada, ante a flagrante consonância da pretensão extraída da inicial com o conteúdo incontroverso das obrigações estipuladas no contrato de participação em consórcio. 3. A administradora/estipulante do seguro não comprovou, consoante assente na origem, que a consorciada/segurada, antes da contratação, tinha conhecimento de ser portadora de doença preexistente (causa exoneradora do dever de pagamento da indenização securitária), não logrando,

que se discutem o acesso ao contrato, a sua finalidade básica, em resumo, a expectativa legítima do grupo familiar de se beneficiar do consórcio da falecida consumidora.

Contratos referentes à casa própria revelam eminente função social. Nesse sentido destaque-se decisão mais antiga, de 2005, que revela direitos reflexos na proteção do consumidor, qual seja decisão do e. STJ afirmando a possibilidade de aplicação imediata do art. 1.488 do CC, que permite o fracionamento da hipoteca, em contrato interempresarial entre a construtora e o banco em que todas as unidades (mesmo as já pagas integralmente) foram dadas em garantia. Essa decisão usa como base, justamente, para permitir a

---

assim, demonstrar sua má-fé. Desse modo, revela-se inviável suplantar tal cognição no âmbito do julgamento de recurso especial, ante o óbice da Súmula 7/STJ. 4. Se, nos termos da norma regulamentar vigente à época da contratação (Circular Bacen 2.766/97), era possível o recebimento imediato do crédito pelo consorciado contemplado (por sorteio ou por lance) que procedesse à quitação antecipada do saldo devedor atinente a sua cota, não se revela razoável negar o mesmo direito aos herdeiros de consorciado falecido, vítimas de evento natural, involuntário e deveras traumatizante, ensejador da liquidação antecipada da dívida existente em relação ao grupo consorcial, cujo equilíbrio econômico-financeiro não correu o menor risco. 5. A mesma interpretação se extrai do disposto no artigo 34 da circular retrocitada, segundo a qual 'a diferença da indenização referente ao seguro de vida, se houver, após amortizado o saldo devedor do consorciado, será imediatamente entregue pela administradora ao beneficiário indicado pelo titular da cota ou, na sua falta, a seus sucessores'. 6. Outrossim, à luz da cláusula geral da função social do contrato (artigo 421 do Código Civil), deve ser observada a dimensão social do consórcio, conciliando-se o bem comum pretendido (aquisição de bens ou serviços por todos os consorciados) e a dignidade humana de cada integrante do núcleo familiar atingido pela morte da consorciada, que teve suas obrigações financeiras (perante o grupo consorcial) absorvidas pela seguradora, consoante estipulação da própria administradora. 7. Ainda que houvesse previsão contratual em sentido contrário, é certo que a incidência das normas consumeristas na relação instaurada entre consorciados e administradora (REsp 1.269.632/MG, Rel. Min. Nancy Andrighi, 3.ª Turma, j. 18.10.2011, DJe 03.11.2011) torna nulo de pleno direito o preceito incompatível com a boa-fé ou a equidade (inciso IV do artigo 51). 8. Consequentemente, os herdeiros da consorciada falecida tinham, sim, direito à liberação imediata da carta de crédito, em razão da impositiva quitação do saldo devedor pelo seguro prestamista, independentemente da efetiva contemplação ou do encerramento do grupo consorcial. 9. Cuidando-se de obrigação contratual, sem termo especificado, a mora da administradora ficou configurada desde a citação, conforme devidamente firmado nas instâncias ordinárias, afastada a alegação de que o inadimplemento somente teria ocorrido após o término do grupo (ocorrido em 2015, depois do ajuizamento da demanda). 10. Recurso especial não provido (REsp 1406200/AL, Rel. Min. Luis Felipe Salomão, 4.ª Turma, j. 17.11.2016, DJe 02.02.2017).

liberação da hipoteca das unidades, a noção de função social dos contratos de consumo (contratos principais) ao de financiamento interempresarial, que era a origem da referida garantia hipotecária, daí sua aplicação imediata aos contratos em curso (*ex vi* art. 2.035 do CC), de forma a proteger os "terceiros"-consumidores dos efeitos desse contrato conexo:

> O art. 1488 do CC/02, que regula a possibilidade de fracionamento de hipoteca, consubstancia uma das hipóteses de materialização do princípio da função social dos contratos, aplicando-se, portanto, imediatamente às relações jurídicas em curso, nos termos do art. 2.035 do CC/02.[69]

Caso semelhante encontra-se nas jurisprudências dos últimos cinco anos pesquisadas. Tratava-se de uma alienação fiduciária em garantia, instituída pela construtora após o pagamento integral pelo adquirente da unidade habitacional,[70] e, apesar de o tema conexo ("alcance da hipoteca constituída pela

---

[69] Ementa do REsp 691.738/SC, Rel. Min. Nancy Andrighi, j. 12.05.2005, *DJ* 26.09.2005, p. 372. O voto da e. Min. Fátima Nancy Andrighi (do original, p. 6) destaca: "O art. 1.488 do CC/2002 consubstancia um dos exemplos de materialização do princípio da função social dos contratos, que foi introduzido pelo novo Código. Com efeito, a ideia que está por trás dessa disposição é a de proteger terceiros que, de boa-fé, adquirem imóveis cuja construção – ou loteamento – fora anteriormente financiada por instituição financeira mediante garantia hipotecária. Inúmeros são os casos em que esses terceiros, apesar de terem, rigorosamente, pago todas as prestações para a aquisição de imóvel – pagamentos esses, muitas vezes, feitos às custas de enorme esforço financeiro –, são surpreendidos pela impossibilidade de transmissão da propriedade do bem em função da inadimplência da construtora perante o agente financeiro".

[70] Assim a ementa: "Recurso especial. Civil e processual civil (CPC/1973). Incorporação imobiliária. Alienação fiduciária em garantia. Unidade habitacional já quitada. Aplicação da Súmula 308/STJ. Matéria afetada ao rito dos recursos especiais repetitivos. Tema 573. Violação à boa-fé objetiva e à função social do contrato. Ineficácia da garantia perante o adquirente. 1. Controvérsia acerca da eficácia de uma alienação fiduciária em garantia instituída pela construtora após o pagamento integral pelo adquirente da unidade habitacional. 2. Existência de afetação ao rito dos recursos especiais repetitivos da controvérsia acerca do 'alcance da hipoteca constituída pela construtora em benefício do agente financeiro, como garantia do financiamento do empreendimento, precisamente se o gravame prevalece em relação aos adquirentes das unidades habitacionais' (Tema 573, *DJe* 04.09.2012). 3. Inviabilidade de se analisar a aplicação da Súmula 308/STJ aos casos de alienação fiduciária, enquanto pendente de julgamento o recurso especial repetitivo. 4. Particularidade do caso concreto, em que o gravame foi

construtora em benefício do agente financeiro, como garantia do financiamento do empreendimento, precisamente se o gravame prevalece em relação aos adquirentes das unidades habitacionais" – Tema 573, *DJe* 04.09.2012) estar afetado, decidiu o e. STJ a favor do consumidor fazendo uma distinção das peculiaridades do caso, reforçando a confiança do contrato de consumo e a eficácia transubjetiva (perante terceiro banco) ou externa da função social do contrato, afirmando a ineficácia do segundo contrato realizado após a quitação do imóvel e sem conhecimento do consumidor. Interessante notar que nesse caso também houve violação da boa-fé quando o banco não cooperou para substituir a garantia dada por outra, mas a sanção de ineficácia diante do consumidor do contrato "contra a função social" entre banco e construtora parece vir diretamente do art. 421 do CC/2002.

Interessante destacar aqui que, mesmo na doutrina, há controvérsia sobre qual seria a sanção oriunda do descumprimento do mandamento de função social, se seria a ineficácia o que distinguiria da função social da boa-fé ou a nulidade, que seria a sanção clássica da violação à ordem pública. O Enunciado 431 da V Jornada de Direito Civil prevê duas sanções possíveis, mencionando: "A violação do art. 421 conduz à invalidade ou à ineficácia do contrato ou de cláusulas contratuais". Interessante seria estudar se a sanção de ineficácia é utilizada na chamada por Flávio Tartuce de "eficácia externa", perante a sociedade ou terceiros, e a da invalidade, perante os contratantes, na chamada eficácia interna, pois ligada à vontade destes.

Destaque-se também a tendência jurisprudencial no sentido de reconhecer a função social do seguro (a Súmula 537 do STJ afirma: "Em ação de reparação de danos, a seguradora denunciada, se aceitar a denunciação ou contestar o pedido do autor, pode ser condenada, direta e solidariamente junto com o segurado, ao pagamento da indenização devida à vítima, nos limites contratados na apólice") e a necessidade de proteção do vulnerável nesse tipo

---

instituído após a quitação do imóvel e sem a ciência do adquirente. 5. Violação ao princípio da função social do contrato, aplicando-se a eficácia transubjetiva desse princípio. Doutrina sobre o tema. 6. Contrariedade ao princípio da boa-fé objetiva, especificamente quanto aos deveres de lealdade e cooperação, tendo em vista a recusa do banco em substituir a garantia, após tomar ciência de que a unidade habitacional se encontrava quitada. 7. Ineficácia do gravame em relação ao adquirente, autor da demanda. 8. Recurso especial desprovido (REsp 1478814/DF, Rel. Min. Paulo de Tarso Sanseverino, 3.ª Turma, j. 06.12.2016, *DJe* 15.12.2016).

de contrato (a Súmula 540 reconhece o privilégio de foro do segurado).[71] Realmente, o seguro tem uma clara dimensão social,[72] em especial nas suas novas modalidades mais ligadas ao direito à saúde.[73]

A evolução da jurisprudência culminou com a consolidação jurisprudencial de que esse contrato possui uma função social muito específica, toca diretamente a direitos fundamentais, daí ser sua elaboração limitada pela função, pela colisão de direitos fundamentais, o que leva a optar pelo direito à vida e à saúde e não aos interesses econômicos em jogo.[74] Como ensina o STJ:

> A exclusão de cobertura de determinado procedimento médico-hospitalar, quando essencial para garantir a saúde e, em algumas vezes, a vida do segurado, vulnera a finalidade básica do contrato. 4. A saúde é direito constitucionalmente assegurado, de relevância social e individual (REsp 183.719/SP, Rel. Min. Luis Felipe Salomão, 4.ª T., j. 18.09.2008, *DJe* 13.10.2008).

Assim também a Súmula 302 do STJ, que ensina: "É abusiva a cláusula contratual de plano de saúde que limita no tempo a internação hospitalar do segurado". Nas jurisprudências analisadas encontramos decisão nesse sentido, referente a tratamento em UTI de recém-nascida e o direito de acompanhamento da mãe para aleitamento, afirmando:

---

[71] Uma Súmula, apesar de processual, que não parece ser muito a favor do consumidor é a Súmula 529 do STJ, cujo texto é: "No seguro de responsabilidade civil facultativo, não cabe o ajuizamento de ação pelo terceiro prejudicado direta e exclusivamente em face da seguradora do apontado causador do dano".
[72] Veja as belas linhas neste sentido de Pasqualotto, *Contratos nominados*, p. 49 e ss.
[73] Assim inicia seu belo livro Gregori, 3. ed., p. 25 e ss.
[74] Veja, nessa linha, decisão do STJ no REsp 255.065/RS, Rel. Min. Carlos Alberto Menezes Direito, j. 05.04.2001, e, em matéria de seguro de vida, a decisão: "Seguro de vida [...] Ocorrência do risco contratado. Negativa de cobertura. Alegação de preexistência de moléstia. Ausência de prova da ciência do segurado. Boa-fé caracterizada. Supremacia do interesse social sobre o econômico no contrato. Ilicitude de cláusulas que atentam contra direitos absolutos. [...] Não pode o segurador subtrair-se ao pagamento da indenização nos seguros de vida, a pretexto da preexistência de moléstias, se o segurado não tinha ciência do mal que o acometia, tendo contratado de boa-fé. Nos contratos de seguro-saúde prevalece o interesse social sobre o econômico, e o segurador não pode negar a respectiva cobertura, após o recebimento dos valores contratuais, sob pena de atentar contra diretos absolutos dos segurados" (TJSC, 2.ª Câm. Civ., ApCiv 03019119-4, Rel. Des. Monteiro Rocha, j. 25.09.20003, *RDC* 54/310).

A jurisprudência do STJ consolidou-se no sentido de que, ainda que admitida a possibilidade de o contrato de plano de saúde conter cláusulas limitativas dos direitos do consumidor, revela-se abusiva a cláusula restritiva de direito que exclui o custeio dos meios e materiais necessários ao melhor desempenho do tratamento clínico ou do procedimento cirúrgico coberto ou de internação hospitalar.[75]

Por sua vez, a jurisprudência é clara em relação às informações não corretas, fornecidas pelo consumidor:

> A penalidade para o segurado que agir de má-fé, ao fazer declarações inexatas ou omitir circunstâncias que possam influir na aceitação da proposta pela seguradora ou na taxa do prêmio, é a perda do direito à garantia na ocorrência do sinistro (art. 766 do CC). E assim é porque o segurado e o segurador são obrigados a guardar, na conclusão e na execução do contrato, a mais estrita boa-fé e veracidade, tanto a respeito do objeto como das circunstâncias e declarações a ele concernentes (art. 765 do CC)... Retirar a penalidade de perda da garantia securitária nas fraudes tarifárias (inexatidão ou omissão dolosas em informação que possa influenciar na taxa do prêmio) serviria de estímulo à prática desse comportamento desleal pelo segurado, agravando, de modo sistêmico, ainda mais, o problema em seguros de automóveis, em prejuízo da mutualidade e do grupo de exposição que iria subsidiar esse risco individual por meio do fundo comum.[76]

Por fim, chama a atenção decisão usando a análise econômica do direito para definir o que seria a função econômico-"social" do contrato. Em caso do SFH, utilizando-se da lei processual e interpretando essa Lei 10.931/2004 (que é considerada aplicável ao caso), o e. STJ prioriza o cumprimento dos contratos (considerando a "função econômica" dos contratos), desconsiderando problemas de nulidade absoluta das cláusulas (pois o pedido era genérico) e qualquer função do contrato para a parte mais vulnerável. A ementa afirma:

---

[75] Ementa no AgRg no AREsp 618.631/SP, Rel. Min. Luis Felipe Salomão, 4.ª Turma, j. 12.02.2015, DJe 20.02.2015.

[76] Ementa no REsp 1419731/PR, Rel. Min. Nancy Andrighi, Rel. p/ Acórdão Min. Ricardo Villas Bôas Cueva, 3.ª Turma, j. 07.08.2014, DJe 09.09.2014.

Recurso especial. Processual civil. Contratos de financiamento imobiliário. Sistema Financeiro de Habitação. Lei n. 10.931/2004. Inovação. Requisitos para petição inicial. Aplicação a todos os contratos de financiamento. 1. A análise econômica da função social do contrato, realizada a partir da doutrina da análise econômica do direito, permite reconhecer o papel institucional e social que o direito contratual pode oferecer ao mercado, qual seja a segurança e previsibilidade nas operações econômicas e sociais capazes de proteger as expectativas dos agentes econômicos, por meio de instituições mais sólidas, que reforcem, ao contrário de minar, a estrutura do mercado. 2. Todo contrato de financiamento imobiliário, ainda que pactuado nos moldes do Sistema Financeiro da Habitação, é negócio jurídico de cunho eminentemente patrimonial e, por isso, solo fértil para a aplicação da análise econômica do direito. 3. A Lei n. 10.931/2004, especialmente seu art. 50, inspirou-se na efetividade, celeridade e boa-fé perseguidos pelo processo civil moderno, cujo entendimento é de que todo litígio a ser composto, dentre eles os de cunho econômico, deve apresentar pedido objetivo e apontar precisa e claramente a espécie e o alcance do abuso contratual que fundamenta a ação de revisão do contrato. 4. As regras expressas no art. 50 e seus parágrafos têm a clara intenção de garantir o cumprimento dos contratos de financiamento de imóveis tal como pactuados, gerando segurança para os contratantes. O objetivo maior da norma é garantir que, quando a execução do contrato se tornar controvertida e necessária for a intervenção judicial, a discussão seja eficiente, porque somente o ponto conflitante será discutido e a discussão da controvérsia não impedirá a execução de tudo aquilo com o qual concordam as partes. 5. Aplicam-se aos contratos de financiamento imobiliário do Sistema de Financiamento Habitacional as disposições da Lei n. 10.931/2004, mormente as referentes aos requisitos da petição inicial da ação de revisão de cláusulas contratuais, constantes do art. 50 da Lei n. 10.931/2004. 6. Recurso especial provido (REsp 1163283/RS, Rel. Min. Luis Felipe Salomão, 4.ª Turma, j. 07.04.2015, *DJe* 04.05.2015).[77]

---

[77] O voto do e. Relator Min. Luis Felipe Salomão desnuda influência do autor gaúcho Luciano Timm, afirmando sobre a análise econômica do direito que: "Tal doutrina tem como pressuposto o aumento do grau de previsibilidade e eficiência das relações intersubjetivas, próprias do Direito, a partir da utilização de postulados econômicos para aplicação e interpretação de princípios e paradigmas

Sob essa linha de pensamento, a função social iguala-se à função econômica,[78] criticando qualquer função distributiva e solidária dos contratos na sociedade, nesse caso específico negando a aplicação do CDC ao SFH. Essa visão puramente econômica parece-me contrariar os mandamentos dos arts. 423 e 424 do CC/2002 e, com certeza, os do art. 47 do CDC de uma

---

jurídicos. Com efeito, a análise econômica do direito não pretende, por óbvio, esclarecem seus estudiosos, submeter as normas jurídicas à economia, mesmo porque o Direito não existe para atender exclusivamente aos anseios econômicos. Por outro lado, visa à aproximação das normas jurídicas à realidade econômica, por meio do conhecimento de institutos econômicos e do funcionamento dos mercados. A interação das duas ciências é o mote da Escola, não a exclusão de uma pela outra. A regulamentação jurídica, acreditam os defensores da escola econômica, pode influenciar empreendimentos econômicos e promover o desenvolvimento e a mudança social. Por outro lado, analisando a função social do contrato, prevista no art. 421 do Código Civil de 2002, normalmente estudada a partir da ideia de justiça social e de justiça distributiva inerentes ao Estado Social, Luciano Benetti Timm apresentou estudo sob a ótica da escola de análise econômica do direito acima referida (TIMM, Luciano Benetti. Direito, economia, e a função social do contrato: em busca dos verdadeiros interesses coletivos protegíveis no mercado do crédito. In: *Revista de Direito Bancário e do Mercado de Capitais*, v. 9, n. 33, p. 15-31, jul.-set. 2006). O autor aduz que a análise econômica da 'função social do contrato' permite reconhecer o papel institucional e social que o direito contratual pode oferecer ao mercado, qual seja a segurança e previsibilidade nas operações econômicas e sociais, capazes de proteger as expectativas dos agentes econômicos. Explica o professor que a análise econômica do direito permite medir, sob certo aspecto, as externalidades do contrato (impactos econômicos) positivas e negativas, orientando o intérprete para o caminho que gere menos prejuízo à coletividade, ou mais eficiência social. A coletividade deixa de ser encarada apenas como a parte fraca do contrato e passa a ser vista como a totalidade das pessoas que efetivamente ou potencialmente integram um determinado mercado de bens e serviços, como no caso do crédito. Dessa forma, a análise econômica do direito aposta no efetivo cumprimento dos contratos de financiamento de imóveis, por exemplo, como pressuposto para o sucesso do sistema como um todo. A satisfação de cada um dos pactos celebrados entre financiadores e financiados, individualmente considerados, é requisito para que o sistema evolua e garanta o beneficiamento de outros tantos sujeitos, de toda coletividade interessada".

[78] Veja também TIMM, Luciano. As origens do contrato no novo Código Civil: uma introdução à função social, ao welfarismo e ao solidarismo contratual. *Revista dos Tribunais*, v. 844, p. 85-95, fev. 2006. SZTAJN, Raquel. Propriedade e contrato: função social. *Revista de Direito Empresarial*, v. 9, p. 453-459, maio-jun. 2015, e da mesma autora, Propriedade, contrato, empresa e função social. *Revista de Direito Recuperacional e Empresa*, v. 1, jul.-set. 2016.

interpretação sempre a favor daquele que adere e não redige o contrato. Resulta dessa visão (análise econômica do direito) uma interpretação a favor dos mais fortes e do autor das condições gerais do contrato de adesão, como se observa na interpretação literal do contrato de adesão realizada em outro caso, de cobertura securitária de seguro de vida em grupo, em face da invalidez do consumidor, em que o e. STJ afirmou:

> Embora a cobertura IFPD (invalidez funcional) seja mais restritiva que a cobertura ILPD (invalidez profissional ou laboral), não há falar em sua abusividade ou ilegalidade, tampouco em ofensa aos princípios da boa-fé objetiva e da equidade, não se constatando também nenhuma vantagem exagerada da seguradora em detrimento do consumidor. De qualquer modo, a seguradora deve sempre esclarecer previamente o consumidor e o estipulante (seguro em grupo) sobre os produtos que oferece e existem no mercado, prestando informações claras a respeito do tipo de cobertura contratada e as suas consequências, de modo a não induzi-los em erro.[79]

Note-se que até a ementa ressalta o dever de informar e o direito de ser informado, mas não menciona tratar-se de contrato de adesão nem se preocupa em verificar no caso concreto se a esse seguro em grupo foi dada a referida informação qualificada para os leigos sobre a diferença entre "invalidez laborativa permanente por doença" e "invalidez funcional permanente total por doença".

Em decisão mais humanista, o e. STJ responsabilizou a empresa que fornece estacionamento em *shopping center* por roubo na cancela, tendo em vista a organização da cancela, que torna ainda mais vulnerável o motorista.[80]

---

[79] REsp 1449513/SP, Rel. Min. Ricardo Villas Bôas Cueva, 3.ª Turma, j. 05.03.2015, *DJe* 19.03.2015.

[80] A ementa ensina: "Responsabilidade civil. Recurso especial. Tentativa de roubo em cancela de estacionamento de *shopping center*. Obrigação de indenizar. 1. A empresa que fornece estacionamento aos veículos de seus clientes responde objetivamente pelos furtos, roubos e latrocínios ocorridos no seu interior, uma vez que, em troca dos benefícios financeiros indiretos decorrentes desse acréscimo de conforto aos consumidores, o estabelecimento assume o dever – implícito em qualquer relação contratual – de lealdade e segurança, como aplicação concreta do princípio da confiança. Inteligência da Súmula 130 do STJ. 2. Sob a ótica do Código de Defesa do Consumidor, não se vislumbra a possibilidade de se emprestar à referida Súmula uma interpretação restritiva, fechando-se os

O voto vencido se deteve no fato de que a pessoa conseguiu evitar o assalto, não merecendo dano moral, pois não teria "passado por constrangimentos, humilhações ou vexames", em interpretação bastante restritiva da Súmula 130 do STJ, e em utilização do texto do art. 42 do CDC, que é para cobrança indevida, e não para casos de responsabilidade civil por atos de terceiros.

Por fim, interessante destacar caso em que o princípio da função social tem reflexos processuais, permitindo o redirecionamento da execução do segurado para a seguradora, em eficácia externa às partes a beneficiar a vítima.[81] E também que entre as jurisprudências que usam a função social do

---

olhos à situação dos autos, em que configurada efetivamente a falha do serviço – quer pela ausência de provas quanto à segurança do estacionamento, quer pela ocorrência do evento na cancela do estacionamento, que se situa ainda dentro das instalações do *shopping*. 3. É que, no caso em julgamento, o Tribunal *a quo* asseverou a completa falta de provas tendentes a demonstrar a permanência na cena do segurança do *shopping*; a inviabilidade de se levar em conta prova formada unilateralmente pela ré – que, somente após intimada, apresentou os vídeos do evento, os quais ainda foram inúteis em virtude de defeito; bem como enfatizou ser o local em que se encontra a cancela para saída do estacionamento uma área de alto risco de roubos e furtos, cuja segurança sempre se mostrou insuficiente. 4. Outrossim, o leitor ótico situado na saída do estacionamento encontra-se ainda dentro da área do *shopping center*, sendo certo que tais cancelas – com controles eletrônicos que comprovam a entrada do veículo, o seu tempo de permanência e o pagamento do preço – são ali instaladas no exclusivo interesse da administradora do estacionamento com o escopo precípuo de evitar o inadimplemento pelo usuário do serviço. 5. É relevante notar que esse controle eletrônico exige que o consumidor pare o carro, insira o tíquete no leitor ótico e aguarde a subida da cancela, para que, só então, saia efetivamente da área de proteção, o que, por óbvio, o torna mais vulnerável à atuação de criminosos, exatamente o que ocorreu no caso em julgamento. 6. Recurso especial a que se nega provimento" (REsp 1269691/PB, Rel. Min. Maria Isabel Gallotti, Rel. p/ Acórdão Min. Luis Felipe Salomão, 4.ª Turma, j. 21.11.2013, DJe 05.03.2014).

[81] A ementa é: "Agravo regimental. Agravo em recurso especial. Civil e processual civil. Negativa de prestação jurisdicional. Não ocorrência. Possibilidade de redirecionamento da execução contra a seguradora. Frustração da execução contra o segurado. Óbice da Súmula 7/STJ. 1. Inocorrência de maltrato ao art. 535 do CPC quando o acórdão recorrido, ainda que de forma sucinta, aprecia com clareza as questões essenciais ao julgamento da lide, não estando magistrado obrigado a rebater, um a um, os argumentos deduzidos pelas partes. 2. A pretensão de simples reexame de prova não enseja recurso especial (Súmula 7/STJ). 3. Possibilidade de redirecionamento da execução contra a seguradora litisdenunciada. 4. Concreção do princípio da função social do contrato de seguro, ampliando o âmbito de eficácia da relação contratual. 5. Precedentes específicos da 3.ª e da 4.ª

Cap. 9 • FUNÇÃO SOCIAL DO CONTRATO: VISÃO EMPÍRICA DA NOVA TEORIA CONTRATUAL | 249

contrato estão várias de direito administrativo e securitário, aceitando sua aplicação em direito público,[82] na maioria dos casos.[83] Destaque-se caso sobre o DPVAT que interpreta a favor do consumidor-beneficiário as tabelas da época e posteriores, para afirmar que se inclui na cobertura o dano em face da "Consideração da natureza pública do seguro obrigatório e dos princípios da igualdade e da função social do contrato".[84]

Turma do STJ. 6. Agravo regimental desprovido" (AgRg no AREsp 155.244/SP, Rel. Min. Paulo de Tarso Sanseverino, 3.ª Turma, j. 07.02.2013, DJe 15.02.2013).

[82] Veja REsp 1379870/PR, Rel. Min. Mauro Campbell Marques, 2.ª Turma, j. 03.10.2013, DJe 16.12.2013; e REsp 1387990/PR, Rel. Min. Mauro Campbell Marques, 2.ª Turma, j. 17.09.2013, DJe 25.09.2013: "4. Acaso fosse entregue o bem para a instituição financeira, dar-se-ia a sua venda para abater a dívida do fiduciante que se livraria tanto da pena de perda quanto da dívida perante a instituição financeira, pois esta seria paga com o produto da alienação do bem, e o fiduciante infrator ainda ficaria com o saldo do produto da venda em flagrante confronto com os Princípios de Eticidade e Função Social dos Contratos (arts. 421 e 2.035, parágrafo único, do CC/2002), além de retirar a efetividade da legislação tributária".

[83] Veja não aceitando sua aplicação, em caso de contratação de funcionário público: "Por via de consequência, sequer seria possível falar na aplicação dos princípios insculpidos nos arts. 421 ('A liberdade de contratar será exercida em razão e nos limites da função social do contrato') e 422 ('Os contratantes são obrigados a guardar, assim na conclusão do contrato, como em sua execução, os princípios de probidade e boa-fé') do Código Civil de 2002, na medida em que regem relações contratuais privadas" (AgRg no AgRg no REsp 1366545/MT, Rel. Min. Assusete Magalhães, 2.ª Turma, j. 22.09.2015, DJe 02.10.2015).

[84] A ementa ensina: "Recurso especial. Seguro DPVAT. Acidente de trânsito. Retirada cirúrgica do baço (esplenectomia). Hipótese não prevista na tabela utilizada na época do acidente. Posterior previsão na tabela incluída na Lei 6.194/74. Direito à cobertura. 1. A retirada cirúrgica do baço em decorrência de acidente de trânsito, independentemente da data do sinistro, deve ser considerada hipótese de invalidez permanente parcial, estando abrangida pela cobertura do seguro DPVAT. 2. Ainda que a situação não constasse da tabela utilizada até 2009, elaborada pelo CNSP, há expressa menção na lista incluída na Lei 6.194/74 pela Medida Provisória 456/09, a qual deve ser utilizada como instrumento de integração daquela. 3. Caráter exemplificativo das tabelas do seguro DPVAT descritivas de situações configuradores de invalidez permanente. 4. Consideração da natureza pública do seguro obrigatório e dos princípios da igualdade e da função social do contrato. 5. Cobertura concedida proporcionalmente ao grau de invalidez (Súmula 474/STJ). 6. Recurso especial provido (REsp 1381214/SP, Rel. Min. Paulo de Tarso Sanseverino, 3.ª Turma, j. 20.08.2013, DJe 27.08.2013).

II. FUNÇÃO SOCIAL DO CONTRATO EM CONTRATOS ENTRE IGUAIS: A PROCURA DE TROCAS JUSTAS?

Interessante observar que as primeiras utilizações da função social do contrato aconteceram fora dos contratos de consumo. O grande mestre da USP, Antônio Junqueira de Azevedo, analisou caso de consórcio de petrolíferas para a construção de usinas termoelétricas, com base no art. 421 do CC/2001.[85]

Antônio Junqueira de Azevedo, examinando caso entre iguais, duas grandes empresas, reafirmou que a função social é de útil controle (ou limite) quando do desenrolar do contrato, velando pelo atingimento de seus fins, com certo equilíbrio, daí a importância desse princípio para a resolução e a revisão contratual, assim asseverou o saudoso mestre da USP:

> A previsão da função social do contrato (arts. 421 e 2.035, parágrafo único, do CC/2002), por sua vez, inclui também, evidentemente, a previsão da função social de suas cláusulas. A grande vantagem da explicitação legal da função social do contrato como limite à atividade privada não está tanto, a nosso ver, *no momento inicial* do contrato (a isso responde a teoria das nulidades), e, sim, no momento posterior, relativo ao desenvolvimento da atividade privada. Podemos dizer, em linguagem econômica, que a teoria das nulidades controla bem a liberdade de iniciativa, enquanto a função social o faz, quanto ao desenvolvimento dessa iniciativa. Sob esse aspecto, o caso presente é paradigmático: a cláusula não era nula, mas tornou-se resolúvel... O fim que não mais pode ser atingido faz com que o contrato perca sua função social, devendo torná-lo juridicamente ineficaz.[86]

---

[85] Veja AZEVEDO, Antônio Junqueira. Natureza jurídica do contrato de consórcio. Classificação dos atos jurídicos quanto ao número de partes e quanto aos efeitos. Os contratos relacionais. A boa-fé nos contratos relacionais. Contratos de duração. Alteração das circunstâncias e onerosidade excessiva. Sinalagma e resolução contratual. Resolução parcial do contrato. Função social do contrato. *Doutrinas Essenciais Obrigações e Contratos*, v. 6, p. 1187-1220, jun. 2011. O caso girava em torno da "validade e eficácia de cláusula contratual que as partes denominaram 'contribuição de contingência'".

[86] Assim AZEVEDO, Antônio Junqueira. Natureza jurídica do contrato de consórcio. Classificação dos atos jurídicos quanto ao número de partes e quanto aos efeitos. Os contratos relacionais. A boa-fé nos contratos relacionais. Contratos de duração. Alteração das circunstâncias e onerosidade excessiva. Sinalagma e

Vejamos os casos da jurisprudência.

A) EFICÁCIA INTERNA DA FUNÇÃO SOCIAL ENTRE IGUAIS

Segundo muitos autores,[87] a função social está disseminada em vários artigos do próprio Código Civil de 2002.[88] Assim é a norma do art. 478 do CC/2002. Em caso envolvendo cláusula de câmbio em contrato de financiamento externo, o e. STJ ensina:

> O princípio do *pacta sunt servanda* não constitui óbice à revisão contratual, mormente ante os princípios da boa-fé objetiva, da função social que os embala e do dirigismo que os norteia. Precedentes (AgRg no REsp 1363814/PR, Rel. Min. Moura Ribeiro, 3.ª Turma, j. 17.12.2015, *DJe* 03.02.2016).

Outro tema normalmente ligado à função social dos contratos é a cláusula penal (art. 413 do CC/2002), que serve para reforçar a vinculação das partes e de estimativa de danos, com o inadimplemento ou para a mora. Em caso entre duas pessoas jurídicas, decidido em 2017, o e. STJ ponderou que a redução da cláusula penal é mandamento de ordem pública, oriundo dos princípios da função social do contrato, da boa-fé e do equilíbrio do contrato.[89]

---

resolução contratual. Resolução parcial do contrato. Função social do contrato. *Doutrinas Essenciais Obrigações e Contratos*, v. 6, p. 1197, jun. 2011.

[87] Veja, por todos, TARTUCE, Flávio. *Direito civil*: teoria geral dos contratos e contratos em espécie. 12. ed. Rio de Janeiro: GEN/Forense, 2017. p. 72 e ss.

[88] Assim ARRUDA ALVIM, José Manoel Netto. A função social dos contratos no novo Código Civil. *Revista dos Tribunais*, v. 815, p. 29, set. 2003: "Fundamentalmente, o mais expressivo significado da função social do contrato é o de que ele se encontra permeado, através de outros textos próprios do Código Civil, dado que julgo que nós não podemos interpretar a função social do contrato que, na verdade, é um valor justificativo da existência do contrato, tal como a sociedade enxerga no contrato um instituto bom para a sociedade...".

[89] A ementa completa é: "Recurso especial. Civil. Ação de rescisão contratual. Restituição de valores. Cumprimento de sentença. Acordo judicial. Pagamento em prestações. Atraso. Cláusula penal. Inadimplemento de pequena monta. Pagamento parcial. Redução obrigatória. *Pacta sunt servanda*. Art. 413 do CC/02. Avaliação equitativa. Critérios. Peculiaridades. 1. Cinge-se a controvérsia a determinar se: a) é um dever ou uma faculdade a redução da cláusula penal pelo

Em caso de 2016, o STJ tinha de resolver pedido de resolução entre distribuidora de petróleo e posto de gasolina, que alegava má colocação das bombas que teria causado vazamentos e por isso teria deixado de pagar, assim como a distribuidora deixado de atender seus pedidos. Nesse caso, ensina o STJ a importância da manutenção do contrato "justo", citando o art. 476 do Código Civil:

> À luz dos princípios da função social do contrato e da boa-fé contratual, deve haver equilíbrio e igualdade entre as partes contratantes, assegurando-se trocas justas e proporcionais. Desse modo, à obrigação contratual do posto revendedor de adquirir quantidade mínima mensal de combustível deve corresponder simétrica obrigação da distribuidora de fornecer, a cada mês, no mínimo a mesma quantidade de produto.[90]

---

juiz, na hipótese de pagamento parcial, conforme previsão do art. 413 do CC/02; b) é possível e com qual critério deve ocorrer a redução do valor da multa na hipótese concreta. 2. O valor estabelecido a título de multa contratual representa, em essência, a um só tempo, a medida de coerção ao adimplemento do devedor e a estimativa preliminar dos prejuízos sofridos com o inadimplemento ou com a mora. 3. No atual Código Civil, o abrandamento do valor da cláusula penal em caso de adimplemento parcial é norma cogente e de ordem pública, consistindo em dever do juiz e direito do devedor a aplicação dos princípios da função social do contrato, da boa-fé objetiva e do equilíbrio econômico entre as prestações, os quais convivem harmonicamente com a autonomia da vontade e o princípio *pacta sunt servanda*. 4. A redução da cláusula penal é, no adimplemento parcial, realizada por avaliação equitativa do juiz, a qual relaciona-se à averiguação proporcional da utilidade ou vantagem que o pagamento, ainda que imperfeito, tenha oferecido ao credor, ao grau de culpa do devedor, a sua situação econômica e ao montante adimplido, além de outros parâmetros, que não implicam, todavia, necessariamente, uma correspondência exata e matemática entre o grau de inexecução e o de abrandamento da multa. 5. Considerando, assim, que não há necessidade de correspondência exata entre a redução e o quantitativo da mora, que a avença foi firmada entre pessoas jurídicas – não tendo, por esse motivo, ficado evidenciado qualquer desequilíbrio de forças entre as contratantes –, que houve pequeno atraso no pagamento de duas prestações e que o adimplemento foi realizado de boa-fé pela recorrente, considera-se, diante das peculiaridades da hipótese concreta, equitativo e proporcional que o valor da multa penal seja reduzido para 0,5% do valor de cada parcela em atraso. 6. Recurso especial provido" (REsp 1641131/SP, Rel. Min. Nancy Andrighi, 3.ª Turma, j. 16.02.2017, DJe 23.02.2017).

[90] REsp 1455296/PI, Rel. Min. Moura Ribeiro, Rel. p/ Acórdão Min. Nancy Andrighi, 3.ª Turma, j. 1.º.12.2016, *DJe* 15.12.2016.

Aqui a função social ajuda a estabelecer o sinalagma e o equilíbrio entre contratantes, mesmo no momento de crise e de futura resolução do vínculo.

Outro tema importante é a manutenção dos contratos. Como ensina o Enunciado 22 do CEJ, a função social do contrato "reforça o princípio de conservação do contrato, assegurando trocas úteis e justas". O princípio da conservação dos contratos entre empresários é igualmente importante, e aqui há menos motivo para o Estado-juiz "intervir" na duração do contrato (no tempo), ou impor judicialmente a continuação do contrato interempresarial, em que a liberdade e a autonomia são maiores do que havendo um contrato com vulneráveis, consumidores ou afetando direitos sociais. Eis por que não a fase "positiva", mas a "negativa" (de limite no tempo), a outra face, com a noção de "frustração do fim do contrato", aparece mais fortemente.

Luis Renato Ferreira da Silva interpreta o texto do art. 421, asseverando: "Com isso está condicionada a manutenção da liberdade enquanto o contrato cumprir sua função social. No momento que isto deixar de ocorrer, a liberdade de contratar não será mais mantida, pois não estava cumprindo sua função".[91] Tratar-se-ia de algo comparável a um poder-dever de função social,[92] que poderia, por exemplo, exigir o fim do contrato (inexistência e ineficácia para o futuro). O Enunciado 166 do CEJ trata do tema e propõe: "A frustração do fim do contrato, como hipótese que não se confunde com a impossibilidade da prestação ou com a excessiva onerosidade, tem guarida no Direito brasileiro pela aplicação do art. 421 do Código Civil". Esse interessante enunciado retira da função social do contrato do art. 421 a força de "terminação" dos contratos por frustração de seu fim. Essa teoria não aparece nos mais de 100 julgados analisados, mas, como o recorte temporal foi de cinco anos, talvez esse seja o motivo.

Casos há sobre seguro também entre profissionais. Em caso de embriaguez do preposto, o STJ interpretou o novo CC/2002, sustentando:

---

[91] Assim FERREIRA DA SILVA, Luis Renato. A função social do contrato no novo Código Civil e sua conexão com a solidariedade social. In: SARLET, Ingo Wolfgang (Org.). *O novo Código civil e a Constituição*. Porto Alegre: Livraria dos Advogados, 2003. p. 134, que, em bela passagem, utiliza a expressão poder-dever e a compara a pátrio-poder, para dar exemplo de instituto funcionalizado.

[92] FERREIRA DA SILVA, Luis Renato. A função social do contrato no novo Código Civil e sua conexão com a solidariedade social. In: SARLET, Ingo Wolfgang (Org.). *O novo Código civil e a Constituição*. Porto Alegre: Livraria dos Advogados, 2003. p. 135.

O seguro de automóvel não pode servir de estímulo para a assunção de riscos imoderados que, muitas vezes, beiram o abuso de direito, a exemplo da embriaguez ao volante. A função social desse tipo contratual torna-o instrumento de valorização da segurança viária, colocando-o em posição de harmonia com as leis penais e administrativas que criaram ilícitos justamente para proteger a incolumidade pública no trânsito. 6. O segurado deve se portar como se não houvesse seguro em relação ao interesse segurado (princípio do absenteísmo), isto é, deve abster-se de tudo o que possa incrementar, de forma desarrazoada, o risco contratual, sobretudo se confiar o automóvel a outrem, sob pena de haver, no Direito Securitário, salvo-conduto para terceiros que queiram dirigir embriagados, o que feriria a função social do contrato de seguro, por estimular comportamentos danosos à sociedade. 7. Sob o prisma da boa-fé, é possível concluir que o segurado, quando ingere bebida alcoólica e assume a direção do veículo ou empresta-o a alguém desidioso, que irá, por exemplo, embriagar-se (culpa *in eligendo* ou *in vigilando*), frustra a justa expectativa das partes contratantes na execução do seguro, pois rompe-se com os deveres anexos do contrato, como os de fidelidade e de cooperação. 8. Constatado que o condutor do veículo estava sob influência do álcool (causa direta ou indireta) quando se envolveu em acidente de trânsito – fato esse que compete à seguradora comprovar –, há presunção relativa de que o risco da sinistralidade foi agravado, a ensejar a aplicação da pena do art. 768 do CC. Por outro lado, a indenização securitária deverá ser paga se o segurado demonstrar que o infortúnio ocorreria independentemente do estado de embriaguez (como culpa do outro motorista, falha do próprio automóvel, imperfeições na pista, animal na estrada, entre outros) (REsp 1485717/SP, Rel. Min. Ricardo Villas Bôas Cueva, 3.ª Turma, j. 22.11.2016, *DJe* 14.12.2016).

De qualquer maneira, mencione-se ainda caso de seguro agrícola, em que havia inconsistência entre o endereço errado do lugar de entrega dos insumos e o do sinistro, tendo pedido a seguradora o direito de considerar esse fato relevante para não pagar o prêmio, mas o e. STJ julga tal fato irrelevante, acompanhando a corte inferior.[93]

---

[93] A ementa ensina: "Agravo regimental no agravo em recurso especial. Contrato de seguro agrícola. Revisão do julgado. Aplicação das Súmulas 5 e 7/STJ. Agravo regimental improvido. 1. A Corte de origem, longe de descumprir a função social

B) EFICÁCIA EXTERNA OU TRANSUBJETIVA DA FUNÇÃO SOCIAL ENTRE IGUAIS

Na jurisprudência encontra-se grande número de casos sobre a função social perante terceiros no contrato, a chamada "eficácia externa" ou transubjetiva do contrato. O primeiro ponto a destacar é o impacto positivo da atividade empresarial no seu entorno e diante dos empregados, daí o interesse em sua manutenção. Em contrato de arrendamento, que envolvia empresa já em massa falida e assinado por sócios que estavam sendo punidos criminalmente, mesmo assim ele foi mantido e renovado:

> [...] o efeito de preservar os interesses dos credores. Relata que a população de Carmo do Cajuru, onde funciona o parque siderúrgico da falida, é bastante beneficiada pelo arrendamento, em razão da geração de empregos; que, relativamente ao alegado descumprimento de normas ambientais pela arrendatária, trata-se de objeto de ação civil pública, cujos fatos se encontram em fase de apuração; que, quanto à existência de proposta mais vantajosa de arrendamento do parque industrial da falida, trata-se de fato não ratificado pela proponente Minerita e anterior à prorrogação do contrato celebrado com a Transtril, há mais de um ano; que houve proposta mais recente para aquisição do parque industrial da falida, que foi rejeitada em decisão fundamentada na inidoneidade da empresa que a apresentou, e que a rescisão do contrato de arrendamento, na atual fase de administração dos bens da falida, representará prejuízos para os credores, por perda da receita e do consequente abandono do parque siderúrgico, à falta de capacidade financeira e técnica da Massa para manter o alto-forno em funcionamento.[94]

Também há caso sobre a cessão contratual, discutindo se o terceiro cessionário tem ou não legitimidade para ajuizar contra a instituição financeira arrendadora ação de declaração de quitação do débito e transferência do

---

do contrato, considerou subsistente e válido, tendo reconhecido os pressupostos para seu efetivo cumprimento. A modificação de tal premissa, no entanto, esbarra nos óbices sumulares n. 5 e 7 deste Tribunal. 2. Agravo regimental a que se nega provimento" (AgRg no AREsp 810.621/RS, Rel. Min. Marco Aurélio Bellizze, 3.ª Turma, j. 03.03.2016, DJe 15.03.2016).

[94] AgRg no Ag 1076606/MG, Rel. Min. Maria Isabel Gallotti, 4.ª Turma, j. 19.05.2015, DJe 1.º.06.2015.

bem, pois tal instituição não participa das tratativas da cessão. Nesse caso, a decisão visualiza uma eficácia transubjetiva e afirma:

> No caso concreto, uma vez quitadas as obrigações relativas ao contrato-base, a manifestação positiva de vontade do cedido em relação à cessão contratual torna-se irrelevante, perdendo sua razão de ser, haja vista que a necessidade de anuência ostenta forte viés de garantia na hipótese de inadimplemento pelo cessionário. Dessa forma, carece ao cedido o direito de recusa da entrega da declaração de quitação e dos documentos hábeis à transferência da propriedade, ante a sua absoluta falta de interesse.[95]

Outro ponto é o interesse do concorrente no contrato. Interessante caso de alienação fiduciária concedida por instituição, que não é banco, sofreu contestação no e. STJ, mas foi mantida. O voto esclarece que há:

> [...] previsão legal contida na Lei da Cédula de Crédito Bancária, quanto a instituição de garantia real do crédito concedido, bem como expressa previsão na Lei n. 9.514/97 quanto a possibilidade de sua aplicação por qualquer pessoa física ou jurídica, ainda que não vinculada ao Sistema Financeiro Imobiliário, não há que se falar em ofensa ao instituto da alienação fiduciária.[96]

A doutrina também destaca a importância nos contratos entre iguais do princípio da atipicidade: "O contrato, como regulação interprivada, tem imanente um sentido, um projeto de justiça específico para a matéria contratual, que fornece o critério da concretização do permitido e do devido, do *suum*".[97] Realmente, no direito entre empresários, especial atenção é dada

---

[95] Extrato da ementa do REsp 1036530/SC, Rel. Min. Marco Buzzi, Rel. p/ Acórdão Min. Luis Felipe Salomão, 4.ª Turma, j. 25.03.2014, *DJe* 15.08.2014.

[96] A ementa é: "Agravo regimental no agravo em recurso especial. Ação declaratória de nulidade de garantia por alienação fiduciária. Alegação de ofensa ao art. 421 do CC. Função social do contrato. Óbice da súmula 282/STF. Alienação fiduciária. Instituto não privativo das instituições financeiras. Agravo regimental desprovido" (AgRg no AREsp 553.145/PR, Rel. Min. Paulo de Tarso Sanseverino, 3.ª Turma, j. 15.12.2015, *DJe* 02.02.2016).

[97] VASCONCELOS, Pedro Pais de. *Contratos atípicos*. Coimbra: Almedina, 1995. p. 431.

aos contratos atípicos e aos contratos complexos, como os contratos agrários. Sobre a possibilidade de aval em cédulas de crédito rural, as várias fontes foram usadas em diálogo e com uma interpretação funcionalizada para atender a necessidade de assegurar crédito mais barato e um maior número de garantias possíveis. A ementa ensina: "Vedar a possibilidade de oferecimento de crédito rural direto mediante a constituição de garantia de natureza pessoal (aval) significa obstruir o acesso a ele pelo pequeno produtor ou só o permitir em linhas de crédito menos vantajosas".[98] Aqui, mais uma vez, a função social do contrato serviu de diretriz interpretativa, a exigir que o diálogo das fontes fosse conduzido para realizar o valor social prevalente, mantendo o negócio de garantia pessoal, ou aval, que é instrumento útil a importante outro negócio de crédito e para a atividade rural em geral. Note-se que, em alguns casos, os agricultores e pequenos produtores rurais podem ser considerados consumidores (arts. 2.º ou 29 do CDC) e protegidos como vulneráveis.[99]

Quanto aos efeitos internos e externos, o tema da concorrência está presente nos contratos entre iguais, em que as cláusulas de exclusividade (em distribuição, por exemplo) e de não concorrência (em geral) e cláusulas raio (em *shopping center*) são muitos comuns. O STJ tem mantido essas cláusulas, considerando justamente que servem à função social desses contratos, por exemplo, as cláusulas contratuais de não concorrência em contrato empresarial associativo:

---

[98] A ementa completa é: "Recurso especial. Ação declaratória de nulidade de aval emitido por pessoa física. Cédula de crédito rural pignoratícia. Interpretação do art. 60, § 3.º, do Decreto-lei n.º 167/67 na redação conferida pela Lei n.º 6.754/79. 1. As mudanças no Decreto-lei n.º 167/67 não tiveram como alvo as cédulas de crédito rural. Por isso elas nem sequer foram mencionadas nas proposições que culminaram com a aprovação da Lei n.º 6.754/79, que alterou o Decreto-lei referido. 2. A interpretação sistemática do art. 60 do Decreto-lei n.º 167/67 permite inferir que o significado da expressão 'também são nulas outras garantias, reais ou pessoais', disposta no seu § 3.º, refere-se diretamente ao § 2.º, ou seja, não se dirige às cédulas de crédito rural, mas apenas às notas e duplicatas rurais. 3. Vedar a possibilidade de oferecimento de crédito rural direto mediante a constituição de garantia de natureza pessoal (aval) significa obstruir o acesso a ele pelo pequeno produtor ou só o permitir em linhas de crédito menos vantajosas. 4. Recurso especial provido" (REsp 1483853/MS, Rel. Min. Moura Ribeiro, 3.ª Turma, j. 04.11.2014, *DJe* 18.11.2014).

[99] Veja caso em que a função social do contrato de compra e venda de trator realiza essa proteção, no AgRg no REsp 1276336/RS, Rel. Min. Sidnei Beneti, 3.ª Turma, j. 26.02.2013, *DJe* 20.03.2013.

A funcionalização dos contratos, positivada no art. 421 do Código Civil, impõe aos contratantes o dever de conduta proba que se estende para além da vigência contratual, vinculando as partes ao atendimento da finalidade contratada de forma plena. 6. São válidas as cláusulas contratuais de não concorrência, desde que limitadas espacial e temporalmente, porquanto adequadas à proteção da concorrência e dos efeitos danosos decorrentes de potencial desvio de clientela – valores jurídicos reconhecidos constitucionalmente.[100]

Nesse caso, um apelo à flexibilização da teoria finalista da noção de consumidor não foi concedido, pois nesses contratos empresariais associativos não há a presença do consumidor:

Pela teoria finalista, só pode ser considerado consumidor aquele que exaure a função econômica do bem ou serviço, excluindo-o de forma definitiva do mercado de consumo... A jurisprudência do STJ admite a flexibilização da teoria finalista, em caráter excepcional, desde que demonstrada situação de vulnerabilidade de uma das partes, o que não se vislumbra no caso dos autos.[101]

Em caso envolvendo a chamada "cláusula de não restabelecimento" do tipo de atividade no ponto, para coibir a concorrência desleal, esta foi validada:

É válida a cláusula de "não restabelecimento" no tocante ao seu objeto, rejeitando-se a alegada violação ao art. 166, II e VII, do Código Civil de 2002, pois é regra comum nos negócios jurídicos que envolvem transmissão de direitos sobre estabelecimentos, amplamente utilizada no cotidiano empresarial. Insta mencionar que o CC/2002 inovou ao trazer expressamente, no seu art. 1.147, a "cláusula de não restabelecimento". 3. O art. 421 de CC/2002 positivou o princípio da função social dos contratos como limitador da liberdade de contratar, inexistindo violação a essa norma, no

---

[100] Extrato da ementa do REsp 1203109/MG, Rel. Min. Marco Aurélio Bellizze, 3.ª Turma, j. 05.05.2015, *DJe* 11.05.2015.
[101] Extrato da ementa do REsp 1203109/MG, Rel. Min. Marco Aurélio Bellizze, 3.ª Turma, j. 05.05.2015, *DJe* 11.05.2015.

estabelecimento da cláusula de "não restabelecimento", usual na realidade empresarial para coibir a concorrência desleal.[102]

No mesmo julgamento, porém, a referida cláusula foi limitada no tempo, para preservar os interesses da sociedade e as regras sobre locação, de forma a não exorbitar a sua função "interna" e realizar a sua função ou eficácia externa.[103]

Uma decisão muito interessante sobre pirataria consolidou o efeito externo do contrato de locação de *shopping* ao afirmar responsável o *mix* do *shopping center*. A ementa ensina:

> Civil e processual civil. Violação a direitos de propriedade industrial. "Shopping 25 de Março" em São Paulo. Administradora de centro comercial popular em que perpetrados sistematicamente ilícitos dessa natureza. Responsabilidade civil. 1. A administradora de centro de comércio popular que, como firmado, na análise dos fatos, pela Justiça estadual de origem, permite e fomenta a violação ao direito de propriedade industrial das autoras, por parte dos lojistas locatários dos seus *stands* e *boxes*, torna-se corresponsável pelo ilícito danoso realizado por intermédio dos terceiros cessionários dos espaços do estabelecimento. 2. Considerada a moldura fática firmada pelo Tribunal de origem cuja reapreciação encontra obstáculo na Súmula 7 desta Corte, mantém-se a legitimidade passiva da proprietária do *Shopping* para a ação de proibição de atividade ilícita que vem realizando juntamente com os cessionários de suas unidades, para a ação ajuizada pelas titulares das marcas objeto de contrafração. 3. Recurso especial a que se nega provimento (REsp 1295838/SP, Rel. Min. Nancy Andrighi, Rel. p/ Acórdão Min. Sidnei Beneti, 3.ª Turma, j. 26.11.2013, *DJe* 25.02.2014).

---

[102] REsp 680.815/PR, Rel. Min. Raul Araújo, 4.ª Turma, j. 20.03.2014, *DJe* 03.02.2015.

[103] A ementa ensina: "4. Mostra-se abusiva a vigência por prazo indeterminado da cláusula de 'não restabelecimento', pois o ordenamento jurídico pátrio, salvo expressas exceções, não se coaduna com a ausência de limitações temporais em cláusulas restritivas ou de vedação do exercício de direitos. Assim, deve-se afastar a limitação por tempo indeterminado, fixando-se o limite temporal de vigência por cinco anos contados da data do contrato, critério razoável adotado no art. 1.147 do CC/2002" (REsp 680.815/PR, Rel. Min. Raul Araújo, 4.ª Turma, j. 20.03.2014, *DJe* 03.02.2015).

Em voto vencido, em face dos limites do poder do locador, a posição era pela não responsabilização:

> [...] porque o locador não tem o dever de fiscalizar e reprimir a atividade efetivamente desenvolvida por cada locatário, a fim de confirmar a eventual prática de algum ilícito civil ou criminal, restringindo-se a sua responsabilidade aos elementos necessários à perfeita execução do contrato de locação, porquanto a relação locatícia não confere ao locador poder de polícia sobre os locatários. Desse modo, deve verificar se o exercício, pelo locador, de direitos e obrigações oriundos das relações locatícias, condiz com a função social do contrato, coibindo condutas que evidenciem a tentativa de obtenção de benefícios financeiros que ultrapasse a finalidade normal do instrumento. Além disso, a fiscalização, controle e repressão de atividades contrárias à lei, incumbe exclusivamente à Administração Pública, detentora do poder discricionário de disciplinar e restringir direitos e liberdades individuais em prol do interesse público.

Tratando-se de contratos profissionais com partes mais fracas, alguma temperança é identificada na jurisprudência examinada. Por exemplo, em caso sobre cláusula penal de 50%, que vinculava apresentador de televisão, e que pedia sua redução com base no art. 413 do CC/2002, ela foi concedida, considerando que tal apresentador cumprira parcialmente com o contrato:

> Sob a vigência do Código Civil de 1916, era facultado ao magistrado reduzir a cláusula penal caso o adimplemento da obrigação fosse tão somente parcial, ao passo que no vigente Código de 2002 se estipulou ser dever do juiz reduzir a cláusula penal, se a obrigação principal tiver sido cumprida em parte, ou se o montante da penalidade for manifestamente excessivo, afastando-se definitivamente o princípio da imutabilidade da cláusula penal. A evolução legislativa veio harmonizar a autonomia privada com o princípio da boa-fé objetiva e função social do contrato, instrumentário que proporcionará ao julgador a adequada redução do valor estipulado a título de cláusula penal, observada a moldura fática do caso concreto. 6. No caso ora em exame, a redução da cláusula penal determinada pelas instâncias inferiores ocorreu em razão do cumprimento parcial da obrigação. Ainda que se considere a cláusula penal em questão como compensatória, isso não impossibilita a redução do

seu montante. Houve cumprimento substancial do contrato então vigente, fazendo-se necessária a redução da cláusula penal.[104]

---

[104] A ementa completa é: "Recurso especial. Código civil. Contrato com cláusula de exclusividade celebrado entre rede de televisão e apresentador (âncora) de telejornal. Art. 413 do CDC [sic]. Cláusula penal expressa no contrato. 1. A cláusula penal é pacto acessório, por meio do qual as partes determinam previamente uma sanção de natureza civil – cujo escopo é garantir o cumprimento da obrigação principal –, além de estipular perdas e danos em caso de inadimplemento parcial ou total de um dever assumido. Há dois tipos de cláusula penal, o vinculado ao descumprimento total da obrigação e o que incide quando do incumprimento parcial desta. A primeira é denominada pela doutrina como compensatória e a segunda como moratória. 2. A redução equitativa da cláusula penal a ser feita pelo juiz quando a obrigação principal tiver sido cumprida em parte não é sinônimo de redução proporcional. A equidade é cláusula geral que visa a um modelo ideal de justiça, com aplicação excepcional nos casos legalmente previstos. Tal instituto tem diversas funções, dentre elas a equidade corretiva, que visa ao equilíbrio das prestações, exatamente o caso dos autos. 3. Correta a redução da cláusula penal em 50%, visto que o critério adotado pelo Código Civil de 2002 é o da equidade, não havendo falar em percentual de dias cumpridos do contrato. No caso, as rés informaram à autora sobre a rescisão contratual quando os compromissos profissionais assumidos com outra emissora de televisão já estavam integralmente consolidados. 4. Entender de modo contrário, reduzindo a cláusula penal de forma proporcional ao número de dias cumpridos da relação obrigacional, acarretaria justamente extirpar uma das funções da cláusula penal, qual seja, a coercitiva, estimulando rupturas contratuais abruptas em busca da melhor oferta do concorrente e induzindo a prática da concorrência desleal. 5. Sob a vigência do Código Civil de 1916, era facultado ao magistrado reduzir a cláusula penal caso o adimplemento da obrigação fosse tão somente parcial, ao passo que no vigente Código de 2002 se estipulou ser dever do juiz reduzir a cláusula penal, se a obrigação principal tiver sido cumprida em parte, ou se o montante da penalidade for manifestamente excessivo, afastando-se definitivamente o princípio da imutabilidade da cláusula penal. A evolução legislativa veio harmonizar a autonomia privada com o princípio da boa-fé objetiva e função social do contrato, instrumentário que proporcionará ao julgador a adequada redução do valor estipulado a título de cláusula penal, observada a moldura fática do caso concreto. 6. No caso ora em exame, a redução da cláusula penal determinada pelas instâncias inferiores ocorreu em razão do cumprimento parcial da obrigação. Ainda que se considere a cláusula penal em questão como compensatória, isso não impossibilita a redução do seu montante. Houve cumprimento substancial do contrato então vigente, fazendo-se necessária a redução da cláusula penal. 7. No processo civil, para se aferir qual das partes litigantes arcará com o pagamento dos honorários advocatícios e das custas processuais, deve-se atentar não somente à sucumbência, mas também ao princípio da causalidade, segundo o qual a parte que deu causa à instauração

Nota-se, porém, do exame da jurisprudência entre iguais que os limites da interpretação são mais restritos, mesmo na presença de um parceiro contratual mais fraco, pois em cláusula de aluguel de espaço em *shopping center* os padrões mínimos impostos pelo *mix* do *shopping center* foram mantidos e observados: "O princípio do *pacta sunt servanda*, embora temperado pela necessidade de observância da função social do contrato, da probidade e da boa-fé, especialmente no âmbito das relações empresariais, deve prevalecer".[105]

Em outro caso envolvendo locação de *shopping center* o e. STJ manteve cláusula que impunha o pagamento em dobro do aluguel em dezembro. A ementa ensina:

> Recurso especial. Direito civil e processual civil. Locação de espaço em *shopping center*. Ação de despejo por falta de pagamento. Aplicação do art. 54 da Lei de Locações. Cobrança em dobro do aluguel no mês de dezembro. Concreção do princípio da autonomia privada. Necessidade de respeito aos princípios da obrigatoriedade (*pacta sunt servanda*) e da relatividade dos contratos (*inter alios acta*). Manutenção das cláusulas contratuais livremente pactuadas. recurso especial provido. 1. Afastamento pelo acórdão recorrido

---

do processo deve suportar as despesas dele decorrentes. 8. Recursos especiais não providos" (REsp 1186789/RJ, Rel. Min. Luis Felipe Salomão, 4.ª Turma, j. 20.03.2014, DJe 13.05.2014).

[105] A ementa completa é: "Recurso especial. Direito empresarial. Locação de espaço em *shopping center*. Cláusula contratual limitadora do valor da revisão judicial do aluguel mensal mínimo. Renúncia parcial. Validade. Preservação do princípio do *pacta sunt servanda*. 1. Ação declaratória de nulidade de cláusula contratual cumulada com pedido revisional do valor do aluguel mensal mínimo. 2. Recurso especial que veicula a pretensão de que seja reconhecida a validade de cláusula de contrato de locação de imóvel situado em *shopping center* que estabelece critérios para a revisão judicial do aluguel mensal mínimo. 3. O princípio do *pacta sunt servanda*, embora temperado pela necessidade de observância da função social do contrato, da probidade e da boa-fé, especialmente no âmbito das relações empresariais, deve prevalecer. 4. A cláusula que institui parâmetros para a revisão judicial do aluguel mínimo visa a estabelecer o equilíbrio econômico do contrato e viabilizar a continuidade da relação negocial firmada, além de derivar da forma organizacional dos *shoppings centers*, que têm como uma de suas características a intensa cooperação entre os empreendedores e os lojistas. 5. A renúncia parcial ao direito de revisão é compatível com a legislação pertinente, os princípios e as particularidades aplicáveis à complexa modalidade de locação de espaço em *shopping center*. 6. Recurso especial provido" (REsp 1413818/DF, Rel. Min. Ricardo Villas Bôas Cueva, 3.ª Turma, j. 14.10.2014, DJe 21.10.2014).

de cláusula livremente pactuada entre as partes, costumeiramente praticada no mercado imobiliário, prevendo, no contrato de locação de espaço em *shopping center*, o pagamento em dobro do aluguel no mês de dezembro. 2. O controle judicial sobre eventuais cláusulas abusivas em contratos empresariais é mais restrito do que em outros setores do Direito Privado, pois as negociações são entabuladas entre profissionais da área empresarial, observando regras costumeiramente seguidas pelos integrantes desse setor da economia. 3. Concreção do princípio da autonomia privada no plano do Direito Empresarial, com maior força do que em outros setores do Direito Privado, em face da necessidade de prevalência dos princípios da livre iniciativa, da livre concorrência e da função social da empresa. 4. Recurso especial provido (REsp 1409849/PR, Rel. Min. Paulo de Tarso Sanseverino, 3.ª Turma, j. 26.04.2016, *DJe* 05.05.2016).

Também em caso de contratação de feira de móveis, contratada por outra empresa, e que se realizou parcialmente, o STJ não modificou a decisão que determinou proporcionalmente a devolução das parcelas pagas, afirmando:

> A Corte local, com base nos elementos fático-probatórios dos autos e na interpretação do contrato, concluiu pela resolução contratual com devolução de parte das parcelas, de forma que rever a decisão recorrida e acolher a pretensão recursal importaria necessariamente no reexame de provas, o que é defeso nesta fase recursal (Súmula 7 do STJ).

Por fim, mencione-se que o parágrafo único do art. 2.035 do CC/2002 estabelece a prevalência da nova ordem pública, afirmando: "Art. 2.035. [...] Parágrafo único. Nenhuma convenção prevalecerá se contrariar preceitos de ordem pública, tais como os estabelecidos por este Código para assegurar a função social da propriedade e dos contratos", mas não faltam seus críticos e até quem considera a norma inconstitucional.[106] O Enunciado 300 da IV Jornada de Direito Civil ensina:

---

[106] Veja, defendendo a inconstitucionalidade dessa norma, o livro SANTOS, Antônio Jeová. *Direito intertemporal e o novo Código Civil*. São Paulo: RT, 2003.

A lei aplicável aos efeitos atuais dos contratos celebrados antes do novo Código Civil será a vigente na época da celebração; todavia, havendo alteração legislativa que evidencie anacronismo da lei revogada, o juiz equilibrará as obrigações das partes contratantes, ponderando os interesses traduzidos pelas regras revogada e revogadora, bem como a natureza e a finalidade do negócio.[107]

OBSERVAÇÕES FINAIS

A maioria da doutrina brasileira visualiza nessa cláusula geral uma abertura para o "solidarismo", para as diretrizes éticas e a "socialidade" e chega mesmo a aproximar em muito da boa-fé objetiva e seus efeitos "mais sociais" de lealdade. Ética é um espelho, uma comparação com o que se espera do outro e de si mesmo assim como a boa-fé impõe uma visualização das próprias expectativas e das expectativas do outro no caso da sociedade, como um todo, para aquele contrato em particular, com aquelas partes. Particularmente, considero que a função social do contrato tem direta relação com o princípio da confiança,[108] sendo mais uma válvula de escape do sistema do direito privado brasileiro para assegurar o *acesso* ao contrato, principalmente dos vulneráveis e consumidores, a *manutenção* e/ou a *revisão* desses contratos, ajudando em diálogo o CDC, assim como para evitar a *frustração do fim do contrato* com vulneráveis no tempo e nos diferentes mercados (art. 170 da CF/1988).

Percebe-se que a utilização da função social do contrato do art. 421 do CC/2002 nem sempre ajuda na proteção dos vulneráveis, principalmente quando não há aplicação conjunta e em diálogo do CDC. É útil frisar que o Código Civil de 2002 traz ao direito privado brasileiro geral os mesmos princípios já presentes no Código de Defesa do Consumidor (como a função social dos contratos, a boa-fé objetiva etc.). Como já escrevi, "a convergência de princípios entre o CDC e o CC/2002 é a base da inexistência principiológica de conflitos possíveis entre as duas leis que, com igualdade ou equidade, visam a harmonia nas relações civis em geral e nas de consumo ou especiais". Essa

---

[107] Veja nesse sentido o REsp 1186789/RJ, Rel. Min. Luis Felipe Salomão, 4.ª Turma, j. 20.03.2014, *DJe* 13.05.2014.

[108] Relembre-se aqui a lição de VASCONCELOS, Pedro Pais de. *Contratos atípicos*. Coimbra: Almedina, 1995. p. 417, de que a utilidade social dos contratos "engloba a protecção do tráfico jurídico, da confiança e da aparência".

convergência principiológica e a ordem pública de proteção dos vulneráveis ainda não alcançaram um estágio consolidado em nossa jurisprudência, que nos últimos anos parece estar sofrendo uma transformação mais economicista e menos humanista.

Em contrapartida, o princípio da função social dos contratos parece encontrar melhor e mais ponderada aplicação nos contratos entre iguais do direito empresarial. Esses casos entre iguais demonstram a sua importância como válvula de escape no mais liberal regime de contratos interempresariais do Código Civil, a reconhecer que também ali há garantias institucionais[109] e normas de proteção dos mais fracos.

Concluindo, se a pesquisa empírica realizada não conseguiu comprovar minha hipótese de trabalho totalmente, pelo menos corrobora a distinção entre casos de eficácia interna *inter partes* e eficácia externa, transubjetiva da função dos contratos e confirma os casos principais de aplicação do instituto, que parece desafiar práticos e a doutrina brasileira a determinar-lhe utilização diferente da boa-fé e da probidade. Nesse sentido, esperamos ter contribuído.

REFERÊNCIAS

ARRUDA ALVIM, José Manoel Netto. A função social dos contratos no novo Código Civil. *Revista dos Tribunais*, v. 815, p. 11-31, set. 2003.

AZEVEDO, Antônio Junqueira de. Natureza jurídica do contrato de consórcio. Classificação dos atos jurídicos quanto ao número de partes e quanto aos efeitos. Os contratos relacionais. A boa-fé nos contratos relacionais. Contratos de duração. Alteração das circunstâncias e onerosidade excessiva. Sinalagma e resolução contratual. Resolução parcial do contrato. Função social do contrato. *Doutrinas Essenciais Obrigações e Contratos*, v. 6, p. 1187-1220, jun. 2011.

_____. Princípios do novo direito contratual e desregulamentação do mercado – Direito de exclusividade nas relações contratuais de fornecimento – Função social do contrato e responsabilidade aquiliana do terceiro que contribui para o inadimplemento contratual. *RT* 750, p. 113-120.

BARROSO, Lucas Abreu. *Contemporary Legal Theory in Brazilian Civil Law*. Curitiba: Juruá, 2014.

---

[109] Assim SALOMÃO FILHO, Calixto. Função social do contrato: primeiras anotações. *Revista dos Tribunais*, v. 83, p. 71-72 (n. 32), maio 2004.

BLANCHET, Jeanne. O novo Código Civil e a função social. In: NALIN, Paulo (Org.). *Princípios de direito contratual*. Curitiba: Juruá, 2004. p. 70-71.

BOBBIO, Norberto. *Da estrutura à função*. Barueri: Manole, 2008.

BRANCO, Gerson Luiz Carlos. *Função social dos contratos*: interpretação à luz do Código Civil. São Paulo: Saraiva, 2009.

CALMON, Eliana. As gerações de direitos e as novas tendências. *Revista de Direito do Consumidor*, n. 39, p. 41-48.

COMPARATO, Fábio Konder. Função social do jurista no Brasil contemporâneo. *RT* 670, p. 7-13.

FERREIRA DA SILVA, Luis Renato. A função social do contrato no novo Código Civil e sua conexão com a solidariedade social. In: SARLET, Ingo Wolfgang (Org.). *O novo Código civil e a Constituição*. Porto Alegre: Livraria dos Advogados, 2003. p. 127-150.

GODOY, Claudio Luiz Bueno de. *Função social do contrato*. São Paulo: Saraiva, 2004.

GOMES, Orlando. *Novos temas de direito civil*. Rio de Janeiro: Forense, 1983.

GOMES, Rogério Zuel. *Teoria contratual contemporânea*: função social do contrato e boa-fé. Rio de Janeiro: Forense, 2004.

GONÇALVES, Carlos Roberto. *Principais inovações no Código Civil de 2002*. São Paulo: Saraiva, 2002.

HERZOG, Benjamin. *Anwendung und Auslegung von Recht in Portugal und Brasilien*. Mohr: Tübingen, 2014.

HIRONAKA, Giselda M. F. Novaes. A função social do contrato. *Doutrinas Essenciais Obrigações e Contratos*, v. 3, p. 739-754, jun. 2011.

LÔBO, Paulo Luiz Netto. Princípios sociais dos contratos no CDC e no novo Código Civil. *Revista de Direito do Consumidor*, v. 42, p. 187-195, abr.-jun. 2002.

MANCEBO, Rafael. *A função social dos contratos*. São Paulo: Quartier Latin, 2005.

MARIGHETTO, Andrea. *O acesso ao contrato*: sentido e extensão da função social do contrato. São Paulo: Quartier Latin, 2012.

MARQUES, Claudia Lima. A chamada nova crise do contrato e o modelo de direito privado brasileiro: crise da confiança ou do crescimento do contrato? In: _____ (Coord.). *A nova crise do contrato*: estudos sobre a nova teoria contratual. São Paulo: RT, 2007. p. 17-86.

_____. *Confiança no comércio eletrônico e a proteção do consumidor*: um estudo dos negócios jurídicos de consumo no comércio eletrônico. São Paulo: RT, 2004.

_____. *Contratos no Código de Defesa do Consumidor*. São Paulo: RT, 2016.

_____; MIRAGEM, Bruno. *Comentários ao Código de Defesa do Consumidor*. São Paulo: RT, 2016.

_____; _____. *O novo direito privado e a proteção dos vulneráveis*. 2. ed. São Paulo: RT, 2004.

MIRAGEM, Bruno. Diretrizes interpretativas da função social do contrato. *Revista de Direito de Consumidor*, v. 56, p. 22-45, out.-dez. 2005.

NALIN, Paulo. *Do contrato*: conceito pós-moderno – em busca de sua formulação na perspectiva civil constitucional. 2. ed. Curitiba: Juruá, 2007.

ODY, Lisiane Wingert. *Einführung in das brasilianische Recht*. München: Beck, 2017.

REALE, Miguel. *O projeto de Código Civil*. São Paulo: Saraiva, 1999.

_____. Visão geral do novo Código Civil. *Revista de Direito Privado*, n. 9, jan.-mar. 2002.

RODRIGUES JR., Otávio Luiz. A doutrina do terceiro cúmplice: autonomia da vontade, o princípio *res inter alios acta*, função social do contrato e a interferência alheia na execução dos negócios jurídicos. *Revista dos Tribunais*, v. 821, p. 80-98, mar. 2004.

RULLI NETO, Antonio. *Função social do contrato*. São Paulo: Saraiva, 2011.

SALOMÃO FILHO, Calixto. Função social do contrato: primeiras anotações. *Revista dos Tribunais*, v. 83, p. 71, maio 2004.

SANTOS, Antônio Jeová. *Direito intertemporal e o novo Código Civil*. São Paulo: RT, 2003.

SANTOS, Eduardo Sens dos. O novo Código Civil e as cláusulas gerais: exame da função social do contrato. *Revista Forense* 364, p. 83-102, nov.-dez. 2002.

SCHMIDT, Jan Peter. *Zivilrechtskodifikation in Brasilien*. Tübingen: Mohr, 2009.

SZTAJN, Raquel. Propriedade, contrato, empresa e função social. *Revista de Direito Recuperacional e Empresa*, v. 1, p. 4, jul.-set. 2016.

_____. Propriedade e contrato: função social. *Revista de Direito Empresarial*, v. 9, p. 453-459, maio-jun. 2015.

TARTUCE, Flávio. *Direito civil*: teoria geral dos contratos e contratos em espécie. 12. ed. Rio de Janeiro: GEN/Forense, 2017.

_____. *Função social dos contratos*. Do Código de Defesa do Consumidor ao novo Código Civil. São Paulo: Método, 2007.

TEIZEN JÚNIOR, Augusto Geraldo. *A função social no Código Civil*. São Paulo: RT, 2004.

TEPEDINO, Gustavo. Art. 421. In: _____; BARBOZA, Heloisa Helena; MORES, Maria Celina Bodin de. *Código Civil interpretado conforme a Constituição da República*. Rio de Janeiro: Renovar, 2006. p. 5 e ss.

_____. Notas sobre função social dos contratos. In: _____. *Temas de direito civil*. Rio de Janeiro: Renovar, 2009. t. III, p. 145-155.

THEODORO DE MELLO, Adriana Mandim. A função social do contrato e o princípio da boa-fé no novo Código Civil brasileiro. *Revista Forense*, n. 364, p. 3-19, nov.-dez. 2002.

THEODORO JÚNIOR, Humberto. *O contrato e sua função social*. Rio de Janeiro: Forense, 2003.

TIMM, Luciano. As origens do contrato no novo Código Civil: uma introdução à função social, ao welfarismo e ao solidarismo contratual. *Revista dos Tribunais*, v. 844, p. 85-95, fev. 2006.

TOMASEVICIUS, Eduardo Filho. Uma década de aplicação da função social do contrato – Análise da doutrina e da jurisprudência brasileiras. *Revista dos Tribunais*, v. 920, p. 49 e ss., fev. 2014.

VASCONCELOS, Pedro Pais de. *Contratos atípicos*. Coimbra: Almedina, 1995.

WALD, Arnoldo. A função social e ética do contrato como instrumento jurídico de parcerias e o novo Código Civil de 2002. *Revista Forense*, n. 364, p. 29, nov.-dez. 2002.

10

FUNÇÃO SOCIAL DO CONTRATO

SIDNEI BENETI

SUMÁRIO: 1. Função social; 2. Acordo de vontades e imperatividade da consideração da função social; 3. Eticidade e socialidade do contrato, ou da vontade subjetiva à boa-fé objetiva; 4. Função social do contrato na doutrina; 5. Hipóteses de incidência do princípio da função social do contrato; 6. A prova jurisprudencial no Superior Tribunal de Justiça; 7. Conclusões; 8. O fato social da destruição do Tribunal San Francisco; Referências.

1. FUNÇÃO SOCIAL

O Código Civil de 2002 inseriu, expressamente, nos arts. 421 e 2.035, a função social entre os princípios sobrepairantes a todos os contratos. Por isso, é como se estivesse inscrito como cláusula literal em cada contrato. Como princípio, prescinde de demonstração, como verdadeiro postulado, evidente por si só[1], ou, na frase lapidar de Miguel Reale, verdade fundamental que condiciona a coerência lógica de um sistema[2].

A função social do contrato implica que "os contratos devem ser interpretados de acordo com a concepção do meio social onde estão inseridos,

---

[1] LAHR, C. *Manual de filosofia*. Porto: Livraria Apostolado da Imprensa, 1958. p. 364.
[2] REALE, Miguel. *Filosofia do direito*.

não trazendo onerosidade excessiva às partes contratantes, garantindo que a igualdade entre elas seja respeitada, mantendo a justiça contratual e equilibrando a relação onde houver a preponderância da situação de um dos contratantes sobre o outro", valorizando-se a "equidade, a razoabilidade, o bom senso, afastando-se o enriquecimento sem causa, ato unilateral vedado expressamente pela própria codificação, nos seus arts. 884 a 886", donde se extrair que "a função social dos contratos visa à proteção da parte vulnerável da relação contratual"[3].

2. ACORDO DE VONTADES E IMPERATIVIDADE DA CONSIDERAÇÃO DA FUNÇÃO SOCIAL

Variantes sociais numerosas determinam de fato a superioridade de forças de uma das partes sobre a outra no ato de contratar, pois o contrato, nas profundezas psicológicas de que se nutre, pressupõe antes o desacordo inicial de vontades, visto que um contratante bem que almeja, no recôndito do desejo, haver a contraprestação do outro sem prestar a própria. Nessa ótica, o contrato constitui uma segunda etapa da manifestação de vontades, que se contraem, isto é, mutuamente se arrastam (*cum* + *trahere*) a um ponto comum estabelecido pela vontade do contratante mais forte, ou mais apto, ou mais astuto, enfim, por algum motivo, capaz de prevalecer no momento da celebração do contrato.

O direito busca equilibrar as partes no contrato. O momento da celebração deixa de ser o único momento relevante do contrato, que perdura por numerosos atos intermediários até o momento do adimplemento ou inadimplemento. Em tempos relativamente recentes na história do contrato, a teoria do abuso do direito abrandou o vínculo contratual. Shakespeare socorreu-se do repúdio ao abuso de direito em *O mercador de Veneza*, vedando ao credor Shylock exigir um pedaço de carne extraída do corpo de Antonio. E Lacordaire proclamou: "entre le fort et le faible, c'est la liberté qui opprime, la loi qui affranchit".

O contrato se desprende do individualismo do capitalismo mercantilista e incorpora, definitivamente, a eticidade, ungindo-se, como ocorreu com o direito de propriedade, da função social. Afinal de contas, o abrandamento civilizatório das consequências dos institutos jurídicos da maior crueldade permeia a solução de conflitos em geral, a fim de que o Direito evite o terrível

---

[3] TARTUCE, Flávio. *Direito civil*: teoria geral dos contratos e contratos em espécie. 12. ed. Rio de Janeiro: Forense, 2017. v. 3, p. 58-59.

efeito do *summum jus summa injuria*. Contratos, como a propriedade, não podem sobrepairar às condicionantes sociais.

A observação do que ocorre na vida jurídica cotidiana já demonstra a mudança do foco interpretativo do texto contratual puro, *uti verba sonant*, em prol da avaliação valorativa do contexto da celebração e do cumprimento, à luz das circunstâncias da sociedade em que se insere. Basta ver a mitigação, nos tempos atuais, dos métodos clássicos da interpretação dos atos jurídicos – o gramatical e o lógico dispostos nas cláusulas contratuais – para restar, mesmo assim em parte, o teológico, vestido, contudo, da socialidade. Tal se acentua no contrato de adesão massificado, celebrado aos milhares a todo instante – sendo notório que é impossível o exame detalhado de todas as cláusulas por milhares de aderentes.

Importante ressaltar que a evolução da teoria contratual, superando o absolutismo da teoria da autonomia da vontade, em todas as etapas da celebração e do cumprimento do contrato, veio, decididamente, a afastar o formalismo – embora, no Código Civil de 2002, ainda subsistam resquícios desse formalismo, como não passou despercebido da doutrina – inclusive de doutrinador estrangeiro arguto, Jan Peter Schmidt[4].

Em suma, o princípio da função social do contrato insere-se, *ex vi legis*, em todas as modalidades formalizadas de contratos, tanto escritas quanto verbais. Em síntese precisa, assinalam Nelson Nery Junior e Rosa Maria de Andrade Nery que, ante a cláusula geral da função social, "pode se valer o juiz para julgar as matérias que estão submetidas ao seu crivo de decisão", preenchendo "os claros do que significa essa função social, com valores jurídicos, sociais, econômicos e morais"[5].

---

[4] "Antiquiert erscheinen schliesslich auch verschiedene Formalismen des CC/2002: So ist etwa für Anfechtung oder den Rücktritt vom Vertrag wegen Pflichtverletzung zwingend die Einschaltung eines Richters notwendig. Ebenso bei der schon erwähnten Änderung des Güterstands. Zu erinnern ist daran, dass die Entwurfskommission ausdrücklich mit dem Ziel angetreten war, exzessive, belastende Formalitäten abzuschaffen" (SCHMIDT, Jan Peter. *Zivilrechtskodifikation in Brasilien*. Tübingen: Mohr Siebeck, 2009. p. 112). O autor, na última afirmação, remete a Miguel Reale (*O projeto do novo Código Civil brasileiro*. São Paulo: Saraiva, 1975. p. 24).

[5] NERY JUNIOR, Nelson; NERY, Rosa Maria de Andrade. *Manual de direito civil*: obrigações. São Paulo: RT, 2013. p. 74. A lição explicita mais: "Como a função social é cláusula geral, de que pode se valer o juiz para julgar as matérias que estão submetidas ao seu crivo de decisão, o juiz poderá preencher os claros do que significa essa função social, com valores jurídicos, sociais, econômicos e

3. ETICIDADE E SOCIALIDADE DO CONTRATO, OU DA VONTADE SUBJETIVA À BOA-FÉ OBJETIVA

O contrato como instituição jurídica experimentou – e ainda experimentará – marcante evolução. Mutações da sociedade, alterações de condicionamentos psicológicos da voluntariedade, constante nascer e renascer do *homus novus*, sempre nutrido de um ideal moderno de justiça – mesmo se posteriormente renegado ante os demoníacos efeitos perversos das boas intenções, como se repete, e repetirá, na história – vêm a impor, para o estágio atual das relações entre os integrantes da sociedade, mudanças estruturais no enfoque do fenômeno do desacordo inicial de vontades a terminar em consenso, por intermédio do velho e insubstituível mecanismo jurídico do contrato.

Assim, a vontade individual, subjetiva, fraca ou forte em face do contratante forte ou poderoso, vem a ser mais e mais alimentada de valores pela lei, que nada mais faz, diga-se, do que repetir o pensamento da sociedade, em busca da justiça, quer dizer, com inserção do valor da eticidade.

Surge o sentido social do contrato, na larga mescla da eticidade com a socialidade, que se iniciou, relembre-se, há tempos, no instituto para o qual tudo conflui em direito civil, ou seja, o direito de propriedade – a que se reduzem os demais institutos, como se vê da clássica obra de Engels sobre a família, a propriedade privada e o Estado!

O direito civil madrugou na afirmação da função social da propriedade, que veio a se incrustar como direito fundamental na Constituição Federal brasileira de 1988, ao afirmar, como cláusula pétrea, a função social da propriedade (CF, art. 5.º, XXIII[6]), equilibrada a função social da propriedade, entre os princípios gerais da ordem econômica (CF, art. 170), seguindo-se a inadmissibilidade do negócio jurídico que contemple abuso de poder

---

morais. A solução será dada diante do que se apresentar, no caso, concreto, ao juiz. Poderá proclamar a inexistência do contrato por falta de objeto; declarar sua nulidade por fraude à lei imperativa (art. 166, VI, do CC/2002), porque a norma do art. 421 do CC/2002 é de ordem pública (art. 2.035, parágrafo único); convalidar o contrato anulável (arts. 171 e 172); determinar a indenização da parte que desatendeu a função social do contrato etc. São múltiplas as possibilidades que se oferecem como soluções ao problema de desatendimento à cláusula geral da função social do contrato" (Idem, p. 74).

[6] CF, art. art. 5.º, XXIII: "a propriedade atenderá a sua função social". CF, art. 170. "A ordem econômica, fundada na valorização do trabalho humano e na livre iniciativa, tem por fim assegurar a todos existência digna, conforme os ditames da justiça social, observados os seguintes princípios: [...] II – propriedade privada."

econômico, dominação de mercados, eliminação da concorrência e aumento arbitrário de lucros (CF, art. 173).

Da função social da propriedade foi *um pulo* à função social do contrato, sob forte influência, entre nós, de Clóvis Couto e Silva[7], que veio nos expressos termos de dois dispositivos do Código Civil de 2002, a saber, o art. 421[8] que subordina a liberdade de contratar à função social do contrato, e o art. 2.035, que, sobranceiro, absoluto e fulminante, subordina, *ex vi legis*, todo e qualquer contrato, sob pena de nulidade, à função social do contrato, erigida em preceito de ordem pública[9], dispositivo de enorme relevância, cuja incidência, inclusive *ex officio* por ser expressamente norma de ordem pública, pode constituir fundamento para a nulidade do contratado pelas partes, ante a vetusta regra de Papiniano de que *jus publicum privatorum pactis mutari non potest*[10]. E há mais disposições ancilares que, não fossem ambos os expressos dispositivos referidos, já imporiam, via eticidade, a observância da socialidade nos contratos (CC/2002, arts. 187[11] e 422[12]).

Ruy Rosado de Aguiar Júnior, que, sob direta influência de Clóvis do Couto e Silva, já madrugara na vertente social do contrato a permear-lhe a obra fundamental[13], expôs, com a costumeira clareza, que "houve completa alteração do eixo interpretativo do contrato. Em vez de considerar-se a intenção das partes e a satisfação de seus interesses, o contrato deve ser visto como um instrumento de convívio social e de preservação dos interesses da coletividade, onde encontra a sua razão de ser e de onde extrai a sua força – pois o contrato pressupõe a ordem estatal para lhe dar eficácia", deixando-se de "considerar o contrato como uma manifestação de vontade, como se existisse

---

[7] COUTO E SILVA, Clóvis Veríssimo. *A obrigação como processo*. São Paulo: José Bushatsky, 1975.

[8] CC/2002, art. 421. "A liberdade de contratar será exercida em razão e nos limites da função social do contrato."

[9] CC, art. 2.035, parágrafo único. "Nenhuma convenção prevalecerá se contrariar preceitos de ordem pública, tais como os estabelecidos por este Código para assegurar a função da propriedade e dos contratos."

[10] D. 2, 14, 32.

[11] CC/2002, art. 187. "Também comete ato ilícito o titular de um direito que, ao exercê-lo, excede manifestamente os limites impostos pelo seu fim econômico ou social, pela boa-fé ou pelos bons costumes."

[12] CC/2002, art. 422. "Os contratantes são obrigados a guardar, assim na conclusão do contrato, como em sua execução, os princípios de probidade e boa-fé."

[13] AGUIAR JR., Ruy Rosado de. *Extinção dos contratos por incumprimento do devedor*. 2. ed. Rio de Janeiro: Aide, 2003. passim.

apenas porque houve vontade", visto que, "como toda a ordem estatal, o direito objetivo há de estar destinado a realizar o bem comum, isto é, a alcançar o que é justo e útil socialmente", e donde se segue que a expressa previsão, no Código Civil de 2002, da função social do contrato, "exige que para a sua compreensão e interpretação atenda-se ao valor 'justiça" – "as partes devem atender; o juiz deve procurar a realização da justiça. A liberdade contratual somente é concedida para que seja alcançada a sua função social"[14].

De qualquer forma, em que pesem, na origem, influências doutrinárias estrangeiras, patente o ineditismo do dispositivo legal que insere a função social do contrato no direito positivo. Nelson Nery Junior e Rosa Maria de Andrade Nery o afirmam:

> O CC 421 é dispositivo pioneiro nos sistemas de direito privado ocidental. Não há nenhum outro código civil que tenha adotado a cláusula geral de função social dos contratos como limitadora e fundadora da liberdade de contratar. A função social dos contratos é uma peculiaridade normativa do Código Civil brasileiro[15].

4. FUNÇÃO SOCIAL DO CONTRATO NA DOUTRINA

Judith Martins-Costa[16] aponta Enrico Cimbali, no início do século XX, como o criador da doutrina da função social do contrato[17], influenciando,

---

[14] AGUIAR JR., Ruy Rosado de. As obrigações e os contratos. *Revista do Centro de Estudos Judiciários*, n. 9, p. 32, set.-dez. 1999. Texto, revisado pelo autor, baseado em notas taquigráficas de conferência proferida no Congresso Internacional sobre o Projeto do Código Civil Brasileiro, realizado pelo Centro de Estudos Judiciários do Conselho da Justiça Federal, em 30.04.1999, em Porto Alegre.

[15] NERY JUNIOR, Nelson; NERY, Rosa Maria de Andrade. *Soluções práticas*. São Paulo: RT, 2010. v. II, n. 2, p. 80; e *Código Civil comentado*. 11. ed. São Paulo: RT, 2014. p. 795.

[16] MARTINS-COSTA, Judith. Novas reflexões sobre o princípio da função social dos contratos. *Revista Estudos do Direito do Consumidor*, Centro de Direito do Consumo, Faculdade de Direito da Universidade de Coimbra, n. 7, 2005; Prefácio a função social dos contratos. Interpretação à luz do Código Civil. In: BRANCO, Gerson Luiz Carlos. Modelos de Direito Privado. São Paulo: Marcial Pons, 2014. p. 251.

[17] CIMBALI, Enrico. *Nuova fase del Diritto Civile nei Rapporti Economici e Sociale, con Proposte di Riforma della Legislazione Civile Vigente*. 4. ed. Torino: UTET, 1907.

no Brasil, a Clóvis Beviláqua, Vicente Ráo e Miguel Reale[18]. Coordenador Geral da Comissão de Reforma do Código Civil, Miguel Reale cunhou o termo *socialidade* e, como explicou em numerosos escritos, o situou como princípio sobranceiro do novo Código, incidindo decisivamente sobre o negócio jurídico.

Ainda é Judith Martins-Costa quem anota que a disposição sobre a função social do contrato, constante do art. 421 do Código Civil de 2002, também remonta a Emilio Betti, assinalando que, "ao perspectivar a uma teoria geral do negócio jurídico cujo centro está enucleado no reconhecimento da autonomia privada como fato social, Betti alcança perceber que esse fato social é recepcionado pelo Ordenamento sob a forma de um preceito", de modo que, "consequentemente, a função social do contrato é a sua causa e está associada com a ideia de 'função social típica' dos negócios da vida privada"[19].

A noção de causa no contrato, circunscrita ao aspecto subjetivo da vontade individual dos contratantes, cedeu, aliás, desde a construção romana do contrato, declinando, na doutrina alemã, já pelos séculos XVII e XVII, embora prosseguisse na França, sob Pothier, na Itália, vindo, nesta, a questionar-se ulteriormente por Emilio Betti, anteriormente lembrado[20].

O declínio da teoria da causa do contrato abriu espaço para a afirmação da obrigatória incidência da doutrina da função social do contrato, que veio a inserir-se na legislação brasileira via arts. 421 e 2.035. O sistema nacional repudia definitivamente a doutrina da causa como integrante necessária da higidez do contrato e abre espaço no núcleo da relação jurídica contratual para

---

[18] MARTINS-COSTA, Judith. Prefácio... cit., p. 251.
[19] MARTINS-COSTA, Judith. Prefácio... cit., p. 252.
[20] Reinhard Zimmermann: "That a contract, in order to be valid, must have been seriously intended by the parties is a matter of course. One does not really need causa as an independent requirement to call attention to this trivial point. Thus, amongst German authors of the 17th and 18th centuries, both the term and the idea of a causa disappeared from the definition of contract, ant the problem of whether the parties had indeed seriously and deliberately entered legal relations was shifted into the field of procedure and evidence. In France and Italy a *causa* continued to be required as an element essential for the validity of contracts. '*Tout engagement doit avoir une cause honnête*', said Pothier, and from here, as usual, the principle filtered through into the code civil. But it has been questioned, time and again, whether this 'conceptual hippogriff' serves a specific and indispensable function in the law of contract" (*The law of obligations*. New York: Oxford University Press, 1996. p. 553). A referência a Pothier remete ao *Traité des obligations*, n. 42.

ser preenchido pela função social, como, para exemplificar com a causalidade, se houvesse em todos os contratos uma cláusula escrita prescrevendo outra cláusula dispondo que causa do contrato será a realização da função social, ou, pela formulação negativa, dispondo que o contrato não terá validade no que contrariar a função social.

Na análise da formação, da processualidade e do adimplemento do contrato, não se trata mais do puro norteamento pelo princípio da autonomia da vontade, pois este passou a ser necessariamente relacionado com o princípio da socialidade, via função social do contrato. Maria Helena Diniz, com efeito, observa:

> O princípio a autonomia da vontade está atrelado ao da socialidade, pois, pelo art. 421 do Código Civil, declarada está a limitação da liberdade de contratar pela função social do contrato. [...] O art. 421 é, como já dissemos, uma forma principiológica que contém uma cláusula geral: a função social do contrato. O art. 421 institui, expressamente, a função social do contrato, revitalizando-o, para atender aos interesses sociais, limitando o arbítrio dos contratantes, para tutelá-los no seio da coletividade, criando condições para o equilíbrio econômico-contratual, facilitando o reajuste das prestações e até mesmo sua resolução[21].

Relembre-se que a teoria da causa se produziu no contexto da *stipulatio* romana, como "um meio adequado de estabelecer se as partes seriamente desejavam ser vinculadas ou não"[22]. Volte-se ao início *supra*: superou-se o individualismo típico da sociedade romana, firmado na presunção de *equalização* em liberdade sociopsicológica das vontades entre os contratantes,

---

[21] DINIZ, Maria Helena. *Curso de direito civil brasileiro*. 30. ed. São Paulo: Saraiva, 2014. v. 3, p. 47.

[22] Reinhard Zimmermann: "The oral formality required for the classical Roman stipulatio had been a conveniente way of establishing whether the parties seriously intended to be bound or not" (*The law of obligations* cit., p. 549). Explicita, ainda, o eminente Professor da Universidade de Hamburgo e Diretor do Max-Planck-Institut für ausländisches Privatrecht, que "a regra de que 'ex nudo pacto non oritur actio', desse ponto de vista, serviu para proteger aqueles que eram inexperientes ou descuidados em manejar seus negócios" – The rule of 'ex nudo pacto non oritur actio', from this point of view, served to protect those who were inexperienced of careless in handling their affairs" (Idem, p. 549).

e inseriu-se, por presunção, na vontade individual de cada contratante, a *vontade* da lei, como se fosse deles em cada contrato, de atender aos fins sociais do contrato.

Por isso, Miguel Reale, tratando da função social do contrato, afastou o receio de que a colocação das avenças em um plano transindividual pudesse levar à diminuição de garantia para quem celebra contratos, assinalando que

> [...] esse receio, todavia, não em cabimento, pois a nova Lei Civil não conflita com o princípio de que o pactuado deve ser adimplido. A ideia tradicional, de fonte romanista, de que *pacta sunt servanda* continua a ser o fundamento primeiro das obrigações contratuais[23].

O princípio da função social do contrato, ademais, ajusta-se à noção de boa-fé objetiva, tal como expressada pelo art. 422[24] do Código Civil de 2002, sob a influência direta da regra "Treu und Glauben" do BGB alemão de 1900[25], que proporciona a incidência soberana da avaliação social[26].

Flávio Tartuce[27] historia a evolução do Projeto de Código Civil originário até o texto final do Código Civil de 2002, expondo as transformações redacionais provocadas sobretudo pelas sugestões dos professores Antonio Junqueira de Azevedo e Álvaro Villaça Azevedo. Acresçam-se os estudos de

---

[23] Sintetizando reiteradas manifestações, v. REALE, Miguel. Função social do contrato. Disponível em: <http://miguelreale.com.br/artigos/funsoccotlhtm>. Na Exposição de Motivos ao Anteprojeto, em 1975, Miguel Reale já explicitava que "a liberdade de contratar só pode ser exercida em consonância com os fins sociais do contrato, implicando os valores primordiais da boa-fé e da probidade" (*O projeto do novo Código Civil brasileiro*. 2. ed. São Paulo: Saraiva, 1999. p. 71).

[24] CC/2002, art. 422. "Os contratantes são obrigados a guardar, assim na conclusão do contrato, como em sua execução, os princípios de probidade e boa-fé."

[25] Boa-fé objetiva, Bürgerliches Gesetzbuch, § 242. "Der Schuldner ist verpflichtet, die Leistung so zu bewirken, wie Treu und Glauben mit Rücksicht auf die Verkehrssite es erfördern."

[26] HEINRICHS, Helmut. Bürgerliches Gesetzbuch. Ersters Buch. Einleitung. *Palandt Bürgerliches Gesetzbuch*. München, C. H.: Beck'sche Verlagsbuchhandlung, 1995. p. 222.

[27] TARTUCE, Flávio. *Direito civil*: teoria geral dos contratos e contratos em espécie cit., p. 60.

Giselda Hironaka[28], Ruy Rosado de Aguiar Júnior[29], Maria Helena Diniz, Sílvio de Salvo Venosa[30], Luiz Edson Fachin, Flávio Tartuce e Leonardo de Faria Beraldo[31].

A doutrina brasileira vem intensamente se dedicando à análise da função social do contrato, destacando-se o grande número de monografias e estudos dedicados exclusivamente à matéria[32], devendo-se enfatizar especialmente a pujante elaboração relativa à defesa do consumidor, matéria que, pela amplitude, deve ser objeto de estudo específico[33].

Atento à evolução do contrato, superando o voluntarismo subjetivo absoluto em prol da função social inerente à sociedade em que se insere, Luiz Edson Fachin escreve:

> Pessoas, sujeitos e vínculos perpassam obrigações, coisas, famílias e sucessões. Se deve o comprador pagar o preço e o locatário pagar o aluguel, credor e devedor são mais que conceitos e integram um sistema social e um tipo de organização econômica e política. Ver-se-á que as obrigações não se reduzem às prestações de uma parte para com a outra. Denotar-se-á que o sujeito jurídico que tem atuação direta e imediata sobre uma coisa, na propriedade, na posse ou no usufruto, se reconhece num poder que remete à base

---

[28] HIRONAKA, Giselda Maria Fernandes. Contrato: estrutura milenar de fundação do direito privado. Disponível em: <www.flaviotartuce.adv.br>.

[29] AGUIAR JR., Ruy Rosado de. *Comentários ao novo Código Civil*. Coord. Sálvio de Figueiredo Teixeira. Rio de Janeiro: Forense, 2011. v. VI, t. II.

[30] VENOSA, Sílvio de Salvo. *Direito civil*. 12. ed. São Paulo: Atlas, 2012. v. II, p. 375.

[31] BERALDO, Leonardo de Faria. *Função social do contrato*: contributo para a construção de uma nova teoria. Belo Horizonte: Del Rey, 2011.

[32] A título de exemplificação, vejam-se: TEPEDINO, Gustavo José Mendes. Notas sobre a função social dos contratos. In: _____ (Coord.). *Temas de direito civil*. Rio de Janeiro: Renovar, 2009. t. 3, p. 145-155; BORBA, Rodrigo Esperança. A cláusula geral da função social do contrato. *Jornada de Direito Civil e Processual Civil*, 1, 2009, Salvador; Jornada de Direito Civil e Processual Civil, Escola da Magistratura Federal da 1.ª Região, Brasília, ESMAF, 2010, p. 401-408.

[33] Representando a plêiade de construtores do Direito do Consumidor, destaque-se, importância doutrinária, dedicação científica e liderança histórica, MARQUES, Claudia Lima. *Contratos no Código de Defesa do Consumidor*. 8. ed. São Paulo: Saraiva, 2016.

da ordem jurídica, cujo pressuposto compreende e explica, também, a transmissão dos bens por parte do respectivo titular.

E prossegue:

> Pessoas, sujeitos e vínculos perpassam obrigações, coisas, famílias e sucessões. Se deve o comprador pagar o preço e o locatário pagar o aluguel, credor e devedor são mais que conceitos e integram um sistema social e um tipo de organização econômica e política. Ver-se-á que as obrigações não se reduzem às prestações de uma parte para com a outra. Denotar-se-á que o sujeito jurídico que tem atuação direta e imediata sobre uma coisa, na propriedade, na posse ou no usufruto, se reconhece num poder que remete à base da ordem jurídica, cujo pressuposto compreende e explica, também, a transmissão dos bens por parte do respectivo titular[34].

E o mesmo professor arremata:

> Sabe-se que quem contrata não contrata mais apenas com *quem* contrata, e que quem contrata não contrata mais apenas o *que* contrata; há uma transformação subjetiva e objetiva relevante nos negócios jurídicos. O Código traz a função social do contrato e os princípios de probidade e boa-fé. A jurisprudência e a doutrina futuras dirão se terão sido capazes de informar relações contratuais mais equânimes, justas e razoáveis, num País vincado por desigualdades materiais e concretas que arrostam qualquer intenção legislativa[35].

5. HIPÓTESES DE INCIDÊNCIA DO PRINCÍPIO DA FUNÇÃO SOCIAL DO CONTRATO

O princípio da função social do contrato sobrepaira a estrutura do contrato, espraiando-se por todas as etapas, desde a elaboração até o cumprimento. Como lembra Judith Martins-Costa, recuperando Miguel Reale,

---

[34] FACHIN, Luiz Edson. *Teoria crítica do direito civil*. 3. ed. Rio de Janeiro: Renovar, 2012. p. 37.
[35] FACHIN, Luiz Edson. *Teoria crítica do direito civil* cit., p. 365.

"o Código ora vigorante discerniu entre as fases de criação do vínculo, seu desenvolvimento e de seu desaparecimento" – destacando-se o adimplemento (a exemplo dos Códigos Civis italiano (art. 1.176 e ss.) e português (art. 762 e ss.), de modo que "adquiriu, assim, novo realce, a pioneira concepção de Clóvis do Couto e Silva, que já dera frutos na doutrina e na jurisprudência"[36]. A rigor, a "cláusula" aberta da função social dissemina-se por todo o contrato, desde a elaboração até o cumprimento ou incumprimento.

Hannes Unberath especifica os momentos sobre os quais se dissemina a proteção dos contratos: (i) regras para a determinação do conteúdo do contrato; (ii) regras para os limites do contrato; (iii) reação ao descumprimento do contrato[37].

Com os olhos no direito nacional, Nelson Nery Junior e Rosa Maria de Andrade Nery indicam hipóteses de aplicação da função social do contrato, entre as quais as seguintes: a) Revisão judicial do contrato, possibilidade de revisão e modificação de cláusula contratual que implique desequilíbrio entre as partes[38]; b) Adimplemento substancial, que autoriza dar por cumprido o contrato no caso de parcela significativa da prestação haver sido adimplida,

---

[36] MARTINS-COSTA, Judith. O adimplemento e o inadimplemento das obrigações no novo Código Civil e seu sentido ético e solidarista. In: FRANCIULLI NETTO, Domingos. MENDES, Gilmar Ferreira; MARTINS FILHO, Ives Gandra da Silva (Coord.). *O novo Código Civil*: estudos em homenagem ao Prof. Miguel Reale. São Paulo: LTr, 2003. p. 338-339.

[37] Hannes Unberath: "Angabe des Vertragsrechts ist es, Verträge durchzusetzen. Zu diesem Zweck muss sich das Gericht vom vorliegen eines wirksamen Vertragsschlusses überzeugen und Massnahmen zum Schutz des aus dem Vertrag folgenden subjektiven Rechts treffen. Das Vertragsrecht muss somit zu folgenden drei Problemkomplexen Lösungen entwickeln, die rechtsvergleichend zum Teil erheblich abweichen: (i) Nach welchen Regeln erfolgt der Vertragsschluss und ist der Vertragsinhalt zu bestimmen? (ii) Welche Grenzen sind dem Vertrag setzen? (iii) Wie ist auf Vertragsverletzungen zu reagiren?" (Vertrag. In: BASEDOW, Jürgen; HOPT, Klaus J.; ZIMMERMANN, Reinhard (Org.). *Handbuch des Europäischen Privatrecht*. Tübingen: Mohr Siebeck, 2011. p. 1677).

[38] Sobre a revisão judicial dos contratos, v. RODRIGUES JÚNIOR, Otávio Luiz. *Revisão judicial dos contratos*: autonomia da vontade e teoria da imprevisão. 2. ed. São Paulo: Atlas, 2006; CARDOSO, Vladimir Mucury. *Revisão contratual e lesão*. Rio de Janeiro: Renovar, 2008.

faltando apenas cumprimento de porção mínima[39]; c) Dever de mitigar a perda, quando decorrente de inadimplemento contratual[40].

Na monografia de Paulo Magalhães Nasser vê-se a exposição geral da evolução do direito contratual, a abrangência de conceitos indeterminados, como o princípio da função social dos contratos e, por fim, o detalhamento de situações contratuais passíveis de inserção do princípio – especialmente a abrangência da boa-fé objetiva, o equilíbrio contratual, os vícios de consentimento configuradores de defeitos do negócio jurídico, a cláusula geral de vedação do enriquecimento sem causa e, por fim, o controle da onerosidade excessiva por fato superveniente aos contratos[41].

As prestigiosas Jornadas de Direito Civil, realizadas periodicamente pelo Conselho da Justiça Federal, com a participação dos mais qualificados representantes do pensamento civilístico nacional, vêm se dedicando à função social do contrato, com amplo reconhecimento da supremacia do princípio no tocante aos contratos celebrados no País[42].

---

[39] No Superior Tribunal de Justiça, os primeiros precedentes aplicando a doutrina do adimplemento substancial, remontam ao REsp 76.361/MT, Rel. Ruy Rosado de Aguiar Júnior, 4.ª T., j. 11.12.1995. V. especialmente: ASSIS, Araken de. *Resolução do contrato por inadimplemento*. 2. ed. São Paulo: RT, 1994. p. 119; estudos de FERREIRA, Antonio Carlos. Revisão judicial dos contratos. *Superior Tribunal de Justiça*. Doutrina. Edição Comemorativa – 25 anos. Brasília: STJ, 2014; e A interpretação da doutrina do adimplemento substancial. *Consultor Jurídico*, São Paulo, 09.02.2015 (1.ª parte) e 29.06.2016 (2.ª parte); e de BENETI, Sidnei; BENETI FILHO, Sidnei. Teoria do adimplemento substancial do contrato na atualidade. *Revista do Advogado*, AASP, n. 131, p. 224 e ss., out. 2016.

[40] NALIN, Paulo Roberto. Ética e boa-fé no adimplemento contratual. In: FACHIN, Luiz Edson (Coord.). *Repensando os fundamentos do direito civil brasileiro contemporâneo*. Rio de Janeiro: Renovar, 1988; VILAS BÔAS, Renata Malta. Dever de mitigar o próprio prejuízo (*Duty to Mitigate the Loss*). Âmbito Jurídico. Disponível em: <http://ambito-juridico.com.br/site?n_link+revista_leitura@artigo_id=12702>.

[41] NASSER, Paulo Magalhães. *Onerosidade excessiva no contrato civil*. São Paulo: Saraiva, 2011. passim.

[42] **Enunciado 21** – A função social do contrato, prevista no art. 421 do novo Código Civil, constitui cláusula geral a impor a revisão do princípio da relatividade dos efeitos do contrato em relação a terceiros, implicando a tutela externa do crédito. **Enunciado 22** – A função social do contrato, prevista no art. 421 do novo Código Civil, constitui cláusula geral que reforça o princípio de conservação do contrato, assegurando trocas úteis e justas. **Enunciado 23** – A função social do contrato, prevista no art. 421 do novo Código Civil, não elimina o princípio da autonomia contratual, mas atenua ou reduz o alcance desse princípio quando

6. A PROVA JURISPRUDENCIAL NO SUPERIOR TRIBUNAL DE JUSTIÇA

O caráter multifacetário da aplicação do princípio da função social do contrato está longe de completar-se na jurisprudência, podendo-se, ao contrário, afirmar que, na pujança de situações oferecidas pela concretude mutável da vida fático-negocial típica do Direito Civil, certamente jamais atingirá a condição de *numerus clausus*.

Luis Felipe Salomão, com os olhos na concretude do direito contratual que respira no Superior Tribunal de Justiça, indica hipóteses jurídicas em que sobressai a relevância do princípio da função social do contrato, destacando, sobretudo, com origem no Código de Defesa do Consumidor, contratos bancários, transporte e seguros[43].

Alguns precedentes do Superior Tribunal de Justiça merecem referência, ao menos os iniciais – descartando-se, infelizmente, o *mare magnum* casuístico que desfila perante os Tribunais de Justiça, Tribunais Regionais Federais, Juízo de 1.º Grau e – não se olvide – ainda, perante os Juizados Especiais Cíveis, cuja sistematização jurisprudencial, permita-se, mais uma vez, "literariezar" o Direito, com Pirandello, ainda constitui uma "personagem à procura de um autor!".

O Superior Tribunal de Justiça vem dedicando-se à ingente tarefa de definir as situações de incidência do princípio da função social do contrato, não olvidando a necessidade de balancear a aplicação com outros princípios,

---

presentes interesses metaindividuais ou interesse relativo à dignidade da pessoa humana. **Enunciado 166** – A frustração do fim do contrato, como hipótese que não se confunde com a impossibilidade da prestação ou com a excessiva onerosidade, tem guarida no direito brasileiro pela aplicação do art. 421 do Código Civil. **Enunciado 167** – Com o advento do Código Civil de 2002, houve forte aproximação principiológica entre o Código de Defesa do Consumidor no que respeita à regulação contratual, uma vez que ambos são incorporadores de uma nova teoria geral dos contratos. **Enunciado 360** – O princípio da função social dos contratos também pode ter eficácia interna entre as partes contratantes. **Enunciado 361** – O adimplemento substancial decorre dos princípios gerais contratuais, de modo a fazer preponderar a função social do contrato e o princípio da boa-fé objetiva, balizando a aplicação do art. 475. **Enunciado 430** – No contrato de adesão, o prejuízo comprovado do aderente que exceder ao previsto na cláusula penal compensatória poderá ser exigido pelo credor independentemente de convenção. **Enunciado 431** – A violação do art. 421 conduz à invalidade ou à ineficácia do contrato ou de cláusulas contratuais.

[43] SALOMÃO, Luís Felipe. *Direito privado*. 2. ed. Rio de Janeiro: Forense, 2014.

que também recaem sobre os contratos, como o da liberdade contratual e o da livre-iniciativa – de sede constitucional.

Assim, o Superior Tribunal de Justiça, por um lado, vem, em prol do contratante caracterizado como hipossuficiente e, por isso, protegido pela função social do contrato, priorizando o princípio em casos como: a) imposição de indenização material e moral a *shopping center* no caso de furto de veículo de consumidor, ocorrido em saída de seu estacionamento[44]; manutenção da orientação da Súmula 229/STJ, no sentido de que "o pedido do pagamento de indenização à seguradora suspende o prazo de prescrição até que o segurado tenha ciência da decisão"[45]; b) inoponibilidade do contrato de alienação fiduciária pela instituição financeira ao fisco, pois, "acaso fosse entregue o bem para a instituição financeira, dar-se-ia a sua venda para abater a dívida do fiduciante com o produto da alienação do bem, e o fiduciante infrator ainda ficaria com o saldo do produto da venda, em frange confronto com os princípios de eticidade e função social dos contratos[46]; c) cobertura pelo DPVAT de dano físico decorrente de acidente, independentemente da data do sinistro, "considerada a natureza pública do seguro obrigatório e dos princípios da igualdade da função social do contrato"[47]; d) indenização pelo banco ao correntista, em razão de indevido encerramento imotivado e unilateral de conta bancária, mantida ativa e com movimentação razoável[48]; na ação de reintegração de posse "motivada por inadimplemento de contrato de arrendamento mercantil financeiro, quando o produto da soma do VRG (Valor Residual de Garantia) quitado com o valor da venda do bem for maior que o total pactuado como VRG na contratação, será direito do arrendatário receber a diferença, cabendo, porém, se estipulado no contrato, o prédio descontar outras despesas ou encargos contratuais"; e) em contrato de consumidor, relativo a compra e venda de um trator, ofensa aos textos da legislação federal apontados par a aplicação dos princípios da boa-fé objetiva e da função social do contrato"[49]; f) manutenção de contrato de seguro contratado por longo tempo ("contrato cativo"), que veio a ser cancelado pela

---

[44] REsp 1.269.691/PB, 4.ª T., Rel. p/ acórdão Luís Felipe Salomão, m.v. j. 21.11.2013.
[45] REsp 1.123.342/SP, 4.ª T., Rel. Luís Felipe Salomão.v.u., j. 08.10.2013.
[46] REsp 1.379.870/PR, 2.ª T., Rel. Mauro Campbell Marques, v.u., j. 03.10.2013. No mesmo sentido, REsp 1.387.990/PR, 2.ª T., Rel. Mauro Campbell Marques, v.u., j. 17.09.2013.
[47] REsp 1.381.214/SP, 3.ª T., Rel. Paulo de Tarso Sanseverino, v.u., j. 20.08.2013.
[48] REsp 1.277.762/SP, 3.ª T., Rel. Sidnei Beneti, v.u., j. 04.06.2013.
[49] AgRg no REsp 1.276/RS, 3.ª T., Rel. Sidnei Beneti, v.u., j. 26.02.2013.

seguradora diante da idade do segurado[50]; g) indenização securitária devida pela CEF a financiados adquirentes de unidades habitacionais cujo uso se inviabilizou em virtude de defeitos decorrentes de vícios na construção[51]; h) indenização, pelos estabelecimentos bancários, de perdas em cadernetas de poupança, decorrentes dos Planos Econômicos Bresser, Verão, Collor I e Collor II[52].

Por outro lado, contudo, vem também o Superior Tribunal de Justiça recusando a incidência do princípio da função social do contrato em casos como os que seguem: a) nos financiamentos em contratos de construção de edifícios, afasta-se a contagem dos chamados "juros no pé", incidentes sobre o valor da entrada do financiamento, a partir da assinatura do contrato, e não da data da entrega da chave[53]; b) não há obrigatoriedade de a CEF celebrar contrato de arrendamento imobiliário especial com opção de compra previsto no art. 38 da Lei 10.150/2000, no caso em que atua como instituição financeira operando no mercado de mútuo habitacional, porque, estando a CEF submetida a regime jurídico de direito privado, há de prevalecer a livre-iniciativa e, como corolário desta, a liberdade contratual, que se expressa, antes de tudo, na faculdade de contratar ou não contratar [...] aplicando-se o art. 38 da Lei 10.150/2000 às instituições financeiras em geral que operam no crédito imobiliário, não sendo compatível com o sistema constitucional em vigor a pretendida interpretação do referido artigo que imponha obrigação de contratar apenas à empresa pública, em prejuízo do princípio da livre autonomia da vontade e da igualdade constitucional de regime jurídico no campo do direito das obrigações civis[54]; c) negada pretendida redução do valor da multa aplicada a estudante que aderiu a contrato de crédito educativo, porque a cláusula, não regida pelo CDC, referido apenas como ilustração, valoriza o equilíbrio entre as partes da relação contratual, tendo sido a pretensão deduzida com fundamento nos arts. 421 e 422 do Código Civil, que tratam, respectivamente, da função social do contrato e da boa-fé objetiva[55]; d) indevida complementação de aposentadoria privada, pois, "consoante decidiu a C. 4.ª Turma, no julgamento do REsp n. 1.125.913/RS, Rel. Min.

---

50 REsp 1.073.595/MG, 2.ª S., Rel. Nancy Andrighi, m.v., j. 23.03.2011.
51 REsp 1091.363/SC, 2.ª S., Rel. p/ acórdão Nancy Andrighi, m.v., m.v. em Embargos de Declaração, com voto de desempate do Presidente da 2.ª Seção, Sidnei Beneti.
52 REsp Repetitivo 1.107.201/DF e REsp 1.147.595/RS, Rel. Sidnei Beneti, v.u..
53 EResp 670.117/PB, 2.ª S., Rel. p/ acórdão Antonio Carlos Ferreira, m.v., j. 26.11.2012.
54 REsp 1.161.522/AL, 2.ª S., Rel. Maria Isabel Gallotti, m.v., j. 12.12.2012.
55 EREsp 1272.995/RS, 1.ª S., Rel. Mauro Campbell Marques, v.u., j. 26.9.2012.

Luis Felipe Salomão, unânime, *DJe* 12.11.2010), é legítimo o estabelecimento do limite de idade em cinquenta e cinco anos, anos promovido pelo Decreto n. 81.240/1978, sem extrapolar os parâmetros fixados na Lei n. 6.435/1977, que não veda tal prática, além de ser imperativa a manutenção do equilíbrio atuarial da instituição de previdência complementar. Embargos de declaração recebidos como agravo regimental e improvido"[56].

7. CONCLUSÕES

1.ª) O princípio da função social do contrato ingressou definitivamente no Direito brasileiro, derruindo o caráter absoluto da autonomia da vontade e inserindo-se, porque de ordem pública, como cláusula especial inserida, *ex vi legis*, em todos os contratos, escritos ou não escritos, celebrados no País, a cujas peculiaridades, contudo, se ajusta, daí se seguindo que pode ser objeto de conhecimento judicial *ex officio*, desde que alertadas previamente as partes, para preservação do contraditório constitucional.

2.ª) A interpretação da cláusula da função social do contrato, por ser aberta, dá-se de acordo com as condições sociais, econômicas, psicológicas e éticas regentes da sociedade, informadoras, também, da boa-fé objetiva negocial, nutrida da constatação objetiva do justo segundo o razoável no meio e momento social, de forma que pode vir a ser invocada tanto pelo devedor como pelo credor, segundo a vulnerabilidade social lobrigada em um ou em outro.

3.ª) O princípio da função social do contrato vem sendo progressivamente implantado pela jurisprudência nacional, por intermédio de institutos que lhe servem de veículo de inserção sistemática, como, *ad exemplificandum tantum*, o adimplemento substancial, o dever de mitigar a perda contratual, o enriquecimento sem causa, a vulnerabilidade da parte mais fraca e semelhantes.

4.ª) A casuística da aplicação do princípio vem se incrementando na jurisprudência do Superior Tribunal de Justiça, especialmente em contratos de financiamento de bens móveis, como o de alienação fiduciária em garantia, e de bens imóveis, notadamente na aquisição de moradias em prestações, consumidor, seguros de saúde e contratos bancários, sobretudo o chamado superendividamento, em especial ante acréscimos do chamado crédito rotativo e, mais, ao comprometimento do mínimo à subsistência devido a garantias em crédito consignado.

---

[56] REsp 1.033.092/RS, .2.ª S., Rel. Sidnei Beneti, v.u., j. 14.12.2011.

8. O FATO SOCIAL DA DESTRUIÇÃO DO TRIBUNAL SAN FRANCISCO

A força do fato social muitas vezes contrapôs-se à pura interpretação formal do Direito. O princípio da função social do contrato, como o da propriedade, constitui verdadeiro antídoto contra os males da exigência contratual insensível à realidade concreta, diretamente contrária às noções de justiça, consolidada no sentir da sociedade.

Um episódio histórico terrível bem ilustra o risco da decisão fundada na proclamação jurídica divorciada da realidade social.

Trata-se da história de William Sutter, fundador da cidade de San Francisco, nos Estados Unidos, narrada pelos clássicos, primeiro por Blaise Cendrars[57] e, depois por, Stefan Zweig[58]. Quando da descoberta das minas de ouro na Califórnia, o imigrante suíço Johan August Sutter, que prosperara e muito enriquecera como fazendeiro, ante a descoberta de ouro em suas terras, viu-se transformado no homem mais rico do mundo. Para sua desgraça, contudo. Pois para suas terras acorreram hordas humanas aos milhares, na chamada *gold rush*, ocupando-as, negociando-as e, à resistência, provocando-lhe a morte de filho – já tendo perdido, antes, outros familiares. Na Corte local, ganhou a ação de desocupação, contra 19.000 possuidores. Mas, proferida a sentença, expulsaram-no, pela força das armas, atearam fogo no prédio do tribunal, e lá ficaram, acabando por legitimar rudimentares documentos de posse naqueles tempos rudes. E o outrora "homem mais rico do mundo" terminou seus dias repentinamente em Washington, nas escadarias do Capitólio, clamando por Justiça.

Pena que não havia institutos de solução sociojurídica, como a função social do contrato e da propriedade, naqueles tempos históricos!

Lembra a advertência de um civilista ilustre, Mario E. Clemente Meoro: "Muchas veces hay detrás de la facultad de resolver un problema de 'riesgo y peligro' y de justificación (o no) de un determinado sacrificio patrimonial"[59].

---

[57] Blaise Cendrars, "L'Or. La Merveilleuse Histoire du Général Johan August Suter", 1925.
[58] Stefan Zweig, "Die Entdeckung des Eldorados", em "Stern-Stunden der Menschheit".
[59] MEORO, Mario E. Clemente. *La Facultad de Resolver los Contratos por Incumplimiento*. Valencia: Tirant lo Blanch, 1998. p. 12.

REFERÊNCIAS

AGUIAR JR., Ruy Rosado de. As obrigações e os contratos. *Revista do Centro de Estudos Judiciários*, n. 9, set.-dez. 1999.

_____. *Comentários ao novo Código Civil*. Coord. Sálvio de Figueiredo Teixeira. Rio de Janeiro: Forense, 2011. v. VI, t. II.

_____. *Extinção dos contratos por incumprimento do devedor*. 2. ed. Rio de Janeiro: Aide, 2003.

ANDRADE NETO, Antonio Hamilton de Castro. Algumas considerações sobre a evolução do contrato e de sua função social. In: ALVIM, Angélica Arruda, CAMBLER, Everaldo Augusto (Coord.). *Atualidades de direito civil*. Curitiba: Juruá, 2006.

ANDRIETTA, Selma Árabe. A constitucionalização do Código Civil e a função social do contrato. *Cadernos de Iniciação Científica*, São Bernardo do Campo: Faculdade de Direito de São Bernardo do Campo, n. 4, p. 143-150, 2007.

ASSIS, Araken de. *Resolução do contrato por inadimplemento*. 2. ed. São Paulo: RT, 1994.

AZEVEDO, Álvaro Villaça. O novo Código Civil brasileiro: tramitação; função social do contrato, boa-fé objetiva; teoria da imprevisão e, em especial, onerosidade excessiva, *laesio enormis*. In: DELGADO, Mário Luiz; ALVES, Jones Figueiredo (Coord.). *Questões controvertidas o Novo Código Civil*. São Paulo: Método, 2004.

BENETI, Sidnei; BENETI FILHO, Sidnei. Teoria do adimplemento substancial do contrato na atualidade. *Revista do Advogado*, AASP, n. 131, p. 224 e ss., out. 2016.

BERALDO, Leonardo de Faria. *Função social do contrato*: contributo para a construção de uma nova teoria. Belo Horizonte: Del Rey, 2011.

BORBA, Rodrigo Esperança. A cláusula geral da função social do contrato. *Jornada de Direito Civil e Processual Civil*, 1, 2009, Salvador; Jornada de Direito Civil e Processual Civil, Escola da Magistratura Federal da 1.ª Região, Brasília, ESMAF, 2010.

BRANCO, Gerson Luiz Carlos. *Função social dos contratos*: interpretação à luz do Código Civil. São Paulo: Saraiva, 2009.

CARDOSO, Vladimir Mucury. *Revisão contratual e lesão*. Rio de Janeiro: Renovar, 2008.

CIMBALI, Enrico. *Nuova fase del Diritto Civile nei Rapporti Economici e Sociale, con Proposte di Riforma della Legislazione Civile Vigente*. 4. ed. Torino: UTET, 1907.

COUTO E SILVA, Clóvis Veríssimo. *A obrigação como processo*. São Paulo: José Bushatsky, 1975.

DINIZ, Maria Helena. *Curso de direito civil brasileiro*. 30. ed. São Paulo: Saraiva, 2014. v. 3.

FACHIN, Luiz Edson. *Teoria crítica do direito civil*. 3. ed. Rio de Janeiro: Renovar, 2012.

_____. Responsabilidade por dano de cumprimento diante do desaproveitamento da função social do contrato. In: NERY, Rosa Maria de Andrade; DONNINI, Rogério (Coord.). *Responsabilidade civil*: estudos em homenagem ao Professor Rui Geraldo Camargo Viana. São Paulo: RT, 2009.

FERREIRA, Antonio Carlos. A interpretação da doutrina do adimplemento substancial. *Consultor Jurídico*, São Paulo, 09.02.2015 (1.ª parte) e 29.06.2016 (2.ª parte).

_____. Revisão judicial dos contratos. *Superior Tribunal de Justiça*. Doutrina. Edição Comemorativa – 25 anos. Brasília: STJ, 2014.

GAMA, Guilherme Calmon Nogueira da. Direito contratual contemporâneo: a função social do contrato. In: TEPEDINO, Gustavo; FACHIN, Luiz Edson (Coord.). *O direito e o tempo*: embates jurídicos e utopias contemporâneas: estudos em homenagem ao Professor Ricardo Pereira Lira. Rio de Janeiro: Renovar, 2008.

GODOY, Cláudio Luiz Bueno de. *Função social do contrato*: os novos princípios contratuais. 4. ed. São Paulo: Saraiva, 2012.

GOMES, Daniela Vasconcellos. Os princípios da boa-fé e da função social do contrato e a teoria contratual contemporânea. *Revista de Direito Privado*, São Paulo: RT, v. 26, p. 77-104, abr.-jun. 2006.

_____. Função social do contrato e da empresa: aspectos jurídicos da responsabilidade social nas relações consumeristas. *Revista Forense*, Rio de Janeiro: Forense, v. 387, p. 49-65, set.-out. 2006.

GUILHERME, Luiz Fernando do Vale de Almeida. *Função social do contrato e contrato social*: análise da crise econômica. 2. ed. São Paulo: Saraiva, 2015.

_____. Uma análise da função social do contrato e da boa-fé objetiva como delimitadoras da autonomia da vontade e como estruturadoras da segurança jurídica contratual. In: PASCHOAL, Frederico; SIMÃO, José Fernando (Org.). *Contribuições ao estudo do novo direito civil*. Campinas: Millennium, 2004.

HEINRICHS, Helmut. Bürgerliches Gesetzbuch. Ersters Buch. Einleitung. *Palandt Bürgerliches Gesetzbuch*. München, C. H.: Beck'sche Verlagsbuchhandlung, 1995.

HIRONAKA, Giselda Maria Fernandes. Contrato: estrutura milenar de fundação do direito privado. Disponível em: <www.flaviotartuce.adv.br>.

HORA NETO, João. O princípio da função social do contrato no Código Civil de 2002. *Ciência Jurídica*, Belo Horizonte: Ciência Jurídica, v. 133, p. 72-84, jan.-fev. 2007.

IGLESIAS, Carlos Alberto de Mello. *A função social dos contratos segundo os conceitos do direito civil constitucional*. 2003. Dissertação (Mestrado) – PUC-SP, São Paulo.

LAHR, C. *Manual de filosofia*. Porto: Livraria Apostolado da Imprensa, 1958.

LEONARDI, Felipe Raminelli. É possível ir além da relatividade contratual? Função social do contrato e contornos da autonomia privada. *Revista de Direito Privado*, São Paulo: RT, n. 49, p. 147-185, jan.-mar. 2012.

LISBOA, Roberto Senise. *Contratos difusos e coletivos*: a função social do contrato. 4. ed. São Paulo: Saraiva, 2012.

MAIA JÚNIOR, Mairan Gonçalves. A função social como instrumento de equilíbrio contratual no Código de defesa do Consumidor. *Revista de Direito Privado*, São Paulo: RT, n. 72, p. 17-42, dez. 2016.

MARQUES, Claudia Lima. *Contratos no Código de Defesa do Consumidor*. 8. ed. São Paulo: Saraiva, 2016.

MARTINS-COSTA, Judith. Novas reflexões sobre o princípio da função social dos contratos. *Revista Estudos do Direito do Consumidor*, Centro de Direito do Consumo, Faculdade de Direito da Universidade de Coimbra, n. 7, 2005.

_____. O adimplemento e o inadimplemento das obrigações no novo Código Civil e seu sentido ético e solidarista. In: FRANCIULLI NETTO, Domingos. MENDES, Gilmar Ferreira; MARTINS FILHO, Ives Gandra da Silva (Coord.). *O novo Código Civil*: estudos em homenagem ao Prof. Miguel Reale. São Paulo: LTr, 2003.

_____. Prefácio a função social dos contratos. Interpretação à luz do Código Civil. In: BRANCO, Gerson Luiz Carlos. Modelos de Direito Privado. São Paulo: Marcial Pons, 2014. p. 251.

MELLO, Adriana Mandin Theororo de. A função social do contrato e o princípio da boa-fé no novo Código Civil brasileiro. *Revista Síntese de Direito Civil e Processual Civil*, Porto Alegre: Síntese, v. 16, p. 142-159, mar.-abr. 2002.

MEORO, Mario E. Clemente. *La Facultad de Resolver los Contratos por Incumplimiento*. Valencia: Tirant lo Blanch, 1998.

MIRAGEM, Bruno Nubens Barbosa. Função social do contrato, boa-fé e bons costumes: nova crise dos contratos e a reconstrução da autonomia negocial pela concretização das cláusulas gerais. In: MARQUES, Cláudia Lima (Coord.). *A nova crise do contrato*: estudos sobre a nova teoria contratual. São Paulo: RT, 2007.

MOURA, Mário Aguiar. Função social do contrato. *Revista dos Tribunais*, São Paulo: RT, v. 630, p. 247-249, abr. 1988.

NALIN, Paulo Roberto. Ética e boa-fé no adimplemento contratual. In: FACHIN, Luiz Edson (Coord.). *Repensando os fundamentos do direito civil brasileiro contemporâneo*. Rio de Janeiro: Renovar, 1988.

NASSER, Paulo Magalhães. *Onerosidade excessiva no contrato civil*. São Paulo: Saraiva, 2011.

NERY JUNIOR, Nelson; NERY, Rosa Maria de Andrade. *Código Civil comentado*. 11. ed. São Paulo: RT, 2014.

_____. *Manual de direito civil*: obrigações. São Paulo: RT, 2013.

_____; _____. *Soluções práticas*. São Paulo: RT, 2010. v. II, n. 2.

OLIVEIRA, Elpídio Sabino de. Boa-fé objetiva e função social nos contratos à luz do novo Código Civil e Código de Proteção e Defesa do Consumidor. *Repertório de Jurisprudência IOB*, São Paulo: Thompson/IOB, v. 3 n. 3, p. 101, 1.ª quinzena fev. 2006.

PARDINI, André Rinaldo. A função social do contrato. In: BENACCHIO, Marcelo; SOARES, Ronnie Herbert Barros (Coord.); CAMARGO, Caio Pacca Ferraz de; MACIULIS, Eliane Catelani; MENEZES, Mário Sérgio (Org.). *Temas atuais sobre a teoria geral dos contratos*. Curitiba: CRV, 2014.

PERES, Tatiana Bonatti. Função social do contrato. *Revista de Direito Privado*, São Paulo: RT, v. 40, p. 288-307, out.-dez. 2009.

REALE, Miguel. *Filosofia do direito*.

_____. Função social do contrato. Disponível em: <http://miguelreale.com.br/artigos/funsoccotlhtm>.

_____. *O projeto do novo Código Civil brasileiro*. São Paulo: Saraiva, 1975.

_____. _____. 2. ed. São Paulo: Saraiva, 1999.

RODOVALHO, Thiago; MOCHI, Lucas Gomes. Função social do contrato e as implicações econômicas de sua aplicabilidade. *Revista Forense*, Rio de Janeiro, v. 418, p. 417 e ss., jul.-dez. 2013.

RODRIGUES JÚNIOR, Otávio Luiz. *Revisão judicial dos contratos*: autonomia da vontade e teoria da imprevisão. 2. ed. São Paulo: Atlas, 2006.

ROSENVALD, Nelson. A função social do contrato. In: HIRONAKA, Gisenda Maria Fernandes Novaes; TARTUCE, Flávio (Coord.). *Direito contatual*: temas atuais. São Paulo: Método, 2007.

RULLI NETO, Antonio. *Função social do contrato*. São Paulo: Saraiva, 2011.

SALOMÃO, Luís Felipe. *Direito privado*. 2. ed. Rio de Janeiro: Forense, 2014.

SANTOS, Antonio Jeová. *Função social do contrato*. 2. ed. São Paulo: Método, 2004.

SCHMIDT, Jan Peter. *Zivilrechtskodifikation in Brasilien*. Tübingen: Mohr Siebeck, 2009.

SZTAJN, Rachel. Função social do contrato e direito de empresa. *Revista de Direito Mercantil, Industrial, Econômico e Financeiro*, São Paulo: Malheiros, v. 139, p. 29-49, jul.-set. 2005.

TARTUCE, Flávio. A função social dos contratos, a boa-fé objetiva e as recentes súmulas do Superior Tribunal de Justiça. *Repertório de Jurisprudência IOB*, São Paulo: Thompson/IOB, v. 3, n. 13, p. 410, 1.ª quinzena jul. 2006.

_____. *Direito civil*: teoria geral dos contratos e contratos em espécie. 12. ed. Rio de Janeiro: Forense, 2017. v. 3.

_____. O princípio da autonomia privada e o direito contratual brasileiro. In: _____; HIRONAKA, Giselda Maria Fernandes Novaes (Coord.). *Direito contratual*. Temas atuais. São Paulo: Método, 2008.

TEPEDINO, Gustavo José Mendes. Notas sobre a função social dos contratos. In: _____ (Coord.). *Temas de direito civil*. Rio de Janeiro: Renovar, 2009. t. 3.

THEODORO JÚNIOR, Humberto. *O contrato e sua função social*: a boa-fé objetiva no ordenamento jurídico e a jurisprudência contemporânea. 4. ed. Rio de Janeiro: Forense, 2014.

TIMM, Luciano Benetti. Direito, economia e função social do contrato: em busca dos verdadeiros interesses coletivos protegíveis no mercado do crédito. *Revista de Direito Bancário e do Mercado de Capitais*, São Paulo: RT, v. 33, p. 15-31, jul.-set. 2006.

_____. Função social do direito contratual no Código Civil brasileiro: justiça distributiva vs. Eficiência econômica. *Revista dos Tribunais*, São Paulo, v. 876, p. 11-43, out. 2008.

TOMASEVICIUS FILHO, Eduardo. A função social do contrato: conceito e critérios de aplicação. *Revista de Informação Legislativa*, Brasília: Subsecretaria de Edições Técnicas do Senado Federal, v. 168, p. 197-213, out.-dez. 2005.

TONIAZZO, Paulo Roberto Froes. *A função social do contrato privado*: limite da liberdade de contratar. Florianópolis: Conceito, 2008.

UNBERATH, Hannes. Vertrag. In: BASEDOW, Jürgen; HOPT, Klaus J.; ZIMMERMANN, Reinhard (Org.). *Handbuch des Europäischen Privatrecht*. Tübingen: Mohr Siebeck, 2011.

VENOSA, Sílvio de Salvo. *Direito civil*. 12. ed. São Paulo: Atlas, 2012. v. II.

VILAS BÔAS, Renata Malta. Dever de mitigar o próprio prejuízo (*Duty to Mitigate the Loss*). Âmbito Jurídico. Disponível em: <http://ambito-juridico.com.br/site?n_link+revista_leitura@artigo_id=12702>.

ZIMMERMANN, Reinhard. *The law of obligations*. New York: Oxford University Press, 1996.

SEGURO-SAÚDE. QUESTÕES ATUAIS

11

SEGURO E PLANOS DE ASSISTÊNCIA À SAÚDE: QUESTÕES ATUAIS

Bruno Miragem

Sumário: 1. Introdução; 2. Causa contratual, interesse legítimo dos consumidores e deveres anexos de boa-fé nos contratos de seguro e planos de assistência à saúde; 3. Solidariedade intergeracional e a equivalência das prestações nos contratos de planos de saúde; 4. Dependência contratual e cooperação; 5. Considerações finais; 6. Referências.

1. INTRODUÇÃO

Um contrato de grande importância social e econômica são os contratos de seguro e plano de saúde. Possuem características próprias na realidade contemporânea,[1] uma vez que a essencialidade da prestação deles pelo prestador do serviço, relacionada à promoção e preservação da saúde e da vida do cocontratante e demais beneficiários, e de ser um contrato de duração, muitas vezes perpassando toda a vida do indivíduo, reforça um grau expressivo de intervenção do Estado no conteúdo do contrato e em sua execução.

Na verdade, ao falar de contratos de seguro e planos de assistência à saúde não se está a tratar de um contrato, mas de dois modelos contratuais.

---

[1] Para detalhes, seja consentido remeter a MIRAGEM, Bruno. *Curso de direito do consumidor.* 6. ed. São Paulo: RT, 2016. p. 463 e ss.

O primeiro, seguro-saúde, tem a estrutura característica de um contrato de seguro, cuja base conceitual é dada pela noção de garantia contra riscos (no caso, riscos à saúde). O segurador, nesse caso, oferece uma cobertura sobre riscos de saúde, tal como o faz em relação a outros riscos dessa relação típica. O contrato de assistência à saúde, por sua vez, organiza uma ampla e complexa rede de prestação de serviços ao usuário, credenciando profissionais, hospitais, laboratórios e outros prestadores de serviço tornados disponíveis aos usuários, conforme as características de um "plano de assistência" do qual tenham optado.

O *contrato de seguro-saúde* estava regulado e definido pela lei específica dos seguros – Decreto-lei 73, de 21.11.1966 –, possuindo duas modalidades: a) os contratos envolvendo o *reembolso* de futuras despesas médicas eventualmente realizadas (art. 129), contratos de seguro-saúde fornecidos por companhias seguradoras, empresas bancárias e outras sociedades civis autorizadas; b) os contratos envolvendo o *pré-pagamento* de futuras e eventuais despesas médicas (art. 135), mercado no qual operam as cooperativas e associações médicas.[2] Teoricamente, esse contrato de seguro-saúde ainda existe como possibilidade, mas a rigor, com a evolução legislativa, e em especial, o advento da Lei 9.656, de 03.03.1998, passou-se a tratar, como regra, sobre contratos de plano de saúde, ainda que se sustente a probabilidade de sua indicação como contratos de "seguro-saúde", porém identificando as prestações típicas definidas na lei. A Lei 9.656/1998, em seu art. 1.º, I, define seu âmbito de incidência mediante determinação do conceito de plano privado de assistência à saúde como

> [...] prestação continuada de serviços ou cobertura de custos assistenciais a preço pré ou pós-estabelecido, por prazo indeterminado, com a finalidade de garantir, sem limite financeiro, a assistência à saúde, pela faculdade de acesso e atendimento por profissionais ou serviços de saúde, livremente escolhidos, integrantes ou não de rede credenciada, contratada ou referenciada, visando à assistência médica, hospitalar e odontológica, a ser paga integral ou parcialmente às expensas da operadora contratada, mediante reembolso ou pagamento direto ao prestador, por conta e ordem do consumidor.

---

[2] GREGORI, Maria Stella. *Planos de saúde*. A ótica da proteção do consumidor. 3. ed. São Paulo: RT, 2011. p. 164; SAMPAIO, Aurisvaldo. *Contratos de planos de saúde*. São Paulo: RT, 2010.

Esses contratos de seguro e planos de assistência à saúde caracterizam-se, segundo uníssona doutrina e jurisprudência, como contratos de consumo, atraindo a incidência do Código de Defesa do Consumidor (Lei 8.078, de 11.09.1990). Assim, aliás, reconhece a firme jurisprudência do STJ, inclusive por intermédio da Súmula 469: "Aplica-se o Código de Defesa do Consumidor aos contratos de plano de saúde".[3] Nesse sentido, as seguradoras e operadoras de planos de assistência à saúde são fornecedores de serviços aos consumidores. Por consumidores, tanto se vejam os destinatários finais do serviço (nos termos do art. 2.º do CDC) como se admitirá, para certos efeitos, por equiparação, àqueles que estipulam em favor de terceiros, como as empresas,[4] associações ou sindicatos que contratam planos de saúde coletivos em favor de seus empregados ou associados, para que estes tomem parte da relação contratual aderindo às condições estabelecidas. Nesses casos, a incidência do art. 29 do CDC, equiparando a consumidor o estipulante do contrato em certas situações, será admitida. Da mesma forma, é de registrar, sem prejuízo da discussão acesa sobre o tema, o entendimento contemporâneo da jurisprudência em relação à incidência do CDC às entidades de autogestão que não oferecem produtos no mercado (art. 1.º, § 2.º, da Lei 9.656/1998).[5]

---

[3] STJ, Súmula 469, 2.ª Seção, j. 24.11.2010, DJe 06.12.2010.

[4] Em sentido contrário, apontando como relação comercial a existente entre a empresa estipulante e a operadora do plano de saúde, sem a possibilidade de equiparação: STJ, AgInt no REsp 1357183/SP, Rel. Min. Maria Isabel Gallotti, 4.ª Turma, j. 02.02.2017, DJe 13.02.2017.

[5] Sustentando a aplicação do CDC às entidades de autogestão em saúde: Recurso especial interposto sob a égide do CPC/73. Plano de saúde. Lei n. 9.656/98. Restituição em dobro com base no CDC. Hospital e médicos não credenciados. Cirurgia bariátrica. Complicações. Tratamento de urgência. Tratamento particular. Solicitação de reembolso. Indenização por dano moral. 1. Não configura violação do art. 535 do CPC a decisão que examina, de forma fundamentada, as questões submetidas à apreciação judicial. 2. A repetição em dobro do indébito, prevista no art. 42, parágrafo único, do CDC, pressupõe tanto a existência de pagamento indevido quanto a má-fé do credor. 3. Aplica-se o Código de Defesa do Consumidor ao contrato de plano de saúde administrado por entidade de autogestão, pois "a relação de consumo caracteriza-se pelo objeto contratado, no caso a cobertura médico-hospitalar, sendo desinfluente a natureza jurídica da entidade que presta os serviços" (REsp n. 469.911/SP). 4. As regras estabelecidas na Lei n. 9.656/98 não retroagem para alcançar contratos celebrados antes de sua vigência. Na hipótese de abusividade de cláusulas contratuais em avença firmada em data anterior, elas podem ser revistas com base no Código de Defesa do Consumidor. 5. Recurso especial conhecido e parcialmente provido (STJ, REsp 1392560/PE, Rel. Min. João Otávio de Noronha, 3.ª Turma, j. 09.08.2016,

Por ser um contrato de duração, a superveniência de lei que disciplinou os contratos em 1998 fez com que aqueles celebrados antes desta data, ao não serem alcançados pelos efeitos da nova lei, subordinem-se às regras do Código de Defesa do Consumidor, de 1990, criando regimes distintos, mesmo ainda em relação àqueles contratos celebrados antes da edição do CDC, em vista da garantia de irretroatividade da lei. Daí haver, em relação a esses contratos, essencialmente quatro regimes: a) o dos contratos celebrados sob a vigência da Lei 9.656/1998, submetidos integralmente às suas disposições e ao Código de Defesa do Consumidor; b) o dos contratos celebrados antes da vigência da lei especial, porém adaptados, mediante novo ajuste entre o consumidor e o fornecedor, nos limites definidos nos arts. 35 e 35-E da Lei 9.656/1998; c) os anteriores à vigência da Lei 9.656/1998, aos quais não se aplicam suas disposições, mas que, porém, se submetem, se posteriores à vigência do CDC, às disposições legais de proteção do consumidor aplicáveis aos contratos;[6] d) por fim, os contratos anteriores à vigência do CDC, sobre os quais se aplica a legislação geral sobre serviços do Código Civil e outras leis de direito privado. No caso da Lei 9.656/1998, especialmente em face da garantia de irretroatividade da lei, decidiu o STF, por intermédio de medida cautelar na ADIn 1931/DF, suspender as disposições da lei que remetiam sua aplicação a contratos já existentes anteriores a sua vigência.[7]

DJe 06.10.2016). Em sentido contrário: REsp 1285483/PB, Rel. Min. Luis Felipe Salomão, 2.ª Seção, j. 22.06.2016, DJe 16.08.2016.

[6] STJ, AgRg no REsp 1.260.121/SP, 3.ª Turma, j. 27.11.2012, Rel. Min. Paulo de Tarso Sanseverino, DJe 06.12.2012.

[7] "Ação direta de inconstitucionalidade. Lei ordinária 9.656/98. Planos de seguros privados de assistência à saúde. Medida Provisória 1.730/98. Preliminar. Ilegitimidade ativa. Inexistência. Ação conhecida. Inconstitucionalidades formais e observância do devido processo legal. Ofensa ao direito adquirido e ao ato jurídico perfeito. 1. Propositura da ação. Legitimidade. Não depende de autorização específica dos filiados a propositura de ação direta de inconstitucionalidade. Preenchimento dos requisitos necessários. 2. Alegação genérica de existência de vício formal das normas impugnadas. Conhecimento. Impossibilidade. 3. Inconstitucionalidade formal quanto à autorização, ao funcionamento e ao órgão fiscalizador das empresas operadoras de planos de saúde. Alterações introduzidas pela última edição da Medida Provisória 1.908-18/99 [vide Medida Provisória 2.177-44/2001]. Modificação da natureza jurídica das empresas. Lei regulamentadora. Possibilidade. Observância do disposto no artigo 197 da Constituição Federal. 4. Prestação de serviço médico pela rede do SUS e instituições conveniadas, em virtude da impossibilidade de atendimento pela operadora de Plano de Saúde. Ressarcimento à Administração Pública mediante condições preestabelecidas em resoluções internas da Câmara de Saúde Complementar. Ofensa ao devido processo legal. Alegação improcedente. Norma programática pertinente à realização de políticas públicas. Conveniência da manutenção da

Embora seja um contrato com disciplina legal detalhada, assim como subordinado a intensa atuação regulatória – por intermédio das normas editadas pela Agência Nacional de Saúde Suplementar –, não é errado dizer que muito do seu perfil atual é fruto de construção jurisprudencial – em especial a partir do entendimento do Superior Tribunal de Justiça. O elevado nível de litigiosidade entre fornecedores e consumidores contribui para esse protagonismo judicial. Causas dessa litigiosidade são diversas. Entre elas está a falha ao dever de informar do fornecedor, seus representantes e prepostos, na oferta do contrato, sem a indicação detalhada do conteúdo de sua prestação e da natureza do contrato. Da mesma forma, os elevados custos do setor de saúde no Brasil e no mundo, que pressionam a atividade do fornecedor e a sustentabilidade desses sistemas contratuais. Por outro lado, nota-se a ausência de um papel mais ativo do Estado na regulação da atividade, compreendendo todos os sujeitos envolvidos – consumidores, operadoras dos planos de saúde e prestadores de serviços (médicos, hospitais, laboratórios etc.).

2. CAUSA CONTRATUAL, INTERESSE LEGÍTIMO DOS CONSUMIDORES E DEVERES ANEXOS DE BOA-FÉ NOS CONTRATOS DE SEGURO E PLANOS DE ASSISTÊNCIA À SAÚDE

A causa do contrato em questão diz respeito à oferta de segurança aos consumidores usuários acerca de acesso a serviços de saúde em caso

---

vigência da norma impugnada. 5. Violação ao direito adquirido e ao ato jurídico perfeito. Pedido de inconstitucionalidade do artigo 35, *caput* e §§ 1.º e 2.º, da Medida Provisória 1.730-7/98 [vide Medida Provisória 2.177-44/2001]. Ação não conhecida tendo em vista as substanciais alterações neles promovidas pela medida provisória superveniente. 6. Artigo 35-G, *caput*, incisos I a IV, §§ 1.º, incisos I a V, e 2.º, com a nova versão dada pela Medida Provisória 1.908-18/99. Incidência da norma sobre cláusulas contratuais preexistentes, firmadas sob a égide do regime legal anterior. Ofensa aos princípios do direito adquirido e do ato jurídico perfeito. Ação conhecida, para suspender-lhes a eficácia até decisão final da ação. 7. Medida cautelar deferida, em parte, no que tange à suscitada violação ao artigo 5.º, XXXVI, da Constituição, quanto ao artigo 35-G, hoje, renumerado como artigo 35-E pela Medida Provisória 1.908-18, de 24 de setembro de 1999; ação conhecida, em parte, quanto ao pedido de inconstitucionalidade do § 2.º do artigo 10 da Lei 9.656/98, com a redação dada pela Medida Provisória 1.908-18/99, para suspender a eficácia apenas da expressão 'atuais e'. Suspensão da eficácia do artigo 35-E (redação dada pela MP 2.177-44/2001) e da expressão 'artigo 35-E', contida no artigo 3.º da Medida Provisória 1.908-18/99" (STF, ADI 1931 MC, j. 21.08.2003, Rel. Min. Maurício Corrêa, *DJ* 28.05.2004).

de necessidade, portanto em acordo com os riscos relacionados à saúde e à preservação da vida. Há, contudo, prestação de serviços de trato sucessivo, ou seja, contratos de fazer de longa duração e que possuem uma grande importância social e individual. Nesse sentido, a prestação do fornecedor, de organizar uma rede credenciada que viabilize esse acesso aos serviços no caso de necessidade (o risco), ou administre os recursos arrecadados dos consumidores para garantir o reembolso de despesas médico-hospitalares, conforme o caso.

Ao identificar essa causa do contrato como o acesso aos serviços de saúde no caso de necessidade do consumidor, ela orienta sua interpretação. Aqui há de se distinguir o que seja esse acesso a serviços segundo as expectativas legítimas do consumidor – legitimadas especialmente pela atuação negocial do fornecedor no momento da oferta –, bem como os procedimentos necessários ao fim útil do contrato.[8]

Cumpre ao fornecedor a organização da cadeia de fornecimento dos serviços, não mais como seguro de risco, mas como serviço garantido de prestação, o que induz à responsabilidade solidária entre o organizador da cadeia (fornecedor indireto, mas contratante) e o prestador dos serviços médicos (fornecedor direto, médico, hospital, clínica, laboratório ou outro integrante da cadeia de fornecimento de serviços de saúde).[9] Essa solidariedade do organizador da cadeia de fornecimento será admitida em relação tanto à adequação do serviço (responsabilidade pelo vício do serviço) quanto na violação da segurança do consumidor por defeito da prestação (responsabilidade pelo fato do serviço),[10] hipóteses em que, contudo, merecerá atenção redobrada o exame do nexo de causalidade.

---

[8] GREGORI, Maria Stella. *Planos de saúde*. A ótica da proteção do consumidor. 3. ed. São Paulo: RT, 2011. p. 164.

[9] MARQUES, Claudia Lima; MIRAGEM, Bruno. Seguros e planos de assistência à saúde: riscos, solidariedade e os direitos do consumidor. In: _____; CARLINI, Angélica. *Direito dos seguros*. Fundamentos de direito civil, empresarial e do consumidor. São Paulo: RT, 2014. Na doutrina argentina, veja-se: GHERSI, Carlos Alberto. *Contrato de medicina prepaga*. Buenos Aires: Astrea, 1993. p. 162.

[10] Civil e processual. Ação de indenização. Erro médico. Cooperativa de assistência de saúde. Legitimidade passiva. CDC, arts. 3.º e 14. I – A Cooperativa que mantém plano de assistência à saúde é parte legitimada passivamente para ação indenizatória movida por associada em face de erro médico originário de tratamento pós-cirúrgico realizado com médico cooperativado. II – Recurso especial não conhecido (STJ, REsp 309.760/RJ, Rel. Min. Aldir Passarinho Junior, 4.ª Turma, j. 06.11.2001, *DJ* 18.03.2002). Em embargos de declaração dessa mesma decisão, o STJ foi, então, mais enfático: "Cvil e processual. Cooperativa de

Tem papel essencial na interpretação do contrato, igualmente, a boa-fé objetiva. Os deveres de boa-fé, segundo conhecida sistematização alemã, desdobram-se nos deveres de cuidado, cooperação e respeito às expectativas legítimas da outra parte; aos deveres de informação e advertência; aos deveres de proteção de cuidado com a pessoa e o patrimônio da contraparte; ou mesmo aos deveres de abstenção.[11] A jurisprudência do STJ, a esse respeito, vem pontuando situações em que a violação da boa-fé pela operadora do plano gera pretensão em razão do inadimplemento do dever.[12] É o caso no qual a operadora do plano de saúde altera de modo unilateral o contrato para prever que a possibilidade de o consumidor utilizar serviços de hospital não credenciado no plano tem a restituição de despesas limitadas por tabela fixada pelo fornecedor.[13] Da mesma forma, as cláusulas que limitam tempo

---

trabalho médico. Ato lesivo praticado por médico. Responsabilidade civil. CDC, CC e Lei n. 5.764/71. Embargos declaratórios. Omissão não configurada. I – A inexistência de vínculo empregatício entre a cooperativa de trabalho médico e o profissional a ela associado não é fator impeditivo do reconhecimento da sua responsabilidade civil, com base nas disposições da lei substantiva e do Código de Defesa do Consumidor, em relação aos atos praticados em decorrência de serviços prestados em plano de saúde. II – Embargos rejeitados, posto que buscam efeito meramente infringente do julgado" (STJ, EDcl no REsp 309.760/RJ, Rel. Min. Aldir Passarinho Junior, 4.ª Turma, j. 18.04.2002, DJ 1.º.07./2002). No mesmo sentido: AgRg no REsp 1537273/SP, Rel. Min. Paulo de Tarso Sanseverino, 3.ª Turma, j. 24.11.2015, DJe 1.º.12./2015.

[11] MIRAGEM, Bruno. *Direito civil*: direito das obrigações. São Paulo: Saraiva, 2017. p. 44.

[12] Sobre as cláusulas abusivas por violação da boa-fé nos planos de saúde, veja-se: ZANELLATO, Marco Antônio. Cláusulas abusivas em contratos e planos privados de assistência à saúde. *Revista de Direito do Consumidor*, São Paulo: RT, v. 30, p. 11-17, abr.-jun. 1999.

[13] "Civil e processual civil. Plano de saúde. Alteração unilateral do contrato. Internação em hospital não conveniado. CDC. Boa-fé objetiva. 1. A operadora do plano de saúde está obrigada ao cumprimento de uma boa-fé qualificada, ou seja, uma boa-fé que pressupõe os deveres de informação, cooperação e cuidado com o consumidor/segurado. 2. No caso, a empresa de saúde realizou a alteração contratual sem a participação do consumidor, por isso é nula a modificação que determinou que a assistência médico-hospitalar fosse prestada apenas por estabelecimento credenciado ou, caso o consumidor escolhesse hospital não credenciado, que o ressarcimento das despesas estaria limitado à determinada tabela. Violação dos artigos 46 e 51, IV e § 1.º, do CDC. 3. Por esse motivo, prejudicadas as demais questões propostas no especial. 4. Recurso especial provido" (STJ, REsp 418.572/SP, 4.ª Turma, j. 10.03.2009, Rel. Min. Luis Felipe Salomão, DJe 30.03.2009).

de internação,[14] que já foram objeto da Súmula 302 do Superior Tribunal de Justiça:" É abusiva a cláusula contratual de plano de saúde que limita no tempo a internação hospitalar do segurado". Igualmente abusiva, segundo a jurisprudência, é a cláusula que impede a utilização de material importado em cirurgia, quando inexistente similar nacional,[15] ou as que excluem a cobertura de próteses sem as quais a cobertura do procedimento cirúrgico perde qualquer utilidade.[16] Registre-se, ainda, a cláusula em contratos no qual a fornecedora seja cooperativa médica, que condiciona a aceitação do custeio de exames à exigência de que sua requisição seja feita por um médico cooperado, sob o fundamento de ofensa à liberdade de escolha do consumidor.[17] A ideia

---

[14] STJ, REsp 361.415/RS, 4.ª Turma, j. 02.06.2009, Rel. Min. Luis Felipe Salomão, *DJe* 15.06.2009.

[15] "Plano de saúde. Cirurgia de aneurisma cerebral. Utilização de material importado, quando inexistente similar nacional. Possibilidade. É abusiva a cláusula contratual que exclui de cobertura securitária a utilização de material importado, quando este é necessário ao bom êxito do procedimento cirúrgico coberto pelo plano de saúde e não existente similar nacional" (STJ, REsp 952.144/SP, 3.ª Turma, j. 17.03.2008, Rel. Min. Humberto Gomes de Barros, *DJe* 13.05.2008).

[16] "Consumidor. Plano de saúde. Cláusula limitativa de fornecimento de próteses. Inaplicabilidade. Cirurgia cujo sucesso depende da instalação da prótese. 1. Malgrado válida, em princípio, a cláusula limitativa de fornecimento de próteses, prevendo o contrato de plano de saúde, no entanto, a cobertura de determinada intervenção cirúrgica, mostra-se inaplicável a limitação caso a colocação da prótese seja providência necessária ao sucesso do procedimento. 2. No caso, é indispensável a colocação de próteses de platina para o êxito da cirurgia decorrente de fratura de tíbia e maléolo. 3. Recurso especial conhecido e provido" (STJ, REsp 873.226/ES, 4.ª Turma, j. 08.02.2011, Rel. Min. Luis Felipe Salomão, *DJe* 22.02.2011). No mesmo sentido: "É nula a cláusula contratual que exclua da cobertura órteses, próteses e materiais diretamente ligados ao procedimento cirúrgico a que se submete o consumidor" (STJ, REsp 1.364.775/MG, 3.ª Turma, j. 20.06.2013, Rel. Min. Nancy Andrighi, *DJe* 28.06.2013); e STJ, AgRg no AREsp 366.349/MG, 4.ª Turma, j. 25.02.2014, Rel. Min. Maria Isabel Gallotti, *DJe* 05.03.2014.

[17] "Recurso especial. Ação civil pública. Ofensa ao artigo 535 do CPC/73. Inobservância. Plano de saúde. Condicionamento de deferimento de exame, procedimento, internação e cirurgia à subscrição de médico cooperado. Cláusula abusiva reconhecida. 1. Não há que se falar em negativa de prestação jurisdicional. Isso porque, embora rejeitados os embargos de declaração, os questionamentos aventados pela recorrente foram devidamente enfrentados pela Corte estadual, a qual emitiu pronunciamento de forma fundamentada, ainda que em sentido contrário à pretensão recursal. 2. A realização de exames, internações e demais procedimentos hospitalares não pode ser obstada aos usuários cooperados,

de frustração do fim do contrato, a partir de limitações incompatíveis com a causa contratual, também está presente no reconhecimento da abusividade de cláusula contratual que impõe, para custeio de tratamento psiquiátrico do paciente, coparticipação da ordem de 90% dos custos, arcando o operador do plano de saúde apenas com os restantes 10%, em clara frustração do interesse legítimo de precaver-se em relação aos riscos da saúde.[18] Note-se, embora a coparticipação seja uma exigência contratual admitida,[19] tanto para contribuição do consumidor na despesa efetuada quanto como instrumento legítimo de moderação do uso dos serviços, a preservação da proporcionalidade em vista do que seja a cobertura esperada para os riscos à saúde deve respeitar certa equivalência de prestação das partes no conjunto do contrato, não frustrando sua função.

Em todas essas hipóteses, falta o fornecedor ao dever de cooperação com o consumidor, em face dos interesses legítimos aferidos em vista da causa do contrato. O acesso aos serviços de saúde no caso de necessidade (a efetivação do risco à saúde do consumidor) implica que se tornem disponíveis, na realização do objeto da cobertura, os meios necessários e suficientes para que se dê o tratamento ou prevenção de enfermidades ou agravos ao indivíduo. A redução da cobertura ou a criação de obstáculo ao acesso aos serviços de saúde caracterizam a violação do dever de cooperação na execução do contrato, ensejando a responsabilidade do fornecedor pelo inadimplemento.

Nessas hipóteses, as pretensões do consumidor dirigem-se tanto à responsabilidade por vício do serviço, por descumprimento do dever de adequação da prestação, nos termos do art. 20 do CDC, como à violação da própria oferta do serviço, hipótese em que o consumidor pode reclamar a

---

  exclusivamente pelo fato de terem sido solicitados por médico diverso daqueles que compõem o quadro da operadora, pois isso configura não apenas discriminação do galeno, mas também tolhe tanto o direito de usufruir do plano contratado como a liberdade de escolha do profissional que lhe aprouver. 3. Assim, a cláusula contratual que prevê o indeferimento de quaisquer procedimentos médico-hospitalares, se estes forem solicitados por médicos não cooperados, deve ser reconhecida como cláusula abusiva, nos termos do art. 51, IV, do CDC. 4. Recurso especial a que se nega provimento" (STJ, REsp 1330919/MT, Rel. Min. Luis Felipe Salomão, 4.ª Turma, j. 02.08.2016, DJe 18.08.2016).

[18] REsp 1551031/DF, Rel. Min. Marco Buzzi, Rel. p/ Acórdão Min. Raul Araújo, 4.ª Turma, j. 28.06.2016, DJe 07.02.2017.

[19] AgRg no AgRg no AREsp 796.567/SP, Rel. Min. Marco Aurélio Bellizze, 3.ª Turma, j. 23.06.2016, DJe 30.06.2016; REsp 1511640/DF, Rel. Min. Marco Aurélio Bellizze, 3.ª Turma, j. 02.06.2015, DJe 18.06.2015.

resolução do contrato, o abatimento do preço ou sua execução específica, sem prejuízo de perdas e danos (art. 35 do CDC). Por outro lado, em vista do objeto peculiar do contrato, não são poucas as situações em que o inadimplemento do fornecedor dá causa a danos à integridade psicofísica do consumidor, situação em que se reconhece a violação do dever de qualidade-segurança, atraindo o regime de responsabilidade pelo fato do serviço.[20]

Da mesma forma, em situações admitidas para limitação de cobertura oferecida, não podem comprometer o interesse legítimo de acesso a meios eficientes de tratamento,[21] bem como devem observar o dever de informar

---

[20] CORDEIRO, Carolina; SANTANA, Hector Valverde. Dano moral decorrente do inadimplemento contratual de plano privado de assistência à saúde. *Revista de Direito do Consumidor*, São Paulo: RT, v. 80, p. 213-234, out.-dez. 2011; SCHIMITT, Cristiano Heineck. Indenização por dano moral do consumidor idoso no âmbito dos contratos de planos e de seguros privados de assistência à saúde. *Revista de Direito do Consumidor*, São Paulo: RT, v. 51, p. 130-153, jul.-set. 2004.

[21] Agravo interno no agravo em recurso especial. Plano de saúde. Recusa o fornecimento de medicação para uso domiciliar para controle e tentativa de evitar a progressão de doença hepática em cirrose ou neoplasia do fígado. Não cumprimento do dever de informação. Abusividade de cláusula que limita a forma de tratamento. Dano moral. Cabimento. Precedentes do STJ. Súmula 83/STJ. *Quantum* indenizatório razoável. Revisão. Impossibilidade. Incidência da Súmula 7/STJ. Ofensa ao art. 535 do CPC/1973 não verificada. Agravo interno improvido. 1. Não há ofensa ao art. 535 do CPC/1973, pois o Tribunal de origem decidiu a matéria de forma fundamentada. O julgador não está obrigado a rebater, um a um, os argumentos invocados pelas partes, quando tiver encontrado motivação satisfatória para dirimir o litígio. 2. "Ainda que admitida a possibilidade de o contrato de plano de saúde conter cláusulas limitativas dos direitos do consumidor (desde que escritas com destaque, permitindo imediata e fácil compreensão, nos termos do § 4.º do artigo 54 do Código Consumerista), revela-se abusivo o preceito excludente do custeio do medicamento prescrito pelo médico responsável pelo tratamento do beneficiário, ainda que ministrado em ambiente domiciliar" (AgRg no AREsp 624.402/RJ, Rel. Min. Marco Buzzi, 4.ª Turma, j. 19.03.2015, DJe 26.03.2015). 3. O acórdão recorrido está em consonância com a orientação firmada por esta Corte ao concluir que a recusa injustificada, pela operadora de plano de saúde, em autorizar tratamento do segurado, agrava a situação de aflição psicológica e de angústia daquele que necessita de cuidados médicos, ensejando reparação a título de dano moral. 4. No caso, levando-se em consideração as particularidades do caso – recusa em fornecer tratamento prescrito para o controle e para evitar a progressão da doença hepática em cirrose ou neoplasia do fígado – e os parâmetros utilizados por este Tribunal Superior em situações análogas, verifico que a quantia indenizatória fixada não se mostra excessiva e sua revisão demandaria, inevitavelmente, o reexame de

sobre essas limitações de modo eficiente, como condição para sua própria exigibilidade do consumidor. A esse respeito, o art. 46 do CDC é explícito ao dispor: "Os contratos que regulam as relações de consumo não obrigarão os consumidores, se não lhes for dada a oportunidade de tomar conhecimento prévio de seu conteúdo, ou se os respectivos instrumentos forem redigidos de modo a dificultar a compreensão de seu sentido e alcance". E o art. 54, § 4.º, igualmente refere: "As cláusulas que implicarem limitação de direito do consumidor deverão ser redigidas com destaque, permitindo sua imediata e fácil compreensão".

3. SOLIDARIEDADE INTERGERACIONAL E A EQUIVALÊNCIA DAS PRESTAÇÕES NOS CONTRATOS DE PLANOS DE SAÚDE

Uma das grandes dificuldades em relação ao contrato de seguro e planos de assistência à saúde diz respeito à manutenção do equilíbrio das prestações no tempo. Isso porque a equivalência material que se identifica ao tempo da celebração ou mesmo no estágio inicial dos contratos passa a ser desafiado pela sinistralidade que é a razão de existir do contrato, os riscos que se realizam e, com isso, demandam despesas para assegurar a cobertura contratada. Nesse particular, embora a economia do contrato se baseie em cálculos atuariais com certa previsibilidade técnica, a gestão dos custos pelo fornecedor nem sempre será suficiente para assegurar a sustentabilidade do contrato, daí a previsão legal de cláusulas de reajuste e, mesmo de revisão técnica, visando a recomposição do valor da prestação em relação aos custos apurados e aos estimados.

Contudo, não se perde de vista que os riscos à saúde, causa do interesse de acesso aos serviços pelos consumidores contratantes, revela-se também como algo que estatisticamente se desdobra no tempo. Os mais jovens estão menos expostos a certos riscos que, naturalmente, se desenvolvem com o avanço da idade. Desse modo, é premissa lógica desse contrato e do sistema que organiza que os consumidores mais jovens deverão ter, estatisticamente, uma contribuição financeira significativamente superior

---

matéria fático-probatória, o que é vedado pela Súmula n. 7 do Superior Tribunal de Justiça. 5. Agravo interno improvido (STJ, AgInt no AREsp 918.635/SP, Rel. Min. Marco Aurélio Bellizze, 3.ª Turma, j. 14.02.2017, DJe 22.02.2017). No mesmo sentido: STJ, AgInt no AREsp 919.368/SP, Rel. Min. Marco Buzzi, 4.ª Turma, j. 25.10.2016, DJe 07.11.2016.

às despesas que darão causa à operadora, enquanto os idosos, ao contrário, demandam mais serviços e, portanto, representam proporcionalmente despesas mais elevadas para acesso aos serviços objeto da cobertura assegurada. Isso é uma característica do contrato inerente à promessa de qualidade da prestação feita no momento da contratação,[22] que deve ser assegurada ao longo do tempo.

Esses elementos característicos do contrato colocam em relevo a discussão sobre a possibilidade de elevação ou não da contraprestação paga pelos consumidores por ocasião única e exclusiva de alteração da faixa etária, conforme previsto em contrato. A possibilidade dessa variação é admitida pelo art. 15 da Lei 9.656/1998, que para tanto exige apenas sua previsão inicial no contrato original, já com as faixas etárias definidas e respectivos percentuais de reajuste. Contudo, o parágrafo único da mesma lei veda que essa variação atinja consumidores com mais de sessenta anos de idade, cujo contrato esteja vigente há mais de dez anos. O propósito evidente da norma é o de preservar o interesse de consumidores idosos, evitando reajustes após os sessenta anos de idade que tornem inviável a própria manutenção do contrato. No entanto, na prática, isso levou a que, de um lado, a previsão contratual de reajuste antes do sessenta anos passasse a observar percentuais mais elevados – contemplando um estimado aumento de despesas com o consumidor idoso a partir daquela idade, de uma só vez, acabando por antecipar o percentual de reajuste que poderia, em tese, ser diluído no tempo.

Por outro lado, a discussão sobre a legalidade ou não do reajuste provoca a necessidade de interpretação do art. 51, X, do CDC, exigindo definir se a cláusula em questão não caracterizaria uma permissão para variação unilateral de preço pelo consumidor, o que implicaria também a sua definição como cláusula abusiva. Sem dizer da edição posterior do Estatuto do Idoso (Lei 10.741, de 1.º.10.2003),[23] que em seu art. 15, § 3.º, expressamente definiu que "é vedada a discriminação do idoso nos planos de saúde pela cobrança de valores diferenciados em razão da idade".

---

[22] KOENDGEN, Johannes. *Selbstbindung ohne Vertrag*: zur Haftung aus geschäftsbezogenem Handeln. Tübingen: Mohr, 1981. p. 291 ss.

[23] SCHMITT, Cristiano Heineck. *Consumidores hipervulneráveis: A proteção do idoso no mercado de consumo*. São Paulo: Atlas, 2014. p. 217. No mesmo sentido: GAMA, Guilherme Calmon Nogueira; MELO, Álvaro Andrade Antunes; GUSSEM, Marina de Almeida. Contratos de plano de saúde e os direitos do idoso. *Revista de Direito do Consumidor*, São Paulo: RT, v. 98, p. 155-175, mar.-abr. 2015.

O tema foi recentemente objeto de decisão do Superior Tribunal de Justiça no Recurso Especial 1568244/RJ, afetada ao procedimento dos recursos repetitivos.[24] Na oportunidade, a Corte fixou o entendimento da

---

[24] "Recurso especial repetitivo. Negativa de prestação jurisdicional. Não ocorrência. Civil. Plano de saúde. Modalidade individual ou familiar. Cláusula de reajuste de mensalidade por mudança de faixa etária. Legalidade. Último grupo de risco. Percentual de reajuste. Definição de parâmetros. Abusividade. Não caracterização. Equilíbrio financeiro-atuarial do contrato.

1. A variação das contraprestações pecuniárias dos planos privados de assistência à saúde em razão da idade do usuário deverá estar prevista no contrato, de forma clara, bem como todos os grupos etários e os percentuais de reajuste correspondentes, sob pena de não ser aplicada (arts. 15, *caput*, e 16, IV, da Lei n.º 9.656/1998).

2. A cláusula de aumento de mensalidade de plano de saúde conforme a mudança de faixa etária do beneficiário encontra fundamento no mutualismo (regime de repartição simples) e na solidariedade intergeracional, além de ser regra atuarial e asseguradora de riscos.

3. Os gastos de tratamento médico-hospitalar de pessoas idosas são geralmente mais altos do que os de pessoas mais jovens, isto é, o risco assistencial varia consideravelmente em função da idade. Com vistas a obter maior equilíbrio financeiro ao plano de saúde, foram estabelecidos preços fracionados em grupos etários a fim de que tanto os jovens quanto os de idade mais avançada paguem um valor compatível com os seus perfis de utilização dos serviços de atenção à saúde.

4. Para que as contraprestações financeiras dos idosos não ficassem extremamente dispendiosas, o ordenamento jurídico pátrio acolheu o princípio da solidariedade intergeracional, a forçar que os de mais tenra idade suportassem parte dos custos gerados pelos mais velhos, originando, assim, subsídios cruzados (mecanismo do *community rating* modificado).

5. As mensalidades dos mais jovens, apesar de proporcionalmente mais caras, não podem ser majoradas demasiadamente, sob pena de o negócio perder a atratividade para eles, o que colocaria em colapso todo o sistema de saúde suplementar em virtude do fenômeno da seleção adversa (ou antisseleção).

6. A norma do art. 15, § 3.º, da Lei n.º 10.741/2003, que veda 'a discriminação do idoso nos planos de saúde pela cobrança de valores diferenciados em razão da idade', apenas inibe o reajuste que consubstanciar discriminação desproporcional ao idoso, ou seja, aquele sem pertinência alguma com o incremento do risco assistencial acobertado pelo contrato.

7. Para evitar abusividades (Súmula n.º 469/STJ) nos reajustes das contraprestações pecuniárias dos planos de saúde, alguns parâmetros devem ser observados, tais como (i) a expressa previsão contratual; (ii) não serem aplicados índices de reajuste desarrazoados ou aleatórios, que onerem em demasia o consumidor, em manifesto confronto com a equidade e as cláusulas gerais da boa-fé objetiva e da especial proteção ao idoso, dado que aumentos excessivamente elevados, sobretudo

para esta última categoria, poderão, de forma discriminatória, impossibilitar a sua permanência no plano; e (iii) respeito às normas expedidas pelos órgãos governamentais: a) No tocante aos contratos antigos e não adaptados, isto é, aos seguros e planos de saúde firmados antes da entrada em vigor da Lei n.º 9.656/1998, deve-se seguir o que consta no contrato, respeitadas, quanto à abusividade dos percentuais de aumento, as normas da legislação consumerista e, quanto à validade formal da cláusula, as diretrizes da Súmula Normativa n.º 3/2001 da ANS.

b) Em se tratando de contrato (novo) firmado ou adaptado entre 02.01.1999 e 31.12.2003, deverão ser cumpridas as regras constantes na Resolução CONSU n.º 6/1998, a qual determina a observância de 7 (sete) faixas etárias e do limite de variação entre a primeira e a última (o reajuste dos maiores de 70 anos não poderá ser superior a 6 (seis) vezes o previsto para os usuários entre 0 e 17 anos), não podendo também a variação de valor na contraprestação atingir o usuário idoso vinculado ao plano ou seguro saúde há mais de 10 (dez) anos.

c) Para os contratos (novos) firmados a partir de 1.º.01.2004, incidem as regras da RN n.º 63/2003 da ANS, que prescreve a observância (i) de 10 (dez) faixas etárias, a última aos 59 anos; (ii) do valor fixado para a última faixa etária não poder ser superior a 6 (seis) vezes o previsto para a primeira; e (iii) da variação acumulada entre a sétima e décima faixas não poder ser superior à variação cumulada entre a primeira e sétima faixas.

8. A abusividade dos aumentos das mensalidades de plano de saúde por inserção do usuário em nova faixa de risco, sobretudo de participantes idosos, deverá ser aferida em cada caso concreto. Tal reajuste será adequado e razoável sempre que o percentual de majoração for justificado atuarialmente, a permitir a continuidade contratual tanto de jovens quanto de idosos, bem como a sobrevivência do próprio fundo mútuo e da operadora, que visa comumente o lucro, o qual não pode ser predatório, haja vista a natureza da atividade econômica explorada: serviço público impróprio ou atividade privada regulamentada, complementar, no caso, ao Serviço Único de Saúde (SUS), de responsabilidade do Estado.

9. Se for reconhecida a abusividade do aumento praticado pela operadora de plano de saúde em virtude da alteração de faixa etária do usuário, para não haver desequilíbrio contratual, faz-se necessária, nos termos do art. 51, § 2.º, do CDC, a apuração de percentual adequado e razoável de majoração da mensalidade em virtude da inserção do consumidor na nova faixa de risco, o que deverá ser feito por meio de cálculos atuariais na fase de cumprimento de sentença.

10. Tese para os fins do art. 1.040 do CPC/2015: O reajuste de mensalidade de plano de saúde individual ou familiar fundado na mudança de faixa etária do beneficiário é válido desde que (i) haja previsão contratual, (ii) sejam observadas as normas expedidas pelos órgãos governamentais reguladores e (iii) não sejam aplicados percentuais desarrazoados ou aleatórios que, concretamente e sem base atuarial idônea, onerem excessivamente o consumidor ou discriminem o idoso.

11. Caso concreto: Não restou configurada nenhuma política de preços desmedidos ou tentativa de formação, pela operadora, de 'cláusula de barreira' com

possibilidade de reajuste por alteração de faixa etária, interpretando a proibição constante no próprio Estatuto do Idoso como vedação à discriminação desproporcional e arbitrária, mas não aquela fundada em critérios técnicos, de modo que também não se onere demasiadamente os consumidores mais jovens, de modo a impedi-los de manter o contrato e, com isso, definir a ruína do sistema contratual. Manteve-se, contudo, a possibilidade de exame de eventual abusividade no caso concreto,[25] considerando as características e, em especial, o percentual aplicado.

4. DEPENDÊNCIA CONTRATUAL E COOPERAÇÃO

Tratando-se de contratos de duração, o dever de cooperação que se impõe aos contratantes, por força da boa-fé, observa uma ressignificação. A cooperação devida não informa apenas a execução contratual com olhar sobre a prestação e o interesse útil das partes, senão, igualmente, para a própria manutenção do vínculo contratual. Da mesma forma, há um elemento moral, de proteção da confiança e de não aproveitamento da vulnerabilidade do consumidor.[26] Essa vulnerabilidade, por sua vez, é agravada pelo fato da dependência do contrato no tempo, pelo fato da idade, ou ainda pela necessidade extrema da prestação (vinculada à preservação da própria existência da pessoa). Desse modo, exige uma adequada divisão de ônus e benefícios, na linha do que os estudos sobre contratos relacionais no Brasil vem desenvolvendo, dos sujeitos como parte de uma mesma comunidade de interesses, objetivos e padrões.[27] Isso terá de ser observado tanto em relação à transferência e distribuição adequada dos riscos quanto na identificação de

---

    o intuito de afastar a usuária quase idosa da relação contratual ou do plano de saúde por impossibilidade financeira.

    Longe disso, não ficou patente a onerosidade excessiva ou discriminatória, sendo, portanto, idôneos o percentual de reajuste e o aumento da mensalidade fundados na mudança de faixa etária da autora.

    12. Recurso especial não provido." (STJ, REsp 1568244/RJ, Rel. Min. Ricardo Villas Bôas Cueva, 2.ª Seção, j. 14.12.2016, *DJe* 19.12.2016)

[25] STJ, AgRg no AREsp 563.555/SP, Rel. Min. Ricardo Villas Bôas Cueva, 3.ª Turma, j. 19.03.2015, *DJe* 31.03.2015.

[26] Da proteção contra a vulnerabilidade resulta a ideia de tutela do melhor interesse do paciente, conforme assinala MAIA, Maurilio Casas. O direito à saúde e a tutela do melhor interesse do paciente hipervulnerável e os planos e seguros de saúde. *Revista dos Tribunais*, São Paulo: RT, v. 973, p. 19-48, 2016.

[27] MACEDO JÚNIOR, Ronaldo Porto. *Contratos relacionais no Código de Defesa do Consumidor*. São Paulo: Max Limonad, 1998. p. 175.

deveres específicos ao fornecedor para assegurar a sustentabilidade, gerindo custos de forma racional e prudente, assegurando canais eficientes e rápidos de comunicação com o consumidor, prevenindo conflitos de interesse entre operadores e rede credenciada, entre outros deveres que abrangem situações concretas a serem tomadas em consideração pelos fornecedores, na organização profissional da atividade.

5. CONSIDERAÇÕES FINAIS

O contrato de seguro e planos de assistência à saúde mantém, por sua essencialidade, e também pela crise da saúde pública no Brasil, protagonismo na vida do consumidor brasileiro. É contrato de duração que diz respeito a interesses existenciais, informando por isso o reforço dos deveres de boa-fé, em atenção ao interesse legítimo das partes e em especial a cooperação das partes para manutenção do vínculo no tempo. Daí a importância, também, do pleno atendimento do direito à informação e esclarecimento do consumidor na fase pré-negocial e durante toda a execução contratual.

Por outro lado, dado a urgência de que se revistam os interesses e conflitos na execução dos contratos, igualmente o Poder Judiciário tem papel preponderante na definição de seu perfil, bem como da correta execução de seu objeto, de garantia de acesso aos serviços médico-hospitalares no caso de riscos à saúde. O desafio de compatibilização dessa boa execução do objeto e a sustentabilidade do contrato, todavia, não se trata de algo que se deva transferir ao Poder Judiciário, senão é dever dos fornecedores, servindo-se da *expertise* e domínio técnico e jurídico sobre o contrato assegurar sua viabilidade.

6. REFERÊNCIAS

CORDEIRO, Carolina; SANTANA, Hector Valverde. Dano moral decorrente do inadimplemento contratual de plano privado de assistência à saúde. *Revista de Direito do Consumidor*, São Paulo: RT, v. 80, out.-dez. 2011.

GAMA, Guilherme Calmon Nogueira; MELO, Álvaro Andrade Antunes; GUSSEM, Marina de Almeida. Contratos de plano de saúde e os direitos do idoso. *Revista de Direito do Consumidor*, São Paulo: RT, v. 98, mar.-abr. 2015.

GHERSI, Carlos Alberto. *Contrato de medicina prepaga*. Buenos Aires: Astrea, 1993.

GREGORI, Maria Stella. *Planos de saúde*. A ótica da proteção do consumidor. 3. ed. São Paulo: RT, 2011.

KOENDGEN, Johannes. *Selbstbindung ohne Vertrag*: zur Haftung aus geschäftsbezogenem Handeln. Tübingen: Mohr, 1981.

MACEDO JÚNIOR, Ronaldo Porto. *Contratos relacionais no Código de Defesa do Consumidor*. São Paulo: Max Limonad, 1998.

MAIA, Maurilio Casas. O direito à saúde e a tutela do melhor interesse do paciente hipervulnerável e os planos e seguros de saúde. *Revista dos Tribunais*, São Paulo: RT, v. 973, 2016.

MARQUES, Claudia Lima; MIRAGEM, Bruno. Seguros e planos de assistência à saúde: riscos, solidariedade e os direitos do consumidor. In: _____; CARLINI, Angélica. *Direito dos seguros*. Fundamentos de direito civil, empresarial e do consumidor. São Paulo: RT, 2014.

MIRAGEM, Bruno. *Curso de direito do consumidor*. 6. ed. São Paulo: RT, 2016.

_____. *Direito civil*: direito das obrigações. São Paulo: Saraiva, 2017.

_____; CARLINI, Angélica. *Direito dos seguros*. Fundamentos de direito civil, empresarial e do consumidor. São Paulo: RT, 2014.

SAMPAIO, Aurisvaldo. *Contratos de planos de saúde*. São Paulo: RT, 2010.

SCHMITT, Cristiano Heineck. *Consumidores hipervulneráveis*: A proteção do idoso no mercado de consumo. São Paulo: Atlas, 2014.

_____. Indenização por dano moral do consumidor idoso no âmbito dos contratos de planos e de seguros privados de assistência à saúde. *Revista de Direito do Consumidor*, São Paulo: RT, v. 51, jul.-set. 2004.

ZANELLATO, Marco Antônio. Cláusulas abusivas em contratos e planos privados de assistência à saúde. *Revista de Direito do Consumidor*, São Paulo: RT, v. 30, abr.-jun. 1999.

12

LIMITES DA AUTONOMIA CONTRATUAL NOS PLANOS DE ASSISTÊNCIA À SAÚDE

RONEI DANIELLI

SUMÁRIO: 1. Aspectos introdutórios; 2. Natureza do contrato assistencial; 3. Implicações do viés publicístico sobre as práticas contratuais; 4. Considerações finais; 5. Referências.

1. ASPECTOS INTRODUTÓRIOS

O direito à saúde, no Estado Constitucional de Direito, desponta como um dos pilares da ordem jurídica (arts. 6.º e 196 da CF/1988), notadamente porque a proteção almejada pela tutela social visa à concretude do postulado da dignidade da pessoa humana, grande irradiador dos direitos fundamentais consagrados pelo Constituinte.

Não obstante a relevância destacada, fato é que sua plena satisfação pelos entes federativos está aquém do ideário imaginado pela Carta Maior, encontrando obstáculo em questões gerenciais e orçamentárias, daí o surgimento da ponderação entre o máximo desejável e o mínimo existencial quando da concessão de terapias e medicamentos pelo Poder Público[1].

---

[1] Incidente de resolução de demanda repetitiva – IRDR. Sistema Único de Saúde. Dispensação de medicamentos e terapias pelo Poder Público. Distinção entre fármacos padronizados dos não componentes das listagens oficiais do SUS.

Nesse contexto, a saúde suplementar, expressamente autorizada por norma de caráter constitucional (art. 199 da CF), assume papel importante na implementação dos direitos e garantias individuais, muito embora traga contornos de atividade econômica e seja regida predominantemente por arcabouço normativo privado.

A despeito disso, não refoge à supervisão estatal e recebe *status* de "serviço de relevância pública" pela própria Constituição Federal (art. 197), a demandar disciplina legislativa específica pelo Poder Público, materializada tão somente em 1998 com a edição da Lei 9.656 (Lei de Planos de Saúde).

Na hipótese, há verdadeira multilateralidade da relação jurídica, porquanto mediada entre Estado, agentes econômicos, prestadores de serviços médicos e consumidores, sendo tríplice o objetivo da regulamentação: 1) proporcionar a qualidade técnica dos serviços prestados; 2) manter a higidez financeira do mercado, desdobrada nos contratos entabulados; e 3) assegurar a tutela dos interesses dos consumidores e o acesso isonômico aos produtos em referência, com a padronização dos instrumentos contratuais, controle de preços etc.[2]

Necessária repercussão nos requisitos imprescindíveis ao nascimento da obrigação positiva do Estado. 1. Teses Jurídicas firmadas: 1.1 Para a concessão judicial de remédio ou tratamento constante do rol do SUS, devem ser conjugados os seguintes requisitos: (1) a necessidade do fármaco perseguido e adequação à enfermidade apresentada, atestada por médico; (2) a demonstração, por qualquer modo, de impossibilidade ou empecilho à obtenção pela via administrativa (Tema 350 do STF). 1.2 Para a concessão judicial de fármaco ou procedimento não padronizado pelo SUS, são requisitos imprescindíveis: (1) efetiva demonstração de hipossuficiência financeira; (2) ausência de política pública destinada à enfermidade em questão ou sua ineficiência, somada à prova da necessidade do fármaco buscado por todos os meios, inclusive mediante perícia médica; (3) nas demandas voltadas aos cuidados elementares à saúde e à vida, ligando-se à noção de dignidade humana (mínimo existencial), dispensam-se outras digressões; (4) nas demandas claramente voltadas à concretização do máximo desejável, faz-se necessária a aplicação da metodologia da ponderação dos valores jusfundamentais, sopesando-se eventual colisão de princípios antagônicos (proporcionalidade em sentido estrito) e circunstâncias fáticas do caso concreto (necessidade e adequação), além da cláusula da reserva do possível. 2. Aplicação ao caso concreto: 2.1 Recursos do Município e do Estado conhecidos e parcialmente providos para excluir da condenação o fornecimento dos fármacos não padronizados (TJSC, Incidente de Resolução de Demandas Repetitivas 0302355-11.2014.8.24.0054, de Rio do Sul, Rel. Des. Ronei Danielli, j. 09.11.2016).

2   FIGUEIREDO, Leonardo Vizeu. *Curso de direito de saúde suplementar*: manual jurídico de planos e seguros de saúde. São Paulo: MP, 2006. p. 29-30.

Diz-se que, na seara dos planos de saúde, vigora um microssistema de normas específico, no qual se inclui o espectro regulador da Agência Nacional de Saúde[3], estando a ele submetida a totalidade das atividades relacionadas à prestação do serviço, a exemplo das entidades hospitalares, clínicas, laboratórios e consultórios credenciados.

Sob esse aspecto, destaca-se a natureza mista das disposições atinentes ao Direito da Saúde Suplementar, pois, a despeito de espraiarem-se sob campo nitidamente privado, servem-se da ideologia principiológica pública, em manifesta ingerência estatal no domínio econômico.

A propósito, já disciplinava Eros Grau sobre as três espécies de intervenção na atividade econômica em sentido estrito: intervenção por absorção ou participação, intervenção por direção e intervenção por indução, a indicar a segunda modalidade [intervenção por direção] como aquela eleita pelo Estado na abordagem da saúde suplementar. Isso porque, além de regular a integralidade das operações nesse âmbito, exerce forte pressão sobre o respectivo setor, estabelecendo instrumentos e regras de comportamento obrigatórias a serem observadas pelos sujeitos envolvidos[4].

Pode-se acrescentar, outrossim, ao apanhado legislativo pertinente, o Código de Defesa do Consumidor, que, mesmo sendo anterior ao regramento dos Planos de Saúde, vem auxiliar na proteção da parte nitidamente vulnerável da contratação em referência, seja por proporcionar a facilitação da defesa dos beneficiários (art. 6.º, VIII), ou ainda por estabelecer efetivos *standards* em matéria de abusividade de cláusulas contratuais (art. 51), vedando de forma expressa determinadas práticas adotadas por diversas operadoras.

A conjuntura ora delineada revela a necessidade de observar o contrato de assistência à saúde sob uma óptica particular, não cingida ao *pacta sunt servanda* eminentemente civilista, mas sob o parâmetro da socialidade preconizada por Miguel Reale quando da edição do Código Civil. A função social

---

[3] Art. 3.º da Lei 9.961/2000: "Art. 3.º A ANS terá por finalidade institucional promover a defesa do interesse público na assistência suplementar à saúde, regulando as operadoras setoriais, inclusive quanto às suas relações com prestadores e consumidores, contribuindo para o desenvolvimento das ações de saúde no País"; Resolução Normativa 363: "Dispõe sobre as regras para celebração dos contratos escritos firmados entre as operadoras de planos de assistência à saúde e os prestadores de serviços de atenção à saúde e dá outras providências".

[4] GRAU, Eros Roberto. *A ordem econômica na Constituição de 1988*. 7. ed. São Paulo: Malheiros, 2002. p. 174-175.

abalizada em normativa do referido Diploma (art. 421) apenas veio consolidar essa tendência, reforçada pela característica ímpar dessa espécie de serviço.

A essencialidade da saúde suplementar na promoção dos direitos fundamentais é a pedra de toque para a construção de uma ideologia própria, a ser acatada e respeitada pelos integrantes do universo securitário.

2. NATUREZA DO CONTRATO ASSISTENCIAL

Releva destacar que, no âmbito da saúde suplementar, a fonte primária das obrigações, de forma distinta das contratações ordinárias, é a própria lei, pela qual exerce o Estado o seu *ius imperii* para definir limites e concomitantemente estabelecer concessões[5], sobretudo porque a viabilidade financeira desse nicho comercial também se afigura como uma preocupação dos administradores públicos.

Sendo assim, o liame primeiro entabulado entre ente federado e agente econômico acaba por refletir no instrumento contratual sequencialmente firmado entre os operadores de mercado e os consumidores, partindo a autonomia privada do rol de requisitos básicos elencados pela norma imperativa como necessários ao desenvolvimento da atividade, em nítida manifestação do dirigismo estatal.

Isso porque a ideia de liberdade contratual e da obrigatoriedade dos termos avençados segundo a autonomia da vontade, nascidas no Estado Liberal, pressupõe a isonomia entre as partes, algo intangível em seara de saúde suplementar, dada a supremacia dos agentes financeiros e prestadores de serviços em relação ao público-alvo.

Nesse aspecto, percebe-se que, antes de engessar as relações econômicas, a intervenção estatal traz a roupagem de proteção, inibindo iniquidades em setor tão caro à ordem social.

Também não se olvida, é claro, que a mudança de mentalidade operada a partir do *Welfare State* fez com que o contrato passasse a ser visto não apenas como instrumento econômico, incorporando sobretudo a noção de justiça e utilidade para firmar-se no cenário mundial como garantidor de direitos[6].

---

[5] FIGUEIREDO, Leonardo Vizeu. *Curso de direito de saúde suplementar* cit., p. 34.

[6] "[...] a massificação das relações contratuais e a formação de mercados cativos reclamaram a intervenção do Estado para limitar a autonomia da vontade, sem, no entanto, aniquilá-la. O contrato deixa de ser visto como apenas um

Afirma-se, com efeito, que a repercussão gerada pela liberalidade inserida no pacto não se restringe aos sujeitos a ele vinculados, disseminando-se igualmente sobre a comunidade em geral, cujos efeitos poderão ser benéficos, se cautelosa a atuação, ou de consequências irreversíveis.

O panorama é facilmente perceptível a partir das relações de massa, das quais são exemplos os contratos de assistência à saúde, em que, não raramente, um dos polos é ocupado por uma coletividade. Nesses termos, eventual manobra abusiva ensejará a ruína de muitos, a ser suportada possivelmente pelas políticas públicas governamentais e em última análise por toda a população, a evidenciar a solidarização do aludido agravo.

Sob esse ângulo, fica bastante saliente o interesse maior na intervenção e fiscalização dos planos de saúde, diante de notório compartilhamento das consequências ensejadas pela avença.

Adiante no raciocínio, evidencia-se que, como toda espécime obrigacional, o contrato assistencial (plano privado de assistência à saúde) insere-se nas estratificações clássicas (unilateral/bilateral; paritários/adesão; de execução diferida/instantâneo etc.), cabendo, todavia, estabelecer breve distinção em relação ao contrato seguro-saúde.

O primeiro caracteriza-se como "o pacto celebrado entre a entidade e o beneficiário, no qual este se obriga ao pagamento de contraprestação pecuniária e periódica, ao passo que aquele se obriga a disponibilizar atendimento em rede médica específica"[7], ou sustentar os encargos financeiros decorrentes das doenças acobertadas.

Difere, portanto, do seguro-saúde, em que a seguradora fica responsável pela satisfação de montante fixado na apólice, enquanto ao segurado incumbe o pagamento do prêmio, convenção afeta à esfera securitária, não sendo alvo de abordagem no presente estudo.

O ajuste decorrente do plano privado de assistência à saúde pode ser classificado como 1) *aleatório*, na medida em que o risco é inerente ao seu objeto; 2) *sinalagmático*, por trazer obrigações a ambas as partes; 3) de *adesão*;

---

instrumento jurídico, com fins econômicos, sendo a vontade dos contratantes sua mola propulsora. Seu conteúdo passa a incorporar a concepção de justiça e de utilidade, exigindo-se responsabilidade social de seus atores, que devem agir com probidade e boa-fé. O equilíbrio entre as partes passa a ser o pilar da estabilidade da relação contratual" (GREGORI, Maria Stella. *Planos de saúde*: a ótica da proteção do consumidor. São Paulo: RT, 2007. p. 125-126).

[7] FIGUEIREDO, Leonardo Vizeu. *Curso de direito de saúde suplementar* cit., p. 183.

e 4) *execução continuada*, porquanto por meio dele são criadas relações jurídicas complexas de longa duração, geralmente por *tempo indeterminado*[8].

Em outras palavras, diz-se que o convênio em referência visa ao resguardo de evento futuro e incerto, ou seja, pactua-se a prestação de um serviço que só será usufruído se houver a materialização de determinadas circunstâncias previamente estipuladas, daí por que reiteradamente a ideia da fidúcia: o contrato serve para trazer segurança às partes e nesse sentido deve cumprir sua função.

Claudia Lima Marques preconiza, sob tal viés, que a incerteza reside apenas sobre o momento em que haverá a concretização, e "não se deve ser prestada a obrigação principal. Esta é justamente a obrigação do fornecedor desses serviços: prestar assistência médico-hospitalar ou reembolsar os gastos com saúde, é a expectativa legítima do consumidor"[9].

Não se pode perder de vista, ademais, que, em ajustes desse jaez, são confiados ao contratado bens sensíveis ao cidadão, como a própria manutenção da vida, a justificar uma lógica excepcional na interpretação e aplicação do contrato, com a elevação dos deveres anexos como fonte de obrigações.

Fala a doutrina em "contrato existencial" por serem as relações contratuais dele oriundas "imprescindíveis ao atendimento da subsistência humana"[10].

A dependência engendrada a partir da pactuação é fator que só reforça a necessidade de trazer aos planos de saúde um cuidado redobrado, tornando impositiva a tarefa de centralizar o pêndulo, em posição de equilíbrio: garantir o escopo final do contrato mediante o cumprimento dos deveres assumidos, sem deixar de tornar o mercado atrativo aos operadores econômicos.

---

[8] "Trata-se de uma série de novos contratos ou relações contratuais que utilizam os métodos de contratação de massa (através de contratos de adesão ou de condições gerais dos contratos), para fornecer os serviços especiais no mercado, criando relações jurídicas complexas de longa duração, envolvendo uma cadeia de fornecedores organizados entre si e com uma característica determinante: a posição de 'cativade' ou 'dependência dos clientes'" (MARQUES, Claudia Lima. *Contratos no Código de Defesa do Consumidor*: o novo regime das relações contratuais. 4. ed. rev., atual. e ampl. São Paulo: RT, 2002. p. 79).

[9] MARQUES, Claudia Lima. *Contratos no Código de Defesa do Consumidor* cit., p. 128.

[10] GOMES, Josiane Araújo. *Contratos de planos de saúde*. São Paulo: JH Mizuno, 2016. p. 120.

3. IMPLICAÇÕES DO VIÉS PUBLICÍSTICO SOBRE AS PRÁTICAS CONTRATUAIS

A partir do poder regulamentar exercido pelo Estado, a legislação foi consolidando determinadas premissas aos planos de saúde, estipulando garantias básicas a serem atendidas pelos convênios[11]. Como consectário desse quadro, chegaram às Cortes Judiciais de todo o País inúmeros litígios relacionados à legalidade ou não de manobras operadas, a esperar desse Poder definições de suma relevância.

Assim também a jurisprudência fora gradativamente assentando balizas em complemento aos arranjos lacunosos deixados pela lei, iniciando-se pelo assentimento em torno da existência de cláusulas limitativas de coberturas.

---

[11] "[...] de modo a coibir as práticas abusivas por parte das operadoras, é construído verdadeiro arcabouço normativo responsável por elencar todos os itens de presença obrigatória nos contratos de plano de saúde, os quais traduzem as condições e exigências mínimas para que o sistema de saúde privada forneça assistência médico-hospitalar adequada e efetiva aos seus usuários. Logo, toda a disciplina legal aplicável às relações privadas de assistência – notadamente o Código de Defesa do Consumidor, a Lei n.º 9656/98 e as Resoluções Normativas editadas pela Agência Nacional de Saúde Suplementar (ANS) – constituem piso sobre o qual os usuários podem reivindicar seus direitos específicos, ultrapassando a sua posição vulnerável presente em referido vínculo contratual e, portanto, promovendo o equilíbrio das prestações contratadas" (GOMES, Josiane Araújo. *Contratos de planos de saúde* cit., p. 153).
Sobre o tema, cita-se o art. 10 da Lei 9.656/98: "Art. 10. É instituído o plano-referência de assistência à saúde, com cobertura assistencial médico-ambulatorial e hospitalar, compreendendo partos e tratamentos, realizados exclusivamente no Brasil, com padrão de enfermaria, centro de terapia intensiva, ou similar, quando necessária a internação hospitalar, das doenças listadas na Classificação Estatística Internacional de Doenças e Problemas Relacionados com a Saúde, da Organização Mundial de Saúde, respeitadas as exigências mínimas estabelecidas no art. 12 desta Lei, exceto: I – tratamento clínico ou cirúrgico experimental; II – procedimentos clínicos ou cirúrgicos para fins estéticos, bem como órteses e próteses para o mesmo fim; III – inseminação artificial; IV – tratamento de rejuvenescimento ou de emagrecimento com finalidade estética; V – fornecimento de medicamentos importados não nacionalizados; VI – fornecimento de medicamentos para tratamento domiciliar, ressalvado o disposto nas alíneas 'c' do inciso I e 'g' do inciso II do art. 12; VII – fornecimento de próteses, órteses e seus acessórios não ligados ao ato cirúrgico; IX – tratamentos ilícitos ou antiéticos, assim definidos sob o aspecto médico, ou não reconhecidos pelas autoridades competentes; X – casos de cataclismos, guerras e comoções internas, quando declarados pela autoridade competente. [...]".

A exigência reside no destaque redacional, a ser implementado de forma clara e literal, a permitir a imediata visualização pelos consumidores (art. 54, § 4.º, do CDC)[12].

É autorizada, ainda, como avença tipicamente aleatória, baseada na avaliação do risco, a eleição das doenças a serem acobertadas, sem, todavia, haver ingerência sobre o tratamento a ser efetuado[13].

Deve-se ponderar, no entanto, que, com a instituição do denominado plano de referência (art. 10 da Lei 9.656/98), tornou-se compulsória pelos planos de saúde a provisão de todas as doenças elencadas na Classificação Estatística Internacional de Doenças e Problemas Relacionados com a Saúde (CID) da Organização Mundial da Saúde (OMS)[14].

Em outras palavras, sempre que a enfermidade estiver contida na referenciada listagem, também será assegurada pelos planos de saúde, sem que se permita hesitação por parte das financiadoras sobre as terapêuticas a serem utilizadas.

---

[12] "Art. 54. Contrato de adesão é aquele cujas cláusulas tenham sido aprovadas pela autoridade competente ou estabelecidas unilateralmente pelo fornecedor de produtos ou serviços, sem que o consumidor possa discutir ou modificar substancialmente seu conteúdo. [...] § 4.º As cláusulas que implicarem limitação de direito do consumidor deverão ser redigidas com destaque, permitindo sua imediata e fácil compreensão". Vide STJ, 4.ª Turma, AgRg no AREsp 624.402/RJ, Rel. Min. Marco Buzzi, j. 19.03.2015.

[13] STJ, 4.ª Turma, AgInt no AREsp 1014782/AC, Rel. Min. Luis Felipe Salomão, j. 17.08.2017; AgRg no AREsp 745.747/MG, 4.ª Turma, Rel. Min. Maria Isabel Gallotti, j. 15.09.2015; AgRg no REsp 1260121/SP, 3.ª Turma, Rel. Min. Paulo de Tarso Sanseverino, j. 27.11.2012; AgRg no AREsp 35.266/PE, 3.ª Turma, Rel. Min. Sidnei Beneti. j. 18.10.2011.

[14] "Instituído o plano de referência – de oferta obrigatória por todas as operadoras (art. 10, § 2., da Lei 9.656/98), a fim de evitar a atuação apenas em segmentos lucrativos do âmbito dos serviços de assistência à saúde –, a Lei 9.656/98 traz, em seu art. 12, a possibilidade de oferta de planos segmentados – elencando em seus incisos as exigências mínimas de cada segmento –, os quais devem observar as respectivas amplitudes de coberturas definidas no plano de referência. Assim, a segmentação da cobertura não exclui a obrigatoriedade de abrangência de todas as doenças catalogadas pela Organização Mundial de Saúde, mas sim apenas limita o rol de modalidades de procedimentos que serão disponibilizados/custeados pela operadora – por exemplo, a contratação de um plano com atendimento exclusivamente ambulatorial não cobre o custeio de internação hospitalar" (GOMES, Josiane Araújo. *Contratos de planos de saúde* cit., p. 203-204).

A razão para tanto é bastante simples e inteiramente provida de logicidade: o objetivo derradeiro do instrumento contratual é assegurar o combate à determinada moléstia, cuja obrigação vem expressamente estampada no vínculo formalizado. O modo de execução, as alternativas a serem adotadas, cuida de disciplina afeta aos profissionais da saúde, não ao plano contratado.

Até mesmo porque a opção por uma via em detrimento de outra é questão por demais delicada e envolve a confiança depositada no *expert*. Nesse passo, não faria sentido dar à prestadora tamanho poder, com inaceitável intervenção sobre a vida do enfermo, em momento já tão devastador de sua esfera íntima.

Haveria, por conseguinte, malferimento não somente do objetivo contratual, em notório descumprimento do resultado esperado, mas também violação aos atributos da personalidade, desdobrada nas garantias de liberdade, autodeterminação e intimidade.

Ademais, a demanda por um posicionamento coerente da seguradora que assume originariamente a posição de garante de certa moléstia decorre sobretudo do postulado da boa-fé objetiva, como verdadeira superação da óptica egocêntrica do contrato, lançando voos à cooperação e satisfação geral dos interesses envolvidos.

O contrato, repita-se, não pode servir como vetor de intrigas e desentendimentos, mas de instrumento à implementação de direitos. Não se pode fazer do enlace uma ferramenta de coerção, tornando-o interessante a um dos polos apenas, especialmente porquanto a parte vulnerável da relação geralmente fará uso das prerrogativas a ela assinaladas em momentos nos quais não há tempo e sequer ânimo para tal contenda.

Note-se que a usualidade de negativas abusivas tem dado ensejo a uma acentuada precedentalização pelo Judiciário, em cujo acervo já se encontra extensa gama de casos julgados. As decisões colegiadas analisam desde hipóteses em que são requeridos tratamentos experimentais, passando pelo fornecimento de órteses e próteses relacionadas ou não ao procedimento cirúrgico, tratamentos estéticos e mais recentemente as terapias *home care*[15].

---

[15] Recurso especial. Securitário. Plano de saúde. Inteligência dos arts. 10, I, e 12 da Lei 9.656/98. Tratamento experimental. Exclusão de cobertura. Descabimento. Inexistência de tratamento convencional. Indicação médica. Instituição de saúde reconhecida. Recurso provido. 1. A Lei 9.656/98 garante aos segurados e beneficiários de seguros e planos de saúde a fruição, no mínimo, de exames, medicamentos, anestésicos, gases medicinais, transfusões e sessões de quimioterapia e radioterapia, conforme prescrição médica. Com isso, as seguradoras

e operadoras são obrigadas a cobrir os referidos meios, tratamentos e serviços necessários à busca da cura ou controle de doença apresentada pelo paciente e listada na Classificação Estatística Internacional de Doenças e Problemas Relacionados com a Saúde, da Organização Mundial de Saúde.

2. A interpretação conjunta dos arts. 10 e 12 da Lei 9.656/98 conduz à compreensão de que, na hipótese de existir tratamento convencional, com perspectiva de resposta satisfatória, não pode o paciente, às custas da seguradora ou operadora de plano de saúde, optar por tratamento experimental. Por outro lado, nas situações em que os tratamentos convencionais não forem suficientes ou eficientes, fato atestado pelos médicos que acompanham o caso, existindo, no País, tratamento experimental, em instituição de reputação científica reconhecida, com indicação para a doença, a seguradora ou operadora deve arcar com os custos do tratamento, na medida em que este passa a ser o único de real interesse para o contratante, configurando o tratamento mínimo garantido pelo art. 12 da Lei.

3. Assim, a restrição contida no art. 10, I, da Lei 9.656/98 somente deve ter aplicação quando houver tratamento convencional eficaz para o segurado.

4. Divergência de fundamentação na formação da maioria.

5. Recurso especial provido (STJ, **4.ª Turma**, REsp 1.279.241/SP, **Rel. Min. Raul Araújo, j. 16.09.2014**).

Agravo interno. Recurso especial. Civil. Plano de saúde. Fornecimento de prótese importada. Indicação do médico da paciente. Recusa da operadora. Abusividade. Precedentes. Contestação intempestiva. Alegação de inexistência de prótese equivalente no mercado nacional. Presunção de veracidade. Óbice da Súmula 7/STJ. Inocorrência. Alegação de fato notório. Inovação recursal.

1. Abusividade da cláusula de contrato de plano de saúde que limita o fornecimento de prótese, impedindo que o paciente obtenha a mais adequada à terapêutica indicada pelo médico. Julgados desta Corte Superior.

2. Descabimento da restrição à marca indicada pelo médico, podendo ser fornecida ou custeada outra com as mesmas características e qualidade.

3. Hipótese em que a operadora de plano de saúde contestou fora do prazo, podendo-se presumir verdadeira a alegação de que não haveria outra marca com qualidade equivalente no mercado (cf. Art. 302, *caput*, *in fine*, do CPC/1973, atual art. 341, *caput*, do CPC/2015).

4. Questão meramente de direito, não se verificando a incidência do óbice da Súmula 7/STJ.

5. Inovação recursal no que tange à alegação de fato notório quanto à equivalência das próteses.

6. Agravo interno desprovido (STJ, **3.ª Turma, AgInt no REsp 1436348/SC, Rel. Min. Paulo de Tarso Sanseverino, j. 08.11.2016**).

Agravo interno no agravo em recurso especial. Plano de saúde. 1. Serviço de *Home Care* prescrito pelo médico do beneficiário. Recusa indevida à cobertura. Acórdão recorrido em consonância com a jurisprudência do STJ. Súmulas 7 e

Em análise da *ratio decidendi* contida nos respectivos provimentos, é possível extrair pontos de convergência, a indicar a forte tendência de sobrepor o caráter publicístico desses contratos sobre interesses meramente econômicos.

A preocupação com o aspecto econômico dos pactos não é, frise-se, relegada, mas momentaneamente mitigada para extrair daquele vínculo a máxima eficácia e satisfação do direito à integridade física e psicológica do usuário, verdadeiro pano de fundo da relação jurídica.

Por outro lado, sem olvidar da contraprestação necessária para manter a atividade lucrativa, tem sido permitida a inserção de fatores moderadores de custeio de forma paralela às mensalidades, previsão atualmente contida no art. 16, VIII, da Lei 9.656/98[16]. Assegura-se, então, às operadoras a estipulação de coparticipação, franquias e limitação de valores de reembolsos, desde que veiculados em preceitos legíveis e enunciados de forma expressa.

É certo, porém, que não poderá implicar o impedimento integral da fruição dos serviços pelos usuários, por exemplo, o financiamento de quantia desarrazoada do procedimento requisitado.

A prática conta com a chancela judicial, já tendo sido por diversas vezes afirmada a licitude da medida como elemento de estabilidade do contrato, na medida em que mantém a viabilidade econômica do convênio, prevenindo igualmente condutas exacerbadas por parte dos consumidores[17].

---

83 do STJ. 2. Indenização por danos morais. Ausência de pleito na inicial e de condenação. Falta de interesse recursal configurada. 3. Agravo interno improvido. 1. O serviço de *Home Care* (tratamento domiciliar) constitui desdobramento do tratamento hospitalar contratualmente previsto, que não pode ser limitado pela operadora do plano de saúde. Na dúvida, a interpretação das cláusulas dos contratos de adesão deve ser feita da forma mais favorável ao consumidor. 2. Indenização por danos morais não foi objeto de pleito inicial e tampouco houve condenação a esse respeito. Ausência de interesse recursal. 3. Agravo interno improvido (STJ, 3.ª Turma, AgInt no AREsp 1071680/MG, Rel. Min. Marco Aurélio Bellizze, j. 20.06.2017).

[16] Art. 16. Dos contratos, regulamentos ou condições gerais dos produtos de que tratam o inciso I e o § 1.º do art. 1.º desta Lei devem constar dispositivos que indiquem com clareza: [...] VIII - a franquia, os limites financeiros ou o percentual de coparticipação do consumidor ou beneficiário, contratualmente previstos nas despesas com assistência médica, hospitalar e odontológica; [...].

[17] STJ, 3.ª Turma, REsp 1566062/RS, Rel. Min. Ricardo Villas Bôas Cueva, j. 21.06.2016.

Trata-se de uma tentativa proporcional e razoável de equalizar o enlace contratual, sem descurar da relevância da garantia fundamental concretizada mediante a convenção entabulada.

4. CONSIDERAÇÕES FINAIS

Em tempos de instabilidade na gestão da administração pública, com sérios reflexos na ordem social, a saúde suplementar assume função de grande relevância na implementação da garantia constitucional de proteção à vida.

Nesse diapasão, o contrato de assistência à saúde adquire contorno publicista, deixando para trás a figura do pacto eminentemente privado, instrumento de concretização da mera vontade das partes.

Seguindo a tendência civilista inspirada na socialidade e operabilidade do Direito, com enfoque na boa-fé objetiva e na função social do contrato, os planos de saúde têm ingressado no cenário jurídico como verdadeiros concretizadores do bem-estar social, em complementação à atuação estatal, daí por que recebem dos entes federativos maior ingerência na confecção e aplicação direta.

Iniciado o movimento com a edição da Lei dos Planos de Saúde (Lei 9.656/98) e com a criação da Agência Nacional de Saúde, provida de atribuição regulamentar por força de norma legal, a continuidade tem sido assegurada pelos Tribunais pátrios, com vasta precedentalização sobre o tema.

Fato é que, por envolver bens sensíveis e caros aos sujeitos de direito, o contrato assistencial deve seguir uma lógica diferenciada, com realce à observância dos deveres anexos e visando à máxima efetividade dos interesses envolvidos, inserindo-se em um microssistema legislativo próprio da "relevância pública" de que é dotado o serviço pela Carta Maior.

Como reflexo dessa ideia, solidificou-se há muito o entendimento de que às operadoras não é dada a eleição do tratamento a ser dispensado aos pacientes segurados, mas tão somente das doenças acobertadas pelo pacto, desde que respeitados evidentemente os requisitos mínimos estabelecidos pela lei de regência.

O grande desafio está, portanto, na manutenção do objetivo perseguido pelo ajuste – assistência à saúde – e concomitante atratividade do mercado aos financiadores nesse âmbito. Uma das soluções encabeçadas pela lei fora a inserção de moderadores de custeio (coparticipação, franquias etc.), situação que tem sido ratificada pela jurisprudência.

A despeito disso, não se pode jamais perder de vista a finalidade a que se destina o referido instrumento contratual, qual seja, a manutenção da saúde e em derradeira análise da dignidade da pessoa humana, razão esta que deve mover a interpretação e aplicação dos convênios, em notória supremacia sobre os demais interesses tutelados.

5. REFERÊNCIAS

DANIELLI, Ronei. *A judicialização da saúde no Brasil*: do viés individualista ao patamar de bem coletivo. Belo Horizonte: Fórum, 2017.

FARIAS, Carolina Steinmuller; FARIAS, Thélio Queiroz. *Práticas abusivas das operadoras de planos de saúde*. 2. ed. Leme: Anhanguera Editora Jurídica, 2014.

FIGUEIREDO, Leonardo Vizeu. *Curso de direito de saúde suplementar*: manual jurídico de planos e seguros de saúde. São Paulo: MP, 2006.

FUX, Luiz. *Tutela de urgência e plano de saúde*. Rio de Janeiro: Espaço jurídico, 2000.

GOMES, Josiane Araújo. *Contratos de plano de saúde*. Leme: JH Mizuno, 2016.

GRAU, Eros Roberto. *A ordem econômica na Constituição de 1988*. 7. ed. São Paulo: Malheiros, 2002

GREGORI, Maria Stella. *Planos de saúde*: a ótica da proteção do consumidor. São Paulo: RT, 2007.

MARQUES, Claudia Lima. *Contratos no Código de Defesa do Consumidor*: o novo regime das relações contratuais. 4. ed. rev., atual. e ampl. São Paulo: RT, 2002.

MENDES, Karyna Rocha. *Curso de direito da saúde*. São Paulo: Saraiva, 2013.

RIZZARDO, Arnaldo; PORTO, Eduardo Heitor; TURRA, Sérgio Bergonsi; TURRA, Tiago Bergonsi. *Planos de assistência e seguro de saúde*: Lei n.º 9.656, de 3 de junho de 1998. Porto Alegre: Livraria do Advogado, 1999.

SILVA, José Luiz Toro da. *Manual de direito da saúde supolmententar*: a iniciativa privada e os planos de saúde. São Paulo: M.A.Pontes, 2005.

RESPONSABILIDADE OBJETIVA NA ATUALIDADE

13

O TRATAMENTO DA RESPONSABILIDADE OBJETIVA NO CÓDIGO CIVIL E SUAS REPERCUSSÕES NA ATUALIDADE

FLÁVIO TARTUCE

SUMÁRIO: 1. A responsabilidade civil subjetiva como regra do ordenamento jurídico brasileiro e a posição da responsabilidade sem culpa; 2. A responsabilidade civil objetiva em termos gerais. A cláusula geral do art. 927, parágrafo único, do CC/2002. Algumas aplicações práticas do dispositivo; 3. A responsabilidade civil objetiva por atos de terceiros ou responsabilidade civil indireta; 4. A responsabilidade civil objetiva por danos causados por animal; 5. A responsabilidade civil objetiva por danos causados por prédios em ruína; 6. A responsabilidade civil objetiva por danos oriundos de coisas lançadas dos prédios; 7. Referências.

1. A RESPONSABILIDADE CIVIL SUBJETIVA COMO REGRA DO ORDENAMENTO JURÍDICO BRASILEIRO E A POSIÇÃO DA RESPONSABILIDADE SEM CULPA

Conforme a posição que ainda prevalece no Direito Civil, a responsabilidade subjetiva constitui regra geral do ordenamento jurídico brasileiro, baseada na *teoria da culpa*. Dessa forma, para que o agente indenize, ou seja, para que responda civilmente, é necessária a comprovação da sua culpa genérica ou *lato sensu*, que inclui o dolo – a ação ou omissão voluntária – e a culpa em sentido restrito ou *stricto sensu* – a violação de um dever preexistente. Tal conclusão é inicialmente retirada da leitura do art. 186 do Código Civil em vigor, que associa o ato ilícito a tais elementos subjetivos, sem prejuízo de outros argumentos que serão vistos a seguir.

Seguindo essa posição, somente a título de exemplo, Maria Helena Diniz aponta a presença de três elementos essenciais da responsabilidade civil extracontratual ou *aquiliana*, a saber: a) existência de uma ação, comissiva ou omissiva, qualificada juridicamente, isto é, que se apresenta como ato ilícito ou lícito, pois, ao lado da culpa, como fundamento da responsabilidade civil, há o risco; b) ocorrência de um dano moral ou patrimonial causado à vítima; c) nexo de causalidade entre o dano e a ação, o que constitui o fato gerador da responsabilidade.[1] No mesmo sentido e na estrutura de sua obra, Carlos Roberto Gonçalves leciona que são quatro os pressupostos da responsabilidade civil: a) ação ou omissão; b) culpa ou dolo do agente; c) relação de causalidade; d) dano.[2] Essa posição é compartilhada por este autor, e ainda será desenvolvida a seguir.

De toda sorte, cumpre frisar que tal posição está longe de ser pacífica, pois existem correntes respeitáveis que consideram que a responsabilidade civil subjetiva não é mais a regra do sistema jurídico nacional, desde a vigência do Código Civil de 2002.

De início, há quem entenda que a Lei Geral Privada brasileira adotou um *modelo dualista* a respeito do tema, em que convivem, sem que qualquer uma delas seja a regra, a responsabilidade subjetiva e a objetiva, ou seja, com e sem culpa. Essa posição é sustentada, entre outros, por Gustavo Tepedino, Heloísa Helena Barboza, Maria Celina Bodin de Moraes[3] e Sérgio Cavalieri Filho.[4]

Superando essa visão, e sendo até mais avançada, há quem entenda que a regra do Código Civil brasileiro passou a ser a responsabilidade objetiva, e a exceção, a responsabilidade subjetiva. Nessa linha, Sylvio Capanema de Souza afirma que, "agora, podemos dizer, sem o risco de estarmos exagerando, que

---

[1] DINIZ, Maria Helena. *Curso de direito civil brasileiro*: responsabilidade civil. 27. ed. São Paulo: Saraiva, 2013. v. 7, p. 52-54.

[2] GONÇALVES, Carlos Roberto. *Direito civil brasileiro*: responsabilidade civil. 11. ed. São Paulo: Saraiva, 2016. v. 4, p. 52-55.

[3] TEPEDINO, Gustavo; BARBOZA, Heloísa Helena; MORAES, Maria Celina Bodin de. *Código Civil interpretado*. Rio de Janeiro: Renovar, 2006. v. II, p. 806.

[4] CAVALIERI FILHO, Sérgio. *Programa de responsabilidade civil*. 12. ed. São Paulo: GEN/Atlas, 2015. p. 39-40.

é exatamente o inverso, ou seja, a regra geral passa a ser a responsabilidade objetiva, e a exceção, a subjetiva".[5]

De qualquer forma, reitere-se ser prevalecente o entendimento pelo qual a culpa em sentido amplo ou genérico é, sim, elemento essencial da responsabilidade civil tratada pela codificação geral material, tese à qual este autor está filiado. Em outras palavras, constitui premissa geral do Direito Civil brasileiro e do Direito Comparado a adoção da *teoria da culpa*, segundo a qual haverá obrigação de indenizar somente se houver culpa genérica do agente, sendo certo que o ônus de provar a existência de tal elemento cabe, em regra, ao autor da demanda, conforme determina o art. 373, I, do CPC/2015, correspondente ao art. 333, I, do CPC/1973. Como bem explica Álvaro Villaça Azevedo, "em nosso CC, o grande fundamento da responsabilidade extracontratual é a culpa, embora, como vimos, se admita a responsabilidade sem culpa, que vem se impondo aos povos modernos, ante a insuficiência da culpa à cobertura de todos os danos".[6]

Na verdade, as visões tendentes à objetivação são interessantes e plausíveis, mas demandam uma alteração estrutural e funcional do Código Civil brasileiro. É possível afirmar que o que consta da codificação nacional não está em acordo com a realidade fática nem com o *estado da arte* relativo ao tema, pois a culpa já não é mais o *ator* de outrora. Em verdade, a culpa é coadjuvante, uma vez que o dano assumiu o papel principal na responsabilidade civil contemporânea.[7]

De toda sorte, como primeiro argumento para a conclusão de que a regra é a responsabilidade subjetiva, veja-se a própria organização do Código Civil, uma vez que a Parte Geral traz como regra, em seu art. 186, a responsabilização

---

[5] SOUZA, Sylvio Capanema de. Novos aspectos da responsabilidade civil da administração pública. Direito civil contemporâneo. Novos problemas à luz da legalidade constitucional. In: TEPEDINO, Gustavo (Org.). *Anais do Congresso Internacional de Direito Civil-Constitucional da Cidade do Rio de Janeiro*. São Paulo: Atlas, 2008. p. 184. No mesmo sentido, a posição de Marco Aurélio Bezerra de Melo: "parece-nos acertada a concepção segundo a qual a regra na atualidade é a responsabilidade objetiva, sendo a subjetiva a exceção" (MELO, Marco Aurélio Bezerra. *Curso de direito civil*: responsabilidade civil. São Paulo: GEN/Atlas, 2015. v. IV, p. 18).

[6] AZEVEDO, Álvaro Villaça. *Teoria geral das obrigações*. Responsabilidade civil. 10. ed. São Paulo: Atlas, 2004. p. 282.

[7] Como desenvolvi em vários trechos da obra originária da tese de doutorado defendida na Faculdade de Direito da USP: TARTUCE, Flávio. *Responsabilidade objetiva e risco*. A teoria do risco concorrente. São Paulo: GEN/Método, 2011.

somente nos casos em que a culpa em sentido amplo estiver presente. Em reforço, cumpre lembrar que, de acordo com a ordem natural das coisas, a regra vem sempre antes da exceção. Percebe-se que o art. 927, *caput*, traz primeiro a responsabilidade com culpa, estando a responsabilização objetiva prevista em seu parágrafo único, nos casos ali taxados, justamente nas hipóteses em que não se aplica a primeira regra legal.

Segundo, porque entendemos que adotar a responsabilidade objetiva como regra pode trazer abusos, beneficiando inclusive o enriquecimento sem causa, ato unilateral vedado pela codificação material em vigor entre os arts. 884 a 886.

Terceiro, apontando a razão histórica, anote-se que a interpretação da *Lex Aquilia de Damno*, do século III antes de Cristo, previa como regra geral a responsabilidade subjetiva, tendo surgido justamente em época em que se tinha como regra a responsabilização independentemente de culpa, não aprovada pelos pragmáticos romanos. Se a responsabilidade objetiva não foi aprovada em uma sociedade rudimentar como a da época, imagine-se o *estrago social* que poderia gerar se fosse adotada como regra na sociedade contemporânea, tão hipercomplexa e massificada.

Quarto, e por último, sobre o argumento de que o Código Civil de 2002 traz mais hipóteses de responsabilidade objetiva do que subjetiva, é interessante lembrar que é da técnica legislativa positivar as exceções, e não a regra.

Por tais razões, deve-se entender que a atual codificação privada continua consagrando como regra geral a necessidade do elemento culpa para fazer surgir a responsabilidade civil e o consequente dever de indenizar (responsabilidade subjetiva). Em uma visão técnica, a legalidade civil fez clara opção pelo modelo da culpa. Eventualmente, pode-se até defender a revisão desse modelo, mas *de lege ferenda*. Realmente, a civilística brasileira deve refletir sobre os novos horizontes para o fundamento e as funções da responsabilidade civil, como já fizeram, há tempos, os juristas argentinos e os italianos.

Assim, a tendência, para o futuro, é que a culpa seja abandonada. Aliás, a propensão é que o risco também o seja, pois a principal preocupação, antes de qualquer coisa, deve ser reparar as vítimas, o que está em sintonia com a ideia de *responsabilidade pressuposta*.[8] Feito tal esclarecimento inicial, vejamos como a responsabilidade objetiva, exceção do sistema civil, é tratada

---

[8] Conforme desenvolvido por Giselda Hironaka em sua tese de livre-docência defendida perante a Faculdade de Direito da USP (HIRONAKA, Giselda Maria Fernandes Novaes. *Responsabilidade pressuposta*. Belo Horizonte: Del Rey, 2005).

pelo Código brasileiro de 2002 e como ela vem sendo aplicada pelas Cortes Nacionais.

2. A RESPONSABILIDADE CIVIL OBJETIVA EM TERMOS GERAIS. A CLÁUSULA GERAL DO ART. 927, PARÁGRAFO ÚNICO, DO CC/2002. ALGUMAS APLICAÇÕES PRÁTICAS DO DISPOSITIVO

Como não poderia ser diferente, o Código Civil passou a admitir a responsabilidade objetiva expressamente, pela regra constante do seu art. 927, parágrafo único. Conforme o comando, "haverá obrigação de reparar o dano, independentemente de culpa, nos casos especificados em lei, ou quando a atividade normalmente desenvolvida pelo autor do dano implicar, por sua natureza, risco para os direitos de outrem". O dispositivo é claramente inspirado pelo art. 2.050 do *Codice Civile* italiano, de 1942, que trata da *esposizione al pericolo*, da exposição ao perigo.[9] De qualquer forma, é interessante perceber que os comandos não são idênticos.

De início, porque o Código Civil brasileiro trata de atividade de risco, enquanto o Código Civil italiano consagra uma atividade perigosa, conceitos que são distintos pela própria redação. Além disso, como outra diferença, aqui a responsabilidade é objetiva ou sem culpa, enquanto lá não há unanimidade se a responsabilidade é objetiva ou se está presente a culpa presumida, prevalecendo o último entendimento, na pesquisa feita por este autor.[10]

---

[9] De acordo com o art. 2.050 do Codice: "Chiunque cagiona danno ad altri nello svolgimento di un'attività pericolosa, per sua natura o per la natura dei mezzi adoperati, e tenuto al risarcimento, se non prova di avere adottato tutte le misure idonee a evitare il danno". Em tradução livre: "Aquele que causa dano a outrem no desenvolvimento de uma atividade perigosa, por sua natureza ou pela natureza dos meios adotados, é obrigado ao ressarcimento, se não provar ter tomado todas as medidas idôneas para evitar o dano".

[10] Conforme desenvolvido por: MONATERI, Píer Giuseppe. *Illecito e responsabilità civile*. Trattato di diritto privato. Diretto da Mario Bessone. Torino: G. Giappichelli, 2002. t. II, p. 84. No mesmo sentido, aduzem os clássicos Cian e Trabucchi, citando De Cupis e Rovelli, que a presença de uma prova liberatória da responsabilidade civil, constituída pela demonstração de que o agente tomou todas as medidas para evitar o fato e o dano, conduz à presença de uma responsabilidade subjetiva, fundada na culpa presumida (CIAN, Giorgio; TRABUCCHI, Alberto. *Commentario breve al Codice Civile*. 4. ed. Milão: Cedam, 1992. p. 1692).

Superada essa visualização comparativa, pelo art. 927, parágrafo único, do atual Código Privado brasileiro, haverá responsabilidade independentemente de culpa nos casos previstos em lei *ou* quando a atividade desempenhada criar riscos aos direitos de outrem. Constata-se, portanto, que a responsabilidade sem culpa pode ter duas origens.

Em relação aos casos estabelecidos em lei, como primeiro exemplo, cite-se a responsabilidade objetiva dos fornecedores de produtos e prestadores de serviços diante dos consumidores, prevista no Código de Defesa do Consumidor (Lei n.8.078/1990). Como segundo exemplo, destaque-se a responsabilidade civil ambiental, consagrada pela Lei da Política Nacional do Meio Ambiente (art. 14, § 1.º, da Lei n. 6.938/1981). O terceiro exemplo a ser mencionado é a Lei n. 12.846, de 1.º de agosto de 2013, que dispõe sobre a responsabilização administrativa e civil de pessoas jurídicas, pela prática de atos contra a administração pública, especialmente por corrupção. De acordo com o art. 2.º da última norma, as pessoas jurídicas serão responsabilizadas objetivamente, nos âmbitos administrativo e civil, pelos atos lesivos previstos no seu texto, praticados em seu interesse ou benefício, exclusivos ou não.

Em continuidade, percebe-se que há casos de responsabilidade civil objetiva que não estão previstos em lei, o que abriu a possibilidade de doutrina e jurisprudência *criarem* outras hipóteses de responsabilidade objetiva. Esse dispositivo consagra, portanto, a *cláusula geral de responsabilidade objetiva*, conforme aponta, por todos, Gustavo Tepedino.[11] Essa cláusula geral está consubstanciada na expressão *atividade de risco*, possibilitando ao juiz a análise do caso concreto, gerando ou não a responsabilidade sem culpa.

Com o fito de esclarecer o que constitui essa *atividade de risco*, foi aprovado o Enunciado n. 38 na *I Jornada de Direito Civil*, evento do Conselho da Justiça Federal de 2002, com a seguinte redação: "a responsabilidade fundada no risco da atividade, como prevista na segunda parte do parágrafo único do art. 927 do novo Código Civil, configura-se quando a atividade normalmente desenvolvida pelo autor do dano causar a pessoa determinada um ônus maior do que aos demais membros da coletividade". Em complemento, seguindo proposta de Cláudio Luiz Bueno de Godoy, na *V Jornada de Direito Civil*, de 2011, aprovou-se outra ementa doutrinária, o Enunciado n. 448, prevendo que "a regra do artigo 927, parágrafo único, segunda parte, do CC aplica-se sempre que a atividade normalmente desenvolvida, mesmo sem defeito e

---

[11] TEPEDINO, Gustavo. A evolução da responsabilidade civil no direito brasileiro e suas controvérsias na atividade estatal. *Temas de direito civil*. 3. ed. Rio de Janeiro: Renovar, 2004. p. 195.

não essencialmente perigosa, induza, por sua natureza, risco especial e diferenciado aos direitos de outrem. São critérios de avaliação desse risco, entre outros, a estatística, a prova técnica e as máximas de experiência".[12]

Desse modo, pelas duas propostas de resumo doutrinário, o risco tratado pela segunda parte do art. 927, parágrafo único, do Código Civil é algo que está acima da situação de normalidade e abaixo do perigo, sendo certo que a presença do último também tem o condão de atrair a aplicação da norma. Ademais, esse perigo não se confunde com a presença de defeito do produto ou do serviço, tratada pelo Código de Defesa do Consumidor, o que geraria a incidência da primeira parte da norma civil em comento, pois a responsabilidade sem culpa está tratada em lei. Por fim, seguindo a experiência italiana, para que reste configurada a responsabilidade objetiva, o juiz pode se valer da estatística – em um sadio diálogo interdisciplinar –, de perícias e de presunções decorrentes de sua experiência como julgador.

Seguindo no estudo da cláusula geral de responsabilidade objetiva, na mesma *V Jornada de Direito Civil*, aprovou-se outra ementa propondo uma interpretação sociológica do comando, no seguinte sentido: "a responsabilidade civil prevista na segunda parte do parágrafo único do art. 927 do Código Civil deve levar em consideração não apenas a proteção da vítima e a atividade do ofensor, mas também a prevenção e o interesse da sociedade" (Enunciado n. 446). Trata-se de interessante interpretação, que possibilita o enquadramento futuro de novas situações de risco, que surgirem do uso de novas técnicas pela humanidade. Como exemplo futuro, cogita-se a tecnologia que utiliza micro-organismos robóticos, conhecida como *nanotecnologia*.

Também da *V Jornada de Direito Civil*, de novembro de 2011, destaque-se o Enunciado n. 447, que propõe a responsabilidade objetiva dos clubes de futebol, pelos atos praticados por torcidas organizadas: "as agremiações esportivas são objetivamente responsáveis por danos causados a terceiros pelas torcidas organizadas, agindo nessa qualidade, quando, de qualquer modo, as financiem ou custeiem, direta ou indiretamente, total ou parcialmente". Eis uma primeira tentativa de enquadramento prático da cláusula geral de responsabilidade objetiva.[13]

---

[12] Conforme o jurista desenvolve em: GODOY, Cláudio Luiz Bueno de. *Responsabilidade civil pelo risco da atividade*. São Paulo: Saraiva, 2009. p. 97.

[13] Pontue-se que alguns julgados chegam à mesma conclusão, porém fazendo incidir responsabilidade objetiva tratada pelo art. 14 do Código de Defesa do Consumidor. Por todos: TJRS, 10.ª Câmara Cível, Apelação Cível 0005973-04.2015.8.21.7000, Porto Alegre, Rel. Des. Túlio de Oliveira Martins, j. 25.06.2015,

Partindo para outra concretização da norma – talvez a sua principal incidência até o presente momento –, o art. 927, parágrafo único, segunda parte, do CC/2002 tem sido amplamente aplicado à responsabilidade direta do empregador, podendo haver, dependendo da atividade desempenhada pelo empregado, responsabilidade objetiva do primeiro.

Como é notório, a matéria de *responsabilidade civil direta do empregador* está prevista na Constituição Federal, em seu art. 7.º, XXVIII, com regra pela qual é assegurado ao trabalhador "seguro contra acidentes de trabalho, a cargo do empregador, sem excluir a indenização a que este está obrigado, quando incorrer em dolo ou culpa". Há muito tempo tem-se sustentado que tal dispositivo traz a responsabilidade subjetiva do patrão como regra indeclinável, em casos de desrespeito às normas de segurança e medicina do trabalho, entendimento este que vinha sendo acompanhado, quase que cegamente, pela doutrina e pela jurisprudência, até a emergência do Código Civil de 2002.

De todo modo, passou-se a entender, paulatinamente, que poderá o julgador, dependendo do caso concreto, concluir pela *responsabilidade direta objetiva* do empregador quando a sua atividade produzir claros riscos ao empregado. Em artigo muito bem fundamentado, o doutrinador e juiz do trabalho Rodolfo Pamplona Filho expôs, logo nos anos iniciais de vigência do Código Civil em vigor, que não seria tão simples apontar, às cegas, que a responsabilidade direta do empregador dependerá do elemento culpa em todos os casos.[14] Ainda no âmbito doutrinário, essa foi a conclusão a que

---

DJERS 09.07.2015; e TJRS, 6.ª Câmara Cível – Regime de Exceção, Apelação Cível 70018527150, Porto Alegre, Rel. Des. Odone Sanguiné, j. 13.11.2007, *DOERS* 10.01.2008, p. 22.

[14] Conforme suas lições, "de fato, não há como se negar que, como regra geral, indubitavelmente a responsabilidade civil do empregador, por danos decorrentes de acidente de trabalho, é subjetiva, devendo ser provada alguma conduta culposa de sua parte, em alguma das modalidades possíveis, incidindo de forma independente do seguro acidentário, pago pelo Estado. Todavia, parece-nos inexplicável admitir a situação de um sujeito que: – Por força de lei, assume os riscos da atividade econômica; – Por exercer uma determinada atividade (que implica, por sua própria natureza, em risco para os direitos de outrem), responde objetivamente pelos danos causados. Ainda assim, em relação aos seus empregados, tenha o direito subjetivo de somente responder, pelos seus atos, se os hipossuficientes provarem culpa... A aceitar tal posicionamento, vemo-nos obrigados a reconhecer o seguinte paradoxo: o empregador, pela atividade exercida, responderia objetivamente pelos danos por si causados, mas, em relação a seus empregados, por causa de danos causados justamente pelo exercício da mesma

chegaram os juristas que participaram da *IV Jornada de Direito Civil*, em 2006, com a aprovação do Enunciado n. 377 do Conselho da Justiça Federal, *in verbis*: "o art. 7.º, XXVIII, da Constituição Federal não é impedimento para a aplicação do disposto no art. 927, parágrafo único, do Código Civil quando se tratar de atividade de risco".

Da minha parte, há tempos venho defendendo a mesma tese, o que ocorreu, a primeira vez, em texto publicado no ano de 2003.[15] Penso que há um claro conflito entre o art. 7.º, XXVIII, da CF/1988 e o art. 927, parágrafo único, do CC/2002. Isso porque, analisando o primeiro dispositivo, chega-se à conclusão de responsabilização direta subjetiva do empregador, sempre, em todos os casos. Já pela segunda norma a responsabilidade do empregador, havendo riscos pela atividade desenvolvida, pode ser tida como objetiva, independentemente de culpa. De outra forma, pelo primeiro preceito o trabalhador ou empregado deve comprovar a culpa do empregador para fazer *jus* à indenização, o mesmo não se podendo dizer pela leitura do segundo comando legal privado, que facilita o caminho a ser percorrido pelo autor da demanda, o trabalhador ou empregado.

Na verdade, a regra contida na Constituição Federal não é específica a respeito da responsabilidade civil, tratando, sim, de regra de seguro como direito inerente à condição do empregado, sem excluir a indenização a que o empregador estará obrigado na hipótese em que incorrer em culpa ou dolo. Aliás, apesar de ser norma criada a favor do empregado, sempre foi utilizada a favor do empregador, ao revés e de forma até absurda, com o perdão do uso do termo. Nessa linha de pensamento, o dispositivo constitucional não traz regra pela qual a responsabilidade do empregador seja *sempre* subjetiva, mas somente prevê, na sua segunda parte, que o direito ao seguro não exclui o de reparação civil nos casos de dolo ou culpa. Sendo norma geral, é também norma hierarquicamente superior em relação ao Código Civil, por constar na norma fundamental brasileira.

---

atividade que atraiu a responsabilização objetiva, teria um direito a responder subjetivamente. Desculpe-nos, mas é muito para nosso fígado" (PAMPLONA FILHO, Rodolfo. Responsabilidade civil nas relações de trabalho e o novo Código Civil. In: DELGADO, Mário Luiz; ALVES, Jones Figueirêdo (Org.). *Questões controvertidas no novo Código Civil*. São Paulo: Método, 2003. p. 251).

[15] TARTUCE, Flávio; OPROMOLLA, Márcio Araújo. Direito civil e Constituição. In: TAVARES, André Ramos; FERREIRA, Olavo A. V. Alves; LENZA, Pedro (Coord.). *Constituição Federal – 15 anos*. Mutação e evolução. São Paulo: Método, 2003.

Por outra via, o art. 927, parágrafo único, do CC/2002, apesar de ser norma inferior, constitui regra específica de responsabilidade civil sem culpa, inserida que está na seção que trata dessa fonte do direito obrigacional. Observa-se, portanto, um conflito entre uma *norma geral superior* (art. 7.º, XXVIII, da CF) e uma *norma especial inferior* (art. 927, parágrafo único, do CC). Presente esse choque, essa antinomia, qual das duas normas vai se sobrepor? Trata-se de uma antinomia de segundo grau, envolvendo os critérios *hierárquico* e da *especialidade*, seguindo-se as lições de Maria Helena Diniz.[16] O conflito compreendendo tais critérios, hierárquico e da especialidade, é exemplo típico de *antinomia real*, em que a solução não está nos metacritérios propostos, desenvolvidos por Bobbio.[17] Vale lembrar que a própria especialidade consta da Constituição Federal brasileira na segunda parte do princípio da isonomia, retirada do seu art. 5.º, *caput*, eis que a lei deve tratar de maneira igual os iguais, *e de maneira desigual os desiguais*.

Pois bem, mais uma vez com base na doutrina de Maria Helena Diniz, havendo antinomia real, duas são as possíveis soluções.[18] A primeira é solução do Poder Legislativo com a edição de uma terceira norma apontando qual das duas regras em conflito deve ser aplicada, ou seja, qual deve se sobrepor. Como não há no momento essa terceira norma, não seria o caso desse caminho. A segunda solução é a do Poder Judiciário, com a escolha, pelo juiz da causa, de uma das duas normas, aplicando os arts. 4.º e 5.º da Lei de Introdução às Normas do Direito Brasileiro. Por esse caminho, o magistrado deve buscar socorro na analogia, costumes, princípios gerais do direito, fim social da norma e bem comum. Serve como fundamento complementar o art. 8.º do Novo Código de Processo Civil, segundo o qual, "ao aplicar o ordenamento jurídico, o juiz atenderá aos fins sociais e às exigências do bem comum, resguardando e promovendo a dignidade da pessoa humana e observando a proporcionalidade, a razoabilidade, a legalidade, a publicidade e a eficiência".

Aplicando a analogia, o magistrado poderá entender pela responsabilidade objetiva, como fez Rodolfo Pamplona Filho, ao subsumir os arts. 932, III, e 933 do CC/2002, no seu texto antes aqui mencionado. Pelos costumes, o juiz pode considerar que a responsabilidade é subjetiva, pois assim vinha entendendo os nossos Tribunais, em sua maioria. Deve-se lembrar que a prática

---

[16] Conforme desenvolvido em: DINIZ, Maria Helena. *Conflito de normas*. 5. ed. São Paulo: Saraiva, 2003.
[17] BOBBIO, Norberto. *Teoria do ordenamento jurídico*. Trad. Maria Celeste Cordeiro Leite dos Santos. 7. ed. Brasília: UnB, 1996. p. 91-110.
[18] Conforme desenvolvido em: DINIZ, Maria Helena. *Conflito de normas*. 5. ed. São Paulo: Saraiva, 2003. p. 53-60.

judiciária faz parte do elemento costume, como fonte formal secundária do Direito. Já pela aplicação do princípio geral de interpretação mais favorável ao empregado, um dos ditames do Direito do Trabalho, a responsabilidade é objetiva. O mesmo se diz pela aplicação do fim social da norma e do bem comum, consubstanciando a regra *suum cuique tribuere* – dar a cada um o que é seu –, o preceito máximo de justiça.

O juiz igualmente entenderá pela responsabilidade objetiva se aplicar a proteção da dignidade humana (art. 1.º, III, da CF/1988 e art. 8.º do CPC/2015) e a solidariedade social (art. 3.º, I, da CF/1988) em prol do trabalhador ou empregado. Anote-se que, para corrente respeitável da doutrina, esses princípios têm aplicação nas relações privadas, e de forma imediata, ou seja, *eficácia horizontal*. O fundamento para essa aplicação imediata está no art. 5.º, § 1.º, da CF/1988, segundo o qual "as normas definidoras dos direitos e garantias fundamentais têm aplicação imediata". Fez o mesmo o art. 8.º do Novo CPC ao mencionar a incidência da dignidade humana sem qualquer restrição. Entendemos que este último é o melhor caminho a ser percorrido.

A jurisprudência nacional em muito evoluiu nessa trilha. Antes somente o dolo ou a culpa grave poderia acarretar a responsabilidade do empregador. Daí passou-se a aceitar juridicamente a responsabilização do empregador quando presente a culpa em qualquer grau. Com a emergência do Código Civil de 2002, passou-se a admitir a possibilidade de o magistrado apontar para a responsabilização objetiva da empresa empregadora, quando existirem riscos criados ao trabalhador ou empregado. Essa é a posição que tem prevalecido não só nos julgamentos do Tribunal Superior do Trabalho,[19] como do Superior

---

[19] Entre 2008 e 2009 surgiram os primeiros arestos no Tribunal Superior do Trabalho fazendo incidir o art. 927, parágrafo único, do Código Civil para as relações de trabalho, presente a atividade de risco. De início, destaque-se decisão da 6.ª Turma do TST, de relatoria do Ministro Mauricio Godinho Delgado: "Agravo de instrumento – Recurso de revista – Dano moral – Acidente de trabalho – Responsabilidade objetiva (art. 927, parágrafo único, CC) – Inexistência de culpa exclusiva da vítima (fato da vítima). Demonstrado no agravo de instrumento que o recurso de revista preenchia os requisitos do art. 896 da CLT, ante a constatação de violação do art. 927, parágrafo único, do CC. Agravo de instrumento provido. Recurso de revista – Dano moral – Acidente de trabalho – Responsabilidade objetiva (art. 927, parágrafo único, CC) – Inexistência de culpa exclusiva da vítima (fato da vítima). A regra geral do ordenamento jurídico, no tocante à responsabilidade civil do autor do dano, mantém-se com a noção da responsabilidade subjetiva (arts. 186 e 927, *caput*, CC). Contudo, tratando--se de atividade empresarial, ou de dinâmica laborativa (independentemente da atividade da empresa), fixadoras de risco acentuado para os trabalhadores

Tribunal de Justiça.[20] Entre os casos julgados, de subsunção do comando e

---

envolvidos, desponta a exceção ressaltada pelo parágrafo único do art. 927 do CC, tornando objetiva a responsabilidade empresarial por danos acidentários (responsabilidade em face do risco). Noutro norte, a caracterização da culpa exclusiva da vítima é fator de exclusão do elemento do nexo causal para efeito de inexistência de reparação civil no âmbito laboral quando o infortúnio ocorre por causa única decorrente da conduta do trabalhador, sem qualquer ligação com o descumprimento das normas legais, contratuais, convencionais, regulamentares, técnicas ou do dever geral de cautela por parte do empregador. Se, com base nos fatos relatados pelo Regional, se conclui que a conduta da vítima do acidente não se revelou como causa única do infortúnio, afasta-se a hipótese excludente da responsabilização da empregadora pelo dano causado. Recurso conhecido e provido" (TST, 6.ª Turma, Recurso de Revista 850/2004-021-12-40.0, Rel. Min. Mauricio Godinho Delgado, j. 03.06.2009, *DEJT* 12.06.2009). De data próxima, mencione-se acórdão da 1.ª Turma do Tribunal Superior do Trabalho, fazendo incidir o art. 927, parágrafo único, do CC para a atividade de motorista: TST, 1.ª Turma, Agravo de Instrumento em Recurso de Revista 267/2007-007-18-40.2, Rel. Min. Luiz Philippe Vieira de Mello Filho, j. 27.05.2009, *DEJT* 05.06.2009. Em reforço, na 3.ª Turma do TST, há outros julgados conhecidos, inclusive com citação à tese aqui antes desenvolvida (TST, 3.ª Turma, Recurso de Revista 1132/2007-030-04-00.3, Rel. Min. Rosa Maria Weber, j. 20.05.2009, *DEJT* 12.06.2009; Recurso de Revista 2135/2005-032-02-00.6, Rel. Min. Rosa Maria Weber Candiota da Rosa, 3.ª Turma, j. 29.04.2009, *DEJT* 22.05.2009; Recurso de Revista 644/2006-008-23-00.7, Rel. Min. Rosa Maria Weber Candiota da Rosa, 3.ª Turma, j. 04.02.2009, *DEJT* 13.03.2009; Recurso de Revista 729/2004-023-09-00.2, Rel. Min. Rosa Maria Weber Candiota da Rosa, 3.ª Turma, j. 12.11.2008, *DEJT* 12.12.2008; Embargos de Declaração em Agravo de Instrumento em Recurso de Revista 1949/2005-007-08-40.5, Rel. Min. Rosa Maria Weber Candiota da Rosa, 3.ª Turma, j. 25.06.2008, *DJ* 08.08.2008).

[20] No Tribunal da Cidadania, a conclusão não é diferente, especialmente naqueles arestos prolatados em casos com sentenças já proferidas no âmbito cível, a afastar o deslocamento para a justiça especializada, o que foi determinado pelas alterações provocadas no Texto Maior pela Emenda Constitucional n. 45. Nessa esteira, por todos: "A empresa que desempenha atividade de risco e, sobretudo, colhe lucros desta, deve responder pelos danos que eventualmente ocasione a terceiros, independentemente da comprovação de dolo ou culpa em sua conduta. Os riscos decorrentes da geração e transmissão de energia elétrica, atividades realizadas em proveito da sociedade, devem, igualmente, ser repartidos por todos, ensejando, por conseguinte, a responsabilização da coletividade, na figura do Estado e de suas concessionárias, pelos danos ocasionados" (STJ, 4.ª Turma, REsp 896.568/CE, Rel. Min. Fernando Gonçalves, Rel. p/ Acórdão Min. Luis Felipe Salomão, j. 19.05.2009, *DJe* 30.06.2009). Na mesma linha, mais recentemente, ver: REsp 1.083.023/MG, Rel. Min. Marco Buzzi, Rel. p/ Acórdão Min. Raul Araújo, 4.ª Turma, j. 03.03.2015, *DJe* 08.05.2015.

da correspondente *cláusula geral de atividade de risco*, podem ser citadas as atividades de segurança, *motoboy*, mecânico, cobrador de ônibus, caldeireiro, motorista de carro-forte, trabalhador da construção de civil e vaqueiro.

A encerrar o tópico, arremate-se que o entendimento de aplicação da cláusula geral de responsabilidade objetiva à relação de trabalho é crescente na doutrina e na jurisprudência nacionais. De fato, parece ser esse o principal exemplo de aplicação da segunda parte do art. 927, parágrafo único, do CC/2002 entre nós, sendo fundamental a contribuição da Justiça do Trabalho para tanto. Há uma concepção social da responsabilidade civil, até regulamentando a *responsabilidade pressuposta*, pois há uma primaz preocupação de reparação das vítimas do evento danoso e com a exposição ao risco, surgindo uma responsabilidade objetiva, em uma revisão conceitual relevante. Analisada, em termos gerais, a responsabilidade objetiva, vejamos como ela se concretiza de forma especial na codificação material brasileira.

3. A RESPONSABILIDADE CIVIL OBJETIVA POR ATOS DE TERCEIROS OU RESPONSABILIDADE CIVIL INDIRETA

O art. 932 do Código Civil traz hipóteses de responsabilidade civil por atos praticados por terceiros, também denominada *responsabilidade civil objetiva indireta* ou *por atos de outrem*. Conforme o seu inciso I, os pais são responsáveis pelos atos praticados pelos filhos menores que estiverem sob sua autoridade e em sua companhia. O tutor e o curador são responsáveis pelos pupilos e curatelados que estiverem nas mesmas condições anteriores, ou seja, sob a sua autoridade e sua companhia (inciso II). O empregador ou comitente são responsáveis pelos atos de seus empregados, serviçais e prepostos, no exercício do trabalho ou em razão dele (art. 932, inciso III). Conforme o inciso IV do preceito, os donos de hotéis, hospedarias, casas ou estabelecimentos onde se albergue por dinheiro, mesmo para fins de educação, são responsáveis pelos atos danosos praticados pelos seus hóspedes, moradores e educandos. Por fim, está estabelecido que são também responsáveis todos aqueles que contribuírem gratuitamente nos produtos de crime, até a concorrência da respectiva quantia (art. 932, inciso V).

Em complemento, enuncia o art. 933 do CC que a responsabilidade das pessoas supraelencadas independe de culpa, tendo sido adotada a *teoria do risco*. Em outras palavras, as pessoas arroladas, ainda que não haja culpa de sua parte, responderão pelos atos praticados pelos terceiros ali referidos. No entanto, para que essas pessoas respondam, é necessário provar a culpa daqueles pelos quais são responsáveis. Por isso a responsabilidade é denominada *objetiva indireta* ou *objetiva impura*, conforme a doutrina de Álvaro Villaça Azevedo, eis que há culpa da outra parte, por quem se é responsável.[21]

Esclarecendo, para que os pais respondam objetivamente, é preciso comprovar a culpa dos filhos; para que os tutores ou curadores respondam, é preciso comprovar a culpa dos tutelados ou curatelados; para que os empregadores respondam, é preciso comprovar a culpa dos empregados; e assim sucessivamente, em regra. No que diz à primeira hipótese, de responsabilidade dos pais por atos dos filhos, aprovou-se enunciado na *VII Jornada de Direito Civil*, evento de 2015, segundo o qual a responsabilidade dos pais pelos atos dos filhos menores, prevista no art. 932, I, do Código Civil, não obstante objetiva, pressupõe a demonstração de que a conduta imputada ao menor, caso o fosse ao agente imputável, seria hábil para a sua responsabilização (Enunciado n. 590).

Desse modo, é fundamental esclarecer que não se pode mais falar em culpa presumida, nas modalidades de culpa *in vigilando* ou culpa *in eligendo*, nesses casos, mas em *responsabilidade sem culpa*, de natureza objetiva. Em outras palavras, não se pode negar que os casos de presunção relativa de culpa foram banidos do ordenamento jurídico brasileiro em situações tais, diante de um importante salto evolutivo.[22] Assim sendo, com o devido respeito, deve ser tida como cancelada a Súmula n. 341 do Supremo Tribunal Federal, do remoto ano de 1964, pela qual seria presumida a culpa do empregador por ato de seu empregado. Na verdade, a responsabilidade do empregador por ato do seu empregado, que causa dano a terceiro, independe de culpa, o que é subsunção direta dos arts. 932, III, e 933 do Código Civil. Nesse sentido, por toda a doutrina que assim entende, enunciado aprovado na *V Jornada de Direito Civil*, seguindo proposta por mim formulada e estabelecendo que "a responsabilidade civil por ato de terceiro funda-se na responsabilidade objetiva ou independentemente de culpa, estando superado o modelo de culpa presumida" (Enunciado n. 451 do CJF/STJ).

---

[21] AZEVEDO, Álvaro Villaça. *Teoria geral das obrigações*. 8. ed. São Paulo: RT, 2000. p. 280.

[22] A evolução do sistema brasileiro foi percebida, em Portugal, por Maria da Graça Trigo, para quem o Código Civil brasileiro de 2002, ao consolidar a responsabilidade objetiva por atos de outrem, "passa a constituir um dos regimes mais amplos de responsabilidade objectiva. Que só não representará uma verdadeira 'revolução' em matéria de responsabilidade civil no direito brasileiro pelo facto de se saber que, ainda na vigência do CC anterior, a doutrina e a jurisprudência interpretavam de forma muito 'progressista' os preceitos normativos" (TRIGO, Maria da Graça. *Responsabilidade civil delitual por facto de terceiro*. Coimbra: Coimbra Editora, 2009. p. 98).

Não discrepa a posição do Superior Tribunal de Justiça. Entre os arestos mais recentes, destaque-se: "a jurisprudência desta Corte firmou o entendimento de que o empregador responde objetivamente pelos atos culposos de seus empregados e prepostos praticados no exercício do trabalho que lhes competir, ou em razão dele (arts. 932, III, e 933 do CC). Precedentes" (STJ, 3.ª Turma, AgRg no AREsp 803.495/PR, Rel. Min. Moura Ribeiro, j. 28.03.2017, DJe 07.04.2017).[23]

A necessidade de cancelamento ou de revisão da Súmula n. 341 pela Corte Máxima brasileira é imperiosa, uma vez que as súmulas dos Tribunais Posteriores passaram a ter força vinculativa pelo Novo CPC, especialmente pelo que consta dos seus arts. 332, I, 489, § 1.º, V e VI, 926 e 927, entre outros comandos. A vinculação atinge advogados, juízes de primeira e segunda instância, pelo que consta do texto legal instrumental. Nessa realidade, pode haver, na prática, grande confusão, entre a responsabilidade objetiva do empregador – retirada do Código Civil (arts. 932, III, e 933) – e a sua culpa presumida, abstraída da remota e superada Súmula n. 341 do STF.

Além da ausência de culpa, a responsabilidade indireta ou por ato de outrem gera a solidariedade passiva legal, entre todos os envolvidos, o que é retirado do parágrafo único do art. 942 do Código Civil, *in verbis*: "são solidariamente responsáveis com os autores os coautores e as pessoas designadas no art. 932". Como consequência natural da norma, há a *opção de demanda* por parte da vítima que pode ajuizar ação judicial em face de todos os citados no comando, ou apenas um deles, que tenha melhor condição econômica. O direito de regresso do responsável contra o culpado está assegurado pelo art. 934 da mesma codificação material, com uma exceção, por razões morais, o ascendente não tem direito de regresso contra o descendente incapaz.

Superadas essas questões, pensamos que os arts. 932, III, 933 e 942 do CC/2002 servem agora para justificar a Súmula n. 492 do STF, pela qual "a empresa locadora de veículos responde, civil e solidariamente, com o locatário, pelos danos por este causados a terceiro, no uso do carro alugado". Na verdade, pode-se dizer que o vínculo de confiança existente entre locadora e

---

[23] Ou, ainda, somente com o fito de evidenciar que essa é a posição atual da Corte: "nos termos da jurisprudência do STJ, o empregador responde objetivamente pelos atos culposos de seus empregados e prepostos praticados no exercício do trabalho que lhes competir, ou em razão dele (arts. 932, III, e 933 do Código Civil)" (STJ, 4.ª Turma, AgRg no Ag 1.162.578/DF, Rel. Min. Maria Isabel Gallotti, j. 03.03.2016, *DJe* 09.03.2016).

locatário está fundamentado no art. 932, III, da codificação material. Outro argumento a justificar a sumular é o princípio da solidariedade, previsto no art. 7º do CDC. De qualquer forma, há ainda quem não veja a súmula com bons olhos, pois a solidariedade contratual não se presume, advém de lei ou do contrato (art. 265 do CC/2002). Esse é o entendimento, por exemplo, de Álvaro Villaça Azevedo, na obra aqui outrora citada.

Pontue-se que a incidência do inciso III do art. 932 independe da existência de uma relação de emprego ou de trabalho, bastando a existência de uma relação jurídica baseada na confiança, denominada *relação de pressuposição*. Por isso, é forçoso concluir que, em caso de empréstimo de veículo a outrem, havendo um acidente de trânsito que cause danos a terceiros, haverá responsabilidade do comodante-proprietário por ato do comodatário. Nesse sentido, merece destaque trecho de recente ementa do Superior Tribunal de Justiça, segundo o qual "o proprietário do veículo que o empresta a terceiros responde solidariamente pelos danos decorrentes de sua utilização" (STJ, AgRg-Ag 823.567/DF, 4.ª Turma, Rel. Min. Isabel Gallotti, *DJE* 01.10.2015).

A propósito, para elucidar bem a chamada *relação de pressuposição* prevista no inciso III do art. 932, cabe citar o exemplo apresentado por Marco Aurélio Bezerra de Melo, para quem "a situação do entregador de pizza pode nos elucidar de forma mais clara a noção de vínculo preposicional para fins de responsabilidade civil, pois pode existir um vínculo trabalhista com a pizzaria ou então uma prestação de serviços de entrega de modo eventual. Em um e outro caso, o dano causado culposamente e durante o serviço responsabilizará objetivamente a pessoa jurídica que exerce a empresa de pizzaria. No primeiro caso, porque o entregador é empregado e no segundo, a despeito de não ser empregado, é um prestador de serviços que age no interesse e mediante instruções do tomador de serviço".[24] Filia-se integralmente às palavras do Desembargador do Tribunal de Justiça do Rio de Janeiro, que demonstram outro exemplo concreto de aplicação da responsabilidade objetiva indireta na atualidade.

4. A RESPONSABILIDADE CIVIL OBJETIVA POR DANOS CAUSADOS POR ANIMAL

De acordo com o art. 936 da atual codificação privada, o dono ou detentor do animal ressarcirá o dano por este causado, se não provar culpa

---

[24] MELO, Marco Aurélio Bezerra de. *Curso de direito civil*: responsabilidade civil. São Paulo: GEN/Atlas, 2015. v. IV, p. 273.

da vítima ou força maior. Houve aqui alteração importante na redação do dispositivo, eis que o art. 1.527 do CC/1916, seu correspondente, previa outras excludentes de responsabilidade civil a favor do dono ou detentor, a saber: a) que o guardava e vigiava com cuidado preciso; b) que o animal foi provocado por outro; c) que houve imprudência do ofendido; d) que o fato resultou de caso fortuito ou força maior.

Como o Código Civil de 2002 traz somente duas excludentes do dever de indenizar, quais sejam a culpa exclusiva da vítima e a força maior, fica evidenciado que o caso é de típica responsabilidade objetiva, independentemente de culpa. Na corrente seguida por este autor, deve também ser considerado como excludente o caso fortuito, conceituado como o evento totalmente imprevisível, um fator que exclui ainda mais o nexo de causalidade do que a força maior, evento previsível, mas inevitável. Ademais, se considerarmos o caso fortuito como sinônimo de força maior, assim como faz parte da doutrina e da jurisprudência – inclusive do Superior Tribunal de Justiça –, o primeiro também é excludente de responsabilidade em casos tais.[25]

Dessa forma, assim como ocorre na responsabilidade civil indireta ou por atos de outrem, não se pode mais falar em culpa presumida *in custodiendo*, antiga denominação utilizada em casos tais. Compartilhando dessa premissa, foi aprovado o seguinte enunciado doutrinário na *V Jornada de Direito Civil*, em 2011: "a responsabilidade civil do dono ou detentor do animal é objetiva, admitindo a excludente do fato exclusivo de terceiro" (Enunciado n. 452). Além de prever expressamente a responsabilidade objetiva, o enunciado ainda esclarece que a culpa exclusiva de terceiro é fator que obsta a responsabilidade civil do dono ou detentor do animal, merecendo o apoio deste autor.

Ainda no que diz respeito à existência de uma responsabilidade sem culpa, precisas são as lições de Bruno Miragem, para quem "a lei consagra a responsabilidade objetiva nesses casos, desonerando-se o dono ou o detentor apenas se demonstrar a quebra do nexo de causalidade mediante a prova da culpa da vítima ou força maior. Observe-se que o critério para a imputação de responsabilidade se dá pela razão de que alguém seja o proprietário do animal. A lei refere-se ao dono ou detentor justamente para chamar a atenção

---

[25] Em pesquisa realizada no mês de maio de 2017, foram encontradas 140 ementas e 4.215 decisões monocráticas no Tribunal da Cidadania, tratando o caso fortuito e a força maior da mesma forma. Por todas, entre as mais recentes: Ag. Int. no AgRg no AREsp 832.382/SP, Rel. Min. Marco Buzzi, 4.ª Turma, j. 27.04.2017, *DJe* 04.05.2017; Ag. Int. no AREsp 1.017.248/SP, Rel. Min. Assusete Magalhães, 2.ª Turma, j. 20.04.2017, *DJe* 02.05.2017; Ag. Int. no AREsp 969.986/DF, Rel. Min. Ricardo Villas Bôas Cueva, 3.ª Turma, j. 07.02.2017, *DJe* 14.02.2017.

de que o responsável, de fato, trata-se do guardião do animal – que é quem terá poder de direção, controle e uso do animal".[26] Também quanto à existência de responsabilidade objetiva no caso de fato ou guarda de animal, aponta Sérgio Cavalieri Filho para essa mudança de posição justamente diante do atual Código Civil, pois "o art. 936 não mais admite ao dono ou detentor do animal afastar sua responsabilidade provando que o guardava e vigiava com cuidado preciso, ou seja, provando que não teve culpa. Agora, a responsabilidade só poderá ser afastada se o dono ou detentor do animal provar fato exclusivo da vítima ou força maior. Temos, destarte, uma responsabilidade objetiva tão forte que ultrapassa os limites da teoria do risco criado ou do risco-proveito".[27]

Em reforço à tese da responsabilidade objetiva por animal, é plausível a conclusão de incidência do Código de Defesa do Consumidor. Isso porque a Lei n. 8.078/1990 pode ser aplicada a casos de serviços de lazer, como circos, hotéis que disponibilizam cavalos para passeio, parques de diversões, rodeios, entre outros. Concluindo, desse modo, pela subsunção do CDC e partindo para os exemplos concretos de responsabilização objetiva pelo fato do animal, a jurisprudência superior tem responsabilizado as empresas administradoras de estradas de rodagem pelos fatos causados pelos animais que invadem a pista, ocorrendo colisão com veículos e danos a terceiros.[28]

---

[26] MIRAGEM, Bruno. *Direito civil*. Responsabilidade civil. São Paulo: Saraiva, 2015. p. 328.

[27] CAVALIERI FILHO, Sérgio. *Programa de responsabilidade civil*. 12. ed. São Paulo: GEN/Atlas, 2015. p. 310. Ver, ainda, o desenvolvimento da matéria realizada por: FARIAS, Cristiano Chaves, ROSENVALD, Nelson; BRAGA NETTO, Felipe Peixoto. *Curso de direito civil*: responsabilidade civil. São Paulo: Atlas, 2015. v. 3, p. 544-545.

[28] Vejamos três arestos. De início: "Ação de reparação de danos causados a viatura policial que trafegava em rodovia mantida por concessionária de serviço público. Acidente de trânsito. Atropelamento de animal na pista. Relação consumerista. Falha na prestação do serviço. Responsabilidade objetiva da concessionária. Incidência do Código de Defesa do Consumidor. Precedentes. Inexistência de excludente de responsabilização. Agravo regimental improvido" (STJ, 4.ª Turma, AgRg no Ag 1.067.391/SP, Rel. Min. Luis Felipe Salomão, j. 25.05.2010, *DJe* 17.06.2010). "Acidente. Rodovia. Animal na pista. Responsabilidade da empresa concessionária. 1. A responsabilidade da agravante no evento foi verificada ante a interpretação do contrato e das circunstâncias fáticas referentes ao desenvolvimento de sua atividade. O reexame desses pontos esbarra nos óbices das Súmulas 5 e 7/STJ. O Código de Defesa do Consumidor aplica-se às relações existentes entre os usuários das rodovias e às concessionárias dos serviços rodoviários. 2. Agravo regimental desprovido" (STJ, AgRg 522.022/RJ (200300840510), 537.398

Além dessas hipóteses fáticas, outro julgado do Tribunal da Cidadania responsabilizou objetiva e solidariamente, com base no Código do Consumidor, *shopping center* e circo, por trágico acidente ocorrido nas suas dependências, decorrente de ataque de leões que vitimou criança. Conforme consta da ementa, "está presente a legitimidade passiva das litisconsortes, pois o acórdão recorrido afirmou que o circo foi apenas mais um serviço que o condomínio do *shopping*, juntamente com as sociedades empresárias rés, integrantes de um mesmo grupo societário, colocaram à disposição daqueles que frequentam o local, com o único objetivo de angariar clientes potencialmente consumidores e elevar os lucros. [...]. No caso em julgamento – trágico acidente ocorrido durante apresentação do Circo Vostok, instalado em estacionamento de *shopping center*, quando menor de idade foi morto após ataque por leões –, o art. 17 do Código de Defesa do Consumidor estende o conceito de consumidor àqueles que sofrem a consequência de acidente de consumo. Houve vício de qualidade na prestação do serviço, por insegurança, conforme asseverado pelo acórdão recorrido. Ademais, o Código Civil admite a responsabilidade sem culpa pelo exercício de atividade que, por sua natureza, representa risco para outrem, como exatamente no caso em apreço" (STJ, 4.ª Turma, REsp 1.100.571/PE, Rel. Min. Luis Felipe Salomão, j. 07.04.2011, *DJe* 18.08.2011).

Como se pode extrair do preciso *decisum*, foi aplicada a ideia de consumidor equiparado ou *bystander* para os pais do menor, falecido quando do evento, confirmando a responsabilidade objetiva. Subsumiu-se, em reforço, a responsabilidade sem culpa decorrente da cláusula geral descrita na segunda parte do art. 927, parágrafo único, do CC/2002. Em suma, por vários argumentos, fez-se justiça, como se espera nos julgamentos relativos à matéria.

Agravo regimental no agravo de instrumento, Rel. Min. Carlos Alberto Menezes Direito, 3.ª Turma, decisão 17.02.2004, *DJ* 05.04.2004, p. 256. Veja: STJ, REsp 467.883/RJ). "Recurso especial. Acidente em estrada. Animal na pista. Responsabilidade objetiva da concessionária de serviço público. Código de Defesa do Consumidor. Precedentes. Conforme jurisprudência desta Terceira Turma, as concessionárias de serviços rodoviários, nas suas relações com os usuários, estão subordinadas à legislação consumerista. Portanto, respondem, objetivamente, por qualquer defeito na prestação do serviço, pela manutenção da rodovia em todos os aspectos, respondendo, inclusive, pelos acidentes provocados pela presença de animais na pista. Recurso especial provido" (STJ, 3.ª Turma, REsp 647.710/RJ, Rel. Min. Castro Filho, j. 20.06.2006, *DJ* 30.06.2006, p. 216).

5. A RESPONSABILIDADE CIVIL OBJETIVA POR DANOS CAUSADOS POR PRÉDIOS EM RUÍNA

De acordo com o art. 937 do Código Civil brasileiro de 2002, o dono de edifício ou construção responde pelos danos que resultarem de sua ruína, se esta provier de falta de reparos, cuja necessidade fosse manifesta. Trata-se de mais um caso de responsabilidade objetiva, diante de um risco-criado ou risco-proveito, o que depende do caso concreto.[29]

No entanto, para que a responsabilidade tenha essa natureza, há quem entenda que deve estar evidenciado o mau estado de conservação do edifício ou da construção, nos termos literais do trecho final do art. 937 da codificação material.[30] Caso contrário, a responsabilidade tem natureza subjetiva, necessitando da prova de culpa, nos termos do art. 186 da atual codificação. Atualmente, surge controvérsia em relação a essa questão, em virtude da aplicação do Código de Defesa do Consumidor. Isso porque, diante da Lei n. 8.078/1990, os danos causados aos consumidores geram responsabilidade objetiva, como visto. Em relação a terceiros, também se pode entender pela responsabilização independente de culpa, diante do conceito de consumidor equiparado ou *bystander* (art. 17 do CDC).

Assim, estamos filiados à corrente pela qual a responsabilidade será sempre objetiva quando ruir o prédio ou construção, seja em relação ao consumidor ou a terceiros. Isso porque, havendo relação jurídica de consumo, deve-se adotar a interpretação legislativa mais favorável ao consumidor, seja ele um consumidor-padrão ou equiparado. Trata-se de conclusão retirada da incidência da aclamada tese do *diálogo das fontes*, de Erik Jayme e Cláudia Lima Marques, à responsabilidade civil. Confirmando a premissa, no Enunciado n. 556 da *VI Jornada de Direito Civil* (2013), proposto por este autor: "a responsabilidade civil do dono do prédio ou construção por sua ruína, tratada pelo art. 937 do CC, é objetiva". Como assinala Marco Aurélio Bezerra de Melo, "a forma mais eficaz de vencer o dano com a reparação necessária, nesse caso, é o reconhecimento de que a responsabilidade do proprietário é

---

[29] Na doutrina clássica, Silvio Rodrigues destacava o caráter *propter rem* existente no dever de indenizar em casos tais, eis que "o proprietário é sempre responsável pela reparação do dano causado a terceiro pela ruína do edifício ou construção de seu domínio, sendo indiferente saber se a culpa pelo ocorrido é do seu antecessor na propriedade, do construtor do prédio ou do inquilino que o habitava. Ele é réu na ação de ressarcimento" (RODRIGUES, Silvio. *Direito civil*: responsabilidade civil. 19. ed. São Paulo: Saraiva, 2000. v. 4, p. 126).

[30] Posição defendida, entre outros, por Maria Helena Diniz (*Código Civil anotado*. 15. ed. São Paulo: Saraiva, 2010. p. 636).

objetiva".³¹ A doutrina majoritária segue essa visão, dispensando a prova da necessidade de reparos manifesta.³²

No mesmo sentido, decisão monocrática do Ministro Paulo de Tarso Sanseverino, do Superior Tribunal de Justiça, que cita a incidência da *teoria da responsabilidade guardiã*, com base em Aguiar Dias. Nas suas palavras, "em tema de responsabilidade civil pelo fato da coisa, a doutrina mais abalizada já havia firmado compreensão quanto a ser objetiva a responsabilidade do proprietário do edifício prevista no artigo 1.528 do Código Civil de 1916, e atualmente reproduzida pelo artigo 937 do Código Civil de 2002. [...]. Deveras, não pairando controvérsia quanto a ser das requeridas a propriedade do muro cuja queda em via pública vitimou a jovem Schananda, sendo, pois, à luz da teoria da Responsabilidade Guardiã, objetiva sua responsabilização, não têm qualquer relevância para o deslinde da causa as alegações de defesa voltadas à demonstração da conservação do muro, regularidade da construção, ou quaisquer outras voltadas a sustentar a tese de inexistência de culpa, até porque, consoante já advertia Aguiar Dias, 'A prova de que a falta de reparos era manifesta decorre da própria circunstância de haver ruído o edifício ou construção: tanto necessitava de reparos que ruiu' (apud CAVALIERI FILHO, 2009, p. 222)" (decisão monocrática proferida no julgamento do Agravo em Recurso Especial n. 605.955/ES, em 17.10.2016).

Feita essa importante pontuação técnica, destaque-se que, se o prédio ainda estiver em construção, responderá a construtora, sem prejuízo de regras específicas, como aquelas previstas para a empreitada no Código Civil e também no Código de Defesa do Consumidor, que traz a responsabilidade objetiva nas relações entre profissionais e destinatários finais.

Sobre o tema, ficaram notórios na jurisprudência os acórdãos do Tribunal de Justiça do Rio de Janeiro condenando conhecida construtora pela queda do famoso edifício *Palace II*, na Barra da Tijuca, cidade do Rio de Janeiro (por todos: TJRJ, 2.ª Câmara Cível, Apelação Cível 2001.001.21725, Capital, Rel. Des.

---

[31] MELO, Marco Aurélio Bezerra de. *Curso de direito civil*: responsabilidade civil. São Paulo: GEN/Atlas, 2015. v. IV, p. 284.

[32] Assim concluindo: GAGLIANO, Pablo Stolze; PAMPLONA FILHO, Rodolfo. *Novo curso de direito civil*: responsabilidade civil. 14. ed. São Paulo: Saraiva, 2016. v. 3, p. 240; FARIAS, Cristiano Chaves, ROSENVALD, Nelson; BRAGA NETTO, Felipe Peixoto. *Curso de direito civil*: responsabilidade civil. São Paulo: Atlas, 2015. v. 3, p. 547. CAVALIERI FILHO, Sérgio. *Programa de responsabilidade civil*. 12. ed. São Paulo: GEN/Atlas, 2015. p. 310-313; VENOSA, Sílvio de Salvo. *Código Civil interpretado*. São Paulo: Atlas, 2010. p. 891-892; GONÇALVES, Carlos Roberto. *Direito civil brasileiro*: responsabilidade civil. 5. ed. São Paulo: Saraiva 2010. v. 4, p. 192-193.

Sérgio Cavalieri Filho, j. 22.11.2001, v.u., data de registro: 13.03.2002, folhas 33949/33957, *Ementário* 10/2002, n. 22, 18.04.2002). Nesse primeiro caso, aplicou-se o Código de Defesa do Consumidor, inclusive a regra de solidariedade entre todos os envolvidos com a construção, bem como a desconsideração da personalidade jurídica da empresa (art. 28 do CDC), a fim de responsabilizar civilmente os sócios da construtora. Tecnicamente, esse primeiro julgado é perfeito, tendo sido o seu relator o também professor e doutrinador Sérgio Cavalieri Filho, que partilha a análise do presente tema nesta obra.

Ademais, no caso em questão, outros prédios também foram atingidos indiretamente pela queda do *Palace II*, gerando desvalorização da área, o que também acarretou a responsabilidade dos envolvidos com a construção. Assim, concluindo sobre os prejuízos causados ao Edifício *Palace I*, que ainda está no local, ocasionando a interdição do prédio e provocando clara desvalorização das suas unidades imobiliárias: "obras de recuperação estrutural que ainda hoje demandam permanente controle de manutenção. Desvalorização do imóvel pertencente aos autores que deve ter em conta o preço de mercado do mesmo, e não o valor pelo qual foi adquirido, pois este não corresponde ao valor atual do bem. Extinção da obrigação de pagar as parcelas restantes do preço do imóvel, uma vez apurado que o valor total das mesmas supera o do bem, devolvendo-se o que exceder. Danos morais configurados, ante o sofrimento, angústia e aflição impostos aos autores, ao se virem obrigados a desocupar seu apartamento e constataram a desvalorização do mesmo. Verba reparatória fixada pela sentença, em atenção aos critérios da razoabilidade e da proporcionalidade" (TJRJ, 17.ª Câmara Cível, Apelação Cível 2003.001.30517, Capital, Rel. Des. Fabricio Bandeira Filho, j. 10.12.2003, v.u., *Ementário* 14/2004, n. 18, 20.05.2004).

Concluindo, como se pode notar, a responsabilidade é do dono do edifício ou da construção – eventualmente da construtora –, não se confundindo esse comando legal com a regra do art. 938 do Código Civil, que trata de objetos lançados dos prédios. Aliás, deve-se entender que, no caso de ruir parte do prédio, aplica-se o mesmo art. 937 da codificação material, respondendo o construtor ou edificador. Os casos, entretanto, podem gerar confusão, como será analisado a seguir.

6. A RESPONSABILIDADE CIVIL OBJETIVA POR DANOS ORIUNDOS DE COISAS LANÇADAS DOS PRÉDIOS

Prescreve o Código Civil que aquele que habitar uma casa ou parte dela responde pelos danos provenientes das coisas, sólidas ou líquidas, que dela caírem ou forem lançadas em lugar indevido (art. 938). Trata-se da responsabilidade civil por *defenestramento* ou por *effusis et dejectis*.³³ A expressão *defenestrar* significa jogar fora pela janela. Esclareça-se que *finestra*, em italiano, quer dizer janela, ou em alemão *Fenster*, o que demonstra a origem do termo entre nós.

Da mesma forma como ocorre nas situações anteriores, sigo a corrente doutrinária que entende que não importa que o objeto líquido (*effusis*) ou sólido (*dejectis*) tenha caído acidentalmente, pois ninguém pode colocar em risco a segurança alheia, o que denota a responsabilidade objetiva do ocupante diante de um *risco criado*. De acordo com os comentários de Cláudio Luiz Bueno de Godoy, "tem-se aí, já mesmo de acordo com o que se vinha entendendo acerca de igual previsão no CC/1916, responsabilidade sem culpa, pelo mesmo fundamento do preceito anterior, qual seja o dever de segurança que deve permear a guarda do que guarnece uma habitação".³⁴ Outros doutrinadores posicionam-se na mesma linha, o que é compartilhado por este autor, sem qualquer ressalva.³⁵

No caso de cessão do prédio, responderão o locatário ou o comodatário, não sendo o caso de se imputar responsabilidade ao locador ou ao comodante, eventuais proprietários do imóvel. Em regra, não há responsabilidade solidária daquele que cedeu o bem, a não ser em casos de coautoria, em participação efetiva para o ilícito, o que se retira do art. 942, parágrafo único, da codificação material. De acordo com Jones Figueirêdo Alves e Mário Luiz Delgado, juristas que participaram da fase final de elaboração do Código Civil de 2002, o "dispositivo aqui, ao referir-se a prédio no lugar de casa, foi mais feliz que o correspondente art. 1.529 do CC/1916, afastando a controvérsia sobre a extensão da regra para os casos em que a coisa é lançada ou cai de prédio comercial. Quando se refere ao habitante do prédio, o novo Código Civil está se referindo ao guardião do imóvel, ou seja, aquele que é o responsável

---

33 Expressão latina utilizada diante da origem na *actio* existente no Direito Romano, em situação tais como as aqui descritas.
34 GODOY, Cláudio Luiz Bueno de. In: PELUSO, Cezar (Coord.). *Código Civil comentado*. São Paulo: Manole, 2007. p. 782.
35 Essa é opinião de: MELO, Marco Aurélio Bezerra de. *Curso de direito civil*: responsabilidade civil. São Paulo: GEN/Atlas, 2015. v. IV, p. 384; FARIAS, Cristiano Chaves; ROSENVALD, Nelson; BRAGA NETTO, Felipe Peixoto. *Curso de direito civil*: responsabilidade civil. São Paulo: Atlas, 2015. v. 3, p. 548-549; DINIZ, Maria Helena. *Código Civil anotado*. 15. ed. São Paulo: Saraiva, 2010. p. 637; GODOY, CAVALIERI FILHO, Sérgio. *Programa de responsabilidade civil*. 12. ed. São Paulo: GEN/Atlas, 2015. p. 316-317; VENOSA, Sílvio de Salvo. *Código Civil interpretado*. São Paulo: Atlas, 2010. p. 893.

pela sua guarda e manutenção do mesmo, quer seja proprietário, quer seja inquilino, quer seja o morador, quer seja mero ocupante".[36]

Pois bem, em hipótese relativa a prédio de escritórios ou apartamentos (condomínio edilício), não sendo possível identificar de onde a coisa foi lançada, é forçoso concluir que haverá responsabilidade do condomínio. Isso sem prejuízo da ação regressiva do condomínio contra o autor do dano, nos termos do art. 934 do Código Civil. Exatamente nessa linha concluiu o Superior Tribunal de Justiça em julgado remoto: "Responsabilidade civil. Objetos lançados da janela de edifícios. A reparação dos danos é responsabilidade do condomínio. A impossibilidade de identificação do exato ponto de onde parte a conduta lesiva impõe ao condomínio arcar com a responsabilidade reparatória por danos causados a terceiros. Inteligência do art. 1.529 do Código Civil brasileiro. Recurso não conhecido" (STJ, 4.ª Turma, REsp 64.682/RJ, Rel. Min. Bueno de Souza, j. 10.11.1998, *DJ* 29.03.1999, p. 180).

Consolidando essa forma de pensar no âmbito doutrinário, o Enunciado n. 557 da *VI Jornada de Direito Civil* (2013), seguindo igualmente proposta formulada por este autor: "nos termos do art. 938 do CC, se a coisa cair ou for lançada de condomínio edilício, não sendo possível identificar de qual unidade, responderá o condomínio, assegurado o direito de regresso". A ementa doutrinária confirma a premissa de que a responsabilidade civil, em casos tais, é objetiva, sendo o seu conteúdo compartilhado por muitos doutrinadores.[37]

Dúvidas surgem, nesse último caso, quanto à responsabilização dos condôminos que estão do lado oposto de onde caiu a coisa. Entendemos, como Sílvio de Salvo Venosa, que todo o condomínio deve ser responsabilizado, não interessando de onde exatamente caiu o objeto. Para justificar seu posicionamento, o doutrinador fala em *pulverização dos danos na sociedade*, ensinando que, "assim, quando o dano é praticado por um membro não

---

[36] ALVES, Jones Figueirêdo; DELGADO, Mário Luiz. *Código Civil anotado*. São Paulo: Método, 2005. p. 406.

[37] Repetimos, aqui, as obras utilizadas nas justificativas da proposta de enunciado: DINIZ, Maria Helena. *Código civil anotado*. 15. ed. São Paulo: Saraiva, 2010. p. 637; GODOY, Cláudio Luiz Bueno de. In: PELUSO, Cezar (Coord.). *Código Civil comentado*. São Paulo: Manole, 2007. p. 782; CAVALIERI FILHO, Sérgio. *Programa de responsabilidade civil*. 7. ed. São Paulo: Atlas, 2007. p. 215-216; VENOSA, Sílvio de Salvo. *Código Civil interpretado*. São Paulo: Atlas, 2010. p. 893; GAGLIANO, Pablo Stolze; PAMPLONA FILHO, Rodolfo. *Novo curso de direito civil*. 10. ed. São Paulo: Saraiva, 2012. v. 3, p. 230).

identificado de um grupo, todos os seus integrantes devem ser chamados para a reparação".[38]

Em complemento às lições transcritas, pensamos que o caso também é de aplicação da *responsabilidade pressuposta*, que busca, antes de qualquer discussão, reparar a vítima diante de uma exposição ao perigo ou ao risco. Em síntese e como palavras finais, repise-se que o condomínio deve reparar todos os prejuízos suportados pela pessoa atingida pelo objeto. Após a vítima estar devidamente reparada, está assegurado o direito de regresso do condomínio contra o eventual culpado. Essa posição, sem dúvida, preocupa-se muito mais com a vítima do que com o ofensor, devendo prevalecer.

7. REFERÊNCIAS

ALVES, Jones Figueirêdo; DELGADO, Mário Luiz. *Código Civil anotado*. São Paulo: Método, 2005.

AZEVEDO, Álvaro Villaça. *Teoria geral das obrigações*. 8. ed. São Paulo: RT, 2000.

_____. *Teoria geral das obrigações*. Responsabilidade civil. 10. ed. São Paulo: Atlas, 2004.

BOBBIO, Norberto. *Teoria do ordenamento jurídico*. Trad. Maria Celeste Cordeiro Leite dos Santos. 7. ed. Brasília: UnB, 1996.

CAVALIERI FILHO, Sérgio. *Programa de responsabilidade civil*. 7. ed. São Paulo: Atlas, 2007.

_____. _____. 12. ed. São Paulo: GEN/Atlas, 2015.

CIAN, Giorgio; TRABUCCHI, Alberto. *Commentario breve al Codice Civile*. 4. ed. Milão: Cedam, 1992.

DINIZ, Maria Helena. *Código Civil anotado*. 15. ed. São Paulo: Saraiva, 2010.

_____. *Conflito de normas*. 5. ed. São Paulo: Saraiva, 2003.

_____. *Curso de direito civil brasileiro*: responsabilidade civil. 27. ed. São Paulo: Saraiva, 2013. v. 7.

FARIAS, Cristiano Chaves, ROSENVALD, Nelson; BRAGA NETTO, Felipe Peixoto. *Curso de direito civil*: responsabilidade civil. São Paulo: Atlas, 2015. v. 3.

GAGLIANO, Pablo Stolze; PAMPLONA FILHO, Rodolfo. *Novo curso de direito civil*: responsabilidade civil. 10. ed. São Paulo: Saraiva, 2012. v. 3.

_____; _____. _____. 14. ed. São Paulo: Saraiva, 2016. v. 3.

---

[38] VENOSA, Sílvio de Salvo. *Código Civil interpretado*. São Paulo: Atlas, 2010. p. 894.

GODOY, Cláudio Luiz Bueno de. In: PELUSO, Cezar (Coord.). *Código Civil comentado*. São Paulo: Manole, 2007.

_____. *Responsabilidade civil pelo risco da atividade*. São Paulo: Saraiva, 2009.

GONÇALVES, Carlos Roberto. *Direito civil brasileiro*: responsabilidade civil. 5. ed. São Paulo: Saraiva 2010. v. 4.

_____. _____. 11. ed. São Paulo: Saraiva, 2016. v. 4.

HIRONAKA, Giselda Maria Fernandes Novaes. *Responsabilidade pressuposta*. Belo Horizonte: Del Rey, 2005.

MELO, Marco Aurélio Bezerra de. *Curso de direito civil*: responsabilidade civil. São Paulo: GEN/Atlas, 2015. v. 4.

MIRAGEM, Bruno. *Direito civil*. Responsabilidade civil. São Paulo: Saraiva, 2015.

MONATERI, Píer Giuseppe. *Illecito e responsabilità civile*. Trattato de diritto privato. Diretto da Mario Bessone. Torino: G. Giappichelli, 2002. t. II.

PAMPLONA FILHO, Rodolfo. Responsabilidade civil nas relações de trabalho e o novo Código Civil. In: DELGADO, Mário Luiz; ALVES, Jones Figueirêdo (Org.). *Questões controvertidas no novo Código Civil*. São Paulo: Método, 2003.

RODRIGUES, Silvio. *Direito civil*: responsabilidade civil. 19. ed. São Paulo: Saraiva, 2000. v. 4.

SOUZA, Sylvio Capanema de. Novos aspectos da responsabilidade civil da administração pública. Direito civil contemporâneo. Novos problemas à luz da legalidade constitucional. In: TEPEDINO, Gustavo (Org.). *Anais do Congresso Internacional de Direito Civil-Constitucional da Cidade do Rio de Janeiro*. São Paulo: Atlas, 2008.

TARTUCE, Flávio. *Responsabilidade objetiva e risco*. A teoria do risco concorrente. São Paulo: GEN/Método, 2011.

_____; OPROMOLLA, Márcio Araújo. Direito civil e Constituição. In: TAVARES, André Ramos; FERREIRA, Olavo A. V. Alves; LENZA, Pedro (Coord.). *Constituição Federal – 15 anos*. Mutação e evolução. São Paulo: Método, 2003.

TEPEDINO, Gustavo. A evolução da responsabilidade civil no direito brasileiro e suas controvérsias na atividade estatal. In: *Temas de direito civil*. 3. ed. Rio de Janeiro: Renovar, 2004.

_____; BARBOZA, Heloísa Helena; MORAES, Maria Celina Bodin de. *Código Civil interpretado*. Rio de Janeiro: Renovar, 2006. v. II.

TRIGO, Maria da Graça. *Responsabilidade civil delitual por facto de terceiro*. Coimbra: Coimbra Editora, 2009.

VENOSA, Sílvio de Salvo. *Código Civil interpretado*. São Paulo: Atlas, 2010.

14

RESPONSABILIDADE OBJETIVA NA ATUALIDADE

Sergio Cavalieri Filho

Sumário: 1. Evolução da responsabilidade civil; 2. Fatores da evolução; 3. Fases da evolução; 3.1 A flexibilização da prova da culpa; 3.2 A culpa presumida; 4. A responsabilidade objetiva; 4.1 A teoria do risco; 4.2 O risco criado; 4.3 O risco integral; 4.4 O risco e o dever de segurança; 5. Aplicação paulatina da responsabilidade objetiva; 6. O advento do Código Civil de 2002; 7. As cláusulas gerais de responsabilidade objetiva no Código Civil de 2002; 7.1 O abuso do direito como ato ilícito. 7.2 Responsabilidade pelo desempenho de atividade de risco; 7.3 Campo de incidência da norma; 8. Responsabilidade dos empresários e empresas por danos causados por produtos; 9. O futuro da responsabilidade; Referências.

1. EVOLUÇÃO DA RESPONSABILIDADE CIVIL

A responsabilidade civil passou por uma grande evolução ao longo do século XX. Foi sem dúvida a área do Direito que sofreu as maiores mudanças, maiores até que no Direito de Família. Talvez a palavra **evolução** não seja a mais adequada para caracterizar o fenômeno de que estamos tratando. Louis Josserand, em conferência proferida na Universidade de Coimbra em 1936, já observava que o termo correto seria **revolução**, "tão rápido, tão fulminante foi o movimento que levou a teoria da responsabilidade civil a novos destinos". Nessa matéria, afirmou o grande Mestre de Lion, "a verdade de ontem não é mais a de hoje, que deverá, por sua vez, ceder o lugar à de amanhã".[1]

---

[1] JOSSERAND, Louis. *Evolução da responsabilidade civil*. Tradução de Raul Lima. Rio de Janeiro: Revista Forense, 1986. p. 548.

Palavras proféticas porquanto, na realidade, a revolução iniciada na primeira metade do século XX prosseguiu na sua segunda parte ainda mais intensamente. Pode-se dizer, sem medo de errar, que os domínios da responsabilidade civil foram ampliados na mesma proporção em que se multiplicaram os inventos, as descobertas e outras conquistas da atividade humana. Prova disso é a enorme proliferação de normas legislativas que nessa área teve lugar não só no plano da lei ordinária, mas até em nível constitucional; a vastíssima literatura jurídica produzida no mundo todo sobre o inesgotável tema da responsabilidade civil e a frequência com que a Justiça, em todas as suas instâncias, é chamada a decidir conflitos de interesses decorrentes de danos injustos. Acompanhando as estatísticas, pode-se constatar que a grande maioria dos casos que chegam ao Judiciário envolve, de alguma forma, responsabilidade civil. A quantidade é ainda maior nos Juizados Especiais, o que evidencia que o campo da responsabilidade civil ampliou-se enormemente. Fala-se até numa **indústria da responsabilidade civil**, com o que não concordamos. Não há indústria sem matéria-prima, e hoje os domínios da responsabilidade civil são assim tão abrangentes porque os danos injustos se multiplicaram e se tornaram mais frequentes.

2. FATORES DA EVOLUÇÃO

Dois fatores principais promoveram a revolução referida por Josserand: a revolução industrial, notadamente a partir da segunda metade do século passado, incluindo o desenvolvimento científico e tecnológico, e a busca da justiça social na construção de uma sociedade solidária, o que tornou imperativo modificar a organização do Estado, ensejando maior intervenção na sociedade para garantir o acesso de todos os cidadãos aos bens e serviços necessários a uma vida digna.

Como adiantou Georges Ripert no prefácio ao *Tratado de responsabilidade civil*, de René Savatier:

> [...] o nosso século viu um maravilhoso desenvolvimento da responsabilidade civil porque novas regras foram impostas pelas modificações ocorridas nas condições materiais da vida. A multiplicação dos acidentes corporais seria a causa principal da severidade da lei ou dos juízes em relação aos que os causam. Por isso, podemos glorificar a nossa época de possuir um sentimento mais elevado de justiça, felicitar os tribunais de ter criado regras novas e de exaltar uma vez mais o progresso do direito.[2]

---

[2] SAVATIER, René. *Traité de la Responsabilité Civile*. Paris: LGDJ, 1939. t. I, p. X.

No mesmo sentido, observou Henry Capitant no prefácio ao *Tratado teórico e prático da responsabilidade civil*, de Henry e Leon Mazeaud, destacando que:

> [O] crescimento do número de litígios iluminou a importância das questões relativas à responsabilidade civil; essas questões foram objeto de estudos aprofundados; os comentários aos julgados, os artigos de revistas, as teses de doutorado, consagrados ao tema foram multiplicados. As noções tradicionais na matéria foram revistas e submetidas a uma penetrante crítica. O desejo era de substituí-las por novas concepções. Comparou-se com mais atenção a responsabilidade contratual e a responsabilidade delitual e sustentou-se que essa pretendida dualidade era contrária a uma boa análise; o fundamento mesmo da responsabilidade foi contestado, e os inovadores tentaram substituir à falta a noção do risco. O homem, sustentou-se, deve ser responsável não apenas pelo dano que ele causa ao outro por sua culpa, mas por aquilo que é consequência de seu simples fato; do momento em que exercendo a sua atividade ele leva prejuízo a um terceiro, ele deve a este uma reparação.[3]

Na verdade, a revolução industrial aumentou quase ao infinito a capacidade produtiva do ser humano. Se antes a produção era manual, artesanal, mecânica, circunscrita ao núcleo familiar ou a um pequeno número de pessoas, a partir dessa revolução a produção passou a ser em massa, em grande quantidade, até para fazer frente ao aumento da demanda decorrente da explosão demográfica. Houve também modificação no processo de distribuição, causando cisão entre a produção e a comercialização. Se antes era o próprio fabricante que se encarregava da distribuição dos seus produtos, pelo que tinha total domínio do processo produtivo – sabia o que fabricava, o que vendia e a quem vendia –, a partir de um determinado momento essa distribuição passou também a ser feita em massa, em cadeia, em grande quantidade pelos mega-atacadistas, de sorte que o comerciante e o consumidor passaram a receber os produtos fechados, lacrados, embalados, sem nenhuma condição de conhecer o seu real conteúdo.

Enfim, a massificação da produção e do fornecimento forjou o consumo massificado, uma sociedade massificada, que, por sua vez, deu causa àquilo

---

[3] MAZEAUD, Leon; CAPITANT, Henry. *Traité Théorique et Pratique de la Responsabilité Civile*. Délictuelle et Contratuelle. Paris: Libairie du Recueil Sirey, 1947. p. XIX.

que tem sido chamado de dano em massa, dano coletivo, cujo causador, muitas vezes, é anônimo, sem cara, sem nome, sem identidade.

Igualmente preponderante foi o papel da busca da justiça social, na superação do velho Estado liberal. Esse novo Estado, que ganha espaço principalmente após a Segunda Guerra Mundial, passou a intervir diretamente na sociedade, com ênfase no domínio econômico, na economia de mercado, especialmente em setores socialmente débeis, para combater abusos, preservar a justiça social e o bem-estar dos cidadãos. Deixou de ser mero espectador para ser também ator, voltado para a realização da justiça social, para o fortalecimento da sociedade solidária. Em consequência, o ideário do liberalismo clássico sofreu impacto acentuado, sobretudo a partir da década de 1960, sendo substituído pelo primado das novas ideias vinculadas à construção de uma sociedade mais justa e mais feliz, uma sociedade verdadeiramente solidária. Em última instância, observa João Calvão:

> [...] este sentimento de solidariedade é a contraface da insegurança em que vive o homem, dado o vertiginoso progresso técnico/científico que caracteriza a sociedade contemporânea. Se não há elevado grau de segurança, garante-se ao menos a reparação do dano pessoal decorrente dos acidentes.[4]

3. FASES DA EVOLUÇÃO

O sistema da culpa provada, estabelecido como cláusula geral no art. 159 do Código Civil de 1916, traduzia com fidelidade o ideário liberalista do século XX. Livre, o homem é responsável, e a culpa é o corolário da liberdade. Tal sistema, entretanto, revelou-se insuficiente antes mesmo da entrada em vigor daquele Código. Tanto é assim que a chamada "Lei das Estradas de Ferro", de 1912, já havia estabelecido responsabilidade objetiva para aquele meio de transporte.

3.1 A flexibilização da prova da culpa

O primeiro passo nessa longa evolução foi a flexibilização da prova da culpa. Em face da dificuldade de se provar a culpa em determinados casos, os

---

[4] CALVÃO, João. *Responsabilidade civil do produtor*. Coimbra: Almedina, 1990. p. 375.

tribunais passaram a examiná-la com tolerância, extraindo-a, muitas vezes, das próprias circunstâncias em que o evento se dava. Admitiu-se a chamada **culpa *in re ipsa***, aquela que deriva inexoravelmente da gravidade do fato danoso e das circunstâncias em que ele ocorreu, de tal modo que basta a prova desse fato para que *ipso facto* fique demonstrada a culpa, à guisa de uma presunção natural, uma presunção *hominis* ou *facti*.

Outro exemplo dessa flexibilização é a chamada **culpa contra a legalidade**, que ocorre quando o dever violado resulta de texto expresso de lei ou regulamento. A mera infração da norma regulamentar é fator determinante da responsabilidade civil; cria em desfavor do agente uma presunção de ter agido culpavelmente, por exemplo, no caso de desobediência aos regulamentos de trânsito por veículos motorizados, ou de descumprimento de certas regras técnicas no desempenho de profissões ou atividades regulamentares.

3.2 A culpa presumida

O segundo estágio dessa evolução foi a admissão da culpa presumida, mecanismo encontrado para favorecer a posição da vítima diante da dificuldade por ela encontrada para provar a culpa do causador do dano em determinadas situações e a resistência dos subjetivistas em aceitar a responsabilidade objetiva. O fundamento da responsabilidade continuou o mesmo – a culpa; a diferença reside num aspecto meramente processual de distribuição do ônus da prova. Enquanto no sistema clássico (da culpa provada) cabe à vítima provar a culpa do causador do dano, no de inversão do ônus probatório atribui-se ao demandado o ônus de provar que não agiu com culpa.

Sem se abandonar, portanto, a teoria da culpa, conseguiu-se, por via de uma presunção, um efeito prático próximo ao da teoria objetiva. O causador do dano, até prova em contrário, presume-se culpado, mas, por se tratar de presunção relativa – *juris tantum* –, pode elidir essa presunção provando que não teve culpa.

Autores e profissionais do direito referem-se constantemente à culpa presumida como se fosse caso de responsabilidade objetiva. Convém, então, enfatizar esse ponto: a culpa presumida não se afastou do sistema da responsabilidade subjetiva pelo que admite discutir amplamente a culpa do causador do dano; cabe a este, todavia, elidir a presunção de culpa contra si existente para afastar o dever de indenizar. A lição do Mestre Alvino Lima esclarece qualquer dúvida a respeito do tema:

> As presunções de culpa consagradas na lei, invertendo o ônus da prova, vieram melhorar a situação da vítima, criando-se a seu favor

uma posição privilegiada. Tratando-se, contudo, de presunção *juris tantum*, não nos afastamos do conceito de culpa da teoria clássica, mas apenas derrogamos um princípio dominante em matéria de prova. Tais presunções são, em geral, criadas nos casos de responsabilidades complexas, isto é, das que decorrem de fatos de outrem, ou fato das coisas inanimadas. Fixadas por lei as presunções *juris tantum*, o fato lesivo é considerado, em si mesmo, um fato culposo e como tal determinará a responsabilidade do autor, se este não provar a ausência de causa estranha causadora do dano, como a força maior, o caso fortuito, a culpa da própria vítima ou o fato de terceiro.[5]

4. A RESPONSABILIDADE OBJETIVA

Apesar da resistência dos defensores da teoria subjetiva, a culpa, como se viu, aos poucos deixou de ser a grande estrela da responsabilidade civil, perdeu cada vez mais espaço. A responsabilidade objetiva, plantada nas obras pioneiras de Raymond Saleilles, Louis Josserand, Georges Ripert e outros, acabou sendo admitida como exigência social e de justiça para determinados casos. É que a implantação da indústria, a expansão do maquinismo e a multiplicação dos acidentes de trabalho deixaram exposta a insuficiência da culpa como fundamento único e exclusivo da responsabilidade civil. Pelo novo sistema, provados o dano e o nexo causal, exsurge o dever de reparar, independentemente de culpa. O causador do dano só se exime do dever de indenizar se provar a ocorrência de alguma das causas de exclusão do nexo causal – caso fortuito, força maior, fato exclusivo da vítima ou de terceiro.

4.1 A teoria do risco

Na busca de um fundamento para a responsabilidade objetiva, os juristas conceberam a **teoria do risco**, que pode ser assim resumida: todo prejuízo deve ser atribuído ao seu autor e reparado por quem causou o risco, independentemente de ter ou não agido com culpa. Resolve-se o problema na relação de causalidade, dispensável qualquer juízo de valor sobre a culpa do responsável, que é aquele que materialmente causou o dano.

A teoria do risco teve larga aceitação porque vivemos perigosamente, porque a vida moderna é cada vez mais arriscada, e quanto mais o homem

---

[5] LIMA, Alvino. *Culpa e risco*. 2. ed. São Paulo: RT, 1998. p. 72.

está exposto a perigo tanto mais experimenta a necessidade de segurança. Contudo, como não temos a segurança material, tenhamos ao menos a segurança jurídica; a certeza de obter oportunamente uma reparação. A evolução da responsabilidade é, assim, uma decorrência da insegurança e a fórmula "viver perigosamente" atrai fatalmente outra que lhe constitui a réplica e a sanção: responder pelos nossos atos.

Sempre que surge uma nova doutrina, logo se multiplicam os seus extremos. Isso também ocorreu no que respeita à responsabilidade objetiva, de sorte que, em torno da ideia central do risco, surgiram várias concepções que se identificam como verdadeiras subespécies ou modalidades, entre as quais podem ser destacadas as teorias do *risco-proveito*, do *risco profissional*, do *risco excepcional*, do *risco criado* e a do *risco integral*. As duas últimas merecem ser relembradas por terem ampla aplicação.

4.2 O risco criado

A teoria do risco criado teve, entre nós, como seu mais ardoroso adepto o saudoso Professor Caio Mário da Silva Pereira, que assim a sintetiza: "aquele que, em razão de sua atividade ou profissão, cria um perigo, está sujeito à reparação do dano que causar, salvo prova de haver adotado todas as medidas idôneas a evitá-lo".[6] No entendimento do ilustre Mestre, o conceito de risco que melhor se adapta às condições de vida social é o que se fixa no fato de que, se alguém põe em funcionamento qualquer atividade, responde pelos eventos danosos que essa atividade gera para os indivíduos, independentemente de determinar se em cada caso, isoladamente, o dano é devido a imprudência, a negligência, a um erro de conduta, e assim se configura a teoria do **risco criado**. Fazendo abstração da ideia de culpa, mas atentando apenas ao fato danoso, responde civilmente aquele que, por sua atividade ou por sua profissão, expõe alguém ao risco de sofrer um dano.

Procura o Mestre estabelecer as distinções entre a teoria do risco-proveito e a do risco criado, enfatizando que nesta última não se cogita o fato de ser o dano correlativo de um proveito ou vantagem para o agente. É óbvio que se supõe que a atividade pode ser proveitosa para o responsável, mas não se subordina o dever de reparar ao pressuposto da vantagem. O que se encara é a atividade em si mesma, independentemente do resultado bom ou mau que dela advenha para o agente. A teoria do risco criado, conclui o Mestre,

---

[6] PEREIRA, Caio Mário da Silva. *Responsabilidade civil*. 9. ed. Rio de Janeiro: Forense, 2002. p. 24.

importa ampliação do conceito do risco-proveito. Aumenta os encargos do agente; é, porém, mais equitativa para a vítima, que não tem que provar que o dano resultou de uma vantagem ou de um benefício obtido pelo causador do dano. Deve este assumir as consequências de sua atividade.[7]

4.3 O risco integral

A teoria do risco integral é uma modalidade extremada da doutrina do risco destinada a justificar o dever de indenizar até nos casos de inexistência do nexo causal ou em que este se mostra extremamente diluído.

Mesmo na responsabilidade objetiva, como já enfatizado, embora dispensável o elemento culpa, a relação causal é indispensável. Na responsabilidade fundada no risco integral, todavia, o dever de indenizar é imputado àquele que cria o risco, ainda que a atividade por ele exercida não tenha sido a causa direta e imediata do evento. Bastará que a atividade de risco tenha sido a ocasião, mera causa mediata ou indireta do evento, ainda que este tenha tido por causa direta e imediata fato irresistível ou inevitável, como a força maior e o caso fortuito. Em outras palavras, o dano não é causado diretamente por uma atividade de risco, mas seu exercício é a ocasião para a ocorrência do evento. Um navio transportando petróleo, por exemplo, sofre avarias em decorrência de forte tempestade e faz derramamento de óleo no mar; terremoto, seguido de ondas gigantes (*tsunami*), que invadem usina nuclear e causam dano nuclear e ambiental. Embora a causa direta desses eventos tenha sido a força maior (fenômenos irresistíveis da natureza), o navio transportando petróleo foi a ocasião porque sem ele a tempestade não teria causado nenhum dano. De igual modo, se não existisse a usina nuclear, o terremoto e o *tsunami* não teriam causado um acidente nuclear. Nesses e outros casos, a força maior, isoladamente considerada, não seria suficiente para causar o resultado lesivo, o que evidencia que o exercício da atividade de risco foi pelo menos a ocasião.

Em suma, pela teoria do risco integral todos os riscos, diretos e indiretos, que tenham relação com a atividade de risco, mesmo que não lhes sejam próprios, estarão sob a responsabilidade do agente. O dano não será causado direta e imediatamente pela atividade de risco desenvolvida, mas a sua realização concorrerá de alguma forma para o evento danoso. Bastará que o empreendimento tenha sido a **ocasião** para o acidente; que a atividade exercida, embora não tenha sido a causa determinante, tenha concorrido de

---

[7] PEREIRA, Caio Mário da Silva. *Responsabilidade civil* cit., p. 284-285.

alguma forma para a concretização do dano, ainda que pelo mero fato de a atividade estar sendo realizada naquele momento.

Dado o seu extremo rigor, a teoria do risco integral só foi adotada pelo nosso Direito em casos excepcionais, como na responsabilidade acidentária ou infortunística, a cargo da Previdência, coberta pelo seguro social; seguro obrigatório para os proprietários de veículos automotores (DPVAT); dano nuclear (art. 21 da Constituição, XXIII, c); responsabilidade por danos ao meio ambiente (art. 225, § 3.º, da Constituição).

4.4 O risco e o dever de segurança

A teoria do risco recebeu sérias críticas dos defensores da doutrina subjetiva, ao argumento de que, em razão da demasiada atenção à vítima, acaba por negar o princípio da justiça social, impondo cegamente o dever de reparar e levando-o a equiparar o comportamento jurídico e o injurídico do agente. Os irmãos Mazeaud podem ser apontados como os campeões na luta contra a doutrina do risco, ao sustentarem que a equidade quer que aquele que retira os proveitos suporte os riscos, mas ela quer, também, que aquele cuja conduta é irreprochável não possa ser inquietado.[8]

No entanto, as críticas não procedem. Embora proclamado que o risco é o fundamento da responsabilidade objetiva, não é o que ocorre na realidade. Essa é apenas a teoria que justifica a responsabilidade objetiva, uma forma de caracterizá-la. E assim é porque o risco, por si só, não é suficiente para gerar a obrigação de indenizar. Risco é perigo, é probabilidade de dano, e ninguém comete ato ilícito por exercer atividade perigosa, mormente quando legalmente permitida e socialmente necessária. Milhões fazem isso sem ter que responder por nada perante a ordem jurídica. Também em sede de responsabilidade objetiva, tal como na responsabilidade subjetiva, a obrigação de indenizar só surge quando se viola dever jurídico e se causa dano a outrem. Seu fundamento, portanto, é a violação de um dever jurídico, e não apenas o risco.

Que dever jurídico é esse cuja violação gera o dever de indenizar independentemente de culpa? Ora, o contraposto do risco é a **segurança**. Quando se fala em risco, pensa-se logo em segurança. Risco e segurança andam juntos, são fatores que atuam reciprocamente na vida moderna cuja atividade primordial é **driblar riscos**. Onde há risco tem que haver segurança; há íntima relação entre esses dois fatores, como vasos comunicantes. A vida moderna é cada vez mais arriscada; a cada novo invento, a cada novo avanço

---

[8] PEREIRA, Caio Mário da Silva. *Responsabilidade civil* cit., p. 266.

tecnológico, novos riscos são gerados para a sociedade. E, quanto mais a sociedade é exposta a riscos, maior se torna a necessidade de segurança. Logo, o dever jurídico que se contrapõe ao risco é o **dever de segurança** que a lei estabelece, implícita ou explicitamente, para quem cria risco para outrem.

Com efeito, se o causador do dano pode legitimamente exercer uma atividade perigosa, a vítima tem direito (subjetivo) à incolumidade física e patrimonial em face desses riscos. Decorre daí um direito subjetivo de segurança para quem fica exposto aos riscos criados pela atividade perigosa e o **dever de segurança** para quem a exerce, cuja violação justifica a obrigação de reparar sem nenhum exame psíquico ou mental, sem apreciação moral da conduta do autor do dano. A segurança material e moral constitui, portanto, um **direito subjetivo** do indivíduo, garantido pela ordem jurídica.

No ponto, é oportuno reproduzir a lição de Gustavo Binenbojm, eminente constitucionalista:

> "E, no contexto da sociedade de risco contemporânea, **a tutela da segurança** tem de abarcar também salvaguardas contra os efeitos das novas tecnologias, muitas vezes ainda imprevisíveis para a ciência de hoje, visando não só a proteção dos vivos, como também das futuras gerações. Surgem daí novos princípios jurídicos, como o princípio da precaução, de extrema relevância no campo do direito ambiental e do biodireito.[9]

A responsabilidade objetiva exsurge, portanto, quando a atividade perigosa causa dano a outrem, o que evidencia ter sido ela exercida com violação do *dever de segurança*, que se contrapõe ao risco.

Em suma, quem se dispõe a exercer alguma atividade perigosa terá que fazê-lo com segurança, de modo a não causar dano a ninguém, sob pena de ter que por ele responder independentemente de culpa. Aí está, em nosso entender, a síntese da responsabilidade objetiva. Se, de um lado, a ordem jurídica garante a liberdade de ação, a livre-iniciativa etc., de outro, garante também a plena e absoluta proteção do ser humano. Há um direito subjetivo à segurança cuja violação justifica a obrigação de reparar o dano sem nenhum exame psíquico ou mental da conduta do seu autor. Na responsabilidade

---

[9] BINENBOJM, Gustavo. *Uma teoria do direito administrativo*. 2. ed. Rio de Janeiro: Renovar, 2008. p. 179.

objetiva, portanto, a obrigação de indenizar parte da ideia de violação do direito de segurança da vítima.

5. APLICAÇÃO PAULATINA DA RESPONSABILIDADE OBJETIVA

Em nosso sistema, a responsabilidade objetiva foi aceita e aplicada paulatinamente, por meio de leis especiais (Lei das Estradas de Ferro, Acidente do Trabalho, Seguro Obrigatório, Dano ao Meio Ambiente etc.), ao largo do Código Civil de 1916, porquanto a cláusula geral do seu art. 159 era tão hermética que não abria espaço para outra responsabilidade que não fosse subjetiva.

Temos como certo que o grande passo na revolução da responsabilidade civil foi dado pela Constituição de 1988, na medida em que pacificou a questão da indenização pelo dano moral (art. 5.º, V e X) e estendeu, no § 6.º do seu art. 37, a responsabilidade objetiva, tal qual a do Estado, a todos os prestadores de serviços públicos.

Esse foi, realmente, um grande passo na ampliação da responsabilidade objetiva porque a expressão **prestadores de serviços públicos** abrange uma vasta área do mundo negocial: luz, gás, telefonia, transportes etc. Esses e outros tantos prestadores de serviços públicos, que até a Constituição de 1988 tinham responsabilidade subjetiva, passaram a ter responsabilidade objetiva, disciplinada por norma constitucional.

Além disso, a Constituição de 1988 disciplinou a responsabilidade por ato judicial (art. 5.º, LXXV), a responsabilidade por dano nuclear (art. 21, XXIII, c), e a responsabilidade por danos ao meio ambiente (art. 225, § 3.º), consagrando o risco integral nas duas últimas hipóteses. Disso decorre que a responsabilidade civil, disciplinada até então em um único artigo do Código Civil de 1916, ganhou *status* constitucional, passando a ter grandes áreas de incidência disciplinadas pela própria Constituição.

O golpe final na responsabilidade subjetiva veio em 1990 com o Código do Consumidor, a última e a mais avançada etapa dessa longa evolução de que estamos tratando. Ao contrário do que havia ocorrido em outras áreas da responsabilidade civil, em relação aos acidentes de consumo nada havia mudado: continuávamos jungidos ao sistema clássico da culpa provada. Os riscos do consumo corriam por conta do consumidor porquanto o fornecedor só respondia no caso de dolo ou culpa, cuja prova era praticamente impossível. Falava-se até na aventura do consumo porque consumir, em muitos casos, era realmente uma aventura. O fornecedor limitava-se a fazer a chamada oferta inocente e o consumidor, se quisesse, que assumisse os riscos dos produtos consumidos.

João Calvão da Silva, o notável autor português já citado, afirma que o "ideário liberal individualista era hostil ao consumidor; erguia-se como verdadeiro dique à proteção dos seus interesses".[10] A culpa, acrescenta Vicent Pizarro, atuava como uma espécie de couraça intransponível, que protegia o fornecedor, tornando-o praticamente irresponsável pelos danos causados ao consumidor.[11] Em suma, não tínhamos uma legislação eficiente para proteger os consumidores contra os acidentes de consumo.

O advento do Código de Defesa do Consumidor, Lei 8.078, de 11.09.1990, engendrou um novo sistema de responsabilidade civil, com fundamentos e princípios próprios. Implementou três modificações substanciais na responsabilidade nas relações de consumo: (a) responsabilidade direta do fornecedor de produtos e serviços; (b) suplantou a dicotomia entre responsabilidade contratual e extracontratual; (c) estabeleceu responsabilidade objetiva para o fornecedor de produtos e serviços. Deu uma guinada de 180 graus na disciplina jurídica até então existente, transferindo os riscos do consumo do consumidor para o fornecedor. Adotou o Código o sistema da responsabilidade objetiva para todos os casos de acidente de consumo, quer decorrentes do fato do produto (art. 12), quer do fato do serviço (art. 14).

O fato gerador da responsabilidade do fornecedor deixou de ser a conduta culposa, ou a relação jurídica contratual, passando a ser **o defeito do produto ou do serviço**. Responde o fornecedor pelo fato de ter produzido e colocado no mercado produto ou serviço defeituoso, causador de dano ao consumidor. Bastará a constatação do nexo causal entre o defeito do produto ou serviço e o acidente de consumo. E, como tudo, ou quase tudo, que ocorre no mundo negocial envolve consumo de produtos e serviços, a consequência foi uma enorme redução do campo de incidência do art. 159 do Código Civil de 1916.

6. O ADVENTO DO CÓDIGO CIVIL DE 2002

Completando essa evolução, o Código Civil de 2002 fez profunda modificação na disciplina da responsabilidade civil estabelecida no Código de 1916, na medida em que incorporou ao seu texto todos os avanços anteriormente

---

[10] CALVÃO, João. *Responsabilidade civil do produtor* cit., p. 31-32.
[11] PIZARRO, Vicent. *Responsabilidad por el riesgo o vicio de la cosa*. Buenos Aires: Ed. Universidad, 1983. p. 2.

alcançados. E foi necessário, para que não entrasse em vigor completamente desatualizado. É possível afirmar que, se o Código de 1916 era **subjetivista**, o Código atual prestigia a **responsabilidade objetiva**. Isso, entretanto, não significa que a responsabilidade subjetiva tenha sido banida. Temos no Código atual um sistema de responsabilidade prevalentemente objetivo, porque esse é o sistema modelado ao longo do século XX pela Constituição e leis especiais, sem exclusão, todavia, da responsabilidade subjetiva, que terá espaço sempre que não tivermos disposição legal expressa prevendo a responsabilidade objetiva.

Por isso, o Código de 2002 não poderia deixar de prever uma cláusula geral de responsabilidade subjetiva. E essa cláusula está no art. 927, combinado com o art. 186, no qual temos praticamente aquilo que estava no art. 159 do Código de 1916.

7. AS CLÁUSULAS GERAIS DE RESPONSABILIDADE OBJETIVA NO CÓDIGO CIVIL DE 2002

Contrapondo à cláusula geral de responsabilidade subjetiva, o Código de 2002 consagrou três cláusulas gerais de responsabilidade objetiva, o que reforça a afirmação de que ele é prevalentemente objetivista.

7.1 O abuso do direito como ato ilícito

A primeira, vamos encontrá-la ainda conjugando o art. 927 com o art. 187, que define o abuso do direito como ato ilícito, abuso esse que ocorre sempre que o direito for exercido com excesso manifesto aos "limites impostos pelo seu fim econômico ou social, pela boa-fé ou pelos bons costumes".

Talvez tenha sido essa uma das mais importantes inovações do Código na área da responsabilidade civil. Aquele que, no exercício de qualquer direito subjetivo, exceder os limites impostos pelo seu fim econômico ou social, pela boa-fé ou pelos bons costumes, e causar dano a outrem, terá que indenizar independentemente de culpa. E assim é porque uma coisa é o direito e outra é o seu exercício. O direito é sempre lícito; há uma antítese entre o direito e o ilícito, um exclui o outro. Onde há direito, não há ilicitude. O que pode ser ilícito é o exercício do direito – a forma de sua exigibilidade. Mais correta, portanto, é a expressão **abuso no exercício do direito,** ou **exercício abusivo do direito.**

Depreende-se da redação do art. 187 do Código Civil que a concepção adotada em relação ao abuso do direito é a objetiva, pois não é necessária a *consciência* de se excederem, com seu exercício, os limites impostos pela boa-fé, pelos bons costumes ou pelo fim social ou econômico do direito; basta que se excedam esses limites. Filiou-se nosso Código à doutrina objetiva de Saleilles, a quem coube definir o abuso do direito como *exercício anormal do direito*, contrário à destinação econômica ou social do direito subjetivo.[12]

O fundamento principal do abuso do direito é impedir que o direito sirva como forma de opressão, evitar que o titular do direito utilize seu poder com finalidade distinta daquela a que se destina. A conduta é formalmente legal, mas o titular do direito se desvia da finalidade da norma, transformando o seu exercício em ato substancialmente ilícito. A conduta está em harmonia com a letra da lei, mas em rota de colisão com os seus valores éticos, sociais e econômicos – enfim, em confronto com o conteúdo axiológico da norma legal.

7.2 Responsabilidade pelo desempenho de atividade de risco

A segunda cláusula geral de responsabilidade objetiva está no parágrafo único do art. 927 do Código Civil, que diz:

> Haverá obrigação de reparar o dano, **independentemente de culpa**, nos casos especificados em lei, ou quando a atividade normalmente desenvolvida pelo autor do dano implicar, por sua natureza, riscos para os direitos de outrem.

A expressão grifada – independentemente de culpa – revela claramente que se trata de responsabilidade objetiva, e a seguinte – **nos casos especificados em lei** – indica ter o Código ressalvado expressamente os casos de responsabilidade objetiva que já estavam consagrados em leis especiais, *v.g.*, o art. 14 do CDC.

Esse dispositivo, não obstante a complexidade que a sua interpretação gerou na doutrina, estabeleceu responsabilidade objetiva para todos aqueles que, exercendo "normalmente" (vale dizer, **profissionalmente, habitualmente**) atividade perigosa (de risco), vierem a causar dano a outrem. Em nosso entender, não obstante as divergências doutrinárias, enquadra-se no parágrafo único do art. 927 do Código Civil toda atividade que contenha **risco inerente,** considerando-se como tal aquele intrinsecamente atado à própria natureza da atividade, à sua qualidade ou modo de realizá-la, de tal modo que não se possa exercer essa atividade sem arrostar certo risco, excepcional ou não. E assim nos

---

[12] Apud DANTAS, Santiago. *Programa de direito civil*. Rio de Janeiro: Editora Rio, 1977. v. I, p. 372.

parece porque, pela **teoria de risco criado**, que também pode ser chamada do **risco da atividade**, todo aquele que se disponha a exercer alguma atividade empresarial ou profissional tem o dever de responder pelos riscos que ela possa expor à segurança e à incolumidade de terceiros, independentemente de culpa. Essa obrigação é imanente ao dever de obediência às normas técnicas e de segurança, bem como aos critérios de lealdade, quer perante os bens e serviços ofertados, quer perante os destinatários dessas ofertas. A responsabilidade decorre do simples fato de dispor-se alguém a realizar determinados serviços de forma empresarial ou profissional. Quem assim atua passa a ser o garante dos serviços que oferece, responde pela segurança deles.

Em conclusão, há no parágrafo único do art. 927 do Código Civil uma norma aberta de responsabilidade objetiva, que transfere para a doutrina e jurisprudência a conceituação de atividade de risco no caso concreto. Não há, *a priori*, como especificar, exaustivamente, quais as atividades de risco, mas pode-se adotar, em face da teoria do risco criado, o **critério do risco inerente** como elemento orientador. A natureza da atividade é que vai determinar, no caso concreto, a sua propensão à criação do risco. Uma empresa que comercializa flores, peças de vestuário ou comestíveis, por exemplo, normalmente não oferece risco inerente, mas a sua atividade pode se tornar perigosa à medida que se expandir e colocar veículos nas ruas para fazer entregas, transporte de mercadorias etc.

7.3 Campo de incidência da norma

Parte da moderna doutrina proclama o risco da atividade (ou risco criado) como a grande inovação introduzida pelo Código Civil de 2002 em nosso ordenamento jurídico. O parágrafo único do seu art. 927 seria o divisor de águas em nosso sistema de responsabilidade civil. Entretanto, como antes demonstrado, essa é uma visão míope do sistema brasileiro de responsabilidade civil e da revolução que nele ocorreu ao longo do século XX.

Com efeito, **o risco da atividade** foi introduzido em nosso direito pela Constituição de 1946, cujo art. 194 consagrou a responsabilidade objetiva para o Estado. A teoria do risco administrativo é, em sua essência, a do risco da atividade administrativa. A Constituição de 1988, como vimos, no § 6.º do seu art. 37 não só manteve o risco da atividade administrativa como fundamento da responsabilidade civil do Estado, como também a estendeu a todos os prestadores de serviços públicos. Por último, para não nos alongarmos demais, no Código do Consumidor (1990) a responsabilidade objetiva estabelecida nos seus arts. 12 e 14 para o fato do produto e do serviço tem por fundamento o risco da atividade (risco criado, risco do empreendimento) dos fornecedores nas relações de consumo.

Desse modo, o que o Código Civil de 2002 fez, no parágrafo único do seu art. 927, foi estender a responsabilidade pela atividade de risco (ou risco criado) a outras áreas da **atividade empresarial e profissional** até então sob o domínio da responsabilidade subjetiva, vale dizer, não abrangidas pela responsabilidade objetiva, que teve, assim, seu domínio ampliado.

Essas considerações se fazem necessárias para alertar o intérprete de que o campo de incidência do parágrafo único do art. 927 do Código Civil encontra limites nas normas constitucionais e especiais que já existiam, e que foram expressamente ressalvadas. Assim, na área da responsabilidade civil pela prestação de serviços (atividade) há um concurso de normas, todas vigentes, que impõe ao intérprete a tarefa de aplicar a que mais se ajusta ao caso concreto, de acordo com os princípios que regem a matéria – hierarquia, especialidade, anterioridade. É o que alguns autores modernos têm chamado de *diálogo das normas*.

A título de exemplo; transporte em geral (terrestre e aéreo) envolve atividade de risco e, como tal, a responsabilidade do transportador estaria abrangida pela disciplina da norma em exame. Tal não ocorre, entretanto, porque há normas específicas que disciplinam a matéria. Tratando-se de prestador de serviços públicos, a responsabilidade extracontratual do transportador é regida, como vimos, pelo art. 37, § 6.º, da Constituição Federal por força do princípio da hierarquia. A responsabilidade contratual do transportador de passageiros, por força do princípio da especialidade, está disciplinada no art. 734 e seguintes do Código Civil, e, se houver relação de consumo, também no art. 14 do Código do Consumidor. Não há antinomia entre a disciplina do Código Civil e a do Código do Consumidor; em ambos a responsabilidade é objetiva. Logo, no campo de incidência do parágrafo único do art. 927 do Código Civil só estarão os casos que não envolvam transporte de passageiros (serviços públicos), contratual ou extracontratual, nem relação de consumo.

8. RESPONSABILIDADE DOS EMPRESÁRIOS E EMPRESAS POR DANOS CAUSADOS POR PRODUTOS

A terceira cláusula geral de responsabilidade objetiva do Código Civil está no seu art. 931:

> Ressalvados outros casos previstos em lei especial, os empresários individuais e as empresas respondem **independentemente de culpa** pelos danos causados pelos produtos postos em circulação.

Também aqui foram ressalvados os outros casos de responsabilidade objetiva que já estavam previstos em leis especiais, *v.g.*, o art. 12 do CDC. O que o dispositivo fez foi estender a responsabilidade objetiva pelo **fato do produto** aos empresários individuais e às empresas nos casos em que não houver relação de consumo, isto é, não incluídos no campo de incidência do art. 12 do CDC.

A complexidade do atual sistema brasileiro de responsabilidade civil é apenas o reflexo da complexidade da sociedade moderna, pelo que deve servir de estímulo ao seu estudo para que seja bem aplicado.

9. O FUTURO DA RESPONSABILIDADE

Para onde caminha a responsabilidade civil? Qual a sua tendência nesta segunda década deste novo século? Quais são os seus novos desafios?

O movimento que se acentuou nas últimas décadas do século findo, no sentido da socialização dos riscos, deverá continuar cada vez mais forte, expandindo ainda mais o campo da responsabilidade civil objetiva. Se antes a regra era a irresponsabilidade e a responsabilidade a exceção, porque o grande contingente de atos danosos estava protegido pelo manto da culpa, agora, e daqui para frente cada vez mais, a regra será a responsabilidade objetiva por exigência da solidariedade social e da proteção do cidadão, consumidor e usuários de serviços públicos e privados. O legislador, a jurisprudência e a doutrina continuarão se esforçando, pelos mais variados meios e processos técnicos apropriados, para estarem sempre ao lado da vítima a fim de assegurar-lhe uma situação favorável. A vítima do dano, e não mais o autor do ato ilícito, será o enfoque central da responsabilidade civil.

Em outras palavras, a responsabilidade, antes centrada no sujeito responsável, volta-se agora para a vítima e a reparação do dano por ela sofrido. O dano, nessa nova perspectiva, deixa de ser apenas contra a vítima para ser também contra a coletividade, passando a ser um problema de toda a sociedade.

Ao fim e ao cabo, a sociedade de nossos dias está em busca de uma melhor qualidade de vida e o direito é o instrumento poderoso para garantir essa aspiração maior das pessoas humanas. A uma sociedade de risco contrapõe-se a segurança social.

Mas como prevenir o alastramento do dano, que se revela cada vez mais devastador? Como garantir indenização satisfatória quando da sua ocorrência? Temos como certo que o maior desafio da responsabilidade civil é e será prevenir e reparar os danos coletivos e difusos.

Martin Rees, um dos mais importantes cientistas da atualidade, alerta para a ameaça emergente dos novos riscos existentes:

> Ao longo da história, estivemos sujeitos aos riscos de epidemias, terremotos, inundações, quedas de asteroides e outros desastres. E sabemos que pudemos sobreviver a eles, embora sejam grandes desastres. Mas acho que devemos nos preocupar mais com as novas ameaças causadas pela tecnologia e pela ação humana de maneira geral [...]. Se a ciência nos aproximou do sonhado mundo dos Jetsons, criou ameaças que parecem saídas de ficção(...). A maior ameaça à Humanidade vem do próprio homem [...]. A ciência hoje é tão poderosa que um único indivíduo pode cometer um erro capaz de causar uma catástrofe. Os riscos existenciais estão mais em ações provocadas pelo homem do que pela natureza [...]. Mas não nos preocupamos suficientemente com problemas mais sérios, tão sérios que, se acontecerem uma única vez, podem desencadear uma grande catástrofe, como a rápida disseminação de epidemias nas cada vez maiores cidades do mundo em desenvolvimento, danos ambientais causados pelo crescimento populacional descontrolado, escassez de recursos e mudanças climáticas.[13]

Entre os riscos existenciais provocados pelo homem, colocam-se em primeiro plano os danos difusos e coletivos, tais como os praticados contra o meio ambiente e por meio da internet. Dano difuso ou coletivo é ofensa a bens e interesses que pertencem a toda a coletividade, ocorrência de acontecimento que provoca lesão em bem de titularidade coletiva. Daí ser possível conceber o dano coletivo como ofensa a valores coletivos, lesão a sentimentos da coletividade, que causam desgosto, angústia, insegurança, intranquilidade aos membros da sociedade. De forma objetiva e sintética pode-se então conceituar o dano coletivo como sentimento de desapreço que afeta negativamente toda a coletividade pela perda de valores essenciais; sentimento coletivo de comoção, de intranquilidade ou insegurança pela lesão a bens de titularidade coletiva, como o meio ambiente, a paz pública, a confiança coletiva, o patrimônio (ideal) histórico, artístico, cultural, paisagístico etc.

Embora não sejam uma panaceia para todos os males do dano, os *princípios da prevenção e da precaução* podem muito contribuir no enfrentamento

---

[13] REES, Martin. Entrevista. *O Globo*, 15 mar. 2013.

dos desafios da responsabilidade civil. Fala-se em **prevenção** quando há um risco certo ou conhecido a se evitar e em **precaução** quando o risco é ainda incerto, não confirmado, mas que, mesmo na dúvida, é preciso evitá-lo. É o gerenciamento de um estado de incerteza quanto ao risco. Em última instância, a prevenção e a precaução na responsabilidade civil representam a passagem de um sistema repressivo para um proativo, preventivo, que se antecede à ocorrência de danos. Diante dos riscos da vida moderna, deve-se agir logo para se prevenir.

Esses princípios justificam, pois, a atuação do Estado na formulação de políticas públicas para prevenir danos ambientais, danos à saúde pública e a indeterminado número de consumidores, enfim, danos coletivos e difusos. Têm, igualmente, se revelado úteis e necessários na prevenção dos *riscos do desenvolvimento*, assim entendidos os defeitos dos produtos ou dos serviços que não podem ser conhecidos no momento em que são lançados no mercado, vindo a ser descobertos após certo período de uso. São defeitos que, em face do estado da ciência e da técnica à época da colocação do produto ou serviço em circulação, eram desconhecidos e imprevisíveis.

Acreditamos também que a jurisprudência e o gênio criativo dos juristas continuarão a desempenhar o papel principal neste novo século, tal como aconteceu ao longo do século XX. Como vimos, a responsabilidade civil evoluiu sob uma legislação imóvel; os juristas, os magistrados, os advogados e os membros do Ministério Público foram a alma do progresso jurídico, os artífices laboriosos do direito novo contra as fórmulas velhas do direito tradicional.

Neste novo século está posto o desafio diante de todos nós: o de nos empenharmos na perene tarefa de tornar efetiva a realização da Justiça para construirmos uma sociedade mais justa, mais solidária, com melhor qualidade de vida para nós e aqueles que vierem depois de nós. O nosso trabalho deve ser com pensamento firme em construir no tempo em que vivemos uma obra proveitosa para além do tempo vivido. Sendo a Justiça um sistema aberto de valores em constante mutação, por melhor que seja a lei, por mais avançado que seja um código, haverá sempre a necessidade de se engendrarem novas fórmulas jurídicas para ajustá-las às constantes transformações sociais e aos novos ideais da Justiça. O legislador cria a lei, mas o direito é muito maior que a lei; esta, por mais perfeita que seja, não passa de uma forma de positivação do direito. Quem dá vida à lei, quem a torna efetiva e eficaz são os profissionais do direito, mas não apenas eles, como também os destinatários da lei, sem os quais o direito não passará de uma estrutura formal e a Justiça será mera utopia.

Concluímos com a profética visão do grande Josserand, que continua atual:

> A responsabilidade civil continuará dominando todo o direito das obrigações, toda a vida em sociedade. É e será a grande sentinela do direito civil mundial. Sua história é a estória do triunfo da jurisprudência e também da doutrina; e, mais geralmente, o triunfo do espírito e do senso jurídico.[14]

REFERÊNCIAS

BINENBOJM, Gustavo. *Uma teoria do direito administrativo*. 2. ed. Rio de Janeiro: Renovar, 2008.

CALVÃO, João. *Responsabilidade civil do produtor*. Coimbra: Almedina, 1990.

DANTAS, Santiago. *Programa de direito civil*. Rio de Janeiro: Editora Rio, 1977. v. I.

JOSSERAND, Louis. *Evolução da responsabilidade civil*. Tradução de Raul Lima. Rio de Janeiro: Revista Forense, 1986.

LIMA, Alvino. *Culpa e risco*. 2. ed. São Paulo: RT, 1998.

MAZEAUD, Leon; CAPITANT, Henry. *Traité Théorique et Pratique de la Responsabilité Civile*. Délictuelle et Contratuelle. Paris: Libairie du Recueil Sirey, 1947.

PEREIRA, Caio Mário da Silva. *Responsabilidade civil*. 9. ed. Rio de Janeiro: Forense, 2002.

PIZARRO, Vicent. *Responsabilidad por el riesgo o vicio de la cosa*. Buenos Aires: Ed. Universidad, 1983.

REES, Martin. Entrevista. *O Globo*, 15 mar. 2013.

SAVATIER, René. *Traité de la Responsabilité Civile*. Paris: LGDJ, 1939. t. I.

---

[14] JOSSERAND, Louis. *Evolução da responsabilidade civil* cit., p. 559.

CRITÉRIOS PARA QUANTIFICAÇÃO DOS DANOS MORAIS

15

A QUANTIFICAÇÃO DO DANO MORAL E A INCESSANTE BUSCA DE CRITÉRIOS[1]

Pablo Stolze Gagliano

Sumário: 1. Introdução: compreendendo o dano; 2. Dano moral: algumas considerações; 3. O dano moral e a "funcionalização" da indenização devida: perspectivas compensatória e pedagógica; 4. Critério bifásico de quantificação do dano moral: um horizonte mais seguro; 5. Referências.

1. INTRODUÇÃO: COMPREENDENDO O DANO

Toda a nossa pesquisa parte do pressuposto de que o dano é elemento indissociável de todo e qualquer sistema de responsabilidade civil[2].

---

[1] Serviram de base, para este artigo jurídico, as reflexões feitas em nosso volume 3, do *Novo curso de direito civil*: responsabilidade civil, Saraiva, escrito em coautoria com Rodolfo Pamplona Filho, ao qual remetemos o leitor.

[2] "Vejamos, então, o que realmente propõe essa nova doutrina, que surge na forma de Shiva ao prometer, com seu fogo regenerador, a refundação das próprias bases teóricas da responsabilidade civil para o mundo contemporâneo. Antecipo, contudo, que minha posição é francamente contrária a qualquer forma de responsabilidade civil sem dano. Pretendo, assim, refutar e não defender o argumento. Há, de todo modo, algo bastante positivo nessa pretendida revisão copernicana da responsabilidade civil: chamar a atenção para a hipertrofia dos danos na atualidade e, com isso, fornecer instrumentos jurídicos aptos a controlar

No dizer de Sergio Cavalieri Filho, membro da Academia Brasileira de Direito Civil,

> [...] o dano é, sem dúvida, o grande vilão da responsabilidade civil. Não haveria que se falar em indenização, nem em ressarcimento, se não houvesse o dano. Pode haver responsabilidade sem culpa, mas não pode haver responsabilidade sem dano. Na responsabilidade objetiva, qualquer que seja a modalidade do risco que lhe sirva de fundamento – risco profissional, risco proveito, risco criado etc. –, o dano constitui o seu elemento preponderante. Tanto é assim que, sem dano, não haverá o que reparar, ainda que a conduta tenha sido culposa ou até dolosa[3].

Fixada tal premissa, temos que o dano traduz uma *lesão a um interesse jurídico tutelado – patrimonial ou não –, causado por ação ou omissão do sujeito infrator.*

Nesse contexto, para que o dano seja efetivamente reparável ou indenizável, é necessária a conjugação dos seguintes requisitos mínimos:

a) a violação de um interesse jurídico patrimonial ou extrapatrimonial de uma pessoa física ou jurídica – obviamente, todo dano pressupõe a agressão a um bem tutelado, de natureza material ou não, pertencente a um sujeito de direito;

b) certeza do dano – somente o dano certo, efetivo, é indenizável. Ninguém poderá ser obrigado a compensar a vítima por um dano abstrato ou hipotético. Mesmo tratando-se de bens ou direitos personalíssimos, o fato de não se poder apresentar um critério preciso para a sua mensuração econômica não significa que o dano não seja certo.

Nesse ponto, posto não esteja inserido em nosso recorte metodológico, merece breve referência à teoria da perda de uma chance (*perte d'une chance*), na medida em que, em essência, flexibiliza ou mitiga o requisito, ora estudado, da "certeza do dano".

---

sua expansão. É que a ideia de uma responsabilidade sem dano foi motivada fundamentalmente pelo exponencial crescimento deles nas últimas décadas. A isso deve ser somado o aumento também de sua potencialidade lesiva, tornando a vida humana, em suas várias dimensões, presa dos incontáveis riscos" (CARRÁ, Bruno. É possível uma responsabilidade civil sem dano? (I). Disponível em: <http://www.conjur.com.br/2016-abr-18/direito-civil-atual-possivel-responsabilidade-civil-dano>. Acesso em: 9 jul. 2017).

[3] CAVALIERI FILHO, Sérgio. *Programa de responsabilidade civil*. 2. ed. São Paulo: Malheiros, 2000. p. 70.

No dizer do talentoso civilista Flávio Tartuce, "a perda de uma chance está caracterizada quando a pessoa vê frustrada uma expectativa, uma oportunidade futura, que, dentro da lógica do razoável, ocorreria se as coisas seguissem o seu curso normal"[4].

Por conta de sua peculiar expressão, poderíamos concluir que a perda da chance consiste em uma modalidade própria e especial de dano, cuja reparabilidade experimentará natural redução, tendo em vista não haver certeza de que o melhor resultado ocorreria.

Sobre o tema, ensina Sílvio Venosa:

> Alguém deixa de prestar exame vestibular, porque o sistema de transportes não funcionou a contento e o sujeito chegou atrasado, não podendo submeter-se à prova: pode ser responsabilizado o transportador pela impossibilidade de o agente cursar a universidade? O advogado deixa de recorrer ou de ingressar com determinada medida judicial: pode ser responsabilizado pela perda de um direito eventual de seu cliente?[5].

c) subsistência do dano – quer dizer, se o dano já foi reparado, perde-se o interesse na responsabilidade civil. O dano deve subsistir no momento de sua exigibilidade em juízo, o que significa que não há como falar em indenização se o dano já foi reparado espontaneamente pelo lesante. Obviamente, se a reparação tiver sido feita às expensas do lesionado, a exigibilidade continua.

Esses três são os requisitos básicos para que se possa atribuir o qualificativo "reparável" ao dano.

2. DANO MORAL: ALGUMAS CONSIDERAÇÕES

A doutrina há décadas mira o horizonte, aparentemente infindável, do dano moral e seus domínios[6].

Em nosso sentir, dano moral consiste no prejuízo ou lesão a direitos, cujo conteúdo não é pecuniário, nem comercialmente redutível a dinheiro,

---

[4] TARTUCE, Flávio, *Direito civil*: direito das obrigações e responsabilidade civil. 12. ed. Rio de Janeiro: Forense, 2017. p. 440.

[5] VENOSA, Sílvio de Salvo. *Direito civil*: responsabilidade civil. 3. ed. São Paulo: Atlas, 2003. p. 28.

[6] Confira-se, a título de sugestão de pesquisa, a substanciosa obra *Dano moral*, de Yussef Said Cahali, Ed. RT.

como é o caso dos direitos da personalidade, a saber, o direito à vida, à integridade física (direito ao corpo, vivo ou morto, e à voz), à integridade psíquica (liberdade, pensamento, criações intelectuais, privacidade e segredo) e à integridade moral (honra, imagem e identidade), havendo quem entenda, como o culto Paulo Luiz Netto Lôbo, que "não há outras hipóteses de danos morais além das violações aos direitos da personalidade"[7].

E, embora se possa cogitar recomendável o uso da expressão "dano extrapatrimonial" para se caracterizar a lesão a direito imaterial de pessoa jurídica, não vislumbramos óbice em utilizar aqui, também, a expressão "dano moral", não apenas por conta de comando legal[8], mas também de firme consagração pretoriana[9].

O Código Civil de 2002, expressamente, em seu art. 186, dispôs que a indenização por ato ilícito é devida, ainda que o dano seja exclusivamente moral.

Nada mais fez, nesse particular, do que explicitar determinações constitucionais que já respaldavam a autonomia jurídica do dano moral[10].

---

[7] "A rica casuística que tem desembocado nos tribunais permite o reenvio de todos os casos de danos morais aos tipos de direitos da personalidade. [...] A referência frequente à 'dor' moral ou psicológica não é adequada e deixa o julgador sem parâmetros seguros de verificação da ocorrência de dano moral. A dor é uma consequência, não é o direito violado. O que concerne à esfera psíquica ou íntima da pessoa, seus sentimentos, sua consciência, suas afeições, sua dor, correspondem aos aspectos essenciais da honra, da reputação, da integridade psíquica ou de outros direitos da personalidade.
O dano moral remete à violação do dever de abstenção a direito absoluto de natureza não patrimonial. Direito absoluto significa aquele que é oponível a todos, gerando pretensão à obrigação passiva universal. E direitos absolutos de natureza não patrimonial, no âmbito civil, para fins dos danos morais, são exclusivamente os direitos da personalidade. Fora dos direitos da personalidade são apenas cogitáveis os danos materiais" (LÔBO, Paulo Luiz Netto. Danos morais e direitos da personalidade. In: LEITE, Eduardo de Oliveira (Coord.). *Grandes temas da atualidade* – Dano moral – Aspectos constitucionais, civis, penais e trabalhistas. Rio de Janeiro: Forense, 2002. p. 364-365).

[8] Código Civil, art. 52. Aplica-se às pessoas jurídicas, no que couber, a proteção dos direitos da personalidade.

[9] "A pessoa jurídica pode sofrer dano moral" (Súmula 227, STJ, 2.ª Seção, j. 08.09.1999, *DJ* 08.10.1999, p. 126).

[10] Nesse sentido o art. 5.º, V, da Constituição Federal: "é assegurado o direito de resposta, proporcional ao agravo, além da indenização por dano material, moral ou à imagem"; e o inc. X: "são invioláveis a intimidade, a vida privada, a honra

O grande Professor Arruda Alvim, por sua vez, em excelente conferência proferida por ocasião do II Congresso de Responsabilidade Civil nos Transportes Terrestres de Passageiros, já anotava que, mesmo na sistemática do Código anterior, a tese da reparabilidade do dano moral era defensável:

> Recordo aqui o artigo 159 do Código Civil, onde está dito: "Aquele que, por ação ou omissão voluntária, negligência, ou imprudência, violar direito ou causar prejuízo a outrem, fica obrigado a indenizar". Nessa frase, por causa das expressões "violar direito" ou "causar prejuízo", muitos enxergam essa autonomia que poderia ter dado base a uma mais expressiva jurisprudência com vistas a indenizar autonomamente o dano moral. Isto porque, quando prescreveu o legislador que aquele que causou prejuízo deve indenizar, tais expressões seriam referentes aos danos materiais, mas quando disse "violar direito", estas poderiam significar a ressarcibilidade do dano moral e respeito ao direito à intimidade, à liberdade, à honra, isto é, tudo isto já estaria previsto no Código Civil[11].

Nesse ponto, uma importante diagnose diferencial deve ser traçada.

O dano moral, autônomo em relação ao material, não se confunde com o denominado dano estético.

Cuida-se de um dano projetado na dimensão plástica do indivíduo, que vem sendo tratado, segundo Flávio Tartuce, "tanto pela doutrina quanto pela jurisprudência como uma modalidade separada de dano extrapatrimonial, o que está de acordo com a tendência de reconhecimento de novos danos"[12-13].

Consolidando esse entendimento, o Superior Tribunal de Justiça editou a Súmula 387: "É lícita a cumulação das indenizações de dano estético e dano moral".

---

e a imagem das pessoas, assegurado o direito a indenização pelo dano material ou moral decorrente de sua violação".

[11] ALVIM, Arruda. *Dano moral e a sua cobertura securitária*. Conferência proferida no II Congresso de Responsabilidade Civil nos Transportes Terrestres de Passageiros, 1997. Texto gentilmente cedido.

[12] TARTUCE, Flávio. *Direito civil*: direito das obrigações e responsabilidade civil cit., p. 437.

[13] Sobre os "novos danos", cf. o capítulo 3 da obra de SCHREIBER, Anderson. *Novos paradigmas da responsabilidade civil*: da erosão dos filtros da reparação à diluição dos danos. 5. ed. São Paulo: Atlas, 2013.

Em que pese a inexistência de menção, no texto constitucional, no campo dos direitos fundamentais, a tal espécie de dano, é possível identificá-la como uma lesão ao direito constitucional de imagem, na forma mencionada no inciso V do art. 5.º da Constituição Federal de 1988 ("V – é assegurado o direito de resposta, proporcional ao agravo, além da indenização por dano material, moral ou à imagem").

Por fim, merece referência ainda, especialmente pela sua acentuada ocorrência cotidiana, o "dano moral *in re ipsa*".

Em nosso pensar, não se afigura adequado considerar essa categoria como uma manifestação da tese, combatida *supra*, da responsabilidade civil sem dano.

O dano moral *in re ipsa* é aquele que, posto existente, simplesmente dispensa a sua prova em juízo.

E o exemplo mais comum é o prejuízo decorrente da inscrição indevida em sistema de restrição ao crédito, como já firmado pelo Superior Tribunal de Justiça:

> Civil. Processual civil. Agravo interno no agravo em recurso especial. Cadastro de inadimplentes. Inscrição indevida. Ato ilícito. Dano moral *in re ipsa*. Redução da indenização. Razoabilidade na fixação do *quantum*. Reexame do conjunto fático-probatório dos autos. Inadmissibilidade. Incidência da Súmula n. 7/STJ. Decisão mantida.
>
> 1. O recurso especial não comporta o exame de questões que impliquem revolvimento do contexto fático-probatório dos autos, a teor do que dispõe a Súmula n. 7/STJ.
>
> 2. No caso, o Tribunal de origem, examinando a prova dos autos, concluiu ter sido indevida a negativação do nome da recorrida, por se tratar de dívida quitada. Alterar tal conclusão demandaria nova análise de elementos fáticos, inviável em recurso especial.
>
> 3. Consoante a jurisprudência desta Corte, "nos casos de protesto indevido de título ou inscrição irregular em cadastros de inadimplentes, o dano moral se configura *in re ipsa*, isto é, prescinde de prova" (REsp n. 1.059.663/MS, Relatora Ministra Nancy Andrighi, *DJe* 17.12.2008).
>
> 4. Somente em hipóteses excepcionais, quando irrisório ou exorbitante o valor da indenização por danos morais arbitrado na origem, a jurisprudência desta Corte permite o afastamento da referida súmula, para possibilitar a revisão. No caso, o valor estabelecido pelo Tribunal de origem não se mostra excessivo.

5. Agravo interno a que se nega provimento (AgInt no AREsp 1067536/RJ, Rel. Min. Antonio Carlos Ferreira, 4.ª Turma, j. 06.06.2017, DJe 16.06.2017).

Agravo interno. Agravo em recurso especial. Ação de inexistência de débito, cumulada com pedidos de anulação de títulos de crédito, de cancelamento de protestos e de indenização por danos morais. Duplicatas mercantis. Títulos transferidos por endosso translativo. Reexame de matéria fática.

1. Não cabe agravo contra decisão que, com base no artigo 543, § 7.º, inciso I, do Código de Processo Civil (CPC) de 1973, nega seguimento a recurso especial. Precedentes.

2. Inviável o recurso especial cuja análise impõe reexame do contexto fático-probatório da lide. Incide a Súmula 7 do Superior Tribunal de Justiça (STJ).

3. O dano moral, oriundo de inscrição ou manutenção indevida em cadastro de inadimplentes ou protesto indevido, prescinde de prova, configurando-se *in re ipsa*, visto que é presumido e decorre da própria ilicitude do fato. Precedentes.

4. Agravo interno a que se nega provimento (AgInt no AREsp 858.040/SC, Rel. Min. Maria Isabel Gallotti, 4.ª Turma, j. 02.05.2017, DJe 09.05.2017).

Com efeito, ainda que se afirme tratar de um *prejuízo presumido*, não se pode concluir pela inexistência do próprio dano.

3. O DANO MORAL E A "FUNCIONALIZAÇÃO" DA INDENIZAÇÃO DEVIDA: PERSPECTIVAS COMPENSATÓRIA E PEDAGÓGICA

Zulmira Pires de Lima, em brilhante e pioneiro estudo publicado no *Boletim da Faculdade de Direito de Coimbra*, sintetizou as objeções à reparabilidade do dano extrapatrimonial em oito sintéticos e precisos tópicos, a seguir transcritos:

1.º Falta de um efeito penoso durável;

2.º A incerteza nesta espécie de danos, de um verdadeiro direito violado;

3.º A dificuldade de descobrir a existência do dano;

4.º A indeterminação do número de pessoas lesadas;
5.º A impossibilidade de uma rigorosa avaliação em dinheiro;
6.º A imoralidade de compensar uma dor com dinheiro;
7.º O ilimitado poder que tem de conferir-se ao juiz;
8.º A impossibilidade jurídica de admitir-se tal reparação[14].

Superada essa página da história do Direito, a reparabilidade do dano moral tornou-se, em nosso sentir, um verdadeiro imperativo de civilidade.

Avançou-se, inclusive, para se reconhecer que a indenização devida pela sua causação atenderia a uma dupla finalidade: compensatória e pedagógica.

A evolução do nosso Direito descortinou, em verdade, uma mudança de perspectiva: a função social da responsabilidade civil.

Com efeito, além do escopo compensatório, a indenização deveria atender a uma finalidade punitiva ou pedagógica, aspecto especialmente desenvolvido pelos tribunais norte-americanos ("teoria dos *punitive damages*" ou "teoria do desestímulo"), merecendo respeitosa referência a corrente doutrinária que ressalta a sua finalidade ou função preventiva[15].

Nesse ponto, merece referência fundamentado estudo de Mitchell PolinskY e Steven Shavell, professores em Stanford e Harvard, respectivamente, em que se afirma que "punitive damages should ordinarily be awarded if, but only if, an injurer has a chance of escaping liability for the harm he caused"[16].

Ainda que não se aplique literalmente, no Brasil, a regra anteriormente sugerida (segundo a qual a indenização punitiva seria fixada se houvesse chance de o ofensor, por meio da sua conduta, escapar da responsabilidade) ou qualquer outra na linha de teoria do desestímulo, especialmente pelas inegáveis diferenças existentes entre o nosso sistema e o norte-americano, não se deve desconsiderar o imprescindível viés punitivo da indenização devida – não apenas para a tutela coletiva, mas também no âmbito da tutela

---

[14] LIMA, Zulmira Pires de. Algumas considerações sobre a responsabilidade civil por danos morais. *Boletim da Faculdade de Direito*, Coimbra, Universidade de Coimbra, 2.º suplemento, v. XV, 1940, p. 240.

[15] Cf., sobre um sistema preventivo de danos, a insuperável HIRONAKA, Giselda. *Responsabilidade pressuposta*. Belo Horizonte: Del Rey, 2005.

[16] POLINSKY, Mitchell; SHAVELL, Steven. Punitive damages: an economic analysis. *Discussion Paper*, Cambridge, Harvard Law School, n. 212 7/97.

individual –, *em casos graves ou de reincidência*, com o objetivo de desestimular o ofensor, em respeito ao princípio da função social da responsabilidade civil.

Afinal, o "meio social necessita de uma resposta condizente que busque coibir as sequências de condutas semelhantes àquela que se está a censurar", adverte Salomão Resedá[17].

Nesse contexto, pensamos que a gravidade da conduta ou a reincidência serviriam como mecanismos de disparo da função pedagógica, resultando no incremento da indenização devida[18].

E para que esse aumento não implique, por via transversa, excesso indesejável, a cuidadosa análise dos critérios para a quantificação do dano deve ser salientada.

Afastado o antigo – e inconstitucional – tabelamento legal do dano moral, remanesce o **arbitramento judicial** como o meio de fixação da indenização devida[19].

Com a sabedoria que lhe é peculiar, o Min. Luis Felipe Salomão, acerca do arbitramento do dano moral, salienta a necessidade de bom senso e cautela:

> Responsabilidade civil por dano ambiental. Recurso especial representativo de controvérsia. Art. 543-C do CPC. Danos decorrentes do rompimento de barragem. Acidente ambiental ocorrido, em janeiro de 2007, nos municípios de Miraí e Muriaé, Estado de Minas Gerais. Teoria do risco integral. Nexo de causalidade.
>
> 1. Para fins do art. 543-C do Código de Processo Civil: a) a responsabilidade por dano ambiental é objetiva, informada pela teoria do risco integral, sendo o nexo de causalidade o fator aglutinante que permite que o risco se integre na unidade do ato, sendo descabida a invocação, pela empresa responsável pelo dano ambiental, de excludentes de responsabilidade civil para afastar sua obrigação de indenizar; b) em decorrência do acidente, a empresa deve recompor os danos materiais e morais causados; e c) *na fixação da indenização*

---

[17] RESEDÁ, Salomão. *A função social do dano moral*. Florianópolis: Conceito Editorial, 2009. p. 186.
[18] Enunciado 379, IV Jornada de Direito Civil: "Art. 944. O art. 944, *caput*, do Código Civil não afasta a possibilidade de se reconhecer a função punitiva ou pedagógica da responsabilidade civil".
[19] A correção monetária do valor da indenização do dano moral incide desde a data do arbitramento (Súmula 362, STJ, Corte Especial, j. 15.10.2008, *DJe* 03.11.2008).

> *por danos morais, recomendável que o arbitramento seja feito caso a caso e com moderação, proporcionalmente ao grau de culpa, ao nível socioeconômico do autor, e, ainda, ao porte da empresa, orientando-se o juiz pelos critérios sugeridos pela doutrina e jurisprudência, com razoabilidade, valendo-se de sua experiência e bom senso, atento à realidade da vida e às peculiaridades de cada caso, de modo que, de um lado, não haja enriquecimento sem causa de quem recebe a indenização e, de outro, haja efetiva compensação pelos danos morais experimentados por aquele que fora lesado.*
>
> 2. No caso concreto, recurso especial a que se nega provimento (REsp 1374284/MG, Rel. Min. Luis Felipe Salomão, 2.ª Seção, j. 27.08.2014, *DJe* 05.09.2014 – grifo nosso).

Nessa linha, para evitar excesso e abuso – que lamentavelmente existem –, deve o intérprete invocar critérios objetivos para a mensuração do prejuízo.

Flávio Tartuce, com costumeira precisão, aponta os critérios frequentemente utilizados, no Brasil para a quantificação do dano moral:

> Pois bem, na esteira da doutrina e da jurisprudência, na fixação da indenização por danos morais, o magistrado deve agir com equidade, analisando:
>
> a) a extensão do dano;
>
> b) as condições socioeconômicas e culturais dos envolvidos[20];
>
> c) as condições psicológicas das partes;
>
> d) o grau de culpa do agente, de terceiro ou da vítima[21].

Logo em seguida, o talentoso jurista mineiro colaciona o seguinte julgado do Superior Tribunal de Justiça:

> Dano moral. Reparação. Critérios para fixação do valor. Condenação anterior, em quantia menor.

---

[20] É preciso redobrada cautela ao analisar a denominada "condição econômica da vítima", a fim de que não se adotem soluções injustas que, inadvertidamente, valorizem o "ter", desvalorizando o "ser".

[21] TARTUCE, Flávio. *Direito civil*: direito das obrigações e responsabilidade civil cit., p. 430.

Na fixação do valor da condenação por dano moral, deve o julgador atender a certos critérios, tais como nível cultural do causador do dano; condição socioeconômica do ofensor e do ofendido; intensidade do dolo ou grau da culpa (se for o caso) do autor da ofensa; efeitos do dano no psiquismo do ofendido e as repercussões do fato na comunidade em que vive a vítima.

Ademais, a reparação deve ter fim também pedagógico, de modo a desestimular a prática de outros ilícitos similares, sem que sirva, entretanto, a condenação de contributo a enriquecimentos injustificáveis.

Verificada condenação anterior, de outro órgão de imprensa, em quantia bem inferior, por fatos análogos, é lícito ao STJ conhecer do recurso pela alínea c do permissivo constitucional e reduzir o valor arbitrado a título de reparação.

Recurso conhecido e, por maioria, provido (REsp 355.392/RJ, Rel. Min. Nancy Andrighi, Rel. p/ Acórdão Min. Castro Filho, 3.ª Turma, j. 26.03.2002, DJ 17.06.2002, p. 258).

Na mesma linha, debruçando-nos em julgado mais recente, observa-se que os critérios supramencionados, tomados em conjunto ou não, geralmente se fazem presentes no momento de o julgador expressar matematicamente a indenização devida:

Administrativo e processual civil. Agravo interno no recurso especial. Falecimento de paciente que foi contaminado pelo vírus HIV em transfusão de sangue realizada em hospital da União Federal. Irresignação da União quanto ao valor indenizatório. Recurso especial deficientemente fundamentado quanto a pretensão de reduzir a indenização. Incidência da Súmula 284/STF. Agravo interno da União desprovido.

1. Cuida-se, na origem, de Ação de Reparação de Danos ajuizada por Manoel Santiago Pereira e Severina Antonia Pereira em face da União e do Estado do Rio de Janeiro, objetivando o ressarcimento pelos danos ocasionados pela contaminação de seu filho com o vírus da Aids por transfusão sanguínea nas dependências do Hospital da Lagoa, integrante da Unidade Federal. Fato este que resultou no seu falecimento, aos 11 anos de idade.

2. O Tribunal Regional Federal da 2.ª Região condenou o Estado do Rio de Janeiro e a União a indenizarem os autores por danos morais

e materiais decorrentes da contaminação de seu filho pelo vírus HIV e sua superveniente morte em decorrência da Aids, ficando o valor da indenização devida a título de danos morais fixada em 400 salários mínimos, tal como requerido, devendo os danos materiais ser comprovados em sede de liquidação do julgado.

3. Irresignada, apenas a União defende que o acórdão regional deixou de aplicar os parâmetros jurisprudenciais vigentes em relação aos valores de danos morais, razão pela qual requer a redução do *quantum* indenizatório.

4. Entretanto, consoante se depreende dos autos, e conforme consignado da decisão recorrida, a agravante deixou de indicar expressamente quais dispositivos legais teriam sido contrariados pelo acórdão de origem, bem como deixou de demonstrar eventual divergência jurisprudencial acerca do tema.

5. Desse modo, o apelo nobre encontra-se deficientemente fundamentado em relação à pretensão de reduzir o valor da indenização, sendo incompreensível a controvérsia e impositiva a aplicação do óbice previsto na Súmula 284/STF.

6. *Ademais, a quantificação do dano moral deve adequar-se às circunstâncias do caso sob exame, pautando-se pela razoabilidade, pelo caráter preventivo e repressivo-pedagógico para o seu causador, de modo a evitar que represente uma nova ofensa à vítima, e levando em consideração a situação socioeconômica das partes.*

7. Agravo Interno da União desprovido (AgInt nos EDcl no REsp 1176700/RJ, Rel. Min. Napoleão Nunes Maia Filho, 1.ª Turma, j. 06.06.2017, *DJe* 14.06.2017 – grifo nosso).

Não se pode, todavia, negar que, a despeito de todo o esforço doutrinário e jurisprudencial para a fixação de tais critérios de quantificação, a nossa realidade ainda é marcada por uma acentuada dose de insegurança jurídica, talvez decorrente da ausência de mínima uniformidade jurisprudencial.

Certamente por isso, disparava a sua flecha crítica o eloquente José Joaquim Calmon de Passos:

> A circunstância dessa inviabilidade de determinação objetiva, material, do prejuízo experimentado pela vítima, não circunstancial, mas essencial, é que qualifica impropriamente o dano como moral, a meu ver com o grave prejuízo de correlacionar com a moral o que com ela nada tem a ver. Para obviar os inconvenientes que disso

resultam, em termos de imprecisão jurídica e arbítrio judicial, temos que desubjetivizar esses danos, construindo referenciais de natureza social como parâmetros para sua definição e estimativa. Se pretendermos sair desses limites, estaremos introduzindo no jurídico o que no jurídico é inaceitável – a tutela do subjetivo não socialmente institucionalizado, a par do arbítrio aleatoriamente controlável do decisor. Sem esquecer a agravante de que na sociedade atual, laica, pluralista, hedonista e em que a "fulguração" dos acontecimentos não deixa rastros duradouros, tal como acontece com as estrelas cadentes, a moral tornou-se algo extremamente relativo, esgarçado e sem profundidade.

Destarte, pensar a responsabilidade civil e o ressarcimento dos danos morais não escapa dessa exigência, sendo mera falácia pretender-se argumentar em termos de valores absolutos, eternos, supra-históricos e universais. Assim como os danos materiais têm que ser cumpridamente provados, os danos morais, essa misteriosa "dor" que se oculta no íntimo das pessoas, deve vir à luz com um mínimo de força de convencimento[22].

Talvez o sistema de precedentes inaugurado pelo Código de Processo Civil de 2015 permita o aperfeiçoamento do nosso sistema quantificatório.

Ainda é cedo para afirmar.

Contudo, até que os frutos desse novo diploma sejam colhidos, merece a nossa atenção interessante critério de mensuração do dano moral, presente em decisões do Superior Tribunal de Justiça e que, em nosso pensar, pode contribuir, se bem aplicado, para o aprimoramento da prestação jurisdicional.

4. CRITÉRIO BIFÁSICO DE QUANTIFICAÇÃO DO DANO MORAL: UM HORIZONTE MAIS SEGURO

O incremento da cultura jurídica não nos permitiu alcançar um sistema de quantificação desprovido de falhas.

E creio que esse estágio de perfeição jamais será alcançado.

---

[22] CALMON DE PASSOS, José Joaquim. O imoral nas indenizações por dano moral. *Revista Jus Navigandi*, Teresina, ano 7, n. 57, 1.º jul. 2002. Disponível em: <https://jus.com.br/artigos/2989>. Acesso em: 15 jul. 2017.

Entre os diversos padrões de cálculo existentes, destacamos o denominado *critério bifásico*, já presente em decisões do Superior Tribunal de Justiça.

A sua metodologia é simples.

Em um primeiro momento, buscam-se, mediante pesquisa jurisprudencial, casos iguais ou semelhantes àquele que está sendo apreciado, efetuando-se uma soma dos valores fixados a título de indenização, para se apurar uma média.

E um segundo momento, utilizando-se a média como referencial, majora-se ou diminui-se o *quantum*, de acordo com as peculiaridades do caso concreto.

Figuremos um exemplo.

A demanda versa sobre um acidente ocorrido nas dependências de um supermercado, em virtude de piso molhado.

O intérprete investiga decisões – preferencialmente do Superior Tribunal de Justiça ou do seu Tribunal respectivo – em que foram julgados fatos semelhantes, apura-se a média do valor fixado e, em seguida, aumenta-se ou reduz-se a quantia alcançada, segundo as características do caso concreto.

Sobre esse interessante critério, confira-se o seguinte Noticiário STJ, de 10.10.2016:

> *Quarta Turma adota método bifásico para definição de indenização por danos morais*
>
> A Quarta Turma do Superior Tribunal de Justiça (STJ) adotou o método bifásico para analisar a adequação de valores referentes a indenização por danos morais. O novo critério foi adotado em julgamento realizado no dia 4 de outubro de 2016.
>
> Segundo o Ministro Luis Felipe Salomão, relator do processo, a aplicação desse método – que já foi utilizado pela Terceira Turma – uniformiza o tratamento da questão nas duas turmas do tribunal especializadas em direito privado.
>
> O magistrado explicou que o método bifásico analisa inicialmente um valor básico para a indenização, considerando o interesse jurídico lesado, com base em grupo de precedentes que apreciaram casos semelhantes. Em um segundo momento, o juízo competente analisa as circunstâncias do caso para fixação definitiva do valor da indenização.
>
> Salomão, em voto que foi acompanhado pelos demais ministros da turma, disse que na segunda fase do método o juiz pode analisar a

gravidade do fato em si e suas consequências; a intensidade do dolo ou o grau de culpa do agente; a eventual participação culposa do ofendido; a condição econômica do ofensor e as condições pessoais da vítima. Para o magistrado, o método é mais objetivo e adequado a esse tipo de situação.

"Realmente, o método bifásico parece ser o que melhor atende às exigências de um arbitramento equitativo da indenização por danos extrapatrimoniais, uma vez que minimiza eventual arbitrariedade de critérios unicamente subjetivos do julgador, além de afastar eventual tarifação do dano", argumentou.

No caso analisado, os ministros mantiveram decisão do Tribunal de Justiça de São Paulo (TJSP) que fixou em R$ 250 mil uma indenização por danos morais decorrente da veiculação de entrevista falsa em rede nacional de televisão.

Os ofensores entraram com recurso e buscaram diminuir o valor da condenação. Para o Ministro Luis Felipe Salomão, o valor foi fixado dentro de critérios razoáveis, sendo desnecessária qualquer alteração na decisão do TJSP[23].

Destaco, nessa linha, acórdão da lavra do excelente Ministro Luis Felipe Salomão:

Recurso especial. Responsabilidade civil. Morte de menor por afogamento. Responsabilidade do clube pela falha no serviço. Dano moral. *Quantum* indenizatório. Critérios de arbitramento equitativo.

Método bifásico. Núcleo familiar sujeito do dano. Necessidade de individualização da indenização. Pensão mensal devida.

1. O clube recreativo que possui em sua estrutura piscinas e lagoas é responsável pelo afogamento e óbito de criança em suas dependências, quando comprovada falha na prestação do serviço, configurada pela não adoção de medidas preventivas adequadas ao risco de sua fruição: segurança dos banhistas, salva-vidas, boias para a indicação da parte funda da rasa do lago, profissional médico, aparelho de respiração artificial.

---

[23] Disponível em: <http://www.stj.jus.br/sites/STJ/default/pt_BR/Comunicação/noticias/Not%C3%ADcias/Quarta-Turma-adota-método-bifásico-para-definição-de-indenização-por-danos-morais>. Acesso em: 22 jul. 2017.

2. O Superior Tribunal de Justiça, quando requisitado a se manifestar sobre o arbitramento de valores devidos pelo sofrimento de dano moral, deve interferir somente diante de situações especialíssimas, para aferir a razoabilidade do quantum determinado para amenizar o abalo ocasionado pela ofensa.

3. O método bifásico, como parâmetro para a aferição da indenização por danos morais, atende às exigências de um arbitramento equitativo, pois, além de minimizar eventuais arbitrariedades, evitando a adoção de critérios unicamente subjetivos pelo julgador, afasta a tarifação do dano.

Traz um ponto de equilíbrio, pois se alcançará uma razoável correspondência entre o valor da indenização e o interesse jurídico lesado, além do fato de estabelecer montante que melhor corresponda às peculiaridades do caso.

4. Na primeira fase, o valor básico ou inicial da indenização é arbitrado tendo-se em conta o interesse jurídico lesado, em conformidade com os precedentes jurisprudenciais acerca da matéria (grupo de casos).

5. Na segunda fase, ajusta-se o valor às peculiaridades do caso, com base nas suas circunstâncias (gravidade do fato em si, culpabilidade do agente, culpa concorrente da vítima, condição econômica das partes), procedendo-se à fixação definitiva da indenização, por meio de arbitramento equitativo pelo juiz.

6. Ainda na segunda fase de fixação, tendo em vista tratar-se de um núcleo familiar como titular da indenização, há que se ponderar acerca da individualização do dano, uma vez que um evento danoso capaz de abalar o núcleo familiar deve ser individualmente considerado em relação a cada um de seus membros (EREsp 1127913/RS, Rel. Min. Napoleão Nunes Maia Filho, Corte Especial, *DJe* 05.08.2014).

7. Conforme a jurisprudência do STJ, a indenização pela morte de filho menor, que não exercia atividade remunerada, deve ser fixada na forma de pensão mensal de 2/3 do salário mínimo até 25 (vinte e cinco) anos, e, a partir daí, reduzida para 1/3 do salário até a idade em que a vítima completaria 65 (sessenta e cinco) anos.

8. Recurso especial parcialmente provido (REsp 1332366/MS, Rel. Min. Luis Felipe Salomão, 4.ª Turma, j. 10.11.2016, *DJe* 07.12.2016).

Com efeito, sem desconsiderar a importância dos outros padrões de cálculo, temos que o critério bifásico é, sem dúvida, o que melhor atende à exigência de *máxima precisão possível* na quantificação do dano moral, porquanto, de um lado, mantém uma linha de uniformidade e segurança jurídica em face da tendência pretoriana vigente, e, de outro, não descuida das especificidades do caso concreto.

Em outras palavras, consiste em um critério, a um só tempo, mais seguro e justo, respeitada, claro, a natural e sempre presente margem de falibilidade humana.

5. REFERÊNCIAS

ALVIM, Arruda. *Dano moral e a sua cobertura securitária*. Conferência proferida no II Congresso de Responsabilidade Civil nos Transportes Terrestres de Passageiros, 1997.

CAHALI, Yussef Said. *Dano moral*. São Paulo: RT, 1998.

CALMON DE PASSOS, José Joaquim. O imoral nas indenizações por dano moral. *Revista Jus Navigandi*, Teresina, ano 7, n. 57, 1.º jul. 2002. Disponível em: <https://jus.com.br/artigos/2989>. Acesso em: 15 jul. 2017.

CARRÁ, Bruno. *É possível uma responsabilidade civil sem dano?* (I). Disponível em: <http://www.conjur.com.br/2016-abr-18/direito-civil-atual-possivel-responsabilidade-civil-dano>. Acesso em: 9 jul. 2017.

CAVALIERI FILHO, Sérgio. *Programa de responsabilidade civil*. 2. ed. São Paulo: Malheiros, 2000.

GAGLIANO, Pablo Stolze; PAMPLONA FILHO, Rodolfo. *Novo curso de direito civil*: responsabilidade civil. 14. ed. São Paulo: Saraiva, 2017. v. III.

HIRONAKA, Giselda. *Responsabilidade pressuposta*. Belo Horizonte: Del Rey, 2005.

LIMA, Zulmira Pires de. Algumas considerações sobre a responsabilidade civil por danos morais. *Boletim da Faculdade de Direito*, Coimbra, Universidade de Coimbra, 2.º suplemento, v. XV, 1940.

LÔBO, Paulo Luiz Netto. Danos morais e direitos da personalidade. In: LEITE, Eduardo de Oliveira (Coord.). *Grandes temas da atualidade* – Dano moral – Aspectos constitucionais, civis, penais e trabalhistas. Rio de Janeiro: Forense, 2002.

POLINSKY, Mitchell; SHAVELL, Steven. Punitive damages: an economic analysis. *Discussion Paper*, Cambridge, Harvard Law School, n. 212 7/97.

RESEDÁ, Salomão. *A função social do dano moral*. Florianópolis: Conceito Editorial, 2009.

SCHREIBER, Anderson. *Novos paradigmas da responsabilidade civil*: da erosão dos filtros da reparação à diluição dos danos. 5. ed. São Paulo: Atlas, 2013.

TARTUCE, Flávio. *Direito civil*: direito das obrigações e responsabilidade civil. 12. ed. Rio de Janeiro: Forense, 2017.

VENOSA, Sílvio de Salvo. *Direito civil*: responsabilidade civil. 3. ed. São Paulo: Atlas, 2003.

16

QUANTIFICAÇÃO DE DANOS EXTRAPATRIMONIAIS

SÍLVIO DE SALVO VENOSA
CLÁUDIA RODRIGUES

Sumário: 1. Dano não patrimonial; 2. A problemática do *quantum* do dano não patrimonial; 3. Método ou métodos de liquidação dos danos extrapatrimoniais?; 4. Casuística; 4.1. Dano não patrimonial resultante de violação a direito da personalidade; 4.2. Dano não patrimonial derivado de responsabilidade médica; 4.3. Dano não patrimonial pela perda da chance; 4.4. Dano não patrimonial por violação dos contratos de telefonia e internet; 4.5. Dano não patrimonial por violação de contrato de turismo (férias frustradas); 5. Síntese conclusiva; 6. Referências.

1. DANO NÃO PATRIMONIAL

O art. 186 do Código Civil refere-se ao dano de forma genérica, isto é, abrange os conceitos de dano material e dano não patrimonial ou denominado moral, este permitido expressamente pela atual Constituição Federal: "Aquele que, por ação ou omissão voluntária, negligência ou imprudência, violar direito e causar dano a outrem, ainda que exclusivamente moral, comete ato ilícito".

O dano moral, ou dano não patrimonial, é o prejuízo que afeta o ânimo psíquico, moral e intelectual da vítima. Sua atuação ocorre no campo dos direitos da personalidade. Não pode, contudo, converter-se numa panaceia nem num placebo. Não é "qualquer dissabor comezinho da vida que pode acarretar a indenização", como enfatizamos reiteradamente em nossas obras.

Para que se configure o dever de indenizar, especificamente na seara do dano extrapatrimonial, é necessária a configuração de um ilícito civil, a violação a direito da personalidade, pois só na esfera da personalidade é possível falar em dano moral ou extrapatrimonial, e dessa violação deve decorrer um dano para ser compensado ou reparado, consoante esclarece o saudoso Carlos Alberto Bittar:

> [...] somente os reflexos negativos nas esferas referidas da personalidade constituem danos morais e, como tais, suscetíveis de reação defensiva ou reparatória que, a esse título, o Direito permite, com cunho eminentemente compensatório para o prejudicado.[1]

Sobre o substrato desse artigo, assim como no passado pelo art. 159 do CC de 1916, repousa todo o arcabouço do dever de indenizar na esfera aquiliana, a responsabilidade civil extranegocial.

Para que surja o dever de indenizar, é necessário, primeiramente, que exista ação ou omissão do agente; que essa conduta esteja ligada por relação de causalidade com o prejuízo suportado pela vítima e, por fim, que o agente tenha agido com culpa, no sentido lato. Faltando algum desses elementos não existirá o dever de indenizar. O liame que une a pessoa do ofensor à vítima, o *nexo de causalidade*, é absolutamente essencial. Da mesma forma é essencial a existência de prejuízo, um dano a indenizar, sem ele não há o que indenizar. Sempre que nos debruçarmos sobre os danos morais, estaremos diante do inefável a ser analisado.

Dano pode ser compreendido como toda ofensa e diminuição de patrimônio. Não há apenas um conceito unitário de dano, tendo em vista os inúmeros matizes que o vocábulo abrange. O dano que interessa à responsabilidade civil é o indenizável, que se traduz em prejuízo, em diminuição de um patrimônio. Todo prejuízo resultante da perda, deterioração ou depreciação de um bem é, em princípio, indenizável. Nesse sentido, não há diferença entre dano contratual e extracontratual. A questão do dano moral terá outra dimensão, como apontamos.

---

[1] BITTAR, Carlos Alberto. *Reparação civil por danos morais*. 3. ed. 2.ª tiragem. São Paulo: RT, 1999. p. 64.

Para que ocorra o dever de indenizar não bastam, portanto, um ato ou conduta ilícita e o nexo causal; é necessário que tenha havido decorrente repercussão patrimonial negativa material ou imaterial no patrimônio de quem reclama. A culpa pode ser dispensada nos casos em que se admite a responsabilidade objetiva. A imputabilidade, isto é, ter alguém apto para responder pela indenização, é outro aspecto importante.

O dano negocial e o extranegocial possuem a mesma natureza. Ocorre que, na maioria das vezes, é mais fácil avaliar o dano emergente de um contrato porque as próprias partes delimitam o valor do prejuízo com a cláusula penal, além de descreverem ordinariamente a conduta negocial desejada de cada um.

Reparar o dano, qualquer que seja sua natureza, significa indenizar, tornar indene o prejuízo. Indene é o que se mostra íntegro, perfeito, incólume. O ideal de justiça é que a reparação de dano seja feita de modo que a situação anterior seja reconstituída: quem derrubou o muro do vizinho deve refazê-lo; quem abalroou veículo de outrem por culpa deve repará-lo; dono de gado que invadiu terreno vizinho, danificando pomar, deve replantá-lo e assim por diante. Os danos morais podem ter outra dimensão.

Questão que gera sempre controvérsia nessa seara refere-se à quantificação do dano, mormente o não patrimonial, isto é, no valor a ser arbitrado e que será objeto de análise nestas linhas.

2. A PROBLEMÁTICA DO *QUANTUM* DO DANO NÃO PATRIMONIAL

Danos não patrimoniais ou morais são aqueles cuja valoração não tem uma base de equivalência que caracteriza os danos patrimoniais. Por isso mesmo, são danos de complexa definição pecuniária. Por sua própria natureza, os danos psíquicos, da alma, de afeição, da personalidade são heterogêneos e não podem ser generalizados. Em princípio, o dano moral só atinge direitos da personalidade. Trata-se do que foi convencionado denominar no passado de *pretium doloris*, isto é, a dor, a angústia, a humilhação, que são padecimentos de natureza moral. Não é, porém, somente esse aspecto, pois na verdade o que se avalia no dano moral é o incômodo incomum, que traga prejuízo comportamental indenizável à vítima.

Nesse sentido, não é possível atribuir um preço exclusivamente à dor, pois o dano patrimonial se materializa de várias formas de insatisfação, não chegando sempre ao valor extremo da dor da alma.

De se observar, entretanto, que não é qualquer dissabor comezinho que gera a pretensão ressarcitória na esfera extrapatrimonial e consequente ressarcimento. Como bem salientou Cunha Gonçalves, "a reparação não é devida a quaisquer carpideiras. Não basta fingir dor, alegar qualquer espécie de mágoa; há gradações e motivos a provar e que os tribunais possam tomar a sério".[2]

No mesmo sentido tem se posicionado o Superior Tribunal de Justiça: "mero aborrecimento, dissabor, mágoa, irritação ou sensibilidade exacerbada estão fora da órbita do dano moral".[3]

De qualquer modo, deve ser levada em conta a essência da questão: dano, ainda que não patrimonial, implica incômodo de maior dimensão ou alguma parcela de perda e, por isso, deve ser indenizado.

Ainda que essa perda não decorra de outro nível, há uma perda que representa um aviltamento da dignidade do ofendido. Há, pois, danos imateriais ou morais que se apresentam totalmente desvinculados de um dano patrimonial, como a injúria, e os que decorrem e sobrevivem paralelamente a dano patrimonial, como a morte de pessoa ou parente próximo. De acordo com a natureza do direito lesado, os danos morais podem se revestir de diversas formas e efeitos. Por essa razão, não há como enumerá-los previamente, embora todos se situem, em princípio, no campo dos direitos da personalidade. Qualquer classificação que se faça no campo dos danos não patrimoniais não será exaustiva.

Muitas foram as críticas dos que, no passado, se opunham à indenização dos danos morais. Dizia-se que havia falta de permanência de efeitos, dificuldade de identificação da vítima, dificuldade de avaliação do prejuízo e poder ilimitado do juiz nessa avaliação.

Atualmente, as objeções encontram-se superadas, porquanto a dificuldade na avaliação, em qualquer situação, não pode ser obstáculo à indenização. Não há necessidade de que o dano seja permanente para que seja indenizável.

De qualquer modo, é evidente que nunca atingiremos a perfeita equivalência entre a lesão e a indenização, tanto em danos morais como patrimoniais, por mais apurada e justa que seja a avaliação do magistrado, não importando também que existam ou não artigos de lei apontando parâmetros. Em cada caso, deve ser aferido o conceito de razoabilidade. Sempre que possível, o

---

[2] GONÇALVES, Luis da Cunha. *Tratado de direito civil*. Comentário ao Código Civil português. 2. ed. São Paulo: Max Limond, 1957. v. XII, t. II, p. 547.

[3] STJ, 4.ª Turma, REsp 303.396/PB, Rel. Min. Barros Monteiro, ac. 05.11.202, *RSTJ* 175/416.

critério do magistrado para estabelecer o *quantum debeatur* deverá basear-se em critérios objetivos, evitando valores aleatórios.

A criação de parâmetros jurisprudenciais exerce papel fundamental nesse campo como fonte formal do direito. Em princípio, os precedentes jurisprudenciais devem fornecer o caminho seguro para a avaliação dos danos extrapatrimoniais. De igual, a doutrina estrangeira, especialmente a italiana e a francesa, traz robusto enfrentamento da matéria e se avizinha aos casos brasileiros, não obstante já tenha avaliado e julgado situações que não foram confrontadas em nível nacional.

Somente quando o caso concreto foge totalmente aos padrões deverá ser admitido o critério exclusivamente subjetivo do juiz.

É inafastável, também, que a indenização pelo dano moral possui cunho compensatório mais do que reparatório, somado a relevante aspecto punitivo que não pode ser marginalizado, ainda que os julgados não digam a função de pena privada, mais ou menos acentuada nesse tipo de dano, como reconhece o direito comparado tradicional.[4] Os *punitive damages* do direito saxão nos trazem importante influência.

Há um amplo sentido na indenização por dano moral: ressarcimento e prevenção além do cunho educativo, didático e pedagógico pelo que essas indenizações representam para a sociedade.

3. MÉTODO OU MÉTODOS DE LIQUIDAÇÃO DOS DANOS EXTRAPATRIMONIAIS?

A grande celeuma em tema de dano extrapatrimonial reside na sua liquidação. A busca por uma sistematização da matéria é uma constante não só no ordenamento nacional, como em outros estrangeiros. Essa tentativa de

---

[4] "Dano moral punitivo. Indenização por práticas abusivas. Admissibilidade. Demora irrazoável para cancelar serviços não solicitados ou que se tornaram desnecessários, cobranças indevidas, ameaça de negativação do nome etc., constituem práticas abusivas e devem ser repelidas. Vão além dos meros aborrecimentos, gerando efetiva angústia e mal-estar capaz de caracterizar o dano moral em sentido amplo, cuja indenização pode ter caráter punitivo. Entretanto, exige critério apropriado no seu arbitramento, que deve ser feito atentando-se para a gravidade do ilícito, o princípio da exemplaridade e o seu caráter pedagógico. Redução da indenização de forma a adequá-la a esses critérios e ajustá-la a casos semelhantes já apreciados pela Câmara" (13.ª Câmara Cível, Ap. Civ. 36.495/2007, Rel. Des. Sergio Cavalieri Filho).

encontrar uma medida exata para o ressarcimento do dano não patrimonial levou à criação de alguns métodos.

Por meio do sistema tabelar, teria o juiz valores prefixados para categorias de danos extrapatrimoniais, possibilitando-se assim, quantificar danos dessa natureza. Esse método sofre críticas, obviamente, por conta de sua *eccessiva rigidità*, uma vez que haveria necessidade de "un intervento corretivo del giudice in funzione di adattamento al caso concreto, con il potere di incrementare o diminuir la somma così determinata in considerazione delle particolari circonstanze della fattispecie sulla quale è chiamato a pronunciarsi".[5]

Outro critério possível seria o da Tabela Setorial pela qual haveria unidades de medidas para cada grau de ação ilícita que gerasse o direito ao ressarcimento, ou seja, um método extremamente trabalhoso que importaria, também, na necessidade de o juiz personalizar o prejuízo partindo dos valores-base da tabela.

O método de liquidação pela Via Equitativa Calibrada é o que encontra maior recepção nos ordenamentos estrangeiros.[6] Por esse método, o juiz mensuraria o valor da indenização observando precedentes jurisprudenciais afins e adaptaria às particulares situações do caso sob sua apreciação, justificando assim o valor arbitrado. Ora, esse é certamente o sistema abraçado pelo ordenamento brasileiro, não obstante não se possa falar em decisão por equidade, uma vez que esta é vedada no nosso ordenamento, salvo quando autorizada por lei.

Fato é que, nos termos do art. 946 do Código Civil, resta indubitável que prevalece entre nós o critério do arbitramento pelo juiz, por meio do qual determina-se que as perdas e danos sejam apuradas nas modalidades de: (i) pelo procedimento comum; e (ii) por arbitramento, sendo esta a forma mais recomendada para a quantificação de danos extrapatrimoniais.

Conquanto se tenha conferido ao magistrado a prerrogativa de fixar a verba indenitária, segundo critérios escolhidos livremente, este deverá

---

[5] CASSANO, Giuseppe. Il danno non patrimoniale da contrato o da inadempimento dell'obbligazione: critério di liquidazione. In: _____; NATALI, A. I.; NATALI, L. C. *Danno non patrimoniale da inadempimenti di contratti e obbligazioni*. Santarcangelo di Romana: Magglioli, 2010. p. 37. Tradução livre: uma intervenção corretiva do juiz para adaptar ao caso concreto, com poderes para incrementar ou diminuir a soma assim determinada, considerando as particulares circunstâncias do caso ao qual é chamado a decidir.

[6] CASSANO, Giuseppe. Il danno non patrimoniale da contrato o da inadempimento dell'obbligazione: critério di liquidazione cit., p. 43.

ater-se sempre aos princípios gerais de direito, costumes e, principalmente, às peculiaridades de cada caso concreto, de modo a evitar que a repercussão econômica da indenização se converta em enriquecimento ilícito de uma das partes, ou ainda que o valor seja tão ínfimo que se torne inexpressivo.

Nesse sentido, recomenda-se ao juiz considerar rol de elementos objetivos e subjetivos para guiar-se quando da concreção do arbitramento, tais como:[7]

> a) a gravidade do fato em si e suas consequências para a vítima (dimensão e duração do dano ou sofrimento); b) a intensidade do dolo ou o grau de culpa do agente (culpabilidade do agente); c) a eventual participação culposa do ofendido (culpa concorrente da vítima); d) a condição econômica do ofensor; e) as condições pessoais da vítima (posição política, social e econômica).

A gravidade do fato, sua dimensão e duração representam o ponto de partida e, quiçá, o mais importante dos elementos norteadores do arbitramento. Isso porque o *quantum* indenizatório deve cumprir, no mínimo com a finalidade compensatória, a qual tem por fim amenizar e servir de lenitivo para o sofrimento da dor ou incômodo vivenciados pelo lesado. Certamente a dor experimentada por uma mãe com a perda do filho em um acidente de trânsito não se equipara à dor vivenciada por ter o sujeito indevidamente inscrito seu nome no cadastro de inadimplentes. Nesse sentido,

> [...] o valor fixado a título de compensação por danos morais (100 salários mínimos) não se revela excessivo a ponto de justificar a excepcional intervenção deste Superior Tribunal de Justiça, haja vista ser proporcional ao abalo sofrido pela agravada em razão da morte de seu filho de 26 anos de idade. Esta Corte, nas hipóteses em que ocorre a perda de um ente familiar, tem considerado razoável a fixação do *quantum* compensatório em até 500 salários mínimos, patamar que se distancia, e muito, do valor fixado nos autos (AgIn AREsp 947547/SP, Agravo Interno no Agravo em Recurso

---

[7] "Para a fixação do *quantum* em indenização por danos morais, devem ser levados em conta a capacidade econômica do agente, seu grau de dolo ou culpa, a posição social ou política do ofendido, a prova da dor" (TAMG, Ap 140.330-7, Rel. Juiz Brandão Teixeira, ac. 05.11.1992, *DJMG* 19.03.1993, p. 9).

Especial 2016/0176746-2, 3.ª Turma. Rel. Min. Nancy Andrighi, j. 09.03.2017, *DJe* 23.03.2017).

[...] 3. No caso concreto, foi demonstrada omissão quanto ao pedido de majoração da verba fixada a título de dano moral. 4. A Corte de origem, diante das peculiaridades fáticas do caso, fixou a verba indenizatória por dano moral, ante a indevida inscrição do nome do autor em cadastro de inadimplentes, na quantia de R$ 1.000,00 (mil reais), valor que reputo razoável, sendo desnecessária a intervenção desta Corte para alterá-la. [...] (EDcl no AgInt no REsp 1590898/SP Embargos de Declaração no Agravo Interno no Recurso Especial 2016/0087354-5, 3.ª T., Rel. Min. Moura Ribeiro, j. 16.05.2017, *DJe* 1.º.06.2017.

Entretanto, como advertem Geneviéve Viney e Patrice Jourdain,

> le tribunaux n'hesite pas à exprimer parfois, sous couvert d'assurer la compensation du préjudice, d'autres préoccupations qui tiennent en particulier au souci d' infléchir les comportements des responsables et de prévenir le renouvellement du fait dommageable.[8]

Em suma, não existem critérios definidos para o arbitramento do dano moral, senão apenas norteadores, sendo da essência do ato, como bem observado pelo Ministro Relator Marco Buzzi, em julgamento de recurso no STJ, o julgador ater-se às peculiaridades de cada caso concreto:

> Não existem critérios fixos para a quantificação do dano moral, devendo o órgão julgador ater-se às peculiaridades de cada caso concreto, de modo que a reparação seja estabelecida em montante que desestimule o ofensor a repetir a falta, sem constituir, de outro lado, enriquecimento sem causa. Assim, não há necessidade de alte-

---

[8] VINEY, Geneviéve; JOURDAIN, Patrice. *Les effets de la responsabilité*. 3. ed. Paris: LGDJ, 2010. p. 231. Tradução livre: os tribunais não hesitam em expressar, às vezes, com o intuito de garantir a compensação de danos, outras preocupações que particularmente possam influenciar o comportamento dos responsáveis e prevenir a recorrência dos atos danosos.

rar o *quantum* indenizatório no caso concreto, em face da razoável quantia, fixada por esta Corte Superior em R$10.000,00 (dez mil reais) (STJ, 4.ª T., Ag.AR no AREsp 261.339/RS, ac. 17.11.2015, DJe 24.11.2015).

Não obstante, pode-se concluir que o juiz nunca pode se afastar da razoabilidade e equidade, agindo prudentemente no arbitramento e sempre mediante a motivação de sua decisão.

4. CASUÍSTICA

Alguns assuntos em especial, entre os vários possíveis, são bastante ilustrativos do panorama do arbitramento do dano não patrimonial na nossa doutrina e jurisprudência.

4.1. Dano não patrimonial resultante de violação a direito da personalidade

O direito da personalidade, nas palavras de Paulo José da Costa Júnior, "enquadra-se entre os direitos que constituem um atributo da personalidade, caracterizando-se por ser absoluto, indisponível e por não se revestir de natureza patrimonial".[9]

Consistem na proteção dos atributos da personalidade humana. São direitos subjetivos pelos quais se defende a personalidade humana,[10] ou seja, defendem a identidade, a liberdade, a sociabilidade, a reputação, a honra, enfim, a intimidade. Em nível de direito moral, certamente, é a categoria de direito que mais sofre lesões, destacando-se em especial o direito à imagem.

---

[9] COSTA JR., Paulo José da. *O direito de estar só*: tutela penal da intimidade. 2. ed. São Paulo: RT, 1995. p. 49.

[10] FREGADOLLI, Luciana. *O direito à intimidade e a prova ilícita*. Belo Horizonte: Del Rey, 1998. p. 23, citando Goffredo Telles Junior. Aduz que para o autor "os direitos da personalidade não são direitos de ter personalidade. Ter personalidade não é um Direito, porque a personalidade é qualidade necessária do ser humano, é sua propriedade natural, inseparável, indefectível, intransferível, irrenunciável. O fato de ter personalidade não depende das leis. Não existem 'direitos de ter personalidade'. Todo homem tem a sua personalidade, independente do que manda o Direito".

Assim, o dano moral indenizável deve agredir nossa imagem interior e a que temos perante o meio no qual vivemos. O ofendido deve ter abaladas a sua honra e as boas impressões que tem sobre si mesmo e as que outras pessoas têm dele ao tomarem conhecimento ou presenciarem a ofensa moral. Quanto maior a repercussão, maior o dano. Sendo assim, quando esse dano é causado a pessoas com boa reputação social, renomadas e de destaque na sociedade, o valor indenizatório tende a ser mais elevado.

O Tribunal de Justiça de Minas Gerais captou bem os aspectos configuratórios do dano moral, em caso de discriminação de aluno em estabelecimento de ensino, arbitrando valor coerente a título de danos morais:

> Ação ordinária. **Dano moral**. Instituição de ensino. Aluno. Condutas discriminatórias constrangedoras. **Direito** da **personalidade**. Violação. A violação a **direito** da **personalidade**, na dimensão técnica integridade **moral** (nome, honra, **imagem**), decorrente de condutas discriminatórias repressoras praticadas por instituição de ensino em relação a aluno, torna-a devedora de uma adequada reparação pecuniária por **dano moral**.
>
> A prova documental (f. 110) e a prova oral (f. 274-277) mostram que a rematrícula do apelado, em cumprimento à medida liminar, não se realizou com tranquilidade, tanto que foi lavrado Boletim de Ocorrência Policial (f. 110 e f. 275-276). A cobrança de mensalidades operou-se de forma indiscreta e assim constrangedora, porquanto uma funcionária do apelante cobrou do apelado, na presença de outros alunos, o pagamento de mensalidades (f. 275 e f. 277). A colocação do apelado em carteira diferente dos colegas, sem o número de matrícula (f. 277), representa conduta discriminatória repressora da apelante quanto à situação de rematrícula e discussão tensa ainda travada relativa à necessidade de pagamento ou não de mensalidade. Tanto que a decisão de f. 191, em nada coerente com a decisão superior anterior (f. 213-215 e f. 181-182), acabou sendo proferida. A entrega de carteira de estudante em modelo diverso prova uma nova conduta discriminatória repressora da apelante quanto à situação de rematrícula e discussão tensa ainda travada relativa à necessidade de pagamento ou não de mensalidade (f. 186, f. 195 e f. 202). Note-se que uma entidade de ensino deve agir com máxima discrição, por maior que seja o dissabor ou dano que entende suportar em relação a um ou outro aluno. Afinal, quem

educa não pode ser deseducado, embora possa se valer dos meios legítimos para conferir eficácia ao seu direito.

Dessa maneira, a apelante, quanto às condutas discriminatórias repressoras decorrentes da rematrícula do apelado, real causa de constrangimento, violou direito da personalidade do apelado, na dimensão da técnica integridade moral (nome, honra, imagem), tornando-se, portanto, devedora de reparação pecuniária por dano moral.

A importância devida a título de reparação pecuniária por dano moral deve ser proporcional ao real contexto dos fatos, que alcançam: conduta, negligência do apelado e dos responsáveis quanto à data de apresentação da documentação necessária para efetivação do requerimento tempestivo de bolsa de estudo para o ano letivo de 2011; certa confusão em relação à eficácia da rematrícula com ou sem pagamento de mensalidade; condutas discriminatórias repressoras da apelante no curso do cumprimento da determinação judicial de rematrícula, real causa de constrangimento.

Nesse contexto técnico, a título de reparação pecuniária por dano moral se mostra a quantia modulada de R$ 3.000,00, com correção monetária calculada pelos índices divulgados pela Corregedoria-Geral de Justiça, desde a data de prolação da sentença recorrida, marco técnico-jurídico da condenação que se mantém, mas que se ajusta apenas quantitativamente, e juros de mora de 1% ao mês, contados da citação (art. 405, CC).[11]

De igual análise se vê na decisão do TJSP apreciando questão referente à recusa de liberação de exame médico a conveniado:[12]

No caso dos autos, evidente que a vítima do evento, mais que simples aborrecimento, sofreu abalo moral apto a ensejar o devido ressarcimento. Quem contrata plano de saúde o faz para precaver-se. Quer a pessoa ver-se assegurada de que terá o tratamento médico necessário no momento em que dele precisar. A inversão dessa expectativa, com o notório agravante de que o paciente

---

[11] Apelação Cível 1.0056.11.003362-0/003 – 0033620-12.2011.8.13.0056 (1), 12.ª Câmara Cível, Des. Saldanha da Fonseca, j. 29.03.2017, DJ 05.04.2017.
[12] Apelação Cível 1008873-27.2014.8.260019, 3.ª Câmara de Direito Privado, Rel. Des. Viviani Nicolau, j. 21.06.2017, r. 21.06.2017.

enfrenta diagnóstico de doença severa (câncer), torna palpável o constrangimento experimentado por aquele que, num momento de extrema necessidade, simplesmente ficou sem o atendimento médico que lhe é de direito, porque por ele pagou. Cumpre dizer que tal indenização, sobre ater-se ao prudente arbítrio do julgador, deve situar-se em patamar razoável, atendendo especialmente à gravidade da conduta lesiva e de suas consequências, e, bem assim, à capacidade econômico financeira do agressor, de modo a desencorajar eventual reiteração do fato, sem, contudo, implicar vedado enriquecimento sem causa por parte da vítima da ofensa. À luz de tais considerações, conclui-se que a indenização foi bem estabelecida em R$ 20.000,00.[13]

O exame de casos concretos revelou os critérios mais utilizados pela jurisprudência para a fixação do *quantum* indenizatório de danos morais decorrentes de uso indevido da personalidade: a) danos sofridos pela vítima, uma vez que a indenização destina-se, precipuamente, a compensá-los; b) desestímulo da repetição do ato danoso, por meio da punição do ofensor – também considerada função preventiva; c) grau de culpa ou intensidade da intenção do ofensor – pauta-se pela ideia de equidade, criticável se acabar por desproteger direitos fundamentais; d) situação econômica do ofensor e da vítima – critério esse que, para ser correto, não pode ter como preocupação prioritária o enriquecimento ilícito, mas sim o desestímulo ao ofensor de grande porte econômico. Entretanto, é ideal sempre ter em mente que a reparação decorre da violação a um direito de personalidade – e é a essa lesão que deve motivar a indenização.

4.2. Dano não patrimonial derivado de responsabilidade médica

Assunto que também gera polêmica na atualidade não só pelo aspecto quantitativo, mas também em termos de prova da responsabilidade, refere-se

---

[13] Pacífica a jurisprudência no STJ de que a injusta recusa de plano de saúde à cobertura securitária enseja reparação por dano moral: "[...] a recusa indevida/injustificada, pela operadora de plano de saúde, em autorizar a cobertura financeira de tratamento médico, a que esteja legal ou contratualmente obrigada, enseja reparação a título de dano moral, por agravar a situação de aflição psicológica e de angústia no espírito do beneficiário" (AgRg no REsp 1242971, 4.ª Turma, Rel. Min. Marco Buzzi (1149), j. 25.06.2013).

ao dano não patrimonial decorrente de conduta médica ou, mais amplamente, responsabilidade do profissional da saúde.

Os Tribunais são cuidadosos na análise de casos dessa natureza porquanto há dificuldades de se estabelecer, por primeiro, a natureza da obrigação dos profissionais de saúde, se de meio ou resultado e, segundo, a prova da ocorrência de culpa do profissional.

O julgamento selecionado esclarece bem a situação e demonstra o cuidado no arbitramento do valor da indenização, com a análise pormenorizada dos já citados requisitos norteadores para a fixação do *quantum*:

> Ação de indenização por danos morais e obrigação de fazer. Responsabilidade civil. Hospital. Erro médico. Falha na prestação do serviço. Contaminação por HIV durante procedimento cirúrgico. Ato ilícito evidenciado. Danos morais. Ocorrência. Redução do *quantum* indenizatório. I – Não prospera a alegação de ausência de fundamentação adequada, pois a sentença encontra-se devidamente fundamentada, nos termos do art. 93, IX, da Constituição Federal, e art. 489, II e VI, do CPC. II – A responsabilidade civil é a obrigação de reparar o dano causado a alguém. Os hospitais, na qualidade de fornecedores de serviços, respondem objetivamente pelos danos causados aos seus pacientes, ou seja, independente de culpa, bastando a comprovação do prejuízo e do nexo de causalidade. Inteligência do art. 14, caput, do CDC. III – No caso concreto, a prova dos autos evidenciou a presença dos requisitos necessários ao reconhecimento do dever de indenizar, pois demonstrada a falha no procedimento adotado pelo nosocômio durante o procedimento cirúrgico realizado, no qual foi necessária transfusão de sangue, causando a contaminação da autora por vírus HIV. Incidência dos arts. 186 e 927 do Código Civil. IV – Deve ser mantida a condenação do réu ao custeio do tratamento médico e hospitalar que a autora necessitar em decorrência da doença contraída, ou qualquer outra enfermidade que venha decorrer da doença de origem, em relação ao que não houve impugnação específica no recurso de apelação, descabendo qualquer discussão a respeito. V – Igualmente, sendo reconhecida a falha do atendimento médico prestado, a hipótese dos autos reflete o dano moral *in re ipsa*, uma vez que o aborrecimento, o transtorno e o incômodo causados pela parte requerida são presumidos, conferindo o direito à reparação sem a necessidade de produção de prova quanto ao abalo psicológico. Em outras palavras, o próprio fato já configura o dano. VI – Contudo, cabível a redução

do *quantum* indenizatório, tendo em vista a condição social da autora, o potencial econômico do réu, a gravidade do fato, o caráter punitivo-pedagógico da reparação, a responsabilidade imposta ao demandado de custear, de forma vitalícia, o tratamento médico e hospitalar que a autora necessitar e os parâmetros adotados por este Tribunal em casos semelhantes. A correção monetária pelo IGP-M incide a partir do presente arbitramento, na forma da Súmula 362 do STJ. VII – Entretanto, em se tratando de relação contratual estreita, onde as partes formalizaram um verdadeiro contrato de prestação de serviços (hospital – paciente), os juros moratórios de 1% ao mês devem incidir a partir da citação. VIII – Outrossim, de acordo com o art. 85, § 11, do CPC, ao julgar recurso, o Tribunal deve majorar os honorários fixados anteriormente ao advogado vencedor, levando em conta o trabalho adicional realizado em grau recursal, observados os limites estabelecidos nos §§ 2.º e 3.º para a fase de conhecimento. IX – Por fim, os artigos de lei suscitados pelos autores consideram-se incluídos no acórdão para fins de prequestionamento, a teor do art. 1.025 do CPC, sendo desnecessária a referência expressa a todos os dispositivos aventados. Apelação parcialmente provida (TJRS, 5.ª Câmara Cível, Apelação Cível 70072243686, Rel. Jorge André Pereira Gailhard, j. 31.05.2017).

4.3. Dano não patrimonial pela perda da chance

Em termos de responsabilidade civil, a perda de uma chance caracteriza-se como hipótese de dano extrapatrimonial futuro muito provável e como tal ressarcível desde que demonstrada a forte probabilidade.

Chance nesse sentido jurídico significa a probabilidade de obter um lucro ou de evitar uma perda, ou seja, é uma "concreta possibilità di conseguire taluni vantaggi nella propria sfera giuridica patrimoniale, mancata a causa del prodursi dell'evento lesivo".[14]

---

[14] MALOMO, Anna. *Codice civile annotato com la dottrina e la giurisprudenza*. Terza Edizione. A cura de Giovanni Perlingieri. Roma: Edizioni Scientifiche Italiane, 2010. Libro quarto, t. II, p. 2615-2616. Tradução livre: é a concreta possibilidade de conseguir alguma vantagem na própria esfera patrimonial, perdida em razão da produção de um evento lesivo.

Na perda da chance, portanto, um ato ilícito tira da vítima a oportunidade de alcançar uma situação futura melhor ou, como bem observa Giovanni Facci "chi perde uma chance perde una speranza d'incremento patrimoniale".[15]

A probabilidade da ocorrência de um evento que possibilitaria um benefício futuro para a vítima é condição indispensável para a realização do suporte fático da perda da chance, porquanto o que se exige é um prognóstico de certeza acerca da perda da oportunidade ou da expectativa. Na bem urdida lição de Philippe Le Tourneau:

> La perte d'une chance ne constitue un préjudice indemnisable que si la chance perdu est sérieuse, c'est-à-dire si la probabilité que l'événement heureux survienne était importante. L'événement purement hypothétique n'a pas ce caractère, de sorte que si la survenance devient clairement impossible, celui qui en aurait profité n'a rien perdu de considérable et ne peut obtenir réparation du chef de la aperte de cette purê éventualité: son préjudice n'est qu'éventuel.[16]

Aqui se considera a chance séria e real porque o que se indeniza é a possibilidade de conseguir uma vantagem, e não a própria vantagem perdida. Probabilidade concreta da chance, e não do ganho ou perda, sendo na análise do caso concreto que se possibilita esse juízo de valor.

O julgador deverá estabelecer se a possibilidade perdida constituiu uma probabilidade concreta, mas essa apreciação não se funda no ganho ou na perda porque a frustração é aspecto próprio e caracterizador da "chance". Nesse sentido, em destaque parte do julgamento do STJ, no tocante à indenização pela perda da chance:

---

[15] FACCI, Giovanni. *Codice Civile commentato*. Terza Edizione. A cura de G. Bonilini, M. Confortini e C. Granelli. Torino: UTET, 2009. p. 4308. Tradução livre: quem perde uma chance perde a esperança de um incremento patrimonial)

[16] LE TOURNEAU, Philippe. *Droit de la responsabilité et des contrats*. 7. ed. Paris: Dalloz, 2008. p. 436. Tradução livre: a perda da chance não constitui um prejuízo indenizável se não decorre de um evento sério, isto é, se a probabilidade de ocorrência do evento não é séria, importante. O evento puramente hipotético não tem essa característica, de sorte que, se a ocorrência é claramente impossível, não haveria benefício perdido considerável nem poderia haver compensação em relação a esse evento: o prejuízo seria apenas eventual.

II – Na hipótese, o Município do Rio de Janeiro, ora agravante, e o Estado do Rio de Janeiro, com fundamento na denominada teoria da perda de uma chance, foram condenados, de forma solidária, ao pagamento de R$ 40.000,00 (quarenta mil reais), a título de indenização por danos morais, decorrentes da demora no cumprimento da obrigação de fornecer medicamentos, determinada por decisão judicial, o que ocasionou a morte do marido da parte autora, ora agravada.

III – Com efeito, "a jurisprudência desta Corte admite a responsabilidade civil e o consequente dever de reparação de possíveis prejuízos com fundamento na denominada teoria da perda de uma chance, desde que séria e real a possibilidade de êxito, o que afasta qualquer reparação no caso de uma simples esperança subjetiva ou mera expectativa aleatória" (STJ, 3.ª Turma, REsp 614.266/MG, Rel. Min. Ricardo Villas Bôas Cueva, *DJe* 02.08.2013). No mesmo sentido: STJ, 2.ª Turma, REsp 1.354.100/TO, Rel. Min. Eliana Calmon, *DJe* 06.03.2014; STJ, 2.ª Turma, REsp 1.308.719/MG, Rel. Min. Mauro Campbell Marques, *DJe* 1.º.07.2013).

IV – No caso, as instâncias de origem, com fundamento no conjunto fático-probatório dos autos, reconheceram a responsabilidade de ambos os entes públicos, bem como a presença dos requisitos ensejadores do dever de indenizar, pela perda de uma chance, já que a demora no cumprimento da decisão judicial, que determinara o fornecimento de medicamento imprescindível à mantença da saúde do paciente, reduziu a sua possibilidade de sobrevida. Conclusão em contrário encontra óbice na Súmula 7/STJ. Precedentes do STJ.

V – No que tange ao pleito de redução do valor indenizatório, a jurisprudência desta Corte consolidou o entendimento no sentido de que o valor arbitrado, a título de danos morais, somente pode ser revisto excepcionalmente, quando irrisório ou exorbitante, sob pena de ofensa ao disposto na Súmula 7/STJ. No caso, o Tribunal de origem, em vista das circunstâncias fáticas do caso, arbitrou o valor dos danos morais em R$ 40.000,00 (quarenta mil reais), observando os princípios da proporcionalidade e da razoabilidade, não se mostrando ele exorbitante, ante o quadro fático delineado no acórdão de origem. Incidência da Súmula 7/STJ (STJ, 2.ª Turma, AgRg no AREsp 173148/RJ, Agravo Regimental no Agravo em Recurso Especial 2012/0089345-6, Min. Assusete Magalhães, j. 03.12.2015, *DJe* 15.12.2015).

4.4. Dano não patrimonial por violação dos contratos de telefonia e internet

Um dos grandes dissabores dos brasileiros reside na prestação de serviços de telefonia que ocupam o topo das reclamações nos Procons e abarrotam os Juizados Especiais com pedidos diariamente. Não obstante esse panorama, os Tribunais têm marchado no sentido de decidir com moderação, analisando, especialmente, se a situação não caracteriza apenas um dissabor, posto que não seria suficiente a causar abalo a direito da personalidade.

Não configura dano moral a mera falha na prestação de serviços de internet na modalidade 3G por pequeno lapso temporal, máxime quando não há dano contundente evidenciado, como, por exemplo, inscrição em rol de inadimplentes (TJRS, 17.ª Câmara Cível, Apelação Cível 70071016760, Rel. Liege Puricelli Pires, j. 27.10.2016).

A parte ré pede provimento ao recurso para reformar a sentença que julgou procedente a ação, a condenando na restituição de valores, bem como em danos morais de R$ 1.500,00. Hipótese em que o autor adquiriu aparelho celular que apresentou defeito. Encaminhamento do produto pela demandada para a assistência técnica, por duas vezes, sem o devido conserto do bem. Dever de restituição do valor pago. Danos morais inocorrentes. Mera falha na prestação do serviço. Ausência de prova concreta dos abalos psicológicos. Danos morais afastados (Recurso Cível 71006120174, 1.ª Turma Recursal Cível, Turmas Recursais, Rel. José Ricardo de Bem Sanhudo, j. 30.08.2016).

Recurso inominado. Ação de indenização por danos morais por cobrança indevida. Simples cobrança indevida com restituição de valores em dobro. Inexistência de inscrição do nome do autor nos órgãos de restrição ao crédito. Danos morais não configurados (TJPR, 3.ª Turma Recursal, DM 92 0007953-38.2015.8.16.0173, Umuarama, j. 08.06.2017).

Importante salientar que tem sido crescente o esforço do Poder Judiciário para não alimentar a indústria do dano moral. Somente em casos em que o ato seja capaz de irradiar-se para a esfera da dignidade da pessoa, ofendendo-a de maneira relevante é que a indenização por dano extrapatrimonial é devida.

A interpretação foi consolidada no julgamento do Recurso Especial 1.269.246, de relatoria do Ministro Luis Felipe Salomão. De acordo com ele, a verificação do dano moral "não reside exatamente na simples ocorrência do ilícito", pois nem todo ato em desacordo com o ordenamento jurídico possibilita indenização por dano moral. Para o ministro, o importante é que "o ato seja capaz de irradiar-se para a esfera da dignidade da pessoa, ofendendo-a de maneira relevante".

4.5. Dano não patrimonial por violação de contrato de turismo (férias frustradas)

Questão que tem se tornado comum nas Cortes de Justiça refere-se aos serviços defeituosos prestados em termos de turismo. É bastante usual em nosso país o oferecimento de serviços de turismo defeituoso, precário ou em desconformidade com o que foi vendido. Nesse sentido, o acórdão ilustrativo:

> Prestação de serviços. Ação indenizatória. Responsabilidade da empresa que vendeu pacote turístico aos consumidores pelo cancelamento do voo que inviabilizou a viagem, sem antecedência razoável da informação, nem reagendamento das passagens. Frustração da viagem. Ocorrência de danos morais. Indenização moderadamente fixada no valor de R$ 6.000,00 para cada coautor, sendo incabível a redução pretendida. Recurso improvido (Ap 40013190820138260477 SP 4001319-08.2013.8.26.0477, 34.ª Câmara de Direito Privado, Rel. Gomes Varjão, j. 17.02.2016, *DJ* 18.02.2016).

Extravio de bagagem também é um tema recorrente nos Tribunais, e no âmbito do STJ o assunto é tratado com bastante parcimônia, isto é, a Corte de Justiça tem se pautado na razoabilidade e proporcionalidade, como ocorreu no julgamento em que diminuiu indenização fixada em R$ 24.000,00 para R$ 1.000,00 para cada cônjuge, por considerar que, mesmo diante do extravio das bagagens por 7 horas e mediante a devolução delas sem a falta de nenhum objeto pessoal, bem como a compra de novas malas pela companhia aérea, atenuou a situação[17].

Certo é que, havendo defeito na prestação do serviço, é cabível a indenização por dano moral, sendo solidária a responsabilidade entre todos os que participaram da cadeia de fornecedores.

---

[17] STJ, 4.ª Turma, REsp 736.968/RJ, Rel. Min. Jorge Scartezzini, ac. 17.05.2005, *DJU* 1.º.07.2005, p. 559.

5. SÍNTESE CONCLUSIVA

A Constituição de 1988 introduziu finalmente a possibilidade de indenização por dano moral em nosso ordenamento (art. 5.º, X). Até então, tínhamos uma dicotomia entre a doutrina e os tribunais. A maioria dos autores defendia a possibilidade de indenização do dano patrimonial, enquanto os tribunais a repeliam.

Com a autorização constitucional, o maior trabalho da jurisprudência foi resistir ao demandismo represado, não permitindo que o dano moral fosse uma panaceia ou se configurasse numa forma de injusto enriquecimento. Passados já tantos anos, pode-se afirmar que, bem ou mal, os tribunais atingiram esse desiderato, embora por vezes ainda nos defrontemos com indenizações melífluas ou irrisórias em relação ao caso concreto. Há que se lembrar, porém, que nossa economia é de Terceiro Mundo e não pode ser comparada, por exemplo, às indenizações milionárias dos Estados Unidos, embora também lá os enormes valores também já foram sensivelmente reduzidos.

Como acentuamos, o valor do dano moral ou extrapatrimonial transita pelo imponderável e assim deve ser visto. Não há fórmulas seguras para orientar o magistrado. Cabe ao juiz usar do bom senso dos valores sociais e históricos que o cercam, em cada caso concreto, para estabelecer o *quantum* de uma indenização. Ao analisar o dano moral, o juiz se volta para a sintomatologia do incômodo e do sofrimento, a qual, se não pode ser valorada por terceiro, deve, no caso concreto, ser quantificada economicamente. Esse mais um grande de desafio, entre tantos, da aplicação do Direito.

6. REFERÊNCIAS

BITTAR, Carlos Alberto. *Reparação civil por danos morais*. 3. ed. 2.ª tiragem. São Paulo: RT, 1999.

CASSANO, Giuseppe. Il danno non patrimoniale da contrato o da inadempimento dell'obbligazione: critério di liquidazione. In: _____; NATALI, A. I.; NATALI, L. C. *Danno non patrimoniale da inadempimenti di contratti e obbligazioni*. Santarcangelo di Romana: Magglioli, 2010.

COSTA JR., Paulo José da. *O direito de estar só*: tutela penal da intimidade. 2. ed. São Paulo: RT, 1995.

FACCI, Giovanni. *Codice Civile commentato*. Terza Edizione. A cura de G. Bonilini, M. Confortini e C. Granelli. Torino: UTET, 2009.

FREGADOLLI, Luciana. *O direito à intimidade e a prova ilícita*. Belo Horizonte: Del Rey, 1998.

GONÇALVES, Luis da Cunha. *Tratado de direito civil*. Comentário ao Código Civil português. 2. ed. São Paulo: Max Limond, 1957. v. XII, t. II.

LE TOURNEAU, Philippe. *Droit de la responsabilité et des contrats*. 7. ed. Paris: Dalloz, 2008.

MALOMO, Anna. *Codice civile annotato com la dottrina e la giurisprudenza*. Terza Edizione. A cura de Giovanni Perlingieri. Roma: Edizioni Scientifiche Italiane, 2010. Libro quarto, t. II.

VENOSA, Sílvio de Salvo. *Código Civil interpretado*. 3. ed. São Paulo: Atlas, 2013.

_____. *Direito civil*. Obrigações e responsabilidade civil. 17. ed. São Paulo: Gen-Atlas, 2017. v. 2.

VINEY, Geneviéve; JOURDAIN, Patrice. *Les effets de la responsabilité*. 3. ed. Paris: LGDJ, 2010.

NOVOS DANOS NA RESPONSABILIDADE CIVIL. DANOS MORAIS COLETIVOS, DANOS SOCIAIS OU DIFUSOS E DANOS POR PERDA DE UMA CHANCE

17

NOVOS DANOS NA RESPONSABILIDADE CIVIL. DANOS MORAIS COLETIVOS, DANOS SOCIAIS OU DIFUSOS E DANOS POR PERDA DE UMA CHANCE

RODOLFO PAMPLONA FILHO

SUMÁRIO: 1. Introdução; 2. A constitucionalização do Direito Civil e a valorização do conceito jurídico de dignidade da pessoa humana; 3. As novas adjetivações de dano; 4. O art. 5.º, V, da Constituição Federal e as espécies de dano: 4.1. Dicotomia básica: dano patrimonial/dano extrapatrimonial; 4.2. O dano moral; 4.3. O dano à imagem; 5. A autonomia científica dos novos danos indenizáveis: 5.1. Menções jurisprudenciais a "novos danos"; 5.2. O Enunciado 387 da Súmula do STJ e a suposta autonomia dos novos danos; 6. Resgate do sentido do art. 5.º, V, da Constituição Federal de 1988; 7. Conclusões; Referências.

1. INTRODUÇÃO

O objetivo do presente artigo é, a partir da identificação das figuras dos novos danos indenizáveis reconhecidas em âmbito doutrinário e jurisprudencial, propor reflexões em torno do critério de classificação dos danos.

Para atingir tal desiderato, iniciar-se-á a análise das novas adjetivações de dano pelo estudo da constitucionalização do Direito Civil e suas consequências na responsabilidade civil, haja vista que foi tal movimento que deu ensejo à ampliação qualitativa dos danos.

Em um segundo momento, o estudo será direcionado às espécies de dano previstas nas Constituição Federal, e às "antigas adjetivações" de dano, para, em seguida, discutir algumas dessas "novas adjetivações", apresentando exemplos jurisprudenciais.

Por fim, objetiva-se propor uma solução para o cenário atual, com a exposição da visão de que criação de inúmeros danos "novos" não é o melhor caminho a ser seguido.

2. A CONSTITUCIONALIZAÇÃO DO DIREITO CIVIL E A VALORIZAÇÃO DO CONCEITO JURÍDICO DE DIGNIDADE DA PESSOA HUMANA

A constitucionalização do Direito Civil guarda intrínseca relação com a valorização do conceito jurídico de dignidade da pessoa humana. Em verdade, foi por intermédio do referido movimento que a dignidade passou a integrar o sistema jurídico privado, provocando, assim, alterações decisivas em suas bases.

A retirada do patrimônio do centro do Direito Civil, erigindo a pessoa como valor supremo a ser protegido, ocasionou a sua repersonalização, decorrência direta da aplicação da cláusula geral de proteção à dignidade humana no sistema jurídico privado.

Pode-se afirmar que a constitucionalização é "o processo de elevação ao plano constitucional dos princípios fundamentais do direito civil, que passam a condicionar a observância pelos cidadãos, e a aplicação pelos tribunais, da legislação infraconstitucional"[1].

Assim, o referido processo traduz-se na irradiação da Constituição sobre o sistema privado, passando a ser o seu fundamento, emanando seus princípios, valores e regras nas relações privadas. Deixa, portanto, de ser o Código Civil a Constituição do Direito Privado, como foi conhecido por muito tempo, haja vista que o referido diploma passa a estar subordinado à Constituição também sob a perspectiva material.

O que ocorre é uma mudança de perspectiva, como afirma Eugênio Facchini Neto:

> [...] de notável valor hermenêutico a constatação de que a migração de institutos e princípios do direito privado para o texto constitucional acarreta uma mudança de perspectiva, pois de modo contrário

---

[1] LÔBO, Paulo Luiz Netto. *Constitucionalização do direito civil*. Disponível em: <http://jus2.uol.com.br/doutrina/texto.asp?id=507>. Acesso em: 5 jul. 2010.

ao Código Civil, que conserva valores da sociedade liberal do século XIX, a Constituição projeta e estimula a fundação de uma nova sociedade com suas normas programáticas[2].

Pode-se afirmar, portanto, que o processo de constitucionalização significou uma mudança de centro do Direito Privado e, consequentemente, do Direito Civil, deixando o sistema de gravitar ao redor do Código Civil e seus ideais liberais, para agora girar em torno dos ideais sociais da Constituição Federal.

Vale destacar, nesse sentido, a lição de Jane Reis Gonçalves Pereira:

> Se no século XIX o Código Civil desempenhara, em caráter exclusivo, a função de normatizar as relações jurídicas entre os indivíduos – ocupando, assim, posição central no sistema de fontes –, a partir do pós-guerra a Constituição passa a ser o elemento que confere unidade ao ordenamento jurídico, continente de valores e princípios que condicionam todos os ramos do Direito[3].

É importante perceber, também, que a constitucionalização do Direito Civil afeta profundamente a atuação de todos os juízes e tribunais do País, compelidos a concretizar a elevada missão de assegurar a soberania da Constituição sobre a disciplina das relações privadas.

Nessa ordem de ideias, o julgamento pelo Superior Tribunal de Justiça do conhecido REsp 1183378/RS, sob relatoria do Ministro Luis Felipe Salomão, é paradigmático não apenas por seus impactos no campo do Direito de Família, como também pela explicitação da renovada concepção do ordenamento jurídico, conforme se extrai do seguinte excerto de sua ementa:

---

[2] FACCHINI NETO, Eugênio. Reflexões histórico-evolutivas sobre a constitucionalização do direito privado. In: SARLET, Ingo Wolfgang. *Constituição, direitos fundamentais e direito privado*. 2. ed. Porto Alegre: Livraria do Advogado, 2006. p. 32.

[3] PEREIRA, Jane Reis Gonçalves. Apontamentos sobre a aplicação das normas de direito fundamental nas relações jurídicas entre particulares. In: BARROSO, Luís Roberto. *A nova interpretação constitucional*: ponderação, direitos fundamentais e relações privadas. 3. ed. Rio de Janeiro: Renovar, 2008. p. 120.

Embora criado pela Constituição Federal como guardião do direito infraconstitucional, no estado atual em que se encontra a evolução do direito privado, vigorante a fase histórica da constitucionalização do direito civil, não é possível ao STJ analisar as celeumas que lhe aportam "de costas" para a Constituição Federal, sob pena de ser entregue ao jurisdicionado um direito desatualizado e sem lastro na Lei Maior. Vale dizer, o Superior Tribunal de Justiça, cumprindo sua missão de uniformizar o direito infraconstitucional, não pode conferir à lei uma interpretação que não seja constitucionalmente aceita[4].

O movimento de constitucionalização, portanto, permite que a Constituição Federal e, consequentemente, seus princípios e fundamentos agora sejam a base do sistema privado, em especial, a dignidade da pessoa humana.

Percebe-se, então, que a dignidade da pessoa humana cria uma ampliação na tutela da pessoa humana. A teoria da responsabilidade civil, antes voltada quase que em sua totalidade para a proteção de bens patrimoniais, depara-se com novos bens jurídicos merecedores de proteção, haja vista que a pessoa, em qualquer de seus âmbitos, deve ser protegida, a fim de se garantir a sua dignidade.

Nessa linha de intelecção, pondera Anderson Schreiber que o

> [...] fenômeno da constitucionalização do direito civil refletiu-se, portanto, também na responsabilidade civil, e de forma notável. Um novo universo de interesses merecedores de tutela veio dar margem, diante da sua violação, a dano que até então sequer eram considerados juridicamente como tais, tendo, de forma direta ou indireta, negada sua ressarcibilidade[5].

Em razão da repersonalização do Direito Civil, a pessoa passa a ser o centro do sistema e qualquer ato que ofenda seus direitos da personalidade passam a ser alvo da responsabilidade civil, merecendo a mesma proteção outrora concedida aos bens patrimoniais.

---

[4] REsp 1183378/RS, 4.ª Turma, Rel. Min. Luis Felipe Salomão, j. 25.10.2011, *DJe* 1.º.02.2012.

[5] SCHREIBER, Anderson. *Novos paradigmas da responsabilidade civil*: da erosão dos filtros da reparação à diluição dos danos. São Paulo: Atlas, 2007. p. 85-86.

Com o surgimento (ou reconhecimento) de novos interesses jurídicos, quais sejam, os extrapatrimoniais, passam a existir "novos" bens jurídicos merecedores de tutela, por consequência, começam a aparecer os chamados "novos danos", que seriam supostamente os danos a esses novos bens reflexos da dignidade humana.

Pode-se afirmar com segurança, portanto, que a dignidade da pessoa humana influenciou a responsabilidade civil de tal maneira que não seria exagero qualificá-la como "topos subversivo da responsabilidade civil"[6].

Ratificando o ora afirmado, é válido destacar a lição de Maria Celina Bodin de Moraes:

> O princípio da proteção da pessoa humana, determinado constitucionalmente, gerou no sistema particular da responsabilidade civil, a sistemática extensão da tutela da pessoa da vítima, em detrimento do objetivo anterior de punição do responsável. Tal extensão, neste âmbito, desdobrou-se em dois efeitos principais: de um lado, no expressivo aumento das hipóteses de dano ressarcível; de outro, na perda de importância da função moralizadora, outrora tida como um dos aspectos nucleares do instituto[7].

Em suma, o movimento de constitucionalização do Direito Civil, que veio dar ensejo à repersonalização do Código Civil, ao voltar os olhos dos civilistas para o princípio fundamental da dignidade humana, ocasionou uma mudança de paradigma na responsabilidade civil. Antes individualista e patrimonialista, estando mais preocupada em punir o ofensor, com o Direito Civil-Constitucional promove-se a dignidade humana como bem principal, decorrendo disso uma mudança de foco na responsabilidade civil, que passa a enaltecer os interesses existenciais e busca proteger o ofendido, não permitindo que sua dignidade se quede desamparada de tutela, ampliando, assim, as hipóteses de danos ressarcíveis.

---

[6] A expressão "topos subversivo" foi utilizada por Judith Martins-Costa na obra *A boa-fé no direito privado*, a fim de demonstrar a força da boa-fé na nova teoria contratual. Utiliza-se aqui a expressão em sentido análogo por entender que a dignidade exerceu na responsabilidade civil papel parecido. Ou seja, foi o marco que subverteu a concepção clássica de responsabilidade civil.

[7] MORAES, Maria Celina Bodin de. Constitucionalização do direito civil e seus efeitos sobre a responsabilidade civil. In: _____. *Na medida da pessoa humana*: estudos de direito civil-constitucional. Rio de Janeiro: Renovar, 2010. p. 323.

3. AS NOVAS ADJETIVAÇÕES DE DANO

Conforme demonstrado *supra*, a consagração da dignidade da pessoa humana no ordenamento pátrio redundou em uma ampliação dos bens jurídicos merecedores de tutela e, consequentemente, das hipóteses de danos passíveis de ressarcimento. A responsabilidade civil volta-se não só à reparação dos danos de ordem patrimonial, mas também aos de ordem extrapatrimonial.

Em face dessa nova conjuntura, por serem reconhecidos novos interesses merecedores de tutela, começam a surgir "novos danos".

Todavia, o que é válido ressaltar, desde já, é que nem todos eles são, efetivamente, novos.

No afã de proteger a dignidade humana em todos os seus aspectos, a jurisprudência passa por um processo de adjetivação de danos. Ou seja, como não se podem tipificar todos os âmbitos da cláusula geral de proteção à dignidade, os tribunais passam a qualificar essas ofensas de acordo com o tipo de conduta ensejadora do dano, surgindo assim "novos danos" a todo momento.

A jurisprudência fala hoje em dia de dano estético, dano sexual, dano de férias arruinadas, dano-morte, entre outros.

O cerne problemático é que a dignidade da pessoa humana é multifacetada, revelando-se por meio de incontáveis âmbitos da personalidade, não podendo, portanto, limitar-se a um rol taxativo de danos. Dessa forma, a fim de protegê-la em sua completude, a doutrina e a jurisprudência vêm criando novos tipos de dano para cada ofensa a um dos aspectos da personalidade. A cada nova conduta danosa dirigida à dignidade surge uma nova espécie de dano, como se tal expediente fosse sinônimo de maior proteção. Com todo o respeito, não parece ser essa a forma mais técnica de se tratar o problema. É o que se busca demonstrar neste trabalho.

4. O ART. 5.º, V, DA CONSTITUIÇÃO FEDERAL E AS ESPÉCIES DE DANO

Estabelece o art. 5.º, V, da Constituição Federal: "É assegurado o direito de resposta, proporcional ao agravo, além da indenização material, moral e à imagem".

Percebe-se que a CF/1988 elegeu três espécies de dano: o dano material, o dano moral e o dano à imagem, reconhecendo-lhes autonomia, pois, se assim não o fosse, desarrazoada seria a distinção feita pelo legislador constitucional.

Vide, a propósito, o Enunciado 587 da VII Jornada de Direito Civil:

> O dano à imagem restará configurado quando presente a utilização indevida desse bem jurídico, independentemente da concomitante lesão a outro direito da personalidade, sendo dispensável a prova do prejuízo do lesado ou do lucro do ofensor para a caracterização do referido dano, por se tratar de modalidade de dano *in re ipsa*.

Pode-se afirmar então que, com base no dispositivo legal citado, o nosso sistema jurídico reconhece a autonomia de três (e apenas três) espécies de dano, às quais se passa agora a tecer breves comentários.

4.1. Dicotomia básica: dano patrimonial/dano extrapatrimonial

Antes de iniciar o presente tópico, necessário se faz um alerta. Utilizar-se-á a distinção dano patrimonial/dano extrapatrimonial, em vez da dicotomia dano material/dano moral, mais comum na doutrina, pois entende-se estar inserido no conceito de dano extrapatrimonial não apenas o dano moral, como também o dano à imagem. Colocar o dano à imagem fora da dicotomia ora proposta é entendê-lo como um dano *sui generis*, nem patrimonial, nem extrapatrimonial, o que não parece correto.

A grande dicotomia existente na classificação do dano certamente é aquela que distingue dano patrimonial de dano extrapatrimonial.

Entende-se que o dano patrimonial é aquele que ofende bens ou interesses que podem ser quantificados monetariamente, ou seja, que se traduzem em algum valor em dinheiro, como seria, por exemplo, o dano ocorrido em um carro.

O dano patrimonial divide-se em dano emergente e lucros cessantes. O dano emergente corresponde ao efetivo prejuízo suportado pelo ofendido, podendo ser facilmente quantificado por meio de uma simples conta matemática (subtrai-se o valor do bem antes do evento danoso pelo valor após o referido evento; a diferença é o montante a ser reparado).

Os lucros cessantes, por sua vez, representam aquilo que o ofendido deixou de ganhar. É o exemplo em que alguém que abalroa o veículo de um taxista terá que pagar, além do dano emergente (o valor referente ao conserto do carro), também o lucro cessante, que seria o valor médio de quanto aquele taxista deixou de ganhar enquanto o seu veículo se encontrava na oficina.

Por seu turno, o dano extrapatrimonial pode ser conceituado como aquele que ofende bens ou valores desprovidos de correspondência pecuniária, não podendo ser traduzidos em dinheiro. É o caso da ofensa à honra, à vida, à privacidade, à imagem, entre outros.

Com a previsão da dignidade da pessoa humana como fundamento da República do Brasil, o dano extrapatrimonial ganhou destaque no sistema jurídico. A pessoa agora deve ser protegida não apenas em seus reflexos patrimoniais, mas também, e principalmente, em seus aspectos existenciais. Atento a isso, o legislador, no art. 5.º, V, da CF/1988 positiva a proteção aos bens extrapatrimoniais do indivíduo.

Segundo o legislador constitucional, a pessoa deve ter reparados quaisquer danos materiais, morais ou à imagem. Ou seja, a pessoa merece proteção em seu aspecto patrimonial e extrapatrimonial. Assim, em atenção ao que dispõe o art. 5.º, V, da CF/1988, dividir-se-á o dano extrapatrimonial em dano moral e dano à imagem.

4.2. O dano moral

O dano moral deve ser compreendido como a violação da dignidade da pessoa humana em qualquer de seus aspectos, a ofensa à cláusula geral de tutela da pessoa humana. Nesse sentido é também o entendimento de Maria Celina Bodin de Moraes:

> O dano moral tem como causa a injusta violação a uma situação jurídica subjetiva extrapatrimonial, protegida pelo ordenamento jurídico através da cláusula geral de tutela da personalidade, que foi instituída e tem sua fonte na Constituição Federal, em particular decorrente do princípio (fundante) da dignidade da pessoa humana (também identificado com o princípio geral de respeito à dignidade humana)[8].

Portanto, qualquer conduta que venha a ofender a pessoa em sua condição humana dá ensejo a uma reparação de ordem moral. Não há necessidade de que a lesão seja dirigida a um direito subjetivo específico.

Nesse sentido, é interessante notar que a concepção de que o dano moral seria o sofrimento suportado pelo ofendido mostra-se equivocada. Sofrimento não é causa de dano moral, mas consequência não essencial, decorrente (ou não) da ofensa a algum direito da personalidade. Sergio Cavalieri Filho leciona de maneira cristalina acerca do tema:

> Dor, vexame, sofrimento e humilhação são consequências, e não causa. Assim, como a febre é o efeito de uma agressão orgânica,

---

[8] MORAES, Maria Celina Bodin de. *Danos à pessoa humana*: uma leitura civil-constitucional dos danos morais. Rio de Janeiro: Renovar, 2003. p. 132-133.

dor, vexame e sofrimento só poderão ser considerados dano moral quando tiverem por causa uma agressão à dignidade de alguém[9].

Assim, tanto pode existir dano moral sem sofrimento como sofrimento sem dano moral. Exemplifica-se o primeiro caso com base nos atos de inscrição do nome de um sujeito nos órgãos de proteção ao crédito, que muitas vezes não trazem nenhuma espécie de dor ou vexame para aquele que teve seu nome "negativado" e, ainda assim, reconhece-se o direito à indenização a título de danos morais. Contudo, talvez o melhor exemplo de que dano moral não tem uma relação de necessariedade com o sofrimento é o reconhecimento jurisprudencial de que pessoa jurídica pode sofrer dano moral (Enunciado 227 da Súmula do Superior Tribunal de Justiça).

Por outro lado, também pode haver sofrimento sem ofensa a algum direito da personalidade. Seria o trágico caso da morte de um filho por causas naturais: embora não se possa conceber maior dor, os genitores não farão jus a qualquer reparação moral.

Conclui-se, portanto, que o dano moral é a ofensa à cláusula geral de proteção à dignidade da pessoa em qualquer de seus âmbitos.

4.3. O dano à imagem

Inicialmente, é imperioso destacar que a imagem é um direito da personalidade. Sendo assim, poder-se-ia afirmar que a ofensa à imagem seria dano moral, haja vista que, conforme doutrina majoritária[10], qualquer ato atentatório a um direito da personalidade gera um dano moral.

No entanto, em que pese ser a imagem também direito da personalidade, o legislador constitucional resolveu dar destaque ao dano dirigido em face dela.

Não é possível precisar a justificativa para tal destaque, que talvez esteja relacionado à grande relevância que a imagem vem adquirindo em razão do avanço dos meios de comunicação, alçando-a ao patamar de direito da personalidade mais "comercializado". Independentemente dos motivos, em razão de o art. 5.º, V, da CF/1988 ter distinguido o dano à imagem do dano

---

[9] CAVALIERI FILHO, Sergio. *Programa de responsabilidade civil*. 9. ed. São Paulo: Atlas, 2010. p. 87. Vide, à guisa de exemplo, o Enunciado 227 da Súmula do STJ.

[10] Vide, exemplificativamente: "Constituindo o dano moral uma lesão aos direitos da personalidade" (TARTUCE, Flávio. *Direito civil*. 7. ed. Rio de Janeiro: Forense, 2012. v. 2, p. 390).

moral, garantindo autonomia àquele, opta-se, no presente trabalho, por tratá-lo da mesma forma.

A imagem é "um bem personalíssimo, emanação de uma pessoa, por meio da qual projeta-se, identifica-se e individualiza-se no meio social"[11]. Ou seja, seria o atributo físico e moral que compõe e individualiza cada pessoa. Baseado nesse conceito, pode-se entender a imagem sob dois aspectos: imagem-retrato e imagem-atributo.

A imagem-retrato é o aspecto físico da pessoa. Numa explicação quase tautológica, é o retrato da pessoa, ou seja, seus traços físicos que a distinguem dos outros, por exemplo, a cor dos olhos, o cabelo, o sorriso, entre outros.

Sob essa perspectiva, pode-se afirmar que o "direito à imagem protege a representação física do corpo humano, de qualquer de suas partes ou, ainda, de traços característicos da pessoa pelos quais ela possa ser reconhecida (identidade). Nesse sentido, a imagem é objeto de um direito autônomo, embora sua violação venha associada, frequentemente, à de outros direitos da personalidade, sobretudo à honra"[12].

A imagem-atributo, por sua vez, é o arcabouço moral da pessoa, a maneira como a sociedade a vê.

Assim, qualquer dano perpetrado contra a imagem do indivíduo, em qualquer de seus aspectos, deve ser reparado. O uso indevido da imagem gerará uma indenização a título patrimonial ou extrapatrimonial, a depender do caso concreto.

Em que pese ser a imagem um atributo extrapatrimonial (direito da personalidade), sua ofensa pode dar ensejo a um dano patrimonial. Seria o exemplo de uma modelo que tem suas fotos publicadas sem sua autorização. Contudo, não se podem confundir os reflexos patrimoniais da imagem com a imagem em si, pois, mesmo que se possa aferir monetariamente quanto vale o uso da foto de uma modelo em uma determinada campanha publicitária, nunca se conseguirá traduzir em dinheiro o quanto vale sua imagem. Ou seja, não se pode confundir a cessão de uso da imagem, que gera efeitos patrimoniais, com o direito da personalidade, de cunho extrapatrimonial.

Percebe-se, portanto, que o uso indevido da imagem de alguém gera dano e deve ser reparado, independentemente dos reflexos patrimoniais que possam advir dessa conduta danosa.

---

[11] CAVALIERI FILHO, Sergio. *Programa de responsabilidade civil* cit., p. 108.
[12] REsp 1297660/RS, 4.ª Turma, Rel. Min. Luis Felipe Salomão, Rel. p/ Acórdão Min. Marco Buzzi, j. 07.10.2014, *DJe* 16.10.2015.

5. A AUTONOMIA CIENTÍFICA DOS NOVOS DANOS INDENIZÁVEIS

No momento em que a dignidade da pessoa humana passou a ser o centro do sistema jurídico, a doutrina e a jurisprudência perceberam que precisavam proteger o indivíduo em todos os seus aspectos. Todavia, a dignidade de uma pessoa é composta por uma imensa gama de atributos e direitos, não havendo como limitar o que compõe a chamada "cláusula geral de tutela da personalidade". Proceder de tal maneira seria limitar a própria dignidade humana, o que não é admissível.

Passaram a surgir, então, a cada dia novos bens jurídicos merecedores de proteção, todos reflexos da dignidade humana. A jurisprudência, bem como a doutrina, talvez em razão da cultura positivista que imperou até pouco tempo no sistema jurídico brasileiro, que buscava taxar, descrever, adjetivar, todas as situações jurídicas, passaram a nomear cada dano dirigido à dignidade humana, gerando, consequentemente, uma gama de nomenclaturas, uma infinidade de novas adjetivações de dano.

5.1. Menções jurisprudenciais a "novos danos"

O presente tópico busca demonstrar as inúmeras novas adjetivações de dano que têm sido propostas na jurisprudência. Alerta-se que não se faz aqui uma análise taxativa de todas as espécies de "novos danos", mas, exemplificativamente, demonstra-se o cenário desconexo presente no meio jurídico.

5.1.1. Dano estético

O dano estético é compreendido como aquele que ofende a integridade física da pessoa, deixando-lhe marcas e/ou lesões. De maneira geral, se o dano causa alguma deformidade que gere repugnância, é entendido como dano estético. Nesse sentido é também o entendimento de Sergio Cavalieri Filho, que, ao discorrer acerca dessa espécie de dano, afirma:

> Inicialmente ligado às deformidades físicas que provocam aleijão e repugnância, aos poucos passou-se a admitir o dano estético também nos casos de marcas e outros defeitos físicos que causem à vítima desgosto ou complexo de inferioridade – como, por exemplo, cicatriz no rosto da atriz, manequim ou ator[13].

---

[13] CAVALIERI FILHO, Sergio. *Programa de responsabilidade civil* cit., p. 105.

É interessante destacar que inicialmente o próprio STJ entendia que não poderia haver cumulação de dano moral com dano estético, haja vista que este ou se traduzia em dano material, ou estaria compreendido naquele.

Todavia, a Corte alterou seu posicionamento, passando a admitir a autonomia entre o dano moral e o dano estético. A ementa a seguir transcrita é ilustrativa do posicionamento da Corte:

> Administrativo. Responsabilidade civil do Estado. Danos morais e estéticos. Perda de membro superior. Indenização. Valor irrisório. Majoração. 1. O valor do dano moral deve ser arbitrado segundo os critérios da razoabilidade e da proporcionalidade, não podendo ser irrisório, tampouco fonte de enriquecimento sem causa, exercendo função reparadora do prejuízo e de prevenção da reincidência da conduta lesiva. 2. Nesses termos, o valor (R$ 50.000,00) revela-se, de fato, irrisório, se levados em consideração os aspectos conjunturais e a extensão do dano perpetrado, que culminou em lesão irreversível com perda de membro superior direito e dano estético – reconhecido pelo acórdão hostilizado. 3. *In casu*, revela-se mais condizente com a situação o valor indenizatório equivalente a R$ 80.000,00 (oitenta mil reais), *sendo R$ 50.000,00 (cinquenta mil reais) a título de danos morais e R$ 30.000,00 (trinta mil reais) a título de danos estéticos*, tudo atualizado desde o presente julgado e acrescido de juros de mora desde o evento danoso, nos termos da Súmula 54 do STJ. Agravo regimental improvido (STJ, 2.ª Turma, AgRg no Ag 1259457/RJ, Min. Humberto Martins) (grifou-se).

Percebe-se da leitura da ementa que o dano estético foi tratado de maneira distinta do dano moral, sendo reconhecida sua autonomia. Sobre a matéria, vale destacar a lição de Sergio Cavalieri Filho:

> Prevaleceu na Corte Superior de Justiça o entendimento de que o dano estético é algo distinto do dano moral, correspondendo o primeiro a uma alteração morfológica da formação corporal que agride à visão, causando desagrado e repulsa; o segundo ao sofrimento mental – dor da alma, aflição e angústia a que a vítima é submetida[14].

---

[14] CAVALIERI FILHO, Sergio. *Programa de responsabilidade civil* cit., p. 115.

É relevante consignar que o Superior Tribunal de Justiça veio mesmo a editar um Enunciado de sua Súmula reconhecendo o dano estético como modalidade autônoma de dano. Oportunamente, destaca-se que o conteúdo e reflexos do verbete serão objeto de análise em tópico próprio.

5.1.2. Dano psicológico

As Cortes, contudo, não se limitam ao dano estético. Caso a ofensa dirija-se à integridade psíquica da vítima, os Tribunais entendem restar configurado o dano psicológico. As ementas a seguir transcritas demonstram bem essa realidade:

> Ressarcimento. *Dano psicológico e moral*. Sofrimento psíquico intimamente ligado com a reparação do dano moral. Indenização fixada em 50 salários mínimos, cuja finalidade é da reparação pelo dano extrapatrimonial e o sofrimento psíquico e moral a ser suportado pelo menor, que teve parte do braço amputado, carregando consigo uma deformidade definitiva (TJSP, Ap. Cível 42.460-4) (grifou-se).
>
> Se o espólio, em ação própria, pode pleitear a reparação dos danos psicológicos suportados pelo falecido, com mais razão deve se admitir o direito dos sucessores de receberem a indenização moral requerida pelo *de cujus* em ação por ele próprio iniciada (STJ, 3.ª Turma, REsp 1040529/PR, Rel. Min. Nancy Andrighi, j. 02.06.2011, DJe 08.06.2011).

Novamente, percebe-se que os Tribunais adjetivaram o dano, atribuindo-lhe tratamento distinto ao dispensado ao dano moral.

5.1.3. Dano existencial

Merece também destaque o dano existencial, que vem ganhando relevo na jurisprudência do Superior Tribunal de Justiça, conforme demonstram as decisões a seguir apresentadas:

> Dano existencial. Inocorrência. Situação retratada no feito em que não se vislumbra comprometimento significativo do projeto de vida do demandante em virtude dos fatos, tampouco renúncia involuntária ao exercício das suas atividades cotidianas de qualquer gênero. Condições socioeconômicas e culturais do autor que não sofreram alteração relevante (AREsp 723188, Rel. Min. Herman Benjamin, Data de publicação: 26.06.2015).

Conceituando o dano existencial, podemos resumir dizendo que é aquele que compromete a liberdade de escolha e prejudica a vida que a pessoa programou para sua realização como ser humano. Deve ser verificado objetivamente, decorrente de um ilícito devidamente comprovado (REsp 1340020, Rel. Min. Paulo de Tarso Sanseverino, Data de publicação: 30.09.2014).

O dano existencial tem sido compreendido pela jurisprudência como aquele que inviabiliza o projeto de vida da vítima, que a impede de alcançar suas aspirações, resultante de ilícito concreto e passível de objetiva identificação.

5.1.4. Dano biológico

Os Tribunais ainda reconhecem o chamado dano biológico, decorrente da ofensa à saúde do sujeito. Vide, a título exemplificativo, as seguintes ementas:

> Nos casos em que há pretensão de reparação de danos biológicos, deve o interessado apresentar prova pericial, ou mesmo indícios, quanto à existência de patologias que possam, pelo menos em tese, estar relacionadas à exposição não protegida a agentes químicos (STJ, AREsp 1025932, Rel. Min. Mauro Campbell Marques, Data de publicação: 22.03.2017).
>
> A configuração do dano biológico necessita de comprovação de lesão ou manifestação de sintomas evidentes na saúde daquele que no decurso de sua atividade laboral conviveu demasiadamente com o veneno, uma vez que o julgador da demanda avalia a irreversibilidade destas perdas físicas, por meio de laudo médico que diagnosticam o tratamento do mal e as consequências suportadas pelo organismo da vítima. Desse modo, projeções advindas das notícias relativas ao problema de saúde em potencial não constituem dados concretos para valoração judicial, neste aspecto (TRF da 1.ª Região, 6.ª Turma, AC 94876420114013000, Rel. Des. Federal Kassio Nunes Marques, Data de publicação: 10.10.2014).

Assim, qualquer ofensa à saúde, e não necessariamente à composição morfológica do sujeito, gera o chamado dano biológico. Logo, não é essencial para sua caracterização que transpareça no aspecto externo da vítima.

5.1.5. Perda de uma chance

Questão das mais interessantes diz respeito à identificação da natureza jurídica da figura da perda de uma chance, assim considerada a lesão à expectativa séria, razoável e real de obtenção de uma posição jurídica mais favorável: trata-se de dano patrimonial ou extrapatrimonial?

Dada a complexidade dessa espécie de dano, a resposta à indagação poderá inclinar-se em ambos os sentidos. A definição de sua natureza dependerá dos contornos fáticos do caso.

Nesse sentido é o entendimento doutrinário veiculado no Enunciado 444[15] das Jornadas de Direito Civil, posição também perfilhada pelo Superior Tribunal de Justiça[16].

Precisamente por isso, a caraterização do instituto como modalidade autônoma de dano é altamente questionável. Como apontado pelo culto Flávio Tartuce, "muitas situações descritas pelos adeptos da teoria podem ser resolvidas em sede de danos morais ou danos materiais, sem que a vítima tenha necessidade de provar que a chance é séria e real"[17].

5.1.6. Danos morais coletivos, danos sociais ou difusos

A possibilidade de configuração de reparação por danos morais na tutela de interesses difusos e coletivos ou pelos denominados danos sociais[18] consiste em um dos temas mais tormentosos no campo da responsabilidade civil.

Isso porque, partindo da premissa de que os danos morais são lesões à esfera extrapatrimonial de um indivíduo, ou seja, a seus direitos da

---

[15] 444. A responsabilidade civil pela perda de chance não se limita à categoria de danos extrapatrimoniais, pois, conforme as circunstâncias do caso concreto, a chance perdida pode apresentar também a natureza jurídica de dano patrimonial. A chance deve ser séria e real, não ficando adstrita a percentuais aprioristicos.

[16] "A perda da chance se aplica tanto aos danos materiais quanto aos danos morais" (REsp 1079185/MG, 3.ª Turma, Rel. Min. Nancy Andrighi, j. 11.11.2008, DJe 04.08.2009).

[17] TARTUCE, Flávio. Manual de direito civil. 5. ed. rev., atual. e ampl. Rio de Janeiro: Forense; São Paulo: Método, 2015. volume único, p. 512.

[18] "Inicialmente, cumpre registrar que o dano social vem sendo reconhecido pela doutrina como uma nova espécie de dano reparável, decorrente de comportamentos socialmente reprováveis, pois diminuem o nível social de tranquilidade, tendo como fundamento legal o art. 944 do CC" (STJ, 2.ª Seção, Rcl 12.062/GO, Rel. Min. Raul Araújo, j. 12.11.2014, DJe 20.11.2014).

personalidade, não seria possível imaginar, *a priori*, um dano moral a interesses difusos, por exemplo, ao meio ambiente e ao patrimônio histórico-cultural.

Essa linha argumentativa chegou a ser acolhida, no passado, pelo Superior Tribunal de Justiça[19].

Todavia, a Lei da Ação Civil Pública (Lei 7.347/1985, art. 1.º), com as modificações impostas pelas Leis 8.884/1994 e 12.529/2011, e o Código de Defesa do Consumidor (Lei 8.078/1990, art. 6.º, VI) estabeleceram expressamente a possibilidade de reparação por danos morais a direitos difusos e coletivos.

Nessa linha de intelecção, excluída a ideia – tão difundida quanto errônea – de que o dano moral é a dor sofrida pela pessoa (a dor, em verdade, é apenas a consequência da lesão à esfera extrapatrimonial), é fundamental perceber que os danos sociais e os danos a interesses difusos e coletivos consistem em lesões passíveis de reparação, devendo ser reconduzidos à categoria dos danos extrapatrimoniais, não estando atrelados à perquirição quanto à ofensa ou não de direitos da personalidade de um indivíduo específico.

Apresentado um quadro geral das novas modalidades de danos indenizáveis rotineiramente debatidas na jurisprudência, cumpre-nos refletir acerca de sua efetiva autonomia científica. É o que faremos a partir daqui.

5.2. O Enunciado 387 da Súmula do STJ e a suposta autonomia dos novos danos

Prevê o Enunciado 387 da Súmula do STJ: "É lícita a cumulação das indenizações de dano estético e dano moral". Entende o Tribunal, portanto, que o dano estético não é dano moral, possuindo autonomia conceitual.

O dano estético, portanto, tem sua autonomia conceitual reconhecida na jurisprudência, em que pese não se saber ao certo os limites desse conceito, haja vista que se caracteriza pela ofensa à integridade física que gera deformidades. Sabendo-se que a integridade física compõe a cláusula geral de proteção à dignidade da pessoa, esse tipo de ofensa geraria também um dano moral (vide conceito de dano moral exposto *supra*), o surgimento de

---

[19] "Processual civil. Ação civil pública. Dano ambiental. Dano moral coletivo. Necessária vinculação do dano moral à noção de dor, de sofrimento psíquico, de caráter individual. Incompatibilidade com a noção de transindividualidade (indeterminabilidade do sujeito passivo e indivisibilidade da ofensa e da reparação). Recurso especial improvido" (REsp 598.281/MG, 1.ª Turma, Rel. Min. Luiz Fux, Rel. p/ Acórdão Min. Teori Albino Zavascki, j. 02.05.2006, *DJ* 1.º.06.2006).

algumas perguntas é inevitável: quando a ofensa física caracteriza dano estético e quando caracteriza dano moral? Havendo condenação ao pagamento de indenização por danos morais em razão de deformidade provocada por agravo à integridade física de uma pessoa, seria possível cogitar-se da existência de coisa julgada[20] em relação a eventual postulação de indenização por danos estéticos fundada nos mesmos acontecimentos?

As questões são polêmicas e suscitam reflexão em torno dos critérios de identificação dos danos indenizáveis.

Se o dano estético merece tratamento distinto, por que o dano psicológico também não mereceria? Ou o dano biológico? Ou o dano existencial?

O Enunciado reflete a mentalidade casuística de eleição de espécies de dano. É como se, para merecer proteção jurídica (ou como forma de elevar o *quantum* indenizatório), fosse necessário o dano ser dotado de autonomia, situando-se fora da "vala comum" do dano moral. Será que essa forma de enxergar o dano é realmente a correta? O próximo tópico se destina a tentar responder esse questionamento.

6. RESGATE DO SENTIDO DO ART. 5.º, V, DA CONSTITUIÇÃO FEDERAL DE 1988

O art. 5, V, da Constituição Federal garante autonomia a três (e apenas três) espécies de dano: material, moral e à imagem. Portanto, a profusão de "novos danos", além de não parecer ser o expediente mais técnico a ser utilizado, ofende o dispositivo constitucional. É preciso, portanto, resgatar

---

[20] Vale destacar que o tema já foi enfrentado pela 4.ª Turma do Superior Tribunal de Justiça: "1. Consoante o princípio da congruência, o pedido delimita o objeto litigioso e, por conseguinte, o âmbito de atuação do órgão judicial (art. 128 do CPC), razão pela qual assume extrema importância na identificação da ação ajuizada para fins de aferição da ocorrência de litispendência ou de coisa julgada, que constituem pressupostos processuais negativos, porquanto impeditivos da propositura de ação idêntica. 2. No caso concreto, a recorrente pleiteou, na primeira demanda, o pagamento de indenização em decorrência de todos os danos sofridos, quer patrimoniais quer extrapatrimoniais, uma vez que se reportou ao gênero, do qual estes são espécies. Dessa forma, a análise da segunda demanda encontra como óbice a existência de coisa julgada material (uma vez que o trânsito em julgado deu-se há 26 anos), cuja eficácia tem o condão de impedir o ajuizamento de outra ação com a mesma causa de pedir e pedido, ainda que, dessa vez, especificando os danos passíveis de indenização" (REsp 1230097/PR, 4.ª Turma, Rel. Min. Luis Felipe Salomão, j. 06.09.2012, *DJe* 27.09.2012).

o sentido do referido dispositivo, afastando-se as inúmeras adjetivações tão em voga.

Destaca-se, desde já, que a grande maioria desses "novos danos" pode (e deve) ser caracterizada como dano moral. Se esse tipo de dano é aquele que busca proteger a dignidade da pessoa em qualquer de seus âmbitos, a ofensa dirigida à cláusula geral de proteção à dignidade humana já caracterizará um dano merecedor de reparação, não havendo necessidade de criar novas adjetivações a fim de assegurar a proteção jurídica.

Critica-se, ainda, tal expediente, pois trata-se de uma tarefa interminável, podendo dar ensejo a uma infinidade de adjetivações, haja vista que não se podem limitar os aspectos da personalidade, nem impedir o surgimento de uma nova fonte capaz de gerar dano. Nesse sentido é também a lição de Maria Celina Bodin de Moraes ao afirmar que:

> Na verdade, ampliando-se desmesuradamente o rol dos direitos da personalidade ou adotando-se a tese que vê na personalidade um valor e reconhecendo, em consequência, tutela às suas manifestações, independentemente de serem ou não consideradas direitos subjetivos, todas as vezes que se tentar enumerar as novas espécies de danos, a empreitada não pode senão falhar: sempre haverá uma nova hipótese sendo criada[21].

Dessa forma, faz-se necessário perceber que a dignidade não é passível de fragmentação. Cada ofensa a um dos seus aspectos não significa um novo dano.

Ainda acompanhando as ponderações de Maria Celina Bodin de Moraes, deve-se compreender que a

> [...] tutela da pessoa humana não pode ser fracionada em isoladas hipóteses, microssistemas, em autônomas *fattispecie* não intercomunicáveis entre si, mas deve ser apresentada como um problema unitário, dado o seu fundamento, representado pela unidade do valor da pessoa. Esse fundamento não pode ser dividido em tantos interesses, em tantos bens, como é feito nas teorias atomísticas[22].

---

[21] MORAES, Maria Celina Bodin de. *Danos à pessoa humana* cit., p. 166.
[22] MORAES, Maria Celina Bodin de. *Danos à pessoa humana* cit., p. 121.

A personalidade é, portanto, não um "direito", mas um valor, o valor fundamental do ordenamento, que está na base de uma série (aberta) de situações existenciais, nas quais se traduz a sua incessantemente mutável exigência de tutela.

Adjetivar os danos com base em qual âmbito da dignidade humana foi afetado significa fracionar essa dignidade, como se fosse composta por vários interesses distintos, quando, em verdade, trata-se de um valor unitário. É irrelevante se a ofensa se dirigiu à honra, à integridade física, psíquica ou qualquer outro interesse extrapatrimonial, haja vista que todos compõem a dignidade do ser humano, todos podem ser classificados como dano moral. Assim,

> Não há mais, de fato, que se discutir sobre uma enumeração taxativa ou exemplificativa dos direitos da personalidade, porque se está em presença, a partir do princípio constitucional da dignidade, de uma cláusula geral de tutela da pessoa humana[23].

Percebe-se, portanto, que esses "novos danos" não são efetivamente novos. Em verdade, uma

> análise cuidadosa revela [...] que algumas destas novas espécies de dano correspondem, a rigor, não a novos danos, mas simplesmente a novas situações de risco ou a novos meios lesivos, cujo incremento é, de fato, inevitável no avançar do tempo[24].

É preciso deixar claro que dano moral é qualquer ofensa à dignidade, em qualquer dos seus âmbitos.

Assim, como a dignidade não admite taxatividade, é um conceito elástico, uma cláusula geral que não pode ser enumerada ou repartida, por se tratar de valor inerente a todo ser humano, as ofensas a ela dirigidas também não comportam esse tipo de expediente. Se o fato danoso atinge a pessoa em sua integridade física ou psíquica, não significa que sejam dois tipos de danos diferentes, não há falar em dano biológico e dano psicológico, por exemplo, mas em dano moral.

---

[23] MORAES, Maria Celina Bodin de. *Danos à pessoa humana* cit., p. 118.
[24] SCHREIBER, Anderson. *Novos paradigmas da responsabilidade civil* cit., p. 94.

A prática da adjetivação de danos parece não apenas ser atécnica, mas também perigosa, resultando não em uma ampliação da proteção à pessoa, mas em uma redução. Ao se enumerar todas as situações merecedoras de tutela, dando nomes próprios a cada dano decorrente delas, corre-se o risco de entender que um dano, quando não esteja inserido nas hipóteses enumeradas, não merece proteção, restringindo, portanto, a tutela à pessoa. A dignidade não comporta limitações, bem como qualquer dano que a ofenda.

Na sociedade, em razão da velocidade nas relações sociais, sempre surgirão novas situações capazes de ofender o ser humano em sua dignidade. É impossível prever todas e, obviamente, taxá-las. Adjetivar danos significa limitar a dignidade, algo que não pode ser admitido, sob o risco de restringir-se sua proteção.

O caminho a seguir parece ser o de compreender a dignidade como um valor unitário inerente a todo ser humano, que não admite fracionamento ou enumeração. Dentro dessa concepção, tendo em mente que qualquer lesão à pessoa em sua dignidade caracteriza-se como dano moral, permite-se que a cláusula geral de proteção à dignidade humana funcione de maneira aberta, porosa, adequando-se às mais diversas situações de risco.

7. CONCLUSÕES

Objetivou-se com o presente artigo demonstrar que as adjetivações casuísticas de dano, gerando uma profusão de "novos danos", não representam um aumento de proteção à pessoa, bem como carecem de apuro técnico.

Inicialmente, destaca-se a ausência de fundamento para o surgimento desses chamados novos danos. Para tanto, vale lembrar que o critério para classificação dos danos está ligado ao bem jurídico ofendido. De acordo com a sua natureza, teremos tipos diferentes de danos.

Todavia, o que se nota nessas diversas adjetivações é que o critério utilizado é a origem da conduta ofensiva, o que não parece ser adequado, por ser impossível limitar os tipos de condutas que podem gerar danos, constatação que, com a adoção de tal critério, conduziria a uma classificação tendente ao infinito.

O segundo ponto que se buscou demonstrar é que ampliação de adjetivações não é sinônimo de aumento de proteção. É necessário notar que a dignidade, como valor inerente ao ser humano, não é passível de fragmentação. Independentemente da ofensa se dirigir à honra, integridade ou privacidade, estar-se-á falando de dano moral, haja vista que o aspecto da dignidade ofendida não muda a natureza do dano, pois compõe a cláusula geral de proteção à pessoa.

Fragmentar a dignidade qualificando cada ofensa a uma parcela sua enseja o raciocínio perigoso de que, se determinado dano ofender um âmbito da dignidade que não esteja "adjetivado", não se estaria diante de situação merecedora de proteção. Ou seja, essa técnica casuística, apesar de criar "novos danos" merecedores de tutela, não implica uma maior proteção. Pelo contrário, oportuniza a irressarcibilidade.

Assim, é salutar que a identificação do dano seja realizada a partir da natureza do interesse jurídico tutelado, de modo que, estando presente a ofensa à cláusula geral de proteção à dignidade humana, estará configurado o dano moral.

REFERÊNCIAS

CAVALIERI FILHO, Sergio. *Programa de responsabilidade civil.* 9. ed. São Paulo: Atlas, 2010.

FACCHINI NETO, Eugênio. Reflexões histórico-evolutivas sobre a constitucionalização do direito privado. In: SARLET, Ingo Wolfgang. *Constituição, direitos fundamentais e direito privado.* 2. ed. Porto Alegre: Livraria do Advogado, 2006.

GAGLIANO, Pablo Stolze; PAMPLONA FILHO, Rodolfo. *Novo curso de direito civil.* 5. ed. São Paulo: Saraiva, 2009. v. IV, t. I.

_____; _____. *Novo curso de direito civil.* 8. ed. São Paulo: Saraiva, 2010. v. III.

LÔBO, Paulo Luiz Netto. *Constitucionalização do direito civil.* Disponível em: <http://jus2.uol.com.br/doutrina/texto.asp?id=507>. Acesso em: 5 jul. 2010.

MARTINS-COSTA, Judith. *A boa-fé no direito privado.* São Paulo: RT, 2000.

MORAES, Maria Celina Bodin de. Constitucionalização do direito civil e seus efeitos sobre a responsabilidade civil. In: _____. *Na medida da pessoa humana*: estudos de direito civil-constitucional. Rio de Janeiro: Renovar, 2010.

_____. *Danos à pessoa humana*: uma leitura civil-constitucional dos danos morais. Rio de Janeiro: Renovar, 2003.

MULHOLLAND, Caitlin Sampaio. *A responsabilidade civil por presunção de causalidade.* Rio de Janeiro: GZ Editora, 2010.

PEREIRA, Jane Reis Gonçalves. Apontamentos sobre a aplicação das normas de direito fundamental nas relações jurídicas entre particulares. In: BARROSO, Luís Roberto. *A nova interpretação constitucional*:

ponderação, direitos fundamentais e relações privadas. 3. ed. Rio de Janeiro: Renovar, 2008. p. 120.

SARLET, Ingo Wolfgang. *Dignidade da pessoa humana e direitos fundamentais na Constituição Federal de 1988*. 9. ed. Porto Alegre: Livraria do Advogado, 2011.

SCHREIBER, Anderson. *Novos paradigmas da responsabilidade civil*: da erosão dos filtros da reparação à diluição dos danos. São Paulo: Atlas, 2007.

TARTUCE, Flávio. *Direito civil*. 7. ed. Rio de Janeiro: Forense, 2012. v. 2.

_____. *Manual de direito civil*. Volume único. 5. ed. rev., atual. e ampl. Rio de Janeiro: Forense; São Paulo: Método, 2015.

18

NOVOS DANOS NA RESPONSABILIDADE CIVIL. A PERDA DE UMA CHANCE

Ruy Rosado de Aguiar Júnior

Sumário: Contribuição da doutrina e da jurisprudência à responsabilidade pela perda de chance; Definição de perda de chance; Pressupostos da responsabilidade civil; Abordagens restritiva (nível do dano) e extensiva (nível do nexo causal) da perda de chance; Hipóteses; Perda da chance por erro médico; Indenização do dano na responsabilidade por perda de chance; Distinção entre perda de chance, lucro cessante, projeto de vida e risco; perda de chance na ruptura de negociações preliminares; Casos de perda de chance; Jurisprudência do STJ, TJSP, TJRJ e TJRS; A introdução da noção de perda de chance no direito brasileiro pelo Prof. François Chabas, em 1990; Conclusão; Referências.

1. A lei não dispõe expressamente sobre a indenização por perda da chance, mas nossa doutrina e jurisprudência consolidadas admitem, atendidos os requisitos, a responsabilização daquele que, agindo indevidamente, impede a superveniência de um fato que poderia trazer benefício ao lesado.[1]

---

[1] Na América do Sul, o tratamento tem sido diferenciado. No Chile, por muito tempo, considerava-se o dano decorrente da perda da chance ou como dano eventual ou como lucro cessante imperfeito (RODRÍGUEZ, Mauricio Tapia. Pérdida de una chance: su indemnización en la jurisprudencia chilena. *Revista de Derecho*: Escuela de Postgrado, Santiago, n. 2, p. 252, Dic. 2012). Ainda em 2015, a Corte Suprema do Chile considerou a perda de oportunidade em sede de causalidade e não em matéria de dano (ERAZO, Ignacio Ríos; GOÑI, Rodrigo Silva. La teoría de la pérdida de la oportunidad según la corte suprema. *Revista de Derecho*: Escuela de Postgrado, Santiago, n. 7, p. 165, jul. 2015).

2. É antiga a lição de Serpa Lopes, que admitia, em meados do século passado, o ressarcimento pela frustração, quando a possibilidade de obter lucro ou evitar prejuízo era muito fundada, isto é, quando mais do que a possibilidade havia uma probabilidade suficiente.[2]

3. Na perda da chance, há processo interrompido com a aniquilação da oportunidade (de ganho, de evitação de resultado, de cura), e o ordenamento jurídico autoriza uma interpretação mais alargada do conceito de dano, para nele compreender também essa perda. Respeitável corrente de opinião entende que, entre o dano incerto, que não é indenizável, e o dano certo, que merece reparação, situa-se em posição intermédia o dano que consiste na perda de uma chance. À falta de previsão legal expressa, admite-se a incidência do art. 403 nessa hipótese:

> Embora a realização da chance nunca seja certa, a perda da chance pode ser certa. Por esses motivos não vemos óbice à aplicação criteriosa da Teoria. O que o art. 403 afasta é o dano meramente hipotético, mas, se a vítima provar a adequação do nexo causal entre a relação culposa e ilícita do lesante e o dano sofrido (a perda da probabilidade séria e real), configurados estarão os pressupostos do dever de indenizar.[3]

4. A responsabilidade civil tem por pressupostos: ação ou omissão ilícita (em certos casos, também lícita), o dano injusto ao patrimônio jurídico do outro,[4] a relação de causalidade entre a ação e o dano,[5] o fator de atribuição (culpa ou risco).

Diferentemente, na Argentina, há muito aplica-se a teoria da perda da chance, com as seguintes características: "[...] que sea posible, que sea probable, que se frustre, que no se logre por otra operación equivalente" (MOSSET ITURRASPE, Jorge; PIEDECASAS, Miguel A. *Responsabilidad contractual*. Buenos Aires: Rubinzal-Culzoni, 2007. p. 367). Mesa e Represas noticiam julgados desde 1996 (LÓPEZ MESA, Marcelo J.; TRIGO REPRESAS, Félix A. *Responsabilidad civil de los profesionales*. Buenos Aires: Lexis Nexis, 2005. p. 845).

[2] SERPA LOPES, Miguel Maria de. *Curso de direito civil*. Rio de Janeiro: Freitas Bastos, 1957. v. 2, p. 480.

[3] MARTINS-COSTA, Judith. *Comentários ao novo Código Civil*. Rio de Janeiro: Forense, 2003. v. 5, t. 2, p. 391.

[4] Não é necessário que o lesado seja titular de um direito subjetivo: "En el terreno de las chances, queda patentizado que para ser daño jurídico no es necesaria la vulneración de un derecho subjetivo, sino de la mera esperanza probable de un beneficio o lucro, esperanza que de per sí no significa un derecho a reclamar algo a alguien, puesto que aún no se ha concretado una facultad de obrar de esta manera, sino tan solo la frustración de la posibilidad de lograr consolidar

A responsabilidade por perda de uma chance[6] deve apresentar esses mesmos componentes, sendo que o dano consiste na perda de uma expectativa favorável (dano imediato).[7-8-9]

---

la adquisición de un bien jurídicamente protegido" (OSTERLING PARODI, Felipe; REBAZA GONZÁLEZ, Alfonso. Indemnizando la probabilidad: acerca de la llamada pérdida de la chance o pérdida de la oportunidad. *Revista jurídica del Perú*, Trujillo, año 52, n. 39, p. 51-66, oct. 2002).

[5] No Brasil, tem sido discutida a teoria do nexo causal. O Código Civil fala em "efeito direto e imediato da ação", o que levou o Supremo Tribunal Federal a asserir que nossa teoria é a do "dano direto e imediato" (STF, Recurso Extraordinário 130.764/PR, Recorrentes: Ministério Público e Estado do Paraná, Recorridos: H. Kaminski e Cia. Ltda. e outros, Rel. Min. Moreira Alves, Acórdão de 12.05.1992). A doutrina se debate entre a teoria da equivalência das condições (causa é a condição sem a qual o resultado não teria ocorrido como e quando ocorreu) e a teoria da causa adequada (a condição que, por um juízo de experiência, é mais adequada à produção do resultado). Gustavo Tepedino, com a correção de sempre, observou que ambas as teorias alcançam resultados substancialmente idênticos, sendo que os tribunais invocam alternativamente as teorias aplicáveis, "[...] de modo que o resultado danoso seja consequência direta do fato lesivo" (TEPEDINO. Gustavo. Notas sobre o nexo de causalidade. *Revista Trimestral de Direito Civil*: RTDC, Rio de Janeiro, v. 2, n. 6, p. 9-10, abr.-jun. 2001). Não é diferente a lição de Viney e Jourdain: depois de reconhecerem que a preferência na França é pela teoria da causa adequada, perguntam se é realmente de se fazer uma escolha ou se não seria melhor utilizar de maneira complementar os elementos positivos de ambas as teorias (VINEY, Geneviève; JOURDAIN, Patrice. *Les conditions de la responsabilité*. 3. ed. Paris: LGDJ, 2006. p. 190, n. 341.). A Corte de Cassação belga prefere a teoria da equivalência das condições (PHILIPPE, Denis. Quelques réflexions sur la perte d'une chance e le lien causal. *Revue de Droit Commercial Belge*, v. 119, n. 10, p. 1004, Déc. 2013).

[6] CARNAÚBA faz relato das técnicas empregadas pela jurisprudência francesa para resolver a questão da responsabilidade por perda da chance: 1.ª negativa do direito à reparação; 2.ª deslocamento do objeto da prova (técnica de presunções); 3.ª deslocamento do objeto da reparação (indenização da chance) (CARNAÚBA, Daniel Amaral. Responsabilidade civil pela perda de uma chance: a técnica da jurisprudência francesa. *Revista dos Tribunais*, São Paulo, ano 101, v. 922, p. 139, ago. 2012). Esta última é a que parece adequada.

[7] Na perda da chance, há "[...] um *type particulier de dommage, celui qui consiste en 'la perte certaine d'un avantage probable'*". A definição contém dois elementos: há uma perda de vantagem, essa vantagem deve ser provável (GENICOT, Gilles. L'indemnisation de la perte d'une chance consécutive à un manquement au devoir d'information du médecin. Note sous Liège, 22 janvier 2009. *Revue de Jurisprudence de Liège*, Mons et Bruxelles, n. 25, p. 1167, 2009).

A perda da chance pode derivar de ação (comissão) ou omissão, praticada por descumprimento de contrato, ou por violação delitual (extracontratual), atingindo vítimas imediatas ou por ricochete (por exemplo, quando os parentes sofrem pela perda da chance da vítima).[10]

Sua abordagem pode ter dois focos: o dano ou a relação causal. O chamado *approche* restritivo, que se situa no nível do dano (é a perda certa de uma vantagem provável – é o caso do concurso perdido); *approche* extensivo, que se situa no plano do nexo causal (o dano se realiza, mas não se pode demonstrar com certeza a relação entre a falta cometida e o resultado – é o caso do erro médico).[11] Acertada é a primeira corrente. Porquanto o resultado final (resultado mediato) está fora da relação "perda da chance", o que se indeniza é o dano pela perda da oportunidade. O resultado final deve existir, mas não interessa para o exame do dano e da causalidade da perda da chance, apenas serve para assegurar a legitimidade da expectativa (concurso, cura) e para a avaliação da indenização pela oportunidade perdida (prêmio, vida, saúde), considerando o bem mediato.

A consideração de um fato futuro, para compor a figura da perda da chance, não é novidade do instituto da responsabilidade civil, pois assim acontece na condenação em lucros cessantes (prejuízo futuro que aparece

---

[8] O processo em que se insere a ação do agente deve ser anterior à ação, isto é, a chance já deve existir quando da ação. "Entende-se que as chances são indenizáveis somente quando o processo que conduza a elas já se tenha iniciado" (SILVA, Jorge Cesa Ferreira da. *Inadimplemento das obrigações*: comentários aos arts. 389 a 420 do Código Civil: mora, perdas e danos, juros legais, cláusula penal, arras ou sinal. São Paulo: RT, 2007. p. 172).

[9] A chance em si tem existência: "Le droit reconnaît une valeur certaine à l'existence de la chance." (VINEY, Geneviève; JOURDAIN, Patrice. *Les conditions de la responsabilité*. 3. ed. Paris: LGDJ, 2006. p. 90). Portanto, sua perda é indenizável. A chance deve existir no momento em que se alega perdida, isto é, não pode ter desaparecido antes da ação do agente, nem caracterizar-se depois, em situação futura, constituída entre a ação do agente e o momento de julgamento pelo juiz.

[10] VINEY, Geneviève; JOURDAIN, Patrice. *Les conditions de la responsabilité*. 3. ed. Paris: LGDJ, 2006. p. 96. "Atualmente, a utilização da perda de uma chance é observada tanto nos danos advindos do inadimplemento contratual quanto naqueles gerados pelos ilícitos absolutos, assim como nas hipóteses regidas pela responsabilidade subjetiva e pela responsabilidade objetiva" (SILVA, Rafael Peteffi da. *Responsabilidade civil pela perda de uma chance*: uma análise do direito comparado e brasileiro. São Paulo: Atlas, 2007. p. 11).

[11] PHILIPPE, Denis. Quelques réflexions sur la perte d'une chance e le lien causal. *Revue de Droit Commercial Belge*, v. 119, n. 10, p. 1004, Déc. 2013.

como certo), e na indenização do dano pré-contratual pela recusa de celebração de um contrato futuro.

Vejamos as hipóteses de fato que podem existir para que se reconheça a perda de uma chance.

5. Caso clássico. "A" tem a expectativa de obter um prêmio, alcançar uma promoção,[12] ser aceito em um emprego, vencer um concurso,[13] ganhar uma causa judicializada.[14] "B", por ação ou omissão, pela qual responde por culpa ou

---

[12] "La conseguenze dell'abuso del diritto del datore di lavoro in materia di scelta dei dependenti cui attribuire la qualifica dirigenziale si manifesteranno piuttosto sul piano risarcitorio e, in particolare, sul piano del risarcimento del danno da perdita di chance di promozione" (BONO, Roberta. Il danno da demansionamento e da perdita di chance di promozione. *Giurisprudenza italiana*, n. 7, p. 1680, 2016).

[13] Vencer o concurso é um fato aleatório.

[14] São duas as correntes: (a) Deve haver uma chance razoável de sucesso da pretensão do cliente. Em julgado de 25.11.2015, a 1.ª Câmara da Corte de Cassação não admitiu a indenização "[...] quand les chances de succès étaient minimes" (Dalloz Actualité, ed. 2017. Responsabilité de l'avocat: necessité de la perte d'une chance raisonnable de succès); (b) um processo judicial nunca é perdido de véspera, e a interposição de um recurso pode ao menos constituir um modo de pressão sobre o adversário (VINEY, Geneviève; JOURDAIN, Patrice. *Les conditions de la responsabilité*. 3. ed. Paris: LGDJ, 2006. p. 99). Em janeiro de 2013, a Corte de cassação decidira que "[...] la perte d'une chance, même faible, est indemnisable" (1.ª Câmara, n. 12-13.439, ac. de 16.01.2013, (JOURDAIN, Patrice Obligations et contrats spéciaux: responsabilité civile. *Revue Trimestrielle de Droit Civil*: RTDciv, Paris, n. 2, p. 380, avril-juin 2013). Parece melhor o entendimento que exige uma chance real e séria para todos os casos, inclusive para o da ação judicial.

No STJ assim tem sido decidido quanto à responsabilidade do profissional, como se vê em acórdão relatado pelo Ministro Luís Felipe Salomão: "Vale dizer, não é só o fato de o advogado ter perdido o prazo para a contestação, como no caso em apreço, ou para a interposição de recursos, que enseja sua automática responsabilização civil com base na teoria da perda de uma chance. É absolutamente necessária a ponderação acerca da probabilidade – que se supõe real – que a parte teria de se sagrar vitoriosa" (STJ, 4.ª Turma, Recurso Especial 1.190.180/ RS, Recorrente: Manfredo Erwino Mensch, Recorrido: Onofre Dal Piva, Rel. Min. Luis Felipe Salomão, Acórdão 16.11.2010).

Na Argentina prevalece a mesma orientação: "Si las posibilidades de éxito en el juicio en que se declaró la perención de la instancia, eran muy remotas, no corresponde acordar a la actora ninguna indemnización, toda vez que en última instancia el daño que el comportamiento de su abogado le ha causado sería un daño puramente eventual o hipotético" (LÓPEZ MESA, Marcelo J.; TRIGO REPRESAS, Félix A. *Responsabilidad civil de los profesionales*. Buenos Aires: Lexis Nexis, 2005. p. 846).

objetivamente, elimina essa expectativa, que não mais poderá ser realizada.[15] O dano consiste na eliminação da expectativa. O nexo de causalidade está entre a ação do agente e o dano imediato (perda da expectativa, isto é, a perda da chance). O dano não consiste na perda do prêmio, da promoção ou do concurso, que seria o resultado final, definitivamente eliminado pela perda da chance. No entanto, o prêmio, a promoção ou o concurso devem existir, como fato ou como programa. Esse fator externo não integra a relação de responsabilidade, apenas justifica a existência da expectativa. Nada há de eventual na perda da chance: o dano acontece no momento da frustração da oportunidade.

A avaliação do dano levará em conta a participação causal do agente na eliminação da expectativa e o grau de probabilidade de alcançar o resultado mediato (externo). Nesse caso, a expectativa é um traço da realidade concreta, que está no patrimônio jurídico de "A", diminuído pela ação de "B". O lesado deve provar que o fato externo existia ou estava programado; que ele estava (naquele momento) em condições de alcançá-lo; que o réu praticou a ação que eliminou a expectativa de obter o resultado aleatório, sem que incida causa excludente da responsabilidade do agente. A avaliação será feita com os dados da concorrência causal do agente, das condições de o lesado alcançar o resultado, no nível da probabilidade.

6. Outra hipótese é a perda da oportunidade de evitar o mal. "A" tem a expectativa de evitar ou diminuir um prejuízo (um incêndio, um assalto). Esse prejuízo realmente ocorre. "B", por ação ou omissão, eliminou essa expectativa (os aparelhos de prevenção instalados não funcionaram, ou funcionaram mal). "B" não responde pelo resultado mediato (incêndio ou assalto), mas apenas pela perda da chance de evitá-lo (resultado imediato, dano imediato). O lesado deverá provar que (i) a expectativa de evitar existia, com os cuidados preventivos que adotara; (ii) a ineficiência dos serviços de proteção, que eliminaram a sua expectativa; (iii) o grau de probabilidade de evitar o resultado mediato.

Se "A" está colocado na posição de garantidor do bem ameaçado e se omite na sua proteção, "A" responde pelo resultado. É o mesmo que acontece no direito criminal, quando se pratica crime comissivo por omissão, que somente pode ser cometido por quem é o guardião e não cumpre o seu dever, assim permitindo que o resultado danoso ocorra. Responde pelo resultado final.

---

[15] A expectativa, a aposta no futuro é aleatória. "C'est une caractéristique essential de la question" (CHABAS, François. *La perte d'une chance en droit français*. Palestra proferida na Universidade Federal do Rio Grande do Sul, em 23.05.1990, p. 1).

7. Os casos médicos merecem cuidado especial.

O erro médico pode estar no diagnóstico, na avaliação de um exame, no receituário, no tratamento etc. Se o paciente sofre um dano em virtude disso (morte, incapacidade), surge a questão da responsabilidade do médico ou do profissional da saúde que cometeu o erro. Temos a ação (ou omissão) e o dano final, ambos fatos certos. Quando ficar demonstrado que do erro resultou o dano, quer dizer, quando estabelecido, de acordo com a teoria causal aceita, que a ação indevida foi a causa do dano final (morte, sequela etc.), o agente responde integralmente. Se inexistir essa prova do nexo causal, mas comprovados os outros dois elementos (ação e resultado), sendo a ação uma condição presente no nexo causal (mas não a causa provada), os tribunais franceses têm deferido uma indenização parcial.[16]

Parece melhor abstrair o resultado final, estranho à relação da responsabilidade pela perda da chance, e ver nessa perda o dano a ser indenizado, de acordo com os pressupostos da teoria da perda da chance, sem ter que recorrer à ideia de indenização parcial, por insuficiência da prova da causalidade. Se há prova da relação causal com o dano final, cabe indenização integral pelo dano final; se não há essa prova, mas demonstrado que houve defeito na ação médica, reduzindo expectativas (cura, melhores condições de sobrevida, tratamento menos doloroso etc.), a responsabilidade é pela perda dessa oportunidade, a ser indenizada segundo o regime da perda da chance.[17-18]

---

[16] "[...] cette notion a été mise à profit par les arrêts étudiés afin de permettre une réparation partielle dans des hypothèses où la causalité entre la faute médicale et le dommage subi par le patient n'était pas établie avec certitude.Pour éviter de refuser toute indemnisation, les tribunaux ont alors fait abstraction du dommage concret (le décès ou l'aggravation de l'état du malade) dont le lien de causalaté avec la faute n'était pas certain et lui ont substitué un diminutif abstrait de ce préjudice (la perte d'une chance de ne pas mourir ou de guérir) qui est par hypothèse relié à la faute medicale en raison du danger auquel celle-ci expose nécessairement la santé du patient" (VINEY, Geneviève; JOURDAIN, Patrice. *Les conditions de la responsabilité*. 3. ed. Paris: LGDJ, 2006. p. 231). Uma alternativa foi invocar o risco criado pelo profissional, para então responder integralmente pelo resultado.

[17] "Nous arrivons donc à la conclusion suivante: lorsque le patient perd, par exemple, une chance de survie, le préjudice n'est pas la mort. Il est la disparition d'un simple potentiel de chances. Par définition, il faut donc la victime ait déjà été engagée dans un processus pouvant conduire à la mort, de telle manière qu'elle n'avait plus, lors de l'acte ou de l'abstention incriminé au médecin, que des chances de ne pas mourir. La faute du médecin (à la supposer établie) n'a pas causé la mort. Elle a causé la perte de chances" (CHABAS, François. *La perte d'une chance en*

Não demonstrado que da ação decorreu a perda, a ação improcede. Não se indeniza parcialmente o dano final: indeniza-se integralmente o dano pela perda da chance.

Essa conclusão advém do entendimento de que, no erro médico, a aplicação da teoria da perda da chance deve ter por fundamento a aceitação de que a chance é, em si, um bem autônomo, como reconhecido em julgado do STJ, da relatoria da Min. Nancy Andrighi:

> Conquanto seja viva a controvérsia, sobretudo no direito francês, acerca da aplicabilidade da teoria da responsabilidade civil pela perda de uma chance nas situações de erro médico, é forçoso reconhecer sua aplicabilidade. Basta, nesse sentido, notar que a chance, em si, pode ser considerada um bem autônomo, cuja violação pode dar lugar à indenização de seu equivalente econômico, a exemplo do que se defende no direito americano.[19]

Essa a lição de Joseph King Jr., assim exposta por Peteffi: "King Jr. vislumbra as chances perdidas pela vítima como um dano autônomo e perfeitamente reparável, sendo despicienda qualquer utilização alternativa do nexo de causalidade".[20]

---

droit français. Palestra proferida na Universidade Federal do Rio Grande do Sul, em 23.05.1990, p. 8).

[18] Examinando o caso em que o juiz criminal absolveu o médico por falta de prova pela morte do paciente, tendo a viúva ingressado com ação de indenização por perda da chance de ser salvo, Chabas cita a opinião de Peneau: "Affirmant l'autonomie respective du lien causal existant entre la faute du médecin et le décès du patient d'une part, et du lien causal existant entre la même faute et la perte de chance de survie d'autre part, le décidion comentée définit en effet sans ambiguité aucune, l'autonomie totale de ce préjudice par rapport au décès lui-même" (CHABAS, François. *La perte d'une chance en droit français.* Palestra proferida na Universidade Federal do Rio Grande do Sul, em 23.05.1990, p. 11).

[19] STJ, 3.ª Turma, Recurso Especial 1.254.141/PR, Recorrente: João Batista Neiva, Recorrido: Vilma de Lima Oliveira – Espólio e outros, Rel. Min. Nancy Andrighi, Acórdão 04.12.2012.

[20] SILVA, Rafael Peteffi da. *Responsabilidade civil pela perda de uma chance*: uma análise do direito comparado e brasileiro. São Paulo: Atlas, 2007. p. 75. Peteffi, no entanto, conclui de modo diverso: "Diante do exposto, continua-se a esposar a posição aqui apresentada sobre a sistematização da teoria da perda de uma chance no sentido de existirem duas modalidades: a primeira utilizando um tipo de dano autônomo, representado pelas chances perdidas, e a segunda embasada

8. "A" é doente e tem uma expectativa de cura. "B" causa culposamente a morte de "A". "B" responde integralmente pelo resultado morte, conforme os princípios. Assim como responderia se a vítima não tivesse doença alguma. Provado que a ação de "B" foi a causa da morte, não se cogita de perda da chance, e sim da responsabilidade integral do dano que, na hipótese, é imediato (morte). A dificuldade está na produção de prova do nexo causal, de acordo com a teoria aceita (teoria da causalidade adequada, com predominância invocada no Brasil, ou a teoria de imputação objetiva).

9. "A" é doente e tem uma expectativa de cura. "B" concorre para a morte. Se provado que "B" concorreu causalmente para produzir o resultado, "B" responde pela morte de "A", segundo os princípios, na proporção de sua concorrência, podendo ter a condenação indenizatória reduzida. Não é caso de perda da chance.

10. "A" é doente e tem expectativa de cura. "B" trata do paciente. "A" morre ou sofre sequelas permanentes. Não há prova da concorrência causal da ação de "B" pela morte ou lesão. Duas as soluções: (1) a ação de indenização é improcedente, por falta de prova da relação causal entre a ação de "B" e o resultado; (2) o agente responde segundo a teoria da perda da chance.

O agente não responde pelo resultado final, porque não há prova de que lhe deu causa. O agente somente responderia pela perda da chance, desde que provada a relação causal da sua ação pela perda da oportunidade de cura, e não pelo resultado mediato (morte). Se fosse considerado o resultado morte como de responsabilidade do agente, sem prova de sua causalidade com a ação do agente, estaria sendo criada uma relação causal atenuada ou enfraquecida (na verdade, haveria a dispensa da prova da causalidade), e seria atribuído ao agente um resultado que não se sabe se foi por ele causado. Invocar a perda da chance nessa hipótese, pelo resultado mediato, é alterar a estrutura do instituto da responsabilidade e do princípio processual de sujeição do juiz à prova dos autos. Haveria, na verdade, uma "relação causal suposta".[21]

É certo que essa solução tem sido preconizada para quando houver "incertitude relative au lien de causalité", mas não me parece a melhor. Se há prova de que a ação do agente é causa da morte da vítima, segundo a teoria

---

na causalidade parcial que a conduta do réu apresenta em relação ao dano final" (Idem, ibidem, p. 107).

[21] "Uma grande parte da doutrina admite que a perda de uma chance, na seara médica, se utiliza de um conceito de causalidade parcial" (SILVA, Rafael Peteffi da. *Responsabilidade civil pela perda de uma chance*: uma análise do direito comparado e brasileiro. São Paulo: Atlas, 2007. p. 49).

da causalidade adequada, o agente responde integralmente; se há prova de que a ação do agente eliminou ou diminuiu uma solução favorável, ainda que não exista prova de ter causado o resultado, responde pela perda da chance. Se não há prova nem de ter causado a frustração nem o resultado final, a ação de indenização é improcedente. Entretanto, ao responder pela perda da chance, não há aplicação de causalidade pela metade, ou atenuada.

11. "A" sofre de doença incurável. "A" tem a expectativa de prolongar o desenlace, ou de diminuir o sofrimento. "B" trata o paciente de modo insatisfatório, eliminando ou diminuindo aquela expectativa. "B" responde pela perda da chance de prolongar o desenlace ou de reduzir o padecimento durante a sobrevida.

12. "A" é doente e tem expectativa de cura. "B" presta mau atendimento, mas sem dano à saúde do paciente. É caso de cumprimento imperfeito, e não de perda da chance.

13. "A" é doente e tem expectativa de cura. "B" presta mau atendimento e causa dano na saúde do paciente, que fica com sequelas. "B" responde pelo dano. Não é caso de perda da chance.

14. Indenização. Aceito o fato da perda da chance, cumpre reparar o dano.

O Código Civil determina que a indenização se mede pela extensão do dano. Se houver excessiva desproporção entre a culpa e a extensão do dano, o juiz poderá equitativamente reduzir o valor da indenização (art. 944).[22]

Segundo o art. 403 do Código Civil, as perdas e danos só incluem os prejuízos efetivos e os lucros cessantes por efeito dela direto e imediato. Essa disposição não impede a indenização do dano pela perda da chance, porque "[...] a perda da chance decorre de efeito direto e imediato do ato de obstrução do ofensor".[23]

---

[22] "Assim, a vítima deverá ser integralmente reparada no limite da oportunidade perdida, até porque 'a indenização mede-se pela extensão do dano (art. 944, *caput*, do Código Civil)', por dano patrimonial ou extrapatrimonial" (FAJNGOLD, Leonardo. Premissas para aplicação da responsabilidade civil por perda de uma chance. *Revista de Direito Privado*, São Paulo, v. 69, p. 69, set. 2016).

[23] ANDRIGHI, Vera. Reparação moral e material pela perda de uma chance. In: ANDRIGHI, Fátima Nancy (Coord.). *Responsabilidade civil e inadimplemento no direito brasileiro*: aspectos polêmicos. São Paulo: Atlas, 2014. p. 256.

A chance pode estar vinculada a um bem material (prêmio) ou imaterial (sofrimento físico, contaminação à saúde),[24] e a perda constituirá o dano à expectativa de obter o resultado ou de evitá-lo.

O dano é emergente.[25] Consiste na diminuição imediata do patrimônio jurídico do lesado, já existente no momento da ação. Será proporcional à extensão da oportunidade, considerando a situação em que se encontrava o lesado, a existência de um bem futuro que poderia ser alcançado e seu valor, e a probabilidade de obtê-lo.[26]

A avaliação há de ser feita segundo um juízo equitativo, por arbitramento do juiz,[27-28] que poderá recorrer à informação técnica, buscar auxílio na estatística, considerar o que normalmente ocorre etc.[29] A dificuldade para

---

[24] "As vantagens futuras e os prejuízos presentes aqui em questão podem ser patrimoniais ou extrapatrimoniais, seria desnecessário esclarecer" (NORONHA, Fernando. Responsabilidade por perda de chances. *Revista de Direito Privado*, São Paulo, v. 6, n. 23, p. 29, jul.-set. 2005). No mesmo sentido: SILVA, Roberto de Abreu e. A teoria da perda de uma chance em sede de responsabilidade civil. *Revista de Direito do Tribunal de Justiça do Estado do Rio de Janeiro*, n. 68, p. 24, jul.-set. 2006). Enunciado 444, da V Jornada de Direito Civil, do CJF: "A responsabilidade civil pela perda de chance não se limita à categoria de danos extrapatrimoniais, pois, conforme as circunstâncias do caso concreto, a chance perdida pode apresentar também a natureza jurídica de dano patrimonial. A chance deve ser séria e real, não ficando adstrita a percentuais aprioristicos" (JORNADA DE DIREITO CIVIL, 5, 2011, Brasília, DF. *Anais*... Apresentação Ministro Ruy Rosado de Aguiar Júnior. Brasília, DF: CJF, 2012. p. 73).

[25] DE CUPIS, Adriano. *El daño*: teoría general de la responsabilidad civil. Barcelona: Bosch, 1975. p. 318-319.

[26] "Il quantum del risarcimento, in questa prospettiva, è dato dal raffronto tra la probabilità di profittare di una chance e le probabilità che essa non si presentasse. L'applicazione del princípio della regolarità causale (e il calcolo delle probabilità) in questo senso appare assai utile" (ALPA, Guido (Coord.). *La responsabilità civile*: parte generale. Torino: UTET, 2010. p. 585, Capítulo 8.º.)

[27] "O valor da indenização deverá ser fixado de forma equitativa pelo juiz, atendendo também aqui para o princípio da razoabilidade" (CAVALIERI FILHO, Sergio. *Programa de responsabilidade civil*. 12. ed. rev. e ampl. São Paulo: Atlas, 2015. p. 109).

[28] O art. 510 do Código de Processo Civil dispõe sobre o procedimento judicial para a liquidação por arbitramento. No curso da ação, é preferível que o juiz desde logo quantifique o valor da indenização, colhendo para isso manifestação das partes e informações de peritos, se necessárias.

[29] O juiz pode se informar com um perito, para a determinação de uma percentagem de chance, a fim de calcular o prejuízo econômico, convindo atentar com o

sua determinação – argumento usado pelos que são contrários à teoria da perda da chance – não pode ser empecilho para sua aplicação, porquanto não difere daquela que os tribunais encontram para quantificar o dano moral, o assédio sexual, o uso indevido de imagem etc. Aliás, tratando-se de perda da chance determinante de dano extrapatrimonial, recomenda-se a adoção – além dos critérios próprios da perda da chance – do método usado para a quantificação da indenização por dano moral.

No caso clássico, com a perda de uma oportunidade de obter vantagem, segundo Martins Costa:

> [...] a reparação da chance perdida sempre deverá ser inferior ao valor da vantagem esperada e definitivamente perdida pela vítima, não devendo ser igualada à vantagem em que teria resultado esta chance, caso ela tivesse se realizado, pois nunca a chance esperada é igual à certeza realizada.[30]

Sobre o ponto, já escrevi em outra sede:

> E como se calcula a indenização? Chabas explica: "Une fois ce problème d'ordre qualitatif réglé (isto é, sobre a existência da chance), reste alors celui de l'évaluation. Il est double: combien la victime avait elle de chances? Combien valaient-elles?" (François Chabas. La perte d'une chance en droit français, conferência na UFRGS em 23.05.1990; também publicada em italiano na revista *Responsabilità Civile e Previdenza*, Giuffrè, v. 61, n. 2, p. 227, 1996).
>
> O art. 927 do Código Civil dimensiona a reparação na exata extensão do dano. A dificuldade do caso presente se assemelha à avaliação do dano moral: embora se cuide de dano patrimonial, não decorre de diminuição concreta do patrimônio, aferível por perícia, mas de um dado que somente poderá ser arbitrado, de acordo com o prudente critério dos julgadores.

---

máximo rigor para a objetividade da álea (PHILIPPE, Denis. Quelques réflexions sur la perte d'une chance e le lien causal. *Revue de Droit Commercial Belge*, v. 119, n. 10, p. 10124, Déc. 2013).

[30] MARTINS-COSTA, Judith. Prefácio a Rafael Peteffi da Silva (*Responsabilidade civil pela perda de uma chance*). In:_____ (Org.). *Modelos de direito privado*. São Paulo: Marcial Pons, 2014. p. 390.

Para esse arbitramento, o julgador, em primeiro lugar, afastará a equiparação da reparação pela perda da chance com o proveito que a vítima teria se o contrato tivesse sido celebrado e executado. Escreveu Rafael Peteffi da Silva: "A regra de granito limita a quantificação das chances perdidas a um valor obrigatoriamente menor do que o valor da vantagem esperada pela vítima" (*Responsabilidade civil pela perda de uma chance*. São Paulo: Atlas, 2007. p. 205).

Depois, considerará a maior ou menor possibilidade de êxito da vítima. Assim, será ponderado, exemplificativamente, o reduzido número de concorrentes, a reconhecida capacidade técnica da empresa, o sucesso em outras licitações etc., fatores que certamente seriam considerados no concurso.

O Prof. Fernando Noronha discorre sobre a realidade da perda da chance e insiste na importância dessa "probabilidade":

"Como se vê, nos casos em que se fala em perda de chances parte-se de uma situação real, em que havia a possibilidade de fazer algo para obter uma vantagem, ou para evitar um prejuízo, isto é, parte-se de uma situação em que existia uma chance real, que foi frustrada. Já a situação vantajosa que o lesado podia almejar, se tivesse aproveitado a chance, é sempre de natureza mais ou menos aleatória. Todavia, apesar de ser aleatória a possibilidade de obter o benefício em expectativa, nesses casos existe um dano real, que é constituído pela própria chance perdida, isto é, pela oportunidade que se dissipou, de obter no futuro a vantagem, ou de evitar o prejuízo que veio a acontecer. A diferença em relação aos demais danos está em que esse dano será reparável quando for possível *calcular o grau de probabilidade*, que havia, de ser alcançada a vantagem que era esperada, ou inversamente, o grau de probabilidade de o prejuízo ser evitado. O grau de probabilidade é que determinará o valor da reparação" (Responsabilidade por perda de chances. *Revista de Direito Privado*, n. 23, p. 29).

Por fim, ainda será levada em linha de conta a proporcionalidade com o valor do que seria o lucro líquido, a fim de manter-se a proporção entre o que se perde e o que poderia ser ganho. "A Corte de Cassação Francesa, para indenizar a perda da chance, analisa o dano em sua totalidade, mas indeniza proporcionalmente à importância da chance perdida. Este cálculo pode não ser considerado o melhor, ou que represente maior justiça, todavia é o mais adequado, até o presente momento" (Glenda G. Gondim. Responsabilidade civil. Teoria da perda de uma chance. *Revista dos Tribunais*, n. 840, p. 33, out. 2005).

15. A perda da chance não se confunde com o lucro cessante. Este indeniza a perda dos benefícios que, de ordinário, seriam obtidos. A perda da chance indeniza a própria frustração, a probabilidade mesma.[31] O lucro cessante "[...] consiste en una ganancia cierta, por cuanto tiene probabilidad elevada de ocurrencia".[32] O lucro cessante é o que o lesado provavelmente obteria no futuro, uma vez demonstrados os pressupostos e requisitos para essa conclusão (ex. perda de remuneração pela invalidez parcial e permanente para o trabalho); na perda da oportunidade, o dano é presente. Sérgio Savi examina longamente o assunto e conclui, com base em Bocchiola, que a perda da chance é um dano atual, certo, emergente, e por isso inconfundível com o lucro cessante.[33] Na perda da chance, a indenização sempre será menor do que o do resultado inalcançado, enquanto, no lucro cessante, a indenização corresponderá ao valor do prejuízo que o lesado deixou de auferir.[34]

16. A eliminação de um projeto de vida é reparável. Assim como a perda da chance, essa hipótese leva em consideração uma projeção para o futuro, mas as duas figuras não se confundem. Burgos aponta duas diferenças, sendo a principal o fato de que o projeto de vida pode ser substituído por projetos alternativos, o que não acontece com a perda da chance. Ainda, a perda da chance pode atingir diversas pessoas, com a mesma intensidade, enquanto o projeto de vida é personalíssimo.[35]

---

[31] OSTERLING PARODI, Felipe; REBAZA GONZÁLEZ, Alfonso. Indemnizando la probabilidad: acerca de la llamada pérdida de la chance o pérdida de la oportunidad. *Revista jurídica del Perú*, Trujillo, año 52, n. 39, p. 51-66, oct. 2002.

[32] RODRÍGUEZ, Mauricio Tapia. Pérdida de una chance: su indemnización en la jurisprudencia chilena. *Revista de Derecho*: Escuela de Postgrado, Santiago, n. 2, p. 253, Dic. 2012.

[33] SAVI, Sérgio. *Responsabilidade civil por perda de uma chance*. São Paulo: Atlas, 2006. p. 15 e ss.

[34] Savi formula a hipótese de o autor promover a ação requerendo o pagamento de lucros cessantes, sendo o caso de perda de uma chance. "O juiz deverá verificar cuidadosamente qual foi a real intenção do autor. Se foi a indenização por perda da chance, ainda que a tenha qualificado equivocadamente como lucro cessante, o juiz deverá, em respeito à vontade do autor, julgar o pedido procedente, mesmo que o qualifique como dano emergente" (SAVI, Sérgio. *Responsabilidade civil por perda de uma chance*. São Paulo: Atlas, 2006. p. 71).

[35] BURGOS, Osvaldo R. *Daños al proyecto de vida*: reparación integral, crisis de la responsabilidad civil, nuevos danos, nuevos daños, proyecto vital y calidad de vida, jurisprudencia de la CSJN y de la CIDH, cómo plantear la pretensión, pautas para resarcir. Buenos Aires: Astrea, 2012. p. 241 e ss.

17. O instituto da responsabilidade civil indeniza também pelo risco, que não se confunde com a perda da chance. A jurisprudência considera indenizável o risco derivado da instalação de um reservatório de gasolina em zona residencial, criando um risco de agravação das consequências de um incêndio; o risco de confusão entre os consumidores justifica a condenação por concorrência desleal; o risco de lançamento de pedras à propriedade vizinha etc. São situações arroladas por Viney e Jourdain.[36] Acrescente-se a hipótese de exposição de empregado ao contato com elementos tóxicos,[37] como o amianto. Indeniza-se pelo risco; se o dano real acontece, a indenização é integral.

Na perda da chance, o lesado já dispõe de uma possibilidade e a perde, enquanto, no risco, a situação é criada pela ação do agente.[38]

18. Na ruptura de negociações preliminares (*culpa in contrahendo*), são indenizados os danos emergentes e a perda da chance.[39] Participar de uma negociação não dá a alguém o direito de concluir o contrato, que pode não acontecer pela vontade da outra parte, seja porque a ressalva ficou desde logo exposta, seja porque esta teve razões para assim agir. A responsabilidade pré-contratual somente se estabelece, quando uma das partes envolvidas na tratativa, depois

---

[36] VINEY, Geneviève; JOURDAIN, Patrice. *Les conditions de la responsabilité*. 3. ed. Paris: LGDJ, 2006. p. 88-89, nota 412.

[37] SILVA, Rafael Peteffi da. *Responsabilidade civil pela perda de uma chance*: uma análise do direito comparado e brasileiro. São Paulo: Atlas, 2007. p. 113.

[38] SINDRES, David. Exposition à un risque et perte de chance: un couple mal assorti? *RTDCIV: Revue Trimestrielle de Droit Civil*, Paris, n. 1, p. 27, janv.-mars 2016.

[39] Não há consenso sobre a natureza da indenização devida. Ilustres autores a definem como contratual; outros convencem de que se trata de responsabilidade extracontratual; a Profa. Judith Martins Costa fundamenta o instituto no princípio da boa-fé objetiva, como sustentado, com acerto, na sua tese de doutorado: "Atualmente, não se têm dúvidas em fundar a responsabilidade pré--contratual – [...] redimensionando o seu âmbito de incidência, no princípio da boa-fé objetiva" (MARTINS-COSTA, Judith. *A boa-fé no direito privado*: sistema e tópica no processo obrigacional. São Paulo: RT, 1999). Flume, analisando o direito alemão, afirma que "[...] el comienzo de las negociaciones contractuales se constituyen *ex lege* deberes, cuya violación conduce al deber de indemnizar los daños" (FLUME, Werner. *El negocio jurídico*: parte general del derecho civil. 4. ed. Madrid: Fundación Cultural del Notariado, 1998. t. 2, p. 167). Parece melhor fundamentar a responsabilidade civil, pelos atos praticados na fase negocial, no princípio da boa-fé objetiva, na sua função criadora, como faz Martins-Costa, uma vez que a falta do negociador não se constitui em um ilícito absoluto (delito) a gerar responsabilidade extracontratual, e também porque ainda não há contrato, para nele amparar a tese de uma responsabilidade contratual.

de fazer surgir na outra a ideia firme de que o contrato definitivo seria celebrado, rompe injustificadamente a negociação.[40] O rompimento indevido, não justificado, colhe de surpresa a outra parte, a qual tinha razoável expectativa de conclusão. Isto é, a conduta de uma das partes teria gerado, na outra, fundada confiança no êxito da tratativa, eliminado pelo comportamento desleal da dissidente. São, para esse juízo, considerados os deveres de informação, proteção e lealdade, decorrentes do princípio da confiança.[41]

Na *culpa in contrahendo*, "[...] como abiamo visto nel § precedente, la culpa in contrahendo costituisce il prototipo dell'obbligazione senza prestazione".[42] Assim também a conclusão de Regis Pereira:

> A relação jurídica pré-contratual não tem como conteúdo a obrigação de uma parte de prestar alguma coisa em favor da outra. Essa relação faz surgir deveres de conduta para as partes, a serem observados durante o desenrolar das negociações, decorrentes da incidência do princípio de boa-fé.[43]

---

[40] Sobre os requisitos da responsabilidade, resumiu Lopes Soares: "No Brasil, os doutrinadores que mais claramente abordam o tema são Fritz (2009) e Popp (2011), que reconhecem, não sem alguma divergência, a necessidade da verificação de quatro requisitos para a existência de responsabilidade civil pré-contratual, a saber, (i) existência de negociações preliminares; (ii) a certeza da celebração do contrato; (iii) a ruptura injustificada; e (iv) o dano" (SOARES, Maria Fernanda Campos Lopes. Responsabilidade civil pré-contratual em caso de rompimento injustificado das tratativas: possibilidade de tutela específica à luz do contrato de locação não residencial. *Revista dos Tribunais*, São Paulo, v. 103, n. 946, p. 49, ago. 2014). A "certeza" aqui deve ser entendida como um juízo de probabilidade evidente.

[41] "Como se vê, a regra sobre a qual repousa a regulação da fase pré-contratual é o princípio da confiança, ao qual se relacionam outros princípios incidentes nas fases pré-contratual e contratual, como o da boa-fé em sentido objetivo, e o da proibição de *venire contra factum proprium*" (FRADERA, Vera Maria Jacob de. Dano pré-contratual: uma análise comparativa a partir de três sistemas jurídicos, o continental europeu, o latino-americano e o americano do norte. *Revista de Informação Legislativa*, Brasília, v. 34, n. 136, p. 169-179, out.-dez. 1997). Fritz examina o disposto no § 311 do BGB, pelo qual a relação obrigatória surge de tratativas, de um contrato preliminar ou de um simples "contato negocial"(*Revista dos Tribunais*, n. 883).

[42] CASTRONOVO, Carlo. *La nuova responsabilità civile*. 3. ed. Milano: A. Giuffrè, 2006. p. 583.

[43] PEREIRA, Regis Fichtner. *A responsabilidade civil pré-contratual*: teoria geral e responsabilidade pela ruptura das negociações contratuais. Rio de Janeiro: Renovar, 2001. p. 441.

Durante as tratativas, a parte prejudicada pode ter feito investimentos e suportado despesas, além da perda de oportunidade de realizar aquele contrato ou de negociar com terceiros, e, então, se põe o tema da responsabilidade civil.

O prejudicado não tem direito à indenização do interesse positivo (ser colocado na situação em que estaria, se o contrato tivesse sido celebrado),[44] mas "[...] si les négociations ne portaient que sur des points de détail, l'on peut dire que les chances de conclure un contrat profitable étaient sérieuses et une indemnisation devrait être envisagée".[45] Protege-se, então, o interesse negativo, correspondente ao dano que a parte sofreu por ter confiado no negócio, e compreende os danos emergentes, que incluem os investimentos feitos e os gastos que assumiu, desde que tudo se refira diretamente às negociações.

No que diz com a perda de outros negócios ou com o lucro que o lesado obteria, se o contrato tivesse sido efetivado, a questão é controversa. O Supremo Tribunal Federal, em 1959, decidiu que o lucro cessante não se inclui no "interesse negativo".[46] A doutrina alemã inclina-se pela indenização do interesse negativo,[47] assim também Almeida Costa, em Portugal.[48] No Brasil, a orientação dominante é a favor do ressarcimento do lucro

---

[44] COSTA, Mário Júlio de Almeida. *Direito das obrigações*. 12. ed. rev. e actual. Coimbra: Almedina, 2009. p. 598.

[45] PHILIPPE, Denis. Quelques réflexions sur la perte d'une chance e le lien causal. *Revue de Droit Commercial Belge*, v. 119, n. 10, p. 1012, Déc. 2013.

[46] STF, 2.ª Turma, Recurso Extraordinário 43.951, Acórdão 22.12.1959. Decisão citada por PEREIRA, Regis Fichtner. *A responsabilidade civil pré-contratual*: teoria geral e responsabilidade pela ruptura das negociações contratuais. Rio de Janeiro: Renovar, 2001. p. 381. Assim também na Alemanha, informa FRITZ, Karina Nunes. *Boa-fé objetiva na fase pré-contratual*: a responsabilidade pré-contratual por ruptura das negociações. Curitiba: Juruá, 2008. p. 311-313.

[47] FRITZ, Karina Nunes. A responsabilidade pré-contratual por ruptura injustificada das negociações. *Revista dos Tribunais*, São Paulo, ano 98, v. 883, p. 9, maio 2009.

[48] COSTA, Mário Júlio de Almeida. *Responsabilidade civil pela ruptura das negociações preparatórias de um contrato*. Coimbra: Coimbra Ed., 1984. p. 49. Menezes Cordeiro, no entanto, sustenta "[...] a inexistência de qualquer motivo para limitar a responsabilidade do prevaricador ao interesse negativo ou de confiança: ele responde, como manda o art. 227.º, 1, por todos os danos causados, nos termos gerais, tendo em conta, segundo a causalidade adequada, os lucros cessantes" (MENEZES CORDEIRO, António. *Da boa-fé no direito civil*. Coimbra: Almedina, 1984. v. 1, p. 585).

cessante,[49] que corresponderia à indenização pela perda desse ou de outros negócios.[50]

Penso que essa perda de oportunidade de celebrar o contrato ou de contratar com outrem corresponde à perda da chance, e, como tal, deve ser indenizada.[51] Se fosse de deferir lucros cessantes, o valor a considerar deveria ser igual ao efetivo ganho que seria obtido com o negócio não realizado, solução que poderia colocar a vítima em posição melhor do que estaria, se concluído o negócio que se frustrou. Além disso, o fundamento da condenação deveria ultrapassar duas situações hipotéticas: em primeiro, se o contrato tivesse sido celebrado (com o cocontratante ou com outrem); em segundo, qual o lucro a ser obtido nesse contrato. Os doutrinadores uniformemente descrevem essa situação como uma perda de oportunidade, bem por isso se vê que é caso típico de indenização pela perda da chance.

Lembro a lição peremptória de Benatti:

---

[49] FRITZ, Karina Nunes. A responsabilidade pré-contratual por ruptura injustificada das negociações. *Revista dos Tribunais*, São Paulo, ano 98, v. 883, p. 9, maio 2009.

[50] Stiglitz: "El interés negativo comprende – insistimos – tanto el daño emergente como el lucro cesante. (STIGLITZ, Ruben S.; STIGLITZ, Gabriel. *Responsabilidad precontractual*: incumplimiento del deber de información. Buenos Aires: Abeledo-Perrot, 1992. p. 54. Assim também COSTA, Mário Júlio de Almeida. *Responsabilidade civil pela ruptura das negociações preparatórias de um contrato*. Coimbra: Coimbra Ed., 1984. p. 80. Eis a lição de Karina Nunes Fritz: "No Brasil, a doutrina majoritária posiciona-se a favor do ressarcimento do lucro cessante, traduzido na perda da oportunidade de contratar com terceiro" (FRITZ, Karina Nunes. *Boa-fé objetiva na fase pré-contratual*: a responsabilidade pré-contratual por ruptura das negociações. Curitiba: Juruá, 2008. p. 311).

[51] É a lição do professor belga Denis Philippe (Quelques réflexions sur la perte d'une chance e le lien causal. *Revue de Droit Commercial Belge*, v. 119, n. 10, p. 1009-1012, Déc. 2013). Assim também na França, como consta do artigo da Profa. Vera Fradera: "Um outro embasamento para fundar a responsabilidade pré-contratual resultou da atividade jurisprudencial em França. Com efeito, em várias oportunidades, os juízes referiram a perda de uma chance, noção tradicional no terreno da responsabilidade civil, como base para uma responsabilidade pré-contratual" (FRADERA, Vera Maria Jacob de. Dano pré-contratual: uma análise comparativa a partir de três sistemas jurídicos, o continental europeu, o latino-americano e o americano do norte. *Revista de Informação Legislativa*, Brasília, v. 34, n. 136, p. 169-179, out.-dez. 1997).

É opinião pacífica que a violação de um dever pré-contratual dá somente lugar a ressarcimento do chamado interesse negativo [...]. Será obrigado a colocar a outra parte em situação patrimonial idêntica àquela em que se encontraria se não tivesse estipulado o negócio. Daí deriva, então, que o dano a ressarcir coincide não com o interesse à execução, isto é, com o interesse positivo, mas, sim, com o interesse à não conclusão do contrato, ou seja, com o interesse negativo.[52]

19. Outros casos de perda da chance: a) responsabilidade do banco por investimento feito sob fundamento de informação falsa ou lacunosa; b) o acionista que adquire título oferecido ao público com informações inexatas, imprecisas ou falsas sofre o prejuízo que lhe decorre de não ter feito outro investimento, "[...] dans la perte de la chance d'investir ses capitaux dans um autre placement ou de renoncer à celui déjà réalisé";[53] (c) muitas aplicações da perda da chance são relativas à reparação do prejuízo causado pelo descumprimento de uma obrigação de informação ou de conselho,[54] salvo se demonstrado que a vítima, mesmo informada, teria de qualquer modo praticado o ato. Essa espécie de perda da chance é destacada por Fernando Noronha, porque o dano decorre de ação da própria vítima, mal informada a respeito dos fatos.[55] A perda da chance por violação do dever de informar, se não há lei expressa ou cláusula contratual, está fundada na boa-fé objetiva;[56] (d) a perda da chance ocasiona um dano material, com avaliação patrimonial, mas não é afastada a condenação também pelo dano moral: "Não há dúvida de que, em determinados casos, a perda da chance, além de representar um dano material, poderá, também, ser considerada um 'agregador' do dano moral. O que não se pode admitir é considerar o dano da perda da chance como sendo um dano exclusivamente moral. Até porque, como visto ao longo deste

---

[52] BENATTI, Francesco. *A responsabilidade pré-contratual*. Coimbra: Almedina, 1970. p. 165.
[53] TELLER, Marina. La perte d'une chance de contracter ou de ne pas contracter. *Revue de Jurisprudence Commerciale*, n. 4, p. 4-5, 2013.
[54] VINEY, Geneviève; JOURDAIN, Patrice. *Les conditions de la responsabilité*. 3. ed. Paris: LGDJ, 2006. p. 227.
[55] NORONHA, Fernando. Responsabilidade por perda de chances. *Revista de Direito Privado*, São Paulo, v. 6, n. 23, p. 46, jul.-set. 2005.
[56] MIRAGEM, Bruno. *Direito civil*: responsabilidade civil. São Paulo: Saraiva, 2015. p. 166.

livro, trata-se de uma subespécie de dano material emergente";[57] (e) o Estado também responde pela perda da chance provocada por ato da administração: "Essa teoria tem sido admitida não só no âmbito das relações privadas *stricto sensu*, mas também em sede de responsabilidade civil do Estado. Isso porque, embora haja delineamentos específicos no que tange à interpretação do art. 237,§ 6.º, da Constituição Federal, é certo que o ente público também está obrigado à reparação, quando, por sua conduta ou omissão, provoca a perda de uma chance do cidadão de gozar determinado benefício" (no caso, não foi reconhecida a perda da chance, mas de responsabilidade integral pelo dano);[58] (f) nas relações de trabalho, "[...] a teoria da responsabilidade civil pela perda de chances encontra campo fértil, assim como vem ocorrendo no tocante às indenizações por dano moral *lato sensu*";[59] (g) o dano há de corresponder a um interesse concreto merecedor de tutela.[60] Se o interesse do lesado é ilícito, a sua perda não é indenizável.

20. Um caso concreto. Uma construtora concluiu adequadamente serviços contratados, postos em funcionamento há mais de dois anos, e necessitou de sua contratante o atestado de conclusão da obra, a fim de comprovar sua experiência na área, pois pretendia concorrer em outra licitação, cujo edital exigia comprovação da capacitação técnico-operacional da licitante por experiência em projetos de execução de obra-serviço de características técnicas similares às do objeto da licitação. Solicitado à contratante, tal certificado foi recusado à construtora, sem justificativa, embora com aquele documento a construtora teria atendido plenamente o requisito em duas licitações abertas pelo Poder Público.

A omissão da contratante, sem justificativa aceitável, implicou ofensa ao dever contratual de fornecer os certificados de conclusão, assim como previsto em mais de uma cláusula.

---

[57] SAVI, Sérgio. *Responsabilidade civil por perda de uma chance*. São Paulo: Atlas, 2006. p. 53.
[58] STJ, 2.ª Turma, Recurso Especial 1.308.719/MG, Recorrente: Vera Lúcia Ribeiro de Souza, Recorrido: Estado de Minas Gerais, Rel. Min. Mauro Campbell Marques, Acórdão e 25.06.2013.
[59] MACIEL, José Alberto Couto. O dano moral na justiça do trabalho e o poder de comando do empregador: previsões legais de indenização. *Justiça do Trabalho*, v. 24, n. 279, p. 15-17, mar. 2007.
[60] FARIAS, Cristiano Chaves de; BRAGA NETTO, Felipe Peixoto; ROSENVALD, Nelson. *Novo tratado de responsabilidade civil*. São Paulo: Atlas, 2015. p. 254. O interesse do sujeito é que deve ser ilícito, não a situação em que ele eventualmente se encontra, como no uso de transporte clandestino.

Além da previsão contratual, a boa-fé impunha à contratante comportamento cooperativo, a fim de permitir à sua parceira de empreendimento retirar o proveito que da conclusão da obra poderia razoavelmente esperar, entre eles o de obter o certificado de conclusão, que comprovaria o seu desempenho e a sua experiência no setor, com capacitação técnica e habilitação para celebrar novos contratos.

Some-se a isso que todas as empresas que atuam no setor da contratação com empresas públicas conhecem as exigências da lei que regula as licitações públicas, especialmente sobre o processo de habilitação e condições de participação (arts. 27 a 32 da Lei 8.666, de 21 de junho de 1993). Sabe-se que:

> [...] a forma de comprovação da experiência anterior, no âmbito da qualificação técnica operacional para obras e serviços de engenharia, consiste na apresentação de atestados fornecidos pelos interessados em face de quem a atividade foi desempenhada.[61]

Sem receber os certificados que lhe eram devidos por força do contrato e em razão da conclusão da obra, a empresa perdeu uma esperança de concluir novos contratos. Esta é uma das situações que se ajustam à teoria da perda da chance:

> Dans la même ligne, on peut encore signaler que la perte de l'espoir de conclure un ou plusieurs contrats dont la victime attendait un profit ou un avantage quelconque a été considérée comme susceptible de fonder une action en responsabilité.[62]

O dever contratual de fornecimento dos atestados e o dever lateral (derivado da boa-fé) de cooperação com a contraparte foram desatendidos pela contratante, retirando-lhe a oportunidade de concorrer em licitações públicas.

Com essa origem, tratava-se de responsabilidade contratual:

> Quando la perdita della chance sia ricollegabile all'inadempimento di un'obbligazione, potrà individuarsi a carico del danneggiante una

---

[61] JUSTEN FILHO, Marçal. *Comentários à lei de licitações e contratos administrativos*. 11. ed. São Paulo: Dialética, 2005. p. 331.
[62] VINEY, Geneviève; JOURDAIN, Patrice. *Les conditions de la responsabilité*. 3. ed. Paris: LGDJ, 2006. (Traité de droit civil), p. 93.

rsponsabilità debitoria (contrattuale), a norma dell'art. 1.218 c.c., ed un correlativo danno contrattuale da perdita di chance. Nel caso in cui la perdita di chance sia, invece, ricollegabile alla violazione del principio del *neminem laedere*, sarà configurabile a carico del danneggiante una responsabilità extracontrattuale, ex art. 2.043 c.c., ed un correlativo danno aquiliano da perdita di chance.[63]

21. A jurisprudência. Estou relacionando julgados dos principais tribunais do País a respeito da natureza do fato esperado, que se inviabiliza com a ação do agente, uma vez que precedentes jurisprudenciais são claros em admitir a indenização apenas nos casos em que era altamente provável a obtenção de uma vantagem, se o ato ilícito não fosse cometido. A mera esperança subjetiva não dá lugar à indenização. Os conceitos, os fundamentos e as conclusões não são os mesmos, mas o cerne da orientação reside na aceitação da teoria.

I – Superior Tribunal de Justiça

O mais citado é o acórdão que julgou o processo "Show do Milhão" (REsp 788.459/BA, relatado pelo Min. Fernando Gonçalves). "Indenização. Impropriedade de pergunta formulada em programa de televisão. Perda da oportunidade. 1. O questionamento, em programa de perguntas e respostas, pela televisão, sem viabilidade lógica, uma vez que a Constituição Federal não indica percentual relativo às terras reservadas aos índios, acarreta, como decidido pelas instâncias ordinárias, a impossibilidade da prestação por culpa do devedor, impondo o dever de ressarcir o participante pelo que razoavelmente haja deixado de lucrar, pela perda da oportunidade. 2. Recurso conhecido e, em parte, provido."[64]

Além deste:

1 – "Há de ser referendada a compreensão no sentido de que: 'a probabilidade de que determinado evento aconteceria ou não acon-

---

[63] PONTECORVO, Armando. La responsabilità per perdita di chance. *Giustizia Civile*, p. 449, ottobre 1997.
[64] STJ, 4.ª Turma, Recurso Especial 788.459/BA, Recorrente: BF Utilidades Domésticas Ltda., Recorrido: Ana Lúcia Serbeto de Freitas Matos, Rel. Min. Fernando Gonçalves, Acórdão 08.11.2005.

teceria, não fosse o ato de outrem, deve ser séria, plausível, verossímil, razoável".[65]

2 – "*A chance supostamente perdida pelo agravante deve apresentar-se real e séria, não podendo se tratar de meras conjecturas e/ou ilações.*"[66]

3 – "*Nesse cenário, surge a teoria da perda de uma chance, a qual visa à responsabilização do agente causador, não de um dano emergente, tampouco de lucros cessantes, mas de algo intermediário entre um e outro, precisamente a perda da possibilidade de se buscar posição mais vantajosa – que muito provavelmente alcançaria, não fosse o ato ilícito praticado. Daí por que a doutrina sobre o tema enquadra a teoria da perda de uma chance em categoria de dano específico, que não se identifica com um prejuízo efetivo, tampouco se reduz a um dano hipotético.*"[67]

4 – "*A teoria da perda de uma chance visa à responsabilização do agente causador não de um dano emergente, tampouco de lucros cessantes, mas de algo intermediário entre um e outro, precisamente a perda da possibilidade de se buscar posição mais vantajosa que muito provavelmente se alcançaria, não fosse o ilícito praticado. Nesse passo, a perda de uma chance – desde que essa seja razoável, séria e real, e não somente fluida ou hipotética – é considerada uma lesão às justas expectativas frustradas do indivíduo, que, ao perseguir uma posição jurídica mais vantajosa, teve o curso normal dos acontecimentos interrompidos por ato ilícito de terceiro.*"[68]

5 – "*A pretensão não encontra amparo na 'teoria da perda de uma chance' pois, ainda que seja aplicável quando o ato ilícito resulte na perda da oportunidade de alcançar uma situação futura melhor, é preciso, na lição de Sergio Cavalieri Filho, que 'se trate de uma chance*

---

[65] STJ, 2.ª Turma, Agravo Regimental no Agravo de Instrumento 1.222.132/RS, Agravante: Hospital de Clínicas de Porto Alegre, Agravado: Cleomar Claudino Bohn e outro, Rel. Min. Eliana Calmon, Acórdão 03.12.2009.

[66] STJ, 1.ª Turma, Agravo Regimental no Agravo de Instrumento 1.401.354/PR, Agravante: Paulo Abel de Lima, Agravado: Estado do Paraná, Rel. Min. Arnaldo Esteves Lima, Acórdão 21.06.2012.

[67] STJ, 4.ª Turma, Recurso Especial 993.936/RJ, Recorrente: Solange Pereira Alves, Recorrido: José Pereira de Rezende Neto, Rel. Min. Luis Felipe Salomão, Acórdão 27.03.2012.

[68] STJ, 4.ª Turma, Recurso Especial 1.190.180/RS, Recorrente: Manfredo Erwino Mensch, Recorrido: Onofre Dal Piva, Rel. Min. Luiz Felipe Salomão. Acórdão de 16 nov. 2010.

real e séria, que proporcione ao lesado efetivas condições pessoais de concorrer à situação futura esperada'.[69]

6 – "A chamada teoria da perda da chance, de inspiração francesa e citada em matéria de responsabilidade civil, aplica-se aos casos em que o dano seja real, atual e certo, dentro de um juízo de probabilidade, e não de mera possibilidade, porquanto o dano potencial e incerto, no âmbito da responsabilidade civil, em regra, não é indenizável."[70]

II – Tribunal de Justiça de São Paulo

7 – No Tribunal de Justiça de São Paulo, são reiterados os julgamentos que afastam a aplicação de teoria da perda de uma chance, quando se trata de "dano hipotético", conforme está enumerado a seguir.

8 – "Aplicação da 'perda de uma chance'. Impossibilidade. Dano hipotético."[71]

9 – "A reparação da perda de uma chance repousa sobre a grande possibilidade de alguém auferir alguma vantagem."[72]

10 – "Mera hipótese, que não enseja a configuração de dano. Precedentes jurisprudenciais."[73]

---

[69] STJ, 2.ª Turma, Agravo Regimental no Recurso Especial 1.220.911/RS, Agravante: Adelar José Drescher, Agravado: União, Rel. Min. Castro Meira, Acórdão 17.03.2011.

[70] STJ, 3.ª Turma, Recurso Especial 1.104.665/RS, Recorrente: Antônio Cláudio Marques Castilho, Recorrido: Ivo Fortes dos Santos, Rel. Min. Massami Uyeda, Acórdão 09.06.2009.

[71] Ementa da ApCiv. (STJ, Apelação Cível 0046599-77.2011.8.26.0562, Apelante: Joana Teresa Iglesias, Apelado: Prefeitura Municipal de Santos, Rel. Des. Rui Stoco, Acórdão 28.01.2013, cujo julgamento está fundado em precedente do STJ – REsp 1.190.180/RS, transcrito no n. 4, *supra*).

[72] TJSP, Apelação Cível 0034655-15.2010.8.26.0562, Apelante: Rita de Cassia Frutuoso, Apelado: Prefeitura Municipal de Santos, Rel. Des. Marrey Uint, Acórdão 22.01.2013.

[73] TJSP, Apelação Cível 0029356-57.2010.8.26.0562, Apelante: Prefeitura Municipal de Santos, Apelante: Rubens Mattos da Silva, Rel. Des. Fermino Magnani Filho, Acórdão 03.12.2012.

11 – "*Indenização por perda de chance negada, pois o direito positivo brasileiro não admite reparação por dano hipotético.*"[74]

12 – "*Indenização pela perda de uma chance. Inadmissibilidade no presente caso. Caracterização de mera possibilidade e não de grande probabilidade do dano.*"[75]

III – Tribunal de Justiça do Rio de Janeiro

13 – "*Não há de se confundir a real probabilidade com a mera possibilidade.*"[76]

14 – "*Existência de prova quanto à séria e real possibilidade de contratação do autor [...].*"[77]

15 – "*Caracteriza-se essa perda de uma chance quando, em virtude da conduta de outrem, desaparece a probabilidade de um evento que possibilitaria um benefício futuro para a vítima. Segundo Caio Mário, 'a reparação da perda de uma chance repousa em uma probabilidade e uma certeza: que a chance seria realizada e que a vantagem perdida resultaria em prejuízo'. É preciso que se trate de uma chance séria e real, que proporcione ao lesado efetivas condições pessoais de concorrer à situação futura esperada.*"[78]

---

[74] TJSP, Apelação Cível 0035858-75.2011.8.26.0562, Apelante: José Roberto Braz, Apelante: Município de Santos, Rel. Des. Ponte Neto, Acórdão 05.12.2012.

[75] TJSP, Apelação Cível 0041729-86.2011.8.26.0562, Apelante: Sandra Regina Guedes de Oliveira, Apelado: Prefeitura Municipal de Santos, Rel. Des. Maria Olívia Alves, Acórdão 12.11.2012.

[76] TJRJ, Apelação Cível 0052490-16.2008.8.19.001, Apelante: ACM Comércio e Representação Ltda., Apelada: Tam Linhas Aéreas S.A., Rel. Des. Jorge Luiz Habib, Acórdão 1.º.08.2012.

[77] TJRJ, Apelação Cível 0055748-73.2004.8.19.0001, Apelante: Norte Imagem Central de Exames Médicos Ltda., Apelado: Alessandro Marciano da Silva, Rel. Des. Marcelo Lima Buhatem, Acórdão 06.09.2011.

[78] TJRJ, Apelação Cível 0025286-93.2008.8.19.0066, Apelante: Bradesco Saúde S.A. e Luciano Braga Duque, Apelado: os mesmos, Rel. Des. Renata Cotta, Acórdão 29.06.2011.

16 – *"Ausência de demonstração de que eventual chance perdida fosse séria e real, de modo que se pudesse verificar se o resultado não se qualificaria como mera e aleatória possibilidade."*[79]

17 – *"Aplicação da teoria da perda da chance que exige o desperdício de oportunidade séria, real e efetiva de auferir algum benefício, o que não se vislumbra nos autos."*[80]

IV – Tribunal de Justiça do Rio Grande do Sul

18 – *"Perda de uma chance. Ausência de comprovação de séria e real vantagem frustrada pelo acidente."*[81]

19 – *"A indenização pela perda da chance reclama a comprovação incontroversa de que o lesado teve uma interrupção de um fato vantajoso que estava em curso, sendo insuficiente à sua configuração apenas mera probabilidade de ocorrência de fato vantajoso ao sujeito."*[82]

20 – *"A perda de uma chance leva à caracterização da responsabilidade civil do causídico não quando há mera probabilidade de reforma de uma decisão lançada no processo, porém quando a alteração dessa vai além da eventualidade, tangenciando a certeza."*[83]

21 – *"Para a aplicação da teoria francesa da perda de uma chance, é necessário que haja grande probabilidade de que a chance perdida se concretizasse."*[84]

---

[79] TJRJ, Agravo Inominado na Apelação Cível 0137740-85.2006.8.19.0001, Agravante: Andre Franklim Vieira de Azevedo, Agravado: Instituto Brasileiro de Contabilidade – IBC, Rel. Maurício Caldas Lopes. Acórdão de 4 maio 2011.

[80] TJRJ, Apelação Cível 0006150-32.2009.8.19.0210, Apelante: Alberto José Pinto Lima, Apelados: Fernando Barreto de Andrade e s/ mulher Silvia Souza de Andrade, Rel. Des. Luiz Fernando Carvalho, Acórdão 08.09.2010.

[81] TJRS, Apelação Cível 70052347390, Apelante: Parque Náutico Marina Park, Apelados: André dos Santos Ramos e Raquel Stasiak Ramos, Rel. Des. Íris Helena Nogueira, Acórdão 19.12.2012.

[82] TJRS, Apelação Cível 70045638004, Apelante: Banco Itaú S.A., Apelado: Eloir Correa, Rel. Des. Marcelo Muller, Acórdão 31.10.2012.

[83] TJRS, Apelação Cível 70049606965, Apelante: Salete Baratieri Aguzzoli, Apelados: Hilton Norberto Strassburger e Sindicato dos Técnicos Científicos do Estado do Rio Grande do Sul, Rel. Des. Paulo Scarparo, Acórdão 09.08.2012.

[84] TJRS, Apelação Cível 70048145593, Apelante: Globo Comunicação e Participação S.A., Apelado: Bruno Appel Araldi, Rel. Des. Paulo Roberto Lessa Franz, Acórdão 28.06.2012.

22 – *"Caso em que, embora demonstrada a falha na prestação do serviço decorrente da não interposição de recurso, não se desincumbiu a autora de comprovar a probabilidade, real e séria, de reverter o julgado que lhe foi desfavorável, se houvesse recorrido."*[85]

23 – *"A perda de uma chance leva à caracterização da responsabilidade civil do causídico não quando há mera probabilidade de reforma de uma decisão lançada no processo, porém quando a alteração dessa vai além da eventualidade, tangenciando a certeza."*[86]

24 – *"Para o lesado invocar a teoria da perda de uma chance a fim de ser indenizado, é preciso que este demonstre que tal chance era real e séria, no caso, a locação das salas comerciais e apartamento, o que inocorreu no caso concreto."*[87]

25 – *"A certeza quanto à existência do dano, presente ou futura, exigida como requisito de sua reparabilidade, não deve ser enfocada de forma absoluta, pois entre o dano certo, indenizável sempre, e o dano eventual, não ressarcível, situa-se a denominada 'perda de chances', mas a pretensão indenizatória, pela perda de uma chance, nasce da probabilidade de ganho na hipótese de conduta diversa de terceiro, não bastando a mera possibilidade."*[88]

22. Hoje, predomina, em nosso meio, a ideia de que a perda de uma oportunidade concreta de alcançar uma posição ou obter uma vantagem (ou evitar um prejuízo) pode constituir dano indenizável: "A teoria da perda de uma chance exsurge revitalizada no contexto atual como instrumento indispensável à realização da justiça".[89]

---

[85] TJRS, Apelação Cível 70035771054, Apelante: Jussara Maria Bueno, Apelado: Marcelo Penna de Moraes, Rel. Des. Ana Maria Nedel Scalzilli, Acórdão 29.03.2012.

[86] TJRS, Apelação Cível 70044532844, Apelantes: Jorge Fernando Perpetuo e Gilberto Cesar Rodrigues, Apelado: Maria Ione Pitana, Rel. Paulo Sérgio Scarparo, Acórdão 26.01.2012.

[87] TJRS, Apelação Cível 70029981057, Apelante: Liliane Mansur Etcheverry, Apelado: Sistema Engenharia Ltda. e outros, Rel. Des. Liége Puricelli Pires, Acórdão 30.06.2010.

[88] TJRS, Apelação Cível 598310571, Apelante: Pedro Queiroz Vieira, Apelado: TVSBT Canal 4 de São Paulo S.A., Rel. Des. Mara Larsen Chechi, Acórdão 07.04.1999.

[89] SILVA, Renato de Abreu e. A teoria da perda de uma chance em sede de responsabilidade civil. *Revista da Emerj*, v. 9, n. 36, p. 48, 2006.

23. Um pouco da história. Para a coletânea sobre Direito Civil, coordenada por dois ilustres juristas, o Ministro Luis Felipe Salomão, autor de importantes julgados no Superior Tribunal de Justiça, na área do direito privado, em que desponta como um dos seus mais ilustres juízes, e o Prof. Dr. Flávio Tartuce, pesquisador de excelente nomeada, que já produziu obra doutrinária admirável, escolhi a perda da chance, porque as coincidências há muito me aproximaram do tema.

Assisti à palestra, em 23 de maio de 1990, do Prof. François Chabas na Faculdade de Direito da Universidade Federal do Rio Grande do Sul, que mais de uma vez ministrou aulas no Curso de Pós-Graduação em Porto Alegre, a convite do seu amigo e nosso inesquecível mestre, Prof. Clovis do Couto e Silva. Guardo comigo o texto original, cuja publicação aqui não me foi autorizada, porque o autor tinha compromisso com editoras no exterior. Foi a primeira lição que tivemos sobre o desenvolvimento do tema na França.

Logo depois, votei na Ap. Cível 589069996, Quinta Câmara, ac. de 12.06.1990, examinando a teoria, cuja aplicação foi afastada: "Responsabilidade civil. Médico. Cirurgia seletiva para correção de miopia, resultando névoa no olho operado e hipermetropia. Responsabilidade reconhecida, apesar de não se tratar, no caso, de obrigação de resultado e de indenização por perda de uma chance".[90]

Mais tarde, na Ap. Cível 591064837, Quinta Câmara, ac. de 29.08.1991, aplicou-se a teoria em caso de responsabilidade profissional: "Responsabilidade civil. Advogado. Perda de uma chance. Age com negligência o mandatário que sabe do extravio dos autos do processo judicial e não comunica o fato à sua cliente nem trata de restaurá-lo, devendo indenizar a mandante pela perda da chance".

Constou do voto:

> Não lhe imputo o extravio, nem asseguro que a autora venceria a demanda, mas tenho por irrecusável que a omissão da informação do extravio e a não restauração dos autos causaram à autora a perda de uma chance e nisso reside o seu prejuízo. Como ensinou o Prof. François Chabas: "portanto, o prejuízo não é a perda da aposta (do resultado esperado), mas da chance que teria de alcançá-la".[91]

---

[90] TJRS, 5.ª Câmara, Apelação Cível 58906999, Apelante: Ruth Lea Xavier Leite, Apelado: Antonio Flávio Del Arroyo, Rel. Des. Ruy Rosado de Aguiar Júnior, Acórdão 12.06.1990.

[91] TJRS, 5.ª Câmara, Apelação Cível 591064837, Apelante: Ernani Enio Juchen, Apelado: Érica Noe, Rel. Des. Ruy Rosado de Aguiar Júnior, Acórdão 29.08.1991.

A teoria da perda de uma chance, relatou Nuno Santos Rocha:

> [...] começou a ser aplicada nos tribunais dos estados do Sul do país. Uma célebre palestra proferida por François Chabas – La perte d'une chance en droit français – na Universidade Federal do Rio Grande do Sul, em 23 de maio de 1990, terá sido o grande responsável pela introdução da noção de perda da chance no Direito brasileiro.[92]

Mais tarde, já no STJ, 18.04.1995, votei pela incidência da perda da chance, mas a tese então ficou vencida (REsp 57.529/DF):

> A autora pretende a indenização pela perda da chance. O tema tem sido versado em outros países, especialmente na França, onde a doutrina, incentivada por decisões da Corte de Cassação, admite a necessidade de ser responsabilizado o autor da ação ou da omissão que causa a outrem a perda de uma oportunidade real de alcançar alguma vantagem ou evitar um prejuízo, nas mais diversas situações jurídicas, seja no tratamento médico, na disputa judicial, na vida social, profissional ou comercial. A jurisprudência francesa registra inúmeros precedentes: perda da chance de ser laureado pela pintura não exposta a tempo por culpa do transportador; perda da chance de um proveito na bolsa por causa da execução tardia de ordem pelo agente de câmbio; perda da chance de melhoria na carreira; perda de chance de ganhar um processo por incompetência do advogado ou falta de recurso; perda da chance de obter um emprego pela liberação tardia do diploma; perda da chance de prosseguir nos trabalhos de laboratório etc. (Starck, Roland, Boyer. *Obligations*. Paris: Litec, 1991. p. 64-65).
>
> Mme. Viney examina e rebate as objeções opostas a esta hipótese de responsabilização: o caráter futuro do dano não se constitui em empecilho para que se admita a responsabilidade civil, sendo comum nos casos de danos contínuos, como na indenização por incapacidade física, ou por morte do obrigado a prestar alimentos etc. A oportunidade, a chance de obter uma certa situação futura é uma realidade concreta, ainda que não o seja a real concretização dessa perspectiva; é um fato do mundo, um dado da realidade, tanto que o bilhete de loteria tem valor, o próprio seguro repousa sobre

---

[92] ROCHA, Nuno Santos. *A perda da chance como uma nova espécie de dano*. Coimbra: Almedina, 2015. p. 26.

a ideia da chance. A dificuldade de sua avaliação não é maior do que avaliar o dano moral pela morte de um filho, ou o dote devido à mulher agravada em sua honra (art. 1.548 do CC). É preciso, porém, estabelecer linhas limitadoras: a chance deve ser real e séria; o lesado deve estar efetivamente em condições pessoais de concorrer à situação futura esperada; deve haver proximidade de tempo entre a ação do agente e o momento em que seria realizado o ato futuro; a reparação deve necessariamente ser menor do que o valor da vantagem perdida (Geneviève Viney, La responsabilité. 'in' Traité de Droit Civil. Jacques Ghestin, LGDJ, 1982, p. 341 e seguintes).

[...]

No caso dos autos, estão reconhecidos os pressupostos de fato para o reconhecimento da responsabilidade da transportadora: houve o extravio da bagagem mencionada pela autora, que por isso deixou de participar da concorrência que se realizava naquele dia. Apenas que a eg. Câmara julgou inexistir direito à reparação quando há somente perda de uma chance, situação não prevista em lei.

Penso eu que tal decisão causa ofensa ao disposto no artigo 159 do CCivil, cláusula geral que contempla inclusive a hipótese da perda de uma real oportunidade de obtenção de uma certa vantagem. Não se indeniza a vantagem de quem venceria a concorrência, mas a perda real da oportunidade de concorrer, que é um fato provado, causador do prejuízo de concorrer, e por isso incluído no âmbito do artigo 159 do CC, pois foi causado por culpa da transportadora.

Trata-se de indenização fundada no direito comum, com suporte no artigo 159 do CC, daí por que não se confunde com a indenização tarifada prevista na lei especial, que se destina a reparar o dano material, decorrente da perda do valor patrimonial dos objetos transportados.

Isto posto, conheço do recurso especial, por violação ao art. 159 do CC e lhe dou parcial provimento, a fim de deferir a indenização pela perda da chance de participar da concorrência, cujo valor deverá ser objeto de liquidação por arbitramento, o qual não poderá ser superior a 20% do lucro líquido que teria caso vencesse o certame (voto vencido, REsp 57.529/DF, Turma, em 18.04.1995).[93]

---

[93] STJ, Recurso Especial 57.529/DF, Recorrente: Nutrição Comércio e Representações Ltda., Recorrido: TransBrasil S.A. Linhas Aéreas, Rel. Min. Ruy Rosado

24. Hoje, como se viu, é recorrente a utilização da teoria da perda da chance, muito embora inexista uniformidade na fundamentação e nas soluções encontradas. A continuidade dos estudos da doutrina e dos tribunais, que já são intensos, aperfeiçoará a instituto entre nós. Sérgio Savi, na excelente monografia que publicou sobre o tema, assim concluiu:

> A própria evolução da responsabilidade civil impõe o acolhimento da teoria, uma vez que, por força dos princípios constitucionais, a vítima de um dano injusto passou a ser o foco da atenção do julgador. Na maioria dos casos, aquele que perdeu uma chance séria de obter uma vantagem ou de evitar um prejuízo será considerado vítima de um dano injusto e, por este motivo, deverá ser indenizado.[94]

Os Princípios do Unidroit, n. 7.4.3.2, rezam: "La perte d'une chance peut être réparée dans la mesure de la probabilité de sa réalization".[95] No projeto de reforma do CC Fr., o art. 1.346 previa a responsabilidade por perda da chance,[96] que não foi incorporado.

25. Conclusão

A teoria da perda de uma chance se aplica para a reparação civil do dano, no âmbito da responsabilidade civil, quando a ação de alguém (responsável pela ação ou omissão, objetiva ou subjetivamente) elimina a oportunidade de outrem, que se encontrava na situação de, provavelmente, obter uma vantagem ou evitar um prejuízo.

O dano consiste na perda da oportunidade, e o nexo causal deve existir entre a ação do agente e a perda da chance. O dano indenizado é o diretamente emergente da frustração da oportunidade.

---

de Aguiar Júnior, Relator para o acórdão Min. Fontes de Alencar, Acórdão 07.11.1995.

[94] SAVI, Sérgio. *Responsabilidade civil por perda de uma chance*. São Paulo: Atlas, 2006. p. 103; sobre os precedentes jurisprudenciais, ver a remissão coligida por SILVA, Rafael Peteffi da. *Responsabilidade civil pela perda de uma chance*: uma análise do direito comparado e brasileiro. São Paulo: Atlas, 2007. p. 185 e ss.

[95] UNIDROIT. Principes d'UNIDROIT: relatifs aux contrats du commerce international. Rome, 2010. Disponível em: <http://www.unidroit.org/french/principles/contracts/principles2010/integralversionprinciples2010-f.pdf>. Acesso em: 15 jun. 2017.

[96] VINEY, Geneviève; JOURDAIN, Patrice. *Les conditions de la responsabilité*. 3. ed. Paris: LGDJ, 2006. p. 89, nota.

No caso clássico, a perda da chance consiste na perda da oportunidade de obter uma vantagem (perder a oportunidade de concorrer), que não será mais alcançável. Pode haver a perda da oportunidade de evitar um dano, que acontece, mas que não foi causado pela ação do agente. Se o fosse, a responsabilidade seria pela integralidade do dano.

Na responsabilidade médica, as situações são diversas, conforme anteriormente enumerado, mas nunca o resultado final integra a relação da responsabilidade pela perda da chance. Se houver prova de que o resultado final decorreu da ação do agente, ele responde integralmente; se não houver prova de que o agente descumpriu com sua obrigação, ele não responde pelo resultado final, nem por alegada perda da chance.

O fato que se pretendia alcançar ou o dano a evitar deveria existir ao tempo da ação, não integra a relação de responsabilidade pela perda da ação, mas interessa para avaliar a probabilidade desse resultado exterior, e o eventual valor da perda.

A perda deverá ser avaliada considerando a seriedade da probabilidade de acontecer o fato que não se alcançou ou que não foi evitado (nunca corresponderá à integralidade do valor do dano final); a situação pessoal do lesado; a ação do agente; e o valor da coisa ou a importância do bem extrapatrimonial.

A teoria da perda não se aplica, se provado que o resultado posterior foi causado pela ação do agente, segundo a teoria da causalidade adequada, pois, nesse caso, a indenização deverá ser integral.

Na responsabilidade pré-contratual, a indenização corresponde aos danos com gastos realizados e à perda da chance de celebrar o negócio com a contraparte, ou com outrem. Não há lucros cessantes a indenizar, nesse caso.

A indenização pela perda da chance não se confunde com os lucros cessantes, e é distinta da decorrente do risco.

A jurisprudência aplica a teoria, conforme os diversos precedentes.

REFERÊNCIAS

ALPA, Guido (Coord.). *La responsabilità civile*: parte generale. Torino: UTET, 2010.

ANDRIGHI, Vera. Reparação moral e material pela perda de uma chance. In: ANDRIGHI, Fátima Nancy (Coord.). *Responsabilidade civil e inadimplemento no direito brasileiro*: aspectos polêmicos. São Paulo: Atlas, 2014.

BENATTI, Francesco. *A responsabilidade pré-contratual*. Coimbra: Almedina, 1970.

BONO, Roberta. Il danno da demansionamento e da perdita di chance di promozione. *Giurisprudenza italiana*, n. 7, p. 1680, 2016.

BURGOS, Osvaldo R. *Daños al proyecto de vida*: reparación integral, crisis de la responsabilidad civil, nuevos danos, nuevos daños, proyecto vital y calidad de vida, jurisprudencia de la CSJN y de la CIDH, cómo plantear la pretensión, pautas para resarcir. Buenos Aires: Astrea, 2012.

CARNAÚBA, Daniel Amaral. Responsabilidade civil pela perda de uma chance: a técnica da jurisprudência francesa. *Revista dos Tribunais*, São Paulo, ano 101, v. 922, p. 139-171, ago. 2012.

CASTRONOVO, Carlo. *La nuova responsabilità civile*. 3. ed. Milano: A. Giuffrè, 2006.

CAVALIERI FILHO, Sergio. *Programa de responsabilidade civil*. 12. ed. rev. e ampl. São Paulo: Atlas, 2015.

CHABAS, François. *La perte d'une chance en droit français*. Palestra proferida na Universidade Federal do Rio Grande do Sul, em 23.05.1990.

COSTA, Mário Júlio de Almeida. *Direito das obrigações*. 12. ed. rev. e actual. Coimbra: Almedina, 2009.

_____. *Responsabilidade civil pela ruptura das negociações preparatórias de um contrato*. Coimbra: Coimbra Ed., 1984.

DE CUPIS, Adriano. *El daño*: teoría general de la responsabilidad civil. Barcelona: Bosch, 1975.

ERAZO, Ignacio Ríos; GOÑI, Rodrigo Silva. La teoría de la pérdida de la oportunidad según la corte suprema. *Revista de Derecho*: Escuela de Postgrado, Santiago, n. 7, p. 165-178, jul. 2015.

FAJNGOLD, Leonardo. Premissas para aplicação da responsabilidade civil por perda de uma chance. *Revista de Direito Privado*, São Paulo, v. 69, p. 69-102, set. 2016.

FARIAS, Cristiano Chaves de; BRAGA NETTO, Felipe Peixoto; ROSENVALD, Nelson. *Novo tratado de responsabilidade civil*. São Paulo: Atlas, 2015.

FLUME, Werner. *El negocio jurídico*: parte general del derecho civil. 4. ed. Madrid: Fundación Cultural del Notariado, 1998. t. 2.

FRADERA, Vera Maria Jacob de. Dano pré-contratual: uma análise comparativa a partir de três sistemas jurídicos, o continental europeu, o latino-americano e o americano do norte. *Revista de Informação Legislativa*, Brasília, v. 34, n. 136, p. 169-179, out.-dez. 1997.

FRITZ, Karina Nunes. A responsabilidade pré-contratual por ruptura injustificada das negociações. *Revista dos Tribunais*, São Paulo, ano 98, v. 883, p. 9-56, maio 2009.

_____. *Boa-fé objetiva na fase pré-contratual*: a responsabilidade pré-contratual por ruptura das negociações. Curitiba: Juruá, 2008.

GENICOT, Gilles. L'indemnisation de la perte d'une chance consécutive à un manquement au devoir d'information du médecin. Note sous Liège, 22 janvier 2009. *Revue de Jurisprudence de Liège*, Mons et Bruxelles, n. 25, p. 1167, 2009.

JORNADA DE DIREITO CIVIL, 5, 2011, Brasília, DF. *Anais*... Apresentação Ministro Ruy Rosado de Aguiar Júnior. Brasília, DF: CJF, 2012.

JOURDAIN, Patrice Obligations et contrats spéciaux: responsabilité civile. *Revue Trimestrielle de Droit Civil*: RTDciv, Paris, n. 2, p. 380-394, avril-juin 2013.

JUSTEN FILHO, Marçal. *Comentários à lei de licitações e contratos administrativos*. 11. ed. São Paulo: Dialética, 2005.

LÓPEZ MESA, Marcelo J.; TRIGO REPRESAS, Félix A. *Responsabilidad civil de los profesionales*. Buenos Aires: Lexis Nexis, 2005.

MACIEL, José Alberto Couto. O dano moral na justiça do trabalho e o poder de comando do empregador: previsões legais de indenização. *Justiça do Trabalho*, v. 24, n. 279, p. 15-17, mar. 2007.

MARTINS-COSTA, Judith. *A boa-fé no direito privado*: sistema e tópica no processo obrigacional. São Paulo: RT, 1999.

_____. *Comentários ao novo Código Civil*. Rio de Janeiro: Forense, 2003. v. 5, t. 2.

_____. Prefácio a Rafael Peteffi da Silva (*Responsabilidade civil pela perda de uma chance*). In:_____ (Org.). *Modelos de direito privado*. São Paulo: Marcial Pons, 2014.

MENEZES CORDEIRO, António. *Da boa-fé no direito civil*. Coimbra: Almedina, 1984. v. 1.

MIRAGEM, Bruno. *Direito civil*: responsabilidade civil. São Paulo: Saraiva, 2015.

MOSSET ITURRASPE, Jorge; PIEDECASAS, Miguel A. *Responsabilidad contractual*. Buenos Aires: Rubinzal-Culzoni, 2007.

NORONHA, Fernando. Responsabilidade por perda de chances. *Revista de Direito Privado*, São Paulo, v. 6, n. 23, p. 28-46, jul.-set. 2005.

OSTERLING PARODI, Felipe; REBAZA GONZÁLEZ, Alfonso. Indemnizando la probabilidad: acerca de la llamada pérdida de la chance o pérdida de la oportunidad. *Revista jurídica del Perú*, Trujillo, año 52, n. 39, p. 51-66, oct. 2002.

PEREIRA, Regis Fichtner. *A responsabilidade civil pré-contratual*: teoria geral e responsabilidade pela ruptura das negociações contratuais. Rio de Janeiro: Renovar, 2001.

PHILIPPE, Denis. Quelques réflexions sur la perte d'une chance e le lien causal. *Revue de Droit Commercial Belge*, v. 119, n. 10, p. 1004-1013, Déc. 2013.

PONTECORVO, Armando. La responsabilità per perdita di chance. *Giustizia Civile*, p. 449, ottobre 1997.

ROCHA, Nuno Santos. *A perda da chance como uma nova espécie de dano*. Coimbra: Almedina, 2015.

RODRÍGUEZ, Mauricio Tapia. Pérdida de una chance: su indemnización en la jurisprudencia chilena. *Revista de Derecho*: Escuela de Postgrado, Santiago, n. 2, p. 251-264, Dic. 2012.

SAVI, Sérgio. *Responsabilidade civil por perda de uma chance*. São Paulo: Atlas, 2006.

SERPA LOPES, Miguel Maria de. *Curso de direito civil*. Rio de Janeiro: Freitas Bastos, 1957. v. 2.

SILVA, Jorge Cesa Ferreira da. *Inadimplemento das obrigações*: comentários aos arts. 389 a 420 do Código Civil: mora, perdas e danos, juros legais, cláusula penal, arras ou sinal. São Paulo: RT, 2007.

SILVA, Rafael Peteffi da. *Responsabilidade civil pela perda de uma chance*: uma análise do direito comparado e brasileiro. São Paulo: Atlas, 2007.

SILVA, Renato de Abreu e. A teoria da perda de uma chance em sede de responsabilidade civil. *Revista da Emerj*, v. 9, n. 36, p. 24-49, 2006.

SILVA, Roberto de Abreu e. A teoria da perda de uma chance em sede de responsabilidade civil. *Revista de Direito do Tribunal de Justiça do Estado do Rio de Janeiro*, n. 68, p. 13-32, jul.-set. 2006.

SINDRES, David. Exposition à un risque et perte de chance: un couple mal assorti? *RTDCIV: Revue Trimestrielle de Droit Civil*, Paris, n. 1, p. 25-48, janv.-mars 2016.

SOARES, Maria Fernanda Campos Lopes. Responsabilidade civil pré-contratual em caso de rompimento injustificado das tratativas: possibilidade de tutela específica à luz do contrato de locação não residencial. *Revista dos Tribunais*, São Paulo, v. 103, n. 946, p. 49-75, ago. 2014.

STIGLITZ, Ruben S.; STIGLITZ, Gabriel. *Responsabilidad precontractual*: incumplimiento del deber de información. Buenos Aires: Abeledo-Perrot, 1992.

TELLER, Marina. La perte d'une chance de contracter ou de ne pas contracter. *Revue de Jurisprudence Commerciale*, n. 4, p. 4-5, 2013.

TEPEDINO. Gustavo. Notas sobre o nexo de causalidade. *Revista Trimestral de Direito Civil*: RTDC, Rio de Janeiro, v. 2, n. 6, p. 3-19, abr.-jun. 2001.

UNIDROIT. Principes d'UNIDROIT: relatifs aux contrats du commerce international. Rome, 2010. Disponível em: <http://www.unidroit.org/french/principles/contracts/principles2010/integralversionprinciples2010-f.pdf>. Acesso em: 15 jun. 2017.

VINEY, Geneviève; JOURDAIN, Patrice. *Les conditions de la responsabilité.* 3. ed. Paris: LGDJ, 2006.

FUNÇÃO SOCIAL DA POSSE E DA PROPRIEDADE

19

POSSE E PROPRIEDADE NA CONSTITUCIONALIZAÇÃO DO DIREITO CIVIL: FUNÇÃO SOCIAL, AUTONOMIA DA POSSE E BENS COMUNS

GUSTAVO TEPEDINO

SUMÁRIO: Introdução: a função social das relações patrimoniais; 1. A tutela autônoma da situação possessória; 2. A função social da posse; 3. A propriedade e sua função social na Constituição de 1988; 4. A função social como elemento interno do domínio; 5. Novas perspectivas da função social na teoria dos bens: acesso e participação no âmbito dos bens comuns; 6. Notas conclusivas; Referências.

INTRODUÇÃO: A FUNÇÃO SOCIAL DAS RELAÇÕES PATRIMONIAIS

Nas últimas décadas, o direito civil assistiu ao deslocamento de seus princípios fundantes do Código Civil para a Constituição, em difusa experiência contemporânea, da Europa Continental à América Latina. Tal realidade, vista por muitos com certo desdém, na tentativa de reduzi-la a fenômeno de técnica legislativa – ou mesmo à mera atecnia –, revela processo de profunda transformação social, em que a autonomia privada passa a ser remodelada por valores não patrimoniais, de cunho existencial, inseridos na própria noção de *ordem pública*. Propriedade, empresa, família, relações contratuais tornam-se institutos funcionalizados à realização da dignidade da pessoa humana,[1] fundamento da República, para a construção de uma sociedade livre, justa e solidária, objetivo central da Constituição brasileira de 1988.

Isso significa que o indivíduo, elemento subjetivo basilar e neutro do direito civil codificado, deu lugar, no panorama das relações de direito privado, à pessoa humana, para cuja promoção se volta a ordem jurídica como um todo.[2] A verdade é que as conquistas seculares do direito público, que produziram sucessivas gerações de direitos e garantias fundamentais do cidadão perante o Estado, tornar-se-iam inoperantes para as transformações sociais pretendidas, não fosse a incidência da norma constitucional nas relações privadas.

O cenário das conquistas mais recentes da sociedade civil, extrapolando, pouco a pouco, as relações de direito público, instalou-se nas relações de consumo, nos contratos de massa, no exercício do direito de propriedade e do controle das empresas, no seio das entidades familiares e em todas as relações contratuais. A pessoa humana, portanto – e não mais o sujeito de direito

---

[1] Sobre as transições do Direito Civil no contexto desse processo construtivo, mostra-se estimulante a leitura de FACHIN, Luiz Edson. *Direito civil*: sentidos, transformações e fim. Rio de Janeiro: Renovar, 2015. p. 49-79, em que se faz presente a constatação de que "os três pilares de base do Direito Privado – propriedade, família e contrato – recebem uma nova leitura sob a centralidade da constituição da sociedade e alteram suas configurações, redirecionando-os de uma perspectiva fulcrada no patrimônio e na abstração para outra racionalidade que se baseia no valor da dignidade da pessoa".

[2] "O primado da dignidade humana comporta o reconhecimento da pessoa a partir dos dados da realidade, realçando-lhe as diferenças, sempre que tal processo se revelar necessário à sua tutela integral. A abstração do sujeito, de outra parte, assume grande relevância nas hipóteses em que a revelação do dado concreto possa gerar restrição à própria dignidade, ferindo a liberdade e a igualdade da pessoa. A coexistência das duas construções – do sujeito e da pessoa –, sempre funcionalizadas à tutela da dignidade humana, coloca o intérprete, desse modo, frente ao desafio de promover a 'compatibilidade entre o sujeito abstrato e o reconhecimento das diferenças'" (TEPEDINO, Gustavo. O papel atual da doutrina do direito civil entre o sujeito e a pessoa. *O direito civil entre o sujeito e a pessoa*: estudos em homenagem ao Professor Stefano Rodotà. Belo Horizonte: Fórum, 2016. p. 18). Na lição de Stefano Rodotà, "si pone così un problema di riconoscimento, nel mondo e nei confronti degli altri, che porta con sé la necessità di definire il criterio, la misura di questo riconoscimento. Il punto è critico, perché si tratta di uscire dalla prigione dell'astrattezza senza cadere nella 'prigione della propria carne" (RODOTÀ, Stefano. Dal soggetto alla persona. *Il diritto di avere diritti*. Roma: Laterza, 2012. p. 141).

abstrato, anônimo e titular de patrimônio –, qualificada na concreta relação jurídica em que se insere, torna-se a categoria central do direito privado, de acordo com o valor social de sua atividade e protegida pelo ordenamento segundo o grau de vulnerabilidade que apresenta.

Por outro lado, a dignidade da pessoa humana constitui cláusula geral inserida pelo Constituinte, remodeladora, com os princípios da isonomia substancial e da solidariedade social, das estruturas e da dogmática do direito civil brasileiro (CR, arts. 1.º, III, e 3.º, I e III). Opera-se a funcionalização das situações jurídicas patrimoniais às existenciais, realizando, assim, processo de inclusão social, com a ascensão à realidade normativa de interesses coletivos, direitos da personalidade e renovadas situações jurídicas existenciais, desprovidas de titularidades patrimoniais, independentemente destas ou mesmo em detrimento destas.

Desse modo, a autonomia privada, informada pelo valor social da livre-iniciativa, que se constitui em fundamento da República (art. 1.º, IV, CR), e amplamente tutelada pelo art. 170 do Texto Maior, encontra limites não somente negativos (art. 170, parágrafo único, CR), como positivos, vinculando o seu titular à promoção de valores, fundamentos e objetivos fundamentais da República. Significa que a livre-iniciativa, além dos limites fixados por lei, para reprimir atuação ilícita, deve perseguir a justiça social, com a diminuição das desigualdades sociais e regionais e com a promoção da dignidade humana. A autonomia privada adquire assim conteúdo positivo, impondo deveres à autorregulamentação dos interesses individuais, de tal modo a vincular, já em sua definição conceitual, liberdade à responsabilidade.[3]

Em consequência, no exercício da autonomia privada, de acordo com a função que a situação jurídica subjetiva desempenha, serão definidos os poderes atribuídos ao seu titular. No âmbito do controle de merecimento de tutela, cumpre aferir, em especial, se os interesses individuais dos titulares da atividade econômica promovem, concomitantemente, interesses socialmente relevantes, os quais, posto que alheios à esfera individual, são alcançados por sua atuação.[4] A proteção dos interesses privados justifica-se não apenas como expressão da liberdade individual, mas em virtude da função que realiza para a promoção de posições jurídicas externas, integrantes da ordem

---

[3] TEPEDINO, Gustavo. Esboço de uma classificação funcional dos atos jurídicos. *Revista Brasileira de Direito Civil – RBDCivil*, v. I, p. 124, 2014.

[4] SOUZA, Eduardo Nunes de. Função negocial e função social do contrato: subsídios para um estudo comparativo. *Revista de Direito Privado*, v. 54, p. 75-77, 2013.

pública contratual. Vincula-se, assim, a proteção dos interesses privados ao atendimento de interesses sociais tutelados no âmbito da atividade econômica (socialização das situações jurídicas subjetivas).

Na esteira desse processo construtivo, doutrina e jurisprudência têm procurado estabelecer o conteúdo da função social das relações patrimoniais privadas. Notadamente no âmbito dos direitos reais, a necessidade de imposição de deveres aos titulares das situações subjetivas reais afigura-se consolidada. Tanto na posse quanto na propriedade, é a promoção dos valores socialmente relevantes que fundamenta a tutela dos direitos do possuidor e do proprietário, cujo conteúdo encontra-se internamente conformado pela axiologia constitucional.

1. A TUTELA AUTÔNOMA DA SITUAÇÃO POSSESSÓRIA

A posse encontra-se definida no art. 1.196 do Código Civil como *exercício de fato*.[5] A despeito, pois, de título dominical, o mero exercício de qualquer das faculdades inerentes ao domínio já configura a posse como direito dotado de ações próprias.[6] A adequada compreensão da autonomia da posse recomenda breve incursão nas controvérsias acerca do fundamento e da extensão da tutela possessória. Na célebre construção de Jhering, dividem-se as teorias sobre os fundamentos da tutela possessória em dois grupos, as absolutas e as relativas, a partir da compreensão de sua defesa *per se* ou com base em outro instituto jurídico.[7]

Na concepção de Jhering, a razão da proteção possessória estaria na defesa da propriedade. Em virtude das dificuldades inerentes à prova da propriedade e da morosidade da ação reivindicatória em atender aos anseios do proprietário, a ordem jurídica dota-o dos interditos possessórios, meios de ação mais ágeis e simples, uma vez que exigem apenas a demonstração da situação fática da posse, a prescindir da prova do domínio. Logo se vê,

---

[5] "Art. 1.196. Considera-se possuidor todo aquele que tem de fato o exercício, pleno ou não, de algum dos poderes inerentes à propriedade."

[6] Na lição de San Tiago Dantas, "a posse resulta de um fato, resulta dessa simples situação de dependência material em que o titular se coloca em face da coisa, mas o direito confere-lhe uma tal proteção, que não se pode deixar de reconhecer, na situação de possuidor, um verdadeiro vínculo jurídico ligando a pessoa do titular à coisa" (DANTAS, San Tiago *Programa de direito civil*: direito das coisas. Rio de Janeiro: Rio Ed., 1979. v. III, p. 22).

[7] JHERING, Rudolf von. *O fundamento dos interdictos possessórios*. Rio de Janeiro: Francisco Alves, 1908. p. 11.

todavia, que essa concepção tem por consequência indesejável proteger a posse do grileiro e do ladrão, ao mesmo título que a do proprietário, mas a isso Jhering retruca que o inconveniente é inevitável por ter a posse a finalidade de disciplinar um estado de fato, cuja constituição não depende de título. Conclui, por essa razão, que as vantagens da tutela possessória para o proprietário superam, em muito, as desvantagens, de tal sorte que lhe parece mais do que justificado afirmar que a posse é o complemento (e garantia do exercício) da propriedade.[8] Em definitivo, Jhering associa o fundamento da tutela possessória ao direito de propriedade, salientando que a posse tem justamente por finalidade tornar possível o aproveitamento econômico dos bens pelo proprietário.[9]

A teoria formulada por Jhering, segundo autores de nomeada, teria sido acolhida pelo ordenamento jurídico pátrio. A esse respeito, Clóvis Beviláqua, ao comentar o Código Civil de 1916, afirma: "O Código Civil brasileiro adotou o pensamento de Jhering quanto ao conceito da posse como visibilidade de propriedade, ainda que a sua proteção possa favorecer a quem não é proprietário, nem exerce algum direito real; ou, segundo se lê na *Besitzwille*, a posse 'é a relação de fato estabelecida entre a pessoa e a coisa pelo fim de sua utilização econômica'".[10] É certo que, na tradição brasileira, especialmente pela importância econômica atribuída à propriedade, o mero

---

[8] JHERING, Rudolf von. *O fundamento dos interdictos possessórios* cit., p. 71: "A proteção da posse, como exterioridade da propriedade, é um complemento necessário da proteção da propriedade, uma facilidade de prova em favor do proprietário, que necessariamente aproveita ao não proprietário".

[9] "Por que razão a posse é protegida pelo direito? Não é para dar ao possuidor a grande satisfação de ter o poder físico sobre uma coisa, mas para tornar possível o uso econômico da mesma coisa em relação às necessidades do possuidor. A partir daqui tudo se esclarece" (JHERING, Rudolf von. *Teoria simplificada da posse*. São Paulo: Saraiva, 1986. p. 108-109. [*Clássicos do direito brasileiro*, v. VI.]).

[10] BEVILÁQUA, Clóvis. *Direito das coisas*. Rio de Janeiro: Rio Ed., 1976. v. I, p. 30. Ainda sobre a adoção da teoria objetiva pelo ordenamento jurídico brasileiro, v., dentre outros, PEREIRA, Caio Mário da Silva. *Instituições de direito civil*. Rio de Janeiro: Forense, 2003. v. IV, p. 22; RODRIGUES, Silvio. *Direito civil*: direito das coisas. São Paulo: Saraiva, 2007. v. V, p. 20; GOMES, Orlando. *Direito civil*: direito das coisas. São Paulo: Saraiva, 2007. v. V, p. 39; WALD, Arnoldo. *Direito civil*: direito das coisas. São Paulo: Saraiva, 2009. v. IV, p. 49. A jurisprudência segue semelhante orientação, conforme se verifica dos julgados: STF, 2.ª T., RE 216.964/SP, Rel. Min. Maurício Corrêa, j. 10.11.1997; STJ, 2.ª T., REsp 556.721/DF, Rel. Min. Eliana Calmon, j. 15.09.2005.

exercício, a simples exteriorização do domínio, por si só, deflagra a proteção possessória.[11] A teoria, contudo, ao consagrar a posse como a "posição avançada da propriedade",[12] acaba por restringir a defesa possessória ao âmbito da tutela dominical, associando-a, irremediavelmente, ao exercício do domínio.

Para contornar essa perspectiva restritiva, a tutela jurídica da posse independe da existência de título dominical, como, aliás, já lecionava Lafayette Rodrigues Pereira: "a posse, porém, não tem por fundamento um direito anterior de que ela seja a consequência e a manifestação; instaura-se pela simples aquisição do poder físico de dispor da coisa, unido à intenção de havê-la como própria, nada importando se por modo justo ou injusto; e, uma vez adquirida, produz efeitos legais".[13] Com efeito, a circunstância de a noção de posse ter sido forjada em razão da propriedade não significa que suas formas de proteção não devam ser separadas. A defesa da propriedade não absorveu completamente o instituto da posse, preservando-se sua autonomia.[14] Nessa direção, ressalta-se que a posse é defendida "porque o exercício de um poder sobre as coisas, quando repetido, constitui um fato que o público se acostuma a considerar e por isso mesmo inspirador de relações e produtor de interesses, que tem, portanto, um valor econômico e que, como tal, deve ser disciplinado e protegido".[15]

---

[11] Verifica-se, portanto, que ambas as teses desenvolvidas por Savigny e Jhering vinculam a noção de posse à propriedade. Não se pode esquecer que, para Savigny, a vontade do possuidor é o *animus domini*, ou seja, do proprietário, evidenciando que o sujeito deverá ter a intenção de ser proprietário. Logo, ambos os autores submetem a posse à propriedade. Mas tal vinculação ao domínio não é tão estreita como a que Jhering faz, no sentido de apenas admitir posse se a propriedade existir. A posse, em Savigny, aparece em um plano psicológico como uma forma de atitude ou inclinação individual, que é aquela que deverá ter quem detém uma coisa para ser chamado de possuidor. Por outro lado, para Jhering, será a própria razão das ações possessórias. Cf., sobre o ponto, HERNANDEZ GIL, Antonio. *La posesión*. La posesión como institución jurídica y social. Madrid: Espasa-Calpe, 1987. t. 2, p. 55.

[12] JHERING, Rudolf von. *O fundamento dos interdictos possessórios* cit., p. 71.

[13] PEREIRA, Lafayette Rodrigues. *Direito das coisas*. Rio de Janeiro: Rio Ed., 1977. v. I, p. 31.

[14] RODRIGUES, Manuel. *A posse*: estudo de direito civil português. Coimbra: Almedina, 1996. p. 31.

[15] RODRIGUES, Manuel. *A posse*: estudo de direito civil português cit., p. 32. De acordo com Antonio Hernández Gil, outras teses têm sido desenvolvidas para justificar o instituto da posse, além das tradicionais teorias relativas e absolutas expostas por Jhering, como a concepção dogmático-jurídica, a concepção

Na jurisprudência brasileira, do mesmo modo, reconhece-se a tutela autônoma da posse. Conforme já se pronunciou o Superior Tribunal de Justiça, "a posse deve ser analisada de forma autônoma e independente em relação à propriedade, como fenômeno de relevante densidade social, em que se verifica o poder fático de ingerência socioeconômica sobre determinado bem da vida".[16] Verifica-se semelhante entendimento no Enunciado 492 da V Jornada de Direito Civil, segundo o qual "a posse constitui direito autônomo em relação à propriedade e deve expressar o aproveitamento dos bens para o alcance de interesses existenciais, econômicos e sociais merecedores de tutela".[17]

Parece inegável que, do ponto de vista histórico, a formulação da defesa possessória se justifica na preocupação do ordenamento em assegurar ao proprietário uma imediata e eficiente proteção, independentemente da presença do título dominical, bastando a exteriorização de qualquer uma das faculdades inerentes ao domínio.[18] Entretanto, a evolução do instituto e sua

---

    historicista, a concepção econômico-social ou realista e a concepção que sustenta os valores de paz e ordem, além de uma teoria que busca conciliar todas essas. Para o autor, o fundamento da tutela possessória repousa, principalmente, em razões de segurança jurídica (HERNÁNDEZ GIL, Antonio. *La posesión*. La posesión como institución jurídica y social cit., p. 26-29).

[16] STJ, 4.ª T., REsp 1.296.964/DF, Rel. Min. Luis Felipe Salomão, j. 18.10.2016.

[17] O enunciado encontra acolhida na jurisprudência pátria. Ilustrativamente, o Tribunal de Justiça do Estado de São Paulo, citando o enunciado, decidiu conflito possessório argumentando a prevalência do interesse do possuidor que utilizava o bem para erigir sua moradia e de sua família, independentemente do domínio: "não se pode olvidar da função social da posse, estando demonstrado nos autos que o réu ocupava o local para erigir moradia para si e para sua família, enquanto a finalidade pela qual o autor pretendia utilizar o imóvel não foi esclarecida nos autos com efeito, aduz que tinha a posse da área desde 2003, mas, desde então, teria erigido apenas pequena construção e mantido residência em outro local" (TJSP, 10.ª C.D.Priv., Ap. 0016144-42.2012.8.26.0127, Rel. Marcelo Semer, j. 12.09.2016).

[18] Veja-se, a propósito, o significativo passo de Alberto Trabucchi: "Se il proprietario, a ogni atto che costituisce esercizio del su diritto, o di fronte a ogni lesione dei terzi, dovesse dar la prova della sua piena legittimazione, si troverebbe gravemente ostacolato nel godimento, per la lunga e difficile dimostrazione del sua titolo (non per niente la prova della proprietà è stata detta probatio diabolica!), mentre la tutela del possessore in quanto tale è assai rapida: basta che egli dimostri il possesso e nulla più. Una simile giustificazione si trova già in un altro significativo passo attribuito a Paolo: qualiscumque possessor hoc ipso, quod possessor est, plus iuris habet quam ille qui non possidet. Tra i due, chi possiede

compreensão na legalidade constitucional alteram radicalmente tal perspectiva, a autorizar o intérprete a se valer dos mecanismos de defesa da posse com autonomia, sempre que se acharem presentes os pressupostos de sua legitimação social, independentemente do domínio. Dito diversamente, se é certo que a proteção possessória, toda a sua construção, mercê da importância ideológica do domínio, foi concebida no âmbito da defesa da propriedade, desta se descola no momento em que lhe é assegurada regulamentação própria pelo ordenamento. Tanto isso é verdade que os interditos possessórios podem ser manejados pelo possuidor independentemente da propriedade, por vezes sem a anuência do proprietário e, não raro, até mesmo contra o interesse do proprietário.[19]

---

e chi non possiede, si comincia con il preferire il primo, il quale si trova in una situazione che è direttamente percepibile (factum possessionis); poi si vedrà se chi pretende il riconoscimento di un diverso diritto potrà addurre un titolo piú forte, costituito da un rapporto ideale che richiede un più difficile accertamento tratto fa fatti passati (titolo di proprietà)" (TRABUCCHI, Alberto. *Istituzioni di diritto civile*. Padova: Milano, 1993. p. 413).

[19] O raciocínio é desenvolvido pelo Professor Ebert Chamoun, em suas insuperáveis aulas: "O exercício autônomo das faculdades inerentes ao domínio, mas independentemente do domínio, até mesmo sem o domínio, até mesmo contra o domínio, nisso consiste a posse" (CHAMOUN, Ebert. *Direito civil*: aulas do 4.º ano proferidas na Faculdade de Direito da Universidade do Distrito Federal. Rio de Janeiro: Aurora, 1955). A autonomia da posse vem detidamente analisada pelo Professor Ebert Chamoun nos seguintes termos: "o poder de fato, em que a posse consiste, tem o conteúdo mesmo do direito de propriedade, a senhoria ou economia da propriedade. Não poderia deixar de ser senão assim, pela razão elementar de que a propriedade é o mais extenso direito existente em relação a uma coisa, não havendo poder de fato cuja consistência se subtraia a esse poder de direito. Por isso, de ordinário, a noção de posse aparece associada à de propriedade. Mas é apenas por isso, já que a proteção da posse independe da correspondência acaso existente entre esse poder e qualquer direito que se possa configurar quanto a uma coisa, inclusive o domínio. Quem possui só pode, pois, ter um comportamento semelhante, embora parcialmente, ao de quem é dono. As aparências são necessariamente idênticas. Mas o direito não consagra e tutela a posse porque seja ela elemento exterior da propriedade. A posse, então, não se pode definir como o exercício da propriedade. Nem mesmo conviria dizer que é o exercício de faculdade inerente à propriedade. A posse não é o exercício da propriedade ou de qualquer outro direito. Ela simplesmente é um estado de fato que se assemelha ao exercício da propriedade: o possuidor tem um comportamento análogo ao de quem exerce poder peculiar ao domínio, ou de outro direito real à substância da coisa. O possuidor comporta-se 'como se' fosse titular de um direito real (diferente do da posse)" (CHAMOUN, Ebert.

2. A FUNÇÃO SOCIAL DA POSSE

A assimilação imprópria dos fundamentos da posse com os da propriedade mostra-se recorrente na dogmática tradicional, que examina os institutos jurídicos exclusivamente sob o perfil estrutural, ou seja, na perspectiva da estrutura de poderes conferida a seu titular, sem atentar para o aspecto funcional, prioritário àquele, que procura identificar a função desempenhada pelas situações jurídicas subjetivas. Do ponto de vista da sua estrutura, a posse se identifica com qualquer situação fática que exteriorize o direito de propriedade, consubstanciada no exercício das faculdades decorrentes do domínio. Entretanto, como todo direito subjetivo, a posse também se reveste de aspecto funcional, associado à destinação conferida ao bem jurídico pela titularidade possessória. Como a função da posse não se vincula necessariamente à do domínio, torna-se objeto de valoração (e, conseguintemente, de disciplina jurídica) autônoma por parte do ordenamento.

Tal como no direito de propriedade, a estrutura da posse revela o aspecto estático do direito subjetivo, traduzido no conjunto de poderes atribuídos ao possuidor, com as respectivas ações que o asseguram. Já a função da posse traduz seu aspecto dinâmico, os efeitos do direito subjetivo na relação jurídica em que se insere. Se a estrutura do direito determina os poderes do possuidor, a função estabelece sua legitimidade e seus limites, isto é, a justificativa finalística desses poderes em razão das exigências suscitadas por outros interesses tutelados pelo ordenamento na concreta utilização dos bens jurídicos.[20]

Todavia, não se pode cuidar de um aspecto para apenas depois tratar do outro. Isso significa que a análise dos perfis estrutural e funcional deve ser levada a cabo concomitantemente, uma vez que se define a estrutura a partir da função a que se pretende atender. Sendo assim, impõe-se partir da

---

Exposição de motivos do esboço do anteprojeto do Código Civil – Direito das Coisas. *Revista Trimestral de Direito Civil – RTDC*, v. 46, p. 220-221, 2011).

[20] Nessa direção, o STJ já afirmou que "a função social é base normativa para a solução dos conflitos atinentes à posse". Desse modo, posicionou-se a Corte no sentido de que, "para fins de reconhecimento da posse, também é necessário a busca pelo atendimento de sua função social, tendo como escopo a atual codificação e seu espírito de cláusulas gerais e conceitos indeterminados, em alinhamento com a Carta da República, que trouxe, como pilar, a dignidade da pessoa humana, assegurando a tutela à moradia, ao trabalho, ao aproveitamento do solo e ao mínimo existencial; sendo a posse, por isso, uma extensão dos bens da personalidade" (STJ, 4.ª T., REsp 1.296.964/DF, Rel. Min. Luis Felipe Salomão, j. 18.10.2016).

função do instituto para fazer incluir, em sua estrutura, também os deveres necessários à sua realização.[21] Supera-se, desse modo, a análise estática da estrutura da posse, que passa a se constituir não só pelos poderes atribuídos ao possuidor, mas também pelos deveres indispensáveis ao atendimento da função social da posse. Nessa perspectiva, o STJ já se manifestou no sentido de que, embora verificados os requisitos necessários à pretensão de ação possessória, "o julgador, diante do caso concreto, não poderá se furtar da análise de todas as implicações a que estará sujeita a realidade, na subsunção insensível da norma, pois a evolução do direito não permite mais conceber a proteção do direito à propriedade e posse no interesse exclusivo do particular,[22] uma vez que os princípios da dignidade humana e da função social esperam proteção mais efetiva".[23]

Acompanhada do título dominical, a função social da posse coincide e é absorvida pela função social atribuída, *a priori*, ao direito de propriedade,

---

[21] Pietro Perlingieri destaca a importância de uma análise conjunta, unitária, dos perfis estrutural e funcional: "Il problema, come si vede, è complesso e va prospettato sotto vari profili, tutti distinti ma interdipendenti, e costituenti una problematica unitaria. L'analisi di una fattispecie non può essere compiuta soltanto in termini strutturali né in termini soltanto effettuali: cioè, il profilo strutturale e quello funzionale non sono sufficienti, autonomamente considerati, ai fini della qualificazione di um atto. Questa, invece, risulterà dalla sintesi degli effetti essenziali di quell'atto, prodotti immediatamente o in forma differita: anche l'effetto non ancora prodotto, perché differito, deve rientrare nel giudizio di qualificazione. Pertanto, da un punto di vista generale, va ribadito che la natura giuridica di un istituto consiste della sintesi dell'aspetto strutturale e dell'aspetto funzionale: ogni istituto giuridico dev'essere studiato sotto entrambi questi profili" (PERLINGIERI, Pietro. *Il fenomeno dell'estinzione nelle obbligazioni*. Napoli: ESI, 2004. p. 28).

[22] No tocante à evolução do conceito de propriedade, v. RODOTÀ, Stefano. Proprietà (diritto vigente). *Novissimo digesto italiano*. Diretto da Antonio Azara e Ernesto Eula. Torino: UTET, 1967. v. XIV, p. 132, segundo o qual "gli istituti giuridici non vivono una vita avulsa dalla vicenda storica, ma di questa sono parte, portandone i segni: sì che appare ovvio che ciascun istituto o concetto giuridico sia eminentemente relativo, nel senso che ogni epoca o società tende a foggiare quell'stituto o concetto secondo le esigenze che in essa si manifestano e gli ideali che la muovono".

[23] STJ, 4.ª T., REsp 1.302.736/MG, Rel. Min. Luis Felipe Salomão, j. 23.05.2016. Segundo a Corte, a função social da posse se apresenta como "princípio implícito no CC/2002, advindo da interpretação dos arts. 1.228, §§ 4.º e 5.º, e parágrafo único dos arts. 1.238 e 1.242" (STJ, 4.ª T., REsp 1.296.964/DF, Rel. Min. Luis Felipe Salomão, j. 18.10.2016).

levada a cabo, evidentemente, pelo exercício do próprio direito, garantido constitucionalmente no art. 5.º, XXIII, da Constituição da República. Por se originar de relação fática, a função social da posse, contudo, quando desacompanhada de título dominical que estipule previamente os seus contornos, mostra-se essencialmente dúctil e definida *a posteriori*, dependendo da compatibilidade da utilização atribuída à coisa, no caso concreto, com situações jurídicas constitucionalmente merecedoras de tutela. Em outras palavras, apartada da propriedade, a tutela possessória depende do direcionamento do exercício possessório a valores protegidos pelo ordenamento, que a legitimem e justifiquem sua proteção legal, inclusive contra o *verus dominus*.

Na esteira de tal construção, os princípios constitucionais da dignidade da pessoa humana, da solidariedade social e da igualdade, informadores da normativa referente à moradia e ao trabalho, servem de referência axiológica a justificar a disciplina dos interditos possessórios e da usucapião dos bens imóveis, e encerram o fundamento para a tutela possessória na ordem civil-constitucional. Tem-se, portanto, nesse conjunto de valores, o critério interpretativo para a solução de conflitos de interesse entre as situações jurídicas proprietárias e as situações jurídicas possessórias.[24] Ilustrativamente, reconheceu-se, no TJSP, a prevalência do interesse do possuidor em ação de interdito proibitório em face do proprietário. No caso, a possuidora, ex-mulher do proprietário, utilizava o bem para moradia, na qual abrigava ainda seus dois filhos menores – um deles merecedor de cuidados especiais. Em substancioso voto, o Desembargador Ênio Zuliani destacou que "a família ou a segurança familiar é algo superior ao direito individual e não se permite priorizar a posse do proprietário contra os percalços do desamparo do núcleo fragmentado pela dissolução do casamento, notadamente por atingir o interesse de filhos menores, um deles portador de transtorno global de desenvolvimento, com encaminhamento para a APAE, o que também atrai a especial proteção conferida pela Lei n.º 13.146/2015 (Estatuto da Pessoa com Deficiência)", concluindo no sentido de que "a ponderação dos valores

---

[24] Sob essa renovada perspectiva, "aproxima-se a posse da vida, e por isso, no entrechoque de direitos, a 'constitucionalização' dos conflitos possessórios coletivos não permite outra conclusão senão a de que o bem imóvel, rural ou urbano, que descumpra sua função social, não tem mais tutela possessória. O Juiz do conflito fundiário não é mais o Juiz do velho Código Civil e sim o magistrado da Constituição" (FACHIN, Luiz Edson. O estatuto constitucional da proteção possessória. In: FARIAS, Cristiano Chaves de (Org.). *Leituras complementares de direito civil*: o direito civil-constitucional em concreto. Salvador: JusPodivm, 2007. p. 271).

permite chegar a uma solução intermediária, sem sacrifícios exagerados ao proprietário. Razoável que a mulher e filhos fiquem tranquilos e protegidos na casa por 9 (nove) meses, tempo suficiente para que encontrem uma fórmula substitutiva de acomodação segura e digna".[25]

Nessa perspectiva, é de se rever o debate em torno da posse e de sua função social. O fato de a propriedade ter sua função social expressamente prevista no rol das garantias constitucionais não lhe confere qualquer precedência hierárquica em relação à posse. Tampouco serviria essa circunstância a reforçar a ideia de que a posse só se justifica no âmbito e associada à propriedade. A opção do constituinte, ao incluir a função social da propriedade no elenco dos direitos fundamentais, indica a determinação constitucional em condicionar a tutela das relações jurídicas patrimoniais aos interesses não proprietários. Como a dizer: se o direito subjetivo do proprietário é garantido constitucionalmente, a função desempenhada pelo domínio também o é, a instrumentalizar, assim, a propriedade aos valores existenciais reconhecidos pela sociedade.

No tocante à posse, a técnica empregada pelo constituinte mostra-se diversa, em razão da peculiaridade da tutela possessória. Por se cuidar de situação eminentemente fática, o interesse nela contido só se legitima e se torna digno de proteção jurídica na medida em que se vincula aos valores merecedores de tutela constitucional. A justificativa da posse encontra-se, portanto, diretamente na função social que desempenha o possuidor, direcionando o exercício de direitos patrimoniais a valores existenciais. Se inserida no âmbito da relação dominical, avalia-se a legitimidade do exercício possessório por intermédio dos limites impostos ao titular do domínio. Quando destacada

---

[25] TJSP, 4.ª C. D. Priv., Ap. Cív. 0024957-32.2012.8.26.0071, Rel. Des. Ênio Zuliani, j. 10.03.2016. Veja-se a ementa do julgado: "Interdito proibitório. Situação familiar complexa e perigo para a segurança do núcleo familiar fragmentado pela dissolução da união estável. Mulher e dois filhos menores, um merecedor de cuidados especiais, que pretendem impedir que o varão, dono do imóvel, possa reavê-lo e desalojá-los da residência. Hipótese de incidência do princípio da função social da propriedade em prol da segurança da família, o que garantira sobrevivência digna para a autora e filho. Limitação, contudo, de permanência pelo prazo de 9 (nove) meses, a partir do presente julgamento, o que surge como adequado para que se realize mudança de local ou que se concretize o dever de alimentos para cobertura de aluguel".

do direito de propriedade, a legitimidade da posse encontra-se condicionada ao interesse jurídico perseguido pelo exercício possessório.[26]

Daí afigurar-se desnecessário e, muito provavelmente, contraproducente assegurar tutela legal abstrata ao possuidor, o que, inclusive, suscitaria dúvidas quanto ao caráter provisório e instrumental de sua proteção. E, se assim é, a controvérsia entre a posse e a propriedade não pode ser dirimida *a priori*. Diante de tal confronto, assistirá razão ao titular que demonstrar atender à função imposta ao exercício de sua respectiva titularidade, nos termos constitucionais: a função social da propriedade, segundo o conteúdo definido pelo art. 5.º, XXIII, da Constituição da República, e a função social da posse, verificada a partir da correspondência do exercício possessório aos interesses jurídicos constitucionalmente tutelados, no âmbito das garantias fundamentais, como trabalho, moradia e saúde, todos expressões da dignidade da pessoa humana.[27]

3. A PROPRIEDADE E SUA FUNÇÃO SOCIAL NA CONSTITUIÇÃO DE 1988

A Constituição de 1988 consagrou a função social não apenas como alicerce da ordem econômica (art. 170, II e III), a exemplo da Carta anterior, mas como direito fundamental, nos termos do art. 5.º, XXIII – ao lado, portanto, da cláusula pétrea relativa à garantia fundamental de proteção da propriedade privada, prevista no inciso XXII. Por outro lado, encontram-se inseridos, no texto constitucional, dispositivos que conferem conteúdo específico à função social da propriedade.

---

[26] Nessa perspectiva, a jurisprudência do Tribunal de Justiça do Estado do Rio de Janeiro encontra-se consolidada no sentido de que o característico essencial da função social da posse estaria na abordagem voltada à promoção dos interesses existenciais da pessoa, estimulando, por exemplo, "o direito à moradia como direito fundamental de índole existencial, à luz do princípio da [dignidade da] pessoa humana" (TJRJ, 1.ª C. C., Ap. Cív. 0008688-82.2013.8.19.0068, Rel. Des. Custódio de Barros Tostes, j. 26.04.2016; TJRJ, 13.ª C. C., Ap. Cív. 0000903-88.2012.8.19.0073, Rel. Des. Gabriel de Oliveira Zefiro, j. 28.8.2015; TJRJ, 13.ª C. C., Ap. Cív. 0000751-13.2013.8.19.0006, Rel. Des. Gabriel de Oliveira Zefiro j. 11.01.2016).

[27] V., sobre o tema, TEPEDINO, Gustavo; SCHREIBER, Anderson. Função social da propriedade e legalidade constitucional. *Direito Estado e Sociedade*, Rio de Janeiro: PUC-Rio, v. 9, n. 17, p. 41-57, ago.-dez. 2000.

É possível identificar a existência de diversas "situações proprietárias" na Constituição da República, cada qual com sua disciplina específica, identificadas de acordo com a destinação do bem (rural ou urbano), sua potencialidade econômica (produtiva ou improdutiva) ou sua titularidade (adquirente estrangeiro ou brasileiro).[28] A propriedade assume, assim, formas variadas, não redutíveis a um único estatuto jurídico.[29] Além disso, pode-se mesmo

---

[28] Nessa direção, o Superior Tribunal de Justiça já afirmou, ao tratar da função social da propriedade rural, que "a finalidade buscada pelas normas constitucionais, assim como as de direito agrário, é o incentivo à produtividade da terra, que termina alcançando a função social de proteção aos agricultores" (STJ, 4.ª T., REsp 1.040.296/ES, Rel. p/ Acórdão Min. Luis Felipe Salomão, j. 02.06.2015). No caso, discutia-se a respeito da possibilidade de usucapião de área inferior ao módulo rural, conforme o art. 65 da Lei 4.504/1964. Segundo a Corte, "mais relevante que a área do imóvel é o requisito que precede a esse, ou seja, o trabalho realizado pelo possuidor e sua família, que torne a terra produtiva, dando a ela função social" (STJ, 4.ª T., REsp 1.040.296/ES, Rel. p/ Acórdão Min. Luis Felipe Salomão, j. 02.06.2015).

[29] Os arts. 182 e 183 da Constituição disciplinam a utilização da propriedade urbana no âmbito bem mais amplo da política territorial das cidades. Na mesma linha, os arts. 184 e 185 regulam a propriedade rural no capítulo dedicado à Política Agrícola e Fundiária e à Reforma Agrária. Ali estão previstas diversas disciplinas da propriedade, de acordo com sua potencialidade econômica e levando-se em conta sua destinação. Assim, por exemplo, são postas a salvo da desapropriação, para fins de reforma agrária, a pequena e a média propriedade, quando o titular não possuir outra (art. 185, I), bem como a propriedade produtiva (art. 185, II); veda-se a penhora da pequena propriedade familiar rural por débitos derivados da atividade produtiva; e autoriza-se a criação de meios específicos de financiamento para o desenvolvimento da propriedade familiar (art. 5.º, XXVI). No sentido de ampliar ainda mais a proteção à pequena propriedade, a Constituição instituiu a chamada usucapião especial, que se configura a partir da posse continuada por cinco anos de imóvel rural, não superior a 50 hectares, tornado produtivo pelo possuidor, ou, no caso de propriedade urbana destinada à habitação familiar, não superior a 250 m2 (arts. 183 e 191). O Texto Constitucional determinou, ainda, que a aquisição e arrendamento de propriedade rural por parte de estrangeiros devem ser regulamentados por procedimento específico, e, em certos casos, dependem de autorização do Congresso Nacional (art. 190). Diante desse cenário, destaca-se que "a propriedade, afirmada pelo texto constitucional, reiteradamente, [...] não constitui um instituto jurídico, porém um conjunto de institutos jurídicos relacionados a distintos tipos de bens. Assim, cumpre distinguirmos, entre si, a propriedade de valores mobiliários, a propriedade literária e artística, a propriedade industrial, a propriedade do solo, v.g. Nesta última, ainda, a propriedade do solo rural, do solo urbano e do subsolo. Uma segunda distinção, ademais, há de ser procedida, entre propriedade

dizer que o constituinte inovou de forma significativa, ao funcionalizar a propriedade aos valores sociais e existenciais.

Na perspectiva da dogmática do direito civil, procura-se identificar a repercussão da função social no conteúdo do direito de propriedade. A rigor, trata-se de verificar de que maneira se relacionam os interesses proprietários e os não proprietários. Nessa esteira, se é verdade que a segurança jurídica não se obtém desconsiderando o dado normativo, este, por sua vez, não há de ser tomado pelo intérprete como elemento estático, devendo ser reconstruído continuamente, na dinâmica própria da tensão dialética fato-norma.[30] Ambos os elementos são indispensáveis ao processo interpretativo e o predomínio de um em detrimento do outro representaria a perda de contato com a chamada norma viva.[31]

Disso decorre, por conseguinte, o equívoco de se ater ao conceito estático de propriedade, construído à época do *laissez-faire*, de modo a, após adaptá-lo aos atuais princípios constitucionais, preservar a noção de domínio imutável em sua essência, embora *corroído* ou *mutilado* por limites externos. Sob essa ótica, seria possível reconhecer ao proprietário uma espécie de salvo-conduto (*ius plenum dominii*) no interior do território (*meum esse*) que lhe restou, no âmbito do qual estaria resguardado das ingerências do legislador. Haveria, portanto, um "conteúdo mínimo da propriedade", núcleo inatacável de poderes remanescentes (*rectius*, liberdade remanescente!), verdadeira fronteira além da qual o direito não poderia mais ser "violado", ou "reduzido" por leis ordinárias.[32] Desse modo, a relação de propriedade se apresentaria como

---

de bens de consumo e propriedade de bens de produção" (GRAU, Eros Roberto. *A ordem econômica na Constituição de 1988*: interpretação e crítica. São Paulo: RT, 1990. p. 248).

[30] Sobre o conceito de segurança jurídica na legalidade constitucional, v. TEPEDINO, Gustavo. O papel atual da doutrina do direito civil entre o sujeito e a pessoa. *O direito civil entre o sujeito e a pessoa*: estudos em homenagem ao Professor Stefano Rodotà. Belo Horizonte: Fórum, 2016. p. 28-29.

[31] Sobre a imprescindibilidade de ambas as referências leciona Pietro Rescigno: "Accanto alla `rivolta dei fatti' vi è dunque il sistema positivo considerato nella sua interezza, anche nell'emergere di figure che nascono con carattere temporaneo od eccezionale, e nell'avvertita sopravvivenza di fenomeni che sembravano ridotti in esili margini" (RESCIGNO, Pietro. Disciplina dei beni e situazioni della persona. *Quad. Fiorentini*, II, p. 862, 1976-1977).

[32] A crítica ao isolamento de um "conteúdo mínimo da propriedade", blindado contra qualquer ordem de ingerências externas, não se confunde com a possibilidade de identificação de "conteúdos mínimos da propriedade" de acordo com seus sujeitos, objetos, destinações, ou mesmo circunstâncias concretas. Nessa

disputa entre o interesse egoístico, tendencialmente pleno (previsto no Código Civil, nos termos do *caput* do art. 1.228), e o interesse social (mesmo se em vantagem deste último, de acordo com intervenções legislativas autorizadas pelo § 1.º do art. 1.228 do Código Civil).

A propriedade constitucional, todavia, não se traduz numa redução quantitativa dos poderes do proprietário, a transformá-la em uma "minipropriedade", como alguém, com fina ironia, a cunhou.[33] Ao reverso, revela determinação conceitual qualitativamente diversa, na medida em que a relação jurídica da propriedade, compreendendo interesses não proprietários (igual ou predominantemente) merecedores de tutela, não pode ser examinada "se non construendo in una endiadi le situazioni del proprietario e dei terzi".[34] Desse modo (não já o conteúdo mínimo, mas), o preciso conteúdo da situação jurídica de propriedade, inserida na relação concreta, deriva da compatibilidade da (situação jurídica de) propriedade com situações não proprietárias. Assim considerada, a propriedade (deixa de ser uma ameaça e) se transforma em instrumento para a realização do projeto constitucional.

Por conseguinte, na hipótese de conflito com o interesse do proprietário, o interesse não patrimonial se afigura como "situação de vantagem", direito subjetivo autonomamente considerado e tutelado pelo ordenamento, capaz de condicionar, internamente, o conteúdo da relação de propriedade, de maneira bem mais intensa do que o princípio geral do *neminem laedere*.[35]

À luz das considerações até então delineadas, pode-se aceitar como verdadeira a conclusão de "que é constitucionalmente ilegítimo não apenas o estatuto proprietário que concede ao titular poderes supérfluos ou

---

esteira, Pietro Perlingieri, referindo-se à Constituição italiana, mas em lição de todo aplicável ao Direito brasileiro, adverte que "a conclusão pela qual é preciso falar de conteúdos mínimos da propriedade deve ser interpretada não em chave jusnaturalista, mas em relação à reserva de lei prevista na Constituição, a qual garante a propriedade atribuindo à lei a tarefa de determinar os modos de aquisição, de gozo e os limites, com o objetivo de assegurar a função social e de torná-la acessível a todos (art. 42, § 2)" (PERLINGIERI, Pietro. *Perfis do direito civil*: introdução ao direito civil constitucional. Rio de Janeiro: Renovar, 2002. p. 231).

[33] TIZZANO, A. *Crisi dello stato sociale e contenuto minimo della proprietà*. Atti del Convegno, Camerino, 27-28 maggio 1982, Napoli, 1983, p. 132.

[34] CANTELMO, Vincenzo. Proprietà e crisi dello stato sociale. *Democrazia e Diritto*, 1983. p. 119.

[35] Cf. CANTELMO, Vincenzo. Le forme attuali di propretà privata: la forma agricola. *Rass. Dir. Civ.*, 1985. p. 355 e ss.

contraproducentes em face do interesse (constitucionalmente) perseguido, como também o estatuto que deixa de conceder ao proprietário os poderes necessários para a persecução de tal interesse".[36] Diante da previsão do aspecto funcional do domínio constante do § 1.º do art. 1.228 do Código Civil, novas possibilidades hermenêuticas se abrem para o intérprete. O risco iminente de se transformar a previsão legal em letra morta (considerada mera dicção política, fruto da retórica do codificador) debela-se pela identificação dos contornos constitucionais do direito de propriedade no ordenamento brasileiro.

4. A FUNÇÃO SOCIAL COMO ELEMENTO INTERNO DO DOMÍNIO

A propriedade, nessa direção, não seria mais a atribuição de poder tendencialmente plena, cujos confins são definidos externamente,[37] ou, de qualquer modo, em caráter predominantemente negativo,[38] de tal modo que, até certo ponto, o proprietário teria espaço livre para suas atividades e para a emanação de sua senhoria sobre o bem. A determinação do conteúdo da propriedade, ao contrário, dependerá de centros de interesses extraproprietários, os quais vão ser regulados no âmbito da relação jurídica de propriedade. Os poderes concedidos ao proprietário, portanto, apenas adquirem legitimidade na medida em que seu exercício concreto desempenhe função merecedora de tutela. Daí decorre que, quando certa propriedade não cumpre sua função social, não pode ser tutelada pelo ordenamento jurídico.[39]

Tal constatação oferece suporte teórico para a correta compreensão da função social da propriedade, que terá, necessariamente, configuração dúctil, refutando-se, mais uma vez, os apriorismos ideológicos em favor do dado normativo. A função social modificar-se-á de estatuto para estatuto, sempre em conformidade com os preceitos constitucionais e com a concreta regulamentação dos interesses em jogo. Pode-se mesmo dizer, com apoio na doutrina mais atenta, que a função social parece capaz de moldar o estatuto proprietário na sua essência, constituindo o título justificativo, a causa de

---

[36] IANNELLI, Antonio. Sul terribile diritto. *Rass. Dir. Civ.*, 1, 1983. p. 85.
[37] Em sentido contrário, defendendo a concepção da função social como limite externo, confira-se VIANA, Marco Aurélio S. *Comentários ao novo Código Civil*. Rio de Janeiro: Forense, 2003. v. XVI, p. 40.
[38] NATOLI, Ugo. *La proprietà*: appunti delle lezioni, I. Milano: Giuffrè, 1980. p. 187-202.
[39] PERLINGIERI, Pietro. *Note sulla crisi dello stato sociale e sul contenuto minimo dela proprietà*. In: *Legal. e giust.*, 1983. p. 449-450.

atribuição dos poderes do titular,[40] ou seja, o fator de legitimidade do exercício da própria liberdade, qualificando-a e justificando a atuação do proprietário. A função social torna-se, assim, "a própria razão pela qual o direito de propriedade foi atribuído a determinado sujeito",[41] justificando-se a afirmação de que "a propriedade sem função social não se reveste de legitimidade".[42]

A despeito, portanto, da disputa em torno do significado e da extensão da noção de função social,[43] poder-se-ia assinalar, como patamar de relativo consenso, sua inserção no *profilo interno*[44] do domínio, atuando como critério de valoração do exercício do direito, o qual deverá ser direcionado para um

---

[40] PERLINGIERI, Pietro. *Note sulla crisi dello stato sociale e sul contenuto minimo della proprietà* cit., p. 449.

[41] PERLINGIERI, Pietro. *Perfis do direito civil* cit., p. 226.

[42] TJSP, 4.ª C.D.Priv., Ap. Cív. 0015678-80.2002.8.26.0068, Rel. Des. Enio Zuliani, j. 09.05.2013.

[43] Não se poderia, nessa sede, nem ao menos tangenciar os intensos debates interpretativos suscitados pela expressão função social, ora considerada uma *"formula ellitica e polisensa"* (ALPA, Guido. *Crisi dello statuto sociale e contenuto minimo della proprietà*. Atti del Convegno, Camerino, 27-28 maggio 1982, Napoli, 1983, p. 3), "l'approdo ad un'ultima spiaggia" para o direito de propriedade (RESCIGNO, Pietro. *Disciplina dei beni e situazioni della persona* cit., p. 877, referindo-se ao "aggancio che cercano la proprietà e le situazioni 'reali' nella tutela della persona"), ou ainda uma espécie de "camicia di forza imposta alla proprietà individuale" (como entendia a doutrina tradicional examinada por DE VITA, Anna. *Crisi dello stato sociale e contenuto minimo della proprietà*. Atti del Convegno, Camerino, 27-28 maggio 1982, Napoli, 1983, p. 169); ou ainda, ao reverso, focalizada exclusivamente do ponto de vista econômico. É significativa, a propósito, a mudança de orientação de Stefano Rodotà, o qual, desenvolvendo fórmula de Vincenzo Spagnuolo Vigorita, identificava o adjetivo "social" como "benessere economico e collettivo" (cf. RODOTÀ, Stefano. *Proprietà (diritto vigente)* cit., p. 137, e já em *Note critiche in tema di proprietà*. Milano: Giuffrè, 1960). Posteriormente, todavia, admite que, no afã de evidenciar a "rottura ormai consumata con la concezione della proprietà come diritto inviolabile e attributo della personalità", deixava-se de lado "l'intreccio tra finalità d'ordine economico e altri obiettivi riscontrabili nella stessa disciplina costituzionale dei rapporti economici", "non tenendo in nessun conto le ulteriori finalità indicate nella parte iniziale della Costituzione" (RODOTÀ, Stefano. *Il terribile diritto*: studi sulla proprietà privata. Bologna: Il Mulino, 1981. p. 405-407). Sobre a discussão acerca da extensão da função social da propriedade no Direito brasileiro, veja-se, por todos, GOMES Orlando. *Direitos reais*. Rio de Janeiro: Forense, 2008. p. 123 e ss.

[44] PERLINGIERI, Pietro. *Introduzione alla problematica della proprietà*. Napoli: Scuola di perfezionamento in diritto civile dell'Università di Camerino, 1970. p. 121 e ss.

massimo sociale.⁴⁵ Daí, portanto, a capacidade de o elemento funcional alterar a estrutura do domínio,⁴⁶ fazendo nela incluírem-se os deveres necessários ao atendimento da função social do instituto. Supera-se, assim, a análise estática da estrutura da propriedade, que passa a se constituir não só pelos poderes de usar, gozar e dispor, mas também pelos deveres indispensáveis à realização do aspecto funcional do domínio, identificados na concreta relação jurídica.⁴⁷

Assim é que, por exemplo, ao modificar a estrutura do domínio, a função social em concreto poderá fazer com que o não uso da propriedade implique a perda da proteção possessória por parte do seu titular ou torne a propriedade suscetível à desapropriação para fins de reforma agrária.⁴⁸ A função social, assim delineada, importa na compreensão da propriedade, a um só tempo, como *garantia* patrimonial, vinculada a ditames sociais, e como *acesso* a bens fundamentais relativos à moradia, ao trabalho e a valores existenciais.⁴⁹ Diante de tais constatações, não se pode objetar que a função social, como elemento interno do domínio, restringiria a liberdade individual, visto que, a rigor, as liberdades constitucionais não podem ser tomadas isoladamente, já que inseridas na legalidade constitucional. Consoante advertiu Pietro Perlingieri,

---

45 A eloquente expressão é repetidas vezes utilizada por Stefano Rodotà (cf. Proprietà (diritto vigente) cit., p. 137). Sobre as consequências da função social no âmbito interno do direito de propriedade, indispensável transcrever o trecho de Salvatore Pugliatti: "Si può dire che la proprietà (se già non è tuttavia) si avvia ad essere (strumento di realizzazione di una complessa e poliedrica) funzione sociale, e che l'impulso a tale radicale trasformazione della sua struttura e della sua natura opera già nel cuore del nostro ordinamento e come forza in atto" (PUGLIATTI, Salvatore. *La proprietà e le proprietà*. Milano: Giuffrè, 1954. p. 278).

46 Sobre o ponto, PUGLIATTI, Salvatore. *La proprietà e le proprietà* cit., p. 281, o qual observa (releve-se que a 1.ª edição da obra é de 1954), que "il nucleo interno del diritto di proprietà è ormai aperto alle influenze trasformatrici. La struttura stessa del diritto viene ad essere intaccata e muta la natura di esso".

47 Também nos tribunais brasileiros encontra acolhida a concepção da função social como elemento interno da propriedade. V., ilustrativamente, TJSP, 12.ª C.D.Priv., Ap. Cív. 0004179-12.2011.8.26.0577, Rel. Des. Ramon Mateo Júnior, j. 21.02.2017: "a função social da propriedade [...] não pode ser encarada como algo exterior à propriedade, mas como elemento integrante de sua própria estrutura".

48 V., ao propósito, TJRS, 17.ª C.C., Ap. Cív. 70013925441, Rel. Des. Elaine Harzheim Macedo, j. 16.03.2006.

49 Sobre essa dúplice perspectiva da propriedade como acesso e como garantia, v. MAURO, Roberta. A propriedade na Constituição de 1988 e o problema do acesso aos bens. In: TEPEDINO, Gustavo; FACHIN, Luiz Edson (Org.). *Diálogos sobre direito civil*. Rio de Janeiro: Renovar, 2008. v. I, p. 49.

"a autonomia não é livre-arbítrio: os atos e as atividades não somente não podem perseguir fins antissociais ou não sociais, mas, para terem reconhecimento jurídico, devem ser valorados como conformes à razão pela qual o direito de propriedade foi garantido e reconhecido".[50]

5. NOVAS PERSPECTIVAS DA FUNÇÃO SOCIAL NA TEORIA DOS BENS: ACESSO E PARTICIPAÇÃO NO ÂMBITO DOS BENS COMUNS

Assiste-se, contemporaneamente, à ascensão dos debates relacionados aos bens comuns,[51] a denotar preocupação – ainda presente após quase trinta anos da Constituição de 1988 – com a efetividade dos direitos fundamentais, notadamente no que se refere à garantia de acesso aos bens essenciais para o exercício desses direitos. Sob a perspectiva dos bens comuns, busca-se enfatizar a relação entre a pessoa (e seus direitos) e os bens, mediante a construção de mecanismos jurídicos que efetivamente propiciem o acesso e a participação quanto aos bens necessários à satisfação das necessidades da pessoa humana.[52] A taxonomia dos bens comuns exprime, nessa direção, o oposto do "individualismo proprietário": passa-se da propriedade exclusiva à inclusiva (ou à não propriedade), com o reconhecimento da legitimidade de que se investem sujeitos e interesses diversos em relação a um mesmo bem.

---

[50] PERLINGIERI, Pietro. *Perfis do direito civil* cit., p. 228.

[51] Como observam Pablo Renteria e Marcus Dantas, percebe-se, nos últimos anos, "importante movimento de revisão da doutrina da 'tragédia dos comuns'" (RENTERIA, Pablo; DANDAS, Marcus. Notas sobre os bens comuns. *O direito civil entre o sujeito e a pessoa*: estudos em homenagem ao Professor Stefano Rodotà. Belo Horizonte: Fórum, 2016. p. 134).

[52] A relação entre direitos fundamentais, acesso e bens comuns é analisada por Stefano Rodotà: "Diritti fondamentali, accesso, beni comuni disegnano una trama che ridefinisce il rapporto tra il mondo delle persone e il mondo dei beni. Questo, almeno negli ultimi due secoli, era stato sostanzialmente affidato alla mediazione proprietaria, alle modalità con le quali ciascuno poteva giungere all'appropriazione esclusiva dei beni necessari. Proprio questa mediazione viene ora revocata in dubbio. La proprietà, pubblica o privata che sia, non può comprendere ed esaurire la complessità del rapporto persona/beni. Un insieme di relazioni viene ormai affidato a logiche non proprietarie" (RODOTÀ, Stefano. *Il terribile diritto* cit., p. 464).

No âmbito do desenvolvimento da função social da propriedade, nota-se que a "revolução dos bens comuns"[53] desloca-se da propriedade funcionalizada para alcançar o "oposto da propriedade".[54] Em percurso evolutivo, a função social, concebida inicialmente como conjunto de limites externos ao exercício do poder proprietário, passou a ser compreendida como instrumento para a própria definição do conteúdo do direito de propriedade, circunscrevendo internamente as faculdades exercitáveis pelo proprietário. Na renovada abordagem dos bens comuns, propõe-se, nessa perspectiva, que a função social permita configurar o poder de uma multiplicidade de sujeitos de participar nas decisões relacionadas a certas categorias de bens.[55] A reflexão ultrapassa, portanto, a racionalidade proprietária traduzida no esquema dualístico da propriedade pública ou privada.

Na rica experiência italiana sobre o tema, a reação à delegação do serviço de distribuição de águas à iniciativa privada, formulada em 2002 pelo governo Berlusconi, constituiu verdadeiro marco na ebulição dos debates em torno dos bens comuns,[56] chegando-se a afirmar que "l'acqua è stata letteralmente la goccia che ha fatto traboccare il vaso".[57] O desenvolvimento teórico dos bens comuns na Itália já desperta o interesse da comunidade jurídica brasileira,[58] cujas primeiras reflexões pautam-se, dogmaticamente,

---

[53] RODOTÀ, Stefano. Verso i beni comuni. *Il terribile diritto*. Studi sulla proprietà privata e i beni comuni. 3. ed. Bologna: Mulino, 2013. p. 465.

[54] RODOTÀ, Stefano. Verso i beni comuni cit., p. 470.

[55] RODOTÀ, Stefano. Verso i beni comuni cit., p. 463.

[56] "De tão intenso, o engajamento da sociedade conduziu à realização de plebiscito, em 12 e 13 de junho 2011, no qual 95% dos participantes (representativos de 57% do eleitorado) manifestaram-se pela revogação da privatização da distribuição das águas" (RENTERIA, Pablo; DANDAS, Marcus. Notas sobre os bens comuns cit., p. 136).

[57] MATTEI, Ugo. La goccia e il vaso. *Alfabeta 2*, n. 6, Gennaio-Febbraio 2011.

[58] V., ao propósito, sob as mais diversas perspectivas, as seguintes contribuições: SALOMÃO FILHO, Calixto. *Teoria crítico-estruturalista do direito comercial*. São Paulo: Marcial Pons, 2015. p. 105-119; MELO, Milena Petters; GATTO, Andrea. Água como bem comum no quadro da governança democrática: algumas reflexões críticas a partir das bases da economia ecológica e sobre a necessidade de um novo direito público. *Revista Novos Estudos Jurídicos Eletrônica*, v. 19, n. , p. 95-1211, 2014; RENTERIA, Pablo; DANDAS, Marcus. Notas sobre os bens comuns cit., p. 131-146; VIEIRA, Miguel Said. Bens comuns: uma análise linguística e terminológica. Acta Media XI: Simpósio Internacional de Artemídia e Cultura Digital. São Paulo, 2014. Disponível em: <https://ssrn.com/abstract=2670751>. Acesso em: 18 maio 2017.

no combate à crença consolidada da "tragédia dos comuns",⁵⁹ utilizando-se, para tanto, da festejada obra – que lhe rendeu o Prêmio Nobel de Economia –, de Elinor Ostrom.⁶⁰ As ponderações para uma qualificação jurídica dos bens comuns encontram-se ainda em estágio inicial, o que se evidencia pela amplitude das abordagens realizadas em diversos campos do conhecimento (jurídico, filosófico, econômico). O primeiro desafio consiste, portanto, no estabelecimento de métodos que permitam abordagem jurídica dos bens comuns na realidade brasileira.

No estudo dos bens comuns, há que se raciocinar por problemas, delimitando, conforme as circunstâncias do bem comum analisado, o suporte fático da análise. Assim o fez a própria Elinor Ostrom ao estabelecer diversas limitações ao seu objeto de estudo dos "common pool resources",⁶¹ atentando para a necessidade de que sejam observados os limites do potencial aplicativo de cada teoria.⁶² Desse modo, após a identificação dos bens comuns com os

---

⁵⁹   HARDIN, Garrett. The Tragedy of the Commons: Science. *New Series*, v. 162, p. 1243-1248, Dec. 13, 1968.

⁶⁰   OSTROM, Elinor. *Governing the commons*: the evolution of institutions for collective action. Cambridge: Cambridge University Press, 2015. A autora desafia a concepção prevalente de que a administração comum dos bens leva necessariamente à sua destruição, sendo essencial, portanto, recorrer à privatização ou ao controle público. Como destaca Ostrom, "the central question in this study is how a group of principals who are in an interdependent situation can organize and govern themselves to obtain continuing joint benefits when all face temptations to free-ride, shirk, or otherwise act opportunistically". (OSTROM, Elinor. *Governing the commons* cit., p. 29)

⁶¹   "I do not include all potential CPR situations within the frame of reference. I focus entirely on small-scale CPRs, where the CPR is itself located within one country and the number of individuals affected varies from 50 to 15.000 persons who are heavily dependent on the CPR for economic returns. These CPRs are primarily inshore fisheries, smaller grazing areas, groundwater basins, irrigation systems, and communal forests [...]. There are limits on the types of CPRs studied here: (1) renewable rather than nonrenewable resources, (2) situations where substantial scarcity exists, rather than abundance, and (3) situations in which the users can substantially harm one another, but not situations in which participants can produce major external harm for others" (OSTROM, Elinor. *Governing the commons* cit., p. 26).

⁶²   "When years have been spent in the development of a theory with considerable power and elegance, analysts obviously will want to apply this tool to as many situations as possible. The power of a theory is exactly proportional to the diversity of situations it can explain. All theories, however, have limits. Models of a theory are limited still further because many parameters must be fixed in a

direitos fundamentais, atribuindo a construção da *pessoa constitucionalizada* a lógicas diversas daquela proprietária, torna-se essencial configurar instrumentos de concretização do acesso efetivo e imediato aos bens comuns,[63] observadas as peculiaridades de cada caso. Com efeito, "é a qualidade dos direitos a garantir que leva à qualificação de um bem como 'comum' e à ulterior, necessária, atração no âmbito dos direitos do acesso a tal bem".[64]

Da água ao conhecimento, dos alimentos à gestão dos espaços urbanos, da proteção ao meio ambiente à tutela da saúde, augura-se que os bens comuns possam fortalecer o feixe de poderes pessoais que configuram precondições necessárias à efetiva participação no processo democrático, construindo-se uma "rinnovata opportunità di ricongiungimento tra l'uomo e il citadino".[65] Na esteira das conquistas alcançadas pela função social da posse e da propriedade, afigura-se possível aperfeiçoar a tutela privilegiada das situações existenciais mediante o reconhecimento de bens – constitutivos da pessoa e de sua cidadania – cuja acessibilidade não se subordina à disponibilidade de recursos financeiros, subtraída, portanto, à lógica do mercado.

Na experiência brasileira, a Constituição de 1988 inaugurou ordem jurídica que clama por instrumentos de efetivação dos direitos fundamentais, notadamente no que se refere à destinação dos bens e sua relação com a garantia de acesso conferida aos cidadãos. Além das já aludidas normas que preveem a função social da propriedade (CR, arts. 5.º, XXIII, e 170, III), evidenciando a preocupação com a função social dos bens, verifica-se a ainda pouco explorada noção de acesso, expressamente prevista, por exemplo, no art. 23, V, que determina, como "competência comum da União, dos Estados,

---

model, rather than allowed to vary" (OSTROM, Elinor. *Governing the commons* cit., p. 24).

[63] Como afirma Rodotà, "quando si parla dell'accesso a questi beni come di un diritto fondamentale della persona, si fa una duplice operazione: si affida l'effettiva costruzione della persona 'costituzionalizzata' a logiche diverse da quella proprietaria, dunque fuori da una dimensione puramente mercantile; si configura l'accesso non come una situazione puramente formale, come una chiave che apre una porta che fa entrare solo in una stanza vuota, ma come lo strumento che rende immediatamente utilizzabile il bene da parte degli interessati, senza ulteriori mediazioni" (RODOTÀ, Stefano. *Verso i beni comuni* cit., p. 469).

[64] RODOTÀ, Stefano. *Verso i beni comuni* cit., p. 496. No original: "**È la qualità dei diritti da garantire che porta alla qualificazione di un bene come 'comune' e all'ulteriore, necessaria, attrazione nell'ambito dei diritti dell'accesso a tali beni**".

[65] RODOTÀ, Stefano. *Verso i beni comuni* cit., p. 479.

do Distrito Federal e dos Municípios", "proporcionar os meios de acesso à cultura, à educação, à ciência, à tecnologia, à pesquisa e à inovação". Na mesma direção, garante-se, nos arts. 196, 206 e 215, acesso à saúde, à educação e à cultura,[66] além da previsão de "acesso a níveis dignos de subsistência", no âmbito do Fundo de Combate e Erradicação da Pobreza instituído no art. 79 do Ato Constitucional das Disposições Transitórias.[67]

A tábua axiológica constitucional afigura-se, portanto, receptiva à construção dos bens comuns, sendo notável, ao propósito, a evolução jurisprudencial do Superior Tribunal de Justiça acerca de dois bens em especial: a água e a cidade. Quanto à água, vale notar que a Lei n.º 9.433/1997, que institui a Política Nacional de Recursos Hídricos, prevê que "a água é um bem de domínio público" e que "a gestão dos recursos hídricos deve sempre proporcionar o uso múltiplo das águas". O STJ, embora valendo-se da sistemática do direito de vizinhança para resolver questão afeita à passagem de aqueduto voltada à atividade agrícola de sociedades empresárias, afirmou o caráter "comum" da água, que não se submete ao domínio do particular ou do Estado: "destinada a atender as necessidades primordiais do ser humano, a água, antes tratada como bem apropriável pelo particular, ou seja, bem privado, de titularidade do dono do imóvel onde tivesse sua nascente, passou a se tornar bem do domínio público – o que não significa dizer que seu domínio é do Estado, mas sim que pertence a todos".[68]

---

[66] O art. 196, *caput*, da CR garante o "acesso universal e igualitário às ações e serviços" para a "promoção, proteção e recuperação" da saúde. O art. 206, I, estabelece, quanto ao direito à educação, que o ensino será ministrado com base no princípio da "igualdade de condições para o acesso e permanência na escola". Já o art. 215, *caput*, estatuiu que o Estado garantirá a todos "o pleno exercício dos direitos culturais e acesso às fontes da cultura nacional, e apoiará e incentivará a valorização e a difusão das manifestações culturais".

[67] "Art. 79. É instituído, para vigorar até o ano de 2010, no âmbito do Poder Executivo Federal, o Fundo de Combate e Erradicação da Pobreza, a ser regulado por lei complementar com o objetivo de viabilizar a todos os brasileiros acesso a níveis dignos de subsistência, cujos recursos serão aplicados em ações suplementares de nutrição, habitação, educação, saúde, reforço de renda familiar e outros programas de relevante interesse social voltados para melhoria da qualidade de vida". Em 2010, a Emenda Constitucional n.º 67 prorrogou, por tempo indeterminado, "o prazo de vigência do Fundo de Combate e Erradicação da Pobreza a que se refere o *caput* do art. 79 do Ato das Disposições Constitucionais Transitórias", bem como a lei complementar que o regulamenta.

[68] STJ, 3.ª T., REsp 1.616.038/RS, Rel. Min. Nancy Andrighi, j. 27.09.2016.

No que se refere à cidade, a evolução jurisprudencial que ora se pretende focalizar guarda relação com a posse de bens públicos. Como se sabe, a Constituição da República previu expressamente a necessidade de ordenação voltada ao "pleno desenvolvimento das funções sociais da cidade e garantir o bem-estar de seus habitantes" (art. 182, *caput*). O denominado Estatuto da Cidade (Lei n.º 10.257/2001), atendendo ao comando constitucional, buscou instituir instrumentos para a promoção da "cidade democrática".[69] Nessa esteira, controverte-se, entre outros aspectos, acerca da possibilidade de se reconhecer posse de particulares sobre bens públicos, notadamente na hipótese de bens dominicais abandonados. Na vanguarda da reconstrução do direito privado, o STJ reconheceu, em 2016, a viabilidade do manejo de ações possessórias em litígio entre particulares sobre bem público dominical.[70] Em belíssimo voto, o relator, Ministro Luis Felipe Salomão, destacou que "a ocupação por particular de um bem público abandonado/desafetado – isto é, sem destinação ao uso público em geral ou a uma atividade administrativa –, acaba por conferir justamente a função social da qual o bem está carente em sua essência". O relator observou, ainda, que "a construção do conceito de posse deve levar em conta o direito social primário à moradia e o acesso aos bens vitais mínimos, aptos a conferir dignidade à pessoa humana em um plano substancial (art. 1.º, III, CF), sempre em resguardo à pessoa e à entidade familiar".

De outra parte, o debate acerca da ocupação de espaços urbanos ociosos (públicos ou privados) ganha destaque no âmbito do *urban commoning*, em que se postula reconhecimento às ocupações que buscam vitalizar a cidade,

---

[69] Nessa direção, o art. 2.º do Estatuto da Cidade prevê diretrizes gerais da política urbana, cujo objetivo consiste em "ordenar o pleno desenvolvimento das funções sociais da cidade e da propriedade urbana". Entre tais diretrizes, consta a "garantia do direito a cidades sustentáveis, entendido como o direito à terra urbana, à moradia, ao saneamento ambiental, à infraestrutura urbana, ao transporte e aos serviços públicos, ao trabalho e ao lazer, para as presentes e futuras gerações" (inciso I), a "gestão democrática por meio da participação da população e de associações representativas dos vários segmentos da comunidade na formulação, execução e acompanhamento de planos, programas e projetos de desenvolvimento urbano" (inciso II), a "justa distribuição dos benefícios e ônus decorrentes do processo de urbanização" (inciso IX), "regularização fundiária e urbanização de áreas ocupadas por população de baixa renda mediante o estabelecimento de normas especiais de urbanização, uso e ocupação do solo e edificação, consideradas a situação socioeconômica da população e as normas ambientais" (inciso XIV).

[70] STJ, 4.ª T., REsp 1.296.964/DF, Rel. Min. Luis Felipe Salomão, j. 18.10.2016.

utilizando os bens ocupados para a realização de atividades e serviços abertos ao público. Na experiência italiana, casos como o da ocupação do *Teatro Valle*, em Roma, e do prédio abandonado de uma fábrica de tintas (*ex Colorifico*), em Pisa, projetaram a discussão acerca da legitimidade das ocupações, tendo em vista que, nos casos em que a proprietário não confere destinação socialmente relevante ao bem, a ocupação seria "generativa" e, portanto, protegida pela Constituição.[71] No Brasil, nota-se, especificamente quanto à posse dos bens públicos, construção, acolhida no STJ, que prioriza a análise da função do bem público, conforme a classificação em bens de uso comum do povo, bens de uso especial e bens dominicais, em detrimento de sua titularidade, para efeitos de reconhecimento da proteção possessória. Com efeito, ainda que a admissão da posse sobre bens públicos de uso comum do povo não se associe diretamente às ocupações descritas, denota que o reconhecimento da posse sobre bem público, situação jurídica tutelada pelo ordenamento, depende menos da titularidade (pública) do domínio que da função desempenhada pelo bem em benefício da coletividade.[72]

---

[71] MATTEI, Ugo; QUARTA, Alessandra. Right to the City or Urban Commoning? Thoughts on the Generative Transformation of Property Law. *The Italian Law Journal*, Edizione Scientifiche Italiane, v. 1, n. 2, p. 316, 2015. Como observam os autores, "in fact, squatters or occupants of theaters always open the occupied building to collectivity and offer services to the neighborhood thus securing the social function of these assets (Art. 42 Constitution). These movements usually claim the right to the city by regenerating spaces and asking (through conflict and dissent) the municipal authorities for more participation in the urban decision-making processes. In this way, cities are obtaining a new political subjectivity when creatively resisting austerity measures and becoming interesting laboratories in which people can experiment new political coalitions and new legal solutions. Two main practices deserve some further attention: one, 'temporary use', is a bottom-up approach granting to squatters a temporary use and thus recognizing the importance of their civic activism. The other, the 'municipal regulation of the commons', perhaps can be described as a top-down solution. It is nevertheless quite an enlightened response to civic activism that would be a mistake to simply dismiss as paternalistic".

[72] A jurisprudência do STJ reconhece ser "possível a posse de particulares sobre bens públicos de uso comum, a qual, inclusive, é exercida coletivamente, como composse" (STJ, 3.ª T., REsp 1.582.176/MG, Rel. Min. Nancy Andrighi, j. 20.09.2016). O entendimento acerca da posse sobre bens públicos de uso comum do povo precede o reconhecimento da posse sobre bens dominicais na hipótese de conflito entre particulares, destacando-se, contudo, pelo critério utilizado na análise da configuração da posse, qual seja, a função atribuída ao bem público. Para a Corte, os bens de uso comum do povo são "aqueles destinados, por

6. NOTAS CONCLUSIVAS

A mudança de paradigma no cenário da propriedade privada e da posse se justifica, em larga medida, no amplo repertório doutrinário e jurisprudencial que, após a Constituição de 1988, adquiriu renovado suporte normativo. A propriedade, consolidada na dogmática pré-constitucional como direito de vocação essencialmente patrimonial, passa a ser funcionalizada ao exercício das situações jurídicas existenciais, configurando-se o desenho da propriedade como direito subjetivo dúctil, cujo conteúdo pode-se definir somente na relação concreta, no momento em que se compatibilizam as várias situações jurídicas constitucionalmente protegidas.

À instrumentalização da propriedade à sua função social alia-se a concepção da posse como direito autônomo, cuja tutela independe do domínio, podendo inclusive ser garantida contra o titular do domínio. Prevalentemente associada ao poder de fato sobre o bem, a avaliação da tutela possessória vincula-se à promoção de interesses merecedores de tutela por meio do aproveitamento conferido ao bem pelo possuidor. A dinamicidade da proteção possessória permite vislumbrar amplo espectro de promoção de situações constitucionalmente merecedoras de tutela mediante a garantia da situação possessória como instrumento de efetivação da função social dos bens.

Nessa esteira, começa a atrair a atenção o debate sobre os denominados bens comuns, cujo acesso seria independente da estrutura de dominação proprietária. Compreendida na evolução da funcionalização da propriedade e dos bens às situações existenciais, a ideia de acesso aos bens para a efetivação dos direitos fundamentais representa o enfoque central das reflexões acerca dos bens comuns. A exemplo do que se verifica na experiência italiana, a função social da propriedade e da posse constitui a base para o raciocínio tópico de cada bem comum. No ordenamento jurídico brasileiro, a normativa da água e da cidade afigura-se ilustrativa da ideia de bens comuns, desafiando o intérprete à construção de instrumentos de concretização do acesso e da participação cidadã na gestão desses bens.

REFERÊNCIAS

ALPA, Guido. *Crisi dello statuto sociale e contenuto minimo della proprietà*. Atti del Convegno, Camerino, 27-28 maggio 1982, Napoli, 1983.

---

natureza ou por lei, ao uso coletivo" (STJ, 3.ª T., REsp 1.582.176/MG, Rel. Min. Nancy Andrighi, j. 20.09.2016).

BEVILÁQUA, Clóvis. *Direito das coisas*. Rio de Janeiro: Rio Ed., 1976. v. I.

CANTELMO, Vincenzo. Le forme attuali di propretà privata: la forma agricola. *Rass. Dir. Civ.*, 1985.

_____. Proprietà e crisi dello stato sociale. *Democrazia e Diritto*, 1983.

CHAMOUN, Ebert. *Direito civil*: aulas do 4.º ano proferidas na Faculdade de Direito da Universidade do Distrito Federal. Rio de Janeiro: Aurora, 1955.

_____. Exposição de motivos do esboço do anteprojeto do Código Civil – Direito das Coisas. *Revista Trimestral de Direito Civil – RTDC*, v. 46, 2011.

DANTAS, San Tiago. *Programa de direito civil*: direito das coisas. Rio de Janeiro: Rio Ed., 1979. v. III.

DE VITA, Anna. *Crisi dello stato sociale e contenuto minimo della proprietà*. Atti del Convegno, Camerino, 27-28 maggio 1982, Napoli, 1983.

FACHIN, Luiz Edson. *Direito civil*: sentidos, transformações e fim. Rio de Janeiro: Renovar, 2015.

_____. O estatuto constitucional da proteção possessória. In: FARIAS, Cristiano Chaves de (Org.). *Leituras complementares de direito civil*: o direito civil-constitucional em concreto. Salvador: JusPodivm, 2007.

GOMES Orlando. *Direito civil*: direito das coisas. São Paulo: Saraiva, 2007. v. V.

_____. *Direitos reais*. Rio de Janeiro: Forense, 2008.

GRAU, Eros Roberto. *A ordem econômica na Constituição de 1988*: interpretação e crítica. São Paulo: RT, 1990.

HARDIN, Garrett. The Tragedy of the Commons: Science. *New Series*, v. 162, Dec. 13, 1968.

HERNANDEZ GIL, Antonio. *La posesión*. La posesión como institución jurídica y social. Madrid: Espasa-Calpe, 1987. t. 2.

IANNELLI, Antonio. Sul terribile diritto. *Rass. Dir. Civ.*, 1/1983.

JHERING, Rudolf von. *O fundamento dos interdictos possessórios*. Rio de Janeiro: Francisco Alves, 1908.

_____. *Teoria simplificada da posse*. São Paulo: Saraiva, 1986. (*Clássicos do direito brasileiro*, v. VI.)

MATTEI, Ugo. La goccia e il vaso. *Alfabeta 2*, n. 6, Gennaio-Febbraio 2011.

_____; QUARTA, Alessandra. Right to the City or Urban Commoning? Thoughts on the Generative Transformation of Property Law. *The Italian Law Journal*, Edizione Scientifiche Italiane, v. 1, n. 2, p. 316, 2015.

MAURO, Roberta. A propriedade na Constituição de 1988 e o problema do acesso aos bens. In: TEPEDINO, Gustavo; FACHIN, Luiz Edson (Org.). *Diálogos sobre direito civil*. Rio de Janeiro: Renovar, 2008. v. II.

MELO, Milena Petters; GATTO, Andrea. Água como bem comum no quadro da governança democrática: algumas reflexões críticas a partir das bases da economia ecológica e sobre a necessidade de um novo direito público. *Revista Novos Estudos Jurídicos Eletrônica*, v. 19, n. 1, 2014.

NATOLI, Ugo. *La proprietà*: appunti delle lezioni, I. Milano: Giuffrè, 1980.

OSTROM, Elinor. *Governing the commons*: the evolution of institutions for collective action. Cambridge: Cambridge University Press, 2015.

PEREIRA, Caio Mário da Silva. *Instituições de direito civil*. Rio de Janeiro: Forense, 2003. v. IV.

PEREIRA, Lafayette Rodrigues. *Direito das coisas*. Rio de Janeiro: Rio Ed., 1977. v. I.

PERLINGIERI, Pietro. *Il fenomeno dell'estinzione nelle obbligazioni*. Napoli: ESI, 2004.

_____. *Introduzione alla problematica della proprietà*. Napoli: Scuola di perfezionamento in diritto civile dell'Università di Camerino, 1970.

_____. Note sulla crisi dello stato sociale e sul contenuto minimo dela proprietà. *Legal. e Giust.*, 1983.

_____. *Perfis do direito civil*: introdução ao direito civil constitucional. Rio de Janeiro: Renovar, 2002.

PUGLIATTI, Salvatore. *La proprietà e le proprietà*. Milano: Giuffrè, 1954.

RENTERIA, Pablo; DANDAS, Marcus. Notas sobre os bens comuns. *O direito civil entre o sujeito e a pessoa*: estudos em homenagem ao Professor Stefano Rodotà. Belo Horizonte: Fórum, 2016.

RESCIGNO, Pietro. Disciplina dei beni e situazioni della persona. *Quad. Fiorentini*, II, 1976-1977.

RODOTÀ, Stefano. Dal soggetto alla persona. *Il diritto di avere diritti*. Roma: Laterza, 2012.

_____. *Il terribile diritto*: studi sulla proprietà privata. Bologna: Il Mulino, 1981.

_____. *Note critiche in tema di proprietà*. Milano: Giuffrè, 1960.

_____. Proprietà (diritto vigente). *Novissimo digesto italiano*. Diretto da Antonio Azara e Ernesto Eula. Torino: UTET, 1967. v. XIV.

_____. Verso i beni comuni. *Il terribile diritto*. Studi sulla proprietà privata e i beni comuni. 3. ed. Bologna: Mulino, 2013.

RODRIGUES, Manuel. *A posse*: estudo de direito civil português. Coimbra: Almedina, 1996.

RODRIGUES, Silvio. *Direito civil*: direito das coisas. São Paulo: Saraiva, 2007. v. V.

SALOMÃO FILHO, Calixto. *Teoria crítico-estruturalista do direito comercial.* São Paulo: Marcial Pons, 2015.

SOUZA, Eduardo Nunes de. Função negocial e função social do contrato: subsídios para um estudo comparativo. *Revista de Direito Privado*, v. 54, 2013.

TEPEDINO, Gustavo. Contornos constitucionais da propriedade privada. *Temas de direito civil.* Rio de Janeiro: Renovar, 2004. t. I.

_____. Esboço de uma classificação funcional dos atos jurídicos. *Revista Brasileira de Direito Civil – RBDCivil*, v. I, 2014.

_____. O papel atual da doutrina do direito civil entre o sujeito e a pessoa. *O direito civil entre o sujeito e a pessoa*: estudos em homenagem ao Professor Stefano Rodotà. Belo Horizonte: Fórum, 2016.

_____; SCHREIBER, Anderson. Função social da propriedade e legalidade constitucional. *Direito Estado e Sociedade*, Rio de Janeiro: PUC-Rio, v. 9, n. 17, ago.-dez. 2000.

TIZZANO, A. *Crisi dello stato sociale e contenuto minimo della proprietà.* Atti del Convegno, Camerino, 27-28 maggio 1982, Napoli, 1983.

TRABUCCHI, Alberto. *Istituzioni di diritto civile.* Padova: Milano, 1993.

VIANA, Marco Aurélio S. *Comentários ao novo Código Civil.* Rio de Janeiro: Forense, 2003. v. XVI.

VIEIRA, Miguel Said. Bens comuns: uma análise linguística e terminológica. Acta Media XI: Simpósio Internacional de Artemídia e Cultura Digital. São Paulo, 2014. Disponível em: <https://ssrn.com/abstract=2670751>. Acesso em: 18 maio 2017.

WALD, Arnoldo. *Direito civil*: direito das coisas. São Paulo: Saraiva, 2009. v. IV

20

ENSAIO SOBRE A FUNÇÃO SOCIAL DA POSSE E USUCAPIÃO DE BEM PÚBLICO A PARTIR DE JULGADO DO STJ

ÊNIO SANTARELLI ZULIANI

Sumário: I. Introdução; II. Propriedade e função social; III. A posse e sua função social; V. A usucapião; VI. Usucapião e bens públicos; VII. Referências.

I. INTRODUÇÃO

Incrível essa fértil proposta de emparedar ensaios jurídicos de um mesmo assunto com as visões peculiares de personagens com vocações diferenciadas. Embora a jurisprudência não dispense a companhia da doutrina e vice-versa, nem sempre o diálogo trocado para acertar os desencontros de suas correntes ocorre de maneira harmônica. Nesses debates não se perde a classe porque é uníssona a certeza de que desse compartilhamento democrático surgem divergências decisivas para movimentar o cérebro em busca da fórmula ideal da interpretação jurídica, clareando o caminho para a descoberta da justiça que todos querem alcançar sempre que sustentam seus pontos de vista. Méritos, pois, aos organizadores da obra que, com estimulante provocação, atenderam ao que Karl Larenz[1] chamou de sentido dialético, fenômeno do desenvolvimento do Direito a partir da jurisprudência aplicada com conhecimento dos princípios jurídicos.

A diferença sobre aspectos de um princípio ou da análise de um dispositivo legal resulta da percepção do contexto observado, sabido que o doutrinador manipula seu pensamento liberto das especificidades do conflito entre sujeitos, enquanto o juiz atua preso aos limites objetivos da lide e deverá motivar a sentença para resolver um caso concreto. Há uma linha ideológica criando diversidades e até abismos nas conclusões desses artífices forenses, o que não impede que seus trabalhos se aproximem e aperfeiçoem conceitos e sugestões até *de lege ferenda*.

Vale a pena registrar que os papéis exercidos pela doutrina e pela jurisprudência ganharam um *status* inusitado a partir do reconhecimento da insuficiente preparação universitária dos operadores do direito, pois, com raríssimas exceções, o bacharel sai das faculdades sem o tirocínio mínimo para compreender o sistema legal em sua plenitude e a sua natural vocação. Mauro Cappelletti[2] chamava a atenção, recordando as advertências de Calamandrei, para a obrigatoriedade de alterar o método de ensino e aproximar o mestre do aluno em contágio intelectual para a influência da experiência adquirida, essencial para a perfeita formação jurídica. A doutrina é a lição aplicada fora das salas de aula e não se aconselha desprezá-la, inclusive os jovens e velhos juízes.

Uma das questões palpitantes nos processos do dia a dia envolve a tutela do direito de propriedade imóvel quando desafiado pelo direito de posse ou quando o dono, assim definido pelo título de domínio (art. 1.227 do CC), é obrigado a sustentar o direito real (arts. 1.225, I, e 1.228 do CC) pela pretensão de outrem que, de alguma maneira, ingressou na área e a ocupa com os qualificativos da posse protegida (art. 1.196 do CC). Desse embate surgem inúmeras controvérsias exigindo não só do pensador do direito, como também do operador, posições claras e objetivas que, uma vez anunciadas, poderão despertar desconfiança quanto ao fator risco da estabilização jurídica.

---

[1] LARENZ, Karl. *Metodologia da ciência do direito*. Tradução de José de Sousa e Brito e José António Veloso. Lisboa: Fundação Calouste Gulbenkian, 1978. p. 585.

[2] CAPPELLETTI, Mauro. *Estudio del derecho y tirocinio professional*. Tradução de Santiago Sentis Melendo y Marino Ayerra Rédin. Buenos Aires: Ejea, 1959. p. 136.

Há algo emblemático esquentando o duelo posse *x* propriedade e inexiste prognóstico de solução a prazo curto, exatamente pela dificuldade de surgir fato novo que possa subsidiar modernizado e corajoso entendimento. O que influenciou muito para se chegar a uma concepção mais ajustada ao sentido da valorização de uso efetivo e produtivo da área urbana e rural nasceu da constitucionalização do direito civil ou da necessidade de os interesses privados sujeitarem-se a uma visão coletiva e coincidente ao interesse da sociedade. Trata-se de uma visão atual do que sempre foi objeto de preocupação, tanto que a Lei 601, editada pelo Imperador D. Pedro, em 16.09.1850, visando disciplinar o registro de terras no Brasil, admitia (art. 5.º) a legitimação das "posses mansas e pacíficas, adquiridas por ocupação primária ou havidas do primeiro ocupante, *que se acharem cultivadas ou com princípios de cultura, e morada habitual do respectivo posseiro ou de quem o represente*"[3].

Essa lei, considerada histórica e de grande relevância para o regime imobiliário, criou o comisso ou perda de eventuais direitos caso não se fizesse a medição para avaliar a extensão das terras cultivadas (art. 8.º) e incorporadas à posse, inclusive pelo tradicional costume português chamado "fogo-morto" (queimada do mato, espinho e abrolhos da área desmatada), o que outorgava direito de manutenção na posse[4]. Colhe-se do interessante estudo de J.O. de Lima Pereira[5] o seguinte:

> Verifica-se, assim, que os bens imóveis no Brasil, a princípio propriedade exclusiva do Estado, passaram a constituir duas grandes classes, em relação as pessoas a que pertencem: a dos bens públicos e a dos bens particulares. O direito de propriedade do poder público sobre os bens de primeira classe, como a sua posse, preexiste como regra geral, tendo por si uma presunção *juris et de jure*. Ao contrário, o domínio e posse dos bens da segunda classe devem ser provados para que cesse aquela presunção, e isso porque a propriedade particular constitui exceção à referida regra geral da dominialidade pública.

---

[3] VASCONCELLOS, J.P.M. de. *Livro das terras*. Rio de Janeiro: Eduardo & Henrique Laemmert, 1860. p. 8.
[4] LIMA, Ruy Cirne. *Terras devolutas*. Porto Alegre: Livraria do Globo, 1935. p. 50.
[5] PEREIRA, J.O. de Lima. *Da propriedade no Brasil*. São Paulo: Casa Duprat, 1932. p. 12.

O sistema jurídico conta com inúmeros precedentes que honram as turmas julgadoras e seus relatores e, para tentar explicar o ritmo da interação da ciência do saber com a prática do direito, era preciso selecionar um e a escolha recaiu sobre o acórdão admitindo posse *ad interdicta* sobre terreno considerado público, não só por retratar a grandeza do espírito jurisprudencial pelo redimensionar o que fora decidido em casos semelhantes (o colendo STJ alterou a sua posição), mas também pelo conteúdo do voto condutor, realmente rico e abundante sobre o sentido da função social da posse. Transcrevo a ementa elaborada pelo eminente Ministro Luis Felipe Salomão, quando do julgamento do REsp 1296964/DF, *DJ* 07.12.2016:

> Recurso especial. Posse. Direito civil e processual civil. Bem público dominical. Litígio entre particulares. Interdito possessório. Possibilidade. Função social. Ocorrência.
>
> 1. Na ocupação de bem público, duas situações devem ter tratamentos distintos: i) aquela em que o particular invade imóvel público e almeja proteção possessória ou indenização/retenção em face do ente estatal e ii) as contendas possessórias entre particulares no tocante a imóvel situado em terras públicas.
>
> 2. A posse deve ser protegida como um fim em si mesma, exercendo o particular o poder fático sobre a *res* e garantindo sua função social, sendo que o critério para aferir se há posse ou detenção não é o estrutural, e sim o funcional. É a afetação do bem a uma finalidade pública que dirá se pode ou não ser objeto de atos possessórios por um particular.
>
> 3. A jurisprudência do STJ é sedimentada no sentido de que o particular tem apenas detenção em relação ao Poder Público, não se cogitando de proteção possessória.
>
> 4. É possível o manejo de interditos possessórios em litígio entre particulares sobre bem público dominical, pois entre ambos a disputa será relativa à posse.
>
> 5. À luz do texto constitucional e da inteligência do novo Código Civil, a função social é base normativa para a solução dos conflitos atinentes à posse, dando-se efetividade ao bem comum, com escopo nos princípios da igualdade e da dignidade da pessoa humana.
>
> 6. Nos bens do patrimônio disponível do Estado (dominicais), despojados de destinação pública, permite-se a proteção possessória pelos ocupantes da terra pública que venham a lhe dar função social.
>
> 7. A ocupação por particular de um bem público abandonado/ desafetado – isto é, sem destinação ao uso público em geral ou a

uma atividade administrativa –, confere justamente a função social da qual o bem está carente em sua essência.

8. A exegese que reconhece a posse nos bens dominicais deve ser conciliada com a regra que veda o reconhecimento da usucapião nos bens públicos (STF, Súm. 340; CF, arts. 183, § 3.º; e 192; CC, art. 102); um dos efeitos jurídicos da posse – a usucapião – será limitado, devendo ser mantida, no entanto, a possibilidade de invocação dos interditos possessórios pelo particular.

9. Recurso especial não provido.

II. PROPRIEDADE E FUNÇÃO SOCIAL

O ser humano transpõe o tempo que o destino lhe concede e escreve a sua história de acordo com suas conquistas, e para sobreviver com dignidade deve se precaver e consolidar, para si, um patrimônio mínimo. O Estado, ciente dessa necessidade, não somente permite a aquisição de bens de forma lícita, como garante a fruição do patrimônio adquirido. A propriedade é, em princípio, garantia de "bem-estar e conforto", como anunciava Clóvis Beviláqua, desde que "receba a sanção da coletividade"[6]. Ao tempo em que comparou as legislações de inúmeros países com o nosso direito privado (1893), Beviláqua não cogitou de empregar a expressão função social que cem anos depois foi inserida no art. 5.º, XXIII, da Constituição Federal: "a propriedade atenderá sua função social". No entanto, ao enfatizar que a coletividade chancelaria o direito de propriedade, prenunciou que a produtividade ou o uso racional dos bens funcionaria como chave do instituto e de solução de litígios.

Cinquenta anos depois (1956), em época na qual era costume publicar peças de processos emblemáticos, a Revista dos Tribunais editou as principais razões elaboradas pelo Professor e Advogado Waldemar Martins Ferreira[7] (Ap. 73598, de São Carlos) entre as quais a seguinte:

> No decurso da tendência socializadora dos bens e do próprio direito (como se este não fosse ato eminentemente social), atribui-se à propriedade função social. É a expressão dos tempos. Não tivessem

---

[6] BEVILÁQUA, Clóvis. *Lições de legislação comparada.* Salvador: Livraria Magalhães, 1897. p. 217.

[7] FERREIRA, Waldemar Martins. *A escritura particular de compromisso de venda de imóvel e sua adjudicação compulsória.* São Paulo: RT, 1956. p. 4.

estes adquirido o sentido que se lhes empresta, e Georges Ripert não pronunciaria em seu livro *Le Régime Democratique et le Droit Civil Moderne*, Paris, 1936, pág. 243, n. 125, aquele amargo conceito de que o proprietário se assemelha agora àquele que recebe do Estado concessão precária e revogável. A própria perpetuidade de seu direito, que subsiste ao menos em tese, não é suscetível de defesa senão por considerações puramente econômicas que levam à afirmativa de que ele desapareceu. Se pois atualmente se consente que o proprietário tire vantagem ou proveito de seu direito, acontece isso porque ele realiza obra social. Tem ele de resto o dever de ordem objetiva de empregar a riqueza de que é detentor na mantença ou no acréscimo da interdependência social.

Belas e sábias palavras. O direito real de propriedade não é absoluto, embora mantenha sua aura protetora com a força do sentido *erga omnes* ao dono diligente com a utilidade e ainda que o próprio não edifique ou realize atividades lucrativas, continuará protegido desde que defenda a o seu patrimônio, exatamente porque lutar pela coisa adquirida revela zelo da conservação que, em última palavra, configura o sinal de seu potencial aproveitamento.

O solo como instituto patrimonial foi sofrendo reveses e a própria mudança da forma de adquirir, por acessão (art. 530 do CC/1916), sentiu as mudanças da revitalização que a boa-fé consagra, tanto que o art. 1.255, parágrafo único, do CC/2002 permite que o construtor que realize uma edificação de valor superior ao do terreno adquira a propriedade do solo, mediante indenização. Antes, nem pensar, sendo interessante mencionar ter Soriano Neto[8] emitido parecer no qual sustentou, na égide da legislação revogada, que o dono adquire as coisas plantadas ou edificadas pouco importando a boa-fé ou má-fé de quem plantou ou construiu, anotando que o dever de indenizar seria uma medida de equidade.

Resulta que a ordem constitucional interferiu na propriedade privada ao estabelecer o que Giovanna Visintini[9] chamou de "formula di compromesso" ou de fazer boas ações com os bens adquiridos, exatamente porque o direito dita as regras para ações sociais de utilidade econômica e de preservação ambiental.

---

[8] SORIANO NETO. *Pareceres*. Recife. 1954. v. 3, p. 16.
[9] VISINTINI, Giovanna. *Nozioni giuridiche fondamentali*: diritto privato. Bologna: Zanichelli, 2002. p. 143.

III. A POSSE E SUA FUNÇÃO SOCIAL

Não se erguiam taças para brindar a posse, enquanto a propriedade sempre foi festejada, mas a persistência da posse como fato produtor de direitos legítimos fez com que o filtro necessário para eliminar as impurezas das grilagens e fraudes imobiliárias criasse uma figura purificada que chamasse a atenção para ser colocada no mesmo grau de mensuração na disputa da primazia sobre a coisa. Mesmo sem ter um dispositivo infraconstitucional sobre sua função social, ao contrário da propriedade que conta com regra constitucional detalhada (art. 186), a ordem jurídica reconhece a finalidade social da posse. O possuidor é investido dos poderes e deveres do direito que é possuído, advertiu José de Oliveira Ascensão em sua dissertação de doutoramento[10].

Esvaiu-se no tempo e hoje aparece quase sem sentido a frase antológica de que onde existe propriedade não há posse, exatamente por prevalecer a ideia de que a posse protege o valor essencial da propriedade (o uso). A contribuição decisiva para que esse avanço fosse materializado se deve, em grande parte, da teoria de Saleilles[11], que defendeu a obrigatoriedade de conferir ao possuidor que se apresenta como dono produtor de atos e atividades concretas de exercício econômico a titularidade para adquirir a coisa apropriada, o que, em resumo, significa que a posse digna dessa tutela efetiva é aquela que não se resume a uma mera ficção jurídica.

O dilema que não tem data para acabar vai sempre colocar frente a frente o direito subjetivo do titular do domínio com a expectativa criada pela posse, sendo que a doutrina não fugiu da incumbência de elaborar fecundas teses, como a do espanhol Antonio Hernandez Gil, quando cunhou a expressão *gestión socialmente útil de los bienes* para explicar que existem limitações de ordem negativa ao proprietário ou deveres de abstenção para que a propriedade não perca a vocação imposta pela coletividade[12]. Hernandes Gil não deixa de dar um recado ao mencionar que o reconhecimento do direito social introduz *puntos de ruptura en la cerrada organización clasista de la sociedad tradicional*[13], e o mais importante: a necessidade de não permanecer a função

---

[10] ASCENSÃO, José de Oliveira. *As relações jurídicas reais*. Lisboa: Livraria Morais, 1962. p. 125, § 48.
[11] SALEILLES, Raymond. *La posesión*. Tradução de J.M.ª Navarro de Palencia. Madrid: Libreria General de Victoriano Suárez, 1909. p. 322, § 127.
[12] GIL, Antonio Hernandes. *La función social de la posesión*. Madrid: Alianza Editorial, 1969. p. 173.
[13] GIL, Antonio Hernandes. *La función social de la posesión* cit., p. 151.

social como discurso teórico ou vazio ou dependente de tímidas (embora bem intencionadas) interferências legislativas; convém destacar o seguinte trecho[14]:

> Si el derecho no es la libertad de algunos reflejada en el sometimiento de otros y si efetivamente se persigue la homogeneización social, con el acceso de las masas a verdaderas relaciones de integración, el instituto posesorio, en cuanto expressa la proyección de las personas sobre las cosas, está llamando a ser un fator relevante.

Quando se imagina a grandeza territorial do Brasil fica difícil compreender a dificuldade de assentar todos os sujeitos que não conseguem, por escassez de patrimônio, adquirir casa própria pelo modo derivado, sendo que é nessa completa ausência de política habitacional que a questão da posse ganha relevância. A necessidade impulsiona pessoas a ocupar terrenos que, para elas, aparecem como abandonados e conglomerados de modestas casas surgem num piscar de olhos, um cenário de pobreza arquitetônica que entristece quem vê ou sente a presença de moradias impróprias ou sem rede de esgoto capaz de dotar as famílias de um mínimo de infraestrutura compatível com a noção de dignidade humana prevista no art. 1.º, III, da Constituição Federal. E o tempo e a leniência de autoridades conspiram para formação de um estado de confiança de que a situação possessória está resolvida, de sorte que, de um momento para o outro e sem aviso prévio, pode chegar ordem de reintegração de posse emitida pelo Judiciário, o que, não raro, é executada mediante reforço policial, com dramaticidade explorada pela mídia sensacionalista.

Esse estado de coisas em nada contribui para o aperfeiçoamento das instituições e da construção do Estado de Direito.

O Código Civil introduziu um dispositivo que é exemplo vivo da reação jurídica a uma reivindicatória indefensável (art. 1.228, § 4.º), permitindo que possuidores adquiram a propriedade da coisa ocupada, mediante pagamento de justa indenização. Isso será possível para impedir a retomada da coisa ocupada e desde que não se consiga a usucapião coletiva prevista no art. 10 da Lei 10.257/2001. É preciso avançar nessa engenharia jurídica que surge por necessidade de tutela da posse.

Os imóveis gerenciados pela Terracap, empresa da União e do Governo do Distrito Federal, não são, propriamente, destinados somente a pessoas de

---

[14] GIL, Antonio Hernandes. *La función social de la posesión* cit., p. 208.

baixa renda, sendo que determinados núcleos distribuídos e ocupados possuem imóveis de valores incompatíveis com a pobreza absoluta. O julgado do STJ (REsp 1296964/DF, *DJ* 07.12.2016, Rel. Min. Luis Felipe Salomão), embora não esteja direcionado ao que se poderia chamar de "favela", ingressa no ciclo evolutivo daquilo que José Osório de Azevedo Júnior denomina de direito imobiliário da população de baixa renda, e assim será analisado porque o que se extrai do seu conteúdo jurídico, para essas singelas considerações, é a tese jurídica.

O fato é que essa entidade pública e tantas outras encarregadas de alienar os imóveis públicos atuam com morosidade assustadora e típica da burocracia inexplicável e irresistível, permitindo a ocupação por particulares diversos daqueles que figuraram nos contratos de alienação celebrados, gerando uma realidade que obriga o juiz a repensar os princípios e valores quando provocado a decidir uma disputa de posse entre dois sujeitos que afirmam primazia possessória de terreno da Terracap (bem público). O acórdão admitiu que, embora não se possa afirmar que exista posse (mas, sim, detenção), terminou por entender que, quando dois particulares disputam a posse de um terreno da Terracap, a decisão deve ser baseada na posse predominante (a melhor posse), o que significa reconhecer tutela possessória de bem público.

Observando os termos do voto condutor do acórdão, verifica-se ter sido alterado o posicionamento que serviu de esteio para que no passado fosse negada proteção possessória ao particular que ocupava terreno da Terracap. Embora o julgado dispense reforço para ser justificado, é de ser anotado que a doutrina portuguesa (velha[15] e contemporânea[16]) admitiu a possibilidade de defesa possessória de bens públicos ocupados por particulares, contra terceiros.

Não poderia ser outra a solução, porque, se não for reconhecida a legitimidade da repulsa ao esbulho e turbações contra aquele que ocupa o bem com a complacência da empresa pública, poderia estimular a convicção de que a invasão residencial passou a ser tolerada pelo Estado de Direito, o que é inconcebível diante da natureza sagrada do recesso e inviolabilidade do ambiente familiar. A decisão do STJ ganha importância pela coragem de romper paradigmas vencidos e por contribuir sobremaneira para a estabilidade jurídica, evitando que os particulares disputem terrenos e casas como se

---

[15] MAGALHÃES, Antonio Leite Ribeiro de. *Manual das acções possessorias*. Coimbra: Typographia França Amado, 1910. p. 39.
[16] RODRIGUES, Manuel. *A posse*. Coimbra: Almedina, 1996. p. 126; e ASCENSÃO, José de Oliveira. *Direito civil*: reais. Coimbra: Coimbra Editora, 1993. p. 70.

estivessem imunizados a entrar em zona de guerra sem regras para equilibrar os tipos de armas a serem utilizadas nesse desafio.

O julgado do STJ resolveu, por dever regimental, o litígio entre os envolvidos e de forma não intencional vestiu a posse com um vasto manto protetor. É permitido afirmar que a qualidade da posse não foi realçada no elemento físico que exterioriza atos típicos do proprietário (art. 1.196 do CC), mas, sim, porque, a partir do trânsito em julgado, integrou no seu âmago um elemento jurídico, qual seja, a sentença que a protege, como se fosse uma garantia oficial concedida pelo Poder Público, ou como diria Jhering[17]: "A segurança da posse descansa essencialmente na proteção jurídica concedida à relação de direito do homem sobre a coisa".

V. A USUCAPIÃO

Segundo Jhering, não é somente com a expropriação que "a propriedade individualista deve ceder diante do interesse social". O jurista alemão refere-se especificamente a usucapião e a acessão, anotando: "Os próprios juristas romanos reconhecem que só o interesse público deve ser tomado em consideração na primeira destas instituições do direito (a usucapião); e proclamam que o interesse do proprietário é nela subordinado ao da sociedade"[18].

Uma posse qualificada não somente permite a defesa pelos interditos, como principalmente transforma o possuidor em proprietário pela usucapião. Usucapir significa adquirir pelo uso e nosso sistema reconhece que o possuidor deve obter o domínio do art. 1.227 do CC, pela sentença, conforme estatuído pelo art. 1.241 do CC. Inclusive é possível o reconhecimento da usucapião extrajudicial (art. 216-A da Lei 6.015/1973), sem falar da usucapião coletiva (art. 10 da Lei 10.257/2001). Imperioso registrar que a usucapião é matéria de defesa (Súmula 237 do STF), e, sendo acolhida a exceção de usucapião, o juiz não somente rejeita a pretensão do proprietário, como e principalmente já solta o título para que o possuidor obtenha o domínio, nos casos de imóvel urbano com área inferior a 250 m2 (art. 13 da Lei 10.257/2001) e de imóvel rural com área inferior a 25 hectares (art. 7.º da Lei 6.969/1981).

A usucapião é a estratégia jurídica para concretizar a função social da posse, porque encerra de maneira positiva o ciclo de aproveitamento

---

[17] JHERING, Rudolf von. *Posse e interditos possessórios*. Tradução de Adherbal de Carvalho. Salvador: Livraria Progresso, 1959. p. 196.

[18] JHERING, Rudolf von. *A evolução do direito*. Salvador: Livraria Progresso, 1950. p. 412, § 218.

econômico da propriedade imóvel. A sentença é uma declaração formal de que o Estado-juiz reconhece a posse *animus domini* do art. 1.196 do CC, com tempo suficiente para estabilidade econômica, e outorga o título de propriedade. A posse é vitoriosa não somente pela função dada pelo possuidor, que escancara o exercício longevo e inconteste permeado com atos concretos que são próprios da prática de quem acredita deter o direito real de propriedade, como também pelo clima de abandono da coisa pelo dono.

Deve o proprietário cumprir a função instituída no art. 5.º, XXIII, da Constituição Federal e o mínimo que se requerer é o controle ou a fiscalização do patrimônio para não gerar a sensação de coisa abandonada. A ocupação que desencadeia a posse *animus domini* cria um estado subjetivo de confiança ou de obter garantias de não ter a posse molestada. Não é o abandono do dono que o faz perder a propriedade, mas, sim, a sua ociosa conduta de proprietário associada a uma atividade produtiva do possuidor, porque esses dois comportamentos serão comparados para que o juiz declare o melhor direito. Normalmente em situações do gênero ganha o possuidor, por não ser razoável a continuidade da "terra inculta ou desprezada" (palavras de Sá Pereira[19]), autor da seguinte frase:

> Em países cruzados de estradas de ferro, de fios telegráficos e telefônicos, servidos de navegação e vapor, informados por uma imprensa diária e por correios regulares, não se compreende que alguém se aposse por trinta anos de um terreno alheio sem que o respectivo proprietário venha a ter conhecimento do esbulho.

Cabe acrescentar aos argumentos do renomado Desembargador Sá Pereira a internet, tendo em vista a utilidade que os computadores oferecem para facilidade de comunicação e constatação de ocorrências em imóveis, todos mapeados e prontos para serem identificados em tempo real. Não é possível que nesses tempos em que a tecnologia trabalha para enterrar os fantasmas das burocracias e animar enérgicas e imediatas reações contra invasões e outras práticas contra a propriedade escriturada permaneça o proprietário alheio ao que se passa ao redor de seu imóvel, cochilando enquanto alguém não desperdiça a oportunidade de aproveitar a coisa e fazer dela bem útil para a sagrada intenção de moradia ou trabalho. A usucapião supre carências sociais e possui um viés importante que foi sintetizado por Pacheco Prates

---

[19] *Manual do Código Civil Brasileiro*, organização de Paulo de Lacerda, vol. VIII, p. 229, § 71.

como "promover a segurança da sua propriedade"[20], e Guilhermo A. Borda[21] lembrou que a usucapião resolve um problema que de outra forma não seria solucionado ao escrever o seguinte:

> Supóngase un bien abandonado largo tiempo por su dueño. Otra persona lo ocupa, la posee, lo trabaja. Pero no tiene título. De no mediar la usucapión, estaría siempre expuesto a una reivindicación originada en títulos que datan quizá de 100 ó 200 años atrás. En esas condiciones, con un perpetuo peligro sobre sus derechos, que no tiene forma de eliminar, el poseedor se desanima, no hace mejoras, no inverte; en una palavra no hace producir al bien todo lo que podría dar una explotación intensiva, protegida por la seguridad que da el derecho de propriedade. Y si como es posible, nadie reivindica esse inmueble, quedará perpetuamente en esa situación de incertidumbre, sin que nada pueda mejorar las condiciones del dominio. Esta situación requiere una solución. Es lo que hace la prescrición adquisitiva.

Necessário reconhecer que a usucapião possui um fundamento lógico: não permitir que a incerteza sobre propriedade das coisas permaneça por muito tempo. A usucapião seria a solução para o problema do autor que ganhou a demanda examinada pelo colendo STJ (REsp 1296964/DF, *DJ* 07.12.2016, Min. Luis Felipe Salomão)?

VI. USUCAPIÃO E BENS PÚBLICOS

Em mensagem clara, a CF (art. 183, § 3.º) diz que "os imóveis públicos não serão adquiridos por usucapião". O Código Civil repete a oração proibitiva (art. 102), o que permite afirmar existir expressa proibição de adquirir, pelo uso, imóveis de propriedade do Poder Público, o que inclui os bens da Terracap, encarregada da política habitacional da Capital da República.

---

[20] PEREIRA, Virgílio de Sá. *Manual do Código Civil Brasileiro* (Paulo de Lacerda). Rio de Janeiro: Jacintho Ribeiro dos Santos Editor, 1924. p. 111, § 20.

[21] BORDA, Guilhermo A. *Tratado de derecho civil*: derechos reales. Buenos Aires: La Ley, 2008. I, p. 310, § 367.

Não é objetivo controverter esse comando normativo em sua essencialidade, mas, sim, a influência ou interferência do julgado declarador da posse *ad interdicta* do possuidor de terreno da Terracap, para fins de usucapião.

Muda alguma coisa?

Buscando responder essa indagação, é oportuno esclarecer que o resultado das reflexões sobre a probabilidade de bens públicos desafetados serem usucapidos, em certas conjunturas, não mira os terrenos da Terracap, até porque há imprudência em emitir opinião sem total conhecimento das minúcias dos imóveis geridos por essa empresa pública e as circunstâncias especiais próprias da Capital da República. O que se afirma, em seguida, é que, se existir uma decisão do quilate desta emanada pelo STJ, declarando a existência de posse *ad interdicta* do particular sobre bem público, o regime dominial do imóvel é alterado ou a proibição de usucapir contrasta com o teor de um ato judicial equiparado a uma ordem administrativa de integral desafetação, surgindo daí a perspectiva de ser atribuído o domínio ao titular dessa posse privilegiada. Essa conceituação serve para todos os bens públicos inseridos em coincidente realidade.

Registre-se que a doutrina não testemunha passivamente a ordem das coisas e o conceito fechado de imprescritibilidade dos bens públicos alienáveis (dominicais – art. 101 do CC). Flávio Tartuce[22] é entusiasta da tese que admite, em circunstâncias excepcionais, a usucapião, exatamente pela valorização jurídica do conceito função social, e José Osório de Azevedo Júnior[23] lembra que a proibição de usucapir bens públicos decorre da necessidade de proteger os bens da coletividade, evitando a grilagem generalizada, o que não ocorreu com "favelas e outros aglomerados da população de baixa renda", porque, nesses casos, "existe um forte interesse social e do próprio Poder Público em regularizar a situação jurídica dessas áreas, tentando solucionar os problemas de moradia". Orlando Gomes[24] afirma que "doutrinariamente é defensável a tese de que os bens dominiais do Estado estão sujeitos a usucapião, como poderia ocorrer razoavelmente, se não houvesse proibição legal, em relação às terras devolutas".

---

[22] TARTUCE, Flávio. *Direito civil*: direito das coisas. 9. ed. Rio de Janeiro: Gen & Forense, 2017. v. V, p. 208, § 3.7.2.3.

[23] AZEVEDO JR., José Osório de. *Direitos imobiliários da população urbana de baixa renda*. São Paulo: Sarandi, 2011. p. 62, § 2.9.1.

[24] GOMES, Orlando. *Introdução ao direito civil*. Rio de Janeiro: Forense, 1974. p. 264, § 187.

O relatório elaborado pelo Ministro Salomão evidencia que, naquela demanda manejada pelo possuidor contra invasor de parte do terreno de Águas Claras – DF, a Terracap, dona do terreno, foi citada e não quis participar do litígio, tendo o Distrito Federal ingressado para defender a inviabilidade de divisão (fraccionamento irregular) do bem objeto da lide. Isso significa que o Poder Público, pelos órgãos investidos da autoridade de dar destinação adequada ao imóvel integrado no patrimônio, tomou conhecimento da disputa possessória e ficou vinculado ao teor da sentença que reconheceu a existência de uma posse qualificada (e não detenção).

O bem ocupado por particular nas mesmas condições em que o autor da ação se posicionou para defesa da posse é bem público alienável, tanto que é essa a sua vocação. Não é um bem destinado ao uso indistinto e coletivo (*in usu publico sunt*). Ele integra a área a ser povoada e a Terracap está encarregada de alienar os terrenos e zelar pelo interesse econômico das prestações dos contratos onerosos que celebrou. A sentença, com a chancela do colendo STJ, reconhece que existe uma posse protegida e que é preciso resguardar o possuidor de invasões ou esbulhos praticados por vizinhos ou estranhos que ameaçam os limites da área ocupada. Assim, se o Poder Público é convocado para participar de uma ação judicial em que se discute a posse predominante de um terreno administrado por uma empresa pública criada para essa finalidade e nada faz para coibir a continuidade da posse, é de entender que o trânsito em julgado da sentença que declara o possuidor titular de posse *ad interdicta* ingressa no cenário jurídico esbanjando poderes (superiores aos limites objetivos e subjetivos da lide), porque ganha o mesmo *status* de ato administrativo de desafetação completa e irreversível.

A proibição de usucapir bens públicos decorre de uma situação muito simples de ser explicada. A disponibilidade do imóvel afetado (agregado, incorporado) ao Poder Público ocorre pela desafetação, que nada mais é do que uma manifestação de vontade que exclui ou faz cessar a dominialidade pública, abrindo ensejo para que tal propriedade entre no patrimônio dos particulares. Tanto a afetação como a desafetação são atos que José Cretella Júnior[25] chamou de "pronunciamentos do poder público".

É nesse contexto que cabe interpretar o julgado finalizado pelo acórdão do STJ. A sentença construída com a intervenção do Poder Público, admitindo a posse *ad interdicta* do particular sobre bem público destinado a subsidiar a política habitacional consubstancia um ato de soberania ou uma

---

[25] CRETELLA JÚNIOR, José. *Dos bens públicos no direito brasileiro*. São Paulo: Saraiva, 1969. p. 106, § 72.

declaração oficial de que o imóvel perdeu a afetação original, o que exclui a proibição constitucional de imprescritibilidade. Na verdade, se nenhuma decisão reverter o conceito de posse garantida por sentença, a declaração judicial de que os imóveis públicos destinados à política habitacional serão regularizados pela posse foi aceita como verdade absoluta, consagrando a tese de que o interesse social está cumprido pela usucapião. Está, pois, assegurada a função social (art. 186 da CF).

Os titulares da posse agasalhada pela sentença vinculativa, que deram aos imóveis, por vias transversas, a destinação que a eles foi prenunciada, carregam um direito que extrapola os limites que a posse física delimita, porque são possuidores que ocupam o terreno como moradia, levantando acessões que, no fundo, constitui o cumprimento social de política de subsídio para moradia própria. Daí por que o julgado transcende os horizontes naturais vistos em uma decisão comum, exatamente por abrir a porta ou uma janela para a regularização da propriedade pela usucapião: a partir do instante em que o Judiciário protege a posse de bem público e a Administração nada faz para desmitificar o conceito jurídico que nasce desse reconhecimento, esses bens passam a contar com autorização (licença) para serem adquiridos pela usucapião.

Advirta-se, todavia, que a usucapião desses bens não é automática nem poderia ser deferida (reconhecida) na sentença que resolve a lide possessória. A partir do trânsito em julgado do precedente que protege a posse, o destinatário deverá se preparar para ajuizar a ação de usucapião, modelando o seu pedido entre as alternativas previstas no ordenamento. Caso tenha direito de usucapir, pelo regime do art. 1.240 do CC (cinco anos de posse qualificada de imóvel com área inferior a 250 m2), deverá aguardar dois anos para ajuizar a usucapião.

Esse biênio complementar não foi definido por acaso, porque é a medida do legislador para a usucapião familiar (art. 1240-A, do CC), como também coincide com a vontade legislativa relacionada com a adequação dos prazos prescritivos com a entrada em vigor do novo Código Civil (art. 2.029 do CC). Colho da obra de Pedro Calmon Moniz de Bittercourt[26]: "A *usucapio* profunda com as suas raízes o direito romano primigênio e já era regulada nas XII Tábuas, como ratificação da posse, de dois anos para os imóveis e apenas um ano para as demais coisas". Há, pois, sentido histórico ligando o prazo de dois anos na usucapião de imóveis.

---

[26] BITTENCOURT, Pedro Calmon Moniz de. *Direito de propriedade*. Rio de Janeiro: Imprensa Nacional, 1925. p. 178.

Esperar dois anos significa aguardar, por tempo razoável, que o Poder Público promova medida judicial para recuperar o bem nos termos das normas específicas (Decreto-lei 9.760/46 e Lei 13.465, de 11 de julho de 2017) ou outra providência concreta de regularização fundiária reveladora de seu cuidado e zelo com a realidade da ocupação. Se nada for providenciado em dois anos, estão presentes todos os requisitos para o Judiciário reconhecer a usucapião e ordenar o registro para consolidar o domínio (art. 1.227 do CC).

Essa é a sugestão, e o prazo de dois anos é uma chance para o Poder Público recupere a propriedade, ajuizando as ações adequadas para essa finalidade e livrando-se da "inércia prolongada"[27] que justifica reconhecer a usucapião ao possuidor. A posse, advertia Jhering[28], é um direito porque representa um interesse juridicamente protegido e deve colocar-se entre os direitos sobre as coisas, e, mesmo quando a posse perecer diante de um conflito com a propriedade, "poco importa; su existencia anterior como derecho no puede ser negada".

O texto que caminha para o final foi idealizado a partir do julgamento do REsp 1.296.964/DF (*DJ* 07.12.2016), sobre terreno situado na Colônia Agrícola Vereda Cruz, Águas Claras-DF, e a abordagem, novamente deve ser enfatizado, não é específica a esse núcleo ou a qualquer outro particularizado. Portanto, se o possuidor de imóvel dessa ou de qualquer outra que foi alvo de uma decisão possessória do grau da que é agora comentada não ostentar o tempo exigido para usucapir usucapião, deverá esperar para finalizar o prazo prescritivo em simetria com a sua posição (usucapião extraordinária, ordinária ou de moradia), para, somente aí, protocolizar o pedido. Aos possuidores com posse longeva o recado é o que consta do parágrafo anterior, ou seja, aguardem dois anos do trânsito em julgado de qualquer das sentenças emitidas em processo com a intervenção do Poder Público para pleitearem a usucapião, porque assim agindo respeitam um tempo razoável para o Poder Público reagir ou regularizar o bem, porque, se nada for idealizado nesse período complementar (de dois anos), consagrada estará a certeza de uma desafetação *sui generis* ou que a Administração rendeu-se ao óbvio, aceitando ser a função social da posse o caminho correto para atribuir propriedade de um bem que o Poder Público deseja mesmo passar ao particular.

---

27 PUGLIESE, Giuseppe. *La prescrizione acquisitiva*. Torino: Torinense, 1911. p. 43, § 23.

28 JHERING, Rudolf von. *Abreviatura de el espiritu del derecho romano*. Tradução de Fernando Vela. *Revista de Occidente Argentina*, Buenos Aires, 1947. p. 436.

José de Alencar[29], famoso autor dos romances *Iracema* e *O Guarani*, escreveu também a obra jurídica *A propriedade*, quando anotou o seguinte:

> O indivíduo que passa pela superfície da terra não leva senão a poeira que vai deixando pelo caminho. Na existência é mais do que união, é absorção; a coisa desaparece, consumida pela necessidade do organismo, de modo que ainda nesse caso a união da pessoa com a coisa não se dá. É só a propriedade que a realiza: é só na esfera desse direito que a pessoa exerce uma dominação permanente, uma espécie de soberania individual sobre uma porção do mundo externo.

Não se permite, em hipótese alguma, subestimar a importância da regularidade do domínio para o homem. É uma questão de segurança familiar e de dignidade humana, e não raro o que se vê é descaso, como se a escrituração fosse algo de somenos ou mera formalidade inútil. O cenário que as ocupações urbanas produzem é desolador e inconcebível, retratando a desorganização social e jurídica. O Judiciário não poderá fechar os olhos diante da irresponsável atuação dos órgãos públicos encarregados de gerir os interesses voltados ao povo de baixa renda ou outros diferenciados, porque não há proteção alguma, e eventual inadimplemento daqueles que celebraram contratos onerosos para aquisição dos terrenos não poderá justificar o quadro de abandono que incentiva a ocupação descontrolada, embrião dos futuros grandes núcleos habitacionais desprovidos de estrutura básica.

O Poder Público não vai legalizar as ocupações produtivas reconhecendo a usucapião por decreto, tanto que Seabra Fagundes[30], como Consultor-Geral da República, emitiu parecer aconselhando a não fazê-lo, pelo seguinte e sensato raciocínio:

> O caráter controvertido da prescrição aquisitiva dos bens públicos, mesmo dominicais, aconselha a Administração Pública a não tomar como definitiva uma orientação que a levaria, por coerência, ao reconhecimento de muitas outras pretensões sobre seus bens patrimoniais.

---

[29] ALENCAR, José de. *A propriedade*. Rio de Janeiro: B.L. Garnier, 1883. p. 254.
[30] SEABRA FAGUNDES, Miguel. *Pareceres do Consultor-Geral da Republica –* fevereiro a setembro de 1946. Rio de Janeiro: A. Coelho Branco F.º Editor, 1947. p. 79.

Significa que a incerteza sobre a regularização permanecerá, o que agrava o que o sociólogo português Boaventura de Souza Santos[31] chamou de "luta urbana", merecendo destaque o seguinte trecho:

> As lutas urbanas pela habitação e sobretudo as centradas nos bairros "subnormais", geralmente clandestinos, têm uma forte componente jurídica. Trata-se de lutas contra a remoção, pela manutenção da ocupação, pela expropriação do solo ocupado, pelas indenizações adequadas por benfeitorias realizadas, pela regularização dos títulos de posse e propriedade etc. etc. Estas lutas jurídicas são coletivas e políticas, embora utilizem as formas e as instituições jurídicas individualistas do Estado liberal e tenham de partir da separação entre o jurídico e o político para, com base nela, gizar estratégias várias de articulação entre ambos.

Nessa guerra, cabe ao Judiciário interceder e agir para suprir a omissão do Estado no papel de fomentador da ocupação urbana, como é de seu dever institucional (art. 5.º, XXXV, da CF). A declaração judicial de posse protegida, nesse caso, possui função catalisadora, exatamente porque acelera um resultado jurídico em efusão. O direito da parte não evolui porque o Poder Público não admite a usucapião e não regulariza a propriedade, estimulando a incerteza e a insegurança. Se não for dado mais um passo, a posse protegida persistirá *ad aeternum* na mesma dimensão oca e isso não interessa aos particulares, a comunidade e ao Poder Público, pelo que cabe gritar para ir mais além, equiparando a sentença da lide possessória a um ato oficial que substitui o pronunciamento específico da Administração em favor da prescritibilidade do bem. A usucapião vai solucionar de vez esse tormentoso conflito social e não causará prejuízo porque, em verdade, é o título de regularização do assentamento justo pela posse privilegiada.

Caso contrário, por que proteger a posse?

VII. REFERÊNCIAS

ALENCAR, José de. *A propriedade*. Rio de Janeiro: B.L. Garnier, 1883.

---

[31] SANTOS, Boaventura de Souza. O Estado, o direito e a questão urbana. In: FALCÃO, Joaquim de Arruda (Org.). *Conflito de direito de propriedade*: invasões urbanas. Rio de Janeiro: Forense, 1984. p. 72.

ASCENSÃO, José de Oliveira. *As relações jurídicas reais.* Lisboa: Livraria Morais, 1962.

_____. *Direito civil*: reais. Coimbra: Coimbra Editora, 1993.

AZEVEDO JR., José Osório de. *Direitos imobiliários da população urbana de baixa renda.* São Paulo: Sarandi, 2011.

BEVILÁQUA, Clóvis. *Licções de legislação comparada.* Salvador: Livraria Magalhães, 1897.

BITTENCOURT, Pedro Calmon Moniz de. *Direito de propriedade.* Rio de Janeiro: Imprensa Nacional, 1925.

BORDA, Guilhermo A. *Tratado de derecho civil*: derechos reales. Buenos Aires: La Ley, 2008.

CAPPELLETTI, Mauro. *Estudio del derecho y tirocinio professional.* Tradução de Santiago Sentis Melendo y Marino Ayerra Rédin. Buenos Aires: Ejea, 1959.

CRETELLA JÚNIOR, José. *Dos bens públicos no direito brasileiro.* São Paulo: Saraiva, 1969.

FERREIRA, Waldemar Martins. *A escritura particular de compromisso de venda de imóvel e sua adjudicação compulsória.* São Paulo: RT, 1956.

GIL, Antonio Hernandes. *La función social de la posesión.* Madrid: Alianza Editorial, 1969.

GOMES, Orlando. *Introdução ao direito civil.* Rio de Janeiro: Forense, 1974.

JHERING, Rudolf von. *A evolução do direito.* Salvador: Livraria Progresso, 1950.

_____. Abreviatura de el espiritu del derecho romano. Tradução de Fernando Vela. *Revista de Occidente Argentina*, Buenos Aires, 1947.

_____. *Posse e interditos possessórios.* Tradução de Adherbal de Carvalho. Salvador: Livraria Progresso, 1959.

LARENZ, Karl. *Metodologia da ciência do direito.* Tradução de José de Sousa e Brito e José António Veloso. Lisboa: Fundação Calouste Gulbenkian, 1978.

LIMA, Ruy Cirne. *Terras devolutas.* Porto Alegre: Livraria do Globo, 1935.

MAGALHÃES, Antonio Leite Ribeiro de. *Manual das acções possessorias.* Coimbra: Typographia França Amado, 1910.

PEREIRA, J.O. de Lima. *Da propriedade no Brasil.* São Paulo: Casa Duprat, 1932.

PEREIRA, Virgílio de Sá. *Manual do Código Civil Brasileiro* (Paulo de Lacerda). Rio de Janeiro: Jacintho Ribeiro dos Santos Editor, 1924.

PRATES, Manoel Martins Pacheco. *Estudos de direito civil*: direitos reais. São Paulo: Escolas Profissionnaes do Lyceu Coração de Jesus, 1926.

PUGLIESE, Giuseppe. *La prescrizione acquisitiva*. Torino: Torinense, 1911.

RODRIGUES, Manuel. *A posse*. Coimbra: Almedina, 1996.

SALEILLES, Raymond. *La posesión*. Tradução de J.M.ª Navarro de Palencia. Madrid: Libreria General de Victoriano Suárez, 1909.

SANTOS, Boaventura de Souza. O Estado, o direito e a questão urbana. In: FALCÃO, Joaquim de Arruda (Org.). *Conflito de direito de propriedade*: invasões urbanas. Rio de Janeiro: Forense, 1984.

SEABRA FAGUNDES, Miguel. *Pareceres do Consultor-Geral da Republica* – fevereiro a setembro de 1946. Rio de Janeiro: A. Coelho Branco F.º Editor, 1947.

SORIANO NETO. *Pareceres*. Recife. 1954. v. 3.

TARTUCE, Flávio. *Direito civil*: direito das coisas. 9. ed. Rio de Janeiro: Gen & Forense, 2017. v. V.

VASCONCELLOS, J.P.M. de. *Livro das terras*. Rio de Janeiro: Eduardo & Henrique Laemmert, 1860.

VISINTINI, Giovanna. *Nozioni giuridiche fondamentali*: diritto privato. Bologna: Zanichelli, 2002.

QUESTÕES POLÊMICAS QUANTO AO CONDOMÍNIO EDILÍCIO

21

O CONDOMÍNIO EDILÍCIO NA JURISPRUDÊNCIA DO STJ: ESTADO ATUAL DA ARTE

MÁRIO LUIZ DELGADO

SUMÁRIO: 1. Notas introdutórias; 2. Áreas comuns e áreas de uso comuns: 2.1. Do uso exclusivo das áreas comuns; 2.2. Das restrições à utilização das áreas de uso comum; 3. Penalidades condominiais: multas e juros de mora: 3.1. Breve digressão sobre as multas condominiais disciplinadas no Código Civil; 3.2. A questão da aplicação imediata do § 1.º do art. 1.336 aos condomínios constituídos antes de 11.01.2003; 3.3. Possibilidade de aplicação da multa prevista no *caput* do art. 1.337 aos casos de inadimplência; 3.4. Multa pelo comportamento antissocial: 3.4.1 Comportamento antissocial: conceito jurídico indeterminado; 3.4.2 Possibilidade de aplicação da multa por comportamento antissocial aos casos de inadimplência "abusiva"; 3.4.3. O condômino antissocial pode ser excluído do condomínio?; 3.5. O percentual dos juros de mora; 4. Questões polêmicas relativas à cobrança das cotas condominiais; 5. A (des)personalização jurídica do condomínio; Referências.

1. NOTAS INTRODUTÓRIAS

A concepção moderna do condomínio edilício ou condomínio em plano horizontal foi incorporada ao ordenamento jurídico brasileiro com a edição da Lei 4.591/1964, que dispôs sobre as edificações ou conjuntos de edificações, de um ou mais pavimentos, construídos sob a forma de unidades isoladas entre si, destinadas a fins residenciais ou não-residenciais, podendo ser alienadas, no todo ou em parte, sendo que cada unidade constituirá propriedade autônoma.

A expressão "condomínio edilício" não estava na Lei 4.591/1964 e foi introduzida pelo CC/2002. Caio Mário da Silva Pereira criticara, com muita ênfase, essa denominação, por constituir um "neologismo". Washington de Barros Monteiro preferia se referir a "condomínio em edifícios de andares ou apartamentos pertencentes a proprietários diversos"[1].

Muitas foram as indagações que eclodiram a partir da substituição do regramento da Lei 4.591/1964 pelo Código Civil de 2002. Decorridos três lustros do início de sua vigência, várias das controvérsias foram solucionadas pelo Superior Tribunal de Justiça, que é a Corte responsável por uniformizar a interpretação da lei federal em todo o Brasil.

Entre as questões já resolvidas pelo STJ, merecem destaque especial a dúvida sobre a forma de aplicação das diversas multas condominiais e a definição do percentual dos juros de mora previstos na convenção. A Quarta Turma do Tribunal da Cidadania decidiu, por exemplo, ao julgar o REsp 1.247.020, que o condômino inadimplente que não cumpre com seus deveres perante o condomínio pode ser obrigado a pagar multa de até cinco vezes o valor atribuído à contribuição para as despesas condominiais. Em outras palavras, disse o STJ que a multa prevista no *caput* do art. 1.337 do Código Civil pode ser aplicada ao devedor contumaz, cumulativamente com a multa moratória de 2% prevista no § 1.º do art. 1.336.

Outra controvérsia espancada envolve a fixação dos juros de mora pela convenção de condomínio. É que o § 1.º do art. 1.336 acabou com o limite máximo de 1% ao mês para cobrança dos juros de mora, previsto na lei anterior, facultando à convenção estabelecer outro percentual. Mas qual seria o limite desse novo percentual? A Terceira Turma do Superior Tribunal de Justiça, ao julgar o REsp 1.002.525, entendeu ser legítima a cobrança de juros moratórios acima de 1%, bastando para tanto previsão expressa acordada na convenção de condomínio.

Não obstante o avanço empreendido pelo labor da jurisprudência, diversos questionamentos resistem ao passar dos anos, motivando o ajuizamento de milhares de demandas. Veja-se o caso do chamado "condômino antissocial". Em que consiste esse comportamento contrário às regras de convivência? Esse "infrator" pode ser excluído do condomínio? E ao inadimplente pode ter restringido o acesso às áreas de uso comum, especialmente àquelas voltadas ao lazer?

---

[1] BARROS MONTEIRO, Washington de. *Curso de direito civil*: direito das coisas. 36. ed. São Paulo: Saraiva, 2000. v. 3, p. 213.

As relações condominiais, não há como negar, constituem manancial inesgotável de conflitos de toda ordem entre os diversos proprietários. Certamente, nenhuma outra modalidade de propriedade trouxe maior riqueza de problemas jurídicos e sociais. Fonte perene de choques e de intermináveis contendas, próprias da convivência humana em sociedade, notadamente nessa microssociedade que é o condomínio edilício.

Abordaremos, nos tópicos que se seguirão, várias questões polêmicas e algumas das soluções encontradas pelo Superior Tribunal de Justiça, como resultado de um profícuo e permanente diálogo entre doutrina e jurisprudência no trato das demandas que grassam em torno do condomínio edilício.

2. ÁREAS COMUNS E ÁREAS DE USO COMUNS

Matéria que sempre despertou divergência na disciplina do condomínio edilício diz respeito ao uso das áreas pertencentes ao condomínio e que não integram a propriedade exclusiva de nenhum condômino, especialmente o uso exclusivo de "área comum" e a vedação à utilização de "áreas de uso comum" por determinados condôminos.

Não se confundem os conceitos de "área comum" e "área de uso comum". A área comum permite a utilização exclusiva, enquanto a área de uso comum somente poderá ser utilizada por todos os comproprietários. Assim,

> [...] as vigas e pilares que rompem por dentro de cada unidade autônoma, aparentes ou não, constituem condomínio de todos, sendo "insuscetível de divisão, ou de alienação destacada da respectiva unidade" [...], o que significa dizer que nenhum proprietário poderá, *v.g.*, derrubar o pilar aparente existente em sua unidade autônoma. Porém, não obstante tratar-se de área comum, ao dito pilar só mesmo poderá ter acesso o respectivo titular da unidade autônoma, nele, inclusive, podendo pendurar quadros, realizar algum acabamento interno, pintar da cor desejada e tudo mais o que for compatível com a posse exclusiva a que tem direito em virtude do pilar – apesar de ser "área comum" – não se prestar ao "uso comum" dos demais comproprietários[2].

---

[2] RAMOS, Glauco Gumerato. Condomínio em edificações. Vaga de garagem registrada autonomamente. Área comum contígua e somente atingível pela garagem pertencente a determinado condômino; Parecer Civil. *RT* 803, p. 91, set. 2002.

O terraço de cobertura é considerado parte comum, salvo disposição em contrário no ato de constituição do condomínio (CC, art. 1.331, § 5.º).

Por sua vez, as áreas de uso comum são aquelas que não permitem a utilização exclusiva por nenhum dos condôminos, como é o caso do *hall* de entrada, dos corredores, dos elevadores, do salão de festas, da piscina ou da academia.

2.1. Do uso exclusivo das áreas comuns

No que se refere às "áreas comuns", a orientação doutrinária, consubstanciada em enunciado aprovado na *III Jornada de Direito Civil*, promovida pelo Centro de Estudos Judiciários do Conselho da Justiça Federal, firmou-se no sentido de ser "possível a utilização exclusiva de área 'comum' que, pelas próprias características da edificação, não se preste ao 'uso comum' dos demais condôminos". E o Superior Tribunal de Justiça em diversos precedentes, ainda na vigência da Lei 4.591/1964, esclareceu que somente é possível a utilização, pelos condôminos, em caráter exclusivo, de parte de área comum, quando autorizados por assembleia geral[3].

Essa autorização, no entanto, prescinde da aprovação de todos os condôminos, bastando aprovação por 2/3 das frações ideais, que vem a ser o quórum mínimo para alteração ordinária da convenção do condomínio, já que não se trata de mudança de destinação do imóvel ou da unidade imobiliária (CC, art. 1.351). Nesse sentido, decidiu a Quarta Turma do Superior Tribunal de Justiça (STJ), ao julgar o REsp 281.290/RJ, confrontando a orientação doutrinária então dominante que entendia, de forma anacrônica, ser necessária a anuência de todos os condôminos, em assembleia extraordinária, como se a autorização para o uso exclusivo implicasse uma mudança de destinação da área comum.

Tema que ainda suscita discussões versa sobre a utilização do terraço de cobertura. Debate-se a possibilidade de cobrança, pelo condomínio, de uma remuneração pela utilização exclusiva (*contribuição de ocupação*). O Código Civil não veda a que a convenção venha a instituir esse tipo de taxa, desde que não viole a boa-fé objetiva e suas figuras parcelares. A jurisprudência do STJ há muito se consolidou no sentido de que a superveniente exigência de uma remuneração pelo uso, após o transcurso de longo tempo de

---

[3] No sítio eletrônico do STJ, os diversos precedentes estão resumidos na **Tese 16**: *É possível a reforma ou a utilização exclusiva de área comum de condomínio desde que exista autorização da assembleia geral.*

exercício sem contraprestação de ordem pecuniária (apenas de conservação e manutenção), infringe a cláusula geral da boa-fé objetiva[4]. Essa orientação, originada em precedente pioneiro relatado pelo Ministro Ruy Rosado de Aguiar em 1999[5], reflete a sintonia do STJ com a doutrina contemporânea, a impor, em qualquer relação contratual, que o comportamento das partes seja pautado pelos princípios da probidade e da boa-fé objetiva. A mesma razão principiológica impede que o condomínio possa retomar a área após o uso exclusivo autorizado, contínuo e prolongado por um só condômino, ainda que não seja mais da vontade dos demais condôminos a permanência daquela situação. O condomínio só poderá reaver o uso da área comum, preservando as legítimas expectativas do condômino a quem foi conferido o direito de uso exclusivo. A alteração ou supressão desse direito "somente se aperfeiçoará se não frustrar as legítimas expectativas auferidas pelas partes envolvidas, provenientes não só da conclusão do contrato (convenção), como também de sua execução (artigo 422 do Código Civil)"[6].

Outro ponto polêmico alude à transmissibilidade do direito ao uso exclusivo da área comum. O STJ, no REsp 1.035.778, decidiu que o uso exclusivo do terraço não é transmissível a terceiros, nem por ato *inter vivos* nem *causa mortis*. Primeiro, porque ao direito de uso exclusivo de área comum não se podem atribuir feições de direito real. Segundo, porque, ainda que se pudesse, por analogia, aplicar-lhe o tratamento de direito real, servir-lhe-iam as regras pertinentes ao direito real de uso, que é direito real sobre coisa alheia, em regra transitório, personalíssimo e intransmissível, não conferindo ao seu titular a possibilidade de cedê-lo (CCB, art. 1.412). Nada obsta, no entanto, que a convenção, em nova deliberação, venha autorizar o uso exclusivo da área pelo adquirente ou cessionário.

---

[4] "[...] 3.3. A legítima perspectiva dos proprietários beneficiados, consistente no uso privativo e permanente do terraço, responsabilizando-se, tão somente, pelas despesas provenientes desta área (conservação, limpeza etc.), é oriunda do proceder convencional do condomínio, que, durante longos e seguidos anos, reconheceu a suficiência da contraprestação assim exigida, deixando (ou renunciando tacitamente) de exercer o direito de instituir a pretendida contribuição de ocupação. 4. Recurso especial parcialmente provido" (STJ, REsp 1.035.778, Proc. 2008/0044624-4/SP, 4.ª Turma, Rel. Min. Marco Buzzi, *DJe* 03.03.2015).

[5] REsp 214680/SP. Em 2002, a Terceira Turma reafirmou essa posição em precedente relatado pela Ministra Nancy Andrighi (REsp 356.821/RJ, *DJ* 05.08.2002, p. 334).

[6] STJ, REsp 1.035.778 cit.

Finalmente, mostra-se possível a alienação da "área comum" ao próprio condômino titular do direito ao uso exclusivo, ou mesmo a outro condômino, desde que ocorra uma mudança de destinação da área, de comum para área sujeita à propriedade exclusiva, por deliberação da unanimidade dos condôminos[7].

2.2 Das restrições à utilização das áreas de uso comum

As áreas de uso comum só permitem o uso coletivo de todos os condôminos. E, exatamente por isso, nenhum condômino ou morador do prédio pode ser privado de fazer uso de quaisquer dessas áreas. Por outro lado, considerando os seus custos de manutenção, a serem cobertos com as receitas do condomínio, na maioria dos casos oriundas, exclusivamente, da taxa condominial, surge a discussão se ao condômino inadimplente poderia ser vedado ou restringido o acesso a tais áreas de uso comum, especialmente aquelas voltadas ao lazer, como é o caso da piscina ou da academia[8].

Sobre a matéria, já se manifestou a Terceira Turma do STJ pela ilicitude da restrição imposta na convenção condominial de acesso à área de uso comum destinada ao lazer, por expor ostensivamente a condição de inadimplência do condômino e de seus familiares perante o meio social em que residem, em afronta ao princípio da dignidade da pessoa humana[9]. No julgamento, o Tribunal enfatizou que a compreensão da ilicitude desse tipo de sanção ao inadimplente não distinguiria a destinação da área de uso comum (se de uso essencial, recreativo, social ou lazer), objeto de restrição indevidamente imposta pelo condomínio. Ou seja, restringir o acesso ao elevador ou o uso da piscina ostenta idêntica ilicitude.

---

[7] Partilham dessa opinião Cristiano Chaves e Nelson Rosenvald: "[...] se a cobertura tiver sido convencionada como área comum, poderá haver deliberação unânime dos moradores em assembleia extraordinária no sentido de conversão em área particular a ser utilizada pelo morador do andar superior. Mais além, é possível que um dos condôminos possa adquirir a área comum dos demais, com alterações das frações ideais do imóvel, registrada no RGI" (*Direitos reais*. 7. ed. Rio de Janeiro: Lumen Juris, 2011. p. 575).

[8] Evidente que o uso dos elevadores, por exemplo, não poderia ser proibido, sob pena de infringência ao próprio princípio da dignidade da pessoa humana. Nesse sentido, o julgamento do REsp 1.401.815/ES (*DJe* 13.12.2013).

[9] REsp 1564030/MG, Rel. Min. Marco Aurélio Bellizze, 3.ª Turma, j. 09.08.2016, *DJe* 19.08.2016.

O caminho trilhado pela jurisprudência, nesse ponto, é o correto. A propriedade da unidade imobiliária pelo condômino abrange a correspondente fração ideal de **todas** as partes de uso comum, conforme dicção expressa do art. 1.331, § 3.º, do CCB, não se vinculando à situação de adimplência ou inadimplência das taxas condominiais[10]. Restringir a utilização de área de uso comum, em razão da inadimplência, seria restringir o próprio direito de propriedade.

Além do mais, o uso das partes comuns foi erigido pelo legislador como direito subjetivo de todo e qualquer condômino, a se ver pela dicção expressa do art. 1.335, II, do CC/2002[11]. Quando o legislador desejou condicionar o exercício de quaisquer desses direitos ao pagamento das cotas condominiais, ele o fez expressamente. Assim é que o direito de votar nas deliberações da assembleia, e delas participar, fica limitado pelo dever de contribuir para as despesas do condomínio. O condômino só vota na assembleia se estiver quite[12].

O mesmo não se diga do uso das partes comuns. Tratando-se de manifestação do direito fundamental à moradia digna, com substrato no macroprincípio da dignidade da pessoa humana, jamais poderia estar limitado ou ser contrariado pelo dever patrimonial de contribuição com o rateio das despesas comuns. Na ponderação entre um direito exclusivamente patrimonial e outro de maior fundamentalidade, não há necessidade de maiores digressões para se concluir pela prevalência deste último.

Portanto, correta a orientação pretoriana, não podendo o condomínio impor ao condômino inadimplente sanções diversas das multas previstas na lei substantiva civil, muito menos impedi-lo de ter acesso às áreas de uso comum do edifício destinadas ao lazer, elemento integrante do próprio conceito de dignidade.

---

[10] Art. 1.331. [...] § 3.º A cada unidade imobiliária caberá, como parte inseparável, uma fração ideal no solo e nas outras partes comuns, que será identificada em forma decimal ou ordinária no instrumento de instituição do condomínio.

[11] Art. 1.335. São direitos do condômino: [...] II – usar das partes comuns, conforme a sua destinação, e contanto que não exclua a utilização dos demais compossuidores.

[12] O STJ também já decidiu que, se um condômino é proprietário de diversas unidades autônomas de um condomínio edilício, mas está inadimplente em relação a alguma delas, tem direito a participação e voto em assembleia em relação àquelas unidades cuja taxa foi paga (REsp 1.375.160, Proc. 2013/0083844-5/SC, 3.ª Turma, Rel. Min. Nancy Andrighi, *DJe* 07.10.2013, p. 1074).

3. PENALIDADES CONDOMINIAIS: MULTAS E JUROS DE MORA

3.1. Breve digressão sobre as multas condominiais disciplinadas no Código Civil

Multa, como se sabe, é pena ou sanção de natureza pecuniária pelo descumprimento de um dever legal ou convencional[13]. De acordo com as finalidades que pretende alcançar essa sanção pecuniária, pode assumir as mais diversas denominações.

Fala-se em multa civil, quando a sanção é prevista na lei civil, a exemplo das multas condominiais, para distinguir daquelas impostas pela lei penal em decorrência de crime ou contravenção.

Chama-se genericamente de multa convencional toda cláusula contratual que preveja o pagamento de uma determinada soma em dinheiro por aquele que não cumpre corretamente as obrigações assumidas no pacto[14], diferentemente das multas legais, estabelecidas em lei e não em negócio jurídico, e impostas pelo Juiz (multas processuais e multas cominatórias) ou pela Administração Pública (multas administrativas). Nas relações condominiais, as multas são necessariamente convencionais, prevendo a lei apenas a possibilidade e os limites de sua aplicação, não prescindindo de expressa previsão na convenção de condomínio.

No âmbito do condomínio edilício, a lei dispõe sobre a aplicação basicamente de dois tipos de multas: a multa moratória, cuja finalidade é sancionar a impontualidade do condômino, que tem como fato gerador o retardamento da execução da obrigação específica de pagar a taxa condominial, e a multa compensatória, destinada a compensar ou reparar o condomínio pelo descumprimento do pacto de convivência estabelecido na convenção por um ou por alguns dos condôminos. Tem como fato gerador a inexecução total ou parcial da convenção.

---

[13] Do latim *mulcta*, significa "a sanção imposta á pessoa, por infringência à regra ou ao princípio de lei ou ao contrato, em virtude do que fica na obrigação de pagar certa importância em dinheiro" (DE PLÁCIDO E SILVA. *Vocabulário jurídico*. Rio de Janeiro: Forense, 1984. v. III, p. 218).

[14] Apesar de bastante similares, não se confundem os conceitos de cláusula penal e multa convencional, sendo esta uma espécie daquela. Isso porque a cláusula penal pode consistir tanto em um pagamento em dinheiro como em uma obrigação positiva (de fazer) ou negativa (não fazer), enquanto a multa será sempre um pagamento em dinheiro. É claro, no entanto, que a cláusula penal exclusivamente pecuniária é sinônimo de multa convencional.

A multa moratória é aquela prevista no § 1.º do art. 1.336. As multas compensatórias são aquelas estabelecidas no § 2.º do art. 1.336 e no art. 1.337. Em face de terem origem em fatos geradores diversos, multas moratórias e compensatórias poderão ser cumuladas[15], consoante demonstraremos mais adiante.

3.2. A questão da aplicação imediata do § 1.º do art. 1.336 aos condomínios constituídos antes de 11.01.2003

O CC/2002, em seu art. 1.336, § 1.º, determinou a redução da multa máxima aplicável ao condômino inadimplente pelo simples atraso no pagamento da taxa, que, pelo § 3.º do art. 12 da Lei 4.591, era de 20%, passando, em 2003, a ser de 2%, tomando como parâmetro o Código de Defesa do Consumidor, que estipulou, para a seara consumerista, idêntico limite.

Logo se discutiu se o limite de 2% vincularia as convenções já aprovadas antes da entrada em vigor do Código ou apenas aquelas aprovadas e registradas depois de 11.01.2003. Em um primeiro instante, vários foram os autores a afirmar que a redução não se aplicaria às convenções anteriores, com base na própria dicção do art. 2.035 do CC[16].

Já àquela época sustentei o contrário, demonstrando a incidência imediata do CCB em razão da natureza jurídica da convenção de condomínio[17], que detém natureza predominantemente estatutária e institucional, uma vez que a

> [...] sua força coercitiva ultrapassa as pessoas que assinaram o instrumento de sua constituição, para abraçar qualquer indivíduo que, por ingressar no agrupamento ou penetrar na esfera jurídica de irradiação das normas particulares, recebe os seus efeitos em caráter permanente ou temporário[18].

---

[15] "É firme a jurisprudência do Superior Tribunal de Justiça no sentido de ser possível a cumulação das multas moratória e compensatória quando tiverem elas origem em fatos geradores diversos" (REsp 832.929/SP, *DJ* 22.10.2007, p. 356).

[16] A validade dos negócios e demais atos jurídicos, constituídos antes da entrada em vigor deste Código, obedece ao disposto nas leis anteriores.

[17] Cf. DELGADO, Mário Luiz. A redução da multa condominial. *Revista Jurídica Consulex*, v. 166, p. 34, 2003.

[18] Cf. PEREIRA, Caio Mário da Silva. *Condomínios e incorporações*. 10. ed. Rio de Janeiro: Forense, 1997. p. 130-131. As opiniões do autor têm apoio em Gaston

Trata-se de verdadeira "lei interna", destinada a regular a vida não só dos condôminos, mas de todos aqueles que venham a adentrar no edifício. Por isso afirma-se que as normas que regem o condomínio edilício seriam normas "institucionais", ou seja, relativas a uma instituição jurídica, constituindo o seu estatuto legal. Enquanto a convenção é o seu estatuto contratual.

O estatuto legal do condomínio edilício, antes do CC/2002, era a Lei 4.591/1964. As modificações introduzidas no estatuto legal atuam sobre a convenção. Quando os condôminos subscreveram a convenção, submeteram-se ao respectivo estatuto e, portanto, anuíram desde logo com as futuras modificações desse estatuto. Ou seja, as partes celebraram um negócio jurídico, submetendo-se à lei vigente e à lei que entrará em vigor sujeitando-se, automaticamente, ao estatuto legal e aceitando as alterações que o seu contrato poderia sofrer em virtude do novo diploma.

Ao assinar a convenção, os condôminos estabeleceram os efeitos jurídicos da inadimplência (leia-se multa de até 20%), dentro do que então estabelecia a Lei 4.591/1964 (estatuto legal do condomínio). A vontade das partes atuou na formação do ato, mas não no que pertine aos seus efeitos, previstos, inafastavelmente, na lei. Assim, se a lei modifica os efeitos da inadimplência do condômino, reduzindo o limite máximo da multa, ela não altera os efeitos de um contrato, mas os do próprio estatuto legal, motivo pelo qual não se poderia invocar violação a direito adquirido ou a ato jurídico perfeito. O regime do condomínio edilício, ressalta João Batista Lopes, "se impõe à vontade dos condôminos, que devem, por isso, submeter-se ao comando legal" e "não pode o condomínio, a pretexto de que sua constituição ocorreu antes da vigência do novo Código, pretender a perpetuação do tratamento dado ao instituto pela lei anterior"[19].

Esse é o entendimento dominante na doutrina do Direito Intertemporal[20]. E foi sufragado pelo Tribunal da Cidadania. O primeiro precedente

---

Jèze, Léon Diguit, Brethe de la Gressay et Laborde-Lacoste, Serpa Lopes e Orlando Gomes.

[19] LOPES, João Batista. *Condomínio*. 8. ed. rev., atual. e ampl. São Paulo: RT, 2003. p. 182-183.

[20] Nesse sentido, o magistério de Campos Batalha: "Entendemos, porém, que o Condomínio, como direito real definido e disciplinado em lei, se regula pelas normas em vigor em cada momento, quer tenha origem contratual, quer meramente legal. Assim é que, se lei nova reduzir o prazo máximo de cinco anos, fixado pelo art. 629, parágrafo único, do Código Civil, para o pacto de indivisão, essa mesma lei terá incidência imediata sobre os condomínios existentes, computando-se, é óbvio, o novo prazo a partir da data de início de vigência da nova lei (Contra:

surgiu em 26.10.2004, quando a Quarta Turma, ao examinar o REsp 663285/SP, decidiu que

[...] a multa por atraso prevista na convenção de condomínio, que tinha por limite legal máximo o percentual de 20% previsto no art. 12, parágrafo 3.º, da Lei n. 4.591/64, vale para as prestações vencidas na vigência do diploma que lhe dava respaldo, sofrendo automática modificação, no entanto, a partir da revogação daquele teto pelo art. 1.336, parágrafo 1.º, em relação às cotas vencidas sob a égide do Código Civil atual".

No julgamento do REsp 679.019/SP, em 02.06.2005, a Quarta Turma confirmou que o percentual máximo de 20%, permitido pelo art. 12, § 3.º, da Lei 4.591/1964 somente se aplicaria para as cotas vencidas até a vigência do novo Código Civil, quando então deveria ser aplicado o percentual de 2%, previsto no art. 1.336, § 1.º.[21] E a Terceira Turma do STJ, na mesma toada, foi categórica em afirmar, no REsp 722904/RS, que "a natureza estatutária da convenção de condomínio autoriza a imediata aplicação do regime jurídico previsto no novo Código Civil, regendo-se a multa pelo disposto no respectivo art.1.336, § 1.º"[22].

Acolhida no STJ a posição defendida pela doutrina, restou afastada a controvérsia e fixada a tese de que o percentual máximo da multa, por atraso no pagamento da taxa condominial (2%), deve ser aplicado, inclusive, para as convenções anteriores a 11.01.2003.

Carlos Maximiliano, op. cit., p. 166; Espínola e Espínola Filho, Tratado, cit., v. II, p. 332; Lei de Introdução, cit., v. I, p. 454; pela incidência imediata da lei nova manifesta-se Faggella, op. cit., p. 650). [...] É nossa maneira de entender que a lei reguladora dos direitos e deveres dos condôminos de edifícios divididos em andares ou apartamentos autônomos tem aplicação imediata aos condomínios existentes. As cláusulas das convenções ou regulamentos condominiais anteriores subsistirão apenas se harmônicas com a nova lei; não subsistirão naqueles pontos em que se atritarem com a nova disciplina legal" (Op. cit., p. 289).

[21] REsp 679.019/SP, Rel. Min. Jorge Scartezzini, 4.ª Turma, j. 02.06.2005, DJ 20.06.2005, p. 291.
[22] REsp 722.904/RS, Rel. Min. Carlos Alberto Menezes Direito, 3.ª Turma, j. 14.06.2005, DJ 1.º.07./2005, p. 532.

3.3. Possibilidade de aplicação da multa prevista no *caput* do art. 1.337 aos casos de inadimplência

Além da multa moratória, o Código Civil prevê outra espécie de multa destinada a punir o descumprimento "reiterado" de toda e qualquer obrigação do condômino para com o condomínio. É exatamente a multa prevista no *caput* do art. 1.337. O dispositivo tem como objetivos primordiais assegurar a paz e a harmonia no condomínio, coibindo comportamentos incompatíveis com a vida comunitária, além de estimular uma maior participação dos condôminos nas assembleias. Daí prever o *caput* do artigo a aplicação de uma multa de até um quíntuplo da cota condominial para o condômino que, reiteradamente, não cumpre com suas obrigações perante o condomínio, prejudicando e sobrecarregando os demais condôminos.

Também se discutiu, nesse tema, se a multa em questão poderia ser imposta ao condômino que repetidamente deixa de pagar a sua cota condominial. Sempre defendi que sim[23]. Isso porque, entre os deveres do condômino para com o condomínio, o mais importante deles, sem sombra de dúvida e até mesmo por definição emergente do inciso I do art. 1.336, é o de contribuir para as despesas do condomínio. O descumprimento reiterado desse dever conduz à possibilidade de ser aplicada a multa prevista no *caput* do art. 1.337. Aliás, essa é a interpretação "autêntica" do dispositivo, realizada pelo próprio Ebert Vianna Chamoun[24].

Contudo, atenção: essa multa não tem por função punir o simples inadimplemento, mas coibir a chamada "inadimplência reiterada", compensando o condomínio pela violação, pela inexecução da convenção, representada pelo descumprimento reiterado do mais importante dever do condômino para com o condomínio.

---

[23] Cf. DELGADO, Mário Luiz. Condomínio edilício: inadimplência, multas e juros. Algumas controvérsias. In: _____; ALVES, Jones Figueirêdo (Org.). *Novo Código Civil*: questões controvertidas: direito das coisas. São Paulo: Método, 2008. v. 7.

[24] O Professor Ebert Vianna Chamoun integrou a comissão que elaborou o anteprojeto de Código Civil, tendo sido responsável pelo Direito das Coisas e confessadamente autor desse dispositivo. Diz ele: "É frequente esse comportamento antissocial do condômino não pagar sua contribuição. E o síndico propõe ação executiva contra ele e obtém as contribuições. Ele volta a não pagar. Nova ação executiva. Ele reitera, recalcitra. Ele mantém esse seu procedimento. Então o dispositivo cria uma sanção, que é uma multa correspondente até o quíntuplo das suas contribuições" (Depoimento prestado à Comissão Especial do Código Civil na Câmara dos Deputados, no dia 06.08.1975. Câmara dos Deputados. Coordenação de Arquivo. Centro de Doc. e Inf.).

Em razão da nítida distinção entre a imposição da multa **moratória** pelo atraso no pagamento da cota condominial e a multa compensatória pelo **descumprimento reiterado** de deveres de condômino, inclusive o dever de pagar a taxa, não há óbice a que haja a cumulação das duas penas, em face da diversidade de fatos geradores. De fato, se os fatos geradores fossem idênticos, estaríamos punindo um mesmo fato com duas penas, o que caracterizaria inadmissível *bis in idem*. Mas não é esse o caso!

A celeuma foi deslindada pela Quarta Turma do STJ em 15.10.2015, no julgamento do REsp 1247020/DF[25], como já comentei em publicação anterior[26]. O voto condutor foi proferido pelo Ministro Luis Felipe Salomão. Essa primeira decisão do Tribunal da Cidadania não foi unânime, merecendo registro o voto divergente do Ministro Raul Araújo, no sentido de inaplicabilidade da

> [...] multa do artigo 1.337 do Código Civil à hipótese de falta de pagamento de taxas condominiais. Isso porque o condomínio já possui mecanismo para coibir a inadimplência das cotas condominiais, previsto no artigo 1.336 do Código Civil. Dessa forma, a incidência da multa do mencionado artigo 1.337 importaria em excesso, que dificultaria o pagamento da dívida.

Com todo o respeito, não tem razão a divergência. Na verdade, são dois fatos geradores distintos. Uma coisa é a inexecução parcial da convenção do condomínio, caracterizada pelo atraso ou impontualidade na quitação da taxa (inadimplemento relativo da prestação). Esse fato é apenado com a multa moratória de 2%. Outra coisa, completamente diversa, é a reiteração da impontualidade. Nessa última hipótese, o fato gerador não é a inadimplência em si, mas a "repetição" da conduta, a contumácia, o comportamento de reiteradamente inadimplir, de sempre atrasar. Esse comportamento contumaz, muitas vezes até mesmo proposital, viola completamente o pacto de convivência estabelecido na convenção, razão pela qual deve ser punido por meio de pena pecuniária, a qual, nesse caso específico, tem natureza compensatória ou reparatória.

---

[25] REsp 1247020/DF, Rel. Min. Luis Felipe Salomão, 4.ª Turma, j. 15.10.2015, *DJe* 11.11.2015.

[26] Cf. DELGADO, Mario Luiz. É digna de aplausos decisão do STJ sobre condômino inadimplente e antissocial. *Consultor Jurídico* (*Online*), São Paulo, v. 00, p. 00, 2015.

Finalmente, não se pode negar que o conceito de "descumprimento reiterado" é aberto e indeterminado, devendo ser preenchido de acordo com as circunstâncias do caso concreto e tendo sempre em mira o princípio da boa-fé objetiva. O prazo para caracterização da "reiteração" pode variar. A situação de um rico comerciante que, propositadamente, por "pirraça" com o síndico, por exemplo, deixa de pagar a taxa por dois ou três meses consecutivos não pode ser equiparada àquela do comerciário desempregado que deixa de pagar a taxa por vários meses, consecutivos ou alternados, por absoluta falta de recursos financeiros. É fundamental que se perscrutem os motivos do inadimplemento. A multa deve ser fixada considerando a reiteração e a gravidade da falta.

Exatamente para possibilitar a equidade na aplicação da pena, dada a gravidade da medida, exige o Código que a multa somente possa ser imposta por decisão da assembleia, com a aprovação de 3/4 dos condôminos, excluindo-se, naturalmente, o condômino infrator. Criticado por alguns em razão do esvaziamento atual das reuniões de condomínio, esse *quorum* qualificado de 3/4 deve servir de estímulo a que os moradores passem a frequentar as assembleias, participando mais efetivamente das deliberações do condomínio.

Finalmente, cabe destacar que a aplicação da multa deve obrigatoriamente ser precedida de contraditório, com prévia notificação do condômino para apresentar eventual oposição às condutas nocivas que lhe estejam sendo imputadas, conforme decidido pelo STJ ao julgar o REsp 1.365.279/SP[27].

3.4. Multa pelo comportamento antissocial

O parágrafo único do art. 1.337 do CCB estabelece multa de dez vezes o valor da taxa condominial ao condômino que, por seu reiterado comportamento antissocial, gerar incompatibilidade de convivência com os demais condôminos. Essa multa também possui natureza compensatória, procurando reparar o condomínio pela inexecução praticamente total do pacto de convivência estabelecido na convenção, perpetrada por aquele condômino cujo comportamento apresenta-se "reiteradamente" incompatível com a vida em comunidade.

---

[27] REsp 1365279/SP, Rel. Min. Luis Felipe Salomão, 4.ª Turma, j. 25.08.2015, *DJe* 29.09.2015.

3.4.1. Comportamento antissocial: conceito jurídico indeterminado

O Código Civil não definiu o que se deve entender por "comportamento antissocial", cabendo à assembleia de condôminos deliberar, de acordo com o caso concreto, e, ao penalizado, discordando da penalidade, recorrer às vias judiciais.

Na jurisprudência podemos colher diversas situações assim consideradas, tais como a prática de atividades ilícitas, exploração de prostituição na unidade, tráfico de drogas, violações constantes do dever de silêncio, entre outras. No entanto, qualquer rol ou elenco de condutas será sempre meramente exemplificativo, pois trata-se, o comportamento antissocial, de um conceito jurídico indeterminado, a ser preenchido de acordo com as circunstâncias de cada situação particular. O que pode ser considerado "antissocial" em um determinado condomínio de alto poder aquisitivo pode vir a ser tolerado em um condomínio popular.

Em um condomínio de apartamentos situado na Praia Grande[28], o comportamento reiterado de trafegar pelos elevadores sociais em trajes de banho, muitas vezes "mínimos", é perfeitamente tolerado, enquanto o mesmo comportamento, em um condomínio situado em Campos do Jordão, poderia ser considerado "antissocial".

O exercício constante de carícias físicas mais acaloradas, nas áreas comuns do condomínio, entre um casal homoafetivo, poderia ser tolerado em um prédio de apartamentos situado na Rua Frei Caneca[29] e considerado "antissocial" em um condomínio do bairro de Higienópolis[30], habitado, majoritariamente, por judeus ortodoxos. Com relação a esse exemplo específico, cabe ressaltar que a eventual aplicação da multa não poderia ser caracterizada como forma de discriminação, uma vez que a liberdade de opção sexual não é absoluta e, como qualquer outra liberdade, encontra limites nas liberdades dos demais membros da coletividade[31].

---

[28] Município do litoral de São Paulo conhecido pela grande concentração de condomínios populares.
[29] Tradicional ponto de concentração da comunidade LGBT de São Paulo.
[30] Bairro tradicional do centro de São Paulo, com forte presença da comunidade judaica.
[31] Sobre o tema, consideramos particularmente esclarecedor trecho do seguinte acórdão do TRT/SP: "[...] A opção pelo homossexualismo não coloca o trabalhador acima do poder disciplinar do empregador, não lhe conferindo a liberdade de exercer formas de comportamento sexual no ambiente de trabalho que não sejam franqueadas aos indivíduos heterossexuais. Advertência por incontinência

3.4.2. Possibilidade de aplicação da multa por comportamento antissocial aos casos de inadimplência "abusiva"

Entendo que a multa por comportamento antissocial também pode ser aplicada aos casos de inadimplência contumaz. O inadimplente reiterado mostra-se tão antissocial quanto o condômino toxicômano, que faz uso ostensivo de drogas nas dependências do condomínio, ou aquele que passa as madrugadas tocando bateria, emitindo sons de elevados decibéis, inviabilizando o sono dos demais condôminos. No caso do inadimplente, o comportamento antissocial caracteriza-se pela sobrecarga imposta aos custos de manutenção e conservação do edifício, sendo que o inadimplente continuará a desfrutar normalmente de todos os serviços oferecidos pelo condomínio à custa dos demais condôminos.

Um caso particularmente emblemático, no qual a inadimplência caracteriza comportamento antissocial, é aquele do proprietário de quase todas as unidades de um determinado edifício que, pretendendo adquirir, por preço abaixo do mercado, as unidades restantes, para posterior demolição da edificação, deixa de pagar propositadamente o condomínio, com a finalidade de degradar e desvalorizar o prédio, de modo a forçar os últimos condôminos a se desfazerem de suas unidades.

Nesses casos de inadimplemento "abusivo", a aplicação da multa por comportamento antissocial deve ser precedida da aplicação da multa por descumprimento reiterado de deveres. Ou seja, em primeiro lugar, deve-se aplicar a multa prevista no *caput* do art. 1.337. Caso a penalidade não cumpra com a sua finalidade e o condômino persista, sem justa causa, na conduta de inadimplente contumaz, deve-se aplicar a multa do parágrafo único.

Essa discussão ainda não foi pacificada pelo STJ. A polêmica enfrentada pela Quarta Turma, no já aludido julgamento do REsp 1.247.020/DF, dizia respeito à aplicação da multa prevista no *caput* do art. 1.337. Ao contrário da multa de que trata o *caput* do artigo, imposta em assembleia, a multa de um décuplo tratada no parágrafo único pode ser aplicada pelo síndico independentemente de deliberação assemblear, desde que exista previsão na convenção, sujeitando-se, apenas, a ulterior ratificação da assembleia, que

---

de conduta que não representou discriminação pela opção sexual, mas legítimo exercício do poder disciplinar do empregador. Apelo patronal a que se dá provimento para afastar a rescisão indireta e excluir a condenação por danos morais" (Acórdão unânime dos Desembargadores Federais do Trabalho da 6.ª Turma do TRT/SP foi publicado em 29.02.2008, sob o Ac. 20080093307. TRT-02217200507302006).

deverá confirmar a multa com os votos dos mesmos 3/4 dos condôminos restantes, excluindo-se o infrator.

Caso o condômino penalizado tenha se antecipado ao pagamento e a multa não venha a ser ratificada pela assembleia, caberá ao condomínio devolver o valor recebido. Importante registrar que não há vedação a que a multa seja repetida, sem limitação, na medida em que persistir o reiterado comportamento antissocial, o que poderá levar, em determinadas hipóteses, indiretamente, à exclusão compulsória daquele condômino.

A aplicação imediata da multa pelo síndico, repita-se, não prescinde da prévia comunicação ao infrator, assinalando-lhe prazo para justificar a sua conduta[32]. A falta de oportunidade para a formulação de defesa implica a invalidade da punição.

3.4.3. O condômino antissocial pode ser excluído do condomínio?

O Código Civil brasileiro não trouxe previsão expressa sobre a interdição temporária ou definitiva do condômino antissocial. Segundo Marco Aurélio Bezerra de Melo, ilustre coautor desta obra, o "Código Civil não teve a coragem encontrada em legislações alienígenas de prever para a hipótese de incompatibilidade de convivência a interdição temporária ou, conforme o caso, definitiva do uso da unidade imobiliária"[33].

A multa do parágrafo único do art. 1.337, como antecipei, pode ser repetida, sem limitação, podendo levar, indiretamente, à exclusão compulsória do condômino que não puder arcar com a penalidade.

Entretanto, se a coerção econômica representada pela multa não resultar na cessação da conduta lesiva à vida condominial, deve ser imposta ao infrator a total restrição do direito de uso sobre seu bem imóvel, inclusive com fundamento na função social da propriedade, como restou assentado no Enunciado 508, aprovado na V Jornada de Direito Civil do CJF/CJE[34].

---

[32] Essa foi a conclusão a que chegou a *I Jornada de Direito Civil*, promovida pelo Centro de Estudos Judiciários do Conselho da Justiça Federal: "As sanções do art. 1.337 do NCC não podem ser aplicadas sem que se garanta direito de defesa ao condômino nocivo" (Enunciado 92).

[33] MELO, Marco Aurélio Bezerra de. *Curso de direito civil*. São Paulo: Atlas, 2015. v. IV, p. 298.

[34] "Verificando-se que a sanção pecuniária mostrou-se ineficaz, a garantia fundamental da função social da propriedade (arts. 5.º, XXIII, da CRFB e 1.228, § 1.º, do CC) e a vedação ao abuso do direito (arts. 187 e 1.228, § 2.º, do CC) justificam

Do contrário, como bem observa Marco Aurélio Bezerra de Melo, nas situações em que um "condômino abastado prefira pagar as multas arbitradas e continue realizando as suas festas na madrugada adentro, praticando comércio que acarrete em um alto consumo de água e mantendo os seus animais ferozes no interior do imóvel, entre outras práticas ainda mais condenáveis, como a exploração à prostituição ou o favorecimento ao consumo de drogas ilícitas no condomínio", seriam forçados a se retirar do condomínio os condôminos ordeiros e cumpridores de suas obrigações e ficaria "reinando absoluto no edifício o arruaceiro, o chalaceador, o intrigueiro, o egoísta, o bandido, o fascista, o traficante, o facínora, o mau-caráter, o insuportável"[35].

Ora, isso seria um completo absurdo que o ordenamento jurídico não poderia tolerar. O direito de usar da unidade autônoma não é ilimitado e esbarra nos princípios de ordem pública, nos direitos subjetivos de vizinhança e nos direitos fundamentais dos demais condôminos.

Não se trata, ressalte-se, de supressão do direito de propriedade, mas, tão somente, de mera limitação ao direito de moradia especificamente naquela propriedade. O condômino mantém todos os atributos do domínio, incluindo o *jus disponendi*, ou seja, pode dispor da propriedade, pode vender, alugar, doar ou dar em comodato. Só não pode nela residir. Uma limitação absolutamente legítima, decorrente da prevalência dos interesses comunitários sobre as prerrogativas individuais e que concretiza um dos princípios estruturantes do CC/2002, o da *socialidade*.

O princípio de socialidade, que não se confunde com "socialismo", significa a prevalência dos valores coletivos sobre os individuais, mas sempre observando a pessoa humana e sua dignidade como valor fundante do ordenamento. Acima dos interesses puramente egoísticos devem se sobrepor os interesses da sociedade, acima do homem individual, o homem social, ou seja, o centro do ordenamento não é mais o "homem individual", mas sim o homem inserido no complexo das relações sociais, cuja atuação é funcionalizada em favor da coletividade universalizada. E dentro dessa nova concepção, a que chamo de "novo antropocentrismo"[36], entendo amparada

---

a exclusão do condômino antissocial, desde que a ulterior assembleia prevista na parte final do parágrafo único do art. 1.337 do Código Civil delibere a propositura de ação judicial com esse fim, asseguradas todas as garantias inerentes ao devido processo legal."

[35] MELO, Marco Aurélio Bezerra de. *Curso de direito civil* cit., p. 298.
[36] Falamos em um "novo antropocentrismo", como afirmado em nota anterior, pois o centro do ordenamento não é mais o "homem individual", mas sim o homem

no ordenamento jurídico vigente a possibilidade de exclusão do condômino antissocial, mediante a proibição, pela assembleia condominial, do uso da unidade para sua própria residência.

Na doutrina, a exclusão ora defendida tem a adesão de Sílvio Venosa, para quem

> [...] a permanência abusiva ou potencialmente perigosa de qualquer pessoa no condomínio deve possibilitar sua exclusão mediante decisão assemblear, com direito de defesa assegurado, submetendo-se a questão ao Judiciário. Entender-se diferentemente na atualidade é fechar os olhos à realidade e desatender ao sentido social dado à propriedade pela própria Constituição. A decisão de proibição não atinge todo o direito de propriedade do condômino em questão, como se poderia objetar: ela apena o limita tolhendo o seu direito de habitar e usar da coisa em prol de toda uma coletividade[37].

Também Marco Aurélio Bezerra de Melo sustenta que a assembleia "poderá deliberar a interdição temporária do uso da unidade habitacional ou até mesmo a privação da coisa por parte do condômino ou do possuidor"[38]. Em sentido contrário, a doutrina de Flávio Tartuce que

> [...] não se filia a tal corrente, por violar o princípio de proteção da dignidade da pessoa humana (art. 3.º, inc. I, da CF/1988); bem como a concreção a tutela da moradia (art. 6.º da CF/1988). Em suma, a tese da expulsão do condomínio antissocial viola preceitos máximos de ordem pública, sendo alternativas viáveis as duras sanções pecuniárias previstas no art. 1.337 do CC/2002[39].

---

inserido no complexo das relações sociais, cuja atuação é funcionalizada em favor da coletividade universalizada.

[37] VENOSA, Sílvio de Salvo. *Direitos reais*. 12. São Paulo: Atlas, 2012. v. V, p. 366.

[38] MELO, Marco Aurélio Bezerra de. *Curso de direito civil* cit., p. 299. O autor reconhece, no entanto, "que seria melhor a previsão expressa, até mesmo porque a norma é restritiva de direitos. Contudo, nos parece que a proposta sugerida, diante dos impasses insolúveis e esgotadas todas as tentativas, é a única forma apta a solucionar a questão e harmonizar a vida no condomínio".

[39] TARTUCE, Flávio. *Direito civil*: direito das coisas. 8. ed. rev., atual. e ampl. Rio de Janeiro: Forense, 2016. v. 4, p. 364.

A jurisprudência, no entanto, não obstante decisões de alguns Tribunais estaduais[40], ainda aguarda uma manifestação uniformizadora do Superior Tribunal de Justiça, que, sobre esse tema, ainda não emitiu orientação definitiva.

3.5. O percentual dos juros de mora

O CC/2002 (§ 1.º do art. 1.336), em matéria de juros pelo atraso no pagamento da taxa condominial[41], extinguiu o limite máximo de 1% ao mês anteriormente previsto na Lei 4.591/1964. A convenção pode estabelecer outro percentual.

A dissidência que se instaurou, tanto na doutrina como na jurisprudência, residia em saber qual o limite para essa fixação. Claro que, não havendo a convenção estabelecido qualquer percentual para os juros de mora, aplicável seria a regra do art. 406 do CC/2002[42], que substituiu a taxa dos juros de mora legais, ou seja, aqueles decorrentes da lei e aplicáveis às hipóteses em que as partes não convencionaram percentual diverso, que era fixa de 6% ao ano, pela taxa que estiver sendo cobrada pela Fazenda Nacional no atraso dos pagamentos dos tributos federais.

---

[40] Condomínio. Condômino antissocial. Exclusão. Possibilidade (TJSP, APL 0003122-32.2010.8.26.0079, Ac. 6971406/SP, 2.ª Câmara de Direito Privado, Rel. Des. Flavio Abramovici, j. 27.08.2013, *DJe-SP* 11.09.2013).

[41] Não se confundem, nem terminologicamente, nem muito menos teleologicamente, os juros de mora pelo atraso no pagamento da taxa condominial com a multa moratória devida em decorrência do mesmo fato jurídico. Ainda que eventualmente os juros de mora possuam certo caráter punitivo, no sentido de sancionar a impontualidade do condômino, esta não é a sua finalidade principal. Os juros são frutos civis, vale dizer, são utilidades que a coisa fornece sem diminuição da sua substância, como é o caso dos rendimentos decorrentes do uso do capital. O condômino que deixa de pagar a taxa, além de privar o condomínio daquele valor, dele se utilizou indevidamente e, por tal razão, deve pagar ao condomínio, conjuntamente com a obrigação principal, um valor correspondente ao fruto obtido pelo uso da coisa durante determinado período. Já a multa moratória, ao contrário, é exigível independentemente do período de tempo decorrido e constitui tão somente uma pena pelo inadimplemento daquela obrigação. Em razão exatamente da natureza diversa, é perfeitamente possível a cumulação dos juros de mora e da multa moratória.

[42] Art. 406. Quando os juros moratórios não forem convencionados, ou o forem sem taxa estipulada, ou quando provierem de determinação da lei, serão fixados segundo a taxa que estiver em vigor para a mora do pagamento de impostos devidos à Fazenda Nacional.

Entretanto, nada impede que os condôminos decidam alterar a convenção para estabelecer ou elevar o percentual dos juros de mora, desde que tal alteração seja aprovada em assembleia com a presença de 2/3 dos condôminos.

Não há mais qualquer limite formal para a fixação dos juros de mora na convenção, que deve obedecer, no particular, apenas e por óbvio, o princípio da razoabilidade, interpretação que se coaduna com o disposto no art. 406 do CC, peremptório ao estatuir que o limite ali fixado somente pode ser invocado quando *os juros moratórios não forem convencionados*. Ou seja, pode a convenção fixar juros de mora em percentuais acima daquele limite.

Já rebati, em outras publicações, o argumento de que a fixação dos juros estaria limitada pelas disposições do Decreto 22.626/1933, que proíbe estipular em quaisquer contratos taxas de juros superiores ao dobro da taxa legal.

Em primeiro lugar, porque entendo que o referido decreto, também conhecido por "Lei de Usura", foi revogado tacitamente pelo Código Civil de 2002. As regras aplicáveis à revogação tácita estão previstas no § 1.º do art. 2.º da LINDB, que continua em vigor (*A lei posterior revoga a anterior quando expressamente o declare, quando seja com ela incompatível ou quando regule inteiramente a matéria de que tratava a lei anterior.*) Assim, foram revogadas, total ou parcialmente, todas as leis anteriores, mesmo aquelas de natureza especial, que dispunham sobre matérias reguladas inteiramente pelo Código Civil ou que fossem com ele incompatíveis. Não vale aqui a parêmia segundo a qual a lei geral não revoga a especial, assertiva que deve ser observada *cum granum salis*, como ensina o mestre Carlos Maximiliano[43].

Se a nova norma vier a regular diversa e inteiramente a matéria regida pela anterior, esta poderá ser tida como revogada, quer seja geral ou especial. Uma vez disciplinando o Código, tanto o contrato de mútuo como a matéria referente aos juros, é razoável considerar que teria havido a revogação tácita da Lei de Usura.

Todavia, mesmo que fosse possível considerar o Decreto 22.626/1933 uma norma jurídica vigente, ainda assim não seria viável aplicá-lo aos condomínios. A uma, porque esse decreto regula especificamente a fixação de juros nos contratos em geral, como se depreende de sua ementa, mas não em todo e qualquer ato jurídico. Já demonstrei que a convenção de condomínio tem natureza predominantemente estatutária e institucional, uma vez que ela desborda daqueles que lhe deram sua aprovação e vai alcançar os condôminos

---

[43] MAXIMILIANO, Carlos. *Hermenêutica e aplicação do direito*. Rio de Janeiro: Forense, 1992. p. 360.

que não a assinaram e mesmo os terceiros estranhos ao condomínio, estendendo-se-lhes a sua força cogente, jamais podendo ser tratada como um simples contrato, subordinado ao princípio da relatividade. A duas, porque há muito que se pacificou a doutrina no sentido de que o referido decreto mereceria interpretação restritiva, estando o seu âmbito de abrangência circunscrito aos contratos de mútuo[44]. A três, porque o Código Civil de 2002 é lei posterior e hierarquicamente superior ao Decreto 22.626/1933 e foi expresso ao determinar que o percentual dos juros seria o estabelecido pela convenção. Aplicando-se quaisquer dos critérios de solução das antinomias, se fosse o caso, quer o cronológico, quer o hierárquico, ou mesmo o critério da especialidade, uma vez que em matéria de condomínio edilício o Código Civil é norma especial em relação ao Decreto 22.626, prevaleceria a regra codificada.

Em suma, não obstante não tenha a legislação previsto um teto prefixado, deve a convenção estabelecer um percentual razoável para os juros de mora.

Existem vários parâmetros para que se possa sopesar, no caso concreto, o princípio da razoabilidade. Assim, a cobrança, prevista na convenção, de juros de mora na mesma taxa cobrada pelas instituições financeiras apresenta-se bastante razoável. A média das taxas pagas aos investidores nas aplicações financeiras pode ser outro bom parâmetro, uma vez que o condômino poderia, em tese, haver utilizado o valor da taxa para realizar esse tipo de investimento. Todavia, esse elenco de parâmetros jamais pode ser exaustivo, podendo existir outras situações em que percentuais bem superiores poderão vir a ser considerados "razoáveis".

O importante é que o percentual dos juros de mora esteja estabelecido na convenção.

Tal questionamento também foi resolvido pelo Superior Tribunal de Justiça no julgamento do REsp 1.002.525/DF, em que se fixou a tese de que, após o advento do Código Civil de 2002, é possível estabelecer, na convenção

---

[44] Para Rubens Limongi França, a Lei da Usura deve receber "interpretação estrita, de modo a circunscrevê-la ao contrato de mútuo, posto tratar-se de diploma com finalidades específicas, além do seu caráter de lei de exceção" (*Teoria e prática da cláusula penal*. São Paulo: Saraiva, 1988. p. 7). No mesmo sentido a doutrina de Arnoldo Wald, que entende dever-se "restringir a aplicação do texto do Decreto 22.626 aos contratos de mútuo, por se referir a lei mencionada à usura e à limitação dos juros, visando evitar que, sob forma de cláusula penal, pudesse ser cobrada uma taxa usurária" (*Obrigações e contratos*. 13. ed. São Paulo: RT, 1998. v. II, p. 130).

do condomínio, juros moratórios acima de 1% ao mês em caso de inadimplemento das taxas condominiais.

4. QUESTÕES POLÊMICAS RELATIVAS À COBRANÇA DAS COTAS CONDOMINIAIS

A cobrança das cotas condominiais sempre foi palco para as mais variadas controvérsias e que foram paulatinamente resolvidas pela jurisprudência. Muitas questões restaram sumuladas pelo STJ.

Já se pacificou, por exemplo, (i) que as cotas condominiais possuem natureza *proptem rem*, razão pela qual os compradores de imóveis respondem pelos débitos anteriores à aquisição; (ii) que, na execução de crédito relativo a cotas condominiais, este tem preferência sobre o crédito hipotecário; (iii) que, havendo compromisso de compra e venda não registrado, a cobrança das cotas pode recair tanto sobre o promitente vendedor quanto sobre o promissário comprador; (iv) que o arrematante só responde pelo saldo remanescente do débito condominial se constar no edital da hasta pública a informação referente ao ônus incidente sobre o imóvel.

Mais recentemente, o Superior Tribunal de Justiça solidificou o entendimento sobre o prazo prescricional aplicável à pretensão de cobrança de taxas condominiais, que é o de cinco anos, de acordo com art. 206, § 5.º, I, do Código Civil[45].

Com a entrada em vigor do CC/2002, que não previu um prazo específico para a cobrança de taxas condominiais, controverteu-se a doutrina se seria aplicável o prazo geral de dez anos insculpido no art. 205 daquele Código. Na vigência do CC/2016, era esse o entendimento: o crédito condominial prescrevia em vinte anos, nos termos do seu art. 177, por se tratar de ação pessoal sem prazo prescricional específico. Ocorre que os prazos especiais de prescrição previstos no Código revogado abrangiam um número bem menor de situações do que o Código atual, restando às demais o prazo geral conforme a natureza da pretensão, se real ou pessoal[46].

Após a entrada em vigor do Código atual, acabou a distinção entre ações pessoais e ações reais e a questão se tornou especialmente debatida em razão

---

[45] AgRg no AREsp 813.752/PR, Rel. Min. Marco Buzzi, 4.ª Turma, j. 04.02.2016, *DJe* 17.02.2016.

[46] Era esse o entendimento anterior do STJ. Ver, por todos, o AgRg no Ag 305.718/RS, 3.ª Turma, Rel. Min. Carlos Alberto Menezes Direito, *DJ* 16.10.2000.

do disposto no art. 206, § 5.º,. I[47]. A pretensão de cobrança das cotas condominiais se enquadraria naquela previsão legal? Muitos sustentaram que não, pois não se trataria de dívida líquida constante de instrumento público ou particular, mas de boletos de cobrança emitidos unilateralmente pelo credor.

No julgamento do REsp 1.366.175/SP, conduzido pelo voto da Ministra Nancy Andrighi, o STJ fixou alguns pontos que serviram de norte à consolidação da sua jurisprudência e que podem ser assim resumidos: I – o CC/2002 ampliou as hipóteses de incidência de prazos específicos de prescrição reduzindo sensivelmente a aplicação da prescrição decenal ordinária; II – o julgador, ao se deparar com as pretensões nascidas sob o CC/2002, apesar dos entendimentos anteriores, não poderá simplesmente transpor a situação jurídica e verificar o novo prazo aplicável. Ou seja, não basta a aplicação do novo prazo prescricional ordinário, conquanto fosse o prazo geral o aplicável sob a égide do CC/2016; III – a regra do art. 206, § 5.º, I, exige dois requisitos: a) dívida líquida; e b) definida em instrumento público ou particular; IV – a expressão "dívida líquida" é compreendida como obrigação certa, com prestação determinada, enquanto o conceito de instrumento pressupõe a existência de documentos, sejam eles públicos ou privados, que materializem a existência da obrigação, identificando-se a prestação, bem como seu credor e devedor; V – a pretensão de cobrança do débito condominial é dívida líquida e lastreada em documentos, entre os quais atas assembleares nas quais se definiram o valor e o prazo para pagamento das cotas de rateio de despesas ordinárias do condomínio.

Logo, a pretensão de cobrança das cotas condominiais prescreve em cinco anos, a partir do vencimento de cada parcela condominial. A jurisprudência consolidada do STJ, nesse ponto, se mostra perfeitamente harmônica com a interpretação teleológica do Código Civil que, primando pela construção de um ordenamento jurídico capaz de fornecer respostas mais ágeis às demandas que lhe são submetidas, e sem abrir mão do valor "segurança", promoveu substanciais reduções em diversos prazos antes previstos, quer no código anterior, quer na legislação extravagante, diminuindo sensivelmente os prazos prescricionais. O prazo geral de prescrição das ações pessoais foi reduzido de vinte (CC/1916, art. 177) para apenas dez anos (CC/2002, art. 205). A pretensão de reparação civil, antes submetida ao prazo vintenário, passou a se extinguir em apenas três anos. Nesse cenário, a interpretação

---

[47] Art. 206. Prescreve: [...] § 5.º Em cinco anos: I – a pretensão de cobrança de dívidas líquidas constantes de instrumento público ou particular.

mais consentânea com o espírito da lei é a que favorece a prescrição em prazo mais curto.

Uma controvérsia bastante atual diz respeito ao termo *a quo* para pagamento da taxa condominial pelo adquirente ou promitente comprador do imóvel, especialmente tratando-se de aquisição direta à construtora. A jurisprudência do Superior Tribunal de Justiça orienta-se no sentido de que a responsabilidade do promissário comprador pelo pagamento dos débitos condominiais exige a efetiva imissão na posse do imóvel. Ou seja, as taxas são devidas pelo adquirente a partir da entrega das chaves e imissão na posse do imóvel[48]. Assim, se houver atraso para a conclusão das obras, ainda que exista a previsão contratual do conhecido prazo de tolerância, as cotas condominiais, se devidas, serão de responsabilidade da construtora, e não do adquirente.

E se o atraso na entrega se deu por fato imputável ao comprador que, por exemplo, não adimpliu parcela do preço, autorizando a construtora a reter o imóvel até que a obrigação fosse cumprida? Nesses casos, em que a imissão na posse é retardada por inadimplemento do próprio comprador, não se pode, no período da mora, manter a responsabilidade pelas taxas a cargo da construtora, sob pena de admitir violação à boa-fé objetiva pelo comprador, na figura parcelar *tu quoque*, que proíbe ao violador da norma contratual beneficiar-se de sua conduta ilícita (ou da própria torpeza), para obter uma vantagem ou evitar um prejuízo.

Em suma, se a imissão na posse não ocorreu ainda, por culpa da construtora, não seria admissível a transferência do ônus pelo pagamento das taxas ao comprador, como sedimentado na jurisprudência. No entanto, se foi aquele quem violou o contrato e, em decorrência dessa violação, teve obstada a imissão na posse, a ele, comprador, deve ser direcionada a cobrança, até que ocorra a resolução definitiva do contrato. Restabelecido o contrato e imitido na posse, o comprador responderá pelas taxas vencidas no período da mora, anterior à sua imissão na posse.

---

[48] Agravo regimental no agravo em recurso especial. Ação de cobrança. Despesas condominiais. Necessidade de posse efetiva. Precedentes. 1. Consoante decidido pela Segunda Seção, no julgamento do EREsp 489.647/RJ, de minha relatoria, em 25.11.2009, "a efetiva posse do imóvel, com a entrega das chaves, define o momento a partir do qual surge para o condômino a obrigação de efetuar o pagamento das despesas condominiais". 2. Agravo regimental a que se nega provimento (AgRg no AREsp 535.078/SP, Rel. Min. Luis Felipe Salomão, 4.ª Turma, j. 02.09.2014, *DJe* 05.09.2014).

5. A (DES)PERSONALIZAÇÃO JURÍDICA DO CONDOMÍNIO

Uma última questão polêmica, à guisa de conclusão, diz respeito à qualificação do condomínio como pessoa jurídica ou ente despersonalizado.

O Enunciado 246, aprovado na III Jornada de Direito Civil, promovida pelo CEJ/CJF, aconselhou que deveria "ser reconhecida personalidade jurídica ao condomínio edilício". Entretanto, esse tema não foi esgotado pelo CC/2002, que nada aludiu sobre a atribuição de personalidade jurídica ao condomínio, excluído do rol taxativo do art. 44[49]. Verdade que parte da doutrina admite alguma elasticidade ao elenco do art. 44, chegando a considerá-lo meramente exemplificativo (*numerus apertus*)[50]. Autores como Frederico Henrique Viegas de Lima e Flávio Tartuce se valem desse argumento para atribuir personificação jurídica à comunidade de coproprietários em condomínios edilícios[51]. Não partilho desse entendimento. O CC/2002 manteve o parecer de que a massa falida, o espólio e o condomínio não são pessoas jurídicas, mas comunhões de interesses sem personalidade jurídica, muito embora a lei lhes dê representantes em juízo. Essas universalidades de bens, direitos e obrigações não têm personalidade jurídica, desde que não registradas. Há somente comunhão de interesses antes do registro. Com este é que reponta a pessoa jurídica e, com essa, a chamada personalidade, que se gradua em maior ou menor número de direitos, maior ou menor número de obrigações.

O CPC/2015, por sua vez, continua a dispor, como o faz em relação a outros entes despersonalizados, sobre a representação em juízo, ativa e passivamente, do condomínio, pelo administrador ou síndico (art. 75). Por isso, na legislação processual essas comunhões são consideradas "pessoas processuais".

A indagação de ordem prática que se coloca, e que assume graves reflexos no dia a dia dos condomínios, é a seguinte: não possuindo personalidade jurídica de direito material, mas apenas legitimação processual, pode o condomínio adquirir imóveis?

Essa controvérsia ainda não foi equacionada na doutrina ou na jurisprudência, embora diversos julgados já admitam atribuir uma espécie de

---

[49] Art. 44. São pessoas jurídicas de direito privado: I – as associações; II – as sociedades; III – as fundações. IV – as organizações religiosas; V – os partidos políticos; VI – as empresas individuais de responsabilidade limitada.

[50] Nesse sentido o Enunciado 144 aprovado na III Jornada de Direito Civil do CEJ/CJF: "A relação das pessoas jurídicas de Direito Privado, constante do art. 44, incs. I a V, do Código Civil, não é exaustiva".

[51] TARTUCE, Flávio. *Direito civil*: direito das coisas cit., p. 336.

"personalidade jurídica limitada" ao condomínio, ou seja, alguns atributos da personalidade jurídica, exclusivamente para determinados fins. A jurisprudência do STJ tem reconhecido, por exemplo, características de pessoa jurídica ao condomínio, para fins tributários, permitindo-lhe, assim, o direito de aderir ao programa de parcelamento instituído pela Receita Federal[52]. Também já se entendeu que, embora o condomínio não possua personalidade jurídica, deve-lhe ser assegurado o tratamento conferido à pessoa jurídica, no que diz respeito à possibilidade de condenação em danos morais[53].

O mesmo raciocínio poderia ser empregado quando o condomínio pretendesse adquirir um imóvel contíguo para ampliação da área de lazer do edifício ou do número de vagas de garagem. Nesses casos, não se mostra razoável a exigência de chamamento de todos os condôminos ao ato negocial, o que poderia, inclusive, inviabilizá-lo, com prejuízo ao interesse geral da coletividade condominial, bastando a presença do síndico, devidamente autorizado pela assembleia.

Com muito mais razão se a aquisição for operada em hasta pública, resultante de processo de execução para cobrança de suas próprias cotas condominiais. Dispondo o condomínio de legitimação para estar em juízo, também o terá para aquisição de bem em hasta pública, em seu próprio nome. Se pode cobrar em juízo os valores condominiais, por que não poderia adjudicar ou arrematar a unidade interna penhorada, bem como aliená-la posteriormente a terceiros?

Em suma, mesmo ausente do elenco do art. 44 e despido do registro a que alude o art. 45, ambos do CC/2002, e que lhe daria a tão almejada personalização jurídica, o condomínio não pode ser visto como "um ente que ostente apenas personalidade judiciária (para participar de ações), mas, sim, sujeito de direitos fundamentais, o que lhe permite adquirir patrimônio e responder por obrigações"[54].

É de admitir, portanto, a ideia, ao menos, de uma *personalidade jurídica anômala* do condomínio, estendendo-lhe alguns atributos decorrentes de uma personalização formal, como bem coloca Sílvio Venosa, por meio da qual

---

[52] REsp 1256912/AL, Rel. Min. Humberto Martins, Segunda Turma, j. 07.02.2012, DJe 13.02.2012.

[53] AgRg no AREsp 189.780/SP, Rel. Min. Assusete Magalhães, 2.ª Turma, j. 09.09.2014, DJe 16.09.2014.

[54] ZULIANI, Ênio S. *Condomínio edilício*. Disponível em: <http://civileimobiliario. web971.uni5.net/wp-content/uploads/2013/05/condom%C3%ADnio-edil%-C3%ADcio-enio.pdf>. Acesso em: 29 jun. 2017.

[...] o condomínio de apartamentos ou assemelhado compra, vende, empresta, presta serviços, é empregador, recolhe tributos etc. Nada impede, por exemplo, que o condomínio seja proprietário de unidades autônomas, lojas no térreo ou garagens, por exemplo, que loca e aufere renda para a comunidade condominial[55].

Parece ter razão o autor quando sustenta atentar contra a realidade do ordenamento o cartório imobiliário que

[...] se recusa a transcrever unidade autônoma em nome do condomínio. Nada impede que a comunidade condominial decida ser proprietária, por exemplo, de lojas, estacionamento ou vagas de garagem no edifício, explorando-os comercialmente e com isso reduzindo as despesas condominiais dos titulares das unidades autônomas[56].

Entretanto, no estado atual da arte, a possibilidade de o condomínio edilício adquirir bens imóveis permanece controvertida na jurisprudência, sendo admitida em algumas hipóteses muito especiais, praticamente restritas à aquisição em hasta pública, levada a cabo em execução judicial de débito relativo a cotas condominiais, vinculadas ao próprio imóvel arrematado.

REFERÊNCIAS

BARROS MONTEIRO, Washington de. *Curso de direito civil*: direito das coisas. 36. ed. São Paulo: Saraiva, 2000. v. 3.

DELGADO, Mário Luiz. A redução da multa condominial. *Revista Jurídica Consulex*, v. 166, p. 34, 2003.

_____. Condomínio edilício: inadimplência, multas e juros. Algumas controvérsias. In: _____; ALVES, Jones Figueirêdo (Org.). *Novo Código Civil*: questões controvertidas: direito das coisas. São Paulo: Método, 2008. v. 7.

_____. É digna de aplausos decisão do STJ sobre condômino inadimplente e antissocial. *Consultor Jurídico (Online)*, São Paulo, v. 00, p. 00, 2015.

---

[55] VENOSA, Sílvio de Salvo. *Direitos reais* cit., p. 351.
[56] VENOSA, Sílvio de Salvo. *Direitos reais* cit., p. 351.

_____. Inadimplente contumaz no condomínio edilício. *Boletim do Direito Imobiliário – BDI*, v. 1, p. 56, 2016.

DE PLÁCIDO E SILVA. *Vocabulário jurídico*. Rio de Janeiro: Forense, 1984. v. III.

LIMONGI FRANÇA, Rubens. *Teoria e prática da cláusula penal*. São Paulo: Saraiva, 1988.

LOPES, João Batista. *Condomínio*. 8. ed. rev., atual. e ampl. São Paulo: RT, 2003.

MAXIMILIANO, Carlos. *Hermenêutica e aplicação do direito*. Rio de Janeiro: Forense, 1992.

MELO, Marco Aurélio Bezerra de. *Curso de direito civil*. São Paulo: Atlas, 2015. v. IV.

PEREIRA, Caio Mário da Silva. *Condomínios e incorporações*. 10. ed. Rio de Janeiro: Forense, 1997.

RAMOS, Glauco Gumerato. Condomínio em edificações. Vaga de garagem registrada autonomamente. Área comum contígua e somente atingível pela garagem pertencente a determinado condômino; Parecer Civil. *RT* 803, set. 2002.

ROSENVALD, Nelson; FARIAS, Cristiano Chaves de. *Direitos reais*. 7. ed. Rio de Janeiro: Lumen Juris, 2011.

TARTUCE, Flávio. *Direito civil*: direito das coisas. 8. ed. rev., atual. e ampl. Rio de Janeiro: Forense, 2016. v. 4.

VENOSA, Sílvio de Salvo. *Direitos reais*. 12. São Paulo: Atlas, 2012. v. V.

WALD, Arnoldo. *Obrigações e contratos*. 13. ed. São Paulo: RT, 1998. v. II.

ZULIANI, Ênio S. *Condomínio edilício*. Disponível em: <http://civileimobiliario.web971.uni5.net/wp-content/uploads/2013/05/condom%C3%ADnio-edil%C3%ADcio-enio.pdf>. Acesso em: 29 jun. 2017.

22

QUESTÕES POLÊMICAS SOBRE O CONDOMÍNIO EDILÍCIO

MARCO AURÉLIO BEZERRA DE MELO

SUMÁRIO: 1. Introdução; 2. O condomínio edilício possui aptidão para adquirir direitos e contrair deveres na ordem civil?; 3. É possível a utilização privativa de área comum pelo condômino? E usucapião de parte comum?; 4. A garagem que figura discriminada na escritura de transferência da unidade autônoma e devidamente registrada no cartório imobiliário como propriedade autônoma pode ser alugada?; 5. A impenhorabilidade do bem de moradia do devedor prevista na Lei 8.009/1990 se estende à vaga de garagem?; 6. É possível a constituição de condomínio edilício com apenas um titular da propriedade?; 7. Condôminos com título de propriedade definitiva registrado podem excluir da confecção da convenção de condomínio promitentes compradores e eventuais cessionários?; 8. Qual o limite normativo da convenção de condomínio? Poderá, por exemplo, privar o acesso ao condômino inadimplente do acesso às áreas comuns destinadas ao lazer? É cabível cláusula de exclusão pessoal?; 9. O condômino tem direito a não pagar por serviços que não utiliza?; 10. O condômino poderá alterar a fachada de sua unidade autônoma?; 11. É válida a cláusula na convenção de condomínio que proíbe a presença de animais na unidade imobiliária do condômino?; 12. O promitente vendedor pode ser responsabilizado pelo inadimplemento da cota condominial?; 13. O condomínio pode se utilizar da cláusula de abono-pontualidade como instrumento de fomento ao adimplemento da cota condominial?; 14. Qual o prazo prescricional para a cobrança de cota condominial?; 15. Qual a sanção cabível em relação ao condômino nocivo? E ao antissocial? Será possível a sua exclusão da vida condominial?; 16. Qual a responsabilidade civil do condomínio perante os condôminos e terceiros?; 17. O ordenamento jurídico deve atribuir eficácia à multipropriedade imobiliária ou *time sharing*?; 18. É possível a aplicação das regras do condomínio edilício no chamado condomínio de lotes?; Referências.

1. INTRODUÇÃO

Digna de aplausos a iniciativa da presente obra em que se busca harmonizar o pensamento doutrinário e jurisprudencial, circunstância que já foi extremamente uniforme e hoje tende a um distanciamento que não é conveniente nem oportuno para a boa distribuição da justiça em nosso país. A editora GEN não poderia ter sido mais feliz na escolha dos dois eminentes coordenadores que são lídimos representantes dos segmentos da doutrina (Doutor Flávio Tartuce) e da jurisprudência (Ministro Luis Felipe Salomão), apresentando, no âmbito dos aludidos misteres, o que há de melhor no direito civil brasileiro. Na qualidade de participante da atuação judicante, temos a pretensão no presente trabalho de trazer da forma mais didática possível, e com intuito pragmático, questões que nos parecem importantes para a árdua tarefa de dirimir conflitos envolvendo o fenômeno da vida condominial que é uma inegável evolução da sociedade, mas se mostra igualmente como fértil terreno para o surgimento de inúmeros conflitos.

O direito romano regulou administrativa e juridicamente a possibilidade de se fazer uma superposição habitacional, mas o fez sem o reconhecimento da possibilidade de estabelecimento de propriedades autônomas em relação ao solo em razão do apego ao sistema clássico das acessões imobiliárias no qual eventual habitação construída acima da titularidade imobiliária do *dominus soli* passaria a pertencer de direito a este[1] (*superficies solo cedit*), *prestigiada hoje, em outros termos e sentido, nas acessões imobiliárias artificiais (artigo 1.253, CC).*[2]

Na idade contemporânea, o artigo 664 do Código Civil francês de 1804[3] apresentou a possibilidade de existirem proprietários diferentes entre os andares de uma edificação, trazendo, ainda que de forma rudimentar, um

---

[1] Sobre a evolução e diversas teorias: PEREIRA, Caio Mário da Silva. *Condomínios e incorporações*. 12. ed. Rio de Janeiro: GEN/Forense, 2015. p. 51-68.

[2] Toda construção ou plantação existente em um terreno presume-se feita pelo proprietário e à sua custa, até que se prove o contrário.

[3] Quando os diferentes andares de uma casa pertencerem a diversos proprietários, se os títulos de propriedade não regularem o modo das reparações e reconstruções, devem ser elas feitas assim como se segue: as paredes mestras e o telhado ficam a cargo de todos os proprietários, cada um na proporção do valor do andar que lhe pertence. O proprietário de cada andar faz o soalho sobre o qual ele pisa. O proprietário do primeiro andar faz a escada que aí conduz; o proprietário do segundo andar faz, a partir do primeiro, a escada que chega ao segundo, e assim seguidamente.

regulamento entre a propriedade condominial criada e as diversas titularidades reconhecidas pela ordem jurídica. Criara-se o embrião das chamadas propriedades em planos horizontais que subsistem sem prejuízo da configuração de um condomínio formado pelas chamadas partes comuns.

O aumento populacional e o adensamento nas cidades levaram a que o engenho humano elaborasse uma nova forma de moradia a partir de complexos estudos da engenharia, fazendo com que o direito também precisasse se atualizar e apresentar um regramento jurídico que possibilitasse uma coexistência harmônica entre os diversos vizinhos e condôminos que surgem a cada constituição de um condomínio edilício.

No Brasil, tivemos normas jurídicas disciplinadoras desse fenômeno, sendo a primeira o Decreto 5.481/1928, modificado pelo Decreto-lei 5.234/1943 e pela Lei 285/1948, vindo a lume em 1964 a Lei Federal 4.591, cujo anteprojeto deveu-se ao grande civilista Caio Mário da Silva Pereira e que, a despeito de modificada e pretensamente substituída na parte do condomínio pelos artigos 1.331 a 1.358-A do Código Civil, ainda mantém alguns dispositivos legais em vigor.

A par de diversas investigações jurídicas sobre a figura do condomínio edilício, que vão desde uma modalidade especial de condomínio comum até os que identificam traços do direito real de superfície e servidão predial, o fato é que se observa nessa figura jurídica um misto de propriedade individual representado pelos apartamentos, escritórios, salas, lojas e sobrelojas, além da fração ideal correspondente à unidade autônoma com a propriedade condominial propriamente dita de natureza indivisível, inalienável e perpétua, identificado pelas partes comuns como o solo, a estrutura do prédio, o telhado, a rede geral de distribuição de água, esgoto, gás e eletricidade, a calefação e refrigeração centrais, e as demais partes comuns, inclusive o acesso ao logradouro, tais como, exemplificativamente, a área da portaria, os corredores, elevadores, piscina, quadra de esportes, salas de uso comum ou da administração, residência do porteiro etc.

É essa a feliz concepção legal trazida no *caput* do artigo 1.331 do Código Civil quando diz que *pode haver, em edificações, partes que são propriedade exclusiva, e partes que são propriedade comum dos condôminos.*

Malgrado a mistura de regimes dominiais, há que se reconhecer no condomínio edilício uma unidade conceitual e funcional, ou seja, a propriedade individual continua sendo o objetivo primaz do indivíduo. A união em condomínio com a presença das partes comuns é apenas um instrumento para dinamizar a utilização dos espaços, mormente nos grandes centros urbanos, proporcionando maior acesso à moradia e trabalho, conforto e, muitas vezes, lazer. Enfim, é a partir da dualidade *propriedade coletiva x propriedade individual* que se apresenta este trabalho na forma de perguntas e respostas acerca de algumas questões polêmicas sobre o condomínio edilício.

2. O CONDOMÍNIO EDILÍCIO POSSUI APTIDÃO PARA ADQUIRIR DIREITOS E CONTRAIR DEVERES NA ORDEM CIVIL?

O pensamento tradicional acerca dessa questão caminha no sentido da negativa em razão da falta de *affectio societatis*, como salienta o professor Fábio Azevedo,[4] e por ser a personalidade um atributo conferido pela lei, como assevera Caio Mário da Silva Pereira[5] ao dizer que, "todas as vezes que a lei faz referência a direitos e deveres, atribui uns e outros aos condôminos individualmente. Nunca alude ao condômino como sujeito passivo ou ativo de uns ou de outros". Contudo, merece registro que há muito o jurista Carlos Maximiliano[6] afirmava pela existência de personalidade jurídica, ainda que considerasse não ser o caso de entender o condomínio como uma pessoa jurídica exatamente ente pela falta do aludido elemento subjetivo.

Em que pese a inexistência de *affectio societatis* e de lei atributiva de personalidade ao condomínio edilício, a perspectiva funcional do direito apontada pela Constituição Federal como norte seguro a seguir exige que se reconheça que vários negócios jurídicos típicos da personificação são realizados pelo condomínio edilício como contratos de prestação de serviços, de trabalho e até mesmo de aquisição de unidade autônoma de condômino inadimplente na construção por administração, ocasião em que é possível que o imóvel adquirido fique registrado em nome do condomínio para posterior alienação. Nesse sentido, preconiza o artigo 63, § 3.º, da Lei 4.591/1964 que, "no prazo de 24 (vinte e quatro) horas após a realização do leilão final, o condomínio, por decisão unânime de assembleia geral em condições de igualdade com terceiros, terá preferência na aquisição dos bens, caso em que serão adjudicados ao condomínio". Ora, não seria isso a manifestação

---

[4] AZEVEDO, Fábio de Oliveira. *Introdução e teoria geral*. Rio de Janeiro: Forense, 2009. p. 254. No mesmo sentido: GAMA, Guilherme Calmon Nogueira. *Direitos reais*. São Paulo: Atlas, 2011. p. 401.

[5] PEREIRA, Caio Mário da Silva. *Condomínios e incorporações* cit., p. 343-344.

[6] MAXIMILIANO, Carlos. *Condomínio*. 5. ed. Rio de Janeiro: Freitas Bastos, 1961. p. 12-13.

concreta de personalidade jurídica? De fato, a nova codificação civil perdeu excelente oportunidade para confirmar essa realidade.[7]

O eminente professor Frederico Henrique Viegas de Lima,[8] em estudo específico, defende a possibilidade da adoção do pensamento sistemático para superar essa equivocada lacuna em nossa legislação, apontando ainda uma diferença substancial entre as outras entidades processuais como a massa falida e o espólio, pois em tais casos a criação da pessoa formal é transitória, ao passo que o condomínio edilício tende à perpetuidade. O autor sustenta como necessária a separação patrimonial das unidades autônomas, o que possibilitará maior facilidade para atos de gestão, assim como permitirá, em caso de responsabilidade civil do condomínio edilício, que seja afetado patrimonialmente o patrimônio deste. É de sua autoria o Enunciado 246 da III Jornada de Direito Civil com o qual tivemos o prazer de aderir no ano de 2006: "deve ser reconhecida personalidade jurídica ao condomínio edilício".

Enfim, a nosso viso, já está mais do que passado o tempo para o reconhecimento da personalidade jurídica do condomínio edilício, superando a antiga perspectiva de que haveria apenas uma personalidade judiciária apta a tornar possível a atuação processual desse ente como autor e réu em processo judicial (artigo 75, CPC). Entendemos que dessa forma é possível dar maior funcionalidade à propriedade condominial, cumprindo, portanto, o comando constitucional da funcionalização dos institutos. A afirmação dessa tese permitirá, por exemplo, ao condomínio edilício que figure em escritura pública de compra e venda de imóvel e consequente registro imobiliário para servir de garagem aos condôminos, mormente em condomínios mais antigos que não contam na sua estruturação original com vagas de garagem suficientes para os dias atuais nas cidades.

3. É POSSÍVEL A UTILIZAÇÃO PRIVATIVA DE ÁREA COMUM PELO CONDÔMINO? E USUCAPIÃO DE PARTE COMUM?

Pela dogmática, a negativa se impõe, uma vez que os artigos 1.331, § 2.º, e 1.339 do Código Civil (idem artigos 3.º e 24, § 1.º, da Lei 4.591/1964) deixam claro que os direitos de cada condômino sobre a área comum não

---

[7] VENOSA, Sílvio de Salvo. *Direitos reais.* 12. ed. São Paulo: Atlas, 2012. p. 349-350.
[8] LIMA, Frederico Henrique Viegas. *Condomínio em edificações.* São Paulo: Saraiva, 2010. p. 137-139 e 190.

comportam utilização exclusiva, sendo inseparáveis e indivisíveis por expressa determinação legal.

Na jurisprudência já se encontram algumas manifestações contrárias a esse ponto de vista puramente legalista, desde que haja autorização assemblear ou previsão na convenção de condomínio (AgRg no AREsp 177.086/RJ, Rel. Min. Paulo de Tarso Sanseverino, 3.ª Turma, j. 21.08.2012). Em outro giro, a falta da referida autorização torna insustentável a situação do condômino perante o condomínio, possibilitando a restituição da área aos coproprietários. Nesse sentido, já decidiu o colendo Superior Tribunal de Justiça que há negativa de vigência à lei federal em acórdão que autoriza a reforma e a utilização privativa de área comum do condomínio (*hall* dos elevadores) quando tal procedimento é vedado por assembleia extraordinária do condomínio (AgRg no REsp 1197014/MG, Rel. Min. Maria Isabel Gallotti, 4.ª Turma, j. 11.12.2012).

Assim, exemplificativamente, o uso de determinada faixa do corredor para ingresso exclusivo no apartamento, a instalação de um bar nos arredores da piscina ou até mesmo a utilização de uma área para o funcionamento de uma oficina podem ser autorizados pela convenção condominial ou por assembleia, merecendo destaque que tal *privatização precária* pode eventualmente se mostrar útil ou até mesmo necessária para os próprios condôminos que democraticamente, nesse caso de índole estritamente patrimonial, devem ser livres para deliberar o que lhes aprouver. Tratando-se de ato a título precário, a mesma assembleia que autorizou e estabeleceu as regras para a utilização poderá revogar a deliberação favorável a um dos condôminos.

Quid iuris se essa situação se prolongar no tempo sem que haja impugnação do condomínio e a área utilizada não interessar ao uso coletivo? Poderá o condomínio pleitear a retomada sem que apresente motivo legítimo? A ausência de justo motivo, no caso, tornará o ato abusivo por contrariedade ao princípio da boa-fé objetiva, como já teve ocasião de decidir o Superior Tribunal de Justiça em situação que já se prolonga há mais de trinta anos com utilização de área inferior a dez metros quadrados (REsp 325.870-RJ, Rel. Min. Humberto Gomes de Barros, j. 14.06.2004).

Essa excepcional possibilidade não renderá ensejo a que o condômino tenha êxito em ação de usucapião, uma vez que o artigo 1.335, II, do Código Civil confere ao condômino o direito de usar das partes comuns, conforme a destinação, desde que *não exclua a utilização dos demais compossuidores*, afastando, por completo, a possibilidade de que o condômino *possua como se fosse seu* (*animus domini*) a área que precariamente utiliza privativamente.

Ademais, como cediço, atos de mera tolerância configuram detenção, e não posse, a teor do que dispõe o artigo 1.208 do Código Civil.[9]

Importante, por fim, que o leitor perceba que situação diversa é a que envolve o condomínio comum, pois, se o condômino provar que exerce posse exclusiva sobre o todo, além dos demais requisitos da usucapião, poderá obter o reconhecimento da propriedade por essa via originária (AgRg no AREsp 22.114/GO, Rel. Min. João Otávio de Noronha, 3.ª Turma, j. 05.11.2013).

4. A GARAGEM QUE FIGURA DISCRIMINADA NA ESCRITURA DE TRANSFERÊNCIA DA UNIDADE AUTÔNOMA E DEVIDAMENTE REGISTRADA NO CARTÓRIO IMOBILIÁRIO COMO PROPRIEDADE AUTÔNOMA PODE SER ALUGADA?

Três situações jurídicas podem se apresentar no condomínio edilício acerca do regramento das garagens, na forma do que estabelece o artigo 2.º da Lei 4.591/1964: (1.ª) a vaga de garagem se encontra discriminada na escritura de transferência do imóvel e constitui parte distinta, exclusiva, mas vinculada à unidade imobiliária; (2.ª) as vagas de garagem constituem propriedade exclusiva, sendo atribuídas a ela frações ideais do terreno, como sucede nos chamados edifícios-garagem; (3.ª) o uso de garagem não se encontra discriminado no ato constitutivo da propriedade, sendo bem acessório em relação à unidade autônoma.

A polêmica que se pretende elucidar com apoio na lei e na jurisprudência consolidada é a retratada no primeiro item supradestacado.

A primeira indagação diz respeito ao fato de que não raro as convenções de condomínio ou até mesmo assembleias posteriores convocadas para tal fim entendiam por bem proibir que o condômino alugasse ou cedesse a qualquer título a utilização da garagem a pessoas estranhas ao condomínio. Essa vedação ofende o direito de propriedade assegurado pela Constituição Federal no capítulo das garantias fundamentais (artigo 5.º, XXII)? Essa pergunta se reveste de importância prática, pois com frequência há uma demanda da vizinhança por vagas de garagens, notadamente em edifícios antigos. Também é altamente factível que o titular da garagem dela não se

---

[9] No mesmo sentido: FARIAS, Cristiano Chaves de; ROSENVALD, Nelson. *Curso de direito civil*: reais. 8. ed. São Paulo: Atlas, 2012. p. 412.

utilize ou, tendo mais de uma e um veículo automotor, tenha interesse em auferir rendimentos a partir da locação de uma das vagas.

Por outro lado, será razoável impor aos demais condôminos o ingresso de uma ou várias pessoas estranhas ao condomínio? E a rotatividade que pode ocorrer, dificultando, sobremaneira o controle do acesso e, por conseguinte, da segurança do condomínio? O direito de propriedade não deve se compatibilizar com a função social, respeitando os legítimos interesses dos demais não proprietários (artigo 5.º, XXIII, CF)?

Os dois argumentos são dotados de juridicidade e podem ser compatibilizados, uma vez mais, a partir da consulta aos demais condôminos. Se estes deliberarem com o quórum legal no sentido da autorização, será possível a cessão, gratuita ou onerosa, da utilização da garagem por terceiros. Essa concepção que já animara a aprovação do Enunciado 91 da I Jornada de Direito Civil do CJF/STJ (*A convenção de condomínio, ou a assembleia geral, podem vedar a locação de área de garagem ou abrigo para veículos a estranhos ao condomínio*), acabou influenciando acertadamente a Lei 12.607/2012 que, alterando o § 1.º do artigo 1.331 do Código Civil, prevê expressamente que os abrigos para veículos não podem ser alienados ou alugados a pessoas estranhas ao condomínio, salvo autorização expressa na convenção de condomínio.

Dessa forma, se a convenção silenciar, não poderá o condômino vender ou alugar o abrigo para veículos para pessoas estranhas ao condomínio. Se houver tal autorização, fica assegurado o direito de preferência, em condições absolutamente iguais, do condômino perante estranhos, nos termos do artigo 1.338 do Código Civil. Se concorrerem na preferência o condômino e o possuidor, como seria o caso de um locador (proprietário e possuidor indireto) e um locatário (possuidor direto), a prioridade será assegurada ao possuidor direto, pois é este que está mais próximo à vida condominial e, provavelmente, é quem mais se ressente da falta de um abrigo para veículo.

5. A IMPENHORABILIDADE DO BEM DE MORADIA DO DEVEDOR PREVISTA NA LEI 8.009/1990 SE ESTENDE À VAGA DE GARAGEM?

A questão aqui posta exige a reflexão acerca do fato de a garagem ser ou não bem acessório à unidade autônoma. Se a utilização de espaço para estacionamento de veículo não se encontra individualizada no registro imobiliário com matrícula própria, dúvida não haverá pela negativa da penhora da vaga de garagem, tendo em vista se tratar de bem acessório e indivisível em relação à unidade autônoma que serve de moradia ao devedor na forma da lei.

A polêmica apresenta-se realmente na hipótese em que o boxe para estacionamento de veículo figura como unidade autônoma com matrícula e registro imobiliário próprio em relação a unidade habitacional do devedor. Nesse caso, não obstante alguma vacilação jurisprudencial apresentada, por exemplo, pelos Ministros Franciulli Neto e Menezes Direito, que entendiam pela impossibilidade de desvinculação e comercialização da vaga de garagem que estaria, nessa visada, umbilicalmente ligada à unidade (votos vencidos nos Embargos de Divergência 595.099/RS, Rel. Min. Félix Fisher, Corte Especial, j. 02.08.2006), correta a percepção jurisprudencial materializada no Verbete de jurisprudência 449 do Superior Tribunal de Justiça: "A vaga de garagem que possui matrícula própria no registro de imóveis não constitui bem de família para efeito de penhora". Afinal de contas, além da titularidade registral independente, a lei protetiva do bem de família do devedor protege o local em que o executado habita sozinho ou com sua família e não o abrigo para veículos.

6. É POSSÍVEL A CONSTITUIÇÃO DE CONDOMÍNIO EDILÍCIO COM APENAS UM TITULAR DA PROPRIEDADE?

No âmbito da lógica, a negativa se impõe, pois a figura jurídica do condomínio edilício pressupõe a existência de uma pluralidade de titulares das unidades autônomas. Em razão desse fato, no desaviso, alguns registradores recusam a averbação da constituição do condomínio estabelecido a partir da incorporação imobiliária quando todos os imóveis a serem alienados ainda se encontram na propriedade da incorporadora.

Esse equívoco não pode persistir, pois o artigo 44 da Lei 4.591/1964 dispõe que, após a concessão do "habite-se" pela autoridade administrativa, o incorporador deverá requerer a averbação da construção das edificações, para efeito de individualização e discriminação das unidades. Em caso de indevida omissão, o requerimento deve ser feito pelo construtor, sob pena de responsabilidade civil de ambos. É ainda facultado pela lei, em caso de omissão dos coobrigados, a qualquer adquirente de unidade que promova a averbação das unidades autônomas no correspondente cartório imobiliário. Ora, como se pode perceber, a imposição legal de implementação do condomínio é feita antes da alienação de qualquer unidade.

Atento a essa polêmica e enfrentando dificuldades no exercício do seu mister de assessor jurídico de várias empresas de incorporação imobiliária, o ilustre causídico Dr. Melhim Namem Chalhub teve ocasião de encaminhar na V Jornada de Direito Civil do CJF/STJ proposta de enunciado que acabou aprovada com o número 504, vazada nos seguintes termos: "A escritura declaratória de instituição e convenção firmada pelo titular único de edificação composta por unidades autônomas é título hábil para registro da propriedade horizontal no competente registro de imóveis, nos termos dos arts. 1.332 a 1.334 do Código Civil".

Trata-se de obrigação imposta pela lei que por ficção permite efetivamente a criação do *condomínio de um só* como pressuposto para que o incorporador possa alienar as unidades autônomas a terceiros. Verifica-se que na realidade deve ser superada a perspectiva meramente física para uma necessidade de ordem econômica e jurídica.

7. CONDÔMINOS COM TÍTULO DE PROPRIEDADE DEFINITIVA REGISTRADO PODEM EXCLUIR DA CONFECÇÃO DA CONVENÇÃO DE CONDOMÍNIO PROMITENTES COMPRADORES E EVENTUAIS CESSIONÁRIOS?

Convenção de condomínio é negócio jurídico de alta densidade normativa, destinado a reger o comportamento dos condôminos e de terceiros diante do condomínio edilício, complementando as normas jurídicas estatais aplicáveis ao caso. Com precisão, o eminente professor Flávio Tartuce[10] aduz que convenção é o "estatuto coletivo que regula os interesses das partes, havendo um típico negócio jurídico decorrente do exercício da autonomia privada".

Pela sua importância supletiva da lei, deve ser um documento inclusivo para todos aqueles que de alguma forma podem sofrer a sua incidência, pois trata-se de um autêntico ato-regra que pode ser confeccionado por instrumento público ou particular (artigo 1.334, § 1.º, CC) e, uma vez levado a registro, adquire oponibilidade *erga omnes*.

Nessa visada, cometemos a ousadia de criticar com veemência a regra contida no § 2.º do artigo 1.334 do Código Civil que possibilita aos titulares da propriedade definitiva excluir da elaboração da convenção condominial os promitentes compradores, cessionários ou promitentes cessionários dos direitos pertinentes à aquisição de unidades autônomas. Trata-se de retrocesso em relação ao artigo 9.º da Lei 4591/1964 que conferia esse direito de forma cogente aos referidos senhores de direito real de aquisição.

---

[10] TARTUCE, Flávio. *Direito civil*. Direito das coisas. 9. ed. São Paulo: GEN/Forense, 2017. p. 332.

Há uma incoerência manifesta com o próprio Código Civil (artigos 1.417 e 1.418), com a jurisprudência (ex. Súmula 239, STJ), assim como com o artigo 32, § 2.º, da Lei 4.591/1964, o qual preconiza que "Os contratos de compra e venda, promessa de venda, cessão ou promessa de cessão de unidades autônomas são irretratáveis e, uma vez registrados, conferem direito real oponível a terceiros, atribuindo direito a adjudicação compulsória perante o incorporador ou a quem o suceder, inclusive na hipótese de insolvência posterior ao término da obra". Não há o menor sentido excluir o promitente comprador de uma unidade autônoma em um condomínio que assim permanecerá pelo tempo em que demorar o seu financiamento, uma vez que somente obterá a propriedade definitiva com a quitação das prestações, algo que pode demorar anos ou até mesmo mais de uma década.

Como sabido, não raro o condomínio edilício surge exatamente da incorporação imobiliária (artigo 28 da Lei 4.591/1964) e essa possibilidade, posta ao talante do incorporador titular definitivo, por exemplo, da maioria das unidades autônomas pode se converter em abuso do direito, além da ofensa ao princípio democrático que, na maioria das vezes, deve orientar a organização condominial.

Nesse sentido, fazemos coro às lições do professor Marco Aurélio S. Viana[11] quando diz que "seria absurdo que aquele que celebrou promessa de compra e venda, ou que seja cessionário de direitos relativos às unidades autônomas, não pudesse estabelecer as regras que lhes serão impostas obrigatoriamente. Pensamos que a solução legal não satisfaz e não se justifica". Nesse diapasão, aguardamos com ansiedade a mudança legislativa, restaurando a perspectiva anterior imaginada nos anos 60 do século passado pelo gênio de Caio Mário da Silva Pereira (artigo 9.º da Lei 4.591/1964).

8. QUAL O LIMITE NORMATIVO DA CONVENÇÃO DE CONDOMÍNIO? PODERÁ, POR EXEMPLO, PRIVAR O ACESSO AO CONDÔMINO INADIMPLENTE DO ACESSO ÀS ÁREAS COMUNS DESTINADAS AO LAZER? É CABÍVEL CLÁUSULA DE EXCLUSÃO PESSOAL?

Questão tormentosa é a de saber o limite normativo das convenções e regimentos internos no tocante a cláusulas que não estão proibidas expressamente nas leis de regência, mas que resvalam na ofensa ao sistema jurídico

---

[11] VIANA, Marco Aurélio S. *Comentários ao Novo Código Civil*. Rio de Janeiro: Forense, 2003. v. XVI, p. 420-421.

como um todo, situando-se em zona cinzenta para a análise dos operadores do direito, por exemplo, obrigatoriedade de não se permitir o ingresso de entregadores de alimentos ou remédios nas dependências do condomínio, exigindo dos condôminos que os atendam na portaria, exigência de cadastro dos veículos dos condôminos, proibindo as visitas de estacionar no interior do edifício, entre outras.

Por exemplo, será válida cláusula na convenção ou no regimento interno que proíbam aos empregados e entregadores a utilização do elevador social? Se há volume considerável ou se for a hipótese de carregamento para mudança, a toda evidência, impõe-se que a pessoa se sirva do elevador de serviço, mas, pela simples condição social e/ou econômica da pessoa, a proibição resvala na discriminação. No Município do Rio de Janeiro, o artigo 1.º da Lei 3.629/2003 veda "qualquer forma de discriminação em virtude de raça, sexo, cor, origem, condição social, idade, porte ou presença de deficiência e doença não contagiosa por contato social no acesso aos elevadores existentes no Município do Rio de Janeiro". O artigo 2.º reza que o elevador social se presta para o transporte de pessoas e que estas somente podem ser orientadas a utilizarem o elevador de serviço quando estiverem transportando volumes, cargas, ou em serviços de obras ou reparos e em trajes de banho. Vemos com muito bons olhos a lei municipal, que tem similares em São Paulo, Belém, Campinas, Distrito Federal, Espírito Santo e Recife, entre outras.

Carlos Alberto Dabus Maluf e Márcio Antero Ramos Marques[12] defendem que não ocorre discriminação social na aplicação da regra regimental que faculta a utilização do elevador social por determinadas pessoas, impondo que se sirvam do elevador de serviço a outras. Concluem os autores que, "quando se proíbe o uso dos elevadores sociais por empregados, entregadores e operários, o regulamento interno não está discriminando referidas pessoas em virtude de sua condição social, mas simplesmente disciplinando o uso de uma parte do edifício, o que é muito diferente de qualquer tipo de discriminação".

Com todas as vênias, parece-nos que a norma regimental é discriminatória e afronta a Constituição Federal, na medida em que segrega o acesso a um lugar em razão da condição social. Vale dizer que, se uma empregada doméstica entra no edifício ao lado de uma visita e ambas se dirigem à mesma unidade no edifício, a doméstica seria conduzida ao elevador de serviço e a visita para o elevador social. Tal situação somente deixaria de ser discriminatória se existisse algo fora da condição humana que justificasse o

---

[12] MALUF, Carlos Alberto Dabus; MARQUES, Márcio Antero Ramos. *Condomínio edilício*. 3. ed. São Paulo: Saraiva, 2010. p. 48.

tratamento desigual, por exemplo, a empregada chegar ao edifício, vindo do supermercado, portando inúmeras sacolas de compra e a visita não, ou, por outro lado, se a visita estivesse com trajes de banho e a empregada não. Nesse caso, a primeira seria conduzida para o elevador de serviço e a segunda poderia utilizar o elevador que quisesse. Qualquer conclusão diversa dessa, em nosso sentimento, ofende os artigos 3.º, IV, e 5.º, *caput*, da Constituição Federal.

Dois critérios podem ser utilizados para resolver o impasse entre a legalidade e a ilegalidade de eventual proibição ou restrição contida nos atos normativos do condomínio. O primeiro diz respeito à permissão de todas as regras restritivas que busquem a harmonização da vida condominial e não ofendam diretamente o direito de propriedade ou, nas precisas palavras do Desembargador José Roberto Neves Amorim: "as limitações devem estar de acordo com os direitos inerentes à propriedade, que não podem ser feridos, assim como a afinidade ao sem fim social".[13] O segundo critério é apresentado por Marco Aurélio S. Viana[14] na perspectiva de ser proibida qualquer "restrição que ofenda direitos fundamentais, garantidos pela Constituição Federal, como impedir a ocupação por pessoas desse ou daquele credo religioso, dessa ou daquela raça, por exemplo.". Nessa linha, a Corte da Cidadania teve a ocasião de reprimir cláusula na convenção condominial que possibilitava ao condomínio inadimplente de utilizar os elevadores em caso envolvendo uma mulher de certa idade que morava no oitavo andar. Há, no caso, clara ofensa à dignidade da pessoa humana, além de caracterizar odiosa prática de abuso do direito (artigo 187, CC) a ensejar como sucedeu reparação por dano moral (REsp 1401815/ES, Rel. Min. Nancy Andrighi, 3.ª Turma, j. 03.12.2013).

Nessa toada, interessante e atual é o exemplo trazido pelo professor Flávio Tartuce[15] acerca de *cláusula de restrição pessoal* que visa proibir determinadas pessoas, estabelecidas na convenção previamente, a título de condôminas ou mesmo de possuidoras. Casos como o de jogadores de futebol, políticos, artistas, garotas de programa. Em que pese divergência, concordamos com o autor quando diz que tal cláusula é nula de pleno direito por ferir o princípio da dignidade humana e se materializar em odiosa discriminação. Ao passo em que entendemos pela nulidade da cláusula, aderimos ao pensamento de que é possível, *a posteriori*, observados determinados requisitos, a suspensão

---

[13] AMORIM, José Roberto Neves; CASCONI, Francisco Antonio (Coord.). *Condomínio edilício*: aspectos relevantes e aplicação do novo Código Civil. 2. ed. São Paulo: Método, 2006. p. 190.

[14] VIANA, Marco Aurélio S. *Comentários ao Novo Código Civil* cit., p. 422.

[15] TARTUCE, Flávio. *Direito civil. Direito das coisas* cit., p. 335.

e até mesmo a interdição da utilização da unidade autônoma com relação ao condômino que torna insuportável a vida em comum, tema que trataremos adiante.

O Superior Tribunal de Justiça enfrentou a validade da polêmica cláusula da convenção condominial que possibilita ao condomínio vedar o acesso do condômino inadimplente às partes comuns do prédio destinadas ao lazer. Após tecer relevantes considerações sobre a presença na ordem jurídica civil de inúmeros mecanismos de coerção ao devedor, como as multas passíveis de cominação e a possibilidade atual do exercício da própria execução judicial da dívida (artigo 784, VIII, CPC/2015), referir que tal cláusula ofende ao direito de propriedade, uma vez que o acesso às partes comuns não decorre da adimplência, mas sim do fato que, por lei, o titular da unidade imobiliária traz para si o direito inseparável a uma fração ideal do solo e das partes comuns a que tem direito de utilização (artigo 1.331, § 3.º, CC), o Ministro Marco Aurélio Belizze analisa com sabedoria que essa restrição ofende a dignidade da pessoa humana sem que traga qualquer efetividade ao cumprimento da obrigação inadimplida, devendo, portanto, sucumbir ante a Constituição Federal e as leis do País (*Informativo* 588/2016, REsp 1.564.030/MG, Rel. Min. Marco Aurélio Bellizze, j. 09.08.2016).

9. O CONDÔMINO TEM DIREITO A NÃO PAGAR POR SERVIÇOS QUE NÃO UTILIZA?

Em uma análise preliminar, a resposta seria negativa ante a indivisibilidade das partes comuns em um condomínio edilício. Como admitir que um condômino que mora no primeiro andar e utiliza as escadas para chegar ao seu apartamento deixe de partilhar o custo do serviço de conserto do elevador que se encontra avariado? Ora, o elevador está disponível e, sendo bem de todos os condôminos, estes têm o dever de zelar pela sua manutenção.

Malgrado o raciocínio cartesiano exposto, o artigo 1.340 do Código Civil reza que "as despesas relativas a partes comuns de uso exclusivo de um condômino, ou de alguns deles, incumbem a quem delas se serve". A norma jurídica posta em caráter cogente é equivocada, pois tem o condão de acirrar os ânimos na ambiência, não raro tumultuada, do condomínio. Mais adequado seria a adoção do critério dispositivo em que fosse delegada aos condôminos a tarefa de discutir democraticamente quais as partes comuns do prédio que comportariam utilização exclusiva e quem seriam os condôminos indicados para arcar exclusivamente com as despesas. A referida perspectiva foi adotada pelo Órgão Especial do TJRJ que, ao julgar incidente de uniformização de jurisprudência envolvendo o dever de arcar com despesas de transporte coletivo de ônibus, decidiu acertadamente, por unanimidade, que "a despesa pelo serviço de transporte coletivo prestado a condomínio pode ser objeto de rateio obrigatório entre os condôminos, desde que aprovado em assembleia, na forma da convenção" (Incidente de Uniformização de Jurisprudência 0422486.52.2013.8.19.0001, j. 27.06.2016).

Pensamos que, em caso de dúvida, deverá o julgador adotar o critério genérico do rateio de todas as despesas, afastando o comando do citado artigo 1.340 do Código Civil.

10. O CONDÔMINO PODERÁ ALTERAR A FACHADA DE SUA UNIDADE AUTÔNOMA?

No reconhecimento de que a propriedade privada do condômino deve se harmonizar com a utilização coletiva dos bens em condomínio, o artigo 1.336, III, do Código Civil prescreve que é dever do condômino não alterar a forma e a cor da fachada, das partes e esquadrias externas. Essa disposição legal deve ser interpretada de forma lúcida, ou seja, não será qualquer alteração que dará azo ao descumprimento da norma, mas apenas aquelas que destoem da arquitetura original da edificação. Aplica-se ao caso a parêmia latina *summa jus, summa injuria*, pois, se o intérprete levar a letra fria da lei às últimas consequências, pode encerrar uma gritante injustiça. De fato, a jurisprudência tem admitido pequenas alterações, assim como cartazes com o nome e a atividade do profissional que ocupa a sala, aparelhos de ar-condicionado e, ainda, as grades e telas que visam evitar acidentes. É certo que as telas prejudicam a beleza da fachada do edifício, mas muito mais desagradável seria a queda fatal de um animal de estimação ou de uma criança. O que se visa proibir é aquela obra que destoe da construção original.

Nesse diapasão, coerente é a lição da professora Maria Regina Pagetti Moran[16] quando esclarece que "o que se proíbe é a quebra da harmonia estética da coisa comum, daí a intangibilidade da forma arquitetônica do prédio. A tutela do ornamento arquitetônico foi prestada pelo legislador em consideração à diminuição do valor que a sua alteração sobre as unidades autônomas. Outro ponto a ponderar diz respeito aos direitos do autor do projeto arquitetônico".

A lei silencia com relação ao quórum necessário para alteração da fachada, dando azo a vários posicionamentos que trazem perigosa dose de

---

[16] MORAN, Maria Regina Pagetti. *Exclusão do condômino nocivo nos condomínios em edifícios*. São Paulo: LED Editora de Direito, 1996. p. 271.

insegurança jurídica. Marco Aurélio S. Viana[17] defende que se deve aplicar o artigo 1.352 do Código Civil, o qual prevê que, na falta de quórum especial, as deliberações serão aprovadas, em primeira convocação, mediante maioria dos votos dos condôminos presentes que representem pelo menos metade das frações ideais. André Luiz Junqueira[18] sustenta que em primeiro lugar deve ser observado o disposto na Convenção de Condomínio. Se esta for silente, observar-se-á o quórum de 2/3 dos condôminos, que é aquele usado para aprovar e modificar a Convenção.

A nosso ver, é deveras grave o ato praticado por condômino ou ocupante que venha a repercutir na harmonia arquitetônica do edifício, pois a fachada de um edifício constitui parte comum deste, justificando-se a adoção do consenso unânime dos condôminos à falta de previsão diversa na Convenção de Condomínio. Por tal motivo e em razão do silêncio do Código Civil, parece-nos cabível a aplicação do artigo 10, § 2.º, da Lei 4.591/1964, que estabelece a possibilidade de alteração da fachada se houver unanimidade entre os proprietários nesse sentido.

11. É VÁLIDA A CLÁUSULA NA CONVENÇÃO DE CONDOMÍNIO QUE PROÍBE A PRESENÇA DE ANIMAIS NA UNIDADE IMOBILIÁRIA DO CONDÔMINO?

O inciso IV do artigo 1.336 do Código Civil retrata a aplicação específica do uso anormal da propriedade tratado no capítulo dos direitos de vizinhança ao estabelecer que os condôminos devam dar às suas partes a mesma destinação que tem a edificação, e não as utilizar de maneira prejudicial ao sossego, salubridade e segurança dos possuidores, ou aos bons costumes, visando proteger a segurança e a saúde dos vizinhos do edifício.

Questão diária nos fóruns tem sido a cláusula na convenção de condomínio que proíbe a presença de animais no interior das unidades autônomas. A questão encontra-se, hoje em dia, pacificada na doutrina[19] e jurisprudência no sentido de que se deve interpretar a proibição apenas para animal que cause incômodo, provocando interferência prejudicial à segurança, sossego ou saúde. A interpretação literal conduz a conclusões esdrúxulas, como a proibição de um aquário ou de um gato silencioso. Em outro giro, a ausência

---

[17] VIANA, Marco Aurélio S. *Comentários ao Novo Código Civil* cit., p. 443.
[18] JUNQUEIRA, André Luiz. *Condomínios*. Direitos e deveres. Rio de Janeiro: Auriverde, 2013. p. 127.
[19] TARTUCE, Flávio. *Direito civil*. Direito das coisas cit., p. 334-335.

da cláusula não significa autorização para a permanência de um animal nocivo a segurança, sossego ou saúde das pessoas que compõem a sociedade condominial.

Concordamos com José Fernando Lutz Coelho[20] quando diz que, diante dos novos contornos da socialidade da propriedade e do contrato, animais que não atentem contra a segurança, higiene, segurança e sossego dos condôminos devem ser tolerados, ainda que exista cláusula na convenção proibindo-os. Nesse mesmo ângulo de visada foi aprovado na VI Jornada de Direito Civil do Conselho da Justiça Federal o Enunciado doutrinário 566, que diz: "A cláusula convencional que restringe a permanência de animais em unidades autônomas residenciais deve ser valorada à luz dos parâmetros legais de sossego, insalubridade e periculosidade".

12. O PROMITENTE VENDEDOR PODE SER RESPONSABILIZADO PELO INADIMPLEMENTO DA COTA CONDOMINIAL?

Ante a natureza real da obrigação condominial, eventual adquirente de unidade autônoma pode ser compelido a arcar com as despesas não adimplidas pelos titulares anteriores, inclusive, multa e juros de mora, consoante o que prevê o artigo 1.345 do Código Civil. Por tal motivo, independe da determinação do parágrafo único do artigo 4.º da Lei 4.591/1964 no sentido da obrigatoriedade de certidão de quitação de débitos condominiais para a confecção de escritura de venda de unidade imobiliária em condomínio edilício, convém ao adquirente conhecer previamente a situação de adimplência afeta ao imóvel que pretende adquirir.

Questão difícil é aquela que envolve a alienação da unidade sem que o adquirente promova o devido registro imobiliário. Em caso de inadimplemento, quem deverá suportar a cobrança? Aquele que prometeu comprar ou a pessoa cujo nome consta como proprietário no cartório competente?

Depois de muita vacilação, a jurisprudência chegou a uma conclusão justa, decidindo que o réu, na ação de cobrança de cotas condominiais, deverá ser o possuidor do bem, e não o proprietário registral, desde que o condomínio tenha ciência inequívoca da transação. Entender em sentido contrário é fomentar o enriquecimento sem causa, na medida em que foi o possuidor

---

[20] COELHO, José Fernando Lutz. *Condomínio edilício*. Teoria e prática. Porto Alegre: Livraria do Advogado, 2006. p. 76.

quem se beneficiou das vantagens decorrentes do estado condominial, como a água, o serviço do faxineiro e do porteiro, enfim, de toda a estrutura condominial. A vacilação inicial deveu-se a uma confusão entre o significado da palavra ônus *ou gravame real*, esta sim dependente de registro, e a obrigação *propter rem* que, eventualmente, pode ser devida pelo possuidor, como sucede em vários casos estudados no capítulo referente aos direitos de vizinhança.

O aludido entendimento que já tivemos oportunidade de defender[21] já se mostrava majoritário no STJ (AgRg no REsp 1320500/SP, Rel. Min. Maria Isabel Gallotti, 4.ª Turma, j. 28.05.2013), acabou consolidado pela Segunda Seção do referido Tribunal por ocasião do julgamento do Recurso Especial 1345331/RS da relatoria do eminente Ministro Luis Felipe Salomão, em 08.04.2015, submetido ao regime dos recursos representativos de controvérsia, sendo fixadas as seguintes teses: *a) O que define a responsabilidade pelo pagamento das obrigações condominiais não é o registro do compromisso de venda e compra, mas a relação jurídica material com o imóvel, representada pela imissão na posse pelo promissário comprador e pela ciência inequívoca do Condomínio acerca da transação; b) Havendo compromisso de compra e venda não levado a registro, a responsabilidade pelas despesas de condomínio pode recair tanto sobre o promitente vendedor quanto sobre o promissário comprador, dependendo das circunstâncias de cada caso concreto; c) Se restar comprovado: (i) que o promissário comprador imitira-se na posse; e (ii) o Condomínio teve ciência inequívoca da transação, afasta-se a legitimidade passiva do promitente vendedor para responder por despesas condominiais relativas a período em que a posse foi exercida pelo promissário comprador.*

13. O CONDOMÍNIO PODE SE UTILIZAR DA CLÁUSULA DE ABONO-PONTUALIDADE COMO INSTRUMENTO DE FOMENTO AO ADIMPLEMENTO DA COTA CONDOMINIAL?

O abono-pontualidade consiste de cláusula em que o condômino que pagar antes do termo convencional para o adimplemento acaba por receber um desconto em relação ao valor devido a título de cota condominial. Na realidade, essa previsão acaba por consistir em fraude à lei

---

[21] MELO, Marco Aurélio Bezerra. *Direito das coisas*. São Paulo: Atlas, 2015. p. 286-287.

que proíbe que se exija como multa percentual superior a dois por cento sobre o valor da prestação.

Dessarte, a resposta a tal assertiva somente pode ser negativa.

Em primeiro lugar, insta acentuar que o condômino, como qualquer devedor, tem o direito de saber o exato *quantum debeatur*, mormente quando este é o produto matemático do rateio das despesas do condomínio. Em segundo lugar, como já sinalizado, o abono-pontualidade pode traduzir, no concreto, burla ao ordenamento jurídico no tocante ao limite legal da cláusula penal moratória, tendo em vista a real possibilidade de se criar uma cláusula penal que exceda o limite previsto em lei de dois por cento ao mês (artigo 1.336, § 2.º, CC). A Súmula de jurisprudência 36 do TJRJ repudia, há muito, essa prática, sendo digno de encômios o Enunciado 505 da V Jornada de Direito Civil que previu ser "nula a estipulação que, dissimulando ou embutindo multa acima de 2%, confere suposto desconto de pontualidade no pagamento da taxa condominial, pois configura fraude à lei (Código Civil, artigo 1.336, § 1.º), e não redução por merecimento". Importa que seja assinalado que, se o abono-pontualidade não retratar fraude à lei, será reputado como cláusula válida.

14. QUAL O PRAZO PRESCRICIONAL PARA A COBRANÇA DE COTA CONDOMINIAL?

O primeiro entendimento que surgiu sobre essa pergunta foi o de que, pela ausência de previsão específica no Código Civil e na Lei 4.591/1964, o melhor entendimento seria o de afirmar pela prescrição ordinária de dez anos do artigo 205 do Código Civil. A partir da entrada em vigor do atual Código Civil, sempre apresentamos a nossa divergência de tal compreensão, pois a nosso ver, a pretensão de cobrança de cota condominial, ante a documentação da própria convenção condominial, pode tranquilamente se amoldar na hipótese identificada no artigo 206, § 5.º, I, do Código Civil, o qual dispõe que prescreve em cinco anos a pretensão de cobrança de dívidas líquidas constantes de instrumento público ou particular.

Assim, por ser a dívida condominial líquida e oriunda de instrumento público ou particular, correta a posição trazida pela Segunda Seção do Superior Tribunal de Justiça ao fixar a tese de que, "na vigência do Código Civil de 2002, é quinquenal o prazo prescricional para que o condomínio geral ou edifício (horizontal ou vertical) exercite a pretensão de cobrança da taxa condominial ordinária ou extraordinária constante em instrumento público ou particular, a contar do dia seguinte ao vencimento da prestação" (REsp 1.483.930, 2.ª Seção, Rel. Min. Luis Felipe Salomão, j. 23.11.2016).

15. QUAL A SANÇÃO CABÍVEL EM RELAÇÃO AO CONDÔMINO NOCIVO? E AO ANTISSOCIAL? SERÁ POSSÍVEL A SUA EXCLUSÃO DA VIDA CONDOMINIAL?

Inova a codificação atual com a previsão do artigo 1.337, trazendo duas noções jurídicas até então inexistentes no sistema jurídico pátrio: o *condômino nocivo e o antissocial*.[22] O referido artigo preocupa-se com o procedimento abusivo do condômino que com o seu comportamento reprovável coloca em risco todo o corpo social do condomínio, por vezes gerando incompatibilidade de convivência. O Código centra todas as suas atenções na reprimenda patrimonial, firme na ideia de que, ao atingir o bolso do condômino ou possuidor, este mudará a postura reprovável.

O pagamento da multa prevista no *caput* do artigo mencionado é hipótese mais branda, pois cuida apenas do condômino ou possuidor que sistematicamente desatende aos comandos da lei e/ou da convenção de condomínio, ao qual denominaremos de *condômino nocivo*. Esse descumprimento reiterado poderá ensejar a cobrança de cinco vezes o valor da cota condominial, segundo critérios estabelecidos na própria convenção, sem prejuízo de eventuais perdas e danos experimentados pelo condomínio. Imagine-se a hipótese de condômino que já pagou várias vezes a multa simples, arbitrada em função das festas que realiza todas as segundas-feiras e adentram a madrugada com uma poluição sonora incompatível e insuportável para os moradores.

Já a previsão do parágrafo único é muito mais séria. Aqui, o comportamento do condômino ou possuidor é tão grave que torna a convivência insuportável, ao qual denominaremos de *condômino antissocial*, como seria o caso de uma pessoa que tivesse dois cães ferozes no interior da unidade imobiliária e, em função desse fato, já houvesse pago toda a sorte de multas ao condomínio e continua mantendo a mesma postura abusiva. Para o caso, a lei prevê multa correspondente ao décuplo do valor atribuído à contribuição

---

[22] Art. 1.337. O condômino, ou possuidor, que não cumpre reiteradamente com os seus deveres perante o condomínio poderá, por deliberação de três quartos dos condôminos restantes, ser constrangido a pagar multa correspondente até ao quíntuplo do valor atribuído à contribuição para as despesas condominiais, conforme a gravidade das faltas e a reiteração, independentemente das perdas e danos que se apurem. Parágrafo único. *O condômino ou possuidor que, por seu reiterado comportamento antissocial, gerar incompatibilidade de convivência com os demais condôminos ou possuidores, poderá ser constrangido a pagar multa correspondente ao décuplo do valor atribuído à contribuição para as despesas condominiais, até ulterior deliberação da assembleia.*

para as despesas condominiais, até o pronunciamento posterior de nova assembleia.

Repugna ao bom senso que qualquer sanção seja aplicada a alguém sem que seja oportunizado o direito de defesa. Poder-se-ia indagar que há o cumprimento do devido processo legal com a decisão da assembleia que deverá ser expressamente convocada para deliberar sobre a matéria. Essa penalidade não pode ser aplicada pelo síndico, apenas pela assembleia, e ainda assim há que se dar ao condômino efetiva proteção com relação à garantia constitucional da ampla defesa. Desse modo, se o Condomínio Edilício quiser optar pela possibilidade de aplicação da sanção ao condômino nocivo, terá que constar na Convenção de Condomínio um procedimento para a aplicação da multa e, aconselha-se, um rol de ilícitos passíveis de tão severa sanção, mormente quando se sustenta acerca da possibilidade de eventual interdição temporária do uso de unidade condominial ou a própria expulsão do condômino nocivo. Nesse passo, registre-se o Enunciado 92 da I Jornada de Direito Civil do Conselho da Justiça Federal/STJ: "as sanções do art. 1.337 do novo Código Civil não podem ser aplicadas sem que se garanta direito de defesa ao condômino nocivo".

O Código Civil não teve a coragem encontrada em legislações alienígenas de prever para a hipótese de incompatibilidade de convivência a interdição temporária ou, conforme o caso, definitiva do uso da unidade imobiliária. Imaginemos uma situação em que o condômino abastado prefira pagar as multas arbitradas e continue realizando as suas festas madrugada adentro, praticando comércio que acarrete um alto consumo de água e mantendo os seus animais ferozes no interior do imóvel, entre outras práticas ainda mais condenáveis, como a exploração à prostituição ou o favorecimento ao consumo de drogas ilícitas no condomínio. O que fazer? Saem os condôminos ordeiros e cumpridores de suas obrigações e fica reinando absoluto no edifício o arruaceiro, o chalaceador, o intrigueiro, o egoísta, o bandido, o fascista, o traficante, o facínora, o mau-caráter, o insuportável? Pensamos que não.[23] Essa opinião é manifestada também por Sílvio de Salvo Venosa[24] que, após enaltecer o sentido social do direito de propriedade, que no caso é coletiva, e considerar que a multa pode não ser o meio efetivo de coerção contra práticas antissociais, aduz que "ninguém pode ser obrigado a habitar

---

[23] Em sentido contrário, por entender que a sanção ofende os princípios da dignidade da pessoa humana, da solidariedade e da concreção do direito à moradia: TARTUCE, Flávio. *Direito civil*. Direito das coisas cit., p. 358.
[24] VENOSA, Sílvio de Salvo. *Direitos reais* cit., p. 303.

ou exercer sua atividade diária ao lado de um facínora, em torno de quem certamente não gravitará pessoal de escol".

O legislador talvez tenha imaginado que a inovação no sentido propugnado malferiria a garantia constitucional ao direito de propriedade (artigo 5.º, XXII, da CF). Entretanto, como já visto, o direito de propriedade deve cumprir função social (artigo 5.º, XXIII, da CF) e não pode revestir-se de abuso de direito de propriedade (artigo 1.228, § 2.º), sob pena de configuração de ato ilícito (artigo 187, CC). Registre-se que o próprio artigo 1.228, § 4.º, do Código Civil prevê a possibilidade de privação de um bem para o caso lá previsto, sem importar, necessariamente, em perda do direito de propriedade.

Maria Regina Pagetti Moran, depois de analisar com profundidade as possibilidades de interdição temporária do direito argentino e espanhol, definitiva do direito alemão e suíço, passando pelas admissões previstas na convenção adotada na Itália e França, conclui pela possibilidade dessas sanções, ainda que a lei brasileira não se refira expressamente, em razão da análise funcional da propriedade em nível constitucional.

A autora assevera, com correção, que a interdição da utilização por parte do condômino deve ser processada em juízo mediante ação de exclusão em que serão observadas as garantias constitucionais do devido processo legal. Sustenta ainda em anteprojeto de lei que a aprovação assemblear por 2/3 dos condôminos deveria ser a medida preparatória indispensável para o ajuizamento da referida medida judicial.[25] Ancorada em legislação alemã, propugna que decisão judicial deveria poder compelir o coproprietário a alienar judicialmente a unidade autônoma.[26]

Acerca da exclusão do condômino como o único remédio para o convalescimento do mal e a recuperação do equilíbrio socioeconômico do condomínio,[27] assim se manifesta a autora: "A exclusão é sanção que se impõe em razão da própria natureza jurídica do condomínio em edifícios. A propriedade em condomínio constitui o núcleo central para que possa existir a propriedade individual sobre cada unidade. Na propriedade em condomínio coexistem, assim, a propriedade exclusiva dos apartamentos e a propriedade comum, formando um todo indivisível. A lei, em virtude desta especial

---

[25] MORAN, Maria Regina Pagetti. *Exclusão do condômino nocivo nos condomínios em edifícios* cit., p. 338-339.

[26] MORAN, Maria Regina Pagetti. *Exclusão do condômino nocivo nos condomínios em edifícios* cit., p. 92.

[27] MORAN, Maria Regina Pagetti. *Exclusão do condômino nocivo nos condomínios em edifícios* cit., p. 321-322.

condição, deve impor a este instituto regulamentação personalíssima, pois os interesses comunitários necessariamente predominam sobre os individuais. O condômino que transgredir os deveres impostos pela lei e pela Convenção de Condomínio, de modo a tornar insuportável a vida em comum, perde a legitimação à própria atribuição de seu direito de propriedade, incidindo na sanção de exclusão definitiva do condomínio. À Convenção, ato-regra que é, cabe criar, com fundamento na lei de condomínio, a norma de conduta para o grupo social formado pelo condomínio, ditando regras de comportamento, assegurando direitos e impondo deveres. O fundamento jurídico da exclusão do condômino nocivo repousa, em primeiro plano, sobre o pilar constitucional, ferindo de ilegitimidade a atribuição do direito de propriedade que não atenda à sua função social; em segundo plano, sobre a necessidade de se manter o equilíbrio das relações socioeconômicas do grupo social formado pelo condomínio, cuja estrutura jurídica forma um todo indivisível, indissolúvel".

Nascimento Franco[28] também se posiciona favorável a essa medida extrema, prestigiando a funcionalidade da propriedade em nível constitucional, e dá notícia de sentença proferida pelo Juiz da 24.ª Vara Cível de São Paulo, Dr. Luiz Pantaleão, que determinou a mudança imediata de um inquilino, sob pena de se efetivar o desalijamento mediante via policial.

Parece-nos que a parte final do parágrafo único do artigo 1.337, ao dispor "até ulterior deliberação da assembleia", pode funcionar como a reserva legal que possibilitará à assembleia ministrar um remédio ainda mais amargo com o objetivo de conter o condômino recalcitrante em sua insuportabilidade. Dessa forma, entendemos que a assembleia, com o *quorum* especial, previsto no *caput* (três quartos), poderá deliberar a interdição temporária do uso da unidade habitacional ou até mesmo a privação da coisa por parte do condômino ou do possuidor. Forçoso reconhecer que seria melhor a previsão expressa, até mesmo porque a norma é restritiva de direitos. Contudo, parece-nos que a proposta sugerida, diante de impasses insolúveis e esgotadas todas as tentativas, é a única forma apta a solucionar a questão e harmonizar a vida no condomínio.

Na qualidade de membro da V Jornada de Direito Civil do Conselho da Justiça Federal/STJ, encaminhamos proposta de enunciado favorável à tese da exclusão do condômino antissocial que restou aprovado sob o número 508: "Verificando-se que a sanção pecuniária mostrou-se ineficaz, a garantia fundamental da função social da propriedade (arts. 5.º, XXIII, da CF e 1.228, § 1.º, do CC) e a vedação ao abuso do direito (arts. 187 e 1.228, § 2.º,

---

[28] FRANCO, João Nascimento. *Condomínio*. 2. ed. São Paulo: RT, 1991. p. 188-189.

do CC) justificam a exclusão do condômino antissocial, desde que a ulterior assembleia prevista na parte final do parágrafo único do art. 1.337 do Código Civil delibere a propositura de ação judicial com esse fim, asseguradas todas as garantias inerentes ao devido processo legal".

16. QUAL A RESPONSABILIDADE CIVIL DO CONDOMÍNIO PERANTE OS CONDÔMINOS E TERCEIROS?

Por vezes, no imaginário popular, o condomínio edilício é visto como uma empresa prestadora de serviços, no qual o diretor responsável é o síndico. Por tal motivo, não raro assistimos demandas judiciais deflagradas por condôminos que experimentaram algum dano no interior do condomínio como uma lesão física, um furto ou dano em seu veículo, entre outras. Contudo, essa ideia é equivocada e deve ser desestimulada pelos operadores do direito, pois perante os condôminos somente haverá responsabilidade civil do condomínio se houver previsão expressa nesse sentido na Convenção de Condomínio, conforme tem sido a segura orientação do Superior Tribunal de Justiça, desde o julgamento pela Segunda Seção dos Embargos de Divergência no REsp 268.669/SP em 2006, tendo como relator o Ministro Ari Pargendler.

Em que pese a orientação *supra*, doutrina[29] e jurisprudência inclinam-se para reconhecer a responsabilidade civil do condomínio edilício, independentemente de existência de cláusula específica, na hipótese em que aos condôminos é cobrada verba especialmente destinada a serviços de segurança e guarda. Na mesma ótica, poderá haver responsabilidade civil indireta ou por fato de terceiro do condomínio por ato ilícito de seu preposto Assim, por exemplo, se um funcionário do condomínio ofender a honra de um morador ou de um terceiro, o patrão responderá perante a vítima independentemente de culpa, assegurado o direito de regresso contra o culpado (artigos 932, III, e 933 do CC). Se um entregador de pizza for submetido a tratamento atentatório à sua dignidade, por exemplo, em razão da cor da pele, etnia, opção sexual ou mesmo condição social pelo porteiro do edifício, o condomínio responderá objetivamente pelo ato ilícito do preposto.

Importante destacar que, perante terceiros, eventual cláusula de não indenizar não produz efeito algum, valendo a regra básica de que aquele que causou o dano assume a obrigação de repará-lo. Exemplo interessante

---

[29] Nesse sentido: MONTEIRO, Vilebaldo. *Condomínio edilício no novo Código Civil*. Rio de Janeiro: Roma Victor, 2003. p. 64.

é a hipótese prevista no artigo 938 do Código Civil, o qual estabelece que aquele que habitar prédio, ou parte dele, responde objetivamente pelas coisas sólidas ou líquidas que dele caírem, causando dano. A jurisprudência, com apoio na doutrina,[30] tem entendido que, em caso de queda de coisas sólidas ou líquidas da janela de unidade autônoma em que seja impossível descobrir de onde proveio o objeto, a responsabilidade será do condomínio edilício. Se for possível ao menos identificar a coluna de onde poderia ter tombado o objeto, tais moradores responderão solidária e objetivamente, sempre ressalvado o direito de regresso contra o efetivo causador do dano se posteriormente ele for descoberto. Dessa forma, ainda que não se saiba com precisão de qual unidade autônoma foi lançado objeto que causou o dano, a causalidade alternativa assegura o ressarcimento do dano sofrido pelo lesado.

Na VI Jornada de Direito Civil realizada em março de 2013, o professor Flávio Tartuce, em boa hora, encaminhou enunciado nesse sentido, que acabou sendo aprovado sob o número 557, nos seguintes termos: "Nos termos do art. 938 do CC, se a coisa cair ou for lançada de condomínio edilício, não sendo possível identificar de qual unidade, responderá todo o condomínio; assegurado o direito de regresso deste contra o eventual culpado".

17. O ORDENAMENTO JURÍDICO DEVE ATRIBUIR EFICÁCIA À MULTIPROPRIEDADE IMOBILIÁRIA OU *TIME SHARING*?

Também conhecida como *time sharing* ou propriedade a tempo compartilhado, a multipropriedade imobiliária é uma espécie de condomínio em que cada condômino, a despeito de ser titular de uma fração ideal do bem, exerce a propriedade exclusiva sobre o todo durante determinado período de tempo estabelecido em contrato. Em razão dessa faculdade dominial exclusiva, é possível ao condômino excluir os demais condôminos durante o período de tempo assinalado na escritura como de seu uso e gozo.

Ensina o professor Gustavo Tepedino[31] que "com o termo multipropriedade designa-se, genericamente, a relação jurídica de aproveitamento econômico de uma coisa móvel ou imóvel, repartida em unidades fixas de tempo, de modo que diversos titulares possam, cada qual a seu turno, utilizar-se da coisa com exclusividade e de maneira perpétua". O autor aduz ainda que a

---

[30] DINIZ, Maria Helena. *Curso de direito civil brasileiro*: responsabilidade civil. São Paulo: Saraiva, 2013. v. 7, p. 599.
[31] TEPEDINO, Gustavo. *Multipropriedade imobiliária*. São Paulo: Saraiva, 1993. p. 1.

propriedade pode ser perpétua quanto à duração, mas continua temporária quanto ao exercício.

O instituto reveste-se de especial interesse no tocante à função social da propriedade, pois o princípio da propriedade integral que anima o artigo 1.314 do Código Civil pode, muitas vezes, inviabilizar a utilização potencial de um bem. Imaginemos a situação em que 12 amigos tenham interesse em reunir as suas economias para adquirir uma casa no balneário de Armação dos Búzios, no Estado do Rio de Janeiro, mas temem, com razão, que, sendo todos titulares da coisa comum e podendo exercer sobre ela sem limite temporal todos os poderes do domínio, fiquem inviabilizados os objetivos da utilização daquele bem para férias ou lazer, uma vez que, se no carnaval os condôminos, com as respectivas famílias, resolverem ocupar a habitação de três quartos, o caos reinará. A solução para o impasse e para o atendimento dos objetivos dos condôminos será a de que, a despeito da compropriedade, a cada qual possa ser assegurada a utilização da *casa de praia* por uma unidade de tempo de titularidade exclusiva.

Como a questão está entregue à autonomia privada, poderão os condôminos estabelecer um rodízio na utilização exclusiva, posto que obviamente, nos períodos de alta temporada, o valor econômico e o interesse mostram-se consideravelmente superiores do que na baixa temporada. Lícito será ainda às partes interessadas estipular que as unidades de tempo sejam fixas, circunstância que levará o(s) condômino(s) proprietário(s) da unidade de tempo de janeiro ou de dezembro a despender(em) maior verba para assegurar para si o referido período.

Pode suceder também que de modo semelhante ao proprietário que parcela determinada gleba de terras e pretende aprovar, na forma da Lei 6.766/1979, um loteamento urbano e alienar posteriormente os lotes aos interessados, a multipropriedade pode ser estabelecida pelo interesse do proprietário exclusivo que faz uma divisão jurídica do imóvel em unidades de tempo e, posteriormente, o aliena para terceiros nessas condições[32]. No caso, a multipropriedade imobiliária tomará as vestes de uma autêntica incorporação imobiliária e, após o cumprimento dos requisitos do artigo 32 da Lei 4.591/1964, deverá levar a registro no cartório de imóveis o memorial

---

[32] Digna de encômios a previsão dessa figura jurídica no item 229.1 do Capítulo XX das Normas de Serviço da Corregedoria Geral de Justiça do Tribunal de Justiça do Estado de São Paulo: "Na hipótese de multipropriedade (*time sharing*) serão abertas as matrículas de cada uma das unidades autônomas e nelas lançados os nomes dos seus respectivos titulares de domínio, com a discriminação da respectiva parte ideal em função do tempo".

de incorporação, cuja minuta de convenção já deverá trazer os princípios básicos para um regime dominial em que a titularidade imobiliária seja no tempo compartilhada. Sobre o tema, posiciona-se o registrador Elvino Silva Filho[33] aduzindo que "a figura do *incorporador* neste tipo de propriedade condominial parece-nos de suma relevância, pois sua responsabilidade não poderá se exaurir ao término da construção do edifício, mas deve ser entidade que, após concluído o prédio, tenha condições de fazer o condomínio funcionar, assegurando o exercício do direito de propriedade pelo período de tempo adquirido". Salienta ainda o autor da necessidade de se estabelecer quem vai exercer as "funções de síndico, coordenador e administrador dos serviços que um empreendimento dessa natureza deve proporcionar".

O instituto tem sido apontado como poderoso instrumento de fomento ao turismo, posto que empreendimentos de *time sharing* possibilitam que, sob a administração de uma pessoa natural ou jurídica, se confira mobilidade espacial aos titulares de unidades de tempo espalhados pelo globo. Nesse sentido, o proprietário de 15 dias de uma unidade autônoma em Campos do Jordão pode ter interesse em passar esse período de tempo no balneário de Camboriú, em Santa Catarina, ao passo que o condômino catarinense queira se valer desse mesmo período para ir a essa bela cidade paulista. É claro que tal acerto pode envolver pessoas de diferentes países, como o cidadão romano que pretenda conhecer a cidade do Rio de Janeiro e o carioca, a de Roma. É possível também que o hotel que tenha sido constituído sob essa roupagem, mediante o recebimento de uma taxa de administração, hospede terceiros, prestando contas ao proprietário do tempo respectivo.

Gustavo Tepedino[34] há muito defendia a compatibilidade da multipropriedade imobiliária com o sistema do condomínio edilício em que se deve harmonizar o direito de propriedade exclusiva com a compropriedade, à época, regida exclusivamente pela Lei 4.591/1964 e, hoje, em sua maior parte, absorvida pelo Código Civil. De fato, a relação de direitos e deveres que vigora entre os condôminos assemelha-se ao condomínio edilício tradicional, conforme reconhece o Enunciado 89 da I Jornada de Direito Civil ao prescrever que "o disposto nos arts. 1.331 a 1.358 do novo Código Civil aplica-se, no que couber, aos condomínios assemelhados, tais como loteamentos fechados, multipropriedade imobiliária e clubes de campo".

---

[33] SILVA FILHO, Elvino. *Questões de condomínio no registro de imóveis*. São Paulo: Malheiros, 1999. p. 140.
[34] TEPEDINO, Gustavo. *Multipropriedade imobiliária* cit., p. 108.

Na jurisprudência, por exemplo, encontramos decisões determinando o rateio das despesas decorrentes da comunhão, pena de ação de cobrança em que a própria coisa, no caso, o *tempo de titularidade exclusiva*, será alienada forçadamente em caso de inadimplemento. Entretanto, a fim de que fique clara a autonomia do direito do condômino nessas condições, a propriedade de um período de tempo compartilhado não possibilita a que entre os condôminos de uma mesma unidade exista solidariedade passiva com relação às obrigações perante o condomínio, como teve oportunidade de assinalar a decisão da 29.ª Câmara de Direito Privado do Tribunal de Justiça do Estado de São Paulo, no julgamento da Apelação Cível 54474-06.2008.8.26.0562, relator o Desembargador Francisco Thomaz, julgado em 30.11.2011: "Cobrança. Despesas e encargos. Multipropriedade ou *time sharing*. Admissibilidade. Regime jurídico de condomínio, Modalidade que apresenta particularidades que não desnaturam a relação condominial. Solidariedade, entretanto, que não pode ser admitida, ante o parcelamento da fruição e gozo do imóvel em período determinado. Recente orientação do Egrégio Superior Tribunal de Justiça que deve ser amoldada ao caso concreto. Apelo parcialmente provido".

Em 26 de abril de 2016, o Superior Tribunal de Justiça contribuiu para o reconhecimento definitivo dessa realidade condominial, conferindo natureza real ao instituto a despeito da ausência de previsão legal. Em caso no qual um credor exequente buscava penhorar a integralidade de uma unidade autônoma, a Terceira Turma do referido sodalício entendeu como inviável a medida em respeito aos demais multiproprietários que compartilhavam a utilização do espaço com o devedor por determinado período de tempo (REsp 1.546.165/SP, Rel. Min. Ricardo Villas Bôas Cueva, Rel. para acórdão Min. João Otávio de Noronha, por maioria, j. 26.04.2016, *DJe* 06.09.2016 – *Informativo* 589, set. 2016).

18. É POSSÍVEL A APLICAÇÃO DAS REGRAS DO CONDOMÍNIO EDILÍCIO NO CHAMADO *CONDOMÍNIO DE LOTES*?

Há muito que a doutrina especializada[35] sustentava a possibilidade do estabelecimento do *condomínio de lotes* ou *condomínio deitado* com fundamento no art. 3º do Dec-lei nº 271/67 que ao dispor ser possível a aplicação

---

[35] CHALHUB, Melhim Namem. Condomínio de Lotes de Terreno Urbano. *Revista de Direito Imobiliário*, São Paulo, v. 67, p. 101-151, jul.-dez. 2009; Enunciado 89 da I Jornada de Direito Civil do CJF/STJ/2002: "O disposto nos arts. 1.331 a

ao regime jurídico de loteamentos a Lei 4.591/64, *equiparando-se o loteador ao incorporador, os compradores de lote aos condôminos e as obras de infraestrutura à construção da edificação*. O referido dispositivo já seria o bastante, a nosso sentir, para viabilizar a aprovação e registro de um condomínio de lotes para todos os fins de direito.

Por essa visada, já seria possível a instituição de um condomínio horizontal que não teria por fim reconhecer como unidade autônoma um apartamento, sala, casa, isto é, uma edificação, mas sim um lote de terreno *apto à edificação*, isto é, dotado de infraestrutura básica para tanto, segundo os ditames da Lei 4.591/64 no que tange à incorporação imobiliária e da Lei 6.766/79 que disciplina a divisão do solo urbano, além, à toda evidência, da observância das normas edilícias da localidade em atenção à competência constitucional delegada aos municípios (art. 30, VIII, e 182, CF).

A despeito da clareza, da existência de inúmeras leis municipais admitindo essa figura e até mesmo de recente pronunciamento do Supremo Tribunal Federal[36] que reconheceu, com fundamento nos arts. 30, VIII, e 182, da Constituição Federal, validade à lei do Distrito Federal que ordenava o espaço urbano e previa, dentre outras regras, a possibilidade do reconhecimento do condomínio de lotes, o fato é que outras decisões estaduais e registradores pelo país afora entendiam pela impossibilidade dessa figura jurídica, trazendo insegurança jurídica aos incorporadores e adquirentes de lotes no condomínio a ser instalado.

Na linha de raciocínio crítica ao *condomínio de lotes de terrenos urbanos*, é sempre bom lembrar a lição do professor José Afonso da Silva[37] que em brado de repúdio a essa figura, sustenta a sua inexistência segundo a ordem jurídica vigente, sendo, continua o autor, uma forma distorcida e deformada de especulação imobiliária, na qual o incorporador se vê livre do cumprimento das limitações, ônus e obrigações impostas pelo Direito Urbanístico constantes principalmente na Lei 6.766/79, inegavelmente mais rigorosa do

---

1.358 do novo Código Civil aplica-se, no que couber, aos condomínios assemelhados, tais como loteamentos fechados, multipropriedade imobiliária e clubes de campo".

[36] RE nº 607.940/DF, Pleno, Rel. Min. Teori Zavascki, julg. em 29.10.2015. Tese fixada em repercussão geral: "Os municípios com mais de vinte mil habitantes e o Distrito Federal podem legislar sobre programas e projetos específicos de ordenamento do espaço urbano por meio de leis que sejam compatíveis com as diretrizes fixadas no plano diretor".

[37] SILVA, José Afonso da. *Direito Urbanístico Brasileiro*. 2. ed. São Paulo: Malheiros, 1997, p. 313-314.

que a Lei 4.591/64. Não há como negar a pertinência das reflexões apresentadas pelo eminente constitucionalista. Entretanto, parece-nos que a forma como o instituto foi positivado pela Lei 13.465/17 extirpa essa preocupação.

Isso porque, a aludida legislação alterou o Código Civil no capítulo que trata do Condomínio Edilício, instituindo o art. 1.358-A, mas também fez alterações importantes na Lei 6.766/79, que trata do parcelamento do solo urbano, sem embargo da submissão à Lei 4.591/64 e ao próprio Código de Proteção e Defesa do Consumidor.

Vejamos.

Por meio do Código Civil foi sepultada de uma vez por todas qualquer dúvida acerca da viabilidade da incorporação imobiliária destinada à venda de lotes no âmbito de um condomínio que se submeterá às regras e princípios previstos no Código Civil (arts. 1.331 a 1.358-A) e, no que couber, à Lei 4.591/64, que já impõe ao incorporador uma série de deveres prévios a serem observados para a aprovação e registro no cartório imobiliário do memorial de incorporação e a possibilidade de comercialização dos lotes de terrenos urbanos (*v.g.* arts. 31 e 32).

Pela via da Lei 6.766/79, a novel legislação incluiu o § 7º ao art. 2º prescrevendo que "o lote poderá ser constituído sob a forma de imóvel autônomo ou de unidade imobiliária integrante de condomínio de lotes". Com isso, de modo muito explícito, a Lei 13.465, de 11 de julho de 2017 traz para o âmbito da lei de parcelamento do solo urbano toda a sua finalidade de salvaguardar, dentre outros, interesses pertinentes ao planejamento correto de ocupação da cidade, com a qualidade de vida dos seus habitantes e, é claro, a proteção ao vulnerável adquirente de lote, a quem também se aplicam, é de bom tom a lembrança, as regras e os princípios do Código de Proteção e Defesa do Consumidor (arts. 2º e 3º).

Como exemplo da importância dessa extensão normativa do conceito de lote, podemos citar os §§ 4ª e 5º do art. 2º da Lei 6.766/79; o § 4º preconiza: "considera-se lote o terreno servido de infraestrutura básica cujas dimensões atendam aos índices urbanísticos definidos pelo plano diretor ou lei municipal para a zona em que se situe". O § 5º estabelece que "a infraestrutura básica dos parcelamentos é constituída pelos equipamentos urbanos de escoamento das águas pluviais, iluminação pública, esgotamento sanitário, abastecimento de água potável, energia elétrica pública e domiciliar e vias de circulação".

O fato é que o condomínio de lotes, em nada se diferencia das formas de estabelecimento de fracionamento da propriedade imóvel em que se possibilita, para o bom cumprimento da função social da propriedade, a convivência entre a propriedade condominial, perpétua e indivisível e as unidades autônomas que não terão por objeto mediato, obviamente, apartamentos, salas, casas, mas simplesmente o lote (art. 1.331, §§ 1º e 2º, CC).

Enfim, ao incorporador competirá obrigações de infraestrutura do estabelecimento do condomínio como obrigação básica para disponibilizar os lotes de terreno à venda. Aos condôminos caberá, como lembra Chalhub,[38] arcar com as despesas com limpeza, segurança, manutenção, vigilância e demais serviços no condomínio. Será a convenção como ato-regra que constitui o condomínio edilício o documento que, ao lado da legislação, definirá os direitos e deveres dos condôminos como sói acontece em qualquer condomínio edilício. O condomínio de lotes, em suma, é um condomínio edilício sem edificação.

REFERÊNCIAS

AMORIM, José Roberto Neves; CASCONI, Francisco Antonio (Coord.). *Condomínio edilício*: aspectos relevantes e aplicação do novo Código Civil. 2. ed. São Paulo: Método, 2006.

AZEVEDO, Fábio de Oliveira. *Introdução e teoria geral*. Rio de Janeiro: Forense, 2009.

CHALHUB, Melhim Namem. *Incorporação Imobiliária*. 4. ed. São Paulo: Forense, 2017.

_____. Condomínio de Lotes de Terreno Urbano. *Revista de Direito Imobiliário*, São Paulo, v. 67, jul./dez. 2009.

COELHO, José Fernando Lutz. *Condomínio edilício*. Teoria e prática. Porto Alegre: Livraria do Advogado, 2006.

DINIZ, Maria Helena. *Curso de direito civil brasileiro*: responsabilidade civil. São Paulo: Saraiva, 2013.

FARIAS, Cristiano Chaves de; ROSENVALD, Nelson. *Curso de direito civil*: reais. 8. ed. São Paulo: Atlas, 2012.

FRANCO, João Nascimento. *Condomínio*. 2. ed. São Paulo: RT, 1991.

GAMA, Guilherme Calmon Nogueira. *Direitos reais*. São Paulo: Atlas, 2011.

---

[38] CHALHUB, Melhim Namem. *Incorporação Imobiliária*. 4. ed. São Paulo: Forense, 2017, p. 46.

JUNQUEIRA, André Luiz. *Condomínios. Direitos e deveres*. Rio de Janeiro: Auriverde, 2013.

LIMA, Frederico Henrique Viegas. *Condomínio em edificações*. São Paulo: Saraiva, 2010.

MALUF, Carlos Alberto Dabus; MARQUES, Márcio Antero Ramos. *Condomínio edilício*. 3. ed. São Paulo: Saraiva, 2010.

MAXIMILIANO, Carlos. *Condomínio*. 5. ed. Rio de Janeiro: Freitas Bastos, 1961.

MELO, Marco Aurélio Bezerra. *Direito das coisas*. São Paulo: Atlas, 2015.

MONTEIRO, Vilebaldo. *Condomínio edilício no novo Código Civil*. Rio de Janeiro: Roma Victor, 2003.

MORAN, Maria Regina Pagetti. *Exclusão do condômino nocivo nos condomínios em edifícios*. São Paulo: LED Editora de Direito, 1996.

PEREIRA, Caio Mário da Silva. *Condomínios e incorporações*. 12. ed. Rio de Janeiro: GEN/Forense, 2015.

SILVA, José Afonso. *Direito Urbanístico Brasileiro*. 2. ed. São Paulo: Malheiros, 1997.

SILVA FILHO, Elvino. *Questões de condomínio no registro de imóveis*. São Paulo: Malheiros, 1999.

TARTUCE, Flávio. *Direito civil*. Direito das coisas. 9. ed. São Paulo: GEN/Forense, 2017.

TEPEDINO, Gustavo. *Multipropriedade imobiliária*. São Paulo: Saraiva, 1993.

VENOSA, Sílvio de Salvo. *Direitos reais*. 12. ed. São Paulo: Atlas, 2012.

VIANA, Marco Aurélio S. *Comentários ao Novo Código Civil*. Rio de Janeiro: Forense, 2003. v. XVI.

PARENTALIDADE SOCIOAFETIVA E MULTIPARENTALIDADE

23

PARENTALIDADE SOCIOAFETIVA E MULTIPARENTALIDADE. QUESTÕES ATUAIS

PAULO LÔBO

SUMÁRIO: 1. Origens e significado da socioafetividade no direito de família brasileiro; 2. O contributo de outros saberes: filosofia, antropologia, história, psicanálise, demografia; 3. Requisitos da socioafetividade parental; 4. As hipóteses de parentalidade socioafetiva previstas no Código Civil; 5. Distinção entre os direitos à filiação socioafetiva e ao conhecimento da origem genética; 6. Não há supremacia da origem biológica sobre a filiação socioafetiva; 7. Não há falsidade ou erro no registro civil da parentalidade socioafetiva; 8. Multiparentalidade ou a possibilidade jurídica de múltiplos pais e mães; 9. A decisão do STF em repercussão geral reconhecida sobre socioafetividade – Tema 622; 10. A hipótese inversa: a superveniência de parentalidade socioafetiva à parentalidade biológica; 11. Os "efeitos jurídicos próprios" da tese geral do tema 622.

1. ORIGENS E SIGNIFICADO DA SOCIOAFETIVIDADE NO DIREITO DE FAMÍLIA BRASILEIRO

A socioafetividade, como categoria jurídica, é de origem recente no direito brasileiro. Em grande medida, resultou das investigações das transformações ocorridas no âmbito das relações de família, máxime das relações parentais, desde os anos 1970.

Entre os juristas, houve a instigação especial do impacto provocado pelo advento da Constituição de 1988, que revolucionou o tratamento fundamental dado aos integrantes das entidades familiares, superando o histórico *quantum* despótico que as caracterizava, afastando-se os últimos resíduos dos poderes domésticos, principalmente o poder marital e o pátrio poder. Os estudos jurídicos produzidos, desde então, passaram a salientar o papel determinante da socioafetividade na configuração do contemporâneo direito de família. Nossa primeira contribuição se deu com um trabalho intitulado *Repersonalização das relações familiares*[1], publicado em 1989, que contou com boa aprovação da doutrina especializada, seguida, anos depois, por trabalho dedicado especificamente ao princípio jurídico da afetividade[2].

A socioafetividade tem sido empregada no Brasil para significar as relações de parentesco não biológico, de parentalidade e filiação, notadamente quando em colisão com os vínculos de origem biológica. A evolução da família expressa a passagem do fato natural da consanguinidade para o fato cultural da afetividade, principalmente no mundo ocidental contemporâneo. Os termos "socioafetividade" e seus correlatos congregam o fato social ("socio") e a incidência do princípio normativo ("afetividade").

Não é o afeto, enquanto fato anímico ou social, que interessa ao direito. Interessam, como seu objeto próprio de conhecimento, as relações sociais de natureza afetiva que engendram condutas suscetíveis de merecer a incidência de normas jurídicas e, consequentemente, deveres jurídicos. O afeto, em si, não pode ser obrigado juridicamente, mas sim as condutas que o direito impõe tomando-o como referência. Uma pessoa não pode ser obrigada pelo direito a ter afeto real por outra, até mesmo entre pais e filhos. No entanto, o direito pode instituir deveres jurídicos e impor comportamentos inspirados nas relações afetivas reais.

Qualquer relação parental/filial é socioafetiva, porque brota de sua raiz cultural adotada pelo direito. Nesse sentido, a parentalidade socioafetiva é gênero, da qual a parentalidade biológica e a parentalidade socioafetiva em sentido estrito são espécies. É nesse sentido estrito que empregaremos a expressão doravante nesta exposição.

A parentalidade socioafetiva consolidou-se na legislação, na doutrina e na jurisprudência brasileiras orientada pelos seguintes eixos: 1. Reconhecimento

---

[1] LÔBO, Paulo Luiz Netto. Repersonalização das relações familiares. In: BITTAR, Carlos Alberto (Coord.). *O direito de família na Constituição de 1988*. São Paulo: Saraiva, 1989. p. 53-82.

[2] LÔBO, Paulo Luiz Netto. Princípio jurídico da afetividade na filiação. In: PEREIRA, Rodrigo da Cunha (Coord.). *Anais do II Congresso Brasileiro de Direito de Família*. A família na travessia do milênio. Belo Horizonte: IBDFAM/OAB-MG, 2000. p. 245-254.

jurídico da filiação de origem não biológica (socioafetiva); 2. Igualdade de direitos dos filhos biológicos e socioafetivos; 3. Não prevalência *a priori* ou abstrata de uma filiação sobre outra, dependendo da situação concreta; 4. Impossibilidade de impugnação da parentalidade socioafetiva em razão de posterior conhecimento de vínculo biológico; 5. O conhecimento da origem biológica é direito da personalidade sem efeitos necessários de parentesco.

2. O CONTRIBUTO DE OUTROS SABERES: FILOSOFIA, ANTROPOLOGIA, HISTÓRIA, PSICANÁLISE, DEMOGRAFIA

A socioafetividade não é elaboração cerebrina ou mera racionalização lógica. É fruto de longo desenvolvimento da consideração do afeto e da afetividade no desenvolvimento das sociedades modernas e contemporâneas e das pessoas humanas, enquanto integrantes dos grupos familiares.

Na filosofia, Espinoza e depois Kant demonstraram que os afetos ou sentimentos não poderiam ser inteiramente afastados do mundo da razão, como pretendeu Descartes. Para Espinosa há que se distinguir o afeto bruto sem controle da razão (paixão) do afeto atravessado pela razão, que ele denominou de "afecção", pois afetada pela ação ou potência de agir[3]. Kant, por sua vez, afirmou que o amor, enquanto inclinação, não pode ser ordenado, mas o bem-fazer por dever é amor prático e não patológico, que reside na vontade, e não na sensibilidade[4].

Na antropologia e na etnologia, as pesquisas dos grupos humanos antigos ou atuais revelaram que as relações familiares são fundadas na cultura desenvolvida nesses grupos, e não na natureza. Antes, os mitos e as forças mágicas, depois a tradição da autoridade de natureza religiosa, finalmente os costumes e a ética normativa.

A história revela a lenta erosão das funções tradicionais das famílias, cujo epílogo dar-se-á na segunda metade do século XX. As funções religiosas, políticas, econômicas e até mesmo as procracionais da família foram perdendo consistência ao longo da história. Assim, a erosão das antigas funções fez emergir a função de afetividade, da família como *locus* de interlocução afetiva e de realização da dignidade humana de seus integrantes.

---

[3] ESPINOSA, Benedictus de. Ética. Trad. Joaquim Ferreira Gomes. São Paulo: Abril Cultural, 1983. p. 176.

[4] KANT, Immanoel. *Fundamentação da metafísica dos costumes*. Trad. Paulo Quintela. Lisboa: Ed. 70, 1986. p. 77.

A psicanálise confirmou o que a antropologia já havia descoberto: a família é construção cultural e não ditada pela natureza. As limitações e repressões não têm fundamentação científica.

A demografia trouxe e traz informações contundentes sobre as mudanças na composição das famílias, no Brasil, principalmente nas últimas décadas. As análises dos dados demonstram que a família tomada como paradigma para a legislação brasileira, ao longo do século XX, deixou de existir. Deixou de ser numerosa, caindo profundamente o número de crianças por mãe. Não gira mais sob dependência econômica exclusiva do pai. A emancipação feminina, inclusive econômica, a conversão dos filhos de objetos a sujeitos de direitos e a urbanização intensa implodiram seus fundamentos tradicionais. É a família nuclear, de dimensões pequenas, ao lado de famílias monoparentais e múltiplos arranjos familiares, além de considerável número de domicílios de pessoas que vivem sós. É o afeto e a solidariedade familiar, e não outros interesses ou funções que unem seus integrantes.

Exemplificando-se com a família matrimonial, a grande transformação ocorrida foi a substituição dos casamentos arranjados, em razão de fins econômicos, sociais ou religiosos, pelos casamentos por amor.

3. REQUISITOS DA SOCIOAFETIVIDADE PARENTAL

Orientados pela necessidade de segurança jurídica, com a massa de dados e informações obtidos de investigações variadas, a doutrina e a jurisprudência dos tribunais foram progressivamente construindo requisitos que conformassem essa categoria jurídica, nas relações parentais, notadamente de filiação. Esses requisitos são interligados e podem ser assim enunciados:

> a) *Comportamento social típico de pais e filhos*. O comportamento que se tem entre pais e filhos deve ser aferível socialmente. É típico porque se repete de modo subjetivo e objetivo em todos os relacionamentos equivalentes, de modo que qualquer pessoa possa identificá-los como os que ocorrem regularmente entre pais e filhos. No Brasil, a doutrina tradicionalmente desdobra esse requisito em três outros, segundo antiga lição: *nome*, quando um dos pais ou ambos atribuem seus sobrenomes ao perfilhado, mediante registro civil; b) *trato*, quando um ou ambos os pais tratam socialmente o perfilhado como seu filho; c) *fama*, quando a comunidade onde vivem os pretensos pais e filhos os reconhece assim, segundo as circunstâncias. Entretanto, esses requisitos não são cumulativos

e basta um deles ou outras circunstâncias distintas para gerar o convencimento judicial da existência de comportamento social típico entre pais e filhos.

b) *Convivência familiar duradoura.* O comportamento social típico de pais e filhos apenas se consolida quando ocorre convivência familiar, ou seja, quando essas pessoas integram uma entidade familiar juridicamente reconhecida e convivem assim. Essa convivência há de ser duradoura, e não episódica. O direito brasileiro não impõe um tempo determinado para que se caracterize a convivência familiar, mas há de ser suficiente para que se identifiquem laços familiares efetivos, e não apenas relações genericamente afetivas.

c) *Relação de afetividade familiar.* As relações entre as pessoas devem ser de natureza afetiva e com escopo de constituição de família, para que se constitua estado de parentalidade e de filiação. Devem ser desconsideradas como tais as que tenham outro escopo ou interesse, ainda que haja convivência sob o mesmo teto. Assim, não há afetividade familiar no acolhimento doméstico que uma pessoa dá a uma criança desabrigada, ou na relação social entre padrinhos e madrinhas e seus afilhados, ou na prática de apadrinhamento de criança que viva em instituição de acolhimento.

4. AS HIPÓTESES DE PARENTALIDADE SOCIOAFETIVA PREVISTAS NO CÓDIGO CIVIL

No Código Civil, identificamos as seguintes referências da clara opção pelo paradigma da filiação socioafetiva:

a) art. 1.593, para o qual o parentesco é natural ou civil, "conforme resulte de consanguinidade ou outra origem". A principal relação de parentesco é a que se configura na paternidade (ou maternidade) e na filiação. A norma é inclusiva, pois não atribui a primazia à origem biológica; a paternidade de qualquer origem é dotada de igual dignidade;

b) art. 1.596, que reproduz a regra constitucional de igualdade dos filhos, havidos ou não da relação de casamento (estes, os antigos legítimos), ou por adoção, com os mesmos direitos e qualificações. O § 6.º do art. 227 da Constituição revolucionou o conceito de filiação e inaugurou o paradigma aberto e inclusivo;

c) art. 1.597, V, que admite a filiação mediante inseminação artificial heteróloga, ou seja, com utilização de sêmen de outro homem, desde que tenha havido prévia autorização do marido da mãe. A origem do filho, em relação aos pais, é parcialmente biológica, pois o pai é exclusivamente socioafetivo, jamais podendo ser contraditada por ulterior investigação de paternidade;

d) art. 1.605, consagrador da posse do estado de filiação, quando houver começo de prova proveniente dos pais, ou "quando existirem veementes presunções resultantes de fatos já certos". As possibilidades abertas com essa segunda hipótese são amplas. As presunções "veementes" são verificadas em cada caso, dispensando-se outras provas da situação de fato. Portanto, as hipóteses legais de parentalidade socioafetiva são a adoção, a filiação derivada de técnica de inseminação artificial heteróloga e a posse de estado de filiação. A terceira é a que interessa aos propósitos deste estudo.

5. DISTINÇÃO ENTRE OS DIREITOS À FILIAÇÃO SOCIOAFETIVA E AO CONHECIMENTO DA ORIGEM GENÉTICA

Em estudo específico sobre essa temática, expressamos nosso ponto de vista quanto à necessidade dessa distinção, tendo em vista se tratar de direitos subjetivos e deveres jurídicos que não se confundem[5].

O estado de filiação, que decorre da estabilidade dos laços afetivos construídos no cotidiano de pai e filho, constitui fundamento essencial da atribuição de paternidade ou maternidade. Nada tem a ver com o direito de cada pessoa ao conhecimento de sua origem genética. São duas situações distintas, tendo a primeira natureza de direito de família e a segunda de direito da personalidade. As normas de regência e os efeitos jurídicos não se confundem nem se interpenetram.

Para garantir a tutela do direito da personalidade não há necessidade de investigar a paternidade. O objeto da tutela do direito ao conhecimento da origem genética é assegurar o direito da personalidade, na espécie direito à

---

[5] LÔBO, Paulo Luiz Netto. Direito ao estado de filiação e direito à origem genética: uma distinção necessária. In: PEREIRA, Rodrigo da Cunha (Coord.). *Afeto, ética, família e o novo Código Civil brasileiro*. Belo Horizonte: Del Rey, 2004. p. 505-530.

vida, pois os dados da ciência atual apontam para necessidade de cada indivíduo saber a história de saúde de seus parentes biológicos próximos para prevenção da própria vida. Não há necessidade de se atribuir a paternidade a alguém para se ter o direito da personalidade de conhecer, por exemplo, os ascendentes biológicos paternos do que foi gerado por dador anônimo de sêmen, ou do que foi adotado, ou do que foi concebido por inseminação artificial heteróloga.

Em contrapartida, toda pessoa humana tem direito inalienável ao estado de filiação, quando não o tenha. Apenas nessa hipótese, a origem biológica desempenha papel relevante no campo do direito de família, como fundamento do reconhecimento da paternidade ou da maternidade, cujos laços não se tenham constituído de outro modo (adoção, inseminação artificial heteróloga ou posse de estado). É inadmissível que sirva de base para vindicar novo estado de filiação, contrariando o já existente.

A evolução do direito conduz à distinção, que já se impõe, entre pai e genitor ou procriador. Pai é o que cria. Genitor é o que gera. Esses conceitos estiveram reunidos, enquanto houve primazia da função biológica da família. Ao ser humano, concebido fora da comunhão familiar dos pais socioafetivos, e que já desfruta do estado de filiação, deve ser assegurado o conhecimento de sua origem genética, ou da própria ascendência, como direito geral da personalidade.

Toda pessoa tem direito fundamental, na espécie direito da personalidade, de vindicar sua origem biológica para que, identificando seus ascendentes genéticos, possa adotar medidas preventivas para preservação da saúde e, *a fortiori*, da vida. Esse direito é individual, personalíssimo, não dependendo de ser inserido em relação de família para ser tutelado ou protegido. A paternidade e a maternidade derivam do estado de filiação, independentemente da origem (biológica ou não). Na hipótese de inseminação artificial heteróloga, o filho pode vindicar os dados genéticos de dador anônimo de sêmen que constem dos arquivos da instituição que o armazenou, para fins de direito da personalidade, mas não poderá fazê-lo com escopo de atribuição de paternidade.

Os desenvolvimentos científicos, que tendem a um grau elevadíssimo de certeza da origem genética, pouco contribuem para clarear a relação entre pais e filho, pois a imputação da paternidade biológica não determina a paternidade jurídica. O biodireito depara-se com as consequências da dação anônima de sêmen humano ou de material genético feminino. Nenhuma legislação até agora editada, nenhuma conclusão da bioética, apontam para atribuir a paternidade aos que fazem dação anônima de sêmen aos chamados bancos de sêmen de instituições especializadas ou hospitalares. Em suma, a identidade genética não se confunde com a identidade da filiação, tecida na complexidade das relações afetivas, que o ser humano constrói entre a liberdade e o desejo.

6. NÃO HÁ SUPREMACIA DA ORIGEM BIOLÓGICA SOBRE A FILIAÇÃO SOCIOAFETIVA

O reconhecimento jurídico da filiação socioafetiva fez ressaltar a solução para o eventual conflito de tutelas jurídicas desta e da origem biológica. A situação comum é a pretensão do filho socioafetivo ajuizar ação de investigação de paternidade, com intuito de ver judicialmente reconhecida a paternidade do genitor biológico e, consequentemente, o cancelamento do registro civil da primeira, principalmente para fins sucessórios, dado a que o direito brasileiro não admitia a dupla paternidade. O mesmo se aplica à maternidade socioafetiva em face da genitora biológica.

Algumas correntes se formaram na doutrina e na jurisprudência, mas prevaleceu a tese de que a parentalidade biológica não era dotada de supremacia sobre a parentalidade socioafetiva, pois esta desigualdade não é admitida pela Constituição. Assim, a pretensão do interessado deveria ater-se à garantia do direito fundamental ao conhecimento de sua origem genética, sem efeitos de parentesco.

Todavia, no STJ, algumas decisões mitigaram o alcance desse entendimento, ainda que fazendo ressaltar a igualdade jurídica das parentalidades biológicas e socioafetivas, em circunstâncias determinadas. Assim, entendeu-se que a parentalidade socioafetiva prevaleceria contra o pai ou a mãe que pretendesse desfazê-la, mas não contra o filho, pois este poderia fazer prevalecer a parentalidade biológica, dado a que não teria manifestado sua vontade para aquela, em situações conhecidas como de "adoção à brasileira", quando o declarante no registro público não é o genitor biológico. Contra esse entendimento, que contrariou decisões anteriores do mesmo Tribunal, levantaram-se várias argumentações doutrinárias, inclusive a nossa, pois também o registro da parentalidade biológica não pode ser contestado pelo filho, inclusive ao adquirir a capacidade civil plena, o que levou a tratamento jurídico desigual.

Há grande consenso na doutrina e na jurisprudência quanto a não se configurar a filiação socioafetiva, na hipótese de esta resultar de sequestro ou outro ato considerado criminoso. No entanto, essa regra não é absoluta, pois não pode ser aplicada contra a vontade manifestada pelo filho de continuar na família que o criou, apesar de informado da circunstância criminosa. O filho não pode ser duplamente punido por fato, cuja existência não deu causa.

7. NÃO HÁ FALSIDADE OU ERRO NO REGISTRO CIVIL DA PARENTALIDADE SOCIOAFETIVA

O art. 1.604 do Código Civil estabelece que ninguém poderá vindicar estado civil distinto do que conste do registro civil, salvo provando erro ou falsidade. Portanto, a norma contém a regra da imutabilidade do registro civil e impedimento da pretensão para desfazê-lo, além das exceções a essa regra (erro e falsidade).

O erro é o desvio não intencional da declaração do nascimento, concernente ao próprio ato de registro (erro material), imputável ao oficial de registro, ou da informação do declarante legitimado (art. 52 da Lei 6.015/1973), referente à atribuição da paternidade ou maternidade da pessoa. O erro da declaração pode ter derivado de outro erro, como na hipótese de troca voluntária ou involuntária de recém-nascidos por parte do hospital onde ocorreu o parto, invalidando o estado de filiação tanto em face do pai quanto em face da mãe[6].

A falsidade, ao contrário do erro, é a declaração intencionalmente contrária à verdade do nascimento. É atribuir a si ou a outrem (declarantes outros que não os pais) a maternidade ou a paternidade do nascido, ou declarar nascimento inexistente.

O registro de nascimento é definitivo, pouco importando se a origem da filiação declarada é biológica ou socioafetiva. É declaração consciente de quem faz. Assim, não é livremente disponível pelo pai registral, máxime quando o casamento se extingue. Não há erro de pessoa, porque o declarante sabia exatamente que a criança não era seu filho biológico. Não há falsidade porque a lei não exige que o registro civil apenas contemple a origem biológica. Não pode o autor da declaração que pretende falsa vindicar a invalidade do registro do nascimento, conscientemente assumida, porque violaria o princípio assentado em nosso sistema jurídico de *venire contra factum proprium*.

8. MULTIPARENTALIDADE OU A POSSIBILIDADE JURÍDICA DE MÚLTIPLOS PAIS E MÃES

O direito de família brasileiro sempre teve entre seus pilares o modelo binário de parentalidade em relação aos filhos. Segundo o padrão tradicional, o casal era constituído de pai e mãe. Quando os pais não fossem casados e

---

[6] LÔBO, Paulo. *Direito civil*: famílias. 7. ed. São Paulo: Saraiva, 2017. p. 231.

apenas um fosse o declarante do nascimento no registro civil, caberia a pretensão à investigação da paternidade ou maternidade em relação ao outro, se não tivesse havido o reconhecimento voluntário. Essa regra era aplicável tanto à parentalidade biológica quanto à socioafetiva.

Com a decisão do STF (ADI 4.277) em 2011, a união homoafetiva foi juridicamente reconhecida como entidade familiar, com igual tutela jurídica conferida às demais entidades familiares. Nessa entidade familiar, o modelo binário da parentalidade continuou, dado a que se encerra no casal de pessoas do mesmo sexo, excluídas terceira ou terceiras pessoas.

Todavia, paralelamente à construção da categoria da socioafetividade, peregrinou a tese da possível tutela da multiparentalidade, rompendo o modelo binário, tanto dos casais heterossexuais quanto dos casais de mesmo sexo. Pugna pela legalidade, no direito brasileiro, de múltiplos pais e mães.

É uma realidade da vida, cuja complexidade o direito não conseguiu lidar satisfatoriamente até agora, em nenhum país do mundo. Ela é agravada com os resultados fantásticos das manipulações genéticas (por exemplo, o uso de materiais genéticos de três pessoas, para reprodução assistida).

No início, a multiparentalidade pareceu ser o caminho adequado para abrigar a parentalidade dos casais de mesmo sexo, mas tornou-se dispensável desde quando o STF admitiu que esses casais podem constituir família. Permanece sua utilidade, no entanto, para as técnicas de reprodução assistida, quando mais de duas pessoas são nelas envolvidas, a exemplo de utilização de sêmen de amigo para inseminação de uma ou das duas integrantes de união homoafetiva. Essas hipóteses não estão suficientemente enfrentadas pelo direito brasileiro.

Igualmente, a multiparentalidade tem sido ressaltada em casos julgados por nossos tribunais, incluindo o STJ, que envolvem a admissibilidade de cumulação de paternidade ou maternidade, no registro civil, em situações em que há pai ou mãe registral e se pleiteia o acréscimo do sobrenome de pai ou mãe biológicos, ou quando o registro de pai ou mãe biológicos é acrescentado do sobrenome de quem efetivamente criou a pessoa.

Na legislação, há previsão expressa do acréscimo do sobrenome do padrasto ou madrasta, por requerimento do enteado e assentimento daqueles ("Lei Clodovil" 11.924/2009), cuja anotação simbólica reflete a história de vida da pessoa. A lei é omissa quanto aos demais efeitos jurídicos, para além do parentesco por afinidade. A averbação não significa substituição ou supressão do sobrenome anterior, mas acréscimo, de modo a não ensejar dúvida sobre a antiga identidade da pessoa, para fins de eventuais responsabilidades. O acréscimo do sobrenome não altera a relação de parentesco por afinidade com o padrasto ou madrasta, cujo vínculo assim permanece, sem repercussão patrimonial, uma vez que tem finalidade simbólica e existencial. Consequentemente, não são cabíveis pretensões a alimentos ou sucessão hereditária, em razão desse fato.

Entende-se que o namoro ou noivado não podem ensejar multiparentalidade. Assim é porque esses relacionamentos afetivos são pré-familiares, ou seja, têm o escopo de constituição de família, mas não são ainda famílias constituídas. É certo que, às vezes, ultrapassam a tênue zona limítrofe e se convertem em união estável, que é ato-fato jurídico – quando o direito desconsidera a vontade e atribui consequências ao resultado fático –, e não ato ou negócio jurídico, estes dependentes de manifestação de vontade negocial consciente; porém, quando isso ocorre, não se cogita mais de namoro ou noivado, mas sim de entidade familiar própria.

A relação entre padrasto ou madrasta e enteado configura vínculo de parentalidade singular, permitindo-se àqueles contribuir para o exercício do poder familiar do cônjuge ou companheiro sobre o filho/enteado, uma vez que a direção da família é conjunta dos cônjuges ou companheiros, em face das crianças e adolescentes que a integram. Dessa forma, há dois vínculos de parentalidade que se entrecruzam, em relação ao filho do cônjuge ou do companheiro: um, do genitor originário separado, assegurado o direito de contato ou de visita com o filho; outro, do padrasto ou madrasta, de convivência com o enteado. No entanto, por mais intensa e duradoura que seja a relação afetiva entre padrasto ou madrasta e seus enteados, dessa relação não nasce paternidade ou maternidade socioafetiva em desfavor do pai ou da mãe legais ou registrais, porque não se caracteriza a posse de estado de filiação, o que igualmente afasta a multiparentalidade, salvo se houver a perda do poder familiar dos pais, como decidiu o STJ (REsp 1106637) que reconheceu a legitimidade de padrasto para pedir a destituição do poder familiar, em face do pai biológico, como medida preparatória para a adoção unilateral da criança.

9. A DECISÃO DO STF EM REPERCUSSÃO GERAL RECONHECIDA SOBRE SOCIOAFETIVIDADE – TEMA 622

Assim se encontravam a doutrina e a jurisprudência brasileiras quando o STF reconheceu como repercussão geral a matéria da socioafetividade e consolidou seu entendimento, como Tema 622, em decisão plenária tomada no dia 22.09.2016, tendo como caso paradigma o RE 898.060, com a seguinte tese geral:

A paternidade socioafetiva, declarada ou não em registro público, não impede o reconhecimento do vínculo de filiação concomitante baseado na origem biológica, com os efeitos jurídicos próprios.

O Tribunal fundou-se explicitamente no princípio constitucional da dignidade da pessoa humana, que inclui a tutela da felicidade e da realização pessoal dos indivíduos, impondo-se o reconhecimento jurídico de modelos familiares diversos da concepção tradicional. Igualmente, no princípio constitucional da paternidade responsável, que não permite decidir entre a filiação socioafetiva e a biológica, devendo todos os pais assumir os encargos decorrentes do poder familiar e permitindo ao filho desfrutar dos direitos em relação a eles sem restrição.

Constata-se que o Tribunal confirmou o reconhecimento jurídico da socioafetividade. Como o julgamento em repercussão geral produz eficácia geral, de cumprimento obrigatório pelo sistema judiciário, a socioafetividade e, principalmente, a filiação socioafetiva não poderão ser mais questionadas em juízo.

Ainda que o Tribunal não tenha utilizado a expressão "parentalidade socioafetiva", a alusão à "paternidade socioafetiva" deve ser entendida como abrangente da maternidade socioafetiva. A exclusão da maternidade socioafetiva importaria tratamento desigual para situações equivalentes do mundo da vida, o que contrariaria os pressupostos sobre os quais o Tribunal decidiu. Portanto, há seu reconhecimento implícito.

Outro ponto relevante é o reconhecimento de que a filiação socioafetiva não apenas se constata pela declaração ao registro público, mas também pela ocorrência no mundo da vida, notadamente pela posse do estado da filiação, cujos efeitos jurídicos independem do registro público, ao qual é atribuída função declaratória, do mesmo modo que à sentença judicial.

O que surpreendeu a doutrina especializada foi a amplitude que o STF conferiu ao tema, pois, além do reconhecimento da parentalidade socioafetiva, avançou no sentido de contemplar a multiparentalidade. É o que se extrai dos termos "reconhecimento do vínculo de filiação concomitante baseado na origem biológica". O vínculo de filiação "concomitante" leva à multiparentalidade. Ou seja, na hipótese explicitada de paternidade, de acordo com o caso concreto que serviu de paradigma, o registro civil deve contemplar dois pais, isto é, o pai socioafetivo e o pai biológico, além da mãe biológica; dois pais e uma mãe.

A decisão do STF provocou verdadeiro giro de Copérnico. Até então, no conflito entre parentalidade socioafetiva e origem genética, esta não podia prevalecer sobre aquela (notadamente nos casos de "adoção à brasileira"), máxime quando o móvel fosse patrimonial ou econômico, notadamente participar da sucessão de genitor biológico afortunado. A rejeição a essa pretensão já havia sido objeto de antigo precedente do STF, em 1970, tendo sido relator o Min. Aliomar Baleeiro[7]. Doravante, as discussões sobre a origem biológica e a força desta para afastar a parentalidade socioafetiva perderam consistência.

Por ser tema de repercussão geral, não pode ficar adstrito ao caso concreto. Dessarte, têm-se como abrangidas as hipóteses de mãe e pai socioafetivos registrados, aos quais se pode acrescentar a mãe biológica, ou o pai biológico ou ambos, o que resultará em três ou quatro pais, no total.

10. A HIPÓTESE INVERSA: A SUPERVENIÊNCIA DE PARENTALIDADE SOCIOAFETIVA À PARENTALIDADE BIOLÓGICA

O que não ficou claro, na tese geral – nem no julgamento do caso concreto –, é se alcança a hipótese de parentalidade inversa, quando registrados sejam os pais biológicos ou um dos pais biológicos. Deixando de lado a situação corrente dos pais casados, em que há a presunção legal de paternidade e maternidade, ainda que impugnável judicialmente por um ou por outro, cogita-se dos pais não casados, mas cujo filho foi registrado ou reconhecido por ambos. Se, em virtude de circunstâncias da vida, tais como econômicas ou de saúde, esse filho foi criado por outro casal, realizando-se os requisitos da posse de estado de filiação, pergunta-se: pode haver filiação concomitante, registrando-se, ao lado dos pais biológicos, os pais socioafetivos?

Essa pergunta não encontra resposta clara na tese do Tema 622. A interpretação restritiva conduz à negativa, sob o possível argumento de que a socioafetividade não pode desafiar a parentalidade biológica e registral, que é igualmente socioafetiva por presunção legal. Ainda: o Tribunal teria considerado apenas a tutela jurídica da filiação socioafetiva, que não poderia ser desfeita, mas teria de conviver com a filiação biológica. O inverso não seria verdadeiro.

Entretanto, a mesma pergunta pode ter resposta diversa, se se considerar o princípio imanente à decisão que é o da igualdade jurídica das filiações, sem primazia de uma sobre outra. A superveniência da filiação socioafetiva à filiação biológica é dado de realidade constante e não pode ser desconsiderado pelo direito. Cinge-se a questão à posse de estado de filiação, pois

---

[7] RTJ 53/131.

a adoção, por força de lei, extingue o vínculo de parentalidade de origem. Considera-se a posse de estado sem os limites que inspiraram o art. 1.605 do Código Civil, isto é, segundo o sistema de parentalidade binária, a ausência de registro civil, de um lado, ou o impedimento de modificação do registro civil para contemplar múltiplos pais e mães. Se não há mais a exclusividade do modelo binário e se é admissível a multiplicidade das parentalidades, o registro civil da parentalidade biológica deixou de ser obstáculo à concomitância do registro da parentalidade socioafetiva subsequente.

Pelas mesmas razões, não há impedimento para a concomitância de parentalidade socioafetivas. Cogite-se de filho com pais registrais, de sexos diferentes ou de mesmo sexo, que, por eles abandonado, passa a ser cuidado durante anos por outro casal, configurando-se a posse de estado da filiação. Essa é também hipótese abrangida pela decisão do STF, o que autoriza o duplo registro.

11. OS "EFEITOS JURÍDICOS PRÓPRIOS" DA TESE GERAL DO TEMA 622

Ante a concisão das teses dos temas de repercussão geral, as expressões amplas utilizadas são exigentes de interpretação, de acordo com os princípios e pressupostos que os inspiraram. Tal se dá com a expressão "com os efeitos jurídicos próprios".

A análise do julgamento do caso concreto paradigma pouco contribui, até porque a decisão que o Tribunal nele proferiu é exatamente contrária ao que estipula a tese geral, no que concerne à multiparentalidade. No caso concreto, a maioria do Tribunal, contraditoriamente, confirmou as decisões judiciais anteriores no sentido do cancelamento do registro da paternidade socioafetiva, para se fazer constar apenas a paternidade biológica.

Do núcleo da tese do Tema 622 resultam as seguintes conclusões, que nos permitem avançar nos efeitos jurídicos próprios:

1.ª O reconhecimento jurídico da parentalidade socioafetiva;

2.ª A inexistência de primazia entre as filiações biológicas e socioafetivas;

3.ª A admissão da multiparentalidade.

4.ª A parentalidade socioafetiva – para os fins da tese – restringe-se às hipóteses de posse de estado de filiação, excluindo-se a adoção e a filiação oriunda de inseminação artificial heteróloga. Também está excluída a filiação biológica que nunca foi antecedida por filiação socioafetiva.

Assim sendo, em relação aos efeitos da origem genética ou biológica:

a) quando configurada a prévia parentalidade socioafetiva, registrada ou não, a origem genética intitula o filho a investigar a parentalidade biológica com efeitos amplos de parentesco, além do registro civil. Igualmente, pode o genitor biológico reconhecer o filho biológico, com todos os efeitos decorrentes, inclusive o do registro civil concomitante;

b) permanece o direito ao conhecimento da origem genética, como direito da personalidade, sem efeitos de parentesco, na hipótese de adoção, conforme previsto expressamente no art. 48 do ECA, com a redação dada pela Lei 12.010/2009: *O adotado tem direito de conhecer sua origem biológica, bem como a obter acesso irrestrito ao processo no qual a medida foi aplicada e seus eventuais incidentes, após completar 18 (dezoito) anos.* Em caso de recusa ao acesso, pode ser ajuizada ação para tal finalidade, que não se confunde com investigação de paternidade ou maternidade. A decisão do STF não implica inconstitucionalidade da norma legal que estabelece a ruptura dos vínculos familiares de origem do adotado, exceto quanto aos impedimentos matrimoniais. Vigora, no direito constitucional brasileiro, a presunção de constitucionalidade das normas legais, até que sejam declaradas inconstitucionais pelo STF;

c) o direito ao conhecimento da origem genética, também sem efeitos de parentesco, é assegurado ao que foi concebido com uso de sêmen de outro homem, que não o marido da mãe e com autorização deste, de acordo com o art. 1.597, V, do Código Civil, desde que o dador tenha consentido nessa utilização, sem se valer da garantia de anonimato;

d) não há direito ao conhecimento da origem genética nem ao reconhecimento judicial da parentalidade, se a técnica de reprodução assistida utilizar materiais genéticos de dador anônimo, crioconservados em estabelecimentos especializados para inseminação artificial.

Os direitos e deveres jurídicos do filho com múltiplas parentalidades são iguais em face dos pais socioafetivos e biológicos, particularmente quanto:

a) a autoridade parental ou poder familiar, que é exercida de modo compartilhado, em princípio, pelos pais biológicos e socioafetivos, tal como ocorre com os pais separados. Em caso de conflito entre pais biológicos e socioafetivos, como não há primazia entre eles, o juiz deve se orientar pelo princípio do melhor interesse do filho, para a tomada de decisão;

b) a guarda compartilhada é obrigatória por lei, entre os pais, salvo se ficar demonstrada em decisão judicial motivada que a guarda individual, ante as circunstâncias especiais, é a que mais recomendável por força do melhor interesse do filho. Esse regra é aplicável tanto para situação comum do casal de pais quanto para a de multiparentalidade (mais de dois pais), até porque não há hierarquia entre eles. A guarda compartilhada é compatível com a preferência da moradia que o filho tem como referência para suas relações sociais e afetivas. No exemplo comum, de filho que sempre viveu com seus pais socioafetivos, a moradia deste é preferencial. O conflito deve ser arbitrado pelo juiz, de modo que assegure o contato do filho com seus pais socioafetivos e biológicos, e com os parentes de cada linhagem, especialmente os avós;

c) os alimentos devem ser partilhados pelos pais socioafetivos e biológicos em igualdade de condições, em princípio. Em caso de conflito entre eles, o juiz deve considerar a partilha proporcional do valor de acordo com as possibilidades econômicas de cada um, segundo os critérios da justiça distributiva. Os alimentos devem ser fixados em valor único, para partilha entre os pais, pois o suprimento da necessidade do alimentando não depende da quantidade de devedores alimentantes, além da observância da vedação legal do enriquecimento sem causa (CC, art. 884). Os avós, tanto os biológicos quanto os socioafetivos, apenas são obrigados aos alimentos em caráter complementar, distribuídos de acordo com as possibilidades econômicas de cada um. Como o dever de alimentos na linha reta de parentesco é ilimitado, o filho com múltiplos pais e avós pode se obrigar a todos eles. Na hipótese de a mãe estar separada tanto do pai biológico quanto do pai socioafetivo, o filho poderá reclamar alimentos tanto a um quanto a outro, de acordo com as possibilidades econômicas de cada um;

d) a sucessão hereditária legítima é assegurada ao filho de pais concomitantes biológicos e socioafetivos, em igualdade de condições. Aberta a sucessão de cada um deles, é herdeiro legítimo de quota-parte atribuída aos herdeiros de mesma classe (direta ou por representação), imediatamente, em virtude da *saisine*. A igualdade entre filhos de qualquer origem é princípio cardeal do direito brasileiro, a partir da Constituição, incluindo o direito à sucessão aberta. Os limites dizem respeito às legítimas dos herdeiros necessários de cada sucessão aberta, e não ao número de pais autores das heranças.

O filho será herdeiro necessário tanto do pai socioafetivo quanto do pai biológico, em igualdade de direitos em relação aos demais herdeiros necessários de cada um; terá duplo direito à herança, levando-o a situação vantajosa em relação aos respectivos irmãos socioafetivos, de um lado, e irmãos biológicos, do outro, mas essa não é razão impediente da aquisição do direito. Após a edição da tese do Tema 622, o STJ (3.ª Turma) teve oportunidade de afirmar no REsp 1618230, julgado em 2017, que o reconhecimento do vínculo filial biológico, ao lado do vínculo socioafetivo, gera os mesmos efeitos patrimoniais, como o direito à herança; no caso, o interessado, com aproximadamente 70 anos, obteve o direito de receber a herança do pai biológico, mesmo já tendo recebido a herança do pai socioafetivo.

Os efeitos da tese alcançarão os casos já julgados definitivamente, pois há largo entendimento sobre a relativização da coisa julgada nas relações de família e em matéria de estado civil, que operaria segundo a regra *rebus sic stantibus*.

Reconhece-se que a decisão do STF em termos tão gerais é positiva em seus inegáveis avanços, mas não se pode negar que também é fator de agravamento de litigiosidade, notadamente por motivações patrimoniais, apesar do sopesamento dos efeitos jurídicos próprios, como antes indicado, pois a variedade de circunstâncias é difícil de ser por ela inteiramente atingida.

REFERÊNCIAS

ESPINOSA, Benedictus de. *Ética*. Trad. Joaquim Ferreira Gomes. São Paulo: Abril Cultural, 1983.

KANT, Immanoel. *Fundamentação da metafísica dos costumes*. Trad. Paulo Quintela. Lisboa: Ed. 70, 1986.

LÔBO, Paulo Luiz Netto. *Direito civil*: famílias. 7. ed. São Paulo: Saraiva, 2017.

_____. Direito ao estado de filiação e direito à origem genética: uma distinção necessária. In: PEREIRA, Rodrigo da Cunha (Coord.). *Afeto, ética, família e o novo Código Civil brasileiro*. Belo Horizonte: Del Rey, 2004. p. 505-530.

_____. Princípio jurídico da afetividade na filiação. In: PEREIRA, Rodrigo da Cunha (Coord.). *Anais do II Congresso Brasileiro de Direito de Família*. A família na travessia do milênio. Belo Horizonte: IBDFAM/OAB-MG, 2000. p. 245-254.

_____. Repersonalização das relações familiares. In: BITTAR, Carlos Alberto (Coord.). *O direito de família na Constituição de 1988*. São Paulo: Saraiva, 1989. p. 53-82.

24

ATUALIDADES SOBRE A PARENTALIDADE SOCIOAFETIVA E A MULTIPARENTALIDADE

CLAUDIO LUIZ BUENO DE GODOY

SUMÁRIO: 1. Considerações iniciais. Os problemas a enfrentar; 2. A parentalidade socioafetiva: 2.1. Elementos de configuração; 2.2. Reflexões críticas e suas consequências; 3. A multiparentalidade: 3.1. Hipóteses de reconhecimento; 3.2. Análise crítica; 4. Conclusão; Referências.

1. CONSIDERAÇÕES INICIAIS. OS PROBLEMAS A ENFRENTAR

São muitas e muito difíceis as questões que o tema abordado suscita, mas que se reconduzem, em última análise, a uma recompreensão do conceito de parentalidade[1], e mesmo de família, que as próprias relações sociais impõem ao direito.

Desde quando o vínculo parental, e assim inclusive como já recebido pelo direito positivo, se desprende apenas do elo biológico, genético, assume-se que a parentalidade possa decorrer de origem diversa, pois tal favorece a expansão de valores outros, além do sanguíneo, historicamente eleito (embora

---

[1] A expressão, real neologismo que se incorpora ao estudo do direito de família, se toma enquanto originária do adjetivo *parental* e de sua significação com que o relativo a pai ou mãe.

não de modo exclusivo, bastando a respeito lembrar da adoção, malgrado antes limitada) como critério de atribuição parental. Resultado é que não mais se concentram necessariamente numa só pessoa esses mesmos fatores de imputação ou reconhecimento da relação de parentesco e, em seu espectro, a paternidade e a maternidade.

Vínculo genético, ainda noutros termos, não corresponde forçosamente à ascendência parental, o que se reflete diretamente mesmo na questão do direito à identidade. Não se confundem o direito que se reserva ao indivíduo de conhecer sua procedência biológica e o de questionar ou procurar a parentalidade, mais própria e comumente a paternidade.

O próprio parentesco, em suma, passa a se associar, ademais da relação biológica, e além de uma causa civil, como já ocorria, insista-se, com a adoção – embora apenas a partir da Constituição Federal de 1988 elevada à mesma dignidade familiar –, porém igualmente à socioafetividade, elemento valorativo que passa a desempenhar papel central nas relações familiares.

De um lado, então, coloca-se em xeque a afirmação do que seja exatamente a verdade da filiação. Verdadeiro pai ou mãe deixa de ser automaticamente quem gerou. Fortalece-se ideia comum – tão comum quanto relevante – de que o pai e a mãe são aqueles que *criaram* os filhos, aqueles que estabeleceram com eles vínculo socioafetivo.

No entanto, de outro, dificulta-se a determinação de quando este elo se firma; se ele se sobrepõe ao vínculo biológico estabelecido ou, ao contrário, se não o supera, e, se mais de uma pessoa, ao mesmo tempo, pode ser considerada pai ou mãe de alguém. Desde que se admitem causas diversas à parentalidade, é preciso saber como definir o conflito quando elas não se reúnem em uma mesma pessoa; ou, também, se é possível admitir que se reúnam em mais de uma pessoa ao mesmo tempo.

Evidentemente, o propósito e limites do trabalho não permitem sejam todas essas questões examinadas de maneira exaustiva, mesmo de modo a recompor o longo e demorado histórico das mudanças sofridas pelo Direito de Família. A trajetória desde a filiação sanguínea, e ligada à família matrimonial, até as diversas composições atuais dos vínculos familiares será tomada como dado. O propósito fundamental será o de, mais diretamente, enfrentar alguns reais dilemas criados pela multiplicidade das conformações familiares. Como se disse, são problemas sensíveis, pela sua própria natureza e, portanto, sem uma solução infensa a críticas.

Nessa senda, o estudo primeiro se dedicará à questão da parentalidade sociafetiva e, em particular, à questão da oposição que não raro se estabelece no confronto com a consanguinidade. Tal qual se verá, são recorrentes os casos da jurisprudência envolvendo a discussão sobre quem seja efetivamente pai ou mãe, consoante ostente coincidência biológica ou tenha vínculo socioafetivo com o filho. Depois, esse mesmo conflito, demonstrar-se-á, tem levado à solução de possível reconhecimento de mais de um pai e/ou mais de uma mãe, no fenômeno que se convencionou por isso chamar de multiparentalidade.

Todavia, os problemas daí decorrentes não são poucos. Como definir se se tem ou não hipótese de reconhecimento da multiparentalidade? Ou, mesmo em caso negativo, como afastar do debate sobre quem seja pai ou mãe o propósito frequentemente patrimonial que nega a realidade da filiação em favor da comprovação do vínculo genético, ou o inverso? E, acima de tudo, como saber precisamente qual é a verdade da filiação?

São perguntas, segundo se entende, que não encontram hoje respostas prontas no sistema. Doutrina e jurisprudência oscilam. De qualquer maneira, considera-se sejam importantes algumas reflexões que, antes de levar a soluções que precisam ainda ser mais bem discutidas, justamente auxiliem nesse debate a na construção de respostas mais claras e previsíveis a tão sérias questões do direito de família atual.

2. A PARENTALIDADE SOCIOAFETIVA

2.1. Elementos de configuração

Viu-se que hoje é recebido mesmo pelo sistema positivo o conceito de parentesco reconduzido a outras causas que não a consanguinidade. A própria relação de filiação, como está no art. 1.593 do Código Civil, pode derivar de diversa causa, portanto não apenas a biológica ou genética. Não é raro, inclusive, que se reconduza a origem normativa da parentalidade socioafetiva antes de tudo à Constituição Federal, quando, em seus arts. 226 e 227, prevê as diferentes formas de composição familiar com mesma dignidade; a igualdade dos filhos daí advindos, posto que sem casamento dos pais e independentemente de sua origem; a garantia de convivência familiar e prioridade assegurada à criança e adolescente[2]. A rigor, bem o que se conforma a uma renovada entrevisão da função que desempenha a família, desprendida de um conteúdo predominantemente religioso e econômico para assumir real papel promocional de valores de solidarismo e de realização individual de

---

[2] LÔBO, Paulo Luiz Netto. *Direito civil*. Famílias. 4. ed. São Paulo: Saraiva, 2011. p. 32 e 70-71.

seus integrantes[3]. Fala-se mesmo em uma *função afetiva* voltada à realização pessoal dos integrantes da família e em ambiente de convivência solidária[4].

Nesse contexto, do ponto de vista do direito positivo, passa a não haver dúvida sobre a força de determinação de parentesco e de parentalidade que se reconhece à sociafetividade. Tal como se cuidou de levar ao Enunciado 108 do CEJ, "no fato jurídico do nascimento, mencionado no art. 1.603, compreende-se, à luz do art. 1.593, a filiação consanguínea e também a socioafetiva".

Contudo, ainda assim, cumpre afinal definir o que se deve compreender por socioafetividade, portanto sobre como e quando ela se configura com aptidão bastante a indicar a existência de relação parental. É preciso de algum modo erigir parâmetros para que, no caso concreto, seja possível identificar a relação parental derivada dessa diversa origem que a socioafetividade traduz, diferentemente do vínculo genético, afinal cientificamente demonstrável, quase sempre e quase com absoluta segurança.

Portanto, segundo se entende, a hipótese é mesmo de procurar nas raízes do conhecimento popular o que seja verdadeiramente a parentalidade. Não é sem razão a frequência com que se atribui a condição parental a quem cria os filhos. O dito comum é o de que "pai é quem cria". E, de fato, compõe-se o conteúdo da socioafetividade a partir da constatação do papel próprio de formação típica da parentalidade, mas de que acaso não se incumbem aqueles que geraram a criança.

No Brasil, reflexão de grande valia a essas considerações se encontra em artigo referencial, sempre citado – e com razão –, de João Baptista Villela[5]. Para o autor, tem-se na relação de parentalidade traço cultural, de afeto e serviço, acima da procriação. Portanto, a seu ver, antes de ser fenômeno da natureza, a rigor é um *fato cultural* (ou sociológico, para outros[6]). Cuida-se de

---

[3] GODOY, Claudio Luiz Bueno de. O direito à privacidade nas relações familiares. In: MARTINS, Ives Gandra da Silva; PEREIRA JR., Antônio Jorge (Coord.). *Direito à privacidade*. São Paulo: Ideia e Letras, 2005. p. 119-148. Item 3; Efeitos pessoais da união estável. In: CHINELLATO, Silmara Juny de Abreu; SIMÃO, José Fernando; FUGITA, Jorge Shuiguemitsu; ZUCCHI, Maria Cristina (Coord.). *Direito de família no novo milênio*. Estudos em homenagem ao Professor Álvaro Villaça Azevedo. São Paulo: Atlas, 2010. p. 327-342. Itens 1 e 2.

[4] CALDERÓN, Ricardo Lucas. *Princípio da afetividade no direito de família*. Rio de Janeiro: Renovar, 2013. p. 208.

[5] VILLELA, João Baptista. Desbiologização da paternidade. *Revista Forense*, n. 271, p. 45-51, 1980.

[6] Tal a expressão que Ricardo Calderón (*Princípio da afetividade no direito de família* cit.. p. 217) colhe, no direito português, de Guilherme de Oliveira.

distinção histórica, a bem dizer, entre *pater* e *genitor*[7]. Na lúcida ponderação de Luiz Edson Fachin, à relação de filiação não basta a informação genética ou mesmo o seu reconhecimento jurídico, senão que a ela se agrega elemento construído, de completa integração paterno-filial, de modo a evidenciar que a própria paternidade – como a maternidade – se constrói, não apenas se dá[8]. Interessante porque, a rigor, e claramente denotando-se um caráter histórico, malgrado não antes sistematizado, dessa concepção, se retoma o próprio instituto da *posse de estado de filho*[9], em seu tríplice aspecto de nome, tratado e fama, malgrado desde o CC anterior tomado como forma suplementar de prova da filiação[10].

Nem por isso tudo, porém, se entende deva ser confundida a noção jurídica de afetividade com a compreensão comum do sentimento de afeto. No campo da identificação jurídica da afetividade, ao contrário de se perscrutar o sentimento íntimo que se nutre pelo filho, de resto em alguma medida indevassável, será preciso objetivamente colher indicativos da *situação* de parentalidade, no mais revelada por dados comuns a esse vínculo, como a comunhão de vida, a formação, a educação, o cuidado, o sustento dispensado a quem, assim, se trata, se chama e se reconhece como filho. De novo, vale o realce, reaproveita-se, posto que com diverso matiz, a ideia da posse do estado de filho, porquanto da objetiva demonstração da situação relacional parental. São, na expressão usada por Ricardo Calderón, *fatos signo-presuntivos* de *uma afetividade jurídica objetiva*[11].

---

[7] Ver, por todos, a história dessa distinção, mesmo tomada no direito romano: CHINELATO, Silmara Juny. *Comentários ao Código Civil*. Coord. Antônio Junqueira de Azevedo. São Paulo: Saraiva, 2004. v. 18, p. 66.

[8] FACHIN, Luiz Edson. Paternidade e ascendência genética. In: LEITE, Eduardo de Oliveira (Coord.). *Grandes temas da atualidade*. DNA como meio de prova da filiação. Rio de Janeiro: Forense, 2000. p. 165-166.

[9] Por todos: AZEVEDO, Antônio Junqueira de. Ação de nulidade de registro civil para exclusão de paternidade. Direito personalíssimo, não passível de representação. Abuso do direito de representação e *venire contra factum proprium*. Caracterização da paternidade socioafetiva como fonte de filiação, com consequente impossibilidade de investigação da paternidade biológica. *Novos estudos e pareceres de direito privado*. São Paulo: Saraiva, 2009. p. 483-498.

[10] Para um escorço sobre a posse do estado de filho desde o CC anterior e sobre sua função probatória supletiva do registro, ver, comentando o então art. 349 (atual art. 1.605): BEVILÁQUA, Clóvis. *Código Civil dos Estados Unidos do Brasil comentado*. Rio de Janeiro: Livraria Francisco Alves, 1937. v. 2, p. 314-315.

[11] CALDERÓN, Ricardo Lucas. *Princípio da afetividade no direito de família* cit., p. 320.

Por fim, explicável que toda essa discussão sempre se tenha posto muito mais em função da relação de paternidade do que de maternidade É, a bem dizer, mais uma revelação da associação clássica predominante da filiação ao dado genético. Basta notar ter sido estabelecida uma presunção de paternidade (a presunção *pater is*, malgrado historicamente ligada à preservação da unidade do casamento e decorrente da previsão de que fora dele não havia família legítima), e não de maternidade, porque, como se afirmava, *a mãe é sempre certa*, dado o fenômeno do parto. Nada, todavia, que hoje se conforme não só às inúmeras hipóteses de fertilização assistida heteróloga, como, especialmente, à constatação de que também a ascendência genética feminina não determina necessariamente a situação construída de maternidade[12].

2.2. Reflexões críticas e suas consequências

Se, como se viu, caracteriza o sistema posto da parentalidade a multiplicidade de possíveis origens de seu estabelecimento, nem por isso se considera autorizada qualquer hierarquização que a respeito se queira entrever. Não há mais prioritária relação parental conforme coincida ou não com o vínculo genético. Não se considera justificada essa própria distinção, que apenas se coloca, vale o reforço, na origem variada da causa com que se estabelece.

A bem dizer, se à própria Constituição se eleva paradigma claro de igualdade entre os filhos, é forçoso inadmitir essa hierarquia. Os filhos o são quer na origem haja ou não vínculo genético com seus pais. A coincidência genética não determina necessariamente a parentalidade nem se sobrepõe, portanto, a vínculo que assim se tenha estabelecido em função da sociafetividade. A

---

[12] Gabriela Fragoso Calasso Costa, em dissertação apresentada no programa de pós-graduação da Faculdade de Direito da Universidade de São Paulo, sob o título das *Famílias-mosaico e seus efeitos jurídicos*, e mesmo reconhecendo mais raras as hipóteses de discussão sobre a maternidade socioafetiva, recolhe dois exemplos da jurisprudência, um em que o Superior Tribunal de Justiça admitiu ação declaratória ajuizada para este fim, expressamente se assentando que "não há óbice legal ao pedido de reconhecimento de maternidade com base na socioafetividade" (STJ, REsp 1.291.357/SP, Rel. Min. Marco Buzzi, j. 20.10.2015), e outro no qual a mesma Corte Superior negou pedido de anulação de registro de nascimento de uma irmã pela outra, formulado ao argumento de incoincidência genética com a mãe, então se decidindo que "prevalece, na hipótese, a ligação socioafetiva construída e consolidada entre mãe e filha, que tem proteção indelével conferida à personalidade humana, por meio da cláusula geral que a tutela e encontra respaldo na preservação da estabilidade familiar" (STJ, REsp 1.000.356/SP, Rel. Min. Nancy Andrighi, j. 25.05.2010).

rigor, nada diverso do quanto sucedido em relação à adoção, que hoje rompe completamente os vínculos parentais de origem, a despeito do elo sanguíneo que os suportasse.

A ressalva reputa-se relevante porque nem sempre desse modo a questão se enfoca. Com efeito, laborando escorço da jurisprudência da Corte Superior, e depois de colacionar longa messe de precedentes, Rui Portanova acentua que tal a predominância da tese, nas suas palavras, da "superioridade da verdade biológica sobre a paternidade socioafetiva", que decisões monocráticas passaram a ser a respeito exaradas, com fundamento do art. 557 do CPC então vigente (agora o art. 932 do CPC/2015)[13].

Entretanto, não é menos certo que, levada a discussão, como é sabido, ao âmbito do Supremo Tribunal Federal, e com repercussão geral reconhecida (Tema 622), assentou-se de modo claro e preciso que, "em paralelo à filiação biológica, demanda igual proteção jurídica o vínculo de parentalidade construído apenas a partir do afeto". A consideração foi verdadeiramente a de que "o conceito de família não pode ser reduzido a modelos padronizados, nem é lícita a hierarquização entre as diversas formas de filiação"[14]. Mesmo o Superior Tribunal de Justiça, depois do julgamento, não deixou de reconhecer fixada "a coexistência entre as paternidades biológica e a socioafetiva, afastando qualquer interpretação apta a ensejar hierarquização dos vínculos"[15].

Na verdade, não foge à percepção decorrente da análise da jurisprudência do Superior Tribunal de Justiça a preocupação, primeiro, com a possibilidade de o filho conhecer sua ascendência genética[16], mediante remissão ao argumento "do direito personalíssimo, indisponível e imprescritível de conhecimento do estado biológico da filiação"[17]. A questão fundamental, todavia, é diferenciar a investigação da paternidade e a investigação ou o

---

[13] PORTANOVA, Rui. *Ações de filiação e paternidade sociafetiva*. Porto Alegre: Livraria do Advogado, 2016. p. 25.
[14] STF, RE 898.060, Rel. Min. Luiz Fux, j. 21.09.2016. Acórdão ainda não publicado.
[15] STJ, REsp 1.618.230, Rel. Min. Ricardo Villas Bôas Cueva, j. 28.03.2017.
[16] Por exemplo, do escorço citado, a que procedeu Rui Portanova (*Ações de filiação e paternidade sociafetiva* cit., p. 24-25), recolhem-se precedentes bem no sentido de que "a existência de vínculo socioafetivo com o pai registral não impede o acolhimento de pedido investigatório promovido contra o pai biológico" (REsp 1.458.696; ainda: AgRg no Agravo no REsp 258.636).
[17] STJ, AgRg no AREsp 347.160, Rel. Min. Raul Araújo, *DJe* 03.08.2015, também referido por Rui Portanova (*Ações de filiação e paternidade sociafetiva* cit., p. 24-25).

direito ao conhecimento da ascendência genética, da ancestralidade, mesmo como atributo do direito à identidade.

Veja-se a propósito que, tratando da adoção, nada diverso a Lei 12.010/2009 levou ao texto do Estatuto da Criança e do Adolescente (Lei 8.069/1990), dispondo sobre o direito do adotado a conhecer sua origem genética. Conforme passou a constar do art. 48 do ECA, "o adotado tem direito de conhecer sua origem biológica, bem como acesso irrestrito ao processo no qual a medida foi aplicada e seus eventuais incidentes", na sequência disciplinando-se o exercício do direito também ao menor de dezoito anos (parágrafo único do preceito). Contudo, note-se, isso absolutamente não significa que os vínculos parentais de origem se repristinem, de resto o que nem a morte dos adotantes provoca (art. 49 do ECA). Os pais adotivos, na realidade pais simplesmente, posto que originária a relação de causa civil, destarte não biológica, nem pelo direito do filho a conhecer esse vínculo deixam de sê-lo. E todos os efeitos decorrentes dessa relação parental se mantêm, sejam eles alimentares, sucessórios e assim por diante.

Em contrapartida, também se colhe da análise da jurisprudência do Superior Tribunal de Justiça a justificável preocupação com a situação dos filhos privados da ciência e contato com quem os gerou, por isso defendendo-se lhes deva depois ser assegurado não só o conhecimento dessa origem genética, mas, ainda, os efeitos patrimoniais que daí se extraem, próprios da filiação. Por exemplo, já após o julgamento do RE 898.060, pelo Supremo Tribunal, reafirmou a Corte Superior, em aresto antes mencionado, que "a existência de vínculo com o pai registral não é obstáculo ao exercício do direito de busca da origem genética ou de reconhecimento de paternidade biológica. Os direitos à ancestralidade, à origem genética e ao afeto são, portanto, compatíveis. No caso concreto, conquanto tenha o recorrente desfrutado de uma relação socioafetiva com seu pai registrário, já falecido, o ordenamento pátrio lhe garante a busca da verdade real, o que, por óbvio, não poderia se limitar ao mero reconhecimento, sem maiores consequências no plano fático". Isso para concluir que "a pessoa criada e registrada por pai socioafetivo não precisa, portanto, negar sua paternidade biológica, e muito menos abdicar de direitos inerentes ao seu novo *status familae*, tais como direitos hereditários".[18]

Pois bem, surge assim a reflexão sobre se assim não se erigiria, em última análise, uma real dupla paternidade simultânea e automaticamente consequente à comprovação do vinculo biológico. E isso ainda que a pretexto

---

[18] STJ, REsp 1.618.230, Rel. Min. Ricardo Villas Bôas Cueva, j. 28.03.2017.

de tutelar a situação de filho que tinha desconhecida a circunstância da incoincidência genética com seus pais sociafetivos. No entanto, tem-se a consideração de que a parentalidade socioafetiva não cede à verdade biológica, mesmo antes de conhecimento suprimido do filho, porque esta última não se confunde com a *verdade da filiação*. O filho que o é pela origem socioafetiva do parentesco não é menos ou mais filho nem titula mais ou menos direitos pela ausência de vínculo genético com os pais, e sim pela sua mantença com outrem. De novo, tal como ocorre com a adoção. E, à semelhança do que se dá com o filho adotivo – melhor, filho, simplesmente, apenas cujo vínculo se origina da adoção –, tem o direito de conhecer sua origem sanguínea, contudo sem que isso o autorize a, mesmo nunca antes ciente do vínculo genético, ver produzidos efeitos inclusive patrimoniais pretensamente resultantes desse conhecimento de sua ancestralidade.

A rigor, o acesso a seus dados biológicos originários, se não se confunde com o estado de filho, não concede ao indivíduo, *simpliciter*, toda a gama de efeitos de uma paternidade ou maternidade que assim não se estabelecem. Por outra, se não se baralham os conceitos de patentalidade e de consanguinidade, necessariamente, ou de parentalidade com ancestralidade genética, se a relação filial se pode ter estabelecido pela socioafetividade, tão somente, então também descabe imaginar que a prerrogativa do filho de conhecer sua origem genética lhe traga direitos mais amplos que ao filho com vínculo biológico, de sorte a lhe propiciar, simultaneamente, faculdades idênticas às que titula diante dos pais, ainda que antes por estes privados do conhecimento de sua história. Ou seja, não se lhe cabe reconhecer, por exemplo, direito a alimentos ou a sucessão de quem, afinal, não são seus pais, senão seus genitores (como se viu no item anterior).

A questão central é que, vivos ou mortos, os pais socioafetivos simplesmente o são, se, como no item anterior examinado, este vínculo se construiu. E, se há pais, não se investiga outra paternidade ou maternidade sem que haja causa ao desfazimento da anterior, ainda se ressalve a hipótese – que não se crê nesses casos imperativa, já se adianta – da multiparentalidade, a qual se vai examinar. O ponto nodal é que a parentalidade não significa uma escolha livre ao interessado, movido pelo desejo de conhecer sua história ou, às vezes, de "mudar de pai", conforme a melhor situação de seu genitor. Quem viu construída uma parentalidade sociafetiva tem pais. A eles pedem (ou devem) alimentos; deles sucedem (haja mais ou menos bens a herdar, ou nenhum bem a herdar).

Nesse sentido, a falta de exata definição do que se reputa ser mera consequência da constatação de que a parentalidade pode ter diversa origem, não apenas biológica, e sem se lhe reconhecer qualquer hierarquia, tem servido, ao que se crê, não raro a fomentar a cupidez de quem procura *um pai* com superior situação financeira à de quem, verdadeiramente, é *o pai* (ou mãe). Mesmo dizer que só depois da morte do pai (ou da mãe) de origem socioafetiva o filho soube da inexistência, com eles, de vínculo biológico e, a rigor, com outro existente, pelo que ele não poderia *ser prejudicado*, representa, ao que se crê, a um só tempo, louvável esforço de reparar acaso um ilícito cometido, mas em real desvio de perspectiva sobre os meios dessa reparação. Toma-se o efeito pela causa, em forçosa *petição de princípios*. Todos os efeitos econômicos o são porque decorrem – seja permitida a tautologia – da parentalidade. Significa então que se estabelecem com quem sejam os pais. E, se esta relação se construiu, outra não se dá, frise-se, apenas pelo vínculo genético e apenas a pretexto de não se impor ao filho qualquer *prejuízo*. Ou bem há ou bem não há a relação parental socioafetiva. Se há, trata-se de verdadeira unidade institucional, com seus próprios efeitos que não se desfazem porque depois se veio a saber existir vínculo genético com outrem. Nem mesmo ao argumento do direito a conhecer essa origem genética. Insista-se, isso não traduz necessariamente relação parental. Algo diverso são eventuais consequências indenizatórias, se o caso, resultantes de pretenso ilícito cometido sobre a história de quem – e como – privado do conhecimento de sua origem genética. Tal o que, reitere-se, não se repara pelo reconhecimento de efeitos próprios de uma parentalidade que não se estabelece apenas pelo vínculo genético e mediante o direito de se conhecer essa origem.

A conclusão fundamental, então, é a de que a parentalidade socioafetiva não cede, uma vez estabelecida, e mesmo que a pedido do filho, à chamada *verdade biológica* que, como se viu, não é forçosamente a *verdade da filiação*. Do mesmo modo, repita-se, que os pais por adoção não deixam de sê-lo porque o filho tem o direito de conhecer quem o gerou. Mesmo depois de mortos, os pais com origem socioafetiva não deixam de ostentar essa condição para se reconhecer novo vínculo filial e relação recíproca sucessória ou alimentar com o sujeito, identicamente ao que se disciplina, de modo textual, repise-se o paralelo, para o caso de adoção (art. 49 do ECA).

Trata-se, enfim, de assumir e assimilar a inteireza da parentalidade socioafetiva, com suas próprias vicissitudes, tal como as há na parentalidade biológica ou adotiva. Não se desfruta de uma parentalidadade socioafetiva para, por conveniência, se procurar outra, só pela consanguinidade e mesmo que antes desconhecida. Paternidade e maternidade não são questão de conveniência ou mesmo de reparação de ilícitos cometidos. Como também por si sós não decorrem do reconhecimento de vínculo genético e de modo a impor, como automática consequência, uma multiparentalidade, desde que preservado o vínculo socioafetivo.

3. A MULTIPARENTALIDADE

Tem sido hoje frequente o enfrentamento de situações que envolvem o reconhecimento de que alguém pode ter mais de um pai, mais de uma mãe, ou ambos. Tal o que se determina pela recompreensão das estruturas familiares, pela multiplicidade de suas formas de constituição e que acaso levam à entrevisão de uma real multiparentalidade. A própria sociafetividade, que impõe vínculo parental tanto quanto a consanguinidade, acabou – como já se referiu e se verá – levando à admissão dessa conjuntura que também pode ser chamada de pluriparentalidade.

No entanto, antes que se ponham algumas ressalvas a esses casos, de resto muito na esteira do que se vem de ponderar no item anterior, talvez caiba isolar situação mais simples, a rigor que alguns preferem chamar de *biparentalidade*. Ou seja, o caso de quem possui ou dois pais, ou duas mães.

A rigor, desde que assentada a homoafetividade enquanto foco da produção de efeitos familiares, mesmo matrimoniais e de união estável[19], não é difícil imaginar a situação de dois pais ou de duas mães que, por exemplo, adotem[20], ademais dos mecanismos de fertilização assistida. Ainda a própria dissociação entre a parentalidade e a consanguinidade em geral serve a reforçar a possibilidade de que, em vez de um pai ou uma mãe, dois pais ou duas mães se reconheçam à pessoa.

Questão talvez mais sensível e inclusive de menor reprodução do arranjo tradicional da parentalidade, fundada na existência de um pai e uma mãe, se erige quando, além de pai e mãe, haja mais um pai, mais uma mãe ou ambos. Ou seja, nem só dois pais ou duas mães, conforme se vem a mencionar, porém pais e mãe, mães e pai ou pais e mães. E, note-se, o que se considera inclusive de reconhecimento favorecido pela alteração dos requisitos formais do próprio assento de nascimento, em que se substituíram os campos reservados aos nomes do *pai* e *mãe* por *filiação*, e *avós maternos e paternos* por *avós*, simplesmente[21].

---

[19] STF, ADIn 4.277 e ADPF 132, Rel. Min. Ayres Brito, j. 05.05.2011, admitindo a união estável entre casais do mesmo sexo. STJ, REsp 1.183.378, 4.ª T., Rel. Min. Luis Felipe Salomão, j. 25.10.2011; e Resolução 175/2013, do Conselho Nacional de Justiça, admitindo, nessa mesma circunstância, o casamento.

[20] Já mesmo antes do julgamento pelo STF da ADIn 4277 e ADPF 132, eram conhecidos arestos deferindo a adoção por casais homoafetivos (*v.g.*, STJ, REsp 889.852, 4.ª T., Rel. Min. Luis Felipe Salomão, j. 27.04.2010).

[21] Nesse sentido a observação de Gabriela Fragoso Calasso Costa (*Famílias-mosaico e seus efeitos jurídicos*. Dissertação (Mestrado) – Faculdade de Direito da

3.1. Hipóteses de reconhecimento

Sempre em enunciação não exauriente, dada a mudança constante da conformação das famílias, têm-se, ademais da situação dos filhos de casais homoafetivos, logo atrás citada, outras em que se estabelece uma pluriparentalidade, mas tomada como a existência de pais e mães (dois pais e uma mãe, o inverso ou vários pais e mães), insista-se, tudo como decorrência dos novos arranjos familiares. E de pronto salientando-se aqui não se aprofundar, pelo espaço que se ocuparia, a discussão sobre as uniões poliafetivas, mas em que, se admitidas como relação familiar, a multiparentaldiade seria consequência natural.

Em primeiro lugar, como palco possível da multiparentalidade, costumeiramente lembrada a hipótese das famílias reconstituídas ou recompostas, em que pessoas já com filhos de anteriores relações passam a manter novas uniões. De maneira tradicional daí derivando vínculo de afinidade, evolui o sistema para conceber efeitos eventualmente mais extensos à relação de padrastio ou de madrastio. Por exemplo, a Lei 11.924/2009 acresceu ao art. 57 da Lei 6.015/1973 (Lei de Registros Públicos) o § 8.º, permitindo ao enteado ou enteada, nas condições ali estabelecidas, requerer a averbação do acréscimo a seu sobrenome do sobrenome do padrasto ou madrasta – se bem que com a concordância destes.

Pois, nesse mesmo sentido, comum precedente citado, e que teria consagrado a multiparentalidade, diz com a admissão, preservada a maternidade originária, da inclusão da madrasta no assento de nascimento do enteado, assim também como sua mãe, dado o vínculo socioafetivo que entre ambos se estabeleceu, bem além do vínculo de afinidade[22]. Contudo, desde logo, é importante notar que o caso envolvia situação particular. Pretendeu-se preservar o nome da genitora e sua maternidade porque não se queria perder a identificação, em cidade do interior do Estado, com a ascendência conhecida na localidade. E isto vale acentuar porquanto, falecida a genitora no parto, a relação de maternidade a rigor se estabeleceu com a segunda esposa do pai da criança.

No entanto, de fato, a situação talvez mais frequente em que hoje se discute a multiparentalidade é justamente aquela da concorrência do vínculo

---

Universidade de São Paulo, São Paulo, p. 169), remetendo ao Provimento 2/2009 do Conselho Nacional de Justiça (alterado pelo Provimento 3).

[22] TJSP, Ap. Cív. 0006422-26.2011.8.26.0286, 1.ª Câmara de Direito Privado, Rel. Des. Alcides Leopoldo e Silva Júnior, j. 14.08.2012.

sanguíneo e socioafetivo, isto é, quando não haja coincidência entre estes dois fatores de possível atribuição de parentalidade. A ponto, como já se viu, de a Suprema Corte, no julgamento do RE 898.060, em que o genitor pretendia ver prevalente, depois de investigado e confirmado seu elo biológico, a paternidade socioafetiva, manteve – e de ofício[23] – ambos como e enquanto pais no assento de nascimento da filha. Ou seja, porque se reconheceu pericialmente o vínculo genético da filha com um e o vínculo socioafetivo com outro, que a tinha criado desde o nascimento, assim lavrado originariamente o assento, reconheceu-se a *dupla paternidade*, além da maternidade. A repercussão é ampla porque sabidos os inúmeros casos de registros realizados sem a coincidência ou por causa genética. E, tomado o precedente, parece que tenderão a se prodigalizar as hipóteses de multiparentalidade, se se a admitir afinal como resultado automático de ações investigatórias em que se demonstre o elo biológico, mas preservando-se a parentalidade socioafetiva acaso antes estabelecida e, assim, não infirmada.

Pois bem, a propósito a reflexão que a seguir se entende deva ser feita.

3.2. Análise crítica

A multiparentalidade tem suscitado discussão que se parece colocar, portanto *a priori*, sobre a maior ou menor resistência, a mais ampla ou restrita admissão de hipóteses em que ela pode ser configurada e que vão desde a aceitação, hoje sem grande controvérsia, da dupla maternidade ou paternidade em casos de homoafetividade, até a sua fixação sempre quando se comprove vínculo genético, com outrem, de filho que, entretanto, já mantém relação socioafetiva de paternidade ou maternidade, tudo tal qual, consoante atrás se viu, julgado pela Suprema Corte. Rolf Madaleno labora rico escorço da doutrina num e noutro sentido erigida, isto é, e nas suas palavras, mais favorável ou mais restritiva em relação à duplicidade dos vínculos materno e paterno[24].

Entretanto, e aí ponderação que se considera de fazer, a discussão da multiparentalidade, a rigor, pensa-se se deva dar em concreto e em função da entrevisão no caso da real existência da paternidade ou maternidade – acaso dupla ou plúrima – tal como concebidas pelo ordenamento. Noutros termos,

---

[23] No âmbito do Superior Tribunal de Justiça, inversamente, já se decidiu não poder sequer o Ministério Público, acima da opção exclusiva do filho, requerer o registro de dupla paternidade (STJ, REsp 1.333.086, 3.ª T., Rel. Min. Ricardo Villas Bôas Cueva, j. 06.10.2015).

[24] MADALENO, Rolf. *Direito de família*. 7. ed. Rio de Janeiro: Forense, 2017. p. 489-494.

é preciso aquilatar na hipótese específica qual a *verdade da filiação*, destarte quem efetivamente é o pai ou a mãe, conforme se viu no item anterior uma realidade construída e não dada, seja ou não múltipla.

O que nessa senda então se pondera é que a multiparentalidade não se pode impor como consequência imediata e automática do reconhecimento, pericial que seja, do vínculo genético que o filho mantenha com outrem quando, todavia, já possua um pai (ou mãe) socioafetivo, portanto pouco importando não mantenha, com ele, qualquer vínculo sanguíneo. Bem se viu no item anterior, de um lado, que a parentalidade não se associa necessária e exclusivamente ao elo ou origem biológica, malgrado possa ser investigado como atributo do direito à identidade, mas sem que isso signifique o reconhecimento de paternidade ou maternidade, com os efeitos próprios ou que lhe são inerentes. Como também se viu, de outro, que a paternidade ou maternidade não decorrem de uma escolha tarifária – acaso argentária[25] –, do mesmo modo que não podem desempenhar papel reparatório de quem foi vítima da omissão sobre sua própria história, ao que acodem, conforme o caso, os instrumentos da responsabilidade civil. Não se pode supor a multiparentalidade porque antes se suprimiu da pessoa o conhecimento desse vínculo genético e acaso até a convivência com o genitor, portanto como se a geração fosse fator inafastável de uma paternidade ou maternidade que, em concreto, com outrem se estabeleceu, em razão da socioafetividade. Valem as mesmas observações do item anterior sobre a diferença entre genitores e pais, sobre o que realmente seja a *verdade da filiação* e sobre a diferença essencial entre instituto familiar e de resposta a ilícitos cometidos.

Igualmente não se concebem a paternidade ou a maternidade como consequência ainda aqui inarredável, forçosa, do papel mais próximo que exerçam o padrasto ou madrasta na formação do enteado, desde que nessa condição. Tem-se seja preciso máxima cautela em evitar a confusão. O padrasto ou madrasta participativos, ativos no auxílio à formação do enteado, nem por isso necessariamente se transformam em pais e, mais, configurando-se multiparentalidade porque são também presentes na vida dos filhos os pais originários, a despeito de não viverem juntos ou, menos ainda, tão só pelo vínculo genético existente.

---

[25] Vale aqui a preocupação externada por Cristiano Chaves de Faria sobre o espaço que, conforme o trato reservado à matéria, se possa eventualmente abrir a postulações puramente argentárias, voltadas, no seu dizer, a uma "multi-hereditariedade" (A família parental. *Tratado de direito das famílias*. Belo Horizonte: IBDFAM, 2015. p. 256-257).

É certo que com isso tudo não se está a dizer seja impossível a configuração da multiparentalidade em todas as situações descritas. O que se pondera, contudo, é que ela não seja ali uma consequência automática, uma decorrência inexorável. Pode-se erigir sempre e desde que, em concreto, se constate a construção de uma relação plúrima de paternidade e ou de maternidade. E então, aí sim, com todas as consequências legais, todos os efeitos jurídicos que lhes são reconhecidos, inclusive do ponto de vista econômico e, aliás, recíprocos, como no caso da obrigação alimentar e da vocação hereditária.

No entanto, insiste-se na ressalva: trata-se de fenômeno ditado pelas circunstâncias que em concreto se verifiquem, antes que apriorístico instituto jurídico ou típica previsão de hipóteses fáticas específicas de incidência. O instituto é ainda o da paternidade ou da maternidade. A questão está na sua própria recompreensão, assim na admissão do que seja hoje a parentalidade, com diversa origem, é certo, mas nem por isso com necessária pluralidade de pais ou mães porque as origens sejam diversas. Menos ainda se tem uma escolha facultada ao indivíduo, assim a de optar entre ter um pai e uma mãe, dois pais ou duas mães, vários pais e mães. Pais e mães não se escolhem; pais ou mães não se somam por conveniência.

4. CONCLUSÃO

Ao que se crê, o conceito de paternidade e de maternidade foi engrandecido com a elasticização das formas variadas pelas quais se estabelecem. Não apenas associada ao fenômeno em si da procriação, à parentalidade se reserva atualmente um conteúdo densificado pela relação construída que a caracteriza, desde que, para além da geração, importam a participação, o cuidado em relação aos filhos e a visibilidade desse elo que os une. A sabedoria comum, como se disse no início, que sempre associou a parentalidade à criação dos filhos, ganhou *status* jurídico, foi recebida pelo direito a partir da noção de afetividade de que se apropriou nas relações familiares e que pode ser a causa do vínculo parental.

Derivada de diversificada causa, não há hierarquia que defina a parentalidade, assim conforme decorra ou não do vínculo biológico. Ele não se impõe como tal porque acaso depois descoberto e então apenas porque existente, mesmo antes de conhecimento suprimido indevidamente do filho, mas a atrair resposta sistemática de outro matiz, de natureza reparatória, se o caso. Gerar por si não significa ser pai ou mãe. O direito de conhecer essa origem genética não traz as consequências, melhores ou piores, mais ou menos extensas, próprias da parentalidade, que não se traduz em uma escolha, senão por uma realidade construída.

De igual modo, porquanto diferentes as origens possíveis da filiação, não há só por isso parentalidade múltipla, assim quando a socioafetividade não coincida com consanguinidade, mesmo só depois conhecida e como se resultante necessária desse posterior conhecimento. As soluções das questões que nesse contexto se apresentam devem se conformar à verificação sobre quem efetivamente exerceu a parentalidade, com suas próprias vicissitudes, com o que teve de melhor ou de pior, mesmo eventualmente seja plúrima, mas sempre em função da situação concreta que se erija.

Tal o quanto se reputa relevante assentar bem a fim de que, ao contrário, não se apequene a relação familiar de parentalidade, suscetível a conformações fluidas e circunstanciais, a discussões subjetivas e sentimentos ocasionais dissociados da realidade de uma paternidade ou maternidade objetivamente construída, insista-se, com suas próprias características e vicissitudes.

REFERÊNCIAS

AZEVEDO, Antônio Junqueira de. Ação de nulidade de registro civil para exclusão de paternidade. Direito personalíssimo, não passível de representação. Abuso do direito de representação e *venire contra factum proprium*. Caracterização da paternidade socioafetiva como fonte de filiação, com consequente impossibilidade de investigação da paternidade biológica. *Novos estudos e pareceres de direito privado*. São Paulo: Saraiva, 2009. p. 483-498.

BEVILÁQUA, Clóvis. *Código Civil dos Estados Unidos do Brasil comentado*. Rio de Janeiro: Livraria Francisco Alves, 1937. v. 2.

CALDERÓN, Ricardo Lucas. *Princípio da afetividade no direito de família*. Rio de Janeiro: Renovar, 2013.

CHINELATO, Silmara Juny. *Comentários ao Código Civil*. Coord. Antônio Junqueira de Azevedo. São Paulo: Saraiva, 2004. v. 18.

COSTA, Gabriela Fragoso. *Famílias-mosaico e seus efeitos jurídicos*. Dissertação (Mestrado) – Faculdade de Direito da Universidade de São Paulo, São Paulo.

FACHIN, Luiz Edson. Paternidade e ascendência genética. In: LEITE, Eduardo de Oliveira (Coord.). *Grandes temas da atualidade*. DNA como meio de prova da filiação. Rio de Janeiro: Forense, 2000.

FARIAS, Cristiano Chaves. A família parental. *Tratado de direito das famílias*. Belo Horizonte: IBDFAM, 2015. p. 247-273.

GODOY, Claudio Luiz Bueno de. Efeitos pessoais da união estável. In: CHINELLATO, Silmara Juny de Abreu; SIMÃO, José Fernando;

FUGITA, Jorge Shuiguemitsu; ZUCCHI, Maria Cristina (Coord.). *Direito de família no novo milênio*. Estudos em homenagem ao Professor Álvaro Villaça Azevedo. São Paulo: Atlas, 2010.

_____. O direito à privacidade nas relações familiares. In: MARTINS, Ives Gandra da Silva; PEREIRA JR., Antônio Jorge (Coord.). *Direito à privacidade*. São Paulo: Ideia e Letras, 2005.

LÔBO, Paulo Luiz Netto. *Direito civil*. Famílias. 4. ed. São Paulo: Saraiva, 2011.

MADALENO, Rolf. *Direito de família*. 7. ed. Rio de Janeiro: Forense, 2017.

PORTANOVA, Rui. *Ações de filiação e paternidade sociafetiva*. Porto Alegre: Livraria do Advogado, 2016.

VILLELA, João Baptista. Desbiologização da paternidade. *Revista Forense*, n. 271, p. 45-51, 1980.

ALIMENTOS ENTRE OS CÔNJUGES

25

ALIMENTOS ENTRE CÔNJUGES

ROLF MADALENO

SUMÁRIO: 1. Alimentos da culpa; 2. Alimentos do passado; 3. Os alimentos na obrigação horizontal; 4. Dos alimentos temporários; 5. Conclusão; 6. Referências.

1. ALIMENTOS DA CULPA

Com a redação determinada pela Emenda Constitucional n.º 66/2010, que alterou o § 6.º do artigo 226 da Constituição Federal, o casamento civil pode ser dissolvido pelo divórcio, eliminando, assim, o antigo hábito de a prévia separação judicial litigiosa perscrutar toda a biografia nupcial na busca de um cônjuge culpado pelo fracasso do matrimônio e o outro inocente e vítima da derrocada conjugal. Nesse tema da culpa, antes tão relevante para o contencioso processo de separação, bem lembra Wagner Ginotti Pires que a religião encabeçou o sistema da culpa ao definir, controlar e punir toda a contrariedade fundada em uma violência, e que o castigo da culpa vinha em função de uma desobediência, com a pena capital, a devastação de um lugar ou de um povo, pragas, pestes, convertendo-se em maldição.[1] O fantasma da culpa foi paulatinamente afastado do sistema jurídico brasileiro para dar lugar a uma dissolução objetiva do casamento, desmistificando aquela decrépita

---

[1] PIRES, Wagner Ginotti. *Culpa, direito e sociedade*. Curitiba: Juruá. 2005. p. 67.

casuística de um direito de família com seus tipos cerrados de adultério, sevícia, abandono do lar e toda uma fileira interminável de causas subjetivas que precisavam identificar uma separação culposa, com o peso da sua gravidade e da intolerância no seguimento da vida em comum. Portanto, interessava ao direito de família a prova de algum ato de desobediência dos deveres do casamento, ou de alguma conduta matrimonial considerada desonrosa, capaz de sancionar a perda do sagrado direito alimentar.

A culpa conjugal, depois de vergastada em um processo judicial de separação litigiosa, autorizava o juiz a negar em sua sentença os alimentos ao cônjuge declarado culpado, embora desde o advento do Código Civil de 2002 este mesmo juiz pudesse conceder, excepcionalmente, e por razões humanitárias, alimentos ao cônjuge que, mesmo responsável pelo fim do casamento, não tivesse qualificação profissional e possibilidade de emprego, e mais do que isto, também tivesse se dedicado ou estivesse se dedicando à criação dos filhos comuns, atribuindo ao dever de alimentos uma natureza alimentar, ou por vezes uma natureza indenizatória para compensar o desequilíbrio econômico e financeiro resultante da ruptura do casamento, sabendo-se também, e de antemão, da grande diferença existente no mercado de trabalho brasileiro entre os rendimentos percebidos pelos homens quando comparados aos valores pagos pelo trabalho das mulheres.

A culpa pelo fim do casamento perdeu, portanto, todo o seu protagonismo social para dar espaço ao sistema da dissolução objetiva do casamento, vivenciando a sociedade brasileira uma paulatina desconstrução da dependência financeira entre cônjuges e conviventes, sendo cada vez mais natural e racional que cônjuges e conviventes se consorciem sem mais colocarem em risco a sua independência financeira e o seu pessoal crescimento profissional, pois suas renúncias individuais não mais serão compensadas com pensões alimentícias de caráter permanente e curial, em nome apenas da solidariedade familiar.

Ainda é fato que não desapareceu completamente aquele modelo de consorte que foi inteira e exclusivamente dedicado à casa e aos filhos, e que não investiu um minuto sequer do seu tempo na conquista de algum resquício de independência financeira, e na sua inclusão em um concorrido e exigente mercado de trabalho, como também é verdade que, desde o advento do Código Civil de 2002, alimentos nas relações horizontais entre cônjuges e conviventes somente eram concedidos em situações excepcionais, como a dos alimentos transitórios, devidos por um prazo previamente determinado, ou os alimentos indenizatórios, que os tribunais começaram a denominar de alimentos compensatórios, os quais, posteriormente e apenas para diferenciar da confusão de nomenclatura causada pelos tribunais brasileiros, passei a denominar de *compensação econômica*, tendo em conta que reiteradas decisões judiciais os decretam para compensar a retenção unilateral dos lucros gerados pelos bens comuns e rentáveis, e que devem ser pagos aos cônjuges enquanto não é realizada a partilha dos bens.

Ao lado dos alimentos temporários e dos alimentos compensatórios desvirtuados pela jurisprudência para compensar a posse exclusiva dos bens comuns e rentáveis, também desponta a *compensação econômica,* e de cuja efetiva identidade e nome real de batismo era o **dos alimentos compensatórios**, denominação esta, como mencionado, que foi apropriada pelos tribunais para indenizarem a posse e o usufruto exclusivo dos bens comuns e rentáveis.

2. ALIMENTOS DO PASSADO

Tarefas domésticas nunca foram valorizadas pelos filhos e pelos esposos, porquanto valor mesmo tinha o cônjuge que exercesse o papel de marido ou ascendente provedor, pois gerava o conforto financeiro e a segurança material, enquanto a dona de casa concentrava seus esforços em atribuições domésticas de pura repetição e de nenhuma grandeza material, consistindo a sua lida caseira em uma rotina voltada a fazer, desfazer e refazer todos os dias, as camas dos filhos e do tálamo conjugal; com seu esforço pessoal voltado aos cuidados relacionados com a nutrição da família e empenhada em faxinar a casa, lavar e passar as roupas, auxiliar os filhos nas lições escolares e deslocá-los para as suas atividades estudantis complementares. Enfim, exercia a chefia e o controle da casa e da família, mas nos restritos domínios do lar e da prole. Assim, tanto ela como os seus filhos poderiam venerar dia após dia a presença e a contribuição de um pai e marido que, ao propiciar o dinheiro para a subsistência do seu lar e da sua família, tinha aos olhos da família e da sociedade um papel e uma função transcendental, pois oferecia muito mais que a mãe e esposa que prestava somente serviços caseiros. Em tempos de crise e de ruptura conjugal, ela era a primeira pessoa a se transformar em credora alimentar no âmbito de um processo de separação amistosa ou litigiosa, e que a partir de 2002, com a edição do Código Civil ainda em vigor, passou a aceitar a cobrança de alimentos, mesmo quando reivindicados pela esposa que se tornou responsável pela ruptura causal de seu casamento. Agora, na nova configuração legal, os alimentos poderiam ser arbitrados apenas em decorrência da solidariedade familiar. O apuro de alguma violação dos deveres do casamento poderia resultar na letra fria da lei no fornecimento de alimentos necessários apenas à sobrevivência digna do alimentado, sendo abstraído o exame da culpa para efeito de garantia do direito alimentar, ainda que com o pagamento de uma parcela mensal de alimentos, que deixavam de atender a estratificação social do credor e se resumiam na garantia ao menos do mínimo existencial do cônjuge alimentando.

Valores inferiores às necessidades da esposa, desatrelados das efetivas possibilidades materiais do marido, podiam ser arbitrados em nome da humanitária solidariedade familiar, sendo doravante preciso que o cônjuge alimentado buscasse com o esforço de seu trabalho e com a excelência de seus estudos a sua independência financeira, muito mais se a mulher fosse destinatária de uma formação superior, fato que reforçava sua completa independência.

Portanto, esses novos ventos da convivência afetiva e conjugal redesenharam o desgastado modelo matrimonial da dependência financeira horizontal, traçada entre consortes e conviventes, porque estes não mais podem ser destinatários de um onipresente direito alimentar que, se for acordado ou consentido pela sensibilidade judicial, será sempre em caráter temporário e de extinção automática, salvo que o cônjuge credor envelede pelo argumento de uma saúde fragilizada e irrecuperável, com diagnóstico médico de perda definitiva da sua capacidade e expectativa de trabalho e realmente incapaz de alcançar a sua autonomia material.

Soa estranho nos dias atuais, diante da nova e vigente realidade sociofamiliar, que um ex-cônjuge se apresente como credor de uma compensação econômica por ter ficado em uma aparente situação financeira desprivilegiada, e que quer ser compensado por seu ex-consorte por estar em manifesto desequilíbrio patrimonial, mas cuja natureza jurídica não se identifica a figura de uma pensão alimentícia. Tampouco será visto como um efeito natural do divórcio, dado que a sua contemplação processual somente será determinada como regra da mais pura exceção, assim como acontece na hipótese dos alimentos transitórios, sempre quando se fizerem presentes algumas inafastáveis circunstâncias especiais, *v.g.*: a ocorrência momentânea de desemprego; a existência de filhos ainda pequenos e carentes da presença constante da mãe; o estado patrimonial de cada cônjuge; a dedicação de cada consorte para a família e para os filhos; a idade e o estado de saúde dos cônjuges e dos filhos; a capacidade laboral e a possibilidade de ascender a um emprego daquele cônjuge que requer a compensação econômica; a colaboração prestada às atividades mercantis, industriais e profissionais do outro consorte.

3. OS ALIMENTOS NA OBRIGAÇÃO HORIZONTAL

Tem sido voz corrente nos tribunais, e em especial a partir da moderna orientação do Superior Tribunal de Justiça, de que somente devem ser concedidos alimentos entre consortes e conviventes se o alimentando padece de uma enfermidade grave que o impede de se autossustentar; ou a favor de quem não tem recursos próprios suficientes nem condições razoáveis de buscar sua independência financeira, orientando-se a Corte Superior no sentido de que apenas durante o matrimônio são devidos alimentos e que o direito de solicitá-los, salvo raras exceções, cessa por meio do divórcio.

Não obstante essas claras divergências entre o direito alimentar hodierno que evoluiu com os deveres impostos aos consortes ao longo dos tempos e das mudanças socioculturais, existe na época presente uma catarata de diferenças entre o direito que circunda a pretensão alimentar de um cônjuge ou de um convivente e os pressupostos, e a extensão judicial dos alimentos suscitados na linha vertical, estes originários de um dever incondicional de alimentos. A começar pelo fato de que cada adulto deve ser responsável pela sua independência financeira e este é um dever que tem toda pessoa jovem, saudável, capaz, detentora de um emprego, ou que deva na idade adulta ao menos exercer uma profissão com renda própria e se porventura tenha casado e abandonado sua atividade profissional para se dedicar ainda jovem ao matrimônio, e que mesmo com poucos anos de casamento vindica alimentos. Essa pessoa que, mesmo diante dessas evidências, pleiteia alimentos deve estar ciente de que logrará como sucesso máximo de uma intervenção judicial implementar apenas alimentos denominados transitórios e que serão decretados por parcos meses, para que o cônjuge faça frente a essa breve fase de transição pessoal enquanto se encaminha para uma vida profissional ativa.

Um crédito alimentar destinado ao ex-consorte que não trabalha, como se os afazeres domésticos fossem um salvo-conduto para um direito alimentar permanente, inclusive com valores direcionados à mantença do padrão social, reproduz apegos pertencentes ao tempo do Código Civil de 1916 e à Lei de Alimentos (Lei n.º 5.478/1968), pois esses dispositivos legais construídos para outros tempos reproduziam uma manifestação econômica existente dentro de um diferente grupo familiar, o qual, em décadas passadas, direcionava a esposa ao obrigatório ofício de uma dona de casa, procriadora e educadora dos seus filhos conjugais. Contudo, o decurso do tempo e as mudanças socioculturais mais significativas, depois referendadas em texto constitucional, encaminharam essa mesma esposa, outrora titular dos afazeres domésticos, para outra posição social. Essa nova versão familiar e jurídica modificou expressivamente o papel feminino na família e na sociedade, agora concentrado na exigência de que a mulher, solteira, casada ou convivendo em relação afetiva informal conquiste sua liberdade financeira e dela faça o exercício ordinário, e a fonte permanente de sua subsistência pessoal, independentemente das suas conquistas paralelas como mãe, esposa e indiferente ao tempo que ela gastou com uma dupla jornada de mãe e operária, papéis que porventura percorreu cuidando da casa, de seus filhos, do esposo e da sua subsistência pessoal com o resultado monetário de sua atividade laboral.

No quadro presente dos acontecimentos convém reutilizar como instrumento de constante alerta a advertência que faz Célia Martínez Escribano, de que não mais se confia no matrimônio como um meio de vida, e isso se traduz em um menor investimento por parte da mulher aos cuidados do lar, do marido e dos filhos, cujo número de crianças, de outra parte, também se reduz para a mulher poder se empenhar a fundo em uma carreira profissional.[2] Quando ela se depara com a ruptura de seu relacionamento conjugal, ingressa na pauta judicial o exame das possibilidades financeiras por ela conquistadas antes e durante o casamento e quais projeções ela fará para se reinserir no mercado de trabalho, porquanto, na ótica atual do Superior Tribunal de Justiça, "alimentos entre ex-cônjuges ou ex-companheiros, desfeitos os laços afetivos e familiares, a obrigação de pagar alimentos é excepcional, de modo que, quando devidos, ostentam, ordinariamente, caráter assistencial e transitório, persistindo apenas pelo prazo necessário e suficiente ao soerguimento do alimentado com sua reinserção no mercado de trabalho, ou de outra forma, com seu autossustento e autonomia financeira".[3]

---

[2] ESCRIBANO, Célia Martínez. Divorcio y protección de la família: Formulas de conciliación. In: GUTIÉRREZ, Vicente Guilarte (Dir.); ESCRIBANO, Célia Martínez (Coord.). *Los conflictos actuales en el derecho de família*. Vallodolid: Thomson Reuters, 2013. p. 120.

[3] STJ, 4.ª Turma, REsp 1.454.263/CE, Min. Luis Felipe Salomão, j. 16.04.2015: "Processual civil e civil. Direito de família. Art. 535 do CPC. Violação não configurada. Alimentos transitórios devidos entre ex-companheiros. 1. Não se viabiliza o recurso especial pela indicada violação do art. 535 do Código de Processo Civil. Isso porque, embora rejeitados os embargos pelo Tribunal de origem, que emitiu pronunciamento de forma fundamentada, ainda que em sentido contrario à pretensão do recorrente. 2. Entre ex-cônjuges ou ex-companheiros, desfeitos os laços afetivos e familiares, a obrigação de pagar alimentos é excepcional, de modo que, quando devidos, ostentam, ordinariamente, caráter assistencial e transitório, persistindo apenas pelo prazo necessário e suficiente ao soerguimento do alimentado com sua reinserção no mercado de trabalho, ou, de outra forma, com seu autossustento e autonomia financeira. 3. As exceções a esse entendimento se verificam, por exemplo, nas hipóteses em que o ex-parceiro alimentado não dispõe de reais condições de reinserção no mercado de trabalho e, de resto, de readquirir sua autonomia financeira. É o caso do vínculo conjugal desfeito quando um dos cônjuges ou companheiros encontra-se em idade já avançada e, na prática, não empregável, ou com problemas graves de saúde, situações não presentes nos autos. Precedentes de ambas as Turmas de Direito Privado desta Corte. 4. Os alimentos transitórios – que não se confundem com

Os alimentos entre cônjuges eram, no passado, invariavelmente destinados à mulher, por conta dos costumes de uma época na qual ela era afeita às atividades domésticas e não costumava trabalhar, nem emprego ela possuía para exercer um trabalho remunerado, salvo se tornasse professora, enfermeira ou empregada doméstica, uma vez que a mulher figurava social e juridicamente como uma modesta colaboradora do marido na administração da sociedade familiar. Se porventura ela fosse considerada culpada pela separação em tempos que antecederam a Emenda Constitucional 66/2010, e mesmo assim ainda antes da sistemática do Código Civil de 2002, que já afastava os efeitos da culpa na obrigação alimentar, ela seria destinatária de um crédito alimentar diferenciado e apenas para assegurar uma subsistência de dignidade constitucional.

Aos olhos do Superior Tribunal de Justiça prevalece na contemporaneidade esse novo sentido ético e jurídico consubstanciado no *princípio constitucional da igualdade*, cuja expressão *igualdade* deve ser tomada no sentido de oportunidades, pois estas são cada vez maiores para quem se prepara na vida, aperfeiçoando sua formação profissional, não mais existindo razões reais para conferir alimentos para ex-cônjuge ou ex-companheiro apenas por ter sido membro da família, quando a separação e o divórcio justamente o retiram desse seio familiar e o devolvem para a sua família de origem e para sua independência pessoal. Portanto, pode ser cômodo receber alimentos de um ex-cônjuge ou ex-convivente, contudo, nos dias atuais, não é um encargo justo a ser atribuído e devido em caráter permanente.

Beira à ilicitude a pretensão alimentar permanente e propugnada por qualquer cônjuge ou convivente, uma vez que somente a incapacidade laboral persistente justifica a fixação de alimentos sem termo final, podendo, quando muito e somente como exceção à regra da autonomia financeira, assegurar alimentos por tempo razoável para o credor temporário se inserir ou reinserir no mercado de trabalho. São outros tempos e padrões de conduta vividos pela sociedade brasileira, cujas mudanças sociais e culturais impuseram o trabalho como uma obrigação também para a mulher, que assim afirma sua dignidade e adquire sua autonomia financeira ao deixar de ser confinada ao recesso do

---

os alimentos provisórios – têm por objetivo estabelecer um marco final para que o alimentado não permaneça em eterno estado de dependência do ex-cônjuge ou ex-companheiro, isso quando lhe é possível assumir sua própria vida de modo autônomo. 5. Recurso especial provido em parte. Fixação de alimentos transitórios em quatro salários mínimos por dois anos a contar da publicação deste acórdão, ficando afastada a multa aplicada com base no art. 583 do CPC.

lar e passar do estágio de completa dependência para o de coprovedora da prole, também responsável por sua subsistência pessoal.

Inquestionavelmente, quando se tratar de uma pessoa jovem e saudável e com mais certeza ainda quando o ex-consorte alcançou uma formação profissional, a par do fato de que qualquer compensação econômica ou a atribuição alimentar para a manutenção de uma estratificação social, quando presentes todas as características de uma igualdade de oportunidades, não passa pelo superficial argumento da comparação de riquezas. Nos dias de hoje, a igualdade não está em igualar riquezas, mas oportunidades, e essa é a melhor oportunidade que o cônjuge ou convivente tem para ir no encalço da sua eterna independência financeira, podendo usufruir por seu próprio esforço daquilo que gosta, mas que não mais consegue sem trabalhar, apostando com um olhar voltado para a surrada cultura brasileira, para uma já inexistente e incondicional dependência financeira, bem próprio da aspiração de quem gostava de viver comodamente à custa alheia e sobre bens que não lhe pertenciam e que, em muitos casos, tampouco ajudara a construir.

4. DOS ALIMENTOS TEMPORÁRIOS

Existem vários critérios que retiram do candidato a alimentos o pseudodireito alimentar, como a sua pouca idade e seu ótimo estado de saúde, a curta duração do casamento, a situação econômica substancialmente melhorada com a eventual partilha dos bens, sem esquecer das riquezas oriundas da família ancestral, a circunstancial existência familiar de participações societárias. Afora o potencial estabelecimento de um vínculo de emprego, existe como acréscimo de um título universitário, um vasto campo adicional de prospecção de trabalho, cujas prospecções de mão de obra o ex-cônjuge ou ex-convivente certamente não fará se for regalado com uma pensão ordenada por tempo indeterminado, tirada à custa do trabalho alheio, extraída a fórceps por decreto judicial, e servirá como um claro e irreversível desincentivo à produção e ao dever constitucional que cada pessoa tem de gerar o seu próprio sustento.

Beira à covardia um ex-cônjuge ou ex-convivente aparelhado a conquistar sua independência financeira, mesmo assim pretender se abeberar do trabalho do ex-consorte que amiúde nem quis mais e, mesmo assim, querer enriquecer indevidamente sobre bens e trabalho alheios, brandindo a sua pretensão alimentar apenas em nome de uma relação desfeita, mas da qual quer preservar mesmo com sua ausência e a prestação de suas tarefas caseiras, uma eterna dependência alimentar. Como admitir tamanho desequilíbrio econômico se o alimentando pode e deve perseguir a captação de seu próprio trabalho e salário, e se valer do potencial de seus estudos e dos seus conhecimentos pessoais para buscar ou melhorar a sua renda, ou até, se preciso, ir atrás de outro vínculo de trabalho ou de mais renda na mesma atividade, sacrificando seu tempo e aumentando sua disposição para o labor, como fazem aqueles que são ambiciosos, que querem vencer na vida e que sabem que qualquer anseio exige esforço próprio, e não o sacrifício dos outros, pois quando a cupidez visa o esforço e trabalho alheio, então se transmuda em extorsão ou enriquecimento indevido.

Acaso entenda o julgador persista o direito de receber alimentos em determinados casos, estes devem ser apenas naquelas hipóteses de incapacidade do alimentado, por razões humanitárias e dirigidas somente aos que realmente não podem nem têm alguma vocação para o trabalho, não estando como naturais credores de alimentos aquelas pessoas que devem contas à sociedade do dever que cada uma delas tem de justificar sua existência com a dignificação de um trabalho remunerado, especialmente sendo jovem, formado, saudável e capaz, não mais cometendo aos tribunais conceder verdadeiras *cartas de alforria* aos candidatos de pensão alimentícia, para que somente eles decidam se querem ou não continuar sendo pensionados; e como se essa escolha fosse direito e decisão de uma só pessoa; como se essa pessoa não tivesse o dever constitucional de produzir riquezas como faz o seu provedor; como se ter idade e conhecimento para perceber por seu próprio vigor uma renda compatível com o seu empenho pessoal e que a sua condição não fosse uma obrigação a ser constantemente perseguida como meta e disposição de vida; ou como se a pensão alimentícia sem tempo determinado fosse uma autorização judicial deferida por sentença para que o credor dos alimentos vivesse eternamente no ócio; como se o destinatário dos alimentos não tivesse o dever constitucional de ser uma pessoa produtiva; e, sobretudo, como se não tivesse o dever de se inserir ou reinserir o mais rapidamente possível no mercado de trabalho; como se a sua deliberada omissão em criar qualquer vínculo de trabalho não se constituísse, por si só, em um evidente e flagrante fato novo que autoriza o sereno provimento judicial da exoneração alimentar.

E essa é uma conclusão muito ingênua de se chegar, pois se ordena a lei que uma sentença de exoneração alimentar depende sempre de evento futuro e incerto, como cláusula resolutiva para autorizar a demissão dos alimentos, o evento não é assim tão futuramente incerto, pois toda a pensão alimentícia deve condicionar o credor dos alimentos a retomar em curto espaço de tempo a sua rotina de trabalho, ou se iniciar o mais breve possível no mercado laboral. A obrigatória tomada dessas posturas como essenciais a um dever cívico e sociofamiliar não se constituiu em um evento futuro e incerto, mas, bem ao contrário, se trata sim de um evento futuro, mas certo, pois consistente da certeza imanente à separação, de que o ex-cônjuge ou ex-convivente precisa e tem o dever de, em pouco de tempo, iniciar ou retomar a sua independência financeira, cuja tarefa precisa ser ajustada no espaço e atenta às seguintes premissas:

(i) se a pessoa do ex-consorte ou ex-convivente tem ou não potencial para retomar o mercado de trabalho e idade compatível com a inserção no meio laboral, formação profissional e colocação que lhe assegure a manutenção de seu *status*;

(ii) quando a pessoa não tem esse potencial, porquanto o ex-parceiro alimentado não dispõe de reais condições de reinserção no mercado de trabalho e de assim adquirir sua autonomia financeira, então, nesse caso, a lei civil já prevê implicitamente essa possibilidade de os alimentos serem prestados por tempo incerto, eis que também não se trata de evento futuro e incerto, mas, pelo contrário, se trata de evento futuro e desde logo absolutamente certo, de que o alimentando não guarda um potencial de independência financeira;

(iii) no caso contrário, em que o evento futuro é potencialmente certo, pois a pessoa alimentada sempre trabalhou, ou tem saúde, idade e conhecimento profissional para exercer uma atividade remunerada, então, mesmo que lhe sejam estabelecidos alimentos transitórios, ela tem por obrigação e dever cívico voltar ou se iniciar no mercado de trabalho e retomar ou começar a sua independência financeira e viver a suas próprias expensas. Se isso depois de um breve espaço de tempo o ex-cônjuge ou ex-convivente credor transitório de alimentos ainda não fez, porque é cômodo seguir recebendo fausta pensão alimentícia, não é função do Poder Judiciário sentenciar na contramão dos fatos e do Direito, vertendo liberalidades para o ex-consorte, em uma inadmissível proteção unilateral, consistente na faculdade de esta pessoa alimentada decidir se vai ou não trabalhar, e se quer ou não continuar recebendo a pensão alimentícia arrebatada do suor alheio, com um selo judicial de eternidade, andando na contramão da orientação doutrinária e jurisprudencial de os alimentos entre cônjuges e conviventes serem transitórios, merecendo ser recapitulada essa orientação jurisprudencial desta feita a partir das lúcidas conclusões do REsp 1.188.399/PB:

> Civil e processual civil. Alimentos, exoneração. Inexistência de alteração no binômio necessidade/possibilidade. 1. Os alimentos devidos entre ex-cônjuge serão fixados com termo certo, a depender das circunstâncias fáticas próprias da hipótese sob discussão, assegurando-se, ao alimentado, tempo hábil para sua inserção, recolocação ou progressão no mercado de trabalho, que lhe possibilite manter pelas próprias forças, *status* social similar ao período do

relacionamento. 2. Serão, no entanto, perenes, nas excepcionais circunstâncias de incapacidade laboral permanente, ou ainda, quando se constatar, a impossibilidade prática de inserção no mercado de trabalho. 3. Em qualquer uma das hipóteses, sujeitam-se os alimentos à cláusula *rebus sic stantibus*, podendo os valores ser alterados quando houver variação no binômio necessidade/possibilidade. 4. Se os alimentos devidos a ex-cônjuge não forem fixados por termo certo, o pedido de desoneração total, ou parcial, poderá dispensar a existência de variação no binômio necessidade/ possibilidade, quando demonstrado o pagamento de pensão por lapso temporal suficiente para que o alimentado revertesse a condição desfavorável que detinha, no momento da fixação desses alimentos. 5. Recurso especial provido.

Desfeitos os laços afetivos, menciona o Ministro Luis Felipe Salomão, no corpo de seu voto no REsp 1.454.263/CE, que a obrigação de pagar alimentos entre ex-cônjuges e ex-companheiros é excepcional, de modo que, quando devidos, ostentam um caráter assistencial e transitório, persistindo o suficiente para permitir o soerguimento do alimentado. E assim é que deve ser tomado como norte a orientação jurisprudencial da Corte Superior, quando determina que sempre os alimentos entre ex-cônjuges devem ser fixados por termo certo, assegurando ao alimentado tempo hábil para sua inserção, recolocação ou progressão no mercado de trabalho, passando em breve período a própria pessoa alimentada responsável por sua pessoal sobrevivência, eis que, se já não está por sua formação anterior habilitada e com experiência profissional para continuar respondendo com suas forças pela sua subsistência, que então ocupe a benesse dos alimentos transitórios para se preparar para assumir pessoal e brevemente esta que deve ser a realidade de toda pessoa adulta, ciosa de seu dever e por isso mesmo inteira e verdadeiramente responsável. A realidade da experiência alimentar brasileira, que tem servido como empecilho para a reinserção laboral do ex-cônjuge ou ex-convivente como credor de alimentos, tem sido a comodidade de um deliberado ócio nascido à época em que a mulher precisava permanecer em casa cuidando dos filhos e do marido, e estava socialmente impedida de se preparar para uma vida de intenso e compensatório labor, protegida pela noção de que seus alimentos se tornavam uma espécie de *direito adquirido*, visto quase como um direito fundamental, associado à vantagem de viver sem precisar despender seu tempo e seu esforço para ganhar sua vida e garantir a sua subsistência pessoal, por vezes até melhor motivada pelo valor elevado dos alimentos, de modo que o alimentado procurava eternizar seus alimentos com suas escusas processuais de que não aconteceu nenhuma mudança de fortuna, mesmo com um longo passar dos anos.

Vem sendo justamente modificada essa atitude de uma experiência social cultivada das gerações do passado, típica herança de uma cultura que vai de encontro com a jurisprudência do Superior Tribunal de Justiça, na qual o credor de pensão alimentícia ainda pensa que os alimentos entre cônjuges devem ser prestados por toda a sua vida, como se fosse leal e correto receber do continuado esforço alheio uma espécie de precoce aposentadoria matrimonial.

É isso que também está dito no voto antes comentado do Ministro Luis Felipe Salomão, no corpo do REsp 1.454.263/CE, ao considerar como vetor de orientação o caráter excepcional da prestação de alimentos entre ex-cônjuges, além do norte constituído pelo princípio da boa-fé, que deve identicamente orientar os relacionamentos findos, de modo a evitar o enriquecimento ilícito, mantido, dessarte, o mútuo respeito entre ex-consorte e o repúdio natural ao ócio, e à abjeta situação de inércia de um dos cônjuges que se acomoda para toda a imortalidade com a vida folgada de seguir recebendo alimentos sem temor pelo desemprego, e sem a excelência da prestação honesta e dignificante de um trabalho ou serviço prestado a terceiro que retribui esse empenho com a sua justa e merecida remuneração. Por que correr riscos ensaiando colher frutos com a dignificação do exercício de um batente, ganhando por vezes uma remuneração inferior ao valor dos alimentos concedidos pelo fim do casamento, sempre inseguro pela eventual dispensa dos seus préstimos, sujeito aos humores do empregador, se a pensão alimentícia pode ser eternizada, bastando em tese que o credor mantenha a cautela de não constituir um novo e estável relacionamento, e que tampouco ande à cata de emprego, bem como não exercite qualquer atividade que lhe gere renda, já que todo cuidado que precisa ter é o de não se envolver com um trabalho remunerado que representará na linguagem jurídica um *fato novo* e dele resultando a exoneração judicial de sua pensão alimentícia e o fim de seu ócio secular.

5. CONCLUSÃO

Ao perpétuo credor de alimentos bastava o argumento bucólico da inexistência de alteração fática na fortuna do alimentante e na do alimentado, para ter certeza jurídica de que seus alimentos não sofreriam nenhuma desoneração ou redução, que sempre se fez adequadamente associada à prova judicial da mudança dos rendimentos em um dos dois polos envolvidos, ou seja, de um lado, o credor, que, passando a ter renda própria, poderia se deparar com a desobrigação dos seus alimentos, e, no outro extremo, o devedor, que, ganhando menos, poderia reduzir sua obrigação, sendo raro ter de pagar mais alimentos se aumentasse sua fortuna, pois, obviamente, esse crescimento financeiro não pode ser creditado ao esforço e à ajuda de sua ex-mulher. Como pode ser visto, era extremamente fácil manter os alimentos intocados, pois tudo que se fazia necessário era seguir o credor dos alimentos com a tática da ociosidade pessoal e assim não geraria ingressos financeiros, afastando naturalmente qualquer ameaça processual de desoneração alimentar. No que respeitava ao devedor de alimentos, só conseguiria se livrar da vitalícia obrigação alimentar se sua ex-mulher fosse no encalço de um ganha-pão ou de um novo casamento, porquanto a eventual redução de seus rendimentos permitiria, quando muito, cogitar de uma parcial redução dos alimentos, mantido, no entanto e na sua essência, o vínculo da obrigação alimentar, e sua potencial revisão futura, ante a reversão da fortuna daquele que paga ou daquele que recebe a pensão, no mesmo e viciado círculo de uma interminável obrigação alimentar.

Contudo, no REsp 1.205.408/RJ foi exarada nova e avançada versão desse debilitado e vicioso círculo da obrigação alimentar horizontal, pois esse paradigmático recurso especial passou a justificar a exoneração ou a revisão da quantificação alimentar indiferentemente à ocorrência de uma nova situação fática financeira, envolvendo as figuras do credor ou do devedor de alimentos, uma vez que os alimentos entre ex-cônjuges ou ex-conviventes adquiriram o *status* de um direito de *caráter excepcional*, redimensionado o conceito de necessidade, que passou a ser considerado apenas em seu modo transitório, enquanto não pudesse ser posta em linha de atuação a efetiva inclusão do consorte alimentado no mercado de trabalho. Quer dizer, os alimentos da linha horizontal serão sempre excepcionais e temporários, decretados ou acordados no tempo necessário para a inclusão ou reinserção do alimentado na concretização de um ofício remunerado, que ele precisa conquistar no tempo planejado e prometido para a incidência automática da sua exoneração.

Decorrido um tempo prudente para o credor dos alimentos ser absorvido no mercado do batente, fenece-lhe o direito de continuar recebendo alimentos, independentemente da espera do milagre de um fato novo, sendo suficiente que escoe o tempo projetado para o alimentado afirmar ou reafirmar a sua independência financeira, como devem proceder os adolescentes quando alcançam a sua maioridade civil, e não prosseguem os seus estudos na busca de uma formação profissional, ou quando conquistam o diploma universitário que lhes confere justamente o exercício de uma profissão.

Transcorrido o tempo estabelecido para a autonomia financeira, a ausência de alteração nas finanças dos envolvidos não mais afasta a possibilidade de desoneração plena ou parcial dos alimentos prestados ao ex-cônjuge (REsp 1.205.408/

RJ), pois a capacidade potencial do alimentado para o exercício de um trabalho e o tempo transcorrido são as molas propulsoras da antecipada exoneração temporal, que desde então não fica mais atrelada à espera de um verdadeiro prodígio que antes nunca aconteceu nos anais da jurisprudência brasileira, no sentido de que um credor de alimentos deixasse sua vida ociosa para trocar a segurança dos alimentos pelo suor da remuneração paga em contemplação do trabalho honesto daquele que não quer nem pode viver do sacrifício alheio, e que tem a hombridade de viver talvez com menos, mas viver apenas com o que é seu.

Não faz sentido aprisionar as pessoas ao casamento e muito menos prendê--las ao divórcio, com o pagamento infindo de alimentos que homenageiem uma vida ociosa e que em nada dignifica a pessoa do alimentando e a sua importância na sociedade, eis que essas verdadeiras *penas patrimoniais* do divórcio não mais encontram amparo processual na exigência vazia de que o devedor de alimentos precisa provar a modificação da capacidade financeira do credor de alimentos, uma vez que a jurisprudência da egrégia Corte Superior, no que diz respeito aos alimentos entre ex-cônjuges, tem se orientado no caminho de que a pensão deve ser fixada com termo certo, assegurando ao beneficiário dos alimentos tempo apto para que ingresse ou reingresse no mercado de trabalho, viabilizando assim sua pessoal manutenção. É igualmente certo que os alimentos não estão atrelados à prova da alteração do binômio necessidade-possibilidade, existindo outras circunstâncias que viabilizam a revisão ou a exoneração dos alimentos, como a capacidade potencial para o trabalho e o tempo transcorrido entre o início da prestação alimentícia e a data do pedido de desoneração, considerando que os alimentos só devem ser perenes em situações excepcionais, como a de incapacidade laboral permanente, saúde fragilizada ou impossibilidade prática de inserção no mercado de trabalho (STJ, 4.ª Turma, REsp 1.290.313/AL, Rel. Min. Antônio Carlos Ferreira, j. 12.11.2013).

No REsp 933.355/SP, relatado pela Ministra Nancy Andrighi, na Terceira Turma do STJ, julgado em 25.03.2008, ressaltou a julgadora o caráter assistencial dos alimentos, destituídos de características indenizatórias, tanto que o dever de mútua assistência que perdura durante a convivência, mas que se extingue com o decreto de divórcio, quando não mais remanesce qualquer vínculo entre o extinto casal, também desautoriza a perpetuação no tempo de outros efeitos materiais advindos do divórcio, por exemplo, a contínua e perpétua obrigação de seguir pagando uma pensão alimentícia para a ex-mulher, precisando ser acertada nos foros e tribunais de origem a existência ou não de uma efetiva capacidade futura de a mulher poder prover para a frente a sua subsistência pessoal, considerando que a perpetuidade do pensionamento só se justifica em excepcionais situações, como a de incapacidade laboral permanente, uma saúde fragilizada ou impossibilidade prática de inserção no mercado de trabalho (REsp 1.370.778/MG), eis que, como também foi dito no REsp 1.112.391/SP, o Superior Tribunal de Justiça ainda admite o caráter transitório da obrigação alimentícia, pois o seu estabelecimento por tempo determinado constitui instrumento de motivação para que o ex-cônjuge ou ex-convivente procure meios próprios de subsistência, e assim não mais permaneça em constante e sugestiva desocupação, tendo em conta que os alimentos quando ordenados por tempo indeterminado acionam no inconsciente do cérebro do alimentado a deleitosa sensação de receber alimentos que o dispensam do trabalho e do custo que toda pessoa tem de ser protagonista ativo do seu diuturno sustento, pois se acostuma a depender do conforto material que segue sendo propiciado com o aval judicial por pessoa com a qual o credor dos alimentos faz muito que não mais mantém qualquer laço de afeto ou algum efetivo vínculo de uma obrigação alimentar que se perdeu no tempo, mas que injustamente se enraíza no passado.

Não destoa de uma noção mais justa e apropriada do conceito de dependência alimentar qualquer decisão judicial que não exonerou o devedor da sua perene obrigação de alimentos porque seu ex-cônjuge, apesar do decurso dos anos, continua com o argumento de que na sua vida nada mudou e que não enfrenta qualquer efetiva mudança pessoal de fortuna, tampouco o alimentando logrou trabalhar e sequer procurar trabalho no transcurso dos anos que se passaram desde o seu divórcio, ou da sua separação. A mecânica de exoneração de alimentos ganha credibilidade e provimento quando os alimentos entre ex-cônjuges são fixados por prazo certo, e, se não o foram, que o tribunal então defina termo final para exigência judicial dos alimentos ainda em vigor, ou que então ordene a sua imediata desoneração, valendo-se do § 1.º do artigo 373 do atual Código de Processo Civil, que inverte ônus da prova diante das peculiaridades da causa, relacionadas à impossibilidade ou à excessiva dificuldade de cumprir o encargo nos termos do *caput* do artigo 373 do CPC, ou à maior facilidade de obtenção da prova do fato contrário, quando então poderá o juiz atribuir o ônus da prova de modo diverso, desde que o faça por decisão fundamentada, caso em que deverá dar à parte a oportunidade de se desincumbir do ônus que lhe foi atribuído.

Trata-se de típica hipótese de distribuição estática e dinamização do ônus da prova, o que significa que o

> [...] encargo probatório será distribuído tendo em vista as condições probatórias das partes litigantes, conforme o caso concreto. Por conseguinte, *dinamizar* representa a possibilidade de alterar o ônus estático previsto previamente em lei consoante o direito material e as especificidades do caso. Trata-se de uma forma de efetivar

os princípios da cooperação, do acesso à justiça e da adequação, permitindo que os ônus probatórios possam ser modificados em concreto, de forma a não gerar dificuldades excessivas na produção das provas.⁴

Singelo compreender quão penoso seria para o devedor de alimentos buscar a prova de que seu ex-cônjuge ou ex-convivente teria ou não procurado alguma oportunidade de trabalho ao longo dos anos que se passaram desde o seu divórcio e o estabelecimento da sua obrigação alimentar, e, mais do que isso, ter de provar que as oportunidades supostamente pesquisadas pelo alimentado não foram concretizadas por situações e ocorrências alheias à vontade de seu ex-consorte, que teria demonstrado, a partir de suas vãs tentativas, que de fato não consegue emprego, e com isso se liberar de um permanente direito alimentar. Dinamizada a prova, cabe ao credor dos alimentos demonstrar em juízo que de fato tem, periodicamente, e com verdadeiro afinco, procurado um afazer remunerado e com ele lutar pela sua independência financeira, mas que, no entanto, prova após prova consegue mostrar e convencer o juízo que preside a ação de exoneração dos alimentos que só não está empregado ou trabalhando como autônomo ou profissional liberal por circunstâncias realmente contrárias à sua vontade, e ao seu efetivo empenho, e que somente razões externas, e não a sua deliberada ociosidade ou apropriada omissão, têm mantido o credor de alimentos distante de um emprego e por isso ainda figurando como um natural e habilitado beneficiário de pensão alimentícia, cujo crédito precisaria seguir sendo alcançado ao alimentando contra a vontade do seu tradicional e exaurido devedor.

6. REFERÊNCIAS

ESCRIBANO, Célia Martínez. Divorcio y protección de la família: Formulas de conciliación. In: GUTIÉRREZ, Vicente Guilarte (Dir.); ESCRIBANO, Célia Martínez (Coord.). *Los conflictos actuales en el derecho de família.* Vallodolid: Thomson Reuters, 2013.

MACÊDO, Lucas Buril de; PEIXOTO, Ravi. *Ônus da prova e sua dinamização.* Salvador: JusPodivm, 2014.

PIRES, Wagner Ginotti. *Culpa, direito e sociedade.* Curitiba: Juruá. 2005.

---

⁴ MACÊDO, Lucas Buril de; PEIXOTO, Ravi. *Ônus da prova e sua dinamização.* Salvador: JusPodivm, 2014. p. 21-61.

26

ALIMENTOS TRANSITÓRIOS: UMA OBRIGAÇÃO POR TEMPO CERTO

Marco Aurélio Gastaldi Buzzi

Sumário: 1. Introdução: 1.1. Rápido aporte histórico; 1.2. Classificação dos alimentos; 1.3. Fundamentação dos alimentos transitórios; 2. Alimentos transitórios: contexto atual: 2.1. Pressupostos para a fixação dos alimentos transitórios; 2.2. Os alimentos transitórios à luz da jurisprudência do Superior Tribunal de Justiça; 3. Desafios e novas perspectivas; 4. Conclusão; Referências.

RESUMO: Trata-se de breve ensaio que tem como tema central o dever de prestar alimentos entre ex-cônjuges e ex-companheiros e sua transitoriedade. Parte-se da acepção jurídica do termo "alimentos", passando por breve histórico de sua fixação. Após, há pertinente classificação doutrinária e, em seguida, há a fundamentação para sua transitoriedade, tratando-se de rompimento de relação matrimonial ou de companheirismo, sob o prisma do princípio da isonomia, bem como da emancipação feminina vivida no presente. Por fim, trouxe-se o contexto atual dos alimentos transitórios à luz da jurisprudência do Superior Tribunal de Justiça, sem, contudo, desconsiderar os novos desafios relativos ao tema.

1. INTRODUÇÃO

1.1. Rápido aporte histórico

As considerações seguintes objetivam tratar do dever de alimentos entre ex-cônjuges ou ex-companheiros, especialmente sob o enfoque da transitoriedade da obrigação, isto é, partindo-se da premissa de que, uma vez finda a relação e decorrido um dado prazo necessário para o equilíbrio socioeconômico, e assim ultrapassado o fato gerador da impossibilidade momentânea de que uma das partes obtenha meios indispensáveis à própria subsistência, a obrigação alimentar deve cessar.

A palavra *alimento*, empregada de modo comum, recorda ou indica aquilo que é necessário ao consumo do ser humano, de modo que este possa se manter vivo e, portanto, subsistir.

Na definição do *Dicionário Houaiss da língua portuguesa*, alimento é "1. toda substância digerível que sirva para alimentar ou nutrir 2. *fig.* aquilo que mantém, que sustenta 3. *p. ext.* tudo o que pode concorrer para a subsistência de alguma coisa". Já para o *Dicionário Michaelis* alimento é "Toda substância que, introduzida no organismo, serve para nutrição dos tecidos e para produção de calor".

Todavia, na acepção jurídica, a compreensão do termo pode ser mais abrangente, referindo-se não apenas às necessidades fisiológicas, de subsistência, mas à satisfação/atendimento de tantas outras, essenciais à existência humana, das quais são exemplo o vestuário, a habitação, a assistência médica etc.

Consoante afirma Gonçalves (2012, p. 498):

> O vocábulo "alimentos" tem, todavia, conotação muito mais ampla do que na linguagem comum, não se limitando ao necessário para o sustento de uma pessoa. Nele se compreende não só a obrigação de os prestar, como também o conteúdo da obrigação a ser prestada. A aludida expressão tem, no campo do direito, uma acepção técnica de larga abrangência, compreendendo não só o indispensável ao sustento, como também o necessário à manutenção da condição social e moral do alimentando.

Atualmente, no Brasil, entre outros dispositivos, a obrigação de prestar alimentos tem por alicerce legal a Carta Magna em seu artigo 3.º, inciso I, e, por fundamento histórico-social, a solidariedade humana; originariamente, situava-se na seara do dever moral, tendo sido paulatinamente incorporada ao âmbito jurídico, a partir da disciplina por regras/normas legais, as quais transformaram aquele mero encargo em dever jurídico. Isto é, o compromisso ditado pelo sentimento de solidariedade humana foi convertido em imposição prescrita pela lei.

Embora não haja um marco preciso do momento histórico em que surgiu o dever, respaldado em normativo, acerca dos alimentos, é possível afirmar que já no Direito Romano lhe foi dado tratamento jurídico, quando derivado da relação de parentesco[1].

No direito justinianeu, reconheceu-se a obrigação alimentar entre ascendentes e descendentes, em linha reta até o infinito, no âmbito da família legítima, admitindo-se, também, a existência de obrigação entre irmãos. Apura-se, assim, que, nesse período, operou-se uma profunda modificação e consolidação do instituto, firmando-se, então, os limites da obrigação alimentar no círculo do ambiente familiar, entre os cônjuges, ascendentes e descendentes, irmãos e irmãs.

Posteriormente, no Direito Canônico, destacaram-se aspectos fundamentais para o delineamento jurídico dos alimentos, conforme relata Yussef Said Cahali (2002, p. 47-48):

> [...] no plano das relações determinadas pelo vínculo de sangue, um texto, que em realidade se referia ao *liberi naturales* do direito justinianeu, inexatamente interpretado, terá sido ponto de partida para o reconhecimento do direito de alimentos também aos filhos espúrios em relação ao companheiro da mãe durante o período da gravidez, sem que se pudesse invocar, para excluí-lo, a *exceptio plurium concumbentium*; [...]

Justamente naquela época consolidou-se a ideia da obrigação alimentar recíproca entre os cônjuges, conforme complementa o autor supracitado:

> [...] a obrigação alimentar poderia originar-se, para além do vínculo de sangue, de outras relações "quase religiosas", como o

---

[1] "[...] entre os hebreus antigos, o dever de solidariedade entre parentes já era conhecido. Na Bíblia, no livro do Gênesis, lê-se que José, após apresentar seu pai ao Faraó e instalá-lo numa propriedade do Egito, 'forneceu viveres a seu pai, a seus irmãos e toda a sua família, segundo o número de filhos'. Por outro lado, o Eclesiástico traz a seguinte recomendação: 'Meu filho, ajuda a velhice de teu pai, não o desgostes durante a sua vida. Se seu espírito desfalecer, sê indulgente, não o desprezes porque te sentes forte, pois tua caridade para com teu pai não será esquecida' [...]. Mas é no direito romano que a obrigação alimentar, considerada antes um dever moral, se cristaliza como obrigação jurídica derivada do parentesco é disciplinada pelo legislador" (COVELLO, 1992).

clericato, o monastério e o patronato; a igreja teria a obrigação de dar alimentos ao asilado; questionava-se entre os canonistas se haveria uma obrigação alimentar entre tio e sobrinho, ou entre o padrinho e o afilhado, em razão do vínculo espiritual; *pelo direito canônico, definindo-se o casamento como* Sacramentum novae legis a Christo institutum quo viro et mulieri fidelibus [...] *[deduzindo--se daí] a obrigação alimentar recíproca entre os cônjuges* (2002, p. 45-46; grifou-se).

Nessa retomada histórica, como é de todos sabido, quanto ao direito brasileiro, necessário pontuar que ele teve suas raízes no direito português, com a aplicação, na então colônia, das Ordenações do Reino. O texto mais destacado no que se refere aos alimentos é aquele constante no Livro 1, Título LXXXVIII, § 15[2], das Ordenações Filipinas, cuja norma, embora específica à proteção orfanológica, prescrevia os elementos que haveriam de compor a obrigação alimentar.

Rumando-se diretamente das Ordenações para o Código Civil de 1916, nele foi delineada, pelo artigo 1.687[3], a abrangência dos alimentos em geral. Nos artigos 396 a 405, o Código tratou da obrigação alimentar puramente decorrente das relações de parentesco. Já os artigos 320 e 321, posteriormente revogados pela Lei do Divórcio, dispuseram sobre os alimentos devidos em razão do desquite judicial. O dispositivo fixa como alimentante o *marido* e como alimentada a *mulher inocente e pobre*.

Com o advento da Lei do Divórcio (6.515/1977), introduzida no Brasil logo em seguida da Emenda Constitucional 9/1977, passa a prevalecer o entendimento de que a obrigação de prestar alimentos não está adstrita ao *marido* alimentante e à *mulher inocente e pobre*, mas ao cônjuge, em situações especiais, com base no dever de assistência material (artigo 26[4]).

---

[2] 15. Se alguns órfãos forem filhos de tais pessoas, que não devam ser dados por soldadas, o Juiz lhes ordenará o que lhes necessário for para seu mantimento, vestido e calçado e tudo o mais em cada um ano. E mandará escrever no inventário, para se levar em conta a seu Tutor, ou Curador. E mandará ensinar a ler e escrever aqueles, que forem para isso, até a idade de 12 anos. E daí em diante lhes ordenará sua vida o ensino segundo a qualidade de suas pessoas e fazenda.

[3] Art. 1.687. O legado de alimentos abrange o sustento, a cura, o vestuário e a casa, enquanto o legatário viver, além da educação, se ele for menor.

[4] Art. 26. No caso de divórcio resultante da separação prevista nos §§ 1.º e 2.º do art. 5.º, o cônjuge que teve a iniciativa da separação continuará com o dever de assistência ao outro (Código Civil, art. 231, n. III).

No que concerne à união estável, embora a Constituição da República Federativa do Brasil de 1988 já a reconhecesse como entidade familiar[5], a obrigação da prestação alimentícia só foi assegurada a partir da edição da Lei 8.971/1994, que regulou o direito dos companheiros a alimentos e à sucessão e, posteriormente, reforçada nos artigos 2.º, II, e 7.º, *caput*, da Lei 9.278/1996.

Contudo, levando-se em conta o ordenamento jurídico pátrio, somente com a edição do Código Civil de 2002, houve a consolidação do instituto, positivando-se o dever de prestar alimentos em relação aos parentes, cônjuges e companheiros, os quais "podem pedir uns aos outros os alimentos de que necessitem para viver de modo compatível com a sua condição social, inclusive para atender às necessidades de sua educação"[6].

1.2. Classificação dos alimentos

Apresentadas essas muito apertadas síntese e digressão histórica, sem a pretensão de exaurir o arcabouço normativo acerca do instituto em evidência, uma vez que se alude exclusivamente aos textos legais que comunicam relevância ao estudo ora em foco, partindo-se agora para a análise das normas vigentes acerca da matéria, verifica-se que não houve uma preocupação por parte do legislador quanto à definição referente à modalidade da prestação em tela, estabelecendo apenas que os alimentos "devem ser fixados na proporção das necessidades do reclamante e dos recursos da pessoa obrigada"[7].

Conforme Maria Helena Diniz (2008, p. 559-560), a considerar a atual ordem jurídica pátria, calcada na Constituição da República Federativa do Brasil de 1988, a obrigação de prestar alimentos fundamenta-se no *princípio da dignidade da pessoa humana* (artigo 1.º, III, da CRFB/1988) e *da solidariedade social e familiar* (artigo 3.º, I, da CRFB/1988).

Os alimentos consistem, portanto, naquilo que é essencial à sobrevivência e às necessidades sociais básicas de quem não pode provê-las integralmente por si só, tornando-se um dever e, ao mesmo tempo, uma obrigação mútua entre aqueles que a lei determina.

---

[5] Art. 226. A família, base da sociedade, tem especial proteção do Estado.
[...]
§ 3.º Para efeito da proteção do Estado, é reconhecida a união estável entre o homem e a mulher como entidade familiar, devendo a lei facilitar sua conversão em casamento.

[6] Art. 1.694, *caput*, Código Civil.

[7] Art. 1.694, § 1.º, Código Civil.

Flávio Tartuce (2016, p. 554-556) ensina que os alimentos, enquanto gênero, podem ser classificados, visando à categorização jurídica, observando-se os seguintes critérios: a) as fontes geradoras (se legais, convencionais ou indenizatórios); b) a extensão ou seu alcance (se civis/côngruos ou indispensáveis/necessários); c) o tempo sobre o qual incidem (se pretéritos, presentes ou futuros); d) a forma de pagamento (se próprios/*in natura* e impróprios); e, por fim; e) qual a sua finalidade (se definitivos, provisórios, provisionais e transitórios).

No ponto que toca à presente exposição, cumpre melhor explanar a extensão dos alimentos, se civis ou necessários, bem como sua finalidade, se definitivos, provisórios, provisionais ou, acrescenta-se, transitórios.

Alimentos civis, também chamados de côngruos, são aqueles destinados à manutenção de um padrão de vida anterior desfrutado pelo indivíduo, ou um *status* de família, e não apenas o factual indispensável à vida humana, de sorte que abarcam um conteúdo mais amplo, em comida, vestuário, lazer, educação etc. Em regra, os alimentos são devidos dessa forma. Vide o que se encontra descrito no artigo 1.694 do Código Civil de 2002:

> Podem os parentes, os cônjuges ou companheiros pedir uns aos outros os alimentos de que necessitem para *viver de modo compatível com a sua condição social,* inclusive para atender às necessidades de sua educação (grifou-se).

De outra banda, os alimentos necessários, também chamados de indispensáveis, consistem no estritamente imprescindível à sobrevivência humana digna, moderadamente. São apenas aqueles cuja ausência tornaria inviável a vida humana, abraçando uma visão mais restritiva que os alimentos côngruos, anteriormente explicados.

Quanto à finalidade, os alimentos podem ser definitivos, também chamados de alimentos de regularidade, quando já fixados permanentemente por meio de acordo homologado ou de sentença judicial transitada em julgado. A Lei 11.441/2007 permite sua fixação, igualmente, quando da celebração do divórcio por escritura pública, o que foi confirmado pelo artigo 733 c/c o artigo 731, II, ambos do CPC/2015[8]. Importante não olvidar que, muito embora a fixação de alimentos possa ser feita com ânimo permanente, há a

---

[8] Art. 733. O divórcio consensual, a separação consensual e a extinção consensual de união estável, não havendo nascituro ou filhos incapazes e observados os

contínua possibilidade de revisão dos valores, podendo até ser suprimidos, observando-se eventuais alterações na capacidade financeira do alimentante e do alimentado.

Ainda no que se refere à finalidade, os alimentos podem ser provisórios, que consistem naqueles fixados, precariamente, via liminar judicial, no bojo de ação de alimentos, antes mesmo de se oportunizar o contraditório. Para tanto, exige-se prova pré-constituída da relação de parentesco, casamento ou união estável, de sorte que, havendo de modo cabal essa constatação (e preenchidos os demais requisitos para a obrigação de alimentos em geral), não cumpre ao juiz emitir outra deliberação que não seja a concessão da tutela pleiteada.

Em seguida, na classificação doutrinária, há os alimentos provisionais. Na vigência do CPC/1973 estes eram fixados em medida cautelar preparatória ou incidental de divórcio, separação, alimentos, ou nulidade/anulação de casamento, com o objetivo de manter a parte durante o curso do feito. Entretanto, como é sabido, as ações cautelares preparatórias específicas não mais têm espaço na vigência do CPC/2015, tomando seu lugar os dispositivos que versam sobre a tutela de urgência[9]. Ressalta-se, todavia, persistente o entendimento de que esses alimentos devem ser deferidos com o fito de manter o alimentando durante a marcha processual.

Por fim, almeja-se tratar neste momento dos alimentos transitórios, que justamente se constituem no objeto do presente estudo, os quais são fixados a termo certo a bem do ex-cônjuge ou ex-companheiro que não possua meios para assegurar sua própria subsistência, em caráter temporário, até que este encontre meios de autossustento. Portanto, uma vez que o alimentando restabeleça sua autonomia financeira, descobrindo meios de prover seu próprio sustento, estará o alimentante automaticamente desobrigado de prestar alimentos, consoante tem entendido, inclusive, o Superior Tribunal de Justiça[10].

---

    requisitos legais, poderão ser realizados por escritura pública, da qual constarão as disposições de que trata o art. 731.

    Art. 731. A homologação do divórcio ou da separação consensuais, observados os requisitos legais, poderá ser requerida em petição assinada por ambos os cônjuges, da qual constarão:

    II – as disposições relativas à pensão alimentícia entre os cônjuges.

[9]   Assim entende Tartuce (2017, p. 579).

[10] STJ, 3.ª Turma, REsp 1.025.769/MG, Rel. Min. Nancy Andrighi, j. 24.08.2010, *DJe* 01.09.2010.

1.3. Fundamentação dos alimentos transitórios

No que diz respeito à relação matrimonial, o artigo 1.704 do Código Civil foi específico ao prescrever que, "se um dos cônjuges separados judicialmente vier a necessitar de alimentos, será o outro obrigado a prestá-los mediante pensão a ser fixada pelo juiz, caso não tenha sido declarado culpado na ação de separação judicial"[11].

Referida obrigação vai muito além do dever de mútua assistência entre os consortes, prevista no artigo 1.566, III, do Código Civil, baseando-se na perspectiva solidária, indispensável à construção de uma sociedade livre e justa (MADALENO, 2013, p. 26).

De outra banda, exatamente em razão dessa lógica dedutiva, surge um dos fundamentos dos alimentos transitórios, lastrado no princípio da isonomia, muito bem definido e assegurado na Carta da República de 1988, em seu artigo 5.º. A igualdade, assim, não pode ser vulnerada a contar da interpretação de outra norma qualquer integrante do mesmo sistema, encabeçado pela Constituição, que estipulou, pois, esse verdadeiro parâmetro limitador ao intérprete. As leis, portanto, devem ser compreendidas em conformidade com o princípio consagrado na regra fundamental.

Diante da constante evolução da sociedade e da consolidação dos direitos declarados nos textos legais, é inegável que a atual mentalidade não se compadece mais com pensionamentos vitalícios, em sede das relações entre cônjuges ou conviventes, salvo em excepcionais circunstâncias.

Nesse contexto, situa-se o objeto central do presente trabalho, qual seja a temática relativa aos alimentos entre cônjuges e companheiros, aqui analisados sob a perspectiva da transitoriedade, vale dizer, os denominados *alimentos transitórios*, traduzindo uma nova figura do ordenamento jurídico que, embora não possua regulamentação explícita, vem sendo amplamente recepcionada pela doutrina e pelos tribunais.

Assim, a abordagem almeja tratar do dever alimentar entre ex-cônjuges ou ex-companheiros, especialmente sob o enfoque da transitoriedade da obrigação, isto é, partindo-se da premissa de que, uma vez superado o desequilíbrio socioeconômico causado pela ruptura da relação, ultrapassado o fato gerador de **momentânea** impossibilidade de uma das partes obter os meios indispensáveis à própria subsistência, a obrigação alimentícia deve cessar.

---

[11] Art. 1.704, *caput*, Código Civil.

Evidentemente, a proposição ora em apreço parte da premissa razoável de que a incapacidade para o sustento seja momentânea, transitória, passando, pois, o provido a apresentar, além de condições físicas e intelectuais, aptidão profissional, de modo que, em prazo razoável, possa obter os meios suficientes para o autossustento. Afasta-se de tal enquadramento aquele que, por longos anos unido a outrem, e já com idade avançada, seja instado a adaptar-se a alguma atividade laboral para poder prover a própria subsistência.

Merece destaque, nesse contexto, o princípio da autorresponsabilidade que obriga a pessoa a garantir o seu sustento por meio de seu próprio esforço, justificando, assim, o caráter transitório dos alimentos. Concorrem para essa fundamentação, outrossim, os princípios da isonomia (estampado no artigo 5.º, CF) e da proporcionalidade da obrigação alimentícia, bem como os princípios da necessidade e da possibilidade.

Portanto, após a digressão histórica, a conceituação inicial e um brevíssimo aporte acerca dos fundamentos do tema ora em evidência, proceder-se-á, na seção subsequente, ao aprofundamento do assunto relativo à obrigação e ao direito alimentar nas relações ora focadas, sob a perspectiva da transitoriedade, tratando das peculiaridades do instituto e dos seus pressupostos.

Por fim, será analisada a aplicação do instituto – prestação alimentícia na modalidade em evidência – perante os tribunais, especialmente o Superior Tribunal de Justiça, órgão incumbido de uniformizar a interpretação da legislação infraconstitucional –, bem como os principais e os novos desafios enfrentados para a fixação dessa obrigação por tempo certo.

2. ALIMENTOS TRANSITÓRIOS: CONTEXTO ATUAL

Pontua-se, inicialmente, que o compromisso de prover alimentos entre cônjuges ou companheiros tem por fundamento não apenas a obrigação jurídica, como é típico no caso daqueles devidos em razão do *jus sanguinis*, ao menos em termos históricos, mas, antes de tudo, tal ônus está lastrado em um sentimento de ordem moral, de solidariedade, de caridade, ante a relevância e qualidade dos laços e liames havidos entre os protagonistas de algo em comum, como ocorre em virtude do casamento ou da convivência.

Efetivamente, o substrato da obrigação alimentar entre cônjuges e companheiros, no curso da união entre eles existente, está no dever de mútua assistência, o qual, após o término da sociedade havida, passa a se apoiar na obrigação familiar de prestação de socorro material, ou seja, de prestar alimentos ao que deles necessitar, observadas as possibilidades do alimentante.

Para que o encargo alimentício se concretize, além da capacidade do prestador, o ex-cônjuge ou ex-companheiro que apresentar o pedido deve comprovar a falta de condições de prover o seu próprio sustento. Muito embora a ausência de regramento legal específico, conforme o senso comum (social) que rendeu ensejo à inclusão na Carta Magna dos princípios da isonomia e da proporcionalidade, também o entendimento consolidado pelos tribunais afirma que **a obrigação de prestação alimentícia ora em voga deve ser estabelecida apenas transitoriamente**, de modo que o credor dos alimentos busque meios de obter a própria subsistência, de forma a ter fim o provimento.

Isso porque, ante o tratamento isonômico entre as pessoas, independentemente do sexo, dispensado pela Constituição Federal de 1988, após a democratização de acesso ao mercado de trabalho, aos meios necessários para o provimento da própria subsistência, não mais se justifica a concessão vitalícia de assistência material, consistente na obrigação de pagar alimentos a uma pessoa capaz, pelo simples fato de esta ter convivido, durante determinado tempo, com outra, seja em razão do casamento ou de uma união estável.

De fato, gozando de integridade física e mental, apresentando as condições necessárias, encerrada a vida em comum, o sujeito dessa relação que, por força de convenções ou conveniências ajustadas consensualmente entre o casal, mantivera-se afastado do trabalho ou de quaisquer atividades geradoras de recursos financeiros, dentro de determinado prazo, deverá capacitar-se para obter os recursos necessários à sua própria subsistência.

Sobre o tema, Rolf Madaleno (2013, p. 992) acrescenta:

> São outros tempos e padrões de conduta vividos pela sociedade brasileira, cujas mudanças sociais e culturais impuseram o trabalho como uma obrigação também da mulher, que assim afirma sua dignidade e adquire sua independência financeira ao deixar de ser confinada ao recesso do lar e passar do estágio de completa dependência para o de provedora da sua subsistência pessoal, além de auxiliar no sustento da prole, em paritário concurso de seu parental dever alimentar.

Tal entendimento aplica-se, evidentemente, a quaisquer dos integrantes da relação. Todavia, em uma sociedade até pouco tempo reconhecidamente machista, o pensamento ora em evidência se baseia na ideia de que, diante das constantes mudanças do *ethos vivendi*, a mulher passou a exercer com força e independência um importante papel no mercado de trabalho, posição anteriormente ocupada, em sua maioria, apenas por homens.

Conforme mencionado, não só do ponto de vista doutrinário, mas também dos tribunais, o entendimento segundo o qual os alimentos devidos ao ex-cônjuge ou ex-companheiro devem ter caráter transitório baseia-se na ideia de que, nos dias atuais, o homem e a mulher buscam primeiramente a sua independência individual para, a partir daí, pensar em conviver em comunhão.

O princípio da isonomia, assegurado constitucionalmente, garante que todos são iguais perante a lei, não havendo razão para que uma pessoa sustente a outra vitaliciamente, senão em situação excepcional, justificando, assim, atribuição provisória dos alimentos provenientes da comunhão desfeita àquele que não pode prover a sua própria subsistência, conforme ilustra J. M. Leoni Lopes de Oliveira (1999, p. 23):

> Presume-se do princípio insculpido nos arts. 5.º, I, e 226, parágrafo 5.º, da Constituição Federal, o envolvimento tanto da noção de necessidade quanto daquela atinente à igualdade frente ao dever alimentar, pois não subsiste entre cônjuges ou conviventes, caso se verifique tenham as partes a mesma condição financeira, pois não concorrente o fator necessidade, sendo que, atualmente, em sede de obrigação alimentar, tanto o homem quanto a mulher devem ser tratados com igualdade.

No entanto, em que pese já ressalvado na introdução do presente artigo, há exceções a esse entendimento quando existem situações concretas e pessoais que justifiquem a total dependência do ex-cônjuge ou ex-companheiro, por exemplo, quando constatado que, embora possua aptidões físicas e mentais suficientes, não consegue se inserir no mercado de trabalho devido à falta de habilidades, resultante de um longo período da vida útil dedicado ao atendimento das necessidades familiares e do lar. Ou, ainda, quando o rompimento da convivência ocorre às partes já em idade avançada, o que impossibilita o acesso ao mercado de trabalho, sem falar em outros empeços definitivos.

Estabelecida a característica da temporalidade, faz-se importante pontuar que os alimentos transitórios não se confundem com os compensatórios, uma vez que estes últimos objetivam equiparar a disparidade gerada no *status* econômico e social do ex-cônjuge pelo divórcio, conforme explica Maria Berenice Dias (2009, p. 489-490):

> Produzindo, a separação ou o divórcio, desequilíbrio econômico entre o casal em comparação com o padrão de vida de que desfrutava a família, cabível a fixação dos alimentos compensatórios. Faz jus a tal verba o cônjuge que não perceber bens, quer por tal ser acordado entre

as partes, quer em face do regime de bens adotado no casamento, que não permite comunicação dos aquestos. Em decorrência do dever de mútua assistência (CC 1.566 III), os cônjuges adquirem a condição de consortes, companheiros e responsáveis pelos encargos de família (CC 1.516). Surge, assim, verdadeiro vínculo de solidariedade (CC 265), devendo o cônjuge mais afortunado garantir ao ex-consorte alimentos compensatórios, visando a ajustar o desequilíbrio econômico e a reequilibrar suas condições sociais. Dispõem, assim, os alimentos compensatórios de nítido caráter indenizatório, não se sujeitando a variações. Como não tem conteúdo alimentar, o encargo não se submete a variações [...], vicissitudes do trinômio proporcionalidade-necessidade-possibilidade. Dessa forma, mesmo que o beneficiário venha a obter meios de prover a sua própria subsistência, tal não dispensa o devedor de continuar alcançando-lhe alimentos.

De outro lado, não se pode confundir, também, com os alimentos provisórios (oriundos da Lei 5.478/1968) ou provisionais, visto que estes são fixados no início da lide (ações de alimentos, separação ou divórcio) e dependem de toda uma análise fática, podendo o *quantum* estabelecido *ab initio* ser modificado a qualquer tempo.

Embora não conste expressamente da legislação brasileira, os alimentos transitórios têm contado com ampla receptividade nos tribunais, os quais entendem que a sua aplicação consagra o princípio da razoabilidade, uma vez que a obrigação só existe enquanto o alimentante não estiver apto a se manter por conta própria.

A finalidade dos alimentos transitórios é, portanto, propiciar condições de subsistência ao cônjuge ou companheiro que, com o fim da relação, não é capaz de fazê-lo, provendo-o enquanto busca atingir a sua autonomia financeira e se adapta à nova situação trazida pelo rompimento do vínculo matrimonial ou daquele decorrente da união estável.

Necessário consignar, ainda, que na abordagem ora em apreço não se trata de uma obrigação de sustento integral. Ou seja, aqui se entende que a obrigação não deve englobar toda a assistência necessária e possível a que o ex-cônjuge ou ex-companheiro mantenha o padrão de vida condizente com a condição social que comungou antes da ruptura[12].

---

[12] Em sentido contrário: TJDFT, 1.ª Turma Cível, Acórdão 689821, 20120610060352APC, Rel. Alfeu Machado, Revisor Flavio Rostirola, j. 03.07.2013, *DJe* 08.07.2013, p. 192).

Embora se baseie na obrigação de solidariedade familiar, o dever alimentício entre ex-cônjuges e ex-companheiros se limita aos recursos necessários à subsistência. Nesse sentido, entende-se que os alimentos transitórios constituem modalidade de alimentos necessários ou indispensáveis, segundo a classificação inicialmente dada.

Ademais, o direito alimentar transitório é condicionado a certas circunstâncias e projetado em um tempo determinado. Alcançadas essas condições, extingue-se a obrigação alimentícia.

2.1. Pressupostos para a fixação dos alimentos transitórios

Nas hipóteses em estudo nesta abordagem, há requisitos a serem satisfeitos para que se obtenha a fixação de alimentos. São pressupostos básicos da referida concessão: *(i)* o vínculo de casamento ou de união estável pretérito; *(ii)* a necessidade do reclamante; e *(iii)* a possibilidade de recursos do reclamado.

Em que pese já nesta fase do assunto pareça óbvia a afirmação seguinte, não é demais recordar que no trato da obrigação alimentar, para ser reconhecida em cada caso, é imprescindível a demonstração da necessidade e da possibilidade, conforme explica Tartuce (2014, p. 470):

> Em relação à possibilidade de quem paga os alimentos, esclareça-se que VI Jornada de Direito Civil foi aprovado o Enunciado n.º 573, prescrevendo que, "Na apuração da possibilidade do alimentante, observar-se-ão os sinais exteriores de riqueza". O binômio é confirmado pelo art. 1.695 do Código Civil em vigor, que aduz: "São devidos os alimentos quando quem os pretende não tem bens suficientes, nem pode prover, pelo seu trabalho, à própria mantença, e aquele, de quem se reclamam, pode fornecê-los, sem desfalque do necessário ao seu sustento.

Ainda nesse contexto, complementa Sílvio Venosa (2006, p. 378):

> Não podemos pretender que o fornecedor de alimentos fique entregue à necessidade, nem que o necessitado se locuplete a sua custa. Cabe ao juiz ponderar os dois valores de ordem axiológica em destaque. Destarte, só pode reclamar alimentos quem comprovar que não pode sustentar-se com seu próprio esforço. Não podem os alimentos converter-se em prêmio para os néscios e os descomprometidos com a vida. Se, no entanto, o alimentando encontra-se em situação de penúria, ainda que por ele causada, poderá pedir

alimentos. Do lado do alimentante, como vimos, importa que ele tenha meios de fornecê-los: não pode o Estado, ao vestir um santo, desnudar outro.

Apenas a título de esclarecimento, cumpre relembrar que o entendimento mais recente, no que toca ao dever de prestar alimentos em geral, é que sua fixação deve abarcar também o critério da proporcionalidade[13], e não mais apenas o famoso binômio necessidade-possibilidade. Maria Berenice Dias (2007, p. 482) ensina que:

> A regra para a fixação (CC 1.694 § 1.º e 1695) é vaga e representa apenas um standard jurídico. Dessa forma, abre-se ao juiz um extenso campo de ação, capaz de possibilitar o enquadramento dos mais variados casos individuais. Para definir valores, há que se atentar ao dogma que norteia a obrigação alimentar: o princípio da proporcionalidade. Esse é o vetor para a fixação dos alimentos. Tradicionalmente, invoca-se o binômio necessidade-possibilidade do alimentante para estabelecer o valor da pensão. No entanto, essa mensuração é feita para que se respeite a diretriz da proporcionalidade-possibilidade-necessidade.

A mesma autora (2006, p. 435) entende o critério da proporcionalidade como um norte para a fixação do valor dos alimentos de forma mais equilibrada, já falando no trinômio:

> [...] Tais modificações, como provocam afronta ao que se passou a chamar de *trinômio proporcionalidade/necessidade/possibilidade*, autorizam a busca de nova equalização do valor dos alimentos. A exigência de obedecer a este verdadeiro dogma e que permite buscar a revisão ou a exoneração da obrigação alimentar. Portanto, o que autoriza a modificação do *quantum* é o surgimento de um fato novo que leve ao desequilíbrio do encargo alimentar.

---

[13] Nesse sentido, leia-se a seguinte ementa: Agravo regimental. Execução. Alimentos. Prisão do alimentante. Limitação do débito considerados os alimentos definitivos. Princípios da proporcionalidade e da razoabilidade. Diferença. Cobrança pelo artigo 732 do CPC. Agravo improvido (AgRg no REsp 1175407/RS, Rel. Min. Massami Uyeda, 3.ª Turma, j. 28.08.2012, *DJe* 04.09.2012).

A jurisprudência também tem falado no trinômio, acrescentando mais um parâmetro para a fixação de alimentos. Leia-se, pelos demais, como tem se manifestado o Tribunal de Justiça do Distrito Federal e dos Territórios:

> Agravo de instrumento. Direito de família. Alimentos provisórios. Genitora idosa. Solidariedade entre pais e filhos. *Trinômio: necessidade, possibilidade e proporcionalidade.*
> [...] (TJDFT, 3.ª Turma Cível, Acórdão 1011479, 20160020462846AGI, Rel. Alvaro Ciarlin, j. 19.04.2017, *DJE* 26.04.2017, p. 328-333) (grifou-se).

O pleito por alimentos deve ser subsidiário, uma vez que não há justificativa para tirar recursos de outrem se o pedinte é capaz de prover com qualidade o seu próprio sustento.

Assim, a análise do caso concreto e das suas peculiaridades é essencial para a fixação ou não da obrigação alimentícia, pois, conforme dispõe Yussef Said Cahali (2009, p. 520): "mesmo o exercício de atividade compatível com as condições do alimentando não lhe retira o direito de reclamar complementação do necessário para manter-se". Em contrapartida, o alimentante também tem o direito de se negar a conceder os alimentos caso não possua meios para cumprir a obrigação sem prejudicar o seu próprio sustento.

De fato, é prudente chamar a atenção do leitor para o fato de que a insistência da abordagem, neste texto, acerca dos requisitos para a fixação dos alimentos, pouco ou nada tem a ver com a pretensão de elucidar as noções concernentes a esses pressupostos, mas sim buscar justificar e demonstrar que a operação lógica a ser realizada a fim de examinar os parâmetros que rendem ensejo à concessão, ou não, dos alimentos transitórios, também estão fundadas nessas balizas.

Efetivamente, o contemporâneo tratamento dispensado a essa modalidade de provimento, entre cônjuges ou companheiros, superados os extremos estabelecidos por noções conservadoras, está a ultrapassar os limites ditados pelo sentido da mera indenização ou compensação.

Nessa ordem de ideias, a noção de culpa, como elemento decisivo à liberação da parte inocente da obrigação alimentar, vem cedendo espaço ao sentido humanitário de solidariedade, o que, de fato, deve prevalecer sobre quaisquer outros paradigmas, mormente nos dias atuais em que muitos referenciais ditados por padrões morais e religiosos passam por grandes modificações.

Com efeito, as atuais perspectivas acerca do tema apontam para a indeclinável admissibilidade de se aferir, ao advento da imposição do dever alimentar, exclusivamente o fator necessidade/possibilidade das partes, independentemente da apuração de culpa pelo fim da convivência comum[14], não se olvidando da proporcionalidade.

Desse modo, reitere-se, observando as condições pessoais da parte, o encargo alimentar deve ser fixado de forma proporcional e coerente com a necessidade do alimentando e a possibilidade daquele em que a obrigação recai, conforme expresso no § 1.º do artigo 1.694 no Código Civil, *in verbis*: "[...] § 1.º Os alimentos devem ser fixados na proporção das necessidades do reclamante e dos recursos da pessoa obrigada".

Em suma, a dissolução da sociedade conjugal ou da convivência entre parceiros tende a gerar algumas mudanças na vida daqueles envolvidos, sobretudo quanto à questão financeira. Dessa forma, mecanismos foram criados para a resolução desses conflitos, o que originou a figura dos alimentos transitórios. Embora não possua previsão legal, a concessão de alimentos por tempo certo vem sendo aplicada e considerada válida pelos tribunais que não só fundamentam suas decisões nas doutrinas que tratam do assunto, mas também possuem inúmeros precedentes sobre o instituto, temática que será objeto de análise no item subsequente.

2.2. Os alimentos transitórios à luz da jurisprudência do Superior Tribunal de Justiça

O *Direito de Família* evolui constantemente, tendo em vista a mudança de costumes, da mentalidade, bem como do contexto social.

Nesse particular, ao Poder Judiciário são endereçados novos desafios e demandas, os quais impõem, durante tal processo de evolução, a busca por uma adaptação à contemporânea realidade. Assim, quando instado a

---

[14] A noção de culpa não tem mais relação com o direito aos alimentos, sejam eles transitórios ou passageiros, é dizer, deferidos por tempo certo; ou definitivos (ou regulares). Desse modo, a culpa deixou de atormentar o cônjuge que era considerado responsável pela separação, sujeito, em tese, a padecer nos meandros da indigência material porque só teria direito aos alimentos excepcionais, pagos pelo cônjuge inocente e provedor em circunstâncias especialíssimas, com ingressos suficientes apenas para garantir a sobrevivência. Ou seja, não dá mais para impor a redução do valor dos alimentos por eventual postura culposa pela situação de necessidade. Não cabe o achatamento do valor dos alimentos. Necessidade e possibilidade são os únicos balizadores (DIAS, 2013, p. 47-48).

solucionar os conflitos de interesses contidos nas lides que lhe são submetidas, deve o Estado-Jurisdição prestar a tutela mais adequada e satisfatória possível.

Ante os limites aos quais está adstrito o presente trabalho, objetiva-se, na presente seção, analisar alguns casos examinados pelo Superior Tribunal de Justiça quanto aos alimentos entre os ex-cônjuges e ex-companheiros, a fim de demonstrar as peculiaridades que circundam a temática, bem como a consolidação do caráter transitório da referida obrigação, o que vai ao encontro dos delineamentos doutrinários traçados nos itens precedentes.

Em 2008, a Terceira Turma do Superior Tribunal de Justiça consolidou a tese de que,

> Detendo o ex-cônjuge alimentando plenas condições de inserção no mercado de trabalho, como também já exercendo atividade laboral, quanto mais se esse labor é potencialmente apto a mantê-lo com o mesmo *status* social que anteriormente gozava ou, ainda, alavancá-lo a patamares superiores, deve ser o alimentante exonerado da obrigação (REsp 933.355/SP, Rel. Min. Nancy Andrighi, 3.ª Turma, j. 25.03.2008, *DJe* 11.04.2008).

Partindo do pressuposto de que a boa-fé deve reger os casamentos e uniões estáveis, bem como o período após o seu rompimento, a posição da citada Corte Superior é no sentido de, ao ressaltar o caráter transitório dos alimentos, permitir que o credor desenvolva sua autonomia financeira e social, com dignidade, por meio de seus próprios méritos e, em contrapartida, imunizar o devedor de sustentar o seu ex-cônjuge ou ex-companheiro para sempre.

Em 2011, ao julgar um recurso especial oriundo do Estado do Rio de Janeiro, a Terceira Turma reafirmou o entendimento de fixar um prazo para o pagamento dos alimentos proporcionando ao ex-cônjuge/companheiro "tempo hábil para sua inserção, recolocação ou progressão no mercado de trabalho, que lhe possibilite manter pelas próprias forças, *status* social similar ao período do relacionamento"[15].

Daí em diante, os pronunciamentos do Superior Tribunal de Justiça foram no sentido de reforçar essa tese.

---

[15] REsp 1205408/RJ, Rel. Min. NANCY ANDRIGHI, TERCEIRA TURMA, julgado em 21/06/2011, DJe 29/06/2011.

Mais recentemente, a Quarta Turma[16] consolidou o entendimento de que a obrigação alimentícia entre ex-cônjuges/companheiros está limitada a um lapso temporal e que a "perpetuidade do pensionamento só se justifica em excepcionais situações, como a incapacidade laboral permanente, saúde fragilizada ou impossibilidade prática de inserção no mercado de trabalho".

Eis o julgado em questão:

> Recurso especial. Direito civil. Família. Ação de exoneração de alimentos. Pensionamento entre ex-cônjuges. Excepcionalidade. Caráter temporário. Capacidade laborativa e inserção no mercado de trabalho da ex-consorte. Exoneração. Possibilidade. Provimento do apelo extremo.
>
> Hipótese: Trata-se de ação de exoneração de alimentos julgada parcialmente procedente pelas instâncias ordinárias para exonerar o autor de prestar alimentos aos filhos, mantendo o dever em relação à ex-esposa.
>
> 1. Esta Corte firmou a orientação no sentido de que a pensão entre ex-cônjuges não está limitada somente à prova da alteração do binômio necessidade-possibilidade, devendo ser consideradas outras circunstâncias, como a capacidade do alimentando para o trabalho e o tempo decorrido entre o início da prestação alimentícia e a data do pedido de exoneração. Precedentes.
>
> 2. A pensão entre ex-cônjuges deve ser fixada, em regra, com termo certo, assegurando ao beneficiário tempo hábil para que seja inserido no mercado de trabalho, possibilitando-lhe a manutenção pelos próprios meios. A perpetuidade do pensionamento só se justifica em excepcionais situações, como a incapacidade laboral permanente, saúde fragilizada ou impossibilidade prática de inserção no mercado de trabalho, que evidentemente não é o caso dos autos. Precedentes.
>
> 3. A ausência de alteração nas condições financeiras dos envolvidos, por si só, não afasta a possibilidade de desoneração dos alimentos prestados à ex-cônjuge. Precedentes.
>
> 4. No caso em apreço, não se evidencia hipótese a justificar a perenidade da prestação alimentícia e excetuar a regra da temporalidade

---

[16] REsp 1370778/MG, Rel. Min. Marco Buzzi, 4.ª Turma, j. 10.03.2016, *DJe* 04.04.2016.

do pensionamento devido aos ex-cônjuges, merecendo procedência o recurso, em razão do lapso de tempo decorrido desde o início da prestação alimentar até o pedido de exoneração.
5. Recurso especial conhecido e provido (STJ, 4.ª Turma, REsp 1370778/MG, Rel. Min. Marco Buzzi, j. 10.03.2016, *DJe* 04.04.2016).

Mister ressaltar que a jurisprudência do Superior Tribunal de Justiça não preestabelece um tempo para o fim da obrigação, uma vez que o termo deve ser determinado de acordo com a análise da situação, avaliando as peculiaridades de cada caso individualmente. Contudo, é pacífico o entendimento de que a prestação se extingue a partir do momento em que o necessitado atinge a sua autonomia financeira.

A propósito, alude-se aos seguintes exemplos[17]:

> Civil e processo civil. Alimentos devidos ao ex-cônjuge. Pedido de exoneração. Possibilidade.
>
> 1. Diploma Legal: Código Civil.
>
> 2. Cinge-se a controvérsia a determinar se o recorrente deve ser exonerado da pensão paga a sua ex-cônjuge, desde a época da separação, ocorrida há mais de 5 anos, tendo em vista que a recorrida exerce atividade laboral de nível idêntico ao do alimentante.
>
> 3. *Os alimentos devidos entre ex-cônjuges devem ser fixados por prazo certo, suficiente para, levando-se em conta as condições próprias do alimentado, permitir-lhe uma potencial inserção no mercado de trabalho em igualdade de condições com o alimentante.*
>
> 6. Particularmente, impõe-se a exoneração da obrigação alimentar tendo em vista que a alimentada está trabalhando em atividade de nível superior por cinco anos, tempo esse suficiente e além do razoável para que ela pudesse se restabelecer e seguir a vida sem o apoio financeiro do ex-cônjuge.
>
> 7. Recurso especial conhecido e provido (REsp 1559564/MG, Rel. Min. Nancy Andrighi, 3.ª Turma, j. 22.11.2016, *DJe* 30.11.2016 – grifou-se).

---

[17] Vide: AgInt no AREsp 896.324/RS, Rel. Min. Marco Aurélio Bellizze, 3.ª Turma, j. 1.º.09.2016, *DJe* 08.09.2016; REsp 1362113/MG, Rel. Min. Nancy Andrighi, 3.ª Turma, j. 18.02.2014, *DJe* 06.03.2014; REsp 1025769/MG, Rel. Min. Nancy Andrighi, 3.ª Turma, j. 24.08.2010, *DJe* 1.º.09.2010.

Ainda, há a situação em que, existindo direito à partilha, o ex-cônjuge ou ex-companheiro que não detém a posse direta e a administração dos bens pode pleitear a concessão dos alimentos transitórios até que seja dirimida a controvérsia judicial, com o objetivo de manter o seu equilíbrio financeiro.

Nesse sentido, cita-se o seguinte julgado do Superior Tribunal de Justiça:

> Recurso especial. Direito de família. Alimentos. Pedido de exoneração. Pendência de partilha obstada pelo recorrido. Princípios da proporcionalidade e da dignidade da pessoa humana. Patrimônio comum do casal sob a exclusiva posse e administração do alimentante. Peculiaridade apta a ensejar o restabelecimento da obrigação alimentar enquanto a situação perdurar. *Periculum in mora* inverso.
> 1. *A obrigação alimentícia deve ser mantida enquanto pendente a partilha do patrimônio comum do ex-casal manifestamente procrastinada pelo ex-cônjuge recalcitrante, que se encontra na exclusiva posse e administração dos bens e não coopera para que a controvérsia seja dirimida judicialmente.*
> [...] (REsp 1287579/RN, Rel. Min. Ricardo Villas Bôas Cueva, 3.ª Turma, j. 11.06.2013, *DJe* 02.08.2013 – grifou-se).

Observa-se, assim, que a fixação dos alimentos transitórios tem origem no reconhecimento da existência do princípio da transitoriedade, que, apesar de não conter nenhuma menção expressa em texto de lei, é amplamente recepcionado e utilizado por doutrinadores e julgadores.

A posição do Superior Tribunal de Justiça fundamenta-se, portanto, na efetiva investigação acerca da necessidade, enquanto um dos vetores do binômio serve de pressuposto a obrigação alimentar. Com isso, busca impedir a conduta daqueles que, mesmo exercendo ou tendo condições de exercer atividade que lhes proporcione uma situação econômica estável, insistem em manter vínculo financeiro em relação ao ex-cônjuge/ex-convivente, por este ter condição econômica superior à sua.

Em obra publicada em 2003, redigida pelo subscritor do presente ensaio, alegou-se que "aquele que, no preciso momento da separação, não detenha recursos ou meios para promover o próprio sustento, mas que não esteja impedido de obtê-lo pelo seu trabalho, deve passar a trabalhar para se manter" (BUZZI, 2003, p. 147). É dizer, ainda que faça jus a alimentos, em regra, estes devem ser concedidos em caráter transitório, apenas até o momento em que o alimentado encontre meios próprios de subsistência.

Portanto, é apenas excepcionalmente, quando verificado, por meio das circunstâncias do caso concreto, efetiva impossibilidade de ingresso ou retorno ao mercado de trabalho, ou incapacidade laboral permanente ou saúde fragilizada, é que se admite a concessão de alimentos em caráter vitalício.

Cabe ressaltar, ainda, que, embora os alimentos transitórios encontrem respaldo na jurisprudência nacional, sobretudo do Superior Tribunal de Justiça, conforme demonstrado supra, há outros desafios em relação à aplicação do instituto que surgem diante da dinamicidade da vida social, temática que será enfrentada na próxima seção.

3. DESAFIOS E NOVAS PERSPECTIVAS

Com a constante evolução do *ethos vivendi* da sociedade, valores e referenciais são criados e modificados, daí que a principal missão do direito é encontrar fatores razoáveis de equilíbrio de modo a adequar a realidade social à boa convivência. Contudo, embora busque os meios apropriados para tutelar os bens mais importantes da sociedade, a ciência jurídica ainda sofre algumas limitações e precisa vencer alguns desafios, sobretudo na esfera familiar.

Atualmente, muito se discute sobre o conceito de família. As definições antigas já não cabem mais dentro da diversidade da sociedade contemporânea e o tema alcança destaque em vários ramos do direito.

Com a Constituição da República Federativa do Brasil de 1988[18], reconheceu-se o instituto da união estável como entidade familiar, ampliando assim o conceito de família, antes identificado somente pelo vínculo matrimonial.

Abandonando, portanto, o conceito taxativo sobre entidade familiar, assim compreendida como exclusivamente aquela oriunda do casamento, e erigindo a dignidade da pessoa humana ao centro do ordenamento jurídico, a nova definição do que é família ultrapassa aquele ponto nevrálgico, irrompendo em muitos questionamentos no âmbito do direito, destacadamente sobre o seu conceito que tende a englobar diversas relações.

---

[18] Art. 226. [...]
§ 3.º Para efeito da proteção do Estado, é reconhecida a união estável entre o homem e a mulher como entidade familiar, devendo a lei facilitar sua conversão em casamento.

Cita-se, aqui, um dos principais questionamentos jurídicos sobre o alcance do conceito de entidade familiar: as uniões homoafetivas. Embora não seja um conceito novo, sua visibilidade tem ganhado cada vez mais destaque e o seu reconhecimento como entidade familiar compreende uma série de peculiaridades no direito.

No tocante à obrigação alimentícia, objetivo principal deste estudo, houve alguns desafios quanto ao seu cabimento, uma vez que inexiste reconhecimento por lei específica sobre a possibilidade de admissão das relações entre pessoas do mesmo sexo como união estável.

No particular, a doutrina majoritária defendeu que, diante do silêncio da lei, devem ser aplicadas as normas que regulam as uniões estáveis ante a identidade das duas situações, conforme leciona Cristiano Chaves de Farias (2007, p. 143):

> Os alimentos são devidos nas uniões homoafetivas, eis que decorrem, logicamente, de princípios constitucionais, especialmente do dever de solidariedade social (art. 3.º CF) e da afirmação da dignidade da pessoa humana (art. 1.º, III, CF), que, repita-se à exaustão, não pode ser vislumbrado como valor abstrato, desprovido de concretude, reclamando aplicação específica, viva, pulsante.

Nesse contexto, vale citar a ADPF 132, julgada pelo Supremo Tribunal Federal, oportunidade em que se reconheceram como união estável aquelas mantidas por casais homossexuais. Ora, se as uniões homoafetivas já foram admitidas no sistema jurídico brasileiro, o sentimento de justiça não pode permitir situações de desigualdades na aplicação dos direitos e quando da tutela de interesses por conta de orientação sexual.

Assim explica Fernandes (2004, p. 92-93), conforme citado por Conrado Paulino da Rosa (2012):

> Se, em nossa opinião, as uniões de fato entre duas pessoas homossexuais se equivalem às uniões estáveis e, tanto quanto estas, constituem uma entidade familiar; com base, ainda, em todos os preceitos constitucionais [...] especialmente os da igualdade e dignidade da pessoa humana, não podemos deixar de concluir que existe, sim, obrigação alimentar entre companheiros homossexuais e, enquanto deles não for regulada em lei específica, aplicam-se os dispositivos do Código Civil que tratam dos alimentos entre cônjuges e companheiros.

Embora boa parte da doutrina defendesse há muito a obrigação alimentar entre companheiros homossexuais, a jurisprudência, apenas mais recentemente e aos poucos, vem se consolidando nesse sentido.

No Superior Tribunal de Justiça, há um julgado da Quarta Turma, muito recente, de relatoria do Ministro Luis Felipe Salomão, em que se reconheceu o direito ao recebimento de alimentos oriundos de uma separação homoafetiva. O referido órgão fracionário foi unânime ao dar provimento ao recurso especial para afastar a impossibilidade jurídica do pedido e determinar o prosseguimento do julgamento da apelação do autor na ação de alimentos.

O julgado em questão ficou assim ementado:

> Direito de família e processual civil. União entre pessoas do mesmo sexo (homoafetiva) rompida. Direito a alimentos. Possibilidade. Art. 1.694 do CC/2002. Proteção do companheiro em situação precária e de vulnerabilidade. Orientação principiológica conferida pelo STF no julgamento da ADPF 132/RJ e da ADI 4.277/DF. Alimentos provisionais. Art. 852 do CPC. Preenchimento dos requisitos. Análise pela instância de origem.
> [...] (STJ, 4.ª Turma, REsp 1302467/SP, Rel. Min. Luis Felipe Salomão, j. 03.03.2015, DJe 25.03.2015).

Observa-se a adoção do referido entendimento, também, em outros tribunais, por exemplo, no TJDFT, que reconheceu o direito a alimentos na relação homoafetiva desde que fosse comprovada a existência de união estável[19].

Em síntese, já é possível observar que os julgadores estão atentos à evolução social e às novas modalidades de entidade familiar que surgiram ao longo dos anos, o que, certamente, provocará o legislador a regulamentar essa matéria, de modo a garantir expressamente todos os direitos e deveres oriundos de uma união homoafetiva.

4. CONCLUSÃO

No momento, a sociedade experimenta uma série de mudanças de costumes, e assim o é diante da modificação e da consolidação de novos parâmetros sobre o direito alimentar, por exemplo, a real emancipação da mulher, o incremento dos mercados de trabalho, tudo o que reformulou a relação ante a obrigação de prestar alimentos a cônjuges ou companheiros. Esses novos paradigmas, consoante delineado no presente trabalho, estão

---

[19] Acórdão 871689, 20140110639356APC, Rel. Gislene Pinheiro, Revisor J.J. Costa Carvalho, 2.ª Turma Cível, j. 03.06.2015, DJe 08.06.2015, p. 97.

sendo estabelecidos a contar do tratamento atualmente conferido à mulher e com a conquista da sua igualdade e independência financeira, daí por que a obrigação de alimentos decorrente do fim da relação tomou novos rumos.

Efetivamente, estão sendo modificados conceitos estruturais do direito alimentar criando outras tendências além daquelas tradicionais: a obrigação por tempo determinado e tão somente quando comprovada a real necessidade.

Partindo do pressuposto de que o direito deve eliminar não só condutas de má-fé, mas também de desequilíbrio entre as partes e de enriquecimento sem causa, os alimentos transitórios surgem para celebrar os princípios da igualdade e razoabilidade, bem como para fazer cessar o abuso de direito dos ex-cônjuges/companheiros que se valem do direito a alimentos para perpetuar uma posição de conforto, atualmente não mais admissível, por meio do recebimento de créditos sem que haja a real necessidade, preterindo a efetiva busca para prover seu próprio sustento.

Atualmente, os Tribunais, em especial o Superior Tribunal de Justiça, baseiam-se em critérios compatíveis com o contexto em que a sociedade vive para fundamentar as suas decisões, de modo a considerar os alimentos entre ex-cônjuges/ex-companheiros como exceções à regra e, ainda, estabelecendo tal obrigação como de termo certo.

Assim, acredita-se que, ao fixar alimentos de forma transitória a bem do alimentado, pode ele não só reorganizar a sua vida financeira, mas procurar formas de sustento próprio de forma digna, resgatando sua autonomia e independência, evitando-se assim tornar regra o pensionamento de forma vitalícia, de modo a evitar condutas ociosas e de parasitose (BUZZI, 2003, p. 168), como se concluiu na tese defendida *Alimentos transitórios*, de 2003, deste subscritor.

Por outro lado, a fixação de alimentos a tempo certo imuniza o devedor por eventual abuso de direito por parte do demandante e, também, o isenta de sacrificar o seu próprio sustento para cumprir a obrigação alimentícia, uma vez que ela só pode ser fixada se o alimentante possuir condições de honrá-la.

Esse instituto funda-se na ideia do equilíbrio e justiça no âmbito das relações conjugais, garantindo e tutelando de forma justa os direitos decorrentes de sua ruptura.

Portanto, como a obrigação alimentícia baseia-se nos valores ditados pela ética e pela moral, não se pode afastar a aplicação desses valores no sentido de exigir providências concretas daquele que possui condições para prover seu próprio sustento, daí a fixação de um dado prazo para que sejam arregimentadas habilidades para tanto, cessando o provimento exterior e um lapso compatível com as circunstâncias do caso, somente não se adotando tal solução quando o alimentando não reunir condições para promover sua própria subsistência.

A busca por autonomia e construção de uma vida autossuficiente, que permita autodeterminar-se, não é apenas um desiderato típico de todo ser humano, mas, acima de tudo, traz a noção atávica de subsistência, sobrevivência, aliada a um sentimento de justiça, imparcialidade e respeito à igualdade de direitos, pois a concepção do parasitismo é reprovável sob todos os aspectos.

REFERÊNCIAS

ANJOS FILHO, Robério Nunes dos. *10 anos do Código Civil*. Edição comemorativa.

BEVILÁQUA, Clóvis. *Direito de família*. 1956.

BRASIL. Constituição da República Federativa do Brasil de 1988. Disponível em: <http://www.planalto.gov.br/ccivil_03/constituicao/constituicao.htm>. Acesso em: 15 maio 2017.

_____. Lei n.º 10.406, de 10 de janeiro de 2002, Código Civil brasileiro. Disponível em: <http://www.planalto.gov.br/ccivil_03/leis/2002/L10406.htm>. Acesso em: 15 maio 2017.

_____. Superior Tribunal de Justiça. REsp 1.025.769/MG, Rel. Min. Nancy Andrighi, 3.ª Turma, j. 24.08.2010, DJe 1.º.09.2010.

_____. Superior Tribunal de Justiça. REsp 1302467/SP, Rel. Min. Luis Felipe Salomão, 4.ª Turma, j. 03.03.2015, DJe 25.03.2015.

_____. Superior Tribunal de Justiça. REsp 1205408/RJ, Rel. Min. Nancy Andrighi, 3.ª Turma, j. 21.06.2011, DJe 29.06.2011.

_____. Superior Tribunal de Justiça. REsp 1370778/MG, Rel. Min. Marco Buzzi, 4.ª Turma, j. 10.03.2016, DJe 04.04.2016.

_____. Superior Tribunal de Justiça. AgInt no AREsp 855.974/BA, Rel. Min. Raul Araújo, 4.ª Turma, j. 1.º.09.2016, DJe 15.09.2016.

_____. Superior Tribunal de Justiça. REsp 1559564/MG, Rel. Ministra Nancy Andrighi, 3.ª Turma, j. 22.11.2016, DJe 30.11.2016.

_____. Tribunal de Justiça do Distrito Federal e dos Territórios. Acórdão 871689, 20140110639356APC, Relator Gislene Pinheiro, Revisor J.J. Costa Carvalho, 2.ª Turma Cível, j. 03.06.2015, DJe 08.06.2015, p. 97.

BUZZI, Marco Aurélio Gastaldi. *Alimentos transitórios*: uma obrigação por tempo certo. Curitiba: Juruá, 2003.

CAHALI, Yussef Said. *Dos alimentos*. 4. ed. São Paulo: RT, 2002.

_____. _____. 6. ed. São Paulo: RT, 2009.

CASTRO, Américo Mendes de Oliveira e. Bem de família. *Repertório enciclopédico do direito brasileiro*. Rio de Janeiro: Borsoi, 1947.

COVELLO, Sergio Carlos. *Ação de alimentos*: teoria em comentários didáticos. Pratica com roteiros e formulários ilustrativos, jurisprudência, legislação. São Paulo: Universitária de Direito, 1992.

DIAS, Maria Berenice. *Alimentos aos bocados*. São Paulo: RT, 2013.

_____. *Conversando sobre homoafetividade*. Porto Alegre: Livraria do Advogado, 2004.

_____. *Manual de direito de famílias*. 3. ed. São Paulo: RT, 2006.

_____. _____. 4. ed. São Paulo: RT, 2007.

_____. _____. 5. ed. São Paulo: RT, 2009.

DINIZ, Maria Helena. *Curso de direito civil brasileiro*. 5. Direito de família. 23. ed. São Paulo: Saraiva, 2008.

FARIAS, Cristiano Chaves de. *Escritos de direito de família*. Rio de Janeiro: Lumen Juris, 2007.

FERNANDES, Taísa Ribeiro. *Uniões homossexuais e seus efeitos jurídicos*. São Paulo: Método, 2004.

GONÇALVES, Carlos Roberto. *Direito civil brasileiro*: direito de família. 9. ed. São Paulo: Saraiva, 2012.

MADALENO, Rolf. *Curso de direito de família*. 5. ed. Rio de Janeiro: Forense, 2013.

OLIVEIRA, J. M. Leoni Lopes de. *Alimentos e sucessão no casamento e na união estável*. Porto Alegre: Lumen Juris, 1999.

PEREIRA, Sérgio Gischkow. A união estável e os alimentos. *Revista dos Tribunais*, São Paulo, ano 79, v. 657, 1990.

ROSA, Conrado Paulino da. Obrigação alimentar nas relações homoafetiva. *RDF* n. 70, fev.-mar. 2012. Assunto especial – Doutrina. Disponível em: <http://docplayer.com.br/11463193-Obrigacao-alimentar-nas-relacoes-homoafetivas.html>. Acesso em: 18 maio 2017.

TARTUCE, Flávio. *Direito civil*: direito de família. 9. ed. São Paulo: Método, 2014. v. 5.

_____. _____. 11. ed. Rio de Janeiro: Forense, 2016. v. 5.

_____. _____. 12. ed. Rio de Janeiro: Forense, 2017. v. 5.

VENOSA, Sílvio de Salvo. *Direito civil*: direito de família. 6. ed. São Paulo: Atlas, 2006.

_____. _____. 9. ed. São Paulo: Atlas, 2009. v. 6.

POLÊMICAS NA SUCESSÃO DO CÔNJUGE

27

SUCESSÃO DO CÔNJUGE

Zeno Veloso

1. Nosso Código Civil, seguindo uma tendência universal, melhorou substancialmente a posição do cônjuge na sucessão legítima, considerando-o, inclusive, **herdeiro necessário**, com os descendentes e ascendentes (art. 1.845).

Segue-se a esteira do BGB, art. 2.303, al. 2; do Código Civil espanhol, art. 807; do argentino, art. 2.444; do italiano, art. 536, com a Reforma de 1975; do francês, art. 914-1, com a redação da Lei 1.135, de 3 de dezembro de 2001, que determinou notável alteração na sucessão do cônjuge; do suíço, art. 471, 3; do chileno, art. 1.182; do peruano, art. 724; do paraguaio, art. 2.598; do venezuelano, art. 884; do cubano, art. 493, 1, *b)*; do japonês, arts. 890 e 1.028; do art. 915 *bis* do Código Civil belga, com a redação determinada pela Lei de 14 de maio de 1981; e do Código Civil português, art. 2.157, com a Reforma de 1977. Na Holanda, pela Lei de 1.º de janeiro de 1992, o cônjuge sobrevivo concorre com os filhos, em partes iguais e, na falta de descendentes, tem direito a toda a herança.

Devo chamar a atenção de que no art. 1.884 do Projeto primitivo, elaborado em 1899 pelo venerando Clóvis Beviláqua, já era considerado o cônjuge herdeiro necessário, o que ocorreu, também, no art. 785 do Anteprojeto de Código Civil, de Orlando Gomes. Segundo o art. 1.846 do CC, pertence aos herdeiros necessários, de pleno direito, a metade dos bens da herança, constituindo a legítima. Em seguida, vou falar alguma coisa sobre a legítima.

1.1. Convém advertir, desde logo, que esta exposição, sobre o direito hereditário do cônjuge, inclui o casamento homoafetivo, que, hoje, e por força de soluções judiciais inequívocas, é uma realidade jurídica em nosso país. É oportuno contar um pouco dessa história.

Na ADI 4.277/DF e ADPF 132/RJ, Rel. Min. Carlos Ayres Britto, em 5 de maio de 2011, o STF tomou decisão importantíssima, de enorme repercussão, com efeitos vinculantes e *erga omnes,* reconhecendo a união homoafetiva como entidade familiar, e que as regras do art. 1.723 do Código Civil, sobre a união estável, aplicam-se tanto às famílias formadas por um homem e uma mulher como as constituídas por pessoas do mesmo sexo.

Não há dúvidas de que o Poder Judiciário, nesse caso, veio amparar um fato social evidente, que não podia mais continuar na clandestinidade, relegado a uma hipócrita invisibilidade, como se não existisse. Em última análise, o Judiciário preencheu uma lacuna, que o Legislativo, tardonho, displicente, teima em não colmatar.

Em decorrência dessa histórica decisão, passou-se a considerar possível a conversão em casamento das uniões estáveis homoafetivas.

Nesse processo evolutivo e progressista, no REsp 1.183.378/RS, 4.ª T., Rel. Min. Luis Felipe Salomão, j. 25.10.2011, o STJ decidiu que o casamento civil pode ser celebrado por casais do mesmo sexo.

Com o intuito de regular e uniformizar a matéria, o Conselho Nacional de Justiça (CNJ) editou a Resolução 175, de 14 de maio de 2013, assinada pelo Ministro Joaquim Barbosa, que proibiu as autoridades competentes de se recusarem a habilitar, celebrar casamento civil ou de converter união estável em casamento entre pessoas do mesmo sexo.[1]

Em nossa ordem jurídica, é existente e válido o casamento entre pessoas do mesmo sexo, e o casamento homoafetivo tem a mesma importância e efeitos do casamento entre o homem e a mulher.

2. No direito brasileiro, se a pessoa tem herdeiros necessários – descendentes, ascendentes, cônjuge (CC, art. 1.845) –, só pode dispor da metade de seus bens (CC, art. 1.789), chamada metade disponível, pois a outra metade representa a **legítima**, parte reservatária, indisponível, que pertence, de pleno direito, a esses herdeiros necessários, que também são chamados forçados, legitimários, obrigatórios, reservatários (CC, art. 1.846), e que apenas nos casos de indignidade (CC, art. 1.814) ou de deserdação (CC, art. 1.961) podem ser afastados da sucessão; e perdem a qualidade de herdeiros se renunciarem a herança (CC, art. 1.806). O companheiro passou a ser considerado herdeiro necessário, por efeito da decisão tomada pelo STF no Recurso Extraordinário 878.694/MG, Rel. Min. Luís Roberto Barroso, com repercussão geral.

---

[1] Cf. CHAVES, Marianna. *Homoafetividade e direito.* 3. ed. Curitiba: Juruá, 2015; LIMA, Suzana Borges Viegas de. *O Estatuto Jurídico das Relações Homoafetivas.* Brasília: Gazeta Jurídica, 2015.

O § 1.º do art. 1.857 do Código Civil afirma que a legítima dos herdeiros necessários não poderá ser "incluída" no testamento. Trata-se de uma fórmula equívoca, não traduz a realidade. O legislador expressou-se mal, falou atecnicamente, disse mais do que queria. O que não pode o testador, se tem herdeiros necessários, é **dispor** da metade dos bens da herança, que constitui a legítima, e os arts. 1.789 e 1.846 exprimem a mesma ideia.

O art. 2.156 do Código Civil português enuncia: "Entende-se por legítima a porção de bens de que o testador não pode dispor, por ser legalmente destinada aos herdeiros legitimários" (cf. art. 913 do Código Civil francês; art. 806 do Código Civil espanhol; art. 2.303 do Código Civil alemão; art. 471 do Código Civil suíço; art. 536 do Código Civil italiano; art. 723 do Código Civil peruano; art. 2.444 do Código Civil argentino; art. 1.028 do Código Civil japonês).

Essa reserva hereditária não é conhecida no direito anglo-saxão (Inglaterra, Estados Unidos), que, num individualismo exacerbado, confere liberdade praticamente absoluta para que o indivíduo disponha de seus bens para depois da morte, ainda que tenha descendentes, ascendentes, cônjuge.

Nos países de raiz latina, porém, a liberdade de testar é limitada e tem de observar o instituto da legítima, o testador precisa resguardar o que, por força da lei, é destinado aos herdeiros necessários. A legítima é uma figura que foi construída com base em regras jurídicas, éticas, morais, econômicas, considerando, sobretudo, a necessidade de preservar e defender os interesses da família.

A legítima não pode ser diminuída, rebaixada; a legítima é **intangível**; não se admite sujeitá-la a ônus, encargos, gravames, condições (cf. art. 549 do Código Civil italiano; art. 2.447 do Código Civil argentino); não pode ser objeto de legado, usufruto, fideicomisso, pensão, habitação, ou de outros direitos dessa natureza. Quaisquer determinações que desfalquem a legítima são ineficazes. Se as disposições do testador invadem a legítima, ou excedem à metade disponível, "reduzir-se-ão aos limites dela" (CC, art. 1.967). A redução vem em defesa da legítima, funciona como uma sanção, uma correção, diante do excesso praticado pelo testador, excesso que não é nulo, mas redutível, decotável. Anote-se: são de ordem pública as normas que regulam o direito do herdeiro necessário à legítima.

Pires de Lima e Antunes Varela[2] acentuam que a ideia da defesa da legítima tem uma força correspondente aos interesses de ordem pública

---

[2] LIMA, Pires de; VARELA, Antunes. *Código Civil anotado*. Coimbra: Coimbra Editora, 1988. v. VI, p. 266.

que justificam a sua instituição, apoiada na necessária coesão da sociedade familiar: "recorde-se o *officium pietatis* com que já o tribunal dos centúnviros reagia contra os excessos da liberdade de testar".

3. Como já há pessoas querendo mudar o Código Civil, para retirar do cônjuge a condição de herdeiro necessário, convém advertir que essa qualidade atribuída ao cônjuge não foi fruto do acaso, de mera simpatia, mas o resultado de uma lenta e segura evolução, e já vinha sugerida pelas mais autorizadas vozes da doutrina brasileira, além de representar a solução seguida nas legislações das nações civilizadas, como anteriormente indiquei, embora com algumas variações, diferentes medidas e valores.

O Código Civil brasileiro anterior, de 1916, art. 1.725, previa: "Para excluir da sucessão o cônjuge ou os parentes colaterais, basta que o testador disponha do seu patrimônio, sem os contemplar". Nesse tempo, tanto o cônjuge quanto os colaterais eram herdeiros legítimos, mas não necessários, sendo, pois, facultativos. Para afastar o cônjuge e tais parentes da sucessão, bastava que o testador dispusesse de **todo** o seu patrimônio, sem os contemplar. Se o autor da sucessão fizesse testamento, e deixasse para outras pessoas tudo o que tivesse, estaria excluindo da sua herança o cônjuge e os colaterais. Herdeiros necessários, no regime do Código revogado, eram os descendentes e os ascendentes, e apenas esses parentes em linha reta.

O Código Civil em vigor alterou consideravelmente essa situação ao incluir, ao lado dos descendentes e dos ascendentes, como herdeiro necessário, o cônjuge sobrevivente, razão pela qual o art. 1.850 – que corresponde ao art. 1.725 do Código velho – dispõe: "Para excluir da sucessão os herdeiros colaterais, basta que o testador disponha de seu patrimônio sem os contemplar". Relembro: o companheiro, em nosso ordenamento, passou a ser considerado herdeiro necessário.

4. Pode surgir uma interessante questão de direito intertemporal, na hipótese de um testador, enquanto vigorava o Código Civil de 1916, ter destinado todos os seus bens a outras pessoas, e não ao cônjuge e aos parentes colaterais, vindo a falecer, entretanto, a partir de 11 de janeiro de 2003, num tempo em que já estava em vigor o Código Civil de 2002. *Quid juris?*

Quanto à **forma** desse testamento, aplica-se o que dizia o Código antigo; porém, quanto à **substância** das disposições testamentárias, incide o Código que vigora ao tempo da morte do testador e da abertura da sucessão. A exclusão imotivada do cônjuge já não seria possível, à luz do art. 1.850 da legislação civil em vigor. A disposição só terá total validade e eficácia com relação ao afastamento, pela cláusula testamentária, dos parentes colaterais. Já os direitos sucessórios do cônjuge não podiam ser infirmados daquela forma, por puro arbítrio do testador, por ser a viúva ou o viúvo, atualmente, herdeiro necessário, reservatário, como tal, pertencendo-lhe, de pleno direito, a metade dos bens da herança, constituindo a legítima, e as disposições testamentárias que excederem a parte disponível (que, portanto, invadirem a legítima) reduzir-se-ão aos limites dela (CC, arts. 1.845, 1.846, 1.847, 1.967).

Para aproveitar aquela disposição testamentária, e numa homenagem à vontade do testador, que deve ser respeitada e seguida a todo poder que se possa (*favor testamenti*), teremos de reduzi-la aos limites impostos pelo Código Civil vigente: decota-se a determinação do testador, para preservar a legítima do cônjuge sobrevivente, tendo eficácia a deixa mortuária com relação à metade disponível do testador (CC, art. 1.789). Essa conclusão foi tomada na I Jornada de Direito Civil promovida pelo Conselho da Justiça Federal/Centro de Estudos Judiciários, realizada em Brasília, DF, nos dias 12 e 13 de setembro de 2002, conforme o Enunciado 118: "Art. 1.967, *caput* e § 1.º: o testamento anterior à vigência do novo Código Civil se submeterá à redução prevista no § 1.º do art. 1.967, naquilo que atingir a porção reservada ao cônjuge sobrevivente, elevado que foi à condição de herdeiro necessário".

5. Entretanto, o Código Civil não erigiu o cônjuge à condição de herdeiro necessário, apenas, mas à de herdeiro necessário **privilegiado**, pois concorre com os descendentes e com os ascendentes do *de cujus*, portanto ora está na 1.ª classe dos herdeiros legítimos, concorrendo com os descendentes, ora na 2.ª classe sucessória, concorrendo com os ascendentes, e ocupa, sozinho, a 3.ª classe dos sucessíveis. Essa posição sucessória reconhecida ao cônjuge sobrevivente é um dos grandes avanços do Código Civil, que edita:

> Art. 1.829. A sucessão legítima defere-se na ordem seguinte:
>
> I – aos descendentes, em concorrência com o cônjuge sobrevivente, salvo se casado este com o falecido no regime da comunhão universal, ou no da separação obrigatória de bens (art. 1.640, parágrafo único); ou se, no regime da comunhão parcial, o autor da herança não houver deixado bens particulares;
>
> II – aos ascendentes, em concorrência com o cônjuge;
>
> III – ao cônjuge sobrevivente;
>
> IV – aos colaterais.

A remissão feita no inciso I ao art. 1.640, parágrafo único, não está correta, devendo ser ao art. 1.641.

Alguns autores criticam a opção tomada pelo legislador, prestigiando de forma tão evidente a vocação hereditária do cônjuge, argumentando que isso parece um paradoxo, no momento em que se observa uma crise no casamento, e em que a lei tem facilitado enormemente o desfazimento dos laços, seja com a separação ou o divórcio. A meu ver, a contradição está nesse argumento, pois a lei vem reconhecer a importância do cônjuge na sucessão hereditária, justamente porque se mantinha como cônjuge no momento da abertura da sucessão, e, quando o outro morreu, o casamento persistia como realidade fática e jurídica, resistindo e superando as mencionadas crises, vencendo as dificuldades e obstáculos.

Para se habilitar no inventário dos bens deixados pelo falecido, basta o cônjuge apresentar a certidão do registro do casamento (CC, art. 1.543), e tem provada a sua qualidade para exercer o direito hereditário.

Observe-se que somente é reconhecido direito sucessório ao cônjuge sobrevivente se, ao tempo da morte do outro, não estavam separados judicialmente, nem separados de fato há mais de dois anos, salvo prova, nesse caso, de que essa convivência se tornara impossível sem culpa do sobrevivente (CC, art. 1.830), e esse assunto será abordado. A separação judicial equivale à separação de direito extrajudicial, formalizada por escritura pública (CPC, art. 733).

6. A concorrência do cônjuge sobrevivente com os descendentes (CC, art. 1.829, I) **vai depender do regime de bens do casamento**, não acontecendo se o regime foi o da comunhão universal, ou o da separação obrigatória, mas, com relação a esse regime cogente ou impositivo de separação, vou abordar, logo mais, aspectos controvertidos, como a subsistência da Súmula 377 do STF (comunicam-se os aquestos?) e a própria constitucionalidade do art. 1.641, II, do CC. Conforme as respostas dadas a essas perguntas, da maneira que forem fornecidas soluções às controvérsias, há profunda repercussão no patrimônio dos cônjuges.

Sobre essa questão de a concorrência do cônjuge com os descendentes estar na dependência do regime de bens, devemos estar bem atentos para o seguinte: o Código Civil de 1916 seguiu o vetusto princípio da imutabilidade do regime de bens, afirmando no art. 230: "O regime de bens entre os cônjuges começa a vigorar desde a data do casamento, e é irrevogável". Na Europa, a partir da segunda metade do século XX, o dogma da imutabilidade do regime foi caindo. Na França, o *Code Napoleón*, art. 1.395, consagrava o mandamento clássico da imutabilidade e essa solução se espraiou por todos os códigos modernos, de tradição latina; porém, com a edição da Lei 65-570, de 13 de julho de 1965, o art. 1.397 do Código Civil francês passou a admitir, desde que tenham transcorrido dois anos do casamento, a alteração do regime de bens, por meio de escritura pública, que precisa ser homologada em juízo. Em outros países, do mesmo modo, a regra da imutabilidade foi sendo substituída pela da possibilidade de alteração do regime patrimonial do casamento, como na Itália, na Espanha, na Holanda, na Bélgica. Nos países do sistema germânico, a orientação era oposta à antiga diretriz francesa, sendo francamente admitida a alteração do regime, conforme o BGB, art. 1.408, al. 1, que prevê que os cônjuges podem regular suas relações patrimoniais mediante contrato (*Ehevertrag*), e, especialmente, modificar ou revogar o regime econômico-matrimonial depois da celebração do casamento. Em Portugal, não obstante, o Código Civil em vigor, art. 1.714, manteve o princípio da imutabilidade das convenções antenupciais e do regime de bens resultante da lei, seguindo a solução do antigo Código, de 1867, art. 1.105.

Nosso Código Civil, de 2002, deu uma guinada, e passou a resolver a questão de outra forma, consoante o art. 1.639, § 2.º: "É admissível alteração do regime de bens, mediante autorização judicial em pedido motivado de ambos os cônjuges, apurada a procedência das razões invocadas e ressalvados os direitos de terceiros".

Em decorrência desta nova ordem, isto é, da possibilidade de ser alterado o regime de bens, o que vai determinar se o cônjuge concorre ou não com os descendentes (CC, art. 1.829, I) é o regime de bens do casamento **que vigorar na época da morte do autor da sucessão**. Pode ocorrer, por exemplo, de o cônjuge, inicialmente, não concorrer com os descendentes, porque o regime de bens era o da comunhão universal, mas, posteriormente, esse regime foi trocado, por acordo dos cônjuges, homologado pelo juiz, para o de separação, e assim estava quando um deles morreu e foi aberta a sucessão; em consequência, o cônjuge sobrevivente – outrora casado sob o regime da comunhão universal, e, com a alteração, teve o casamento submetido ao regime da separação de bens – vai concorrer com os descendentes.

6.1. Se o regime foi o da comunhão parcial, a concorrência, **em princípio, não ocorre**, mas dar-se-á se o autor da herança houver deixado bens particulares, **e só com relação a tais bens particulares**. Dos outros bens, que são os comuns, o cônjuge já é meeiro e não há razão para que ainda concorra com os descendentes com relação a esses bens comunitários. Na concorrência do cônjuge sobrevivente e descendentes do *de cujus*, o princípio é: "onde há meação não existe herança". Gustavo Rene Nicolau[3] informa que em uma expressão que reconhece ser pouco sonora e muito didática, o professor da Faculdade de Direito da FAAP (São Paulo) Cláudio Luis Bueno de Godoy define: "Onde o cônjuge herda, não meia; onde meia, não herda" (!).

---

[3] NICOLAU, Gustavo Rene. *Direito civil*: sucessões. São Paulo: Atlas, 2005. p. 85.

6.2. Acho importante chamar a atenção para o seguinte: alguns embaralham, incidem em erro gravíssimo, e é oportuno alertar que não se confundem **meação** e **herança**. A meação é figura do regime de bens, decorre dos regimes chamados comunitários: da comunhão parcial, da comunhão universal (CC, arts. 1.658, 1.660, 1.662, 1.667). A meação não integra o direito sucessório pois preexiste à morte, pertence ao cônjuge por direito próprio, é efeito do regime de bens do casamento. O cônjuge meeiro já é titular da metade ideal dos bens, já é meeiro e não se torna meeiro porque o outro morreu; a viúva (ou o viúvo) pode ser meeira e não ser herdeira, ser herdeira sem ser meeira, e pode ser meeira e herdeira, vai depender do caso. Se, por exemplo, a pessoa casada sob o regime da comunhão universal falece, sua herança vai para os sucessores (herdeiros e legatários), abatida a meação ou ressalvada a meação, que não integra a herança, e pertence ao cônjuge sobrevivente. Se concorrer com ascendentes (CC, arts. 1.829, II, e 1.837), além de meeiro, o cônjuge é herdeiro.

6.3. Contudo, não é pacífico, nem unânime, o parecer de que o cônjuge sobrevivente casado sob o regime da comunhão parcial só vai concorrer com os descendentes quanto aos bens particulares: alerte-se, de passagem, que poucos temas são tranquilos no direito sucessório dos cônjuges. Maria Helena Diniz[4] adverte que se trata de uma questão polêmica, e enuncia que na concorrência com descendente, se o regime de bens foi o da comunhão parcial, não se devem considerar apenas os bens particulares do falecido, mas **todo** o acervo hereditário, "porque a lei não diz que a herança do cônjuge só recai sobre os bens particulares do *de cujus* e para atender ao **princípio da operabilidade,** tornando mais fácil o cálculo para a partilha da parte cabível a cada herdeiro". Além disso, acrescenta, a herança é indivisível, deferindo-se como um **todo unitário**, ainda que vários sejam os herdeiros (CC, art. 1.791 e parágrafo único). Entendem, igualmente, que, nesse caso, a concorrência do cônjuge com os descendentes envolve os bens particulares **e** os comuns, Guilherme Calmon Nogueira da Gama, Inacio de Carvalho Neto, Luiz Paulo Vieira de Carvalho, Mario Roberto Carvalho de Faria, segundo levantamento feito por Francisco José Cahali.[5]

Não obstante opiniões tão autorizadas, mantenho o entendimento supraexposto e que externei desde os primeiros escritos a respeito do tema:

---

[4] DINIZ, Maria Helena. *Curso de direito civil brasileiro*: direito das sucessões. 22. ed. São Paulo: Saraiva, 2008. v. 6, p. 122.

[5] CAHALI, Francisco José; HIRONAKA, Giselda Maria Fernandes Novaes. *Direito das sucessões*. 3. ed. São Paulo: RT, 2007. n. 9.4, p. 189.

o cônjuge sobrevivente, no regime da comunhão parcial, já é meeiro dos bens comuns e não seria justo que ainda viesse a ser herdeiro, concorrendo com os descendentes do *de cujus*, sobre esses bens comuns, além dos particulares, mormente, se não houver filhos comuns, mas filhos só do falecido. A concorrência, no caso, que é admitida como exceção – e exige interpretação angusta, estrita –, só vai ter por objeto os bens particulares que o autor da herança deixou, e assim pensa a doutrina majoritária, e há uma importante decisão, nesse sentido, do Tribunal de Justiça do Rio Grande do Sul, 7.ª Câmara Cível, no Agravo de Instrumento 70013227533, Rel. Des. Ricardo Raupp Ruschel, j. 21.12.2005.

Miguel Reale, coordenador da Comissão de Juristas que elaborou o Anteprojeto do Código Civil, tratando do assunto, dá uma interpretação praticamente autêntica sobre o assunto, relembrando que durante dezenas de anos vigeu no Brasil, como regime legal de bens, o regime da comunhão universal, no qual o cônjuge sobrevivo não concorre na herança, por já ser "meeiro". Com o advento da Lei 6.515, de 26 de dezembro de 1977 (Lei do Divórcio), o regime legal da comunhão no casamento passou a ser o da comunhão parcial, enunciando o mestre: "Ampliado o quadro, tornou-se evidente que o cônjuge, sobretudo quando desprovido de recursos, corria o risco de nada herdar no tocante aos bens particulares do falecido, cabendo a herança por inteiro aos descendentes ou aos ascendentes", concluindo: "Daí a ideia de tornar o cônjuge herdeiro no concernente aos bens particulares do autor da herança".[6]

Se essa compreensão não prevalecer, o cônjuge vai concorrer com os descendentes do hereditando, e com relação a todos os bens da herança, praticamente, em todos os casos em que o regime de bens foi o da comunhão parcial. Leia-se o art. 1.659, que enumera os bens que se excluem da comunhão, e haver-se-á de concluir que é impossível não ter deixado algum defunto um bem particular (considerado, inclusive, seu paletó, com que foi vestido para ser velado...).

Penso que a controvérsia está superada e o tema se encontra resolvido com a decisão tomada pelo STJ, 2.ª Seção, no REsp 1.368.123/SP, Rel. Min. Sidnei Beneti, relator para o Acórdão Min. Raul Araújo, j. 22.04.2015, em que foi sufragado o entendimento de que, nos termos do art. 1.829, I, do Código Civil, o cônjuge sobrevivente, casado no regime de comunhão parcial de bens, concorrerá com os descendentes do cônjuge falecido somente quando este tiver deixado bens particulares, e a referida concorrência dar-se-á

---

[6] REALE, Miguel. *História do Novo Código Civil*. São Paulo: RT, 2005. p. 229.

exclusivamente quanto aos bens particulares constantes do acervo hereditário do *de cujus*.

6.4. A razão de o cônjuge casado sob o regime da comunhão universal de bens não concorrer com os descendentes é o fato de ele já ser meeiro (art. 1.667, regra geral), e, portanto, não seria razoável que ainda fosse disputar os bens da herança com os descendentes do falecido.

Entretanto, pode haver uma situação, nesse regime da comunhão universal, de não existir meação, de o cônjuge não ser meeiro, porque todos os bens são exclusivos, particulares do outro cônjuge, se, por exemplo, são bens herdados ou doados com a cláusula de incomunicabilidade e os sub-rogados em seu lugar (art. 1.668, I). No caso do regime da comunhão parcial, o cônjuge sobrevivente tem direito sucessório, concorrendo com os descendentes, sobre os bens particulares do autor da herança (art. 1.829, I, *in fine*). Na hipótese ora ventilada, do regime da comunhão universal, em que o falecido possuía apenas bens particulares, devia ter previsto o legislador a concorrência do cônjuge sobrevivente com os descendentes, com relação aos bens particulares, até para manter coerência e harmonia com o caso semelhante, quando o regime é o da comunhão parcial. Muitos autores tratam da matéria, mas não há unidade de pensamento.

A opção do legislador, para excluir a concorrência do cônjuge casado sob o regime da comunhão universal de bens com os descendentes, expõe José Luiz Gavião de Almeida,[7] levou em conta que, em regra, o cônjuge já recebeu metade dos bens possuídos pelo casal e, por isso, não se justificava beneficiá-lo ainda mais, em detrimento dos descendentes, mostrando o autor, todavia, que é equivocada a ideia de que o cônjuge, casado pelo regime da comunhão universal de bens, sempre recebe: "Por isso, o dispositivo deve ser entendido no sentido de que ficará ele privado da sucessão concorrente se houver patrimônio comum. Não o havendo, cabe-lhe quota na sucessão dos bens particulares do falecido", concluindo: "Se o sobrevivo participa da partilha dos bens particulares na comunhão parcial, não se justifica diverso tratamento na comunhão universal que só tenha bens particulares". Francisco José Cahali[8] menciona o problema referente ao direito sucessório do viúvo, quando casado no regime da comunhão universal de bens, e o falecido possuir apenas bens particulares, ponderando: "A coerência recomendaria fosse deferida a sucessão ao cônjuge sobre os bens particulares, se a estes for

---

[7] ALMEIDA, José Luiz Gavião de. *Código Civil comentado.* Coordenador Álvaro Villaça Azevedo. São Paulo: Atlas, 2003. p v. XVIII, p. 224.

[8] CAHALI, Francisco José. *Direito das sucessões* cit., p. 169.

restrita a herança do viúvo, a despeito da literalidade do texto ser de diverso conteúdo", e só o futuro dirá qual das posições prevalecerá, conclui o autor.

Abordando a questão, Euclides de Oliveira[9] adverte sobre a hipótese de, no regime da comunhão universal, o cônjuge não ser meeiro, nem herdeiro, por subsistirem bens particulares, e essa peculiaridade, vindo a ser questionada nos tribunais, poderá ensejar solução diversa da prevista na lei, "para que se estenda, em favor do cônjuge casado no regime da comunhão universal, o direito de herança concorrente com descendentes mesmo sobre bens particulares, uma vez que sobre eles não lhe cabe a meação". Flávio Tartuce e José Fernando Simão[10] expõem que, seguindo o **espírito da legislação**, pelo qual, havendo meação, não há concorrência com os descendentes, porque o cônjuge não estará desamparado, parece lógica a opinião dos mestres, segundo a qual, se houver bem particular, apesar de o regime ser o da comunhão universal, deverá haver concorrência sucessória. Maria Berenice Dias,[11] sobre o problema, diz que a doutrina passou a sustentar a possibilidade de deferir o direito de concorrência quanto aos bens particulares, mesmo no regime da comunhão universal, sob o fundamento de que sobre eles não cabe meação, e arremata: "Esta solução, se parece justa, não tem respaldo legal".

Como se vê, a controvérsia é latente, os pareceres são diferentes, as interpretações divergem, não se podendo garantir que uma posição ou a outra haverá de ser a vencedora, no futuro. Mas eu tenho minha própria opinião, e devo manifestá-la: penso que na busca da lógica e da coerência do sistema, considerando o todo orgânico da legislação sobre direito hereditário, inspirado no art. 5.º da Lei de Introdução às Normas do Direito Brasileiro, numa interpretação progressista, teleológica, e, sobretudo, com base no ideal da justiça e da equidade, deve ser admitida a concorrência da viúva ou do viúvo, que foi casado sob o regime da comunhão universal, com os descendentes, se a herança apresenta bens particulares, e quanto a estes, como ocorre se o regime de bens do casamento foi o da comunhão parcial.

6.5. Mário Luiz Delgado diz que cabe fazer uma correção preambular: "grande parte da doutrina vem sustentando que o novo Código Civil teria vinculado, necessariamente, o direito sucessório do cônjuge sobrevivente ao

---

[9] OLIVEIRA, Euclides de. *Direito de herança*: a nova ordem da sucessão. São Paulo: Saraiva, 2005. n. 4.1.3.2, p. 109.

[10] TARTUCE, Flávio; SIMÃO, José Fernando. *Direito civil*: direito das sucessões. 2. ed. São Paulo: Método, 2008. v. 6, p. 169.

[11] DIAS, Maria Berenice. *Manual das sucessões*. São Paulo: RT, 2008. n. 17.1.1, p. 155.

regime matrimonial de bens pactuado. Não é verdade. O regime de bens só influi no direito de concorrência do cônjuge com os descendentes e nada mais. Os demais direitos sucessórios do cônjuge não possuem qualquer vinculação com o regime de bens. Na concorrência com os ascendentes, por exemplo, pouco importa o regime. O direito real de habitação será conferido ao cônjuge sobrevivente independentemente do regime de bens.[12]

6.6. Admitida a concorrência do cônjuge sobrevivente com os descendentes do *de cujus*, observando o que anteriormente foi exposto, ou seja, se o regime de bens do casamento permitir, caberá a ele quinhão igual ao dos que sucederem por cabeça, não podendo a sua quota ser inferior à quarta parte da herança, se for ascendente dos herdeiros com que concorrer (CC, art. 1.832). Essa solução se inspirou no art. 2.139, n. 1, do Código Civil português.

Pelo exposto, se o falecido deixou até três filhos, a partilha se faz por cabeça, dividindo-se a herança, em partes iguais, entre os filhos e o cônjuge. No caso de o *de cujus* possuir quatro filhos, ou mais, e tendo de ser reservada a quarta parte da herança à viúva ou ao viúvo, os filhos repartirão o restante. Por exemplo: o autor da herança tem quatro filhos. Nesse caso, o cônjuge sobrevivente fica com um quarto da herança, e os três quartos restantes são destinados aos quatro filhos; e não haverá igualdade de quinhões, a quota do cônjuge é maior do que a do descendente, a divisão já não é *per capita*, a partilha é irregular.

Entretanto, essa reserva hereditária mínima (1/4), conferida ao cônjuge sobrevivente, pressupõe que esse cônjuge seja também ascendente dos herdeiros com que concorrer, requisito que não é previsto no art. 2.139, n. 1, do Código Civil lusitano. Se o *de cujus* deixou descendentes, dos quais o cônjuge sobrevivente não é ascendente, será obedecida a regra geral: ao cônjuge sobrevivente caberá um quinhão igual ao dos descendentes que sucederem por cabeça, não tendo direito, nesse caso, àquela quota mínima de uma quarta parte da herança.

6.7. E se o falecido possuía filhos com o cônjuge sobrevivente, mas tinha-os, também, com outra pessoa? *Quid juris?* É hipótese que o Código Civil não resolveu, expressamente, e que a doutrina e jurisprudência deverão esclarecer. Nessa hipótese, o cônjuge sobrevivente não é ascendente de **todos** os herdeiros com que está concorrendo. Trata-se de uma filiação **híbrida**,

---

[12] DELGADO, Mário Luiz. Controvérsias na sucessão do cônjuge e do convivente. Uma proposta de harmonização do sistema. In: _____; ALVES, Jones Figueirêdo (Coord.). *Questões controvertidas no direito de família e das sucessões*. São Paulo: Método, 2005. v. 3, p. 431.

para usar expressão de Giselda Hironaka. Parece que, assim sendo, a quota hereditária mínima (1/4) **não é cabível**, fazendo-se a partilha por cabeça entre a viúva ou o viúvo e os descendentes do *de cujus*, e essa opinião tenho manifestado desde os meus primeiros escritos sobre o Código Civil brasileiro e reitero tal entendimento, que considero lógico e justo. Com relação aos descendentes do hereditando, que são, também, descendentes do cônjuge sobrevivente, essa reserva de quota explica-se melhor e defende-se, razoavelmente, pois esses descendentes, teoricamente, receberão, no futuro, o que a viúva ou o viúvo recebeu a mais, atualmente. No entanto, os filhos exclusivos do *de cujus* não têm essa expectativa sucessória com relação à viúva ou viúvo do(a) hereditando(a).

Carlos Roberto Gonçalves[13] menciona a corrente doutrinária que defende a ideia de que, nos casos de filiação híbrida, todos os descendentes deveriam ser tratados como comuns, para fins de **reserva da quarta parte** da herança para o cônjuge sobrevivo, e aponta que tal solução representa, todavia, apreciável prejuízo aos descendentes exclusivos do falecido, "uma vez que, por não serem descendentes do cônjuge com quem concorrem, são afastados de parte considerável do patrimônio exclusivo de seu ascendente falecido". Sílvio de Salvo Venosa[14] observa que o legislador não foi expresso nessa concorrência híbrida, em que há dois grupos de descendentes, e lamenta que essa situação tenha sido deixada em branco pois é comuníssima, são muitíssimas as sucessões que se abrem com filhos comuns e filhos somente do *de cujus*, mas conclui – ao contrário do meu entendimento – que se aplica a garantia de uma quarta parte da herança ao cônjuge, se este concorre com descendentes comuns e descendentes apenas do morto.

6.8. Relembrando o que estatui o citado art. 1.829, I, que regula a concorrência do cônjuge sobrevivente com os descendentes, podemos afirmar que a regra é a concorrência entre eles, que, todavia, não ocorrerá em três hipóteses, expressamente indicadas, e, então, o cônjuge não é chamado à sucessão legítima, **atribuindo-se toda a herança aos descendentes**: a) se o regime de bens do casamento era o da comunhão universal (CC, arts. 1.667 a 1.671); b) se o regime de bens era o da separação obrigatória (CC, art. 1.641, I, II e III); c) se o regime de bens era o da comunhão parcial (CC, arts. 1.640 e 1.658 a 1.666), **sem** que o falecido tenha deixado bens particulares. E deve

---

[13] GONÇALVES, Carlos Roberto. *Direito civil brasileiro*: direito das sucessões. São Paulo: Saraiva, 2007. v. VII, p. 157.
[14] VENOSA, Sílvio de Salvo. *Direito civil*: direito das sucessões. 6. ed. São Paulo: Atlas, 2006. v. 7, p. 129.

ser observado, ainda, o art. 1.830, que indica os casos em que o cônjuge **não tem** o direito de suceder (*infra*, n.13).

6.9. Uma das hipóteses em que o cônjuge sobrevivente não concorre com os descendentes é a de o casamento ter seguido o regime **obrigatório** da separação de bens. Se assim foi, o cônjuge não é meeiro, uma vez que, pelas características desse regime, os bens são incomunicáveis, os patrimônios ficam separados, cada cônjuge é dono, possuidor e administrador exclusivo dos respectivos bens, e, igualmente, não é herdeiro, por expressa determinação do art. 1.829, I, do CC, cabendo todo o espólio aos descendentes do *de cujus*.

Entretanto, há o entendimento de muitos doutrinadores de que, nesse regime da separação cogente, os bens adquiridos onerosamente no curso da sociedade conjugal devem se comunicar.

6.10. Abro um parêntese para noticiar a profunda dissensão doutrinária a respeito da manutenção da Súmula 377 do Supremo Tribunal Federal, que diz: "No regime de separação legal de bens, comunicam-se os adquiridos na constância do casamento". Um dos paladinos da tese que redundou nessa súmula foi o Ministro Philadelpho Azevedo.[15] Em julgados posteriores, moderando essa Súmula, o STJ afirmou que o enunciado da referida Súmula 377 "deve restringir-se aos aquestos resultantes da conjugação de esforços do casal, em exegese que se afeiçoa à evolução do pensamento jurídico e repudia o enriquecimento sem causa".[16] No REsp 341612/CE, STJ, 3.ª Turma, j. 26.06.2003, Rel. Min. Carlos Alberto Menezes Direito (que, depois, integrou o STF), constou na ementa: "Esta Terceira Turma já assentou que 'não violenta regra jurídica federal o julgado que admite a comunhão de aquestos, mesmo em regime de separação obrigatória, na linha de precedentes desta Turma' (REsp 208.640/RS, de minha relatoria, *DJ* 28.05.2001; REsp 138.431/RJ, Relator o Senhor Ministro Waldemar Zveiter, *DJ* 12.03.2001)". Meses depois, em 2 de setembro de 2003, a 4.ª Turma do STJ, REsp 442629/RJ, Rel. Min. Fernando Gonçalves, decidiu: "No regime da separação legal de bens comunicam-se os adquiridos na constância do casamento pelo esforço comum dos cônjuges (art. 259 CC/1916)". No REsp 154.896/RJ, o STJ, 4.ª T., Rel. Min. Fernando Gonçalves, j. 20.11.2003, decidiu que incide a Súmula 377 do STF, acrescentando: "que, por sinal, não cogita de esforço comum, presumido neste caso, segundo entendimento pretoriano majoritário"; no

---

[15] AZEVEDO, Philadelpho. *Um triênio de judicatura*. São Paulo: Max Limonad, 1948. v. 1, n. 130, p. 308.

[16] *RSTJ* 39/413; STJ-*RT* 691/194; STJ-*RF* 320/84; STJ – REsp 138431/RJ, *DJU* 12.03.2001.

mesmo sentido, mandando aplicar a Súmula 377, e ressalvando que não se exige a prova do esforço comum para partilhar o patrimônio adquirido na constância da união, o acórdão do STJ, 3.ª T., REsp 736627/PR, Rel. Min. Carlos Alberto Menezes Direito, j. 11.04.2006.

Comentando a decisão do STJ (4.ª T., REsp 154.896/RJ), supracitada, Érica Verícia de Oliveira Canuto expõe:

> A interpretação que tem sido dada pelos tribunais dos Estados, bem como pelos Tribunais Superiores, significa, em última análise, dizer que, embora a lei imponha um regime de separação de bens, o que acontece, na prática, para fins de direito, segundo a dicção da Súmula n.º 377 do STF, é que todos os bens adquiridos na constância do casamento se comunicam, sem necessidade de comprovação de esforço comum, que, em tal hipótese, se presume.[17]

Na III Jornada de Direito Civil, patrocinada pelo Conselho da Justiça Federal/Centro de Estudos Judiciários, Francisco José Cahali propôs um enunciado, que incidiria sobre o art. 1.641 do CC, com a redação seguinte: "A Súmula 377 do STF não tem mais aplicação a partir da vigência do novo Código Civil", mas a ideia não foi aprovada. Em trabalho doutrinário, Francisco José Cahali já havia defendido a tese de que a Súmula 377 do STF não sobrevive.[18]

Minha concepção é de que a Súmula 377 permanece aplicável, mesmo diante do Código Civil de 2002, até porque está presente o seu principal fundamento: evitar o enriquecimento sem causa de um dos cônjuges.

Assim sendo, embora o cônjuge sobrevivente não concorra com os descendentes se o regime é o da separação obrigatória (CC, art. 1.829, I), pode pleitear a **meação** dos bens adquiridos com o esforço comum após o casamento.

Flávio Tartuce e José Fernando Simão abordam com proficiência o problema em páginas de leitura obrigatória, e chegam a afirmar que se trata

---

[17] CANUTO, Érica Verícia de Oliveira. Contradição no regime da separação absoluta de bens. *Revista Brasileira de Direito de Família*, IBDFAM/Síntese, n. 26, p. 69, out.-nov. 2004.

[18] CAHALI, Francisco José. A Súmula n.º 377 e o novo Código Civil e a mutabilidade do regime de bens. *Revista do Advogado*, São Paulo: AASP, ano XXIV, n. 76, p. 29, jun. 2004.

de uma das questões mais controvertidas do Direito de Família e do Direito das Sucessões. Realmente, a sobrevivência da Súmula 377 do STF é um tema que tem ensejado acesa disputa e ativa controvérsia; por exemplo, José Simão garante que essa Súmula 377 não se aplica mais e Flávio Tartuce assegura, em sentido contrário, que a dita Súmula continua valendo e haverá comunhão dos bens adquiridos a título oneroso na constância do casamento, exigindo-se a prova do esforço comum. E se essa súmula estiver mantida, observam os citados autores, a separação obrigatória não será absoluta:

> Desse modo, haverá bens comuns (adquiridos a título oneroso na constância do casamento) e bens particulares do falecido. Sobre os bens comuns, o cônjuge do falecido terá direito à meação, mas não terá direito à concorrência com os descendentes por força da expressa disposição do art. 1.829, I, do Código Civil. Quanto aos bens particulares do falecido, não terá direito a nada. Caso não tenha mais aplicação a Súmula 377 do STF, a consequência será oposta e a separação obrigatória poderá ser considerada uma **separação absoluta**. Assim, o cônjuge não terá direito à meação, nem à concorrência sucessória com os descendentes.[19]

Opinam, igualmente, pela aplicabilidade da Súmula 377 após o advento do Código Civil de 2002: Cristiano Chaves de Farias e Nelson Rosenvald,[20] Maria Berenice Dias,[21] Maria Helena Diniz,[22] Paulo Lôbo,[23] Rolf Madaleno,[24]

---

[19] TARTUCE, Flávio; SIMÃO, José Fernando. *Direito civil*: direito das sucessões cit., p. 159 e ss.
[20] Cristiano Chaves de Farias e Nelson Rosenvald, *Direito das Famílias*, Rio de Janeiro: Lumen Juris, 2008, p. 221).
[21] DIAS, Maria Berenice. *Manual de direito das famílias*. 4. ed. São Paulo: RT, 2007. n. 14.11, p. 232.
[22] DINIZ, Maria Helena. *Curso de direito civil brasileiro*: direito de família. 23. ed. São Paulo: Saraiva, 2008. v. 5, p. 189.
[23] LÔBO, Paulo Luiz Netto. *Direito civil*: famílias. São Paulo: Saraiva, 2008. n. 17.3, p. 298.
[24] MADALENO, Rolf. *Curso de direito de família*. Rio de Janeiro: Forense, 2008. n. 14.17, p. 606.

José Carlos Teixeira Giorgis,[25] Sérgio Gischkow Pereira,[26] Antonio Elias de Queiroga,[27] Paulo Nader,[28] Milton Paulo de Carvalho Filho,[29] Washington de Barros Monteiro,[30] Dimas Messias de Carvalho,[31] Arnaldo Rizzardo,[32] Ney de Mello Almada,[33] Nelson Nery Junior e Rosa Maria de Andrade Nery,[34] José Antonio Encinas Manfré,[35] Luiz Paulo Vieira de Carvalho.[36]

E há um detalhe sobre esse tema que deve ser apontado: no Projeto de Código Civil, enviado pelo Poder Executivo ao Congresso Nacional em 1975, que, passados longos anos de tramitação, redundou no Código Civil vigente, o dispositivo que estabelecia o regime obrigatório de separação de bens para as pessoas maiores de 60 anos, complementava: "sem a comunhão de aquestos", o que tinha, manifestamente, o propósito de afastar a doutrina consagrada na antiga Súmula 377 do STF. Essa ressalva foi mantida no Projeto aprovado pela Câmara dos Deputados, bem como na redação aprovada no Senado Federal. Entretanto, por ocasião da tramitação final do Projeto, quando retornou à Câmara dos Deputados, a cláusula final "sem a comunhão de aquestos" foi

---

[25] GIORGIS, José Carlos Teixeira. Os direitos sucessórios do cônjuge sobrevivo. *Revista Brasileira de Direito de Família*, IBDFAM/Síntese, n. 29, p. 111, abr.-maio 2005.

[26] PEREIRA, Sérgio Gischkow. *Direito de família*. Porto Alegre: Livraria do Advogado, 2007. n. 8.5, p. 140).

[27] QUEIROGA, Antonio Elias de. *Curso de direito civil*: direito das sucessões. Rio de Janeiro: Renovar, 2005. p. 52.

[28] NADER, Paulo. *Curso de direito civil*: direito de família. Rio de Janeiro: Forense, 2006. v. 5, n. 141.3, p. 439.

[29] CARVALHO FILHO, Milton Paulo de. *Código Civil comentado*. Coordenador Ministro Cezar Peluso. São Paulo: Manole, 2007. p. 1603.

[30] BARROS MONTEIRO, Washington de. *Curso de direito civil*: direito de família. Atualizado por Regina Beatriz Tavares da Silva. 37. ed. São Paulo: Saraiva, 2004. v. 2, p. 220 e nota 10.

[31] CARVALHO, Dimas Messias de. *Direito de família*. Alfenas: Unifenas, 2005. p. 84.

[32] RIZZARDO, Arnaldo. *Direito de família*. 3. ed. Rio de Janeiro: Forense, 2005. p. 662.

[33] ALMADA, Ney de Mello. *Sucessões*. São Paulo: Malheiros, 2006. p. 176.

[34] NERY JUNIOR, Nelson; NERY, Rosa Maria de Andrade. *Código Civil comentado*. 4. ed. São Paulo: RT, 2006. p. 912.

[35] MANFRÉ, José Antonio Encinas. *Regime matrimonial de bens no novo Código Civil*. São Paulo: Juarez de Oliveira, 2003. p. 161.

[36] CARVALHO, Luiz Paulo Vieira de. *Direito das sucessões*. 3. ed. São Paulo: Gen/Atlas, 2017. p. 345.

retirada pelo Relator-Geral, deputado Ricardo Fiuza, ficando, então, o art. 1.641, II, do CC, com a redação que está em vigor. Ricardo Fiuza justificou assim a supressão da fórmula final que o dispositivo trazia:

> Em se tratando de regime de separação de bens, os aquestos provenientes do esforço comum devem se comunicar, em exegese que se afeiçoa à evolução do pensamento jurídico e repudia o enriquecimento sem causa, estando sumulada pelo Supremo Tribunal Federal (Súmula 377).[37]

Carlos Maximiliano[38] adverte que, embora ainda apreciáveis, os materiais legislativos (projetos, exposição de motivos, debates, discussões, relatórios, pareceres, emendas aceitas ou rejeitadas, votos, justificação de votos) têm o seu prestígio em decadência. Em meu livro, *Comentários à Lei de Introdução ao Código Civil*: artigos 1.º a 6.º,[39] enuncio que não é a *mens legislatoris* (intenção do legislador) que interessa; o essencial é a *mens legis* – o espírito, a vontade da lei, o conteúdo finalístico ou teleológico, a razão da lei, atendendo aos fins sociais a que ela se dirige e observando o princípio constitucional da proporcionalidade, razoabilidade ou proibição do excesso.

Na interpretação, o elemento histórico (*occasio legis*) não tem, hoje, como já teve no passado, a sedução e a importância dos outros elementos interpretativos da lei – lógico, sistemático, teleológico. Entretanto, isso não quer dizer que ele não tenha valor algum. Tem, sim, especialmente nesse nosso caso, em que a subtração de cláusula restritiva num dispositivo foi fruto de uma emenda parlamentar seguida de votação. Parece que, assim sendo, a pesquisa da *mens legislatoris*, a investigação dos materiais legislativos pode ter serventia, mormente quando a norma foi recentemente aprovada, considerando-se que, quanto mais antiga é a norma escrita, para interpretá-la, alcançar o seu sentido, revelar o seu alcance, menos se recorre aos materiais legislativos.

6.11. O art. 1.829, I, do Código Civil – continuando a análise dele – afirma que não há concorrência sucessória do cônjuge sobrevivente com os descendentes do *de cujus*, se era casado no regime da separação obrigatória

---

[37] FIUZA, Ricardo. Relatório Geral, p. 487. Parecer sobre a Emenda n. 251.
[38] MAXIMILIANO, Carlos. *Hermenêutica e aplicação do direito*. 9. ed. Rio de Janeiro: Forense, 1984. n. 151, p. 143.
[39] VELOSO, Zeno. *Comentários à Lei de Introdução ao Código Civil*: artigos 1.º a 6.º. 2. ed. Belém: Unama, 2006. n. 34, p. 87.

de bens. A lei não deixa margem para a livre escolha, nem permite que incida o regime supletivo e, ao contrário, impõe o regime da separação de bens nos casos dos três incisos do art. 1.641, ou seja, no casamento das pessoas que não observaram as causas suspensivas da celebração do matrimônio (CC, art. 1.523), da pessoa maior de 70 anos de idade, e de todos os que dependerem, para casar, de suprimento judicial.

O legislador, como se verifica, cominou um ônus aos que se casaram, naquelas circunstâncias. Não há comunicação dos bens, os patrimônios ficam separados durante a existência da sociedade conjugal, e não quer o Código Civil que o cônjuge sobrevivente, concorrendo com os descendentes do *de cujus*, venha a receber bens que eram deste, como que frustrando ou burlando a sanção que havia vigorado durante a vida do casal. O patrimônio que permaneceu incomunicável em vida não deve mudar de situação depois da morte, pelo menos com relação aos descendentes do falecido, que ficarão com todos os bens que ele deixou, sem ter que dividi-los com o cônjuge sobrevivente. Se não há descendentes, mas o falecido deixou ascendentes, já não incidirá a regra que veda a concorrência: mesmo que casado no regime da separação obrigatória, o cônjuge concorre com os ascendentes.

Quanto ao inciso II do aludido art. 1.641, que ordena o regime obrigatório da separação da pessoa maior de 70 anos, acabei de falar da questão referente à manutenção da Súmula 377 do Supremo Tribunal Federal, que modera o dispositivo legal, além de outros aspectos. Contudo, há outro problema, maior e mais complexo, que precisa ser enfrentado: o próprio art. 1.641, II, não é **inconstitucional**? Ele não entra em rota de colisão com os princípios e fundamentos da Constituição Federal de 1988?

6.12. A maioria torrencial, a quase unanimidade de nossos autores emite parecer no sentido de que esse art. 1.641, II, do Código Civil viola a ordem constitucional em vigor. Um dos que, pioneiramente, atacaram a solução brasileira foi o mestre João Baptista Villela, ainda à luz do Código anterior, advertindo que outro ponto em que a autodeterminação patrimonial dos cônjuges sofre injusto limite do direito brasileiro está na obrigatoriedade do regime da separação de bens para pessoas que já tenham alcançado determinada idade. Custa crer que como argumento para essa "odiosa discriminação" se tenha considerado que, a tais idades, as pessoas já não se casam "por impulso afetivo" (está se referindo ao argumento de Clóvis Beviláqua). A afetividade, enquanto tal, não é um atributo da idade jovem. O idoso, só por ser idoso, não é civilmente incapaz. Portanto, não tem contra si a presunção de que lhe faltem os atributos de consciência e volição necessários ao consentimento matrimonial em todas as suas dimensões e com todas as suas consequências, arrematando: "A proibição, na verdade, é bem um reflexo da postura patrimonialista do Código e constitui mais um dos ultrajes gratuitos que a nossa cultura inflige à terceira idade".[40] Convém advertir que esse grande pensador apresentou a citada crítica há muitos anos, quando estava longe de ingressar na faixa etária denominada "terceira idade" (que Juca Chaves, o consagrado poeta e comediante, chama de "seminovos"); portanto, Villela, escrevendo naquele tempo, não pode ser acusado de estar "advogando em causa própria".

Silvio Rodrigues, quanto ao regime obrigatório da separação por causa da idade dos nubentes, diz que é uma restrição que se mostra atentatória da liberdade individual e que a tutela excessiva do Estado sobre pessoa maior e capaz decerto é descabida e injustificável, expondo o mestre, com a experiência de jurista prático e advogado militante: "talvez se possa dizer que uma das vantagens da fortuna consiste em aumentar os atrativos matrimoniais de quem a detém", concluindo que não há inconveniente social de qualquer espécie em permitir que um sexagenário ou uma sexagenária ricos se casem pelo regime da comunhão, se assim lhes aprouver.[41]

Analisando o mencionado art. 1.641, II, do CC, Paulo Luiz Netto Lôbo entende que "essa hipótese é atentatória do princípio constitucional da dignidade da pessoa humana, por reduzir sua autonomia como pessoa e constrangê-la à tutela reducionista, além de estabelecer restrição à liberdade de contrair matrimônio, que a Constituição não faz. Consequentemente, é inconstitucional esse ônus", invocando o autor a Ap. 007.512.4/2-00, 2.ª Câmara de Direito Privado do Tribunal de Justiça de São Paulo, Rel. Des. Cezar Peluso, j. 18.08.1998, do qual já falamos, que decidiu que o art. 258, parágrafo único, II, do Código Civil de 1916 – que corresponde ao atual art. 1.641, II, do CC – não foi recepcionado pela Constituição de 1988.[42]

Destaco, ainda, nesse sentido, a lição de Silmara Juny Chinelato: "Entender que a velhice – e com ela, infundadamente, a capacidade de raciocínio – chega aos 60 anos é uma forma de discriminação, cuja inconstitucionalidade deveria ser arguida tanto em cada caso concreto como em ação direta

---

[40] VILLELA, João Baptista. Liberdade e Família, Comunicação à VIII Conferência Nacional da Ordem dos Advogados do Brasil (Manaus-AM, 18 a 22 de maio de 1980). *Revista da Faculdade de Direito da UFMG*, Belo Horizonte, p. 35-36, 1980.

[41] RODRIGUES, Silvio. *Direito civil*: direito de família. 28. ed. atualizada por Francisco José Cahali. São Paulo: Saraiva, 2004. n. 68, v. 6, p. 144-145.

[42] Cf. LÔBO, Paulo Luiz Netto. *Código Civil comentado*. Coordenador Álvaro Villaça Azevedo. São Paulo: Atlas, 2003. v. XVI, p. 242.

de inconstitucionalidade", afirmando a autora que o art. 1.641, II, do CC representa afronta ao inciso I do art. 5.º e ao § 5.º do art. 226, ambos da Constituição Federal, bem como ao princípio da dignidade da pessoa humana, consagrada no inciso III do art. 1.º da CF.[43] A autora escrevia ao tempo em que a idade prevista para a incidência do regime obrigatório da separação de bens era de 60 anos; atualmente, a idade mencionada é de 70 anos. Fredie Didier Júnior e Cristiano Chaves de Farias, com relação ao indigitado art. 1.641, II, garantem que se trata de dispositivo legal inconstitucional, ferindo frontalmente o fundamental princípio da dignidade da pessoa humana.[44] Carlos Roberto Gonçalves segue o mesmo rumo.[45]

Preciso deixar registrada, neste escrito, a lição de outro grande jurista, Rodrigo da Cunha Pereira, um dos idealizadores e fundadores do Instituto Brasileiro de Direito de Família (IBDFAM), que em 2017 está completando 20 anos, sendo o seu presidente nacional, e não há quem não proclame que o IBDFAM é uma instituição vitoriosa, respeitada, acatada, que vem disseminando ideias renovadoras, éticas, imprimindo concepções democráticas e transformadoras ao estudo e desenvolvimento do Direito de Família, em nosso país, combatendo preconceitos, hipocrisias e discriminações que teimosa e perversamente persistem, violando, inclusive, as linhas mestras, os fundamentos, os princípios da Constituição Federal, e esse autor expõe que no âmbito das relações de família, em que se ampliou o campo de aplicação da autonomia privada, deve ser aplicado o princípio da mínima intervenção do Estado, e que não foi uma boa solução para a questão da idade que limita a livre escolha do regime de bens, e, pelo contrário, significa uma semi-interdição à capacidade do sujeito e afronta o princípio da autonomia, sendo indigno atribuir essa incapacidade a alguém apenas por ter completado 60 (atualmente, 70) anos de idade e tal concepção – conclui, "é ainda um resquício da ordem jurídica patrimonializada ainda que passasse por cima da dignidade da pessoa".[46]

---

[43] CHINELATO, Silmara Juny. *Comentários ao Código Civil*. Coordenador Antônio Junqueira de Azevedo. São Paulo: Saraiva, 2004. v. 18, p. 290.

[44] DIDIER JÚNIOR, Fredie; FARIAS, Cristiano Chaves de. *Comentários ao Código Civil brasileiro*. Coordenadores Arruda Alvim e Thereza Alvim. Rio de Janeiro: Forense, 2005. v. XV, p. 57.

[45] GONÇALVES, Carlos Roberto. *Direito civil brasileiro*: direito de família. São Paulo: Saraiva, 2005. v. VI, p. 408.

[46] PEREIRA, Rodrigo da Cunha. *Princípios fundamentais norteadores para o direito de família*. Belo Horizonte: Del Rey, 2006. n. 4.3, p. 144.

As críticas contundentes ao art. 1.641, II, do CC se apresentam e multiplicam nas obras de distintos e respeitáveis civilistas nossos, e vou indicar mais cinco deles apenas para não correr o risco de preencher todo este trabalho com uma infinidade de outras citas: Euclides de Oliveira,[47] Maria Berenice Dias,[48] Maria Helena Diniz,[49] Caio Mário da Silva Pereira,[50] Gustavo Tepedino.[51]

Posso concluir, com toda a segurança, que quem quiser se utilizar do controle difuso de constitucionalidade das leis, para afastar, no caso concreto, a incidência e aplicação do art. 1.641, II, do CC, além daquele importante precedente do TJSP, de que foi relator o Desembargador Cezar Peluso – quando vigorava o Código Civil de 1916 –, e de outras decisões, no mesmo sentido,[52] pode invocar um número impressionante de doutrinadores que defendem abertamente a tese de que o aludido dispositivo viola princípios fundamentais, como o da dignidade da pessoa humana, da igualdade, sendo, portanto, perdidamente inconstitucional.

E qual o **efeito prático** da declaração de inconstitucionalidade do art. 1.641, II, do CC, com relação ao caso concreto em que a questão foi suscitada? O casamento que ficou submetido ao regime da separação obrigatória, por força daquele dispositivo, perde a sustentação legal que atribuiu essa restrição, e, consequentemente, o casamento considera-se celebrado pelo regime supletivo, da comunhão parcial de bens, inclusive no que pertine ao direito hereditário entre os cônjuges.

6.13. Em Roma, na legislação matrimonial de Augusto, as chamadas leis caducárias (*lex Julia et Papia Poppaea*) estabeleciam uma idade máxima para casar – 60 anos e 50 anos, respectivamente, para o homem e para a mulher, embora haja controvérsias quanto a este assunto, informando os romanistas

---

[47] OLIVEIRA, Euclides de. *Direito de herança*: a nova ordem da sucessão cit., p. 96.

[48] DIAS, Maria Berenice. *Manual das sucessões* cit., p. 156.

[49] DINIZ, Maria Helena. *Curso de direito civil brasileiro*: direito das sucessões cit., p. 187.

[50] PEREIRA, Caio Mário da Silva. *Instituições de direito civil*: direito de família. 14. ed. atualizada por Tânia da Silva Pereira. Rio de Janeiro: Forense, 2004. v. V, n. 400, p. 194.

[51] TEPEDINO, Gustavo. Controvérsias sobre regime de bens no novo Código Civil. *Revista Brasileira de Direito das Famílias e Sucessões*, Magister/IBDFAM, n. 2, p. 13, fev.-mar. 2008.

[52] TJSP, 10.ª Câmara de Direito Privado, Ap. 74.788 – 4/6, Rel. Des. Paulo Menezes, j. 13.04.1999; TJRS, 7.ª Câmara Cível, Apelação Cível 70004348769, Rel. Des. Maria Berenice Dias, j. 27.08.2003.

que essas leis não tiveram nenhuma influência sobre os costumes; desde sua promulgação, foram recebidas com grande impopularidade; na prática, suas regras eram descumpridas, sendo progressivamente revogadas nos séculos IV e V ou caíram em desuso, mas só acabaram definitivamente revogadas pelo Imperador Justiniano.[53] Sobre o assunto, A. Santos Justo[54] expõe:

> Procurando aumentar a população e combater a corrupção dos costumes que minava a sociedade romana no início do Principado, Augusto ditou a *lex Iulia de maritandis ordinibus*, no ano 18 a.C, e a *lex Papia Poppaea*, no ano 9, conhecidas por *leges Iulia et Papia*.

Os códigos modernos só fixam um limite *mínimo* de idade para a celebração do casamento, a *aetas nubilis,* ou seja, a idade nupcial (no Brasil, 16 anos, tanto para o homem quanto para a mulher, conforme o art. 1.517 do CC). Não há indicação legal de limite extremo, de idade *máxima,* não sendo proibido o casamento de pessoas idosas, por mais velhas que sejam. A idade avançada não é impedimento para o casamento, nem mesmo uma grande diferença de idade entre os nubentes. A partir de 1859, contratado pelo Governo Imperial do Brasil, nosso maior civilista, Teixeira de Freitas, começou a redigir o Projeto de Código Civil, denominado pelo autor, singelamente, "Esboço", que, no art. 80, afirmava: "A velhice só por si não é prova de alienação mental"; e vale recordar, de passagem, que não chegou a bom termo, não foi bem-sucedida, infelizmente, a tentativa de se dotar o País de um Código Civil, a partir do projeto elaborado por Freitas, que, todavia, foi frutificar em terras estrangeiras, e essa triste passagem da história do Direito brasileiro é contada com minúcias e riqueza de detalhes por Sílvio Meira, num livro esplendoroso: *Teixeira de Freitas*: o jurisconsulto do Império.[55]

---

[53] Cf. CHAMOUN, Ebert. *Instituições de direito romano*. 2. ed. Rio de Janeiro: Forense, 1954. p. 146; MOREIRA ALVES, José Carlos. *Direito romano*. 2. ed. Rio de Janeiro: Forense, 1972. v. II, n. 296, p. 323; PETIT, Eugène. *Tratado elemental de derecho romano*. Tradução de D. José Ferrández Gonzáles, México: Epoca, 1977. n. 636 e s.; KASER, Max. *Direito privado romano*. Trad. de Samuel Rodrigues e Ferdinand Hämmerle. Lisboa: Fundação Calouste Gulbenkian, 1999. § 58, IV, 8, p. 323.

[54] JUSTO, A. Santos. *Direito privado romano*: direito de família. Coimbra: Coimbra Editora, 2008. v. IV, n. 23, p. 80.

[55] MEIRA, Sílvio. *Teixeira de Freitas*: o jurisconsulto do Império. 2. ed. Brasília: Cegraf, 1983.

O professor argentino Guillermo A. Borda[56] expõe que não existe limite máximo de idade para contrair casamento: "Tampoco es impedimento la diferencia de edad entre los contrayentes, por más chocante que sea", e, a título de curiosidade, recorda que o *Fuero Juzgo* estabelecia que mulheres de idade avançada não devessem se casar com homens de pequena idade, e o velho Código Civil peruano fixava como limites máximos 65 anos para o homem e 55 para a mulher.

6.14. Entretanto, ao admitir que se casem os idosos, nosso Código Civil não lhes permite escolher, livremente, o regime de bens do casamento e, a título de "protegê-los", impõe o regime da separação. Não se pode deixar de concluir que se trata de uma *capitis deminutio*, uma limitação na liberdade, um rebaixamento de categoria, uma diminuição da capacidade da pessoa, sem que a discriminação tenha alguma base, a não ser a presunção de que o idoso está senil, não tem condições de resolver por si só a respeito de seus interesses patrimoniais, carecendo da intervenção do Estado para a sua "defesa".

Como se depreende, nosso legislador não crê na sinceridade dos amores crepusculares, desconfia da veracidade das paixões tardias, duvida da autenticidade dos ardores vespertinos, suspeita da honestidade de quem se relaciona afetivamente com pessoa de idade avançada, e na base de sua odiosa e controvertida norma restritiva de direitos está a convicção de que o idoso se acha carente, debilitado emocionalmente, ainda que seja lúcido e plenamente capaz para todos os demais atos da vida civil, todavia, no que toca à sua vida amorosa, apresenta-se caduco, conforme essa ótica perversa, sendo vítima potencial de quem deseja casar-se como investimento econômico, para enriquecer fácil e rapidamente, dando o que se chama "golpe do baú".

6.15. Retornando à leitura e interpretação do art. 1.829, I, do CC, e já sabendo quando **não há** concorrência sucessória entre descendentes e cônjuge – observadas as questões suscitadas *supra* –, podemos concluir que **haverá, então, concorrência** entre o cônjuge sobrevivente e os descendentes do *de cujus* no regime da separação convencional de bens (CC, arts. 1.687 e 1.688), no regime da participação final nos aquestos (CC, arts. 1.672 e s.) e no regime da comunhão parcial de bens, se o autor da herança deixou bens particulares (quanto a tais bens), observando-se o que disse antes, quando falei na hipótese de o casamento estar submetido ao regime da comunhão universal, mas o *de cujus* deixou bens particulares, que, portanto, não se comunicaram.

---

[56] BORDA, Guillermo A. *Tratado de derecho civil*: família – I. 9. ed. Buenos Aires: Perrot, 1993. n. 77, p. 91.

6.16. Para bem fixar o entendimento, relembre-se: o Código Civil, art. 1.829, I, indicou, expressamente, os regimes de bens do casamento em que **não** ocorre a concorrência sucessória do cônjuge com os descendentes, e não está citado o regime da separação convencional, razão pela qual só se pode chegar a uma conclusão: há concorrência entre o cônjuge e os descendentes se o casamento seguiu esse regime da separação convencional, referido no art. 1.687.[57]

Não obstante, Miguel Reale[58] expõe: "Em um código os artigos se interpretam uns pelos outros", eis a primeira regra de hermenêutica jurídica estabelecida pelo jurisconsulto Jean Portalis, um dos principais elaboradores do Código Napoleão", e, numa interpretação sistemática, compreensiva, opina que a expressão "separação obrigatória", constante no art. 1.829, I, do CC devia compreender a separação de bens decorrente de pacto antenupcial celebrado pelos nubentes, como autoriza o art. 1.639 do CC, de forma que, tanto no regime de separação mencionado no art. 1.641 como no de separação previsto no art. 1.687, o cônjuge **não** concorreria com os descendentes, pois as duas são hipóteses de separação obrigatória, argumentando que, se o cônjuge casado no regime de separação de bens fosse considerado herdeiro necessário do autor da herança,

> [...] estaríamos ferindo substancialmente o disposto no art. 1.687, sem o qual desapareceria todo o regime de separação de bens, em razão de conflito inadmissível entre esse artigo e o art. 1.829, I, fato que jamais poderá ocorrer numa codificação à qual é inerente o princípio da unidade sistemática.

Ficou minoritário, entretanto, este parecer, que só pode prosperar se houver a intervenção do legislador, para mudar o art. 1.829, I, eliminando o adjetivo "obrigatória" depois da palavra separação. Além do mais, o argumento do nosso eminente mestre prova demais: se o *de cujus* não tem descendentes, nem ascendentes, o herdeiro é o cônjuge, ocupante da 3.ª classe dos sucessores legítimos, sendo-lhe deferida a sucessão por inteiro (CC, art. 1.838),

---

[57] Nesse sentido, já foi decidido: TJSP, 3.ª Câmara de Direito Privado, AI 313.414-4/1, Rel. Des. Flávio Pinheiro, j. 04.11.2003, *DOESP* 16.12.2003; TJRS, 7.ª Câmara Cível, AI 70020919817, Rel. Des. Sergio Fernando de Vasconcelos Chaves, j. 24.10.2007; TJRS, 8.ª Câmara Cível, AI 70021504923, Rel. Des. José Ataídes Siqueira Trindade, j. 11.12.2007.

[58] REALE, Miguel. O cônjuge no novo Código Civil. *O Estado de S. Paulo*, 12 abr. 2003, p. 2, e no livro *História do Novo Código Civil* cit., p. 229.

independentemente do regime de bens; portanto, ainda que o regime seja o da separação absoluta, o cônjuge afasta, no caso, os irmãos e outros colaterais do falecido. Não se misturam os dois planos, os dois momentos: o regime de bens, que perdura enquanto vivos marido e mulher e presente a sociedade conjugal, e a sucessão *mortis causa*, que tem suas próprias regras e princípios. Em suma: não é pelo fato de o regime de bens ser o da separação, tornando incomunicáveis os bens de cada cônjuge, fazendo com que os patrimônios sejam autônomos, apartados, desligados, enquanto persiste o casamento, que se deva esticar essa situação além da vida, para que, na sucessão por causa da morte, a solução seja a mesma. Sem uma lei que determine expressamente, não se pode afirmar que o cônjuge cujo regime foi o da separação convencional vai deixar de ser, por isso, herdeiro necessário do outro, e não concorrerá com os descendentes.

Num primeiro momento, julgando o REsp 992.749/MS, 3.ª T., Rel. Min. Nancy Andrighi, j. 1.º.12.2009, o STJ decidiu que o regime da separação obrigatória de bens, previsto no art. 1.829, I, do Código Civil é gênero que congrega duas espécies: separação legal e separação convencional, uma decorre da lei e outra da vontade das partes, e ambas obrigam os cônjuges, uma vez estipulado o regime da separação de bens, à sua observância:

> Não remanesce, para o cônjuge casado mediante separação de bens, direito à meação, tampouco à concorrência sucessória, respeitando-se o regime de bens estipulado, que obriga as partes na vida e na morte. Nos dois casos, portanto, o cônjuge não é herdeiro necessário.

Embora ressalvando minha grande admiração e respeito pela Ministra Nancy Andrighi, insurgi-me contra essa decisão, que, a meu ver, violava texto expresso de lei e confundia regime de bens – que se aplica durante a vida do casal – com sucessão hereditária – que se abre diante da morte.

Entretanto, o Tribunal da Cidadania evoluiu daquele posicionamento inicial e reformulou o entendimento a respeito da matéria. No REsp 1.472.945/RJ, 3.ª T., Rel. Min. Ricardo Villas Bôas Cueva, j. 23.10.2014, decidiu que o art. 1.829, I, do Código Civil é norma de ordem pública, que não pode ser contrariada pelas partes, não tendo sido a separação convencional arrolada entre as exceções de não concorrência. Ou seja, no regime da separação convencional de bens, o cônjuge sobrevivente concorre com os descendentes do falecido, ao contrário do que ocorre no regime da separação obrigatória.[59]

---

[59] Cf. REsp 1.430.763/SP, 3.ª T., Relator para o Acórdão Min. João Otávio de Noronha, j. 19.08.2014.

Depois, a Segunda Seção do STJ consolidou esse entendimento, afirmando que no regime da separação convencional de bens o cônjuge sobrevivente concorre na sucessão *causa mortis* com os descendentes do autor da herança, e a concorrência é afastada apenas quanto ao regime da separação legal de bens prevista no art. 1.641 do Código Civil.[60]

6.17. Pode ocorrer de os bens do *de cujus*, além do efeito próprio do regime da separação, terem sido gravados com a cláusula de incomunicabilidade. Essa cláusula restritiva tem de ser imposta em doação ou testamento – não pode ser estabelecida numa compra e venda ou em outro ato oneroso de aquisição –, e, por força da mesma, o bem respectivo permanece no patrimônio do beneficiado, em propriedade exclusiva, sem constituir coisa comum, no caso de ser casado ou vir a casar-se sob o regime da comunhão de bens.[61]

Falando dessa cláusula, Silvio Rodrigues[62] acha que é disposição protetiva de alto alcance e visa garantir o herdeiro contra a incerteza do futuro, dando como exemplo o do pai cuja filha não se quer casar pelo regime da separação de bens:

> Receando que, com a separação, os bens por ela trazidos sejam divididos com o marido, ou que, com a pré-morte do marido, os mesmos bens sejam partilhados com os herdeiros dele, o pai determina a incomunicabilidade da legítima, impedindo, desse modo, que se estabeleça comunhão sobre tais bens. Assim, no caso de dissolução da sociedade conjugal, os bens continuarão no patrimônio exclusivo do herdeiro, de onde, aliás, nunca saíram. Trata-se de bens próprios de um dos cônjuges, que não entram na comunhão (CC, art. 1.688, I).

Estabelecer tal cláusula, se o regime do casamento é da separação, representa *bis in idem*, ou seja, redundância, repetição, enfim, uma superfetação, pois o que caracteriza esse regime é, exatamente, o fato de os bens dos cônjuges ficarem incomunicáveis. No entanto, o que pretende estabelecer a cláusula de incomunicabilidade pode estar imaginando que a pessoa a quem

---

[60] REsp 1.382.170, Rel. Min. Moura Ribeiro, Relator para o Acórdão Min. João Otávio de Noronha, j. 22.04.2005.

[61] Cf. MALUF, Carlos Alberto Dabus. *Cláusulas de inalienabilidade, incomunicabilidade e impenhorabilidade*. 4. ed. São Paulo: RT, 2006. n. 8, p. 52.

[62] RODRIGUES, Silvio. *Direito civil*: direito das sucessões. São Paulo: Saraiva, v. 7, n. 63, p. 128.

se destinam os bens pode ser, hoje, casada sob o regime da separação, mas atualmente é admitida a alteração do regime de bens, observados os requisitos do art. 1.639, § 2.º, do Código Civil. Além do mais, o que é casado no regime da separação pode enviuvar ou divorciar-se e casar de novo, dessa vez no regime da comunhão universal.

O que importa assinalar, para o estudo que estamos fazendo, é que no regime da separação convencional, ainda que os bens tenham sido também declarados incomunicáveis, por força de um ato gratuito (doação, testamento), essa cláusula restritiva vale e tem eficácia na constância do matrimônio, portanto em vida dos cônjuges, mas a disposição não se perpetua, projetando-se *post mortem*, e a viúva ou o viúvo vai, sim, nesse caso, concorrer com os descendentes do falecido.

6.18. Muitas pessoas que se casaram pelo regime convencional da separação absoluta de bens e que celebraram, portanto, o competente pacto antenupcial, mostram-se revoltadas e mesmo "traídas", diante da solução trazida pelo Código Civil de 2002, argumentando que elegeram aquele regime justamente porque queriam que não houvesse jamais qualquer comunicação de bens entre os cônjuges, e assim continua sendo em vida do casal, mas, com a morte de um deles, o sobrevivente vai concorrer com os filhos do *de cujus*.

Essa solução legal, porém, considerou a circunstância de que os patrimônios eram separados, independentes, não havendo meação, razão pela qual, com o fim do casamento, e para evitar que o cônjuge sobrevivente ficasse desamparado, previu-se a concorrência sucessória deste com os filhos do falecido (CC, arts. 1.829, I, e 1.832). O que se tem de distinguir é que a separação convencional de bens faz com que os bens não se comuniquem durante o casamento, estando vivos os cônjuges, o que não significa que a mesma solução seja mantida em caso de morte de um deles, quando as regras aplicáveis são de direito sucessório, com outra ótica e ideologia, diferentes razão e ponto de vista.

6.19. Com o intuito de socorrer casais que não querem que incida a sucessão hereditária entre eles, e para superar o impasse, resolver a questão, tomei conhecimento de pactos antenupciais que estão sendo celebrados por nubentes, estabelecendo a separação de bens, mas com a cláusula especial de que **não** haverá sucessão hereditária entre os futuros cônjuges, ou de contratos pós-nupciais, em que os cônjuges, casados sob o regime da separação de bens, estatuem que **não** haverá sucessão hereditária entre eles.

Penso, *data venia*, que, em ambos os casos, o acordo não terá eficácia alguma, até porque são contratos enfermados de nulidade absoluta. O pacto antenupcial contém convenção que contraria disposição absoluta de lei e, por isso, é nulo (CC, art. 1.655). Por sua vez, o contrato celebrado pelo marido e pela mulher, afastando o direito sucessório recíproco, sendo o matrimônio regido pela separação de bens, nulo também é, sendo inválida e ineficaz cláusula que pretende derrogar norma de ordem pública. Pode-se invocar, aqui, o milenar brocardo de Papiniano, constante no Digesto (L. 2, tít. 14, frag. 38): *Jus publicum privatorum pactis mutari non potest* = As convenções dos particulares não podem mudar o direito público, entendendo-se, modernamente, como "Jus publicum", tanto as leis de direito público como as normas de direito privado, de **ordem pública**.

6.20. E não é possível por via de testamento afastar totalmente o cônjuge sobrevivente dessa concorrência com os filhos do autor da sucessão, pois o cônjuge, no direito vigente no Brasil, não é mais herdeiro facultativo, mas necessário (CC, art. 1.845). O máximo que poderá fazer o testador casado sob o regime da separação convencional (CC, arts. 1.639 e 1.687), e tendo descendentes, é dispor da **metade** de seus bens, determinando, por exemplo, que esta venha a pertencer aos seus filhos, como autoriza o art. 1.789 do Código Civil; mas a outra metade é a **legítima** dos herdeiros necessários e vai caber ao cônjuge sobrevivente em concorrência com os filhos (CC, arts. 1.845, 1.846, 1.829, I, e 1.832). Com essa providência, se não exclui, o cônjuge testador limita, diminui a herança do outro cônjuge.

Vale recordar que na ordem jurídica brasileira, como nos países filiados ao *civil law* – sistema romano-germânico, a liberdade de testar não é ilimitada, irrestringida, se o autor da sucessão possui herdeiros necessários, pois, nesse caso, só poderá dispor por testamento da **metade** de seus bens, correspondendo a outra metade à **legítima**, que pertence aos herdeiros necessários, de pleno direito (cf. arts. 1.789, 1.845, 1.846, 1.857, § 1.º, e 1.967 do CC).

Em Roma, pela Lei das XII Tábuas, era ilimitada a liberdade de testar, e o testador podia distribuir em legados todo o seu patrimônio, com base no preceito: *Uti legassit suae rei, ita jus esto* = O que dispuser sobre os seus bens, assim seja lei.[63] Sobre essa absoluta liberdade de testar, nos primórdios do direito romano, há controvérsias, e os romanistas assumem posições divergentes. Nesse ponto, aliás – e aqui todos concordam –, foi intensa e construtiva a atuação dos pretores. No ano 40 antes de Jesus Cristo surgiu a Lei Falcídia, que ao tempo de Justiniano continuava em vigor (Dig. 35, 2, 1 pr.), e, segundo ela, o testador só podia dispor, para legados, de três quartos da herança, cabendo a quarta parte restante (que ficou conhecida como quarta Falcídia), de pleno

---

[63] Cf. CARRILHO, Fernanda. *A Lei das XII Tábuas*. Introdução do professor Eduardo Vera-Cruz Pinto. Coimbra: Almedina, 2009. p. 48.

direito, ao herdeiro.[64] Se algum legado excedesse à quarta, seria reduzido, e, se há mais de um legado, todos deveriam ser reduzidos, proporcionalmente. A quarta Falcídia de outrora corresponde, hoje, em nosso direito, à metade dos bens, que representa a legítima (*supra*, n. 2).

6.21. Até este ponto da exposição, todavia, só estão mencionados os regimes de bens **típicos**, nominados, regulados no Código Civil. Entretanto, como já ocorria ao tempo do Código Civil revogado, vigora no direito brasileiro, nessa matéria, o princípio da liberdade de convenção. Edita o art. 1.639 do CC: "É lícito aos nubentes, antes de celebrado o casamento, estipular, quanto aos seus bens, o que lhes aprouver". Em regra, portanto, o estatuto patrimonial do casamento não é imposto pela lei. Ao contrário, como atuação da autonomia de suas vontades, para atender suas aspirações, projetos, conveniências e interesses econômicos, os nubentes podem decidir, como bem lhes aprouver, a respeito de seus bens, para o tempo em que viger a sociedade conjugal. A liberdade deles não se limita à eleição de um dos regimes regulados na lei; os interessados não estão obrigados a seguir os modelos legais, os regimes-tipos indicados no Código, podendo ir além, modificando-os, combinando-os, e, até, estabelecendo um regime peculiar, um regramento atípico, imaginado e construído por eles próprios, criando, mesmo, um novo regime, devendo-se observar que, a teor do art. 1.655 do CC, é nula a convenção ou cláusula dela que contravenha disposição absoluta de lei.

Na Alemanha, com base no princípio da liberdade contratual, os nubentes podem celebrar um contrato nupcial – o nosso pacto antenupcial – para regular as questões patrimoniais do casamento, mas a liberdade deles para escolher um regime de bens diferente do regime supletivo é limitada, pois só estão autorizados a eleger o próprio regime legal, fazendo algumas – e pequenas – modificações, ou adotar outro regime, entre os que estão previstos no código. Não podem criar um regime misto, atípico, com conteúdo diferente dos que são mencionados na lei. A autonomia das vontades dos contratantes não vai além de variações pontuais, respeitados os fundamentos dos regimes de bens elencados pelo legislador (BGB, art. 1.409). Heinrich Lehmann[65] expõe que o denominado contrato matrimonial (*Ehevertrag*) tem um conteúdo que se pode estipular livremente **dentro de certos limites**, existindo, pois, uma liberdade contratual moderada, exemplificando: podem as partes substituir o

---

[64] Cf. Gaio, *Institutas*, II, 227.
[65] LEHMANN, Heinrich. *Derecho de família*. Tradução da 2.ª edição alemã por Jose M.ª Navas, Madrid: Editorial Revista de Derecho Privado, 1953. v. IV, p. 125.

regime legal de bens por outro sistema, "que deve corresponder, no essencial, a outro dos regimes patrimoniais regulamentados no BGB"; e permita-me o leitor confessar meu grande apreço e admiração por Lehmann, catedrático da Universidade de Colônia, como jurista e como cidadão, que, apesar de muitas solicitações, e num gesto de extrema coragem, não permitiu que se publicasse uma nova edição de seu clássico *Direito de Família* (em alemão: *Deutsches Familienrecht*) debaixo do regime nacional-socialista, já que este pretendia alterar os fundamentos de sua obra.

6.22. Como aplicar o art. 1.829, I, do CC e definir a concorrência do cônjuge sobrevivente com os descendentes, se o regime de bens do casamento não foi um daqueles enumerados, nominados, típicos, mencionados pelo legislador, mas, ao contrário, foi um regime misto, híbrido, atípico, um regime, afinal, criado pelos próprios nubentes, no pacto antenupcial?

A meu ver, a solução mais conveniente e razoável dependerá de uma interpretação judicial, de um cotejo, um confronto, verificando-se a semelhança entre o regime estabelecido pelas partes e o regime previsto em lei, aplicando-se, analogicamente, o mesmo resultado. Para Inacio de Carvalho Neto, a aplicação da concorrência do cônjuge, ou não, com os descendentes, diante de um regime misto, de um regime criado pelos nubentes, depende de uma comparação entre eles com os regimes fixados na lei, opinando: "Regular-se-á a sucessão do cônjuge, neste caso, da forma como seria se o regime fosse aquele previsto em lei que mais se aproxima com o regime criado",[66] embora este autor indique a opinião de Luiz Felipe Brasil Santos de que, no caso de os nubentes, em vez de escolherem um dos regimes fixados na lei, criarem regime novo, sempre terá o cônjuge direito a concorrer na sucessão com os descendentes.

6.23. Com relação ao Código Civil português, quando regula a concorrência sucessória dos filhos e do cônjuge, José de Oliveira Ascensão[67] mostra a complexidade do esquema, "que representa o paraíso dos advogados". Que poderíamos dizer da solução brasileira, infinitamente mais complicada?...

6.24. No direito romano, Justiniano editou as Novelas 118, de 543 d.C., e 127, de 548 d.C., e, na sucessão legítima, ordem da vocação hereditária, aparecem logo, na primeira classe, os descendentes do *de cujus*. E essa é uma solução constante no direito dos povos, em todos os tempos. Portanto,

---

[66] CARVALHO NETO, Inacio de. *Direito sucessório do cônjuge e do companheiro*. São Paulo: Método, 2007. p. 130, nota 22.

[67] ASCENSÃO, José de Oliveira. *Direito civil*: sucessões. 5. ed. rev. Coimbra: Coimbra Editora, 2000. n. 196, p. 343.

na escala hierárquica prevista na lei, para o chamamento dos sucessíveis, o primeiro lugar é ocupado pelos descendentes, especialmente pelos filhos do falecido, que são os descendentes mais próximos, de 1.º grau, e o grau mais próximo, dentro de cada classe, afasta o mais remoto, salvo o direito de representação.

6.25. O fato novo, que foi objeto de alteração e reforma em muitos códigos, é a ascensão, a evolução do cônjuge, que ocupa a 3.ª classe dos herdeiros legítimos, mas pode concorrer com os descendentes – herdeiros da 1.ª classe – e com os ascendentes – herdeiros da 2.ª classe.

6.26. Os descendentes são chamados num plano de absoluta igualdade, estando abolidas as distinções e diferenciações que ocorriam num passado recente, quando se prescrevia uma odiosa discriminação entre os filhos, conforme a natureza da filiação, sua origem, o tipo de relacionamento dos pais, mas essa legislação perversa e reacionária foi finalmente – e totalmente – riscada e sepultada pela Constituição de 1988, especialmente, arts. 1.º, III; 5.º, *caput*, I; 227, § 6.º.

6.27. Os filhos são os herdeiros necessários por excelência, os primeiros da ordem da vocação hereditária, e não importa se o filho foi havido ou não da relação de casamento, ou é filho adotivo: todos são filhos, todos são iguais, todos são chamados a herdar, inclusive os filhos socioafetivos.

A descendência que a lei considera, para fins sucessórios, é a que resulta, primordialmente, da consanguinidade, todavia acolhe e resguarda a que tem **outra origem**, como a adoção, a reprodução assistida, a socioafetividade (cf. art. 1.593 do CC).

Está surgindo uma grave questão, que resulta de modernas concepções a respeito da família, da valorização da *affectio,* da formação, na sociedade, de novos modelos ou tipos de famílias, como as chamadas famílias reconstituídas. Estão sendo reconhecidos direitos aos que ostentam a posse do estado de filho, aos que gozam da filiação socioafetiva. Será que essa relação socioafetiva, esse laço moral e espiritual vai repercutir na sucessão hereditária? Já houve decisão, em alguns tribunais, de que o parentesco por afinidade – o enteado com relação à madrasta – e a filiação socioafetiva não apresentam significação jurídica para inclusão dessas pessoas no rol dos herdeiros do *de cujus*.

Entretanto, sem dúvida, esse é um tema em franca evolução, em construção, no direito brasileiro. E, a mim me parece, esse caminho vai levar a um destino inexorável, ao reconhecimento de direitos sucessórios aos parentes socioafetivos, especialmente aos que são tidos e havidos (e assim se consideram) como filhos do autor da herança.

Na III Jornada de Direito Civil – Conselho da Justiça Federal/Centro de Estudos Judiciários foi aprovado o Enunciado 256, *verbis*: "Art. 1.593: A posse do estado de filho (parentalidade socioafetiva) constitui modalidade de parentesco civil". O autor da proposta foi o desembargador gaúcho Luiz Felipe Brasil Santos que, na justificativa, observou que vem obtendo crescente reconhecimento doutrinário e jurisprudencial a noção de que o vínculo de filiação, muito mais do que decorrência de um dado biológico, resulta de um dado sociológico "construído", plasmado na "posse do estado de filho". Rui Portanova, outro eminente desembargador do Tribunal de Justiça do Rio Grande do Sul, assegura: "No Brasil, a paternidade socioafetiva tem alicerce constitucional, infraconstitucional e jurisprudencial".[68]

No livro *Direito hereditário do cônjuge e do companheiro*,[69] mencionei que a filiação socioafetiva é o resultado de modernas – e boas – concepções a respeito da família, da valorização da *affectio*, e devia ser reconhecido amplo efeito (inclusive sucessórios) ao parentesco socioafetivo.

No Recurso Extraordinário 893.060/SC, com repercussão geral, Rel. Min. Luiz Fux, j. 21.09.2016, o STF firmou a seguinte tese: "A paternidade socioafetiva, declarada ou não em registro, não impede o reconhecimento do vínculo de filiação concomitante baseado na origem biológica com os efeitos jurídicos próprios".

Enfim, foi reconhecida expressamente, pelo Excelso Pretório, a multiparentalidade. Um indivíduo pode ter, cumulativamente, e num plano de igualdade jurídica, um pai biológico e um pai socioafetivo, e é herdeiro desses dois pais, bem como, pelo princípio da reciprocidade que impera nesse tema, os dois pais são herdeiros do filho.

7. Na falta de descendentes, são chamados à sucessão os ascendentes, em concorrência com o cônjuge sobrevivente (CC, art. 1.836). Na concorrência com os ascendentes, já não se apresentam aquelas restrições decorrentes do regime de bens do casamento (CC, art. 1.829, I). Qualquer que tenha sido esse regime – comunhão universal, separação absoluta, por exemplo –, dar-se-á a concorrência sucessória entre a viúva ou o viúvo e os ascendentes do *de cujus*.

7.1. Contudo, a quota hereditária é variável: concorrendo com ascendentes em primeiro grau (sogro e sogra), ao cônjuge tocará um terço da herança; caber-lhe-á a metade desta se houver um só ascendente, ou se maior for aquele grau (CC, art. 1.837). Assim, por exemplo: se o falecido deixou seus pais (mãe e pai) e a viúva, a herança será dividida pelos três, em partes

---

[68] PORTANOVA, Rui. *Ações de filiação e paternidade socioafetiva*. Porto Alegre: Livraria do Advogado, 2016. p. 17.

[69] VELOSO, Zeno. *Direito hereditário do cônjuge e do companheiro*. São Paulo: Saraiva, 2010. n. 4.36, p. 79.

iguais; se deixou apenas o pai ou somente a mãe, a herança será dividida entre este ascendente e o cônjuge sobrevivente (metade para cada um); e se deixou viúva ou viúvo e os quatro avós, metade da herança cabe ao cônjuge sobrevivente e a outra metade aos quatro avós do falecido. Relembre-se que a concorrência do cônjuge sobrevivente com os ascendentes (CC, arts. 1.829, II, e 1.837) não depende de regime de bens. Ocorrerá sempre. Mesmo que a viúva já seja meeira, por ter sido casada pelo regime da comunhão universal de bens. Acentua Maria Helena Marques Braceiro Daneluzzi[70] que a concorrência do cônjuge sobrevivente com ascendentes dá-se, inclusive, se o regime de bens do casamento foi da separação obrigatória.

7.2. Note-se que, ao contrário do que ocorria no usufruto vidual, regulado no art. 1.611, § 1.º, do Código Civil de 1916, com a redação determinada pela Lei 4.121, de 27 de agosto de 1962 – Estatuto da Mulher Casada –, e que, naquele tempo, representou um significativo avanço, a concorrência do cônjuge sobrevivente com descendentes e ascendentes, nos termos dos arts. 1.832 e 1.837 do Código Civil em vigor, é em propriedade.

8. Em falta de descendentes e ascendentes, será deferida a sucessão por inteiro ao cônjuge sobrevivente (CC, art. 1.838) e independentemente do regime de bens do casamento. Como salienta Salomão de Araújo Cateb,[71] "É irrelevante o regime de bens, na data da celebração do casamento, para o chamamento do cônjuge como terceira classe". Aqui, ele é chamado como herdeiro legítimo único e não concorrente. No entanto, é preciso observar o art. 1.830, ou seja, que o cônjuge sobrevivente continue a ter reconhecido o seu direito sucessório (infra, n. 13).

O cônjuge sobrevivente será chamado à sucessão, nesse caso, como único herdeiro, ainda que tenha sido casado, por exemplo, pelo regime da separação absoluta – mesmo que seja o da separação obrigatória –, ou da comunhão universal. Pelo sistema do nosso Código Civil, conforme discorremos, o cônjuge já concorre com os descendentes (art. 1.832) e com os ascendentes (art. 1.837) do de cujus. E, não havendo tais parentes na linha reta, o cônjuge sobrevivente é chamado à totalidade da herança, excluindo, portanto, os parentes colaterais.

8.1. É claro, o falecido poderá ter feito testamento, não prejudicando, todavia, a legítima do cônjuge sobrevivente (cf. arts. 1.845 e 1.846 do CC);

---

[70] DANELUZZI, Maria Helena Marques Braceiro. Aspectos polêmicos na sucessão do cônjuge sobrevivente. São Paulo: Letras Jurídicas, 2004. p. 214.
[71] CATEB, Salomão de Araújo. Direito das sucessões. 8. ed. São Paulo: Atlas, 2015. p. 94.

assim sendo, quando o art. 1.838 afirma que em falta de parentes na linha reta, será deferida a sucessão "por inteiro" ao cônjuge sobrevivente, está implícita a ressalva de que o *de cujus*, não obstante, tinha o direito de dispor da metade da herança (CC, art. 1.789), e o cônjuge receberá o que lhe é devido, como herdeiro necessário (CC, arts. 1.845 e 1.846), abatendo-se o que determinou o falecido no seu testamento.

8.2. Esse art. 1.838 corresponde ao art. 1.611, *caput*, do Código Civil de 1916, que copiou o art. 1.º da Lei Feliciano Pena, de 1907. Nesse sentido, dispõem o art. 1.931, al. 2, do *BGB*; o art. 944 do Código Civil espanhol; o art. 2.144 do Código Civil português; o art. 2.435 do Código Civil argentino; o art. 757-2 do Código Civil francês, com a redação da Lei 2001-1135, de 3 de dezembro de 2001: "En l'absence d'enfants ou de descendants du défunt et de ses père et mère, le conjoint suirvant recueille toute la succession" = "Na falta de filhos ou descendentes do defunto e dos pais deste, o cônjuge sobrevivente recebe toda a herança". O Código Civil italiano, todavia, art. 582, redatado por força da Reforma do Direito de Família, de 1975, enuncia que, mesmo não havendo descendentes, nem ascendentes, o cônjuge concorre com irmãos e irmãs (*fratelli e sorelle*) do falecido, embora tenha direito a dois terços da herança; antes dessa Reforma, o cônjuge concorria com colaterais até o 4.º grau.

8.3. No ordenamento jurídico brasileiro, pelo que foi exposto *supra*, pode-se dizer que o cônjuge ocupa uma classe **móvel**: concorre com os descendentes, herdeiros da **primeira** classe, observado o art. 1.829, I, que relaciona a concorrência com o regime de bens; concorre com os ascendentes, herdeiros da **segunda** classe; e ocupa, sozinho, a **terceira** classe dos sucessíveis – em falta de descendentes e ascendentes, será deferida a sucessão por inteiro ao cônjuge sobrevivente (art. 1.838), que, assim, tem prioridade absoluta sobre os irmãos, sobrinhos e outros colaterais até o 4.º grau do falecido.

9. Além dessa sucessão em propriedade, do qual o cônjuge saiu em posição privilegiada, o Código Civil estatui, ainda, o direito real de habitação:

> Art. 1.831. Ao cônjuge sobrevivente, qualquer que seja o regime de bens, será assegurado, sem prejuízo da participação que lhe caiba na herança, o direito real de habitação relativamente ao imóvel destinado à residência da família, desde que seja o único daquela natureza a inventariar.

O art. 1.611, § 2.º, do Código Civil anterior instituiu o direito real de habitação para o cônjuge sobrevivente. Todos apontam o caráter assistencial desse direito. O legislador quer manter o *status*, as condições de vida do viúvo ou da viúva, garantir-lhe o teto, a morada. Não assiste direito aos demais herdeiros e condôminos de cobrar aluguel da viúva ou do viúvo pelo exercício do direito real de habitação do único imóvel residencial deixado pelo *de cujus*. Esse direito é personalíssimo e tem destinação específica: servir de morada ao titular, que, portanto, não pode alugar, nem emprestar o imóvel, devendo ocupá-lo, direta e efetivamente (ver art. 1.414 do CC).

9.1. Entretanto, não há razão para que esse favor legal seja mantido se o cônjuge sobrevivente constituir nova família. O cônjuge já aparece bastante beneficiado no Código Civil. Não é justo que ainda continue exercendo o direito real de habitação sobre o imóvel em que residia com o falecido, se veio a fundar nova família, mormente se o dito bem era o único daquela natureza existente no espólio. O interesse dos parentes do *de cujus* deve, também, ser observado. O art. 1.831 do CC precisa ser modificado, para prever que o direito personalíssimo do cônjuge sobrevivente, neste caso, é resolúvel, extinguindo-se, se a viúva ou o viúvo voltar a casar ou constituir união estável.

9.2. Analisando o direito real de habitação, Caio Mário da Silva Pereira[72] adverte que, entendido na sua literalidade, pode ser deturpado nos seus objetivos, como no caso de o monte compreender volume considerável de bens de outra natureza, e se atribuir ao viúvo ponderável fortuna, e ao mesmo tempo o direito real de habitação sobre a casa de residência em detrimento dos herdeiros, concluindo: "É totalmente gravoso se for o único imóvel do espólio".

9.3. Sobre esse assunto, Orlando Gomes[73] pondera que o direito real de habitação recai em prédio residencial, contanto que seja o único imóvel inventariado (imóvel **residencial,** bem entendido); basta que se destine à residência, donde se segue que, se nele não está morando, o gravame não se institui; se a família reside em casa própria, mas o falecido era proprietário de outros bens imóveis (residenciais), o direito real não se constitui; quando recolhe a totalidade da herança, como sucessor legal, não pode nascer o direito de habitação, dada a impossibilidade de constituí-lo na **coisa própria** (por igual razão, se, na partilha, o imóvel residencial ficar na quota do cônjuge, como propriedade exclusiva deste); o cônjuge sobrevivo não se torna herdeiro pela atribuição do direito real de habitação, senão **legatário legítimo,** com

---

[72] PEREIRA, Caio Mário da Silva. *Instituições de direito civil*. 15. ed. Rio de Janeiro Forense, 2006. v. VI, n. 447, p. 141.

[73] PEREIRA, Caio Mário da Silva. *Sucessões*. Coordenador Edvaldo Brito. 14. ed. atualizada por Mario Roberto Carvalho de Faria. Rio de Janeiro: Forense, 2007. n. 56, p. 65.

as sequelas próprias de semelhante condição. O grande e saudoso civilista baiano acha que são manifestos os inconvenientes práticos da instituição, não obstante a generosidade da intenção do legislador.

9.4. No entanto, o cônjuge sobrevivente pode, a qualquer momento, nos autos do inventário ou por escritura pública, renunciar ao direito real de habitação, sem prejuízo de sua participação na herança, e foi aprovado, nesse sentido, o Enunciado 271, na III Jornada de Direito Civil, promovida pelo Centro de Estudos Judiciários do Conselho da Justiça Federal. A proposta do Enunciado 271 foi apresentada por Mário Luiz Delgado.

10. Prosseguindo nosso estudo em torno do direito sucessório dos cônjuges, é preciso chamar a atenção para um detalhe importante, que nem sempre é observado, uma sutileza que, às vezes, não é percebida: a ordem da vocação hereditária sofre um desvio no caso de **doação aos cônjuges**. Diz o art. 551 do CC que, salvo declaração em contrário, a doação em comum a mais de uma pessoa entende-se distribuída entre elas por igual. O parágrafo único desse artigo – que repercute no direito sucessório – enuncia: "Se os donatários, em tal caso, forem marido e mulher, subsistirá na totalidade a doação para o cônjuge sobrevivo". Agostinho Alvim,[74] em comentários ao correspondente art. 1.178, parágrafo único, do Código Civil de 1916, observa que a regra tem sido deslembrada na maioria dos inventários:

> É frequente o cônjuge sobrevivo declarar no inventário, para o fim de ser partilhado, um bem doado ao seu casal, seja pelos pais, seja por estranho, quando é certo que, em face da lei, o referido bem não teria que ser inventariado, visto que pertence exclusivamente ao cônjuge sobrevivo.

Então, se foi feita doação em comum aos cônjuges, a parte do que morrer primeiro não vai para os seus herdeiros, mas, sim, ao outro cônjuge, ao cônjuge sobrevivente, que se torna, desse modo, dono exclusivo da totalidade do bem doado, apontando Pablo Stolze Gagliano[75] que essa norma (art. 551, parágrafo único, do CC) causa certa perplexidade, pois excepciona o regime legal sucessório (arts. 1.829 e s.) "e acaba por colocar, nesse particular, o cônjuge sobrevivente em situação mais cômoda do que a dos demais

---

[74] ALVIM, Agostinho. *Da doação*. 2. ed. São Paulo: Saraiva, 1972. p. 211.
[75] GAGLIANO, Pablo Stolze. *O contrato de doação*. São Paulo: Saraiva, 2007. n. 9.6, p. 100.

herdeiros necessários, especialmente os descendentes, que não terão direito ao bem doado".

10.1. Contudo, é importante acentuar que o parágrafo único do art. 551 só tem aplicação quando a doação é feita ao marido e à mulher, isto é, quando aparecem como donatários **ambos** os cônjuges; se apenas um dos cônjuges figura como donatário, e é casado sob o regime da comunhão universal de bens, o cônjuge do donatário acaba ficando como dono da metade ideal do bem doado, por força do regime de bens, mas aquele efeito do parágrafo único do art. 551 não vai ocorrer, ou seja, a parte do cônjuge pré-morto não passa ao sobrevivente, pois, nesse caso, com a morte de qualquer dos cônjuges, a meação do *de cujus* vai ser inventariada, seguindo a ordem da sucessão legítima.

10.2. O Código Civil português, art. 944, 1, que teve como fonte o art. 773 do Código Civil italiano, prevê: "A doação feita a várias pessoas conjuntamente considera-se feita por partes iguais, sem que haja direito de acrescer entre os donatários, salvo se o doador houver declarado o contrário". Já o Código Civil espanhol, art. 637, dá solução semelhante ao nosso, afirmando, na primeira alínea do dispositivo, que, se a doação foi feita a várias pessoas, conjuntamente, entender-se-á por partes iguais; e não se dará entre elas o direito de acrescer, se o doador não tiver disposto outra coisa. A segunda alínea do art. 637 enuncia: "Se exceptúan de esta disposición las donaciones hechas conjuntamente a marido y mujer, entre los cuales tendrá lugar aquel derecho, si el donante no hubiese dispuesto lo contrario". E o Código Civil peruano, art. 1.360, 2.ª alínea, estatui que, no caso de doações feitas conjuntamente a marido e mulher, terá lugar entre eles o direito de acrescer, se o doador não dispôs em contrário.

11. O cônjuge sobrevivente, tenho dito, repetido, e, creio, deixei demonstrado aqui, é a figura mais beneficiada, o personagem central, melhor gratificado, no direito sucessório brasileiro, e outra importante vantagem decorre de uma norma da própria Constituição Federal, art. 5.º, XXXI, que afirma: "a sucessão de bens de estrangeiros situados no País será regulada pela lei brasileira em benefício do cônjuge ou dos filhos brasileiros, sempre que não lhes seja mais favorável a lei pessoal do *de cujus*".

No que pertine a conflito interespacial de leis, o princípio geral que rege a sucessão *causa mortis* – legítima ou testamentária – é a aplicação da lei do domicílio do *de cujus*. Portanto, a *lex domicilii*, vigente no momento da morte do herdeirando, é que deve ser obedecida e aplicada para ordenar a sucessão, ficando à mesma submetidas todas e quaisquer questões relativas ao assunto (ordem da vocação, transmissão dos bens, partilha etc.). A antigamente denominada Lei de Introdução ao Código Civil (LICC), atualmente chamada de Lei de Introdução às Normas do Direito Brasileiro, art. 10, *caput*, prevê: "A sucessão por morte ou por ausência obedece à lei do país em que era domiciliado o defunto ou o desaparecido, qualquer que seja a natureza e a situação dos bens", e assim também dispõe o art. 144 do Código Bustamante.

Esse princípio sofre um importante temperamento no § 1.º desse art. 10 da Lei de Introdução, e o preceito é também de estatura constitucional (CF, art. 5.º, XXXI). Assim, como explica Maria Helena Diniz,[76] "a ordem de vocação hereditária, estabelecida no art. 1.829 do Código Civil, pode ser alterada, tratando-se de bens existentes no Brasil, pertencentes a estrangeiro falecido, casado com brasileira e com filhos brasileiros, se a lei nacional do *de cujus* for mais vantajosa àquelas pessoas do que o seria a brasileira". O professor Haroldo Valladão, autoridade mundialmente respeitada nessa matéria, afirma que a primeira e mais importante das exceções especiais à regra geral da unidade e universalidade sucessória pela lei do domicílio é a concernente ao tratamento preferencial dado nas sucessões de estrangeiros, com bens existentes no Brasil, ao cônjuge ou filhos brasileiros, explicando: "É princípio que só se aplica aos bens, móveis ou imóveis, **sitos no Brasil**, quebrando, pois, decisivamente aquela unidade e universalidade sucessória".[77]

Consoante o art. 5.º, XXXI, da CF, bem como o art. 10, § 1.º, da Lei de Introdução, se for promovido no Brasil o inventário de bens de estrangeiros, seguir-se-á a lei brasileira, em benefício do cônjuge ou dos filhos brasileiros, a não ser que a lei nacional do autor da herança lhes for mais favorável, quando esta prevalece e deve ser aplicada. Se o inventário ocorreu no exterior, a sentença e respectiva partilha somente serão homologadas se tiver sido aplicada a lei brasileira ou a lei pessoal do falecido, que seja mais favorável ao cônjuge ou aos filhos brasileiros.

11.1. Silvio Rodrigues aborda a questão, transcreve o art. 5.º, XXXI, da Constituição, expõe que, para beneficiar o cônjuge ou o filho brasileiro, o legislador ordena que se obedeça à ordem de vocação hereditária nacional, no que diz respeito aos bens existentes no Brasil, e, assim, em vez de se aplicar a lei estrangeira, quer a do domicílio do finado, quer a do lugar de seu falecimento, quer qualquer outra, aplica-se a brasileira, concluindo meu saudoso mestre:

---

[76] DINIZ, Maria Helena. *Lei de Introdução ao Código Civil brasileiro interpretada*. 12. ed. São Paulo: Saraiva, 2007. p. 327.
[77] VALLADÃO, Haroldo. *Direito internacional privado*. Rio de Janeiro: Freitas Bastos, 1973. v. II, Cap. LX, p. 218.

O preceito, entretanto, tem suspensa a sua incidência na hipótese de a lei nacional do *de cujus* ser mais generosa para com o cônjuge ou para com o filho do que o seria a nacional. Se, por exemplo, o falecido for mexicano e houver deixado cônjuge brasileiro que deve concorrer com ascendentes em primeiro grau daquele, em vez de aplicar-se a lei brasileira aplicar-se-á a mexicana, pois, de acordo com o estabelecido em seu art. 1.626, concorrendo à sucessão cônjuge sobrevivo e ascendentes, a herança se dividirá ao meio, cabendo metade ao cônjuge e a outra metade aos ascendentes. Se, ao contrário, se fosse aplicar a lei sucessória brasileira, ao cônjuge tocaria somente um terço da herança (CC, art. 1.837, 1.ª parte).[78]

12. Pires de Lima e Antunes Varela dizem que no direito sucessório português o cônjuge teve uma "ascensão espetacular". No Brasil, não foi diferente. E não é fora de propósito, acho eu; nem é descabida ou imerecida essa ascensão, também acho. A afeição que se origina do casamento é diferente da que se funda na geração, nos laços de sangue, no vínculo biológico do pai ou da mãe com relação ao filho, por exemplo. É diferente, já se vê, mas, no geral dos casos, tem a mesma intensidade, pela profundidade da aliança e do carinho que une o casal. Às vezes, quando os filhos já se afastaram dos pais, batendo asas na busca de seus destinos, fundando suas próprias famílias, comparecendo ao antigo lar em que viveram e cresceram uma vez ou outra, sobretudo em datas festivas, o cônjuge bem casado, solidário e companheiro, divide os tempos da velhice, está ao lado, diuturnamente, permanece, fica para sempre, e só a morte extingue a dedicação, o cuidado, o zelo, o consórcio *omnis vitae*, como fala Modestino, no Digesto, e que inspirou o art. 1.511 do Código Civil: "O casamento estabelece comunhão plena de vida, com base na igualdade de direitos e deveres dos cônjuges", que, por sua vez, reafirma o princípio da igualdade proclamado no art. 226, § 5.º, da Constituição Federal.

Alguns objetam: "mas o cônjuge não é parente", e eu respondo: "é mais que isso". No geral dos casos, considerando a realidade sociológica, se o vínculo conjugal e a convivência matrimonial perseveraram até que a morte dissolveu aquele estado de comunhão espiritual, de afetos e de vida, que familiar é familiar mais próximo daquele que faleceu do que a viúva ou o viúvo que sobreviveu?

13. Já citei-o mais de uma vez, nesta exposição, que vou terminar com a análise do importante e controvertido art. 1.830 do Código Civil:

---

[78] RODRIGUES, Silvio. *Direito civil*: direito das sucessões cit., v. 7, n. 48, p. 97.

Art. 1.830. Somente é reconhecido direito sucessório ao cônjuge sobrevivente se, ao tempo da morte do outro, não estavam separados judicialmente, nem separados de fato há mais de dois anos, salvo prova, neste caso, de que essa convivência se tornara impossível sem culpa do sobrevivente.

Em qualquer dos casos previstos neste artigo, o cônjuge sobrevivente fica excluído da sucessão: tanto quando ele aparece sozinho, como herdeiro da terceira classe (CC, arts. 1.829, III, e 1.838), como quando concorre com os descendentes e ascendentes (CC, art. 1.829, I e II), e, também, com relação ao direito real de habitação (CC, art. 1.831).

Quer a lei que, por ocasião da morte e da abertura da sucessão, o cônjuge sobrevivente mantenha com o outro a sociedade conjugal, de direito e de fato, com *affectio,* comunhão de vida, convivência *more uxorio,* embora tenha sido previsto um prazo mínimo de separação de fato, para que incida o afastamento do cônjuge sobrevivente da sucessão do outro.

Se já tiver ocorrido o divórcio, nem se preocupou o legislador de prever o caso, pois já estava extinta não só a sociedade conjugal, mas o próprio vínculo matrimonial. Com o divórcio, o casamento se dissolve (CC, art. 1.571, § 1.º). Não há viúvo, nem viúva.

No entanto, se o cônjuge sobrevivente já estava separado judicialmente ao tempo da morte do outro, extinta a sociedade conjugal, terminada a vida em comum, não há mais razão moral e jurídica para que remanesça o direito sucessório entre os membros do antigo casal. O mesmo ocorre se a separação de direito for extrajudicial, celebrada por escritura pública (CPC, art. 733).

A separação de fato também veio prevista como hipótese para a perda do direito sucessório do cônjuge sobrevivente, e isso já tinha sido propugnado, há tempos, pela melhor doutrina. Trata-se de uma importante inovação do vigente Código Civil. Entretanto, como observei no livro *Código Civil comentado,*[79] a novidade representa um retorno de quatrocentos anos, ao que já previam as Ordenações Filipinas do reinado de Filipe III da Espanha e II de Portugal, mandadas observar por Lei de 11 de janeiro de 1603, e que, no Livro 4.º, Tít. XCIV, *principium,* estabeleciam que, falecendo o homem casado, sem testamento, e não tendo parente até o 10.º grau, sua mulher seria

---

[79] VELOSO, Zeno. *Código Civil comentado.* Coordenação Regina Beatriz Tavares da Silva. Primitivo coordenador Ricardo Fiuza. 10. ed. São Paulo: Saraiva, 2016. p. 1934.

sua universal herdeira, se "juntamente com ele estava e vivia em casa teúda e manteúda".[80]

Entretanto, a separação de fato, que determina a perda do direito sucessório do cônjuge sobrevivente, tem de ser velha, de mais de dois anos. E isso pode gerar uma questão delicada, de difícil solução: o cônjuge separado de fato, no entretempo, pode constituir com outrem uma união estável (CC, art. 1.723, § 1.º), e o cônjuge e o companheiro têm direitos sucessórios, em igualdade de condições.[81]

De lege ferenda, acho que precisa ser excluído o prazo de separação de fato, e esta, desde que inequívoca, induvidosa, caracterizando o fim do relacionamento afetivo, a extinção da convivência, deveria determinar o afastamento do cônjuge sobrevivente – separado de fato – da sucessão do outro.

Pela dicção do art. 1.830, todavia, ainda que a separação de fato do casal seja antiga, de mais de dois anos, mesmo assim, o cônjuge sobrevivente pode ter reconhecido direito sucessório, se provar que a convivência se tornou impossível sem que ele (sobrevivente) tivesse culpa.

Imagine-se a dificuldade, a quase impossibilidade de, já extinto o casamento pela morte de um dos cônjuges, instaurar-se uma discussão a respeito de qual dos dois foi culpado pela separação de fato que ocorreu. No mínimo, o inventário terá de aguardar um tempo enormíssimo, anos a fio, para que a questão da culpa seja resolvida em outro processo (CPC, art. 612). Já afirmei alhures: "Em muitos casos, não será fácil produzir a prova de quem teve culpa pela extinção da convivência, considerando, especialmente, que um dos parceiros já morreu".[82] Esse artigo (1.830 do CC), com suas regras e exceções, dará margem para inúmeras questões, para discussões intermináveis. Rolf Madaleno tem criticado essa difícil disputa judicial para averiguar o que chama de "culpa mortuária" ou "culpa funerária", ponderando que, nessa parte, o art. 1.830 representa um retrocesso: "Importa o fato da separação, e não a sua causa, pois a autoria culposa não refaz os vínculos e nem restaura a coabitação, mote exclusivo da hígida comunicação de bens".[83]

O IBDFAM constituiu um grupo de trabalho para estudar e discutir o Livro do Direito das Sucessões, do Código Civil. Algumas propostas devem

---

[80] Cf. *Consolidação das Leis Civis*, de Teixeira de Freitas, art. 973.
[81] Cf. STF, Recurso Extraordinário 878.694/MG, com repercussão geral, Rel. Min. Luís Roberto Barroso.
[82] VELOSO, Zeno. *Código Civil comentado* cit., p. 1932.
[83] MADALENO, Rolf. *Direito de família em pauta*. Porto Alegre: Livraria do Advogado, 2004. p. 119.

surgir para reformar, fazer alguns ajustes no direito hereditário dos cônjuges e dos companheiros. E o art. 1.830, com certeza, será tema obrigatório das preocupações e mudanças.

REFERÊNCIAS

ALMADA, Ney de Mello. *Sucessões*. São Paulo: Malheiros, 2006.

ALVIM, Agostinho. *Da doação*. 2. ed. São Paulo: Saraiva, 1972.

ASCENSÃO, José de Oliveira. *Direito civil*: sucessões. 5. ed. rev. Coimbra: Coimbra Editora, 2000.

AZEVEDO, Philadelpho. *Um triênio de judicatura*. São Paulo: Max Limonad, 1948. v. 1.

BARROS MONTEIRO, Washington de. *Curso de direito civil*: direito de família. Atualizado por Regina Beatriz Tavares da Silva. 37. ed. São Paulo: Saraiva, 2004. v. 2.

BORDA, Guillermo A. *Tratado de derecho civil*: família – I. 9. ed. Buenos Aires: Perrot, 1993.

CAHALI, Francisco José. A Súmula n.º 377 e o novo Código Civil e a mutabilidade do regime de bens. *Revista do Advogado*, São Paulo: AASP, ano XXIV, n. 76, p. 29, jun. 2004.

_____; HIRONAKA, Giselda Maria Fernandes Novaes. *Direito das sucessões*. 3. ed. São Paulo: RT, 2007.

CANUTO, Érica Verícia de Oliveira. Contradição no regime da separação absoluta de bens. *Revista Brasileira de Direito de Família*, IBDFAM/Síntese, n. 26, p. 69, out.-nov. 2004.

CARRILHO, Fernanda. *A Lei das XII Tábuas*. Introdução do professor Eduardo Vera-Cruz Pinto. Coimbra: Almedina, 2009.

CARVALHO, Dimas Messias de. *Direito de família*. Alfenas: Unifenas, 2005.

CARVALHO FILHO, Milton Paulo de. *Código Civil comentado*. Coordenador Ministro Cezar Peluso. São Paulo: Manole, 2007.

CARVALHO, Luiz Paulo Vieira de. *Direito das sucessões*. 3. ed. São Paulo: Gen/Atlas, 2017.

CARVALHO NETO, Inacio de. *Direito sucessório do cônjuge e do companheiro*. São Paulo: Método, 2007.

CATEB, Salomão de Araújo. *Direito das sucessões*. 8. ed. São Paulo: Atlas, 2015.

CHAMOUN, Ebert. *Instituições de direito romano*. 2. ed. Rio de Janeiro: Forense, 1954.

CHAVES, Marianna. *Homoafetividade e direito*. 3. ed. Curitiba: Juruá, 2015.

CHINELATO, Silmara Juny. *Comentários ao Código Civil*. Coordenador Antônio Junqueira de Azevedo. São Paulo: Saraiva, 2004. v. 18.

DANELUZZI, Maria Helena Marques Braceiro. *Aspectos polêmicos na sucessão do cônjuge sobrevivente*. São Paulo: Letras Jurídicas, 2004.

DELGADO, Mário Luiz. Controvérsias na sucessão do cônjuge e do convivente. Uma proposta de harmonização do sistema. In: _____; ALVES, Jones Figueirêdo (Coord.). *Questões controvertidas no direito de família e das sucessões*. São Paulo: Método, 2005. v. 3.

DIAS, Maria Berenice. *Manual das sucessões*. São Paulo: RT, 2008.

_____. *Manual de direito das famílias*. 4. ed. São Paulo: RT, 2007.

DIDIER JÚNIOR, Fredie; FARIAS, Cristiano Chaves de. *Comentários ao Código Civil brasileiro*. Coordenadores Arruda Alvim e Thereza Alvim. Rio de Janeiro: Forense, 2005. v. XV.

DINIZ, Maria Helena. *Curso de direito civil brasileiro*: direito das sucessões. 22. ed. São Paulo: Saraiva, 2008. v. 6.

_____. *Curso de direito civil brasileiro*: direito de família. 23. ed. São Paulo: Saraiva, 2008. v. 5.

_____. *Lei de Introdução ao Código Civil brasileiro interpretada*. 12. ed. São Paulo: Saraiva, 2007.

FIUZA, Ricardo. *Relatório Geral*. Parecer sobre a Emenda n. 251.

GAGLIANO, Pablo Stolze. *O contrato de doação*. São Paulo: Saraiva, 2007.

GIORGIS, José Carlos Teixeira. Os direitos sucessórios do cônjuge sobrevivo. *Revista Brasileira de Direito de Família*, IBDFAM/Síntese, n. 29, p. 111, abr.-maio 2005.

GONÇALVES, Carlos Roberto. *Direito civil brasileiro*: direito das sucessões. São Paulo: Saraiva, 2007. v. VII.

_____. *Direito civil brasileiro*: direito de família. São Paulo: Saraiva, 2005. v. VI.

JUSTO, A. Santos. *Direito privado romano*: direito de família. Coimbra: Coimbra Editora, 2008. v. IV.

KASER, Max. *Direito privado romano*. Trad. de Samuel Rodrigues e Ferdinand Hämmerle. Lisboa: Fundação Calouste Gulbenkian, 1999.

LEHMANN, Heinrich. *Derecho de família*. Tradução da 2.ª edição alemã por Jose M.ª Navas, Madrid: Editorial Revista de Derecho Privado, 1953. v. IV.

LIMA, Pires de; VARELA, Antunes. *Código Civil anotado.* Coimbra: Coimbra Editora, 1988. v. VI.

LIMA, Suzana Borges Viegas de. *O Estatuto Jurídico das Relações Homoafetivas.* Brasília: Gazeta Jurídica, 2015.

LÔBO, Paulo Luiz Netto. *Código Civil comentado.* Coordenador Álvaro Villaça Azevedo. São Paulo: Atlas, 2003. v. XVI.

_____. *Direito civil*: famílias. São Paulo: Saraiva, 2008.

MADALENO, Rolf. *Curso de direito de família.* Rio de Janeiro: Forense, 2008.

_____. *Direito de família em pauta.* Porto Alegre: Livraria do Advogado, 2004.

MALUF, Carlos Alberto Dabus. *Cláusulas de inalienabilidade, incomunicabilidade e impenhorabilidade.* 4. ed. São Paulo: RT, 2006.

MANFRÉ, José Antonio Encinas. *Regime matrimonial de bens no novo Código Civil.* São Paulo: Juarez de Oliveira, 2003.

MAXIMILIANO, Carlos. *Hermenêutica e aplicação do direito.* 9. ed. Rio de Janeiro: Forense, 1984.

MEIRA, Sílvio. *Teixeira de Freitas*: o jurisconsulto do Império. 2. ed. Brasília: Cegraf, 1983.

MOREIRA ALVES, José Carlos. *Direito romano.* 2. ed. Rio de Janeiro: Forense, 1972. v. II.

NADER, Paulo. *Curso de direito civil*: direito de família. Rio de Janeiro: Forense, 2006. v. 5.

NERY JUNIOR, Nelson; NERY, Rosa Maria de Andrade. *Código Civil comentado.* 4. ed. São Paulo: RT, 2006.

NICOLAU, Gustavo Rene. *Direito civil*: sucessões. São Paulo: Atlas, 2005.

OLIVEIRA, Euclides de. *Direito de herança*: a nova ordem da sucessão. São Paulo: Saraiva, 2005.

PEREIRA, Caio Mário da Silva. *Instituições de direito civil*: direito de família. 14. ed. atualizada por Tânia da Silva Pereira. Rio de Janeiro: Forense, 2004. v. V.

_____. *Instituições de direito civil.* 15. ed. Rio de Janeiro Forense, 2006. v. VI.

_____. *Sucessões.* Coordenador Edvaldo Brito. 14. ed. atualizada por Mario Roberto Carvalho de Faria. Rio de Janeiro: Forense, 2007.

PEREIRA, Rodrigo da Cunha. *Princípios fundamentais norteadores para o direito de família.* Belo Horizonte: Del Rey, 2006.

PEREIRA, Sérgio Gischkow. *Direito de família*. Porto Alegre: Livraria do Advogado, 2007.

PETIT, Eugène. *Tratado elemental de derecho romano*. Tradução de D. José Ferrández Gonzáles, México: Epoca, 1977.

PORTANOVA, Rui. *Ações de filiação e paternidade socioafetiva*. Porto Alegre: Livraria do Advogado, 2016.

QUEIROGA, Antonio Elias de. *Curso de direito civil*: direito das sucessões. Rio de Janeiro: Renovar, 2005.

REALE, Miguel. *História do Novo Código Civil*. São Paulo: RT, 2005.

_____. O cônjuge no novo Código Civil. *O Estado de S. Paulo*, 12 abr. 2003, p. 2.

RIZZARDO, Arnaldo. *Direito de família*. 3. ed. Rio de Janeiro: Forense, 2005.

RODRIGUES, Silvio. *Direito civil*: direito das sucessões. São Paulo: Saraiva, v. 7.

_____. *Direito civil*: direito de família. 28. ed. atualizada por Francisco José Cahali. São Paulo: Saraiva, 2004. n. 68, v. 6.

TARTUCE, Flávio; SIMÃO, José Fernando. *Direito civil*: direito das sucessões. 2. ed. São Paulo: Método, 2008. v. 6.

TEPEDINO, Gustavo. Controvérsias sobre regime de bens no novo Código Civil. *Revista Brasileira de Direito das Famílias e Sucessões*, Magister/IBDFAM, n. 2, p. 13, fev.-mar. 2008.

VALLADÃO, Haroldo. *Direito internacional privado*. Rio de Janeiro: Freitas Bastos, 1973. v. II.

VELOSO, Zeno. *Código Civil comentado*. Coordenação Regina Beatriz Tavares da Silva. Primitivo coordenador Ricardo Fiuza. 10. ed. São Paulo: Saraiva, 2016.

_____. *Comentários à Lei de Introdução ao Código Civil*: artigos 1.º a 6.º. 2. ed. Belém: Unama, 2006.

_____. *Direito hereditário do cônjuge e do companheiro*. São Paulo: Saraiva, 2010.

VENOSA, Sílvio de Salvo. *Direito civil*: direito das sucessões. 6. ed. São Paulo: Atlas, 2006. v. 7.

VILLELA, João Baptista. Liberdade e Família, Comunicação à VIII Conferência Nacional da Ordem dos Advogados do Brasil (Manaus-AM, 18 a 22 de maio de 1980). *Revista da Faculdade de Direito da UFMG*, Belo Horizonte, p. 35-36, 1980.

28

POLÊMICAS NA SUCESSÃO DE CÔNJUGE: SEPARAÇÃO CONVENCIONAL DE BENS

PAULO DIAS DE MOURA RIBEIRO

A interpretação do art. 1.829, I, do CC/2002, no que se refere ao regime da separação convencional de bens, visando definir a possibilidade de participação do cônjuge supérstite na sucessão como herdeiro necessário em concorrência com os descendentes do falecido, é matéria controvertida na doutrina e jurisprudência pátria.

A jurisprudência do Superior Tribunal de Justiça é no sentido de que o pacto antenupcial celebrado no regime de separação convencional somente dispõe acerca da incomunicabilidade de bens e o seu modo de administração no curso do casamento, não produzindo efeitos após a morte de um dos cônjuges.

Dessa forma, o cônjuge sobrevivente é herdeiro necessário e concorre com os descendentes do autor da herança se referido regime de bens foi o adotado, conforme decidido pela Segunda Seção do Superior Tribunal de Justiça, vencido o meu posicionamento sobre a matéria:

> Civil. Direito das sucessões. Cônjuge. Herdeiro necessário. Art. 1.845 do CC. Regime de separação convencional de bens. Concorrência com descendente. Possibilidade. Art. 1.829, I, do CC.
>
> 1. O cônjuge, qualquer que seja o regime de bens adotado pelo casal, é herdeiro necessário (art. 1.845 do Código Civil).
>
> 2. No regime de separação convencional de bens, o cônjuge sobrevivente concorre com os descendentes do falecido. A lei afasta a concorrência apenas quanto ao regime da separação legal de bens prevista no art. 1.641 do Código Civil. Interpretação do art. 1.829, I, do Código Civil.

3. Recurso especial desprovido (REsp 1.382.170/SP, Rel. Min. Moura Ribeiro, Rel. p/ Acórdão Min. João Otávio de Noronha, 2.ª Seção, j. 22.04.2015, DJe 26.05.2015).

Anteriormente, na Terceira Turma, meu posicionamento também não foi adotado pelo órgão julgador, em acórdão da relatoria do Ministro Ricardo Villas Bôas Cueva:

> Recurso especial. Direito das sucessões. Inventário e partilha. Regime de bens. Separação convencional. Pacto antenupcial por escritura pública. Cônjuge sobrevivente. Concorrência na sucessão hereditária com descendentes. Condição de herdeiro. Reconhecimento. Exegese do art. 1.829, I, do CC/2002. Avanço no campo sucessório do Código Civil de 2002. Princípio da vedação ao retrocesso social.
>
> 1. O art. 1.829, I, do Código Civil de 2002 confere ao cônjuge casado sob a égide do regime de separação convencional a condição de herdeiro necessário, que concorre com os descendentes do falecido independentemente do período de duração do casamento, com vistas a garantir-lhe o mínimo necessário para uma sobrevivência digna.
>
> 2. O intuito de plena comunhão de vida entre os cônjuges (art. 1.511 do Código Civil) conduziu o legislador a incluir o cônjuge sobrevivente no rol dos herdeiros necessários (art. 1.845), o que reflete irrefutável avanço do Código Civil de 2002 no campo sucessório, à luz do princípio da vedação ao retrocesso social.
>
> 3. O pacto antenupcial celebrado no regime de separação convencional somente dispõe acerca da incomunicabilidade de bens e o seu modo de administração no curso do casamento, não produzindo efeitos após a morte por inexistir no ordenamento pátrio previsão de ultratividade do regime patrimonial apta a emprestar eficácia póstuma ao regime matrimonial.
>
> 4. O fato gerador no direito sucessório é a morte de um dos cônjuges e não, como cediço no direito de família, a vida em comum. As situações, porquanto distintas, não comportam tratamento homogêneo, à luz do princípio da especificidade, motivo pelo qual a intransmissibilidade patrimonial não se perpetua *post mortem*.
>
> 5. O concurso hereditário na separação convencional impõe-se como norma de ordem pública, sendo nula qualquer convenção em sentido contrário, especialmente porque o referido regime não foi arrolado como exceção à regra da concorrência posta no art. 1.829, I, do Código Civil.

6. O regime da separação convencional de bens escolhido livremente pelos nubentes à luz do princípio da autonomia de vontade (por meio do pacto antenupcial), não se confunde com o regime da separação legal ou obrigatória de bens, que é imposto de forma cogente pela legislação (art. 1.641 do Código Civil), e no qual efetivamente não há concorrência do cônjuge com o descendente.

7. Aplicação da máxima de hermenêutica de que não pode o intérprete restringir onde a lei não excepcionou, sob pena de violação do dogma da separação dos Poderes (art. 2.º da Constituição Federal de 1988).

8. O novo Código Civil, ao ampliar os direitos do cônjuge sobrevivente, assegurou ao casado pela comunhão parcial cota na herança dos bens particulares, ainda que os únicos deixados pelo falecido, direito que pelas mesmas razões deve ser conferido ao casado pela separação convencional, cujo patrimônio é, inexoravelmente, composto somente por acervo particular.

9. Recurso especial não provido (REsp 1.472.945/RJ, Rel. Min. Ricardo Villas Bôas Cueva, 3.ª Turma, j. 23.10.2014, *DJe* 19.11.2014).

Algumas vozes acadêmicas, e até no seio do Col. STJ, afirmam o descompasso da regra em face da vontade dos cônjuges que se casaram, sem o impedimento da idade, no regime da separação de bens, porque foge à compreensão jurídica que tal regime convencional não produza, pelo pacto antenupcial, o mesmo efeito jurídico que produziu durante a vida dos cônjuges.

Com todo o acatamento não pode haver efeito jurídico diverso para quem se casa com pacto de separação total de bens, diante dos que se casam em tal regime por força de lei, porque a norma não fez tal distinção. Não faz sentido possibilitar aos cônjuges a livre escolha do regime de bens, formalizada no pacto antenupcial, para depois lhes negar os efeitos práticos do regime licitamente escolhido.

O art. 1.687 do CC/2002 dispõe que, *estipulada a separação de bens, estes permanecerão sob a administração exclusiva de cada um dos cônjuges, que os poderá livremente alienar ou gravar de ônus real.*

O art. 1.829, I, do CC/2002 estabelece que a sucessão legítima é deferida aos descendentes em concorrência com o cônjuge sobrevivente, salvo se casado com o falecido no regime da separação obrigatória de bens.

Portanto, a melhor exegese é aquela que entende não ser possível a alteração dos efeitos jurídicos do regime matrimonial *post mortem* na separação convencional de bens, devendo ser mantida a coerência com a vontade manifestada pelos cônjuges durante toda a vida em comum.

Dessarte, pouco importa se os cônjuges permaneceram casados por poucos meses ou longos anos, pois o direito à sucessão não pode ser visto como um "prêmio" concedido ao cônjuge supérstite, mas, sim, como um direito que lhe é resguardado, em respeito ao regime de bens que adotaram e à proteção que cada um quis dar à sua prole *post mortem*.

A liberdade, prevista no art. 5.º, *caput*, da Constituição Federal, é sintetizada na autonomia da vontade no âmbito do direito privado.

O princípio da exclusividade, que rege a vida do casal e veda a interferência de terceiros ou do próprio Estado nas opções feitas licitamente quanto aos aspectos patrimoniais e extrapatrimoniais da vida familiar, corrobora a interpretação conjunta dos arts. 1.829, I, e 1.687 do CC/2002.

Não devem ser confundidos regime de bens e direito sucessório, mas há que se interpretar, de forma sistemática, os dispositivos legais que permitam a preservação dos fins da livre manifestação da vontade admitida pela lei.

O regime da separação de bens é obrigatório tanto por força do pacto antenupcial quanto por força da lei, e os seus objetivos jurídicos devem preponderar.

Interpretação diversa esvaziaria o art. 1.687 do CC/2002 e, por consequência, a livre manifestação da vontade no momento crucial da morte de um dos cônjuges.

Esse é o posicionamento de Miguel Reale:

> Se o cônjuge casado no regime de separação de bens fosse considerado herdeiro necessário do autor da herança, estaríamos ferindo substancialmente o disposto no art. 1.687, sem o qual desapareceria todo o regime da separação de bens, em razão do conflito inadmissível entre esse artigo e o art. 1.829, I, fato que jamais poderá ocorrer numa codificação à qual é inerente o princípio da unidade sistemática.
>
> Entre uma interpretação que esvazia o art. 1.687 no momento crucial da morte de um dos cônjuges e uma outra que interpreta de maneira complementar os dois citados artigos, não se pode deixar de dar preferência à segunda solução, a qual, ademais, atende à interpretação sistemática, essencial à exegese jurídica.
>
> Se, no entanto, apesar da argumentação por mim aqui desenvolvida, ainda persistir a dúvida sobre o inc. I do art. 1.829, o remédio será emendá-lo, eliminado o adjetivo "obrigatória". Com essa supressão o cônjuge sobrevivente não teria a qualidade de herdeiro, "se ca-

sado com o falecido no regime de comunhão universal, ou no de separação de bens".¹

Eduardo de Oliveira Leite compartilha do mesmo entendimento:

> A coerência e cientificidade de Reale mais uma vez se impõe: desconsiderar os efeitos decorrentes do regime de separação convencional revela-se, senão difícil, impossível, e desconsiderar a vontade manifesta das partes materializada no pacto antenupcial implicaria invalidar um ato jurídico formal, que produziu todos os efeitos durante a vida em comum do casal e, pois, não poderia deixar de valer após a morte de um de seus subscritores.
>
> Desconsiderar o escopo da separação convencional, devidamente materializada no formalismo do pacto antenupcial, acarretaria uma insegurança jurídica que fica negada veementemente, pelas mais elementares noções de Direito. Ou, como agudamente concluiu Daneluzzi, "os titulares dos bens tinham certeza que eles permaneceriam no âmbito de determinada família; o que veio a causar espécie é que essas pessoas não terão mais a mesma certeza, o que poderá provocar insegurança jurídica, em que pesem as justificativas para tal mudança coadunarem com o anseio de transformação familiar, privilegiando a afetividade, em detrimento da consanguinidade".²

No julgamento do REsp 1.111.095/RJ pela Quarta Turma do Col. STJ, o Ministro Fernando Gonçalves proferiu voto-vista, seguindo a citada orientação doutrinária de Miguel Reale, e concluiu que a melhor exegese do art. 1.829, I, do CC/2002 não é a que considera o cônjuge sobrevivente, casado no regime de separação convencional de bens, herdeiro necessário.

Confira-se, por oportuno, a argumentação utilizada:

> De fato, o legislador reconhece aos nubentes, já desde o Código Civil de 1916, a possibilidade de autodeterminação no que se refere ao seu patrimônio, autorizando-lhes a escolha do regime de bens, dentre os quais o da separação total, no qual, segundo Pontes de Miranda, "os

---

1   REALE, Miguel. *Estudos preliminares do Código Civil*. São Paulo: RT, 2003. p. 63.
2   LEITE, Eduardo de Oliveira. *Comentários ao Novo Código Civil*. Coord. Sálvio de Figueiredo Teixeira. 5. ed. São Paulo: Forense, 2009. v. XXI, p. 277-278.

patrimônios dos cônjuges permanecem incomunicáveis, de ordinário sob a administração exclusiva de cada cônjuge, que só precisa da outorga do outro cônjuge, para a alienação dos bens de raiz" (*Tratado de direito privado*. São Paulo: Borsoi, tomo 8, p. 343), incomunicabilidade que se perpetua com o falecimento de um deles, dada a possibilidade de se excluir o cônjuge sobrevivente da qualidade de herdeiro, através de testamento, como no caso em comento.

Assim, qualquer que seja a razão pela qual os cônjuges decidem por renunciar um ao patrimônio do outro, essa determinação é respeitada pela lei anterior. No novo Código Civil, porém, adotada interpretação literal do art. 1829, se conclui pela inclusão do cônjuge sobrevivente como herdeiro necessário, o que no caso de separação convencional de bens significa que é concedido aos consortes liberdade de autodeterminação em vida, retirada essa, porém, com o advento da morte, transformando a sucessão em uma espécie de proteção previdenciária.

Cuida-se, iniludivelmente, de quebra na estrutura do sistema codificado. Com efeito, não há como compatibilizar as disposições do art. 1639, que autoriza os nubentes a estipular o que lhes aprouver em relação a seus bens, bem como do art. 1687, que permite a adoção do regime de separação absoluta de bens (afastando, inclusive, a necessidade de outorga do outro cônjuge para a alienação de bens), com os termos do art. 1.829, que eleva o cônjuge sobrevivente à qualidade de herdeiro necessário, determinando, inexoravelmente, a comunicabilidade dos patrimônios. De fato, seria de se questionar o porquê de se escolher a incomunicabilidade de bens, se eles necessariamente se somarão no futuro.

[...]

Pouco resta a acrescentar.

De fato, a interpretação ampliativa do termo "separação obrigatória", constante do art. 1829, inciso I, do Código Civil de 2002, para abranger não somente as hipóteses elencadas no art. 1.640, parágrafo único, mas também os casos em que os cônjuges estipulam a separação absoluta de seus patrimônios, não esbarra na intenção do legislador quando decide corrigir eventuais injustiças decorrentes da alteração do regime legal, ao mesmo tempo em que respeita o direito de autodeterminação concedido aos cônjuges no atinente a seu patrimônio tanto pela legislação anterior quanto pela presente.

Além disso, se evita a perplexidade retratada no caso em comento, no qual os cônjuges de maneira cristalina e reiterada estipulam a forma de destinação de seus bens e acabam por ter suas determinações feridas, ainda que *post mortem*.

Naquela oportunidade, o Ministro Luis Felipe Salomão consignou no seu voto-vista as seguintes conclusões:

> - tendo sido fixado, em pacto antenupcial firmado sob a égide do Código Civil de 1916, o regime de separação de bens, em estrita observância ao referido princípio da autonomia da vontade, lei alguma posterior poderia alterá-lo por se tratar de ato jurídico perfeito;
> - permanecendo, portanto, com plena eficácia, o pacto antenupcial, devem ser respeitados os atos jurídicos subsequentes, dele advindos, especialmente o testamento celebrado por um dos cônjuges;
> - existe no plano sucessório, influência inegável do regime de bens no casamento, não se podendo afirmar que são absolutamente independentes e sem relacionamento no tocante às causas e aos efeitos esses institutos que a lei particulariza nos direitos de família e das sucessões;
> - a dissolução do casamento pela morte dos cônjuges não autoriza que a partilha de seus bens particulares seja realizada por forma diversa da admitida pelo regime de bens a que submetido o casamento e nem transforma o testamento, se feito por qualquer deles em conformidade com as disposições da lei e levando em conta o pacto antenupcial adotado, em ato jurídico inoperante, imperfeito e inacabado.

O aludido julgado ficou com a seguinte ementa:

> Direito das sucessões. Recurso especial. Pacto antenupcial. Separação de bens. Morte do varão. Vigência do novo Código Civil. Ato jurídico perfeito. Cônjuge sobrevivente. Herdeiro necessário. Interpretação sistemática.
>
> 1. O pacto antenupcial firmado sob a égide do Código de 1916 constitui ato jurídico perfeito, devendo ser respeitados os atos que o sucedem, sob pena de maltrato aos princípios da autonomia da vontade e da boa-fé objetiva.
>
> 2. Por outro lado, ainda que afastada a discussão acerca de direito intertemporal e submetida a questão à regulamentação do novo Código Civil, prevalece a vontade do testador. Com efeito, a interpretação sistemática do Codex autoriza conclusão no sentido de que o cônjuge sobrevivente, nas hipóteses de separação convencional de bens, não pode ser admitido como herdeiro necessário.

3. Recurso conhecido e provido (REsp 1.111.096/RJ, Rel. Min. Carlos Fernando Mathias, Rel. p. acórdão Min. Fernando Gonçalves, 4.ª Turma, DJe 11.02.2010).

A doutrina de Eduardo de Oliveira Leite, mais uma vez, nos fornece imprescindíveis lições a esse respeito. Segundo o autor, o art. 1.829, I, do CC/2002 deve ser interpretado de forma ampla, de modo a excluir da concorrência na herança o cônjuge sobrevivente com os descendentes, se casado com o falecido no regime da separação convencional:

> [...] o crucial e polêmico questionamento, sempre invocado, é o de se a previsão do art. 1.829, I, do Código Civil, exclui da concorrência o cônjuge sobrevivente com os descendentes na herança, apenas e tão somente se casado com o falecido no regime da separação obrigatória, isto é, refere-se apenas à situação matrimonial imposta por lei, ou abrange, indistintamente, todo e qualquer regime de separação de bens, tanto o legal quanto o convencional (ou consensual).
>
> Tudo aponta para uma exegese finalista (ou teleológica) que guarda coerência com o sistema civil brasileiro encarado como um todo e, portanto, tendente a interpretar a nova norma codificada de forma ampla, abrangendo, indistintamente, tanto o regime da separação legal de bens quanto o convencional.[3]

Zeno Veloso, sobre o dispositivo legal supracitado, afirma que o legislador cominou um ônus (impossibilidade de concorrência do cônjuge sobrevivente com os descendentes do falecido na herança do cônjuge falecido) aos que se casaram no regime de separação obrigatória de bens, porque

> [...] o patrimônio que permaneceu incomunicável em vida não deve mudar de situação depois da morte, pelo menos com relação aos descendentes do falecido, que ficarão com todos os bens que ele deixou, sem precisar dividi-los com o cônjuge sobrevivente.[4]

---

[3] LEITE, Eduardo de Oliveira. *Comentários ao Novo Código Civil* cit., p. 276.
[4] VELOSO, Zeno. *Direito hereditário do cônjuge e do companheiro*. São Paulo: Saraiva, 2010. p. 69-70.

Maria Berenice Dias defende que a redação do art. 1.829, I, do CC/2002 não atende ao princípio da razoabilidade, por afrontar a igualdade e a liberdade que sustentam o dogma maior da dignidade humana:

> A falta de congruência da lei torna-se mais evidente ao se atentar que, no regime convencional da separação, em que um cônjuge não é herdeiro do outro, o sobrevivente é brindado com o direito de concorrer com os sucessores.
>
> Tratamentos tão antagônicos e paradoxais não permitem identificar a lógica que norteou a casuística limitação levada a efeito pelo legislador. Quando se depara com situações que refogem à razão, não se conseguindo chegar a uma interpretação que se conforme com a justiça, há que reconhecer que deixou o codificador de atender ao princípio da razoabilidade, diretriz constitucional que cada vez mais vem sendo invocada para subtrair eficácia a leis que afrontam os princípios prevalentes do sistema jurídico. São a igualdade e a liberdade, que sustentam o dogma maior de respeito à dignidade humana. E nada, absolutamente nada autoriza infringência ao princípio da igualdade, ao se darem soluções díspares a hipóteses idênticas e tratamento idêntico a situações diametralmente distintas. Também nítida é a afronta ao princípio da liberdade ao se facultar a escolha do regime de bens e introduzir modificações que desconfiguram a natureza do instituto e alteram a vontade dos cônjuges.
>
> Desarrazoado não disponibilizar a alguém qualquer possibilidade de definir o destino que quer dar a seus bens.[5]

Ao dizer que a redação do inciso I do art. 1.829 do CC/2002 *é tormentosamente terrível*, Sílvio de Salvo Venosa pontifica que:

> [...] em matéria de direito hereditário do cônjuge, assim como do convivente, este Código Civil de 2002 representa uma tragédia jurídica, um desprestígio e um despreparo do nosso meio jurídico e de nossos legisladores, tamanhas as impropriedades dos textos que afluem para perplexidades interpretativas e acrescenta que melhor será que seja reescrito e que se apague o que foi feito, como uma mancha na cultura jurídica nacional.

---

[5] Disponível em: <http://www.mariaberenice.com.br>. Acesso em: 9 out. 2014.

Ressalta que "o mal está feito e a lei está vigente, recomendando que ela seja aplicada da forma mais socialmente aceitável" e adverte que injustiças e insegurança sociais serão inevitáveis.[6]

O casal Nery também entende que a escolha do regime matrimonial deve ser preservada após a morte e que a regra inserida no art. 1.829, I, do CC/2002 não se coaduna com a finalidade do regime jurídico da separação de bens:

> *I: 16. Separação convencional. Crítica e sugestão de lege ferenda.* O CC fez uma escolha política: quis, como regra, instituir como herdeiro necessário o cônjuge sobrevivente. [...]
>
> De fato, a solução do CC 1829 I não se coaduna com a finalidade institucional do regime jurídico da separação de bens no casamento. Manifestações da doutrina e do público em geral evidenciam, entretanto, que a vontade da lei não corresponderia à vontade geral com relação, principalmente, à condição de herdeiro dos casados sob o regime da separação convencional de bens. Destarte, fazemos sugestão para que a norma possa ser reformada, no sentido de excluir-se do CC 1829 I a expressão "obrigatória", bem como a remissão equivocada ao CC 1640 par. ún. Com isso, não concorreria com o herdeiro descendente do morto o casado sob o regime da separação de bens, em qualquer de suas modalidades (separação obrigatória e separação convencional).[7]

Por isso, enquanto não houver alteração legislativa, a melhor solução será interpretar o texto legal de acordo com o sistema jurídico estabelecido na Constituição Federal e no Código Civil.

É louvável a posição que vê na lei uma maior proteção ao cônjuge sobrevivente como corolário da dignidade da pessoa humana.

No entanto, sob outro prisma, os filhos teriam diminuída sua participação na herança, apesar da livre manifestação da vontade pactuada em vida pelos seus pais, na maioria das vezes, com a pretensão de melhor proteger o direito sucessório de sua prole. E não se pode esquecer que os filhos também merecem a proteção da lei, visando a preservação da sua dignidade.

---

[6] VENOSA, Sílvio de Salvo. *Código Civil interpretado.* São Paulo: Atlas, 2010. p. 1.662.

[7] NERY JUNIOR, Nelson; NERY, Rosa Maria de Andrade. *Código de Processo Civil comentado e legislação extravagante.* 3. ed. São Paulo: RT, 2005. p. 844.

Mauro Antonini, que compartilha da posição aqui abraçada, também não vê solução para o cônjuge que pretende preservar íntegro o direito sucessório da prole, pois a única hipótese que vislumbra (pacto antenupcial com cláusula de exclusão da concorrência do cônjuge com os descendentes na sucessão *causa mortis*) também necessitaria de um melhor olhar jurídico:

> O problema não resolvido pelo atual Código – e parece ser a fonte de preocupação do professor Miguel Reale – é o receio do cônjuge, casado por separação convencional, de, com sua morte, parte de seu patrimônio se transferir ao sobrevivente e, depois, aos filhos exclusivos deste ou a um possível novo cônjuge. Não se vislumbra, no entanto, saída para essas situações em face da redação atual do art. 1.829, I. Uma solução, *de lege ferenda*, seria a proposta pelo professor Miguel Reale, de suprimir a expressão obrigatória, passando a ser excluído da concorrência o cônjuge casado por qualquer modalidade de separação, convencional ou legal. A desvantagem seria a de que o sistema do atual Código, de proteger o cônjuge sobrevivente em cota hereditária nos bens particulares, seria desvirtuado, retrocedendo-se ao sistema do Código Civil de 1916, com significativo atraso em relação às legislações de outros países, mais avançadas, que conferem maior proteção ao viúvo.
>
> Outra solução, também *de lege ferenda*, talvez mais apropriada, seria permitir que, no pacto antenupcial, ao se optar pela separação convencional, fosse possível acrescentar a exclusão da concorrência com os descendentes na sucessão *causa mortis*. A questão seria relegada, assim, à opção dos nubentes, segundo suas conveniências, preservando-se, em contrapartida, a possibilidade de manter a maior proteção do cônjuge pela qual optou o atual Código. Essa solução, como salientado, demanda alteração legislativa por causa da norma que veda o pacto sucessório (sobre a impossibilidade de pacto sucessório, ainda que para fins de renúncia a direito hereditário, em pacto antenupcial, confira-se lição de MONTEIRO, Washington de Barros. *Curso de direito civil*. 21. ed. São Paulo: Saraiva, 1983. v. II, p. 152). Essa alteração legislativa parece possível, uma vez que, por exemplo, há disposições do Código Civil português que permitem pacto sucessório restrito entre cônjuges no pacto antenupcial (cf. arts. 1.700 a 1.707).[8]

---

[8] ANTONINI, Mauro. *Código Civil comentado*: doutrina e jurisprudência. Org. Cezar Peluzo. São Paulo: Manole, 2007. p.1.822.

Por fim, o acórdão de relatoria da Ministra Nancy Andrighi bem expressa a defesa aqui adotada sobre a matéria:

> - O regime de separação obrigatória de bens, previsto no art. 1.829, inc. I, do CC/02, é gênero que congrega duas espécies: (i) separação legal; (ii) separação convencional. Uma decorre da lei e a outra da vontade das partes, e ambas obrigam os cônjuges, uma vez estipulado o regime de separação de bens, à sua observância.
>
> - Não remanesce, para o cônjuge casado mediante separação de bens, direito à meação, tampouco à concorrência sucessória, respeitando-se o regime de bens estipulado, que obriga as partes na vida e na morte. Nos dois casos, portanto, o cônjuge sobrevivente não é herdeiro necessário.
>
> - Entendimento em sentido diverso, suscitaria clara antinomia entre os arts. 1.829, inc. I, e 1.687, do CC/02, o que geraria uma quebra da unidade sistemática da lei codificada, e provocaria a morte do regime de separação de bens. Por isso, deve prevalecer a interpretação que conjuga e torna complementares os citados dispositivos. [...] (REsp 992.749/MS, 3.ª Turma, j. 1.º.12.2009, *DJe* 05.02.2010).

O posicionamento da eminente Ministra Nancy Andrighi foi reiterado no julgamento do AgInt no AREsp 187.515, de relatoria do Ministro Ricardo Villas Bôas Cueva, na sessão da Terceira Turma de 04.04.2017, com minha adesão à divergência apresentada pela Ministra, estando o feito suspenso no aguardo de convocação de Ministro da Quarta Turma após verificado empate no julgamento.

A interpretação atual do art. 1.829, I, do CC/2002 fere, depois da morte, o desejo dos cônjuges casados no regime da separação de bens por força de pacto antenupcial.

Em suma, o que entre o casal prevaleceu em vida depois da morte de um deles não prevalecerá. E isso não parece juridicamente razoável.

A proteção da personalidade do morto condiz com a sua dignidade, conforme bem assinalaram Miguel Reale e Judith Martins-Costa:

> Nas palavras de Pontes de Miranda o fenômeno sucessório apresenta-se em todas as partes do Direito Civil como a continuação em outrem de uma relação jurídica que cessou para o respectivo sujeito. A continuidade é patrimonial, e não só: a tutela aos direitos de personalidade do morto (de sua honra, de seus direitos autorais

extrapatrimoniais, de sua imagem, a própria proteção jurídica ao túmulo) revelam, como privilegiados prismas, verdadeiras inscrições indelevelmente feitas em nosso código antropológico. [...]

[...] a personalidade do morto permanece para várias eficácias para além do momento temporal marcado pelo fato biológico da morte – que justifica, por exemplo, o tratamento dos direitos de personalidade *post mortem*.

A *ratio* dessa proteção restou evidenciada desde a célebre decisão do BGH (Tribunal Supremo alemão), no "caso Mephisto", protegendo a imagem e a personalidade do falecido Gustav Grundgens não com base no direito penal (regras que vedam o ultraje à memória de um morto), mas com base no direito geral de personalidade constitucionalmente deduzido do princípio da dignidade da pessoa humana, como assinalado na seguinte passagem:

"Resultaria inconciliable con el precepto constitucional de la inviolabilidad de la dignidad humana que preside todo Derecho Fundamental, que el hombre, al que corresponde dicha dignidad por ser persona, pudiera quedar desposeido de ella o vejado en su consideración después de la muerte".[9]

Feitas tais considerações, a melhor interpretação do art. 1.829, I, do CC/2002 é a que está em consonância com o disposto no art. 1.687 do mesmo diploma, valorizando a autonomia privada da vontade das partes na escolha do regime de bens, mantendo os seus efeitos jurídicos intactos após a morte.

Em arremate e em reforço ao exposto, não se pode esquecer que o Plenário do Col. Supremo Tribunal Federal definiu no último dia 10 de maio que é inconstitucional o art. 1.790 do CC/2002 ao estabelecer diferenciação dos direitos de cônjuges e companheiros para fins sucessórios.

Saiu da pena do Ministro Luís Roberto Barroso a seguinte tese: "no sistema constitucional vigente, é inconstitucional a distinção de regimes sucessórios entre cônjuges e companheiros, devendo ser aplicado em ambos os casos o regime estabelecido no artigo 1.829 do CC/02".

---

[9] REALE, Miguel; MARTINS-COSTA, Judith. Casamento sob o regime da separação total de bens, voluntariamente escolhido pelos nubentes. Compreensão do fenômeno sucessório e seus critérios hermenêuticos. A força normativa do pacto antenupcial. *Revista Trimestral de Direito Civil*, Rio de Janeiro: Padma, ano 6, v. 24, p. 209-211, out.-dez. 2005.

Entretanto, é de todo conveniente lembrar que o Ministro Marco Aurélio Mello, relator do caso (RE 646.721), votou no sentido de desprover o recurso, pois para ele não se pode equiparar a união estável ao casamento se a Constituição não o fez. Veja-se:

> É temerário igualizar os regimes familiares a repercutir nas relações sociais desconsiderando por completo o ato de vontade direcionado à constituição de específica entidade familiar que a Carta da República prevê distinta, inconfundível com o casamento, e, portanto, a própria autonomia dos indivíduos de como melhor conduzir a vida a dois.

Mais um argumento, se os demais já não bastassem, para não se dar ao cônjuge supérstite casado no regime legal da separação de bens direito sucessório que ele nem sequer pretendia, ou imaginava vir a ter quando de seu casamento naquele regime.

A vontade dos cônjuges manifestada em vida, quanto ao destino do patrimônio de cada qual, precisa e deve ser preservada depois da morte de um deles.

REFERÊNCIAS

ANTONINI, Mauro. *Código Civil comentado*: doutrina e jurisprudência. Org. Cezar Peluzo. São Paulo: Manole, 2007.

DIAS, Maria Berenice. Disponível em: <http://www.mariaberenice.com.br>. Acesso em: 9 out. 2014.

LEITE, Eduardo de Oliveira. *Comentários ao Novo Código Civil*. Coord. Sálvio de Figueiredo Teixeira. 5. ed. São Paulo: Forense, 2009. v. XXI.

NERY JUNIOR, Nelson; NERY, Rosa Maria de Andrade. *Código de Processo Civil comentado e legislação extravagante*. 3. ed. São Paulo: RT, 2005.

REALE, Miguel. *Estudos preliminares do Código Civil*. São Paulo: RT, 2003.

_____; MARTINS-COSTA, Judith. Casamento sob o regime da separação total de bens, voluntariamente escolhido pelos nubentes. Compreensão do fenômeno sucessório e seus critérios hermenêuticos. A força normativa do pacto antenupcial. *Revista Trimestral de Direito Civil*, Rio de Janeiro: Padma, ano 6, v. 24, out.-dez. 2005.

VELOSO, Zeno. *Direito hereditário do cônjuge e do companheiro*. São Paulo: Saraiva, 2010.

VENOSA, Sílvio de Salvo. *Código Civil interpretado*. São Paulo: Atlas, 2010.

INCONSTITUCIONALIDADE DO ART. 1.790 DO CÓDIGO CIVIL

29

INCONSTITUCIONALIDADE DO ART. 1.790 DO CÓDIGO CIVIL[1]

GISELDA MARIA FERNANDES NOVAES HIRONAKA

SUMÁRIO: 1. Primeiras palavras; 2. União estável: duas palavras sobre esta fática relação de conjugalidade; 3. As três anteriores diferentes formas de partilha do acervo hereditário deixado pela pessoa que falecia, conforme fosse a sua circunstância patrimonial, na conjugalidade; 4. A sucessão de pessoa que houvesse sido unida estavelmente e a realidade dos companheiros sobrevivos, *antes* do paradigmático julgamento do Recurso Extraordinário n. 878.694/MG, pelo STF; 5. A sucessão de pessoa que houvesse sido unida estavelmente e a realidade dos companheiros sobrevivos, *após* o paradigmático julgamento do Recurso Extraordinário n. 878.694/MG, pelo STF; 6. Tudo está resolvido?; Referências.

1. PRIMEIRAS PALAVRAS

Com a publicação e entrada em vigor do atual Código Civil, em janeiro de 2003, e com as alterações de monta – a reconfigurar a trajetória e o destino

---

[1] O presente estudo foi escrito a partir de inúmeros trabalhos anteriores da autora, incluindo sua tese para concurso de Professor Titular da Faculdade de Direito da Universidade de São Paulo (USP), alguns dos quais se encontram referidos na listagem bibliográfica final. As considerações completamente inéditas são as que analisam o estado da arte a partir do julgamento do RE n. 878.694/MG, pelo STF, concluído em junho de 2017.

da sucessão por morte dos brasileiros –, ainda assim não se viu, na mídia ou na academia, um movimento no sentido de esclarecimento da população em geral, como já havia acontecido, no passado, com outros grandes e revolucionários temas, por exemplo, o direito do consumidor, apenas para citar um. O resultado disso é o de que poucas são as pessoas, leigas ou não, que sabem descrever o destino e endereçamento de seus bens, para depois de sua morte. As dúvidas a todos assolam e as opiniões e pontos de vista díspares se multiplicam no cenário jurídico e judicial, colaborando não para a construção de um cenário mais esclarecedor, mas, sim, para o aumento da incompreensão, da confusão e das decisões díspares. E tudo isso se apresenta não apenas por essa falta de informação que aqui se registra, mas também, e principalmente, pela maneira pouco ousada, e até mesmo atrapalhada, com a qual o legislador de 2002 escreveu o novo regramento.

É certo que o Livro IV do novo Código, relativo ao direito de família, por si só já é bastante comprometido, para não dizer pouco corajoso e nada contemporâneo, salvo raros momentos. O regramento do direito sucessório foca e se deriva, inclusive, das regras próprias do direito de família, e a ausência de um verdadeiro sistema, lá, causou, aqui também, um enorme descompasso em tantos de seus setores ou planos, bem como, até mesmo, um desastrado acúmulo de regras descombinadas entre si, o que apenas faz nascer, e se multiplicar, um sem-número de casos da vida real que não conseguem encontrar guarida segura na fortificação legal.

O Código deixa à deriva inúmeros aspectos, corriqueiros na vida comum, sem uma indicação mais precisa do caminho a ser adotado, empurrando à literatura e à resposta judicial as tentativas de superação de seus vazios. E são mesmo "vazios", quer dizer, não se trata de lacunas – o que seria bastante normal de existir, eis que a lei não pode prever todas as situações, porque é impessoal, geral e abstrata. José de Oliveira Ascensão[2] descreve a lacuna legislativa como uma fatalidade oriunda da deficiência da própria legislação, ou da própria intenção do legislador de não regular certa matéria, ou mesmo da imprevisibilidade acerca do caso real que ocorre. No caso do Livro V do Código Civil, sobre direito das sucessões – especialmente no que respeita ao novo instituto da concorrência sucessória –, não se trata de uma singela deficiência a ser suprida, assim como esta não resulta de fatos imprevisíveis e desconhecidos do legislador de 2002, do mesmo modo que certamente não derivou, de sua explícita intenção, não produzir a regulamentação. O que se

---

[2] ASCENSÃO, José de Oliveira. *O direito:* introdução e teoria geral – uma perspectiva luso-brasileira. Coimbra: Almedina, 1991. p. 355 e s.

deu – e infelizmente a verdade não pode ser enfeitada – foi uma espécie de indiferença, uma falta de atenção ou cuidado, no sentido de fazer constar, por previsão explícita, hipóteses das mais corriqueiras na vida dos homens e das sociedades. Inacreditavelmente, faltou a perfeita valoração do fato da vida, a ponto de lhe conferir o *status* da normatividade.

Carlos Frederico Marés de Souza Filho, relendo Kelsen, em sua *Teoria pura do direito*, considera que as lacunas são:

> [...] a diferença entre o direito positivo e uma ordem melhor, mais justa e mais correta. Portanto, para a teoria pura a lacuna existe apenas num mundo de sonho e ficção, que, em consequência, não é jurídico. Trazer a discussão para dentro do direito só é possível por quem espera do juiz um julgamento pelos princípios subjetivos da justiça, e não pelas razões técnicas da lei[3].

Está correta a conclusão que o autor faz a respeito da visão kelseniana, em seu artigo, ao retirar, do filósofo e teórico do direito, razão quanto à afirmação de que apenas em um mundo idealizado – mas fictício e, por isso, não jurídico – poderia se dar, com proveito, a integração da norma pelo preenchimento de lacunas. Para que isso pudesse acontecer, pensa Kelsen, teria sido preciso *sonhar* com um juiz que pudesse decidir com base nos princípios subjetivos da lei, e não pela letra fria desta ou mesmo da ausência de qualquer letra, algo que, naquela visão, estaria longe de acontecer. Particularmente, apreciamos as anotações de Carlos Frederico Marés de Souza Filho, a respeito desse ideal *pseudointangível*:

> Em todo caso, no mundo da realidade ou dos sonhos, quando o juiz julga interpretando ou substituindo a lei, está recriando o direito e assim completando-o, por existir lacuna, ou aplicando-o, por não existir. A obrigação de julgar leva o juiz a entender o direito como uma totalidade e, cada vez mais, o direito volta ao princípio napoleônico de que não pode haver recusa sob o pretexto de silêncio, obscuridade ou insuficiência da lei. Essa obrigação de julgar gera para o indivíduo um direito subjetivo de encontrar solução, oferecida pelo Estado por meio do Judiciário, ao caso concreto litigioso. Tendo assim visto, fica claro que é possível encontrar

---

[3] SOUZA FILHO, Carlos Frederico Marés de. O direito constitucional e as lacunas da lei. Disponível em: <http://www.senado.gov.br/web/cegraf/ril/Pdf/pdf_133/r133-01.PDF>. Acesso em: 10 fev. 2010.

um denominador comum a todas as "correntes": as divergências se acomodam e todas reconhecem que, com lacuna ou sem ela, o direito de estar em juízo e obter uma decisão é realidade jurídica[4].

Um fato parece-nos absolutamente certo, contudo, no que se refere aos direitos sucessórios dos companheiros sobrevivos, em razão do que existia na Legislação Civil de 2002, fazendo-os diferentes, distintos, dos direitos sucessórios dos cônjuges sobreviventes: os eventuais desacertos, ou as eventuais decisões judiciais díspares que aconteceram, aqui e ali neste país imenso, não resultaram, ao menos em nosso sentir, da insuficiência ou do desmando judiciário, mas tão somente da falha do legislador brasileiro, por ter produzido, não acidentalmente, um transtorno inconstitucional.

2. UNIÃO ESTÁVEL: DUAS PALAVRAS SOBRE ESTA FÁTICA RELAÇÃO DE CONJUGALIDADE

A respeito da qualificação do companheiro, a questão não é tão simples como ocorre no cenário dos que são casados. Isso porque o legislador civil brasileiro adotou um sistema aberto para a caracterização da união estável, existente quando há uma convivência entre o homem e a mulher – ou entre pessoas do mesmo sexo – qualificada pela convivência pública, contínua e duradoura, estabelecida com o objetivo de constituição de família. Na verdade, a única restrição fechada da norma (art. 1.723 do CC), em sua genuína interpretação gramatical, era que a convivência fosse estabelecida entre um homem e uma mulher. No mais, evidenciando o modelo aberto, a união deve ser, de início, *pública,* no sentido de notoriedade, não podendo ser clandestina ou às escondidas. A convivência deve ser contínua, sem qualquer tipo de interrupção, sem os vazios de relacionamento que podem ser tão comuns em outros tipos de relação afetiva, como o namoro[5]. Deve ser duradoura, o que comporta uma análise específica, caso a caso, não havendo na legislação a exigência de um prazo mínimo[6]. Por fim, companheiros ou conviventes

---

[4] SOUZA FILHO, Carlos Frederico Marés de. O direito constitucional e as lacunas da lei. Disponível em: <http://www.senado.gov.br/web/cegraf/ril/Pdf/pdf_133/r133-01.PDF>. Acesso em: 10 fev. 2010.

[5] A respeito, ver TARTUCE, Flávio; SIMÃO, José Fernando. *Direito civil* – direito de família. 3. ed. São Paulo: GEN/Método, 2008. v. 5, p. 263.

[6] A exigência de um prazo mínimo de cinco anos para a união estável constava expressamente da Lei n. 8.971/1994, *in verbis:* "A companheira comprovada de

devem ter o objetivo de estabelecer uma verdadeira família (*animus familiae*). Destaque-se que a lei não exige que os companheiros residam sob o mesmo teto, eis que continua tendo aplicação a remota Súmula n. 382 do Supremo Tribunal Federal, conforme reconhece a própria jurisprudência superior[7]. Ademais, com base em precedentes dos seus colegiados, o Superior Tribunal de Justiça divulgou, muito recentemente, uma compilação de 16 teses sobre união estável, entre as quais a que remete à súmula do STF em comento[8]. Este último entendimento, sem dúvida, deixa ainda mais aberto o conceito de companheiro para a qualificação sucessória como herdeiro.

3. AS TRÊS ANTERIORES DIFERENTES FORMAS DE PARTILHA DO ACERVO HEREDITÁRIO DEIXADO PELA PESSOA QUE FALECIA, CONFORME FOSSE A SUA CIRCUNSTÂNCIA PATRIMONIAL, NA CONJUGALIDADE

No que diz respeito à abertura da sucessão, visando à correta vocação dos herdeiros – tanto os de chamada própria quanto os que serão concorrentemente chamados – com o advento do Código Civil de 2002, o primeiro pressuposto a ser vencido consistiu em perquirir qual era o estado civil e o regime de bens do autor da herança, bem como a qualificação dos descendentes, relativamente

---

um homem solteiro, separado judicialmente, divorciado ou viúvo, que com ele viva há mais de cinco anos, ou dele tenha prole, poderá valer-se do disposto na Lei n. 5.478, de 25 de julho de 1968, enquanto não constituir nova união e desde que prove a necessidade". Todavia, abandonou-se esse modelo de requisito mínimo temporal com o art. 1.º da Lei n. 9.278/1996, cujo modelo foi adotado pela atual codificação privada ("Art. 1.º É reconhecida como entidade familiar a convivência duradoura, pública e contínua, de um homem e uma mulher, estabelecida com objetivo de constituição de família").

[7] Enuncia a antiga Súmula n. 382 do STF que "a vida em comum sob o mesmo teto, *more uxorio*, não é indispensável à caracterização do concubinato". Onde se lê concubinato na súmula deve-se entender, por questões históricas, união estável. Aplicando o teor da súmula na jurisprudência atual do Superior Tribunal de Justiça: Agravo regimental no recurso especial. União estável. Ausência de provas do intuito de constituir família.

[8] "A coabitação não é elemento indispensável à caracterização da união estável." Objeto do *Informativo de Jurisprudência* n. 370, publicado em 03.10.2008; essa tese foi objeto da Edição n. 50 da ferramenta de compilação do STJ, publicada em 11.02.2016. Disponível em: <http://www.stj.jus.br/SCON/jt/toc.jsp>. Acesso em: 1.º fev. 2017.

àquele que com eles concorrerá. Nesse ponto, ao prever a concorrência tanto do cônjuge como a do companheiro, em determinadas hipóteses sucessórias e sob determinadas condições, o Código Civil estabeleceu regras que dependiam da resposta que se desse a essa primeira dúvida, para que, a partir de então, se procedesse à análise da partição da herança.

Essa mesma questão, contudo, registre-se, não havia contado com qualquer atenção ou tratamento, à luz do texto da Lei Civil brasileira de 1916. Com efeito, como àquela época não se fizesse distinção entre união estável e concubinato, não se atribuíam direitos sucessórios, na sucessão legítima, aos então chamados concubinos puros, ou seja, àquelas pessoas que, embora podendo se casar, tivessem optado, simplesmente, pela união livre, de esforços conjugados e de aspirações comuns, sem necessidade de qualquer rigor ou formalismo característico do casamento propriamente dito. Essa escolha consciente, àquela época, podia acarretar a infeliz consequência do desamparo material – ao lado do possível desamparo moral e espiritual – de um dos companheiros, por ocasião de sua viuvez.

Além disso, até 1977, com a impossibilidade da dissolução do vínculo matrimonial por divórcio, também não se excluía o separado de fato da sucessão do cônjuge falecido, o que é possível atualmente com o instituto do divórcio, e, inclusive, após a Emenda Constitucional n. 66, de 2010, sem a necessidade de verificação de certo lapso temporal de separação factual e da existência ou não de culpa do sobrevivente na ruptura da vida conjugal. A partir, portanto, das regras ditadas pelos arts. 1.829 a 1.844, lidos em consonância com o art. 1.790, até recentemente, registravam-se três diferentes formas de partilha do acervo hereditário deixado pela pessoa que falecia, conforme fosse a sua circunstância conjugal (derivada do casamento, ou da união estável, ou mesmo na hipótese de não estar enquadrado em nenhuma das anteriores) no momento de sua morte.

Na primeira hipótese, a sucessão se processava relativamente a uma pessoa que, no momento de sua morte, *estivesse casada* ou que, mesmo casada, *estivesse separada de fato há menos de dois anos*, circunstâncias estas nas quais a sucessão se processava de forma a levar em consideração, primeiro, o regime de bens do casamento que se rompeu com a morte. Também se enquadravam nessa hipótese, sujeitando-se a essa regra de divisão da herança, aquelas pessoas que, *ainda que separadas de fato há mais de dois anos, não tivessem se separado por culpa própria*, devendo, então, disso fazer prova para efeito do chamamento pretendido.

Na segunda hipótese, a sucessão dizia respeito a certa pessoa (o autor da herança) que *vivera em união estável*, circunstância esta na qual, ante o silêncio dos companheiros à época de estabelecimento da união, teria vigorado entre eles a normativa supletiva estabelecida pelo legislador, que determina aplicar, a casos dessa natureza, as regras atinentes ao regime da comunhão parcial de bens (art. 1.725 do CC). Nessa hipótese, o que era levado em consideração no momento da divisão do monte partível é a forma pela qual se deu a aquisição (devia ter sido onerosa) dos bens a serem partilhados, como se podia depreender do *caput* do art. 1.790 da legislação.

Pois bem, com a declaração de inconstitucionalidade do art. 1.790 do CC, essa segunda hipótese caiu por terra, e a lacuna agora é preenchida com a aplicação das regras sucessórias referentes ao regime matrimonial, previstas no art. 1.829, pois, a partir de então, o companheiro passou a se perfilar, ao lado do cônjuge, na ordem de sucessão legítima, concorrendo, com os descendentes, a depender do regime de bens acordado, com os ascendentes, independentemente do regime de bens e, por fim, na ausência de descendentes e ascendentes e assim como o cônjuge, herdará sozinho a herança, ficando, a partir daí, excluídos os colaterais até o quarto grau do companheiro falecido.

É importante consignar que, com o fito de reduzir a insegurança jurídica, o julgado do STF conferiu modulação aos efeitos da aplicação do entendimento da inconstitucionalidade do art. 1.790. Assim, as regras do art. 1.829 devem ser aplicadas tão somente aos processos judiciais que, à época, não tinham tido o trânsito em julgado da partilha ou que, na seara extrajudicial, não tinha sido lavrada a escritura pública, de forma que as partilhas judiciais e extrajudiciais de casos que se enquadram na segunda hipótese, e que foram finalizadas antes do trânsito em julgado do recurso extraordinário em comento, permanecerão sob as regras antigas, isto é, as do art. 1.790.

Por fim, a terceira e derradeira hipótese refere-se aos casos em que o autor da herança houvesse falecido *sem deixar cônjuge ou companheiro sobrevivente* – que, como tal, pudesse ser considerado herdeiro concorrente. Em um caso assim, porquanto não se vá verificar nem a concorrência do cônjuge, nem a do companheiro na partição da herança, as regras aplicáveis serão em tudo muito parecidas com as regras vigentes no Código de 1916. Trata-se da sucessão dos viúvos, dos solteiros, dos divorciados e dos separados judicialmente ou separados de fato há mais de dois anos, cuja razão pela impossibilidade da manutenção da vida em comum não pudesse ser imputada ao cônjuge que ao outro sobreviveu[9].

---

[9] Ver HIRONAKA, Giselda Maria Fernandes Novaes. Da ordem de vocação hereditária nos direitos brasileiro e italiano. In: AZEVEDO, Antonio Junqueira de; TORRES, Heleno Taveira; CARBONE, Paolo (Coord.). *Princípios do novo Código Civil brasileiro e outros temas* – homenagem a Tulio Ascarelli. São Paulo: Quartier Latin, 2008. p. 191-233.

Na verdade, o que o legislador pátrio criou foi um sistema díspar de vocação do cônjuge concorrente, que troca as regras conforme o regime de bens do casamento que tenha sido adotado entre ele e o autor da herança. Também criara outro sistema de regência da sucessão concorrente do companheiro sobrevivo (se o autor da herança houvesse falecido sob o estado civil decorrente de união estável), totalmente diverso do sistema destinado ao cônjuge supérstite. E esse era o perfil – minimamente desenhado – do direito sucessório, na ordem de sucessão legítima, do cônjuge e do companheiro sobrevivos, até o presente momento, quando se julgou a inconstitucionalidade do art. 1.790 do Código Civil, por meio do Recurso Extraordinário n. 878.694/MG, pelo STF.

4. A SUCESSÃO DE PESSOA QUE HOUVESSE SIDO UNIDA ESTAVELMENTE E A REALIDADE DOS COMPANHEIROS SOBREVIVOS, *ANTES* DO PARADIGMÁTICO JULGAMENTO DO RECURSO EXTRAORDINÁRIO N. 878.694/MG, PELO STF

A sucessão de pessoa que falecesse durante a constância de uma união estável estava adstrita às regras do art. 1.790 do CC, o qual estabelecia a ordem da vocação hereditária para casos assim.

Esse dispositivo do Código Civil efetivamente apresentava inúmeros problemas, sendo o mais grave deles a imputação que lhe fazem a melhor doutrina e muitas decisões judiciais no sentido de estar maculado pela *inconstitucionalidade*. O próprio histórico desse dispositivo já induz ao entendimento de que carregava consigo inúmeros problemas, eis que só foi inserido no texto do Projeto de Código Civil por força da Emenda n. 358, apresentada pelo Senador Nelson Carneiro. Antes, dele não constava, e a escolha do *locus* para a sua inserção foi extremamente desastrosa, uma vez que não estava – o sistema sucessório dos que viveram sob união estável – acolhido pelo dispositivo que abrigou a ordem de vocação hereditária (art. 1.829 do CC), mas encontra-se instalado *fora* do Título destinado à Sucessão Legítima, no Título destinado à Sucessão em Geral, no Capítulo das Disposições Gerais. Como já tivemos oportunidade de escrever, acompanhando análise feita por Zeno Veloso, a emenda foi claramente inspirada no Projeto de Código Civil elaborado por Orlando Gomes nos idos da década de 1960, antes, portanto, da equalização entre casamento e união estável, constitucionalmente garantida.

Por isso, o dispositivo do Projeto, que resultou nesse art. 1.790, é de feição extremamente retrógrada, se comparado à legislação antes sumariada. Não bastasse isso, vigorosa maioria dos pensadores, juristas e aplicadores do direito registrou, com todas e muito visíveis letras, que o art. 1.790 do CC era inconstitucional, uma vez que tratava desigualmente situações equipolentes e equalizadas pela ordem constitucional, como é o caso das entidades familiares oriundas do casamento e da união estável.

No entanto, mais do que isso, o art. 1.790 do CC ainda apresentava outros defeitos e desequilíbrios, quando comparado ao art. 1.829 do CC, por exemplo, o fato de ter colocado em ordem vocatória privilegiada os parentes colaterais do falecido, favorecendo-os antes do próprio companheiro de vida e de afeto daquele que, agora, é o autor da herança.

Os julgados acerca dessas temáticas pouco após a vigência do atual Código Civil oscilavam muito, ora por uma linha hermenêutica, ora por outra. Todavia, o que se registrava era, de fato, que inúmeras decisões e julgados pugnavam por essa inconstitucionalidade[10].

---

[10] Por exemplo, e representando tantos outros, ver os seguintes julgados: Agravo de instrumento. Inventário. Companheiro sobrevivente. Direito à totalidade da herança. Colaterais. Exclusão do processo. Cabimento. Inconstitucionalidade. Artigo 1.790, inciso III, do Código Civil. A decisão agravada está correta. No caso, apenas o companheiro sobrevivente tem direito sucessório, não havendo razão para os parentes colaterais permanecerem no inventário. As regras sucessórias previstas para a sucessão entre companheiros no Novo Código Civil são inconstitucionais. Isso porque a nova Lei substantiva – artigo 1.790, inciso III do Código Civil – rebaixou o *status* hereditário do companheiro sobrevivente em relação ao cônjuge supérstite. Violação dos princípios fundamentais da igualdade e da dignidade. Diante do reconhecimento da inconstitucionalidade da Lei acima citada, deve o incidente de inconstitucionalidade ser apreciado pelo Tribunal Pleno desta Corte de Justiça, mediante seu Órgão Especial, nos termos do artigo 97 da Constituição Federal, artigo 481 e seguintes do Código de Processo Civil e artigo 209 do RITJRGS. Incidente de inconstitucionalidade suscitado (TJRS, 8.ª Câmara Cível, AI 70027138007, Porto Alegre, Rel. Des. José Ataídes Siqueira Trindade, j. 18.12.2008, *DOERS* 11.03.2009, p. 31).

União estável. Arguição de inconstitucionalidade do artigo 1.790 do Código Civil. Interpretação sistemática e teleológica do artigo 226 da Constituição Federal. Equiparação constitucional das entidades familiares matrimoniais e extramatrimoniais, em razão de serem oriundas do mesmo vínculo, qual seja, a afeição, de que decorre a solidariedade e o respeito mútuo entre os familiares. Entidades destinatárias da mesma proteção especial do Estado, de modo que a disparidade de tratamento em matéria sucessória fere a ordem constitucional. Ponderação dos princípios da dignidade da pessoa humana, isonomia e direito fundamental à herança. Proibição do retrocesso social. Remessa dos autos ao Órgão Especial, em atenção ao artigo 97 da Lei Maior (TJSP, 9.ª Câmara de Direito Privado, APL-Rev 587.852.4/4, Ac. 4131706, Jundiaí, Rel. Des. Piva Rodrigues, j. 25.08.2009, *DJESP* 25.11.2009).

O tratamento dado pelo legislador, portanto, à sucessão do companheiro sobrevivo, foi constitucionalmente distinto daquele outro, que foi dado ao cônjuge, pelo art. 1.829 e seguintes, todos sob o Título da Sucessão Legítima, no Código Civil, lamentavelmente. Conforme a crítica de Rolf Madaleno, parece mesmo que

> [...] mais uma vez resta discriminada a relação afetiva oriunda da união estável que perde sensível espaço no campo dos direitos que já haviam sido conquistados após o advento da Carta Política de 1988, em nada sendo modificada a atual redação do novo Código Civil e será tarefa pertinaz da jurisprudência corrigir estas flagrantes distorções deixadas pelo legislador responsável pela nova codificação civil[11].

O autor escreveu essas palavras no ano de 2004, quando o Código Civil tinha apenas um ano de vigência, e parece que elas eram premonitórias, pois, até recentemente, a jurisprudência ainda se encontrava embaraçada e emaranhada no que dizia respeito a esse assunto. O sentimento derivado da constatação de que se "andou para trás" acompanhava fortíssima parcela da doutrina nacional, deixando ecoar o pensamento de Zeno Veloso: "O art. 1.790 merece censura e crítica severa porque é deficiente e falho, em substância. Significa um retrocesso evidente, representa verdadeiro equívoco"[12].

Agravo de instrumento. Inventário. Companheiro sobrevivente. Direito à totalidade da herança. Parentes colaterais. Exclusão dos irmãos da sucessão. Inaplicabilidade do art. 1.790, inc. III, do CC/2002. Incidente de inconstitucionalidade. Art. 480 do CPC. Não se aplica a regra contida no art. 1.790, inc. III, do CC/2002, por afronta aos princípios constitucionais da dignidade da pessoa humana e de igualdade, já que o art. 226, § 3.º, da CF deu tratamento paritário ao instituto da união estável em relação ao casamento. Assim, devem ser excluídos da sucessão os parentes colaterais, tendo o companheiro o direito à totalidade da herança. Incidente de inconstitucionalidade arguido, de ofício, na forma do art. 480 do CPC. Incidente rejeitado, por maioria. Recurso desprovido, por *maioria* (TJRS, 8.ª Câmara Cível, AI 70017169335, Porto Alegre, Rel. Des. José Ataídes Siqueira Trindade, j. 08.03.2007, DJERS 27.11.2009, p. 38).

[11] MADALENO, Rolf. *Direito de família em pauta*. Porto Alegre: Livraria do Advogado, 2004. p. 113.

[12] VELOSO, Zeno. Do direito sucessório dos companheiros. In: DIAS, Maria Berenice; PEREIRA, Rodrigo da Cunha (Coord.). *Direito de família e o novo Código Civil*. 4. ed. rev. e atual. Belo Horizonte: Del Rey, 2005. p. 242.

Por todas as letras e críticas, a esta autora parecia ser muito clara a urgente necessidade de exclusão ou reforma que merecia o Código Civil, na regulamentação dos direitos sucessórios do companheiro, para que a inconstitucionalidade fosse reconhecida e para que a recolocação das disposições relativas àqueles que viveram unidos estavelmente encontrassem seu lugar perfeito e adequado, isto é, que viessem a integrar, no campo legislativo da sucessão legítima, o espaço especialmente deferido à ordem da vocação hereditária.

Contudo, encontrava-se em vigor a criticada norma (art. 1.790 do CC), razão pela qual o cuidado doutrinário não podia ignorá-la, eis que aplicável, ainda, a todas as hipóteses de sucessão de pessoas que viviam em união estável no momento da morte de um deles. Pois bem. Verificava-se, assim, que a sucessão dessas pessoas não dependeria – para que se instalasse a concorrência do companheiro com os demais herdeiros – da verificação do regime de bens adotado por contrato de convivência ou mesmo por forma factual (acatando as regras do regime legal por força de disposição legal supletiva), ainda que essa opção legislativa pudesse parecer extremamente injusta, por desconsiderar a equalização entre cônjuge e companheiro, determinada pela Constituição Federal brasileira, mas dependeriam, sim, da origem dos bens que compusessem o acervo hereditário deixado pelo morto. Por isso, o companheiro sobrevivente participaria da sucessão do outro apenas quanto aos bens adquiridos pelo falecido, *onerosamente*, na vigência da união estável, ou seja, a concorrência se daria *justamente* nos bens a respeito dos quais o companheiro *já era meeiro*. Dessa forma, se o companheiro falecido não tivesse amealhado quaisquer bens na constância da união estável, ainda que possuísse um enorme patrimônio anterior, o companheiro sobrevivente restaria afastado da sucessão – quer na condição de meeiro, quer na condição de herdeiro concorrente –, fossem quais fossem os herdeiros então existentes. Além disso, outra diferenciação – em decorrência, ainda, do estado civil que uniu o morto e o sobrevivente – dizia respeito à extensão da restrição relativa ao regime de bens ou à origem do patrimônio. Assim, se para as pessoas casadas o direito a concorrer era adstrito ao tipo de regime de bens vigente – e apenas na hipótese de concorrência do cônjuge sobrevivente com os descendentes do morto, uma vez que a regra limitativa veio expressa no inc. I do art. 1.829 do CC –, a restrição da espécie de bens sobre os quais deveria incidir a concorrência do companheiro sobrevivente estava expressa no *caput* do art. 1.790 do CC, irradiando seus efeitos por toda a construção legislativa estabelecida pelos seus incisos.

A determinação legal que estava no inc. I do art. 1.790 do CC dizia que, na concorrência do companheiro sobrevivo com os filhos comuns (havidos entre ele mesmo e o falecido, agora autor da herança), o herdeiro concorrente amealharia um quinhão igual ao que fosse atribuído a cada um desses filhos. Não havia uma única palavra mencionando qualquer perspectiva de se resguardar, minimamente, ao concorrente, uma quarta parte do acervo, como acontece, em relação ao cônjuge sobrevivo concorrente, quando este disputa com os herdeiros descendentes do falecido e que sejam, também, seus descendentes. Tratamento desigual, portanto, para situações constitucionalmente equalizadas era o que se observava logo à primeira vista, quando se comparavam a regra destinada a regular a sucessão do cônjuge sobrevivente e a regra destinada a regular a sucessão do companheiro sobrevivente.

O Código Civil de 2002 realmente quis dar distinto tratamento à sucessão concorrente do companheiro, não apenas diferenciando-a do tratamento conferido ao direito sucessório do cônjuge, mas também aplicando distintas imposições matemáticas, caso os herdeiros descendentes fossem *filhos* do companheiro supérstite e do companheiro falecido, ou se, de outro ponto de vista, fossem *descendentes* exclusivos do autor da herança (incs. I e II do art. 1.790 do CC, respectivamente), determinando que o concorrente herdasse a mesma porção deferida aos *filhos comuns* ou apenas a metade da porção cabível aos *descendentes exclusivos* do morto. No primeiro caso, a distribuição se operava de modo a obter quinhões iguais, dividindo-se o acervo hereditário por um número que era a soma do número de herdeiros mais um, correspondendo esse derradeiro número à pessoa do companheiro concorrente. Já no segundo caso, a partilha se fazia na proporção de dois para um, entregando-se ao companheiro sobrevivente uma parte da herança, e a cada um dos descendentes duas partes idênticas àquela que se entregou ao companheiro sobrevivo. Uma equação fundada no princípio matemático da ponderação, o que não era nada simples de ser aplicado.

Registre-se que não havia razão – no entender desta autora – que justificasse o fato de o dispositivo em análise ter determinado concorrência com *filhos* (não dizia *descendentes*, mas apenas *filhos*), no inc. I, e ter determinado concorrência com *descendentes* (de qualquer grau), no inc. II. Parecia que o legislador brasileiro teria dado, portanto, um *tratamento preferencial* ao companheiro sobrevivo quando se tratasse de concorrência com *filhos comuns* a ele e ao morto. Pior que isso, a lei referia-se, no inc. I, apenas a *filhos*, perdendo o bom costume e a boa arte de fazer referência a toda a descendência, na linha reta, esquecendo-se dos netos, dos bisnetos e de outros descendentes que porventura o companheiro concorrente tivesse, e que lhe fossem descendentes comuns com o falecido. Contudo, não ocorreu o mesmo *esquecimento*, ou a mesma escolha, no inc. II, eis que, nesse passo, a lei passou, repentinamente, a se referir a *descendentes* exclusivos do autor da herança. Incompreensivelmente, era assim que estava disposto na lei. A falta de sistematização e de uniformização na descrição dos incisos espantava o intérprete, que não se sentiu tolhido, contudo, em aceitar na chamada dos *filhos* (conforme descrito em lei) também os demais descendentes, se existentes, nos graus mais afastados. Quer dizer, a atividade de interpretação e de hermenêutica buscou superar o descuido do legislador.

Não bastassem esses descompassos mencionados, certo é que o legislador brasileiro também trouxera mais um ponto de alta polêmica interpretativa, no que dizia respeito à aplicabilidade das regras contidas no artigo referido (art. 1.790, I e II, do CC, principalmente), ou seja, não houve – também aqui – a previsão da tormentosa, mas muito comum hipótese, de concorrência do companheiro sobrevivo com descendência híbrida do falecido, isto é, com os descendentes comuns *mais* os descendentes exclusivos do morto[13].

No entanto, os incs. I e II do art. 1.790 do CC não eram os dois únicos que apresentavam problemas importantes e complicados para serem resolvidos. O inc. III igualmente os tinha. Este inciso, por seu turno, determinava que, na ausência de descendentes do morto, o companheiro concorreria com os *outros parentes sucessíveis* – fossem eles quais fossem, em qualquer classe ou grau –, recebendo, em qualquer hipótese, uma terça parte da herança. Dessa forma, não importava se a concorrência do companheiro sobrevivente se desse com *irmãos* do falecido, ou com seus *ascendentes*, ou mesmo com *colaterais mais afastados*, pois sempre ao companheiro seria deferido um terço da herança.

Assim, por exemplo, se concorresse com os pais do falecido, o companheiro receberia um terço e cada um dos ascendentes de primeiro grau receberia também um terço. Ou, se concorresse com um único tio-avô, ao companheiro continuaria a ser deferido aquele terço da herança, e o colateral de afastadíssimo quarto grau – com quem talvez o falecido nem sequer mantivesse relações, ainda que de natureza simplesmente social – receberia os dois outros terços que completassem o patrimônio por aquele deixado. Circunstâncias estranhas e dignas de serem criticadas, uma vez que – na maioria dos casos – o companheiro sobrevivente, parceiro de uma longa vida de lutas e de afetos, seria menos favorecido que um parente longínquo, com quem até mesmo poderia não ter se dado, afetivamente, o autor da herança.

---

[13] Em outras palavras, o legislador se olvidou mais uma vez de cuidar da hipótese de autores da herança que deixassem, ao falecer, o companheiro sobrevivente e seus descendentes comuns, mais outros descendentes que o falecido tivesse de outro leito, anterior ou posterior à união estável, formando assim um conjunto de filhos que se costumou denominar *exclusivos* e *comuns*.

Enfim, apenas na ausência de quaisquer parentes sucessíveis, o companheiro sobrevivente poderia amealhar a totalidade dos bens adquiridos *onerosamente* durante a vigência da união estável, segundo a interpretação literal do inc. IV combinado com o *caput* do art. 1.790 do CC. Admitindo-se essa interpretação e conclusão, observe-se que, quanto aos bens particulares do falecido – nessa hipótese de inexistirem parentes sucessíveis –, estes seriam entregues ao *Poder Público,* em detrimento do companheiro supérstite!

Como bem se vê, era evidente a falta de sistema e de coerência – e até de justiça – existente entre esses dois dispositivos do Código (arts. 1.829 e 1.790), mormente levando-se em conta que o art. 1.790 se encontra topicamente mal localizado no corpo legislativo, como se fosse uma infeliz inserção de última hora que não tivesse obedecido à regra equalizadora da própria Constituição Federal brasileira[14].

Felizmente, com o julgamento do Recurso Extraordinário n. 878.694/MG, que firmou a tese da inconstitucionalidade do indigitado artigo, esse não é mais o caso.

5. A SUCESSÃO DE PESSOA QUE HOUVESSE SIDO UNIDA ESTAVELMENTE E A REALIDADE DOS COMPANHEIROS SOBREVIVOS, *APÓS* O PARADIGMÁTICO JULGAMENTO DO RECURSO EXTRAORDINÁRIO N. 878.694/MG, PELO STF[15]

A questão bateu às portas do STF em março de 2015. Sob a relatoria do Ministro Roberto Barroso, em pouco menos de um mês, foi reconhecida por unanimidade a existência de repercussão geral no Recurso Extraordinário n. 878.694/MG. O caso fático em análise envolvia um casal que viveu em união estável por nove anos. O falecido não deixou testamento nem possuía

---

[14] HIRONAKA, Giselda Maria Fernandes Novaes. Da ordem de vocação hereditária nos direitos brasileiro e italiano, cit., p. 208.

[15] Para a construção do texto deste item, referente ao julgamento do RE n. 878.694/MG no STF, a autora contou com a colaboração da advogada Marília Pedroso Xavier (doutora pela FDUSP), que preparou um pontual roteiro sobre as ocorrências do julgamento, extraído de sua excelente exposição sobre o assunto, no XV Encontro de Grupos de Pesquisa – IBDCivil, realizado em junho de 2017, na Faculdade de Direito da USP. A autora contou também com a colaboração da advogada Flávia Teocchi, que revisou textos, analisou votos e dispôs temporalmente os temas. A ambas sou muito grata.

descendentes ou ascendentes, apenas parentes colaterais: três irmãos. O recurso extraordinário, portanto, foi interposto pela companheira com o objetivo de declarar a inconstitucionalidade do art. 1.790 do CC e aplicar, em seu lugar, o art. 1.829 do CC (que, como se sabe, trata da sucessão do cônjuge). Pois, por força do inc. III do primeiro artigo, a companheira sobrevivente ficaria com um terço dos bens; por outro lado, caso fosse aplicado o último dispositivo, a companheira teria direito à totalidade do quinhão.

No primeiro grau, o juízo entendeu que o art. 1.790 do CC era inconstitucional e deferiu a integralidade do monte sucessório para a companheira. A parte contrária recorreu ao Tribunal de Justiça de Minas Gerais. Tendo em vista que já havia pronunciamento anterior, este Tribunal reformou a sentença e assim se manifestou naquela oportunidade: "o tratamento diferenciado entre cônjuge e companheiro pode não ter sido a melhor opção do legislador ordinário, mas encontra guarida na própria Constituição Federal"[16].

Em 31 de agosto de 2016 deu-se o início do tão aguardado julgamento. A Procuradoria-Geral da República manifestou-se pelo desprovimento do recurso, visto que a tese da inconstitucionalidade feriria a autonomia privada das partes que optaram pela união estável nos moldes que a lei determina. Três *amici curiae*[17] participaram do feito. Pela inconstitucionalidade do art. 1.790 do CC sustentou o Instituto Brasileiro de Direito de Família (IBDFAM) com o Instituto dos Advogados Brasileiros (IAB). Coube à Associação de Direito de Família e das Sucessões (ADFAS) pugnar pela constitucionalidade do mencionado dispositivo.

O voto do Ministro Relator sustentou que não é legítimo desequiparar, para fins sucessórios, a união estável e o casamento, pois isso hierarquizaria as entidades familiares e seria incompatível com a Constituição da República de 1988. Com base nos princípios da igualdade, da dignidade da pessoa humana

---

[16] O excerto foi transcrito a partir dos vídeos das três sessões de julgamento: Instituto Brasileiro de Direito Civil. Julgamento parcial do RE 878694/MG. Disponível em: <https://www.youtube.com/watch?v=UxgdcCxwlnc&t=>. Acesso em: 10 jun. 2017; STF. Pleno – Suspenso julgamento sobre diferenciação de cônjuge e companheiro em sucessão. Disponível em: <https://www.youtube.com/watch?v=XnyWckU-WX3M&t=>. Acesso em: 10 jun. 2017; STF. Pleno – Supremo afasta diferença entre cônjuge e companheiro para fim sucessório. Disponível em: <https://www.youtube.com/watch?v=ZQDVuD9Rops>. Acesso em: 10 jun. 2017.

[17] *Amicus curiae* ou amigo da corte ou também amigo do tribunal (*amici curiae*, no plural) é uma expressão em latim utilizada para designar uma instituição que tem por finalidade fornecer subsídios às decisões dos tribunais, oferecendo-lhes melhor base para questões relevantes e de grande impacto.

e da vedação ao retrocesso, não poderia o art. 1.790 do CC atribuir menos direitos do que já era conferido aos companheiros pelas Leis n. 8.971/1994 e 9.278/1996. A tese firmada em repercussão geral ficou assim estabelecida: "No sistema constitucional vigente, é inconstitucional a distinção de regimes sucessórios entre cônjuges e companheiros, devendo ser aplicado, em ambos os casos, o regime estabelecido no art. 1.829 do CC/2002".

Portanto, e em apertada síntese, à luz dos princípios constitucionais da igualdade, da dignidade da pessoa humana e da vedação do retrocesso, e munindo-se do argumento de que não é legítimo desequiparar casamento e união estável para fins sucessórios – dado que a hierarquização entre as formas de família é incompatível com a Constituição Federal –, o Relator declarou inconstitucional o art. 1.790 do CC/2002. Mas não só. Preencheu essa lacuna legislativa com a aplicação das regras sucessórias previstas no art. 1.829 do mesmo diploma, ao regime da união estável.

Com o objetivo de zelar pela segurança jurídica, a modulação dos efeitos da decisão foi estabelecida de forma a ser aplicável apenas para inventários judiciais sem trânsito em julgado da sentença de partilha, e partilhas extrajudiciais em que ainda não tenha sido lavrada escritura pública.

Acompanharam o Relator os Ministros Edson Fachin, Teori Zavascki, Rosa Weber e Luiz Fux. O entendimento proclamado, contudo, não foi unânime e, abrindo divergência, o Ministro Dias Toffoli pediu vista. No entanto, fugindo da praxe, os Ministros Celso de Mello e Cármen Lúcia adiantaram seus votos, acompanhando também o Relator, ao entenderem pela inconstitucionalidade do art. 1.790 do CC. Com isso, ainda que suspensa a sessão de julgamento em razão do pedido de vista, é certo que a tese da inconstitucionalidade já havia alcançado a maioria necessária para ser declarada.

É interessante notar que o Ministro Teori Zavascki já havia apreciado essa matéria em *obiter dictum* quando atuava no Superior Tribunal de Justiça[18].

---

[18] Direito processual civil. Incidente de inconstitucionalidade. Recurso especial fundamentado na inconstitucionalidade. Não é possível conhecer de incidente de inconstitucionalidade suscitado em recurso especial cujo fundamento seja o reconhecimento da inconstitucionalidade de dispositivo legal. Embora questões constitucionais possam ser invocadas pela parte recorrida, é indubitável que, em nosso sistema, não cabe ao recorrente invocar tais questões em recurso especial como fundamento para reforma do julgado, sendo o recurso próprio para essa finalidade o extraordinário para o STF. Tem-se, portanto, hipótese de insuperável óbice ao conhecimento do recurso especial, que também contamina, por derivação natural, o conhecimento deste incidente de inconstitucionalidade. No caso, o incidente referia-se aos incisos III e IV do art. 1.790 do CC, que trata da ordem de sucessão hereditária do companheiro ou da companheira relativamente

Entretanto, dessa vez entendeu de forma diferente. Disse ter sido convencido pelas manifestações dos Ministros Roberto Barroso e Edson Fachin de que realmente haveria um tratamento discriminatório em relação à união estável, porque não seria compatível com a Constituição.

O Ministro Dias Toffoli, por sua vez, sustentou em seu voto-vista[19] que o art. 1.790 do CC "não hierarquizou o casamento em relação à união estável, mas acentuou serem eles formas diversas de entidades familiares, nos exatos termos da exegese do art. 226, § 3.º, da Constituição Federal"[20]. Para o Ministro, o tratamento diferenciado entre cônjuge e companheiro foi uma escolha do Legislativo, e não cabe ao Judiciário mudar o que foi aprovado pelo Congresso, muito menos tolher dos indivíduos o poder de escolha e decisão de se submeter a um ou outro regime, com prejuízo de se ameaçar a liberdade daqueles que optam pela informalidade, posto que não tinham o intuito de se submeter ao regime formal do casamento:

> Portanto, há de ser respeitada a opção feita pelos indivíduos que decidem por se submeter a um ou a outro regime. Há que se garantir, portanto, os direitos fundamentais à liberdade dos integrantes da entidade de formar sua família por meio do casamento ou da livre convivência, bem como o respeito à autonomia de vontade para que os efeitos jurídicos de sua escolha sejam efetivamente cumpridos.

---

aos bens adquiridos na vigência da união estável (AI no REsp 1.135.354/PB, Rel. originário Min. Luis Felipe Salomão, Rel. para acórdão Min. Teori Albino Zavascki, j. 03.10.2012).

[19] Em comentários favoráveis ao voto do Ministro Dias Toffoli, Regina Beatriz Tavares da Silva, Presidente da Associação de Direito de Família e das Sucessões (ADFAS), sustentou que o recurso não poderia analisar todos os incisos da norma do art. 1.790 em abstrato, por não ser uma ação direta de inconstitucionalidade. Segundo ela, "não haveria nenhuma razão ao estímulo da conversão da união estável em casamento se os dois institutos fossem completamente igualados". Ainda, que a equiparação, que ensejará que as pessoas sejam "obrigatoriamente" casadas, fará com que aquele que mantém uma relação afetiva fique receoso de que, em caso de sua morte, seus filhos venham a ter de dividir os seus bens com o parceiro. Para a advogada, "o afeto não pode ser confundido com interesses patrimoniais, nem as pessoas devem ser incentivadas a usar o afeto para ter benefícios econômicos. Pensamento em sentido diverso importaria em fazer do sentimento do afeto não um causador de efeitos, mas, sim, de defeitos jurídicos". Disponível em: <http://politica.estadao.com.br/blogs/fausto-macedo/o-stf-reage-a-ideia-de-que-o-afeto-possa-gerar-direitos-desmedidos/>. Acesso em: 6 abr. 2017.

[20] Disponível em: <http://www.stf.jus.br/arquivo/cms/noticiaNoticiaStf/anexo/RE878694.pdf>. Acesso em: 1.º abr. 2017.

Em 30 de março de 2017, o debate foi retomado. Fundado no respeito à liberdade de escolha dos indivíduos e na autonomia da vontade, o Ministro Dias Toffoli abriu a divergência. Em prosseguimento, o julgamento foi suspenso novamente por um novo pedido de vista, agora do Ministro Marco Aurélio.

No dia 10 de maio de 2017, após suspensão do julgamento em decorrência dos pedidos de vista, finalmente concluiu-se o que é – nas palavras de José Fernando Simão – "o julgamento do século em matéria de sucessões"[21]. Depois do grande retrocesso operado pelo Código Civil de 2002, o STF deslegitimou o tratamento diferenciado dado a cônjuge e companheiro em questões sucessórias.

Nesse dia, o Ministro Marco Aurélio pediu que fosse apregoado para julgamento o Recurso Extraordinário n. 646.721/RS, sob sua relatoria, o qual versava sobre situação constitucional semelhante – o debate sobre a (in)constitucionalidade do art. 1.790 –, mas em sucessão hereditária de união estável homoafetiva. O voto do Ministro foi pela constitucionalidade, porém restou vencido com o Ministro Ricardo Lewandowski. O recurso foi provido e nos termos do voto do Ministro Roberto Barroso recebeu tese idêntica ao do Recurso Extraordinário n. 878.694/MG.

Nessa mesma oportunidade, ato contínuo, foi finalizado o julgamento do Recurso Extraordinário n. 878.694/MG. A maioria dos Ministros entendeu pela inconstitucionalidade, tendo sido vencidos os Ministros Dias Toffoli, Marco Aurélio e Ricardo Lewandowski. Registre-se ainda que, apesar de o Ministro Alexandre de Moraes ter seguido o entendimento do relator, não teve o seu voto computado porque o Ministro Teori Zavascki já havia votado na primeira sessão de julgamento.

Dessa forma, encerrou-se, após meses de adiamento, o julgamento que colocou uma pá de cal na diferenciação desarrazoada entre cônjuges e companheiros em questões sucessórias, concluindo, assim, o Ministro Roberto Barroso em seu voto tornado aresto:

> Ante o exposto, dou provimento ao recurso para reconhecer de forma incidental a inconstitucionalidade do art. 1.790 do CC/2002, por violar a igualdade entre as famílias, consagrada no art. 226 da CF/1988, bem como os princípios da dignidade da pessoa humana,

---

[21] Artigo intitulado E então o STF decidiu o destino do artigo 1.790 do CC? (parte 1), publicado na página do *Conjur*. Disponível em: <http://www.conjur.com.br/2016-dez-04/processo-familiar-entao-stf-decidiu-destino-artigo-1790-cc--parte>. Acesso em: 20 jun. 2017.

da vedação ao retrocesso e da proteção deficiente. Como resultado, declaro o direito da recorrente a participar da herança de seu companheiro em conformidade com o regime jurídico estabelecido no art. 1.829 do Código Civil de 2002.

Como se vê, a partir de então, o companheiro passou a encarnar ao lado do cônjuge na ordem de sucessão legítima, concorrendo, nos termos do que dispõe o art. 1.829, com os descendentes, a depender do regime de bens acordado, com os ascendentes, independentemente do regime de bens e, por fim, na ausência de descendentes e ascendentes, a exemplo do cônjuge, herdando sozinho a herança, ficando, a partir daí, excluídos os colaterais até o quarto grau.

Findo o julgamento, é necessário aclarar que o acórdão não foi lavrado até o momento[22-23] e que apenas o voto-vista do Ministro Dias Toffoli foi disponibilizado em caráter oficial pelo STF[24].

6. TUDO ESTÁ RESOLVIDO?

Sem dúvida, a principal celeuma que exsurge é saber, ao certo, qual o real alcance da equiparação sucessória feita pelo STF.

Saber se as teses de repercussão geral lançadas teriam por objetivo apenas extirpar do ordenamento jurídico o art. 1.790 do CC e aplicar o art. 1.829 do mesmo diploma em seu lugar, quer dizer, apenas para fins sucessórios. Ou se a equiparação seria plena para todos os fins sucessórios. Em caso positivo

---

[22] Este estudo foi escrito no mês de junho de 2017 e concluído no dia 21 deste mesmo mês.
[23] De acordo com a Resolução n. 536/2014 do STF, o prazo para publicação dos votos é de sessenta dias contados a partir da sessão em que tenha sido proclamado o resultado do julgamento. Todavia, os gabinetes podem pedir prorrogação por mais sessenta dias e, sucessivamente, mais sessenta dias. Em razão disso, não é possível indicar ao certo qual será a data-limite para a desejada disponibilização do acórdão.
[24] Disponível em: <http://www.stf.jus.br/arquivo/cms/noticianoticiastf/anexo/re878694.pdf>. Acesso em: 9 jun. 2017. Pedro Canário, editor da revista *Consultor Jurídico*, disponibilizou versões extraoficiais dos votos dos Ministros Roberto Barroso <http://s.conjur.com.br/dl/sucessao-companheiro-voto-barroso.pdf> e Edson Fachin <http://s.conjur.com.br/dl/sucessao-companheiro-voto-fachin.pdf>, este último com a tarja expressa de "em elaboração".

para esta última indagação, teria o STF alçado o companheiro ao posto de herdeiro necessário ao lado do cônjuge?

Ou, ainda, seria a equiparação extensiva até mesmo para efeitos pessoais e patrimoniais fora dos limites da sucessão, atingindo temas como outorga, estado civil e presunção de paternidade?

Por fim, teriam casamento e união estável se tornado verdadeiros sinônimos?[25-26]. Quanto a esta última questão, tenho já minhas reflexões pessoais bem definidas: estou segura de que este julgado não teve o condão de igualar a união estável ao casamento. Absolutamente não.

Contudo, somente após a publicação do acórdão que serão revelados os contornos mais precisos de cada um dos votos, permitindo eventual oposição de embargos de declaração[27]. É o que espero que ocorra.

Quanto ao cerne, isto é, quanto à extensão dos efeitos na dimensão do Direito das Sucessões, talvez seja ainda muito cedo para tomar e afirmar posições. É como tenho me manifestado, desde o dia 10 de maio passado, com cuidado, dando chance à reflexão e procurando afastar a conclusão ofegante, quiçá precipitada. No entanto, entendo também que devo encerrar este estudo e deixar registrado o que tenho mais vezes pensado, após discussões e reflexões com os grupos de estudos e pesquisas com os quais convivo. Assim, fica este assento de minhas reflexões maiores hoje – sujeito a alterações, seguramente –, para dizer que o real alcance do julgamento em questão terá sido a equiparação dos direitos sucessórios (apenas dos direitos sucessórios), em toda a sua extensão, para as pessoas que foram casadas ou para as que viveram em união estável, e que, agora, sucedem ao cônjuge ou

---

[25] Essa parece ser a conclusão de Rodrigo da Cunha Pereira: "A união estável, que era também chamada de união livre, perdeu sua total liberdade com o referido julgamento do STF, ao equiparar todos os direitos entre as duas formas de família. Isso significa o fim da união estável, já que dela decorrem exatamente todos os direitos do casamento. A partir de agora, quando duas pessoas passarem a viver juntas, talvez elas não saibam, mas terão que se submeter às idênticas regras do casamento, exceto em relação às formalidades de sua constituição" (PEREIRA, Rodrigo da Cunha. STF acabou com a liberdade de não casar ao igualar união estável a casamento. *Revista Consultor Jurídico*, 14 jun. 2017. Disponível em: <http://www.conjur.com.br/2017-jun-14/rodrigo-cunha-pereira-stf-acabou-liberdade-nao-casar>. Acesso em: 14 jun. 2017).

[26] José Fernando Simão também tem essa mesma linha de raciocínio, e afirma que a união estável, agora, tornou-se um "casamento forçado".

[27] Uma das grandes novidades do novo Código de Processo Civil é a possibilidade de *amicus curiae* opor embargos de declaração, conforme o art. 138, § 3.º.

ao companheiro falecido. Não quer dizer que esse pleno alcance dos efeitos sucessórios me agrade, como doutrinadora, em certos aspectos (herdeiro necessário, por exemplo), mas este já é outro assunto. Um assunto para o futuro. Como tenho sempre dito: um passo de cada vez convém e é saudável.

REFERÊNCIAS

ASCENSÃO, José de Oliveira. *O direito*: introdução e teoria geral – uma perspectiva luso-brasileira. Coimbra: Almedina, 1991.

HIRONAKA, Giselda Maria Fernandes Novaes. *Comentários ao Código Civil*: Parte especial do direito das sucessões. Da sucessão em geral: da sucessão legítima (arts. 1.784 a 1.856). 2. ed. São Paulo: Saraiva, 2007. v. 20.

_____. Da ordem de vocação hereditária nos direitos brasileiro e italiano. In: AZEVEDO, Antonio Junqueira de; TORRES, Heleno Taveira; CARBONE, Paolo (Coord.). *Princípios do novo Código Civil brasileiro e outros temas* – homenagem a Tulio Ascarelli. São Paulo: Quartier Latin, 2008. p. 191-233.

_____. *Morrer e suceder*: passado e presente da transmissão sucessória concorrente. 2. ed. São Paulo: RT, 2014.

_____; CAHALI, Francisco José. *Direito das sucessões*. 4. ed. São Paulo: RT, 2012.

MADALENO, Rolf. *Direito de família em pauta*. Porto Alegre: Livraria do Advogado, 2004.

PEREIRA, Rodrigo da Cunha. STF acabou com a liberdade de não casar ao igualar união estável a casamento. *Revista Consultor Jurídico*, 14 jun. 2017. Disponível em: <http://www.conjur.com.br/2017-jun-14/rodrigo-cunha-pereira-stf-acabou-liberdade-nao-casar>. Acesso em: 14 jun. 2017.

SIMÃO, José Fernando. E então o STF decidiu o destino do artigo 1.790 do CC? (parte 1). *Conjur*. Disponível em: <http://www.conjur.com.br/2016-dez-04/processo-familiar-entao-stf-decidiu-destino-artigo-1790-cc-parte>. Acesso em: 20 jun. 2017.

SOUZA FILHO, Carlos Frederico Marés de. O direito constitucional e as lacunas da lei. Disponível em: <http://www.senado.gov.br/web/cegraf/ril/Pdf/pdf_133/r133-01.PDF>. Acesso em: 10 fev. 2010.

TARTUCE, Flávio; SIMÃO, José Fernando. *Direito civil* – direito de família. 3. ed. São Paulo: GEN/Método, 2008. v. 5.

VELOSO, Zeno. Do direito sucessório dos companheiros. In: DIAS, Maria Berenice; PEREIRA, Rodrigo da Cunha (Coord.). *Direito de família e o novo Código Civil*. 4. ed. rev. e atual. Belo Horizonte: Del Rey, 2005.

30

SUCESSÃO DE CONVIVENTE E A INCONSTITUCIONALIDADE DO ART. 1.790 DO CÓDIGO CIVIL

JONES FIGUEIRÊDO ALVES

SUMÁRIO: 1. Introdução; 2. A jurisprudência precursora; 3. O julgamento do STF no RE 878.694/MG e os aspectos fundamentais das assertividades do julgado; 3.1. A noção matriz de funcionalização da família; 3.2. A proteção não hierarquizada das entidades familiares; 3.3. A concretude da vida como fonte do direito; 3.4. A desequiparação de regimes sucessórios e a requiparação absoluta superveniente entre cônjuges e companheiros no plano sucessório; 3.5. Efetividade do princípio da dignidade humana; 3.6. Despatrimonialização dos direitos de família e sucessório; 3.7. Regime sucessório indistinto entre as entidades familiares; 3.8. Vedação à proteção deficiente ou insuficiente; 3.9. Violação ao princípio da vedação do retrocesso; 3.10. Relevância de proteção jurídica sucessória das uniões estáveis, sob a égide fática de particular gravidade, a da perda do companheiro; 3.11. Inconstitucionalidade inteiriça da norma; 3.12. Efeitos modulatórios; 4. Reflexões pontuais extraídas objetivamente do RE 878.694; 4.1. Acerca do direito real de habitação garantido em caso de morte do convivente; 4.2. Acerca da concorrência sucessória entre o cônjuge e o companheiro; 4.3. Acerca da inclusão do companheiro como herdeiro necessário no art. 1.845 do Código Civil; 4.4. Acerca das diferenciações legítimas remanescentes; 4.5. Acerca das diferenciações ilegítimas (ou arbitrárias) remanescentes; 5. Impende reescrever urgente o Código Civil e um direito sucessório futuro; 6. Referências.

1. INTRODUÇÃO

Desde há muito a doutrina tem refletido sobre a inconstitucionalidade do art. 1.790 do Código Civil[1] diante da desigualdade do tratamento sucessório entre cônjuges e companheiros, quando uma e outra entidade familiar, tipicamente identificadas, ganham a devida relevância jurídica sob o viés constitucional da proteção da família, como base de uma sociedade harmônica e justa, a saber do art. 226 da Carta Magna de 1988.[2] A divisão da herança, sucessível em vários níveis, coloca o companheiro sob restrição odiosa, diante do estigmatizado dispositivo codificado.

Da melhor doutrina pontificam as ponderações pioneiras de consagrados civilistas, como se anota, de proêmio:

> As famílias são iguais, dotadas da mesma dignidade e respeito. Não há, em nosso país, família de primeira classe, de segunda ou terceira. Qualquer discriminação, neste campo, é nitidamente inconstitucional. O art. 1.790 do Código Civil desiguala as famílias. É dispositivo passadista, retrógrado, perverso. Deve ser eliminado, o quanto antes. O Código ficaria melhor – e muito melhor – sem essa excrescência.[3]

> [...] parece ser muito clara a urgente necessidade de exclusão ou reforma que merece o Código Civil, na regulamentação dos direitos sucessórios do companheiro, para que a pecha de inconstitucionalidade seja afastada e para que a recolocação das disposições

---

[1] Expressa o art. 1790 do Código Civil:
"A companheira ou o companheiro participará da sucessão do outro, quanto aos bens adquiridos onerosamente na vigência da união estável, nas condições seguintes: I – se concorrer com filhos comuns, terá direito a uma quota equivalente à que por lei for atribuída ao filho; II – se concorrer com descendentes só do autor da herança, tocar-lhe-á a metade do que couber a cada um daqueles; III – se concorrer com outros parentes sucessíveis, terá direito a um terço da herança; IV – não havendo parentes sucessíveis, terá direito à totalidade da herança".

[2] Sobre o tema: VELOSO, Zeno. *Direito hereditário do cônjuge e do companheiro*. São Paulo: Saraiva, 2010.

[3] VELOSO, Zeno. *Código Civil comentado*. 6. ed. São Paulo: Saraiva, 2008. p. 1955.

relativas àqueles que viverem unidos estavelmente encontre seu lugar perfeito e adequado [...]⁴

É flagrante, portanto, a inconstitucionalidade do art. 1.790 CC, que aloca o companheiro em uma posição inferior ao cônjuge, ratificando o preconceito arraigado e sem propósito, de ser a união estável uma "família de segunda classe".⁵

Mais uma vez resta discriminada a relação afetiva oriunda da união estável que perde sensível espaço no campo dos direitos que já haviam sido conquistados após o advento da Carta Política de 1988, em nada sendo modificada a atual redação do novo Código Civil e será tarefa pertinaz da jurisprudência corrigir estas flagrantes distorções deixadas pelo legislador responsável pela nova codificação civil.⁶

O companheiro nem foi incluído na ordem de vocação hereditária. O seu direito hereditário encontra-se previsto entre as disposições da sucessão em geral, em um único artigo com quatro incisos (CC 1790). Esse tratamento diferenciado não é somente perverso. É flagrantemente inconstitucional.⁷

O principal defeito do Código em matéria sucessória diz respeito justamente à sucessão do companheiro. Embora explicável por razões históricas, o fato é que o novo Código consagrou um retrocesso inaceitável ao direito sucessório dos companheiros, além de uma infeliz distinção em relação ao direito dos cônjuges. Urge suprimir a distinção, igualando, nessa matéria, cônjuge e companheiro, já que nada justifica a diferença de tratamento.⁸

Nessa mesma linha, adiantou-se o Superior Tribunal de Justiça, no AI em REsp 1.135.354/PB, em que resultou suscitada, pelo Ministro Luís Felipe Salomão, a inconstitucionalidade do dispositivo em questão, mais precisamente em seus incisos III e IV. Assinalou o acórdão:

---

4   HIRONAKA, Giselda Maria Fernandes Novaes. *Morrer e suceder*. São Paulo: RT, 2011.
5   PEREIRA, Rodrigo da Cunha. *Concubinato e união estável*. De acordo com o novo Código Civil. 6. ed. Belo Horizonte: Del Rey, 2004. p. 125-126.
6   MADALENO, Rolf. *Direito de família em pauta*. Porto Alegre: Livraria do Advogado, 2004. p. 113.
7   DIAS, Maria Berenice. *Manual das sucessões*. São Paulo: RT, 2008. p. 66.
8   CARVALHO, Inacio de. *Direito sucessório do cônjuge e do companheiro*. São Paulo: Método, 2007.

Incidente de arguição de inconstitucionalidade. Art. 1.790, III e IV, do CC/02. União estável. Sucessão do companheiro. Concorrência com parentes sucessíveis. Preenchidos os requisitos legais e regimentais, cabível o incidente de inconstitucionalidade dos incisos III e IV do art. 1.790, Código Civil, diante do intenso debate doutrinário e jurisprudencial acerca da matéria tratada (AI no REsp 1135354/PB, Rel. Min. Luís Felipe Salomão, 4.ª Turma, j. 24.05.2011, DJe 02.06.2011).

O STJ não chegou a apreciar a inconstitucionalidade do art. 1.790 do Código Civil, porquanto, por maioria de votos, a Corte Especial, por maioria, não conheceu da arguição de inconstitucionalidade (03.10.2012).[9] Todavia, resultou admitido novo incidente, em REsp 1.291.636/DF, também figurando relator o Ministro Luís Felipe Salomão (Acórdão de 11.06.2013) e, agora conclusos, em 16.05.2017, para julgamento na Corte Especial. A propósito, a possibilidade de uma jurisdição constitucional em sede do recurso especial foi defendida em valioso estudo do Ministro Teori Zavascki.[10]

Ali, sempre em posição de vanguarda e de forte sensibilidade social, o Ministro Luis Felipe Salomão, verticalizou a questão posta:

> Em uma união estável de 30 anos, por exemplo, da qual não adviessem filhos, e também inexistindo ascendentes vivos do de cujus, chamar um primo ou um "tio-avô" do falecido para partilhar com a companheira o patrimônio construído durante esse tempo, e em posição mais vantajosa - ao menos a partir dos valores éticos adotados por este relator -, é solução que agride a mais prosaica concepção de "justiça". E isso independentemente de confronto com o regime sucessório aplicável ao casamento. É que essa *predileção legal* pelos parentes sucessíveis do falecido, inclusive de quarto grau, em detrimento da companheira, parece confrontar com a especial proteção constitucional conferida às famílias estabelecidas no art. 226 da Carta, entre as quais está a haurida da união estável.[11]

---

[9] Vencidos os Srs. Ministros Relator Luís Felipe Salomão, Humberto Martins, Herman Benjamin, Napoleão Nunes Maia Filho e Sidnei Beneti.

[10] ZAVASCKI, Teori Albino. Jurisdição constitucional do Superior Tribunal de Justiça. *Revista de Processo*, v. 212, p. 13, set. 2012.

[11] Importa assinalar, a propósito, que a controvérsia instalada sobre a adequação constitucional do art. 1.790 do Código Civil fora, antes, rejeitada no Supremo,

Passaram-se quinze anos para que o Supremo Tribunal de Justiça finalmente atendesse a doutrina e declarasse inconstitucional, por inteiro, o art. 1.790 do Código Civil. É urgente refletir, pois, com Jean Cruet que "a lei vem de cima; as boas jurisprudências fazem-se em baixo". A tanto, ponderava:

> Explica-se assim que a ação inovadora da jurisprudência comece sempre a fazer-se sentir nos tribunais inferiores: vêm estes de mais perto os interesses e os desejos dos que recorrem à justiça; uma jurisdição demasiado elevada não é apta a perceber rápida e nitidamente a corrente das realidades sociais.[12]

Vejamos, a seguir, a gênese jurisprudencial que reclamou o RE 878.694/MG.

2. A JURISPRUDÊNCIA PRECURSORA

Não há negar que, desde a vigência da Lei 8.971/1994 (que regulamentou o direito dos companheiros a alimentos e à sucessão) até a edição do Código Civil/2002, atribuiu-se ao companheiro sobrevivente direito à totalidade da herança, quando diante da falta de descendentes e de ascendentes e, de efeito, excluindo da sucessão os colaterais. Mais precisamente, conferiu-se ao convivente idêntico *status* hereditário reservado ao cônjuge supérstite, na ordem de vocação hereditária (art. 1.603, CC/1916).[13] Nesse sentido, o inciso III do art. 2.º da mencionada Lei 8.971/1994, dispõe expressamente a respeito, sob os princípios fundamentais de igualdade e de dignidade do companheiro, equiparado nos fins sucessórios ao cônjuge.[14]

---

     entendendo aquela Corte ser inadmissível recurso extraordinário na hipótese, porquanto demandaria, além da apreciação da questão constitucional, o cotejo entre normas infraconstitucionais, providência vedada em sede de extraordinário (AI 699.561 AgR, 1.ª Turma, Rel. Min. Ricardo Lewandowski, j. 23.03.2011).

[12] CRUET, Jean. *A vida do direito e a inutilidade das leis*. São Paulo: Edijur, 2008.
[13] Art. 1.603 do CC/1916. A sucessão legítima defere-se na ordem seguinte: I – aos descendentes; II – aos ascendentes; III – ao cônjuge sobrevivente; IV – aos colaterais; V – Aos Estados, ao Distrito Federal ou a União; VI – aos Municípios, ao Distrito Federal ou à União. (Redação dada pela Lei n.º 8.049, de 20.06.1990.)
[14] Art. 2.º As pessoas referidas no artigo anterior participarão da sucessão do(a) companheiro(a) nas seguintes condições:

Adiante, a Lei 9.728/1996 veio regular o § 3.º do art. 226 da CF/1988, reconhecida como entidade familiar a convivência duradoura, pública e contínua, de um homem e uma mulher, estabelecida com objetivo de constituição de família (art. 1.º). Impende, no ponto, reconhecer que as disposições da lei anterior não foram revogadas, mantendo-se, destarte, a orientação legal sucessória ali disposta. Nesse sentido, pronunciou-se o STJ:

> União estável. Direito da companheira à herança. Lei 8.971/94. Lei 9.278/96. 1. O advento da Lei 9.278/96 não revogou o art. 2.º da Lei 8.971/94, que regulou o direito da companheira à herança de seu falecido companheiro, reconhecida a união estável. 2. Recurso especial conhecido e provido.

Segue-se o advento do Código Civil/2002, em que o seu art. 1.790 veio estabelecer diferente tratamento para a sucessão entre os companheiros, em visível retrocesso com a incidência de diversa orientação legal que desmereceu a Lei 8.971/1994. As novas regras sucessórias distintas e restritivas para a união estável receberam, desde então, severa reação jurisprudencial, buscando preservar o tratamento paritário da entidade familiar igualmente constitucionalizada e, de efeito, deferir ao convivente a mesma ordem da sucessão legítima prevista pelo art. 1.829 do CC/2002.

A jurisprudência de tribunais estaduais indicou tal posicionamento, valendo referir alguns julgados paradigmas:

> Agravo de instrumento. Inventário. Companheiro sobrevivente. Direito à totalidade da herança. Colaterais. Exclusão do processo. [...] Além disso, as regras sucessórias previstas para a sucessão entre companheiros no novo Código Civil são inconstitucionais. Na medida em que a nova lei substantiva rebaixou o *status* hereditário do companheiro sobrevivente em relação ao cônjuge supérstite, violou os princípios

---

I – o(a) companheiro(a) sobrevivente terá direito enquanto não constituir nova união, ao usufruto de quarta parte dos bens do de cujos, se houver filhos ou comuns;

II – o(a) companheiro(a) sobrevivente terá direito, enquanto não constituir nova união, ao usufruto da metade dos bens do de cujos, se não houver filhos, embora sobrevivam ascendentes;

III – na falta de descendentes e de ascendentes, o(a) companheiro(a) sobrevivente terá direito à totalidade da herança.

fundamentais da igualdade e da dignidade (TJRS, 8.ª Câmara Cível, AI 7000.95.24612, Rel. Des. Rui Portanova, j. 18.11.2004). 1. Inconstitucionalidade do art. 1.790, III, do Código Civil por afronta ao princípio da igualdade, já que o art. 226, § 3.º, da Constituição Federal conferiu tratamento similar aos institutos da união estável e do casamento, ambos abrangidos pelo conceito de entidade familiar e ensejadores de proteção estatal. 2. A distinção relativa aos direitos sucessórios dos companheiros viola frontalmente o princípio da igualdade material, uma vez que confere tratamento desigual àqueles que, casados ou não, mantiveram relação de afeto e companheirismo durante certo período de tempo, tendo contribuído diretamente para o desenvolvimento econômico da entidade familiar (TJPR, Órgão Especial, Rel. Des. Sérgio Arenhart, Incidente de Decl. de Inconstitucionalidade 536.589-9/01, j. 04.12.2009, DJ 03.08.2010).

Incidente de inconstitucionalidade. União estável. Direito sucessório do companheiro. Art. 1.790 do CC/2002. Ofensa aos princípios da isonomia e da dignidade da pessoa humana. Art. 226, § 3.º, da CF/88. Equiparação entre companheiro e cônjuge. Violação. Inconstitucionalidade declarada. Arts. 1.790/CC; 226, § 3.º, CF/88. I – A questão relativa à sucessão na união estável e a consequente distribuição dos bens deixados pelo companheiro falecido, conforme previsão do art. 1.790 do CC/02, reclamam a análise da inconstitucionalidade do referido dispositivo legal, pois este, ao dispor sobre o direito sucessório da companheira sobrevivente, ignorou a equiparação da união estável ao casamento prevista no art. 226, § 3.º, da CF, configurando ofensa aos princípios constitucionais da isonomia e da dignidade humana; Arts. 1.790/CC/2002, 263, CF. II – Incidente conhecido, para declarar a inconstitucionalidade do art. 1.790 do CC/2002 (TJSE, Tribunal Pleno, Inc. de Inconstitucionalidade 2010114780, Rel. Des. Marilza Maynard Salgado de Carvalho, j. 30.03.2011).

Inventário. Postulação sucessória dos sobrinhos do *de cujus* em detrimento da companheira sobrevivente. Descabimento. Necessidade de interpretação extensiva do art. 1.839 do CC para garantir à companheira o mesmo direito do cônjuge supérstite. Incidência do art. 226, § 3.º, da CF e art. 1.725 do CC, mantida decisão que afasta a aplicabilidade do art. 1.790 do Código Civil Recurso não provido (TJSP, 5.ª Câmara de Direito Privado, AI 0033320-27.2012.8.26.00002, Rel. Des. João Francisco Moreira Viegas, j. 25.04.2012).

Arguição de inconstitucionalidade. Art. 1.790, III, do CC. Sucessão do companheiro. Concorrência com parentes sucessíveis. Violação à isonomia estabelecida pela Constituição Federal entre cônjuges e companheiros (art. 226, § 3.º). Enunciado da IV Jornada de Direito Civil do Conselho da Justiça Federal. Incabível o retrocesso dos direitos reconhecidos à união estável. Inconstitucionalidade reconhecida. Procedência do incidente (TJRJ, Órgão Especial, Arg. Inconstitucionalidade 0032655-40.2011.8.19.0000, Rel. Des. Bernardo Moreira Garcez Neto, j. 11.06.2012, *DJ* 19.06.2012).

3. O JULGAMENTO DO STF NO RE 878.694/MG E OS ASPECTOS FUNDAMENTAIS DAS ASSERTIVIDADES DO JULGADO[15]

O STF, em histórico julgamento do RE 878.694/MG, definiu, incidentalmente, sobre a inconstitucionalidade do tratamento diferenciado imposto

---

[15] A tese do Relator Ministro Luís Roberto Barroso assentou o entendimento seguinte: "É inconstitucional a distinção de regimes sucessórios entre cônjuges e companheiros prevista no art. 1.790 do CC/2002, devendo ser aplicado, tanto nas hipóteses de casamento quanto nas de união estável, o regime do art. 1.829 do CC/2002" (item 70).

Eis o acórdão, na íntegra: Direito constitucional e civil. Recurso extraordinário. Repercussão geral. Inconstitucionalidade da distinção de regime sucessório entre cônjuges e companheiros. 1. A Constituição brasileira contempla diferentes formas de família legítima, além da que resulta do casamento. Nesse rol incluem-se as famílias formadas mediante união estável. 2. Não é legítimo desequiparar, para fins sucessórios, os cônjuges e os companheiros, isto é, a família formada pelo casamento e a formada por união estável. Tal hierarquização entre entidades familiares é incompatível com a Constituição. 3. Assim sendo, o art. 1.790 do Código Civil, ao revogar as Leis 8.971/94 e 9.278/96 e discriminar a companheira (ou companheiro), dando-lhe direitos sucessórios bem inferiores aos conferidos à esposa (ou ao marido), entra em contraste com os princípios da igualdade, da dignidade humana, da proporcionalidade como vedação à proteção deficiente e da vedação do retrocesso. 4. Com a finalidade de preservar a segurança jurídica, o entendimento ora firmado é aplicável apenas aos inventários judiciais em que não tenha havido trânsito em julgado da sentença de partilha, e às partilhas extrajudiciais em que ainda não haja escritura pública. 5. Provimento do recurso extraordinário. Afirmação, em repercussão geral, da seguinte tese: "No sistema constitucional vigente, é inconstitucional a distinção de regimes sucessórios entre cônjuges e companheiros, devendo ser aplicado, em ambos os casos, o regime estabelecido no art. 1.829 do CC/2002".

pelo art. 1.790 do Código Civil, no tocante aos direitos sucessórios. O julgamento teve início em 31.08.2016, com o voto do relator Ministro Luís Barroso e dos Ministros Edson Fachin, Teori Zavascki, Rosa Weber, Luiz Fux, Celso de Mello e Cármen Lúcia, e foi suspenso a pedido do Ministro Dias Toffoli. Muito adiante, este, em sessão de 30.03.2017, ofereceu voto-vista divergente, tendo sido o julgamento concluído em 10.05.2017, com os votos dos Ministros Marco Aurélio e Ricardo Lewandowski, ambos acompanhando a divergência.

Interessa anotar que referido julgamento operou-se em sede de repercussão geral. O STF, em sessão plenária de 16.04.2015, reconheceu o caráter constitucional e a repercussão geral do tema, cuja decisão final ultrapassa os interesses subjetivos da causa.

Ao tempo do provimento do recurso (10.05.2017), o relator pronunciou o reconhecimento incidental da inconstitucionalidade do art. 1.790 do CC/2002, por violar a igualdade entre as famílias, consagrada no art. 226 da CF/1988, bem como os princípios (i) da dignidade da pessoa humana, (ii) da proporcionalidade como vedação à proteção deficiente e o (iii) da vedação ao retrocesso (item 63).

A decisão foi proferida também no julgamento do RE 646.721/RS, em que também reconhecida a repercussão geral da controvérsia, nesse caso envolvendo um casal homofetivo.[16] Ali, o relator, Ministro Marco Aurélio, vencido, negou provimento ao recurso por entender descabida a equiparação, seguido pelos votos divergentes também oferecidos em julgamento do RE 878.694/MG.

No ponto, colocam-se, antes de mais, as assertividades do notável julgado, a partir dos doze principais aspectos fundamentais decisores sob foco do Ministro Relator:

3.1. A noção matriz de funcionalização da família

> [...] A família passou, então, a ser compreendida juridicamente de forma funcionalizada, ou seja, como um instrumento (provavel-

---

[16] "União estável. Companheiros. Sucessão. Artigo 1.790 do Código Civil. Compatibilidade com a Constituição Federal assentada na origem. Recurso extraordinário. Repercussão geral configurada. Possui repercussão geral a controvérsia acerca do alcance do artigo 226 da Constituição Federal, nas hipóteses de sucessão em união estável homoafetiva, ante a limitação contida no artigo 1.790 do Código Civil" (RE 646721/RS, Rel. Min. Marco Aurélio, j. 10/11/2011, *DJe*-232 divulg. 06.12.2011, public. 07.12.2011).

mente o principal) para o desenvolvimento dos indivíduos e para a realização de seus projetos existenciais. Não é mais o indivíduo que deve servir à família, mas a família que deve servir ao indivíduo (item 16).

Como sustenta a doutrina, "a família, de qualquer natureza ou tipo, há de ser compreendida como uma unidade funcionalizada, com fim na realização de cada um de seus membros" (PAULO LÔBO, 2004). Em ordem de sua realização, as relações conjugais ou convivenciais, as paterno-filiais, e as interparentais, de forma recíproca e una, consubstanciam, como um todo, liames expressivos. Bem é dizer que a família, como instituição primeira e fundamental da sociedade em que vivemos, tem sua função social a partir de sua própria estrutura, cumprindo ser observada, pelo significado dessa função, em suas mais diversas figurações jurídicas. Uma delas, a união estável em todos os seus efeitos jurígenos.

O julgamento do RE 878.694/MG primou, por isso mesmo, pela "noção de funcionalização da família, que aponta o seu caráter instrumental em prol da dignidade e da realização existencial de seus membros".

Por essa concepção jurídica expandida de família, destacou o relator que "será arbitrária toda diferenciação de regime jurídico que busque inferiorizar um tipo de família em relação a outro, diminuindo o nível de proteção estatal aos indivíduos somente pelo fato de não estarem casados" (item 43).

Induvidosamente, a funcionalização da família, por quaisquer de suas entidades e seus protagonistas da dinâmica familiar, colima por garantir uma estabilidade substancial em termos de igualdade de direitos, como já observado em face da filiação. Cuidou, assim, o julgado, por essa motivação fundante, de assegurar ao convivente a adequada paridade de direitos.

3.2. A proteção não hierarquizada das entidades familiares

> [...] a diferenciação de regimes entre casamento e união estável somente [...] será legítima quando não promover a hierarquização de uma entidade familiar em relação à outra (item 43).

O texto do art. 226, § 3.º, da Carta, ao estabelecer a cláusula "devendo a lei facilitar sua conversão em casamento", sempre suscitou, perante alguns doutrinadores, a falsa premissa de a união estável situar-se em patamar inferior ao casamento pelo ditame de incentivo como norma programática.

Entretanto, efetivamente, não será possível extrair do art. 226 "alguma hierarquia constitucional entre as formas de constituição de família, que autorize a instituição de regimes sucessórios diversos em relação a elas" (item 36).

Agora, o julgado paradigma do STF conforta-se em uma proclamação de igualdade substancial, a partir dos enunciados postos pelo Ministro Relator. Vejamos:

> 1. [...] O texto do art. 226, seja em seu *caput*, seja em seu § 3.º, não traça qualquer diferenciação entre o casamento e a união estável para fins de proteção estatal. Se o texto constitucional não hierarquizou as famílias para tais objetivos, o legislador infraconstitucional não deve poder fazê-lo. (item 37) 2. [...] a partir da interpretação conjunta de diversos dispositivos da Constituição de 1988, que trazem a noção de funcionalização da família, alcança-se uma segunda constatação importante: só será legítima a diferenciação de regimes entre casamento e união estável se não implicar hierarquização de uma entidade familiar em relação à outra, desigualando o nível de proteção estatal conferido aos indivíduos (item 41).

A não hierarquização entre as diversas entidades familiares, todas sujeitos de direito para uma idêntica proteção, faz evidenciar, às expressas, a inconstitucionalidade do art. 1.790 do Código Civil, quando institui um regime sucessório diferenciado ao convivente. Com precisão cirúrgica, arremata o julgado, na fundamentação em espécie:

> Se o legislador civil entendeu que o regime previsto no art. 1.829 do CC/2002 é aquele que melhor permite ao cônjuge viver sua vida de forma digna após o óbito de seu parceiro, não poderia, de forma alguma, estabelecer regime diverso e menos protetivo para o companheiro (item 49).

Com essa diretiva, o malsinado dispositivo impôs, por via transversal, uma indesejada hierarquia entre o casamento e a união estável.

3.3. A concretude da vida como fonte do direito

> A lei não está imitando a vida, nem está em consonância com a realidade social, quando decide que uma pessoa que manteve a mais íntima e completa relação com o falecido, que sustentou com ele uma

convivência séria, sólida, qualificada pelo animus de constituição de família, que com o autor da herança protagonizou, até a morte deste, um grande projeto de vida, fique atrás de parentes colaterais dele, na vocação hereditária (item 29; citando Zeno Veloso).[17]

O direito é um sentimento palpitante da realidade posta a orientar a norma jurídica. A lei, por ser assim, deve refletir o direito prometido pela realidade, sucedendo que sua aplicação com justiça implica realizá-lo.

Ao fundar-se na ensinança lapidar do mestre Zeno Veloso, o julgado incursiona em um aspecto absolutamente indispensável às decisões judiciais elevadas: a concretude da vida como realidade fenomênica, tudo a iluminar o direito, como regra forte de hermenêutica jurídica. A vida redesigna, personaliza e humaniza o direito, à conta da garantia humanitária que incide na "promoção de uma vida digna a todos os indivíduos". Assim, o direito agrada-se da vida para se realizar melhor em suas fontes.

Vida e direito, uma estranha alquimia,[18] dirá Albie Saches, jurista sul-africano, refletindo acerca do contributo da vida aos triunfos da igualdade, como esperança viva recebida pelo direito.

3.4. A desequiparação de regimes sucessórios e a requiparação absoluta superveniente entre cônjuges e companheiros no plano sucessório

O Código trouxe dois regimes sucessórios diversos, um para a família constituída pelo matrimônio, outro para a família constituída por união estável. Com o CC/2002, o cônjuge foi alçado à categoria de herdeiro necessário (art. 1.845), o que não ocorreu – ao menos segundo o texto expresso do CC/2002 – com o companheiro (item 24).

Indiscutível que o Código Civil proporcionou, no seu art. 1.790, uma desequiparação em regime sucessório, a discriminar os companheiros, com

---

[17] VELOSO, Zeno. Do direito sucessório dos companheiros. In: DIAS, Maria Berenice; PEREIRA, Rodrigo da Cunha (Coord.). *Direito de família e o novo Código Civil*. Rio de Janeiro: Renovar, 2005. p. 249.

[18] SACHS, Albie. *Vida e direito*. Uma estranha alquimia. Tradução de Saul Tourinho Leal. São Paulo: Saraiva, 2016. A obra tem os registros do seu legado de quinze anos como juiz da Corte Constitucional da África do Sul.

vulneração aos princípios de igualdade e da proporcionalidade. Toda a evolução histórica que recepcionou a família congregada por uniões legais foi desconstruída pela codificação civil, no dispositivo eivado de inconstitucionalidade, ao discriminar os conviventes consoante a definição de direitos sucessórios inferiores aos dos cônjuges.

Ao proclamar a inexistência de hierarquia constitucional entre as formas de família, o julgamento do RE 878.694/MG. promoveu, em consequência, a requiparação do tratamento sucessório, de forma absolutamente igualitária, quando inconstitucionaliza, de forma absoluta, o art. 1.790 do Código Civil, eliminando, dessarte, as disparidades existentes de tratamento havido ao regime sucessório diferenciado de cônjuges e de companheiros.

3.5. Efetividade do princípio da dignidade humana

> [...] Além de estabelecer uma inconstitucional hierarquização entre entidades familiares, o art. 1.790 do CC/2002 também viola o princípio da dignidade da pessoa humana. (item 50) [...] No caso da previsão de um regime sucessório diverso ao cônjuge e ao companheiro, há afronta tanto à dignidade na vertente do valor intrínseco, quanto à dignidade na vertente da autonomia, sem que haja qualquer valor social ou interesse estatal legítimo nessas limitações (item 50).

A afirmação de uma existência com dignidade significa, antes de mais, que vida e dignidade se apresentam como os principais valores do direito, apto a oferecer as condições de uma vida digna e uma dignidade que se invoca como segurança existencial. O relator Ministro Luís Barroso asseverou a propósito que

> [...] A consagração da dignidade da pessoa humana como valor central do ordenamento jurídico e como um dos fundamentos da República brasileira (art. 1.º, III, CF/1988) foi o vetor e o ponto de virada para essa gradativa ressignificação da família (item 16).

De fato. Uma das maiores inquietações sobre direitos fundamentais tem sido residente na dignidade da pessoa sob o contexto de sua dimensão individual no universo familiar. Alienação parental, abandono afetivo, violência doméstica, moradia digna para os idosos, a autonomia da criança e do adolescente como ser cognoscente de direitos, têm sido temas recorrentes para uma vertical cognição jurídica que inspira uma jurisdição proativa e de vigília em prol da dignidade das pessoas.

O julgado em análise torna-se um novo paradigma, quando refere ao direito sucessório, valorando a dignidade como valor universal de reconhecimento imperativo. O princípio da dignidade humana na perspectiva do direito então aplicado resultou vinculado à constatação de que as limitações impostas à sucessão do companheiro não guarneciam compatibilidade alguma com a integridade. A decisão respondeu com a técnica da ponderação a dizer a extensão abrangente para dignificar o companheiro que, sob o mesmo valor jurídico do afeto, empreendeu uma união estável em dignidade parelha com a da união conjugal.

3.6. Despatrimonialização dos direitos de família e sucessório

> O que a dignidade como autonomia protege é a possibilidade de opção entre um e outro tipo de entidade familiar, e não entre um e outro regime sucessório. Pensar que a autonomia de vontade do indivíduo referente à decisão de casar ou não casar se resume à escolha do regime sucessório é amesquinhar o instituto e, de forma geral, a ideia de vínculos afetivos e de solidariedade. É pensar de forma anacrônica e desprestigiar o valor intrínseco da família, restringindo-a a um aspecto meramente patrimonial, como costumava ocorrer preteritamente à Constituição de 1988 (item 53).

O Relator Ministro Luís Barroso, ao sublinhar a autonomia privada no exercício da dignidade humana para a opção da entidade familiar a ser construída na união das pessoas, chamou à evidência não apenas um direito de família constitucional como realçou, com novas palavras, a teoria defendida por Pietro Perlingieri, em sentido objetivo da despatrimonialização do direito sucessório. A ideia nuclear ali contida é a de a aplicação do direito servir, antes dos interesses econômicos presentes no direito sucessório, à realização dos direitos fundamentais da dignidade da pessoa envolvida na concorrência sucessória.

3.7. Regime sucessório indistinto entre as entidades familiares

> [...] a ideia de se prever em lei um regime sucessório impositivo parte justamente da concepção de que, independentemente da vontade do indivíduo em vida, o Estado deve fazer com que ao menos uma parcela de seu patrimônio seja distribuída aos familiares mais próximos no momento de sua morte, de modo a garantir meios de sustento para o núcleo familiar (item 54).

Em linha dos seus fundamentos expendidos, o julgado, sob arrimo da antes reportada despatrimonialização, deixou evidenciar, também, um regime sucessório indistinto entre as entidades familiares. A aproximação do cônjuge e do companheiro, como atores principais do núcleo familiar, em termos de igualdade de direitos sucessórios, contribui para tornar inequívoca a ocorrência de um regime sucessório destinado a atender, em modelo único, a todas as entidades familiares.

3.8. Vedação à proteção deficiente ou insuficiente

> [...] ao outorgar ao companheiro direitos sucessórios distintos daqueles conferidos ao cônjuge pelo artigo 1.829, o CC/2002 produz lesão ao princípio da proporcionalidade como proibição de *proteção deficiente* (item 55).
> [...] o conjunto normativo resultante do art. 1.790 do Código Civil veicula uma proteção insuficiente ao princípio da dignidade da pessoa humana em relação aos casais que vivem em união estável. A depender das circunstâncias, tal regime jurídico sucessório pode privar o companheiro supérstite dos recursos necessários para seguir com sua vida de forma digna (item 57).

Inconteste que a proibição de proteção deficiente ou insuficiente serve para a determinação do direito fundamental que se faz reconhecido à igualdade dos direitos sucessórios. Cuida-se, como destacou o relator, de uma dimensão positiva ao princípio da proporcionalidade (item 56), servindo a demonstrar que o resultado previsto pela norma impugnada, por eiva de inconstitucionalidade, se apresenta com omissão violadora de proteção adequada ao direito sucessório do convivente ao tempo que o distancia da obtenção de direitos, tais como conferidos ao cônjuge.

3.9. Violação ao princípio da vedação do retrocesso

> [...] Não bastasse, o art. 1.790 promove uma involução na proteção dos direitos dos companheiros que viola o princípio da vedação ao retrocesso (item 58).

O princípio da vedação ao retrocesso (*efeito cliquet*) é previsto como um princípio supraconstitucional, oferecendo largo espectro de aplicação pelo significado maior de seu alcance social, harmonizando substancialmente segurança jurídica com segurança social em face da conquista de direitos. Os direitos não podem ser revogados sem os seus sucedâneos equivalentes.

O Ministro Luís Barroso destacou, com a devida ênfase, que,

> [...] antes do CC/2002, o regime jurídico sucessório da união estável estabelecido pelas Leis n.º 8.971/1994 e n.º 9.278/1996 era substancialmente igual àquele previsto para o casamento no CC/1916, então vigente. Cônjuges e companheiros ocupavam a mesma posição na ordem de vocação hereditária (ambos ficavam atrás dos descendentes e dos ascendentes), possuíam idêntico direito à meação, e ostentavam tanto o direito de usufruto quanto o direito real de habitação (item 60).

Segue-se, daí, patente, que o regime sucessório destinado aos companheiros, trazido pelo art. 1.790, houve de constituir "uma involução desproporcional na proteção dos direitos fundamentais dos indivíduos que vivem em uniões estáveis", implicando sério retrocesso à proteção das uniões estáveis no plano do direito sucessório.

3.10. Relevância de proteção jurídica sucessória das uniões estáveis, sob a égide fática de particular gravidade, a da perda do companheiro

> [...] E não faz sentido desproteger o companheiro na sucessão legítima apenas porque não optou pelo casamento. O fato de as uniões estáveis ocorrerem com maior frequência justamente nas classes menos favorecidas e esclarecidas da população apenas reforça o argumento da impossibilidade de distinguir tais regimes sucessórios, sob pena de prejudicar justamente aqueles que mais precisam da proteção estatal e sucessória (item 54).

A concorrência de parentes distantes do falecido com o companheiro sobrevivente destoa da ordem de sucessão legítima definida pelo art. 1.829 do Código Civil, em relação ao cônjuge supérstite, impondo um tratamento discriminatório à união estável, em momento de tamanha expressão de gravidade, por perda do convivente, com as naturais dificuldades financeiras supervenientes.

Quando o julgado na sua locução motivadora irradia importante aspecto da vulnerabilidade sucessória, imposta ao companheiro, pelo art. 1.790 do Código Civil, tem-se, por certo, também ali figurar mais um elemento de inconstitucionalidade da norma, porquanto se evidenciar injusta e desigual.

3.11. Inconstitucionalidade inteiriça da norma

Atente-se que o julgamento sustentou pela inconstitucionalidade integral do art. 1.790 do Código Civil. Efetivamente tem sentido que assim seja, e não apenas incidente sobre o inciso III do dispositivo, quando este situa o companheiro concorrendo com outros parentes sucessíveis, diante de ascendentes e colaterais até o quarto grau, e tendo apenas direito a um terço da herança.

Bem de ver que o dispositivo, em seus incisos I e II, também conferiu menos direitos sucessórios ao companheiro, diversamente do que estabelece o art. 1.829 em relação ao cônjuge.

Sendo assim, julgado precursor alinhou-se a essa posição inteiriça, convindo registrar:

> Direito sucessório. Bens adquiridos onerosamente durante a união estável Concorrência da companheira com filhos comuns e exclusivo do autor da herança. Omissão legislativa nessa hipótese. Irrelevância. Impossibilidade de se conferir à companheira mais do que teria se casada fosse. Proteção constitucional a amparar ambas as entidades familiares. Inaplicabilidade do art. 1.790 do Código Civil. Reconhecido direito de meação da companheira, afastado o direito de concorrência com os descendentes. Aplicação da regra do art. 1.829, inciso I do Código Civil. Sentença mantida. Recurso não provido (TJSP, 7.ª Câmara de Direito Privado, Apelação 994.08.061243-8, Acórdão 4421651, Piracicaba, Rel. Des. Élcio Trujillo, j. 07.04.2010, DJESP 22.04.2010).

3.12. Efeitos modulatórios

> [...] Com a finalidade de preservar a segurança jurídica o entendimento ora firmado é aplicável apenas aos inventários judiciais em que não tenha havido trânsito em julgado da sentença de partilha, e às partilhas extrajudiciais em que ainda não haja escritura pública (item 68).

Os efeitos modulatórios de um julgamento se acham previstos no CPC/2015, quando seu art. 937, § 3.º, dispõe:

> Na hipótese de alteração de jurisprudência dominante do Supremo Tribunal Federal e dos tribunais superiores ou daquela oriunda de julgamento de casos repetitivos, pode haver modulação dos efeitos da alteração no interesse social e no da segurança jurídica.

O Ministro Relator cuidou bem de modular os efeitos decisão que não mais preserva o art. 1.790 do Código Civil. Apenas o lamento da sobrevivência da norma, por cerca de quinze anos de sua vigência, em prejuízo manifesto dos que a ela se submeteram.

4. REFLEXÕES PONTUAIS EXTRAÍDAS OBJETIVAMENTE DO RE 878.694

4.1. Acerca do direito real de habitação garantido em caso de morte do convivente

A Lei 9.278/1996, ao reforçar a proteção às uniões estáveis, concedeu, expressamente, direito real de habitação aos companheiros, inclusive independentemente do regime patrimonial de bens.[19] No caso, reconhecendo o STF, agora, por inconstitucional o tratamento sucessório mitigado ao convivente (art. 1.790 do Código Civil), convém por inferência lógica admitir o direito real de habitação atribuído ao companheiro, desde a reportada Lei 9.2878/1996 e por tratamento equipotente com a sucessão do cônjuge.

No mais, sublinha-se o Enunciado 117 CJF/STJ, da *I Jornada de Direito Civil* (CJF) dispondo: "o direito real de habitação deve ser estendido ao companheiro, seja por não ter sido revogada a previsão da Lei n. 9.278/96, seja em razão da interpretação analógica do art. 1.831, informado pelo art. 6.º, *caput*, da CF/88".

Comentando o verbete, pontua Flávio Tartuce, com precisão:

> Como se nota, dois são os argumentos que constam do enunciado doutrinário. O primeiro é que não houve a revogação expressa da

---

[19] Lei 9.278/1996, art. 7.º, parágrafo único: "Dissolvida a união estável por morte de um dos conviventes, o sobrevivente terá direito real de habitação, enquanto viver ou não constituir nova união ou casamento, relativamente ao imóvel destinado à residência da família".

Lei 9.278/1996, na parte que tratava do citado direito real de habitação (art. 7.º, parágrafo único). O segundo argumento, mais forte, é a prevalência do citado direito diante da proteção constitucional da moradia, retirada do art. 6.º da CF/1988, o que está em sintonia com o Direito Civil Constitucional. De fato, esse entendimento prevalece na doutrina nacional.[20]

Cuidamos, admitir, que a equiparação exuberante entre as entidades familiares, extraída do julgamento do RE 878.694, condiz agora com a remessa, na hipótese, à dicção do art. 1.831 do Código Civil.[21]

A jurisprudência do Superior Tribunal de Justiça há algum tempo firmou o entendimento conforme, alinhada à equipotência das entidades familiares, no reconhecimento ao direito real de habitação do companheiro, como segue:

> Sucessões. Direito real de habitação do cônjuge supérstite. Evolução legislativa. Situação jurídica mais vantajosa para o companheiro que para o cônjuge. Equiparação da união estável. 1. O Código Civil de 1916, com a redação que lhe foi dada pelo Estatuto da Mulher Casada, conferia ao cônjuge sobrevivente direito real de habitação sobre o imóvel destinado à residência da família, desde que casado sob o regime da comunhão universal de bens 2. A Lei n.º 9.278/96 conferiu direito equivalente aos companheiros e o Código Civil de 2002 abandonou a postura restritiva do anterior, estendendo o benefício a todos os cônjuges sobreviventes, independentemente do regime de bens do casamento. 3. *A CF (art. 226, § 3.º) ao incumbir o legislador de criar uma moldura normativa isonômica entre a união estável e o casamento, conduz também o intérprete da norma a concluir pela derrogação parcial do § 2.º do art. 1.611 do CC/1916, de modo a equiparar a situação do cônjuge e do companheiro no que respeita ao direito real de habitação, em antecipação ao que foi*

---

[20] TARTUCE, Flávio. Da sucessão do companheiro: o polêmico art. 1.790 do CC e suas controvérsias principais. *Revista Magister de Direito Civil e Processual Civil*, Porto Alegre: Magister, ano VII, n. 39, p. 102, 2010. Disponível em: <http://jus.com.br/artigos/17751da-sucessao-do-companheiro-o-polemico-art-1-790-do-cc-e-suas-controversias-principais>.

[21] Art. 1.831. Ao cônjuge sobrevivente, qualquer que seja o regime de bens, será assegurado, sem prejuízo da participação que lhe caiba na herança, o direito real de habitação relativamente ao imóvel destinado à residência da família, desde que seja o único daquela natureza a inventariar.

finalmente reconhecido pelo CC/02. 4. Recurso especial improvido (REsp 821.660/DF, 3.ª Turma, Rel. Min. Sidnei Beneti, j. 14.06.2011, *DJe* 17.06.2011).

No mesmo sentido: REsp 1.220.838/PR, 3.ª Turma, Rel. Min. Sidnei Beneti, j. 19.06.2012; REsp 1.156.744/MG, 4.ª Turma, Min. Marco Buzzi, j. 09.10.2012; e REsp 1.203.144/RS, Rel. Min. Luis Felipe Salomão, 4.ª Turma, j. 27.05.2014.

Pois bem. Mais recentemente, o STJ divulgou dezesseis teses firmadas, com base nos seus precedentes sobre a união estável, figurando a n.º 8, com o verbete seguinte: 8) "O companheiro sobrevivente tem direito real de habitação sobre o imóvel no qual convivia com o falecido, ainda que silente o art. 1.831 do atual Código Civil".[22]

Ademais, firmou, nesse âmbito de direito, teses estabelecendo que "o direito real de habitação poder ser invocado em demanda possessória pelo companheiro sobrevivente, ainda que não se tenha buscado em ação declaratória própria o reconhecimento de união estável" (Tese 9) e que "não subsiste o direito real de habitação se houver copropriedade sobre o imóvel antes da abertura da sucessão ou se, àquele tempo, o falecido era mero usufrutuário do bem" (Tese 10).

4.2. Acerca da concorrência sucessória entre o cônjuge e o companheiro[23]

O jurista Flávio Tartuce problematiza o tema, destacando:

> [...] o CC/2002 admite que o cônjuge separado de fato tenha união estável (art. 1.723, § 1.º, do CC). Então, imagine-se a situação, bem comum em nosso país, de um homem separado de fato que vive em união estável com outra mulher. Em caso de sua morte, quem irá suceder os seus bens? A esposa, com quem ainda mantém vínculo

---

[22] STJ – Jurisprudência em Teses. Edição n. 50. União Estável. Disponível em: <http://www.stj.jus.br/SCON/jt/toc.jsp>.

[23] A possibilidade emana de entendimento jurisprudencial consolidado do STJ no tocante à união estável formada por quem, casado, esteja separado de fato ou judicialmente. Neste sentido: Tese 5 – Jurisprudência em Teses do STJ (União Estável): "A existência de casamento válido não obsta o reconhecimento da união estável, desde que haja separação de fato ou judicial entre os casados".

matrimonial, ou a companheira, com quem vive? O CC/2002 não traz solução a respeito dessa hipótese, variando a doutrina nas suas propostas.[24]

A melhor solução doutrinária é oferecida pelo mesmo consagrado jurista e por José Fernando Simão, quando pontua em sua obra:

> [...] considerando-se toda a orientação jurisprudencial no sentido de que a separação de fato põe fim ao regime de bens, o patrimônio do falecido deve ser dividido em dois montes. O primeiro monte é composto pelos bens adquiridos na constância fática do casamento. Sobre tais bens, somente o cônjuge tem direito de herança. A segunda massa de bens é constituída pelos bens adquiridos durante a união estável. Quanto aos bens adquiridos onerosamente durante a união, a companheira terá direito à herança.

Anota-se, outrossim, que o Enunciado 525 da V Jornada de Direito Civil/CJF indica que "os artigos 1.723 § 1.º, 1.790, 1.829 e 1.830, do Código Civil, admitem a concorrência sucessória entre cônjuge e companheiro sobreviventes na sucessão legítima, quanto aos bens adquiridos onerosamente na união estável".

Certo é que a solução mais se aperfeiçoa na orientação dada pelos doutrinadores supracitados, quando afastada, por sua inconstitucionalidade ampla, a aplicação do art. 1.790 do Código Civil.

4.3. Acerca da inclusão do companheiro como herdeiro necessário no art. 1.845 do Código Civil

> É preciso que o STF defina outros pontos importantes na sua tese final, para fins de repercussão geral. O primeiro deles diz respeito à inclusão ou não do companheiro como herdeiro necessário no art. 1.845 do Código Civil, outra tormentosa questão relativa ao Direito

---

[24] TARTUCE, Flávio. Da sucessão do companheiro: o polêmico art. 1.790 do CC e suas controvérsias principais. *Revista Magister de Direito Civil e Processual Civil*, Porto Alegre: Magister, ano VII, n. 39, p. 102, 2010. Disponível em: <http://jus.com.br/artigos/17751da-sucessao-do-companheiro-o-polemico-art-1-790-do-cc-e-suas-controversias-principais>.

das Sucessões e que tem numerosas consequências. Até o presente momento não há qualquer menção a tal aspecto na tese fixada, podendo ser extraída tal conclusão apenas do voto condutor.[25]

De fato. Findo o julgamento, uma conclusão imediata se impõe, nada obstante tenha faltado menção expressa na tese por ele fixada. Certo que o Código Civil não cuidou do companheiro sobrevivente na condição de herdeiro necessário, como atuou em prestígio do cônjuge, consoante se extrai do art. 1.845 do CC. Retenha-se, entretanto, como decisivo o reportado julgamento no RE 878694/MG, quando, afastando a desigualdade sucessória entre o cônjuge e aquele, importa por corolário lógico a inclusão do companheiro como herdeiro necessário.

A esse respeito, sustenta José Fernando Simão, em boa doutrina, que "todos os dispositivos de concorrência sucessória se aplicam igualmente aos companheiros: art. 1.832 (concorrência com descendentes) e art. 1.837 (concorrência com ascendentes). O companheiro exclui o colateral da sucessão (art. 1.838)". E conclui: "Assim, o cônjuge e o companheiro são herdeiros necessários fazendo jus à legítima (art. 1.845 do CC)".[26]

Bem a propósito é relevante assinalar Enunciado, então editado em 2006, por magistrados de família do Judiciário paulista, dispondo:

> 51. O companheiro sobrevivente, não mencionado nos arts. 1.845 e 1.850 do Código Civil, é herdeiro necessário, seja porque não pode ser tratado diferentemente do cônjuge, seja porque, na concorrência com descendentes e ascendentes, herda necessariamente, sendo incongruente que, tornando-se o único herdeiro, possa ficar desprotegido.

Induvidosamente, impõe-se a aplicação analógica, fazendo-se entender a inclusão do companheiro, no art. 1.815, III, do CC.

---

[25] TARTUCE, Flávio. Da sucessão do companheiro: o polêmico art. 1.790 do CC e suas controvérsias principais. *Revista Magister de Direito Civil e Processual Civil*, Porto Alegre: Magister, ano VII, n. 39, p. 102, 2010. Disponível em: <http://jus.com.br/artigos/17751da-sucessao-do-companheiro-o-polemico-art-1-790-do-cc-e-suas-controversias-principais>.

[26] SIMÃO, José Fernando. E então o STF decidiu o destino do artigo 1.790 do CC? (Parte II). Disponível em: <http://www.conjur.com.br/2016-dez-25/processo-familiar-entao-stf-decidiu-destino-artigo-1790-cc-parte>.

4.4. Acerca das diferenciações legítimas remanescentes

Algumas diferenciações jurídicas entre o casamento e a união estável, ambos formadores de entidades familiares distintas, permanecem após o julgamento do STF. Tais diferenciações somente se apresentam legítimas quando não afrontarem a dignidade institucional da união estável.

Assevera José Fernando Simão serem apenas constitucionais as diferenciações quando da *criação, comprovação e extinção*, em ordem de adequação com o decidido pelo STF.

Com efeito, tenhamos, de logo, as distinções de gênese de ambas as entidades. O casamento sujeito ao procedimento legal, estabelecido pelo Código Civil, quanto à habilitação, celebração e atos registrais, enquanto a união estável materializada pela publicidade da união e sob os requisitos da continuidade, durabilidade e objetivo de constituição de família. Distinções que se albergam em viés constitucional.

A esse propósito, relatou o Ministro Luís Barroso:

> [...] a partir da ideia de que o legislador pode adotar regimes jurídicos diversos para o casamento e a união estável, torna-se necessário separar as situações em que a diferenciação de regimes jurídicos é feita de forma legítima daquelas em que é feita de forma arbitrária (item 42).

4.5. Acerca das diferenciações ilegítimas (ou arbitrárias) remanescentes

No tocante às diferenciações ilegítimas, duas situações ganham relevo, sob a ponderação magistral da doutrina de José Fernando Simão. Vejamos:

3.5.1. No tocante à definição de regime de bens, sabe-se que ambas as entidades familiares, salvo convenção em contrário, situam-se, por lei, sob o regime de comunhão parcial de bens. Todavia, no tocante à união estável a convenção que assinale outro regime opera-se por escrito, podendo ser por instrumento particular (art. 1.725 do Código Civil) enquanto para o casamento é exigível que o pacto antenupcial se faça sempre por forma pública (art. 1.653).

Nessa toada, adverte Simão que, diante da decisão do STF sobre diferenças legítimas e arbitrárias, "não há razão para se permitir uma forma menos rígida (instrumento particular) para a união estável e outra mais rígida (escritura pública) para o casamento". Diz ele: "O contrato de união estável necessitaria da forma pública para ter validade, já que a diferença é arbitrária, logo inconstitucional".

3.5.2. O mesmo se afirme no tocante à alteração patrimonial do regime de bens, a saber que a mudança do regime de bens no casamente ocorre por meio de procedimento judicial (art. 1.639, 2.ª parte, do Código Civil), enquanto à união estável não ocorre, até então, a exigência de idêntico procedimento.

3.5.3. No que diz respeito à presunção de paternidade, retenha-se que se afigura doravante ilegítima afastar da união estável referida presunção.

5. IMPENDE REESCREVER URGENTE O CÓDIGO CIVIL E UM DIREITO SUCESSÓRIO FUTURO

Não há negar a urgência de atualização do Código Civil diante de novas jurisprudências consolidadas e dos avanços da doutrina. Quando afastado, integralmente, por inconstitucionalidade, o art. 1.790 do Código Civil que regulou toda a matéria sucessória do companheiro, evidencia-se dever ser rescrito o Código Civil no tocante a esses direitos sucessórios, inclusive quanto ao direito real de habitação, omisso no texto codificado.

Um direito sucessório futuro, a ser inscrito no Código Civil, já observado pela igualdade de tratamento sucessório de cônjuges e companheiros, cumprindo-lhe dispor sobre a simplificação do sistema de concorrência, enfrentando, dessarte, questões atuais relevantes como as contidas na culpa mortuária do art. 1.830 do Código Civil e na concorrência hibrida do art. 1.832 do Código Civil. No ponto, o PL 4.944/2005 sinaliza a respeito.

Mas não é só. O STJ tem reescrito, reiteradamente, o Código Civil a partir de sua jurisprudência, impondo uma obsolescência de diversos dispositivos, quando não promovendo-lhe os acréscimos necessários. Exemplo da Tese 6, em Jurisprudência em Teses (União Estável), a dizer que, "na união estável de pessoa maior de setenta anos (art. 1.641, II, do CC/02), impõe-se o regime da separação obrigatória, sendo possível a partilha de bens adquiridos na constância da relação, desde que comprovado o esforço comum".

De todo modo, bem certo que "a dignidade como autonomia garante a todos os indivíduos a possibilidade de buscarem, da sua própria maneira, o ideal de viver bem e de ter uma vida boa" (item 52), certo será também que a opção pela união estável, doravante, diante do histórico julgamento do RE 878.694/MG, pelo Supremo Tribunal Federal, constituirá autonomia privada isenta de limitações.

6. REFERÊNCIAS

CARVALHO, Inácio Carvalho. *Direito sucessório do cônjuge e do companheiro.* São Paulo: Método, 2007.

CRUET, Jean. *A vida do direito e a inutilidade das leis.* São Paulo: Edijur, 2008.

DIAS, Maria Berenice. *Manual das sucessões.* São Paulo: RT, 2008.

DUTRA, Elder Gomes. A sucessão do companheiro: o verdadeiro calvário até a sua declaração de inconstitucionalidade pelo Supremo Tribunal Federal. *Revista Nacional de Direito de Família e Sucessões*, São Paulo: IASP; Porto Alegre: Lex Magister, n. 15, p. 79-119, nov.-dez. 2016.

FACHIN, Luiz Edson. *Direito de família*: elementos críticos à luz do novo Código Civil brasileiro. Rio de Janeiro: Renovar, 2005.

HIRONAKA, Giselda Maria Fernandes Novaes. *Morrer e suceder.* São Paulo: RT, 2011.

MADALENO, Rolf. *Direito de família em pauta.* Porto Alegre: Livraria do Advogado, 2004.

NEVARES, Ana Luíza Maia. *A tutela sucessória do cônjuge e do companheiro na legalidade constitucional.* Rio de Janeiro: Renovar, 2004.

PEREIRA, Rodrigo da Cunha. *Concubinato e união estável.* De acordo com o novo Código Civil. 6. ed. Belo Horizonte: Del Rey, 2004.

SACHS, Albie. *Vida e direito.* Uma estranha alquimia. Tradução de Saul Tourinho Leal. São Paulo: Saraiva, 2016.

SIMÃO, José Fernando. E então o STF decidiu o destino do artigo 1.790 do CC? (Parte I). Disponível em: <http://www.conjur.com.br/2016-dez-04/processo-familiar-entao-stf-decidiu-destino-artigo-1790-cc-parte>.

_____. E então o STF decidiu o destino do artigo 1.790 do CC? (Parte II). Disponível em: <http://www.conjur.com.br/2016-dez-25/processo-familiar-entao-stf-decidiu-destino-artigo-1790-cc-parte>.

TARTUCE, Flávio. Da sucessão do companheiro: o polêmico art. 1.790 do CC e suas controvérsias principais. *Revista Magister de Direito Civil e Processual Civil*, Porto Alegre: Magister, ano VII, n. 39, p. 102, 2010. Disponível em: <http://jus.com.br/artigos/17751da-sucessao-do-companheiro-o-polemico-art-1-790-do-cc-e-suas-controversias-principais>.

VELOSO, Zeno. *Código Civil comentado.* 6. ed. São Paulo: Saraiva, 2008.

_____. *Direito hereditário do cônjuge e do companheiro.* São Paulo: Saraiva, 2010.

_____. Do direito sucessório dos companheiros. In: DIAS, Maria Berenice; PEREIRA, Rodrigo da Cunha (Coord.). *Direito de família e o novo Código Civil*. Rio de Janeiro: Renovar, 2005.

_____. Novo Código Civil: sucessão dos cônjuges. *Revista do Advogado*, São Paulo, n. 98, p. 237-238, 2008.

ZAVASCKI, Teori Albino. Jurisdição constitucional do Superior Tribunal de Justiça. *Revista de Processo*, v. 212, p. 13, set. 2012.